해커스 공인중개사 실시간 합격예측 서비스

무료 제공

STEP1. 답안입력

① QR코드를 스캔한다.

② 모바일 화면에서
   답안을 입력한다.

※ QR코드 스캔방법

① 스마트폰 내의 기본카메라
   어플을 켠다.
② 촬영 버튼을 누르지 않고
   카메라 화면에 QR코드를
   비춘다.
③ 화면에 뜨는 URL을 터치한다.

STEP2. 자동채점

① [제출] 버튼을 터치한다.

② 자동채점 완료!

* 해커스 공인중개사 회원가입 후
  이용 가능

STEP3. 실시간 성적분석

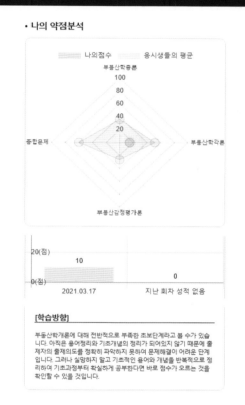

① 성적표 화면에서 성적
   분석 데이터를 확인한다.
   (점수 / 백분위 / 합격예측
   및 다른 수험생들과의 비교
   지표 등)

② 해설강의를 통해 틀린
   문제를 복습한다.

*실시간으로 전국 수험생
  평균점수 및 백분위가 반영되어
  나의 현위치를 수시로 파악할
  수 있습니다.

해커스 공인중개사

실전모의고사

2차 공인중개사법령 및 실무·부동산공법
부동산공시법령·부동산세법

10회분

<해커스 공인중개사 실전모의고사>가

특별한 이유!

01
**합격을 위한
최적의 난이도!**

너무 어렵거나 너무 쉬운 문제를 풀면서 소중한 시간을 낭비하지 마세요. 실제 시험 난이도를 반영해 제대로 만든 실전모의고사로 합격에 더 가까이 가세요.

02
**빠르고
전략적인 복습!**

풀어본 모든 문제를 복습하다 지치지 마세요. 가장 쉬운 난이도의 문제들부터 복습해 합격에 반드시 필요한 기본 점수를 탄탄하게 확보하세요.

03
**내 약점만
집중적으로 보완!**

내가 가장 많이 틀리는 출제포인트를 빠르게 찾아내어 집중적으로 보완해 효율적으로 시험을 대비하세요.

04
**본 교재
인강 제공!**

상세한 해설강의를 통한 복습을 원하시는 분들을 위해 출제 교수님들의 인강을 제공합니다.

★ 해설지의 QR코드를 찍으면 해설강의를 볼 수 있으며, 해설강의는 제35회 공인중개사 시험일까지 무료로 제공됩니다.

<해커스 공인중개사 실전모의고사>

200% 활용 Tip

1 실제 시험 보듯 문제풀기

실제 시험장에서 문제를 푸는 마음으로 시간을 정해놓고 제한 시간 내에 문제풀이와 답안 작성까지 해보세요.

★ 시험지와 OCR카드를 실제 시험장에서 제공되는 형태와 가장 유사하게 만들었습니다.

★ 부족한 OCR카드는 해커스 공인중개사 홈페이지에서 다운받으실 수 있습니다.

2 합격점검 성적표 활용하기

합격점검 성적표에 내 점수를 적어보며 효과적인 학습 관리를 해보세요.

3 난이도에 따라 전략적으로 복습하기

내가 틀린 문제 중 난이도 하 부터 중 순서대로 복습해 나가세요.

★ 고득점을 원할 경우 난이도 상 까지 복습하면 좋습니다.

4 마무리 OX 부록으로 함정 피하는 연습하기

아는 내용도 함정에 빠져 틀리는 경우가 많습니다. 부록 의 OX문제를 통해 실제 시험에서 함정에 빠지지 않는 연습을 하세요.

목차

2024년도 제35회 공인중개사 2차 국가자격시험

실전모의고사 제1회

교 시	문제형별	시 간	시 험 과 목
1교시	**A**	**100분**	① 공인중개사의 업무 및 부동산 거래신고에 관한 법령 및 중개실무 ② 부동산공법 중 부동산 중개에 관련되는 규정
수험번호			**성 명**

【 수험자 유의사항 】

1. **시험문제지는 단일 형별(A형)이며, 답안카드 형별 기재란에 표시된 형별(A형)을 확인하시기 바랍니다.** 시험문제지의 **총면수, 문제번호 일련순서, 인쇄상태** 등을 확인하시고, 문제지 표지에 수험번호와 성명을 기재하시기 바랍니다.

2. 답은 각 문제마다 요구하는 **가장 적합하거나 가까운 답 1개**만 선택하고, 답안카드 작성 시 시험문제지 **형별누락, 마킹착오**로 인한 불이익은 전적으로 **수험자에게 책임**이 있음을 알려드립니다.

3. 답안카드는 국가전문자격 공통 표준형으로 문제번호가 1번부터 125번까지 인쇄되어 있습니다. 답안 마킹 시에는 반드시 **시험문제지의 문제번호와 동일한 번호에 마킹**하여야 합니다. (2차 1교시: 1번~80번)

4. **감독위원의 지시에 불응하거나 시험시간 종료 후 답안카드를 제출하지 않을 경우** 불이익이 발생할 수 있음을 알려 드립니다.

5. 시험문제지는 시험 종료 후 가져가시기 바랍니다.

6. 답안작성은 **시험 시행일(2024.10.26.) 현재 시행되는 법령 등**을 적용하시기 바랍니다.

7. 가답안 의견제시에 대한 개별회신 및 공고는 하지 않으며, **최종 정답 발표로 갈음**합니다.

8. 시험 중 **중간 퇴실은 불가**합니다. 단, 부득이하게 퇴실할 경우 **시험포기각서 제출 후 퇴실은 가능**하나 **재입실이 불가**하며, **해당시험은 무효처리됩니다.**

해커스 공인중개사

제1과목: 공인중개사의 업무 및 부동산 거래신고
에 관한 법령 및 중개실무

1. 공인중개사법령상 용어의 정의로 **틀린** 것은?

① 개업공인중개사라 함은 공인중개사로서 중개사무소의 개설등록을 하고 중개를 업으로 하는 자를 말한다.

② 소속공인중개사라 함은 개업공인중개사에 소속된 공인중개사(개업공인중개사인 법인의 사원 또는 임원으로서 공인중개사인 자 포함)로서 중개업무를 수행하거나 개업공인중개사의 중개업무를 보조하는 자를 말한다.

③ 중개라 함은 공인중개사법령이 정한 중개대상물에 대하여 거래당사자간의 매매·교환·임대차 그 밖의 권리의 득실변경에 관한 행위를 알선하는 것을 말한다.

④ 중개업이라 함은 다른 사람의 의뢰에 의하여 일정한 보수를 받고 중개를 업으로 행하는 것을 말한다.

⑤ 중개보조원이라 함은 공인중개사가 아닌 자로서 개업공인중개사에 소속되어 중개대상물에 대한 현장안내 및 일반서무 등 개업공인중개사의 중개업무와 관련된 단순한 업무를 보조하는 자를 말한다.

2. 공인중개사법령상 중개대상물에 해당하는 것을 모두 고른 것은? (다툼이 있으면 판례에 의함)

> ㄱ. 쉽게 해체될 수 있는 세차장 구조물
> ㄴ. 무주(無主)의 부동산
> ㄷ. 가압류된 공장
> ㄹ. 소유권보존등기를 한 수목의 집단
> ㅁ. 영업용 건물의 비품, 영업상의 노하우

① ㄱ, ㄴ   ② ㄱ, ㅁ
③ ㄴ, ㄷ   ④ ㄷ, ㄹ
⑤ ㄷ, ㅁ

3. 공인중개사법령상 공인중개사에 대한 설명으로 **틀린** 것은?

① 공인중개사는 「공인중개사법」에 의하여 공인중개사의 자격을 취득한 자를 말한다.

② 시·도지사는 공인중개사 자격시험 합격자 결정공고일부터 1개월 이내에 시험합격자에게 공인중개사 자격증을 교부해야 한다.

③ 공인중개사 자격이 취소된 자는 그 자격이 취소된 후 3년이 지나야 공인중개사가 될 수 있다.

④ 미성년자는 공인중개사가 될 수 있다.

⑤ 공인중개사 자격시험은 국토교통부장관이 시행하는 것이 원칙이나 예외적으로 시·도지사가 시행할 수 있다.

4. 공인중개사법령상 법인의 중개사무소 개설등록기준으로 **틀린** 것은? (다른 법률에 의하여 중개업을 할 수 있는 경우를 제외함)

① 자본금은 5천만원 이상이어야 한다.

② 대표자는 공인중개사이어야 하며, 대표자를 제외한 임원 또는 사원의 3분의 1 이상은 공인중개사이어야 한다.

③ 중개업만을 영위할 목적으로 설립되어야 한다.

④ 「상법」상 회사 또는 「협동조합 기본법」상 협동조합(사회적 협동조합 제외)이어야 한다.

⑤ 대표자, 임원 또는 사원 전체가 등록신청일 전 1년 내에 실시하는 실무교육을 이수하여야 한다.

5. 공인중개사법령상 등록의 결격사유에 해당하지 <u>않는</u> 자를 모두 고른 것은?

> ㄱ. 금고형의 집행이 종료되고 3년이 지난 자
> ㄴ. 만 19세가 되지 아니한 자
> ㄷ. 징역형의 집행유예를 받고 그 유예기간이 만료된 날로부터 2년이 지난 자
> ㄹ. 공인중개사 자격정지기간 중에 있는 자
> ㅁ. 「형법」을 위반하여 벌금 500만원을 선고받고 2년이 지난 자

① ㄴ, ㄹ   ② ㄱ, ㄷ, ㅁ
③ ㄴ, ㄷ, ㄹ   ④ ㄱ, ㄷ, ㄹ, ㅁ
⑤ ㄱ, ㄴ, ㄷ, ㄹ, ㅁ

6. 공인중개사법령상 중개사무소에 대한 설명으로 옳은 것은?

① 개업공인중개사는 이동이 용이한 임시 중개시설물을 일시적으로 설치하여 사용할 수 있다.

② 개업공인중개사는 다른 개업공인중개사와 중개사무소를 공동으로 사용할 수 없다.

③ 공인중개사인 개업공인중개사도 책임자를 두는 경우에는 분사무소를 설치할 수 있다.

④ 다른 법률의 규정에 따라 중개업을 할 수 있는 법인의 분사무소인 경우에는 책임자를 공인중개사로 두지 않아도 된다.

⑤ 분사무소는 특별시·광역시·도별로 1개소를 초과하여 설치할 수 없다.

7. 공인중개사법령상 다음 사례의 경우 분사무소의 이전신고기한과 관할이 옳은 것은?

> 서울특별시 강남구에 주된 사무소를 둔 법인인 개업공인중개사가 인천광역시 서구에 있는 분사무소를 경기도 고양시 일산동구로 이전하였다.

① 이전한 날로부터 7일 내 강남구청장에게 신고
② 이전한 날로부터 7일 내 서구청장에게 신고
③ 이전한 날로부터 10일 내 강남구청장에게 신고
④ 이전한 날로부터 10일 내 고양시장에게 신고
⑤ 이전한 날로부터 10일 내 일산동구청장에게 신고

8. 공인중개사법령상 게시, 명칭 및 중개대상물 표시·광고와 관련한 설명으로 틀린 것은?

① 개업공인중개사는 실무교육수료증 원본을 중개사무소 안의 보기 쉬운 곳에 게시하여야 한다.
② 개업공인중개사는 그가 고용한 소속공인중개사의 공인중개사 자격증 원본을 중개사무소 안의 보기 쉬운 곳에 게시하여야 한다.
③ 분사무소의 간판에는 그 책임자의 성명을 인식할 수 있는 정도의 크기로 표기해야 한다.
④ 공인중개사인 개업공인중개사는 그 사무소의 명칭에 "공인중개사사무소" 또는 "부동산중개"라는 문자를 사용하여야 한다.
⑤ 중개대상물을 광고하는 개업공인중개사는 그 사무소의 명칭 및 성명을 명시하여야 한다.

9. 공인중개사법령상 법인인 개업공인중개사가 할 수 있는 업무를 모두 고르면 몇 개인가? (다른 법률에 따라 중개업을 할 수 있는 경우를 제외함)

> ㄱ. 상업용 건축물에 대한 관리대행업
> ㄴ. 주택에 대한 분양대행업
> ㄷ. 개업공인중개사를 대상으로 한 중개업의 경영정보 제공업
> ㄹ. 부동산 개발에 관한 상담업

① 0개   ② 1개
③ 2개   ④ 3개
⑤ 모두

10. 공인중개사법령상 소속공인중개사에 대한 설명으로 옳은 것은?

① 소속공인중개사를 고용한 경우에는 고용일로부터 10일 이내에 등록관청에 신고해야 한다.
② 소속공인중개사는 다른 개업공인중개사의 소속공인중개사가 될 수 없다.
③ 소속공인중개사에 대한 고용신고를 하는 경우에는 그 소속공인중개사의 자격증 사본 1부를 제출해야 한다.
④ 소속공인중개사의 모든 행위는 그를 고용한 개업공인중개사의 행위로 본다.
⑤ 소속공인중개사는 중개대상물에 대한 확인·설명을 할 수 없다.

11. 공인중개사법령상 인장등록에 대한 설명으로 틀린 것은?

① 개업공인중개사는 업무개시 전까지 중개행위에 사용할 인장을 등록하여야 한다.
② 법인의 분사무소에서 사용할 인장은 「상업등기규칙」에 따라 법인의 대표자가 보증하는 인장을 등록할 수 있다.
③ 모든 소속공인중개사는 성명이 나타나고 그 크기가 가로·세로 각각 7mm 이상 30mm 이내의 인장을 등록하여야 한다.
④ 등록한 인장을 변경한 경우에는 그로부터 10일 이내에 등록관청에 변경신고를 하여야 한다.
⑤ 법인인 개업공인중개사의 인장등록은 「상업등기규칙」에 따른 인감증명서의 제출로 갈음한다.

12. 공인중개사법령상 휴업 및 폐업과 관련한 설명으로 옳은 것(○)과 틀린 것(×)의 표시가 바르게 된 것은?

> ㄱ. 3개월 이하 휴업을 하고자 할 경우에는 신고할 필요가 없다.
> ㄴ. 휴업신고를 한 자는 지체 없이 사무소의 간판을 철거해야 한다.
> ㄷ. 휴업 및 폐업신고는 전자문서로도 할 수 있다.

① ㄱ(○), ㄴ(○), ㄷ(○)
② ㄱ(○), ㄴ(×), ㄷ(○)
③ ㄱ(○), ㄴ(×), ㄷ(×)
④ ㄱ(×), ㄴ(×), ㄷ(○)
⑤ ㄱ(×), ㄴ(×), ㄷ(×)

13. 공인중개사법령상 중개계약에 관한 설명으로 틀린 것은?

① 중개계약은 개업공인중개사와 중개의뢰인간에 체결되는 계약이다.

② 개업공인중개사는 전속중개계약을 체결하는 경우 전속 중개계약서를 사용하고, 이를 3년간 보존하여야 한다.

③ 전속중개계약을 체결한 개업공인중개사는 권리자의 주소·성명 등을 공개하여야 한다.

④ 전속중개계약의 유효기간은 당사자간의 다른 약정이 없으면 3개월로 한다.

⑤ 중개의뢰인은 전속중개계약을 체결한 경우라 하더라도 스스로 발견한 상대방과 거래할 수 있다.

14. 공인중개사법령상 부동산거래정보망과 이를 운영하는 거래 정보사업자에 대한 설명으로 틀린 것은?

① 부동산거래정보망은 개업공인중개사와 중개의뢰인 상호 간에 중개대상물의 중개에 관한 정보를 교환하는 체계 이다.

② 국토교통부장관은 부동산거래정보망을 설치·운영할 자 를 지정할 수 있다.

③ 거래정보사업자로 지정받기 위해서는 해당 부동산거래 정보망에 가입·이용신청을 한 개업공인중개사의 수가 500명 이상이어야 한다.

④ 거래정보사업자는 정보처리기사 1명과 공인중개사 1명 이상을 확보하여야 한다.

⑤ 거래정보사업자는 지정을 받은 날부터 3개월 이내에 운영규정을 정하여 국토교통부장관의 승인을 받아야 한다.

15. 공인중개사법령상 개업공인중개사 등의 의무와 관련한 설명 으로 틀린 것은?

① 개업공인중개사 및 소속공인중개사는 전문직업인으로 서의 품위를 유지하여야 한다.

② 중개보조원은 그 업무를 떠난 후에는 비밀준수의무가 없다.

③ 비밀누설죄는 피해자의 명시한 의사에 반하여 처벌할 수 없는 범죄에 해당한다.

④ 주택임대차계약을 중개하는 개업공인중개사는 「주택임 대차보호법」에 따라 임대인은 미납국세 등의 정보를 제시할 의무가 있다는 사항을 설명해야 한다.

⑤ 개업공인중개사는 중개대상물의 확인·설명을 위하여 권리이전 중개의뢰인에게 해당 중개대상물의 상태에 관한 자료를 요구할 수 있다.

16. 공인중개사법령상 개업공인중개사 甲의 중개업무와 관련한 설명으로 옳은 것은?

① 甲이 중개대상물에 관하여 확인·설명해야 할 사항에는 해당 중개대상물의 권리를 이전함에 따라 부담해야 할 조세의 종류 및 세율도 포함된다.

② 甲은 중개가 완성되어 거래계약서를 작성하는 때에는 소정의 확인·설명사항을 서면으로 작성하여 거래당사 자에게 교부하고, 사본 1부는 5년간 보존하여야 한다.

③ 甲이 고용한 소속공인중개사가 중개행위를 한 경우에 는 甲과 그 소속공인중개사는 함께 거래계약서에 서명 또는 날인하여야 한다.

④ 甲은 거래계약서를 작성하는 때에는 국토교통부장관이 정하는 표준서식을 사용해야 한다.

⑤ 甲이 작성하는 거래계약서에는 중개대상물 확인·설명서 교부일자가 필수적으로 기재되어야 한다.

17. 공인중개사법령상 손해배상책임의 보장에 관한 설명으로 틀린 것은?

① 개업공인중개사는 업무를 개시하기 전에 손해배상책임 을 보장하기 위하여 보증을 설정하여야 한다.

② 개업공인중개사는 자기의 중개사무소를 다른 사람의 중개행위의 장소로 제공하여 거래당사자에게 재산상의 손해를 발생하게 한 때에는 그 손해를 배상할 책임이 있다.

③ 개업공인중개사는 거래당사자가 입은 비재산적 손해에 대해서는 공인중개사법령상 손해배상책임보장 규정에 의해 배상할 책임이 없다.

④ 법인인 개업공인중개사가 4개의 분사무소를 두는 경우 에는 해당 법인은 최소한 10억원의 보증을 설정해야 한다.

⑤ 개업공인중개사는 중개가 완성된 때에는 거래당사자에 게 손해배상책임의 보장금액을 설명해야 한다.

18. 공인중개사법령상 계약금 등의 반환채무 이행보장을 위하여 예치하는 계약금 등의 예치명의자가 될 수 없는 자는?

① 개업공인중개사

② 「보험업법」에 따른 보험회사

③ 거래당사자인 매도인 또는 매수인

④ 「우체국예금·보험에 관한 법률」에 따른 체신관서

⑤ 「자본시장과 금융투자업에 관한 법률」에 따른 신탁업자

19. 공인중개사법령상 개업공인중개사 등의 금지행위가 <u>아닌</u> 것을 모두 고른 것은?

> ㄱ. 제3자에게 부당한 이익을 얻게 할 목적으로 중개 대상물의 시세에 부당한 영향을 주는 행위
> ㄴ. 무등록중개업을 하는 자에게 자기의 명의를 이용 하게 하는 행위
> ㄷ. 탈세를 목적으로 소유권이전등기를 하지 아니한 부동산의 전매를 중개하는 행위
> ㄹ. 거래당사자 일방을 대리하여 다른 일방과 계약을 체결해 준 행위
> ㅁ. 상가분양을 대행해 주고 상가 중개보수의 한도를 초과하여 금품을 받은 행위

① ㄹ, ㅁ ② ㄱ, ㄴ, ㄷ
③ ㄱ, ㄴ, ㄹ ④ ㄱ, ㄴ, ㄷ, ㅁ
⑤ ㄱ, ㄴ, ㄷ, ㄹ, ㅁ

20. 공인중개사법령상 중개보수와 관련한 내용으로 ( ) 안에 들어갈 내용이 순서대로 바르게 나열된 것은?

> 전용면적이 85m² 이하이고, 전용 입식 부엌 및 수세식 화장실을 갖춘 오피스텔은 그 일방으로부터 매매·교환의 경우에는 거래금액의 ( ) 이내로 하고, 임대차 등의 경우에는 거래금액의 ( ) 이내로 한다.

① 0.4%, 0.3% ② 0.5%, 0.4%
③ 0.8%, 0.5% ④ 0.9%, 0.8%
⑤ 5%, 4%

21. 공인중개사법령상 교육과 관련한 설명으로 <u>틀린</u> 것은?

① 폐업신고 후 1년 내에 재등록을 하는 공인중개사는 실무 교육을 받지 않아도 된다.
② 중개보조원은 고용신고일 전 1년 내에 실시하는 직무 교육을 받아야 한다.
③ 등록관청은 직무교육을 실시할 수 있다.
④ 개업공인중개사 및 소속공인중개사는 매 3년마다 연수 교육을 받아야 한다.
⑤ 국토교통부장관은 개업공인중개사 등을 대상으로 한 부동산거래사고 예방교육을 실시할 수 있다.

22. 공인중개사법령상 포상금과 관련한 설명으로 <u>틀린</u> 것은?

① 등록관청은 거짓으로 중개사무소의 개설등록한 자를 신고 또는 고발한 자에 대하여 포상금을 지급할 수 있다.
② 포상금은 1건당 50만원으로 한다.
③ 포상금은 해당 신고 또는 고발사건에 관하여 검사가 공소제기 또는 기소유예처분을 한 경우에 한하여 지급 한다.
④ 포상금은 그 지급결정일로부터 1개월 이내에 지급하여 야 한다.
⑤ 하나의 사건에 대하여 2건 이상의 신고가 접수된 경우 에는 신고자에게 포상금을 균등하게 배분하여 지급한다.

23. 공인중개사법령상 공인중개사협회와 관련한 설명으로 옳은 것을 모두 고른 것은?

> ㄱ. 협회는 법인으로서, 비영리 재단법인의 성격이 있다.
> ㄴ. 개업공인중개사는 협회에 반드시 가입하여야 한다.
> ㄷ. 협회는 총회의 의결사항을 국토교통부장관에게 지체 없이 보고하여야 한다.
> ㄹ. 협회는 정관이 정하는 바에 따라 시·도에 지부를 둘 수 있다.

① ㄱ, ㄴ ② ㄱ, ㄷ
③ ㄴ, ㄷ ④ ㄴ, ㄹ
⑤ ㄷ, ㄹ

24. 공인중개사법령상 행정처분에 대한 설명으로 <u>틀린</u> 것은?

① 자격정지처분은 오직 소속공인중개사에 대하여만 할 수 있는 행정처분이다.
② 공인중개사에 대한 자격취소 및 자격정지처분은 자격증 을 교부한 시·도지사만이 할 수 있다.
③ 개업공인중개사에 대한 업무정지처분을 하려면 사전에 청문을 실시하여야 한다.
④ 업무정지처분은 그 사유가 발생한 날로부터 3년이 경과 한 때에는 할 수 없다.
⑤ 등록취소처분을 받은 자는 중개사무소등록증을 7일 내 에 반납하여야 한다.

25. 공인중개사법령상 중개사무소의 개설등록을 취소하여야 하는 경우가 **아닌** 것은?

① 공인중개사인 개업공인중개사가 결격사유의 어느 하나에 해당된 경우

② 업무정지기간 중에 있는 개업공인중개사가 중개업무를 한 경우

③ 거짓 그 밖의 부정한 방법으로 중개사무소의 개설등록을 한 경우

④ 둘 이상의 중개사무소를 둔 경우

⑤ 중개보조원 수 제한을 초과하여 중개보조원을 고용한 경우

26. 공인중개사법령상 1년 이하의 징역 또는 1천만원 이하의 벌금 사유를 모두 고르면 몇 개인가?

> ○ 공인중개사 자격증의 대여행위를 알선한 경우
> ○ 개업공인중개사가 아닌 자가 중개업을 하기 위하여 중개대상물에 대한 표시·광고를 한 경우
> ○ 중개사무소의 개설등록을 하지 아니하고 중개업을 한 경우
> ○ 개업공인중개사가 중개의뢰인과 직접거래를 한 경우
> ○ 소속공인중개사가 둘 이상의 중개사무소에 소속한 경우

① 1개   ② 2개

③ 3개   ④ 4개

⑤ 모두

27. 공인중개사법령상 과태료와 관련한 설명으로 **틀린** 것은?

① 중개보조원이 보조업무를 수행하면서 중개보조원이라는 사실을 중개의뢰인에게 미리 고지하지 않은 경우는 500만원 이하의 과태료 부과사유이다.

② 연수교육을 받지 아니한 개업공인중개사에 대한 과태료는 등록관청이 부과·징수한다.

③ 공인중개사협회에 대한 과태료는 국토교통부장관이 부과·징수한다.

④ 개업공인중개사가 중개의뢰인에게 중개대상물에 대한 확인·설명을 성실·정확하게 하지 아니한 경우에는 500만원 이하의 과태료가 부과된다.

⑤ 정보통신서비스 제공자에 대한 과태료는 국토교통부장관이 부과·징수한다.

28. 부동산 거래신고 등에 관한 법령상 부동산거래신고와 관련한 설명으로 옳은 것은?

① 중개대상물의 범위에 속하는 물건의 매매계약을 체결한 때에는 모두 부동산거래신고를 해야 한다.

② 부동산거래신고는 탈세 및 투기를 방지하기 위한 것이므로 관할 세무서에 신고를 해야 한다.

③ 부동산거래신고는 거래계약 체결일로부터 60일 이내에 하여야 한다.

④ 개업공인중개사가 거래계약서를 작성·교부한 경우에는 개업공인중개사만이 신고의무가 있고, 거래당사자에게는 신고의무가 없다.

⑤ 소속공인중개사는 전자문서에 의하여 부동산거래계약신고서의 제출을 대행할 수 있다.

29. 부동산 거래신고 등에 관한 법령상 부동산거래계약신고서의 신고대상 등에 따른 기재사항이 바르게 연결된 것을 모두 고른 것은?

> ㄱ. 외국인인 매수인이 국내 주소 또는 거소를 두지 않은 경우 - 위탁관리인의 성명
> ㄴ. 분양권 매매의 경우 - 추가지급액
> ㄷ. 건축물 매매의 경우 - 용도별 건축물의 종류
> ㄹ. 입주권 매매의 경우 - 종전 부동산의 소재지

① ㄱ, ㄴ   ② ㄱ, ㄴ, ㄷ

③ ㄱ, ㄷ, ㄹ   ④ ㄴ, ㄷ, ㄹ

⑤ ㄱ, ㄴ, ㄷ, ㄹ

30. 부동산 거래신고 등에 관한 법령상 주택임대차계약의 신고대상이 **아닌** 것은? (주택은 「주택임대차보호법」의 적용대상임)

① 충청남도 예산군 소재 주택의 임대차계약으로서 보증금이 5천만원, 월 차임이 50만원인 경우

② 경기도 가평군 소재 주택의 임대차계약으로서 보증금이 3천만원, 월 차임이 60만원인 경우

③ 인천광역시 옹진군 소재 주택의 임대차계약으로서 보증금이 7천만원, 월 차임이 30만원인 경우

④ 강원특별자치도 속초시 소재 주택의 전세계약으로서 전세 보증금이 8천만원인 경우

⑤ 경상북도 안동시 소재 주택의 임대차계약으로서 보증금이 3천만원, 월 차임이 40만원인 경우

31. 부동산 거래신고 등에 관한 법령상 외국인 등의 국내 부동산 취득시 신고 또는 허가에 대한 설명으로 틀린 것은?

① 사원 또는 구성원의 2분의 1 이상이 대한민국 국적을 보유하고 있지 않은 법인은 '외국인 등'에 해당한다.

② 대한민국 안의 토지를 취득하는 교환계약을 체결한 외국인은 계약 체결일부터 60일 이내에 신고하여야 한다.

③ 경매에 의하여 건물의 소유권을 취득한 외국인은 대금 완납일로부터 6개월 이내에 신고하여야 한다.

④ 외국인이 부동산거래신고를 한 경우에는 별도의 부동산취득신고를 할 필요가 없다.

⑤ 「자연환경보전법」에 의한 생태경관보전지역 내의 토지를 취득하고자 하는 외국인은 국토교통부장관의 허가를 받아야 한다.

32. 부동산 거래신고 등에 관한 법령상 토지거래허가구역 내의 토지에 대한 거래로서 그 면적이 3,100m²인 경우 토지거래계약허가를 받아야 하는 경우는?

① 허가구역을 포함한 지역의 주민을 위한 복지시설로 이용하기 위하여 이 토지를 매수하는 경우

② 「민사집행법」에 따른 경매를 통해 이 토지를 취득하는 경우

③ 증여에 의하여 이 토지를 취득하는 경우

④ 채권확보를 위하여 이 토지에 저당권설정등기를 하는 경우

⑤ 「공익사업을 위한 토지 등의 취득 및 보상에 관한 법률」에 따라 이 토지를 수용하는 경우

33. 부동산 거래신고 등에 관한 법령상 토지거래허가제에 관한 설명으로 옳은 것을 모두 고른 것은?

ㄱ. 허가구역이 둘 이상의 시·도의 관할 구역에 걸쳐 있는 경우에는 국토교통부장관이 토지거래허가구역을 지정한다.

ㄴ. 토지거래허가구역의 지정은 허가구역의 지정을 공고한 날부터 15일 후에 그 효력이 발생한다.

ㄷ. 토지거래허가를 받으려는 자는 그 허가신청서에 계약내용과 그 토지의 이용계획, 취득자금 조달계획 등을 적어 시장·군수 또는 구청장에게 제출하여야 한다.

ㄹ. 시장·군수 또는 구청장은 허가신청서를 받으면 30일 내에 허가 또는 불허가의 처분, 선매협의 절차가 진행 중인 경우 그 사실을 신청인에게 알려야 한다.

---

① ㄱ, ㄴ ② ㄱ, ㄷ ③ ㄴ, ㄷ
④ ㄴ, ㄹ ⑤ ㄱ, ㄴ, ㄷ

34. 개업공인중개사가 분묘가 있는 토지를 중개하면서 중개의뢰인에게 설명한 내용으로 틀린 것은?

① 평장 또는 암장인 경우에는 분묘기지권이 인정되지 않는다.

② 분묘기지권이 미치는 범위는 분묘기지에 한하지 않고 수호·봉사하는데 필요한 범위 내에서 주변공지까지를 포함한다.

③ 분묘기지권을 시효로 취득한 경우 토지 소유자의 지료 지급청구가 있는 때로부터 지료를 지급할 의무가 있다.

④ 분묘기지권이 미치는 범위 내라면 합장을 위한 단분형태의 분묘를 다시 설치하는 것은 허용된다.

⑤ 분묘가 멸실된 경우라고 하더라도 유골이 존재하여 분묘의 원상회복이 가능하여 일시적인 멸실에 불과하다면 분묘기지권은 소멸하지 않고 존속한다.

35. 공인중개사법령상 주거용 건축물의 확인·설명서상 '개업공인중개사의 기본 확인사항'에 해당하는 것은?

① 단독경보형감지기
② 벽면·바닥면 및 도배상태
③ 비선호시설(1km 이내)
④ 일조·소음·진동
⑤ 공시되지 아니한 물건의 권리에 관한 사항

36. 甲은 丙과 丙 소유 부동산의 매매계약을 체결하면서 세금을 줄이기 위해 甲과 乙간의 명의신탁약정에 따라 乙 명의로 소유권이전등기를 하였다. 「부동산 실권리자명의 등기에 관한 법률」상 개업공인중개사가 甲과 丙에게 설명한 내용으로 옳은 것은? (다툼이 있으면 판례에 따름)

① 乙 명의의 등기는 유효하다.

② 甲과 丙간의 매매계약은 무효이다.

③ 乙이 제3자 丁에게 이 부동산을 매각한 경우 丁은 소유권을 취득하지 못한다.

④ 甲은 매매계약에 기하여 丙에게 소유권이전등기를 청구할 수 있다.

⑤ 甲은 乙에게 대금 상당의 부당이득반환청구권을 행사할 수 있다.

37. 「주택임대차보호법」의 내용으로 옳은 것을 모두 고른 것은? (다툼이 있으면 판례에 따름)

> ㄱ. 임대차계약기간을 1년으로 정한 경우 그 기간의 유효함을 임차인 및 임대인은 주장할 수 있다.
> ㄴ. 임차권등기명령의 집행에 의한 임차권등기가 경료된 주택을 임차한 소액임차인은 경매시에 최우선변제를 받을 수 없다.
> ㄷ. 이 법은 일시사용을 위한 임대차임이 명백한 경우에는 적용되지 아니한다.
> ㄹ. 다세대주택의 경우에는 주민등록 전입신고시 지번까지만 기재하고 정확한 호수를 기재하지 않아도 이 법상의 보호를 받을 수 있다.

① ㄱ, ㄴ   ② ㄱ, ㄹ
③ ㄴ, ㄷ   ④ ㄷ, ㄹ
⑤ ㄱ, ㄴ, ㄷ

38. 개업공인중개사가 「상가건물 임대차보호법」이 적용되는 상가건물의 임대차를 중개하면서 설명한 내용으로 틀린 것은? (다툼이 있으면 판례에 따름)

① 서울특별시 소재 상가건물 임대차의 경우 보증금액이 6억원(월 차임 환산금액 포함)을 초과하는 경우에는 이 법이 적용되지 않는다.
② 임차인은 최초의 임대차기간을 포함하여 10년을 초과하지 않는 범위 내에서 계약의 갱신을 요구할 수 있다.
③ 가등기가 경료된 후 대항력을 취득한 임차인은 그 가등기에 기하여 본등기를 경료한 자에 대하여 대항할 수 없다.
④ 대항력을 취득한 임차인이 관할 세무서장에게 확정일자를 받으면 우선변제권을 취득한다.
⑤ 경제사정의 변동 등으로 인한 차임 또는 보증금의 증액은 청구 당시의 차임 또는 보증금의 100분의 5의 금액을 초과하지 못한다.

39. 「민사집행법」에 따른 부동산경매와 관련한 설명으로 틀린 것은?

① 경매에 의하여 농지를 취득하는 자는 농지취득자격증명이 있어야 매각결정을 받을 수 있다.
② 기일입찰에서 매수신청의 보증금액은 매수신고가격의 10분의 1로 한다.
③ 매각부동산 위의 모든 저당권, 근저당권, 담보가등기는 매각으로 소멸된다.
④ 매수인은 매각대금을 다 낸 때에 매각의 목적인 권리를 취득한다.
⑤ 경매신청이 취하되면 원칙적으로 그 경매신청으로 발생된 압류의 효력은 소멸한다.

40. 「공인중개사의 매수신청대리인 등록 등에 관한 규칙」에 따라 매수신청대리인으로 등록한 개업공인중개사의 매수신청대리권의 범위로 볼 수 없는 것은?

① 입찰표의 작성 및 제출
② 매수신청보증의 제공
③ 차순위매수신고
④ 공유자의 우선매수신고
⑤ 인도명령신청

41. 국토의 계획 및 이용에 관한 법령상 도시 · 군관리계획을 입 안할 때 기초조사를 실시하지 않을 수 있는 경우로 옳은 것을 모두 고른 것은?

> ㄱ. 해당 지구단위계획구역을 관리하고자 하는 경우로 서 지구단위계획의 내용에 너비 10m 이상 도로의 설치계획이 없는 경우
>
> ㄴ. 해당 지구단위계획구역 안의 나대지 면적이 구역 면적의 5%에 미달하는 경우
>
> ㄷ. 해당 지구단위계획구역이 도심지(상업지역과 상업 지역에 연접한 지역을 말한다)에 위치하는 경우

① ㄱ
② ㄷ
③ ㄱ, ㄴ
④ ㄱ, ㄷ
⑤ ㄱ, ㄴ, ㄷ

42. 국토의 계획 및 이용에 관한 법령상 기반시설인 자동차정류 장을 세분할 경우 이에 해당하지 <u>않는</u> 것은?

① 물류터미널
② 공영차고지
③ 복합환승센터
④ 화물자동차 휴게소
⑤ 지하주차장

43. 국토의 계획 및 이용에 관한 법령상 지구단위계획에 관한 설 명으로 <u>틀린</u> 것은?

① 지구단위계획은 도시 · 군관리계획으로 결정한다.
② 도시지역 내 주거 · 상업 · 업무 등의 기능을 결합하는 등 복합적인 토지이용을 증진시킬 필요가 있는 지역으 로서 일반공업지역에 지구단위계획구역을 지정할 수 있다.
③ 시 · 도지사는 「산업입지 및 개발에 관한 법률」의 산업 단지와 준산업단지의 전부 또는 일부에 대하여 지구단 위계획구역을 지정할 수 있다.
④ 지구단위계획의 수립기준은 국토교통부장관이 정한다.
⑤ 「택지개발촉진법」에 따라 지정된 택지개발지구에서 시 행되는 사업이 끝난 후 10년이 지난 지역은 지구단위 계획구역으로 지정해야 한다.

44. 국토의 계획 및 이용에 관한 법령상 일반주거지역 내의 지구 단위계획구역에서 건폐율이 50%이고 대지면적이 500m²인 부지에 건축물을 건축하려는 자가 그 부지 중 100m²를 공공 시설의 부지로 제공하는 경우, 지구단위계획으로 완화하여 적용할 수 있는 건폐율의 최대한도(%)는 얼마인가? (단, 다 른 조건은 고려하지 않음)

① 50
② 55
③ 60
④ 65
⑤ 70

45. 국토의 계획 및 이용에 관한 법령상 개발행위허가에 관한 설 명으로 옳은 것은?

① 개발행위허가를 받은 행정청이 새로 공공시설을 설치 한 경우 새로 설치된 공공시설은 그 시설을 관리할 관 리청에 유상으로 귀속된다.
② 개발밀도관리구역 안에서 개발행위허가 신청을 할 때 에는 기반시설의 설치나 그에 필요한 용지의 확보에 관한 계획서를 제출해야 한다.
③ 허가권자는 불허가의 처분을 할 때에는 지체 없이 그 신청인에게 불허가처분의 사유를 구두로 알려야 한다.
④ 성장관리계획을 수립한 지역에서 하는 개발행위를 허 가하려면 지방도시계획위원회의 심의를 거쳐야 한다.
⑤ 허가권자는 개발행위허가의 신청에 대하여 특별한 사 유가 없으면 15일(협의 또는 심의기간은 제외) 이내에 처분을 해야 한다.

46. 「국토의 계획 및 이용에 관한 법률」이 정하고 있는 용도지역 안에서의 건폐율과 용적률의 최대한도로 <u>틀린</u> 것은?

① 주거지역: 70% 이하 - 500% 이하
② 상업지역: 90% 이하 - 1,300% 이하
③ 공업지역: 70% 이하 - 400% 이하
④ 녹지지역: 20% 이하 - 100% 이하
⑤ 계획관리지역: 40% 이하 - 100% 이하

47. 甲소유의 토지는 A광역시 B구에 소재한 지목이 대(垈)인 토지로서 한국토지주택공사를 사업시행자로 하는 도시·군계획시설 부지이다. 甲의 토지에 대해 국토의 계획 및 이용에 관한 법령상 도시·군계획시설 부지의 매수청구권이 인정되는 경우에 관한 설명으로 옳은 것은?

① 甲의 토지의 매수의무자는 A광역시장이다.

② 甲이 매수청구를 할 수 있는 대상은 토지이며, 그 토지에 있는 건축물은 포함되지 않는다.

③ 甲이 원하는 경우 매수의무자는 도시·군계획시설채권을 발행하여 그 대금을 지급할 수 있다.

④ 매수의무자는 매수청구를 받은 날부터 6개월 이내에 매수 여부를 결정하여 甲과 A광역시장에게 알려야 한다.

⑤ 매수청구에 대해 매수의무자가 매수하지 않기로 결정한 경우 甲은 자신의 토지에 2층의 다세대주택을 건축할 수 있다.

48. 국토의 계획 및 이용에 관한 법령상 광역도시계획에 관한 설명으로 옳은 것은?

① 국토교통부장관이 광역계획권을 지정하려면 관계 지방도시계획위원회의 심의를 거쳐야 한다.

② 도지사가 관할 시장 또는 군수와 공동으로 광역도시계획을 수립하는 경우에는 국토교통부장관의 승인을 받지 않고 광역도시계획을 수립할 수 있다.

③ 중앙행정기관의 장은 국토교통부장관에게 광역계획권의 변경을 요청할 수 없다.

④ 시장 또는 군수가 광역도시계획을 수립하거나 변경하려면 국토교통부장관의 승인을 받아야 한다.

⑤ 광역계획권은 인접한 둘 이상의 특별시·광역시·시 또는 군의 관할 구역 단위로 지정해야 하며, 그 관할 구역의 일부만을 광역계획권에 포함시킬 수는 없다.

49. 국토의 계획 및 이용에 관한 법령상 도시·군기본계획의 수립 및 정비에 관한 조문의 일부이다. ( )에 들어갈 숫자를 옳게 연결한 것은?

○ 도시·군기본계획 입안일부터 (ㄱ)년 이내에 재해취약성분석을 실시한 경우에는 재해취약성분석을 하지 않을 수 있다.

○ 특별시장·광역시장·특별자치시장·특별자치도지사·시장 또는 군수는 (ㄴ)년마다 관할 구역의 도시·군기본계획에 대하여 타당성을 전반적으로 재검토하여 정비해야 한다.

① ㄱ: 2, ㄴ: 3   ② ㄱ: 3, ㄴ: 4

③ ㄱ: 4, ㄴ: 5   ④ ㄱ: 5, ㄴ: 5

⑤ ㄱ: 5, ㄴ: 10

50. 국토의 계획 및 이용에 관한 법령상 기반시설부담구역에 관한 설명으로 틀린 것은?

① 법령의 개정으로 인하여 행위제한이 완화되는 지역에 대해서는 기반시설부담구역으로 지정해야 한다.

② 녹지와 폐기물처리시설은 기반시설부담구역에 설치가 필요한 기반시설에 해당한다.

③ 기반시설부담구역은 개발밀도관리구역에서 기반시설을 설치하거나 그에 필요한 용지를 확보하게 하기 위하여 지정·고시하는 구역을 말한다.

④ 기반시설부담구역에서 「건축법」에 따른 리모델링을 하는 건축물은 기반시설설치비용의 부과대상이 아니다.

⑤ 기존 건축물을 철거하고 신축하는 건축행위가 기반시설설치비용의 부과대상이 되는 경우에는 기존 건축물의 건축연면적을 초과하는 건축행위만 부과대상으로 한다.

51. 국토의 계획 및 이용에 관한 법령상 제1종 일반주거지역에 건축할 수 있는 건축물이 아닌 것은? (단, 도시·군계획조례는 고려하지 않음)

① 단독주택

② 공동주택(아파트를 제외한다)

③ 제1종 근린생활시설

④ 교육연구시설 중 유치원·초등학교·중학교 및 고등학교

⑤ 종교시설

52. 국토의 계획 및 이용에 관한 법령상 도시·군계획시설사업에 관한 설명으로 틀린 것은?

① 도시·군관리계획으로 결정된 도로를 정비하는 사업은 도시·군계획시설사업에 해당한다.

② 한국토지주택공사가 도시·군계획시설사업의 시행자로 지정을 받으려면 사업대상 토지면적의 3분의 2 이상의 토지소유자의 동의를 받아야 한다.

③ 도시·군계획시설사업의 시행자는 도시·군계획시설사업에 필요한 토지나 건축물을 수용할 수 있다.

④ 시행자는 도시·군계획시설사업의 공사를 마친 때에는 공사완료보고서를 작성하여 시·도지사나 대도시 시장의 준공검사를 받아야 한다.

⑤ 도시·군계획시설결정의 고시일로부터 20년이 지날 때까지 도시·군계획시설사업이 시행되지 않는 경우 그 도시·군계획시설결정은 그 고시일로부터 20년이 되는 날의 다음 날에 효력을 잃는다.

53. 도시개발법령상 준공검사 등에 관한 설명으로 틀린 것은?

① 지정권자가 시행자인 경우 그 시행자는 도시개발사업의 공사를 완료한 때에는 공사완료 공고를 해야 한다.

② 지정권자가 아닌 시행자가 도시개발사업의 공사를 끝낸 때에는 공사완료보고서를 작성하여 지정권자의 준공검사를 받아야 한다.

③ 지정권자가 아닌 시행자는 도시개발사업에 관한 공사가 전부 끝나기 전이라도 공사가 끝난 부분에 관하여 준공검사를 받을 수 있다.

④ 지정권자는 효율적인 준공검사를 위하여 필요하면 관계 행정기관 등에 의뢰하여 준공검사를 할 수 있다.

⑤ 도시개발사업의 준공검사 전에는 체비지를 사용할 수 없다.

54. 도시개발법령상 수용 또는 사용의 방식에 따른 사업시행에 관한 설명으로 옳은 것은?

① 시행자가 아닌 지정권자는 도시개발사업에 필요한 토지 등을 수용할 수 있다.

② 토지 등의 수용 또는 사용에 관하여 이 법에 특별한 규정이 있는 경우 외에는 「국토의 계획 및 이용에 관한 법률」을 준용한다.

③ 수용 또는 사용의 대상이 되는 토지의 세부목록을 고시한 경우에는 「공익사업을 위한 토지 등의 취득 및 보상에 관한 법률」에 따른 사업인정 및 그 고시가 있었던 것으로 본다.

④ 국가에게 공급할 수 있는 원형지 면적은 도시개발구역 전체 토지면적의 3분의 2까지로 한다.

⑤ 토지상환채권의 발행규모는 토지상환채권으로 상환할 토지·건축물이 도시개발사업으로 조성되는 분양토지 또는 분양건축물 면적의 3분의 2를 초과하지 않아야 한다.

55. 도시개발법령상 도시개발조합에 관한 설명으로 틀린 것은?

① 조합은 도시개발사업의 전부를 환지방식으로 시행하는 경우 사업시행자가 될 수 있다.

② 조합을 설립하려면 도시개발구역의 토지소유자 7명 이상이 정관을 작성하여 지정권자에게 조합설립의 인가를 받아야 한다.

③ 조합이 작성하는 정관에는 도시개발구역의 면적이 포함되어야 한다.

④ 조합설립의 인가를 신청하려면 국·공유지를 제외한 해당 도시개발구역의 토지면적의 3분의 2 이상에 해당하는 토지소유자와 그 구역의 토지소유자 총수의 2분의 1 이상의 동의를 받아야 한다.

⑤ 조합의 대표자는 조합의 설립인가를 받은 날부터 30일 이내에 주된 사무소의 소재지에서 설립등기를 해야 한다.

56. 도시개발법령상 환지계획의 작성기준에 관한 내용이다. ( )에 들어갈 내용을 옳게 연결한 것은?

○ 환지설계시 적용되는 토지·건축물의 평가액은 최초 (ㄱ)인가시를 기준으로 하여 정하고 변경할 수 없으며, 환지 후 토지·건축물의 평가액은 실시계획의 변경으로 평가요인이 변경된 경우에만 환지계획의 변경인가를 받아 변경할 수 있다.

○ 보류지는 (ㄴ)인가에 따라 정하되, 도시개발구역이 둘 이상의 환지계획구역으로 구분되는 경우에는 환지계획구역별로 사업비 및 보류지를 책정해야 한다.

① ㄱ: 환지계획, ㄴ: 실시계획

② ㄱ: 개발계획, ㄴ: 실시계획

③ ㄱ: 개발계획, ㄴ: 환지계획

④ ㄱ: 실시계획, ㄴ: 환지계획

⑤ ㄱ: 환지계획, ㄴ: 개발계획

57. 도시개발법령상 도시개발사업의 비용부담에 관한 설명으로 틀린 것은?

① 지정권자인 시행자는 그가 시행한 도시개발사업으로 이익을 얻는 시·도가 있으면 도시개발사업에 든 비용의 일부를 그 시·도에 부담시킬 수 있다.

② 시·도지사가 발행하는 도시개발채권의 소멸시효는 상환일로부터 기산하여 원금은 5년, 이자는 2년으로 한다.

③ 시행자가 지방자치단체인 경우에는 공원·녹지의 조성비 전부를 국고에서 보조하거나 융자할 수 있다.

④ 시행자는 공동구를 설치하는 경우에는 다른 법률에 따라 그 공동구에 수용될 시설을 설치할 의무가 있는 자에게 공동구의 설치에 드는 비용을 부담시킬 수 있다.

⑤ 시·도지사와 대도시 시장간의 비용부담에 관한 협의가 성립되지 않는 경우에는 기획재정부장관의 결정에 따른다.

58. 도시개발법령상 조합인 시행자가 면적식으로 환지계획을 수립하여 환지방식에 의한 사업시행을 하는 경우, 환지계획구역의 평균 토지부담률(%)은 얼마인가? (단, 다른 조건은 고려하지 않음)

> ○ 환지계획구역 면적: 100만m²
> ○ 공공시설의 설치로 시행자에게 무상귀속되는 토지 면적: 10만m²
> ○ 시행자가 소유하는 토지면적: 10만m²
> ○ 보류지 면적: 60만m²

① 20%　　　　　　② 40%
③ 50%　　　　　　④ 60%
⑤ 80%

59. 도시 및 주거환경정비법령상 도시·주거환경정비기본계획(이하 '기본계획'이라 함)의 수립에 관한 설명으로 틀린 것은?
① 기본계획의 작성방법은 국토교통부장관이 정한다.
② 기본계획에 생활권별 기반시설설치계획이 포함된 경우에는 기본계획에 포함되어야 할 사항 중 주거지 관리계획이 생략될 수 있다.
③ 대도시의 시장이 아닌 시장은 기본계획의 내용 중 단계별 정비사업 추진계획을 변경하는 때에는 도지사의 승인을 받지 않아도 된다.
④ 지방의회는 기본계획의 수립권자가 기본계획을 통지한 날부터 60일 이내에 의견을 제시해야 한다.
⑤ 도지사가 기본계획을 수립할 필요가 없다고 인정하는 대도시가 아닌 시는 기본계획을 수립하지 않을 수 있다.

60. 도시 및 주거환경정비법령상 공공재개발사업에 관한 설명으로 옳은 것을 모두 고른 것은?

> ㄱ. 시장·군수 등 또는 토지주택공사 등이 공공재개발사업 시행자이어야 한다.
> ㄴ. 공공임대주택 건설비율은 건설·공급되는 주택의 전체 세대수의 100분의 20 이하에서 국토교통부장관이 정하여 고시하는 비율 이상으로 한다.
> ㄷ. 공공재개발사업 시행자는 지방도시계획위원회 및 도시재정비위원회의 심의를 거쳐 법적상한용적률의 100분의 120까지 건축할 수 있다.
> ㄹ. 정비구역의 지정권자는 정비구역을 지정·고시한 날부터 2년이 되는 날까지 공공재개발사업 시행자가 지정되지 않으면 그 2년이 되는 날의 다음 날에 정비구역의 지정을 해제해야 한다.

① ㄱ
② ㄴ, ㄹ
③ ㄱ, ㄴ, ㄷ
④ ㄴ, ㄷ, ㄹ
⑤ ㄱ, ㄴ, ㄷ, ㄹ

61. 도시 및 주거환경정비법령상 조합에 관한 설명으로 옳은 것은?
① 토지등소유자가 재개발사업을 시행하려는 경우에는 반드시 조합을 설립해야만 한다.
② 토지등소유자가 100명 이하인 조합에는 2명 이하의 이사를 둔다.
③ 재건축사업의 추진위원회가 주택단지가 아닌 지역이 포함된 정비구역에서 조합을 설립하려는 때에는 토지면적의 4분의 3 이상의 토지소유자의 동의를 받아야 한다.
④ 시공자의 선정을 의결하는 총회의 경우에는 조합원의 100분의 20 이상이 직접 출석해야 한다.
⑤ 대의원회는 임기 중 궐위된 조합장을 보궐선임할 수 없다.

62. 도시 및 주거환경정비법령상 지분형주택의 공급에 관한 설명이다. (　)에 들어갈 숫자로 옳은 것은?

> 사업시행자가 토지주택공사 등인 경우에는 분양대상자와 사업시행자가 공동소유하는 방식으로 주택(이하 '지분형주택'이라 한다)을 공급할 수 있다.
> 1. 지분형주택의 규모는 주거전용면적 (ㄱ)m² 이하인 주택으로 한정한다.
> 2. 지분형주택의 공동소유기간은 소유권을 취득한 날부터 (ㄴ)년의 범위에서 사업시행자가 정하는 기간으로 한다.

① ㄱ: 30, ㄴ: 3
② ㄱ: 50, ㄴ: 5
③ ㄱ: 60, ㄴ: 10
④ ㄱ: 85, ㄴ: 5
⑤ ㄱ: 100, ㄴ: 10

63. 도시 및 주거환경정비법령상 관리처분계획에 관한 설명으로 옳은 것은?
① 재개발사업의 관리처분은 정비구역 안의 지상권자에 대한 분양을 포함해야 한다.
② 재건축사업의 관리처분의 기준은 조합원 전원의 동의를 받더라도 법령상 정해진 관리처분의 기준과 달리 정할 수 없다.
③ 사업시행자는 폐공가의 밀집으로 범죄발생의 우려가 있는 경우 기존 건축물의 소유자의 동의 및 시장·군수 등의 허가를 받아 해당 건축물을 철거할 수 있다.
④ 관리처분계획의 인가·고시가 있는 때에는 종전의 토지의 임차권자는 사업시행자의 동의를 받더라도 이전고시가 있는 날까지 종전의 토지를 사용할 수 없다.
⑤ 정비사업의 시행으로 조성된 대지 및 건축물은 사업시행계획에 따라 처분 또는 관리해야 한다.

64. 도시 및 주거환경정비법령상 정비사업의 공사완료에 따른 조치 등에 관한 설명으로 옳은 것을 모두 고른 것은?

> ㄱ. 사업시행자는 공사완료의 고시가 있는 때에는 지체 없이 대지확정측량을 하고 토지의 분할절차를 거쳐 관리처분계획에 정한 사항을 분양을 받을 자에게 통지하고 대지 또는 건축물의 소유권을 이전해야 한다.
>
> ㄴ. 정비사업의 효율적인 추진을 위하여 필요한 경우에는 해당 정비사업에 관한 공사가 전부 완료되기 전이라도 완공된 부분은 준공인가를 받아 대지 또는 건축물별로 분양받을 자에게 소유권을 이전할 수 있다.
>
> ㄷ. 조합장은 이전·고시가 있은 날부터 1년 이내에 조합해산을 위한 총회를 소집해야 한다.

① ㄱ
② ㄱ, ㄴ
③ ㄱ, ㄷ
④ ㄴ, ㄷ
⑤ ㄱ, ㄴ, ㄷ

65. 주택법령상 「공동주택관리법」에 따른 행위의 허가를 받거나 신고를 하고 설치하는 세대구분형 공동주택의 기준으로 틀린 것은?
① 구분된 공간의 세대수는 기존 세대를 포함하여 2세대 이하일 것
② 하나의 세대가 통합하여 사용할 수 있도록 세대간에 연결문 또는 경량구조의 경계벽 등을 설치할 것
③ 세대별로 구분된 각각의 공간마다 별도의 욕실, 부엌과 구분 출입문을 설치할 것
④ 세대구분형 공동주택의 세대수가 해당 주택단지 안의 공동주택 전체 세대수의 10분의 1과 해당 동의 전체 세대수의 3분의 1을 각각 넘지 않을 것
⑤ 구조, 화재, 소방 및 피난안전 등 관계 법령에서 정하는 안전기준을 충족할 것

66. 주택법령상 주택조합에 관한 설명으로 옳은 것은?
① 국민주택을 공급받기 위하여 설립한 직장주택조합을 해산하려면 관할 시장·군수·구청장의 인가를 받아야 한다.
② 지역주택조합은 임대주택으로 건설·공급해야 하는 세대수를 포함하여 주택건설 예정 세대수의 50% 이상의 조합원으로 구성해야 한다.
③ 리모델링주택조합의 경우 공동주택의 소유권이 여러 명의 공유에 속할 때에는 그 공유자 모두를 조합원으로 본다.
④ 지역주택조합의 설립인가 후 조합원이 사망했더라도 조합원 수가 주택건설 예정 세대수의 50% 이상을 유지하고 있다면 조합원을 충원할 수 없다.
⑤ 지역주택조합이 설립인가를 받은 후에 조합원을 추가 모집한 경우에는 주택조합의 변경인가를 받아야 한다.

67. 주택법령상 주택단지가 일정한 시설로 분리된 토지는 각각 별개의 주택단지로 본다. 그 시설에 해당하지 않는 것은?
① 고속도로
② 폭 20m의 도시계획예정도로
③ 폭 18m의 일반도로
④ 자동차전용도로
⑤ 보행자 및 자동차의 통행이 가능한 도로로서 「도로법」에 의한 일반국도

68. 주택법령상 세대수 증가형 리모델링을 하는 경우에 수립하는 권리변동계획의 내용으로 틀린 것은?
① 리모델링 전후의 대지 및 건축물의 권리변동 명세
② 조합원의 비용분담
③ 사업비
④ 세대수 증가에 따른 기반시설의 영향검토
⑤ 조합원 외의 자에 대한 분양계획

17

69. 주택법령상 주택상환사채에 관한 설명으로 **틀린** 것은?

① 등록사업자가 주택상환사채를 발행하려면 금융기관 또는 주택도시보증공사의 보증을 받아야 한다.

② 등록사업자의 등록이 말소된 경우에도 등록사업자가 발행한 주택상환사채의 효력에는 영향을 미치지 않는다.

③ 주택상환사채는 기명증권으로 하고, 사채권자의 명의변경은 취득자의 성명을 채권에 기록하는 방법으로 한다.

④ 주택상환사채의 발행자는 주택상환사채대장을 비치하고, 주택상환사채권의 발행 및 상환에 관한 사항을 기재해야 한다.

⑤ 주택상환사채를 발행하려는 자는 주택상환사채발행계획을 수립하고 국토교통부장관의 승인을 받아야 한다.

70. 주택법령상 전매행위제한의 대상이 **아닌** 것은?

① 조정대상지역에서 건설·공급되는 주택

② 분양가상한제 적용주택

③ 공공택지 외의 택지에서 건설·공급되는 주택

④ 토지임대부 분양주택

⑤ 공공재건축사업에서 건설·공급하는 주택

71. 주택법령상 주택의 공급에 관한 설명으로 옳은 것은?

① 한국토지주택공사가 사업주체로서 입주자를 모집하려는 경우에는 시장·군수·구청장의 승인을 받아야 한다.

② 「관광진흥법」에 따라 지정된 관광특구에서 건설·공급하는 층수가 51층이고 높이가 145m인 아파트는 분양가상한제를 적용한다.

③ 시·도지사는 주택가격상승률이 물가상승률보다 현저히 높은 지역으로서 주택가격의 급등이 우려되는 지역에 대해서 분양가상한제 적용지역으로 지정할 수 있다.

④ 주택의 사용검사 후 주택단지 내 일부의 토지의 소유권을 회복한 자에게 주택소유자들이 매도청구를 하려면 해당 토지의 면적이 주택단지 전체 대지면적의 5% 미만이어야 한다.

⑤ 사업주체가 투기과열지구에서 건설·공급하는 주택은 매매하거나 상속할 수 없다.

72. 건축법령상 건축물의 대지에 조경 등의 조치를 하지 않아도 되는 경우를 모두 고른 것은?

> ㄱ. 면적 5,000m² 미만인 대지에 건축하는 공장
>
> ㄴ. 연면적의 합계가 1,500m² 미만인 공장
>
> ㄷ. 「산업집적활성화 및 공장설립에 관한 법률」에 따른 산업단지의 공장

① ㄱ

② ㄷ

③ ㄱ, ㄴ

④ ㄴ, ㄷ

⑤ ㄱ, ㄴ, ㄷ

73. 건축법령상 신고의 대상이 되는 건축 또는 대수선으로 **틀린** 것은?

① 기존 건축물의 높이에서 4m를 더 높이는 증축

② 연면적이 180m²인 기존 2층 건축물의 대수선

③ 연면적의 합계가 100m²인 건축물의 신축

④ 공업지역 안에서 연면적이 500m²인 2층 공장의 신축

⑤ 기존 건축물의 바닥면적 중 80m²의 개축

74. 건축법령상 승강기에 관한 설명이다. (   )에 들어갈 숫자로 옳은 것은?

> 건축주는 (ㄱ)층 이상으로서 연면적이 (ㄴ)m² 이상인 건축물을 건축하려면 승강기를 설치해야 한다. 다만, 층수가 (ㄱ)층인 건축물로서 각 층 거실의 바닥면적 (ㄷ)m² 이내마다 1개소 이상의 직통계단을 설치한 건축물은 제외한다.

① ㄱ: 3, ㄴ: 1천, ㄷ: 200

② ㄱ: 4, ㄴ: 2천, ㄷ: 300

③ ㄱ: 5, ㄴ: 1천, ㄷ: 200

④ ㄱ: 6, ㄴ: 2천, ㄷ: 300

⑤ ㄱ: 8, ㄴ: 3천, ㄷ: 500

75. 건축법령상 용어에 관한 설명으로 **틀린** 것은?

① 지하층이란 건축물의 바닥이 지표면 아래에 있는 층으로서 바닥에서 지표면까지 평균높이가 해당 층 높이의 3분의 1 이상인 것을 말한다.

② 거실이란 건축물 안에서 거주, 집무, 작업, 집회, 오락 그 밖에 이와 유사한 목적을 위하여 사용되는 방을 말한다.

③ 고층건축물이란 층수가 30층 이상이거나 높이가 120m 이상인 건축물을 말한다.

④ 초고층건축물이란 층수가 50층 이상이거나 높이가 200m 이상인 건축물을 말한다.

⑤ 이전이란 건축물의 주요구조부를 해체하지 않고 같은 대지의 다른 위치로 옮기는 것을 말한다.

76. 건축법령상 건축협정에 관한 설명으로 **틀린** 것은?

① 「도시 및 주거환경정비법」에 따른 주거환경개선사업을 시행하기 위하여 지정·고시된 정비구역에서는 건축협정을 체결할 수 없다.

② 건축물의 소유자 등은 전원의 합의로 건축물의 리모델링에 관한 건축협정을 체결할 수 있다.

③ 협정체결자 또는 건축협정운영회의 대표자는 건축협정서를 작성하여 시·도지사 및 시장·군수·구청장의 인가를 받아야 한다.

④ 건축협정 체결대상 토지가 둘 이상의 특별자치시 또는 시·군·구에 걸치는 경우 건축협정 체결대상 토지면적의 과반이 속하는 건축협정인가권자에게 인가를 신청할 수 있다.

⑤ 협정체결자 또는 건축협정운영회의 대표자는 건축협정을 폐지하려는 경우 협정체결자 과반수의 동의를 받아 건축협정인가권자의 인가를 받아야 한다.

77. 건축법령상 건축물의 면적 등의 산정방법에 관한 설명으로 **옳은** 것은?

① 지하층은 건축물의 층수에 산입한다.

② 건축물 지상층에 일반인이 통행할 수 있도록 설치한 보행통로는 건축면적에 산입한다.

③ 공동주택으로서 지상층에 설치한 어린이놀이터의 면적은 바닥면적에 산입한다.

④ 지하층의 면적은 용적률을 산정할 때에는 연면적에 포함한다.

⑤ 지하주차장의 경사로는 건축면적에 산입하지 않는다.

78. 건축법령상 특별자치시장·특별자치도지사 또는 시장·군수·구청장에게 신고하고 축조해야 하는 공작물에 해당하는 것은?

① 높이 3m의 장식탑

② 높이 7m의 고가수조

③ 높이 3m의 광고탑

④ 높이 3m의 담장

⑤ 바닥면적 25m²의 지하대피호

79. 농지법령상 용어에 관한 설명으로 **틀린** 것은?

① 농지소유자가 타인에게 일정한 보수를 지급하기로 약정하고 농작업의 일부만을 위탁하는 것은 위탁경영에 해당하지 않는다.

② 인삼 재배지로 계속하여 이용되는 기간이 6년인 지목이 전(田)인 토지는 농지에 해당한다.

③ 2천m²의 농지에서 농작물을 경작하면서 1년 중 80일을 농업에 종사하는 개인은 농업인에 해당한다.

④ 농지개량과 농축산물 생산시설의 부지로 농지를 사용하는 경우에는 전용(轉用)으로 보지 않는다.

⑤ 주말·체험영농이란 농업인이 아닌 개인이 주말 등을 이용하여 취미생활이나 여가활동으로 농작물을 경작하거나 다년생식물을 재배하는 것을 말한다.

80. 농지법령상 농지보전부담금에 관한 설명으로 **틀린** 것은?

① 농지전용신고를 하고 농지를 전용하려는 자는 농지보전부담금을 내야 한다.

② 농지보전부담금의 납부기한은 납부통지서 발행일부터 농지전용허가 또는 농지전용신고 전까지로 한다.

③ 농지보전부담금은 신용카드 등으로 납부할 수 있다.

④ 농지보전부담금을 낸 자의 허가가 취소된 경우 농지보전부담금을 환급해야 한다.

⑤ 농림축산식품부장관은 납부기한까지 부담금을 내지 않는 경우에는 납부기한이 지난 날부터 체납된 농지보전부담금의 100분의 5에 상당하는 금액을 가산금으로 부과한다.

학습일자: _____ / _____

2024년도 제35회 공인중개사 2차 국가자격시험

실전모의고사 제1회

교 시	문제형별	시 간	시 험 과 목
2교시	**A**	**50분**	① 부동산 공시에 관한 법령 및 부동산 관련 세법

수험번호		성 명	

【 수험자 유의사항 】

1. **시험문제지는 단일 형별(A형)이며, 답안카드 형별 기재란에 표시된 형별(A형)을 확인하시기 바랍니다.** 시험문제지의 **총면수, 문제번호 일련순서, 인쇄상태** 등을 확인하시고, 문제지 표지에 수험번호와 성명을 기재하시기 바랍니다.

2. 답은 각 문제마다 요구하는 **가장 적합하거나 가까운 답 1개**만 선택하고, 답안카드 작성 시 시험문제지 **형별누락, 마킹착오**로 인한 불이익은 전적으로 **수험자에게 책임**이 있음을 알려드립니다.

3. 답안카드는 국가전문자격 공통 표준형으로 문제번호가 1번부터 125번까지 인쇄되어 있습니다. 답안 마킹 시에는 반드시 **시험문제지의 문제번호와 동일한 번호에 마킹**하여야 합니다. (2차 2교시: 1번~40번)

4. **감독위원의 지시에 불응하거나 시험시간 종료 후 답안카드를 제출하지 않을 경우** 불이익이 발생할 수 있음을 알려 드립니다.

5. 시험문제지는 시험 종료 후 가져가시기 바랍니다.

6. 답안작성은 **시험 시행일(2024.10.26.) 현재 시행되는 법령 등**을 적용하시기 바랍니다.

7. 가답안 의견제시에 대한 개별회신 및 공고는 하지 않으며, **최종 정답 발표로 갈음**합니다.

8. 시험 중 **중간 퇴실은 불가**합니다. 단, 부득이하게 퇴실할 경우 **시험포기각서 제출 후 퇴실은 가능**하나 **재입실이 불가**하며, **해당시험은 무효처리됩니다.**

해커스 공인중개사

1. 공간정보의 구축 및 관리 등에 관한 법령상 토지의 조사·등록에 관한 설명 중 (   ) 안에 들어갈 내용으로 옳은 것은?

> ○ (ㄱ)은 토지의 이동현황을 직권으로 조사·측량하여 토지의 지번·지목·면적·경계 또는 좌표를 결정하려는 때에는 (ㄴ)계획을 수립하여야 한다.
> ○ 지적소관청은 (ㄴ)계획에 따라 토지의 이동현황을 조사한 때에는 (ㄷ)에 토지의 이동현황을 적어야 한다.

	ㄱ	ㄴ	ㄷ
①	시·도지사	토지이동현황 조사	토지이동 조사부
②	시·도지사	토지이용현황 조사	토지이동정리 결의서
③	지적소관청	토지이동현황 조사	토지이동 조사부
④	지적소관청	토지이용현황 조사	토지이동 조사부
⑤	지적소관청	토지이동현황 조사	토지이동정리 결의서

2. 지적공부에 등록하는 지번의 부여 등에 대한 설명으로 틀린 것은?
① 지번은 지적소관청이 지번부여지역별로 차례대로 부여한다.
② 지번은 아라비아숫자로 표기하되, 임야대장 및 임야도에 등록하는 토지의 지번은 숫자 앞에 '산'자를 붙인다.
③ 지번은 본번과 부번으로 구성하되, 본번과 부번 사이에 " - " 표시로 연결한다. 이 경우 " - " 표시는 "의"라고 읽는다.
④ 신규등록의 경우에는 그 지번부여지역에서 인접토지의 본번에 부번을 붙여서 지번을 부여한다.
⑤ 분할의 경우에는 1필지의 지번은 분할 전의 지번으로 하고, 나머지 필지의 지번은 지번부여지역의 최종 부번의 다음 순번부터 부번으로 지번을 부여한다.

3. 다음 중 지목의 설정원칙에 관한 설명으로 옳은 것을 모두 고른 것은?

> ㄱ. 1필지가 둘 이상의 용도로 활용되는 경우에는 주된 용도에 따라 지목을 설정한다.
> ㄴ. 토지가 일시적 또는 임시적인 용도로 사용될 때에는 지목을 변경하지 아니한다.

> ㄷ. 관계 법령에 따른 공사가 준공된 토지는 그 사용목적에 따라 지목을 설정한다.

① ㄱ   ② ㄴ
③ ㄱ, ㄴ   ④ ㄴ, ㄷ
⑤ ㄱ, ㄴ, ㄷ

4. 공간정보의 구축 및 관리 등에 관한 법령상 경계에 관한 설명으로 틀린 것은?
① '경계'란 필지별로 경계점들을 직선으로 연결하여 지적공부에 등록한 선을 말한다.
② 토지의 지상경계는 둑, 담장이나 그 밖에 구획의 목표가 될 만한 구조물 및 경계점표지 등으로 구분한다.
③ 연접되는 토지간에 높낮이 차이가 있는 경우에 소유권이 불분명한 경우에는 그 구조물 등의 하단부를 기준으로 한다.
④ 토지가 해면 또는 수면에 접하는 경우에는 바깥쪽 어깨 부분을 기준으로 한다.
⑤ 분할에 따른 지상 경계는 지상건축물을 걸리게 결정해서는 아니 된다.

5. 다음 지적도면에 관한 설명으로 옳은 것은?

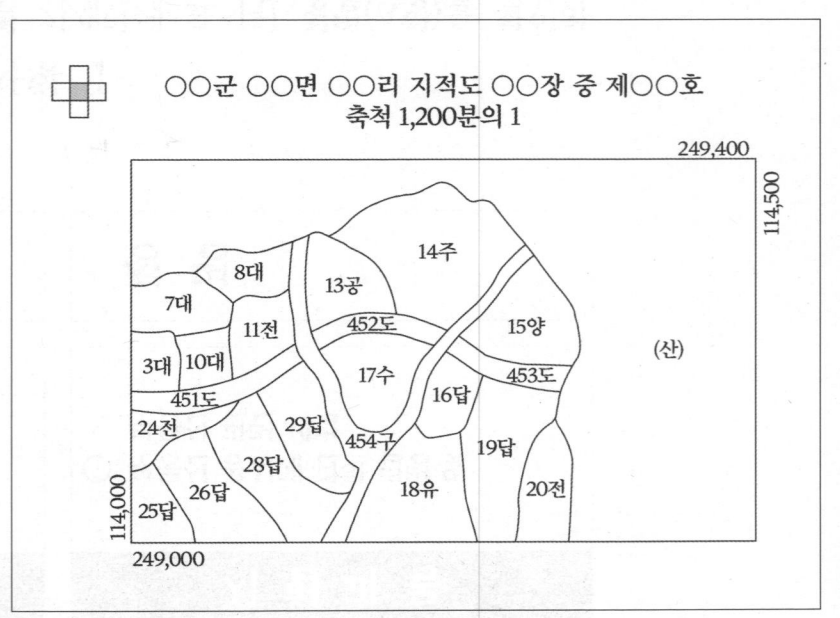

① 위 지역은 경계점좌표등록부 시행지역이다.
② 지적도면에 토지의 표시로서 토지의 소재, 지번, 지목, 경계를 등록한다.
③ 13번지의 지목은 '공장용지'이다.
④ 18번지의 지목은 '유원지'이다.
⑤ 도곽선에 의하여 도면의 연결관계를 알 수 있다.

6. 지적공부의 열람 및 등본 발급에 관한 설명으로 <u>틀린</u> 것은?

① 지적소관청은 해당 청사에 지적서고를 설치하고 그 곳에 지적공부(정보처리시스템을 통하여 기록·저장한 경우는 제외한다)를 영구히 보존하여야 한다.

② 천재지변이나 그 밖에 이에 준하는 재난을 피하기 위하여 필요한 경우에는 해당 청사 밖으로 지적공부를 반출할 수 있다.

③ 지적공부를 정보처리시스템을 통하여 기록·저장한 경우 국토교통부장관은 그 지적공부를 지적정보관리체계에 영구히 보존하여야 한다.

④ 국토교통부장관은 보존하여야 하는 지적공부가 멸실되거나 훼손될 경우를 대비하여 지적공부를 복제하여 관리하는 정보관리체계를 구축하여야 한다.

⑤ 지적공부를 열람하거나 그 등본을 발급받으려는 자는 해당 지적소관청에 그 열람 또는 발급을 신청하여야 한다.

7. 「공간정보의 구축 및 관리 등에 관한 법률」에 규정된 토지의 합병에 관한 설명 중 옳은 것을 모두 고른 것은?

> ㄱ. 토지소유자는 「주택법」에 따른 공동주택의 부지는 그 사유가 발생한 날부터 60일 이내에 지적소관청에 합병을 신청하여야 한다.
> ㄴ. 합병하려는 토지에 소유권·지상권·전세권 또는 임차권의 등기, 승역지에 대한 지역권의 등기 외의 등기가 있는 경우 합병할 수 있다.
> ㄷ. 합병하려는 각 필지의 지목은 같으나 일부 토지의 용도가 다르게 되어 분할대상인 경우 합병할 수 있다.

① ㄱ
② ㄷ
③ ㄱ, ㄴ
④ ㄱ, ㄷ
⑤ ㄴ, ㄷ

8. 축척변경에 관한 다음 설명 중 ( ) 안에 들어갈 내용을 옳게 연결한 것은?

> ○ 지적소관청은 시·도지사 또는 대도시 시장으로부터 축척변경승인을 받은 때에는 지체 없이 (ㄱ) 이상 공고하여야 한다.
> ○ 지적소관청은 청산금의 결정을 공고한 날부터 (ㄴ) 이내에 토지소유자에게 청산금의 납부고지 또는 수령통지를 하여야 한다.

	ㄱ	ㄴ
①	30일	20일
②	20일	15일
③	20일	20일
④	20일	30일
⑤	15일	20일

9. 「공간정보의 구축 및 관리 등에 관한 법률」에 따른 지적공부의 정리에 관한 설명으로 <u>틀린</u> 것은?

① 지적소관청은 토지이동 사유 등이 발생하는 경우에는 지적공부를 정리하여야 한다.

② 지적소관청은 토지의 이동이 있는 경우에는 토지이동정리 결의서를 작성하여야 하고, 토지소유자의 변동 등에 따라 지적공부를 정리하려는 경우에는 소유자정리 결의서를 작성하여야 한다.

③ 토지이동정리 결의서에는 등기필증, 등기부 등본 또는 그 밖에 토지소유자가 변경되었음을 증명하는 서류를 첨부하여야 한다.

④ 대장의 소유자변동일자는 등기완료통지서, 등기필증, 등기부 등본·초본의 경우에는 등기접수일자로 정리한다.

⑤ 공유수면매립지 준공에 따른 신규등록의 경우에 소유자변동일자는 매립준공일자로 정리한다.

10. 「공간정보의 구축 및 관리 등에 관한 법률」에 따른 지적소관청의 직권정정사유에 해당하지 <u>않는</u> 것은?

① 토지이동정리 결의서의 내용과 다르게 정리된 경우

② 지적도면에 등록된 필지가 경계의 위치가 잘못된 경우

③ 지적측량성과와 다르게 정리된 경우

④ 지적측량적부심사의 결과에 따라 지적공부의 등록사항을 정정하여야 하는 경우

⑤ 지적공부의 등록사항이 잘못 입력된 경우

11. 다음 중 지적측량에 관한 설명으로 옳은 것을 모두 고른 것은?

> ㄱ. 지적측량수행자는 지적측량의뢰를 받은 때에는 측량기간·측량일자 및 측량수수료 등을 기재한 지적측량수행계획서를 그 다음 날까지 지적소관청에 제출하여야 한다.
> ㄴ. 토지소유자 등 이해관계인은 검사측량과 지적재조사측량은 한국국토정보공사에게 지적측량을 의뢰하여야 한다.
> ㄷ. 경계복원측량과 지적현황측량은 검사측량을 요하지 아니한다.
> ㄹ. 지적삼각점측량성과 및 경위의측량방법으로 실시한 지적확정측량성과의 경우에도 측량성과에 관한 자료를 지적소관청에 제출하여 검사를 받아야 한다.

① ㄱ, ㄴ   ② ㄱ, ㄷ   ③ ㄴ, ㄷ
④ ㄴ, ㄹ   ⑤ ㄷ, ㄹ

12. 지적측량 적부심사의 절차에 관한 설명 중 틀린 것은?

① 토지소유자, 이해관계인 등은 지적측량결과에 대하여 다툼이 있는 경우에 관할 시·도지사를 거쳐 지방지적위원회에 지적측량 적부심사를 청구할 수 있다.

② 지적측량 적부심사청구를 받은 시·도지사는 30일 이내에 지방지적위원회에 회부하여야 한다.

③ 지적측량 적부심사청구를 회부받은 지방지적위원회는 그 심사청구를 회부받은 날부터 60일 이내에 심의·의결하여야 한다.

④ 지방지적위원회는 지적측량 적부심사를 의결하였으면 5일 이내에 의결서를 작성하여 시·도지사에게 송부하여야 한다.

⑤ 지방지적위원회의 의결에 불복하는 경우에는 그 의결서를 받은 날부터 90일 이내에 국토교통부장관을 거쳐 중앙지적위원회에 재심사를 청구할 수 있다.

13. 부기등기로 실행하는 등기를 모두 고른 것은?

> ㄱ. 등기명의인표시변경등기
> ㄴ. 환매특약등기
> ㄷ. 전세권을 목적으로 하는 저당권설정등기
> ㄹ. 권리소멸약정등기
> ㅁ. 소유권에 대한 가처분등기

① ㄱ, ㄷ, ㄹ   ② ㄴ, ㄷ, ㅁ
③ ㄱ, ㄴ, ㄷ, ㄹ   ④ ㄱ, ㄴ, ㄹ, ㅁ
⑤ ㄱ, ㄷ, ㄹ, ㅁ

14. 등기의 대상에 관한 다음 설명 중 틀린 것은?

① 1필지의 특정된 일부분에 대하여 지상권을 설정할 수 있다.

② 토지의 공유지분에 대하여 전세권설정등기를 할 수 없다.

③ 지붕 및 주벽 또는 그에 유사한 설비를 갖추고 있고, 토지에 견고하게 정착되어 있는 농업용 고정식 온실은 등기할 수 있다.

④ 주위토지통행권은 확인판결을 받은 경우에도 등기할 수 없다.

⑤ 「하천법」상의 하천에 대하여 소유권등기와 저당권설정등기는 실행할 수 없다.

15. 등기기록의 구성과 기록에 관한 다음 설명 중 틀린 것은?

① 구분건물에 대하여는 전유부분마다 부동산고유번호를 부여한다.

② 토지등기기록의 표제부에는 순위번호란, 접수란, 소재지번란, 지목란, 면적란, 등기원인 및 기타사항란을 둔다.

③ 갑구와 을구에는 순위번호란, 등기목적란, 접수란, 등기원인란, 권리자 및 기타사항란을 둔다.

④ 구분건물 중 대지권이 있는 경우에는 1동의 건물의 표제부에는 대지권의 목적인 토지의 표시를 위한 표시번호란, 소재지번란, 지목란, 면적란, 등기원인 및 기타사항란을 둔다.

⑤ 전유부분의 표제부에는 대지권의 표시를 위한 표시번호란, 대지권종류란, 대지권비율란, 등기원인 및 기타사항란을 둔다.

16. 각종 등기의 등기권리자와 등기의무자에 관한 다음 설명 중에서 틀린 것은?

① 소유권이전등기의 말소등기를 신청하는 경우에 등기권리자는 매도인, 등기의무자는 매수인이다.

② 전세권설정등기를 신청하는 경우에 등기권리자는 전세권자, 등기의무자는 전세권설정자이다.

③ 전세권설정등기를 제3자에게 이전하는 경우에 등기권리자는 전세권양수인, 등기의무자는 전세권설정자이다.

④ 전세권등기가 이전된 후에 전세권말소등기의 등기권리자는 전세권설정자, 등기의무자는 전세권양수인이다.

⑤ 전세금의 증액을 이유로 하는 전세권변경등기는 등기의무자가 전세권설정자이다.

17. 단독신청에 관한 설명으로 <u>틀린</u> 것은?

① 상속, 법인의 합병, 그 밖에 포괄승계인에 의한 등기는 등기권리자가 단독으로 신청한다.

② 소유권보존등기 또는 소유권보존등기의 말소등기는 등기명의인으로 될 자 또는 등기명의인이 단독으로 신청한다.

③ 등기절차의 이행 또는 인수를 명하는 판결에 의한 등기는 승소한 등기권리자 또는 등기의무자가 단독으로 신청한다.

④ 등기명의인표시의 변경이나 경정의 등기는 해당 권리의 등기명의인이 단독으로 신청한다.

⑤ 신탁재산에 속하는 부동산의 신탁등기는 수탁자(受託者)가 단독으로 신청한다.

18. 등기필정보의 작성 및 통지에 관한 다음 설명 중 <u>틀린</u> 것을 모두 고른 것은?

> ㄱ. 「부동산등기법」제3조 기타 법령에서 등기할 수 있는 권리로 규정하고 있는 권리를 보존, 설정, 이전, 말소등기를 하는 경우 등기필정보를 작성하여야 한다.
>
> ㄴ. 등기명의인표시 변경등기를 경료한 경우에 등기명의인에게 등기필정보를 작성·교부하지 아니한다.
>
> ㄷ. 권리자를 추가하는 경정 또는 변경등기를 하는 경우에 등기명의인에게 등기필정보를 작성·교부한다.
>
> ㄹ. 채권자대위등기의 경우에는 등기관은 등기필정보를 채권자에게 작성·교부한다.

① ㄱ, ㄴ   ② ㄱ, ㄹ
③ ㄴ, ㄷ   ④ ㄱ, ㄷ, ㄹ
⑤ ㄴ, ㄷ, ㄹ

19. 등기신청의 각하사유에 해당하는 것을 모두 고른 것은?

> ㄱ. 법령에 근거가 없는 특약사항의 등기를 신청한 경우
>
> ㄴ. 관공서 또는 법원의 촉탁으로 실행되어야 할 등기를 신청한 경우
>
> ㄷ. 저당권을 피담보채권과 분리하여 다른 채권의 담보로 하는 등기를 신청한 경우
>
> ㄹ. 일부 지분에 대한 소유권보존등기를 신청한 경우

① ㄴ, ㄷ   ② ㄱ, ㄴ, ㄷ
③ ㄱ, ㄴ, ㄹ   ④ ㄴ, ㄷ, ㄹ
⑤ ㄱ, ㄴ, ㄷ, ㄹ

20. 소유권보존등기와 관련한 다음 설명 중 <u>틀린</u> 것은?

① 공유인 미등기토지에서 공유자 중 1인이 자기의 지분만에 대한 소유권보존등기는 허용되지 않는다.

② 토지대장에 최초의 소유자로 등록되어 있는 자 또는 그 상속인은 보존등기를 신청할 수 있지만, 그 밖의 포괄승계인은 보존등기를 신청할 수 없다.

③ 수용으로 인하여 미등기토지의 소유권을 취득하였음을 증명하는 자는 보존등기를 신청할 수 있다.

④ 등기관이 소유권보존등기를 할 때에는 등기원인과 그 연월일을 기록하지 아니한다.

⑤ 등기관이 미등기부동산에 대하여 법원의 촉탁에 따라 소유권의 처분제한의 등기를 할 때에는 직권으로 소유권보존등기를 하여야 한다.

21. 공동소유의 등기 등에 관한 다음 설명 중 <u>틀린</u> 것은?

① 공유등기의 공유지분을 기록하지만, 합유등기에는 합유지분을 표시하지 아니한다.

② 등기원인에 공유물불분할 약정이 있을 때에는 그 약정에 관한 사항도 신청정보에 기록할 수 있다.

③ 공유자 중 1인의 지분포기로 인한 소유권이전등기는 공유지분권을 포기하는 공유자가 단독으로 신청할 수 없다.

④ 등기된 공유물분할금지기간 약정을 갱신하는 경우, 이에 대한 변경등기는 공유자 전원이 공동으로 신청하여야 한다.

⑤ 합유자 중 일부가 교체되는 경우 합유명의인 변경등기를 신청하여야 한다.

22. 용익권등기에 관한 다음 설명 중 옳은 것은?

① 건물의 일부에 해당하는 지붕이나 옥상에 대하여도 임차권설정등기를 신청할 수 있다.

② 건물의 공유지분에 대한 전세권설정등기는 허용한다.

③ 1개의 토지를 요역지로 하고 소유자가 다른 여러 개의 토지를 승역지로 하는 지역권설정등기는 요역지 소유자와 승역지 소유자 중 1인이 신청할 수 있다.

④ 지상권의 존속기간을 '철탑의 존속기간'과 같이 불확정기간으로 정한 지상권설정등기를 신청할 수 없다.

⑤ 동일 토지에 관하여 지상권이 미치는 범위가 다른 2개 이상의 구분지상권을 각기 따로 등기할 수 없다.

23. 다음 중 저당권등기에 관한 설명으로 **틀린** 것은?

① 부동산의 일부에는 저당권설정등기를 할 수 없으나, 권리의 일부(지분)에는 저당권설정등기를 할 수 있다.

② 저당권이전등기는 저당권 양도인이 등기의무자, 저당권 양수인이 등기권리자가 되어 신청한다.

③ 저당권의 이전등기를 신청하는 경우에 저당권이 채권과 같이 이전한다는 뜻을 신청정보에 기록하여야 한다.

④ 채무자와 저당권설정자가 동일한 경우에도 반드시 채무자를 신청정보에 적어야 한다.

⑤ 저당권이 이전된 후에 말소등기를 신청하는 경우 말소할 등기로 주등기와 부기등기를 모두 기록한다.

24. 가등기에 관한 다음 설명 중 **틀린** 것은?

① 가등기에 기한 본등기를 금지하는 가처분등기는 할 수 없다.

② 소유권이전등기청구권의 효력이 시기부 또는 정지조건부일 경우에 가등기를 설정할 수 있다.

③ 가등기에 의한 본등기를 경료하면 본등기의 순위는 가등기의 순위번호에 의한다. 그러므로 물권변동의 효력은 가등기시에 발생한다.

④ 공동가등기의 경우에 일부의 가등기권자가 가등기 전부에 관한 본등기를 신청할 수 없다.

⑤ 가등기권리자는 가등기의무자의 승낙이 있거나 가등기를 명하는 법원의 가처분명령이 있을 때에는 단독으로 가등기를 신청할 수 있다.

25. 「지방세법」상 2024년 시행되는 재산세에 관한 다음의 설명 중 **틀린** 것은?

① 「채무자 회생 및 파산에 관한 법률」에 따른 파산선고 이후 파산종결의 결정까지 파산재단에 속하는 재산의 경우 공부상 소유자는 재산세를 납부할 의무가 있다.

② 주택의 과세표준이 법령에 정하는 계산식에 따른 과세표준상한액보다 큰 경우에는 해당 주택의 과세표준은 과세표준상한액으로 한다.

③ 건축물에서 허가 등이나 사용승인(임시사용승인을 포함)을 받지 아니하고 주거용으로 사용하는 면적이 전체 건축물 면적(허가 등이나 사용승인을 받은 면적을 포함)의 100분의 50 이상인 경우에는 그 건축물을 주택으로 보지 아니하고 그 부속토지는 종합합산과세대상에 해당하는 토지로 본다.

④ 주택, 종합합산과세대상토지 및 별도합산과세대상토지는 초과누진세율을 적용한다.

⑤ 토지분 재산세로 해당 연도에 부과할 세액이 20만원 이하인 경우에는 조례로 정하는 바에 따라 납기를 7월 16일부터 7월 31일까지로 하여 한꺼번에 부과·징수할 수 있다.

26. 다음 중 「지방세법」상 재산세 산출세액 계산에 대한 내용으로 **틀린** 것은? (단, 주택의 경우에는 세 부담 상한액 개정규정이 시행되기 전에 주택분 재산세가 부과된 주택임)

① 취득세가 중과세되는 고급주택에 대한 재산세의 과세표준은 과세기준일 현재의 시가표준액에 공정시장가액비율을 곱하여 산정한 가액으로 한다.

② 시지역의 주거지역 및 지방자치단체의 조례로 정하는 지역 내 공장용(도시형 공장 포함) 건축물은 1,000분의 5의 표준세율이 적용된다.

③ 국가로부터 취득한 재산의 과세표준도 시가표준액을 기준으로 한다.

④ 주택을 2인 이상이 공동으로 소유하거나, 토지와 건물의 소유자가 다를 경우 해당 주택에 대한 세율을 적용할 때 해당 주택의 토지와 건물의 가액을 구분한 과세표준액에 각각의 세율을 적용한다.

⑤ 개인소유 주택의 시가표준액이 6억원 초과인 주택의 경우 해당 주택에 대한 재산세의 산출세액이 직전 연도의 해당 주택에 대한 재산세액 상당액의 100분의 130을 초과하는 경우에는 100분의 130에 해당하는 금액을 해당 연도에 징수할 세액으로 한다.

27. 다음 중 재산세의 납세의무자에 대한 내용으로 **옳은** 것은?

① 과세기준일 현재 재산세 과세대상 물건의 소유권이 양도·양수된 때에는 양도인을 해당 연도의 납세의무자로 본다.

② 공유재산의 경우에는 공유자 중에서 지분이 가장 큰 자를 납세의무자로 본다.

③ 사실상 소유자가 확정되면 그를 납세의무자로 판정할 수 있는데 상속이 개시된 재산으로서 상속등기가 이행되지 않고 사실상의 소유자를 신고하지 않은 때는 상속인이 연대납세의무를 진다.

④ 국가·지방자치단체 및 지방자치단체조합과 과세대상 물건을 연부로 매매계약을 체결하고 그 사용권을 무상으로 부여받은 경우에는 국가의 소유이므로 비과세한다.

⑤ 「신탁법」에 의하여 수탁자명의로 등기된 신탁재산의 경우 위탁자가 납세의무자이다. 이 경우 위탁자가 신탁재산을 소유한 것으로 본다.

28. 부동산활동에 따른 조세의 분류 내용으로 **틀린** 것은?

① 농어촌특별세·지방교육세는 부동산의 취득·보유·양도 모든 과정에서 부과될 수 있는 조세이다.

② 취득세·(등록분)등록면허세·지방교육세·농어촌특별세는 부동산의 취득단계에서 부과될 수 있는 조세이다.

③ 재산세·종합부동산세는 부동산의 보유단계에서 부과될 수 있는 조세이다.

④ 양도소득세·종합소득세·지방소득세는 부동산을 양도할 경우에 양도자가 납부할 수 있는 조세이다.

⑤ 지방소득세는 부동산의 보유와 양도시에 부과된다.

29. 다음 중 「지방세기본법」 및 「국세기본법」상 납세의무의 확정 시기에 관한 설명으로 틀린 것은?
  ① 취득세 - 납세의무자가 과세표준과 세액을 지방자치단체 에 신고하는 때
  ② 재산세 - 해당 지방자치단체가 과세표준과 세액을 결정 하는 때
  ③ 인지세 - 납세의무가 성립하는 때에 특별한 절차없이 그 세액이 확정
  ④ 양도소득세 - 과세표준과 세액을 정부에 신고하는 때
  ⑤ 신고납부를 선택하여 신고납부하는 종합부동산세 - 과세 표준과 세액을 정부가 결정하는 때

30. 다음 중 취득세 납세의무자 등에 관한 설명으로 옳은 것은?
  ① 전세권을 취득하는 경우에도 취득세 납세의무가 있다.
  ② 상속으로 인하여 취득하는 경우에는 「민법」상 상속지 분이 가장 높은 자가 상속받는 취득물건(지분을 취득 하는 경우에는 그 지분에 해당하는 취득물건을 의미) 을 취득한 것으로 본다.
  ③ 직계비속이 직계존속의 부동산을 공매를 통하여 취득 한 경우에는 무상취득한 것으로 본다.
  ④ 관계 법령에 따른 택지공사가 준공된 토지에 정원 또 는 부속시설물 등을 조성·설치하는 경우로서 건축물 을 건축하면서 그 건축물에 부수되는 정원 등을 조성 하는 경우에는 그 정원 등은 건축물을 취득하는 자가 취득한 것으로 본다.
  ⑤ 「건축법」상 허가받지 아니한 건축물을 취득하는 경우 에는 납세의무가 없다.

31. 건축물의 건축(신축·재축 제외)으로 인하여 건축물 면적이 증 가할 때 그 증가된 부분에 대하여 적용하는 취득세 표준세율은?
  ① 1,000분의 10   ② 1,000분의 20
  ③ 1,000분의 28   ④ 1,000분의 30
  ⑤ 1,000분의 40

32. 다음 중 개인이 부동산을 유상취득하는 경우 취득세 과세표 준에 포함되는 것은 모두 몇 개인가?

○ 건설자금에 충당한 차입금의 이자 또는 이와 유사 한 금융비용
○ 할부 또는 연부계약에 따른 이자 상당액 및 연체료
○ 공인중개사에게 지급한 중개보수
○ 취득대금 외에 당사자의 약정에 따른 취득자 조건 부담액과 채무인수액

  ① 0개   ② 1개
  ③ 2개   ④ 3개
  ⑤ 4개

33. 부동산등록에 대한 등록면허세 과세표준에 대한 설명으로 옳은 것은?
  ① 부동산의 등록에 대한 등록면허세의 과세표준은 등록 자가 신고한 당시의 가액으로 하고, 신고가 없거나 신 고가액이 시가표준액보다 많은 경우에는 시가표준액 으로 한다.
  ② 저당권에 대한 가등기, 가압류, 가처분의 경우 과세표준 은 부동산가액이다.
  ③ 「지방세법」 제23조 제1호 라목(취득세 면세점에 해당 하는 등록)에 따른 취득을 원인으로 하는 등록의 경우 는 법령에서 정하는 취득당시가액을 과세표준으로 한다.
  ④ 취득세 부과제척기간이 경과한 물건의 등기·등록에 대한 등록면허세 과세표준은 등록당시가액과 취득당시 가액 중 낮은 가액으로 한다.
  ⑤ 임차권 말소등기의 등록면허세는 월 임대차금액에 세율 을 적용하여 부과한다.

34. 「소득세법」상 거주자의 양도소득세 과세대상으로 틀린 것은?
  ① 이축권의 가액을 별도로 평가하여 구분신고하는 경우
  ② 미등기 지상권을 양도하는 경우
  ③ 관련 법령에 따른 사업시행자에게 토지가 수용되는 경우
  ④ 사업용 토지와 함께 양도하는 영업권
  ⑤ 등기된 부동산임차권을 양도하는 경우

35. 다음은 공인중개사 甲이 2024년도 1세대 1주택 양도에 대한 양도소득세 비과세에 대하여 고객에게 설명한 내용이다. 설 명 중 틀린 것은? (단, 고객은 거주자이며 다른 조건은 고려 하지 않음)
  ① 실지거래가액이 12억원을 초과하는 고가주택을 양도하 는 경우에는 양도소득세가 과세된다.
  ② 만약, 양도하는 주택이 고가주택인 겸용주택(1세대 1주택 비과세 요건을 충족함)이라면 주거면적이 주거 이외 면적보다 큰 경우에는 건물면적 전부를 주택으로 보아 서 양도소득세를 비과세한다.
  ③ 2개 이상의 주택을 같은 날에 양도하는 경우에는 당해 거주자가 선택하는 순서에 따라 주택을 양도하는 것으로 본다.
  ④ 나이가 30세 이상인 경우에는 배우자 없이도 단독세대 를 구성할 수 있다.
  ⑤ 국외에 소재하는 주택은 주택 수 계산에 포함하지 않는다.

36. 다음 보기의 거주자가 1세대 1주택 비과세 요건을 충족한 고가주택을 양도한 경우에 양도차익은 얼마인가? (단, 다른 조건은 고려하지 않음)

> ○ 양도일 현재 국내 소재 등기된 1세대 1주택으로서 3년 보유 및 2년 거주한 주택
> ○ 양도가액: 실지거래가액 15억원(기준시가 12억원)
> ○ 필요경비: 10억원
> ○ 해당 과세기간 중에 다른 양도자산은 없음

① 5,000만원   ② 1억원
③ 3억원   ④ 4억원
⑤ 5억원

37. 거주자 甲이 7년 보유한 건물(주택 아님)을 배우자인 거주자 乙에게 증여하였고, 거주자 乙은 이를 증여받아 1년 보유한 후 특수관계 없는 타인에게 양도하였다. 다음 중 양도소득세를 설명한 것으로 틀린 것은? (단, 등기됨)

① 양도소득세 납세의무자는 乙이다.
② 양도차익 계산시 기납부한 증여세는 필요경비에 산입한다.
③ 장기보유특별공제는 적용받을 수 있다.
④ 거주자 甲과 乙은 연대하여 납부할 의무가 있다.
⑤ 1세대 1주택의 비과세 양도에 해당하게 되는 경우와 양도소득의 비과세대상에서 제외되는 고가주택을 양도하는 경우에는 특례를 적용하지 아니한다.

38. 다음 중 국내자산의 양도에 대한 양도소득세에 있어서 장기보유특별공제에 관한 설명으로 옳은 것은? (단, 2024년 7월 1일에 양도하는 경우임)

① 장기보유특별공제는 양도소득세 과세대상 자산 중 토지 · 건물 및 기타 자산에 한하여 적용한다.
② 부동산을 취득할 수 있는 권리 중 조합원입주권은 조합원으로부터 취득한 것을 포함하여 공제대상이 된다.
③ 토지를 양도하는 경우 장기보유특별공제는 보유기간이 3년 이상인 경우에 한하여 적용한다.
④ 일반 상가건물로서 등기되고 3년 4개월 보유한 경우 장기보유특별공제는 양도가액에 100분의 6을 곱한 금액으로 한다.
⑤ 양도소득세가 과세되는 고가주택인 1세대 1주택(이에 딸린 토지를 포함)에 해당하는 자산의 경우 장기보유특별공제액은 그 자산의 양도차익에 보유기간별 공제율을 곱하여 계산한 금액을 말한다.

39. 「소득세법」상 사업소득이 있는 거주자가 실지거래가액에 의하여 부동산의 양도차익을 계산하는 경우 양도가액에서 공제할 자본적 지출액 또는 양도비용에 포함되지 않는 것은? (단, 자본적 지출액에 대해서는 법령에 따른 증명서류가 수취 · 보관되어 있음)

① 납부영수증이 없는 취득세
② 납부의무자와 양도자가 동일한 경우 「재건축초과이익환수에 관한 법률」에 따른 재건축부담금
③ 양도자산의 이용편의를 위하여 지출한 비용
④ 양도자산의 취득 후 쟁송이 있는 경우 그 소유권을 확보하기 위하여 직접 소요된 소송비용으로서 그 지출한 연도의 각 사업소득금액 계산시 필요경비에 산입된 금액
⑤ 자산을 양도하기 위하여 직접 지출한 양도소득세 과세표준신고서 작성비용, 공인중개사에게 지급한 소개비

40. 종합부동산세법령상 종합부동산세의 부과 · 징수에 관한 내용으로 틀린 것은?

① 토지에 대해 부과하는 경우 관할 세무서장은 납부하여야 할 종합부동산세의 세액을 결정하여 해당 연도 9월 16일부터 9월 30일까지 부과 · 징수한다.
② 종합부동산세를 신고납부방식으로 납부하고자 하는 납세의무자는 종합부동산세의 과세표준과 세액을 해당 연도 12월 1일부터 12월 15일까지 관할 세무서장에게 신고하여야 한다. 이 경우 관할 세무서장의 결정은 없었던 것으로 본다.
③ 관할 세무서장은 종합부동산세로 납부하여야 할 세액이 250만원을 초과하는 경우에는 대통령령으로 정하는 바에 따라 그 세액의 일부를 납부기한이 지난 날부터 6개월 이내에 분납하게 할 수 있다.
④ 관할 세무서장은 납세의무자가 과세기준일 현재 1세대 1주택자가 아닌 경우 주택분 종합부동산세액의 납부유예를 허가할 수 없다.
⑤ 관할 세무서장은 주택분 종합부동산세액의 납부가 유예된 납세의무자가 해당 주택을 타인에게 양도하거나 증여하는 경우에는 그 납부유예 허가를 취소하여야 한다.

2024년도 제35회 공인중개사 2차 국가자격시험

실전모의고사 제2회

교 시	문제형별	시 간	시 험 과 목
1교시	**A**	**100분**	① 공인중개사의 업무 및 부동산 거래신고에 관한 법령 및 중개실무 ② 부동산공법 중 부동산 중개에 관련되는 규정

수험번호		성 명	

【 수험자 유의사항 】

1. **시험문제지는 단일 형별(A형)이며, 답안카드 형별 기재란에 표시된 형별(A형)을 확인하시기 바랍니다.** 시험문제지의 **총면수, 문제번호 일련순서, 인쇄상태** 등을 확인하시고, 문제지 표지에 수험번호와 성명을 기재하시기 바랍니다.

2. 답은 각 문제마다 요구하는 **가장 적합하거나 가까운 답 1개**만 선택하고, 답안카드 작성 시 시험문제지 **형별누락, 마킹착오**로 인한 불이익은 전적으로 **수험자에게 책임**이 있음을 알려드립니다.

3. 답안카드는 국가전문자격 공통 표준형으로 문제번호가 1번부터 125번까지 인쇄되어 있습니다. 답안 마킹 시에는 반드시 **시험문제지의 문제번호와 동일한 번호에 마킹**하여야 합니다. (2차 1교시: 1번~80번)

4. **감독위원의 지시에 불응하거나 시험시간 종료 후 답안카드를 제출하지 않을 경우** 불이익이 발생할 수 있음을 알려 드립니다.

5. 시험문제지는 시험 종료 후 가져가시기 바랍니다.

6. 답안작성은 **시험 시행일(2024.10.26.) 현재 시행되는 법령** 등을 적용하시기 바랍니다.

7. 가답안 의견제시에 대한 개별회신 및 공고는 하지 않으며, **최종 정답 발표로 갈음**합니다.

8. 시험 중 **중간 퇴실은 불가**합니다. 단, 부득이하게 퇴실할 경우 **시험포기각서 제출 후 퇴실은 가능**하나 **재입실이 불가**하며, **해당시험은 무효처리**됩니다.

해커스 공인중개사

1. 공인중개사법령상 중개대상물에 관한 설명으로 <u>틀린</u> 것은? (다툼이 있으면 판례에 따름)

   ① 아파트가 완성되기 전이라 하여도 그 아파트에 대한 분양계약이 체결된 후 이에 대한 거래를 중개하는 것은 '건물'의 중개에 해당한다.
   ② 점포위치에 따른 영업상의 이점 등 무형의 재산적 가치 는 중개대상물이다.
   ③ 법정지상권은 중개대상권리가 될 수 있다.
   ④ 주택이 철거될 경우 일정한 요건하에서 택지개발지구 내 이주자택지를 공급받을 수 있는 지위인 '대토권'은 중개대상물에 해당하지 않는다.
   ⑤ 입목의 소유자는 토지와 분리하여 입목을 양도할 수 있다.

2. 공인중개사법령상 공인중개사 정책심의위원회(이하 '심의위 원회'라 한다)에 관한 설명으로 옳은 것은?

   ① 공인중개사의 업무 등에 관한 사항을 심의하기 위하여 국토교통부에 심의위원회를 둔다.
   ② 위원장은 국토교통부장관으로 한다.
   ③ 심의위원회는 위원장 1명을 포함하여 7명 이상 11명 이내의 위원으로 구성한다.
   ④ 위원의 임기는 3년으로 하고, 1회에 한하여 연임할 수 있다.
   ⑤ 위원장은 회의를 소집하려면 긴급사유가 없는 한 회의 개최 10일 전까지 각 위원에게 통보하여야 한다.

3. 공인중개사법령상 중개 또는 중개업에 관한 설명으로 <u>틀린</u> 것은? (다툼이 있는 경우 판례에 따름)

   ① 부동산중개행위가 부동산컨설팅행위에 부수하여 이루 어진 경우라 하더라도 중개업에 해당될 수 있다.
   ② 중개대상물의 거래당사자들로부터 보수를 현실적으로 받지 아니하고 단지 보수를 받을 것을 약속하는 데 그 친 경우는 중개업에 해당한다고 할 수 없다.
   ③ 거래의 일방당사자의 의뢰에 의하여 중개대상물의 매 매·교환·임대차 그 밖의 권리의 득실변경에 관한 행 위를 알선하는 경우도 중개에 해당한다.
   ④ 중개행위인지의 여부는 개업공인중개사가 진정으로 거 래당사자를 위하여 거래를 알선·중개하려는 의사를 갖고 있었는가를 기준으로 판단한다.
   ⑤ 우연한 기회에 단 1회 건물전세계약의 중개를 하고 보 수를 받은 사실만으로는 알선·중개를 업으로 한 것이 라 볼 수 없다.

4. 공인중개사법령상 중개사무소 개설등록과 관련한 설명으로 옳은 것을 모두 고른 것은?

   ㄱ. 법인의 경우 분사무소를 확보하여야 등록을 할 수 있다.
   ㄴ. 공인중개사(소속공인중개사 제외) 또는 법인이 아 닌 자는 등록을 신청할 수 없다.
   ㄷ. 등록신청을 받은 등록관청은 개업공인중개사의 종 별에 따라 구분하여 등록을 하고, 등록신청을 받은 날부터 10일 이내에 신청인에게 서면으로 통지하 여야 한다.
   ㄹ. 등록신청은 신청인의 주소지 소재지를 관할하는 시장·군수·구청장에게 하여야 한다.

   ① ㄴ   ② ㄴ, ㄷ   ③ ㄴ, ㄹ
   ④ ㄱ, ㄷ, ㄹ   ⑤ ㄱ, ㄴ, ㄷ, ㄹ

5. 공인중개사법령상 법인이 개업공인중개사의 분사무소에 대 한 설명으로 <u>틀린</u> 것은? (다른 법률에 따라 중개업을 할 수 있는 경우를 제외함)

   ① 분사무소는 주된 사무소 소재지 시·군·구에는 둘 수 없다.
   ② 분사무소 설치신고를 받은 등록관청은 공인중개사 자 격증을 발급한 시·도지사에게 그 책임자의 공인중개 사 자격 확인을 요청하여야 한다.
   ③ 분사무소 설치신고시에는 보증설정의 증명서류를 제출 해야 한다.
   ④ 분사무소설치신고확인서를 교부한 등록관청은 지체 없 이 그 분사무소 설치예정지역을 관할하는 시장·군수 또는 구청장에게 이를 통보하여야 한다.
   ⑤ 분사무소 설치신고를 하는 자는 국토교통부령이 정하는 바에 따른 수수료를 납부해야 한다.

6. 공인중개사법령상 중개사무소를 등록관청의 관할구역 외의 지역으로 이전하는 경우에 대한 설명으로 옳은 것은 몇 개인가?

   ○ 이전신고는 등록증 원본을 첨부하여 이전하기 10일 전까지 하여야 한다.
   ○ 이전신고를 받은 등록관청은 등록증에 변경사항을 기재하여 이를 교부할 수 있다.
   ○ 행정처분은 이전 전 등록관청이 행한다.
   ○ 개업공인중개사는 종전 사무소의 간판을 지체 없이 철거하여야 한다.

   ① 없음   ② 1개   ③ 2개   ④ 3개   ⑤ 모두

7. 공인중개사법령상 중개사무소의 명칭 등과 관련한 설명으로 옳은 것은? (다툼이 있는 경우 판례에 따름)

① 개업공인중개사가 아닌 A는 그 사무소의 명칭을 '발품 부동산'이라고 하였다.

② 공인중개사가 아닌 개인인 개업공인중개사 B는 중개사무소의 명칭을 '삼성공인중개사사무소'라고 하였다.

③ 분사무소의 책임자인 C는 그 분사무소의 간판에 자신의 성명 대신 그 법인의 대표자의 성명을 인식할 수 있는 크기로 표기하였다.

④ 개업공인중개사 D는 옥외광고물에 성명을 거짓으로 표기하여 50만원의 과태료를 부과받았다.

⑤ 중개보조원인 E는 자신의 성명을 명시하여 중개대상물에 대한 광고를 하였다.

8. 공인중개사법령상 개업공인중개사의 겸업과 관련한 설명으로 옳은 것(○)과 틀린 것(×)을 바르게 표시한 것은?

> ㄱ. 중개법인은 공장용지의 분양대행업을 할 수 있다.
> ㄴ. 공인중개사인 개업공인중개사는 법원에 등록하지 않고 경매대상 부동산의 매수신청대리를 할 수 있다.
> ㄷ. 법 제7638호 부칙 제6조 제2항의 개업공인중개사는 중개업 외에 겸업을 할 수 없다.

① ㄱ(○), ㄴ(○), ㄷ(×)
② ㄱ(○), ㄴ(×), ㄷ(○)
③ ㄱ(×), ㄴ(○), ㄷ(○)
④ ㄱ(×), ㄴ(○), ㄷ(×)
⑤ ㄱ(×), ㄴ(×), ㄷ(×)

9. 공인중개사법령상 등록의 결격사유에 해당하는 자는? (주어진 조건만 고려함)

① 질병 등 정신적 제약으로 인하여 사무처리능력이 부족한 자

② 「형법」 위반으로 인하여 징역형의 집행유예기간 중인 자가 임원으로 있는 법인

③ 징역형의 선고유예기간 중에 있는 자

④ 피특정후견인

⑤ 파산선고를 받고 복권되어 2년이 경과한 자

10. 공인중개사법령상 중개업의 휴업에 대한 설명으로 옳은 것은?

① 중개사무소의 개설등록 후 1개월 내에 업무를 개시하지 아니할 경우에는 휴업신고를 하여야 한다.

② 휴업기간 변경신고는 질병, 임신, 출산 등 부득이한 사유가 있는 경우에만 할 수 있다.

③ 휴업신고를 하는 공인중개사인 개업공인중개사는 중개사무소등록증 원본을 첨부하여야 한다.

④ 중개법인은 분사무소별로 휴업할 수 없다.

⑤ 정당한 사유 없이 신고하지 않고 6개월을 초과하여 휴업한 경우에는 100만원 이하의 과태료가 부과된다.

11. 공인중개사법령상 전속중개계약에 관한 설명으로 옳은 것을 모두 고른 것은?

> ㄱ. 전속중개계약의 유효기간은 당사자간에 다른 약정이 없으면 2개월로 한다.
> ㄴ. 중개대상물에 대한 정보를 공개한 개업공인중개사는 공개한 내용을 7일 내에 중개의뢰인에게 통지하여야 한다.
> ㄷ. 개업공인중개사는 중개의뢰인에게 전속중개계약 체결 후 2주일에 1회 이상 중개업무 처리상황을 문서로 통지하여야 한다.
> ㄹ. 중개의뢰인은 전속중개계약의 유효기간 내에 스스로 발견한 상대방과 거래한 경우에는 개업공인중개사에게 위약금 지급의무를 진다.

① ㄷ
② ㄱ, ㄹ
③ ㄴ, ㄷ
④ ㄱ, ㄴ, ㄹ
⑤ ㄴ, ㄷ, ㄹ

12. 공인중개사법령상 거래정보사업자에 대한 설명으로 틀린 것은?

① 「전기통신사업법」에 의한 부가통신사업자는 거래정보사업자로 지정을 받을 수 있다.

② 거래정보사업자로 지정을 받으려는 자는 5개 이상의 시·도에서 각 20명 이상의 회원을 확보하여야 한다.

③ 거래정보사업자 지정신청을 받은 국토교통부장관은 30일 내에 이를 검토하여 지정 여부를 결정하여야 한다.

④ 거래정보사업자로 지정을 받은 자는 1년 내에 부동산거래정보망을 설치하고 운영하여야 한다.

⑤ 부정한 방법으로 거래정보사업자로 지정을 받은 자는 그 지정이 취소될 수 있다.

13. 공인중개사법령상 중개대상물에 대한 확인·설명의무와 관련한 설명으로 옳은 것은?

① 개업공인중개사는 중개가 완성된 때에는 권리취득의뢰인에게 중개대상물에 관한 법정 사항을 성실·정확하게 설명하여야 한다.

② 중개의뢰인이 중개대상물의 상태에 관한 자료요구에 불응한 경우 이를 확인·설명서에 기재할 필요는 없다.

③ 개업공인중개사는 중개대상물 확인·설명서를 보존기간동안 보존하지 아니한 경우 등록취소처분을 받을 수 있다.

④ 주택임대차계약을 중개하는 경우 관리비 금액은 확인·설명사항이지만, 그 산출내역까지 설명해야 하는 것은 아니다.

⑤ 개업공인중개사는 주택의 임대차계약을 체결하려는 중개의뢰인에게 「주택임대차보호법」에 따라 확정일자 부여기관에 정보제공을 요청할 수 있다는 사항을 설명하여야 한다.

14. 공인중개사인 개업공인중개사 甲은 중개보조원으로 乙을 고용하였다. 공인중개사법령상 이와 관련한 설명으로 틀린 것은?

① 甲은 중개보조원을 자신과 소속공인중개사를 합한 수의 2배를 초과하여 고용할 수 없다.

② 甲은 乙이 직무교육을 받도록 한 후 업무개시 전까지 등록관청에 신고해야 한다.

③ 등록관청은 乙에 대한 고용신고를 받은 경우 직무교육 수료 여부를 확인해야 한다.

④ 乙은 현장안내 등 보조업무 수행시 중개의뢰인에게 중개보조원이라는 사실을 미리 알려야 한다.

⑤ 乙이 중개 보조업무를 수행하면서 중개의뢰인에게 손해를 발생하게 한 경우 甲은 乙과 연대하여 손해배상책임을 진다.

15. 개업공인중개사가 작성하는 거래계약서에 기재해야 할 사항으로 공인중개사법령상 명시된 것을 모두 고른 것은?

> ㄱ. 거래예정금액
> ㄴ. 물건의 인도일시
> ㄷ. 권리이전의 내용
> ㄹ. 기한이 있는 경우 기한

① ㄱ, ㄴ
② ㄴ, ㄷ
③ ㄷ, ㄹ
④ ㄴ, ㄷ, ㄹ
⑤ ㄱ, ㄴ, ㄷ, ㄹ

16. 「공인중개사법」상 금지행위에 해당하는 것은 모두 몇 개인가?

> ㄱ. 단체를 구성하여 특정 중개대상물에 대하여 중개를 제한하는 행위
> ㄴ. 시세에 부당한 영향을 줄 목적으로 안내문 등을 이용하여 특정 가격 이하로 중개를 의뢰하지 아니하도록 유도하는 행위
> ㄷ. 전매가 가능한 아파트 분양권 매매의 알선을 업으로 한 행위
> ㄹ. 중개의뢰인과 중개대상물에 대하여 직접거래를 하는 행위

① 1개
② 2개
③ 3개
④ 4개
⑤ 없음

17. 공인중개사법령상 중개보수에 대한 설명으로 틀린 것은? (다툼이 있으면 판례에 따름)

① 중개대상물인 건축물 중 주택의 면적이 2분의 1 이상인 경우에는 주택에 관한 중개보수를 적용한다.

② 경기도 고양시 일산동구에 중개사무소를 둔 경우 주택에 대한 중개보수는 고양시 조례가 정하는 바에 따라 받아야 한다.

③ 중개보수의 한도를 초과하는 약정은 그 한도를 초과하는 범위 내에서는 무효이다.

④ 주택 외의 중개대상물에 대한 중개보수의 한도는 국토교통부령으로 정한다.

⑤ 중개보수의 지급시기는 다른 약정이 없으면 거래대금의 지급이 완료된 날로 한다.

18. 공인중개사법령상 교육과 관련한 설명으로 (   ) 안에 들어갈 말이 순서대로 바르게 나열된 것은?

> ○ 부동산거래사고 예방교육을 실시하려는 경우에는 교육일 (ㄱ) 전까지 공고하거나 교육대상자에게 통지하여야 한다.
> ○ 직무교육시간은 (ㄴ)시간 이상 (ㄷ)시간 이하로 한다.
> ○ 연수교육을 실시하려는 경우에는 실무교육 또는 연수교육을 받은 후 2년이 되기 (ㄹ) 전까지 대상자에게 통지하여야 한다.

① ㄱ(7일), ㄴ(3), ㄷ(4), ㄹ(10일)
② ㄱ(7일), ㄴ(3), ㄷ(4), ㄹ(2개월)
③ ㄱ(10일), ㄴ(3), ㄷ(4), ㄹ(2개월)
④ ㄱ(10일), ㄴ(12), ㄷ(16), ㄹ(2개월)
⑤ ㄱ(10일), ㄴ(28), ㄷ(32), ㄹ(7일)

19. 공인중개사법령상 포상금 제도에 관한 설명으로 옳은 것은?
① 폐업신고 후 계속하여 중개업을 한 자를 신고한 경우 포상금을 지급받을 수 있다.
② 포상금은 해당 신고·고발사건에 관하여 검사가 기소 중지처분을 한 경우에도 지급한다.
③ 하나의 사건에 대하여 2인 이상이 공동으로 신고한 경우 포상금은 1인당 50만원이다.
④ 포상금의 지급권자는 국토교통부장관이다.
⑤ 포상금은 지급결정일부터 2개월 이내에 지급해야 한다.

20. 공인중개사법령상 수수료 납부사유가 아닌 것은?
① 중개사무소등록증의 재교부를 신청하는 자
② 분사무소설치의 신고를 하는 자
③ 공인중개사 자격증의 재교부를 신청하는 자
④ 중개업의 휴업을 신고하는 자
⑤ 공인중개사 자격시험에 응시를 하는 자

21. 공인중개사법령상 손해배상책임의 보장에 관한 설명으로 틀린 것은?
① 개업공인중개사는 중개행위를 함에 있어서 고의 또는 과실로 인하여 거래당사자에게 재산상의 손해를 발생하게 한 때에는 그 손해를 배상할 책임이 있다.
② 보증설정신고시 제출하는 보증설정의 증명서류는 전자문서를 포함한다.
③ 보증보험에 가입한 개업공인중개사는 보증기간이 만료되어 다시 보증을 설정하고자 하는 경우 그 보증기간 만료 후 15일 이내에 다시 보증을 설정해야 한다.
④ 보증기관이 보증사실을 등록관청에 직접 통보한 경우에는 보증설정신고를 생략할 수 있다.
⑤ 다른 법률에 따라 부동산중개업을 할 수 있는 자가 부동산중개업을 하려는 경우에는 중개업무를 개시하기 전에 보장금액 2천만원 이상의 보증을 보증기관에 설정해야 한다.

22. 공인중개사법령상 부동산거래질서교란행위 신고센터(이하 '신고센터'라 함)의 설치·운영과 관련된 설명으로 틀린 것은?
① 국토교통부장관은 부동산거래질서교란행위를 방지하기 위하여 신고센터를 설치·운영할 수 있다.
② 신고센터는 시·도지사 및 등록관청 등에 신고사항에 대한 조사 및 조치를 요구해야 한다.
③ 부동산거래질서교란행위를 신고하려는 자는 그 내용을 서면(전자문서 포함)으로 제출해야 한다.

④ 신고센터는 매월 10일까지 직전 달의 신고사항 접수 및 처리 결과 등을 국토교통부장관에게 제출해야 한다.
⑤ 신고센터로부터 신고내용의 조사 및 조치요구를 받은 시·도지사 및 등록관청 등은 신속하게 조사 및 조치를 완료하고, 완료한 날부터 7일 이내에 그 결과를 신고센터에 통보해야 한다.

23. 공인중개사법령상 공인중개사협회의 공제사업에 관한 설명으로 틀린 것은?
① 책임준비금의 적립비율은 공제사고 발생률 및 공제금 지급액 등을 종합적으로 고려하여 공제료 수입액의 100분의 10 이상으로 정해야 한다.
② 책임준비금을 다른 용도로 사용하고자 하는 경우에는 국토교통부장관의 승인을 얻어야 한다.
③ 재무건전성 기준으로 지급여력비율은 100분의 100 이상을 유지하여야 한다.
④ 공제료는 공제사고 발생률, 보증보험료 등을 종합적으로 고려하여 결정한 금액으로 한다.
⑤ 공제사업 운영실적은 매 회계연도 종료 후 1개월 이내에 일간신문과 협회보에 공시하여야 한다.

24. 공인중개사법령상 중개행위를 한 소속공인중개사에 대한 자격정지처분사유가 아닌 것은?
① 거래계약서에 거래내용을 거짓으로 기재한 경우
② 중개대상물의 확인·설명의 근거자료를 제시하지 않은 경우
③ 거래계약서에 서명 및 날인하지 아니한 경우
④ 공인중개사 직무와 관련하여 「형법」상 사문서위조죄로 징역형의 집행유예를 선고받은 경우
⑤ 중개대상물의 매매업을 영위한 경우

25. 부동산 거래신고 등에 관한 법령상 부동산거래신고에 관한 설명으로 옳은 것을 모두 고른 것은?

> ㄱ. 사법인(私法人)이 단독주택을 매수(공급계약, 분양권 전매계약 제외)하는 경우에는 지역·금액에 관계없이 법인의 등기현황 및 그 상대방이 해당 법인의 임원 등인지 여부를 신고해야 한다.
>
> ㄴ. 토지거래허가구역 내 토지의 매매계약을 하면서 토지거래허가를 받은 경우에는 부동산거래신고를 할 필요가 없다.
>
> ㄷ. 투기과열지구·조정대상지역 내의 주택을 실제 거래금액 1억원으로 매수하는 개인은 자금조달, 지급방식 및 입주계획을 신고할 필요가 없다.
>
> ㄹ. 개업공인중개사에 대하여 과태료를 부과한 신고관청은 10일 내에 등록관청에 그 사실을 통보하여야 한다.

① ㄱ, ㄴ
② ㄱ, ㄹ
③ ㄷ, ㄹ
④ ㄴ, ㄷ, ㄹ
⑤ ㄱ, ㄴ, ㄷ, ㄹ

26. 부동산 거래신고 등에 관한 법령상 부동산거래신고 등에 관한 설명으로 틀린 것은?

① 부동산 등의 매수인은 신고인이 부동산거래계약신고필증을 발급받은 때에 「부동산등기 특별조치법」에 따른 검인을 받은 것으로 본다.

② 부동산거래신고를 한 후 해당 거래계약이 해제 등이 된 경우 거래당사자는 해제 등이 확정된 날부터 30일 이내에 해당 신고관청에 공동으로 신고하여야 한다.

③ 개업공인중개사가 부동산거래신고를 한 후 해당 거래계약이 해제 등이 된 경우에는 개업공인중개사가 해제 등의 신고를 할 수 있다.

④ 부당하게 재산상 이득을 취득할 목적으로 신고대상 계약을 체결하지 않았음에도 불구하고 부동산거래신고를 한 자에 대하여는 1년 이하의 징역 또는 1천만원 이하의 벌금에 처한다.

⑤ 매수인 외의 자가 토지취득자금조달 및 이용계획서를 제출하는 경우 매수인은 부동산거래계약을 신고하려는 자에게 거래계약의 체결일부터 25일 이내에 해당 서류를 제공해야 한다.

27. 공인중개사법령상 100만원 이하의 과태료 부과대상이 <u>아닌</u> 자는?

① 보증관계증서를 교부하지 아니한 개업공인중개사

② 정당한 사유 없이 연수교육을 받지 아니한 소속공인중개사

③ 자격취소처분을 받고 기한 내에 자격증을 반납하지 아니한 자

④ 폐업신고를 하지 아니하고 폐업한 개업공인중개사

⑤ 중개사무소를 이전하고 기한 내에 이전신고를 하지 아니한 개업공인중개사

28. 부동산 거래신고 등에 관한 법령상 주택임대차계약의 신고와 관련한 설명으로 틀린 것은?

① 개업공인중개사가 신고대상 주택임대차계약서를 작성·교부한 경우에도 개업공인중개사에게는 주택임대차계약 신고의무가 없다.

② 임차인이 주택임대차계약신고서를 첨부하여 「주민등록법」에 따라 전입신고를 한 경우에는 주택임대차계약의 신고를 한 것으로 본다.

③ 부동산거래신고의 금지행위·검증·조사규정은 주택임대차계약의 신고에 관하여 준용된다.

④ 주택임대차계약서를 첨부한 주택임대차계약신고, 변경신고의 접수를 완료한 때에는 「주택임대차보호법」에 따른 확정일자를 부여한 것으로 본다.

⑤ 주택임대차계약 신고·변경신고·해제신고를 하지 아니하거나(공동신고 거부자 포함) 신고를 거짓으로 한 자에 대하여는 300만원 이하의 과태료를 부과한다.

29. 부동산 거래신고 등에 관한 법령상 외국인 등의 부동산취득 등에 관한 설명으로 틀린 것은?

① 외국인이 국내 토지를 매수한 때에는 계약 체결일로부터 30일 내에 신고해야 한다.

② 신고관청(특별자치시장 제외)은 외국인 등이 부동산 등의 취득을 신고한 내용을 매 분기 종료일부터 1개월 이내에 시·도지사에게 제출하여야 한다.

③ 외국인은 국내 상가건물에 대한 임대차계약을 체결한 경우에는 계약 체결일로부터 60일 내에 신고를 하여야 한다.

④ 외국인이 토지거래허가를 받은 경우에는 별도의 외국인 토지취득허가를 받을 필요가 없다.

⑤ 외국인이 「자연유산의 보존 및 활용에 관한 법률」에 따라 지정된 시·도 자연유산보호구역의 토지취득시 허가를 받지 않고 체결한 토지취득계약은 그 효력이 발생하지 아니한다.

30. 부동산 거래신고 등에 관한 법령상 토지거래계약의 허가를 받은 목적과 이용의무기간의 연결로서 옳은 것을 모두 고른 것은 몇 개인가? (단, 의무기간의 기산점은 토지의 취득시이고, 예외 사유는 고려하지 않는다)

> ㄱ. 법률에 따라 토지를 수용하거나 사용할 수 있는 사업을 시행하는 자가 그 사업을 시행하기 위하여 필요한 경우 - 5년
>
> ㄴ. 자기의 거주용 주택용지로 이용하려는 경우 - 2년
>
> ㄷ. 허가구역에 거주하는 농업인이 농업을 경영하기 위한 경우 - 3년
>
> ㄹ. 허가구역을 포함한 지역의 주민을 위한 복지시설로서 관할 시장·군수·구청장이 확인한 시설의 설치에 이용하려는 경우 - 4년
>
> ㅁ. 관계 법령의 규정에 의하여 건축물이나 공작물의 설치행위가 금지된 토지에 대하여 현상보존의 목적으로 취득하는 경우 - 2년

① 1개
② 2개
③ 3개
④ 4개
⑤ 5개

31. 공인중개사인 개업공인중개사 甲은 서울특별시 송파구에서 중개업을 영위하다가 중개업의 폐업신고를 하고, 1년 6개월 뒤에 서울특별시 강남구에서 재등록하였다. 공인중개사법령상 이에 관한 설명으로 틀린 것은?
① 甲은 폐업신고 전의 개업공인중개사의 지위를 승계한다.
② 甲은 폐업신고 전에 받은 업무정지처분 또는 과태료처분의 효과를 승계받는다.
③ 강남구청장은 甲이 폐업신고 전의 등록취소사유에 해당하는 위반행위에 대하여 등록취소처분을 할 수 있다.
④ 甲이 폐업신고 전의 이중소속을 했던 사유로 등록취소처분을 받은 경우 甲은 1년 6개월 동안 중개업 종사가 금지된다.
⑤ 강남구청장은 甲에 대하여 폐업신고 전의 위반행위를 사유로 행정처분을 함에 있어서는 폐업의 사유와 폐업기간을 고려하여야 한다.

32. 분묘기지권 및 「장사 등에 관한 법률」에 대한 설명으로 틀린 것은?
① 개인묘지를 설치한 자는 30일 이내에 관할 시장 등에게 신고하여야 한다.
② 장래의 묘소인 가묘인 경우 분묘기지권이 인정되지 않는다.

③ 공설묘지 및 사설묘지에 설치된 분묘의 존속기간은 원칙적으로 30년으로 한다.
④ 공설묘지 안의 분묘 1기 및 해당 분묘의 상석, 비석 등 시설물의 설치구역 면적은 10m²(합장의 경우에는 15m²)를 초과할 수 없다.
⑤ 「장사 등에 관한 법률」 시행 후 다른 사람의 토지에 그의 승낙 없이 분묘를 설치한 자도 분묘의 보존을 위한 권리를 주장할 수 있다.

33. 농지를 매수하고자 하는 의뢰인에게 개업공인중개사가 설명한 내용으로 틀린 것은?
① 농지는 자기의 농업경영에 이용하거나 이용할 자가 아니면 소유하지 못함이 원칙이다.
② 농지에 대한 임대차계약은 그 등기가 없는 경우에도 임차인이 시·구·읍·면장의 확인을 받고, 해당 농지를 인도받으면 그 다음날부터 대항력을 취득한다.
③ 농지소유자는 2개월 이상 국외여행 중인 경우 소유농지를 위탁경영할 수 있다.
④ 농지에 대한 임대차 기간은 3년(다년생식물 재배지 등은 5년) 이상으로 하여야 한다.
⑤ 농지전용허가를 받은 농지도 농지취득자격증명의 발급을 받아야 취득할 수 있다.

34. 공인중개사법령상 주거용 건축물의 임대차에 관한 확인·설명서 작성시 기재를 생략하거나 생략할 수 있는 항목이 아닌 것은?
① 개별공시지가
② 민간임대 등록 여부
③ 취득 관련 조세의 종류 및 세율
④ 건물(주택) 공시가격
⑤ 토지이용계획, 공법상 이용제한 및 거래규제에 관한 사항

35. 부동산거래 전자계약시스템(IRTS)과 관련한 설명으로 틀린 것은?
① 전자계약은 당사자 직거래의 경우 이용할 수 없다.
② 전자계약시스템을 통하여 거래계약을 체결한 경우에는 거래계약이 체결된 때에 부동산거래계약신고서를 제출한 것으로 본다.
③ 대면(對面)계약의 경우 거래당사자는 작성된 계약내용을 확인 후 서명란을 클릭하여 전자수기서명을 한다.
④ 임대차의 경우에는 전자계약을 통한 거래가 불가능하다.
⑤ 전자계약시스템을 통하여 거래계약 해제 등을 한 경우에는 거래계약 해제 등이 이루어진 때에 부동산거래계약 해제 등 신고서를 제출한 것으로 본다.

36. 개업공인중개사가 甲 소유의 서울특별시 소재 X주택을 乙에게 보증금 1억원, 월 차임 100만원에 임대하는 임대차계약을 중개하면서 양 당사자에게 설명한 내용으로 **틀린** 것을 모두 고른 것은?

> ㄱ. 乙이 X주택의 일부를 주거 외의 목적으로 사용하면 「주택임대차보호법」의 적용을 받지 못한다.
> ㄴ. 甲은 경제사정의 변동 등으로 월 차임만을 증액하는 경우 10만원까지는 증액할 수 있다.
> ㄷ. 임차권등기가 되었더라도 X주택의 점유를 상실하면 乙은 대항력을 잃는다.
> ㄹ. 乙이 X주택의 경매개시결정등기 전에 입주와 주민등록전입신고를 하였다면 乙은 X주택의 경매시 특별한 사정이 없는 한 최우선변제를 받을 수 있다.

① ㄹ
② ㄱ, ㄹ
③ ㄴ, ㄷ
④ ㄱ, ㄴ, ㄷ
⑤ ㄱ, ㄴ, ㄷ, ㄹ

37. 乙은 甲 소유의 서울특별시 소재 X상가건물에 대하여 보증금 2억원, 월 차임 800만원, 계약기간 1년으로 하는 임대차계약을 체결하였다. 乙은 2024.8.12. X상가건물을 인도받아 사업자등록을 신청하고, 동년 8.16. 관할 세무서장에게 임대차계약서에 확정일자를 받았다. 이와 관련한 「상가건물 임대차보호법」의 적용에 관한 설명으로 **틀린** 것은?

① 乙은 2024.8.13. 대항력을 취득한다.

② 乙은 임대차기간 만료되기 6개월 전부터 1개월 전까지 사이에 최초의 임대차기간을 포함한 전체 임대차기간이 10년을 초과하지 아니하는 범위에서 계약갱신을 요구할 수 있다.

③ 甲은 임대차기간이 끝나기 6개월 전부터 임대차 종료 시까지 권리금 계약에 따라 乙이 주선한 신규 임차인이 되려는 자로부터 권리금을 지급받는 것을 방해해서는 아니 된다.

④ 乙의 차임 연체액이 3기의 차임액에 달하는 때에는 甲은 계약을 해지할 수 있다.

⑤ 乙은 2024.8.16. 보증금에 대한 우선변제권을 취득한다.

38. 부동산 거래신고 등에 관한 법령상 이행강제금과 관련한 설명으로 **틀린** 것은?

① 토지 이용의무의 이행명령은 3개월 이내의 기간을 정하여 문서로 하여야 한다.

② 토지의 이용의무를 이행하지 않아 이행명령을 받은 자가 그 명령을 이행하는 경우에는 새로운 이행강제금의 부과를 즉시 중지하고, 명령을 이행하기 전에 이미 부과된 이행강제금을 징수해서는 안 된다.

③ 이행강제금은 최초의 이행명령이 있었던 날을 기준으로 1년에 한 번씩 그 이행명령이 이행될 때까지 반복하여 부과·징수할 수 있다.

④ 토지거래계약허가를 받아 토지를 취득한 자가 당초의 목적대로 이용하지 아니하고 방치하여 이행명령을 받고도 정하여진 기간에 이를 이행하지 아니한 경우, 시장·군수 또는 구청장은 토지취득가액의 100분의 10에 상당하는 금액의 이행강제금을 부과한다.

⑤ 이행강제금 부과처분에 불복하는 경우에는 30일 내에 이의를 제기할 수 있다.

39. 「민사집행법」에 따른 부동산경매와 관련한 설명으로 **틀린** 것은?

① 임차주택이 매각되더라도 보증금이 전액 변제되지 아니한 대항력이 있는 임차권은 소멸하지 않는다.

② 담보권실행경매를 신청할 경우에는 담보권존재서면을 제출하여야 한다.

③ 재매각절차에서 전(前)의 매수인도 매수신청을 할 수 있다.

④ 공유자는 매각기일까지 보증을 제공하고 최고매수신고가격과 같은 가격으로 채무자의 지분을 우선 매수하겠다는 신고를 할 수 있다.

⑤ 차순위매수신고는 그 신고액이 최고가매수신고액에서 그 보증액을 뺀 금액을 넘는 때에만 할 수 있다.

40. 「공인중개사의 매수신청대리인 등록 등에 관한 규칙」상 개업공인중개사의 매수신청대리행위와 관련한 설명으로 **틀린** 것은?

① 매수신청대리업무의 정지기간은 6개월을 초과할 수 없다.

② 개업공인중개사는 대리행위를 함에 있어서 직접 매각장소 또는 집행법원에 출석하여야 한다.

③ 매수신청대리 대상물의 경제적 가치는 확인·설명사항에 해당한다.

④ 개업공인중개사는 위임계약을 체결한 경우 확인·설명서를 작성하여 위임인에게 교부하고, 그 사본을 사건카드에 철하여 5년간 보존하여야 한다.

⑤ 매수신청대리에 관한 보수의 지급시기는 약정이 없는 한 매각대금의 지급기한일로 한다.

41. 국토의 계획 및 이용에 관한 법령상 광역도시계획에 관한 설명으로 **틀린** 것은?

① 국토교통부장관이 조정의 신청을 받아 광역도시계획의 내용을 조정하는 경우 중앙도시계획위원회의 심의를 거쳐야 한다.

② 광역계획권은 광역시장이 지정할 수 있다.

③ 도지사는 시장 또는 군수가 협의를 거쳐 요청하는 경우에는 단독으로 광역도시계획을 수립할 수 있다.

④ 국토교통부장관, 시·도지사, 시장 또는 군수가 기초조사정보체계를 구축한 경우에는 등록된 정보의 현황을 5년마다 확인하고 변동사항을 반영해야 한다.

⑤ 국토교통부장관, 시·도지사, 시장 또는 군수는 광역도시계획을 수립하려면 미리 공청회를 열어야 한다.

42. 국토의 계획 및 이용에 관한 법령상 도시·군관리계획에 관한 설명으로 **틀린** 것은?

① 인접한 시 또는 군의 관할 구역에 대한 도시·군관리계획은 관계 시장 또는 군수가 협의하여 공동으로 입안하거나 입안할 자를 정한다.

② 도시·군관리계획은 계획의 상세정도, 기반시설의 종류 등에 대하여 도시 및 농·산·어촌지역의 인구밀도 등을 종합적으로 고려하여 차등을 두어 입안해야 한다.

③ 도시·군관리계획을 조속히 입안해야 할 필요가 있다고 인정되면 도시·군기본계획을 수립할 때에 도시·군관리계획을 함께 입안할 수 있다.

④ 도시·군관리계획결정의 효력은 지형도면을 고시한 날의 다음 날부터 발생한다.

⑤ 도시·군계획시설입체복합구역의 지정은 도시·군관리계획으로 결정한다.

43. 국토의 계획 및 이용에 관한 법령상 기반시설설치비용의 산정방법 중 민간 개발사업자의 부담률에 관한 규정이다. (   )에 들어갈 숫자로 옳은 것은?

> 민간 개발사업자가 부담하는 부담률은 100분의 (ㄱ)으로 하며, 특별시장·광역시장·특별자치시장·특별자치도지사·시장 또는 군수가 건물의 규모, 지역 특성 등을 고려하여 100분의 (ㄴ)의 범위에서 부담률을 가감할 수 있다.

① ㄱ: 20, ㄴ: 25
② ㄱ: 20, ㄴ: 30
③ ㄱ: 30, ㄴ: 25
④ ㄱ: 30, ㄴ: 30
⑤ ㄱ: 50, ㄴ: 50

44. 국토의 계획 및 이용에 관한 법령상 사업시행자가 공동구를 설치해야 하는 지역 등에 해당하지 **않는** 것은? (단, 지역 등의 규모는 200만m²를 초과함)

① 「경제자유구역의 지정 및 운영에 관한 특별법」에 따른 경제자유구역

② 「공공주택 특별법」에 따른 공공주택지구

③ 「도시 및 주거환경정비법」에 따른 정비구역

④ 「기업도시개발 특별법」에 따른 기업도시개발구역

⑤ 「도청이전을 위한 도시건설 및 지원에 관한 특별법」에 따른 도청이전신도시

45. 국토의 계획 및 이용에 관한 법령상 지구단위계획에 관한 설명이다. (   )에 들어갈 숫자로 옳은 것은?

> ○ 역세권 복합용도개발형 지구단위계획구역 내 준주거지역에서 건축물을 건축하려는 자가 그 대지의 일부를 공공시설 등의 부지로 제공하거나 공공시설 등을 설치하여 제공하는 경우에는 지구단위계획으로 용적률의 (ㄱ)% 이내의 범위에서 용적률을 완화하여 적용할 수 있다.
>
> ○ 역세권 복합용도개발형 지구단위계획구역 내 준주거지역에서는 지구단위계획으로 「건축법」에 따른 채광(採光) 등의 확보를 위한 건축물의 높이제한을 (ㄴ)% 이내의 범위에서 완화하여 적용할 수 있다.

① ㄱ: 200, ㄴ: 120
② ㄱ: 180, ㄴ: 150
③ ㄱ: 160, ㄴ: 150
④ ㄱ: 150, ㄴ: 200
⑤ ㄱ: 140, ㄴ: 200

46. 국토의 계획 및 이용에 관한 법령상 도시·군계획시설부지의 매수청구에 관한 설명으로 틀린 것은?

① 도시·군계획시설채권의 상환기간은 20년 이내로 한다.

② 지방자치단체인 매수의무자는 토지소유자가 원하는 경우 도시·군계획시설채권을 발행하여 매수대금을 지급할 수 있다.

③ 매수의무자가 매수하기로 결정한 토지는 매수결정을 알린 날부터 2년 이내에 매수해야 한다.

④ 매수청구를 한 토지의 소유자는 매수의무자가 매수하지 않기로 결정한 경우에는 개발행위허가를 받아 공작물을 설치할 수 있다.

⑤ 도시·군계획시설을 설치하거나 관리해야 할 의무가 있는 자가 서로 다른 경우에는 설치해야 할 의무가 있는 자에게 매수청구해야 한다.

47. 국토의 계획 및 이용에 관한 법령상 시가화조정구역 안에서 허가를 받아 할 수 있는 행위를 모두 고른 것은? (단, 도시·군계획사업이 아님)

```
ㄱ. 기존 주택의 면적을 포함하여 100m² 이하에 해당
   하는 주택의 증축
ㄴ. 농업·임업 또는 어업을 영위하는 자가 33m²를
   초과하는 관리용건축물을 건축하는 행위
ㄷ. 기존 건축물의 동일한 용도 및 규모 안에서의 개
   축·재축 및 대수선
ㄹ. 입목의 벌채, 조림, 육림, 토석의 채취
```

① ㄴ   ② ㄷ, ㄹ
③ ㄱ, ㄴ, ㄷ   ④ ㄱ, ㄴ, ㄹ
⑤ ㄱ, ㄷ, ㄹ

48. 국토의 계획 및 이용에 관한 법령상 기반시설 중 공공·문화체육시설에 해당하지 않는 것은?

① 공공공지   ② 사회복지시설
③ 공공직업훈련시설   ④ 연구시설
⑤ 청소년수련시설

49. 국토의 계획 및 이용에 관한 법령상 용도지역에 관한 설명으로 틀린 것은?

① 도시지역의 축소에 따른 용도지역의 변경을 도시·군관리계획으로 입안하는 경우에는 주민 및 지방의회의 의견청취절차를 생략할 수 있다.

② 「택지개발촉진법」에 따른 택지개발지구로 지정·고시되었다가 택지개발사업의 완료로 지구 지정이 해제되면 그 지역은 지구 지정 이전의 용도지역으로 환원된 것으로 본다.

③ 관리지역에서 「농지법」에 따른 농업진흥지역으로 지정·고시된 지역은 농림지역으로 결정·고시된 것으로 본다.

④ 용도지역을 다시 세부용도지역으로 나누어 지정하려면 도시·군관리계획으로 결정해야 한다.

⑤ 도시지역이 세부용도지역으로 지정되지 않은 경우에는 용도지역의 용적률 규정을 적용할 때에 보전녹지지역에 관한 규정을 적용한다.

50. 국토의 계획 및 이용에 관한 법령상 개발행위허가에 관한 설명으로 틀린 것은?

① 토지분할에 대해 개발행위허가를 받은 자가 그 개발행위를 마치면 허가권자에게 준공검사를 받아야 한다.

② 건축물의 건축에 대해 개발행위허가를 받은 후 건축물 연면적을 5% 범위에서 확대하려면 변경허가를 받아야 한다.

③ 개발행위허가를 하는 경우 미리 허가신청자의 의견을 들어 경관 등에 관한 조치를 할 것을 조건으로 허가할 수 있다.

④ 「도시개발법」에 따른 도시개발사업에 의해 건축물을 건축하는 경우에는 개발행위허가의 대상이 아니다.

⑤ 「사방사업법」에 따른 사방사업을 위한 개발행위에 대하여 허가를 하는 경우 도시계획위원회의 심의를 거치지 않는다.

51. 국토의 계획 및 이용에 관한 법령상 도시·군계획시설에 관한 설명으로 옳은 것은?

① 둘 이상의 도시·군계획시설을 같은 토지에 함께 결정하거나 공간의 일부를 구획하여 도시·군계획시설을 결정할 수 없다.

② 도시·군계획시설의 결정·구조 및 설치의 기준 등에 필요한 사항은 국토교통부장관이 정한다.

③ 용도지역 안에서의 건축물의 용도·종류 및 규모의 제한에 대한 규정은 도시·군계획시설에 대해서도 적용된다.

④ 도시·군계획시설부지에서 도시·군관리계획을 입안하는 경우에는 그 계획의 입안을 위한 토지적성평가를 실시하지 않을 수 있다.

⑤ 행정청인 도시·군계획시설사업의 시행자의 처분에 대해서는 행정심판을 제기할 수 없다.

52. 국토의 계획 및 이용에 관한 법령상 복합용도지구에 관한 설명으로 틀린 것을 모두 고른 것은?

> ㄱ. 복합용도지구란 효율적이고 복합적인 토지이용을 도모하기 위하여 특정시설의 입지를 완화할 필요가 있는 지구를 말한다.
> ㄴ. 시·도지사 또는 대도시 시장은 일반주거지역·일반상업지역 및 계획관리지역에 복합용도지구를 지정할 수 있다.
> ㄷ. 해당 용도지역 전체 면적의 3분의 1 이하의 범위에서 지정할 수 있다.
> ㄹ. 일반주거지역에 지정된 복합용도지구 안에서는 제2종 근린생활시설 중 안마시술소를 건축할 수 있다.

① ㄱ, ㄴ   ② ㄴ, ㄷ
③ ㄴ, ㄹ   ④ ㄱ, ㄷ, ㄹ
⑤ ㄴ, ㄷ, ㄹ

53. 도시개발법령상 환지처분의 효과에 관한 설명으로 틀린 것은?

① 시행자는 환지처분이 공고되면 공고 후 14일 이내에 관할 등기소에 이를 알리고 토지와 건축물에 관한 등기를 촉탁하거나 신청해야 한다.
② 환지처분은 행정상 처분으로서 종전의 토지에 전속(專屬)하는 것에 관하여 영향을 미친다.
③ 도시개발구역의 토지에 대한 지역권은 도시개발사업의 시행으로 행사할 이익이 없어진 경우 환지처분이 공고된 날이 끝나는 때에 소멸한다.
④ 체비지는 시행자가 환지처분이 공고된 날의 다음 날에 해당 소유권을 취득한다.
⑤ 청산금은 환지처분이 공고된 날의 다음 날에 확정된다.

54. 도시개발법령상 토지 등의 수용 또는 사용의 방식에 따른 사업시행에 관한 설명으로 옳은 것은?

① 지방자치단체가 시행자인 경우 토지상환채권을 발행할 수 없다.
② 지방자치단체인 시행자가 토지를 수용하려면 사업대상 토지면적의 3분의 2 이상의 토지를 소유해야 한다.
③ 시행자는 조성토지 등을 공급받는 자로부터 해당 대금의 전부를 미리 받을 수 없다.
④ 지방자치단체에게 임대주택건설용지를 공급하는 경우에는 해당 토지의 가격을 감정평가한 가격 이하로 정해야 한다.
⑤ 시행자는 지방자치단체에게 도시개발구역 전체 토지면적의 2분의 1 이내에서 원형지를 공급하여 개발하게 할 수 있다.

55. 도시개발법령상 국토교통부장관이 도시개발구역을 지정할 수 있는 경우가 아닌 것은?

① 국가가 도시개발사업을 실시할 필요가 있는 경우
② 산업통상자원부장관이 도시개발구역의 지정을 요청하는 경우
③ 지방공사의 장이 30만m² 규모로 도시개발구역의 지정을 제안하는 경우
④ 시·도지사 또는 대도시 시장의 협의가 성립되지 않는 경우
⑤ 천재지변으로 인하여 도시개발사업을 긴급하게 할 필요가 있는 경우

56. 도시개발법령상 도시개발구역을 지정한 후에 개발계획을 수립할 수 있는 경우가 아닌 것은?

① 자연녹지지역에 도시개발구역을 지정할 때
② 개발계획을 공모하는 경우
③ 도시지역 외의 지역에 도시개발구역을 지정할 때
④ 국토교통부장관이 지역균형발전을 위하여 관계 중앙행정기관의 장과 협의하여 공업지역에 도시개발구역을 지정할 때
⑤ 해당 도시개발구역에 포함되는 주거지역이 전체 도시개발구역 지정면적의 100분의 40인 지역을 도시개발구역으로 지정할 때

57. 도시개발법령상 도시개발구역의 지정과 개발계획에 관한 설명으로 틀린 것은?

① 지정권자는 도시개발사업을 환지방식으로 시행하려고 개발계획을 수립하거나 변경할 때에 시행자가 국가나 지방자치단체이면 토지소유자의 동의를 받을 필요가 없다.
② 도시개발구역을 둘 이상의 사업시행지구로 분할하는 경우 분할 후 사업시행지구의 면적은 각각 1만m² 이상이어야 한다.
③ 세입자의 주거 및 생활안정대책에 관한 사항은 도시개발구역을 지정한 후에 개발계획의 내용으로 포함시킬 수 있다.
④ 시·도지사는 면적이 100만m² 이상인 도시개발구역을 지정하려는 경우에는 국토교통부장관과 협의해야 한다.
⑤ 도시·군기본계획이 수립되어 있는 지역에 대하여 개발계획을 수립하려면 개발계획의 내용이 해당 도시·군기본계획에 들어맞도록 해야 한다.

58. 도시개발법령상 조성토지 등의 공급에 관한 설명으로 옳은 것은?

① 지정권자가 아닌 시행자는 조성토지 등의 공급계획을 작성하여 지정권자의 승인을 받아야 한다.

② 조성토지 등을 공급하려고 할 때 「주택법」에 따른 공공택지의 공급은 추첨의 방법으로 분양할 수 없다.

③ 조성토지 등의 가격평가는 시행자와 공급받는 자가 협의하여 결정한다.

④ 공공청사용지를 지방자치단체에게 공급하는 경우에는 수의계약의 방법으로 할 수 없다.

⑤ 조성토지 등의 공급계획은 개발계획에 맞게 작성되어야 한다.

59. 도시 및 주거환경정비법령상 재개발사업의 정비계획을 입안할 수 있는 지역이다. (   )에 들어갈 숫자로 옳은 것은? (단, 노후·불량건축물의 수가 전체 건축물의 수의 60% 이상인 지역임)

○ 「국토의 계획 및 이용에 관한 법률」에 따른 방재지구가 해당 지역 전체 토지면적의 (ㄱ) 이상인 지역

○ 「건축법」에 따른 지하층의 전부 또는 일부를 주거 용도로 사용하는 건축물의 수가 해당 지역 전체 건축물의 수의 (ㄴ) 이상인 지역

① ㄱ: 2분의 1, ㄴ: 2분의 1
② ㄱ: 2분의 1, ㄴ: 3분의 1
③ ㄱ: 2분의 1, ㄴ: 3분의 2
④ ㄱ: 3분의 1, ㄴ: 2분의 1
⑤ ㄱ: 3분의 2, ㄴ: 3분의 2

60. 도시 및 주거환경정비법령상 재개발사업의 시공자 선정에 관한 설명으로 틀린 것은?

① 시장·군수 등이 직접 정비사업을 시행하는 경우 시장·군수 등은 주민대표회의가 경쟁입찰의 방법에 따라 추천한 자를 시공자로 선정해야 한다.

② 토지등소유자가 사업을 시행하는 경우에는 경쟁입찰의 방법으로 시공자를 선정해야 한다.

③ 조합은 시공자 선정을 위한 입찰에 참가하는 건설업자 또는 등록사업자가 토지등소유자에게 시공에 관한 정보를 제공할 수 있도록 합동설명회를 2회 이상 개최해야 한다.

④ 조합원 100명 이하인 정비사업의 경우 조합총회에서 정관으로 정하는 바에 따라 시공자를 선정할 수 있다.

⑤ 사업시행자는 선정된 시공자와 공사에 관한 계약을 체결할 때에는 기존 건축물의 철거공사에 관한 사항을 포함시켜야 한다.

61. 도시 및 주거환경정비법령상 조합의 정관을 변경하기 위하여 조합원 3분의 2 이상의 동의가 필요한 사항이 아닌 것은?

① 조합임원의 권리·의무·보수·선임방법·변경 및 해임
② 조합원의 자격에 관한 사항
③ 정비구역의 위치 및 면적
④ 조합의 비용부담 및 조합의 회계
⑤ 시공자·설계자의 선정 및 계약서에 포함될 내용

62. 도시 및 주거환경정비법령상 청산금에 관한 설명으로 틀린 것은?

① 조합총회의 의결을 거쳐 따로 정한 경우에는 관리처분계획인가 후부터 이전고시가 있는 날까지 청산금을 분할징수할 수 있다.

② 청산금을 지급받을 자가 받을 수 없거나 받기를 거부한 때에는 사업시행자는 그 청산금을 공탁할 수 있다.

③ 청산금을 납부할 자가 이를 납부하지 않는 경우 시장·군수 등이 아닌 사업시행자는 시장·군수 등에게 청산금의 징수를 위탁할 수 있다.

④ 청산금을 징수할 권리는 이전고시일부터 5년간 행사하지 않으면 소멸한다.

⑤ 정비구역에 있는 건축물에 저당권을 설정한 권리자는 그 건축물의 소유자가 지급받을 청산금에 대하여 청산금을 지급하기 전에 압류절차를 거쳐 저당권을 행사할 수 있다.

63. 도시 및 주거환경정비법령상 조합의 설립에 관한 설명으로 옳은 것은?

① 재개발사업의 추진위원회가 조합을 설립하려면 토지등 소유자의 4분의 3 이상 및 토지면적의 2분의 1 이상의 토지소유자의 동의를 받아 시장·군수 등의 인가를 받아야 한다.

② 토지 또는 건축물의 매매 등으로 조합원의 권리가 이전된 경우의 조합원의 교체는 시장·군수 등에게 변경인가를 받아야 한다.

③ 조합설립인가를 받은 경우에는 따로 등기를 하지 않아도 조합이 성립한다.

④ 조합임원은 같은 목적의 정비사업을 하는 다른 조합의 임원을 겸할 수 있다.

⑤ 조합임원이 자격요건을 갖추지 못해 당연퇴임한 경우 그 임원이 퇴임 전에 관여한 행위는 효력을 잃는다.

64. 도시 및 주거환경정비법령상 시장·군수 등이 직접 재개발사업을 시행할 수 있는 사유에 해당하지 않는 것은?

① 고시된 정비계획에서 정한 정비사업시행 예정일부터 2년 이내에 사업시행계획인가를 신청하지 않은 때

② 해당 정비구역 안의 국·공유지 면적이 전체 토지면적의 3분의 1 이상으로 토지등소유자의 과반수가 시장·군수 등의 직접 시행에 동의하는 때

③ 순환정비방식에 의하여 정비사업을 시행할 필요가 있다고 인정되는 때

④ 천재·지변으로 인하여 긴급히 정비사업을 시행할 필요가 있다고 인정되는 때

⑤ 해당 정비구역 안의 토지면적 2분의 1 이상의 토지소유자와 토지등소유자의 3분의 2 이상에 해당하는 자가 시장·군수 등의 직접 시행을 요청하는 때

65. 주택법령상 주택의 공급에 관한 설명으로 옳은 것은?

① 지방공사가 사업주체로서 복리시설의 입주자를 모집하려는 경우 시장·군수·구청장에게 신고해야 한다.

② 사업주체가 입주자 모집승인을 받으려는 경우에는 견본주택에 사용되는 마감자재 목록표와 견본주택의 각 실의 내부를 촬영한 영상물 등을 제작하여 승인권자에게 제출해야 한다.

③ 사업주체는 마감자재 목록표와 영상물 등을 사용검사가 있은 날부터 2년 이상 보관해야 한다.

④ 공공택지 외의 택지로서 분양가상한제가 적용되는 지역에서 공급하는 도시형 생활주택은 분양가상한제의 적용을 받는다.

⑤ 국토교통부장관은 사업계획승인 신청이 있는 날부터 20일 이내에 분양가심사위원회를 설치·운영해야 한다.

66. 주택법령상 리모델링주택조합이 리모델링허가를 받기 위한 결의요건이다. ( )에 공통으로 들어갈 숫자로 옳은 것은?

> 주택단지 전체를 리모델링하는 경우에는 주택단지 전체 구분소유자 및 의결권의 각 ( )% 이상의 동의와 각 동별 구분소유자 및 의결권의 각 50% 이상의 동의를 받아야 하며, 동을 리모델링하는 경우에는 그 동의 구분소유자 및 의결권의 각 ( )% 이상의 동의를 받아야 한다.

① 60   ② 65
③ 70   ④ 75
⑤ 80

67. 사업주체 甲은 사업계획승인권자 乙로부터 주택건설사업을 분할하여 시행하는 것을 내용으로 사업계획승인을 받았다. 주택법령상 이에 관한 설명으로 틀린 것은?

① 甲은 전체 세대수가 600세대 이상인 주택단지를 공구별로 분할하여 주택을 건설·공급할 수 있다.

② 甲은 최초로 공사를 진행하는 공구에서 승인받은 날부터 5년 이내에 공사를 시작해야 한다.

③ 甲이 소송 진행으로 인하여 공사착수가 지연되어 연장신청을 한 경우 乙은 그 분쟁이 종료된 날부터 2년의 범위에서 공사착수기간을 연장할 수 있다.

④ 주택분양보증을 받지 않은 甲이 파산하여 공사완료가 불가능한 경우 乙은 사업계획승인을 취소할 수 있다.

⑤ 甲이 최초로 공사를 진행하는 공구 외의 공구에서 해당 주택단지에 대한 최초 착공신고일부터 2년이 지났음에도 사업주체가 공사를 시작하지 않은 경우 乙은 사업계획승인을 취소할 수 없다.

68. 주택법령상 국토교통부장관에게 사업계획승인을 받아야 하는 경우를 모두 고른 것은?

> ㄱ. 330만m² 이상의 규모로 「택지개발촉진법」에 의한 택지개발사업을 추진하는 지역 중 국토교통부장관이 지정·고시하는 지역에서 주택건설사업을 시행하는 경우
> ㄴ. 지방자치단체 및 지방공사가 시행하는 경우
> ㄷ. 수도권·광역시 지역의 긴급한 주택난 해소가 필요하여 국토교통부장관이 지정·고시하는 지역에서 주택건설사업을 시행하는 경우
> ㄹ. 한국토지주택공사가 총지분의 50%를 초과하여 출자한 부동산투자회사가 「공공주택 특별법」에 따른 공공주택건설사업을 시행하는 경우

① ㄱ, ㄷ
② ㄴ, ㄹ
③ ㄱ, ㄷ, ㄹ
④ ㄴ, ㄷ, ㄹ
⑤ ㄱ, ㄴ, ㄷ, ㄹ

69. 주택법령상 지역주택조합이 설립인가를 받은 후 결원이 발생한 범위에서 조합원을 충원할 수 있는 경우에 해당하지 않는 것은?

① 사업계획승인 이후에 입주자로 선정된 지위가 양도·증여 또는 판결 등으로 변경된 경우. 다만, 전매가 금지되는 경우는 제외한다.
② 조합원이 사망한 경우
③ 조합원의 탈퇴 등으로 조합원 수가 주택건설 예정 세대수의 40%가 된 경우
④ 조합원이 무자격자로 판명되어 자격을 상실하는 경우
⑤ 사업계획승인의 과정에서 주택건설 예정 세대수가 변경되어 조합원 수가 변경된 세대수의 60%가 된 경우

70. 주택법령상 사업계획승인을 받은 사업주체에게 인정되는 매도청구권에 관한 설명으로 옳은 것은?

① 사용권원을 확보하지 못한 주택건설대지의 건축물은 매도청구의 대상이 되지 않는다.
② 사업주체는 대지의 소유자와 매도청구를 하기 전에 60일 이상 협의를 해야 한다.
③ 사업주체가 주택건설대지면적의 90%에 대하여 사용권원을 확보한 경우, 사용권원을 확보하지 못한 대지의 모든 소유자에게 매도청구를 할 수 있다.
④ 사업주체가 주택건설대지면적의 80%에 대하여 사용권원을 확보한 경우, 지구단위계획구역 결정·고시일 10년 이전에 해당 대지의 소유권을 취득하여 계속 보유하고 있는 자에 대하여는 매도청구를 할 수 없다.

⑤ 사업주체는 사용권원을 확보하지 못한 대지의 소유자가 있는 곳을 확인하기가 현저히 곤란한 경우에는 공고할 필요 없이 매도청구할 수 있다.

71. 주택법령상 주택건설사업의 등록과 관련하여 (   )에 들어갈 내용으로 옳게 연결된 것은? (단, 사업등록이 필요한 경우를 전제로 함)

> 연간 (ㄱ)호 이상의 단독주택 건설사업을 시행하려는 자 또는 연간 (ㄴ)m² 이상의 대지조성사업을 시행하려는 자는 국토교통부장관에게 등록해야 한다.

① ㄱ: 10, ㄴ: 10만
② ㄱ: 20, ㄴ: 1만
③ ㄱ: 20, ㄴ: 10만
④ ㄱ: 30, ㄴ: 1만
⑤ ㄱ: 30, ㄴ: 10만

72. 건축법령상 「건축법」이 모두 적용되지 않는 건축물이 아닌 것은?
① 「문화유산의 보존 및 활용에 관한 법률」에 따른 지정문화유산
② 철도의 선로부지에 있는 플랫폼
③ 고속도로 통행료 징수시설
④ 「국방·군사시설 사업에 관한 법률」에 따른 국방·군사시설
⑤ 「하천법」에 따른 하천구역 내의 수문조작실

73. 건축법령상 다중이용 건축물에 해당하는 것은?
① 바닥면적의 합계가 2천m²인 5층의 성당
② 바닥면적의 합계가 3천m²인 10층의 여객자동차터미널
③ 바닥면적의 합계가 4천m²인 16층의 관광호텔
④ 바닥면적의 합계가 5천m²인 15층의 교육원
⑤ 바닥면적의 합계가 6천m²인 2층의 동물원

74. 건축법령상 건축허가권자로부터 건축 관련 입지와 규모의 사전결정통지를 받은 경우 허가를 받은 것으로 보는 것이 아닌 것은?
① 「국토의 계획 및 이용에 관한 법률」에 따른 개발행위허가
② 「산지관리법」에 따른 산지전용허가(보전산지가 아님)
③ 「농지법」에 따른 농지전용허가
④ 「하천법」에 따른 하천점용허가
⑤ 「도로법」에 따른 도로점용허가

75. 건축법령상 구조안전 확인 건축물 중 건축주가 착공신고시 구조안전 확인서류를 제출해야 하는 건축물을 모두 고른 것은? (단, 목구조 건축물이 아니고 이외 특례는 고려하지 않음)

> ㄱ. 층수가 2층인 건축물
> ㄴ. 높이가 12m인 건축물
> ㄷ. 연면적이 300m²인 건축물
> ㄹ. 처마높이가 10m인 건축물
> ㅁ. 기둥과 기둥 사이의 거리가 9m인 건축물

① ㄱ, ㄹ
② ㄴ, ㄷ
③ ㄷ, ㅁ
④ ㄱ, ㄷ, ㄹ
⑤ ㄴ, ㄹ, ㅁ

76. 건축법령상 지역 및 지구의 건축물에 관한 설명으로 옳은 것은? (단, 조례 및 특례는 고려하지 않음)

① 건축물이 있는 방화지구와 그 밖의 구역의 경계가 방화벽으로 구획되는 경우 그 건축물 전부에 대하여 방화지구 안의 건축물에 관한 「건축법」의 규정을 적용한다.
② 대지가 지역·지구 또는 구역에 걸치는 경우에는 그 건축물과 대지의 전부에 대하여 대지의 과반이 속하는 지역·지구 또는 구역 안의 건축물 및 대지에 관한 「건축법」의 규정을 적용한다.
③ 녹지지역 안의 건축물이 고도지구에 걸치는 경우에는 건축물과 대지 전부에 대해 고도지구에 관한 「건축법」의 규정을 적용한다.
④ 시장·군수는 도시의 관리를 위하여 필요하면 가로구역별 건축물의 높이를 시·군의 조례로 정할 수 있다.
⑤ 상업지역 안에서 건축하는 건축물의 높이는 일조 등의 확보를 위하여 정북방향의 인접 대지경계선으로부터의 거리에 따라 대통령령으로 정하는 높이 이하로 해야 한다.

77. 건축법령상 건축허가의 제한에 관한 설명으로 틀린 것은?

① 문화체육관광부장관이 국가유산의 보존을 위하여 특히 필요하다고 인정하여 요청하면 국토교통부장관은 허가권자의 건축허가를 제한할 수 있다.
② 교육감이 교육환경의 개선을 위하여 특히 필요하다고 인정하여 요청하면 국토교통부장관은 허가를 받은 건축물의 착공을 제한할 수 있다.
③ 광역시장은 지역계획에 특히 필요하다고 인정하면 관할 구청장 또는 군수의 건축허가를 제한할 수 있다.
④ 건축물의 착공을 제한하는 경우 제한기간은 2년 이내로 하되, 1회에 한하여 1년 이내의 범위에서 제한기간을 연장할 수 있다.

⑤ 도지사가 관할 시장의 건축허가를 제한한 경우 국토교통부장관은 제한내용이 지나치다고 인정하면 해제를 명할 수 있다.

78. 건축법령상 공개공지 등을 설치해야 하는 건축물에 해당하지 않는 것은? (단, 해당 용도로 쓰는 바닥면적의 합계가 5천m² 이상이며, 조례 및 특례는 고려하지 않음)

① 일반주거지역에 있는 교회
② 준주거지역에 있는 예식장
③ 근린상업지역에 있는 오피스텔
④ 준공업지역에 있는 생활숙박시설
⑤ 일반공업지역에 있는 농수산물유통시설

79. 농지법령상 농지취득자격증명을 발급받지 않고 농지를 취득할 수 있는 경우에 해당하지 않는 것은?

① 농업법인의 합병으로 농지를 취득하는 경우
② 농지를 농수산물 유통·가공시설의 부지로 전용하려고 농지전용신고를 한 자가 그 농지를 취득하는 경우
③ 공유농지의 분할로 농지를 취득하는 경우
④ 농림축산식품부장관과 협의를 마치고 「공익사업을 위한 토지 등의 취득 및 보상에 관한 법률」에 따라 농지를 취득하여 소유하는 경우
⑤ 시효의 완성으로 농지를 취득하는 경우

80. 농지법령상 주말·체험영농에 관한 설명으로 틀린 것은?

① 농업진흥지역 외의 농지를 소유할 수 있다.
② 농업인이 아닌 개인도 농지를 소유할 수 있다.
③ 세대원 전부가 소유한 면적을 합하여 총 1천m² 미만의 농지를 소유할 수 있다.
④ 농지를 취득하려면 주말·체험영농계획서를 작성해서 농지취득자격증명을 발급받아야 한다.
⑤ 개인이 소유하고 있는 농지 중 2년 이상 소유한 농지는 주말·체험영농을 하려는 자에게 임대할 수 있다.

2024년도 제35회 공인중개사 2차 국가자격시험

실전모의고사 제2회

교 시	문제형별	시 간	시 험 과 목
2교시	**A**	**50분**	① 부동산 공시에 관한 법령 및 부동산 관련 세법

수험번호		성 명	

【 수험자 유의사항 】

1. **시험문제지는 단일 형별(A형)이며, 답안카드 형별 기재란에 표시된 형별(A형)을 확인하시기 바랍니다.** 시험문제지의 **총면수, 문제번호 일련순서, 인쇄상태** 등을 확인하시고, 문제지 표지에 수험번호와 성명을 기재하시기 바랍니다.

2. 답은 각 문제마다 요구하는 **가장 적합하거나 가까운 답 1개**만 선택하고, 답안카드 작성 시 시험문제지 **형별누락, 마킹착오**로 인한 불이익은 전적으로 **수험자에게 책임**이 있음을 알려드립니다.

3. 답안카드는 국가전문자격 공통 표준형으로 문제번호가 1번부터 125번까지 인쇄되어 있습니다. 답안 마킹 시에는 반드시 **시험문제지의 문제번호와 동일한 번호에 마킹**하여야 합니다. (2차 2교시: 1번~40번)

4. **감독위원의 지시에 불응하거나 시험시간 종료 후 답안카드를 제출하지 않을 경우** 불이익이 발생할 수 있음을 알려 드립니다.

5. 시험문제지는 시험 종료 후 가져가시기 바랍니다.

6. 답안작성은 **시험 시행일(2024.10.26.) 현재 시행되는 법령 등**을 적용하시기 바랍니다.

7. 가답안 의견제시에 대한 개별회신 및 공고는 하지 않으며, **최종 정답 발표로 갈음**합니다.

8. 시험 중 **중간 퇴실은 불가**합니다. 단, 부득이하게 퇴실할 경우 **시험포기각서 제출 후 퇴실은 가능**하나 **재입실이 불가**하며, **해당시험은 무효처리됩니다.**

해커스 공인중개사

1. 「공간정보의 구축 및 관리 등에 관한 법률」상 용어정의에 관한 설명 중 (   )에 들어갈 내용을 옳게 연결한 것은?

○ (ㄱ)란 지적측량을 하지 아니하고 전산화된 지적도 및 임야도 파일을 이용하여, 도면상 경계점들을 연결하여 작성한 도면으로서 측량에 활용할 수 없는 도면을 말한다.

○ (ㄴ)이란 토지의 표시를 새로 정하거나 변경 또는 말소하는 것을 말한다.

○ (ㄷ)이란 지적도에 등록된 경계점의 정밀도를 높이기 위하여 작은 축척을 큰 축척으로 변경하여 등록하는 것을 말한다.

	ㄱ	ㄴ	ㄷ
①	전산지적도	토지이용	등록전환
②	전산지적도	토지이동	축척변경
③	연속지적도	토지이동	축척변경
④	연속지적도	토지이용	축척변경
⑤	연속지적도	토지이용	등록전환

2. 「공간정보의 구축 및 관리 등에 관한 법률」상 지번부여원칙에 대한 설명으로 틀린 것은?

① 지번은 북서에서 남동으로 순차적으로 부여한다.

② 신규등록의 대상토지가 그 지번부여지역의 최종 지번의 토지에 인접하여 있는 경우에는 인접토지의 본번에 부번을 붙여서 지번을 부여할 수 있다.

③ 분할의 경우에는 분할 후의 필지 중 1필지의 지번은 분할 전의 지번으로 하고, 나머지 필지의 지번은 본번의 최종 부번 다음 순번으로 부번을 부여한다.

④ 도시개발사업 등으로 인한 지적확정측량을 실시한 지역에서는 종전의 지번 중 본번으로 지번을 부여하는 것이 원칙이다.

⑤ 지적소관청은 도시개발사업 등의 준공 전에 사업시행자가 지번부여신청을 하는 때에는 사업계획도에 의하여 지번을 부여할 수 있다.

3. 「공간정보의 구축 및 관리 등에 관한 법률」상 경계에 관한 설명으로 틀린 것은?

① 지상 경계의 구획을 형성하는 구조물 등의 소유자가 다른 경우에는 그 소유권에 따라 지상 경계를 결정한다.

② 공유수면매립지의 토지 중 제방 등을 토지에 편입하여 등록하는 경우에는 바깥쪽 어깨부분을 지상 경계의 결정 기준으로 한다.

③ 지적소관청은 토지의 이동에 따라 지상경계를 새로 정한 경우에는 지상경계점등록부를 작성·관리하여야 한다.

④ 법원의 확정판결이 있는 경우에는 분할에 따른 지상 경계는 지상건축물을 걸리게 결정할 수 있다.

⑤ 관계 법령에 따라 인가·허가 등을 받아 토지를 분할하려는 경우에는 지상 경계점에 경계점표지를 설치하여 측량할 수 없다.

4. 지적공부의 등록사항에 관한 설명 중 틀린 것을 모두 고른 것은?

ㄱ. 토지대장 - 토지의 고유번호, 각종 권리자에 관한 사항, 도면번호, 축척

ㄴ. 공유지연명부 - 토지의 소재와 지번, 토지의 고유번호, 전유부분의 건물표시

ㄷ. 대지권등록부 - 소유권의 지분, 대지권의 비율, 대지권등록부의 장번호

ㄹ. 지적도 - 지목, 경계, 토지의 고유번호, 지적도면의 색인도

① ㄱ, ㄴ   ② ㄱ, ㄹ
③ ㄴ, ㄷ   ④ ㄱ, ㄴ, ㄹ
⑤ ㄱ, ㄷ, ㄹ

5. 경계점좌표등록부 시행지역의 지적공부에 관한 설명 중 틀린 것은?

① 지적확정측량 또는 축척변경측량을 실시하여 경계점을 좌표로 등록한 지역은 경계점좌표등록부를 의무적으로 작성·비치한다.

② 경계점좌표등록부를 갖춰 두는 지역의 지적도에는 해당 도면의 제명 끝에 '(좌표)'라고 표시한다.

③ 경계점좌표등록부에는 토지의 소재, 지번, 토지의 고유번호, 부호도 및 부호, 경계, 좌표가 등록된다.

④ 경계점좌표등록부를 갖춰 두는 지역의 지적도에는 도곽선의 오른쪽 아래 끝에 "이 도면에 의하여 측량을 할 수 없음"이라고 적어야 한다.

⑤ 경계점좌표등록부를 갖춰 두는 지역의 지적도에는 좌표에 의하여 계산된 경계점간의 거리를 등록하여야 한다.

6. 「공간정보의 구축 및 관리 등에 관한 법률」상 지적공부에 관하여 (   ) 안에 들어갈 내용으로 옳은 것은?

> ○ (ㄱ)은(는) 정보처리시스템에 따라 보존하여야 하는 지적공부가 멸실되거나 훼손될 경우를 대비하여 지적공부를 복제하여 관리하는 정보관리체계를 구축하여야 한다.
> ○ (ㄴ)은(는) 지적공부의 효율적인 관리 및 활용을 위하여 지적정보 전담 관리기구를 설치·운영한다.
> ○ (ㄷ)은(는) 부동산종합공부의 멸실 또는 훼손에 대비하여 이를 별도로 복제하여 관리하는 정보관리체계를 구축하여야 한다.

	ㄱ	ㄴ	ㄷ
①	국토교통부장관	국토교통부장관	국토교통부장관
②	국토교통부장관	국토교통부장관	시·도지사
③	국토교통부장관	국토교통부장관	지적소관청
④	시·도지사	시·도지사	시·도지사
⑤	시·도지사	시·도지사	지적소관청

7. 「공간정보의 구축 및 관리 등에 관한 법률」상 등록전환의 신청대상에 해당하지 <u>않는</u> 것은?
① 「건축법」에 따른 건축허가·신고 또는 그 밖의 관계 법령에 따른 개발행위 허가 등을 받은 경우
② 「국토의 계획 및 이용에 관한 법률」 등 관계 법령에 따른 토지의 형질변경 등의 공사가 준공된 경우
③ 대부분의 토지가 등록전환되어 나머지 토지를 임야도에 계속 존치하는 것이 불합리한 경우
④ 임야도에 등록된 토지가 사실상 형질변경되었으나 지목변경을 할 수 없는 경우
⑤ 도시·군관리계획선에 따라 토지를 분할하는 경우

8. 축척변경에 관한 설명 중에서 <u>틀린</u> 것은?
① 축척변경에 관한 사항을 심의·의결하기 위하여 지적소관청에 축척변경위원회를 둔다.
② 지적소관청은 하나의 지번부여지역에 서로 다른 축척의 지적도가 있는 경우에는 직권으로 일정한 지역을 정하여 그 지역의 축척을 변경할 수 있다.
③ 지적소관청은 축척변경을 하려면 축척변경 시행지역의 토지소유자의 3분의 2 이상의 동의를 받아야 한다.
④ 합병하려는 토지가 축척이 다른 지적도에 각각 등록되어 있어 축척변경을 하는 경우에도 축척변경위원회의 의결과 시·도지사 또는 대도시 시장의 승인을 받아야 한다.

⑤ 신청을 받은 시·도지사 또는 대도시 시장은 축척변경 사유 등을 심사한 후 그 승인 여부를 지적소관청에 통지하여야 한다.

9. 토지이동의 신청권자에 관한 설명으로 옳은 것을 모두 고른 것은?

> ㄱ. 토지소유자는 신규등록할 토지가 있으면 그 사유가 발생한 날부터 60일 이내에 지적소관청에 신규등록을 신청하여야 한다.
> ㄴ. 공공사업 등에 따라 학교용지·도로·철도용지·제방·하천·구거·유지·수도용지 등의 지목으로 되는 토지인 경우에는 해당 사업의 시행자가 신청을 대신할 수 있다.
> ㄷ. 도시개발사업과 관련하여 토지의 이동이 필요한 경우에는 해당 사업의 시행자가 시·도지사에게 토지의 이동을 신청하여야 한다.
> ㄹ. 지번부여지역의 일부가 행정구역의 개편으로 다른 지번부여지역에 속하게 되었으면 지적소관청은 기존 지번부여지역의 지번을 부여하여야 한다.

① ㄱ, ㄴ
② ㄱ, ㄹ
③ ㄴ, ㄷ
④ ㄴ, ㄹ
⑤ ㄷ, ㄹ

10. 지적소관청이 토지소유자의 신청 또는 지적소관청의 직권으로 등록사항을 정정할 때 그 정정사항이 토지소유자에 관한 사항인 경우에 첨부할 서류에 해당하지 <u>않는</u> 것은?
① 등기필증
② 등기완료통지서
③ 등기사항증명서
④ 등기전산정보자료
⑤ 가족관계 기록사항에 관한 증명서

11. 「공간정보의 구축 및 관리 등에 관한 법률」상 지적측량의 대상을 모두 고른 것은?

> ㄱ. 지적기준점을 정하는 경우
> ㄴ. 바다가 된 토지의 등록을 말소하는 경우
> ㄷ. 면적의 증감이 없이 경계위치가 잘못된 경우
> ㄹ. 도시개발사업 등의 시행지역에서 토지의 이동이 있는 경우
> ㅁ. 지상건축물 등의 현황을 지적도 및 임야도에 등록된 경계와 대비하여 표시하는 데에 필요한 경우

① ㄱ, ㄴ, ㄷ
② ㄱ, ㄷ, ㅁ
③ ㄱ, ㄴ, ㄹ, ㅁ
④ ㄱ, ㄷ, ㄹ, ㅁ
⑤ ㄴ, ㄷ, ㄹ, ㅁ

12. 지적위원회 및 지적측량의 적부심사에 관한 다음 설명 중 틀린 것은?

① 지적측량 적부재심사에 관한 사항을 심의·의결하기 위하여 국토교통부에 중앙지적위원회를 둔다.
② 중앙지적위원회의 위원장이 회의를 소집할 때에는 회의 일시·장소 및 심의 안건을 회의 5일 전까지 각 위원에게 서면으로 통지하여야 한다.
③ 지적측량 적부심사청구를 회부받은 지방지적위원회는 그 심사청구를 회부받은 날부터 60일 이내에 심의·의결하여야 한다.
④ 시·도지사는 의결서를 받은 날부터 5일 이내에 지적측량 적부심사 청구인에게 의결서를 통지하여야 한다.
⑤ 의결서를 받은 자가 지방지적위원회의 의결에 불복하는 경우에는 그 의결서를 받은 날부터 90일 이내에 국토교통부장관을 거쳐 중앙지적위원회에 재심사를 청구할 수 있다.

13. 부기등기에 관한 설명 중 틀린 것은?

① 말소회복등기는 주등기 또는 부기등기로 실행한다.
② 권리변경등기는 이해관계인이 없거나, 이해관계인의 승낙서를 첨부한 경우에 부기등기에 의한다.
③ 권리변경등기를 부기등기로 하는 경우에는 변경 전의 등기사항을 말소한다.
④ 환매권이전등기는 부기등기의 부기등기로 실행한다.
⑤ 가등기상의 권리의 이전등기는 주등기에 의한다.

14. 다음 중 「부동산등기법」상 등기할 수 있는 권리를 옳게 묶은 것은?

① 채권담보권, 권리질권
② 동산질권, 채권담보권
③ 분묘기지권, 부동산유치권
④ 부동산유치권, 부동산환매권
⑤ 동산질권, 분묘기지권

15. 등기신청적격에 관한 설명 중 틀린 것을 모두 고른 것은?

> ㄱ. 「민법」상 조합은 직접 자신의 명의로 등기를 신청한다.
> ㄴ. 지방자치단체와 같은 공법인은 직접 자신의 명의로 등기를 신청할 수 있다.
> ㄷ. 법인 아닌 사단은 그 사단의 명의로 대표자나 관리인이 등기를 신청한다.
> ㄹ. 학교는 설립주체를 불문하고 학교 명의로 등기를 신청한다.

① ㄱ, ㄴ ② ㄱ, ㄹ
③ ㄴ, ㄷ ④ ㄴ, ㄹ
⑤ ㄷ, ㄹ

16. 등기신청정보의 기재사항에 관한 다음 설명 중 틀린 것은?

① 신청서가 여러 장일 때에는 등기권리자 또는 등기의무자가 다수인 때에는 그중 1인이 간인하는 방법으로 한다.
② 같은 채권의 담보를 위하여 소유자가 다른 여러 개의 부동산(같은 등기소의 관할 내)에 대한 저당권설정등기를 신청하는 경우 1건의 신청정보로 일괄하여 신청할 수 없다.
③ 신청인이 다수인 경우에 신청정보를 정정할 때에는 신청인 전원이 정정인을 날인하여야 한다.
④ 공동소유인 경우에 공유인 경우에는 그 지분을 기록하지만, 합유인 경우에는 합유인 뜻을 기록한다.
⑤ 등기원인정보에 임의적 기록사항이 기재되어 있을 경우에는 신청정보에 기록하여야 한다.

17. 다음 중 등기소에 출석하여 서면으로 등기를 신청한 경우의 그 취하절차에 관한 설명으로 **틀린** 것은?

① 임의대리인이 등기신청을 취하하는 경우에는 취하에 관하여 특별수권이 있어야 한다.

② 등기권리자와 등기의무자가 공동으로 등기신청을 한 경우 신청의 취하는 공동으로 하여야 한다.

③ 등기신청인이 등기를 취하한 경우에 등기관은 등기신청정보를 제외하고 첨부정보를 모두 반환한다.

④ 여러 개의 부동산에 관한 등기를 일괄신청한 경우 그 중 일부 부동산에 대하여만 등기신청을 취하할 수 있다.

⑤ 방문신청의 취하는 신청인 또는 그 대리인이 등기소에 출석하여 취하서를 제출하는 방법으로 하여야 한다.

18. 다음 중 등기관의 처분에 대한 이의신청에 관한 설명으로 옳은 것은?

① 소극적 부당의 경우에 등기신청의 각하결정에 관해서는 등기신청인에 한하여 이의신청을 할 수 있다.

② 등기관의 적극적 부당에 대한 이의신청인 경우에 사유를 불문하고 이의신청을 할 수 있다.

③ 등기관의 처분이 부당한지 여부는 심사시를 기준으로 판단한다.

④ 등기관의 처분에 이의가 있는 자는 이의신청서를 처분을 한 등기소가 속한 관할 지방법원에 제출하여야 한다.

⑤ 이의신청은 집행정지의 효력이 있다.

19. 토지표시에 관한 등기에 대한 설명 중 **틀린** 것을 모두 고른 것은?

> ㄱ. 토지등기기록 표제부의 등기사항에 변경이 있는 경우에는 그 소유권의 등기명의인은 그 사실이 있는 때부터 1개월 이내에 그 등기를 신청하여야 한다.
>
> ㄴ. 토지표시변경등기의 경우에 그 변경을 증명하는 토지대장 정보나 임야대장 정보를 첨부정보로서 등기소에 제공하여야 한다.
>
> ㄷ. 합필하려는 모든 토지에 등기원인 및 그 연월일과 접수번호가 동일한 저당권에 관한 등기가 있는 경우에 합필등기를 할 수 없다.
>
> ㄹ. 토지표시에 관한 사항을 변경하는 등기를 할 때에는 종전의 표시에 관한 등기를 말소하는 표시를 하지 아니한다.

① ㄱ, ㄴ   ② ㄱ, ㄹ
③ ㄴ, ㄷ   ④ ㄴ, ㄹ
⑤ ㄷ, ㄹ

20. 말소등기에 관련된 다음 설명 중 **틀린** 것은?

① 말소등기를 신청하는 경우에 그 말소등기에 등기상 이해관계 있는 제3자가 있을 때에는 신청정보에 그 승낙서 또는 재판의 등본을 첨부하여야 한다.

② 이해관계 있는 제3자란 등기기록의 기록에 의하여 형식적으로 판단할 때 손해를 받게 될 지위에 있는 자를 말한다.

③ 소유권이 甲에서 乙로 이전되고 乙이 丙에게 저당권을 설정한 경우 乙의 소유권이전등기의 말소신청시 저당권자인 丙은 이해관계인이다.

④ 전세권의 말소등기시에 그 전세권을 목적으로 하는 저당권자는 말소등기의 이해관계인에 해당하지 아니한다.

⑤ 甲에게 저당권설정등기를 경료하고 乙에게 전세권이 설정된 경우에 저당권등기를 말소하면 전세권자인 乙은 이해관계인이 아니다.

21. 소유권등기신청에 관한 설명 중 옳은 것을 모두 고른 것은?

> ㄱ. 상속등기가 경료된 이후에도 상속재산의 협의분할을 할 수 있으며 소유권경정등기를 신청하고 등기원인일자는 협의분할일을 기록한다.
>
> ㄴ. 유증의 목적 부동산이 미등기인 경우에는 포괄유증의 경우에 수증자 명의로 소유권보존등기를 신청할 수 있다.
>
> ㄷ. 공유물불분할 약정의 변경등기는 공유자 중 1인이 단독으로 신청할 수 있다.
>
> ㄹ. 국가 또는 지방자치단체가 등기권리자인 경우에는 국가 또는 지방자치단체는 지체 없이 등기를 등기소에 촉탁하여야 한다.

① ㄱ, ㄴ   ② ㄴ, ㄷ   ③ ㄷ, ㄹ
④ ㄱ, ㄴ, ㄹ   ⑤ ㄴ, ㄷ, ㄹ

22. 용익권등기에 관한 다음 설명 중 **틀린** 것은?

① 전세권설정등기 신청정보에는 전세금과 전세권의 목적인 범위를 기재하여야 한다.

② 건물전세권의 존속기간이 만료된 경우에는 그 전세권설정등기의 존속기간이나 전세금에 대한 변경등기를 신청할 수 있다.

③ 건물의 특정부분이 아닌 공유지분에 대한 전세권은 등기할 수 없다.

④ 전세금반환채권의 일부 양도를 원인으로 한 전세권 일부이전등기의 신청은 전세권의 존속기간의 만료 전에 할 수 있다.

⑤ 등기관이 전세금반환채권의 일부 양도를 원인으로 한 전세권 일부이전등기를 할 때에는 양도액을 기록한다.

23. 구분건물등기에 관한 설명 중 옳은 것을 모두 고른 것은?

> ㄱ. 1동의 구분건물 중 일부만에 관하여 소유권보존등
> 기를 신청하는 경우에 구분건물의 소유자는 다른
> 구분건물의 소유자를 대위하여 그 건물의 소유권
> 보존등기를 신청할 수 있다.
> ㄴ. 등기관이 건물의 등기기록에 대지권등기를 한 경
> 우 그 권리의 목적인 토지등기기록 중 해당구에
> 대지권 뜻의 등기를 직권으로 하여야 한다.
> ㄷ. 대지권을 등기한 건물에 소유권에 관한 등기를 신
> 청하는 경우 신청정보에 대지권을 적어야 한다.
> ㄹ. 토지의 소유권이 대지권인 경우에 그 뜻의 등기를
> 한 때에는 그 토지의 등기기록에는 소유권이전
> 등기를 할 수 있다.

① ㄱ, ㄷ ② ㄱ, ㄹ
③ ㄴ, ㄷ ④ ㄴ, ㄹ
⑤ ㄷ, ㄹ

24. 가등기에 관련된 다음 설명 중 틀린 것은?

① 공동가등기의 경우에 그 중 일부의 가등기권리자가 전원
명의의 본등기는 신청할 수 없다.
② 가등기가처분명령에 의한 가등기는 가등기명의인이 단독
으로 신청한다.
③ 가등기된 권리를 제3자에게 양도한 경우에 양도인과
양수인의 공동신청으로 이전등기를 신청할 수 있으며
그 등기는 가등기에 대한 부기등기로 한다.
④ 가등기 후 본등기 전에 제3자에게 소유권이 이전된 경
우 본등기 신청의 등기의무자는 가등기를 할 때의 소
유자이다.
⑤ 소유권이전등기청구권보전 가등기에 의하여 본등기를
한 경우 가등기 후 본등기 전에 마쳐진 해당 가등기상
권리를 목적으로 하는 가압류등기는 등기관이 직권으
로 말소하여야 한다.

25. 다음 중 양도소득세에 대한 설명으로 틀린 것은?

① 「민법」 제245조 제1항 규정에 따른 점유시효취득한 부
동산의 취득시기는 점유개시일이다.
② 배우자 또는 직계존비속 이외의 자에게 3억원의 전세
권이 설정된 시가 5억원의 부동산을 증여하는 경우 수
증자가 전세금 3억원을 인수하는 경우에는 증여자에게
양도소득세가 과세될 수 있다.
③ 환지처분에 의해 취득한 토지로서 증가 또는 감소된
토지의 경우에는 환지처분공고가 있은 날이 취득 및
양도시기가 된다.

④ 토지의 경계를 변경하기 위하여 관련 법령에 정하는
요건을 충족하는 토지의 교환은 양도소득세가 과세되
지 아니한다.
⑤ 증여받은 자산을 양도하는 경우에 보유기간 판정시 취득
시기는 증여받은 날이다.

26. 소득세법령상 거주자의 양도소득세 비과세에 관한 설명으로
틀린 것은? (단, 국내소재 자산을 양도한 경우임)

① 파산선고에 의한 처분으로 발생하는 소득은 비과세된다.
② 「지적재조사에 관한 특별법」에 따른 경계의 확정으로
지적공부상의 면적이 감소되어 같은 법에 따라 지급받
는 조정금은 비과세된다.
③ 건설사업자가 「도시개발법」에 따라 공사용역 대가로
취득한 체비지를 토지구획환지처분공고 전에 양도하는
토지는 양도소득세 비과세가 배제되는 미등기 양도자
산에 해당하지 않는다.
④ 국가가 소유하는 토지와 분합하는 농지로서 분합하는
쌍방 토지가액의 차액이 가액이 적은 편의 3분의 1을
초과하는 경우 분합으로 발생하는 소득은 비과세된다.
⑤ 허위계약서를 작성하는 경우에는 비과세를 배제한다.

27. 다음 「소득세법」상 양도소득세에 대한 설명 중 옳은 것은?
(단, 해당 자산은 거주자가 2024년도에 국내자산을 양도하는
경우임)

① 양도소득세가 과세되는 '양도'란 매도 · 교환 · 법인에
대한 현물출자, 상속, 증여 등 유상 여부에 관계없이
자산이 사실상 이전되는 것을 말한다.
② 조정대상지역 내 1세대 2주택을 양도하는 경우는 장기
보유특별공제 대상이 되지 아니한다.
③ 양도자산은 등기 여부에 관계없이 일정한 요건을 갖춘
경우에는 양도소득에 대한 소득세의 비과세에 관한 규
정이 적용된다.
④ 거주자의 양도소득에 대한 과세표준은 종합소득 및 퇴
직소득에 대한 과세표준과 합산하여 계산한다.
⑤ 시설물을 일반이용자에 비하여 유리한 조건으로 이용
할 수 있는 권리가 부여된 주식의 양도로 발생하는 소득
도 양도소득이다.

28. 거주자가 국내에 소재하는 등기된 부동산을 양도하는 경우 「소득세법」상 양도소득세에 관한 설명으로 <u>틀린</u> 것은?

① 특수관계자로부터 시가 10억원의 토지를 11억원에 취득하는 경우 양도차익 계산시 취득가액은 10억원이다.

② 토지를 양도하는 경우라면 추계방법으로 양도차익을 산정하는 경우 필요경비개산공제액은 취득 당시 기준시가(개별공시지가)의 100분의 3을 곱한 금액으로 한다.

③ 비사업용 토지(3년 보유)를 양도한 경우 장기보유특별공제대상이 된다.

④ 위 ③의 경우 토지가 법령이 정하는 비사업용 토지에 해당하는 경우의 기본세율은 16~55% 8단계 초과누진세율이다.

⑤ 20~80%의 장기보유특별공제율을 적용받는 1세대 1주택이란 1세대가 양도일 현재 국내에 1주택(「소득세법」 제155조, 제155조의2, 제156조의2 및 그 밖의 규정에 따라 1세대 1주택으로 보는 주택을 포함)을 보유하고 보유기간 중 거주기간이 1년 이상인 것을 말한다.

29. 다음 중 「소득세법」상 양도소득세 신고 · 납부에 관한 내용으로 <u>틀린</u> 것은?

① 건물을 양도한 경우에는 그 양도일이 속하는 달의 말일부터 2개월 이내에 납세지 관할 세무서장에게 예정신고를 하여야 한다.

② 주식 또는 출자지분을 양도한 경우 양도소득 예정신고기한은 양도일이 속하는 반기의 말일부터 2개월 이내이다.

③ 양도를 하였는데 양도차익이 없는 경우에도 양도소득세 예정신고는 하여야 한다.

④ 해당 연도에 1회 부동산을 양도하고, 예정신고를 이행한 경우에도 반드시 확정신고는 하여야 한다.

⑤ 예정신고기한 내 무신고 · 과소신고 후 확정신고기한까지 신고 · 수정신고한 경우에는 해당 무신고 · 과소신고가산세 100분의 50을 감면한다.

30. 다음의 조건을 모두 충족시키는 조세에 해당하는 것은?

○ 지방세
○ 목적세
○ 부가세

① 취득세
② 재산세
③ 지방교육세
④ 지방소득세
⑤ 농어촌특별세

31. 지방세기본법령상 가산세에 관한 설명으로 <u>틀린</u> 것은? (단, 납세의무자는 국가와 지방자치단체 및 지방자치단체조합이 아니며 초과환급 및 징수유예는 없음)

① 가산세는 해당 의무가 규정된 지방세관계법의 해당 지방세의 세목으로 한다.

② ①에도 불구하고 지방세를 감면하는 경우에는 가산세는 감면대상에 포함시키지 아니한다.

③ 납세의무자가 법정신고기한까지 과세표준 신고를 하지 아니한 경우(사기나 부정한 행위는 아님)에는 무신고납부세액의 100분의 20에 상당하는 금액을 가산세로 부과한다.

④ 납세고지서에 따른 납부기한까지 납부하지 아니한 경우에는 납부하지 아니한 세액의 3%가 가산세로 부과되며, 납세고지서에 따른 납부기한이 지난 날부터 1개월이 지날 때마다 0.66%(0.022% × 30일)가 부과된다.

⑤ 납세고지서별 · 세목별 세액이 150만원 미만인 경우에는 매 1개월 경과시마다 0.66%(0.022% × 30일)의 가산세는 적용하지 아니한다.

32. 다음 중 취득세의 취득시기에 대한 설명으로 <u>틀린</u> 것은?

① 신고인이 제출한 자료로 사실상의 잔금지급일을 확인할 수 없는 유상승계취득의 경우에는 그 계약상의 잔금지급일로 한다.

② 증여계약에 의한 무상승계취득은 증여계약일을 취득일로 한다.

③ 「민법」 제245조 및 제247조에 따른 점유로 인한 취득의 경우에는 취득물건의 점유개시일을 취득일로 본다.

④ 연부취득시에는 사실상의 연부금지급일을 각각 독립된 취득일로 한다.

⑤ 토지의 지목변경으로 인하여 가액이 증가한 경우에는 그 사실상 지목변경일과 공부상 지목변경일 중 빠른 날을 취득일로 한다.

33. 「지방세법」상 취득세 표준세율에서 중과기준세율을 뺀 세율로 산출한 금액을 그 세액으로 하는 것으로만 모두 묶은 것은? (단, 취득물건은 「지방세법」 제11조 제1항 제8호에 따른 주택 외의 부동산이며 취득세 중과대상이 아님)

> ㄱ. 환매등기를 병행하는 부동산의 매매로서 환매기간 내에 매도자가 환매한 경우의 그 매도자와 매수자의 취득
>
> ㄴ. 택지공사가 준공된 토지에 정원 또는 부속시설물 등을 조성·설치하는 경우에 따른 토지의 소유자의 취득
>
> ㄷ. 「민법」 제839조의2에 따라 이혼시 재산분할로 인한 취득
>
> ㄹ. 등기부등본상 본인 지분을 초과하지 않는 공유물의 분할로 인한 취득

① ㄱ, ㄴ
② ㄴ, ㄹ
③ ㄷ, ㄹ
④ ㄱ, ㄴ, ㄷ
⑤ ㄱ, ㄷ, ㄹ

34. 다음은 2024년도 주택분 종합부동산세 과세표준을 계산하는 경우의 법령내용이다. ( )에 들어갈 금액을 각각 옳게 연결한 것은?

> 주택에 대한 종합부동산세의 과세표준은 납세의무자별로 주택의 공시가격을 합산한 금액에서 다음 각 호의 금액을 공제한 금액에 부동산 시장의 동향과 재정여건 등을 고려하여 100분의 60부터 100분의 100까지의 범위에서 대통령령으로 정하는 공정시장가액비율을 곱한 금액으로 한다. 다만, 그 금액이 영보다 작은 경우에는 영으로 본다.
> 1. 대통령령으로 정하는 1세대 1주택자: ( )원
> 2. 제9조 제2항 제3호 각 목의 세율이 적용되는 법인 또는 법인으로 보는 단체: ( )원
> 3. 제1호 및 제2호에 해당하지 아니하는 자: ( )원

① 9억 - 9억 - 9억
② 9억 - 12억 - 6억
③ 12억 - 6억 - 0
④ 12억 - 0 - 9억
⑤ 18억 - 0 - 12억

35. 법인이 토지의 지목을 변경하여 가액의 증가가 있는 경우에 「지방세법」상 취득세 및 등록에 대한 등록면허세를 비교한 내용으로 틀린 것은?

	구분	취득세	등록면허세
①	과세주체	특·광·도·특별자치도·특별자치시	도·구·특별자치도·특별자치시
②	납세의무 확정방식	신고납부	신고납부
③	중가산세 (산출세액의 100분의 80)	적용되지 않는다.	적용되지 않는다.
④	과세표준 및 세율	증가한 가액에 중과기준세율 (1,000분의 20)을 적용한다.	증가한 가액에 6,000원의 세율을 적용한다.
⑤	면세점 규정	적용된다.	적용되지 않는다.

36. 「지방세법」상 등록에 대한 등록면허세에 관한 설명으로 옳은 것은?

① 저당권설정등기에 대한 등록면허세 납세의무자는 저당권자인 채권자이며, 채권금액을 과세표준으로 하여 1,000분의 2의 세율을 적용하여 세액을 산출한다.

② 부동산등기의 등록면허세 납세지는 등기권리자의 주소지이다.

③ 부동산등기를 하는 경우 등록면허세는 등록을 한 후 60일까지 납세지를 관할하는 지방자치단체의 장에게 신고납부하여야 한다.

④ 등록면허세를 신고하여야 할 자가 법정신고기한 내에 신고를 하지 아니한 경우에도 등록면허세 산출세액을 등록하기 전까지 납부하였을 때에는 신고를 하고 납부한 것으로 본다. 이 경우 무신고가산세 100분의 50을 감면한다.

⑤ 등록면허세를 비과세받은 후에 해당 과세물건이 등록면허세 부과대상이 된 경우에는 그 사유발생일로부터 30일 이내에 납세지를 관할하는 지방자치단체의 장에게 신고납부하여야 한다.

37. 다음 「지방세법」상의 분할납부에 관한 내용의 (   )에 들어갈 내용이 옳게 연결된 것은?

> ○ 지방자치단체의 장은 재산세의 납부세액이 (   ) 을 초과하는 경우에는 대통령령으로 정하는 바에 따라 납부할 세액의 (   )를 납부기한이 지난 날 부터 (   ) 이내에 분할납부하게 할 수 있다.
>
> ○ 납부할 재산세액이 400만원인 경우에 최대 분할납 부 금액은 (   )이다.

① 250만원 - 전부 - 45일 - 100만원

② 250만원 - 일부 - 3개월 - 150만원

③ 250만원 - 일부 - 3개월 - 200만원

④ 500만원 - 전부 - 2개월 - 200만원

⑤ 500만원 - 일부 - 6개월 - 400만원

38. 「지방세법」상 재산세에 관한 설명으로 틀린 것은?

① 임시로 사용하기 위하여 건축된 고급오락장용 건축물 로서 재산세 과세기준일 현재 1년 미만의 것은 재산세 를 부과한다.

② 「신탁법」에 의하여 수탁자명의로 등기된 신탁재산의 경우 수탁자가 납세의무자이다. 이 경우 수탁자가 신탁 재산을 소유한 것으로 본다.

③ 과세기준일 현재 상속이 개시된 재산으로서 상속등기 가 이행되지 않고 사실상의 소유자를 신고하지 않은 때에는 법령이 정하는 주된 상속자가 재산세를 납부할 의무가 있다.

④ 과세대상인 건물을 구분함에 있어서 1구의 건물이 주 거와 주거 외의 용도로 겸용되는 경우에는 주거용으로 사용되는 면적이 전체의 100분의 50 이상인 경우에는 주택으로 본다.

⑤ 과세기준일 현재 소유권의 귀속이 분명하지 않아 사실 상의 소유자를 확인할 수 없는 경우에는 그 사용자가 재산세를 납부할 의무가 있다.

39. 다음 중 종합부동산세 과세대상이 아닌 것은 모두 몇 개인가?

> ○ 별장
> ○ 고급주택
> ○ 「지방세법」상 재산세 분리과세대상 토지
> ○ 공장용 건축물

① 0개

② 1개

③ 2개

④ 3개

⑤ 4개

40. 「종합부동산세법」상 종합부동산세에 관한 설명으로 옳은 것 은? (단, 2024년 시험일 현재 시행 중인 법령에 의함)

① 법인이 주택분 종합부동산세 납세의무자가 되는 경우 에도 세 부담 상한에 관한 규정을 적용한다.

② 과세기준일 현재 세대원 중 1인과 그 배우자만이 공동 으로 1주택을 소유하고 해당 세대원 및 다른 세대원이 다른 주택을 소유하지 아니한 경우 신청하지 않더라도 공동명의 1주택자를 해당 1주택에 대한 납세의무자로 한다.

③ 「신탁법」 제2조에 따른 수탁자의 명의로 등기 또는 등 록된 신탁재산으로서 신탁주택의 경우에는 수탁자가 종합부동산세를 납부할 의무가 있다. 이 경우 수탁자 가 신탁주택을 소유한 것으로 본다.

④ 법인이 소유하는 경우에도 주택분 종합부동산세는 납세 의무자별로 공시가격 합계액이 9억원을 초과하는 경우 에 한하여 납세의무자가 된다.

⑤ 주택분 종합부동산세 납세의무자가 1세대 1주택자에 해당하는 경우의 주택분 종합부동산세액은 산출된 세 액에서 연령별 및 보유기간별에 따른 1세대 1주택자에 대한 공제액을 공제한 금액으로 한다. 이 경우 연령별 세액공제와 보유기간별 공제는 100분의 80 범위 내에 서 중복하여 적용할 수 있다.

2024년도 제35회 공인중개사 2차 국가자격시험

실전모의고사 제3회

교 시	문제형별	시 간	시 험 과 목
1교시	**A**	**100분**	① 공인중개사의 업무 및 부동산 거래신고에 관한 법령 및 중개실무 ② 부동산공법 중 부동산 중개에 관련되는 규정

수험번호		성 명	

【 수험자 유의사항 】

1. **시험문제지는 단일 형별(A형)이며, 답안카드 형별 기재란에 표시된 형별(A형)을 확인하시기 바랍니다.** 시험문제지의 **총면수, 문제번호 일련순서, 인쇄상태** 등을 확인하시고, 문제지 표지에 수험번호와 성명을 기재하시기 바랍니다.

2. 답은 각 문제마다 요구하는 **가장 적합하거나 가까운 답 1개**만 선택하고, 답안카드 작성 시 시험문제지 **형별누락, 마킹착오**로 인한 불이익은 전적으로 **수험자에게 책임**이 있음을 알려드립니다.

3. 답안카드는 국가전문자격 공통 표준형으로 문제번호가 1번부터 125번까지 인쇄되어 있습니다. 답안 마킹 시에는 반드시 **시험문제지의 문제번호와 동일한 번호에 마킹**하여야 합니다. (2차 1교시: 1번~80번)

4. **감독위원의 지시에 불응하거나 시험시간 종료 후 답안카드를 제출하지 않을 경우** 불이익이 발생할 수 있음을 알려 드립니다.

5. 시험문제지는 시험 종료 후 가져가시기 바랍니다.

6. 답안작성은 **시험 시행일(2024.10.26.) 현재 시행되는 법령** 등을 적용하시기 바랍니다.

7. 가답안 의견제시에 대한 개별회신 및 공고는 하지 않으며, **최종 정답 발표로 갈음**합니다.

8. 시험 중 **중간 퇴실은 불가**합니다. 단, 부득이하게 퇴실할 경우 **시험포기각서 제출 후 퇴실은 가능**하나 **재입실이 불가**하며, **해당시험은 무효처리됩니다.**

해커스 공인중개사

1. 「공인중개사법」상 명문으로 규정된 법의 제정목적으로 옳은 것을 모두 고른 것은?

> ㄱ. 부동산업의 건전한 육성
> ㄴ. 부동산중개업의 건전한 지도
> ㄷ. 공정한 부동산거래질서의 확립
> ㄹ. 전문성 제고
> ㅁ. 국민경제 이바지
> ㅂ. 공인중개사의 업무 등을 정함

① ㄱ, ㄴ, ㄷ   ② ㄱ, ㄴ, ㅂ
③ ㄱ, ㄹ, ㅁ   ④ ㄴ, ㄷ, ㅁ
⑤ ㄹ, ㅁ, ㅂ

2. 공인중개사법령상 용어의 정의로 틀린 것은? (다툼이 있으면 판례에 따름)

① 중개대상물에 대하여 거래당사자간의 매매·교환·임대차를 알선하는 행위는 중개에 해당한다.
② '중개업'이라 함은 다른 사람의 의뢰에 의하여 일정한 보수를 받고 중개를 업으로 행하는 것을 말한다.
③ 공인중개사의 자격을 취득하고 개설등록을 하지 아니한 자는 개업공인중개사가 아니다.
④ 부동산중개업무는 「상법」에서 정하고 있는 '중개에 관한 행위'로서 기본적 상행위에 해당한다.
⑤ 개업공인중개사인 법인의 사원으로서 단순 업무를 보조하는 공인중개사는 소속공인중개사로 볼 수 없다.

3. 공인중개사법령상 공인중개사제도와 관련한 설명으로 틀린 것은? (다툼이 있으면 판례에 따름)

① 국토교통부장관 또는 시·도지사는 시험의 신뢰도를 심히 저하시킨 출제위원에 대하여는 그 명단을 통보한 날부터 5년간 시험의 출제위원으로 위촉하여서는 아니 된다.
② 시험시행기관장은 시험에서 부정한 행위를 한 응시자에 대하여는 그 시험을 무효로 하고, 그 처분이 있은 날부터 3년간 시험응시자격을 정지한다.
③ 시험시행기관장은 합격자 결정방법, 응시수수료의 반환 등 시험의 시행에 필요한 세부사항을 시험시행일 90일 전까지 일간신문, 관보, 방송 중 하나 이상에 공고하고, 인터넷 홈페이지 등에도 이를 공고해야 한다.

④ 무자격자가 자신의 명함에 '부동산뉴스(중개사무소의 상호임) 대표'라는 명칭을 기재하여 사용한 것은 공인중개사와 유사한 명칭을 사용한 것에 해당한다.
⑤ 누구든지 다른 사람의 공인중개사 자격증을 대여받아 이를 사용하는 행위를 알선하여서는 아니 된다.

4. 공인중개사법령상 중개사무소의 개설등록을 신청한 자 중 등록이 가능한 자는? (주어진 조건만 고려함)

> ㄱ. 甲 법인은 자본금이 5천만원인 「협동조합 기본법」상 사회적 협동조합이다.
> ㄴ. 乙은 휴업기간 중인 중개사무소의 소속공인중개사로서 그 기간 중에 중개업을 하고자 등록을 신청하였다.
> ㄷ. 丙 법인은 「상법」상 주식회사로서 그 이사 중에 가석방기간 중인 자가 있다.
> ㄹ. 丁 법인은 대표자는 공인중개사이나, 업무집행자 3인 중 1인만 공인중개사인 유한책임회사이다.

① ㄹ   ② ㄱ, ㄴ
③ ㄱ, ㄷ   ④ ㄷ, ㄹ
⑤ ㄴ, ㄷ, ㄹ

5. 공인중개사법령상 다른 법률에 의하여 중개업을 영위할 수 있는 법인에 대한 설명으로 틀린 것은?

① 지역농업협동조합은 중개사무소의 개설등록을 하지 아니하고, 농지에 대한 매매·교환·임대차를 중개할 수 있다.
② 중개사무소의 개설등록을 하는 경우 법인의 등록기준을 갖출 필요가 없다.
③ 분사무소를 설치할 경우 그 책임자는 공인중개사이어야 한다.
④ 보증을 2천만원만 설정하여도 된다.
⑤ 한국자산관리공사는 중개사무소의 개설등록을 하여야 중개업을 영위할 수 있다.

6. 「공인중개사법」 제10조상의 결격사유와 관련한 설명으로 옳은 것은?
   ① 결격사유자는 등록은 물론 소속공인중개사나 중개보조원도 될 수 없다.
   ② 개업공인중개사가 결격사유에 해당하는 중개보조원을 2개월 내에 해소하지 아니한 경우에는 등록이 취소된다.
   ③ 개업공인중개사가 등록기준 미달로 인하여 등록을 취소당한 경우 그로부터 3년간은 중개사무소의 개설등록을 할 수 없다.
   ④ 개업공인중개사가 「공인중개사법」을 위반하여 300만원의 벌금형을 선고받아 등록이 취소된 경우 등록취소된 때로부터 3년간은 중개업에 종사할 수 없다.
   ⑤ 경합범으로서 「공인중개사법」 위반으로 200만원의 벌금형과 「형법」 위반으로 300만원의 벌금형을 선고받은 자는 3년간 결격사유에 해당한다.

7. 공인중개사법령상 중개업무 등과 관련한 설명으로 틀린 것은? (다툼이 있으면 판례에 따름)
   ① 개업공인중개사가 등록관청의 관할지역 내로 중개사무소를 이전한 경우에는 중개사무소등록증 또는 분사무소 설치신고확인서에 변경사항을 적어 교부할 수 있다.
   ② 무자격자가 성사시켜 작성한 계약서에 공인중개사가 자신의 인감을 날인하는 방법으로 중개업무를 수행하는 형식만 갖춘 경우 자격증 대여행위에 해당된다.
   ③ 개업공인중개사는 그 업무의 효율적 수행을 위하여 다른 개업공인중개사(업무정지기간 중인 개업공인중개사 제외)와 중개사무소를 공동으로 사용할 수 있다.
   ④ 중개사무소등록신청서에 개업공인중개사의 종별은 법인과 공인중개사만이 있다.
   ⑤ 분사무소의 이전신고를 하는 자는 주된 사무소 등록증을 신고서에 첨부해야 한다.

8. 공인중개사법령상 서류와 관련한 설명으로 틀린 것은?
   ① 중개사무소를 등록관청의 관할구역 외의 지역으로 이전한 경우 종전의 등록관청이 송부할 서류에는 중개사무소 등록대장이 포함된다.
   ② 인장등록신고서에 의하여 인장등록을 하는 개업공인중개사는 중개사무소등록증 원본을 신고서에 첨부하여야 한다.
   ③ 소속공인중개사의 고용신고서에는 그 소속공인중개사의 실무교육수료증 사본을 첨부하여야 한다.
   ④ 건축물대장에 기재되지 아니한 건물에 중개사무소를 확보하였을 경우에는 건축물대장 기재가 지연되는 사유를 적은 서류를 제출해야 한다.
   ⑤ 휴업 또는 폐업의 신고를 하는 자는 신고서에 중개사무소등록증 원본을 첨부하여야 한다.

9. 공인중개사법령상 중개대상물에 대한 표시·광고와 관련한 설명으로 틀린 것은?
   ① 개업공인중개사가 인터넷을 이용하여 건축물에 대한 표시·광고를 하는 때에는 그 소재지, 면적, 가격, 방향, 방·욕실의 개수 등을 명시하여야 한다.
   ② 개업공인중개사는 중개대상물에 대한 표시·광고시 자신의 성명과 함께 중개보조원의 성명을 명시할 수 있다.
   ③ 개업공인중개사가 아닌 자는 중개대상물에 대한 표시·광고를 하여서는 아니 된다.
   ④ 개업공인중개사는 중개대상물에 대한 표시·광고시 중개의뢰인에게 피해를 줄 우려가 있는 표시·광고를 하여서는 아니 된다.
   ⑤ 부당한 표시·광고의 세부적인 유형 및 기준 등에 관한 사항은 국토교통부장관이 정하여 고시한다.

10. 공인중개사법령상 법인인 개업공인중개사의 업무범위로 볼 수 없는 것을 모두 고른 것은? (다른 법률에 따라 중개업을 할 수 있는 경우를 제외함)

    ㄱ. 상업용 건축물에 대한 임대차관리 등 부동산의 관리대행
    ㄴ. 상가·토지의 개발 공급
    ㄷ. 「민사집행법」에 의한 경매대상 부동산에 대한 권리분석 및 취득의 알선
    ㄹ. 상업용지의 분양대행
    ㅁ. 이사업체의 운영

    ① ㄱ, ㄴ   ② ㄴ, ㄷ
    ③ ㄱ, ㄷ, ㄹ   ④ ㄴ, ㄹ, ㅁ
    ⑤ ㄷ, ㄹ, ㅁ

11. 공인중개사법령상 고용인에 대한 설명으로 옳은 것은?
    ① 개업공인중개사가 소속공인중개사나 중개보조원을 고용할 경우에는 미리 등록관청에 이를 신고하여야 한다.
    ② 소속공인중개사에 대한 고용신고서에 해당 소속공인중개사의 자격 발급 시·도는 기재해야 하지만, 자격증 번호까지 기재할 필요는 없다.
    ③ 개업공인중개사는 고용인의 업무상 행위로 손해배상책임을 부담하지만, 업무정지처분은 받을 수 없다.
    ④ 개업공인중개사가 고용할 수 있는 중개보조원의 수는 개업공인중개사와 소속공인중개사를 합한 수의 5배를 초과하여서는 아니 된다.
    ⑤ 소속공인중개사와 중개보조원은 전문직업인으로서 품위 유지와 비밀준수의무가 있다.

12. 공인중개사법령상 인장등록과 관련한 설명으로 옳은 것은?

① 개업공인중개사는 그의 소속공인중개사가 중개행위에 사용할 인장을 업무개시 전까지 등록하여야 한다.

② 등록인장의 변경신고는 변경한 날로부터 7일 내에 하여야 한다.

③ 법인인 개업공인중개사의 주된 사무소에서 사용할 인장은 「상업등기규칙」에 의하여 그 법인의 대표자가 보증하는 인장을 등록해야 한다.

④ 인장의 등록 또는 변경등록은 전자문서로 할 수 없다.

⑤ 분사무소에서 사용할 인장의 등록은 그 분사무소 소재지 등록관청에 해야 한다.

13. 공인중개사법령상 중개업의 휴업과 폐업에 관한 설명으로 **틀린** 것을 모두 고른 것은?

> ㄱ. 중개업의 폐업신고를 하는 경우 사업자등록의 폐업신고를 함께 할 수 있다.
> ㄴ. 휴업기간이 6개월을 초과하는 때에는 반드시 폐업신고를 하여야 한다.
> ㄷ. 휴업기간의 변경신고는 전자문서로 할 수 없다.
> ㄹ. 신고한 휴업기간이 만료되어 업무를 재개한 때에는 즉시 업무재개신고를 하여야 한다.

① ㄱ
② ㄱ, ㄴ
③ ㄴ, ㄹ
④ ㄱ, ㄷ, ㄹ
⑤ ㄴ, ㄷ, ㄹ

14. 공인중개사법령상 중개계약에 관한 설명으로 옳은 것은?

① 중개의뢰인은 거래예정가격, 중개보수 등을 기재한 일반중개계약서의 작성을 개업공인중개사에게 요청할 수 있다.

② 개업공인중개사는 중개의뢰인이 일반중개계약서의 작성을 요청한 경우 이를 작성하여야 한다.

③ 등록관청은 일반중개계약서의 표준이 되는 서식을 정하여 이의 사용을 권장할 수 있다.

④ 공인중개사법령상 전속중개계약서의 서식은 정해져 있으나 일반중개계약서의 서식은 정해진 바가 없다.

⑤ 전속중개계약을 체결한 개업공인중개사는 중개대상물의 권리자의 성명·주소 등 인적사항에 대한 정보를 7일 내에 부동산거래정보망이나 일간신문에 공개하여야 한다.

15. 공인중개사법령상 거래정보사업자에 대한 설명으로 옳은 것을 모두 고른 것은?

> ㄱ. 거래정보사업자의 지정권은 등록관청에게 있다.
> ㄴ. 거래정보사업자는 지정을 신청한 날로부터 3개월 내에 부동산거래정보망 운영규정을 정하여 지정권자의 승인을 받아야 한다.
> ㄷ. 거래정보사업자가 기한 내에 운영규정의 제정승인을 받지 아니한 경우는 지정취소사유임과 동시에 500만원 이하의 과태료부과사유가 된다.
> ㄹ. 개인인 거래정보사업자의 사망으로 인한 지정취소의 경우에는 청문을 실시하지 아니한다.

① ㄱ, ㄴ
② ㄴ, ㄷ
③ ㄷ, ㄹ
④ ㄱ, ㄴ, ㄹ
⑤ ㄴ, ㄷ, ㄹ

16. 공인중개사법령상 서명·날인과 관련한 설명으로 옳은 것은?

① 전속중개계약서에 개업공인중개사는 반드시 서명 및 날인하여야 한다.

② 중개행위를 한 소속공인중개사는 전속중개계약서에 서명 또는 날인하여야 한다.

③ 공동중개의 경우에는 매도의뢰를 받은 개업공인중개사가 거래계약서를 작성하고, 그 개업공인중개사만 거래계약서에 서명 및 날인하면 된다.

④ 거래당사자는 중개대상물 확인·설명서에 수령의 취지로 서명 또는 날인한다.

⑤ 분사무소에서 거래계약서가 작성된 경우 해당 중개법인의 대표자 및 책임자는 거래계약서에 서명 및 날인하여야 한다.

17. 공인중개사법령상 손해배상책임과 관련한 설명으로 **틀린** 것은? (다툼이 있으면 판례에 따름)

① 자기의 중개사무소를 다른 사람의 중개행위의 장소로 제공한 개업공인중개사는 거래당사자의 손해배상청구에 대하여 자신에게 과실이 없음을 항변하지 못한다.

② 중개사무소의 개설등록을 한 자는 지체 없이 보증을 설정하여 등록관청에 신고하여야 한다.

③ 개업공인중개사나 그 보조원이 아닌 자에게는 「공인중개사법」에 의한 손해배상책임을 물을 수 없다.

④ 「공인중개사법」에 의하여 개업공인중개사가 배상해야 할 손해는 재산상 손해에 한한다.

⑤ 개업공인중개사가 계약의 이행행위과정에서 거래당사자에게 손해를 발생하게 한 경우도 '중개행위를 하다가 손해를 발생하게 한 경우'로 볼 수 있다.

18. 공인중개사법령상 개업공인중개사 등의 금지행위에 해당하는 것을 모두 고른 것은? (다툼이 있으면 판례에 따름)

> ㄱ. 탈세를 목적으로 미등기 부동산의 전매를 중개하였으나 전매자가 전매차익을 얻지 못한 행위
> ㄴ. 「주택법」상 입주자저축증서에 대한 매매를 1회 중개한 행위
> ㄷ. 개발계획이 없음에도 불구하여 있는 것처럼 고지하여 거래를 중개한 행위
> ㄹ. 중개의뢰인의 아파트에 대하여 배우자 명의로 전세계약의 체결을 중개한 행위
> ㅁ. 잔금의 이행과 등기서류의 교부에 대하여 거래당사자 쌍방을 대리한 행위

① ㄱ, ㄴ
② ㄷ, ㅁ
③ ㄱ, ㄴ, ㄹ
④ ㄴ, ㄹ, ㅁ
⑤ ㄱ, ㄴ, ㄷ, ㄹ

19. 공인중개사법령상 중개보수와 관련한 설명으로 <u>틀린</u> 것은? (다툼이 있으면 판례에 따름)

① 거래당사자의 고의 또는 과실로 인하여 거래계약이 해제된 경우 중개보수를 받을 수 없다.
② 토지의 임대차를 쌍방 중개한 개업공인중개사는 중개보수로 최고 거래금액의 1.8%까지 받을 수 있다.
③ 교환계약의 경우 거래금액이 큰 것을 기준으로 중개보수를 계산한다.
④ 주택의 소재지와 중개사무소의 소재지가 다른 경우 개업공인중개사는 중개사무소의 소재지를 관할하는 시·도의 조례에서 정한 기준에 따라 중개보수를 받아야 한다.
⑤ 실비의 한도는 중개대상물의 종류에 관계없이 국토교통부령이 정하는 범위 내에서 시·도 조례로 정한다.

20. 개업공인중개사 甲은 보증금 2천만원, 월 차임 20만원, 계약기간 1년으로 하는 오피스텔의 임대차를 중개하였다. 공인중개사법령상 甲이 받을 수 있는 중개보수의 최대액은? (이 오피스텔은 전용면적 85m² 이하이고, 전용 입식 부엌과 수세식 화장실 등을 갖춘 것임)

① 136,000원
② 160,000원
③ 272,000원
④ 320,000원
⑤ 400,000원

21. 공인중개사법령상 포상금이 지급되는 신고·고발대상자가 <u>아닌</u> 자는?

① 시세에 부당한 영향을 줄 목적으로 온라인 커뮤니티를 이용하여 특정 개업공인중개사에 대한 중개의뢰를 제한한 자
② 개업공인중개사로서 단체를 구성하여 단체 구성원 이외의 자와 공동중개를 제한한 자
③ 중개사무소등록증을 다른 사람에게 대여한 자
④ 개업공인중개사가 아닌 자로서 중개대상물에 대한 표시·광고를 한 자
⑤ 둘 이상의 중개사무소를 두고 중개업을 한 자

22. 공인중개사법령상 공인중개사협회에 대한 설명으로 <u>틀린</u> 것은?

① 협회는 공제사업을 다른 회계와 구분하여 별도의 회계로 관리하여야 한다.
② 협회는 회원 300인 이상이 발기인이 되어 정관을 작성하여 창립총회의 의결을 거친 후 국토교통부장관의 인가를 받아 그 주된 사무소의 소재지에서 설립등기를 함으로써 성립한다.
③ 협회 창립총회에는 서울특별시에서는 100인 이상, 광역시·도 및 특별자치도에서는 각각 20인 이상의 회원이 참여하여야 한다.
④ 협회의 지부에 대한 감독은 시·도지사가 하고, 지회에 대한 감독은 등록관청이 한다.
⑤ 금융감독원장은 국토교통부장관으로부터 요청이 있는 경우에는 협회의 공제사업에 관하여 조사 또는 검사를 할 수 있다.

23. 공인중개사법령상 행정처분의 절차와 관련한 설명으로 옳은 것은?

① 중개법인이 해산으로 인하여 등록이 취소된 경우에는 그 법인의 대표자이었던 자가 10일 이내에 중개사무소등록증을 반납하여야 한다.
② 거래정보사업자의 지정이 취소된 자는 거래정보사업자 지정서를 7일 내에 반납하여야 한다.
③ 공인중개사의 자격을 취소한 시·도지사는 그 사실을 5일 내에 국토교통부장관과 다른 시·도지사에게 통보하여야 한다.
④ 공인중개사의 자격취소나 자격정지처분을 받은 자는 7일 이내에 자격증을 반납하여야 한다.
⑤ 등록취소, 자격취소, 지정취소처분을 한 경우에는 다음 달 10일까지 공인중개사협회에 통보하여야 한다.

24. 공인중개사법령상 개업공인중개사의 행위 중 중개사무소의 개설등록을 반드시 취소하여야 하는 사유만을 모두 고른 것은?

> ㄱ. 다른 사람에게 자기의 상호를 사용하여 중개업무를 하게 한 경우
> ㄴ. 「형법」 위반으로 징역형의 집행유예를 선고받은 경우
> ㄷ. 등록기준에 미달한 경우
> ㄹ. 다른 개업공인중개사의 소속공인중개사가 된 경우
> ㅁ. 공정거래위원회로부터 최근 2년 내에 2회 이상의 시정조치를 받은 경우

① ㄱ, ㄴ, ㄷ   ② ㄱ, ㄴ, ㄹ
③ ㄴ, ㄷ, ㄹ   ④ ㄴ, ㄹ, ㅁ
⑤ ㄷ, ㄹ, ㅁ

25. 공인중개사법령상 자격정지처분의 기준기간이 옳은 것은 모두 몇 개인가?

> ㄱ. 둘 이상의 중개사무소에 소속한 경우 - 3개월
> ㄴ. 거래계약서에 거래금액 등 거래내용을 거짓으로 기재한 경우 - 6개월
> ㄷ. 중개의뢰인과 직접거래를 한 경우 - 6개월
> ㄹ. 중개행위에 등록하지 아니한 인장을 사용한 경우 - 3개월

① 없음   ② 1개
③ 2개   ④ 3개
⑤ 모두

26. 공인중개사법령상 1년 이하의 징역 또는 1천만원 이하의 벌금에 처하는 사유를 모두 고른 것은?

> ㄱ. 중개보조원 수 제한을 초과하여 중개보조원을 고용한 경우
> ㄴ. 개업공인중개사가 아닌 자가 '부동산중개'라는 명칭을 사용한 경우
> ㄷ. 개업공인중개사가 천막 그 밖에 이동이 용이한 임시 중개시설물을 설치한 경우
> ㄹ. 시세에 부당한 영향을 줄 목적으로 정당한 사유 없이 개업공인중개사 등의 중개대상물에 대한 정당한 표시·광고 행위를 방해한 경우
> ㅁ. 소속공인중개사가 단체를 구성하여 특정 중개대상물에 대한 중개를 제한한 경우

① ㄱ, ㄴ, ㄷ   ② ㄱ, ㄴ, ㅁ
③ ㄱ, ㄷ, ㅁ   ④ ㄴ, ㄷ, ㄹ
⑤ ㄷ, ㄹ, ㅁ

27. 부동산 거래신고 등에 관한 법령상 부동산거래신고대상인 것을 모두 고른 것은?

> ㄱ. 「건축물의 분양에 관한 법률」에 따른 분양신고 대상인 상가분양권의 전매계약
> ㄴ. 「택지개발촉진법」에 따른 택지의 공급계약
> ㄷ. 「빈집 및 소규모주택 정비에 관한 특례법」에 따른 사업시행계획인가로 취득한 입주자로 선정된 지위의 매매계약
> ㄹ. 전용면적이 100m²인 오피스텔의 매매계약

① ㄱ, ㄹ   ② ㄴ, ㄷ
③ ㄱ, ㄴ, ㄷ   ④ ㄴ, ㄷ, ㄹ
⑤ ㄱ, ㄴ, ㄷ, ㄹ

28. 부동산 거래신고 등에 관한 법령상 부동산거래신고 등에 대한 설명으로 틀린 것은? (주어진 조건만 고려함)
① 거래당사자 중 일방이 국가 등인 경우에는 국가 등이 부동산거래신고를 하여야 한다.
② A, B, C 공동매수의 경우 A를 제외한 B, C 만을 공동매수인으로 하는 변경신고는 가능하다.
③ 토지거래허가구역이 아닌 수도권 등에 소재하는 나대지의 경우 개인이 실제 거래금액이 6억원 이상으로 매수하는 경우에만 취득자금조달 및 이용계획을 신고한다.
④ 투기과열지구 내의 주택을 매수한 개인은 자금조달의 증명서류를 제출하여야 한다.
⑤ 거짓으로 부동산거래신고를 한 자로서 조사기관의 조사가 시작되기 전에 최초로 단독 자진 신고한 자에 대하여는 과태료를 면제한다.

29. 부동산 거래신고 등에 관한 법령상 주택임대차계약신고서에 기재할 사항을 모두 고른 것은?

> ㄱ. 중개행위를 한 소속공인중개사의 성명
> ㄴ. 갱신계약의 경우 종전 임대료와 갱신임대료
> ㄷ. 임대목적물의 방의 수(칸)
> ㄹ. 계약금, 중도금, 잔금 및 그 지급일
> ㅁ. 조건이 있는 경우 조건

① ㄱ, ㄹ　　　　　　② ㄴ, ㄹ
③ ㄷ, ㅁ　　　　　　④ ㄱ, ㄴ, ㄷ
⑤ ㄱ, ㄴ, ㄷ, ㄹ, ㅁ

30. 부동산 거래신고 등에 관한 법령상 외국인의 국내 부동산 취득신고 등과 관련한 설명으로 옳은 것은?

① 외국법인이 국내 건물을 합병에 의하여 취득하는 때에는 취득일로부터 6개월 내에 취득신고를 해야 한다.
② 자본금의 2분의 1을 외국인이 보유한 법인이 국내 건물을 신축에 의하여 취득하는 때에는 취득일로부터 1개월 내에 취득신고를 해야 한다.
③ 외국정부가 증여에 의하여 국내 부동산을 취득하는 경우에는 취득일로부터 60일 내에 신고해야 한다.
④ 법원의 확정판결로 외국인 등이 국내 부동산을 취득하는 경우에는 판결확정일로부터 3개월 내에 신고하여야 한다.
⑤ 토지취득허가신청서를 받은 신고관청은 신청서를 받은 날부터 7일 이내에 허가 또는 불허가처분을 하여야 한다.

31. 부동산 거래신고 등에 관한 법령상 허가구역 안에 있는 토지에 대하여 토지거래계약의 허가를 요하지 아니하는 토지의 기준면적으로 옳은 것을 모두 고른 것은 몇 개인가? (단, 지정권자가 따로 정하여 공고하는 경우는 고려하지 않음)

> ㄱ. 주거지역 - 60m² 이하
> ㄴ. 상업지역 - 200m² 이하
> ㄷ. 공업지역 - 250m² 이하
> ㄹ. 녹지지역 - 300m² 이하
> ㅁ. 도시지역 안에서 용도지역의 지정이 없는 구역 - 100m² 이하

① 1개　　　　　　② 2개
③ 3개　　　　　　④ 4개
⑤ 5개

32. 부동산 거래신고 등에 관한 법령상 포상금과 관련한 설명으로 틀린 것은?

① 허가 또는 변경허가를 받지 아니하고 토지거래계약을 체결한 자 또는 거짓이나 그 밖의 부정한 방법으로 토지거래계약허가를 받은 자는 포상금이 지급되는 신고·고발대상이다.
② 포상금의 지급에 드는 비용은 국고로 충당한다.
③ 부동산 등의 실제 거래가격을 거짓으로 신고한 자를 고발한 자에 대한 포상금의 최대한도는 1,000만원이다.
④ 공무원이 직무와 관련하여 발견한 사실을 신고·고발한 경우나 해당 위반행위를 하거나 관여한 자가 신고·고발한 경우에는 포상금을 지급하지 아니할 수 있다.
⑤ 토지거래허가를 받은 목적대로 토지를 이용하지 아니한 자를 신고한 경우의 포상금은 건당 50만원이다.

33. 개업공인중개사가 중개대상물에 대하여 확인·설명하여야 하는 내용에 관한 조사방법으로 틀린 것은?

① 중개대상물의 종류·면적·용도 등 중개대상물에 관한 기본적인 사항은 토지대장 및 건축물대장 등을 통하여 조사한다.
② 소유권·저당권 등 권리관계에 관한 사항은 등기사항증명서를 통하여 조사한다.
③ 건폐율 상한 및 용적률 상한은 토지이용계획확인서를 통하여 조사한다.
④ 비선호시설과 입지조건은 현장확인의 방법으로 조사한다.
⑤ 공법상 이용제한 및 거래규제에 관한 사항은 토지이용계획확인서를 통하여 조사한다.

34. 분묘기지권 및 「장사 등에 관한 법률」에 관한 설명으로 옳은 것은?

① 토지소유자의 승낙을 얻어 타인의 토지에 무상으로 분묘를 설치한 자는 사용대차에 따른 차주의 권리를 취득한다.
② 분묘기지권은 권리자가 의무자에 대하여 그 권리를 포기하는 의사표시를 하는 외에 점유까지도 포기하여야만 그 권리가 소멸한다.
③ 분묘기지권의 최단 존속기간은 지상권의 존속기간에 대한 규정이 유추적용되어 5년으로 인정된다.
④ 자기 소유 토지에 분묘를 설치한 사람이 분묘이장의 특약 없이 토지를 양도함으로써 분묘기지권을 취득한 경우 지료지급의무가 없다.
⑤ 「장사 등에 관한 법률」상 자연장이란 화장한 유골의 골분을 수목·화초·잔디 등의 밑이나 주변에 묻어 장사하는 것을 말한다.

35. 공인중개사법령상 중개대상물 확인·설명서의 작성과 관련한 설명으로 틀린 것은?

① 일조, 소음, 진동의 '환경조건'란은 주거용 건축물의 확인·설명서에만 기재란이 있다.

② '실제 권리관계 또는 공시되지 아니한 물건의 권리사항'은 개업공인중개사 세부 확인사항이다.

③ 주거용 건축물 확인·설명서의 '도시·군계획시설', '지구단위계획구역, 그 밖의 도시·군관리계획'은 개업공인중개사가 확인하여 기재한다.

④ 비주거용 건축물 확인·설명서의 '비선호시설(1km 이내)'란에는 화장장·쓰레기처리장·하수종말처리장 등을 기재한다.

⑤ 임대차계약이 있는 경우에는 임대보증금, 월 단위의 차임액, 계약기간, 장기수선충당금의 처리 등을 확인하여 기재하여야 한다.

36. 甲과 乙은 명의신탁약정을 한 뒤 甲은 乙에게 자금을 지원하여 乙이 매도인 丙(甲과 乙 사이의 명의신탁약정사실을 모름)과 매매계약을 체결하여 소유권이전등기가 乙의 명의로 경료된 뒤 乙이 丁과 매매계약을 체결, 丁이 소유권이전등기를 경료하였다. 「부동산 실권리자명의 등기에 관한 법률」상 이에 관한 설명으로 옳은 것은? (다툼이 있으면 판례에 따름)

① 3자간 등기명의신탁(중간생략형 명의신탁)에 해당한다.

② 甲과 乙간의 명의신탁약정은 무효이나 乙의 명의로 경료된 소유권이전등기의 효력은 유효하다.

③ 乙과 매도인 丙간의 매매계약은 무효이다.

④ 乙과 매수인 丁간의 매매계약은 유효하고 丁이 명의신탁약정사실을 알았다면 丁은 소유권을 취득할 수 없다.

⑤ 乙의 처분행위는 횡령죄로 처벌된다.

37. 甲은 2024.10.13. 자기 소유의 X주택을 2년간 乙에게 임대하는 계약을 체결하였다. 이와 관련한 설명으로 「주택임대차보호법」상 틀린 것은?

① 乙은 甲에게 임대차기간이 끝나기 3개월 전부터 1개월 전까지의 기간에 총 임대차기간이 4년을 초과하지 않는 범위 내에서 계약갱신을 요구할 수 있다.

② 乙의 계약갱신요구에 의하여 갱신되는 임대차는 전 임대차와 동일한 조건으로 다시 계약된 것으로 보나, 존속기간은 2년으로 간주되고, 차임과 보증금은 증감할 수 있다.

③ 乙의 계약갱신요구에 의하여 계약이 갱신된 경우, 乙은 언제든지 임대인에게 계약해지를 통지할 수 있고, 甲이 그 통지를 받은 날부터 3개월이 지나면 해지의 효력이 발생한다.

④ 甲(직계존속·직계비속 포함)은 X주택에 실제 거주하려는 사유로 乙의 계약갱신요구를 거절할 수 있다.

⑤ 임대차계약을 체결할 때 甲은 乙에게 「국세징수법」에 따른 미납국세 열람에 동의한 경우를 제외하고 납세증명서를 제시하여야 한다.

38. 「상가건물 임대차보호법」과 관련한 내용으로 틀린 것은? (다툼이 있으면 판례에 따름)

① 단순히 상품의 보관·제조·가공 등 사실행위만이 이루어지는 공장·창고 등은 영업용으로 사용하는 경우라고 할 수 없어 「상가건물 임대차보호법」이 적용되지 아니한다.

② 임대차계약을 체결하려는 자는 임대인의 동의를 받아 관할 세무서장에게 해당 상가건물의 확정일자 부여일, 차임 및 보증금 등 정보의 제공을 요청할 수 있다.

③ 국토교통부장관은 권리금에 대한 감정평가의 절차와 방법 등에 관한 기준을 고시할 수 있다.

④ 법무부장관은 국토교통부장관과 협의를 거쳐 상가건물 임대차에 관한 표준계약서를 정하여 그 사용을 권장할 수 있다.

⑤ 임차인이 3기의 차임액에 해당하는 금액에 이르도록 차임을 연체한 사실이 있는 경우 임대인에 대하여 계약갱신요구를 할 수 없다.

39. 「민사집행법」에 따른 부동산경매에 있어서 권리분석과 관련한 설명으로 틀린 것은?

① 압류의 효력이 발생되기 전 성립한 유치권은 매수인에게 인수된다.

② 임차권이 저당권에 대항할 수 없는 경우에는 매각으로 소멸된다.

③ 매수인은 유치권으로 담보하는 채권을 변제할 책임이 있다.

④ 가압류등기보다 후순위이나 경매개시결정등기 전에 설정된 소유권이전등기청구권보전을 위한 가등기는 매수인이 인수하여야 한다.

⑤ 최선순위의 전세권자가 배당요구를 한 경우에는 그 전세권은 매각으로 소멸된다.

40. 「공인중개사의 매수신청대리인 등록 등에 관한 규칙」에 따라 매수신청대리인으로 등록한 甲에 관한 설명으로 **틀린** 것은?

① 甲은 매수신청대리의 위임을 받은 경우에는 사건카드를 작성하여 5년간 보관하여야 한다.

② 甲은 업무를 개시하기 전에 손해배상책임의 보장을 위한 보증을 설정하여 신고하여야 한다.

③ 甲은 원칙적으로 대리행위시마다 대리권증명서면을 제출해야 한다.

④ 甲은 중개사무소를 이전한 때에는 10일 내에 관할 지방법원장에게 신고해야 한다.

⑤ 甲이 중개업의 휴업신고를 한 경우 매수신청대리업무에 대하여는 업무정지처분을 받는다.

제2과목: 부동산공법 중 부동산 중개에 관련되는 규정

41. 국토의 계획 및 이용에 관한 법령상 국토교통부장관이 단독으로 광역도시계획을 수립하는 경우는?

① 광역계획권이 둘 이상의 시·도의 관할 구역에 걸쳐 있는 경우

② 광역계획권을 지정한 날부터 3년이 지날 때까지 관할 시장 또는 군수로부터 광역도시계획의 승인신청이 없는 경우

③ 국가계획과 관련된 광역도시계획의 수립이 필요한 경우

④ 시·도지사가 협의를 거쳐 요청하는 경우

⑤ 중앙행정기관의 장이 요청하는 경우

42. 국토의 계획 및 이용에 관한 법령상 건폐율의 최대한도가 큰 용도지역부터 나열한 것은?

> ㄱ. 제1종 전용주거지역
> ㄴ. 제2종 일반주거지역
> ㄷ. 준공업지역
> ㄹ. 계획관리지역

① ㄱ - ㄴ - ㄹ - ㄷ   ② ㄴ - ㄱ - ㄷ - ㄹ

③ ㄴ - ㄷ - ㄹ - ㄱ   ④ ㄷ - ㄱ - ㄹ - ㄴ

⑤ ㄷ - ㄴ - ㄱ - ㄹ

43. 국토의 계획 및 이용에 관한 법령상 세분된 용도지구의 정의로 **틀린** 것은?

① 고도지구: 쾌적한 환경조성 및 토지의 효율적 이용을 위하여 건축물 높이의 최고한도를 규제할 필요가 있는 지구

② 집단취락지구: 개발제한구역 안의 취락을 정비하기 위하여 필요한 지구

③ 특화경관지구: 국가유산·전통사찰 등 역사·문화적으로 보존가치가 큰 시설 및 지역의 보호와 보존을 위하여 필요한 지구

④ 복합개발진흥지구: 주거기능, 공업기능, 유통·물류기능 및 관광·휴양기능 중 둘 이상의 기능을 중심으로 개발·정비할 필요가 있는 지구

⑤ 특정용도제한지구: 주거 및 교육환경보호나 청소년보호 등의 목적으로 오염물질 배출시설, 청소년 유해시설 등 특정시설의 입지를 제한할 필요가 있는 지구

44. 국토의 계획 및 이용에 관한 법령상 공동구에 관한 설명으로 틀린 것은?

① 사업시행자는 공동구의 설치공사를 완료한 때에는 지체 없이 공동구에 수용될 시설의 점용공사 기간 등을 일간신문에 공고해야 한다.

② 공동구 점용예정자는 공동구에 수용함으로써 용도가 폐지된 종래의 시설은 사업시행자가 지정하는 기간 내에 철거해야 하고, 도로는 원상으로 회복해야 한다.

③ 사업시행자는 공동구의 설치가 포함되는 개발사업의 실시계획인가 등이 있은 후 지체 없이 공동구 점용예정자에게 산정된 부담금의 납부를 통지해야 한다.

④ 공동구관리자가 공동구의 안전 및 유지관리계획을 수립하거나 변경하려면 미리 관계 행정기관의 장과 협의한 후 공동구협의회의 심의를 거쳐야 한다.

⑤ 공동구관리자는 대통령령으로 정하는 바에 따라 1년에 1회 이상 공동구의 안전점검을 실시해야 한다.

45. 국토의 계획 및 이용에 관한 법령상 도시·군계획시설사업의 시행자가 인가받은 실시계획의 변경인가를 받지 않아도 되는 경미한 사항의 변경으로 틀린 것은?

① 사업명칭을 변경하는 경우

② 구역경계의 변경이 없는 범위에서 건축물 또는 공작물의 연면적 10% 미만의 변경

③ 도시지역에 설치되는 공작물로서 무게는 50t, 부피는 50m^3, 수평투영면적은 50m^{2}를 각각 넘지 않는 공작물을 설치하는 경우

④ 기존 시설의 일부 또는 전부에 대한 용도변경을 수반하는 대수선·재축 및 개축인 경우

⑤ 도로의 포장 등 기존 도로의 면적·위치 및 규모의 변경을 수반하지 않는 도로의 개량인 경우

46. 국토의 계획 및 이용에 관한 법령상 도시지역에서 기반시설을 설치하는 경우 도시·군관리계획으로 결정해야 하는 것은?

① 「고등교육법」에 따른 방송대학·통신대학 및 방송통신대학

② 광장 중 건축물부설광장

③ 옥외에 설치하는 변전시설

④ 대지면적이 500m^2 미만인 도축장

⑤ 폐기물처리 및 재활용시설 중 재활용시설

47. 국토의 계획 및 이용에 관한 법령상 기반시설부담구역에 관한 설명으로 옳은 것은?

① 「고등교육법」에 따른 대학은 기반시설부담구역에 설치가 필요한 기반시설에 해당한다.

② 기반시설부담구역에서 기반시설설치비용의 부과대상인 건축행위는 100m^{2}를 초과하는 건축물의 신축·증축행위로 한다.

③ 기반시설설치비용은 현금, 신용카드 또는 직불카드로 납부하도록 하되, 부과대상 토지 및 이와 비슷한 토지로 하는 납부를 인정할 수 있다.

④ 기반시설부담구역으로 지정된 지역에 대해 개발행위허가를 제한했다가 이를 연장하기 위해서는 도시계획위원회의 심의를 거쳐야 한다.

⑤ 기반시설부담구역의 지정·고시일부터 2년이 되는 날까지 기반시설설치계획을 수립하지 않으면 그 2년이 되는 날의 다음 날에 기반시설부담구역의 지정은 해제된 것으로 본다.

48. 국토의 계획 및 이용에 관한 법령상 자연취락지구 안에 건축할 수 있는 건축물에 해당하지 않는 것은? (단, 4층 이하의 건축물에 한하고, 조례는 고려하지 않음)

① 단독주택

② 제1종 근린생활시설

③ 동물 및 식물 관련 시설

④ 방송통신시설

⑤ 「관광진흥법」에 따라 지정된 관광지 및 관광단지에 건축하는 숙박시설

49. 국토의 계획 및 이용에 관한 법령상 도시·군계획시설사업 시행을 위한 타인의 토지에의 출입 등에 관한 설명이다. (   )에 들어갈 숫자로 옳은 것은?

○ 타인의 토지에 출입하려는 자는 출입하려는 날의 (ㄱ)일 전까지 그 토지의 소유자·점유자 또는 관리인에게 그 일시와 장소를 알려야 한다.

○ 토지를 일시사용하거나 장애물을 변경 또는 제거하려는 자는 토지를 사용하려는 날이나 장애물을 변경 또는 제거하려는 날의 (ㄴ)일 전까지 그 토지나 장애물의 소유자·점유자 또는 관리인에게 알려야 한다.

① ㄱ: 5, ㄴ: 3 ② ㄱ: 5, ㄴ: 5
③ ㄱ: 7, ㄴ: 3 ④ ㄱ: 7, ㄴ: 5
⑤ ㄱ: 10, ㄴ: 7

50. 국토의 계획 및 이용에 관한 법령상 개발행위의 허가에 관한 설명으로 <u>틀린</u> 것은?

① 개발행위허가를 받은 부지면적을 5% 범위에서 확대 또는 축소하는 경우에는 변경허가를 받지 않아도 된다.

② 허가권자가 개발행위허가를 하면서 환경오염방지 등의 조치를 할 것을 조건으로 붙이려는 때에는 미리 개발행위허가를 신청한 자의 의견을 들어야 한다.

③ 개발행위허가의 신청내용이 성장관리계획의 내용에 어긋나는 경우에는 개발행위허가를 해서는 안 된다.

④ 자연녹지지역에서는 도시계획위원회의 심의를 통하여 개발행위허가의 기준을 강화 또는 완화하여 적용할 수 있다.

⑤ 건축물 건축에 대해 개발행위허가를 받은 자가 건축을 완료하고 그 건축물에 대해 「건축법」상 사용승인을 받은 경우에는 따로 준공검사를 받지 않아도 된다.

51. 국토의 계획 및 이용에 관한 법령상 건축물별 기반시설유발계수가 가장 높은 것은?

① 제1종 근린생활시설
② 공동주택
③ 의료시설
④ 업무시설
⑤ 숙박시설

52. 국토의 계획 및 이용에 관한 법령상 지구단위계획에 관한 설명으로 <u>틀린</u> 것은?

① 주민은 도시·군관리계획의 입안권자에게 지구단위계획의 변경에 관한 도시·군관리계획의 입안을 제안할 수 있다.

② 개발제한구역에서 해제되는 구역 중 계획적인 개발 또는 관리가 필요한 지역은 지구단위계획구역으로 지정할 수 있다.

③ 시장 또는 군수가 입안한 지구단위계획의 수립·변경에 관한 도시·군관리계획은 해당 시장 또는 군수가 직접 결정한다.

④ 지구단위계획의 수립기준은 특별시·광역시·특별자치시·특별자치도·시 또는 군의 조례로 정한다.

⑤ 도시지역 외의 지역으로서 용도지구를 폐지하고 그 용도지구에서의 행위제한 등을 지구단위계획으로 대체하려는 지역은 지구단위계획구역으로 지정할 수 있다.

53. 도시개발법령상 도시개발사업의 실시계획에 관한 설명으로 <u>틀린</u> 것은?

① 도시개발사업에 관한 실시계획에는 지구단위계획이 포함되어야 한다.

② 시·도지사가 실시계획을 작성하는 경우 국토교통부장관의 의견을 미리 들어야 한다.

③ 실시계획인가 신청서에는 사업비 및 자금조달계획서(연차별 투자계획을 포함한다)가 첨부되어야 한다.

④ 관련 인·허가 등의 의제를 받으려는 자는 실시계획의 인가를 신청하는 때에 해당 법률로 정하는 관계 서류를 함께 제출해야 한다.

⑤ 종전에 도시·군관리계획으로 결정된 사항 중 실시계획의 고시내용에 저촉되는 사항은 고시된 내용으로 변경된 것으로 본다.

54. 도시개발법령상 원형지의 매각제한에 관한 설명이다. (   )에 들어갈 숫자로 옳은 것은?

> 원형지개발자(국가 및 지방자치단체는 제외한다)는 10년의 범위에서 대통령령으로 정하는 기간(다음의 기간 중 먼저 끝나는 기간을 말한다) 안에는 원형지를 매각할 수 없다.
> 1. 원형지에 대한 공사완료 공고일부터 (ㄱ)년
> 2. 원형지 공급계약일부터 (ㄴ)년

① ㄱ: 3, ㄴ: 5   ② ㄱ: 3, ㄴ: 7
③ ㄱ: 5, ㄴ: 7   ④ ㄱ: 5, ㄴ: 10
⑤ ㄱ: 7, ㄴ: 10

55. 도시개발법령상 도시개발사업의 시행에 관한 설명으로 <u>틀린</u> 것은?

① 국가는 도시개발사업의 시행자가 될 수 있다.

② 사업시행자는 시행자는 항만·철도, 그 밖에 공공시설의 건설을 공공기관에 위탁하여 시행할 수 있다.

③ 사업시행자인 지방공사는 조성된 토지의 분양을 「주택법」에 따른 주택건설사업자에게 대행하게 할 수 있다.

④ 지방자치단체가 도시개발사업의 전부를 환지방식으로 시행하려고 할 때에는 도시개발사업에 관한 규약을 정해야 한다.

⑤ 사업시행자가 도시개발사업에 관한 실시계획의 인가를 받은 후 2년 이내에 사업을 착수하지 않는 경우 지정권자는 시행자를 변경할 수 있다.

56. 도시개발법령상 도시개발구역의 지정에 관한 설명으로 틀린 것은?

① 토지소유자가 도시개발구역의 지정을 제안하려는 경우에는 대상 구역 토지면적의 3분의 2 이상에 해당하는 토지소유자의 동의를 받아야 한다.

② 공업지역에서 도시개발구역으로 지정할 수 있는 규모는 1만m² 이상이어야 한다.

③ 계획관리지역에 도시개발구역을 지정할 때에는 도시개발구역을 지정한 후에 개발계획을 수립할 수 있다.

④ 지정권자가 도시개발사업을 환지방식으로 시행하려고 개발계획을 수립하는 경우 사업시행자가 지방자치단체이면 토지소유자의 동의를 받을 필요가 없다.

⑤ 군수가 도시개발구역의 지정을 요청하려는 경우 주민이나 관계 전문가 등으로부터 의견을 들어야 한다.

57. 도시개발법령상 환지방식의 사업시행에 관한 설명으로 옳은 것은? (단, 사업시행자는 행정청이 아님)

① 사업시행자가 환지계획을 작성한 경우에는 특별자치도지사, 시·도지사의 인가를 받아야 한다.

② 환지로 지정된 토지나 건축물을 금전으로 청산하는 내용으로 환지계획을 변경하는 경우에는 변경인가를 받아야 한다.

③ 토지소유자가 신청하면 해당 토지에 대하여 환지를 정하지 않을 수 있다. 다만, 해당 토지에 임차권자 등이 있는 경우에는 그 동의를 받아야 한다.

④ 환지예정지가 지정되면 종전의 토지의 임차권자는 환지처분이 공고되는 날까지 종전의 토지를 사용하거나 수익할 수 있다.

⑤ 환지계획에서 환지를 정하지 않은 종전의 토지에 있던 권리는 환지처분이 공고된 날의 다음 날이 끝나는 때에 소멸한다.

58. 도시개발법령상 도시개발조합의 조합원에 관한 설명으로 옳은 것은?

① 조합원은 도시개발구역의 토지소유자 및 임차권자로 한다.

② 조합원이 된 자가 금고 이상의 형의 선고를 받은 경우에는 그 사유가 발생한 다음 날부터 조합원의 자격을 상실한다.

③ 조합원은 보유토지의 면적에 비례하여 의결권을 가진다.

④ 「집합건물의 소유 및 관리에 관한 법률」에 따른 구분소유자는 대표공유자 1명만 의결권이 있다.

⑤ 조합원이 정관에 따라 부과된 부과금을 체납하는 경우 조합은 특별자치도지사·시장·군수 또는 구청장에게 그 징수를 위탁할 수 있다.

59. 도시 및 주거환경정비법령상 재개발조합의 설립을 위한 동의자 수 산정시, 다음에서 산정되는 토지등소유자의 수는? (단, 권리관계는 제시된 것만 고려함)

○ A, B 2인이 공유한 1필지 토지에 하나의 건축물을 단독 소유한 C

○ 1필지의 나대지를 단독 소유한 D와 그 나대지에 대한 지상권자 E

○ 3필지의 토지를 단독 소유한 F

○ 2필지의 토지에 하나의 주택을 공유하고 있는 G, H

① 3명   ② 4명
③ 5명   ④ 7명
⑤ 9명

60. 도시 및 주거환경정비법령상 사업시행계획인가에 관한 설명으로 틀린 것은?

① 시장·군수 등은 재개발사업의 시행자가 토지등소유자인 지정개발자인 경우 정비사업비의 100분의 30의 금액을 예치하게 할 수 있다.

② 사업시행계획서에는 사업시행기간 동안 정비구역 내 가로등 설치, 폐쇄회로 텔레비전 설치 등 범죄예방대책이 포함되어야 한다.

③ 시장·군수 등은 사업시행계획인가를 하려는 경우 정비구역부터 200m 이내에 교육시설이 설치되어 있는 때에는 해당 지방자치단체의 교육감 또는 교육장과 협의해야 한다.

④ 시장·군수 등은 특별한 사유가 없으면 사업시행계획서의 제출이 있은 날부터 60일 이내에 인가 여부를 결정하여 사업시행자에게 통보해야 한다.

⑤ 조합인 사업시행자는 사업시행계획인가를 신청하기 전에 미리 총회의 의결을 거쳐야 한다.

61. 도시 및 주거환경정비법령상 정비구역에서 시장·군수 등의 허가를 받아야 하는 행위를 모두 고른 것은? (단, 응급조치나 안전조치와 관련 없는 행위임)

ㄱ. 건축물(가설건축물을 포함한다)의 건축, 용도변경

ㄴ. 죽목의 벌채 및 식재

ㄷ. 토지의 굴착

ㄹ. 이동이 쉽지 않은 물건을 1개월 이상 쌓아놓는 행위

① ㄱ, ㄴ   ② ㄷ, ㄹ
③ ㄱ, ㄴ, ㄷ   ④ ㄴ, ㄷ, ㄹ
⑤ ㄱ, ㄴ, ㄷ, ㄹ

62. 도시 및 주거환경정비법령상 조합원의 100분의 20 이상이 직접 출석해야 하는 총회가 <u>아닌</u> 것은?

① 창립총회

② 사업시행계획서의 작성 및 변경을 위하여 개최하는 총회

③ 시공자의 선정을 의결하는 총회

④ 관리처분계획의 수립 및 변경을 위하여 개최하는 총회

⑤ 정비사업비의 사용 및 변경을 위하여 개최하는 총회

63. 도시 및 주거환경정비법령상 비용의 부담 등에 관한 설명으로 <u>틀린</u> 것은?

① 사업시행자는 정비사업을 시행하는 지역에 공동구를 설치하는 경우에는 다른 법령에 따라 그 공동구에 수용될 시설을 설치할 의무가 있는 자에게 공동구의 설치에 드는 비용을 부담시킬 수 있다.

② 공동구 점용예정자가 부담할 공동구의 설치에 드는 비용의 부담비율은 공동구의 점용예정면적비율에 따른다.

③ 부담금의 납부통지를 받은 공동구 점용예정자는 공동구의 설치공사가 착수되기 전에 부담금액의 3분의 1 이상을 납부해야 한다.

④ 국가 또는 지방자치단체는 시장·군수 등이 아닌 사업시행자가 시행하는 정비사업에 드는 비용의 전부를 보조 또는 융자할 수 있다.

⑤ 시장·군수 등은 시장·군수 등이 아닌 사업시행자가 시행하는 정비사업의 정비계획에 따라 설치되는 임시거주시설에 대해서는 그 건설비용의 전부 또는 일부를 부담할 수 있다.

64. 도시 및 주거환경정비법령상 재개발임대주택의 인수 등에 관한 설명으로 옳은 것을 모두 고른 것은?

> ㄱ. 국토교통부장관, 시·도지사, 시장, 군수, 구청장 또는 토지주택공사 등은 조합이 요청하는 경우 재개발임대주택을 인수해야 한다.
>
> ㄴ. 조합이 재개발임대주택의 인수를 요청하는 경우 토지주택공사 등이 우선하여 인수해야 한다.
>
> ㄷ. 국토교통부장관, 시·도지사, 시장, 군수, 구청장 또는 토지주택공사 등은 면적이 90m² 미만의 토지를 소유한 자로서 건축물을 소유하지 않은 자의 요청이 있는 경우에는 인수한 재개발임대주택의 일부를 「주택법」에 따른 토지임대부 분양주택으로 전환하여 공급해야 한다.

① ㄱ

② ㄱ, ㄴ

③ ㄱ, ㄷ

④ ㄴ, ㄷ

⑤ ㄱ, ㄴ, ㄷ

65. 주택법령상 주택조합에 관한 설명이다. (   )에 들어갈 숫자로 옳은 것은?

> 주택을 마련하기 위하여 주택조합설립인가를 받으려는 자는 다음의 요건을 모두 갖추어야 한다.
>
> 1. 해당 주택건설대지의 (ㄱ)% 이상에 해당하는 토지의 사용권원을 확보할 것
> 2. 해당 주택건설대지의 (ㄴ)% 이상에 해당하는 토지의 소유권을 확보할 것

① ㄱ: 80, ㄴ: 10

② ㄱ: 80, ㄴ: 15

③ ㄱ: 90, ㄴ: 10

④ ㄱ: 90, ㄴ: 15

⑤ ㄱ: 95, ㄴ: 30

66. 주택법령상 공동사업주체에 관한 설명으로 옳은 것은?

① 토지소유자는 한국토지주택공사와 공동으로 주택건설사업을 시행할 수 있다.

② 세대수를 증가하지 않는 리모델링주택조합이 그 구성원의 주택을 건설하는 경우에는 등록사업자와 공동으로 사업을 시행할 수 있다.

③ 고용자가 그 근로자의 주택을 건설하는 경우에 등록사업자와 공동으로 사업을 시행할 수 있다.

④ 공동사업주체간의 구체적인 업무·비용 및 책임의 분담 등에 관하여는 당사자가 협약으로 정할 수 없다.

⑤ 등록사업자와 공동으로 주택을 건설하려는 주택조합이 사업계획승인을 신청하려면 주택조합이 주택건설대지의 소유권을 확보하고 있어야 한다.

67. 주택법령상 리모델링에 관한 설명으로 옳은 것은?

① 기존 14층 건축물에 수직증축형 리모델링이 허용되는 경우 2개 층까지 증축할 수 있다.

② 리모델링주택조합의 설립인가를 받으려는 자는 인가신청서에 주택단지 전체의 구분소유자와 의결권의 각 과반수의 결의서를 첨부하여 관할 시장·군수·구청장에게 제출해야 한다.

③ 소유자 전원의 동의를 받은 입주자대표회의는 시장·군수·구청장에게 신고하고 리모델링을 할 수 있다.

④ 수직증축형 리모델링의 경우 리모델링주택조합의 설립인가신청서에 해당 주택이 사용검사를 받은 후 10년 이상의 기간이 지났음을 증명하는 서류를 첨부해야 한다.

⑤ 리모델링주택조합이 시공자를 선정하는 경우 수의계약의 방법으로 해야 한다.

68. 주택법령상 주택의 전매행위제한 등에 관한 설명으로 옳은 것은?

① 제한되는 전매에는 매매·상속, 그 밖에 권리의 변동을 수반하는 모든 행위가 포함된다.

② 투기과열지구에서 건설·공급되는 주택의 전매제한기간은 수도권 외의 지역의 경우 3년이다.

③ 상속에 따라 취득한 주택으로 세대원 일부가 이전하는 경우 전매제한의 대상이 되는 주택이라도 전매할 수 있다.

④ 사업주체가 전매행위가 제한되는 분양가상한제 적용주택을 공급하는 경우 그 주택의 소유권을 제3자에게 이전할 수 없음을 소유권에 관한 등기에 부기등기해야 한다.

⑤ 국토교통부장관은 전매행위제한을 위반한 자에 대하여 5년의 범위에서 국토교통부령으로 정하는 바에 따라 주택의 입주자자격을 제한할 수 있다.

69. 주택법령상 주택공급과 관련하여 금지되는 공급질서 교란행위에 해당하지 않는 것은?

① 주택을 공급받을 수 있는 조합원 지위의 매매

② 주택상환사채의 저당

③ 입주자저축 증서의 증여

④ 시장·군수·구청장이 발행한 무허가건물 확인서의 매매의 알선

⑤ 공공사업의 시행으로 인한 이주대책에 따라 주택을 공급받을 수 있는 지위의 매매를 위한 인터넷 광고

70. 주택법령상 사업계획승인에 관한 설명으로 옳은 것을 모두 고른 것은?

> ㄱ. 사업계획승인권자는 사업계획승인의 신청을 받았을 때에는 정당한 사유가 없으면 신청받은 날부터 60일 이내에 사업주체에게 승인 여부를 통보해야 한다.
>
> ㄴ. 등록사업자는 동일한 규모의 주택을 대량으로 건설하려는 경우에는 시·도지사에게 주택의 형별로 표본설계도서를 작성·제출하여 승인을 받을 수 있다.
>
> ㄷ. 사업계획승인권자는 사업계획을 승인할 때 사업주체가 제출하는 사업계획에 해당 주택건설사업 또는 대지조성사업과 직접적으로 관련이 없거나 과도한 기반시설의 기부채납을 요구해서는 안 된다.

① ㄱ   ② ㄴ

③ ㄱ, ㄷ   ④ ㄴ, ㄷ

⑤ ㄱ, ㄴ, ㄷ

71. 주택법령상 투기과열지구에 관한 설명으로 옳은 것은?

① 일정한 지역의 주택가격상승률이 물가상승률보다 현저히 높은 경우 관할 시장·군수·구청장은 해당 지역을 투기과열지구로 지정할 수 있다.

② 시·도지사가 투기과열지구를 지정하는 경우 해당 지역의 시장·군수·구청장과 협의해야 한다.

③ 투기과열지구로 지정되면 투기과열지구 내의 기존 주택에 대해서 주택의 전매제한이 적용된다.

④ 투기과열지구지정직전월의 주택분양실적이 전달보다 30% 이상 증가한 곳은 투기과열지구로 지정할 수 있다.

⑤ 국토교통부장관은 반기마다 주거정책심의위원회의 회의를 소집하여 투기과열지구 지정의 유지 여부를 재검토해야 한다.

72. 건축법령상 도시지역에 건축하는 건축물의 대지와 도로 등에 관한 설명으로 틀린 것은?

① 연면적의 합계가 2천m² 이상인 건축물의 대지는 너비 4m 이상의 도로에 6m 이상 접해야 한다.

② 소요너비에 못 미치는 너비의 도로인 경우에는 그 중심선으로부터 그 소요너비의 2분의 1의 수평거리만큼 물러난 선을 건축선으로 한다.

③ 시장·군수·구청장은 건축물의 위치나 환경을 정비하기 위하여 필요하다고 인정하면 4m 이하의 범위에서 건축선을 따로 지정할 수 있다.

④ 건축물과 담장의 지표 위 부분은 건축선의 수직면을 넘어서는 안 된다.

⑤ 허가권자는 지정한 도로를 폐지하거나 변경하려면 그 도로에 대한 이해관계인의 동의를 받아야 한다.

73. 건축법령상 건축물의 높이제한에 관한 설명으로 틀린 것은? (단, 특례 및 조례는 고려하지 않음)

① 전용주거지역과 일반주거지역에서 건축하는 건축물의 높이가 10m 이하인 부분은 정북방향으로의 인접 대지경계선으로부터 1.5m 이상을 띄어 건축해야 한다.

② 「택지개발촉진법」에 따른 택지개발지구인 경우 건축물의 높이를 정남방향의 인접 대지경계선으로부터의 거리에 따라 대통령령으로 정하는 높이 이하로 할 수 있다.

③ 일반상업지역에 건축하는 공동주택으로서 하나의 대지에 두 동 이상을 건축하는 경우에는 채광의 확보를 위한 높이제한이 적용된다.

④ 허가권자는 같은 가로구역에서 건축물의 용도 및 형태에 따라 건축물의 높이를 다르게 정할 수 있다.

⑤ 허가권자는 가로구역별 건축물의 높이를 지정하려면 지방건축위원회의 심의를 거쳐야 한다.

74. 건축법령상 대지의 조경 및 공개공지 등의 설치에 관한 설명으로 옳은 것은? (단, 특례 및 조례는 고려하지 않음)

① 도시·군계획시설에서 건축하는 가설건축물에 대하여는 조경을 해야 한다.

② 면적 5천m² 미만인 대지에 건축하는 공장에 대하여는 조경을 하지 않을 수 있다.

③ 녹지지역에 건축하는 축사에 대해서는 조경을 해야 한다.

④ 공개공지 등의 면적은 대지면적의 100분의 10을 넘어야 한다.

⑤ 공개공지 등을 설치하는 경우 건축물의 건폐율은 완화하여 적용할 수 있으나, 건축물의 높이제한은 완화하여 적용할 수 없다.

75. 건축법령상 주요구조부의 해체가 없는 등 대수선의 경우로 신고를 하면 건축허가를 받은 것으로 보는 것은?

① 내력벽의 면적 10m²를 수선하는 것

② 기둥을 두 개 수선하는 것

③ 보를 한 개 수선하는 것

④ 주계단을 수선하는 것

⑤ 지붕틀을 두 개 수선하는 것

76. 건축법령상 건축허가 및 건축신고 등에 관한 설명으로 틀린 것은?

① 연면적의 합계가 240m²인 건축물을 건축하려는 자는 건축허가의 신청 전에 허가권자에게 그 건축의 허용성에 대한 사전결정을 신청할 수 있다.

② 연면적의 10분의 3을 증축하여 연면적의 합계가 10만m²가 되는 창고를 광역시에 건축하려는 자는 광역시장의 허가를 받아야 한다.

③ 건축허가를 받으면 「국토의 계획 및 이용에 관한 법률」에 따른 개발행위허가를 받은 것으로 본다.

④ 건축물의 높이를 2m 증축할 경우 건축신고를 하면 건축허가를 받은 것으로 본다.

⑤ 허가권자는 허가를 받은 자가 허가를 받은 날부터 2년 이내에 공사에 착수하지 않는 경우 그 허가를 취소해야 한다.

77. 건축법령상 국토교통부장관이 특별건축구역으로 지정할 수 있는 것은?

① 「도로법」에 따른 접도구역

② 「자연공원법」에 따른 자연공원

③ 「산지관리법」에 따른 보전산지

④ 지방자치단체가 국제행사 등을 개최하는 도시 또는 지역의 사업구역

⑤ 「혁신도시 조성 및 발전에 관한 특별법」에 따른 혁신도시의 사업구역

78. 건축법령상 다음과 같은 조건의 건축물의 용적률은 얼마인가? (단, 제시된 것 외에 다른 조건은 고려하지 않음)

○ 대지면적: 2,000m²

○ 지하 2층: 주차장으로 사용, 1,400m²

○ 지하 1층: 제1종 근린생활시설로 사용, 1,000m²

○ 지상 1층: 필로티구조로 전부를 건축물의 부속용도인 주차장으로 사용, 800m²

○ 지상 2·3·4·5·6·7층: 업무시설로 사용, 각 층 800m²

① 240%　　② 280%　　③ 290%
④ 330%　　⑤ 400%

79. 농지법령상 농지소유자가 소유농지를 위탁경영할 수 있는 경우는?

① 2개월간 국내여행 중인 경우

② 농업법인이 소송 중인 경우

③ 농작업 중의 부상으로 2개월간 치료가 필요한 경우

④ 구치소에 수용 중이어서 자경할 수 없는 경우

⑤ 농업인이 자기 노동력이 부족하여 농작업의 전부를 위탁하는 경우

80. 농지법령상 농업경영에 이용하지 않는 농지의 처분의무에 관한 설명으로 옳은 것은?

① 농지소유자가 질병 또는 취학으로 인하여 휴경하는 경우에는 소유농지를 자기의 농업경영에 이용하지 않아도 농지처분의무가 면제된다.

② 농지소유상한을 초과하여 농지를 소유한 것이 판명된 경우에는 소유농지 전부를 처분해야 한다.

③ 농지전용허가를 받아 농지를 취득한 자가 1년 이내에 그 목적사업에 착수하지 않은 경우에는 해당 농지를 처분해야 한다.

④ 농지처분의무기간은 처분사유가 발생한 날부터 6개월이다.

⑤ 시장·군수 또는 구청장은 처분의무기간에 농지를 처분하지 않은 농지소유자가 해당 농지를 자기의 농업경영에 이용하는 경우 2년간 처분명령을 유예할 수 있다.

2024년도 제35회 공인중개사 2차 국가자격시험

실전모의고사 제3회

교 시	문제형별	시 간	시 험 과 목
2교시	**A**	50분	① 부동산 공시에 관한 법령 및 부동산 관련 세법

수험번호		성 명	

【 수험자 유의사항 】

1. **시험문제지는 단일 형별(A형)이며, 답안카드 형별 기재란에 표시된 형별(A형)을 확인하시기 바랍니다.** 시험문제지의 **총면수, 문제번호 일련순서, 인쇄상태** 등을 확인하시고, 문제지 표지에 수험번호와 성명을 기재하시기 바랍니다.

2. 답은 각 문제마다 요구하는 **가장 적합하거나 가까운 답 1개**만 선택하고, 답안카드 작성 시 시험문제지 **형별누락, 마킹착오**로 인한 불이익은 전적으로 **수험자에게 책임**이 있음을 알려드립니다.

3. 답안카드는 국가전문자격 공통 표준형으로 문제번호가 1번부터 125번까지 인쇄되어 있습니다. 답안 마킹 시에는 반드시 **시험문제지의 문제번호와 동일한 번호에 마킹**하여야 합니다. (2차 2교시: 1번~40번)

4. **감독위원의 지시에 불응하거나 시험시간 종료 후 답안카드를 제출하지 않을 경우** 불이익이 발생할 수 있음을 알려 드립니다.

5. 시험문제지는 시험 종료 후 가져가시기 바랍니다.

6. 답안작성은 **시험 시행일(2024.10.26.) 현재 시행되는 법령 등**을 적용하시기 바랍니다.

7. 가답안 의견제시에 대한 개별회신 및 공고는 하지 않으며, **최종 정답 발표로 갈음**합니다.

8. 시험 중 **중간 퇴실은 불가**합니다. 단, 부득이하게 퇴실할 경우 **시험포기각서 제출 후 퇴실은 가능**하나 **재입실이 불가**하며, **해당시험은 무효처리됩니다.**

🏛 해커스 공인중개사

제1과목: 부동산 공시에 관한 법령 및 부동산 관련 세법

1. 「공간정보의 구축 및 관리 등에 관한 법률」이 규정하고 있는 토지의 조사·등록에 관한 설명 중 틀린 것은?

   ① 국토교통부장관은 모든 토지에 대하여 필지별로 소재·지번·지목·면적·경계 또는 좌표 등을 조사·측량하여 지적공부에 등록하여야 한다.

   ② 지적공부에 등록하는 지번·지목·면적·경계 또는 좌표는 토지의 이동이 있을 때 토지소유자의 신청을 받아 지적소관청이 결정한다.

   ③ ②의 경우에 신청이 없으면 지적소관청이 직권으로 조사·측량하여 결정할 수 있다.

   ④ 지적소관청은 토지의 이동현황을 직권으로 조사·측량하여 토지의 지번·지목·면적·경계 또는 좌표를 결정하려는 때에는 토지이동현황 조사계획을 수립하여야 한다.

   ⑤ 토지이동현황 조사계획은 읍·면·동별로 수립하여야 한다.

2. 지적확정측량을 실시한 지역에 있어서의 지번부여방식에 대한 다음 설명 중 틀린 것을 모두 고른 것은?

   > ㄱ. 지적확정측량을 실시한 지역에 있어서의 지번부여는 원칙적으로 종전의 지번 중 본번을 부여한다.
   >
   > ㄴ. 종전 지번의 수가 새로이 부여할 지번의 수보다 적은 때에는 블록 단위로 하나의 부번을 부여할 수 있다.
   >
   > ㄷ. 종전 지번의 수가 새로이 부여할 지번의 수보다 적은 때에는 그 지번부여지역의 최종 부번의 다음 순번부터 부번으로 하여 지번을 부여할 수 있다.
   >
   > ㄹ. 행정구역개편에 따라 새로이 지번을 부여하는 경우에는 지적확정측량 시행지역에 있어서의 지번부여방식에 의한다.

   ① ㄱ, ㄴ ② ㄱ, ㄹ ③ ㄴ, ㄷ
   ④ ㄴ, ㄹ ⑤ ㄷ, ㄹ

3. 지적도면에 지목을 표기하는 방법으로 틀린 것은?

   ① 공장용지 - 장
   ② 하천 - 천
   ③ 주차장 - 차
   ④ 주유소용지 - 주
   ⑤ 유원지 - 유

4. 임야도 지역에서 1필지 면적이 354.55m²로 측정되었다면 토지대장에 등록할 면적은?

   ① 354m² ② 354.5m²
   ③ 354.6m² ④ 355m²
   ⑤ 355.5m²

5. 다음 중 아래의 지적도에 대한 설명으로 틀린 것은?

   ① 위 지적도의 도면번호는 제10호이다.
   ② 지적도에 토지의 소재, 지번, 지목, 경계는 등록사항이다.
   ③ 위 지적도의 색인도에 의하여 도면의 연결순서를 알 수 있다.
   ④ 126-7의 제도된 '⊕'은 지적삼각점 표지이다.
   ⑤ 도면 중간에 (산)으로 표시된 토지는 지목이 '임야'이다.

6. 부동산종합공부에 관한 다음 설명 중 틀린 것은?

   ① 지적소관청은 부동산의 효율적 이용과 부동산과 관련된 정보의 종합적 관리·운영을 위하여 부동산종합공부를 관리·운영한다.

   ② 지적소관청은 부동산종합공부의 멸실 또는 훼손에 대비하여 이를 별도로 복제하여 관리하는 정보관리체계를 구축하여야 한다.

   ③ 부동산종합공부를 열람하거나 부동산종합공부 기록사항의 전부 또는 일부에 관한 증명서를 발급받으려는 자는 지적소관청이나 읍·면·동의 장에게 신청할 수 있다.

   ④ 지적소관청은 불일치 등록사항에 대해서는 등록사항을 정정하고 관리하는 기관의 장에게 그 내용을 통지하여야 한다.

   ⑤ 지적소관청은 부동산종합공부에 토지의 이용 및 규제에 관한 사항과 부동산의 가격에 관한 사항을 기록하여야 한다.

7. 「공간정보의 구축 및 관리 등에 관한 법률」에 의한 토지이동의 대상에 관한 설명으로 옳은 것을 모두 고른 것은?

> ㄱ. 「산지관리법」에 따른 산지전용허가·신고 또는 그 밖의 관계 법령에 따른 개발행위 허가 등을 받은 경우에 등록전환을 신청할 수 있다.
> ㄴ. 지적공부에 등록된 1필지의 일부가 형질변경 등으로 용도가 변경된 경우에는 용도가 변경된 날부터 60일 이내에 지적소관청에 토지의 분할을 신청하여야 한다.
> ㄷ. 「국토의 계획 및 이용에 관한 법률」 등 관계 법령에 따른 토지의 형질변경 등의 공사에 착수한 경우에 지목변경을 신청할 수 있다.

① ㄱ
② ㄱ, ㄴ
③ ㄱ, ㄷ
④ ㄴ, ㄷ
⑤ ㄱ, ㄴ, ㄷ

8. 토지이동의 신청에 관한 다음 설명 중 틀린 것은?

① 토지이동의 신청은 원칙적으로 토지소유자가 신청한다.
② 공공사업으로 인하여 학교용지, 도로, 철도용지, 수도용지 등의 지목으로 되는 토지의 경우에는 그 사업시행자가 대위신청할 수 있다.
③ 「주택법」에 따른 공동주택의 부지인 경우에 공동주택의 관리인 또는 사업시행자가 대위신청할 수 있다.
④ 토지개발사업 등으로 토지이동이 있을 때에는 사업시행자가 지적소관청에 대위신청한다.
⑤ 도시개발사업 등으로 인한 토지이동은 토지의 형질변경 등의 공사가 준공된 때 토지이동이 있는 것으로 본다.

9. 지적소관청은 축척변경을 할 때에는 축척변경 사유를 적은 승인신청서에 아래의 서류를 첨부하여 시·도지사 또는 대도시 시장에게 제출하여야 한다. 다음 중 첨부서류에 해당하지 않는 것은?

① 축척변경의 사유
② 지번 등 명세
③ 토지소유자의 동의서
④ 지적위원회의 의결서 사본
⑤ 그 밖에 축척변경 승인을 위하여 시·도지사 또는 대도시 시장이 필요하다고 인정하는 서류

10. 「공간정보의 구축 및 관리 등에 관한 법률」에 의한 지적공부의 정리에 관한 다음 설명 중 틀린 것은?

① 지적소관청은 토지의 이동이 있는 경우에는 토지이동 정리 결의서를 작성하여야 한다.
② 지적공부에 등록된 토지소유자의 변경사항은 등기필증, 등기완료통지서, 등기사항증명서 등에 따라 정리한다. 신규등록의 경우에도 같다.
③ 소유권변경사실의 통지에 따른 등기기록과 대장의 토지표시가 일치하는 경우에 지적소관청은 토지소유자를 정리한다.
④ 소유권변경사실의 통지에 따른 등기기록과 대장의 토지표시가 불일치하는 경우에 지적소관청은 토지소유자를 정리할 수 없고 불일치 사실을 관할 등기관서에 통지한다.
⑤ 지적소관청은 토지소유자의 변동 등에 따라 지적공부를 정리하려는 경우에는 소유자정리 결의서를 작성하여야 한다.

11. 다음 지적측량의 절차에 관한 서술 중 틀린 것은?

① 토지소유자 등 이해관계인은 지적측량을 할 필요가 있는 경우에는 지적측량수행자에게 지적측량을 의뢰하여야 한다.
② 토지소유자의 신청이 없어 지적소관청이 직권으로 조사·측량하여 지적공부를 정리한 경우에는 지적측량수수료는 토지소유자로부터 징수한다.
③ 지적삼각점측량성과 및 경위의측량방법으로 실시한 지적확정측량성과(일정면적 이상인 경우)인 경우에는 시·도지사 또는 대도시 시장에게 검사를 받아야 한다.
④ 지적삼각점성과 및 지적삼각보조점성과를 열람하거나 등본을 발급받으려는 자는 시·도지사 또는 지적소관청에 신청하여야 한다.
⑤ 지적도근점성과를 열람하거나 등본을 발급받으려는 자는 지적소관청에 신청하여야 한다.

12. 다음 중 중앙지적위원회의 업무를 모두 고른 것은?

> ㄱ. 지적측량기술의 연구·개발 및 보급에 관한 사항
> ㄴ. 지번별 제곱미터당 금액의 결정과 청산금의 산정에 관한 사항
> ㄷ. 지적기술자의 업무정지 처분 및 징계요구에 관한 사항
> ㄹ. 지적측량에 대한 적부재심사

① ㄱ, ㄷ
② ㄴ, ㄹ
③ ㄱ, ㄴ, ㄹ
④ ㄱ, ㄷ, ㄹ
⑤ ㄴ, ㄷ, ㄹ

13. 다음 중 등기에 관한 설명으로 옳은 것을 모두 고른 것은?

> ㄱ. 등기신청은 등기신청정보가 전산정보처리조직에 저장된 때 접수된 것으로 본다.
>
> ㄴ. 등기관이 등기를 마친 경우에는 그때부터 권리변동의 효력이 발생한다.
>
> ㄷ. 같은 토지 위에 있는 여러 개의 구분건물에 대한 등기를 동시에 신청하는 경우에는 그 건물의 소재 및 지번에 관한 정보가 전산정보처리조직에 저장된 때 등기신청이 접수된 것으로 본다.

① ㄱ
② ㄴ
③ ㄷ
④ ㄱ, ㄷ
⑤ ㄱ, ㄴ, ㄷ

14. 등기소와 등기관에 관한 다음 설명 중 틀린 것은?

① 부동산이 여러 등기소의 관할 구역에 걸쳐 있을 때에는 각 등기소를 관할하는 상급법원의 장이 관할 등기소를 지정한다.

② 대법원장은 등기소에서 등기사무를 정지하여야 하는 사유가 발생하면 기간을 정하여 등기사무의 정지를 명령할 수 있다.

③ 등기관으로서는 오직 제출된 서면 자체를 검토하거나 이를 등기부와 대조하는 등의 방법으로 등기신청의 적법 여부를 심사하여야 한다.

④ 등기관은 자기, 배우자 또는 4촌 이내의 친족이 등기신청인인 때에는 그 등기소에서 소유권등기를 한 성년자로서 등기관의 배우자 등이 아닌 자 2명 이상의 참여가 없으면 등기를 할 수 없다.

⑤ 등기관의 업무처리제한 사유는 배우자 등의 관계가 끝난 후에는 적용하지 아니한다.

15. 다음 중 등기신청적격에 관한 설명으로 틀린 것은?

① 국가 및 지방자치단체는 공법인이므로 등기신청의 당사자능력이 인정된다. 그러나 읍·면·리·동의 명의로는 등기할 수 없다.

② 특별법상의 조합(농업협동조합, 축산업협동조합)은 명칭이 조합이므로 그 자체명의로 등기할 수 없다.

③ 종중, 문중, 그 밖에 대표자나 관리인이 있는 법인 아닌 사단이나 재단에 속하는 부동산의 등기에 관하여는 그 사단이나 재단을 등기권리자 또는 등기의무자로 한다.

④ 「민법」상 조합은 「민법」상의 계약에 불과하므로 등기신청의 당사자능력이 없다.

⑤ 외국인은 그 명의로 등기권리자나 등기의무자가 될 수 있다.

16. 판결에 의한 등기에 관한 다음 설명 중 틀린 것은?

① 판결에 의한 등기를 신청함에 있어 등기원인정보로써 판결정본과 확정증명서를 첨부하여야 한다.

② 공증인 작성의 공정증서는 부동산에 관한 등기신청의무를 이행하기로 하는 조항이 기재되어 있더라도 등기권리자는 이 공정증서에 의하여 단독으로 등기를 신청할 수 없다.

③ 근저당권설정등기를 명하는 판결주문에 필수적 기재사항인 채권최고액이나 채무자가 명시되지 아니한 경우에는 등기를 신청할 수 없다.

④ 패소한 등기의무자는 그 판결에 기하여 직접 등기권리자 명의의 등기를 신청할 수 없지만, 승소한 등기권리자를 대위하여 등기를 신청할 수 있다.

⑤ 확정되지 아니한 가집행선고가 붙은 판결에 의해 등기를 신청한 경우 등기관은 그 신청을 각하하여야 한다.

17. 다음 등기신청 중 각하사유에 해당하는 것을 모두 고른 것은?

> ㄱ. 수인의 가등기권자 중 일부가 자기의 지분에 대하여 본등기를 신청하는 경우
>
> ㄴ. 공동상속인 중 일부가 자신의 상속 지분만에 대한 상속등기를 신청하는 경우
>
> ㄷ. 농지를 전세권설정의 목적으로 하는 등기를 신청하는 경우
>
> ㄹ. 등기원인이 신탁임에도 신탁등기 또는 소유권이전등기만 신청하는 경우

① ㄱ, ㄴ, ㄷ
② ㄱ, ㄴ, ㄹ
③ ㄱ, ㄷ, ㄹ
④ ㄴ, ㄷ, ㄹ
⑤ ㄱ, ㄴ, ㄷ, ㄹ

18. 다음 중 전자신청에 관한 사항으로 틀린 것은?

① 사용자등록을 신청하는 당사자 또는 자격자대리인은 등기소에 출석하여 당사자의 성명, 주민등록번호, 주소 등을 기재한 신청서를 제출한다.

② 전자신청의 보정은 전산정보처리조직에 의하여 하여야 한다.

③ 변호사나 법무사[법무법인·법무법인(유한)·법무사합동법인을 포함한다]는 다른 사람을 대리하여 전자신청을 할 수 있다.

④ 「부동산등기법」에 따른 사용자등록을 한 자연인(외국인 포함)과 「상업등기법」에 따른 전자증명서를 발급받은 법인과 법인 아닌 사단은 전자신청을 할 수 있다.

⑤ 전자신청의 취하는 전산정보처리조직을 이용해서 하여야 한다. 이 경우 전자신청과 동일한 방법으로 사용자인증을 받아야 한다.

74

19. 토지의 소유권보존등기에 관한 다음 설명 중 **틀린** 것을 모두 고른 것은?

> ㄱ. 토지대장에 최초의 소유자로 등록되어 있는 자의 포괄승계인은 해당 토지에 대한 소유권보존등기를 신청할 수 있다.
> ㄴ. 건축물대장상의 소유자 표시란이 공란으로 되어 있어 대장상의 소유자를 특정할 수 없는 경우에는 국가를 상대로 판결을 받아야 한다.
> ㄷ. 구청장의 확인에 의하여 자기의 소유권을 증명하는 자는 보존등기를 신청할 수 있다.
> ㄹ. 미등기부동산에 과세관청의 촉탁에 따라 체납처분에 의한 압류를 하는 경우에 직권보존등기의 대상이다.

① ㄱ, ㄴ   ② ㄱ, ㄷ
③ ㄷ, ㄹ   ④ ㄱ, ㄴ, ㄹ
⑤ ㄴ, ㄷ, ㄹ

20. 법정상속분에 따라 공동상속인들을 등기명의인으로 하는 상속을 원인으로 한 소유권이전등기를 마친 후에 그 공동상속인들 중 일부에게 해당 부동산을 상속하게 하는 상속재산 협의분할을 한 경우에 등기목적과 등기원인일자를 옳게 연결한 것은?

	등기목적	등기원인일자
①	소유권경정등기	상속개시일
②	소유권이전등기	상속개시일
③	소유권변경등기	협의분할일
④	소유권이전등기	협의분할일
⑤	소유권경정등기	협의분할일

21. 소유권등기에 대한 다음 기술 중 **틀린** 것은?

① 포괄유증은 수증자 명의의 등기가 없어도 유증의 효력이 발생하는 시점에 물권변동의 효력이 발생한다.
② 합유자 중 1인의 지분에 대한 가압류등기 또는 강제경매개시결정의 등기는 허용되지 아니한다.
③ 토지수용으로 인한 소유권이전등기를 하는 경우에는 그 부동산을 위하여 존재하는 지역권등기는 등기관이 이를 직권으로 말소하여야 한다.
④ 진정명의회복을 등기원인으로 등기를 신청하는 경우 농지취득자격증명의 첨부를 요하지 아니한다.
⑤ 신탁등기의 신청은 신탁으로 인한 부동산의 소유권이전등기의 신청과 동일한 정보로써 하여야 한다.

22. 저당권의 말소등기와 관련한 다음 설명 중 **옳은** 것을 모두 고른 것은?

> ㄱ. 저당권이 이전되어 부기등기를 받은 저당권자가 그 저당권말소등기를 신청하는 경우에는 저당권이전등기의 등기필정보를 첨부하여야 한다.
> ㄴ. 저당권이 이전된 후에 말소등기를 신청하는 경우에는 말소할 등기의 표시로는 주등기인 저당권설정등기와 부기등기인 저당권이전등기를 기재하여야 한다.
> ㄷ. 저당권설정등기 후 소유권이 제3자에게 이전된 경우에는 저당권설정자 또는 제3취득자가 저당권자와 공동으로 저당권말소등기를 신청할 수 있다.
> ㄹ. ㄷ의 경우에 저당권의 원인무효를 이유로 저당권말소등기를 신청하는 경우 저당권설정자가 저당권자와 공동으로 저당권말소등기를 신청할 수 있다.

① ㄱ, ㄴ   ② ㄱ, ㄷ
③ ㄴ, ㄷ   ④ ㄴ, ㄹ
⑤ ㄷ, ㄹ

23. 구분건물의 등기에 관한 다음 설명 중 **틀린** 것은?

① 규약상 공용부분이라는 뜻을 정한 규약을 폐지한 경우에 공용부분의 취득자는 지체 없이 소유권보존등기를 신청하여야 한다.
② 대지권등기 후 건물소유권에 대한 등기를 하였다면, 그 등기는 건물만에 한한다는 뜻의 부기가 없는 한 대지권에 대하여도 동일한 효력을 가진다.
③ 소유권이 대지권인 경우 대지권등기를 한 때에는 건물부분만에 대한 저당권등기를 할 수 없다.
④ 지상권이 대지권인 경우 토지의 등기기록에는 소유권이전등기를 할 수 있다.
⑤ 구분건물로서 그 대지권의 변경이 있는 경우에는 구분건물의 소유권의 등기명의인은 1동의 건물에 속하는 다른 구분건물의 소유권의 등기명의인을 대위하여 그 변경등기를 신청할 수 없다.

24. 가등기와 관련한 다음 설명 중 옳은 것은?

① 물권적 청구권을 보전하기 위한 가등기나 소유권보존등기의 가등기도 가능하다.

② 가등기가처분명령에 의한 등기를 법원이 촉탁을 하는 경우에는 등기관은 이를 수리하여야 한다.

③ 소유권이전청구권가등기 후 그 본등기 전에 제3자에게 소유권이 이전되었다면 가등기 당시 소유자 또는 제3취득자를 등기의무자로 하여 본등기를 신청할 수 있다.

④ 소유권이전등기청구권가등기에 의한 본등기를 하는 경우 가등기 후에 경료된 전세권설정등기는 등기관이 직권으로 말소하고 그 사실을 등기명의인에게 통지하여야 한다.

⑤ 등기상 이해관계인은 가등기명의인의 승낙을 받아도 가등기말소를 대위신청할 수 있다.

25. 지방세법령상 재산세의 부과·징수에 관한 설명으로 옳은 것은?

① 재산세를 징수하려면 토지, 건축물, 주택, 선박 및 항공기로 구분한 납세고지서에 과세표준과 세액을 적어 늦어도 납기개시 5일 전까지 발급하여야 한다.

② 재산세는 특별징수의 방법으로 부과·징수한다.

③ 주택에 대한 재산세의 경우 해당 연도에 부과·징수할 세액의 2분의 1은 매년 7월 16일부터 7월 31일까지, 나머지 2분의 1은 9월 16일부터 9월 30일까지를 납기로 한다. 다만, 해당 연도에 부과할 세액이 20만원 이하인 경우에는 조례로 정하는 바에 따라 납기를 9월 16일부터 9월 30일까지로 하여 한꺼번에 부과·징수할 수 있다.

④ 재산세의 과세기준일은 매년 7월 1일로 한다.

⑤ 고지서 1장당 재산세로 징수할 세액이 2,000원인 경우에는 해당 재산세를 징수하지 아니한다.

26. 「지방세법」상 2024년 재산세 과세기준일 현재 납세의무자로 옳은 것을 모두 고른 것은?

> ㄱ. 매매 등의 사유로 소유권에 변동이 있었음에도 공부상의 소유자가 이를 신고하지 아니하여 사실상의 소유자를 알 수 없는 때: 그 사용자
>
> ㄴ. 주택의 건물과 부속토지의 소유자가 다를 경우: 그 주택에 대한 산출세액을 건축물과 그 부속토지의 면적 비율로 안분계산한 부분에 대하여 그 소유자
>
> ㄷ. 국가가 선수금을 받아 조성하는 매매용 토지로서 사실상 조성이 완료된 토지의 사용권을 무상으로 받은 경우: 그 매수계약자

> ㄹ. 「주택법」제2조 제11호 가목에 따른 지역주택조합 및 같은 호 나목에 따른 직장주택조합이 조합원이 납부한 금전으로 매수하여 소유하고 있는 신탁재산의 경우: 해당 지역주택조합 및 직장주택조합

① ㄱ   ② ㄱ, ㄴ

③ ㄷ, ㄹ   ④ ㄱ, ㄷ, ㄹ

⑤ ㄱ, ㄴ, ㄷ, ㄹ

27. 다음 중 「지방세법」상 재산세의 과세표준과 세율 등에 대한 내용으로 틀린 것은?

① 법인소유 토지의 경우에도 시가표준액에 공정시장가액비율(70%)을 곱한 금액을 재산세의 과세표준으로 한다.

② 시장·군수는 특별한 재정수요나 재해 등의 발생으로 재산세의 세율 조정이 불가피하다고 인정되는 경우 조례로 정하는 바에 의하여 재산세의 세율을 표준세율의 50% 범위 안에서 가감조정할 수 있다. 다만, 가감조정한 세율은 해당 연도에 한하여 적용한다.

③ 과세표준 결정시에 시가표준액에 공정시장가액비율을 곱하는 것은 토지·건축물·주택에 한한다.

④ 국가나 지방자치단체로부터 취득한 재산이나 법인소유 재산의 경우에도 시가표준액을 기준으로 과세표준을 정한다.

⑤ 「지방세법」제110조 제1항에 따라 산정한 주택의 과세표준이 법령에 따른 과세표준상한액보다 적은 경우에는 해당 주택의 과세표준은 과세표준상한액으로 한다.

28. 2024년도에 시행되는 부동산세법의 물납과 분할납부에 대한 내용으로 틀린 것은?

① 취득세와 등록면허세 모두 물납은 허용되지 않는다.

② 재산세는 납부할 세액이 1,000만원을 초과하는 경우 물납을 할 수 있으나, 분할납부의 경우에는 납부할 세액이 250만원을 초과하는 경우에 한하여 할 수 있다.

③ 재산세의 납세고지서에 병기고지되는 소방분 지역자원시설세와 종합소득에 대한 지방소득세는 분할납부는 허용되지 않는다.

④ 양도소득세는 납부할 세액이 1,000만원을 초과하는 경우에 한하여 분할납부를 할 수 있으나, 물납은 할 수 없다.

⑤ 종합부동산세는 물납은 허용되지 않지만, 분할납부는 납부기한 경과 후 6개월 이내에 할 수 있다.

29. 「지방세법」상 면세점과 소액징수면제, 최저한세에 대한 설명으로 옳은 것은?

① 등록에 대한 등록면허세의 산출세액이 6,000원인 경우에는 등록에 대한 등록면허세를 징수하지 않는다.

② 사업소분 주민세를 부과하는 경우에 사업소 연면적이 660m² 이하인 경우에는 「지방세법」 제81조 제1항 제2호에 따른 세액을 부과하지 아니한다.

③ 취득세의 산출세액이 50만원 이하인 때에는 취득세를 부과하지 않는다.

④ 취득세와 등록면허세 모두 소액징수면제 규정은 적용되지 않는다.

⑤ 고지서 1장당 지방소득세액(가산세 제외)이 2,000원인 경우에는 그 지방소득세를 징수하지 아니한다.

30. 「소득세법」상 거주자의 2024년 부동산임대소득의 범위, 비과세 및 총수입금액에 관한 설명으로 옳은 것은?

① 임대하는 국내소재 1주택의 비과세 여부 판단시 가액은 「소득세법」상 기준시가 9억원을 기준으로 판단한다.

② 「소득세법」상 기준시가가 5억원인 국외에 소재하는 1주택을 임대하는 경우에는 소득세를 과세하지 아니한다.

③ 공익사업과 무관한 지역권·지상권의 설정·대여소득은 기타소득이다.

④ 국내소재 3주택을 소유한 자가 받은 주택임대보증금의 합계액이 4억원인 경우, 그 보증금에 대하여 법령에서 정한 산식으로 계산한 금액을 총수입금액에 산입한다.

⑤ 부부가 각각 주택을 1채씩 보유한 상태에서 그 중 1주택을 임대하고 연간 1,800만원의 임대료를 받았을 경우 주택임대에 따른 과세소득이 없다.

31. 「소득세법」상 양도소득의 과세대상 자산을 모두 고른 것은? (단, 거주자가 국내자산을 양도한 것으로 한정함)

ㄱ. 부동산과 함께 양도하는 「개발제한구역의 지정 및 관리에 관한 특별조치법」 제12조 제1항 제2호 및 제3호의2에 따른 이축을 할 수 있는 권리

ㄴ. 등기된 부동산임차권

ㄷ. 부동산매매계약을 체결한 자가 계약금만 지급한 상태에서 양도하는 권리

ㄹ. 영업권(사업에 사용하는 자산과 분리되어 양도되는 것)

ㅁ. 지방자치단체가 발행하는 토지상환채권

① ㄱ, ㄴ, ㄹ
② ㄴ, ㄷ, ㅁ
③ ㄷ, ㄹ, ㅁ
④ ㄱ, ㄴ, ㄷ, ㄹ
⑤ ㄱ, ㄴ, ㄷ, ㅁ

32. 다음 양도소득세 비과세 요건을 충족하는 1세대 1주택을 2024년도에 양도한 내용에서 장기보유특별공제액은 얼마인가?

○ 1세대 1주택(등기)
○ 보유기간 및 거주기간: 각각 12년 3개월
○ 양도가액(실거래가액): 1,500,000,000원
○ 필요경비: 1,000,000,000원
○ 해당 과세기간에 다른 양도자산은 없으며, 주어진 조건 외에 다른 것은 고려하지 않음

① 80,000,000원
② 100,000,000원
③ 200,000,000원
④ 250,000,000원
⑤ 400,000,000원

33. 소득세법령상 양도 또는 취득시기로 옳은 것은?

① 상속으로 취득한 자산: 상속개시일

② 증여에 의하여 취득한 자산: 증여계약일

③ 「공익사업을 위한 토지 등의 취득 및 보상에 관한 법률」에 따라 공익사업을 위하여 수용되는 경우로서 소유권에 관한 소송으로 보상금이 공탁된 경우: 공탁한 날

④ 장기할부조건의 경우: 최초 할부금지급일

⑤ 부동산의 소유권이 타인에게 이전되었다가 법원의 무효판결에 의하여 해당 자산의 소유권이 환원되는 경우: 법원의 확정판결일

34. 다음 중 「소득세법」상 거주자의 양도소득세에 대한 설명으로 틀린 것은?

① 토지이용상 불합리한 지상경계를 합리적으로 바꾸기 위하여 「공간정보의 구축 및 관리 등에 관한 법률」에 따라 토지를 분할하여 교환하는 경우로서 분할된 토지의 전체 면적이 분할 전 토지의 전체 면적의 100분의 20을 초과하지 아니하는 경우에는 양도에 해당하지 않는다.

② 실거래가 12억원을 초과하는 고가의 조합원입주권도 고가주택과 동일한 방식으로 양도소득금액을 계산한다.

③ 부동산을 취득할 수 있는 권리의 기준시가는 취득일 또는 양도일까지 불입한 금액과 취득일 또는 양도일 현재의 프리미엄에 상당하는 금액을 합한 금액으로 한다.

④ 확정신고납부를 하는 경우 「소득세법」 제107조에 따른 예정신고산출세액, 동법 제114조에 따라 결정·경정한 세액 또는 동법 제82조, 제118조에 따른 수시부과세액이 있을 때에는 이를 공제하여 납부한다.

⑤ 부담부증여의 채무액에 해당하는 부분으로서 양도로 보는 경우에는 그 양도일이 속하는 달의 말일부터 2개월 이내에 예정신고하여야 한다.

35. 2019년 취득 후 등기한 토지를 2024년 7월 1일에 양도한 경우, 「소득세법」상 토지의 양도차익계산에 관한 설명으로 <u>틀린</u> 것은? (단, 특수관계자와의 거래가 아님)

① 현재가치할인차금을 취득원가에 포함하는 경우에 있어서 양도자산의 보유기간 중에 그 현재가치할인차금의 상각액을 각 연도의 사업소득금액 계산시 필요경비로 산입하였거나 산입할 금액이 있는 때에는 이를 취득에 든 실지거래가액에서 공제한다.

② 취득 당시 실지거래가액을 확인할 수 없어서 추계결정 하는 경우에는 매매사례가액, 감정가액, 환산취득가액, 기준시가를 순차로 적용하여 산정한 가액을 취득가액 으로 한다.

③ 취득가액을 실지거래가액으로 계산하는 경우 자본적 지출액은 필요경비에 포함된다.

④ 환산취득가액은 양도가액을 추계하는 경우에 적용한다.

⑤ 취득가액을 감정가액으로 계산하는 경우 취득 당시 개별 공시지가에 100분의 3을 곱한 금액이 필요경비에 포함 된다.

36. 「종합부동산세법」상 종합부동산세에 관한 설명으로 <u>틀린</u> 것은?

① 토지분에 대해서는 납세의무자가 개인과 법인인 경우 모두 세 부담 상한액 비율은 100분의 150이다.

② 개인이 조정대상지역 내 2주택을 소유한 경우 종합부 동산세의 세 부담 상한액 비율은 100분의 300이다.

③ 과세기준일 현재 주택분 재산세의 납세의무자는 종합 부동산세를 납부할 의무가 있다.

④ 납세의무자가 법인 또는 법인으로 보는 단체로서 「종 합부동산세법」 제9조 제2항 각 호의 세율이 적용되는 경우에는 주택분에 대한 종합부동산세를 부과할 때 세 부담 상한에 관한 규정을 적용하지 아니한다.

⑤ 주택분 종합부동산세의 납세의무자가 과세기준일 현재 1세대 1주택자로서 만 70세이고 당해 주택을 3년간 보 유한 경우, 법령에 따라 산출된 세액에서 그 산출된 세액에 법령이 정하는 연령별 공제율을 곱한 금액을 공제한다.

37. 「지방세법」상 취득세 과세객체가 되는 취득의 목적물이 <u>아닌</u> 것은?

① 「건축법」상 허가받지 아니한 건축물
② 등기된 부동산임차권
③ 지적공부상 등록되지 않은 사실상의 토지
④ 지목(地目)이 잡종지인 토지
⑤ 골프회원권

38. 「지방세법」상 취득세에 관한 설명으로 옳은 것은?

① 취득세가 경감된 과세물건이 추징대상이 된 때에는 그 사유발생일부터 30일 이내에 그 산출세액에서 이미 납부한 세액(가산세 포함)을 공제한 세액을 신고·납부 하여야 한다.

② 취득세 납세의무자가 부동산을 취득한 후 신고를 하고 매각하는 경우, 산출세액에 100분의 80을 가산한 금 액을 세액으로 하여 징수한다.

③ 등기·등록관서의 장은 취득세가 납부되지 아니하였거 나 납부부족액을 발견하였을 때에는 다음 달 10일까지 대통령령으로 정하는 바에 따라 납세지를 관할하는 지방 자치단체의 장에게 통보하여야 한다.

④ 지방자치단체의 장은 취득세 납세의무가 있는 법인이 장부 등의 작성과 보존의무를 이행하지 아니한 경우에 는 산출된 세액 또는 부족세액의 100분의 20에 상당 하는 금액을 징수하여야 할 세액에 가산한다.

⑤ 「부동산 거래신고 등에 관한 법률」에 따른 토지거래계 약에 관한 허가구역에 있는 토지를 취득하는 경우로서 토지거래계약에 관한 허가를 받기 전에 거래대금을 완 납한 경우에는 그 대금완납일로부터 60일 이내에 신고 납부하여야 한다.

39. 다음 중 부동산등기에 대한 등록면허세 과세표준과 세율에 대한 설명으로 <u>틀린</u> 것은?

① 감가상각의 사유로 변경된 가액을 과세표준으로 할 경우 에는 등기·등록일 현재 법인장부 또는 결산서에 의하 여 증명되는 가액을 과세표준으로 한다.

② 가압류등기의 경우 등록면허세는 채권금액의 1,000분 의 2이다.

③ 소유권보존등기의 경우에는 등록면허세는 부동산가액의 1,000분의 8이다.

④ 임차권설정등기의 경우 등록면허세는 월 임대차금액의 1,000분의 2이다.

⑤ 지방자치단체의 장은 조례로 정하는 바에 따라 등록면 허세의 세율을 표준세율의 100분의 60의 범위에서 가감 할 수 있다.

40. 다음의 2024년 귀속 종합부동산세에 대한 설명 중에서 틀린 것은?

① 대통령령으로 정하는 다가구 임대주택으로서 임대기간, 주택의 수, 가격, 규모 등을 고려하여 대통령령으로 정하는 주택은 과세표준 합산의 대상이 되는 주택의 범위에 포함되지 아니하는 것으로 본다.

② 시·도의 등록문화재 주택은 과세표준 합산의 대상이 되는 주택의 범위에 포함되지 아니하는 것으로 본다.

③ 공공주택사업자가 소유하는 「공공주택 특별법」 제2조 제1호의4에 따른 지분적립형 분양주택은 과세표준 합산의 대상이 되는 주택의 범위에 포함되지 아니하는 것으로 본다.

④ ①~③ 규정에 따른 주택을 보유한 납세의무자는 해당 연도 11월 16일부터 11월 30일까지 대통령령으로 정하는 바에 따라 납세지 관할 세무서장에게 해당 주택의 보유현황을 신고하여야 한다.

⑤ 「건축법」 등 관계 법령에 따라 허가 등을 받아야 할 건축물로서 허가 등을 받지 아니한 건축물 또는 사용승인을 받아야 할 건축물로서 사용승인(임시사용승인을 포함)을 받지 아니하고 사용 중인 건축물의 부속토지는 과세대상이 된다.

학습일자: _____ / _____

2024년도 제35회 공인중개사 2차 국가자격시험

실전모의고사 제4회

교 시	문제형별	시 간	시 험 과 목
1교시	**A**	**100분**	① 공인중개사의 업무 및 부동산 거래신고에 관한 법령 및 중개실무 ② 부동산공법 중 부동산 중개에 관련되는 규정

수험번호		성 명	

【 수험자 유의사항 】

1. **시험문제지는 단일 형별(A형)이며,** 답안카드 형별 기재란에 표시된 형별(A형)을 확인하시기 바랍니다. 시험문제지의 **총면수, 문제번호 일련순서, 인쇄상태** 등을 확인하시고, 문제지 표지에 수험번호와 성명을 기재하시기 바랍니다.

2. 답은 각 문제마다 요구하는 **가장 적합하거나 가까운 답 1개**만 선택하고, 답안카드 작성 시 시험문제지 **형별누락, 마킹착오**로 인한 불이익은 전적으로 **수험자에게 책임**이 있음을 알려드립니다.

3. 답안카드는 국가전문자격 공통 표준형으로 문제번호가 1번부터 125번까지 인쇄되어 있습니다. 답안 마킹 시에는 반드시 **시험문제지의 문제번호와 동일한 번호에 마킹**하여야 합니다. (2차 1교시: 1번~80번)

4. **감독위원의 지시에 불응하거나 시험시간 종료 후 답안카드를 제출하지 않을 경우** 불이익이 발생할 수 있음을 알려 드립니다.

5. 시험문제지는 시험 종료 후 가져가시기 바랍니다.

6. 답안작성은 **시험 시행일(2024.10.26.) 현재 시행되는 법령** 등을 적용하시기 바랍니다.

7. 가답안 의견제시에 대한 개별회신 및 공고는 하지 않으며, **최종 정답 발표로 갈음**합니다.

8. 시험 중 **중간 퇴실은 불가**합니다. 단, 부득이하게 퇴실할 경우 **시험포기각서 제출 후 퇴실은 가능**하나 **재입실이 불가**하며, **해당시험은 무효처리됩니다.**

해커스 공인중개사

1. 공인중개사법령상 중개사무소 개설등록과 관련한 설명으로 **틀린** 것은?

① 외국인이 등록을 신청하는 경우에는 등록의 결격사유에 해당하지 아니함을 증명하는 서류를 제출하여야 한다.

② 법인 또는 공인중개사(소속공인중개사 제외)가 아닌 자는 등록을 신청할 수 없다.

③ 다른 법률에 따라 중개업을 할 수 있는 법인은 중개사무소의 개설등록기준을 적용받지 않는다.

④ 등록관청이 등록증을 교부하는 때에는 보증설정 및 인장등록 여부를 확인하여야 한다.

⑤ 휴업기간 중에는 폐업 후 다시 중개사무소의 개설등록을 신청할 수 있으나, 업무정지기간 중에는 폐업 후 등록을 신청할 수 없다.

2. 공인중개사법령상 법인인 개업공인중개사의 업무범위에 해당하지 <u>않는</u> 것을 모두 고른 것은? (다른 법률에 따라 중개업을 할 수 있는 경우를 제외함)

> ㄱ. 서울특별시 강남구 소재 상업용 건축물인 7층 빌딩에 대한 관리대행
> ㄴ. 인천지방법원에서 진행되는 경매부동산의 권리분석 및 취득의 알선
> ㄷ. 경상남도 김해시 소재 임야의 개발
> ㄹ. 경기도 하남시 소재 상업용지의 분양대행

① ㄱ, ㄴ   ② ㄱ, ㄷ
③ ㄴ, ㄷ   ④ ㄴ, ㄹ
⑤ ㄷ, ㄹ

3. 공인중개사법령상 무등록중개업에 관한 판례 중 **틀린** 것은?

① 공인중개사 자격이 없는 자가 우연한 기회에 단 1회 타인간의 거래행위를 중개한 경우 그에 따른 중개보수 지급약정은 무효이다.

② 무자격자가 공인중개사의 업무를 수행하였는지 여부는 실질적으로 무자격자가 공인중개사의 명의를 사용하여 업무를 수행하였는지 여부에 따라 판단하여야 한다.

③ 공인중개사 자격이 없는 자가 개설등록을 하지 아니한 채 부동산중개업을 하면서 중개의뢰인과 체결한 중개보수 지급약정은 강행규정에 위배되어 무효이다.

④ 개업공인중개사가 아닌 자의 중개업은 형법상 업무방해죄의 보호대상이 되는 업무라고 볼 수 없다.

⑤ 중개사무소의 개설등록을 하지 아니하고 중개업을 하는 자에게 중개를 의뢰한 행위 자체는 「공인중개사법」상 처벌대상이 될 수 없다.

4. 공인중개사법령상 중개 및 중개업에 관한 설명으로 옳은 것을 모두 고른 것은? (다툼이 있으면 판례에 따름)

> ㄱ. 금전소비대차계약의 알선에 부수하여 주택에 대한 저당권설정행위의 알선을 업으로 한 경우는 '중개업'에 해당하지 아니한다.
> ㄴ. 우연한 기회에 단 1회 건물전세계약의 중개를 하고 보수를 받은 경우 '중개업'에는 해당하지 않지만, '중개'에는 해당한다.
> ㄷ. 중개의 3요소는 중개대상물, 중개의뢰인, 중개행위자이다.
> ㄹ. '중개업'에 해당하기 위해서는 반드시 거래당사자 쌍방으로부터 중개의뢰를 받아야 한다.

① ㄱ, ㄷ   ② ㄴ, ㄷ
③ ㄱ, ㄴ, ㄷ   ④ ㄴ, ㄷ, ㄹ
⑤ ㄱ, ㄴ, ㄷ, ㄹ

5. 공인중개사법령상 공인중개사와 관련한 설명으로 옳은 것은? (다툼이 있으면 판례에 따름)

① 미성년자 등 등록의 결격사유에 해당하는 자는 모두 공인중개사 자격시험에 응시할 수 없다.

② 공인중개사 자격시험 부정행위자는 부정행위처분을 받은 날로부터 5년 동안 중개보조원이 될 수 없다.

③ '공인중개사 자격증의 대여'란 다른 사람이 그 자격증을 이용하여 공인중개사로 행세하면서 공인중개사의 업무를 행하려는 것을 알면서도 그에게 자격증 자체를 빌려주는 것을 말한다.

④ 공인중개사 자격시험 출제위원이 시험의 신뢰도를 심히 저하시키는 행위를 한 경우에는 3년 동안 출제위원 위촉이 금지된다.

⑤ 공인중개사 자격증의 대여를 알선한 자에게는 100만원 이하의 과태료가 부과된다.

6. 공인중개사법령상 중개행위의 대상행위로 볼 수 없는 것은 모두 몇 개인가?

> ㄱ. 법정지상권의 성립
> ㄴ. 광업권 양도행위
> ㄷ. 환매계약
> ㄹ. 상속된 토지의 임대차
> ㅁ. 유치권의 제한이 있는 건물의 매매

① 1개   ② 2개
③ 3개   ④ 4개
⑤ 5개

7. 공인중개사법령상 중개사무소의 휴업 및 폐업에 관한 설명으로 옳은 것은?

① 중개사무소의 개설등록 후 3개월이 초과하도록 업무를 개시하지 아니할 경우에는 휴업신고를 하여야 한다.
② 분사무소 휴업기간 변경신고서에는 분사무소설치신고확인서를 첨부해야 한다.
③ 법인인 개업공인중개사의 대표자가 사망한 때에는 폐업신고를 하여야 한다.
④ 개업공인중개사는 휴업기간 중이라 하더라도 이중소속할 수 없지만, 소속공인중개사는 이중소속할 수 있다.
⑤ 신고한 휴업기간이 만료되어 중개업무를 재개하는 경우에는 업무재개신고를 할 필요가 없다.

8. 공인중개사법령상 중개대상물인 입목 및 공장재단에 대한 설명으로 틀린 것은?

① 입목 소유권보존등기를 받을 수 있는 수목의 집단은 입목등록원부에 등록된 것에 한한다.
② 입목의 경매 기타 사유로 인하여 토지와 그 입목이 각각 다른 소유자에게 속하게 되는 경우에는 토지소유자는 입목소유자에 대하여 지상권을 설정한 것으로 본다.
③ 입목 소유권보존등기를 한 때에는 토지의 등기기록 중 표제부에 입목등기기록을 표시하여야 한다.
④ 공장재단의 소유권보존등기의 효력은 소유권보존등기를 한 날부터 10개월 내에 저당권설정등기를 하지 아니하면 상실된다.
⑤ 입목을 목적으로 하는 저당권의 효력은 입목을 베어낸 경우 그 토지로부터 분리된 수목에는 미치지 아니한다.

9. 공인중개사법령상 분사무소에서 사용할 인장으로 등록할 수 있는 인장을 모두 고른 것은?

> ㄱ. 「인감증명법」에 따라 신고한 책임자의 인장
> ㄴ. 「상업등기규칙」에 따라 해당 법인의 대표자가 보증하는 인장
> ㄷ. 「상업등기규칙」에 따라 신고한 법인의 인장
> ㄹ. 책임자의 성명이 나타난 것으로서 그 크기가 가로·세로 각각 35mm인 인장

① ㄴ   ② ㄱ, ㄹ
③ ㄴ, ㄷ   ④ ㄱ, ㄴ, ㄷ
⑤ ㄱ, ㄴ, ㄷ, ㄹ

10. 개업공인중개사 乙은 토지의 매도의뢰인 甲과 2024년 5월 11일 유효기간을 1개월로 하는 전속중개계약을 체결하였다. 이에 관한 설명으로 공인중개사법령상 옳은 것은?

① 乙은 법정의 전속중개계약서를 작성하고 이를 甲에게 교부한 후 3년간 보관하였다.
② 전속중개계약의 유효기간은 3개월이므로, 계약기간은 3개월로 연장된다.
③ 乙은 甲의 비공개 요청이 없자 동년 5월 20일에 부동산거래정보망에 토지에 대한 정보를 공개하였다.
④ 乙은 동년 5월 24일에 甲에게 업무처리상황을 전화로 통지하였다.
⑤ 甲은 동년 5월 25일 개업공인중개사 丙에게 이 토지에 대한 중개를 다시 의뢰하여 동년 6월 9일 丙이 소개한 상대방 丁과 이 토지의 매매계약을 체결하고 乙에게는 소요비용으로 중개보수의 50%를 지급하였다.

11. 공인중개사법령상 결격사유에 해당하는 자를 모두 고른 것은?

> ㄱ. 중개보수 초과 수수로 벌금 300만원을 선고받고 1년이 지난 자
> ㄴ. 업무정지기간 중인 중개법인의 그 업무정지사유 발생 후 취임한 임원이었던 자
> ㄷ. 「형법」 위반으로 금고 6개월을 선고받아 그 집행이 종료되고 2년이 지난 자
> ㄹ. 소속공인중개사로서 자격정지처분을 받고 6개월이 지난 자
> ㅁ. 중개사무소등록증 대여행위로 등록취소처분을 받고 2년이 지난 자

① ㄴ   ② ㄴ, ㄹ   ③ ㄱ, ㄴ, ㅁ
④ ㄱ, ㄷ, ㅁ   ⑤ ㄱ, ㄷ, ㄹ, ㅁ

12. 공인중개사법령상 개업공인중개사의 손해배상책임 등에 관한 설명으로 옳은 것은?

① 손해배상책임을 보장하기 위한 공탁은 중개업무 개시와 동시에 하여야 한다.

② 개업공인중개사의 손해배상책임은 가입한 보증보험의 보장금액을 한도로 한다.

③ 공탁금으로 손해배상을 한 개업공인중개사는 30일 이내에 그 부족하게 된 금액을 보전해야 한다.

④ 개업공인중개사는 중개가 완성된 때에는 보증관계사항을 거래당사자에게 설명하거나 그 사본을 교부하여야 한다.

⑤ 중개법인이 3개의 분사무소를 두는 경우 이 법인은 최소한 6억원의 보증을 추가로 설정하여야 한다.

13. 공인중개사법령상 토지의 매도를 전속으로 의뢰받은 개업공인중개사의 확인·설명사항과 공개할 정보에 공통으로 규정되어 있지 <u>않은</u> 것은?

```
ㄱ. 취득 관련 조세의 종류 및 세율
ㄴ. 거래예정금액
ㄷ. 중개보수 및 실비의 금액과 그 산출내역
ㄹ. 권리자의 주소·성명 등 인적사항
```

① ㄱ, ㄴ ② ㄷ, ㄹ
③ ㄱ, ㄷ, ㄹ ④ ㄴ, ㄷ, ㄹ
⑤ ㄱ, ㄴ, ㄷ, ㄹ

14. 공인중개사법령상 부동산거래정보망 등과 관련한 설명으로 옳은 것은?

① 부동산거래정보망은 개업공인중개사와 중개의뢰인간 중개대상물에 관한 정보를 교환하는 체계이다.

② 거래정보사업자로 지정을 신청하는 자는 부동산거래정보망에 가입·이용신청을 한 개업공인중개사의 신청서 및 사업자등록증 사본을 제출하여야 한다.

③ 부가통신사업자이더라도 외국인은 거래정보사업자로 지정을 받을 수 없다.

④ 거래정보사업자로 지정을 신청하는 자는 해당 부동산거래정보망에 가입·이용신청을 한 개업공인중개사의 컴퓨터설비 확보 증명서류를 제출하여야 한다.

⑤ 개업공인중개사가 부동산거래정보망에 중개대상물에 관한 정보를 거짓으로 공개한 경우 업무정지처분 6개월을 받을 수 있다.

15. 개업공인중개사 등의 업무지역 등과 관련한 설명으로 옳은 것을 모두 고른 것은?

```
ㄱ. 「공인중개사법」상 분사무소의 업무지역을 제한하는 규정은 없다.
ㄴ. 법 제7638호 부칙 제6조 제2항의 개업공인중개사가 부동산거래정보망에 가입하면 업무지역이 전국으로 확대된다.
ㄷ. 중개대상물의 종류는 개업공인중개사의 종별에 따른 차이가 없다.
ㄹ. 법 제7638호 부칙 제6조 제2항의 개업공인중개사도 자신의 업무지역 외의 지역으로 중개사무소를 이전할 수 있다.
```

① ㄱ, ㄹ ② ㄴ, ㄷ
③ ㄱ, ㄴ, ㄷ ④ ㄱ, ㄷ, ㄹ
⑤ ㄱ, ㄴ, ㄷ, ㄹ

16. 공인중개사법령상 재등록 개업공인중개사에 대한 행정제재처분효과의 승계 등에 관한 설명으로 옳은 것은?

① 개업공인중개사 甲이 폐업신고한 중개사무소에 乙이 중개사무소의 개설등록을 한 경우 乙은 甲의 지위를 승계한다.

② 2023.4.12. 업무정지처분 3개월을 받은 개업공인중개사 甲이 2023.6.12. 폐업신고를 하고, 2024.5.12. 다시 중개사무소의 개설등록을 한 경우, 위 업무정지처분의 효과는 甲에게 승계된다.

③ 2021.3.2. 다른 사람에게 성명을 사용하여 중개업무를 하게 한 개업공인중개사 乙이 2021.8.31. 폐업신고를 하고, 2024.7.21. 다시 중개사무소의 개설등록을 하였다면, 등록관청은 乙의 개설등록을 취소해야 한다.

④ 2023.2.5. 거래계약서에 등록되지 아니한 인장을 사용한 개업공인중개사 丙이 2023.5.25. 폐업신고를 하고, 2024.4.19. 다시 중개사무소의 개설등록을 하였다면, 등록관청은 丙에게 업무정지처분을 할 수 없다.

⑤ 개업공인중개사인 법인의 대표자에 관하여는 재등록 개업공인중개사에 대한 행정제재처분효과의 승계 등의 규정을 준용하지 않는다.

17. 공인중개사법령상 업무정지처분 기준기간의 연결이 **틀린** 것을 모두 고른 것은?

> ㄱ. 중개보조원의 결격을 그 사유 발생일로부터 2개월 내에 해소하지 아니한 경우 - 6개월
> ㄴ. 부동산거래정보망에 중개대상물에 관한 정보를 거짓으로 공개한 경우 - 3개월
> ㄷ. 거래계약서를 보존기간 동안 보존하지 아니한 경우 - 6개월
> ㄹ. 최근 1년 이내에 이 법에 의하여 2회 이상 업무정지 또는 과태료의 처분을 받고 다시 과태료처분에 해당하는 행위를 한 경우 - 6개월

① ㄱ, ㄴ
② ㄴ, ㄷ
③ ㄷ, ㄹ
④ ㄱ, ㄴ, ㄷ
⑤ ㄴ, ㄷ, ㄹ

18. 「공인중개사법」 제33조상의 금지행위와 관련한 설명으로 **틀린** 것은? (다툼이 있으면 판례에 따름)

① 개업공인중개사 등이 아닌 자도 금지행위 위반으로 제재를 받을 수 있다.
② 개업공인중개사가 중개의뢰인의 아파트에 대하여 시세보다 저렴한 가격으로 배우자 명의로 전세계약하는 것을 중개한 행위는 금지행위이다.
③ 개업공인중개사가 금지행위를 하였다고 해서 즉시 등록의 결격사유자가 되는 것은 아니다.
④ 개업공인중개사 등이 중개의뢰인과 직접거래하는 행위를 금지하는 규정은 효력규정이다.
⑤ 중개대상물의 가격에 대하여 거짓된 언행 등을 한 경우에도 금지행위에 해당될 수 있다.

19. 공인중개사법령상 개업공인중개사의 거래계약서 작성에 관하여 옳은 것은 모두 몇 개인가?

> ㄱ. 공인중개사협회는 거래계약서의 표준서식을 정하여 그 사용을 권장할 수 있다.
> ㄴ. 거래계약서에는 확인·설명서 교부일자가 포함되어야 한다.
> ㄷ. 개업공인중개사는 거래계약서 원본을 5년 동안 보존해야 한다.
> ㄹ. 거래계약서에 거래금액을 거짓으로 기재하면 1년 이하의 징역 또는 1천만원 이하의 벌금에 처한다.

① 0개
② 1개
③ 2개
④ 3개
⑤ 4개

20. 부동산 거래신고 등에 관한 법령상 부동산거래계약의 신고에 관한 설명으로 옳은 것은?

① 개업공인중개사가 거래계약서를 작성·교부한 경우 거래당사자와 개업공인중개사가 공동으로 부동산거래신고를 하여야 한다.
② 토지 매매로서 실제 거래가격이 3억원 이상인 경우에는 취득자금조달계획을 신고하여야 한다.
③ 부동산거래계약에 관하여 신고한 내용 중 잔금지급일이나 거래가격이 잘못 기재된 경우 정정신청을 할 수 있다.
④ 부동산거래신고 후 해당 거래계약이 해제된 경우 거래당사자는 15일 내에 부동산거래계약 해제 등 신고서를 작성하여 제출하여야 한다.
⑤ 부동산거래계약시스템을 통하여 부동산거래계약을 체결한 경우에는 계약이 체결된 때에 부동산거래계약신고서를 제출한 것으로 본다.

21. 공인중개사법령상 甲과 乙이 받을 수 있는 포상금의 최대금액은?

> ○ 甲은 부정한 방법으로 중개사무소의 개설등록을 한 A를 고발하여 A는 공소제기되었지만 무죄판결을 받았다.
> ○ 乙은 부당한 이익을 얻을 목적으로 중개대상물에 대하여 거짓으로 거래가 완료된 것처럼 꾸미는 행위를 한 개업공인중개사 B를 신고하였는데 뒤이어 甲도 B를 신고하고, B는 기소유예처분을 받았다.
> ○ 甲과 乙은 시세에 부당한 영향을 줄 목적으로 온라인 커뮤니티를 이용하여 특정 개업공인중개사에 대한 중개의뢰를 제한한 C를 신고하였는데, C는 무혐의처분을 받았다.
> ○ A, B, C는 甲 또는 乙의 위 신고·고발 전에 행정기관에 의해 발각되지 않았다.

① 甲: 25만원, 乙: 50만원
② 甲: 50만원, 乙: 25만원
③ 甲: 50만원, 乙: 50만원
④ 甲: 50만원, 乙: 75만원
⑤ 甲: 75만원, 乙: 50만원

22. 공인중개사법령상 중개보수와 실비에 대한 설명으로 **틀린** 것은? (다툼이 있으면 판례에 따름)

① 분양권거래에 대한 중개보수는 분양금액과 프리미엄을 합산한 금액을 기준으로 계산한다.

② 개업공인중개사가 아파트 분양권의 매매를 중개하면서 중개보수 산정에 관한 지방자치단체의 조례를 잘못 해석하여 법에서 허용하는 금액을 초과한 중개보수를 수수한 경우 이는 법률의 착오에 해당하지 않는다.

③ 개업공인중개사는 중개대상물에 대한 계약이 완료되지 않을 경우에도 중개행위에 상응하는 보수를 지급하기로 약정할 수 있다.

④ 상가건물 1억원의 매매를 중개하고 매수인으로부터 100만원을 받은 경우 중개보수 초과에 해당한다.

⑤ 계약금 등의 반환채무이행 보장에 소요된 실비는 영수증 등을 첨부하여 권리취득의뢰인에게 중개보수와는 별도로 받을 수 있다.

23. 공인중개사법령상 지도·감독과 관련한 설명으로 옳은 것(○)과 틀린 것(×)의 표시가 바르게 된 것은?

ㄱ. 개업공인중개사가 「공인중개사법」을 위반하여 징역 또는 300만원 이상의 벌금형을 선고받으면 결격사유에 해당되어 등록이 취소된다.

ㄴ. 공인중개사의 자격을 부정한 방법으로 취득한 자에 대하여는 그 자격을 취소하고, 3년 이하의 징역 또는 3천만원 이하의 벌금에 처한다.

ㄷ. 업무정지 및 자격정지의 기준은 국토교통부령으로 정하고, 과태료에 대한 부과기준은 대통령령으로 정한다.
---

① ㄱ(○), ㄴ(○), ㄷ(×)
② ㄱ(○), ㄴ(×), ㄷ(○)
③ ㄱ(○), ㄴ(×), ㄷ(×)
④ ㄱ(×), ㄴ(○), ㄷ(×)
⑤ ㄱ(×), ㄴ(×), ㄷ(×)

24. 공인중개사법령상 공인중개사협회의 공제사업에 대한 설명으로 **틀린** 것은?

① 공제사업 운영위원회의 위원의 수는 성별을 고려하여 19명 이내로 한다.

② 공제사업 운영위원회 위원의 임기는 2년이며, 1회에 한하여 연임할 수 있다.

③ 책임준비금의 적립비율은 공제사고 발생률 및 공제금 지급액 등을 종합적으로 고려하여 정하되, 협회 총 수입액의 100분의 20 이상으로 정한다.

④ 공제규정에는 공제사업의 범위, 공제계약의 내용, 공제금, 공제료, 회계기준 및 책임준비금의 적립비율 등 공제사업의 운용에 관하여 필요한 사항을 정하여야 한다.

⑤ 공제규정의 제정 및 변경은 국토교통부장관의 승인을 얻어야 한다.

25. 공인중개사법령상 행정처분에 대한 설명으로 **틀린** 것을 모두 고른 것은?

ㄱ. 행정처분은 그 사유가 발생한 날로부터 3년이 경과한 때에는 이를 할 수 없다.

ㄴ. 등록관청은 공인중개사 자격증을 대여한 자의 자격을 취소할 수 있다.

ㄷ. 공인중개사의 자격정지처분을 한 시·도지사는 5일 이내에 이를 다른 시·도지사에게 통보해야 한다.

ㄹ. 업무정지처분을 받은 자는 7일 이내에 등록증을 반납해야 한다.
---

① 없음
② ㄱ, ㄴ
③ ㄱ, ㄴ, ㄷ
④ ㄴ, ㄷ, ㄹ
⑤ ㄱ, ㄴ, ㄷ, ㄹ

26. 부동산 거래신고 등에 관한 법령상 토지거래허가구역 내의 토지에 대한 거래 중 토지거래허가대상에 해당하는 것은? (기준면적은 초과하는 것으로 간주함)

① 「주택법」에 따른 사업계획의 승인을 받아 조성한 대지를 공급하는 경우

② 「농어촌정비법」에 따라 농지 등의 교환·분할·합병을 하는 경우

③ 토지 소유권취득을 목적으로 하는 권리에 관한 매매계약

④ 한국자산관리공사에 매각이 의뢰되어 3회 이상 공매하였으나 유찰된 비업무용 토지를 매각하는 경우

⑤ 국세 및 지방세의 체납처분 또는 강제집행을 하는 경우

27. 공인중개사법령상 공인중개사의 자격취소사유가 <u>아닌</u> 것은? (공인중개사의 직무와 관련하였음을 전제함)

① 「형법」상의 범죄단체 등의 조직죄로 금고형을 선고받은 경우

② 「형법」상의 사기죄로 징역형의 집행유예를 선고받은 경우

③ 「형법」상의 사문서 변조죄로 징역 1년을 선고받은 경우

④ 「형법」상의 배임죄로 700만원의 벌금형을 선고받은 경우

⑤ 「형법」상의 업무상 횡령죄로 징역형의 집행유예를 선고받은 경우

28. 부동산 거래신고 등에 관한 법령상 외국인 등의 부동산취득 등에 대한 설명으로 옳은 것은?

① 외국인이 국내 건물을 증여에 의하여 취득하면서 이를 신고하지 아니한 경우에는 100만원 이하의 과태료가 부과된다.

② 외국인이 군사시설보호구역 내의 토지에 대하여 토지 거래허가를 받은 경우에는 별도의 취득허가를 다시 받을 필요가 없다.

③ 내국인이었던 자가 외국인으로 변경된 경우, 국내 부동산 등을 계속 보유하고자 하는 경우에는 60일 내에 계속보유신고를 하여야 한다.

④ 외국인은 「자연유산의 보존 및 활용에 관한 법률」에 따라 지정된 천연기념물 보호구역 내의 토지는 취득할 수 없다.

⑤ 외국법인이 내국법인과의 합병으로 인하여 국내 토지의 소유권을 취득한 경우에는 신고할 필요가 없다.

29. 공인중개사법령상 과태료에 관한 설명으로 옳은 것은?

① 1건의 위반행위에 대하여 행정형벌과 과태료는 병과할 수 있다.

② 소속공인중개사가 과태료처분에 해당하는 행위를 한 때에는 그를 고용한 개업공인중개사에 대하여도 과태료를 부과한다.

③ 자격취소처분을 받고 자격증을 반납하지 아니한 자에 대하여는 500만원 이하의 과태료를 부과한다.

④ 연수교육을 받지 아니한 개업공인중개사에 대한 과태료는 시·도지사가 부과·징수한다.

⑤ 개업공인중개사가 최근 1년 내에 3회의 과태료처분을 받은 경우 중개사무소의 개설등록이 취소된다.

30. 부동산 거래신고 등에 관한 법령상 주택임대차계약의 신고와 관련한 설명으로 <u>틀린</u> 것은?

① 주택임대차계약의 신고는 계약 체결일로부터 30일 내에 해야 한다.

② 신고를 한 후 해당 주택임대차계약의 보증금, 차임 등 임대차 가격이 변경된 경우 반드시 변경신고를 해야 하는 것은 아니다.

③ 주택임대차계약서를 작성한 경우 계약당사자 일방이 주택임대차계약신고서에 단독으로 서명 또는 날인한 후 임대차계약서를 첨부해 신고관청에 제출한 경우에는 임대차계약당사자가 공동으로 신고서를 제출한 것으로 본다.

④ 계약당사자 일방 또는 위임을 받은 사람이 신고사항이 모두 적혀 있고 계약당사자의 서명이나 날인이 되어 있는 계약서를 제출하면 임대차 계약당사자가 공동으로 신고서를 제출한 것으로 본다.

⑤ 임대차 계약당사자는 주택임대차계약을 신고한 후 해당 계약이 해제된 때에는 해제가 확정된 날부터 30일 이내에 신고하여야 한다.

31. 부동산거래 전자계약시스템(IRTS)을 통한 전자계약에 대한 설명으로 <u>틀린</u> 것은?

① 개업공인중개사의 공동중개 방식에 의한 전자계약 체결도 가능하다.

② 대면계약의 경우 거래당사자는 휴대전화 등으로 본인인증 후 전자계약서에 직접 수기서명을 한다.

③ 개업공인중개사는 공동인증서를 통한 전자서명을 한다.

④ 전자계약을 한 경우 개업공인중개사는 별도의 거래계약서, 확인·설명서의 보관의무가 없다.

⑤ 전자계약서를 작성하고 당사자 모두가 서명을 한 경우에는 해당 계약을 해제할 수 없다.

32. 법정지상권에 관한 판례의 내용으로 <u>틀린</u> 것은?

① 무허가건물도 법정지상권을 취득할 수 있다.

② 관습상의 법정지상권을 취득한 후 건물소유자가 토지소유자와 건물의 소유를 목적으로 하는 토지임대차계약을 체결한 경우에도 법정지상권은 유지된다.

③ 미등기건물을 대지와 함께 매수하였으나 대지에 관하여만 소유권이전등기를 하고 대지에 대하여 저당권을 설정한 후 저당권이 실행된 경우에는 법정지상권이 성립하지 않는다.

④ 법정지상권은 「민법」상 지상권편의 최단 존속기간이 적용된다.

⑤ 건물소유를 위하여 법정지상권을 취득한 자로부터 경매에 의하여 그 건물의 소유권을 이전받은 경락인은 특별한 사정이 없는 한 건물의 경락취득과 함께 법정지상권도 당연히 취득한다.

33. 부동산 거래신고 등에 관한 법령상 부동산거래계약신고서 작성에 관한 설명으로 틀린 것은?

① 거래계약의 체결일은 원칙적으로 거래당사자가 구체적으로 특정되고, 거래목적물 및 거래대금 등 거래계약의 중요부분에 대하여 거래당사자가 합의한 날을 말한다.

② 자금조달·입주계획서를 제출해야 하는 경우 이 신고서와 함께 제출하는지 또는 매수인이 별도 제출하는지를 ✔ 표시하고, 그 밖의 경우에는 해당 없음에 ✔ 표시를 한다.

③ 분양권·입주권의 전매계약의 경우 분양가격, 발코니 확장 등 선택비용 및 추가 지급액 등(프리미엄 등 분양가격을 초과 또는 미달하는 금액)을 각각 적는다.

④ 임대주택 분양전환은 법인이 아닌 임대주택사업자가 임대기한이 완료되어 분양전환하는 주택인 경우에 ✔ 표시한다.

⑤ 종전 부동산란은 입주권 매매의 경우에만 작성하고, 거래금액란에는 추가 지급액 등 및 권리가격, 합계 금액, 계약금, 중도금, 잔금을 적는다.

34. 「부동산 실권리자명의 등기에 관한 법률」에 관한 내용으로 옳은 것은 몇 개인가? (다툼이 있으면 판례에 따름)

> ㄱ. 부동산임차권이나 부동산환매권은 이 법상 명의신탁이 금지되는 권리에 해당하지 아니한다.
>
> ㄴ. 채무의 변제를 담보하기 위하여 채권자가 부동산에 관한 물권을 이전받는 양도담보는 명의신탁약정에서 제외된다.
>
> ㄷ. 명의신탁자에 대하여는 부동산가액의 30%를 과징금으로 부과한다.
>
> ㄹ. 과징금을 부과받은 자가 과징금 부과일로부터 1년 내에 실명등기를 하지 않은 경우에는 부동산가액의 20%를 매년 이행강제금으로 부과한다.
>
> ㅁ. 명의신탁자에 대하여는 5년 이하의 징역 또는 2억원 이하의 벌금에 처한다.

① 1개   ② 2개
③ 3개   ④ 4개
⑤ 5개

35. 「부동산등기 특별조치법」에 따른 계약서의 검인제도에 관한 설명으로 틀린 것은?

① 증여에 의하여 토지나 건축물을 취득하는 경우에는 계약서에 검인을 받을 필요가 없다.

② 명의신탁을 해지함으로써 부동산 소유권이전등기를 할 때에도 검인받은 계약서를 제출하여야 한다.

③ 등기원인을 증명하는 서면이 집행력 있는 판결서 또는 판결과 같은 효력을 갖는 조서인 때에는 판결서 등에 검인을 받아 제출하여야 한다.

④ 경매에 의하여 부동산을 취득하는 경우에는 검인을 받을 필요가 없다.

⑤ 토지거래허가증을 받은 경우에는 검인을 받은 것으로 본다.

36. 공인중개사법령상 중개대상물 확인·설명서의 작성과 관련한 설명으로 틀린 것은?

① 공동주택(기숙사 제외) 중 분양을 목적으로 건축되었으나 분양되지 아니하여 보존등기만 마쳐진 상태인 공동주택에 대하여 임대차계약을 알선하는 경우에는 이를 임차인에게 설명하여야 한다.

② 입목·광업재단·공장재단 확인·설명서 중 '재단목록 또는 입목의 생육상태'란은 공장재단에 있어서는 공장재단목록과 공장재단 등기사항증명서를 확인하여 기재한다.

③ '취득시 부담할 조세의 종류 및 세율'란은 중개가 완성되기 전 「지방세법」의 내용을 확인하여 적되, 임대차의 경우에는 제외한다.

④ 주차장은 비주거용 건축물의 확인·설명서상 '입지조건'란에 기재한다.

⑤ 주거용 건축물 확인·설명서의 '그 밖의 시설물'란은 전기용량, 오수정화시설용량, 용수시설 내용을 개업공인중개사가 매도(임대)의뢰인에게 자료를 요구하여 확인한 사항을 적는다.

37. 「상가건물 임대차보호법」에 대한 설명으로 옳은 것은? (다툼이 있으면 판례에 따름)

① 소액임차인이 경매시에 최우선 변제를 받기 위해서는 경매개시결정등기 전까지 대항요건을 갖추고 배당요구의 종기까지 대항요건을 계속 유지하여야 한다.

② 보증금을 월 단위의 차임으로 전환하는 경우 그 전환되는 금액에 연 10% 또는 한국은행 공시 기준금리에 2를 더한 비율 중 낮은 비율을 곱한 월 차임의 범위를 초과할 수 없다.

③ 임차인은 건물의 인도와 사업자등록증을 교부받아야 그 다음 날로부터 제3자에 대한 대항력이 발생한다.

④ 임대인은 임차인이 2기의 차임을 연체한 경우 임대차계약을 해지할 수 있다.

⑤ 임차인이 임차상가에 대하여 집행권원에 의한 경매를 신청하는 경우 먼저 반대의무의 이행 또는 이행의 제공을 하여야 경매개시결정을 받을 수 있다.

38. 「공인중개사의 매수신청대리인 등록 등에 관한 규칙」상 매수신청대리인과 관련한 설명으로 틀린 것은?

① 매수신청대리인은 동일 부동산에 대하여 이해관계가 다른 2인 이상의 대리인이 되는 행위를 하여서는 아니된다.

② 매수신청대리인 등록을 한 개업공인중개사가 중개업을 휴업 또는 폐업한 경우에는 그 사유발생일로부터 10일 내에 지방법원장에게 신고하여야 한다.

③ 개업공인중개사의 중개사무소 개설등록이 취소된 경우 매수신청대리인 등록도 취소된다.

④ 개업공인중개사가 매수신청대리의 위임을 받은 경우 매각불허가결정에 대한 즉시항고를 당연히 대리할 수 있다.

⑤ 매수신청대리인 등록을 하기 위해서는 공인중개사인 개업공인중개사는 2억원 이상, 법인인 개업공인중개사는 4억원 이상의 보증을 설정하여야 한다.

39. 「주택임대차보호법」의 내용으로 틀린 것은? (다툼이 있으면 판례에 따름)

① 다가구주택의 경우에는 전입신고시 지번까지만 기재하여도 대항력을 취득할 수 있다.

② 임차권등기명령의 집행에 의한 임차권등기는 경매신청권이 있다.

③ 임차인은 「민사집행법」에 의한 경매시 임차주택을 매수인에게 인도하지 아니하면 배당금을 수령할 수 없다.

④ 소액임차인이 경매시에 최우선변제를 받기 위해서 계약서에 확정일자까지 요하는 것은 아니다.

⑤ 첫 경매개시결정등기 전까지 임차권등기명령에 의한 임차권의 등기를 한 임차인은 경매시에 배당요구를 하지 않더라도 배당을 받을 수 있다.

40. 부동산경매와 공매에 관한 설명으로 틀린 것은?

① 매각부동산이 농지인 경우 경매나 압류부동산 공매 모두 농지취득자격증명이 있어야 취득할 수 있다.

② 비업무용 부동산공매는 수의계약이나 매수인 명의변경이 가능하다.

③ 경매나 공매 모두 점유자가 목적물을 인도하지 아니하는 경우 인도명령을 신청하여 목적물을 인도받을 수 있다.

④ 경매나 압류 부동산공매는 대금의 분납이 허용되지 않으나, 비업무용 부동산공매는 대금의 분납이 가능하다.

⑤ 유찰시 경매는 일반적으로 20%를 저감하나, 공매는 일반적으로 10%를 저감한다.

제2과목: 부동산공법 중 부동산 중개에 관련되는 규정

41. 국토의 계획 및 이용에 관한 법령상 도시·군기본계획에 관한 설명으로 옳은 것은?

① 시장·군수는 관할 구역에 대해서만 도시·군기본계획을 수립할 수 있으며, 인접한 시 또는 군의 관할 구역을 포함하여 계획을 수립할 수 없다.

② 도시·군기본계획의 내용이 광역도시계획의 내용과 다를 때에는 국토교통부장관이 결정하는 바에 따른다.

③ 수도권에 속하지 않고 광역시와 경계를 같이하지 않는 인구 5만명의 시는 도시·군기본계획을 수립하지 않을 수 있다.

④ 도시·군기본계획을 변경하는 경우에는 공청회를 개최하지 않을 수 있다.

⑤ 특별자치도지사가 도시·군기본계획을 변경하려면 국토교통부장관의 승인을 받아야 한다.

42. 국토의 계획 및 이용에 관한 법령상 지구단위계획구역에 관한 설명으로 옳은 것은?

① 지구단위계획은 해당 용도지역의 특성을 고려하여 수립한다.

② 지구단위계획구역은 도시·군관리계획으로 결정해야 하나, 지구단위계획은 그러하지 않다.

③ 「관광진흥법」에 따라 지정된 관광특구로 지정된 지역의 전부에 대하여 지구단위계획구역을 지정할 수 없다.

④ 도시지역 외의 지역에서는 지구단위계획구역을 지정할 수 없다.

⑤ 도시지역 내에 지정하는 지구단위계획구역에 대해서는 건폐율의 200% 이내에서 건폐율을 완화하여 적용할 수 있다.

43. 국토의 계획 및 이용에 관한 법령상 용도지역 안에서의 용적률 범위에 관한 조문의 일부이다. (   )에 들어갈 내용으로 옳은 것은?

○ 제1종 일반주거지역: (ㄱ)% 이상 (ㄴ)% 이하
○ 제2종 일반주거지역: (ㄱ)% 이상 (ㄷ)% 이하
○ 제3종 일반주거지역: (ㄱ)% 이상 (ㄹ)% 이하

① ㄱ: 150, ㄴ: 200, ㄷ: 250, ㄹ: 300
② ㄱ: 100, ㄴ: 250, ㄷ: 300, ㄹ: 350
③ ㄱ: 100, ㄴ: 200, ㄷ: 250, ㄹ: 300
④ ㄱ: 50, ㄴ: 200, ㄷ: 250, ㄹ: 300
⑤ ㄱ: 50, ㄴ: 100, ㄷ: 150, ㄹ: 200

44. 국토의 계획 및 이용에 관한 법령상 도시·군관리계획에 관한 설명으로 틀린 것은?

① 주민은 기반시설의 설치에 관한 사항에 대하여 도시·군관리계획의 입안권자에게 그 입안을 제안할 수 있다.

② 시가화조정구역의 지정에 관한 도시·군관리계획결정 당시 이미 허가를 받아 사업에 착수한 자라도 그 사업을 계속하려면 다시 허가를 받아야 한다.

③ 국가계획과 관련되어 국토교통부장관이 입안한 도시·군관리계획은 국토교통부장관이 결정한다.

④ 도로·철도 등 교통시설의 설치에 관한 계획은 도시·군관리계획이다.

⑤ 도시지역의 축소에 따른 용도지역의 변경을 내용으로 하는 도시·군관리계획을 입안하는 경우에는 주민의견 청취를 생략할 수 있다.

45. 국토의 계획 및 이용에 관한 법령상 용도구역에 관한 설명이다. 다음 (   )에 옳은 것은?

> 시·도지사 또는 대도시 시장은 도시의 자연환경 및 경관을 보호하고 도시민에게 건전한 여가·휴식공간을 제공하기 위하여 도시지역 안에서 식생이 양호한 산지의 개발을 제한할 필요가 있다고 인정하면 (   )의 지정 또는 변경을 도시·군관리계획으로 결정할 수 있다.

① 시가화조정구역

② 개발제한구역

③ 수산자원보호구역

④ 도시·군계획시설입체복합구역

⑤ 도시자연공원구역

46. 국토의 계획 및 이용에 관한 법령상 개발행위의 허가에 관한 설명으로 옳은 것은?

① 도시지역과 계획관리지역의 산림에서의 임도 설치와 사방사업에 관하여는 「산림자원의 조성 및 관리에 관한 법률」과 「사방사업법」에 따른다.

② 전·답 사이의 지목변경을 수반하는 경작을 위한 토지의 형질변경은 개발행위허가의 대상이다.

③ 허가권자가 개발행위허가를 하는 경우에는 조건을 붙일 수 없다.

④ 개발행위로 인하여 주변의 국가유산 등이 크게 손상될 우려가 있는 지역에 대해서는 최장 5년까지 개발행위허가를 제한할 수 있다.

⑤ 행정청이 아닌 자가 개발행위허가를 받아 새로 공공시설을 설치한 경우, 종래의 공공시설은 개발행위허가를 받은 자에게 전부 무상으로 귀속된다.

47. 국토의 계획 및 이용에 관한 법령상 용도지역에 관한 설명으로 옳은 것은? (단, 조례는 고려하지 않음)

① 저층주택 중심의 편리한 주거환경을 조성하기 위하여 필요한 지역은 제2종 전용주거지역으로 지정한다.

② 환경을 저해하지 않는 공업의 배치를 위하여 필요한 지역은 준공업지역으로 지정한다.

③ 공유수면의 매립구역이 둘 이상의 용도지역에 걸쳐 있는 경우에는 걸친 부분의 면적이 가장 큰 용도지역과 같은 용도지역으로 지정된 것으로 본다.

④ 도시지역이 세부용도지역으로 지정되지 않은 경우 건폐율에 대해서는 자연녹지지역의 규정을 적용한다.

⑤ 하나의 대지가 녹지지역과 그 밖의 다른 용도지역에 걸쳐 있으면서, 녹지지역의 건축물이 고도지구에 걸쳐 있는 경우에는 그 건축물 및 대지의 전부에 대하여 고도지구에 관한 규정을 적용한다.

48. 국토의 계획 및 이용에 관한 법령상 성장관리계획에 관한 설명으로 옳은 것을 모두 고른 것은?

> ㄱ. 특별시장·광역시장·특별자치시장·특별자치도지사·시장 또는 군수는 주거지역, 상업지역, 및 공업지역에서 성장관리계획구역을 지정할 수 있다.
>
> ㄴ. 성장관리계획구역을 지정하거나 이를 변경하려면 미리 주민과 해당 지방의회의 의견을 들어야 하며, 관계 행정기관과의 협의 및 지방도시계획위원회의 심의를 거쳐야 한다.
>
> ㄷ. 성장관리계획구역 내 계획관리지역에서는 125% 이하의 범위에서 성장관리계획으로 용적률을 완화하여 적용할 수 있다.

① ㄱ

② ㄴ

③ ㄱ, ㄷ

④ ㄴ, ㄷ

⑤ ㄱ, ㄴ, ㄷ

49. 국토의 계획 및 이용에 관한 법령상 개발밀도관리구역 및 기반시설부담구역에 관한 설명으로 **틀린** 것은?

① 기반시설부담구역은 개발밀도관리구역 외의 지역에서 지정한다.

② 개발밀도관리구역에서는 해당 용도지역에 적용되는 용적률의 최대한도의 50% 범위에서 용적률을 강화하여 적용한다.

③ 향후 2년 이내에 해당 지역의 학생수가 학교수용능력을 20% 이상 초과할 것으로 예상되는 지역 중 기반시설의 설치가 곤란한 지역은 개발밀도관리구역으로 지정할 수 있다.

④ 개발밀도관리구역을 지정 또는 변경하려면 주민의 의견을 들어야 하며, 해당 지방자치단체에 설치된 지방도시계획위원회의 심의를 거쳐야 한다.

⑤ 기반시설의 설치가 필요한 지역으로서 해당 지역의 전년도 개발행위허가 건수가 전전년도 개발행위허가 건수보다 20% 이상 증가한 지역은 기반시설부담구역으로 지정해야 한다.

50. 국토의 계획 및 이용에 관한 법령상 용적률 완화에 관한 규정이다. (   )에 들어갈 숫자로 옳은 것은?

> 방재지구의 재해저감대책에 부합하게 재해예방시설을 설치하는 건축물의 경우: 주거지역 · 상업지역 또는 공업지역에서는 해당 용적률의 (   )% 이하의 범위에서 도시 · 군계획조례로 정하는 비율

① 120   ② 140

③ 150   ④ 160

⑤ 200

51. 국토의 계획 및 이용에 관한 법령상 농림지역에서 건축할 수 있는 건축물이 **아닌** 것은? (단, 도시 · 군계획조례는 고려하지 않음)

① 현저한 자연훼손을 가져오지 않는 농어가 단독주택

② 제1종 근린생활시설 중 정수장, 양수장

③ 교육연구시설 중 초등학교

④ 공장(제2종 근린생활시설 중 제조업소를 포함한다)

⑤ 발전시설

52. 국토의 계획 및 이용에 관한 법령상 도시 · 군계획시설에 관한 설명으로 **틀린** 것을 모두 고른 것은?

> ㄱ. 도시 · 군계획시설사업이 둘 이상의 지방자치단체의 관할 구역에 걸쳐 시행되는 경우, 사업시행자에 대한 협의가 성립되지 않는 때에는 사업면적이 가장 큰 지방자치단체가 사업시행자가 된다.
>
> ㄴ. 도시 · 군계획시설결정의 고시일부터 10년 이내에 도시 · 군계획시설사업에 관한 실시계획의 인가만 있고 사업이 시행되지 않는 경우에는 그 시설부지의 매수청구권이 인정된다.
>
> ㄷ. 지방의회로부터 장기미집행 시설의 해제권고를 받은 시장 · 군수는 도지사가 결정한 도시 · 군관리계획의 해제를 도시 · 군관리계획으로 결정할 수 있다.
>
> ㄹ. 시 · 도지사는 그 시 · 도에 속하지 않는 특별시 · 광역시 · 특별자치시 · 특별자치도 · 시 또는 군에 비용을 부담시키려면 해당 지방자치단체의 장과 협의하되, 협의가 성립되지 않는 경우에는 행정안전부장관이 결정하는 바에 따른다.

① ㄱ, ㄴ   ② ㄴ, ㄷ

③ ㄷ, ㄹ   ④ ㄱ, ㄴ, ㄷ

⑤ ㄴ, ㄷ, ㄹ

53. 도시개발법령상 개발계획 및 도시개발구역에 관한 설명으로 옳은 것은?

① 서로 떨어진 둘 이상의 지역은 결합하여 하나의 도시개발구역으로 지정할 수 없다.

② 국가가 도시개발사업의 시행자인 경우 환지방식의 사업에 대한 개발계획을 수립하려면 토지소유자의 동의를 받아야 한다.

③ 지정권자는 직접 개발계획을 변경할 수 없고, 도시개발사업의 시행자의 요청을 받아 개발계획을 변경할 수 있다.

④ 도시개발구역의 지정은 도시개발사업의 공사완료의 공고일에 해제된 것으로 본다.

⑤ 도시개발사업의 공사완료로 도시개발구역의 지정이 해제 의제된 경우에는 해당 도시개발구역 지정 전의 용도지역으로 환원되거나 폐지된 것으로 보지 않는다.

54. 도시개발법령상 환지설계를 평가식으로 하는 경우 다음 조건에서 비례율은? (단, 제시된 조건 이외의 사항은 고려하지 않음)

○ 도시개발사업으로 조성되는 토지·건축물의 평가액 합계: 120억원
○ 환지 전 토지·건축물의 평가액 합계: 60억원
○ 총사업비: 30억원

① 120% ② 140%
③ 150% ④ 180%
⑤ 200%

55. 도시개발법령상 시행자가 다음 시설을 설치하기 위하여 조성토지 등을 공급하는 경우 「감정평가 및 감정평가사에 관한 법률」에 따른 감정평가법인 등이 감정평가한 가격 이하로 해당 토지의 가격을 정할 수 <u>없는</u> 것은?
① 폐기물처리시설
② 임대주택
③ 공공청사
④ 학교
⑤ 「사회복지사업법」에 따른 사회복지법인이 설치하는 유료의 사회복지시설

56. 도시개발법령상 환지방식에 의한 사업시행에 관한 설명으로 <u>틀린</u> 것은?
① 시행자는 정관으로 정하는 목적을 위하여 일정한 토지를 환지로 정하지 않고 보류지로 정할 수 있다.
② 시행자는 도시개발사업의 시행을 위하여 필요하면 도시개발구역의 토지에 대하여 환지예정지를 지정할 수 있다.
③ 시행자는 체비지의 용도로 환지예정지가 지정된 경우에는 도시개발사업에 드는 비용을 충당하기 위하여 이를 처분할 수 있다.
④ 군수는 「주택법」에 따른 공동주택의 건설을 촉진하기 위하여 필요하다고 인정하면 체비지 중 일부를 같은 지역에 집단으로 정하게 할 수 있다.
⑤ 보류지는 시행자가 환지처분이 공고된 날에 해당 소유권을 취득한다.

57. 도시개발법령상 토지상환채권 및 도시개발채권에 관한 설명으로 옳은 것은?
① 도시개발조합은 도시·군계획시설사업에 필요한 자금을 조달하기 위하여 토지상환채권을 발행할 수 있다.
② 토지상환채권은 질권의 목적으로 할 수 없다.
③ 도시개발채권은 무기명으로 발행할 수 없다.
④ 시·도지사가 도시개발채권을 발행하는 경우 상환방법 및 절차에 대하여 행정안전부장관의 승인을 받아야 한다.
⑤ 도시개발채권의 소멸시효는 상환일부터 기산하여 원금은 3년, 이자는 2년으로 한다.

58. 도시개발법령상 도시개발조합 총회의 의결사항 중 대의원회가 총회의 권한을 대행할 수 있는 사항은?
① 조합의 해산(청산금의 징수·교부를 완료한 후에 해산하는 경우는 제외한다)
② 환지계획의 작성
③ 조합임원의 선임
④ 정관의 변경
⑤ 실시계획의 변경

59. 도시 및 주거환경정비법령상 조합의 임원에 관한 설명이다. ( )에 들어갈 내용으로 <u>틀린</u> 것은?

조합은 (①)으로서 정비구역에 위치한 건축물 또는 토지(재건축사업의 경우에는 건축물과 그 부속토지를 말한다)를 소유한 자[하나의 건축물 또는 토지의 소유권을 다른 사람과 공유한 경우에는 가장 (②) 지분을 소유한 경우로 한정한다] 중 다음의 어느 하나의 요건을 갖춘 조합장 1명과 이사, 감사를 임원으로 둔다.
1. 정비구역에 위치한 건축물 또는 토지를 (③) 이상 소유할 것
2. 정비구역에서 거주하고 있는 자로서 선임일 직전 (④) 동안 정비구역에서 (⑤) 이상 거주할 것

① 조합원 ② 많은
③ 5년 ④ 3년
⑤ 2년

60. 도시 및 주거환경정비법령상 정비구역의 지정권자가 사업시행계획인가와 관련하여 통합심의에 부쳐야 하는 사항에 해당하지 <u>않는</u> 것은?

① 「건축법」에 따른 건축물의 건축 및 특별건축구역의 지정 등에 관한 사항

② 「경관법」에 따른 경관 심의에 관한 사항

③ 「문화유산의 보존 및 활용에 관한 법률」에 따른 문화유산의 보존·관리에 관한 사항

④ 「국토의 계획 및 이용에 관한 법률」에 따른 도시·군관리계획에 관한 사항

⑤ 「도시교통정비 촉진법」에 따른 교통영향평가에 관한 사항

61. 도시 및 주거환경정비법령상 시장·군수 등이 관리처분계획의 인가를 고시하는 경우 포함되어야 할 관리처분계획인가의 요지로 옳은 것을 모두 고른 것은?

ㄱ. 기존 건축물의 철거 예정시기

ㄴ. 대지 및 건축물의 규모 등 건축계획

ㄷ. 분양 또는 보류지의 규모 등 분양계획

ㄹ. 신설 또는 폐지하는 정비기반시설의 명세

① ㄱ, ㄴ
② ㄷ, ㄹ
③ ㄱ, ㄴ, ㄷ
④ ㄴ, ㄷ, ㄹ
⑤ ㄱ, ㄴ, ㄷ, ㄹ

62. 도시 및 주거환경정비법령상 정비구역의 해제사유에 해당하는 것은?

① 조합의 재건축사업의 경우, 토지등소유자가 정비구역으로 지정·고시된 날부터 1년이 되는 날까지 조합설립추진위원회의 승인을 신청하지 않는 경우

② 조합의 재건축사업의 경우, 토지등소유자가 정비구역으로 지정·고시된 날부터 2년이 되는 날까지 조합설립인가를 신청하지 않는 경우

③ 조합의 재건축사업의 경우, 조합설립추진위원회가 추진위원회 승인일부터 1년이 되는 날까지 조합설립인가를 신청하지 않는 경우

④ 토지등소유자가 재개발사업을 시행하는 경우로서 토지등소유자가 정비구역으로 지정·고시된 날부터 5년이 되는 날까지 사업시행계획인가를 신청하지 않는 경우

⑤ 조합설립추진위원회가 구성된 구역에서 토지등소유자의 100분의 20이 정비구역의 해제를 요청한 경우

63. 도시 및 주거환경정비법령상 조합설립에 관하여 (   )에 들어갈 숫자를 옳게 나열한 것은?

○ 재건축사업에서 주택단지가 아닌 지역이 정비구역에 포함된 때에는 주택단지가 아닌 지역의 토지 또는 건축물 소유자의 (ㄱ) 이상 및 토지면적의 (ㄴ) 이상의 토지소유자의 동의를 받아야 한다.

○ 재개발사업의 추진위원회가 조합을 설립하려면 토지등소유자의 (ㄷ) 이상 및 토지면적의 (ㄹ) 이상의 토지소유자의 동의를 받아 시장·군수 등의 조합설립인가를 받아야 한다.

	ㄱ	ㄴ	ㄷ	ㄹ
①	3분의 2	2분의 1	3분의 2	4분의 3
②	3분의 2	2분의 1	4분의 3	3분의 2
③	4분의 3	3분의 2	3분의 2	2분의 1
④	4분의 3	3분의 2	4분의 3	2분의 1
⑤	5분의 4	3분의 2	5분의 4	4분의 3

64. 도시 및 주거환경정비법령상 정비기반시설에 해당하지 <u>않는</u> 것은? (단, 주거환경개선사업을 위하여 지정·고시된 정비구역이 아님)

① 탁아소·어린이집 등 노유자시설
② 소방용수시설
③ 광장
④ 지역난방시설
⑤ 녹지

65. 주택법령상 지역주택조합에 관한 설명으로 옳은 것은?

① 지역주택조합을 설립하려는 자는 관할 시장·군수·구청장에게 신고해야 한다.

② 조합과 등록사업자가 공동으로 사업을 시행하면서 시공하는 경우 등록사업자는 자신의 귀책사유로 발생한 손해에 대해서도 조합원에게 배상책임을 지지 않는다.

③ 조합설립인가 신청일부터 해당 조합주택의 입주가능일까지 주거전용면적 $90m^2$의 주택 1채를 소유하고, 6개월 이상 계속하여 거주한 세대주인 사람은 조합원의 자격이 있다.

④ 조합원으로 추가모집되는 자가 조합원 자격요건을 갖추었는지를 판단할 때에는 추가모집 공고일을 기준으로 한다.

⑤ 조합원 추가모집의 승인과 조합원 추가모집에 따른 주택조합의 변경인가 신청은 사업계획승인신청일까지 해야 한다.

66. 주택법령상 사업계획승인 등에 관한 설명으로 틀린 것은?

① 단독주택인 한옥 50호 이상의 건설사업을 시행하려는 자는 사업계획승인을 받아야 한다.

② 주택건설사업을 시행하려는 자는 전체 세대수가 600세대 이상의 주택단지를 공구별로 분할하여 주택을 건설·공급할 수 있다.

③ 사업계획승인의 조건으로 부과된 사항을 이행함에 따라 공사착수가 지연되는 경우, 사업계획승인권자는 그 사유가 없어진 날부터 1년의 범위에서 공사의 착수기간을 연장할 수 있다.

④ 대지조성사업계획승인을 받으려는 자는 사업계획승인 신청서에 조성한 대지의 공급계획서를 첨부하여 제출해야 한다.

⑤ 사업주체는 공사의 착수기간이 연장되지 않는 한 사업계획승인을 받은 날부터 3년 이내에 공사를 시작해야 한다.

67. 주택법령상 주택조합에서 반드시 총회의 의결을 거쳐야 하는 사항에 해당하지 않는 것은?

① 조합임원의 선임 및 해임

② 사업비의 조합원별 분담 명세

③ 주택상환사채의 발행방법의 변경

④ 자금의 차입과 그 방법·이자율 및 상환방법

⑤ 주택건설대지의 위치 및 면적에 관한 조합규약의 변경

68. 주택법령상 분양가상한제 적용지역의 지정기준으로 옳은 것을 모두 고른 것은? (단, 해당 지역은 투기과열지구임)

ㄱ. 분양가상한제적용직전월부터 소급하여 12개월간의 아파트 분양가격상승률이 물가상승률의 2배를 초과한 지역

ㄴ. 분양가상한제적용직전월부터 소급하여 3개월간의 주택매매거래량이 전년 동기 대비 20% 이상 증가한 지역

ㄷ. 분양가상한제적용직전월부터 소급하여 주택공급이 있었던 2개월 동안 해당 지역에서 공급되는 국민주택규모 주택의 월평균 청약경쟁률이 모두 10대 1을 초과한 지역

① ㄱ   ② ㄷ
③ ㄱ, ㄴ   ④ ㄴ, ㄷ
⑤ ㄱ, ㄴ, ㄷ

69. 주택법령상 주택의 사용검사 등에 관한 설명으로 틀린 것은?

① 하나의 주택단지의 입주자를 분할모집하여 전체 단지의 사용검사를 마치기 전에 입주가 필요한 경우에는 공사가 완료된 주택에 대하여 동별로 사용검사를 받을 수 없다.

② 사업주체가 파산하여 주택건설사업을 계속할 수 없고 시공보증자도 없는 경우, 입주예정자대표회의가 시공자를 정하여 잔여공사를 시공하고 사용검사를 받아야 한다.

③ 주택건설사업을 공구별로 분할하여 시행하는 내용으로 사업계획의 승인을 받은 경우 완공된 주택에 대하여 공구별로 사용검사를 받을 수 있다.

④ 사용검사는 신청일부터 15일 이내에 해야 한다.

⑤ 공동주택인 경우에는 세대별로 임시사용승인을 할 수 있다.

70. 주택법령상 용어에 관한 설명으로 틀린 것은?

① 「건축법 시행령」에 따른 다가구주택은 단독주택에 해당한다.

② 「건축법 시행령」에 따른 다중생활시설은 준주택에 해당한다.

③ 한국토지주택공사인 사업주체가 토지 등을 수용 또는 사용하는 국민주택건설사업에 의하여 개발·조성되는 공동주택이 건설되는 용지는 공공택지에 해당한다.

④ 「건축법」에 따른 건축설비는 복리시설에 해당한다.

⑤ 도로·상하수도·전기시설·가스시설·통신시설·지역난방시설은 기간시설에 해당한다.

71. 주택법령상 분양가상한제를 적용하지 않는 경우로 틀린 것은?

① 「공공주택 특별법」에 따른 도심 공공주택 복합사업에서 건설·공급하는 주택

② 「관광진흥법」에 따라 지정된 관광특구에서 건설·공급하는 공동주택으로서 해당 건축물의 층수가 30층 이상이거나 높이가 120m 이상인 경우

③ 「도시재생 활성화 및 지원에 관한 특별법」에 따른 주거재생혁신지구에서 시행하는 혁신지구재생사업에서 건설·공급하는 주택

④ 「도시 및 주거환경정비법」에 따른 주거환경개선사업 및 공공재개발사업에서 건설·공급하는 주택

⑤ 도시형 생활주택

72. 건축법령상 건축물이 있는 대지는 조례로 정하는 면적에 못 미치게 분할할 수 없다. 다음 중 조례로 정할 수 있는 최소 분할면적기준이 가장 작은 용도지역은? (단, 적용제외 및 특례는 고려하지 않음)

① 제3종 일반주거지역　　　② 중심상업지역
③ 근린상업지역　　　　　　④ 준공업지역
⑤ 자연녹지지역

73. 건축법령상 건축분쟁의 조정 등에 관한 설명으로 **틀린** 것은?

① 건축허가권자와 건축관계자간의 분쟁은 조정 등의 대상이 아니다.

② 조정위원회는 필요하다고 인정하면 당사자나 참고인을 조정위원회에 출석하게 하여 의견을 들을 수 있다.

③ 조정안을 제시받은 당사자는 제시를 받은 날부터 15일 이내에 수락 여부를 조정위원회에 알려야 한다.

④ 부득이한 사정으로 연장되지 않는 한 분쟁위원회는 당사자의 조정신청을 받으면 120일 이내에 절차를 마쳐야 한다.

⑤ 당사자가 조정안을 수락하고 조정서에 기명날인하면 조정서의 내용은 재판상 화해와 동일한 효력을 갖는다.

74. 건축법령상 손궤의 우려가 있는 토지에 대지를 조성하기 위한 옹벽의 설치기준으로 옳은 것을 모두 고른 것은?

> ㄱ. 성토 또는 절토하는 부분의 경사도가 1:1.5 이상으로서 높이가 1m 이상인 부분에는 옹벽을 설치할 것
>
> ㄴ. 옹벽의 외벽면에는 이의 지지 또는 배수를 위한 시설 외의 구조물이 밖으로 튀어 나오지 않게 할 것
>
> ㄷ. 옹벽의 높이가 3m 이상인 경우에는 이를 콘크리트구조로 할 것

① ㄱ　　　　　　　　　　② ㄷ
③ ㄱ, ㄴ　　　　　　　　④ ㄴ, ㄷ
⑤ ㄱ, ㄴ, ㄷ

75. 건축법령상 바닥면적의 산정방법에 관한 설명으로 **틀린** 것은?

① 벽·기둥의 구획이 없는 건축물은 그 지붕 끝부분으로부터 수평거리 1m를 후퇴한 선으로 둘러싸인 수평투영면적으로 한다.

② 건축물을 리모델링하는 경우로서 미관향상, 열의 손실방지 등을 위하여 외벽에 부가하여 마감재 등을 설치하는 부분은 바닥면적에 산입한다.

③ 승강기탑은 바닥면적에 산입하지 않는다.

④ 건축물의 노대의 바닥은 난간 등의 설치 여부에 관계없이 노대의 면적에서 노대가 접한 가장 긴 외벽에 접한 길이에 1.5m를 곱한 값을 뺀 면적을 바닥면적에 산입한다.

⑤ 공동주택으로서 지상층에 설치한 전기실의 면적은 바닥면적에 산입하지 않는다.

76. 건축법령상 건축허가 및 건축신고에 관한 설명으로 **틀린** 것은?

① 수질을 보호하기 위하여 도지사가 지정·공고한 구역에 시장·군수가 3층의 일반음식점의 건축을 허가하기 위해서는 도지사의 사전승인을 받아야 한다.

② 허가권자는 숙박시설에 해당하는 건축물의 건축을 허가하는 경우 주거환경 등 주변환경에 부적합하다고 인정되면 건축위원회의 심의를 거쳐 건축허가를 하지 않을 수 있다.

③ 허가권자는 16층 이상이고 연면적이 10만m² 이상인 건축물에 대하여 건축허가를 하기 전에 안전영향평가를 실시해야 한다.

④ 연면적이 180m²이고 2층인 건축물의 대수선은 건축신고의 대상이다.

⑤ 건축신고를 한 자가 신고일부터 6개월 이내에 공사에 착수하지 않으면 그 신고의 효력은 없어진다.

77. 건축법령상 사용승인을 받은 건축물의 용도변경에 관한 설명으로 **틀린** 것은?

① 다중주택을 다가구주택으로 변경하는 경우에는 건축물대장 기재내용의 변경을 신청하지 않아도 된다.

② 제1종 근린생활시설을 의료시설로 변경하는 경우에는 허가를 받아야 한다.

③ 숙박시설을 수련시설로 변경하는 경우에는 신고를 해야 한다.

④ 교육연구시설을 판매시설로 변경하는 경우에는 허가를 받아야 한다.

⑤ 공장을 자동차 관련 시설로 변경하는 경우에는 신고를 해야 한다.

78. 건축법령상 대지면적이 160m²인 대지에 건축되어 있고, 각 층의 바닥면적이 동일한 지하 1층·지상 3층인 건축물로서 용적률이 150%라고 할 때, 이 건축물의 바닥면적은 얼마인가? (단, 이외의 조건이나 제한은 고려하지 않음)

① 60m²　　　　　　　　② 70m²
③ 80m²　　　　　　　　④ 100m²
⑤ 120m²

79. 농지법령상 농지의 임대차에 관한 설명으로 틀린 것은? (단, 농업경영을 하려는 자에게 임대하는 경우이며, 국·공유농지가 아님)

① 임차인이 다년생식물의 재배지로 이용하는 농지의 임대차기간을 정하지 않거나 3년보다 짧은 경우에는 3년으로 약정된 것으로 본다.

② 「농지법」에 위반된 약정으로서 임차인에게 불리한 것은 그 효력이 없다.

③ 임대차계약은 서면계약을 원칙으로 한다.

④ 농지를 임차한 임차인이 그 농지를 정당한 사유 없이 농업경영에 사용하지 않을 때에는 시장·군수·구청장이 임대차의 종료를 명할 수 있다.

⑤ 임대차계약은 그 등기가 없는 경우에도 임차인이 농지 소재지를 관할하는 시·구·읍·면장의 확인을 받고, 해당 농지를 인도받은 경우에는 그 다음 날부터 제3자에 대하여 효력이 생긴다.

80. 농지법령상 농지의 전용에 관한 설명으로 옳은 것은?

① 농업진흥지역 밖의 농지를 마을회관 부지로 전용하려는 자는 농지전용허가를 받아야 한다.

② 농지전용허가를 받은 자가 조업의 정지명령을 위반한 경우에는 그 허가를 취소해야 한다.

③ 농지의 타용도 일시사용허가를 받는 자는 농지보전부담금을 납부해야 한다.

④ 산지전용허가를 받지 않고 불법으로 개간한 농지라도 이를 다시 산림으로 복구하려면 농지전용허가를 받아야 한다.

⑤ 농지전용허가를 받고 전용목적사업에 사용되고 있는 토지를 2년 이내에 다른 목적으로 사용하려는 경우에는 시장·군수 또는 자치구구청장의 승인을 받아야 한다.

2024년도 제35회 공인중개사 2차 국가자격시험

실전모의고사 제4회

교 시	문제형별	시 간	시 험 과 목
2교시	**A**	**50분**	① 부동산 공시에 관한 법령 및 부동산 관련 세법

수험번호		성 명	

【 수험자 유의사항 】

1. **시험문제지는 단일 형별(A형)이며, 답안카드 형별 기재란에 표시된 형별(A형)을 확인하시기 바랍니다.** 시험문제지의 **총면수, 문제번호 일련순서, 인쇄상태** 등을 확인하시고, 문제지 표지에 수험번호와 성명을 기재하시기 바랍니다.

2. 답은 각 문제마다 요구하는 **가장 적합하거나 가까운 답 1개**만 선택하고, 답안카드 작성 시 시험문제지 **형별누락, 마킹착오**로 인한 불이익은 전적으로 **수험자에게 책임**이 있음을 알려드립니다.

3. 답안카드는 국가전문자격 공통 표준형으로 문제번호가 1번부터 125번까지 인쇄되어 있습니다. 답안 마킹 시에는 반드시 **시험문제지의 문제번호와 동일한 번호에 마킹**하여야 합니다. (2차 2교시: 1번~40번)

4. **감독위원의 지시에 불응하거나 시험시간 종료 후 답안카드를 제출하지 않을 경우** 불이익이 발생할 수 있음을 알려 드립니다.

5. 시험문제지는 시험 종료 후 가져가시기 바랍니다.

6. 답안작성은 **시험 시행일(2024.10.26.) 현재 시행되는 법령** 등을 적용하시기 바랍니다.

7. 가답안 의견제시에 대한 개별회신 및 공고는 하지 않으며, **최종 정답 발표로 갈음**합니다.

8. 시험 중 **중간 퇴실은 불가**합니다. 단, 부득이하게 퇴실할 경우 **시험포기각서 제출 후 퇴실은 가능**하나 **재입실이 불가**하며, **해당시험은 무효처리됩니다.**

🏛️ 해커스 공인중개사

1. 아래의 괄호 속에 들어갈 용어를 옳게 연결한 것은?

○ 관할 등기소가 소유권이전등기를 경료한 경우에 해당 지적소관청에 (ㄱ)을(를) 하여야 한다.

○ 지적소관청이 토지표시에 관한 사항을 지적정리한 경우에 관할 등기소에 (ㄴ)을(를) 하여야 한다.

	ㄱ	ㄴ
①	등기촉탁	소유권변경사실의 통지
②	소유권변경사실의 통지	등기필정보의 교부
③	등기완료통지	등기촉탁
④	소유권변경사실의 통지	등기촉탁
⑤	등기촉탁	등기완료통지

2. 다음 중 지번부여방식이 다른 것은?

① 도시개발사업을 실시하여 지번을 새로이 부여하는 경우
② 지번부여지역 안의 지번변경을 하는 때
③ 행정구역개편에 따라 새로이 지번을 부여하는 때
④ 축척변경시행지역 안의 필지에 지번을 부여하는 때
⑤ 임야도에 등록된 토지를 지적도로 옮겨 등록한 경우

3. 지목에 관한 설명 중 괄호 안에 들어갈 내용으로 옳은 것은?

○ 자연의 유수(流水)가 있거나 있을 것으로 예상되는 소규모 수로부지는 (ㄱ)(으)로 한다.

○ 일반 공중의 위락·휴양 등에 적합한 시설물을 종합적으로 갖춘 수영장·유선장·낚시터·어린이놀이터·경마장·야영장 등의 토지와 이에 접속된 부속시설물의 부지는 (ㄴ)(으)로 한다.

○ 여객자동차터미널, 자동차운전학원 및 폐차장 등 자동차와 관련된 독립적인 시설물을 갖춘 부지는 (ㄷ)(으)로 한다.

	ㄱ	ㄴ	ㄷ
①	구거	공원	주차장
②	유지	체육용지	잡종지
③	하천	체육용지	주차장
④	구거	유원지	잡종지
⑤	유지	유원지	주차장

4. 면적측정을 요하는 것을 모두 고른 것은?

ㄱ. 경계정정   ㄴ. 지적확정측량
ㄷ. 지번변경   ㄹ. 경계복원측량
ㅁ. 위치정정

① ㄱ, ㄴ   ② ㄴ, ㄹ
③ ㄱ, ㄴ, ㄹ   ④ ㄴ, ㄷ, ㄹ
⑤ ㄱ, ㄴ, ㄷ, ㅁ

5. 지적공부의 등록사항에 대한 설명 중 틀린 것은?

① 토지대장에는 지적도의 번호와 필지별 토지대장의 장 번호 및 축척, 개별공시지가와 그 기준일을 등록한다.
② 공유지연명부에는 토지의 소재와 지번, 소유자에 관한 사항, 대지권 비율 등을 등록한다.
③ 대지권등록부에는 토지의 고유번호, 소유권의 지분, 전유부분 건물의 표시 등을 등록한다.
④ 경계점좌표등록부에는 토지의 고유번호, 좌표, 지적도면의 번호, 부호 및 부호도 등을 등록한다.
⑤ 지적소관청은 지적도면의 관리에 필요한 경우에는 지번부여지역마다 일람도와 지번색인표를 작성하여 갖춰 둘 수 있다.

6. 지적도의 등록사항에 대한 설명 중 틀린 것은?

① 색인도란 인접도면의 연결순서를 표시하기 위하여 기재한 도표와 번호를 말한다.
② 도곽선은 도면의 기준선으로의 역할을 하는 것으로 모든 지적도와 임야도에 등록된다.
③ 지적기준점의 위치와 「건축법」 등에 의한 적법한 건축물 및 구조물 등의 위치를 등록한다.
④ 축척이 1/500인 지적도의 도곽의 크기는 가로 40cm, 세로 30cm이므로 1/500의 지적도가 포용하는 실제면적은 50,000m²이다.
⑤ 경계점좌표등록부 시행지역의 지적도에는 도면의 제명 끝에 '(좌표)'라고 표시하고, 좌표에 의하여 계산된 경계점간 거리를 등록한다.

7. 토지이동 사유에 대한 설명 중 <u>틀린</u> 것을 모두 고른 것은?

> ㄱ. 「산지관리법」 또는 그 밖의 관계 법령에 따른 개발행위허가 등을 받아 지목변경을 수반하는 경우에 등록전환을 신청할 수 있다.
>
> ㄴ. 임야대장의 면적과 등록전환될 면적의 차이가 법령에 규정된 허용범위를 초과하는 경우에는 임야대장의 면적 또는 임야도의 경계는 토지소유자의 신청에 의하여 정정한다.
>
> ㄷ. 1필지의 일부가 형질변경 등으로 용도가 변경되어 분할을 신청할 때에는 지목변경 신청서를 함께 제출하여야 한다.
>
> ㄹ. 주택건설사업승인 이후 원활한 사업추진을 위하여 사업시행자 또는 소유자가 공사준공 전에 토지합병을 신청하는 경우에 지목변경을 할 수 없다.

① ㄱ, ㄴ

② ㄱ, ㄹ

③ ㄷ, ㄹ

④ ㄱ, ㄴ, ㄹ

⑤ ㄴ, ㄷ, ㄹ

8. 축척변경위원회의 심의·의결사항이 <u>아닌</u> 것은?

① 지적측량적부심사에 관한 사항

② 지번별 제곱미터당 금액의 결정과 청산금의 산정에 관한 사항

③ 축척변경 시행계획에 관한 사항

④ 그 밖에 축척변경과 관련하여 지적소관청이 회의에 부치는 사항

⑤ 청산금의 이의신청에 관한 사항

9. 공간정보의 구축 및 관리 등에 관한 법령상 지적소관청이 토지소유자에게 지적정리 등을 통지하는 경우를 모두 고른 것은?

> ㄱ. 지적공부의 등록사항에 잘못이 있음을 발견하여 지적소관청이 직권으로 조사·측량하여 정정 등록한 경우
>
> ㄴ. 토지소유자의 신청으로 지적소관청이 지적공부에 등록하는 토지표시를 변경하여 등록한 경우
>
> ㄷ. 지번부여지역의 일부가 행정구역의 개편으로 다른 지번부여지역에 속하게 되어 새로운 지번을 부여하여 등록한 경우
>
> ㄹ. 토지이동 신청을 「민법」 제404조에 따른 채권자가 대위하여 지적소관청이 등록한 경우

① ㄱ, ㄴ

② ㄱ, ㄷ

③ ㄴ, ㄷ

④ ㄱ, ㄴ, ㄹ

⑤ ㄱ, ㄷ, ㄹ

10. 공간정보의 구축 및 관리 등에 관한 법령상 지적측량에 관한 설명으로 <u>틀린</u> 것은?

① 지적측량의 측량기간은 5일로 하며, 측량검사기간은 4일로 한다.

② 지적기준점을 설치하여 측량 또는 측량검사를 하는 경우 지적기준점이 15점 이하인 경우에는 4일을, 15점을 초과하는 경우에는 4일에 15점을 초과하는 4점마다 1일을 가산한다.

③ 지적측량 의뢰인과 지적측량수행자가 서로 합의하여 따로 기간을 정하는 경우에는 그 기간에 따르되, 전체 기간의 4분의 3은 측량기간으로, 전체 기간의 4분의 1은 측량검사기간으로 본다.

④ 바다가 된 토지의 등록을 말소하는 경우로서 측량을 할 필요가 있는 경우에는 지적측량을 하여야 한다.

⑤ 지상건축물 등의 현황을 담장과 대비하여 표시하는 데에 필요한 경우에는 지적현황측량을 실시한다.

11. 지적측량의 절차 및 검사에 관한 다음 설명 중 <u>틀린</u> 것은?

① 토지소유자 등은 지적측량수행자에게 지적재조사측량 측량의뢰를 할 수 있다.

② 지적측량수행자는 측량성과에 관한 자료를 지적소관청에 제출하여 검사를 받아야 한다.

③ 지적삼각점측량성과 및 경위의측량방법으로 실시한 지적확정측량성과의 경우(일정면적 이상인 경우)에는 측량성과에 관한 자료를 시·도지사 또는 대도시 시장에게 제출하여 검사를 받아야 한다.

④ 경계복원측량과 지적현황측량은 검사측량을 요하지 않는다.

⑤ 시·도지사나 지적소관청은 지적기준점성과와 그 측량기록을 보관하고 일반인이 열람할 수 있도록 하여야 한다.

12. 지적측량 적부심사에 관한 설명 중에서 (   ) 안에 들어갈 내용을 옳게 연결한 것은?

○ 시 · 도지사는 지적측량 적부심사의결서를 송부받은 날부터 (ㄱ) 이내에 적부심사청구인 및 이해관계인에게 통지하여야 한다.

○ 지적측량 적부심사의결서를 통지받은 자가 지방지적위원회의 의결에 불복하는 때에는 의결서를 통지받은 날부터 (ㄴ) 이내에 국토교통부장관을 거쳐 중앙지적위원회에 재심사를 청구할 수 있다.

	ㄱ	ㄴ		ㄱ	ㄴ
①	7일	90일	②	5일	60일
③	10일	90일	④	7일	60일
⑤	5일	90일			

13. 다음 중 등기에 관한 설명으로 틀린 것은? (다툼이 있으면 판례에 따름)

① 존속기간의 만료로 전세권이 소멸되었다 하더라도 그 전세권설정등기를 말소하지 않는 한 제3자를 위한 전세권설정등기 신청은 수리될 수 없다.

② 가등기권리자는 중복된 소유권보존등기의 말소를 청구할 권리가 없다.

③ 등기된 부동산에 대하여 점유의 추정력을 부정하는 것이 판례의 입장이다.

④ 소유권이전등기가 경료된 경우 그 등기명의자는 제3자에 대하여 적법한 원인에 의하여 소유권을 취득한 것으로 추정되고, 그 전 소유자에 대해서는 추정이 되지 않는다.

⑤ 대지권등기와 대지권의 목적인 토지등기기록의 해당구에 한 등기의 전후는 접수번호에 의한다.

14. 구분건물의 등기기록에 관한 설명 중 괄호 안에 들어갈 내용을 옳게 연결한 것은?

○ 1동의 건물의 표제부에는 표시번호란, 접수란, 소재지번 · 건물명칭 및 번호란, 건물내역란, 등기원인 및 기타사항란을 두고, (ㄱ)를 위한 표시번호란, 소재지번란, 지목란, 면적란, 등기원인 및 기타사항란을 둔다.

○ 전유부분의 표제부에는 표시번호란, 접수란, 건물번호란, 건물내역란, 등기원인 및 기타사항란을 두고, (ㄴ)를 위한 표시번호란, 대지권종류란, 대지권비율란, 등기원인 및 기타사항란을 둔다.

① ㄱ: 대지권의 목적인 토지의 표시, ㄴ: 대지권 뜻의 표시

② ㄱ: 대지권 뜻의 표시, ㄴ: 대지권의 표시

③ ㄱ: 대지권의 목적인 토지의 표시, ㄴ: 대지권의 표시

④ ㄱ: 대지권의 표시, ㄴ: 대지권의 목적인 토지의 표시

⑤ ㄱ: 대지권 뜻의 표시, ㄴ: 대지권의 목적인 토지의 표시

15. 등기신청에 관한 설명으로 옳은 것은?

① 甲, 乙간의 매매 후 등기 전에 매도인 甲이 사망한 경우 甲의 상속인 丙은 乙과 공동으로 乙 명의의 소유권이전등기를 신청할 수 없다.

② 수익자나 위탁자는 수탁자를 대위하여 신탁등기를 신청할 수 있다. 이 경우에도 동시신청 규정은 적용한다.

③ 채권최고액을 감액하는 경우에는 근저당권설정자가 등기권리자가 되고 근저당권자가 등기의무자가 되어 근저당권변경등기를 신청하여야 한다.

④ 「민법」상 조합을 등기의무자로 한 근저당권설정등기는 신청할 수 없지만, 「민법」상 조합을 채무자로 표시한 근저당권설정등기는 신청할 수 있다.

⑤ 건물이 멸실한 경우에 그 건물의 소유자가 6개월 이내에 그 등기를 신청하지 아니하면 그 건물대지의 소유자가 대위하여 그 등기를 신청할 수 있다.

16. 다음 중 등기필정보를 작성하는 경우는?

① 甲 단독소유를 甲 · 乙 공유로 경정하는 경우

② 채권자대위에 의하여 소유권이전등기를 하는 경우

③ 등기관의 직권에 의하여 소유권보존등기를 하는 경우

④ 승소한 등기의무자의 신청에 의하여 소유권이전등기를 하는 경우

⑤ 주소변경에 따라 등기명의인 표시변경등기를 하는 경우

17. 다음 중 전자신청에 관한 설명으로 틀린 것은?

① 전자증명서를 발급받은 법인은 전자신청을 할 수 있으나, 법인 아닌 사단이나 재단은 전자신청을 할 수 없다.

② 전자신청에 대한 보정 통지는 전자우편의 방법으로만 하여야 하는 것은 아니며, 구두 · 전화 등의 방법으로도 할 수 있다.

③ 전자신청을 하기 위한 사용자등록의 유효기간은 3년이며, 유효기간 만료일 3개월 전부터 만료일까지는 그 유효기간의 연장을 신청할 수 있다.

④ 자격자대리인이 아닌 사람은 다른 사람을 대리하여 전자신청을 할 수 없다.

⑤ 전자신청에 대한 각하 결정의 고지는 전산정보처리조직을 이용하여 전자우편의 방법으로 하여야 한다.

18. 「부동산등기법」상 이의신청에 관한 설명으로 <u>틀린</u> 것은?

① 등기관의 결정 또는 처분에 이의가 있는 자는 관할 지방법원에 이의신청을 할 수 있다.

② 등기관은 이의가 이유 있다고 인정하면 그에 해당하는 처분을 하여야 한다.

③ 등기관은 이의가 이유 없다고 인정하면 이의신청일부터 5일 이내에 의견을 붙여 이의신청서를 관할 지방법원에 보내야 한다.

④ 이의에는 집행정지(執行停止)의 효력이 없다.

⑤ 관할 지방법원은 이의신청에 대하여 결정하기 전에 등기관에게 가등기 또는 이의가 있다는 뜻의 부기등기를 명령할 수 있다.

19. 권리등기의 통칙에 관한 다음 설명 중 <u>틀린</u> 것은?

① 권리의 변경등기는 이해관계인의 승낙이 없는 경우에 주등기로 실행한다.

② 등기명의인표시변경등기는 부기등기로 실행한다.

③ 말소등기에 등기상 이해관계 있는 제3자가 있을 때에는 신청서에 그 승낙서 또는 이에 대항할 수 있는 재판의 등본을 첨부하면 부기등기로 실행한다.

④ 등기권리자는 등기의무자가 소재불명인 경우 「민사소송법」에 따라 공시최고를 신청하고 제권판결이 있으면 등기권리자가 단독으로 등기의 말소를 신청할 수 있다.

⑤ 전부말소회복등기는 주등기, 일부말소회복등기는 부기등기로 실행한다.

20. 다음 중 미등기부동산의 소유권보존등기에 필요한 소유권을 증명하는 판결에 해당하는 것을 모두 고른 것은?

> ㄱ. 토지대장상 공유인 미등기토지에 대한 공유물분할의 판결
> ㄴ. 해당 부동산이 보존등기신청인의 소유임을 이유로 소유권보존등기의 말소를 명한 판결
> ㄷ. 토지대장상의 소유자표시란이 공란으로 되어 있어 대장상의 소유자를 특정할 수 없는 경우에는 국가를 상대방으로 한 판결
> ㄹ. 건물에 대하여 건축허가명의인(또는 건축주)을 상대로 한 소유권확인판결

① ㄱ, ㄴ   ② ㄱ, ㄹ
③ ㄴ, ㄹ   ④ ㄱ, ㄴ, ㄷ
⑤ ㄱ, ㄴ, ㄹ

21. 「부동산등기법」상 신탁등기에 관한 설명 중에서 <u>틀린</u> 것을 모두 고른 것은?

> ㄱ. 신탁등기의 신청은 해당 부동산에 관한 권리의 설정등기, 보존등기, 이전등기 또는 변경등기의 신청과 동시에 하여야 한다.
> ㄴ. 수익자나 위탁자는 수탁자를 대위하여 신탁등기를 신청할 수 있다. 이 경우 동시신청을 적용한다.
> ㄷ. 법원이 수탁자 해임의 재판을 한 경우 지체 없이 신탁원부 기록의 변경등기를 등기관이 직권으로 실행하여야 한다.
> ㄹ. 수탁자가 여러 명인 경우 등기관은 신탁재산이 합유인 뜻을 기록하여야 한다.

① ㄱ, ㄴ   ② ㄱ, ㄷ   ③ ㄴ, ㄷ
④ ㄴ, ㄹ   ⑤ ㄷ, ㄹ

22. 근저당권등기에 관한 다음의 기술 중 <u>틀린</u> 것은?

① 등기관은 근저당권등기의 경우에 채권의 최고액과 채무자의 성명과 주소를 기록하여야 한다.

② 채무자와 근저당권설정자가 동일인인 경우에도 근저당권등기신청정보와 등기기록에 채무자의 표시를 하여야 한다.

③ 근저당권설정등기의 채권최고액은 단일하게 기록하여야 하고, 채무자가 수인인 경우에 채무자별로 채권최고액을 구분하여 기록하지 아니한다.

④ 피담보채권의 확정 후에 채권자의 지위가 전부 양도된 경우에 근저당권이전등기의 등기원인을 확정채권양도로 기재한다.

⑤ 근저당권의 피담보채권이 확정되기 전에 피담보채권이 양도된 경우에 이를 원인으로 이전등기를 신청할 수 있다.

23. 다음 중 가등기의 대상이 될 수 있는 것을 모두 고른 것은?

> ㄱ. 채권적청구권보전의 가등기
> ㄴ. 권리의 설정·이전·변경·소멸의 청구권
> ㄷ. 가등기의 처분제한등기
> ㄹ. 처분제한등기의 가등기
> ㅁ. 소유권보존등기의 가등기
> ㅂ. 가등기에 기한 본등기금지가처분등기

① ㄱ, ㄴ, ㄷ   ② ㄱ, ㄴ, ㄹ
③ ㄴ, ㄷ, ㄹ   ④ ㄴ, ㄹ, ㅂ
⑤ ㄹ, ㅁ, ㅂ

24. 다음 중 가압류·가처분등기에 관한 설명으로 **틀린** 것은?

① 가압류는 금전채권을 대상으로 하며, 청구금액을 기록하여야 한다.

② 피보전권리가 전세권설정청구권인 처분제한등기는 갑구에 기록한다.

③ 1필지의 일부에 대한 가처분등기는 허용된다.

④ 전세권에 대한 가압류등기는 부기등기에 의한다.

⑤ 부동산의 합유지분에 대한 가압류등기는 허용되지 아니한다.

25. 조세수입의 용도가 특정된 목적세이면서 부동산취득·보유·양도의 모든 단계에서 부과될 수 있는 조세는?

① 지방교육세

② 지역자원시설세

③ 종합부동산세

④ 종합소득세

⑤ 농어촌특별세

26. 다음 중 「지방세기본법」 및 「국세기본법」상 납세의무 성립시기로 **틀린** 것은?

① 「국세기본법」 제47조의4 제1항 제1호·제2호에 따른 신고납부하는 국세의 (납부고지 전)납부지연가산세 – 법정납부기한 경과 후 1일마다 그 날이 경과하는 때

② 재산세, 지역자원시설세(소방분), 종합부동산세 – 과세기준일(6월 1일)

③ 사업소분 및 개인분 주민세 – 과세기준일(7월 1일)

④ 취득세 – 과세물건을 취득하고 60일이 경과하는 때

⑤ 소득세 – 12월 31일

27. 지방세법령상 취득세에 관한 설명으로 **틀린** 것은?

① 부동산의 승계취득은 「민법」 등 관계 법령에 따른 등기를 하지 아니한 경우라도 사실상 취득하면 취득한 것으로 보고 그 부동산의 양수인을 취득자로 한다.

② 「도시개발법」에 따른 환지방식에 의한 도시개발사업의 시행으로 토지의 지목이 사실상 변경됨으로써 그 가액이 증가한 경우에는 그 환지계획에 따라 공급되는 환지는 사업시행자가, 체비지 또는 보류지는 조합원이 각각 취득한 것으로 본다.

③ 경매를 통하여 배우자의 부동산을 취득하는 경우에는 유상으로 취득한 것으로 본다.

④ 형제자매인 증여자의 채무를 인수하는 부동산의 부담부증여의 경우에는 그 채무액에 상당하는 부분은 부동산을 유상으로 취득하는 것으로 본다.

⑤ 「도시 및 주거환경정비법」에 따른 정비사업의 시행으로 해당 사업의 대상이 되는 부동산의 소유자가 관리처분계획에 따라 토지상환채권으로 상환받은 건축물은 그 소유자가 원시취득한 것으로 보며, 토지의 경우에는 그 소유자가 승계취득(당초 소유한 토지 면적을 초과하는 경우로서 그 초과한 면적에 해당하는 부분)한 것으로 본다.

28. 취득세 과세표준에 관한 설명으로 **틀린** 것은?

① 취득세의 과세표준의 기준은 취득 당시의 가액으로 한다.

② 부동산을 무상(상속 제외, 시가표준액 1억원 초과)으로 취득하는 경우에는 시가인정액을 과세표준으로 한다.

③ 취득물건에 대한 시가표준액이 1억원 이하인 부동산 등을 무상취득(상속의 경우 제외)하는 경우에는 시가인정액과 시가표준액 중에서 납세자가 정하는 가액으로 한다.

④ 부동산 등을 유상거래로 승계취득하는 경우 취득당시가액은 취득시기 이전에 해당 물건을 취득하기 위하여 거래 상대방이나 제3자에게 지급하였거나 지급하여야 할 일체의 비용으로서 대통령령으로 정하는 사실상의 취득가격으로 한다.

⑤ 지방자치단체의 장은 「지방세기본법」 제2조 제1항 제34호에 따른 특수관계인간의 거래로 그 취득에 대한 조세부담을 부당하게 감소시키는 행위 또는 계산을 한 것으로 인정되는 경우('부당행위계산'이라 함)에는 ④에도 불구하고 시가표준액을 취득당시가액으로 결정할 수 있다.

29. 「주택법」 제63조의2 제1항 제1호에 따른 조정대상지역에 있는 1세대 1주택을 유상거래로 7억 5,000만원에 취득하는 경우의 취득세 세율은? (단, 취득일은 2024년 6월 1일로 가정함)

① 1,000분의 10

② 1,000분의 20

③ 1,000분의 30

④ 1,000분의 40

⑤ 「지방세법」 제11조 제1항 제7호 나목의 세율을 표준세율로 하여 해당 세율에 중과기준세율의 100분의 200을 합한 세율

30. 지방세법령상 등록에 대한 등록면허세가 비과세되는 경우로 **틀린** 것은?

① 지방자치단체조합이 자기를 위하여 받는 등록

② 무덤과 이에 접속된 부속시설물의 부지로 사용되는 토지로서 지적공부상 지목이 묘지인 토지에 관한 등기

③ 「채무자 회생 및 파산에 관한 법률」상 법원사무관 등의 촉탁이나 등기소의 직권에 의해 이루어지는 등기·등록

④ 대한민국 정부기관의 등록에 대하여 과세하는 외국 정부의 등록

⑤ 등기 담당 공무원의 착오로 인한 주소 등의 단순한 표시변경 등기

31. 다음 중 「지방세법」상 등록면허세에 관한 설명으로 **틀린** 것은?

① 같은 채권의 담보를 위하여 설정하는 둘 이상의 저당권을 등록하는 경우에는 이를 각각의 등록으로 보아 그 등록에 관계되는 재산을 나중에 등록하는 등록관청의 소재지를 납세지로 한다.

② 등록 당시 중과세대상이 아니었으나 등록 후 중과세대상이 된 경우에는 규정된 날로부터 60일 이내에 이미 납부한 세액(가산세 제외)을 공제한 금액을 세액으로 하여 신고·납부하여야 한다.

③ 지목이 묘지인 토지를 등기하는 경우에 등록면허세는 과세하지 아니한다.

④ 부동산을 등기하려는 자는 과세표준에 세율을 적용하여 산출한 세액을 등기하기 전까지 납세지를 관할하는 지방자치단체의 장에게 신고·납부하여야 한다.

⑤ 같은 채권을 위하여 담보물을 추가하는 등기 또는 등록에 대해서는 건수에 따라 등록면허세를 부과한다.

32. 다음 2024년도에 시행되는 종합부동산세에 대한 내용의 ( )에 들어갈 내용으로 옳게 묶인 것은?

○ 1세대 1주택자에 대한 연령별 공제와 보유기간별 공제는 (ㄱ) 범위 내에서 중복공제가 허용된다.

○ 개인이 조정대상지역 내 2주택을 소유하는 경우에 종합부동산세 세율은 0.5~2.7% (ㄴ) 초과누진 세율을 적용한다.

○ 1세대 1주택자가 (ㄷ) 이상 장기보유하는 경우는 산출된 주택분 종합부동산세의 세액에서 100분의 50을 곱한 금액을 공제한다.

○ 관할 세무서장은 종합부동산세로 납부하여야 할 세액이 250만원을 초과하는 경우에는 그 세액의 일부를 납부기한이 경과한 날부터 (ㄹ) 이내에 분할 납부하게 할 수 있다.

○ 혼인함으로써 1세대를 구성하는 경우에는 혼인한 날부터 (ㅁ) 동안은 주택 또는 토지를 소유하는 자와 그 혼인한 자별로 각각 1세대로 본다.

	ㄱ	ㄴ	ㄷ	ㄹ	ㅁ
①	70%	4단계	10년	2개월	5년
②	80%	7단계	15년	6개월	5년
③	80%	6단계	15년	6개월	10년
④	90%	6단계	15년	2개월	10년
⑤	90%	7단계	10년	6개월	15년

33. 다음 「지방세법」상 재산세에 관한 내용 중 ( )에 들어갈 내용이 옳게 연결된 것은?

○ 건축물(공장용 및 주거용 건축물 제외)의 시가표준액이 해당 부속토지의 시가표준액의 (ㄱ)에 미달하는 건축물의 부속토지 중 그 건축물의 바닥면적을 제외한 부속토지는 종합합산대상이다.

○ 해당 연도에 부과할 주택분 재산세액이 (ㄴ)원 이하인 경우 조례로 정하는 바에 따라 납기를 7월 16일부터 7월 31일까지로 하여 한꺼번에 부과·징수할 수 있다.

○ 과세대상 주택의 부속토지의 경계가 명백하지 아니할 때에는 그 주택의 바닥면적의 (ㄷ)배에 해당하는 토지를 주택의 부속토지로 한다.

	ㄱ	ㄴ	ㄷ
①	100분의 2	20만	5
②	100분의 2	20만	10
③	100분의 3	5만	7
④	100분의 3	20만	7
⑤	100분의 5	5만	10

34. 다음 중 2024년도 귀속 「지방세법」상 재산세에 관한 설명으로 옳은 것은? (단, 사치성 재산의 경우에 지방세 관계 법령에 따른 요건을 충족한 것으로 가정하며, 1세대 1주택은 아님)

① 고급주택에 대한 세율은 1,000분의 40의 비례세율을 적용한다.

② 특정자원분 및 특정시설분에 대한 지역자원시설세의 납기와 재산세의 납기가 같을 때에는 재산세의 납세고지서에 나란히 적어 고지할 수 있다.

③ 「지방세법」상 별장의 재산세 표준세율은 1,000분의 1에서 1,000분의 4의 4단계 초과누진세율을 적용한다.

④ 토지에 대한 산출세액이 20만원 이하인 경우에는 조례가 정하는 바에 따라 정기분 납기를 7월 16일부터 7월 31일까지로 하여 한꺼번에 부과·징수할 수 있다.

⑤ 공시가격이 3억원인 상가 건축물의 재산세 세 부담 상한은 전년도 세액의 100분의 105이다.

35. 다음 공인중개사가 고객에게 종합부동산세에 대하여 설명한 내용 중 옳은 것은 모두 몇 개인가?

```
ㄱ. 1세대 1주택자는 주택의 공시가격을 합산한 금액
   에서 12억원을 공제한 금액에 공정시장가액비율을
   곱한 금액을 과세표준으로 한다.
ㄴ. 「지방세법」상 별장과 고급주택은 과세대상이 될
   수 있다.
ㄷ. 법인소유 주택은 세 부담 상한에 관한 규정을 적
   용하지 아니한다.
ㄹ. 관할 세무서장은 종합부동산세로 납부하여야 할
   세액이 700만원인 경우에는 최대 350만원을 납부
   기한이 경과한 날부터 6개월 이내에 분할납부하게
   할 수 있다.
ㅁ. 종합합산토지에 대한 종합부동산세 납기는 매년
   9월 16일부터 9월 30일까지이다.
```

① 1개
② 2개
③ 3개
④ 4개
⑤ 5개

36. 「소득세법」상 양도소득세 과세대상이 <u>아닌</u> 것은?

① 사업에 사용하는 건물과 함께 양도하는 영업권

② 「개발제한구역의 지정 및 관리에 관한 특별조치법」제12조 제1항 제2호 및 제3호의2에 따른 이축을 할 수 있는 권리(이축권)의 가액을 별도로 평가하여 구분신고하는 경우

③ 손해배상에 있어서 당사자간의 합의에 의하거나 법원의 확정판결에 의하여 위자료 지급에 갈음하여 부동산을 이전한 경우

④ 양도담보계약을 체결한 후 채무불이행으로 인하여 양도담보자산을 변제에 충당한 경우

⑤ 「도시개발법」기타 법률의 규정에 의한 환지처분으로 인하여 그 권리면적이 감소된 경우(단, 금전적인 보상을 받은 경우)

37. 거주자 甲이 2024년 9월 1일 아파트를 양도하는 경우에 양도소득세 계산상 양도차익은 얼마인가? (단, 증빙서류는 수취보관하거나 계좌이체 등 금융거래자료에 의해 입증되는 것으로 가정함)

```
○ 실지양도가액: 10억원
○ 양도 당시 기준시가: 7억원
○ 실지취득가액: 5억원
○ 취득 당시 기준시가: 3억원
○ 취득세(납부영수증은 없음) 및 중개수수료 등 합계
  액: 5,000만원
○ 재산세 및 종합부동산세: 1,000만원
○ 도장비용 등 수익적 지출액: 4,000만원
○ 양도시 양도소득세 신고서 작성비용, 공증비용, 인
  지대 등: 1,000만원
○ 양도자산 보유기간에 그 자산에 대한 감가상각비로
  서 각 과세기간의 사업소득금액을 계산하는 경우
  필요경비에 산입한 금액: 1,000만원
```

① 3억 5,000만원
② 4억 4,000만원
③ 4억 5,000만원
④ 4억 6,000만원
⑤ 4억 7,000만원

해커스 공인중개사

38. 「소득세법」상 양도소득세 신고·납부에 관한 내용으로 옳은 것은?

① 거주자가 건물을 증축(증축의 경우 바닥면적 합계가 85m² 초과하는 경우에 한정)하고 그 건물의 증축일부터 5년 이내에 해당 건물을 양도하는 경우로서 감정가액을 그 취득가액으로 하는 경우에는 해당 건물 산출세액(증축의 경우 증축한 부분에 한정)의 100분의 3에 해당하는 금액을 양도소득 결정세액에 더한다.

② 주식 또는 출자지분을 양도한 경우 양도소득 예정신고기한은 양도일이 속하는 분기의 말일부터 2개월이다.

③ 양도를 하였는데 양도차익이 없는 경우에는 양도소득세 예정신고는 하지 아니한다.

④ 당해 연도에 누진세율의 적용대상 자산에 대한 예정신고를 2회 이상 한 자가 이미 신고한 양도소득금액과 합산하여 신고하지 아니한 경우에는 예정신고를 한 경우에도 확정신고를 이행하여야 한다.

⑤ 예정신고기한 내 무신고·과소신고 후 확정신고기한까지 신고·수정 신고한 경우에는 해당 무신고·과소신고 가산세 100분의 20을 감면한다.

39. 현행 고가주택(등기됨)을 2024년 7월 1일에 양도하는 경우로서 「소득세법」상 양도소득세의 고가주택에 대한 설명으로 틀린 것은?

① 고가주택의 경우에는 양도소득기본공제를 적용하지 아니한다.

② 양도소득세에서 고가주택이란 면적기준에 관계없이 주택과 그에 딸린 토지의 양도 당시 실지거래가액의 합계액이 12억원을 초과하는 단독주택 및 공동주택을 말하며, 고가의 조합원입주권도 실거래가가 12억원을 초과하는 고가주택과 동일한 방식으로 양도소득금액을 계산한다.

③ 1세대 1주택으로서 10년 이상 보유 및 10년 거주한 고가주택을 양도하는 경우에는 장기보유특별공제로 양도차익의 80%의 공제 적용을 받을 수 있다.

④ 단독주택으로 보는 다가구주택의 경우에는 그 전체를 하나의 주택으로 보아 고가주택 해당 여부를 판단한다.

⑤ 1세대가 1주택인 고가주택을 양도하는 경우 양도소득세 비과세 요건을 갖춘 경우에 12억원을 초과하는 부분에 대해서만 양도소득세가 과세되므로 안분계산한다.

40. 「소득세법」상 거주자 甲이 2018년 3월 20일에 취득한 건물(취득가액 3억원)을 甲의 배우자 乙에게 2022년 6월 5일자로 증여(해당 건물의 시가는 8억원)한 후, 乙이 2024년 9월 20일 해당 건물을 甲·乙의 특수관계인이 아닌 丙에게 13억원에 매도하였다. 해당 건물의 양도소득세에 관한 설명으로 옳은 것은? (단, 취득·증여·매도의 모든 단계에서 등기를 마침)

① 양도소득세 납세의무자는 甲이다.

② 1세대 1주택인 고가주택을 양도하는 경우에 양도소득금액 계산시 장기보유특별공제를 적용받을 수 있다.

③ 양도소득세에 대하여 甲과 乙이 연대하여 납세의무를 진다.

④ 乙이 납부한 증여세는 양도소득세 납부세액 계산시 세액공제된다.

⑤ 양도 당시 甲과 乙이 혼인관계가 소멸된 경우에도 양도차익 계산시 양도가액에서 공제할 취득가액은 3억원이다.

2024년도 제35회 공인중개사 2차 국가자격시험

실전모의고사 제5회

교 시	문제형별	시 간	시 험 과 목
1교시	**A**	**100분**	① 공인중개사의 업무 및 부동산 거래신고에 관한 법령 및 중개실무 ② 부동산공법 중 부동산 중개에 관련되는 규정

수험번호		성 명	

【 수험자 유의사항 】

1. **시험문제지는 단일 형별(A형)이며, 답안카드 형별 기재란에 표시된 형별(A형)을 확인하시기 바랍니다.** 시험문제지의 **총면수, 문제번호 일련순서, 인쇄상태** 등을 확인하시고, 문제지 표지에 수험번호와 성명을 기재하시기 바랍니다.

2. 답은 각 문제마다 요구하는 **가장 적합하거나 가까운 답 1개**만 선택하고, 답안카드 작성 시 시험문제지 **형별누락, 마킹착오**로 인한 불이익은 전적으로 **수험자에게 책임**이 있음을 알려드립니다.

3. 답안카드는 국가전문자격 공통 표준형으로 문제번호가 1번부터 125번까지 인쇄되어 있습니다. 답안 마킹 시에는 반드시 **시험문제지의 문제번호와 동일한 번호에 마킹**하여야 합니다. (2차 1교시: 1번~80번)

4. **감독위원의 지시에 불응하거나 시험시간 종료 후 답안카드를 제출하지 않을 경우** 불이익이 발생할 수 있음을 알려 드립니다.

5. 시험문제지는 시험 종료 후 가져가시기 바랍니다.

6. 답안작성은 **시험 시행일(2024.10.26.) 현재 시행되는 법령 등**을 적용하시기 바랍니다.

7. 가답안 의견제시에 대한 개별회신 및 공고는 하지 않으며, **최종 정답 발표로 갈음**합니다.

8. 시험 중 **중간 퇴실은 불가**합니다. 단, 부득이하게 퇴실할 경우 **시험포기각서 제출 후 퇴실은 가능**하나 **재입실이 불가**하며, **해당시험은 무효처리됩니다.**

ⅢⅢ 해커스 공인중개사

1. 공인중개사법령상 옳은 것을 모두 고른 것은?

> ㄱ. 「공인중개사법」은 부동산중개에 관한 기본법에 해당한다.
>
> ㄴ. 공인중개사 자격시험의 시험과목·시험방법 및 시험의 일부면제 그 밖에 시험에 관하여 필요한 사항은 대통령령으로 정한다.
>
> ㄷ. 부동산중개업의 건전한 육성은 「공인중개사법」의 제정목적에 해당한다.
>
> ㄹ. 부동산중개는 상사중개에 해당한다.

① ㄱ, ㄷ
② ㄴ, ㄹ
③ ㄱ, ㄴ, ㄷ
④ ㄴ, ㄷ, ㄹ
⑤ ㄱ, ㄴ, ㄷ, ㄹ

2. 공인중개사법령상 중개행위 등과 관련한 설명으로 틀린 것은? (다툼이 있으면 판례에 따름)

① 중개대상물에 관한 거래를 알선했다면 보수를 받지 아니하였더라도 중개업으로 볼 수 있다.

② 부동산컨설팅에 부수하여 일정 보수를 받고 토지에 대한 매매의 알선을 업으로 하는 것은 중개업에 해당한다.

③ 개업공인중개사가 중개에 대한 책임으로 보증각서를 작성하여 매수인의 잔금채무를 보증한 경우 이는 상행위에 해당한다.

④ 공인중개사 자격증·등록증을 대여받아 중개사무소를 운영하는 자가 의뢰인과 직접 오피스텔 임대차계약을 체결한 경우는 중개행위에 해당하지 아니한다.

⑤ 거래처, 신용, 영업상의 노하우 또는 점포위치에 따른 영업상의 이점 등 무형의 재산적 가치의 양도에 대하여 '권리금'을 수수하도록 소개한 것은 중개행위에 해당하지 아니한다.

3. 공인중개사법령상 중개대상물이 <u>아닌</u> 것을 모두 고른 것은? (다툼이 있으면 판례에 따름)

> ㄱ. 소유권이전등기청구권보전의 가등기가 된 건물
>
> ㄴ. 완성되기 전이지만 동·호수에 대하여 피분양자가 선정된 아파트 분양권
>
> ㄷ. 택지개발지구 내 이주자택지를 공급받을 수 있는 지위인 대토권

> ㄹ. 콘크리트 지반 위에 볼트조립방식으로 철제 파이프 또는 철골 기둥을 세우고 지붕을 덮은 다음 삼면에 천막이나 유리를 설치한 세차장구조물
>
> ㅁ. 「도로법」상 도로부지에 대한 임차권

① ㄱ, ㄴ, ㄷ
② ㄱ, ㄴ, ㅁ
③ ㄱ, ㄷ, ㅁ
④ ㄴ, ㄷ, ㄹ
⑤ ㄷ, ㄹ, ㅁ

4. 공인중개사법령상 공인중개사정책 심의위원회(이하 '심의위원회'라 함)와 관련한 설명으로 옳은 것은?

① 심의위원회는 재적위원 과반수의 찬성으로 안건을 의결한다.

② 심의위원회는 위원장 1명을 제외하고 7명 이내로 구성한다.

③ 운영에 필요한 사항은 심의위원회의 의결을 거쳐 국토교통부장관이 정한다.

④ 국토교통부장관은 위원이 제척사유에 해당함에도 불구하고 안건 심의에 회피하지 아니한 경우 해당 위원을 해촉할 수 있다.

⑤ 위원장이 직무를 수행할 수 없는 때에는 위원 중에서 호선된 자가 위원장의 직무를 대행한다.

5. 공인중개사법령상 법인의 중개사무소 개설등록기준과 관련한 설명으로 틀린 것은? (다른 법률에 따라 중개업을 할 수 있는 경우를 제외함)

① 자본금 5천만원 이상으로서 공인중개사법령이 정한 업무만을 목적으로 하여야 한다.

② 임원·사원은 등록신청일 전 1년 내에 실시하는 실무교육을 이수하여야 하나, 공인중개사가 아닌 임원·사원은 실무교육을 이수할 필요가 없다.

③ 소유·전세·임대차 등의 방법으로 사용권이 있는 중개사무소를 확보하여야 한다.

④ 임원·사원 중에 등록의 결격사유에 해당하는 자가 있어서는 아니 된다.

⑤ 대표자를 제외한 임원·사원의 3분의 1 이상이 공인중개사이어야 한다.

6. 공인중개사법령상 등록관청이 공인중개사협회에 통보할 사항은 모두 몇 개인가?

> ㄱ. 중개사무소등록증을 재교부한 때
> ㄴ. 분사무소 설치신고를 받은 때
> ㄷ. 중개사무소 이전신고를 받은 때
> ㄹ. 자격취소나 자격정지처분을 한 때
> ㅁ. 중개보조원의 고용관계 종료신고를 받은 때

① 1개　　　　　　　② 2개
③ 3개　　　　　　　④ 4개
⑤ 5개

7. 공인중개사법령상 결격사유에 관한 설명으로 옳은 것을 모두 고른 것은? (다툼이 있으면 판례에 따름)

> ㄱ. 2005년 10월 30일 오후 7시에 출생한 자는 2024년 10월 30일 0시부터 결격사유에서 벗어난다.
> ㄴ. 「공인중개사법」상 양벌규정에 의하여 벌금 300만원을 선고받은 자는 그 선고일로부터 3년간은 결격사유에 해당한다.
> ㄷ. 2020년 11월 1일에 징역 1년에 집행유예 2년을 선고받은 자는 2024년 11월 1일 이후에는 결격사유에서 벗어난다(단, 유예가 실효되지 않음을 전제함).
> ㄹ. 「형법」상 사기죄로 300만원의 벌금형을 선고받고 3년이 지나지 아니한 자는 결격사유에 해당한다.

① ㄱ, ㄴ　　　　　　② ㄱ, ㄷ
③ ㄴ, ㄷ　　　　　　④ ㄴ, ㄹ
⑤ ㄷ, ㄹ

8. 공인중개사법령상 중개사무소에 대한 설명으로 틀린 것은?
① 공인중개사인 개업공인중개사는 그 등록관청의 관할구역 안에 중개사무소를 두되, 1개만을 둘 수 있다.
② 개업공인중개사가 천막 그 밖의 이동이 용이한 임시 중개시설물을 설치한 경우 6개월 이하의 업무정지처분을 받을 수 있다.
③ 개업공인중개사는 원칙적으로 다른 개업공인중개사와 중개사무소를 공동으로 사용할 수 없다.
④ 법인이 아닌 개업공인중개사가 중개사무소를 2개소 이상 설치한 때에는 등록이 취소될 수 있다.
⑤ 공인중개사인 개업공인중개사가 중개사무소 외의 장소에 중개업을 영위할 수 있는 독립된 공간을 갖추어 중개업을 영위한 경우에는 행정형벌을 받을 수 있다.

9. 공인중개사법령상 중개사무소에 관한 설명으로 틀린 것을 모두 고른 것은?

> ㄱ. 휴업기간 중인 개업공인중개사 A는 중개사무소를 인근 건물로 이전하고 이전한 날로부터 7일이 되는 날 등록관청에 그 사실을 신고하였다.
> ㄴ. 甲군(郡)에서 乙군(郡)으로 중개사무소 이전신고를 받은 乙군(郡) 군수는 甲군(郡)에서의 위반행위를 사유로 해당 개업공인중개사에게 행정처분을 하였다.
> ㄷ. 시·도지사는 개업공인중개사의 성명을 표기하지 아니한 중개사무소의 간판에 대하여 철거를 명하였다.
> ㄹ. 등록관청은 인터넷을 이용한 중개대상물에 대한 표시·광고가 「공인중개사법」의 규정을 준수하는지 여부를 모니터링 할 수 있다.

① ㄱ, ㄴ　　　　　　② ㄱ, ㄹ
③ ㄴ, ㄷ　　　　　　④ ㄷ, ㄹ
⑤ ㄴ, ㄷ, ㄹ

10. 공인중개사법령상 법인인 개업공인중개사의 업무범위로 볼 수 있는 것은? (다른 법률에 따라 중개업을 할 수 있는 경우를 제외함)
① 중개업에 부수하여 이사업체를 운영하고 있다.
② 토지에 대한 분양대행업을 하고 있다.
③ 법원에서 경매의 대상이 된 아파트를 낙찰받아 싼 값으로 의뢰인에게 매각하고 있다.
④ 다세대주택을 원룸으로 개조해 주는 사업을 하고 있다.
⑤ 인터넷으로 다른 개업공인중개사를 대상으로 한 중개업의 경영정보를 제공하고 있다.

11. 공인중개사법령상 중개업의 휴업 또는 폐업과 관련한 설명으로 틀린 것은?
① 중개업의 휴업 또는 폐업신고를 하는 경우 「부가가치세법」에 따른 사업자등록의 휴업 또는 폐업신고를 같이 할 수 있다.
② 휴업·폐업·기간 변경·재개신고는 모두 전자문서로 할 수 있다.
③ 중개업무의 재개신고를 받은 등록관청은 반납받은 등록증을 즉시 반환하여야 한다.
④ 질병 등 부득이한 사유가 없는 한 최초 4개월의 휴업을 신고하고 다시 휴업기간을 3개월 연장하는 변경신고는 인정되지 아니한다.
⑤ 휴업·폐업·기간 변경·재개신고의 서식은 모두 동일 서식이다.

12. 개업공인중개사 乙은 X토지의 매도의뢰인 甲과 전속중개계약을 체결하였다. 이와 관련한 설명으로 공인중개사법령상 틀린 것은?

① 乙은 甲에게 2주일에 1회 이상 문서로 업무처리상황을 통지하여야 한다.

② 乙은 甲의 비공개요청이 없는 한 전속중개계약 후 7일 내에 X토지의 공시지가를 부동산거래정보망 또는 일간신문에 공개하여야 한다.

③ X토지의 정보를 공개하는 경우 각 권리자의 주소·성명 등 인적사항은 공개하여서는 아니 된다.

④ 乙이 X토지의 정보를 공개하지 않거나 甲의 비공개요청에도 불구하고 정보를 공개한 경우에는 등록이 취소될 수 있다.

⑤ 전속중개계약의 유효기간 내에 甲이 乙이 소개한 상대방과 乙을 배제하고 X토지를 직접거래를 한 경우에는 중개보수의 50%를 위약금으로 乙에게 지급해야 한다.

13. 공인중개사법령상 거래정보사업자의 지정요건에 관한 설명으로 옳은 것은?

① 부동산거래정보망의 가입자가 이용하는데 지장이 없는 정도로서 국토교통부장관이 정하는 용량 및 성능을 갖춘 컴퓨터설비를 확보할 것

② 「전기통신사업법」에 따른 부가통신사업자인 법인일 것

③ 정보처리기능사 1명 이상을 확보할 것

④ 개업공인중개사 1명 이상을 확보할 것

⑤ 해당 부동산거래정보망을 가입·이용신청을 한 개업공인중개사의 수가 600명 이상이고, 서울특별시에서 100명 이상, 광역시와 도에서 각 20명 이상일 것

14. 공인중개사법령상 중개대상물 확인·설명의무와 관련한 설명으로 옳은 것(○)과 틀린 것(×)의 표시가 바르게 나열된 것은? (다툼이 있으면 판례에 따름)

> ㄱ. 매도를 의뢰받은 경우 양도 관련 조세의 종류 및 세율은 확인·설명사항이다.
>
> ㄴ. 개업공인중개사는 주택의 임대차계약을 체결하려는 중개의뢰인에게 「국세징수법」에 따라 임대인이 납부하지 아니한 국세의 열람을 신청할 수 있다는 사항을 설명해야 한다.
>
> ㄷ. 개업공인중개사는 확인·설명할 의무를 부담하지 않는 사항이더라도 의뢰인이 계약체결 여부를 결정하는 데 중요한 자료가 되는 사항은 성실·정확하게 설명해야 한다.

① ㄱ(○), ㄴ(○), ㄷ(○)

② ㄱ(○), ㄴ(×), ㄷ(○)

③ ㄱ(○), ㄴ(×), ㄷ(×)

④ ㄱ(×), ㄴ(○), ㄷ(○)

⑤ ㄱ(×), ㄴ(×), ㄷ(○)

15. 공인중개사법령상 개업공인중개사가 작성하는 거래계약서의 필수적 기재사항을 모두 고르면 몇 개인가?

> ㄱ. 확인·설명서 교부일자
>
> ㄴ. 거래예정금액
>
> ㄷ. 물건의 인도일시
>
> ㄹ. 권리이전의 내용
>
> ㅁ. 토지이용계획의 내용

① 1개   ② 2개

③ 3개   ④ 4개

⑤ 5개

16. 공인중개사법령상 개업공인중개사의 손해배상책임 및 보증설정과 관련한 설명으로 틀린 것은? (다툼이 있으면 판례에 따름)

① 개업공인중개사가 고의에 의하여 거래당사자에게 재산상의 손해를 발생하게 한 경우에는 업무보증금 지급사유가 되지 아니한다.

② 공제금의 지급청구 시효는 공제사고의 발생사실을 확인할 수 없는 사정이 있는 경우에는 공제금청구권자가 공제사고 발생을 알았거나 알 수 있었던 때부터 진행한다.

③ 공제계약이 유효하게 성립하기 위해서는 공제계약 당시에 공제사고의 발생 여부가 확정되어 있지 않아야 한다는 우연성과 선의성의 요건을 갖추어야 한다.

④ 공제제도는 개업공인중개사가 그의 불법행위 또는 채무불이행으로 인하여 거래당사자에게 부담하게 되는 손해배상책임을 보증하는 보증보험적 성격을 가진 제도이다.

⑤ 개업공인중개사는 중개대상물의 범위 외의 물건이나 권리 또는 지위를 중개하는 경우에도 선량한 관리자의 주의로 권리관계 등을 조사·확인하여 중개의뢰인에게 설명할 의무가 있다.

17. 공인중개사법령상 개업공인중개사의 행위 중 금지행위에 해당하는 것을 모두 고른 것은?

> ㄱ. 단체를 구성하여 단체 구성원 이외의 개업공인중개사와 공동중개를 제한하였다.
> ㄴ. 매수의뢰인 甲에게 이 농지를 매수하면 1년 내에 2배의 가격으로 되팔아주겠다고 제안하고 甲이 이를 매수하도록 하였다.
> ㄷ. 주택청약예금통장의 거래를 알선하여 주택을 분양받게 해 주고 법정보수만을 받았다.
> ㄹ. 무등록중개업자인 친구 乙을 통하여 매각물건을 소개받아 매매계약 체결을 알선하였다.

① ㄱ, ㄴ
② ㄱ, ㄴ, ㄷ
③ ㄱ, ㄴ, ㄹ
④ ㄴ, ㄷ, ㄹ
⑤ ㄱ, ㄴ, ㄷ, ㄹ

18. 공인중개사법령상 중개보수와 관련한 설명으로 옳은 것은? (다툼이 있으면 판례에 따름)

① 중개계약에서 유상임을 명시하지 않으면 중개보수 청구권은 인정되지 않는다.
② 중개보수 청구권은 잔금시에 발생한다는 것이 일반적인 견해이다.
③ 전용면적이 85m²이고 전용 입식 부엌, 화장실 및 목욕시설 등을 갖춘 오피스텔의 매매를 중개한 경우 매수인으로부터 거래금액의 0.5% 내에서 중개보수를 받을 수 있다.
④ 중개보수의 지급시기는 당사자간 약정이 없는 경우에는 거래계약의 체결시로 한다.
⑤ 공인중개사법령이 규정한 중개보수의 한도에는 부가가치세가 포함되어 있다.

19. 개업공인중개사가 X시에 소재하는 주택의 면적이 3분의 1인 주상복합건축물에 대하여 매매와 임대차계약을 동시에 중개하였다. 개업공인중개사가 乙로부터 받을 수 있는 중개보수의 최고한도액은?

> <계약조건>
> 1. 계약당사자: 甲(매도인, 임차인)과 乙(매수인, 임대인)
> 2. 매매계약
>   1) 매매대금: 5억원
>   2) 매매계약에 대하여 합의된 중개보수: 500만원
> 3. 임대차계약
>   1) 임대보증금: 5천만원
>   2) 월 차임: 50만원
>   3) 임대기간: 2년
> <X시 중개보수 조례 기준>
> 1. 매매대금 2억원 이상 9억원 미만: 상한요율 0.4%
> 2. 보증금액 1억원 이상 6억원 미만: 상한요율 0.3%

① 200만원
② 230만원
③ 400만원
④ 450만원
⑤ 900만원

20. 공인중개사법령상 교육에 관한 설명으로 틀린 것은?

① 국토교통부장관, 시·도지사, 등록관청은 개업공인중개사 등에 대하여 부동산거래사고 예방교육을 실시할 수 있다.
② 국토교통부장관, 시·도지사 및 등록관청은 개업공인중개사 등이 부동산거래사고 예방 등을 위하여 교육을 받는 경우에는 필요한 비용을 지원할 수 있다.
③ 등록관청은 중개보조원을 대상으로 한 직무교육을 실시할 수 있다.
④ 개업공인중개사 및 소속공인중개사는 매 3년마다 시·도지사가 실시하는 연수교육을 받아야 한다.
⑤ 연수교육의 통지는 매 2년이 되기 2개월 전까지 하여야 하고, 교육시간은 12시간 이상 16시간 이하로 한다.

21. 공인중개사법령상 옳은 것을 모두 고른 것은?

> ㄱ. 포상금은 지급결정을 한 날로부터 2개월 내에 지급하여야 한다.
> ㄴ. 공인중개사의 자격을 부정한 방법으로 취득한 자를 신고한 경우에도 포상금을 지급받을 수 있다.
> ㄷ. 등록취소처분을 받은 자는 지체 없이 그 사무소의 간판을 철거하여야 한다.
> ㄹ. 중개사무소의 개설등록을 신청하는 자는 국토교통부령이 정하는 수수료를 납부하여야 한다.

① ㄴ
② ㄷ
③ ㄱ, ㄴ
④ ㄴ, ㄷ
⑤ ㄴ, ㄷ, ㄹ

22. 공인중개사법령상 공인중개사협회에 관한 설명으로 옳은 것은?
① 협회의 회장은 공제사업 운영위원회의 위원이 될 수 없다.
② 협회는 국토교통부장관의 인가를 받으면 성립한다.
③ 협회 설립을 위한 창립총회에는 회원인 개업공인중개사가 1,000명 이상 출석하여야 한다.
④ 협회는 정관이 정하는 바에 따라 시·도에 지부를, 시·군·구에 지회를 두어야 한다.
⑤ 협회는 부동산 정보제공 사업을 할 수 있다.

23. 공인중개사법령상 중개행위를 한 소속공인중개사의 위반행위 중 자격정지기준이 3개월에 해당하는 것을 모두 고른 것은?

ㄱ. 중개대상물 확인·설명서에 서명·날인을 하지 아니한 경우
ㄴ. 거래계약서에 거래금액 등을 거짓으로 기재한 경우
ㄷ. 중개대상물에 대한 매매업을 한 경우
ㄹ. 둘 이상의 중개사무소에 소속된 경우

① ㄱ
② ㄱ, ㄷ
③ ㄴ, ㄷ
④ ㄱ, ㄴ, ㄹ
⑤ ㄴ, ㄷ, ㄹ

24. 「공인중개사법」상 개업공인중개사에 대한 벌칙의 내용이 바르게 연결된 것을 모두 고른 것은?

ㄱ. 거짓 그 밖의 부정한 방법으로 중개사무소의 개설 등록을 한 자 - 1년 이하의 징역 또는 1천만원 이하의 벌금
ㄴ. 둘 이상의 중개사무소에 소속된 자 - 1년 이하의 징역 또는 1천만원 이하의 벌금
ㄷ. 거래당사자 쌍방을 대리한 자 - 3년 이하의 징역 또는 3천만원 이하의 벌금
ㄹ. 등록취소 후 중개사무소등록증을 반납하지 아니한 자 - 100만원 이하의 과태료
ㅁ. 개업공인중개사가 아닌 자로서 중개업을 하기 위하여 표시·광고를 한 자 - 500만원 이하의 과태료

① ㄱ, ㄴ, ㄷ
② ㄱ, ㄴ, ㅁ
③ ㄱ, ㄷ, ㄹ
④ ㄴ, ㄷ, ㄹ
⑤ ㄷ, ㄹ, ㅁ

25. 공인중개사법령상 과태료 부과기준에서 정하는 금액이 가장 적은 경우는?
① 보증관계증서를 교부하지 않은 경우
② 휴업신고를 하지 않고 3개월을 초과하여 휴업한 경우
③ 중개사무소등록증 원본을 게시하지 않은 경우
④ 연수교육을 정당한 사유 없이 받지 않은 기간이 2개월인 경우
⑤ 중개대상물 표시·광고시 명시할 사항을 명시하지 않은 경우

26. 부동산 거래신고 등에 관한 법령상 부동산거래신고제와 관련된 설명으로 틀린 것은?
① 「공공주택 특별법」에 따른 주택의 공급계약은 부동산 거래신고대상이다.
② 토지에 대한 공유지분을 매매한 경우에도 부동산거래 신고를 하여야 한다.
③ 국토교통부장관은 부동산거래의 신고받은 내용의 확인을 위하여 필요한 때에는 신고내용 조사를 직접 또는 신고관청과 공동으로 실시할 수 있다.
④ 권리이전의 내용은 부동산거래계약 신고사항이다.
⑤ 계약당사자의 일방이 지방자치단체인 경우에는 그 지방자치단체가 부동산거래신고를 하여야 한다.

27. 부동산 거래신고 등에 관한 법령상 취득자금조달계획, 지급방식 및 입주(이용)계획(이하 '자금조달계획'이라 한다)의 신고와 관련한 설명으로 틀린 것은? (국가 등이 매수자인 경우, 건축물이 있는 토지와 토지거래허가구역 내 토지는 제외함)
① 법인이 주택을 매수하는 경우에는 규제지역 여부·거래금액에 관계없이 자금조달계획을 신고해야 한다.
② 개인이 투기과열지구 또는 조정대상지역에 소재하는 주택을 매수하는 경우에는 실제 거래금액이 1억원 이상인 경우에만 자금조달계획을 신고한다.
③ 투기과열지구 또는 조정대상지역이 아닌 지역에서 실제 거래금액이 6억원 이상인 주택을 개인이 매수하는 경우에는 자금조달계획을 신고해야 한다.
④ 수도권 등에 소재하는 나대지를 실제 거래금액 1억원 (지분거래는 금액 무관) 이상으로 매수하는 개인은 자금조달계획을 신고해야 한다.
⑤ 수도권 등 외의 지역에 소재하는 나대지를 실제 거래금액 6억원 이상으로 매수하는 개인은 자금조달계획을 신고해야 한다.

28. 부동산 거래신고 등에 관한 법령상 주택임대차계약의 신고대상에 대한 설명으로 옳은 것을 모두 고른 것은? (주어진 조건만을 고려함)

> ㄱ. 특별자치시·시·구(자치구) 소재 주택은 신고대상이다.
> ㄴ. 군 소재 주택은 광역시와 경기도에 소재하는 주택이 대상이다.
> ㄷ. 보증금이 5천만원을 초과하거나 월 차임이 20만원을 초과하는 임대차계약이 대상이다.
> ㄹ. 계약을 갱신하는 경우로서 보증금 및 차임의 증감 없이 임대차기간만 연장하는 계약도 포함된다.

① ㄱ, ㄴ   ② ㄱ, ㄹ
③ ㄴ, ㄷ   ④ ㄷ, ㄹ
⑤ ㄱ, ㄴ, ㄷ

29. 개업공인중개사가 국내에서 부동산 등을 취득하고자 하는 외국인에게 「부동산 거래신고 등에 관한 법률」을 설명한 내용으로 옳은 것은?

① 외국인이 토지 또는 건물에 대한 분양권을 취득하는 경우에는 신고할 필요가 없다.
② 외국인이 신고의무를 위반한 경우 과태료는 국토교통부장관이 부과한다.
③ 특별자치시장은 외국인 등의 토지취득허가내용을 매 분기 종료일로부터 1개월 내에 직접 국토교통부장관에게 제출(전자문서 포함)하여야 한다.
④ 외국인이 「전통사찰의 보존 및 지원에 관한 법률」에 따른 전통사찰의 대지를 취득하고자 하는 경우에는 관할 시장·군수·구청장의 허가를 받아야 한다.
⑤ 토지취득의 신고를 하지 아니하거나 거짓으로 신고한 외국인에 대하여는 2년 이하의 징역 또는 2천만원 이하의 벌금에 처한다.

30. 부동산 거래신고 등에 관한 법령상 토지거래허가제와 관련한 설명으로 옳은 것은?

① 토지거래허가를 받아 취득한 토지를 허가받은 목적대로 이용하지 아니한 자를 신고한 경우 포상금은 50만원 범위 내에서 1개월 내에 지급한다.
② 토지거래허가·불허가처분에 이의가 있는 자는 그 처분을 받은 날부터 2개월 이내에 시장·군수·구청장에게 이의를 신청할 수 있다.
③ 허가구역을 포함한 지역의 주민을 위한 편익시설의 설치에 이용하려는 목적으로 허가를 받은 경우에는 4년을 이용하여야 한다.

④ 법률에 따라 토지를 수용할 수 있는 사업을 시행하는 자가 그 사업을 영위하기 위한 목적으로 허가를 받은 경우에는 2년이 이용의무기간이다.
⑤ 토지거래허가구역을 축소할 경우에는 관계 도시계획위원회의 심의를 거쳐야 한다.

31. 부동산 거래신고 등에 관한 법령상 토지거래계약허가를 받아 취득한 토지를 허가받은 목적대로 이용하고 있지 않은 경우 시장·군수·구청장이 취할 수 있는 조치가 <u>아닌</u> 것은?

① 3개월 이내의 기간을 정하여 문서로 이행명령을 할 수 있다.
② 이행명령을 했음에도 정해진 기간에 이행하지 않은 경우, 토지취득가액의 10% 내에서 이행강제금을 부과한다.
③ 토지거래허가를 취소할 수 있다.
④ 과태료를 부과할 수 있다.
⑤ 한국토지주택공사가 그 토지의 매수를 원하는 경우 협의 매수하게 할 수 있다.

32. 부동산 거래신고 등에 관한 법령상 부동산 정보관리 등과 관련한 내용으로 옳은 것을 모두 고른 것은?

> ㄱ. 토지의 소유권자에게 발생된 권리·의무는 그 토지 또는 건축물에 관한 소유권이나 그 밖의 권리의 변동과 동시에 그 승계인에게 이전한다.
> ㄴ. 국토교통부장관은 3개월마다 전국의 지가변동률을 조사하여야 한다.
> ㄷ. 시·도지사가 지역별 조사를 실시한 결과 허가구역의 지정요건을 충족시킬 수 있는 개연성이 특히 높다고 인정되는 지역에 대하여 지가동향 및 토지거래상황을 파악하기 위하여 실시하는 특별집중조사라 한다.
> ㄹ. 시·도지사는 효율적인 정보의 관리 및 국민편의 증진을 위하여 부동산거래 및 주택임대차의 계약·신고·허가·관리 등의 업무와 관련된 정보체계를 구축·운영할 수 있다.

① ㄱ, ㄷ   ② ㄱ, ㄹ
③ ㄴ, ㄷ   ④ ㄴ, ㄹ
⑤ ㄱ, ㄴ, ㄷ

33. 「공인중개사법 시행규칙」상 일반중개계약서와 전속중개계약서 서식 중 차이가 있는 것은?
   ① 중개보수 기재란
   ② 중개의뢰인에 대한 손해배상책임란
   ③ 권리취득용 기재란
   ④ 권리이전용 기재란
   ⑤ 개업공인중개사와 중개의뢰인의 권리·의무사항란

34. 토지매매를 중개함에 있어 개업공인중개사가 확인한 사항으로 옳은 것은?
   ① 토지의 경계를 확인하기 위해 토지대장을 열람하였다.
   ② 도로상황, 맹지 여부 및 지세를 확인하기 위하여 현장을 답사하였다.
   ③ 소재·지번·지목, 면적 등의 물적 사항을 정확히 확인하기 위하여 지적도를 열람하였다.
   ④ 지형을 확인하기 위하여 해당 토지 등기사항증명서를 열람하였다.
   ⑤ 지상에 무허가건축물이나 농작물의 경작 여부를 확인하기 위하여 토지대장을 열람하였다.

35. 「장사 등에 관한 법률」에 관한 설명으로 틀린 것은?
   ① 봉안시설 중 봉안묘의 높이는 70cm, 봉안묘의 1기당 면적은 $2m^2$를 초과하여서는 아니 된다.
   ② 설치기간이 끝난 분묘의 연고자는 설치기간이 끝난 날부터 1년 이내에 해당 분묘에 설치된 시설물을 철거하고 매장된 유골을 화장하거나 봉안하여야 한다.
   ③ 토지소유자 등이 승낙 없이 해당 토지에 설치한 분묘에 대하여 개장을 하고자 하는 경우에는 미리 1개월 이상의 기간을 정하여 연고자에게 그 뜻을 통지하여야 한다.
   ④ 개인묘지는 20호 이상의 인가밀집지역, 학교, 그 밖에 공중이 수시로 집합하는 시설 또는 장소로부터 300m 이상 떨어진 곳에 설치하여야 한다.
   ⑤ 법인묘지는 10만m^2 이상으로 허가를 받아 설치하되, 진입로 5m 이상과 주차장을 마련해야 한다.

36. 甲과 乙은 명의신탁약정을 한 뒤 甲은 乙에게 자금을 지원하여 乙이 매도인 丙과 X부동산 매매계약을 체결하여 소유권이전등기가 乙의 명의로 경료된 뒤 乙이 丁과 매매계약을 체결, 丁이 소유권이전등기를 경료하였다. 이에 관한 설명으로 「부동산 실권리자명의 등기에 관한 법률」상 옳은 것은? (다툼이 있으면 판례에 따름)
   ① 乙과 丙간의 매매계약은 丙의 명의신탁약정사실에 대한 선의·악의를 묻지 않고 유효이다.
   ② 丙이 명의신탁약정사실을 몰랐다면 甲과 乙간의 명의신탁약정은 유효하다.
   ③ 甲과 乙이 친구로서 조세포탈, 강제집행의 면탈 또는 법령상 제한의 회피를 목적으로 하지 않았다면 명의신탁약정은 유효이다.
   ④ 丙과 丁이 명의신탁약정사실에 대하여 악의인 경우라도 乙과 丁간의 매매계약은 유효하고, 丁은 소유권을 취득한다.
   ⑤ 丙의 명의신탁약정사실에 대한 선의·악의는 丙이 乙에게 X부동산에 대한 소유권이전등기를 할 때를 기준으로 한다.

37. 개업공인중개사가 甲 소유의 X주택을 乙에게 임대하는 임대차계약을 중개하면서 양 당사자에게 설명한 내용으로 틀린 것은?
   ① X주택이 무허가 건물인 경우에도 乙이 사실상 주거용으로 사용하는 경우에는 「주택임대차보호법」의 적용대상이 된다.
   ② 존속기간을 2년 미만으로 정하였다 하더라도 乙은 2년의 존속기간을 주장할 수 있다.
   ③ 乙이 소액임차인인 경우 경매개시결정의 등기 전에 입주와 주민등록을 마쳤다면 X주택의 경매시 다른 담보물권자에 우선하여 보증금 중 일정액을 배당받을 수 있다.
   ④ X주택의 임대차와 관련된 분쟁이 발생한 경우에는 대한법률구조공단 등에 설치된 주택임대차 분쟁조정위원회에 조정을 신청할 수 있다.
   ⑤ 乙은 계약기간 만료 1개월 전까지 甲에 대하여 10년을 초과하지 않는 범위 내에서 계약갱신요구권을 행사할 수 있다.

38. 甲과 乙은 2024.5.11. 서울특별시 소재 甲소유 X상가건물에 대하여 보증금 3억원, 월 차임 700만원, 계약기간 1년으로 하는 임대차계약을 체결한 후, 乙은 X건물을 인도받아 사업자등록을 신청하고, 관할 세무서장에게 계약서에 확정일자를 받았다. 이와 관련하여 개업공인중개사가 「상가건물 임대차보호법」의 적용과 관련하여 설명한 내용으로 틀린 것을 모두 고른 것은? (일시사용을 위한 임대차계약은 고려하지 않음)

> ㄱ. 甲으로부터 X상가건물을 양수한 丙은 甲의 지위를 승계한 것으로 본다.
> ㄴ. 甲이 계약기간 만료 6개월에서 2개월 전까지 갱신거절의 통지를 乙에게 하지 않은 경우 그 기간이 만료된 때에 전 임대차와 동일한 조건으로 다시 임대차한 것으로 본다.
> ㄷ. 乙은 X상가건물의 경매시에 후순위권리자보다 우선하여 보증금을 변제받을 권리가 있다.
> ㄹ. 권리금지급방해로 인한 乙이 甲에게 손해배상을 청구할 권리는 임대차가 종료한 날부터 3년 이내에 행사하지 아니하면 시효의 완성으로 소멸한다.

① ㄷ
② ㄱ, ㄹ
③ ㄴ, ㄷ
④ ㄱ, ㄷ, ㄹ
⑤ ㄴ, ㄷ, ㄹ

39. 「민사집행법」에 따른 경매대상 부동산에 대한 권리분석의 내용으로 틀린 것은?
① 후순위 저당권에 기한 경매라 하여도 선순위 저당권은 매각으로 소멸한다.
② 지상권·지역권·전세권 및 임차권은 저당권·압류채권·가압류채권에 대항할 수 없는 경우에는 매각으로 소멸한다.
③ 유치권자는 매수인에게 그 유치권으로 담보하는 채권의 변제를 청구할 수 있다.
④ 전세권자가 배당요구를 한 경우에는 해당 전세권으로 매각으로 소멸한다.
⑤ 경매대상 주택에 대한 압류의 효력이 발생된 후에 입주와 주민등록을 한 임차인은 매수인에게 대항할 수 없다.

40. 「공인중개사의 매수신청대리인 등록 등에 관한 규칙」상 매수신청대리인의 등록과 관련한 설명으로 틀린 것은?
① 중개사무소의 폐업신고에 의하여 매수신청대리인 등록이 취소된 경우에는 그로부터 3년이 지나지 아니하였더라도 매수신청대리인 등록을 할 수 있다.
② 법인이 매수신청대리인 등록을 하고자 하는 경우에는 그 대표자와 임원·사원 모두가 등록신청일 전 1년 이내에 지방법원장이 지정하는 교육기관에서 부동산경매에 관한 실무교육을 이수하여야 한다.
③ 매수신청대리인 등록을 하고자 하는 자는 등록신청 전에 손해배상책임을 보장하기 위한 보증을 설정하여야 한다.
④ 매수신청대리인 등록신청은 중개사무소가 있는 곳을 관할하는 지방법원의 장에게 하여야 한다.
⑤ 매수신청대리인 등록신청을 받은 지방법원장은 14일 이내에 공인중개사 또는 중개법인으로 구분하여 등록을 하고, 등록증을 교부하여야 한다.

41. 국토의 계획 및 이용에 관한 법령상 도시·군계획시설사업
(이하 '사업'이라 함)에 관한 설명으로 **틀린** 것은?

① 같은 도의 관할 구역에 속하는 둘 이상의 시·군에 걸
처 시행되는 사업의 시행자를 정함에 있어 관계 시
장·군수간 협의가 성립되지 않는 경우에는 관할 도지
사가 시행자를 지정한다.

② 도지사는 광역도시계획과 관련되는 경우 관계 시장 또
는 군수의 의견을 들어 직접 사업을 시행할 수 있다.

③ 시행자는 사업을 효율적으로 추진하기 위하여 필요하
다고 인정되면 사업시행대상 지역을 분할하여 사업을
시행할 수 있다.

④ 도시·군관리계획결정을 고시한 경우 사업에 필요한
국·공유지는 그 도시·군관리계획으로 정해진 목적
외의 목적으로 양도할 수 없다.

⑤ 한국토지주택공사가 사업의 시행자로 지정을 받으려면
사업대상인 사유토지의 소유자 총수의 3분의 2 이상의
동의를 받아야 한다.

42. 국토의 계획 및 이용에 관한 법령상 도시·군관리계획으로
결정하는 사항이 **아닌** 것은?

① 성장관리계획구역의 지정
② 시가화조정구역의 변경
③ 지구단위계획구역의 변경
④ 도시혁신구역의 지정
⑤ 복합용도구역의 지정

43. 국토의 계획 및 이용에 관한 법령상 주민의견을 들어야 하는
경우로 명시되어 있지 **않은** 것은?

① 시범도시사업계획의 수립
② 개발밀도관리구역의 지정
③ 기반시설부담구역의 지정
④ 도시·군관리계획의 입안
⑤ 광역도시계획의 수립

44. 국토의 계획 및 이용에 관한 법령상 개발행위허가의 기준에
해당하는 것을 모두 고른 것은?

ㄱ. 용도지역별 개발행위의 규모 및 건축제한 기준에
적합할 것
ㄴ. 자금조달계획이 목적사업의 실현에 적합하도록 수
립되어 있을 것
ㄷ. 도시·군계획으로 경관계획이 수립되어 있는 경우
에는 그에 적합할 것
ㄹ. 개발행위로 인하여 녹지축이 절단되지 않고, 개발
행위로 배수가 변경되어 하천·호소·습지로의
유수를 막지 않을 것

① ㄴ
② ㄱ, ㄷ
③ ㄴ, ㄹ
④ ㄱ, ㄷ, ㄹ
⑤ ㄱ, ㄴ, ㄷ, ㄹ

45. 국토의 계획 및 이용에 관한 법령상 용적률의 최대한도가
같은 용도지역으로 연결된 것은?

① 준주거지역 - 준공업지역
② 제2종 전용주거지역 - 생산녹지지역
③ 제1종 전용주거지역 - 보전녹지지역
④ 제3종 일반주거지역 - 전용공업지역
⑤ 근린상업지역 - 일반공업지역

46. 국토의 계획 및 이용에 관한 법령상 도시·군관리계획의 결
정에 관한 설명으로 **틀린** 것은?

① 시·도지사는 국토교통부장관이 입안하여 결정한 도
시·군관리계획을 변경결정하려면 미리 국토교통부장
관의 승인을 받아야 한다.

② 시장 또는 군수가 입안한 지구단위계획구역의 지정·
변경에 관한 도시·군관리계획은 시장 또는 군수가 직
접 결정한다.

③ 국가계획과 연계하여 지정이 필요한 시가화조정구역의
지정에 관한 도시·군관리계획은 국토교통부장관이 결
정한다.

④ 시·도지사가 지구단위계획을 결정하려면 「건축법」에
따라 시·도에 두는 건축위원회와 도시계획위원회가
공동으로 하는 심의를 거쳐야 한다.

⑤ 관계 중앙행정기관의 장이 요청하는 경우 국토교통부
장관은 국방상 기밀을 지켜야 할 필요가 있다고 인정
되면 중앙도시계획위원회의 심의를 거치지 않고 도
시·군관리계획을 결정할 수 있다.

47. 국토의 계획 및 이용에 관한 법령상 기반시설부담구역에서 기반시설설치비용의 산정에 사용되는 건축물별 기반시설유발계수가 높은 것부터 나열한 것은?

> ㄱ. 제2종 근린생활시설
> ㄴ. 문화 및 집회시설
> ㄷ. 판매시설
> ㄹ. 관광휴게시설

① ㄴ - ㄷ - ㄱ - ㄹ   ② ㄷ - ㄱ - ㄹ - ㄴ
③ ㄹ - ㄱ - ㄴ - ㄷ   ④ ㄹ - ㄴ - ㄷ - ㄱ
⑤ ㄹ - ㄷ - ㄴ - ㄱ

48. 국토의 계획 및 이용에 관한 법령상 도시·군계획시설결정의 실효 등에 관한 설명으로 옳은 것은?

① 도시·군계획시설결정이 고시된 도시·군계획시설에 대하여 고시일부터 10년이 지날 때까지 그 시설의 설치에 관한 사업이 시행되지 않는 경우 그 결정은 효력을 잃는다.

② 도시·군계획시설부지로 되어 있는 토지의 소유자는 도시·군계획시설결정의 실효시까지 그 토지의 도시·군계획시설결정 해제를 위한 도시·군관리계획입안을 신청할 수 없다.

③ 시장 또는 군수는 도시·군계획시설결정·고시일부터 20년이 지날 때까지 해당 시설의 설치에 관한 사업이 시행되지 않는 경우에는 그 현황과 단계별 집행계획을 지방의회에 보고해야 한다.

④ 장기미집행 도시·군계획시설결정의 해제를 권고받은 시장 또는 군수는 그 시설의 해제를 위한 도시·군관리계획의 결정을 도지사에게 신청해야 한다.

⑤ 장기미집행 도시·군계획시설결정의 해제를 신청받은 도지사는 특별한 사유가 없으면 신청을 받은 날부터 2년 이내에 해당 도시·군계획시설의 해제를 위한 도시·군관리계획결정을 해야 한다.

49. 국토의 계획 및 이용에 관한 법령상 도시지역 외의 지역을 지구단위계획구역으로 지정하려는 경우에 관한 설명으로 옳은 것을 모두 고른 것은?

> ㄱ. 지정하려는 구역면적의 100분의 50 이상이 계획관리지역이어야 한다.
> ㄴ. 계획관리지역 외에 지구단위계획구역에 포함하는 지역은 생산관리지역 또는 농림지역이어야 한다.

> ㄷ. 공동주택 중 아파트 또는 연립주택의 건설계획이 포함되는 경우에는 그 면적이 3만m² 이상이어야 한다.
> ㄹ. 산업·유통개발진흥지구가 계획관리지역·생산관리지역 또는 농림지역에 위치하고 있어야 한다.

① ㄱ, ㄴ   ② ㄱ, ㄹ
③ ㄴ, ㄷ   ④ ㄱ, ㄴ, ㄹ
⑤ ㄴ, ㄷ, ㄹ

50. 국토의 계획 및 이용에 관한 법령상 시장 또는 군수가 도지사에게 도시·군기본계획의 승인을 받으려 할 때, 도시·군기본계획안에 첨부할 서류에 해당하지 않는 것은?

① 해당 시·군에 설치된 지방도시계획위원회의 심의를 거친 경우에는 그 결과
② 공청회 개최 결과
③ 해당 시·군의 의회의 의견청취 결과
④ 기초조사 결과
⑤ 관계 행정기관의 장과의 협의 및 도의 지방도시계획위원회의 심의에 필요한 서류

51. 국토의 계획 및 이용에 관한 법령상 개발행위에 따른 공공시설의 귀속에 관한 설명으로 옳은 것은?

① 개발행위허가를 받은 자가 행정청이 아닌 경우 개발행위로 용도가 폐지되는 공공시설은 새로 설치한 공공시설의 설치비용에 상당하는 범위에서 개발행위허가를 받은 자에게 무상으로 양도할 수 있다.

② 개발행위허가를 받은 자가 행정청이 아닌 경우 개발행위허가를 받은 자가 새로 설치한 공공시설은 그 시설을 관리할 관리청에 유상으로 귀속된다.

③ 개발행위허가를 받은 자가 행정청인 경우 개발행위허가를 받은 자가 새로 설치한 공공시설은 개발행위허가를 받은 행정청에 귀속된다.

④ 시장 또는 군수는 공공시설인 하천의 귀속에 관한 사항이 포함된 개발행위허가를 하려면 미리 기획재정부장관의 의견을 들어야 한다.

⑤ 개발행위허가를 받은 자가 행정청인 경우 개발행위허가를 받은 자가 준공검사를 마쳤다면 해당 시설의 관리청에 공공시설의 종류를 통지할 필요가 없다.

52. 국토의 계획 및 이용에 관한 법령상 용도지구에서의 건축제한에 관한 설명으로 옳은 것을 모두 고른 것은? (단, 건축물은 도시·군계획시설이 아님)

> ㄱ. 경관지구 안에서의 건축물의 건폐율·용적률·높이·최대너비·색채 및 대지 안의 조경 등에 관하여는 도시계획위원회가 정한다.
> ㄴ. 고도지구 안에서는 도시·군관리계획으로 정하는 높이를 초과하는 건축물을 건축할 수 없다.
> ㄷ. 지구단위계획 또는 관계 법률에 따른 개발계획을 수립하지 않는 개발진흥지구에서는 해당 용도지역에서 허용되는 건축물을 건축할 수 있다.

① ㄴ   ② ㄷ
③ ㄱ, ㄷ   ④ ㄴ, ㄷ
⑤ ㄱ, ㄴ, ㄷ

53. 도시개발법령상 환지계획에 포함되어야 할 사항이 아닌 것은?
① 필지별로 된 환지명세
② 건축계획(입체환지를 시행하는 경우로 한정한다)
③ 필지별과 권리별로 된 청산대상 토지명세
④ 평균부담률 및 비례율과 그 계산서(평가식으로 환지설계를 하는 경우로 한정한다)
⑤ 청산금의 결정

54. 도시개발법령상 원형지의 공급과 개발에 관한 설명으로 틀린 것은?
① 공급될 수 있는 원형지의 면적은 도시개발구역 전체 토지면적의 3분의 1 이내로 한정한다.
② 원형지개발자인 지방공사는 10년의 범위에서 대통령령으로 정하는 기간 안에는 원형지를 매각할 수 없다.
③ 지방자치단체인 시행자가 복합개발 등을 위하여 실시한 공모에서 선정된 자는 원형지를 공급받아 개발할 수 없다.
④ 원형지를 학교나 공장 등의 부지로 직접 사용하는 자의 선정은 경쟁입찰의 방식으로 하며, 경쟁입찰이 2회 이상 유찰된 경우에는 수의계약의 방법으로 할 수 있다.
⑤ 시행자는 해제사유가 발생한 경우에 원형지개발자에게 2회 이상 시정을 요구해야 하고, 원형지개발자가 시정하지 않는 경우에는 원형지 공급계약을 해제할 수 있다.

55. 도시개발법령상 청산금에 관한 설명으로 틀린 것은?
① 청산금은 환지처분이 공고된 날의 다음 날에 확정된다.
② 청산금은 이자를 붙여 분할징수하거나 분할교부할 수 있다.
③ 과소토지여서 환지대상에서 제외한 토지 등에 대하여는 청산금을 교부하는 때에 청산금을 결정할 수 있다.
④ 토지소유자의 신청이 있어 환지를 정하지 않는 토지에 대하여는 환지처분 전에 청산금을 교부할 수 없다.
⑤ 청산금을 받을 권리나 징수할 권리를 5년간 행사하지 않으면 시효로 소멸한다.

56. 도시개발법령상 특별자치도지사·시장·군수 또는 구청장에게 도시개발구역의 지정을 제안할 수 없는 자는?
① 도시개발조합
② 「한국토지주택공사법」에 따른 한국토지주택공사
③ 「지방공기업법」에 따라 설립된 지방공사
④ 도시개발구역의 토지소유자
⑤ 「부동산투자회사법」에 따라 설립된 자기관리부동산투자회사

57. 도시개발법령상 도시개발사업을 위하여 설립하는 조합에 관한 설명으로 옳은 것은?
① 조합을 설립하려면 도시개발구역의 토지소유자 7명 이상이 국토교통부장관에게 조합설립의 인가를 받아야 한다.
② 조합이 인가받은 사항 중 공고방법을 변경하려는 경우 변경인가를 받아야 한다.
③ 조합설립의 인가를 신청하려면 해당 도시개발구역의 토지면적의 2분의 1 이상에 해당하는 토지소유자와 그 구역의 토지소유자 총수의 3분의 2 이상의 동의를 받아야 한다.
④ 조합은 도시개발사업 전부를 환지방식으로 시행하는 경우에 도시개발사업의 시행자가 될 수 있다.
⑤ 의결권을 가진 조합원의 수가 100인 이상인 조합은 총회의 권한을 대행하게 하기 위하여 대의원회를 둘 수 있다.

58. 도시개발법령상 지방자치단체인 시행자가 「주택법」에 따른 주택건설사업자에게 대행하게 할 수 있는 도시개발사업의 범위를 모두 고른 것은?

> ㄱ. 실시설계　　　　　ㄴ. 기반시설공사
> ㄷ. 부지조성공사　　　ㄹ. 조성된 토지의 분양

① ㄱ, ㄴ, ㄷ　　　　　② ㄱ, ㄴ, ㄹ
③ ㄱ, ㄷ, ㄹ　　　　　④ ㄴ, ㄷ, ㄹ
⑤ ㄱ, ㄴ, ㄷ, ㄹ

59. 도시 및 주거환경정비법령상 용어의 정의에 관한 설명으로 틀린 것은?

① 건축물이 훼손되거나 일부가 멸실되어 붕괴, 그 밖의 안전사고의 우려가 있는 건축물은 노후·불량건축물에 해당한다.
② 「건축법」에 따라 건축허가를 받아 아파트 또는 연립주택을 건설한 일단의 토지는 주택단지에 해당하지 않는다.
③ 재건축사업이란 정비기반시설은 양호하나 노후·불량건축물에 해당하는 공동주택이 밀집한 지역에서 주거환경을 개선하기 위한 사업을 말한다.
④ 도로·상하수도·구거·공원·공용주차장·공동구는 정비기반시설에 해당한다.
⑤ 재개발사업에서 토지등소유자란 정비구역에 위치한 토지 또는 건축물의 소유자 또는 그 지상권자를 말한다.

60. 도시 및 주거환경정비법령상 주택 등 건축물을 분양받을 권리의 산정과 관련하여 (　　)에 들어갈 내용에 해당하지 않는 것은?

> 정비사업을 통하여 분양받을 건축물이 (　　)에는 기준일의 다음 날을 기준으로 건축물을 분양받을 권리를 산정한다(기준일이란 정비구역의 지정·고시가 있는 날 또는 시·도지사가 투기를 억제하기 위하여 기본계획 수립을 위한 주민공람의 공고일 후 정비구역 지정·고시 전에 따로 정하는 날을 말함).

① 1필지의 토지가 여러 개의 필지로 분할되는 경우
② 「집합건물의 소유 및 관리에 관한 법률」에 따른 집합건물이 아닌 건축물이 집합건축물로 전환되는 경우
③ 나대지에 건축물을 새로 건축하여 토지등소유자의 수가 증가하는 경우
④ 여러 개의 필지의 토지가 1필지의 토지로 합병되어 토지등소유자가 감소하는 경우
⑤ 「집합건물의 소유 및 관리에 관한 법률」에 따른 전유부분의 분할로 토지등소유자의 수가 증가하는 경우

61. 도시 및 주거환경정비법령상 시장·군수 등이 토지주택공사 등이나 한국부동산원에 관리처분계획의 타당성 검증을 요청해야 하는 경우로 옳은 것을 모두 고른 것은?

> ㄱ. 관리처분계획의 정비사업비가 사업시행계획서의 정비사업비 기준으로 100분의 10 이상 늘어나는 경우
> ㄴ. 관리처분계획의 조합원 분담규모가 분양신청을 위하여 토지등소유자에게 통지한 분양대상자별 분담금의 추산액 총액 기준으로 100분의 20 이상 늘어나는 경우
> ㄷ. 조합원 10분의 1 이상이 관리처분계획인가 신청이 있은 날부터 10일 이내에 시장·군수 등에게 타당성 검증을 요청한 경우

① ㄱ　　　　　　　　② ㄷ
③ ㄱ, ㄴ　　　　　　④ ㄴ, ㄷ
⑤ ㄱ, ㄴ, ㄷ

62. 도시 및 주거환경정비법령상 관리처분계획의 기준에 관한 설명으로 틀린 것은?

① 같은 세대에 속하지 않는 2명 이상이 1주택을 공유한 경우에는 2주택을 공급할 수 있다.
② 지나치게 좁거나 넓은 토지 또는 건축물은 넓히거나 좁혀 대지 또는 건축물이 적정 규모가 되도록 한다.
③ 분양설계에 관한 계획은 분양신청기간이 만료하는 날을 기준으로 하여 수립한다.
④ 근로자 숙소, 기숙사 용도로 주택을 소유하고 있는 토지등소유자에게는 소유한 주택 수만큼 공급할 수 있다.
⑤ 너무 좁은 토지 또는 건축물을 취득한 자나 정비구역 지정 후 분할된 토지 또는 집합건물의 구분소유권을 취득한 자에게는 현금으로 청산할 수 있다.

63. 도시 및 주거환경정비법령상 재개발사업조합에 관한 설명으로 틀린 것은?

① 토지의 소유권이 여러 명의 공유에 속하는 때에는 그 여러 명을 대표하는 1명을 조합원으로 본다.
② 이사가 자기를 위하여 조합과 계약을 할 때에는 감사가 조합을 대표한다.
③ 조합임원은 같은 목적의 정비사업을 하는 다른 조합의 임원 또는 직원을 겸할 수 없다.
④ 시장·군수 등이 전문조합관리인을 선정한 경우 전문조합관리인이 업무를 대행할 임원은 당연퇴임한다.
⑤ 조합장을 포함하여 조합임원은 대의원이 될 수 없다.

64. 도시 및 주거환경정비법령상 주민대표회의에 관한 설명으로 틀린 것은?

① 토지등소유자가 시장·군수 등 또는 토지주택공사 등의 사업시행을 원하는 경우에는 정비구역 지정·고시 후 주민대표회의를 구성해야 한다.

② 주민대표회의는 위원장을 포함하여 5명 이상 25명 이하로 구성한다.

③ 주민대표회의는 토지등소유자의 과반수의 동의를 받아 구성하며, 시장·군수 등의 승인을 받아야 한다.

④ 주민대표회의에는 위원장과 부위원장 각 1명과 1명 이상 3명 이하의 감사를 둔다.

⑤ 사업시행자는 토지 및 건축물의 보상에 관하여 시행규정을 정하는 때에 주민대표회의의 동의를 받아야 한다.

65. 주택법령상 주택의 공급 및 분양가격 등에 관한 설명으로 옳은 것은?

① 주택을 공급받으려는 자는 국토교통부령으로 정하는 입주자자격, 재당첨 제한 및 공급순위 등에 맞게 주택을 공급받아야 한다.

② 분양가격은 택지비와 건축비로 구성(토지임대부 분양주택의 경우에는 택지비만 해당한다)된다.

③ 사업주체(공공주택사업자는 제외한다)가 복리시설의 입주자를 모집하려는 경우 시장·군수·구청장의 승인을 받아야 한다.

④ 사업주체는 공공택지에서 공급하는 분양가상한제 적용주택에 대하여 입주자 모집승인을 받았을 때에는 분양가격을 공시할 필요가 없다.

⑤ 시·도지사는 공공택지 외의 택지에서 주택가격이 급등하거나 급등할 우려가 있는 지역은 시·도주거정책심의위원회 심의를 거쳐 분양가상한제 적용지역으로 지정할 수 있다.

66. 주택법령상 주택의 공급질서 교란행위에 해당하지 않는 것은?

① 주택상환사채의 증여
② 입주자저축 증서의 매매의 알선
③ 국민주택채권의 양도
④ 구청장이 발행한 무허가건물 확인서를 매매할 목적으로 하는 광고
⑤ 공공사업의 시행으로 인한 이주대책에 따라 주택을 공급받을 수 있는 지위의 매매

67. 주택법령상 도시형 생활주택에 관한 설명으로 틀린 것은?

① 도시형 생활주택은 세대수가 300세대 미만이어야 한다.

② 수도권의 경우 도시형 생활주택은 1호(戶) 또는 1세대당 주거전용면적이 85m² 이하이어야 한다.

③ 준주거지역에서는 소형 주택과 도시형 생활주택 외의 주택을 하나의 건축물에 함께 건축할 수 있다.

④ 도시형 생활주택에는 분양가상한제가 적용되지 않는다.

⑤ 도시지역에 건설하는 세대별 주거전용면적이 80m²인 아파트는 도시형 생활주택이 될 수 있다.

68. 주택법령상 주택조합의 해산 등에 관한 설명이다. ( )에 들어갈 숫자로 옳은 것은?

> 1. 주택조합의 발기인은 조합원 모집신고가 수리된 날부터 (ㄱ)년이 되는 날까지 주택조합설립인가를 받지 못하는 경우 주택조합 가입 신청자 전원으로 구성되는 총회의결을 거쳐 주택조합 사업의 종결 여부를 결정하도록 해야 한다.
>
> 2. 주택조합은 주택조합의 설립인가를 받은 날부터 (ㄴ)년이 되는 날까지 사업계획승인을 받지 못하는 경우 총회의 의결을 거쳐 해산 여부를 결정해야 한다.

① ㄱ: 1, ㄴ: 2
② ㄱ: 2, ㄴ: 3
③ ㄱ: 3, ㄴ: 2
④ ㄱ: 3, ㄴ: 5
⑤ ㄱ: 5, ㄴ: 3

69. 주택법령상 투기과열지구의 지정기준으로 틀린 것은?

① 투기과열지구지정직전월부터 소급하여 주택공급이 있었던 2개월 동안 해당 지역에서 공급되는 주택의 월별 평균 청약경쟁률이 모두 5대 1을 초과한 곳

② 투기과열지구지정직전월부터 소급하여 12개월간 「건축법」에 따른 건축허가 건수가 직전 연도보다 급격하게 감소한 곳

③ 투기과열지구지정직전월의 주택분양실적이 전달보다 30% 이상 감소한 곳

④ 해당 지역이 속하는 시·도의 주택보급률이 전국 평균 이하인 곳

⑤ 해당 지역의 분양주택(투기과열지구로 지정하는 날이 속하는 연도의 직전 연도에 분양된 주택을 말한다)의 수가 주택청약 제1순위자의 수보다 현저히 적은 곳

70. 주택법령상 등록사업자가 주택상환사채를 발행할 수 있는 요건으로 틀린 것은?

① 법인으로서 자본금이 5억원 이상일 것

② 「건설산업기본법」에 따라 건설업 등록을 한 자일 것

③ 최근 5년간의 주택건설 실적이 100호 또는 100세대 이상일 것

④ 금융기관 또는 주택도시보증공사의 보증을 받을 것

⑤ 발행규모는 최근 3년간의 연평균 주택건설 호수 이내로 할 것

71. 주택법령상 주택법령상 토지임대부 분양주택에 관한 설명으로 옳은 것은?

① 토지임대부 분양주택의 토지에 대한 임대차기간은 30년 이내로 한다.

② 토지임대부 분양주택의 토지에 대한 임대차기간을 갱신하기 위해서는 토지임대부 분양주택 소유자의 3분의 2 이상이 계약갱신을 청구해야 한다.

③ 토지임대료는 월별 임대료를 원칙으로 하고, 임대료를 선납하거나 보증금으로 전환하여 납부할 수 없다.

④ 한국토지주택공사는 전매행위제한을 위반하여 토지임대부 분양주택의 전매가 이루어진 경우 대통령령으로 정하는 특별한 사유가 없으면 해당 주택을 매입해야 한다.

⑤ 토지소유자는 토지임대주택을 분양받은 자와 토지임대료 약정을 체결한 후 3년이 지나기 전에는 토지임대료의 증액을 청구할 수 없다.

72. 건축법령상 이행강제금에 관한 설명으로 옳은 것을 모두 고른 것은?

ㄱ. 연면적이 60m² 이하인 주거용 건축물은 부과금액의 2분의 1의 범위에서 해당 지방자치단체의 조례로 정하는 금액을 부과한다.

ㄴ. 허가권자는 동일인이 「건축법」에 따른 명령을 최근 2년 내에 2회 위반한 경우 부과금액을 100분의 150의 범위에서 가중해야 한다.

ㄷ. 허가권자는 최초의 시정명령이 있었던 날을 기준으로 하여 매년 1회 그 시정명령이 이행될 때까지 반복하여 이행강제금을 부과·징수할 수 있다.

ㄹ. 허가권자는 시정명령을 받은 자가 이를 이행하면 새로운 이행강제금의 부과를 즉시 중지하되, 이미 부과된 이행강제금은 징수해야 한다.

① ㄱ, ㄹ
② ㄴ, ㄷ
③ ㄱ, ㄴ, ㄹ
④ ㄴ, ㄷ, ㄹ
⑤ ㄱ, ㄴ, ㄷ, ㄹ

73. 건축법령상 건축선과 대지면적에 관한 설명이다. (   )에 들어갈 내용으로 틀린 것은? (단, 적용제외 및 특례는 고려하지 않음)

소요너비에 못 미치는 너비의 도로인 경우에는 그 (①)으로부터 그 소요너비의 (②)의 수평거리만큼 물러난 선을 건축선으로 하되, 그 도로의 반대쪽에 경사지, 하천, 철도, 선로부지, 그 밖에 이와 유사한 것이 있는 경우에는 그 경사지 등이 있는 쪽의 도로 (③)에서 (④)에 해당하는 수평거리의 선을 건축선으로 한다. 이 경우 건축선과 도로 사이의 면적은 건축물의 대지면적 산정시 (⑤)한다.

① 중심선
② 2분의 1
③ 경계선
④ 소요너비
⑤ 포함

74. 건축법령상 다음 건축물의 높이는?

○ 건축물의 용도: 관광숙박시설
○ 건축면적: 560m²
○ 층고가 4m인 5층 건축물
○ 옥상에 설치된 높이 8m인 장식탑의 수평투영면적: 50m²

① 20m
② 24m
③ 28m
④ 32m
⑤ 35m

75. 건축법령상 건축물의 건폐율 및 용적률에 관한 설명으로 옳은 것은?

① 건폐율은 대지면적에 대한 건축물의 바닥면적의 비율이다.

② 용적률을 산정할 때에는 지하층의 면적은 연면적에서 제외한다.

③ 「건축법」으로 「국토의 계획 및 이용에 관한 법률」에 따른 건폐율의 최대한도를 강화하여 적용할 수 있으나, 이를 완화하여 적용할 수는 없다.

④ 하나의 대지에 건축물이 둘 이상 있는 경우 용적률의 제한은 건축물별로 각각 적용한다.

⑤ 도시지역에서 건축물이 있는 대지를 분할하는 경우에는 건폐율 기준에 못 미치게 분할할 수 있다.

76. 건축법령상 사용승인을 받은 건축물의 용도변경에 관한 설명으로 옳은 것은?

① 특별시나 광역시에 소재하는 건축물인 경우에는 특별시장이나 광역시장의 허가를 받거나 신고해야 한다.

② 영업시설군에서 문화 및 집회시설군으로 용도변경하는 경우에는 허가를 받아야 한다.

③ 주거업무시설군에서 교육 및 복지시설군으로 용도변경하는 경우에는 신고를 해야 한다.

④ 같은 시설군 안에서 용도를 변경하려는 경우에는 신고를 해야 한다.

⑤ 신고대상인 용도변경으로서 용도변경하려는 부분의 바닥면적의 합계가 100m² 이상인 경우에는 건축물의 사용승인을 받을 필요가 없다.

77. 건축법령상 건축신고에 관한 설명으로 틀린 것은?

① 연면적의 합계가 100m² 이하인 건축물의 신축은 미리 특별자치시장·특별자치도지사 또는 시장·군수·구청장에게 신고를 하면 건축허가를 받은 것으로 본다.

② 연면적이 200m² 미만이고 3층 미만인 건축물의 대수선은 신고대상이다.

③ 건축신고를 한 자가 신고일부터 1년 이내에 공사에 착수하지 않으면 그 신고의 효력은 없어진다.

④ 건축신고를 했더라도 공사에 필요한 규모로 공사용 가설건축물의 축조가 필요한 경우에는 별도로 가설건축물 축조신고를 해야 한다.

⑤ 건축허가를 받은 건축물의 건축주를 변경하는 경우에는 신고를 해야 한다.

78. 건축법령상 건축물과 관련된 설명으로 옳은 것을 모두 고른 것은?

ㄱ. 지하층은 건축물의 바닥이 지표면 아래에 있는 층으로서 바닥에서 지표면까지 평균높이가 해당 층 높이의 3분의 1 이상인 것을 말한다.

ㄴ. 개축은 건축물이 천재지변이나 그 밖의 재해로 멸실된 경우 그 대지에 다시 축조하는 것을 말한다.

ㄷ. 건축물의 외벽에 사용하는 마감재료를 증설 또는 해체하거나 벽면적 30m² 이상 수선 또는 변경하는 것은 대수선에 해당한다.

ㄹ. 단독주택, 공동주택 등 대통령령으로 정하는 건축물의 지하층에는 거실을 설치할 수 없다.

① ㄱ, ㄴ   ② ㄱ, ㄷ

③ ㄴ, ㄷ   ④ ㄴ, ㄹ

⑤ ㄷ, ㄹ

79. 농지법령상 농지취득자격증명에 관한 설명으로 틀린 것은?

① 농지취득자격증명을 발급받으려는 자는 농업경영계획서 또는 주말·체험영농계획서를 작성해서 발급신청을 해야 한다.

② 시·구·읍·면의 장은 농지 투기가 성행하거나 성행할 우려가 있는 지역에서 농지취득자격증명 발급을 신청한 경우 농지위원회의 심의를 거쳐야 한다.

③ 시·구·읍·면의 장은 농지취득자격증명의 발급신청을 받은 날부터 7일 이내에 신청인에게 농지취득자격증명을 발급해야 한다.

④ 시·구·읍·면의 장은 1필지를 공유로 취득하려는 자가 7인을 초과하는 경우에는 농지취득자격증명을 발급하지 않을 수 있다.

⑤ 시·구·읍·면의 장은 농업경영계획서 또는 주말·체험영농계획서를 7년간 보존해야 한다.

80. 농지법령상 (   )에 들어갈 내용으로 옳은 것은?

○ 유휴농지의 대리경작자는 수확량의 (ㄱ)을 그 농지의 소유권자나 임차권자에게 토지사용료로 지급해야 한다.

○ 대리경작기간은 따로 정하지 않으면 (ㄴ)년으로 한다.

① ㄱ: 100분의 10, ㄴ: 3

② ㄱ: 100분의 10, ㄴ: 4

③ ㄱ: 100분의 20, ㄴ: 3

④ ㄱ: 100분의 20, ㄴ: 4

⑤ ㄱ: 100분의 30, ㄴ: 2

2024년도 제35회 공인중개사 2차 국가자격시험

실전모의고사 제5회

교 시	문제형별	시 간	시 험 과 목
2교시	**A**	**50분**	① 부동산 공시에 관한 법령 및 부동산 관련 세법

수험번호		성 명	

【 수험자 유의사항 】

1. **시험문제지는 단일 형별(A형)이며, 답안카드 형별 기재란에 표시된 형별(A형)을 확인하시기 바랍니다.** 시험문제지의 **총면수, 문제번호 일련순서, 인쇄상태** 등을 확인하시고, 문제지 표지에 수험번호와 성명을 기재하시기 바랍니다.

2. 답은 각 문제마다 요구하는 **가장 적합하거나 가까운 답** 1개만 선택하고, 답안카드 작성 시 시험문제지 **형별누락, 마킹착오**로 인한 불이익은 전적으로 **수험자에게 책임**이 있음을 알려드립니다.

3. 답안카드는 국가전문자격 공통 표준형으로 문제번호가 1번부터 125번까지 인쇄되어 있습니다. 답안 마킹 시에는 반드시 **시험문제지의 문제번호와 동일한 번호에 마킹**하여야 합니다. (2차 2교시: 1번~40번)

4. **감독위원의 지시에 불응하거나 시험시간 종료 후 답안카드를 제출하지 않을 경우** 불이익이 발생할 수 있음을 알려 드립니다.

5. 시험문제지는 시험 종료 후 가져가시기 바랍니다.

6. 답안작성은 **시험 시행일(2024.10.26.)** 현재 시행되는 법령 등을 적용하시기 바랍니다.

7. 가답안 의견제시에 대한 개별회신 및 공고는 하지 않으며, **최종 정답 발표로 갈음**합니다.

8. 시험 중 **중간 퇴실은 불가**합니다. 단, 부득이하게 퇴실할 경우 **시험포기각서 제출 후 퇴실은 가능**하나 **재입실이 불가**하며, **해당시험은 무효처리됩니다.**

해커스 공인중개사

1. 다음 중 「공간정보의 구축 및 관리 등에 관한 법률」이 규정하고 있는 용어의 정의로 **틀린** 것은?

   ① '지적확정측량'이란 도시개발사업에 따른 사업이 끝나 토지의 표시를 새로 정하기 위하여 실시하는 지적측량을 말한다.

   ② '지번부여지역'이란 지번을 부여하는 단위지역으로서 동·리 또는 이에 준하는 지역을 말한다.

   ③ '경계'란 필지를 구획하는 선의 굴곡점으로서 지적도나 임야도에 도해 형태로 등록하거나 경계점좌표등록부에 좌표 형태로 등록하는 점을 말한다.

   ④ '토지의 이동'이란 토지의 표시를 새로 정하거나 변경 또는 말소하는 것을 말한다.

   ⑤ '축척변경'이란 지적도에 등록된 경계점의 정밀도를 높이기 위하여 작은 축척을 큰 축척으로 옮겨 등록하는 것을 말한다.

2. 양입지에 관한 다음 설명 중 **틀린** 것은?

   ① 주된 용도의 토지에 접속되거나 주된 용도의 토지로 둘러싸인 토지로서 다른 용도로 사용되는 경우이어야 한다.

   ② 양입지는 주지목 추종의 원칙의 표현이다.

   ③ $3,000m^2$의 목장용지 내에 있는 $300m^2$의 '유지'는 주된 용도의 토지에 편입하여 1필지로 할 수 있다.

   ④ $3,500m^2$의 과수원 내의 $340m^2$의 '구거'는 별개의 필지로 획정하여야 한다.

   ⑤ $3,000m^2$의 과수원 내에 있는 $50m^2$의 '대'는 양입지의 제한 사유에 해당하지 않으므로 '과수원'으로 지목을 결정한다.

3. 「공간정보의 구축 및 관리 등에 관한 법률」상 지번의 부여에 관한 설명 중 괄호 안에 들어갈 내용을 옳게 연결한 것은?

   > ○ 지적소관청은 지적공부에 등록된 지번을 변경할 필요가 있다고 인정하면 (ㄱ)의 승인을 받아 지번부여지역의 전부 또는 일부에 대하여 지번을 새로 부여할 수 있다.
   >
   > ○ 지적소관청은 도시개발사업 등이 준공되기 전에 지번을 부여하는 때에는 (ㄴ)에 따라 부여하여야 한다.

   > ○ 지적소관청은 지번변경, 축척변경 등의 사유로 지번에 결번이 생긴 때에는 지체 없이 그 사유를 (ㄷ)에 적어 영구히 보존하여야 한다.

   ① ㄱ: 국토교통부장관, ㄴ: 사업계획도, ㄷ: 지번대장

   ② ㄱ: 시·도지사나 대도시 시장, ㄴ: 사업계획도, ㄷ: 결번대장

   ③ ㄱ: 시·도지사나 대도시 시장, ㄴ: 사업계획도, ㄷ: 지번대장

   ④ ㄱ: 국토교통부장관, ㄴ: 지번별 조서, ㄷ: 결번대장

   ⑤ ㄱ: 국토교통부장관, ㄴ: 지번별 조서, ㄷ: 지번대장

4. 지목에 관한 설명으로 **틀린** 것은?

   ① 일반 공중의 보건·휴양 및 정서생활에 이용하기 위한 시설을 갖춘 토지로서 「국토의 계획 및 이용에 관한 법률」에 따라 녹지로 결정·고시된 토지는 '공원'으로 한다.

   ② 자동차 등의 주차에 필요한 독립적인 시설을 갖춘 부지와 주차전용 건축물 및 「주차장법」에 따른 노상주차장 및 부설주차장은 '주차장'으로 한다.

   ③ 국민의 건강증진 등을 위한 체육활동에 적합한 시설과 형태를 갖춘 종합운동장·실내체육관·승마장·경륜장 등 체육시설의 토지는 '체육용지'로 한다.

   ④ 자연의 유수(流水)가 있거나 있을 것으로 예상되는 소규모 수로부지는 '구거'로 한다.

   ⑤ 연·왕골 등이 자생하는 배수가 잘 되지 아니하는 토지는 '유지'로 한다.

5. 축척이 1 : 1,000인 지적도가 포용하는 토지의 실제면적은 얼마인가?

   ① $50,000m^2$ ② $70,000m^2$

   ③ $100,000m^2$ ④ $120,000m^2$

   ⑤ $150,000m^2$

6. 다음 중 경계점좌표등록부에 관련된 설명으로 틀린 것은?

① 경계점좌표등록부는 대장과 도면의 중간적 성격의 장부로서, 토지대장과 지적도를 함께 비치한다.

② 경계점좌표등록부의 의무적 작성·비치지역은 지적확정측량 시행지역과 축척변경 시행지역이다.

③ 경계점좌표등록부에는 좌표에 의하여 계산된 경계점간의 거리를 등록하여야 한다.

④ 경계점좌표등록부를 비치하는 지역 안의 지적도에는 도면의 제명 끝에 '(좌표)'라고 표시하고, 도곽선의 오른쪽 아래 끝에 '이 도면에 의하여 측량을 할 수 없음.'이라고 기재하여야 한다.

⑤ 경계점좌표등록부에 토지의 고유번호, 토지의 소재와 지번, 좌표 등을 등록한다.

7. 다음 중 각종 토지의 이동에 관한 설명으로 틀린 것은?

① 임야대장의 면적과 등록전환될 면적의 차이가 허용범위 이내인 경우에는 등록전환될 면적을 등록전환 면적으로 결정한다.

② 토지소유자는 공장용지·학교용지·철도용지·수도용지·공원 등으로 합병해야 할 토지가 있는 때에는 60일 이내에 지적소관청에 합병을 신청하여야 한다.

③ 토지의 용도변경은 지목변경의 대상이지만, 건축물의 용도변경은 지목변경의 대상이 아니다.

④ 해당 토지에 대한 분할이 개발행위 허가 등의 대상인 경우에는 개발행위 허가 등을 받은 이후에 분할을 신청할 수 있다.

⑤ 토지가 바다가 된 경우에 지적소관청은 토지소유자가 통지를 받은 날부터 90일 이내에 등록말소 신청을 하지 아니하면 직권으로 말소하여야 한다.

8. 도시개발사업 등 시행지역의 토지이동 신청에 관한 특례에 대한 설명으로 틀린 것을 모두 고른 것은?

ㄱ. 도시개발사업과 관련하여 토지의 이동이 필요한 경우에는 해당 사업의 시행자가 지적소관청에 토지의 이동을 신청하여야 한다.

ㄴ. 도시개발사업 등의 착수·변경 또는 완료 사실의 신고는 그 사유가 발생한 날부터 7일 이내에 하여야 한다.

ㄷ. 도시개발사업에 따른 토지의 이동은 토지의 형질변경 등의 공사에 착수한 때에 이루어진 것으로 본다.

① ㄱ　　　　　　　　　② ㄴ

③ ㄱ, ㄴ　　　　　　　④ ㄴ, ㄷ

⑤ ㄱ, ㄴ, ㄷ

9. 지적공부의 정리에 관한 설명 중 틀린 것을 모두 고른 것은?

ㄱ. 지적소관청은 토지소유자의 변동 등에 따라 지적공부를 정리하려는 경우에는 토지이동정리 결의서를 작성하여야 한다.

ㄴ. 소유권변경사실통지에 따라 등기부에 적혀 있는 토지의 표시가 지적공부와 일치하지 아니하면 토지소유자를 정리한다. 이 경우 토지의 표시와 지적공부가 일치하지 아니하다는 사실을 관할 등기관서에 통지하여야 한다.

ㄷ. 지적소관청은 신규등록을 제외하고 토지소유자의 신청을 받아 토지의 표시를 결정한 때 관할 등기소에 등기촉탁하여야 한다.

ㄹ. 등기촉탁한 경우 지적소관청은 등기완료통지서를 접수한 날부터 15일 이내에 소유자에게 지적정리의 통지를 하여야 한다.

① ㄱ, ㄴ　　　　　　　② ㄱ, ㄹ

③ ㄴ, ㄷ　　　　　　　④ ㄱ, ㄴ, ㄹ

⑤ ㄴ, ㄷ, ㄹ

10. 지적측량의 대상이 아닌 것은?

① 지적기준점을 정하는 경우

② 바다가 된 토지의 등록을 말소하는 경우

③ 경계점을 지상에 복원하는 경우

④ 지상건축물 등의 현황을 지적도 및 임야도에 등록된 경계와 대비하여 표시하는 데에 필요한 경우

⑤ 지적도 및 임야도에 등록된 필지가 면적의 증감 없이 경계의 위치만 잘못된 경우

11. 지적측량에 관한 절차에 대한 다음 설명 중 옳은 것은?

① 시·도지사 또는 대도시 시장은 검사를 하였을 때에는 그 결과를 지적소관청에 통지하여야 한다.

② 지적측량기준점을 설치하여 측량 또는 측량검사를 하는 경우 지적측량기준점이 15점 이하인 때에는 5일을, 15점을 초과하는 때에는 5일에 15점을 초과하는 4점마다 1일을 가산한 기간으로 한다.

③ 지적소관청은 측량성과가 정확하다고 인정하는 때에는 지적측량의뢰인에게 그 지적측량성과도를 지체 없이 교부하여야 한다.

④ 경계복원측량, 지적확정측량은 검사를 요하지 않는다.

⑤ 지적측량을 의뢰하려는 자는 지적측량 의뢰서에 의뢰사유를 증명하는 서류를 첨부하여 지적소관청에 제출하여야 한다.

12. 중앙지적위원회의 구성에 관한 설명으로 옳은 것을 모두 고른 것은?

> ㄱ. 중앙지적위원회는 위원장 1명과 부위원장 1명을 포함하여 5명 이상 10명 이하의 위원으로 구성한다.
> ㄴ. 위원장은 국토교통부의 지적업무 담당 국장이, 부위원장은 국토교통부의 지적업무 담당 과장이 된다.
> ㄷ. 위원장 및 부위원장을 포함한 위원의 임기는 2년으로 한다.
> ㄹ. 위원장이 중앙지적위원회의 회의를 소집할 때에는 회의 일시·장소 및 심의 안건을 회의 7일 전까지 각 위원에게 서면으로 통지하여야 한다.

① ㄱ, ㄴ
② ㄱ, ㄹ
③ ㄱ, ㄴ, ㄷ
④ ㄴ, ㄷ, ㄹ
⑤ ㄱ, ㄴ, ㄷ, ㄹ

13. 등기에 관한 다음 설명 중 틀린 것은?

① 경정등기는 이미 행하여진 등기의 일부에 착오 또는 누락이 있어서 원시적으로 등기와 실체관계 사이에 불일치가 생긴 경우에 한다.
② 멸실등기는 부동산이 전부 멸실된 경우에 행하여지는 등기이므로 토지의 일부가 멸실될 때에는 변경등기를 하여야 한다.
③ 말소회복등기는 기존등기의 전부 또는 일부가 부적법하게 말소된 경우에 그 말소된 기존등기의 효력을 회복시키기 위하여 행하여지는 등기이다.
④ 권리소멸약정의 등기, 공유물분할약정의 등기는 부기등기에 의한다.
⑤ 현행 「부동산등기법」은 표시의 등기를 독립적으로 등기할 수 없다.

14. 다음 중 등기를 할 수 없는 것은?

① 조적조 및 컨테이너구조 슬레이트지붕 주택
② 농업용 고정식 유리온실
③ 부동산의 공유지분에 대한 처분금지 가처분
④ 합유자 중 1인의 합유지분에 대한 가압류
⑤ 전세권에 대한 가압류

15. 다음 중 등기기록에 기록할 사항을 옳게 연결한 것을 모두 고른 것은?

> ㄱ. 저당권의 실행에 의한 경매등기: 을구
> ㄴ. 대지권 뜻의 등기(대지권이 지상권인 경우): 갑구
> ㄷ. 피보전권리가 지상권설정청구권인 처분제한의 등기: 갑구
> ㄹ. 대지권의 표시: 표제부

① ㄱ, ㄴ
② ㄴ, ㄹ
③ ㄷ, ㄹ
④ ㄱ, ㄷ, ㄹ
⑤ ㄴ, ㄷ, ㄹ

16. 각종 등기의 경우에 등기권리자와 등기의무자의 지정으로 틀린 것을 모두 고른 것은?

> ㄱ. 저당권설정등기 후에 소유권이 이전된 경우에 변제를 이유로 저당권말소등기를 할 경우 저당권설정자 또는 현재의 소유자가 등기권리자이다.
> ㄴ. 저당권설정등기 후에 저당권이 이전된 경우에 저당권말소등기를 하는 경우에 저당권 양수인이 등기의무자이다.
> ㄷ. 채무자가 변경되어 저당권변경등기를 신청하는 경우에는 새로운 채무자가 등기의무자이다.
> ㄹ. 전세권설정등기 후에 전세금을 증액하는 전세권변경등기의 경우에 전세권자가 등기의무자이다.

① ㄱ, ㄴ
② ㄱ, ㄹ
③ ㄴ, ㄷ
④ ㄴ, ㄹ
⑤ ㄷ, ㄹ

17. 등기신청정보와 첨부정보에 관한 설명 중 틀린 것은?

① 같은 채권의 담보를 위하여 여러 개의 부동산에 대한 저당권설정등기를 신청하는 경우, 부동산의 관할 등기소가 동일하면 1건의 신청정보로 일괄하여 등기를 신청할 수 있다.
② 부동산거래신고필증에 기재되어 있는 부동산이 1개라 하더라도 수인과 수인 사이의 매매인 경우에는 매매목록을 제출하여야 한다.
③ 등기원인정보에 임의적 기재사항이 기재되어 있으면 신청정보에도 이를 기재하여야 한다.
④ 승소한 등기의무자가 등기신청을 하는 경우에 등기필정보를 첨부할 필요가 없다.
⑤ 소유권에 관한 가등기명의인이 가등기의 말소등기를 신청하는 경우 가등기명의인의 인감증명을 첨부하여야 한다.

18. 다음 중 등기신청의 각하와 취하에 관련된 설명으로 **틀린** 것은?

① 방문신청의 경우에 등기신청의 흠결에 대한 보정은 변호사 또는 법무사의 허가를 받은 사무원이 등기소에 출석하여 등기관의 면전에서 보정하여야 한다.

② 등기관은 「부동산등기법」 제29조 각 호의 사유에 해당하면 이유를 기재한 서면으로 결정의 형식으로 각하하여야 한다.

③ 전자신청의 취하의 경우에 전산정보처리조직을 이용하여 취하정보를 전자문서로 등기소에 송신하는 방법으로 하여야 한다.

④ 등기신청을 각하한 경우에 등기관은 등기신청정보와 각하결정 등본을 작성하여 신청인에게 교부한다.

⑤ 등기신청이 취하된 경우 등기관은 등기신청정보와 첨부정보를 신청인에게 반환하여야 한다.

19. 등기공무원의 처분에 대한 이의신청절차 등에 관한 다음 설명 중에서 옳은 것은?

① 등기신청의 각하결정에 대하여는 등기신청인인 등기권리자 및 등기의무자뿐만 아니라 이해관계인도 이의신청을 할 수 있다.

② 등기관이 각하사유에 해당하는 등기를 실행한 경우 「부동산등기법」 제29조의 각하사유에 해당하면 모두 이의신청을 할 수 있다.

③ 상속인이 아닌 자도 상속등기가 위법하면 이의신청을 할 수 있다.

④ 채권자대위등기가 채무자의 신청에 의하여 말소된 경우에 그 말소처분에 대하여 채권자는 등기상 이해관계인으로서 이의신청을 할 수 없다.

⑤ 저당권설정자는 저당권의 양수인과 양도인 사이의 저당권이전등기에 대하여 이의신청을 할 수 없다.

20. 소유권이전등기와 관련된 설명 중 **틀린** 것은?

① 상속등기 후 협의분할하는 경우에 등기목적은 소유권경정등기, 등기원인일자는 협의분할일을 기록한다.

② 상속인이 수인인 경우에 공동상속인 중 일부가 자기 지분만에 관하여 상속등기를 신청할 수 없다.

③ 시효취득으로 인한 소유권이전등기는 등기원인은 취득시효이고 등기원인의 연월일은 시효기간의 기산일이다.

④ 원인무효의 소유권이전등기가 甲으로부터 乙 명의로 경료된 경우, 甲은 乙에 대하여 진정명의회복을 등기원인으로 소유권이전등기를 청구할 수 없다.

⑤ 포괄유증의 수증자가 수인인 경우에 1인의 자기 지분에 대한 소유권이전등기는 허용된다.

21. 소유권이전등기의 절차에 관련된 설명 중 **틀린** 것을 모두 고른 것은?

> ㄱ. 공유자 중 1인의 지분포기로 인한 소유권이전등기는 공유지분권을 포기하는 공유자가 단독으로 신청하여야 한다.
>
> ㄴ. 등기관이 수탁자의 고유재산으로 된 뜻의 등기와 함께 신탁등기의 말소등기를 할 경우, 하나의 순위번호를 사용한다.
>
> ㄷ. 등기권리자의 단독신청에 따라 수용으로 인한 소유권이전등기를 하는 경우, 등기관은 그 부동산을 위해 존재하는 지역권의 등기를 직권으로 말소한다.
>
> ㄹ. 합유자 중 1인이 다른 합유자 전원의 동의를 얻어 합유지분을 처분하는 경우, 지분이전등기를 신청한다.

① ㄱ, ㄴ, ㄷ
② ㄱ, ㄴ, ㄹ
③ ㄱ, ㄷ, ㄹ
④ ㄴ, ㄷ, ㄹ
⑤ ㄱ, ㄴ, ㄷ, ㄹ

22. 소유권 이외의 권리등기에 관한 다음 설명 중 **틀린** 것은?

① 존속기간, 지료와 지급시기는 지상권의 필수적 요소가 아니므로 등기원인에 약정이 있는 경우에만 등기한다.

② 전세권설정등기 후 목적 부동산의 소유권이 제3자에게 이전된 경우에 그 존속기간을 단축하기 위한 전세권변경등기신청은 전세권자와 제3취득자가 공동으로 신청하여야 한다.

③ 존속기간이 만료된 건물전세권에 존속기간 연장을 위한 변경등기 없이 건물전세권을 목적으로 한 저당권설정등기를 신청할 수 있다.

④ 지역권에 관한 등기는 승역지를 관할하는 등기소에 신청하며, 요역지에 대한 등기는 등기관이 직권으로 한다.

⑤ 등기관이 동일한 채권에 관하여 5개 이상의 부동산에 관한 권리를 목적으로 하는 저당권설정의 등기를 할 때에는 공동담보목록을 작성하여야 한다.

23. 다음 중 가등기에 기한 본등기를 함에 있어서 직권으로 말소할 수 없는 등기를 모두 고른 것은?

> ㄱ. 소유권이전청구권가등기에 기하여 본등기를 하는 경우, 가등기 후 경료된 전세권설정등기
> ㄴ. 소유권이전청구권가등기에 기하여 본등기를 하는 경우, 가등기 전에 경료된 저당권설정등기에 기하여 가등기 후 본등기 전에 경료된 임의경매신청등기
> ㄷ. 지상권설정청구권가등기에 기한 본등기를 하는 경우, 가등기 후에 경료된 동일 범위의 지상권설정등기
> ㄹ. 전세권설정청구권가등기에 기하여 본등기를 한 경우, 가등기 후 본등기 전에 경료된 소유권이전등기
> ㅁ. 저당권설정청구권가등기에 기하여 본등기를 하는 경우, 해당 가등기 후 본등기 전에 경료된 동일 범위의 저당권설정등기

① ㄱ, ㄴ, ㄷ
② ㄱ, ㄴ, ㄹ
③ ㄴ, ㄷ, ㄹ
④ ㄴ, ㄹ, ㅁ
⑤ ㄷ, ㄹ, ㅁ

24. 甲 소유의 건물에 대하여 소유권이전청구권을 보전하기 위한 乙의 가처분이 2024.2.1. 등기되었다. 乙이 甲을 등기의무자로 하여 소유권이전등기를 신청하는 경우, 그 건물에 있던 다음의 제3자 명의의 등기 중 단독으로 등기의 말소를 신청할 수 있는 것은?

① 2024.1.5. 등기된 가압류에 의하여 2024.4.7.에 한 강제경매개시결정등기
② 2024.1.6. 등기된 가등기담보권에 의하여 2024.5.8.에 한 임의경매개시결정등기
③ 2024.1.7. 체결된 매매계약에 의하여 2024.5.1.에 한 소유권이전등기
④ 임차권등기명령에 의해 2024.4.2.에 한 甲에게 대항할 수 있는 주택임차권등기
⑤ 2024.1.8. 등기된 근저당권에 의하여 2024.5.2.에 한 임의경매개시결정등기

25. 다음은 2024년도에 시행되는 부동산세법에 대한 설명으로 옳은 것은?

① 압류는 제척기간이 중단하는 사유이다.
② 5천만원(가산세를 제외한 금액) 이상의 지방세 소멸시효는 5년이다.
③ 국세징수금의 징수순위는 '국세(가산세 제외), 강제징수비, 가산금'의 순서로 한다.
④ 「지방세기본법」상 법정신고기한이 지난 후 1개월 초과 3개월 이내에 기한 후 신고를 한 경우에는 무신고가산세 및 납부지연가산세의 100분의 30에 상당하는 금액을 감면한다.
⑤ 체납된 국세의 납부고지서별·세목별 세액이 150만원 미만인 경우에는 납부고지서에 따른 납부기한의 다음 날부터 적용되는 1일 0.022%의 납부지연가산세를 적용하지 아니한다.

26. 「지방세법」상 취득세의 납세의무 성립시기가 되는 부동산의 취득시기에 관한 설명으로 옳은 것은 모두 몇 개인가?

> ㄱ. 매매 등 유상취득의 경우에는 원칙적으로 계약상 잔금지급일을 취득일로 한다.
> ㄴ. 「민법」 제245조 및 제247조에 따른 점유로 인한 취득의 경우에는 취득물건의 시효만료일을 취득일로 본다.
> ㄷ. 관계 법령에 따라 매립·간척 등으로 토지를 원시취득하는 경우에는 공사준공인가일을 취득일로 본다.
> ㄹ. 상속으로 인하여 부동산을 취득한 경우에는 상속개시일에 취득한 것으로 본다.
> ㅁ. 「민법」 제839조의2 및 제843조에 따른 재산분할로 인한 취득의 경우에는 취득물건의 등기일 또는 등록일을 취득일로 본다.

① 1개
② 2개
③ 3개
④ 4개
⑤ 5개

27. 다음 중 취득세가 과세되는 토지의 지목변경에 대한 내용으로 옳은 것은?

① 토지의 지목을 변경하는 경우 그로 인하여 가액의 증가 여부와 관계없이 취득세가 부과된다.
② 과세표준은 그 변경으로 증가한 가액에 해당하는 사실상 취득가격으로 하되, 법인이 아닌 자가 취득하는 경우로서 사실상 취득가격을 확인할 수 있는 경우에도 토지의 지목이 공부상 변경된 때를 기준으로 지목변경 이후의 토지에 대한 시가표준액에서 지목변경 전의 토지에 대한 시가표준액을 뺀 가액으로 한다.
③ 취득세 세율은 중과기준세율(1,000분의 20)을 적용한다.
④ 토지의 지목변경에 따른 취득은 지목변경일 이전에 그 사용여부와 관계없이 사실상 변경된 날과 공부상 변경된 날 중 빠른 날을 취득일로 본다.
⑤ 토지의 지목변경에 따라 사실상 그 가액이 증가된 경우, 취득세의 신고를 하지 않고 매각하는 경우에는 취득세 중가산세 규정을 적용한다.

28. 「지방세법」상 취득세의 부과·징수에 관한 설명으로 <u>틀린</u> 것은?

① 「지방세법」제13조의2 제1항 제2호에 따라 일시적 2주택으로 신고하였으나 그 취득일로부터 대통령령으로 정하는 기간 내(3년 이내)에 대통령령으로 정하는 종전 주택을 처분하지 못하여 1주택으로 되지 아니한 경우 가산세를 적용한다.

② 재산권과 그 밖의 권리의 취득·이전에 관한 사항을 공부(公簿)에 등기하거나 등록하려는 경우에는 등기 또는 등록신청서를 등기·등록관서에 접수하는 날까지 취득세를 신고납부하여야 한다.

③ 납세의무자가 신고기한까지 취득세를 시가인정액으로 신고한 후 지방자치단체의 장이 세액을 경정하기 전에 그 시가인정액을 수정신고한 경우에는 「지방세기본법」제53조 및 제54조에 따른 가산세를 부과하지 아니한다.

④ 취득세 납세의무자가 신고 또는 납부의무를 다하지 아니하면 산출세액 또는 그 부족세액에 「지방세기본법」의 규정에 따라 산출한 가산세를 합한 금액을 세액으로 하여 보통징수의 방법으로 징수한다.

⑤ 증여로 인한 무상취득의 경우에는 취득일부터 3개월 이내에 신고하고 납부하여야 한다.

29. 다음 중 「지방세법」상 등록에 대한 등록면허세에 대한 설명으로 옳은 것은?

① 금융기관이 甲소유의 부동산에 저당권을 설정하는 경우 납세의무자는 설정자인 甲이다.

② 증여를 원인으로 하는 부동산등기의 경우 증여계약일로부터 3개월 내에 신고하고 납부하여야 한다.

③ 취득세 부과제척기간이 경과한 물건의 등기·등록에 대한 등록면허세 과세표준은 등록당시가액과 취득당시가액 중 높은 가액으로 한다.

④ 저당권말소등기를 하는 경우 과세표준은 채권금액이다.

⑤ 부동산등기를 하는 경우에 취득일로부터 60일 이내에 신고납부하여야 한다.

30. 체납된 조세의 법정기일 전에 채권담보를 위해 甲이 저당권 설정등기를 한 사실이 부동산등기부 등본에 증명되는 甲소유의 토지 A의 공매대금에 대하여 그 조세와 피담보채권이 경합되는 경우, 피담보채권보다 우선 징수하는 조세가 <u>아닌</u> 것은? (단, 토지 A에 다음 보기의 조세가 부과됨)

① 양도소득세

② 종합부동산세

③ 소방분 지역자원시설세

④ 재산세

⑤ 재산세에 부과되는 지방교육세

31. 다음 중 재산세를 부과하는 경우에 비례세율이 적용되는 토지는? (단, 해당 토지의 관련 요건은 갖춘 것으로 가정함)

① 자동차운전교육장용 토지

② 운수회사의 차고용 토지

③ 레미콘 제조업용 토지

④ 견인된 차 보관용 토지

⑤ 국가가 국방상의 목적 외에는 그 사용 및 처분 등을 제한하는 공장 구내의 토지

32. 「지방세법」상 재산세 과세대상에서 「국토의 계획 및 이용에 관한 법률 규정」에 의한 도시지역 내에 공업지역에 있는 일반건축물의 바닥면적이 $200m^2$이고, 그에 딸린 토지 면적이 $1,500m^2$일 때 종합합산과세대상토지에 해당하는 면적은? (단, 공업지역의 용도지역별 적용배율은 4배임)

① $200m^2$

② $700m^2$

③ $800m^2$

④ $1,500m^2$

⑤ $1,700m^2$

33. 「종합부동산세법」상 1세대 1주택자에 관한 설명으로 옳은 것은?

① 합산배제 신고한 「문화재보호법」에 따른 국가등록문화재에 해당하는 주택은 1세대가 소유한 주택 수에서 제외한다.

② 과세기준일 현재 세대원 중 1인과 그 배우자만이 공동으로 1주택을 소유하고 해당 세대원 및 다른 세대원이 다른 주택을 소유하지 아니한 경우 신청하지 않더라도 공동명의 1주택자를 해당 1주택에 대한 납세의무자로 한다.

③ 1세대가 일반 주택과 합산배제 신고한 임대주택을 각각 1채씩 소유한 경우 해당 일반 주택에 그 주택소유자가 실제 거주하지 않더라도 1세대 1주택자에 해당한다.

④ 1세대 1주택자는 주택의 공시가격을 합산한 금액에서 11억원을 공제한 금액에 공정시장가액비율을 곱한 금액을 과세표준으로 한다.

⑤ 60세 이상의 직계존속을 동거봉양하기 위하여 합가함으로써 1세대를 구성하는 경우에는 최초로 합가한 날부터 5년 동안에 한하여 주택 또는 토지를 소유하는 자와 그 합가한 자별로 각각 1세대로 본다.

34. 「종합부동산세법」상 종합부동산세에 관한 설명으로 **틀린 것**은? (단, 주택은 「종합부동산세법」상 합산배제주택에 해당하지 아니하며, 지방세관계법상 재산세 특례 및 감면은 없음)

① 종합부동산세의 납세의무자가 비거주자인 개인으로서 국내사업장이 없고 국내원천소득이 발생하지 않는 1주택을 소유한 경우 그 주택 소재지를 납세지로 정한다.

② 개인소유 주택은 주택 수에 관계없이 차등비례세율이 적용되며, 법인소유주택은 주택 수에 따라 원칙적으로 초과누진세율이 적용된다.

③ 「지방세특례제한법」 또는 「조세특례제한법」에 의한 재산세의 감면 규정은 종합부동산세를 부과함에 있어서 이를 준용한다.

④ 납세의무자가 법인 또는 법인으로 보는 단체로서 「종합부동산세법」 제9조 제2항 각 호의 비례세율이 적용되는 경우는 세 부담 상한에 관한 규정을 적용하지 아니한다.

⑤ 개인소유 주택분 종합부동산세액의 결정세액은 주택분 종합부동산세액에서 '(주택의 공시가격 합산액 - 공제금액) × 재산세 공정시장가액비율 × 재산세 표준세율'의 산식에 따라 산정한 재산세액을 공제하여 계산한다.

35. 거주자 甲이 국내 소재 상시주거용 건물(이하 '주택'이라 함)을 임대하고 있는 경우 「소득세법」상 설명으로 **틀린 것**은? (단, 고가주택이 아니며 부수토지는 고려하지 않음)

① 자기소유의 부동산을 타인의 담보로 사용하게 하고 그 사용대가로 받는 것은 사업소득이다.

② 주택임대로 인하여 발생하는 소득에 대한 총 수입금액의 수입할 시기는 계약에 의하여 지급일이 정하여진 경우, 그 정하여진 날로 한다.

③ 만일 당해 주택이 국외에 소재하는 경우라면 주택임대로 인하여 발생하는 소득은 주택 수에 관계없이 과세된다.

④ 주택임대로 인하여 발생하는 소득에 대한 비과세 여부를 판단함에 있어서 甲과 그 배우자가 각각 주택을 소유하는 경우, 이를 합산하여 주택 수를 계산한다.

⑤ 임차 또는 전세받은 주택을 전대하거나 전전세하는 경우에는 해당 임차 또는 전세받은 주택은 임대인 또는 전세권설정자의 주택으로 계산한다.

36. 「소득세법」상 양도소득세 과세대상이 **아닌 것**은?

① 이혼의 위자료지급에 갈음하여 부동산을 이전하는 경우

② 건물이 완성되는 때에 그 건물과 이에 딸린 토지를 취득할 수 있는 권리가 이전되는 경우

③ 지상경계를 합리적으로 바꾸기 위하여 법률에 따라 토지를 분할하여 교환하는 경우로서 분할된 토지의 전체 면적이 분할 전 토지의 전체 면적의 100분의 20을 초과하지 않는 경우

④ 공유토지를 분할하면서 등기부상 본인 지분이 감소된 경우로서 감소분에 대하여 대가를 지급받은 경우

⑤ 부동산매매계약을 체결한 자가 계약금만 지급한 상태에서 양도하는 권리의 이전이 있는 경우

37. 다음 자료에 의하는 경우 양도소득세 산출세액은 얼마인가? (단, 국내자산을 양도하는 경우이며, 다른 조건은 고려하지 않음)

○ 등기된 상가 건물
○ 보유기간: 2년 6개월
○ 과세표준금액: 1,400만원

① 60만원
② 84만원
③ 210만원
④ 560만원
⑤ 700만원

38. 다음 중 「소득세법」상 양도소득세의 양도 및 취득시기에 대한 내용으로 **옳은 것**은?

① 사실상 대금청산일이 분명하지 않은 경우에는 계약서상 잔금지급일을 취득 및 양도시기로 한다.

② 장기할부조건으로 매매하는 경우에는 소유권이전등기(등록 및 명의개서를 포함)접수일·인도일 또는 사용수익일 중 빠른 날을 취득 및 양도시기로 한다.

③ 1984년 12월 31일 이전에 취득한 토지는 1986년 1월 1일에 취득한 것으로 본다.

④ 「민법」 제245조 제1항의 규정(부동산소유권의 취득시효)에 의하여 부동산의 소유권을 취득하는 경우에는 해당 부동산의 등기접수일을 취득시기로 한다.

⑤ 동일 필지를 2회 이상에 걸쳐 지분으로 각각 취득한 부동산 중에 일부를 양도한 경우로서 취득시기가 분명하지 아니한 경우에는 먼저 취득한 부동산을 나중에 양도한 것으로 본다.

39. 거주자 甲이 2024년도 4월 13일에 국내에 소재하는 토지를 양도하는 경우 양도소득세에 관한 다음 설명 중 옳은 것은?

① 예정신고는 6월 13일까지 토지소재지 관할 세무서에 하여야 한다.

② 양도소득과세표준 예정신고기한 내에 무신고한 후 확정신고기한까지 신고한 경우에도 예정신고 무신고에 대한 가산세는 감면되지 않는다.

③ 예정신고를 1회 한 경우에도 해당 소득에 대한 확정신고를 생략할 수 없다.

④ 甲이 시가 3억원의 토지를 동생에게 채무 1억원을 인수하는 조건으로 양도하는 경우 예정신고기한은 2024년 7월 31일이다.

⑤ 토지거래허가구역 내의 토지를 양도하는 경우로서 허가일 전에 대금이 청산된 경우라면 양도일이 속하는 달의 말일로부터 2개월 이내에 신고하여야 한다.

40. 「소득세법」상 국내자산 양도시 양도소득세 계산과정에서 양도소득과세표준을 감소시킬 수 있는 항목에 해당하지 않는 것은?

① 매입가액과 취득세

② 장기보유특별공제액

③ 자본적 지출액

④ 양도소득기본공제액

⑤ 감면세액

2024년도 제35회 공인중개사 2차 국가자격시험

실전모의고사 제6회

교 시	문제형별	시 간	시 험 과 목
1교시	**A**	**100분**	① 공인중개사의 업무 및 부동산 거래신고에 관한 법령 및 중개실무 ② 부동산공법 중 부동산 중개에 관련되는 규정
수험번호			**성 명**

【 수험자 유의사항 】

1. **시험문제지는 단일 형별(A형)이며, 답안카드 형별 기재란에 표시된 형별(A형)을 확인하시기 바랍니다.** 시험문제지의 **총면수, 문제번호 일련순서, 인쇄상태** 등을 확인하시고, 문제지 표지에 수험번호와 성명을 기재하시기 바랍니다.

2. 답은 각 문제마다 요구하는 **가장 적합하거나 가까운 답 1개**만 선택하고, 답안카드 작성 시 시험문제지 **형별누락, 마킹착오**로 인한 불이익은 전적으로 **수험자에게 책임**이 있음을 알려드립니다.

3. 답안카드는 국가전문자격 공통 표준형으로 문제번호가 1번부터 125번까지 인쇄되어 있습니다. 답안 마킹 시에는 반드시 **시험문제지의 문제번호와 동일한 번호에 마킹**하여야 합니다. (2차 1교시: 1번~80번)

4. **감독위원의 지시에 불응하거나 시험시간 종료 후 답안카드를 제출하지 않을 경우** 불이익이 발생할 수 있음을 알려 드립니다.

5. 시험문제지는 시험 종료 후 가져가시기 바랍니다.

6. 답안작성은 **시험 시행일(2024.10.26.) 현재 시행되는 법령** 등을 적용하시기 바랍니다.

7. 가답안 의견제시에 대한 개별회신 및 공고는 하지 않으며, **최종 정답 발표로 갈음합니다.**

8. 시험 중 **중간 퇴실은 불가**합니다. 단, 부득이하게 퇴실할 경우 **시험포기각서 제출 후 퇴실은 가능**하나 **재입실이 불가**하며, **해당시험은 무효처리됩니다.**

해커스 공인중개사

1. 공인중개사법령상 중개대상물의 표시 · 광고와 관련한 설명
   으로 틀린 것은?
   ① 개업공인중개사는 존재하지 않아서 실제로 거래를 할
      수 없는 중개대상물에 대한 표시 · 광고를 하여서는 아니
      된다.
   ② 개업공인중개사는 중개대상물의 표시 · 광고시 중개보
      조원에 관한 사항은 명시해서는 아니 된다.
   ③ 개업공인중개사가 인터넷을 이용하여 중개대상물에 대
      한 표시 · 광고를 하는 때에는 중개대상물의 종류별로
      대통령령으로 정하는 소재지, 면적, 가격 등의 사항을
      명시하여야 한다.
   ④ 시 · 도지사는 인터넷을 이용한 중개대상물에 대한 표시 ·
      광고가 공인중개사법령을 준수하는지 여부를 모니터링
      할 수 있다.
   ⑤ 부당한 표시 · 광고의 세부적인 유형 및 기준 등에 관한
      사항은 국토교통부장관이 정하여 고시한다.

2. 공인중개사법령상 토지의 임대차에 관하여 전속중개계약을
   체결한 개업공인중개사가 반드시 공개하여야 할 중개대상물
   에 관한 정보는 몇 개인가? (중개의뢰인이 비공개 요청을 하
   지 않음을 전제로 함)

   ┌──────────────────────────────────────┐
   │ ㄱ. 공법상 이용제한 및 거래규제에 관한 사항 │
   │ ㄴ. 토지의 공시지가   │
   │ ㄷ. 거래예정금액   │
   │ ㄹ. 도로 등 입지조건   │
   │ ㅁ. 취득 관련 조세의 종류 및 세율   │
   └──────────────────────────────────────┘

   ① 1개   ② 2개
   ③ 3개   ④ 4개
   ⑤ 5개

3. 공인중개사법령상 공인중개사와 관련한 설명으로 틀린 것
   은? (다툼이 있으면 판례에 따름)
   ① 국토교통부장관이 공인중개사 자격시험을 직접 시행하
      고자 할 때에는 공인중개사 정책심의위원회의 사전의
      결을 거쳐야 한다.
   ② 누구든지 공인중개사 자격증을 양도 또는 대여하는 행
      위를 알선하여서는 아니 된다.

③ 공인중개사 자격이 없는 자가 자신의 명함에 '부동산
   뉴스 대표'라는 명칭을 사용한 것은 공인중개사와 유
   사한 명칭을 사용한 것에 해당한다.
④ 공인중개사의 명의로 등록되어 있으나 공인중개사가
   아닌 자가 주도적으로 운영하는 형식으로 동업한 경우
   이는 형사처벌의 대상이 된다.
⑤ 공인중개사가 무자격자로 하여금 중개사무소의 경영에
   관여하거나 자금을 투자하고 그로 인한 이익을 분배받
   도록 하는 경우에는 당연히 자격증의 대여를 한 것이
   라고 볼 수 있다.

4. 공인중개사법령상 2024년 10월 26일 현재 결격사유에 해당
   하는 자는? (주어진 조건만 고려함)
   ① 특정 사무에 관하여 후견개시의 심판을 받은 피특정
      후견인
   ② 부정한 방법으로 공인중개사 자격을 취득하여 2021년
      12월 24일 자격이 취소된 자
   ③ 폭행으로 인하여 2021년 11월 15일 벌금 400만원을
      선고받은 자
   ④ 2023년 6월 25일 「도로교통법」 위반으로 징역 1년에
      집행유예 2년을 선고받았으나 2024년 5월 9일 일반사면
      을 받은 자
   ⑤ 2024년 4월 11일 업무정지처분 6개월을 받고 동년 5월
      13일 폐업을 신고한 자

5. 공인중개사법령상 중개사무소와 관련한 설명으로 옳은 것은?
   ① 중개사무소를 이전한 때에는 이전한 날로부터 7일 내에
      등록관청에 이전사실을 신고하여야 한다.
   ② 「건축법」상 가설건축물 축조신고가 된 건물이라면 중
      개사무소로 사용할 수 있다.
   ③ 중개사무소 이전신고를 받은 이전 후 등록관청은 종전
      의 등록관청에 관련 서류를 10일 내에 송부하여 줄
      것을 요청하여야 한다.
   ④ 준공은 되었으나 건축물대장에 기재되지 아니한 건물
      로 중개사무소를 이전한 경우에는 건축물대장에 기재
      가 지연되는 사유서를 신고서에 첨부하여야 한다.
   ⑤ 개업공인중개사가 중개사무소를 공동으로 사용하고자
      하는 경우에는 건물주의 사용승낙서를 '중개사무소 공
      동사용신고서'에 첨부하여 제출하여야 한다.

6. 공인중개사법령상 중개대상이 되지 아니하는 항목이 들어 있는 것을 모두 고른 것은? (다툼이 있으면 판례에 따름)

> ㄱ. 사권(私權)이 소멸된 포락지, 지방자치단체가 매립한 공유수면매립지, 증여
>
> ㄴ. 가등기담보권, 법정저당권, 상표권
>
> ㄷ. 무형의 재산적 가치, 경매, 광업권
>
> ㄹ. 등기된 부동산환매권, 유치권, 공장재단에 대한 저당권
>
> ㅁ. 경매개시결정등기가 된 토지, 지역권설정행위, 상수원보호구역 내의 토지

① ㄱ, ㄴ, ㄷ   ② ㄱ, ㄷ, ㄹ
③ ㄴ, ㄷ, ㅁ   ④ ㄴ, ㄹ, ㅁ
⑤ ㄷ, ㄹ, ㅁ

7. 공인중개사법령상 금지행위에 해당하지 <u>않는</u> 것은? (다툼이 있으면 판례에 따름)

① 시세에 부당한 영향을 줄 목적으로 정당한 사유 없이 개업공인중개사의 중개대상물에 대한 정당한 표시·광고를 방해하는 행위

② 의뢰인과 순가중개계약을 체결하고 법정한도를 초과하는 중개보수를 받은 행위

③ 토지를 택지로 조성하여 분양을 해주고 토지소유자에게는 확정금을 지급 후 나머지 차액은 중개보수 명목으로 받은 행위

④ 시세에 부당한 영향을 줄 목적으로 온라인 커뮤니티를 이용하여 특정 개업공인중개사 등에 대한 중개의뢰를 제한한 행위

⑤ 토지의 매도의뢰인으로부터 매도대리권을 수여받고 그 토지를 직접 매수한 행위

8. 공인중개사법령상 중개사무소의 명칭 사용과 관련한 설명으로 옳은 것은?

① 공인중개사인 개업공인중개사는 그 사무소의 명칭에 반드시 "공인중개사사무소"라는 문자를 사용하여야 한다.

② 개업공인중개사는 그 사무소의 명칭에 등록증에 표기된 개업공인중개사의 성명을 표기하여야 한다.

③ 위법 사무소 간판의 철거명령에 불응한 경우 그 대집행은 「민사집행법」에 따른다.

④ 법 제7638호 부칙 제6조 제2항의 개업공인중개사가 그 사무소의 명칭에 "공인중개사사무소"라는 문자를 사용한 경우에는 1년 이하의 징역 또는 1천만원 이하의 벌금에 처한다.

⑤ 개업공인중개사가 아닌 자가 공인중개사사무소, 부동산중개 또는 이와 유사한 명칭을 사용하여 100만원의 벌금을 선고받았다.

9. 「부동산 거래신고 등에 관한 법률」상 제재와 관련한 내용으로 옳은 것을 모두 고른 것은?

> ㄱ. 토지거래허가를 받지 아니하고 계약을 체결한 자에 대하여는 2년 이하의 징역 또는 계약 체결 당시의 해당 토지 공시지가의 30%에 해당하는 금액 이하의 벌금에 처한다.
>
> ㄴ. 부당한 이익을 얻을 목적으로 부동산거래신고를 한 계약이 해제되지 아니하였음에도 불구하고 거짓으로 해제신고를 한 자에 대하여는 3년 이하의 징역 또는 3천만원 이하의 벌금에 처한다.
>
> ㄷ. 개업공인중개사에게 과태료를 부과한 신고관청은 부과일부터 15일 이내에 해당 등록관청에 과태료 부과사실을 통보하여야 한다.
>
> ㄹ. 거래대금 지급증명자료 제출요구에 불응한 자가 조사기관의 조사가 시작된 후에 자진 신고한 경우에는 과태료의 50%가 감경된다.

① ㄱ, ㄴ   ② ㄷ, ㄹ
③ ㄱ, ㄴ, ㄷ   ④ ㄴ, ㄷ, ㄹ
⑤ ㄱ, ㄴ, ㄷ, ㄹ

10. 공인중개사법령상 중개대상물인 입목, 광업재단 또는 공장재단에 관한 설명으로 틀린 것은?

① 토지소유권 또는 지상권의 처분의 효력은 입목에 미치지 아니한다.

② 지상권자에게 속하는 입목이 저당권의 목적이 되어 있는 경우 지상권자는 저당권자의 승낙이 없다 하더라도 그 권리를 포기할 수 있다.

③ 공장재단 소유권보존등기의 효력은 소유권보존등기를 한 날부터 10개월 내에 저당권설정등기를 하지 아니하면 상실된다.

④ 광업재단의 구성물은 원칙적으로 광업재단과 분리하여 양도하거나 소유권 외의 권리, 압류, 가압류 또는 가처분의 목적으로 하지 못한다.

⑤ 공장재단에 관하여 소유권보존등기를 한 등기관은 공장재단에 편입된 토지, 건물에 대하여 해당 토지, 건물 등기기록 해당구에 공장재단에의 편입사실을 기재하여야 한다.

11. 공인중개사법령상 부동산거래질서교란행위 신고센터(이하 '신고센터'라 함)의 설치·운영에 관한 설명으로 옳은 것은?

① 중개대상물에 대하여 부당한 표시·광고를 한 행위는 부동산거래질서교란행위에 해당한다.

② 신고센터로부터 신고내용의 조사요구를 받은 등록관청은 조사결과를 조사완료 후 15일 이내에 신고센터에 통보해야 한다.

③ 신고센터는 매월 15일까지 직전 달의 신고사항 접수 및 처리결과 등을 시·도지사에게 제출해야 한다.

④ 부동산거래질서교란행위의 신고는 서면(전자문서 포함)으로 하여야 한다.

⑤ 신고센터는 신고내용 조사 및 조치결과를 통보받은 경우 신고인에게 신고사항 처리결과를 10일 내에 통보해야 한다.

12. 공인중개사법령상 그 원본을 첨부하여야 하는 경우는 모두 몇 개인가?

ㄱ. 거래정보사업자 지정신청 - 중개사무소등록증
ㄴ. 공인중개사인 개업공인중개사의 인장 변경등록신고 - 중개사무소등록증
ㄷ. 보증설정신고 - 공제증서
ㄹ. 소속공인중개사의 고용신고 - 공인중개사 자격증
ㅁ. 분사무소 이전신고 - 분사무소설치신고확인서

① 1개   ② 2개
③ 3개   ④ 4개
⑤ 5개

13. 공인중개사법령상 중개사무소의 개설등록이 취소된 자는 3년 동안 결격사유에 해당한다. 다음 중 등록취소된 자로서 '등록취소 후 3년'의 결격기간이 적용되는 자는?

① 「형법」 위반으로 징역 1년을 선고받아 등록취소된 자
② 등록기준 미달로 인하여 등록취소된 법인
③ 파산선고를 받아 등록취소된 자
④ 해산으로 인하여 등록취소된 법인
⑤ 중개사무소등록증의 대여로 인하여 등록취소된 자

14. 개업공인중개사 甲은 乙을 중개보조원으로 고용하였다. 이에 관한 설명으로 공인중개사법령상 틀린 것은? (다툼이 있는 경우 판례에 따름)

① 甲은 乙이 업무를 개시하기 전까지 등록관청에 신고한 후 즉시 직무교육을 받도록 해야 한다.

② 甲은 자신과 소속공인중개사를 합한 수의 5배를 초과하여 중개보조원을 고용할 수 없다.

③ 甲이 乙의 행위로 손해배상책임을 지는 경우에 손해의 발생에 피해자의 과실이 개입되었다면 甲은 손해배상을 함에 있어서 과실상계를 주장할 수 있다.

④ 乙은 중개보조업무 수행시 중개의뢰인에게 중개보조원이라는 사실을 미리 고지해야 한다.

⑤ 甲이 乙의 업무상 행위로 손해배상을 하거나 양벌규정에 따라 벌금을 납부한 경우, 甲은 乙에게 손해배상금에 대하여는 구상할 수 있지만, 벌금에 대하여는 구상할 수 없다.

15. 공인중개사법령상 인장등록과 관련한 설명으로 옳은 것은?

① 중개사무소의 개설등록을 신청하는 자는 중개행위에 사용할 인장을 등록신청과 함께 신고하여야 한다.

② 법인인 개업공인중개사의 주된 사무소에서 사용할 인장은 「상업등기규칙」에 따라 대표자가 보증하는 인장으로 등록할 수 있다.

③ 법인인 개업공인중개사의 인장의 등록 및 변경등록은 「상업등기규칙」에 따른 인감증명서의 제출로 갈음한다.

④ 중개법인의 공인중개사가 아닌 임원·사원도 필요한 경우에는 인장을 등록할 수 있다.

⑤ 소속공인중개사가 인장등록의무를 위반한 경우 그를 고용한 개업공인중개사는 업무정지처분을 받을 수 있다.

16. 부동산 거래신고 등에 관한 법령상 부동산거래신고와 거래규제와의 관련성에 대한 설명으로 옳은 것(○)과 틀린 것(×)의 표시가 바르게 나열된 것은?

ㄱ. 토지거래허가증을 받은 토지의 매매계약은 부동산거래신고를 다시 할 필요가 없다.
ㄴ. 토지거래허가증을 받은 경우 농지취득자격증명을 받은 것으로 본다.
ㄷ. 농지취득자격증명을 받은 농지의 매매계약은 부동산거래신고가 면제된다.
ㄹ. 부동산거래계약신고필증을 받은 경우 계약서의 검인을 받은 것으로 본다.

① ㄱ(○), ㄴ(○), ㄷ(○), ㄹ(○)
② ㄱ(○), ㄴ(×), ㄷ(○), ㄹ(○)
③ ㄱ(○), ㄴ(×), ㄷ(×), ㄹ(○)
④ ㄱ(×), ㄴ(○), ㄷ(×), ㄹ(○)
⑤ ㄱ(×), ㄴ(×), ㄷ(×), ㄹ(×)

17. 부동산 거래신고 등에 관한 법령상 토지거래허가 등과 관련한 설명으로 옳은 것은?

① 선매자로 지정된 자는 지정통지를 받은 날부터 15일 내에 선매협의를 완료하여야 한다.

② 시장·군수 또는 구청장은 선매협의가 이루어지지 아니한 경우에는 지체 없이 불허가를 결정하여 통보하여야 한다.

③ 토지거래허가신청에 대하여 불허가처분을 받은 자는 그 통지를 받은 날부터 1개월 이내에 시장·군수·구청장에게 해당 토지에 관한 권리의 매수를 청구할 수 있다.

④ 자금조달계획서는 토지거래허가신청시 첨부할 서면이 아니다.

⑤ 토지이용의무 위반에 따른 이행강제금은 토지취득가액의 20% 내에서 부과하되, 이 경우 취득가액은 공시지가를 원칙으로 한다.

18. 공인중개사법령상 공인중개사협회와 관련한 설명으로 옳은 것은?

① 협회의 회장 및 협회 이사회가 협회의 임원 중에서 선임하는 사람은 공제사업운영위원회 전체 위원 수의 2분의 1 미만으로 한다.

② 개업공인중개사는 협회를 1개 이상 설립하여야 한다.

③ 협회설립을 위한 정관에는 회원인 개업공인중개사가 600인 이상 서명·날인하여야 한다.

④ 협회는 총회의 의결사항을 10일 내에 국토교통부장관에게 보고하여야 한다.

⑤ 협회의 창립총회에는 인천광역시에서는 회원인 개업공인중개사가 20인 이상 출석하여야 한다.

19. 공인중개사법령상 중개업무 등에 관한 설명으로 옳은 것을 모두 고른 것은?

> ㄱ. 중개사무소의 간판에는 중개사무소 개설등록번호를 명시하여야 한다.
>
> ㄴ. 중개대상물에 대한 광고를 하는 개업공인중개사는 그의 성명을 광고에 명시하여야 한다.
>
> ㄷ. 등록관청은 이중사무소를 두고 중개업을 하는 개업공인중개사를 신고한 자에게 포상금을 지급할 수 있다.
>
> ㄹ. 등록인장의 변경신고는 전자문서로 할 수 없다.

① ㄴ
② ㄱ, ㄴ
③ ㄱ, ㄹ
④ ㄴ, ㄷ, ㄹ
⑤ ㄱ, ㄴ, ㄷ, ㄹ

20. 공인중개사법령상 행정처분과 관련한 설명으로 옳은 것은?

① 업무정지처분을 가중하여 처분하는 경우에는 9개월까지 할 수 있다.

② 등록취소 또는 자격취소처분을 할 경우에는 원칙적으로 청문을 실시하여야 한다.

③ 자격증을 교부한 시·도지사와 사무소의 소재지를 관할하는 시·도지사가 서로 다른 경우에는 사무소의 소재지를 관할하는 시·도지사가 자격취소처분 또는 자격정지처분을 한 후 자격증을 교부한 시·도지사에게 통보하여야 한다.

④ 등록관청은 소속공인중개사의 자격정지처분사유에 해당하는 사실을 알게 된 때에는 5일 내에 그 사실을 시·도지사에게 통보하여야 한다.

⑤ 폐업신고 전에 받은 업무정지처분의 효과는 그 처분일부터 3년간 재등록 개업공인중개사에게 승계된다.

21. 공인중개사법령상 계약금 등의 반환채무이행보장제도에 관한 설명으로 틀린 것은?

① 계약금 등이라 함은 계약금, 중도금, 잔금을 말한다.

② 부동산거래계약의 이행을 보장하기 위하여 계약금 등 및 계약 관련 서류를 관리하는 업무를 수행하는 전문회사는 예치명의자가 될 수 있다.

③ 계약금 등은 거래계약의 이행이 완료된 때까지 예치할 수 있다.

④ 예치된 계약금 등을 미리 수령하기 위한 보증서의 발행기관은 보증보험회사와 금융기관뿐이다.

⑤ 예치명의자는 모두 계약금 등의 반환을 보장하는 내용의 보증을 설정하여 거래당사자에게 관계증서의 사본을 교부하거나 관계증서에 관한 전자문서를 제공하여야 한다.

22. 공인중개사법령상 다음 사례와 관련한 설명으로 옳은 것은?

甲은 부산광역시장에게 공인중개사 자격증을 교부받고, 경상남도 창원시 성산구에서 개설등록을 하여 중개업을 영위하던 중 분양사무소 앞에서 파라솔을 설치하여 아파트 분양권의 전매를 중개하다가 적발되었다.

① 甲이 300만원 이상의 벌금형을 선고받으면 경상남도 도지사는 甲의 공인중개사 자격을 정지할 수 있다.
② 성산구청장은 甲에 대하여 중개사무소의 개설등록취소 또는 업무정지처분을 할 수 있다.
③ 甲은 3년 이하의 징역 또는 3천만원 이하의 벌금에 처해진다.
④ 甲은 등록취소처분을 받은 경우 7일 내에 창원시장에게 등록증을 반납하여야 한다.
⑤ 甲은 자격취소처분을 받은 경우 경상남도 도지사에게 자격증을 반납하여야 한다.

23. 공인중개사법령상 중개보수 등에 관한 설명으로 틀린 것은?
① 임대차 중 보증금 외에 차임이 있는 경우에는 월 단위의 차임액에 100을 곱한 금액과 보증금을 합산한 금액을 거래금액으로 하나, 이 금액이 5천만원 미만인 경우에는 이 금액의 70%를 거래금액으로 한다.
② 중개대상물인 건축물 중 주택의 면적이 50m²이고, 상가의 면적인 50m²인 경우에는 전체에 대하여 주택에 관한 중개보수를 적용한다.
③ 동일한 중개대상물에 대하여 동일 당사자간에 매매를 포함한 둘 이상의 거래가 동일 기회에 이루어지는 경우에는 매매계약에 관한 거래금액만을 적용한다.
④ 교환계약은 거래금액이 큰 것을 기준으로 중개보수를 계산한다.
⑤ 공인중개사법령상 개업공인중개사가 중개보수나 실비를 받은 경우 영수증을 작성하여 교부할 의무는 없다.

24. 공인중개사법령상 등록관청에 적발된 경우 개업공인중개사의 등록을 취소하여야 하는 경우를 모두 고른 것은?

ㄱ. 개업공인중개사인 법인의 대표자가 사망한 경우
ㄴ. 중개보조원 수 제한을 초과하여 중개보조원을 고용한 경우
ㄷ. 부정한 방법으로 중개사무소의 개설등록을 한 경우
ㄹ. 최근 1년 이내에 업무정지처분 2회를 받고 다시 과태료처분에 해당하는 행위를 한 경우
ㅁ. 자격정지처분을 받은 소속공인중개사로 하여금 자격정지기간 중에 중개업무를 하게 한 경우

① ㄱ, ㄴ, ㄷ ② ㄱ, ㄷ, ㄹ
③ ㄴ, ㄷ, ㅁ ④ ㄴ, ㄹ, ㅁ
⑤ ㄷ, ㄹ, ㅁ

25. 부동산 거래신고 등에 관한 법령상 주택임대차계약의 신고대상 등에 관한 설명으로 옳은 것은? (주어진 조건만 고려함)
① 건축물대장상 용도가 주택인 경우에만 신고대상이 된다.
② 개업공인중개사가 주택임대차계약을 중개했더라도 그의 인적사항 및 소속공인중개사의 성명은 신고사항이 아니다.
③ 군(郡) 지역의 주택임대차계약은 모두 신고대상이 되지 아니한다.
④ 특별자치도 행정시 지역에 소재하는 금액기준을 충족하는 주택의 임대차계약은 신고대상이다.
⑤ 전용면적 60m² 이하 주택의 임대차계약은 제외된다.

26. 부동산 거래신고 등에 관한 법령상 외국인 등의 부동산취득 등에 대한 특례규정에 관한 설명으로 옳은 것은?
① 임원의 2분의 1이 대한민국 국적을 보유하고 있지 아니한 법인 또는 단체는 '외국인 등'에 해당하지 않는다.
② 외국인이 국내 부동산 등에 대한 소유권을 취득하는 계약을 체결하고 신고하지 아니한 경우 해당 부동산 등을 취득할 수 없다.
③ 외교부장관은 대한민국 국민에 대하여 자국 안의 토지의 취득 또는 양도를 금지하거나 제한하는 국가의 개인·법인·단체 또는 정부에 대하여 대한민국 안의 토지의 취득 또는 양도를 금지하거나 제한할 수 있다.
④ 외국인 등의 부동산 등의 취득신고 또는 허가신청은 전자문서에 의하여 할 수 없다.
⑤ 시장·군수 또는 구청장은 외국인이 토지취득의 허가구역·지역 등의 토지를 취득하는 것이 해당 구역·지역 등의 지정목적 달성에 지장을 주지 아니한다고 인정되는 경우에는 허가를 하여야 한다.

27. 분묘기지권에 관한 개업공인중개사의 설명으로 틀린 것은?

① 분묘기지권자의 점유는 원칙적으로 자주점유에 해당한다.

② 총유물인 임야에 대한 분묘설치행위의 성질은 처분행위에 해당하므로 사원총회의 결의를 필요로 한다.

③ 승낙에 의하여 성립하는 분묘기지권의 경우 성립 당시 토지소유자와 분묘의 수호·관리자가 지료 지급의무의 존부나 범위 등에 관하여 약정을 하였다면 그 약정의 효력은 분묘기지의 승계인에 대하여도 미친다.

④ 「장사 등에 관한 법률」 시행일 이후 설치된 분묘는 분묘기지권을 시효취득할 수 없다.

⑤ 집단 설치된 분묘가 분묘기지권을 모두 취득한 경우 분묘 중 일부를 그 분묘기지권이 미치는 범위 내에서 이장하였다면 분묘기지권의 효력이 그대로 유지된다.

28. 공인중개사법령상 실무교육대상자를 모두 고른 것은?

> ㄱ. 폐업신고 후 1년이 지나 재등록을 신청하려는 개업공인중개사이었던 자
>
> ㄴ. 분사무소의 소속공인중개사가 되려는 자
>
> ㄷ. 중개법인의 임원이 되려는 공인중개사가 아닌 자
>
> ㄹ. 직무교육을 받은 후 1년 내에 공인중개사 자격을 취득하여 등록을 신청하려는 자

① ㄱ, ㄴ, ㄷ   ② ㄱ, ㄴ, ㄹ

③ ㄱ, ㄷ, ㄹ   ④ ㄴ, ㄷ, ㄹ

⑤ ㄱ, ㄴ, ㄷ, ㄹ

29. 「주택임대차보호법」상 주택임대차와 관련한 판례의 내용으로 틀린 것은?

① 점포 및 사무실로 사용되던 건물에 근저당권이 설정된 후 그 건물이 주거용 건물로 용도변경되어 이를 임차한 소액임차인은 특별한 사정이 없는 한 최우선변제를 받을 수 있다

② 정확한 주민등록 전입신고를 하였으나 담당 공무원이 착오로 수정을 요구하여 잘못된 지번으로 주민등록이 된 경우 그 주민등록은 임대차의 공시방법으로서 유효하다.

③ 다가구용 단독주택을 임차한 임차인이 대항력을 취득한 후에 동 주택이 다세대주택으로 변경된 경우 임차인이 이미 취득한 대항력을 상실하게 되는 것은 아니다.

④ 아파트 수분양자가 분양자로부터 열쇠를 교부받아 임차인을 입주하게 하고 임차인이 대항력을 갖춘 후 분양계약이 해제된 경우, 임차인은 아파트 소유자인 분양자에 대하여 임차권으로 대항할 수 있다.

⑤ 주택임차인이 그 지위를 강화하고자 별도로 전세권설정 등기를 마쳤더라도 「주택임대차보호법」상의 대항요건을 상실하면 이미 취득한 「주택임대차보호법」상의 대항력 및 우선변제권을 상실한다.

30. 「공인중개사의 매수신청대리인 등록 등에 관한 규칙」상 매수신청대리인등록을 취소해야 하는 사유가 아닌 것은?

① 개업공인중개사가 등록의 결격사유에 해당하는 경우

② 중개업의 폐업신고를 한 경우

③ 개업공인중개사의 공인중개사 자격이 취소된 경우

④ 개업공인중개사가 중개업의 업무정지처분을 받은 경우

⑤ 개업공인중개사가 등록 당시 「공인중개사의 매수신청대리인 등록 등에 관한 규칙」에 의한 등록요건을 갖추지 않았던 경우

31. 공인중개사법령상 토지의 매매에 관한 중개가 완성된 경우 확인·설명서를 작성하는 방법으로서 틀린 것은?

① 저당권이 설정되어 있는 경우에는 저당권자, 피담보채무액 등을 등기사항증명서에 표시된 내용에 따라 기재한다.

② '실제 권리관계 또는 공시되지 아니한 물건의 권리에 관한 사항'란은 매도(임대)의뢰인이 고지한 임대차, 지상에 점유권 행사 여부, 구축물, 적치물, 진입로, 경작물 등을 기재한다.

③ '건폐율 상한·용적률 상한'은 토지이용계획확인서를 확인하여 기재한다.

④ 비선호시설(1km 이내) 유무를 현장 조사하여 기재한다.

⑤ 토지이용계획, 공법상 이용제한 및 거래규제에 관한 사항(토지)의 공부에서 확인할 수 없는 사항은 부동산종합공부시스템 등에서 확인하여 적는다.

32. AIDA의 원리와 관련한 설명으로 틀린 것은?

① AIDA의 원리는 물건 구매자의 심리적 발전단계를 4단계로 요약·표현하여 만든 판매기술이다.

② AIDA의 원리는 중개심리(仲介心理)라고도 한다.

③ 주목단계(Attention)는 개업공인중개사가 신문이나 생활정보지 등에 중개대상물에 대한 매각광고 등을 통하여 구매자를 유인하는 단계이다.

④ 흥미단계(Interest)는 광고 또는 상담을 통하여 자신의 구매조건과 유사한 중개대상물을 찾은 고객에게 적정한 수의 중개대상물을 설명하는 단계이다.

⑤ 욕망단계(Desire)는 고객이 거래의사를 결정하는 단계로 클로징(Closing)을 하는 단계이다.

33. 부동산 거래신고 등에 관한 법령상 부동산거래계약 신고내용의 정정신청이 가능한 사항을 모두 고른 것은?

```
ㄱ. 거래지분이 변경된 경우
ㄴ. 실제 거래금액이 변경된 경우
ㄷ. 거래대상 건축물의 종류가 잘못된 경우
ㄹ. 거래대상 부동산의 면적이 잘못된 경우
ㅁ. 거래당사자의 성명이 잘못된 경우
```

① ㄱ, ㄴ   ② ㄷ, ㄹ
③ ㄱ, ㄴ, ㄷ   ④ ㄱ, ㄴ, ㅁ
⑤ ㄷ, ㄹ, ㅁ

34. 부동산 거래신고 등에 관한 법령상의 토지거래허가제와 관련한 판례로 틀린 것은?
① 관할관청의 토지거래허가를 받기 전이라도 채무불이행을 이유로 거래계약을 해제할 수 있다.
② 처음부터 토지거래허가를 배제하거나 잠탈하는 내용의 계약일 경우에는 확정적으로 무효이다.
③ 매매계약에서 토지거래허가신청의 협력의무의 불이행 또는 허가신청 전 매매계약의 철회를 지급사유로 하는 손해배상약정은 유효하다.
④ 토지거래허가구역 내에서의 중간생략의 등기는 무효이다.
⑤ 토지거래허가구역 내의 토지와 지상건물을 일괄하여 매매한 경우 토지에 대한 매매거래 허가 전에 건물에 대한 이전등기청구는 특별한 사정이 없는 한 할 수 없다.

35. 토지의 매수의뢰를 받은 개업공인중개사가 「공인중개사법 시행규칙」 별지 제14호 서식인 일반중개계약서를 작성할 때 기재하는 사항을 모두 고른 것은?

```
ㄱ. 개업공인중개사의 손해배상책임
ㄴ. 유효기간
ㄷ. 희망조건
ㄹ. 토지의 지역ㆍ지구 등
```

① ㄷ   ② ㄱ, ㄴ
③ ㄴ, ㄹ   ④ ㄱ, ㄴ, ㄷ
⑤ ㄱ, ㄴ, ㄷ, ㄹ

36. 부동산거래 전자계약시스템(IRTS)을 통한 전자계약과 관련한 설명으로 틀린 것은?
① 거래당사자가 법인인 경우에도 전자계약이 가능하다.
② 전자계약을 한 경우 소유권이전등기는 별도의 절차 없이 자동적으로 된다.
③ 거래당사자를 대리하는 대리인에 의해서는 전자계약 체결을 할 수 없다.
④ 오피스텔 매매계약의 경우 전자계약시스템을 이용할 수 있다.
⑤ 개업공인중개사는 전자계약을 진행하려면 공동인증서 등록이 필요하다.

37. 「부동산 실권리자명의 등기에 관한 법률」의 내용으로 틀린 것은? (다툼이 있으면 판례에 따름)
① 종교단체의 명의로 그 산하조직이 보유한 부동산에 관한 물권을 등기한 경우로서 조세포탈 등의 목적이 없는 한 그 등기는 유효하다.
② 소유권보존등기를 타인명의로 한 경우에도 명의신탁약정은 무효가 되며 명의신탁에 의한 소유권보존등기도 무효가 된다.
③ 부동산의 위치와 면적을 특정하여 2인 이상이 구분소유하기로 약정을 하고 그 공유로 등기한 경우 그 등기는 무효이다.
④ 명의수탁자로부터 신탁재산을 매수한 제3자가 명의수탁자의 명의신탁자에 대한 배신행위에 적극 가담한 경우에는 명의수탁자와 제3자 사이의 계약은 무효이다.
⑤ 부동산의 매도인이 명의신탁약정이 있다는 사실을 모르고 명의수탁자와 매매계약을 체결하고 소유권이전등기가 완료된 경우 그 소유권이전등기는 유효이다.

38. 「민사집행법」에 따른 부동산경매와 관련한 설명으로 틀린 것은?
① 매수인은 대금완납 후 6개월 내에 부동산의 점유자를 상대로 한 인도명령을 신청할 수 있다.
② 매수인은 매각대금을 다 낸 때에 매각의 목적인 권리를 취득한다.
③ 배당요구에 따라 매수인이 인수하여야 할 부담이 바뀌는 경우 배당요구를 한 채권자는 배당요구의 종기가 지난 뒤에 이를 철회하지도 못한다.
④ 집행대상 목적물에 대한 당해세는 담보물권채권보다 우선하여 배당을 받는다.
⑤ 농지에 대한 경매시 매수신고를 하는 자는 농지취득자격증명을 매수신고시에 함께 제출하여야 한다.

39. 「상가건물 임대차보호법」상 계약갱신요구권에 관한 설명으로 옳은 것은?

① 계약갱신요구권은 임차인뿐만 아니라 임대인도 행사할 수 있다.

② 계약갱신요구권은 임대차기간이 만료되기 전이라면 언제든지 행사할 수 있다.

③ 적법 전차인일지라도 임차인의 계약갱신요구권을 대위 행사할 수는 없다.

④ 계약갱신요구권은 최초의 임대차기간을 포함하여 10년을 초과하지 않는 범위 내에서 행사할 수 있다.

⑤ 임차인이 계약갱신을 요구하여 임대차계약이 갱신된 경우라 하더라도 임차인은 언제든지 계약의 해지통고를 할 수 있다.

40. 개업공인중개사가 농지매매를 중개할 때 중개의뢰인에게 설명한 내용으로 옳은 것은? (다툼이 있으면 판례에 따름)

① 시장·군수·구청장은 농지 1필지를 공유로 소유(상속 제외)하려는 자의 최대 인원수를 7인 이하의 범위에서 시·군·구의 조례로 정하는 바에 따라 제한할 수 있다.

② 농지를 취득하기 위해서는 농지 소재지 관할군수가 발급한 농지취득자격증명을 첨부하여야 한다.

③ 상속에 의하여 농지를 취득한 경우에는 농업경영을 하더라도 1만m² 이내의 농지만 소유할 수 있다.

④ 지목이 임야인 토지의 경우 산지전용허가를 받지 않더라도 다년생 식물재배에 이용된다면 농지로 취득할 수 있다.

⑤ 농지를 취득하려는 자가 농지에 관하여 소유권이전등기를 마쳤다면 농지취득자격증명을 발급받지 못하더라도 농지의 소유권을 취득한다.

제2과목: 부동산공법 중 부동산 중개에 관련되는 규정

41. 국토의 계획 및 이용에 관한 법령상 기반시설부담구역으로 지정해야 하는 지역이 아닌 것은?

① 법령의 개정으로 인하여 행위제한이 완화되거나 해제되는 지역

② 법령에 따라 지정된 용도지역 등이 변경되어 행위제한이 완화되는 지역

③ 개발행위로 인하여 기반시설의 수용능력이 부족할 것이 예상되는 지역 중 기반시설의 설치가 곤란한 지역

④ 해당 지역의 전년도 개발행위 건수가 전전년도 개발행위허가 건수보다 20% 이상 증가한 지역

⑤ 해당 지역의 전년도 인구증가율이 그 지역이 속하는 특별시·광역시·특별자치시·특별자치도·시 또는 군의 전년도 인구증가율보다 20% 이상 높은 지역

42. 국토의 계획 및 이용에 관한 법령상 다음 내용을 뜻하는 용어는?

> 토지의 이용 및 건축물이나 그 밖의 시설의 용도·건폐율·용적률·높이 등을 완화하는 용도구역의 효율적이고 계획적인 관리를 위하여 수립하는 계획

① 생활권계획　　　　② 공간재구조화계획
③ 도시·군기본계획　　④ 복합용도계획
⑤ 지구단위계획

43. 국토의 계획 및 이용에 관한 법령상 매수의무자인 지방자치단체가 매수청구를 받은 장기미집행 도시·군계획시설부지 중 지목이 대(垈)인 토지를 매수할 때에 관한 설명으로 옳은 것은?

① 토지소유자가 원하는 경우 매수의무자는 도시·군계획시설채권을 발행하여 그 대금을 지급할 수 있다.

② 매수청구를 받은 토지가 비업무용 토지인 경우 그 대금의 전부에 대하여 도시·군계획시설채권을 발행하여 지급해야 한다.

③ 매수의무자는 매수청구를 받은 날부터 2년 이내에 매수 여부를 결정하여 토지소유자에게 알려야 한다.

④ 도시·군계획시설채권의 발행절차 등에 관하여는 「국가재정법」에서 정하는 바에 따른다.

⑤ 매수청구된 토지의 매수가격은 「감정평가 및 감정평가사에 관한 법률」에 따른 감정평가법인 등이 감정평가한 가격으로 한다.

44. 국토의 계획 및 이용에 관한 법령상 아파트를 건축할 수 있는 용도지역은?

① 제1종 전용주거지역 ② 제1종 일반주거지역
③ 유통상업지역   ④ 준주거지역
⑤ 일반공업지역

45. 국토의 계획 및 이용에 관한 법령상 도시·군기본계획에 관한 설명으로 옳은 것은?

① 특별시장·광역시장이 수립한 도시·군기본계획의 승인은 국토교통부장관이 하고, 시장·군수가 수립하는 도시·군기본계획의 승인은 도지사가 한다.

② 특별시장·광역시장·특별자치시장·특별자치도지사·시장 또는 군수는 생활권역별 개발·정비 및 보전 등에 필요한 경우 생활권계획을 따로 수립할 수 있다.

③ 이해관계자를 포함한 주민은 지구단위계획구역의 지정 및 변경에 관한 사항에 대하여 도시·군기본계획의 입안을 제안할 수 있다.

④ 도시·군기본계획을 변경하려는 경우 주민의 의견청취를 위한 공청회는 생략할 수 있다.

⑤ 도시·군기본계획 입안일부터 10년 이내에 토지적성평가를 실시한 경우에는 토지적성평가를 하지 않을 수 있다.

46. 국토의 계획 및 이용에 관한 법령상 용도지역·용도지구 및 용도구역에서의 행위제한에 관한 설명으로 옳은 것은?

① 도시지역, 관리지역, 농림지역 또는 자연환경보전지역으로 용도가 지정되지 않은 지역에 대하여는 도시지역에 관한 규정을 적용한다.

② 도시지역에 대하여는 「농지법」에 따른 농지취득자격증명을 일체 적용하지 않는다.

③ 용도지역·용도지구 안에서의 도시·군계획시설에 대하여는 용도지역·용도지구 안에서의 건축제한의 규정을 적용하지 않는다.

④ 시가화조정구역에서의 도시·군계획사업은 「도시개발법」에 따른 민간제안 도시개발사업만 시행할 수 있다.

⑤ 시가화조정구역에서는 도시·군계획사업에 의한 행위가 아닌 경우 모든 개발행위를 허가할 수 없다.

47. 국토의 계획 및 이용에 관한 법령상 도시·군관리계획 입안 시 토지적성평가가 면제될 수 있는 경우를 모두 고른 것은?

> ㄱ. 「환경영향평가법」에 따른 전략환경영향평가대상인 도시·군관리계획을 입안하는 경우

ㄴ. 개발제한구역에서 조정 또는 해제된 지역에 대하여 도시·군관리계획을 입안하는 경우

ㄷ. 주거지역·상업지역 또는 공업지역에 도시·군관리계획을 입안하는 경우

ㄹ. 지구단위계획구역 또는 도시·군계획시설부지에서 도시·군관리계획을 입안하는 경우

① ㄱ, ㄴ   ② ㄴ, ㄷ
③ ㄷ, ㄹ   ④ ㄱ, ㄴ, ㄷ
⑤ ㄴ, ㄷ, ㄹ

48. 국토의 계획 및 이용에 관한 법령상 광역도시계획에 관한 설명으로 틀린 것은?

① 중앙행정기관의 장, 시·도지사, 시장 또는 군수는 국토교통부장관이나 도지사에게 광역계획권의 지정 또는 변경을 요청할 수 있다.

② 시·도지사가 광역도시계획을 수립하는 경우 미리 관계 시·도의회와 관계 시장 또는 군수의 의견을 들어야 한다.

③ 국토교통부장관은 관계 행정기관의 장에게 광역도시계획의 수립을 위한 기초조사에 필요한 자료를 제출하도록 요청할 수 있다.

④ 시·도지사가 광역도시계획의 승인을 받으려는 때에는 광역도시계획안에 기초조사 결과를 포함한 서류를 첨부하여 국토교통부장관에게 제출해야 한다.

⑤ 시·도지사가 광역도시계획을 수립하는 경우 미리 관계 중앙행정기관과 협의한 후 중앙도시계획위원회의 심의를 거쳐야 한다.

49. 국토의 계획 및 이용에 관한 법령상 도시·군계획시설사업에 관한 설명으로 틀린 것은?

① 「한국농수산식품유통공사법」에 따른 한국농수산식품유통공사를 사업시행자로 지정하는 것

② 경관조성, 조경 등의 조치를 조건으로 도시·군계획시설사업에 관한 실시계획을 인가하는 것

③ 도시·군계획시설사업을 분할시행하면서 분할된 지역별로 실시계획을 작성하는 것

④ 행정청이 아닌 시행자의 처분에 대하여 시장·군수 또는 구청장에게 행정심판을 제기하는 것

⑤ 행정청인 시행자가 도시·군계획시설사업에 관한 조사·측량을 위해 토지의 소유자·점유자 또는 관리인의 동의를 받아 타인의 토지를 임시통로로 일시사용하는 것

50. 국토의 계획 및 이용에 관한 법령상 지구단위계획에 관한 설명으로 틀린 것은?

① 주민이 입안을 제안한 경우, 지구단위계획에 관한 도시·군관리계획결정의 고시일부터 3년 이내에 허가를 받아 사업이나 공사에 착수하지 않으면 그 3년이 된 날에 지구단위계획구역의 지정에 관한 도시·군관리계획결정은 효력을 잃는다.

② 도시지역 내 지구단위계획구역의 지정목적이 한옥마을을 보존하고자 하는 경우에는 지구단위계획으로 「주차장법」에 따른 주차장 설치기준을 100%까지 완화하여 적용할 수 있다.

③ 도시지역에 지정된 개발진흥지구를 지구단위계획구역으로 지정한 경우에는 지구단위계획으로 해당 용도지역에 적용되는 용적률의 120% 이내에서 용적률을 완화하여 적용할 수 있다.

④ 도시지역 외에서 지정되는 지구단위계획구역에서는 지구단위계획으로 해당 용도지역 또는 개발진흥지구에 적용되는 건폐율의 150% 및 용적률의 200% 이내에서 용적률을 완화하여 적용할 수 있다.

⑤ 지구단위계획구역에서 건축물(일정 기간 내 철거가 예상되는 경우 등 대통령령으로 정하는 가설건축물은 제외한다)을 건축하려면 그 지구단위계획에 맞게 해야 한다.

51. 국토의 계획 및 이용에 관한 법령상 개발행위허가에 관한 설명으로 틀린 것은?

① 도시·군계획사업으로 건축물을 건축하는 경우에는 허가를 받지 않는다.

② 허가권자가 개발행위허가에 조건을 붙이려는 때에는 미리 개발행위허가를 신청한 자의 의견을 들어야 한다.

③ 토석의 채취에 대하여 개발행위허가를 받은 자가 개발행위를 마치면 준공검사를 받아야 한다.

④ 지구단위계획구역으로 지정된 지역으로서 도시·군관리계획상 특히 필요하다고 인정되는 지역에 대해서는 최장 5년의 기간 동안 개발행위허가를 제한할 수 있다.

⑤ 환경오염방지, 위해방지 등을 위하여 필요한 경우 지방자치단체가 시행하는 개발행위에 대해서 이행보증금을 예치하게 할 수 있다.

52. 甲은 행정청이 아닌 도시·군계획시설사업의 시행자이다. 국토의 계획 및 이용에 관한 법령상 甲의 사업비용에 관한 설명으로 옳은 것은?

① 국가 또는 지방자치단체는 법령에서 정한 소요비용의 3분의 1 이하의 범위에서 甲의 사업비용을 보조하거나 융자할 수 있다.

② 국가 또는 지방자치단체는 甲의 도시·군계획시설사업에 소요되는 조사·측량비를 보조할 수 있다.

③ 甲은 자신의 사업으로 현저한 이익을 받는 지방자치단체에게 그 사업에 든 비용의 일부를 부담시킬 수 있다.

④ 甲이 지방자치단체에 비용을 부담시키려면 해당 지방자치단체의 장과 협의하되, 협의가 성립되지 않는 경우에는 행정안전부장관이 결정하는 바에 따른다.

⑤ 甲이 현저한 이익을 받은 지방자치단체에게 비용을 부담하게 하는 경우 해당 사업의 설계비도 소요비용에 포함된다.

53. 도시개발법령상 환지방식의 도시개발사업에 대한 개발계획의 수립·변경을 위한 동의자 수 산정방법으로 옳은 것은?

① 「집합건물의 소유 및 관리에 관한 법률」에 따른 구분소유자는 대표 구분소유자 1인만을 토지소유자로 본다.

② 전체 사유 토지면적 및 토지소유자에 대하여 동의를 받은 후에 그 수가 법적 동의요건에 미달하게 된 경우에는 국·공유지 관리청의 동의를 받아야 한다.

③ 개발계획 변경시 개발계획의 변경을 요청받기 전에 동의를 철회하는 사람이 있는 경우 그 사람은 동의자 수에 포함한다.

④ 도시개발구역의 지정이 제안된 후부터 개발계획이 수립되기 전까지의 사이에 토지소유자가 변경된 경우 변경된 토지소유자의 동의서를 기준으로 한다.

⑤ 도시개발구역의 토지면적을 산정하는 경우 국공유지는 제외한다.

54. 도시개발법령상 도시개발조합에 관한 설명으로 옳은 것은?

① 조합설립의 인가를 신청하려면 해당 도시개발구역의 토지면적의 3분의 2 이상에 해당하는 토지소유자 또는 그 구역의 토지소유자 총수의 2분의 1 이상의 동의를 받아야 한다.

② 조합설립인가에 동의한 자로부터 토지를 취득한 자는 조합설립인가 신청 전에 동의를 철회할 수 없다.

③ 조합의 임원으로 선임된 자가 금고 이상의 형을 선고받은 경우에는 당연퇴직한다.

④ 대의원회는 환지계획의 작성에 관한 총회의 권한을 대행할 수 있다.

⑤ 조합장은 도시개발구역의 토지소유자이어야 한다.

55. 도시개발법령상 도시개발구역 지정권자가 도시개발사업 시행자를 변경할 수 있는 경우가 <u>아닌</u> 것은?

① 시행자의 부도·파산으로 도시개발사업의 목적을 달성하기 어렵다고 인정되는 경우
② 시행자가 도시개발사업에 관한 실시계획의 인가를 받은 후 2년 이내에 사업을 착수하지 않은 경우
③ 도시개발구역의 전부를 환지방식으로 시행하는 시행자가 도시개발구역 지정·고시일로부터 2년 이내에 실시계획인가를 신청하지 않은 경우
④ 행정처분으로 시행자의 지정이 취소된 경우
⑤ 행정처분으로 실시계획의 인가가 취소된 경우

56. 도시개발법령상 환지방식으로 시행하는 도시개발사업에서 토지소유자의 동의가 필요 없는 개발계획의 경미한 변경에서 제외되는 경우로 <u>틀린</u> 것은?

① 너비가 12m 이상인 도로를 신설 또는 폐지하는 경우
② 기반시설을 제외한 도시개발구역의 용적률이 종전보다 100분의 10 이상 증가하는 경우
③ 도로를 제외한 기반시설의 면적이 종전보다 100분의 10(공원 또는 녹지의 경우에는 100분의 5) 이상으로 증감하는 경우
④ 수용예정인구가 종전보다 100분의 10 이상 증감하는 경우(변경 이후 수용예정인구가 3천명 미만인 경우는 제외한다)
⑤ 사업시행지구를 분할하거나 분할된 사업시행지구를 통합하는 경우

57. 도시개발법령상 수용 또는 사용방식에서 조성토지 등의 공급에 관한 설명으로 <u>틀린</u> 것은?

① 시행자는 「국토의 계획 및 이용에 관한 법률」에 따른 기반시설의 원활한 설치를 위하여 필요하면 공급대상자의 자격을 제한하거나 공급조건을 부여할 수 있다.
② 공공시행자가 「주택법」에 따른 국민주택규모 이하의 임대주택건설용지를 공급하는 경우에는 추첨의 방법으로 분양해야 한다.
③ 폐기물처리시설을 설치하기 위한 조성토지 등을 공급하는 경우에는 해당 토지의 가격을 감정평가한 가격 이하로 정할 수 있다.
④ 지정권자가 조성토지 등의 공급계획을 작성하거나 승인하는 경우 시·도지사가 지정권자이면 국토교통부장관의 의견을 미리 들어야 한다.
⑤ 공공시행자에게 임대주택건설용지를 공급하는 경우에는 해당 토지의 가격을 감정평가한 가격 이하로 정해야 한다.

58. 도시개발법령상 공공시행자가 민간참여자와 공동출자법인을 설립하려는 경우 공모가 아닌 다른 방식으로 민간참여자를 선정할 수 있는 사유로 <u>틀린</u> 것은? (단, 민간참여자가 공공시행자에게 사업을 제안하는 경우임)

① 제안자(2인 이상이 공동으로 제안하는 경우에는 그중 1인)가 대상 지역 토지면적의 3분의 2 이상을 소유할 것
② 대상 지역이 「국토의 계획 및 이용에 관한 법률」에 따른 도시지역(개발제한구역은 제외한다)에 해당할 것
③ 대상 지역의 면적이 30만m² 미만일 것
④ 대상 지역이 도시개발구역의 지정기준을 충족할 것
⑤ 대상 지역이 「군사기지 및 군사시설 보호법」 등 관계 법률에 따라 개발이 제한되는 지역이 아닐 것

59. 도시 및 주거환경정비법령상 정비구역에서 시장·군수 등의 허가를 받아야 하는 행위는? (단, 「국토의 계획 및 이용에 관한 법률」에 따른 개발행위허가의 대상이 아님)

① 정비구역의 개발에 지장을 주지 않고 자연경관을 손상하지 않는 범위에서의 토석의 채취
② 농산물의 생산에 직접 이용되는 비닐하우스의 설치
③ 경작을 위한 토지의 형질변경
④ 경작지에서의 관상용 죽목의 임시식재
⑤ 정비구역에 존치하기로 결정된 대지에 물건을 쌓아놓는 행위

60. 도시 및 주거환경정비법령상 재건축사업의 안전진단에 관한 설명으로 옳은 것은?

① 안전진단의 실시를 요청하려면 정비예정구역에 위치한 건축물 및 그 부속토지의 소유자 과반수의 동의를 받아야 한다.
② 주택단지의 건축물로서 주택의 구조안전상 사용금지가 필요하다고 정비계획의 입안권자가 인정하는 경우 안전진단의 대상이다.
③ 「국토안전관리원법」에 따른 국토안전관리원은 재건축사업의 안전진단을 할 수 없다.
④ 정비계획의 입안권자는 안전진단의 요청일부터 10일 이내에 안전진단의 실시 여부를 결정하여 요청인에게 통보해야 한다.
⑤ 정비계획의 입안권자는 안전진단의 결과와 도시계획 및 지역여건 등을 종합적으로 검토하여 정비계획의 입안 여부를 결정해야 한다.

61. 도시 및 주거환경정비법령상 사업시행자가 사업시행계획인가의 고시가 있은 날부터 120일 이내에 해당 지역에서 발간되는 일간신문에 분양공고해야 하는 사항이 <u>아닌</u> 것은? (단, 토지등소유자 1인이 시행하는 재개발사업은 제외하고, 조례는 고려하지 않음)

① 분양신청기간 및 장소
② 분양대상자별 분담금의 추산액
③ 분양대상 대지 또는 건축물의 내역
④ 토지등소유자 외의 권리자의 권리신고방법
⑤ 분양을 신청하지 않은 자에 대한 조치

62. 도시 및 주거환경정비법령상 공공시행자 사업시행의 특례에 관한 설명으로 옳은 것을 모두 고른 것은? (단, 정비구역의 지정권자는 특별자치시장·특별자치도지사·시장·군수인 경우로 한정함)

ㄱ. 재개발사업·재건축사업의 공공시행자로 지정되려는 토지주택공사 등은 4분의 3 이상의 토지등소유자의 동의를 받아 정비구역의 지정권자에게 정비구역의 지정을 제안할 수 있다.
ㄴ. 정비구역의 지정권자는 토지면적 2분의 1 이상의 토지소유자와 토지등소유자의 3분의 2 이상에 해당하는 자가 동의하는 경우에는 정비구역의 지정과 동시에 토지주택공사 등을 사업시행자로 지정할 수 있다.
ㄷ. 사업시행자는 정비구역이 지정된 경우에는 정비계획(정비사업시행 예정시기는 제외한다)과 사업시행계획을 통합하여 정비사업계획을 수립해야 한다.
ㄹ. 사업시행자는 정비사업계획에 정관 등과 그 밖에 국토교통부령으로 정하는 서류를 첨부하여 시장·군수 등에게 제출하고 정비사업계획인가를 받아야 한다.

① ㄱ, ㄴ　　　　　② ㄱ, ㄷ
③ ㄴ, ㄷ　　　　　④ ㄴ, ㄹ
⑤ ㄷ, ㄹ

63. 도시 및 주거환경정비법령상 조합에 관한 설명으로 옳은 것은?

① 조합이 정관의 기재사항인 조합임원의 수를 변경하려는 때에는 시장·군수 등의 인가를 받아야 한다.
② 건축물의 설계개요의 변경에 관한 사항은 대의원회가 총회의 권한을 대행할 수 없다.
③ 대의원회는 조합원의 10분의 1 이상으로 구성하며, 조합장이 아닌 조합임원도 대의원이 될 수 있다.
④ 토지등소유자의 수가 100인을 초과하는 경우 조합에 두는 이사의 수는 10명 이상으로 한다.
⑤ 조합임원의 임기는 10년 이하의 범위에서 정관으로 정하되, 연임할 수 없다.

64. 도시 및 주거환경정비법령상 사업시행계획서에 포함되어야 하는 사항이 아닌 것은?

① 토지이용계획(건축물배치계획을 포함한다)
② 교육시설의 교육환경보호에 관한 계획(정비구역부터 200m 이내에 교육시설이 설치되어 있는 경우로 한정한다)
③ 정비사업비의 추산액(재건축사업의 경우에는 「재건축초과이익 환수에 관한 법률」에 따른 재건축부담금에 관한 사항을 포함한다) 및 그에 따른 조합원 분담규모 및 분담시기
④ 임시거주시설을 포함한 주민이주대책
⑤ 임대주택의 건설계획(재건축사업의 경우는 제외한다)

65. 주택법령상 용어에 관한 설명으로 틀린 것은?

① 주택단지의 입주자 등의 생활복리를 위한 유치원은 복리시설에 해당한다.
② 주택에 딸린 관리사무소는 부대시설에 해당한다.
③ 「건축법 시행령」에 따른 다중생활시설은 준주택에 해당한다.
④ 도시형 생활주택이란 300세대 미만의 국민주택규모에 해당하는 주택으로서 대통령령으로 정하는 주택을 말한다.
⑤ 수도권에 소재한 읍 또는 면 지역의 경우 국민주택규모란 1호(戶) 또는 1세대당 주거전용면적이 100m² 이하인 주택을 말한다.

66. 주택법령상 사업계획승인을 받아야 하는 경우가 <u>아닌</u> 것은?

① 준주거지역에서 300세대 미만의 주택과 주택 외의 시설을 동일 건축물로 건축하는 경우로서 해당 건축물의 연면적에서 주택의 연면적이 차지하는 비율이 90% 미만인 경우
② 「건축법 시행령」에 따른 한옥 50호 이상의 주택건설사업을 시행하는 경우
③ 아파트 리모델링의 경우 증가하는 세대수가 30세대 이상인 경우
④ 세대별 주거전용면적이 30m² 이상이고 해당 주택단지 진입도로의 폭이 6m 이상인 단지형 다세대주택 50세대 이상의 주택건설사업을 시행하는 경우
⑤ 1만m² 이상의 대지조성사업을 시행하는 경우

67. 주택법령상 분양가상한제 적용지역에 관한 설명으로 틀린 것은?

① 국토교통부장관은 공공택지 외의 택지에서 주택가격이 급등하거나 급등할 우려가 있는 지역은 주거정책심의위원회 심의를 거쳐 분양가상한제 적용지역으로 지정할 수 있다.

② 투기과열지구 중 분양가상한제적용직전월부터 소급하여 3개월간의 주택매매거래량이 전년 동기 대비 20% 이상 증가한 지역은 지정기준에 해당한다.

③ 국토교통부장관이 분양가상한제 적용지역을 지정하는 경우에는 미리 시·도지사의 의견을 들어야 한다.

④ 분양가상한제 적용지역으로 지정된 지역의 시장, 군수 또는 구청장은 국토교통부장관에게 그 지정의 해제를 요청할 수 없다.

⑤ 국토교통부장관은 주거정책심의위원회의 심의를 거쳐 해제를 요청받은 날부터 40일 이내에 해제 여부를 결정하고, 그 결과를 통보해야 한다.

68. 주택법령상 사용검사 후 매도청구에 관한 규정이다. (　　) 에 들어갈 숫자로 옳은 것은?

> ○ 주택(복리시설을 포함한다)의 소유자들은 주택단지 전체 대지에 속하는 일부의 토지에 대한 소유권이전등기 말소소송 등에 따라 사용검사(동별 사용검사를 포함한다)를 받은 이후에 해당 토지의 소유권을 회복한 자(이하 '실소유자'라 한다)에게 해당 토지를 시가(市價)로 매도할 것을 청구할 수 있다. 이 경우 해당 토지의 면적이 주택단지 전체 대지면적의 (ㄱ)% 미만이어야 한다.
> ○ 매도청구의 의사표시는 실소유자가 해당 토지소유권을 회복한 날부터 (ㄴ)년 이내에 해당 실소유자에게 송달되어야 한다.

① ㄱ: 2, ㄴ: 1　　　　② ㄱ: 3, ㄴ: 2

③ ㄱ: 3, ㄴ: 3　　　　④ ㄱ: 5, ㄴ: 1

⑤ ㄱ: 5, ㄴ: 2

69. 주택법령상 사업주체가 입주예정자의 동의 없이 할 수 없는 행위에 관한 규정에 관한 설명으로 틀린 것은? (단, 사업주체는 주택조합이 아님)

> 사업주체는 주택건설사업에 의하여 건설된 주택 및 대지에 대하여 (ㄱ) 이후부터 입주예정자가 그 주택 및 대지의 '소유권이전등기를 신청할 수 있는 날' 이후 (ㄴ)일까지의 기간 동안 입주예정자의 동의 없이 해당 주택 및 대지에 (ㄷ)을 설정하는 행위 등을 해서는 안 된다.

① 사업주체가 2024.3.4. 입주자 모집공고 승인을 신청하여 2024.3.17. 그 승인을 받은 경우, ㄱ에 해당하는 날짜는 2024.3.4.이다.

② ㄴ에 들어갈 숫자는 60이다.

③ ㄷ에는 저당권뿐만 아니라 등기되는 부동산임차권도 포함된다.

④ 사업주체가 파산, 합병, 분할, 등록말소 또는 영업정지 등의 사유로 사업을 시행할 수 없게 되어 사업주체가 변경되는 경우에는 저당권 설정 등의 제한이 없다.

⑤ '소유권이전등기를 신청할 수 있는 날'이란 입주예정자가 실제로 입주한 날을 말한다.

70. 주택법령상 지역주택조합에 관한 설명으로 옳은 것은?

① 공개모집 이후 조합원의 사망·자격상실·탈퇴 등으로 인한 결원을 충원하거나 미달된 조합원을 재모집하는 경우 선착순의 방법으로 조합원을 모집할 수 없다.

② 지역주택조합을 해산하려는 경우에는 관할 시장·군수·구청장의 인가를 받을 필요가 없다.

③ 주택조합은 설립인가를 받은 날부터 2년 이내에 사업계획승인을 신청해야 한다.

④ 총회의 의결로 제명된 조합원은 조합에 자신이 부담한 비용의 환급을 청구할 수 없다.

⑤ 주택조합의 임원이 결격사유에 해당되어 당연퇴직된 경우 퇴직된 임원이 퇴직 전에 관여한 행위는 그 효력을 상실한다.

71. 주택법령상 도시형 생활주택인 소형 주택에 관한 설명으로 틀린 것은?

① 공동주택이어야 한다.

② 세대별로 독립된 주거가 가능하도록 욕실 및 부엌을 설치해야 한다.

③ 세대별 주거전용면적은 $60m^2$ 이하이어야 한다.

④ 지하층에는 세대를 설치하지 않아야 한다.

⑤ 준주거지역에서 소형 주택과 도시형 생활주택 외의 주택은 함께 건축할 수 없다.

72. 「국토의 계획 및 이용에 관한 법률」에 따른 도시지역 및 도시지역 외의 지역에 지정된 지구단위계획구역 외의 지역으로서 동이나 읍(동이나 읍에 속하는 섬의 경우에는 인구가 500명 이상인 경우만 해당)이 아닌 지역에서 적용하지 않는 「건축법」의 규정을 모두 고른 것은?

> ㄱ. 대지 안의 공지
> ㄴ. 건축선에 따른 건축제한
> ㄷ. 방화지구 안의 건축물
> ㄹ. 대지와 도로의 관계
> ㅁ. 건축물의 용적률

① ㄱ, ㄴ, ㄷ ② ㄱ, ㄴ, ㅁ
③ ㄱ, ㄹ, ㅁ ④ ㄴ, ㄷ, ㄹ
⑤ ㄷ, ㄹ, ㅁ

73. 건축법령상 사용승인을 받은 건축물을 용도변경하기 위해 허가를 받아야 하는 경우는? (단, 조례는 고려하지 않음)
① 업무시설을 판매시설로 용도변경하는 경우
② 숙박시설을 제1종 근린생활시설로 용도변경하는 경우
③ 장례시설을 종교시설로 용도변경하는 경우
④ 수련시설을 국방·군사시설로 용도변경하는 경우
⑤ 공장을 관광휴게시설로 용도변경하는 경우

74. 건축법령상 결합건축을 할 수 있는 지역 등에 해당하지 않는 것은?
① 「국토의 계획 및 이용에 관한 법률」에 따라 지정된 상업지역
② 「도시재정비 촉진을 위한 특별법」에 따라 지정된 재정비촉진지구
③ 건축협정구역
④ 특별건축구역
⑤ 리모델링 활성화 구역

75. 건축법령상 건축허가와 건축신고에 관한 설명으로 틀린 것은?
① 허가대상 건축물이라 하더라도 바닥면적의 85m² 이내의 증축인 경우에는 건축신고를 하면 건축허가를 받은 것으로 본다.
② 시장·군수는 연면적의 합계가 10만m² 이상인 공장의 건축을 허가하려면 미리 도지사의 승인을 받아야 한다.
③ 국가가 건축물을 건축하기 위하여 미리 건축물의 소재지를 관할하는 허가권자와 협의한 경우에는 건축허가를 받았거나 신고한 것으로 본다.

④ 건축위원회의 심의를 받은 자가 심의결과를 통지받은 날부터 2년 이내에 건축허가를 신청하지 않으면 건축위원회 심의의 효력이 상실된다.
⑤ 도지사가 시장·군수의 건축허가를 제한하는 경우 제한기간은 2년 이내로 하되, 1회에 한하여 1년 이내의 범위에서 연장할 수 있다.

76. 건축법령상 실내건축의 재료에 해당하는 것을 모두 고른 것은?

> ㄱ. 실내에 설치하는 전기·가스·급수시설의 재료
> ㄴ. 실내에 설치하는 배수·환기시설의 재료
> ㄷ. 실내에 설치하는 난간, 창호의 재료
> ㄹ. 벽, 천장, 바닥의 재료
> ㅁ. 실내에 설치하는 충돌·끼임 등 사용자의 안전사고방지를 위한 시설의 재료

① ㄱ, ㄴ ② ㄷ, ㄹ, ㅁ
③ ㄱ, ㄷ, ㄹ, ㅁ ④ ㄴ, ㄷ, ㄹ, ㅁ
⑤ ㄱ, ㄴ, ㄷ, ㄹ, ㅁ

77. 건축법령상 용어 및 내용에 관한 설명으로 틀린 것은?
① 토지에 정착하는 공작물 중 지붕과 기둥 또는 벽이 있는 것은 건축물에 해당한다.
② 대지란 「공간정보의 구축 및 관리 등에 관한 법률」에 따라 각 필지로 나눈 토지를 말한다.
③ 주요구조부란 내력벽, 기둥, 바닥, 보, 지붕틀 및 주계단을 말한다.
④ 결합건축이란 용적률을 개별 대지마다 적용하지 않고, 2개 이상의 대지를 대상으로 통합적용하여 건축물을 건축하는 것을 말한다.
⑤ 지하나 고가의 공작물에 설치하는 공연장은 건축물에 해당하지 않는다.

78. 면적이 1천m²인 대지에 건축물을 건축하는 경우 건축법령상 대지의 조경 등의 조치가 면제될 수 있는 건축물이 아닌 것은? (단, 지구단위계획구역이 아님)
① 일반주거지역에서 건축하는 연면적의 합계가 1천m²인 물류시설
② 연면적의 합계가 500m²인 축사
③ 자연녹지지역에서 건축하는 연면적의 합계가 800m²인 수련시설
④ 연면적의 합계가 1천m²인 공장
⑤ 농림지역에서 건축하는 연면적의 합계가 330m²인 단독주택

79. 농지법령상 이행강제금에 관한 설명이다. ( )에 들어갈 숫자로 옳은 것은?

> ○ 시장·군수 또는 구청장은 처분명령을 받은 후 정당한 사유 없이 지정기간까지 그 처분명령을 이행하지 않은 자에게 해당 농지의 감정가격 또는 개별공시지가 중 더 높은 가액의 100분의 (ㄱ)에 해당하는 이행강제금을 부과한다.
>
> ○ 시장·군수 또는 구청장은 처분명령·원상회복명령 또는 시정명령 이행기간이 만료한 다음 날을 기준으로 하여 그 처분명령·원상회복명령 또는 시정명령이 이행될 때까지 이행강제금을 매년 (ㄴ) 회 부과·징수할 수 있다.

① ㄱ: 10, ㄴ: 2
② ㄱ: 20, ㄴ: 1
③ ㄱ: 20, ㄴ: 2
④ ㄱ: 25, ㄴ: 1
⑤ ㄱ: 25, ㄴ: 2

80. 농지법령상 농업진흥지역에 관한 설명으로 옳은 것은?

① 농업보호구역에서 부지면적이 1만m² 미만인 태양에너지 발전설비는 설치할 수 있다.
② 농업보호구역의 용수원 확보, 수질보전 등 농업환경을 보호하기 위하여 필요한 지역은 농업진흥구역으로 지정할 수 있다.
③ 농업진흥구역에서는 국가유산의 보수·복원·이전, 매장유산의 발굴행위를 할 수 없다.
④ 광역시의 녹지지역은 농업진흥지역의 지정대상이 아니다.
⑤ 시·도지사는 녹지지역이 포함된 농업진흥지역을 지정하려면 국토교통부장관의 승인을 받아야 한다.

2024년도 제35회 공인중개사 2차 국가자격시험

실전모의고사 제6회

교 시	문제형별	시 간	시 험 과 목
2교시	**A**	**50분**	① 부동산 공시에 관한 법령 및 부동산 관련 세법

수험번호		성 명	

【 수험자 유의사항 】

1. **시험문제지는 단일 형별(A형)이며, 답안카드 형별 기재란에 표시된 형별(A형)을 확인하시기 바랍니다.** 시험문제지의 **총면수, 문제번호 일련순서, 인쇄상태** 등을 확인하시고, 문제지 표지에 수험번호와 성명을 기재하시기 바랍니다.

2. 답은 각 문제마다 요구하는 **가장 적합하거나 가까운 답 1개**만 선택하고, 답안카드 작성 시 시험문제지 **형별누락, 마킹착오**로 인한 불이익은 전적으로 **수험자에게 책임**이 있음을 알려드립니다.

3. 답안카드는 국가전문자격 공통 표준형으로 문제번호가 1번부터 125번까지 인쇄되어 있습니다. 답안 마킹 시에는 반드시 **시험문제지의 문제번호와 동일한 번호에 마킹**하여야 합니다. (2차 2교시: 1번~40번)

4. **감독위원의 지시에 불응하거나 시험시간 종료 후 답안카드를 제출하지 않을 경우** 불이익이 발생할 수 있음을 알려 드립니다.

5. 시험문제지는 시험 종료 후 가져가시기 바랍니다.

6. 답안작성은 **시험 시행일(2024.10.26.) 현재 시행되는 법령** 등을 적용하시기 바랍니다.

7. 가답안 의견제시에 대한 개별회신 및 공고는 하지 않으며, **최종 정답 발표**로 갈음합니다.

8. 시험 중 **중간 퇴실은 불가**합니다. 단, 부득이하게 퇴실할 경우 **시험포기각서 제출 후 퇴실은 가능**하나 **재입실이 불가**하며, **해당시험은 무효처리됩니다.**

해커스 공인중개사

제1과목: 부동산 공시에 관한 법령 및 부동산 관련 세법

1. 「공간정보의 구축 및 관리 등에 관한 법률」상 토지의 등록에 관한 설명으로 옳은 것을 모두 고른 것은?

> ㄱ. 이 법은 측량의 기준 및 절차와 지적공부·부동산 종합공부의 작성 및 관리 등에 관한 사항을 규정함으로써 국토의 효율적 관리 및 공공복리증진에 기여함을 목적으로 한다.
> ㄴ. 지적소관청은 토지의 이동현황을 직권으로 조사·측량하여 토지의 지번·지목·면적·경계 또는 좌표를 결정하려는 때에는 토지이용현황 조사계획을 수립하여야 한다.
> ㄷ. 지적소관청은 지적공부를 정리하려는 때에는 토지이동 조사부를 근거로 토지이동 조서를 작성하여 토지이동정리 결의서에 첨부하여야 한다.

① ㄱ
② ㄴ
③ ㄷ
④ ㄱ, ㄴ
⑤ ㄴ, ㄷ

2. 「공간정보의 구축 및 관리 등에 관한 법률」상 토지의 표시에 관한 설명으로 틀린 것은?

① 경계점좌표등록부에 등록하는 지역의 1필지의 면적이 $0.1m^2$ 미만일 때에는 $0.1m^2$로 등록한다.

② 지적확정측량을 실시한 지역에서 부여할 수 있는 종전 지번의 수가 새로 부여할 지번의 수보다 적을 때에는 블록 단위로 하나의 본번을 부여한 후 필지별로 본번을 부여할 수 있다.

③ 지적확정측량의 경계는 공사가 완료된 현황대로 결정하되, 공사가 완료된 현황이 사업계획도와 다를 때에는 미리 사업시행자에게 그 사실을 통지하여야 한다.

④ 지적소관청은 도시개발사업 등이 준공되기 전에 지번을 부여하는 때에는 사업계획도에 따르되, 지적확정측량의 방법에 따라 부여하여야 한다.

⑤ 일반 공중의 위락·휴양 등에 적합한 시설물을 종합적으로 갖춘 수영장·유선장·낚시터·어린이놀이터·경마장·야영장 등의 토지와 이에 접속된 부속시설물의 부지는 '유원지'로 한다.

3. 아래에서 지목이 주차장에 해당하는 경우를 모두 고른 것은?

> ㄱ. 자동차 등의 주차에 필요한 독립적인 시설을 갖춘 부지
> ㄴ. 「주차장법」에 따른 노상주차장 및 부설주차장
> ㄷ. 주차전용 건축물
> ㄹ. 「주차장법」 제19조 제4항에 따라 시설물의 부지 인근에 설치된 부설주차장
> ㅁ. 여객자동차터미널, 자동차운전학원

① ㄱ, ㄴ, ㄷ
② ㄱ, ㄴ, ㄹ
③ ㄱ, ㄷ, ㄹ
④ ㄴ, ㄷ, ㄹ
⑤ ㄷ, ㄹ, ㅁ

4. 다음 중 지적공부와 등록사항을 연결한 것으로 틀린 것은?

① 토지대장: 토지의 고유번호, 지목, 면적, 축척, 개별공시지가와 기준일

② 지적도면: 도면의 색인도, 도곽선과 그 수치, 건축물의 위치, 지적기준점의 위치

③ 공유지연명부: 토지의 고유번호, 소재, 지번, 소유권 지분, 필지별 공유지연명부의 장번호

④ 대지권등록부: 소재, 지번, 지목, 면적, 전유부분의 건물 표시, 건물의 명칭

⑤ 경계점좌표등록부: 토지의 고유번호, 소재, 지번, 부호도와 부호, 좌표, 지적도면의 번호

5. 공간정보의 구축 및 관리 등에 관한 법령상 지적공부의 보존 및 공개 등에 관한 설명으로 틀린 것은?

① 지적공부를 열람하거나 그 등본을 발급받으려는 자는 해당 지적소관청에 신청하여야 한다.

② 정보처리시스템을 통하여 기록·저장된 지적공부를 열람하려는 경우에는 특별자치시장, 시장·군수 또는 구청장이나 읍·면·동의 장에게 신청할 수 있다.

③ 지적공부를 정보처리시스템을 통하여 기록·저장한 경우 관할 시·도지사, 시장·군수 또는 구청장은 그 지적공부를 지적정보관리체계에 영구히 보존하여야 한다.

④ 국토교통부장관은 정보처리시스템을 통하여 보존하는 지적공부가 멸실되거나 훼손될 경우를 대비하여 지적공부를 복제하여 관리하는 정보관리체계를 구축하여야 한다.

⑤ 지적소관청은 국토교통부장관의 승인을 받은 경우 해당 청사 밖으로 지적공부를 반출할 수 있다.

6. 중개대상물인 이 토지에 대한 공인중개사 甲의 설명 중 **틀린** 것은?

고유번호	4121010100 - 10158 - 0000		
토지소재	△△도 ○○시 ◇◇동	토지대장	
지번	158	축척	1 : 1200

토 지 표 시		

지목	면적(m²)	사유
(01) 전	*100	(02)1971년 8월 1일 신규등록(매립준공)
(01) 전	*60	(02)1978년 2월 2일 분할되어 본번에 -1을 부함
(08) 대	*60	(40)1999년 9월 9일에 지목변경
(08) 대	*80	(30)2004년 1월 3일 159번과 합병

등급수정 연 월 일	1980년 1월 1일 수정	1983년 1월 1일 수정
토지등급 (기준수확량등급)	85	91
개별공시지가기준일	2003년 1월 2일	2004년 1월 1일
개별공시지가(월/m²)	1,200,000	1,500,000

토지대장에 의하여 작성한 등본입니다.
2005년 1월 9일
△△도 ○○시장

① 위 토지대장의 토지는 158번지이며 해당 지역의 도면 축척은 1/1,200이다.
② 1978년 2월 2일 분할된 158-1번지 토지의 최초 면적은 40m²이다.
③ 158번지 토지는 1999년 9월 9일 '전'에서 '대'로 지목이 변경되었다.
④ 2004년 1월 3일 합병되어 말소된 159번지 토지의 면적은 40m²이다.
⑤ 158번지 토지는 2004년 1월 3일 159번지와 합병되어 면적이 80m²가 되었다.

7. 공간정보의 구축 및 관리 등에 관한 법령상 지적공부의 복구에 관한 설명으로 옳은 것은?

> ㄱ. 지적소관청은 지적공부의 전부 또는 일부가 멸실되거나 훼손된 경우에는 시·도지사나 대도시 시장의 승인을 받아 이를 복구하여야 한다.
> ㄴ. 시·도지사, 시장·군수 또는 구청장은 정보처리시스템을 통하여 기록·저장한 지적공부의 전부 또는 일부가 멸실되거나 훼손된 경우에는 지체 없이 이를 복구하여야 한다.

> ㄷ. 지적소관청이 지적공부를 복구하려는 경우에는 복구하려는 토지의 표시 등을 시·군·구 게시판 및 인터넷 홈페이지에 10일 이상 게시하여야 한다.
> ㄹ. 토지이동정리 결의서는 지적공부의 복구에 관한 관계 자료에 해당한다.

① ㄱ, ㄴ   ② ㄱ, ㄷ
③ ㄴ, ㄷ   ④ ㄴ, ㄹ
⑤ ㄷ, ㄹ

8. 「공간정보의 구축 및 관리 등에 관한 법률」상 합병할 수 있는 경우를 모두 고른 것은?

> ㄱ. 합병하고자 하는 각 토지에 소유권, 지상권, 전세권, 임차권 및 승역지의 지역권등기 이외의 권리에 관한 등기가 있는 경우
> ㄴ. 합병하고자 하는 각 필지의 지목은 같으나 일부 토지의 용도가 다르게 되어 분할대상 토지인 경우
> ㄷ. 합병하고자 하는 토지 전부에 관하여 등기원인 및 그 연월일과 접수번호가 동일한 저당권등기가 있는 경우
> ㄹ. 합병하려는 토지소유자의 주소가 서로 다르지만, 지적소관청이 확인한 결과 토지소유자가 동일인임을 확인할 수 있는 경우

① ㄱ, ㄷ   ② ㄱ, ㄹ
③ ㄴ, ㄷ   ④ ㄴ, ㄹ
⑤ ㄷ, ㄹ

9. 도시개발사업 등 시행지역의 토지이동 신청에 관한 특례에 관한 설명으로 **틀린** 것은?

① 「도시개발법」에 따른 도시개발사업 등 토지개발사업의 시행자는 그 사업의 착수·변경 및 완료 사실을 지적소관청에 신고하여야 한다.
② 토지개발사업과 관련하여 토지의 이동이 필요한 경우에는 해당 사업의 시행자가 지적소관청에 토지의 이동을 신청하여야 한다.
③ 토지개발사업에 따른 토지의 이동은 토지의 형질변경 등의 공사가 준공된 때에 이루어진 것으로 본다.
④ 도시개발사업 등의 착수·변경 또는 완료 사실의 신고는 그 사유가 발생한 날부터 10일 이내에 하여야 한다.
⑤ 도시개발사업에 따른 토지의 이동신청은 그 신청대상지역이 환지(換地)를 수반하는 경우에는 사업완료 신고로써 이를 갈음할 수 있다.

10. 지적소관청이 지적정리로 인한 토지표시의 변경에 관한 등기촉탁을 하여야 할 경우에 해당하지 <u>않는</u> 것은?

① 「공유수면 관리 및 매립에 관한 법률」에 의해 준공된 토지를 신규등록한 때
② 토지의 형질변경 등의 공사가 준공되어 지목변경한 때
③ 지적공부에 등록된 지번을 변경할 필요가 있어 지번을 새로이 부여한 때
④ 행정구역의 개편으로 새로이 지번을 부여한 때
⑤ 바다로 된 토지의 등록을 말소한 때

11. 공간정보의 구축 및 관리 등에 관한 법령상 지적측량의 대상을 모두 고른 것은?

> ㄱ. 지적기준점을 정하는 경우
> ㄴ. 지적공부를 복구하는 경우
> ㄷ. 위치를 정정하는 경우
> ㄹ. 바다가 된 토지의 등록을 말소하는 경우
> ㅁ. 지적공부의 등록사항을 정정하는 경우

① ㄱ, ㄴ
② ㄱ, ㄷ
③ ㄴ, ㄷ, ㅁ
④ ㄴ, ㄹ, ㅁ
⑤ ㄱ, ㄴ, ㄹ, ㅁ

12. 지적기준점표지와 지적측량기준점성과에 관한 설명으로 <u>틀린</u> 것은?

① 시·도지사 또는 지적소관청은 지적기준점표지를 설치·이전·복구·철거하거나 폐기한 경우에는 그 사실을 고시하여야 한다.
② 시·도지사나 지적소관청은 지적기준점성과와 그 측량기록을 보관하고 일반인이 열람할 수 있도록 하여야 한다.
③ 지적삼각점성과를 열람하거나 등본을 발급받으려는 자는 시·도지사 또는 지적소관청에 신청하여야 한다.
④ 지적삼각보조점성과를 열람하거나 등본을 발급받으려는 자는 시·도지사 또는 지적소관청에 신청하여야 한다.
⑤ 지적도근점성과를 열람하거나 등본을 발급받으려는 자는 지적소관청에 신청하여야 한다.

13. 다음 중 등기의 대상에 관한 설명으로 옳은 것은?

① 건물의 공유지분에 대하여 전세권등기를 할 수 있다.
② 주위토지통행권은 확인판결을 받은 경우에 한하여 등기할 수 있다.
③ 부동산의 일부에 대한 저당권설정등기는 할 수 있다.

④ '아파트 분양약관상의 일정기간 전매금지특약'은 등기할 수 없다.
⑤ 「하천법」상의 하천에 대하여 지상권·전세권 또는 임차권에 대한 권리의 설정, 이전 또는 변경의 등기를 신청할 수 있다.

14. 등기사항의 증명과 열람에 관한 다음 설명 중 <u>틀린</u> 것을 모두 고른 것은?

> ㄱ. 대리인이 등기사항증명서의 열람을 신청할 때에는 신청서에 그 권한을 증명하는 서면을 첨부하여야 한다.
> ㄴ. 등기신청이 접수된 부동산에 관하여는 등기관이 그 등기를 마칠 때까지 등기사항증명서를 발급하지 못한다. 다만, 그 부동산에 등기신청사건이 접수되어 처리 중에 있다는 뜻을 표시하여 발급할 수 있다.
> ㄷ. 신탁원부, 공동담보(전세)목록, 도면 또는 매매목록은 그 사항의 증명도 함께 신청하는 뜻의 표시가 있는 경우에만 등기사항증명서에 이를 포함하여 발급한다.
> ㄹ. 등기기록의 열람은 등기기록에 기록된 등기사항을 전자적 방법으로 그 내용을 볼 수 있으나, 서면의 형태로 교부하지는 아니한다.

① ㄱ, ㄴ
② ㄱ, ㄹ
③ ㄴ, ㄷ
④ ㄴ, ㄹ
⑤ ㄷ, ㄹ

15. 등기에 관한 다음 설명 중 <u>틀린</u> 것은?

① 지방자치단체가 등기의무자인 경우에는 지방자치단체는 등기권리자의 청구에 따라 해당 등기를 등기소에 촉탁하여야 한다.
② 관공서가 등기촉탁을 한 경우에 등기기록과 대장의 소유명의인 등의 표시가 일치하지 아니한 경우에도 그 등기촉탁은 수리하여야 한다.
③ 소유권이전등기가 甲 → 乙 → 丙으로 이루어졌으나 乙 명의의 등기가 원인무효임을 이유로 甲이 丙을 상대로 丙 명의의 등기의 말소를 명하는 판결을 얻은 경우, 그 판결에 따른 등기에서 등기권리자는 甲이다.
④ 소유권이전등기절차 이행을 명하는 판결이 확정된 후 10년이 경과하여도 그 판결에 의한 소유권이전등기를 신청할 수 있다.
⑤ 확정되지 아니한 가집행선고가 붙은 판결에 의하여 등기를 신청한 경우 등기관은 그 신청을 각하하여야 한다.

16. 등기신청에 관한 설명 중 옳은 것을 모두 고른 것은?

> ㄱ. 甲 소유의 부동산에 甲과 乙이 매매계약을 체결한 후 아직 등기신청을 하지 않고 있는 동안, 매도인 甲이 사망한 경우에는 甲의 상속인이 등기의무자가 되어 그 등기를 신청할 수 있다.
>
> ㄴ. 건물이 멸실된 경우, 그 건물소유자가 1개월 이내에 멸실등기를 신청을 하지 않으면 그 건물대지의 소유자가 대위하여 멸실등기를 신청할 수 있다.
>
> ㄷ. 구분건물에서 대지권의 변경이 있는 경우에는 구분건물의 소유권의 등기명의인은 1동의 건물에 속하는 다른 구분건물의 소유권의 등기명의인을 대위하여 그 변경등기를 신청할 수 없다.

① ㄱ
② ㄴ
③ ㄷ
④ ㄱ, ㄴ
⑤ ㄴ, ㄷ

17. 등기신청시에 첨부할 첨부정보에 관한 다음 설명 중 틀린 것은?

① 승소한 등기의무자가 단독으로 권리에 관한 등기를 신청하는 경우, 그의 등기필정보를 등기소에 제공하여야 한다.

② 승소한 등기의무자가 단독으로 등기신청을 한 경우, 등기필정보를 작성·교부하지 아니한다.

③ 유증을 원인으로 하는 소유권이전등기를 신청할 경우, 등기필정보를 첨부하지 아니한다.

④ 저당권말소등기를 신청할 때에 등기의무자의 등기필정보가 없어 등기의무자가 등기소에 출석하여 확인을 받은 경우에도 등기의무자의 인감증명을 첨부하여야 한다.

⑤ 소유자가 등기의무자인 경우에 인감증명을 제출하여야 하는 자가 다른 사람에게 권리의 처분권한을 수여한 경우에는 그 대리인의 인감증명을 함께 제출하여야 한다.

18. 다음 중 전산정보처리조직에 의한 등기절차에 관한 설명으로 틀린 것을 모두 고른 것은?

> ㄱ. 사용자등록의 유효기간 만료일 3개월 전부터 만료일까지는 그 유효기간의 연장을 신청할 수 있다. 그 유효기간 연장은 등기소에 출석하여 신청하여야 한다.
>
> ㄴ. 등기소에 출석하여 사용자등록을 한 자연인과 전자증명서를 발급받은 법인과 비법인 사단은 전자신청을 할 수 있다.
>
> ㄷ. 보정사항이 있는 경우 등기관은 보정사유를 등록한 후 전자우편, 구두, 전화 기타 모사전송의 방법에 의하여 그 사유를 신청인에게 통지하여야 한다.
>
> ㄹ. 전자신청에 대한 각하결정의 방식 및 고지방법은 전자신청과 동일한 방법으로 처리한다.

① ㄱ, ㄴ
② ㄱ, ㄷ
③ ㄴ, ㄷ
④ ㄴ, ㄹ
⑤ ㄱ, ㄴ, ㄹ

19. 권리등기의 통칙에 대한 다음 설명 중 옳은 것은?

① 권리변경등기의 경우에 등기상 이해관계 있는 제3자가 있는 경우 그의 승낙서나 재판의 등본을 첨부하면 주등기로 실행한다.

② 소유권이전가등기를 신청하는 경우에 등기관은 주소증명정보에 의하여 직권으로 등기명의인 표시변경등기를 할 수 있다.

③ 말소등기신청의 경우에 '등기상 이해관계 있는 제3자'란 등기의 말소로 인하여 실질적 손해가 발생하는 경우를 의미한다.

④ 甲, 乙, 丙 순으로 소유권이전등기가 된 상태에서 乙명의의 소유권이전등기를 말소할 때에는 丙은 이해관계인에 해당하지 아니한다.

⑤ 전세권자가 소재불명인 경우 전세권설정자는 전세계약서와 전세금반환증서를 첨부하여 단독으로 전세권말소등기를 신청할 수 있다.

20. 소유권등기에 관한 설명으로 틀린 것은?

① 甲이 신축한 미등기건물을 매수한 乙은 甲명의로 소유권보존등기 후 소유권이전등기를 하여야 한다.

② 소유권보존등기를 할 때에는 등기원인과 그 연월일을 기록하지 않는다.

③ 건물에 대하여 국가를 상대로 한 소유권확인판결에 의해서 자기의 소유권을 증명하는 자는 소유권보존등기를 신청할 수 있다.

④ 등기관이 미등기 부동산에 대하여 법원의 촉탁에 따라 소유권의 처분제한등기를 할 때에는 직권으로 소유권보존등기를 한다.

⑤ 1필의 토지를 여러 사람이 함께 농장을 경영할 목적으로 매수하는 경우에는 조합에 해당하므로 합유로 등기하여야 한다.

21. 수용 등에 의한 소유권이전등기에 대한 다음 설명 중 **틀린** 것은?

① 토지수용을 원인으로 한 소유권이전등기는 기업자인 등기권리자만으로 이를 신청할 수 있다.

② 등기원인정보로 협의성립에 의한 수용일 때에는 협의 성립확인서를, 재결에 의한 수용일 때에는 재결서등본을 첨부한다.

③ 등기원인은 토지수용으로, 원인일자는 수용개시일(수용한 날)을 기록한다.

④ 토지수용으로 인한 소유권이전등기를 하는 경우에 등기관은 가등기, 가압류, 가처분 및 그 부동산을 위하여 존재하는 지역권의 등기를 직권말소하여야 한다.

⑤ 토지수용의 재결의 실효를 원인으로 하는 소유권이전 등기의 말소신청은 등기의무자와 등기권리자가 공동으로 신청하여야 한다.

22. 용익권에 관한 설명 중에서 옳은 것을 모두 고른 것은?

ㄱ. 지상권의 존속기간을 「민법」 제280조 제1항의 기간보다 단축한 기간을 기재한 등기신청은 수리하여야 한다.

ㄴ. 동일 토지에 관하여 지상권이 미치는 범위가 각각 다른 2개 이상의 구분지상권도 그 토지의 등기기록에 각기 따로 등기할 수 없다.

ㄷ. 전세금반환채권의 일부 양도를 원인으로 하는 전세권 일부이전등기의 신청은 전세권 소멸의 증명이 없는 한, 전세권 존속기간 만료 전에는 할 수 없다.

ㄹ. 「상가건물 임대차보호법」상 등기명령에 의한 임차권등기에 기초하여 임차권이전등기를 할 수 있다.

---

① ㄱ, ㄴ   ② ㄱ, ㄷ

③ ㄴ, ㄷ   ④ ㄴ, ㄹ

⑤ ㄷ, ㄹ

23. 다음 중 저당권에 관한 설명으로 **틀린** 것은?

① 일정한 금액을 목적으로 하지 않는 채권의 담보를 위한 저당권설정등기신청의 경우, 그 채권의 평가액을 신청정보의 내용으로 등기소에 제공하여야 한다.

② 저당권설정등기와 근저당권설정등기의 경우에는 존속기간이 임의적 기록사항이다.

③ 근저당권의 피담보채권이 확정되기 전에 그 피담보채권이 양도 또는 대위변제된 경우 이를 원인으로 하는 근저당권이전등기를 할 수 없다.

④ 근저당권의 피담보채권이 확정되기 전에 근저당권의 기초가 되는 기본 계약상의 채권자 지위가 제3자에게 전부 양도된 경우 등기원인은 계약양도 등으로 기록한다.

⑤ 근저당권의 피담보채권이 확정된 후에 제3자가 피담보채무를 면책적으로 인수한 경우 등기원인은 확정채무의 면책적 인수 등으로 기록한다.

24. 가등기에 관한 다음 설명 중 **틀린** 것은?

① 소유권이전등기청구권의 효력이 시기부 또는 정지조건부일 경우나 그 밖에 장래에 확정될 것인 경우에도 가등기를 설정할 수 있다.

② 가등기가처분명령은 부동산의 소재지를 관할하는 지방법원이 가등기권리자의 신청으로 가등기 원인사실의 소명이 있는 경우에 할 수 있다.

③ 가등기된 권리를 제3자에게 양도한 경우에 양도인과 양수인의 공동신청으로 가등기에 대한 부기등기로 한다.

④ 가등기 후 본등기 전에 제3자에게 소유권이 이전된 경우 본등기 신청의 등기의무자는 가등기를 할 때의 소유자이다.

⑤ 소유권이전등기청구권보전 가등기에 의하여 소유권이전의 본등기를 한 경우 가등기 후 본등기 전에 마쳐진 해당 가등기상 권리를 목적으로 하는 가압류등기는 등기관이 직권으로 말소하여야 한다.

25. 「지방세기본법」상의 기한 후 신고 및 수정신고에 관한 설명으로 **틀린** 것은?

① 기한 후 신고는 지방자치단체의 장이 「지방세법」에 따라 그 지방세의 과세표준과 세액(가산세 포함)을 결정하여 통지하기 전까지 할 수 있다.

② 법정신고기한 후 1개월 초과 3개월 이내에 기한 후 신고를 한 경우 무신고가산세와 납부지연가산세 100분의 50을 감면받을 수 있다.

③ 법정신고기한 후 1개월 이내 수정신고를 한 경우에는 과소신고가산세 100분의 90을 감면받을 수 있다.

④ 법정신고기한 내에 과세표준신고서를 제출하지 아니한 자에 한하여 기한 후 신고를 할 수 있다.

⑤ 기한 후 신고서를 제출한 자로서 납부하여야 할 세액이 있는 자는 그 세액을 납부하여야 한다.

26. 취득세 과세표준에 관한 설명으로 틀린 것은?

① 증여자의 채무를 인수하는 부담부증여의 경우 유상으로 취득한 것으로 보는 채무액에 상당하는 부분에 대해서는 유상승계취득에서의 과세표준을 적용하고, 취득물건의 시가인정액에서 채무부담액을 뺀 잔액에 대해서는 무상취득에서의 과세표준을 적용한다.

② 지방자치단체의 장은 특수관계인간의 거래로 그 취득에 대한 조세부담을 부당하게 감소시키는 행위 또는 계산을 한 것으로 인정되는 경우에는 시가인정액을 취득당시가액으로 결정할 수 있다.

③ ②의 부당행위계산은 특수관계인으로부터 시가인정액보다 낮은 가격으로 부동산을 취득한 경우로서 시가인정액과 사실상 취득가격의 차액이 5억원 이상이거나 시가인정액의 100분의 3에 상당하는 금액 이상인 경우로 한다.

④ 대물변제의 경우 과세표준은 대물변제액(대물변제액 외에 추가로 지급한 금액이 있는 경우에는 그 금액을 포함)으로 한다. 다만, 대물변제액이 시가인정액보다 적은 경우 취득당시가액은 시가인정액으로 한다.

⑤ 교환의 경우 과세표준은 교환을 원인으로 이전받는 부동산 등의 시가인정액과 이전하는 부동산 등의 시가인정액 중 높은 가액으로 한다.

27. 다음 「지방세법」상 취득세에 대한 설명 중 (   )에 들어갈 말로 옳게 묶인 것은?

○ 국가가 취득세 과세물건을 매각하면 매각일로부터 (ㄱ) 이내에 지방자치단체의 장에게 신고하여야 한다.

○ 취득 후 중과세대상이 된 경우에는 법령에 정하는 날로부터 (ㄴ) 이내에 신고납부하여야 한다.

○ 고급주택을 취득하여 (ㄷ) 이내에 용도변경공사에 착공한 경우에는 이를 중과하지 아니한다.

	ㄱ	ㄴ	ㄷ
①	30일	30일	60일
②	30일	60일	60일
③	60일	60일	60일
④	60일	60일	30일
⑤	3개월	60일	60일

28. 「지방세법」상 취득세 세율 중 중과기준세율이 적용되는 경우로 옳은 것을 모두 고른 것은? (단, 취득세가 중과되는 경우는 없는 것으로 함)

ㄱ. 합유물·공유물의 분할(단, 본인 지분을 초과하는 경우에는 제외)

ㄴ. 임시흥행장 등 존속기간이 1년을 초과하는 임시용 건축물

ㄷ. 택지공사가 준공된 토지에 정원 또는 부속시설물 등을 조성·설치하는 경우 토지의 소유자의 취득

ㄹ. 토지의 지목변경으로 인한 가액증가

① ㄱ, ㄴ
② ㄱ, ㄷ
③ ㄱ, ㄹ
④ ㄱ, ㄴ, ㄷ
⑤ ㄴ, ㄷ, ㄹ

29. 다음 중 부동산등기를 하는 경우 등록에 대한 등록면허세에 대한 내용으로 옳은 것은?

① 등록을 하려는 자가 신고의무를 다하지 않은 경우 등록면허세 산출세액을 등록하기 전까지 납부하였을 때에는 신고·납부한 것으로 보지만 무신고가산세는 부과된다.

② 등록면허세를 비과세받은 후 해당 부동산이 등록면허세 과세대상이 된 경우에는 그 사유발생일로부터 60일 이내에 등록면허세를 신고하고 납부하여야 한다.

③ 부동산등기에 대한 등록면허세 납세지는 원칙적으로 부동산 소유자의 주소지이다.

④ 부동산의 등록에 대한 등록면허세의 과세표준은 원칙적으로 취득 당시의 가액으로 한다.

⑤ 대도시(단, 대도시 중과세 제외 업종은 중과세하지 않음)에서 법인설립등기에 대해서는 표준세율의 100분의 300에서 중과기준세율의 100분의 200을 뺀 세율을 적용한다.

30. 「지방세법」상 등록에 대한 등록면허세를 부과하는 경우에 건수를 기준으로 과세하는 경우로 틀린 것은?

① 가등기
② 토지의 지목변경등기
③ 건물의 구조변경등기
④ 저당권말소등기
⑤ 담보물추가등기

31. 「지방세법」상 재산세의 과세표준과 세율에 관한 설명으로 옳은 것을 모두 고른 것은? (단, 법령에 따른 재산세의 경감은 고려하지 않음)

> ㄱ. 지방자치단체의 장은 조례로 정하는 바에 따라 표준세율의 100분의 50의 범위에서 가감할 수 있으며, 가감한 세율은 해당 연도부터 다음 연도에 한하여 적용한다.
> ㄴ. 법령이 정한 골프장용 토지의 표준세율은 1,000분의 40이다.
> ㄷ. 법령이 정한 고급주택(1세대 1주택 아님)의 과세표준은 법령에 따른 시가표준액에 공정시장가액비율(시가표준액의 100분의 60)을 곱하여 산정한 가액으로 한다.

① ㄱ
② ㄷ
③ ㄱ, ㄴ
④ ㄴ, ㄷ
⑤ ㄱ, ㄴ, ㄷ

32. 재산세에서 과밀억제권역 내 공장 신·증설시 공장용 건축물에 대한 중과세 내용으로 틀린 것은?

① 과밀억제권역이란 「수도권정비계획법」 제6조에 따른 과밀억제권역으로 공업지역, 산업단지 및 유치지역은 제외한다.
② 중과세대상에서 도시형 공장은 제외한다.
③ 중과세되는 재산은 공장용 건축물에 한하며 연면적 500m² 이상이다.
④ 최초의 공장 신·증설일부터 3년간 일반 건축물의 표준세율(0.25%)의 100분의 500에 해당하는 세율(1.25%)을 적용한다.
⑤ 재산세가 중과되는 '과밀억제권역 내에서 공장을 신설 또는 증설하는 경우'란 취득세가 중과되는 과밀억제권역 안에서 공장을 신설 또는 증설하는 경우를 말한다.

33. 종합부동산세법령상 종합부동산세 과세표준 계산 등에 대한 설명으로 틀린 것은?

① 주택의 과세표준을 계산할 때 1주택(주택의 부속토지만을 소유한 경우는 제외)과 다른 주택의 부속토지(주택의 건물과 부속토지의 소유자가 다른 경우의 그 부속토지)를 함께 소유하고 있는 경우는 1세대 1주택자로 본다.
② 혼인으로 인한 1세대 2주택의 경우 납세의무자가 해당 연도 9월 16일부터 9월 30일까지 관할 세무서장에게 합산배제를 신청하면 1세대 1주택자로 본다.

③ 2주택을 소유하여 1,000분의 27의 세율이 적용되는 법인의 경우 주택에 대한 종합부동산세의 과세표준은 납세의무자별로 주택의 공시가격을 합산한 금액에서 0원을 공제한 금액에 100분의 60을 곱한 금액으로 한다. 다만, 그 금액이 영보다 작은 경우에는 영으로 본다.
④ 법령에 정하는 사회적 기업, 종중 등이 주택분 납세의무자인 경우에는 초과누진세율을 적용한다.
⑤ 주택분 세액계산시에 다가구주택은 1주택으로 본다.

34. 공인중개사 甲이 고객에게 「종합부동산세법」상 공동명의 1주택자의 납세의무 등에 관한 특례를 설명한 내용으로 틀린 것은?

① 과세기준일 현재 세대원 중 1인이 그 배우자와 공동으로 1주택을 소유하고 해당 세대원 및 다른 세대원이 다른 주택을 소유하지 아니한 경우에는 배우자와 공동으로 1주택을 소유한 자 또는 그 배우자 중 대통령령으로 정하는 자(공동명의 1주택자)를 해당 1주택에 대한 납세의무자로 할 수 있다.
② 위 ①을 적용받으려는 납세의무자는 당해 연도 9월 16일부터 9월 30일까지 대통령령이 정하는 바에 따라 관할 세무서장에게 신청하여야 한다.
③ 위 ①을 적용하는 경우에는 공동명의 1주택자를 1세대 1주택자로 보아 과세표준 계산시에 공시가격 합계액에서 12억원을 공제한다.
④ 부부 공동명의 1세대 1주택자는 1주택자로 신고한 경우에도 연령별 세액공제와 보유기간별 공제는 받을 수 없다.
⑤ 「종합부동산세법」 제10조의2 제1항에서 '대통령령으로 정하는 자'란 해당 1주택을 소유한 세대원 1명과 그 배우자 중 주택에 대한 지분율이 높은 사람(지분율이 같은 경우에는 공동 소유자간 합의에 따른 사람)을 말한다.

35. 공인중개사 甲이 2024년 6월 1일에 부동산을 양도하는 고객 乙에게 양도소득세에 관하여 설명한 내용으로 틀린 것은?

① 조정대상지역 내 1세대 2주택을 2년 보유하고 양도하는 경우에 6~45%의 초과누진세율을 적용한다.
② 조정대상지역 내 1세대 3주택을 2년 보유하고 양도하는 경우에 6~45%의 초과누진세율을 적용한다.
③ 위 ①과 ②의 경우, 3년 보유한 경우에도 장기보유특별공제를 적용받을 수 없다.
④ 1세대 다주택자가 최종적으로 양도하는 주택의 1세대 1주택 판정시 보유기간은 해당 주택을 당초 취득한 날부터 양도일까지로 한다.
⑤ 만약, 법령에 정하는 비사업용 토지(등기되고 3년 보유)를 양도하는 경우에도 장기보유특별공제는 적용받을 수 있다.

36. 거주자가 국내소재 등기된 상가건물(2년 6개월 보유)을 다음과 같이 2024년 7월 20일에 양도하는 경우에 양도소득과세표준금액은 얼마인가? (단, 자본적 지출액 등 필요경비는 증빙서류를 수취·보관하고 있음)

○ 취득시 기준시가 7,000만원
○ 취득시 실지거래가액: 1억 2,000만원
○ 양도시 기준시가: 2억원
○ 양도시 실지거래가액: 2억 2,500만원
○ 자본적 지출액 및 양도직접비용: 250만원

① 7,000만원 　　　　② 1억원
③ 1억 250만원 　　　④ 1억 500만원
⑤ 1억 2,500만원

37. 양도소득세는 과세기간 중 양도한 자산에 양도차손이 발생하거나 양도소득금액이 발생한 경우를 통산하여 계산한다. 이에 대한 설명으로 틀린 것은?
① 토지를 양도함으로써 발생하는 양도차손은 비상장주식을 양도함으로써 발생하는 양도소득금액과 통산할 수 없다.
② 건물을 양도함으로써 발생하는 양도차손은 지상권을 양도함으로써 발생하는 양도소득금액과 통산한다.
③ 골프회원권을 양도함으로써 발생하는 양도차손은 비상장주식을 양도함으로써 발생하는 양도소득금액과 통산하지 아니한다.
④ 자산종류별 양도차손은 같은 세율이 적용되는 자산의 양도소득금액에서 먼저 통산한 후 미공제분은 다른 세율이 적용되는 자산의 양도소득금액에서 통산한다.
⑤ 각 양도자산에서 발생한 양도차손과 양도소득금액을 통산한 후 남은 결손금이 발생한 경우에는 5년 범위 내에서 다음 연도로 이월하여 공제받을 수 있다.

38. 「소득세법」상 양도소득세 과세대상으로 틀린 것은?
① 관련 법령에 따라 토지가 수용되는 경우
② 이혼으로 인하여 혼인 중에 형성된 부부 공동재산을 「민법」 제839조의2에 따라 재산 분할하는 경우
③ 손해배상에 있어서 당사자간의 합의에 의하거나 법원의 확정판결에 의하여 위자료 지급에 갈음하여 부동산을 이전한 경우
④ 양도담보 계약을 체결한 후 채무불이행으로 인하여 양도담보 자산을 변제에 충당한 경우
⑤ 「도시개발법」 및 기타 법률의 규정에 의한 환지처분으로 인하여 그 권리면적이 감소된 경우(단, 금전적인 보상을 받은 경우)

39. 「소득세법」상 양도소득세의 비과세에 관한 설명으로 옳은 것을 모두 고른 것은?

ㄱ. 경작상 필요에 의하여 농지를 교환하는 경우로서 쌍방 토지가액의 차액이 큰 편의 4분의 1 이하인 경우에 한하여 양도소득세를 비과세하므로, 각각 10억원과 8억원인 농지는 비과세한다(단, 신농지에서 3년 이상 거주하여 경작함).
ㄴ. 기획재정부령으로 정하는 소득이 「국민기초생활보장법」 제2조 제11호에 따른 기준 중위소득을 12개월로 환산한 금액의 100분의 40 수준 이상으로서 소유하고 있는 주택 또는 토지를 관리·유지하면서 독립된 생계를 유지할 수 있는 경우에는 배우자가 없어도 1세대로 본다.
ㄷ. 실지양도가액이 12억원인 1세대 1주택(비과세요건을 충족함)의 경우에는 12억원 초과액 부분만 과세한다.

① ㄱ 　　　　　　　② ㄱ, ㄴ
③ ㄱ, ㄷ 　　　　　④ ㄴ, ㄷ
⑤ ㄱ, ㄴ, ㄷ

40. 다음 중 ( )에 공통적으로 들어갈 내용으로 옳은 것은? (단, 양도차익을 최소화하기 위한 고려를 하는 경우임)

취득가액을 ( )으로 계산하는 경우 다음 중 큰 금액을 납세자가 필요경비로 선택할 수 있다.
ㄱ. ( ) + 필요경비개산공제액
ㄴ. 자본적 지출액 및 양도직접비용의 합계액

① 실지거래가액 　　　② 환산취득가액
③ 감정가액 　　　　　④ 매매사례가액
⑤ 기준시가

2024년도 제35회 공인중개사 2차 국가자격시험

실전모의고사 제7회

교 시	문제형별	시 간	시 험 과 목
1교시	**A**	**100분**	① 공인중개사의 업무 및 부동산 거래신고에 관한 법령 및 중개실무 ② 부동산공법 중 부동산 중개에 관련되는 규정

수험번호		성 명	

【 수험자 유의사항 】

1. **시험문제지는 단일 형별(A형)이며, 답안카드 형별 기재란에 표시된 형별(A형)을 확인하시기 바랍니다.** 시험문제지의 **총면수, 문제번호 일련순서, 인쇄상태** 등을 확인하시고, 문제지 표지에 수험번호와 성명을 기재하시기 바랍니다.

2. 답은 각 문제마다 요구하는 **가장 적합하거나 가까운 답 1개**만 선택하고, 답안카드 작성 시 시험문제지 **형별누락, 마킹착오**로 인한 불이익은 전적으로 **수험자에게 책임**이 있음을 알려드립니다.

3. 답안카드는 국가전문자격 공통 표준형으로 문제번호가 1번부터 125번까지 인쇄되어 있습니다. 답안 마킹 시에는 반드시 **시험문제지의 문제번호와 동일한 번호에 마킹**하여야 합니다. (2차 1교시: 1번~80번)

4. **감독위원의 지시에 불응하거나 시험시간 종료 후 답안카드를 제출하지 않을 경우** 불이익이 발생할 수 있음을 알려 드립니다.

5. 시험문제지는 시험 종료 후 가져가시기 바랍니다.

6. 답안작성은 **시험 시행일(2024.10.26.) 현재 시행되는 법령 등**을 적용하시기 바랍니다.

7. 가답안 의견제시에 대한 개별회신 및 공고는 하지 않으며, **최종 정답 발표로 갈음**합니다.

8. 시험 중 **중간 퇴실은 불가**합니다. 단, 부득이하게 퇴실할 경우 **시험포기각서 제출 후 퇴실은 가능**하나 **재입실이 불가**하며, **해당시험은 무효처리됩니다.**

해커스 공인중개사

제1과목: 공인중개사의 업무 및 부동산 거래신고에 관한 법령 및 중개실무

1. 공인중개사법령상 중개행위와 관련한 설명으로 옳은 것은?
   ① 중개는 타인간의 부동산거래를 보조하는 법률행위에 해당한다.
   ② 개업공인중개사의 중개행위는 「상법」에서 정하고 있는 '중개에 관한 행위'로서 기본적 상행위에 해당한다.
   ③ 중개행위에 해당하는지 여부는 개업공인중개사가 진정으로 거래당사자를 위하여 거래를 알선·중개하려는 의사를 갖고 있었느냐고 하는 개업공인중개사의 주관적 의사에 의하여 결정한다.
   ④ 위임과 중개는 당사자의 신임관계를 기초로 한다는 점에서는 동일하나, 위임은 무상이 원칙이고 중개는 유상으로 행해진다는 점에서 차이가 있다.
   ⑤ 중개대상물의 거래당사자들로부터 보수를 받을 것을 약속하거나 요구하는 데 그친 경우도 중개업에 해당한다.

2. 공인중개사법령상 중개사무소의 개설등록절차에 관한 설명으로 옳은 것은?
   ① 서울특별시 강남구에 주소지를 둔 공인중개사가 서울특별시 종로구에 중개사무소를 둔 경우라도 등록신청은 강남구청장에게 하여야 한다.
   ② 등록신청을 받은 등록관청은 신청인이 등록기준을 갖추고 있으면 등록신청일로부터 10일 내에 등록통지를 하여야 한다.
   ③ 공인중개사인 개업공인중개사가 등록관청의 관할구역 내에서 법인인 개업공인중개사로서 업무를 계속하고자 하는 경우에는 등록증 재교부신청을 하여야 한다.
   ④ 등록을 한 자는 손해배상책임의 보장을 위한 조치를 이행하고 업무를 개시하여야 한다.
   ⑤ 등록관청이 등록증을 교부한 때에는 10일 내에 그 사실을 공인중개사협회에 통보하여야 한다.

3. 공인중개사법령상 현재 중개사무소의 개설등록을 할 수 없는 자를 모두 고른 것은?

   > ㄱ. 2년 전에 「주택법」을 위반하여 징역 1년에 집행유예 2년을 선고받은 공인중개사
   > ㄴ. 임원 3인 모두가 공인중개사이나, 그중 1인이 특별사면되어 3년이 지나지 아니한 자가 있는 법인
   > ㄷ. 법률의 변경으로 인하여 형의 집행이 면제되고 3년이 지난 공인중개사
   > ㄹ. 1년 전에 임시 중개시설물을 설치하여 등록이 취소된 개업공인중개사이었던 자
   > ㅁ. 「공인중개사법」 위반으로 징역 10개월의 선고유예를 받고 유예기간이 지나지 아니한 공인중개사

   ① ㄱ, ㄴ
   ② ㄷ, ㄹ
   ③ ㄱ, ㄴ, ㄹ
   ④ ㄱ, ㄴ, ㄹ, ㅁ
   ⑤ ㄴ, ㄷ, ㄹ, ㅁ

4. 공인중개사법령상 법인인 개업공인중개사의 분사무소에 대한 설명으로 옳은 것은?
   ① 분사무소는 주된 사무소의 소재지를 포함한 시·군·구별로 설치하되, 시·군·구별로 1개소를 초과할 수 없다.
   ② 분사무소의 책임자는 분사무소 설치신고일 전 1년 내에 실시하는 직무교육을 수료하여야 한다.
   ③ 분사무소를 설치하는 경우 이를 설치하고자 하는 시·군·구에 신고하여야 한다.
   ④ 분사무소 설치를 신고하는 자는 분사무소 소재지 시·군·구 조례가 정하는 수수료를 납부하여야 한다.
   ⑤ 분사무소 설치신고를 하는 자는 보증설정의 증명서류를 제출하여야 한다.

5. 개업공인중개사 A는 2024년 1월 10일 중개사무소를 甲군(郡)에서 乙군(郡)으로 이전하였다. 이에 관한 설명으로 공인중개사법령상 틀린 것은?
   ① A는 2024년 1월 19일까지 乙군 군수에게 이전사실을 신고하여야 한다.
   ② 이전신고서에는 중개사무소등록증 원본과 사무소 확보 증명서류를 첨부하여야 한다.
   ③ 乙군 군수는 중개사무소등록증에 변경사항을 기재하여 교부할 수 있다.
   ④ 甲군 군수가 乙군 군수에게 송부할 서류는 중개사무소 등록대장, 등록신청서류, 최근 1년간의 행정처분서류 등이다.
   ⑤ 乙군 군수는 A가 甲군에서의 거래계약서에 서명 및 날인 위반행위를 이유로 A에게 3개월의 업무정지처분을 할 수 있다.

6. 「공인중개사법 시행규칙」 별지 제12호 서식 '중개사무소 이전 신고서'에 기재할 사항을 모두 고른 것은?

> ㄱ. 신청인의 성명 · 생년월일 · 주소 · (휴대)전화번호
> ㄴ. 개업공인중개사의 종별
> ㄷ. 중개사무소 변경 후 명칭
> ㄹ. 중개사무소 변경 전 소재지
> ㅁ. 중개사무소 이전사유

① ㄱ, ㄹ
② ㄱ, ㄴ, ㅁ
③ ㄴ, ㄷ, ㄹ
④ ㄱ, ㄴ, ㄷ, ㄹ
⑤ ㄱ, ㄴ, ㄷ, ㄹ, ㅁ

7. 공인중개사법령상 중개사무소의 명칭과 관련한 설명으로 틀린 것은? (다툼이 있으면 판례에 따름)

① 개업공인중개사 A는 중개대상물 광고를 하면서 명시할 사항을 명시하지 아니하고 광고를 하여 100만원의 벌금을 부과받았다.

② 무자격자가 '발품부동산' 및 '부동산 Cafe'라고 표시된 옥외광고물을 설치한 경우는 명칭 사칭에 해당한다.

③ 공인중개사가 아닌 자가 공인중개사 명칭을 사용한 경우 1년 이하의 징역 또는 1천만원 이하의 벌금에 처한다.

④ 공인중개사 자격이 없는 개인인 개업공인중개사는 사무소의 명칭에 "공인중개사사무소"라는 문자를 사용할 수 없다.

⑤ 등록관청은 철거명령에 불응한 위법 중개사무소의 간판에 대하여 「행정대집행법」에 따라 대집행을 할 수 있다.

8. 공인중개사법령상 중개대상물에 대한 인터넷 표시 · 광고 모니터링에 관한 설명으로 틀린 것은?

① 모니터링 업무 수탁기관은 모니터링 대상, 모니터링 체계 등을 포함한 다음 연도의 모니터링 기본계획서를 매년 12월 31일까지 국토교통부장관에게 제출해야 한다.

② 모니터링 업무 수탁기관은 수시 모니터링 업무를 수행한 경우 결과보고서를 해당 모니터링 업무를 완료한 날부터 15일 이내에 국토교통부장관에게 제출해야 한다.

③ 국토교통부장관은 제출받은 결과보고서를 시 · 도지사 및 등록관청 등에 통보하고 필요한 조사 및 조치를 요구할 수 있다.

④ 조사 및 조치를 요구받은 시 · 도지사 및 등록관청 등은 신속하게 조사 및 조치를 완료하고, 완료한 날부터 30일 이내에 그 결과를 국토교통부장관에게 통보해야 한다.

⑤ 국토교통부장관은 모니터링 결과에 따라 정보통신서비스 제공자에게 이 법 위반이 의심되는 표시 · 광고에 대한 확인 또는 추가정보의 게재 등 필요한 조치를 요구할 수 있다.

9. 공인중개사법령상 개업공인중개사의 업무범위 등에 관한 설명으로 옳은 것은?

① 중개법인은 공인중개사를 대상으로 한 중개업의 경영정보제공업을 할 수 있다.

② 개업공인중개사가 경매대상 부동산의 매수신청의 대리를 하고자 하는 때에는 등록관청에 매수신청대리인 등록을 하여야 한다.

③ 법인이 아닌 개업공인중개사도 상가에 대한 임대차관리 등 관리대행업을 영위할 수 있다.

④ 공인중개사인 개업공인중개사는 주택에 대한 분양대행업을 영위할 수 없다.

⑤ 부동산거래정보망을 이용하지 않더라도 법 제7638호 부칙 제6조 제2항의 개업공인중개사가 공인중개사인 개업공인중개사와 공동으로 중개하는 경우에는 업무지역 외의 중개대상물도 중개할 수 있다.

10. 개업공인중개사가 고용한 소속공인중개사 甲에 대한 설명으로 공인중개사법령상 옳은 것을 모두 고른 것은?

> ㄱ. 甲에 대한 고용신고시에는 그의 실무교육수료증 사본을 첨부하여야 한다.
> ㄴ. 개업공인중개사는 동시에 다른 개업공인중개사의 소속공인중개사가 될 수 없다.
> ㄷ. 甲의 업무상 행위는 그를 고용한 개업공인중개사의 행위로 본다.
> ㄹ. 공인중개사로서 개업공인중개사에 소속되어 현장안내 등 단순 업무를 보조하는 자는 소속공인중개사가 아니다.

① ㄱ, ㄴ
② ㄴ, ㄷ
③ ㄷ, ㄹ
④ ㄱ, ㄴ, ㄷ
⑤ ㄱ, ㄴ, ㄷ, ㄹ

11. 공인중개사법령상 휴업 등의 신고에 관한 설명으로 틀린 것은?

① 개업공인중개사 甲은 정당한 사유 없이 7개월의 휴업을 하면서 신고하지 않아 20만원의 과태료에 처해졌다.

② 개업공인중개사 乙은 출산으로 인하여 10개월의 휴업을 등록관청에 신고하였다.

③ 개업공인중개사 丙은 중개업의 휴업을 등록관청에 신고하면서 사업자등록의 휴업신고서도 같이 제출하였다.

④ 개업공인중개사 丁은 휴업한 중개업의 재개신고를 전자문서로 하였다.

⑤ 휴업신고한 중개업의 재개신고를 받은 등록관청은 반납받은 등록증을 즉시 반환하였다.

12. 공인중개사법령상 옳은 것(○)과 틀린 것(×)을 바르게 표시한 것은?

> ㄱ. 중개사무소의 옥외광고물에는 중개사무소 연락처를 명시하여야 한다.
> ㄴ. 휴업 및 폐업을 신고한 자는 지체 없이 그 사무소의 간판을 철거하여야 한다.
> ㄷ. 폐업을 한 때에는 7일 내에 등록증을 반납하여야 한다.

① ㄱ(○), ㄴ(○), ㄷ(○)
② ㄱ(○), ㄴ(○), ㄷ(×)
③ ㄱ(×), ㄴ(○), ㄷ(×)
④ ㄱ(×), ㄴ(×), ㄷ(○)
⑤ ㄱ(×), ㄴ(×), ㄷ(×)

13. 공인중개사법령상 전속중개계약을 체결한 개업공인중개사 甲의 업무활동에 대한 설명으로 틀린 것은?

① 甲은 중개의뢰인의 비공개요청이 없자 전속중개계약 체결 후 지체 없이 중개대상물에 관한 정보를 부동산거래정보망에 공개하였다.

② 甲은 부동산거래정보망에 공개한 내용을 공개한 날로부터 7일 후에 중개의뢰인에게 구두로 통지하였다.

③ 甲은 업무처리상황을 1주일에 1회씩 중개의뢰인에게 문서로 통지하였다.

④ 甲은 중개의뢰인과의 약정으로 전속중개계약기간을 1개월로 하였다.

⑤ 甲은 중개보수로 법정 중개보수의 50%만 받기로 중개의뢰인과 약정하였다.

14. 공인중개사법령상 거래정보사업자와 관련된 설명으로 옳은 것은?

① 거래정보사업자 지정신청시에는 운영규정을 정하여 신청서에 첨부하여야 한다.

② 거래정보사업자 지정신청을 받은 국토교통부장관은 3개월 내에 그 지정여부를 결정하여야 한다.

③ 개업공인중개사는 부동산거래정보망에 공개한 중개대상물의 거래사실을 지체 없이 거래정보사업자에게 통보하여야 한다.

④ 공인중개사 2인 이상의 확보는 거래정보사업자 지정요건이다.

⑤ 거래정보사업자가 개업공인중개사에 따라 차별적으로 중개대상물에 관한 정보를 공개한 때에는 그 지정이 취소된다.

15. 공인중개사법령상 개업공인중개사의 확인·설명의무와 관련한 설명으로 틀린 것은 모두 몇 개인가? (다툼이 있으면 판례에 따름)

> ㄱ. 소속공인중개사가 확인·설명을 한 경우에는 해당 소속공인중개사가 확인·설명서를 작성할 의무를 부담한다.
> ㄴ. 중개대상물에 근저당권이 설정된 경우에는 실제의 피담보채무액을 확인하여 설명할 의무가 있다.
> ㄷ. 주택임대차중개의 경우 관리비 금액과 그 산출내역은 확인·설명사항이 아니다.
> ㄹ. 주택의 임대차를 중개하는 경우에는 임차의뢰인에게 확정일자 부여기관에 정보제공을 요청할 수 있다는 사항을 설명해야 한다.

① 없음   ② 1개   ③ 2개
④ 3개   ⑤ 모두

16. 공인중개사법령상 서류에 관한 설명으로 틀린 것은?

① 일반중개계약서, 전속중개계약서, 확인·설명서는 모두 법정서식이 있으나, 거래계약서는 법정서식이 없다.

② 공인전자문서센터에 보관된 경우를 제외하고 거래계약서는 5년, 확인·설명서는 3년을 보관하여야 하나, 전속중개계약서는 3년을 보관하여야 한다.

③ 일반중개계약서는 보관의무에 관한 규정이 없다.

④ 거래계약서 및 확인·설명서 보관의무를 위반한 경우는 모두 과태료 부과사유에 해당한다.

⑤ 국토교통부장관은 거래계약서 및 일반중개계약서의 표준이 되는 서식을 정하여 이의 사용을 권장할 수 있다.

17. 공인중개사법령상 보증설정제도에 관한 설명으로 틀린 것은?

① 개업공인중개사는 중개가 완성된 때에는 거래당사자에게 보증관계증서 사본을 교부하여야 한다.

② 보증설정신고시 제출하는 증명서류는 전자문서를 포함한다.

③ 보증기간이 만료된 개업공인중개사는 그 보증기간 만료일까지 다시 보증을 설정하여야 한다.

④ 보증을 다른 보증으로 변경하고자 하는 경우에는 이미 설정한 보증의 효력이 있는 기간 중에 다른 보증을 설정하고 등록관청에 신고하여야 한다.

⑤ 개업공인중개사는 보증보험금·공제금 또는 공탁금으로 손해배상을 한 때에는 10일 이내에 보증보험 또는 공제에 다시 가입하거나 공탁금 중 부족하게 된 금액을 보전하여야 한다.

18. 공인중개사법령상 개업공인중개사 등의 금지행위에 해당하는 것을 모두 고른 것은? (다툼이 있으면 판례에 따름)

ㄱ. 개업공인중개사 甲은 미확정개발계획을 마치 확정된 것처럼 중개의뢰인에게 고지하여 매매계약을 체결하도록 하였다.

ㄴ. 소속공인중개사인 乙은 자기 배우자 소유의 부동산을 다른 개업공인중개사의 중개를 통하여 매각하였다.

ㄷ. 중개보조원 丙은 중개의뢰인이 아닌 자를 상대로 상가의 임대사업을 영위하였다.

ㄹ. 개업공인중개사 丁은 중개보수로 한도를 초과하는 액면금액의 당좌수표를 받았으나 후일 그 당좌수표가 부도처리 되었다.

ㅁ. 개업공인중개사 戊는 상가의 분양을 대행해 주고 상가에 대한 중개보수의 한도를 초과하는 보수를 받았다.

① ㄱ, ㄹ
② ㄴ, ㄷ, ㅁ
③ ㄱ, ㄴ, ㄹ, ㅁ
④ ㄱ, ㄷ, ㄹ, ㅁ
⑤ ㄱ, ㄴ, ㄷ, ㄹ, ㅁ

19. 개업공인중개사가 분양가액이 1억 5천만원(계약금 1,500만원, 1차 중도금 3,500만원이 납입되고, 프리미엄이 3,000만원임)인 오피스텔 분양권의 전매를 중개하였다. 거래당사자로부터 받을 수 있는 중개보수의 최대 총액은? (이 오피스텔은 전용면적 60m²이고 전용 입식 부엌과 수세식 화장실 등을 갖춘 것임)

① 35만원   ② 80만원   ③ 75만원
④ 135만원   ⑤ 150만원

20. 공인중개사법령상 지방자치단체 조례가 정하는 수수료를 납부하는 경우를 모두 고른 것은?

ㄱ. 분사무소설치신고확인서의 재교부를 신청하는 자
ㄴ. 중개보조원에 대한 고용신고를 하는 자
ㄷ. 공인중개사 자격증을 교부받는 자
ㄹ. 국토교통부장관이 시행하는 자격시험에 응시하는 자
ㅁ. 중개업의 휴업을 신고하는 자

① ㄱ
② ㄱ, ㄷ
③ ㄴ, ㄹ
④ ㄴ, ㄷ, ㅁ
⑤ ㄷ, ㄹ, ㅁ

21. 공인중개사법령상 행정기관에 발각되기 전에 등록관청에 신고한 甲과 乙이 받을 수 있는 포상금의 최대 금액은?

○ 甲은 개업공인중개사로서 단체를 구성하여 단체구성원 이외의 자와 공동중개를 제한한 A를 신고하였다.
○ 甲과 乙은 온라인 커뮤니티를 통하여 중개대상물을 특정 가격 이하로 중개의뢰하지 않도록 한 B를 공동으로 신고하였다.
○ 부정한 방법으로 중개사무소의 개설등록을 한 C를 乙이 신고한 이후에 甲도 C를 신고하였다.
○ 담당검사는 A에 대하여 공소제기, B에 대하여는 무혐의처분, C에 대하여 기소유예결정을 하였다.
○ 甲과 乙사이에 포상금 분배약정은 없었고, A, B, C는 甲과 乙의 신고 전에 행정기관에 의해 발각되지 않았다.

① 甲: 50만원, 乙: 50만원
② 甲: 50만원, 乙: 75만원
③ 甲: 75만원, 乙: 50만원
④ 甲: 75만원, 乙: 75만원
⑤ 甲: 125만원, 乙: 125만원

22. 공인중개사법령상 국토교통부장관이 공인중개사협회의 공제사업 운영에 대하여 개선조치로서 명할 수 있는 것으로 명시되지 않은 것은?

① 자산예탁기관의 변경
② 자산의 장부가격의 변경
③ 공제사업의 폐지
④ 업무집행방법의 변경
⑤ 가치가 없다고 인정되는 자산의 손실처리

23. 공인중개사법령상 (   )속에 들어갈 숫자가 큰 것부터 작은 것 순으로 바르게 나열된 것은?

○ 자격취소 통보기한: (ㄱ)일 내
○ 연수교육 통지기한: (ㄴ)개월 전
○ 포상금 지급기한: (ㄷ)개월 내
○ 공제사업 운영실적 공시: (ㄹ)개월 내

① ㄱ - ㄴ - ㄹ - ㄷ
② ㄱ - ㄹ - ㄴ - ㄷ
③ ㄴ - ㄷ - ㄹ - ㄱ
④ ㄷ - ㄴ - ㄹ - ㄱ
⑤ ㄹ - ㄱ - ㄷ - ㄴ

24. 공인중개사법령상 상습 위반에 대한 가중처벌로서 그 연결이 틀린 것은?
① 최근 1년 이내에 「공인중개사법」에 의하여 2회의 업무정지처분을 받고 다시 업무정지처분에 해당하는 행위를 한 경우 - 필요적 등록취소
② 최근 1년 이내에 「공인중개사법」에 의하여 1회의 업무정지처분, 2회의 과태료처분을 받고 다시 업무정지처분에 해당하는 행위를 한 경우 - 임의적 등록취소
③ 최근 1년 이내에 「공인중개사법」에 의하여 과태료처분 1회, 업무정지처분 1회를 각각 받고 다시 과태료처분에 해당하는 행위를 한 경우 - 업무정지
④ 최근 1년 이내에 「공인중개사법」에 의하여 2회의 업무정지처분, 1회의 과태료처분을 받고 다시 업무정지처분에 해당하는 행위를 한 경우 - 임의적 등록취소
⑤ 최근 1년 이내에 「공인중개사법」에 의하여 1회의 과태료, 2회의 업무정지처분을 받고 다시 과태료처분에 해당하는 행위를 한 경우 - 임의적 등록취소

25. 공인중개사법령상 개업공인중개사의 업무정지 사유이면서 중개행위를 한 소속공인중개사의 자격정지사유에 해당하는 것을 모두 고른 것은?

ㄱ. 거래계약서에 서명 및 날인하지 아니한 경우
ㄴ. 다른 개업공인중개사의 소속공인중개사가 된 경우
ㄷ. 서로 다른 둘 이상의 거래계약서를 작성한 경우
ㄹ. 중개대상물에 대한 확인·설명을 성실·정확하게 하지 않은 경우

① ㄱ, ㄴ
② ㄱ, ㄷ
③ ㄴ, ㄹ
④ ㄷ, ㄹ
⑤ ㄴ, ㄷ, ㄹ

26. 공인중개사법령상 위반행위에 따른 벌칙의 연결이 옳은 것을 모두 고른 것은?

ㄱ. 중개보조원이 보조업무 수행시 중개보조원이라는 사실을 고지하지 않은 경우 - 100만원 이하의 과태료
ㄴ. 중개사무소등록증의 대여를 알선한 경우 - 1년 이하의 징역 또는 1천만원 이하의 벌금
ㄷ. 거래정보사업자가 개업공인중개사로부터 의뢰받지 아니한 중개대상물에 관한 정보를 공개한 경우 - 500만원 이하의 과태료
ㄹ. 존재하지 않는 중개대상물을 존재하는 것처럼 광고한 경우 - 3년 이하의 징역 또는 3천만원 이하의 벌금

① ㄴ
② ㄱ, ㄴ
③ ㄷ, ㄹ
④ ㄱ, ㄷ, ㄹ
⑤ ㄴ, ㄷ, ㄹ

27. 공인중개사법령상 과태료부과와 관련한 설명으로 틀린 것은?
① 등록관청은 게시의무를 위반한 개업공인중개사에 대하여 30만원의 과태료를 부과할 수 있다.
② 정보통신서비스 제공자에 대한 500만원 이하의 과태료는 국토교통부장관이 부과한다.
③ 부당한 표시·광고를 한 개업공인중개사에 대한 과태료는 등록관청이 부과한다.
④ 과태료에 대한 부과기준은 대통령령으로 정한다.
⑤ 등록관청은 과태료를 부과함에 있어서 위반행위의 동기·결과·횟수를 참작하여 과태료 부과기준금액의 5분의 1의 범위에서 가중 또는 감경할 수 있다.

28. 부동산 거래신고 등에 관한 법령상 거래당사자의 부동산거래계약신고사항을 모두 고른 것은? (매수인은 개인이고, 주택의 소재지는 투기과열지구나 조정대상지역이 아님을 전제함)

ㄱ. 공법상 이용제한 및 거래규제사항
ㄴ. 중개사무소 상호·소재지
ㄷ. 계약의 기한이 있는 경우에는 기한
ㄹ. 거래대상 부동산의 계약대상 면적
ㅁ. 실제 거래가격이 5억원인 주택의 경우 취득에 필요한 자금의 조달계획

① ㄱ, ㄴ
② ㄷ, ㄹ
③ ㄹ, ㅁ
④ ㄱ, ㄴ, ㄹ
⑤ ㄱ, ㄷ, ㅁ

29. 부동산 거래신고 등에 관한 법령상 부동산거래신고절차와 관련한 설명으로 옳은 것은?

① 부동산거래신고는 잔금 지급일로부터 30일 내에 하여야 한다.

② 개업공인중개사의 부동산거래계약신고서의 제출을 대행하는 소속공인중개사는 개업공인중개사의 서명 또는 날인이 있는 위임장과 신분증명서 사본을 제출해야 한다.

③ 신고관청으로부터 조사결과를 보고받은 시·도지사는 그 내용을 취합하여 매월 1회 국토교통부장관에게 보고해야 한다.

④ 신고관청은 검증결과를 해당 부동산의 소재지를 관할하는 세무관서의 장에게 10일 내에 통보하여야 한다.

⑤ 개업공인중개사가 신고한 부동산매매계약이 해제된 경우에는 개업공인중개사가 해제가 확정된 날로부터 30일 내에 해제신고를 해야 한다.

30. 부동산 거래신고 등에 관한 법령상 외국인 등의 부동산취득신고 등과 관련한 설명으로 틀린 것은?

① 토지취득의 허가신청을 하려는 외국인 등은 외국인 토지취득 허가신청서에 서명 또는 날인한 후 토지거래계약당사자간의 합의서를 첨부하여 신고관청에 제출해야 한다.

② 신고관청(특별자치시장 제외)은 외국인 등의 신고내용을 매 분기 종료일부터 1개월 이내에 시·도지사에게 제출하여야 한다.

③ 외국인 등의 신고내용을 제출받은 시·도지사는 제출받은 날부터 1개월 이내에 그 내용을 국토교통부장관에게 제출하여야 한다.

④ 외국인 등의 부동산 등의 취득신고를 받은 신고관청은 제출된 첨부서류를 확인한 후 외국인 부동산 등 취득·계속보유신고확인증을 15일 내에 발급하여야 한다.

⑤ 외국인의 부동산 등 취득신고서의 제출을 대행하는 자는 위임한 외국인의 서명 또는 날인한 위임장과 신분증명서 사본을 제출하여야 한다.

31. 甲은 토지거래허가구역으로 지정되어있는 A군(郡) 녹지지역 내 토지 250m²를 소유한 자로, 이 토지를 乙과 매매하고자 한다. 이 거래를 개업공인중개사 丙이 중개하는 경우 이와 관련한 설명으로 부동산 거래신고 등에 관한 법령상 옳은 것은? (단, 지정권자는 허가구역 지정시 허가를 요하지 아니하는 토지면적을 따로 정하지 않았음)

① 개업공인중개사 丙은 허가받을 것을 조건으로 하지 않는 한 A군 군수에게 계약 체결 전에 토지거래허가신청을 하여야 한다.

② 이 토지의 지목이 농지라면 토지거래허가를 받을 필요가 없다.

③ 乙이 3분의 1의 공유지분으로 이 토지를 최초로 매수하는 경우에는 기준면적 이하가 되므로 토지거래허가를 받을 필요가 없다.

④ 乙이 이 토지를 거주용 주택용지로 매수한다면 특별한 사정이 없는 한 A군수는 허가를 하여야 한다.

⑤ 이 토지거래의 불허가처분을 받은 경우 공시지가를 기준으로 甲은 A군수에게 15일 내에 이 토지의 매수를 청구할 수 있다.

32. 부동산 거래신고 등에 관한 법령상 토지거래계약의 허가를 받은 경우 그 토지의 이용의무에 대한 설명으로 틀린 것은?

① 허가관청은 토지거래계약을 허가받은 자가 허가받은 목적대로 이용하고 있는지를 매년 1회 이상 토지의 개발 및 이용 등의 실태를 조사하여야 한다.

② 허가관청은 토지의 이용의무를 이행하지 아니한 자에 대하여는 3개월 이내의 기간을 정하여 문서로 토지의 이용의무를 이행하도록 명할 수 있다.

③ 토지거래계약허가를 받아 토지를 취득한 자가 직접 이용하지 아니하고 임대한 경우에는 토지취득가액의 100분의 5에 상당하는 금액의 이행강제금을 부과한다.

④ 허가관청은 법령이 정하는 이용의무기간이 지난 후에는 이행강제금의 부과를 중지한다.

⑤ 이행강제금 부과에 대한 이의제기는 30일 내에 해야 한다.

33. 부동산 거래신고 등에 관한 법령상 전자문서로 제출할 수 있는 것을 모두 고른 것은?

> ㄱ. 부동산거래계약의 해제 등 신고서
> ㄴ. 면적의 변경이 없는 실제 거래금액 변경의 부동산 거래계약 변경신고서
> ㄷ. 거래당사자 일방의 단독 정정신청시 부동산거래계약신고필증
> ㄹ. 외국인 토지취득허가신청서
> ㅁ. 일방의 신고거부로 인한 단독신고시 부동산거래계약신고서

① ㄱ, ㄴ ② ㄱ, ㄹ
③ ㄴ, ㄷ ④ ㄱ, ㄹ, ㅁ
⑤ ㄴ, ㄷ, ㅁ

34. 「농지법」에 대한 설명으로 **틀린** 것은?

① 농지에 대한 매매계약을 체결하고 농지취득자격증명을 발급받지 못한 경우 농지에 대한 매매계약은 무효가 된다.

② 농업경영계획서 또는 주말·체험영농계획서의 제출이 필요 없는 농지취득자격증명의 발급신청을 받은 관할 관청은 4일 내에 발급 여부를 결정하여야 한다.

③ 농지의 임대인이 임대차기간이 끝나기 3개월 전까지 임차인에게 임대차를 갱신하지 아니한다는 뜻이나 임대차 조건을 변경한다는 뜻을 통지하지 아니하면 그 임대차 기간이 끝난 때에 이전의 임대차와 같은 조건으로 다시 임대차한 것으로 본다.

④ 농지전용협의를 한 농지를 취득하는 경우에는 농지취득자격증명을 발급받을 필요가 없다.

⑤ 농지의 처분명령에 위반한 자에 대하여는 처분할 때까지 해당 농지의 감정가격 또는 개별공시지가 중 더 높은 가액의 100분의 25에 해당하는 이행강제금을 매년 1회 부과한다.

35. 공인중개사법령상 중개대상물 확인·설명서 네 종류의 서식에 공통적으로 기재하는 사항을 모두 고른 것은?

> ㄱ. 비선호시설
> ㄴ. 환경조건(일조량·소음·진동)
> ㄷ. 실제 권리관계 또는 공시되지 않은 물건의 권리사항
> ㄹ. 권리관계(등기부 기재사항)
> ㅁ. 중개보수 및 실비의 금액과 산출내역

① ㄱ, ㄴ   ② ㄷ, ㄹ
③ ㄱ, ㄴ, ㄷ   ④ ㄴ, ㄷ, ㅁ
⑤ ㄷ, ㄹ, ㅁ

36. 중개활동과 관련한 설명으로 **틀린** 것은?

① 셀링포인트(Selling Point) 추출 작업을 중개대상물에 대한 특징분석이라 한다.

② 셀링포인트(Selling Point)란 상품으로서의 부동산이 지니는 여러 특징 중 구매자에게 만족을 주는 특징을 말하며, 판매소구점이라고도 한다.

③ AIDA의 원리란 마케팅에서 발달한 용어로 구매자의 심리상태를 단계적으로 표현한 것이다.

④ 클로징(Closing)이란 매도인과 매수인이 거래조건에 만족하여 개업공인중개사가 매매계약서에 서명시키는 행위 또는 소유권을 현실적으로 이전시키는 행위를 말한다.

⑤ "잔금은 언제 치르실 수 있나요?" 등의 질문을 하는 방법으로 클로징을 하는 것은 부분선결법이다.

37. 「주택임대차보호법」과 관련한 설명으로 **틀린** 것은? (다툼이 있으면 판례에 따름)

① 주민등록이라는 대항요건은 임차인 본인뿐만 아니라 그 배우자나 자녀 등 가족의 주민등록을 포함한다.

② 임차인이 상속권자 없이 사망한 경우 그 주택에서 가정공동생활을 하던 사실상의 혼인관계에 있는 자는 임차인이 사망한 후 1개월 이내에 임대인에 대하여 반대 의사를 표시하지 않는 한 임차인의 권리와 의무를 승계한다.

③ 임차인이 2024년 10월 23일에 주택에 입주와 주민등록 및 계약서에 확정일자를 갖춘 경우 임차인의 우선변제권은 동년 10월 23일에 발생된다.

④ 미등기 주택을 임차한 소액임차인도 경매절차에서 최우선변제가 인정된다.

⑤ 「은행법」에 의한 은행은 우선변제권을 취득한 임차인의 보증금반환채권을 계약으로 양수한 경우 양수한 금액의 범위에서 우선변제권을 승계한다.

38. 「상가건물 임대차보호법」이 적용되는 상가건물의 임대차와 관련한 설명으로 **틀린** 것은?

① 국토교통부장관은 법무부장관과 협의를 거쳐 보증금, 차임액, 임대차기간, 수선비 분담 등의 내용이 기재된 상가건물임대차표준계약서를 정하여 그 사용을 권장할 수 있다.

② 3기의 차임액에 달하도록 차임을 연체한 사실이 있는 임차인은 권리금을 보호받지 못한다.

③ 임대차기간이 끝난 경우에도 임차인이 보증금을 반환받을 때까지는 임대차관계는 존속하는 것으로 본다.

④ 지역별 보증금 제한을 초과한 경우 임차인은 증액제한 규정을 적용받지 못한다.

⑤ 「민법」에 의한 임대차의 등기를 한 경우 임차인은 대항력과 우선변제권을 등기한 날로부터 취득한다.

39. 「민사집행법」에 따른 부동산 경매제도에 관한 설명으로 틀린 것은?

① 압류는 채무자에게 그 경매개시결정서가 송달된 때 또는 경매개시결정의 등기가 된 때에 효력이 생긴다.

② 경매개시결정을 한 부동산에 대하여 다른 강제경매의 신청이 있는 때에는 법원은 그 다른 강제경매의 신청을 각하한다.

③ 압류채권자의 채권에 우선하는 채권에 관한 부동산의 부담을 매수인에게 인수하게 하거나, 매각대금으로 그 부담을 변제하는 데 부족하지 아니하다는 것이 인정된 경우가 아니면 그 부동산을 매각하지 못한다.

④ 기간입찰에서 입찰기간은 1주 이상 1월 이하의 범위 안에서 정하고, 매각기일은 입찰기간이 끝난 후 1주 안의 날로 정한다.

⑤ 매각허가결정에 대한 항고가 기각된 경우 소유자 또는 채무자는 공탁한 보증금의 반환을 요구하지 못한다.

40. 매수신청대리인 등록과 중개사무소의 개설등록의 차이점을 설명한 것으로 틀린 것은?

① 실무교육권한은 매수신청대리인 등록은 법원행정처장에게 있으나 중개사무소의 개설등록은 시·도지사에게 있다.

② 매수신청대리인 등록은 등기기록 열람비 등 통상의 실비는 보수와 별도로 받을 수 없으나 중개사무소의 개설등록은 중개보수와 별도로 받을 수 있다.

③ 소속공인중개사는 매수신청대리인 등록에서는 개업공인중개사를 대신하여 법원에 출석할 수 없으나 중개사무소의 개설등록에서는 중개업무를 수행할 수 있다.

④ 보증설정기한은 매수신청대리인 등록이나 중개사무소의 개설등록이나 업무개시 전으로 동일하다.

⑤ 매수신청대리인 등록의 업무정지는 재량행위와 기속행위로 구분되나 중개사무소의 개설등록의 업무정지는 재량행위만이 있다.

제2과목: 부동산공법 중 부동산 중개에 관련되는 규정

41. 국토의 계획 및 이용에 관한 법령상 용어에 관한 설명으로 틀린 것은?

① 도시혁신계획은 도시혁신구역에서의 토지의 이용 및 건축물의 용도·건폐율·용적률·높이 등의 제한에 관한 사항을 따로 정하기 위하여 공간재구조화계획으로 결정하는 도시·군관리계획을 말한다.

② 복합용도계획은 복합용도구역에서의 건축물의 용도별 구성비율 및 건폐율·용적률·높이 등의 제한에 관한 사항을 따로 정하기 위하여 공간재구조화계획으로 결정하는 도시·군관리계획을 말한다.

③ 도시·군계획시설입체복합구역의 지정은 도시·군관리계획으로 결정한다.

④ 도시·군관리계획을 시행하기 위한 「도시개발법」에 따른 도시개발사업은 도시·군계획사업에 포함된다.

⑤ 기반시설은 도시·군계획시설 중 도시·군관리계획으로 결정된 시설을 말한다.

42. 국토의 계획 및 이용에 관한 법령상 도시·군관리계획에 관한 설명으로 틀린 것은?

① 주민은 도시·군계획시설입체복합구역의 건축제한·건폐율·용적률·높이 등에 관한 사항에 대하여 입안을 제안할 수 없다.

② 도시·군관리계획은 광역도시계획과 도시·군기본계획(생활권계획을 포함한다)에 부합되어야 한다.

③ 도시·군관리계획의 입안을 제안받은 입안권자는 부득이한 사정이 있는 경우를 제외하고는 제안일부터 45일 이내에 그 제안의 반영 여부를 제안자에게 통보해야 한다.

④ 도시·군관리계획의 입안을 제안받은 입안권자는 제안자와 협의하여 제안된 도시·군관리계획의 입안 등에 필요한 비용의 전부 또는 일부를 제안자에게 부담시킬 수 있다.

⑤ 국토교통부장관이 직접 지형도면을 작성한 경우에는 이를 고시해야 한다.

43. 국토의 계획 및 이용에 관한 법령상 지구단위계획의 내용에 반드시 포함되어야 하는 사항이 <u>아닌</u> 것은?

① 건축선에 관한 계획
② 건축물의 건폐율 또는 용적률
③ 건축물 높이의 최고한도 또는 최저한도
④ 건축물의 용도제한
⑤ 대통령령으로 정하는 기반시설의 배치와 규모

44. 국토의 계획 및 이용에 관한 법령상 공간재구조화계획에 관한 설명으로 옳은 것을 모두 고른 것은?

> ㄱ. 특별시장·광역시장·특별자치시장·특별자치도지사·시장 또는 군수는 도시혁신구역을 지정하고 도시혁신계획을 수립하기 위하여 공간재구조화계획을 입안해야 한다.
> ㄴ. 시·도지사가 결정하는 공간재구조화계획 중 복합용도구역 지정 및 입지 타당성 등에 관한 사항은 중앙도시계획위원회의 심의를 거쳐야 한다.
> ㄷ. 도시혁신구역 지정을 위한 공간재구조화계획 결정의 경우에는 협의요청을 받은 기관의 장은 특별한 사유가 없으면 30일 이내에 의견을 제시해야 한다.
> ㄹ. 공간재구조화계획 결정의 효력은 지형도면을 고시한 날부터 발생한다.

① ㄱ, ㄴ, ㄷ   ② ㄱ, ㄴ, ㄹ
③ ㄱ, ㄷ, ㄹ   ④ ㄴ, ㄷ, ㄹ
⑤ ㄱ, ㄴ, ㄷ, ㄹ

45. 국토의 계획 및 이용에 관한 법령상 성장관리계획에 관한 설명으로 <u>틀린</u> 것은? (단, 조례, 기타 강화·완화조건은 고려하지 않음)

① 성장관리계획구역을 지정하려면 성장관리계획구역안을 14일 이상 일반이 열람할 수 있도록 해야 한다.
② 시장 또는 군수는 5년마다 관할 구역 내 수립된 성장관리계획에 대하여 그 타당성 여부를 전반적으로 재검토하여 정비해야 한다.
③ 개발수요가 많아 무질서한 개발이 진행되고 있는 주거지역의 전부 또는 일부에 대하여 성장관리계획구역을 지정할 수 있다.
④ 성장관리계획구역 내 계획관리지역에서는 125% 이하의 범위에서 성장관리계획으로 정하는 바에 따라 용적률을 완화하여 적용할 수 있다.
⑤ 성장관리계획구역 내 자연녹지지역에서는 30% 이하의 범위에서 성장관리계획으로 정하는 바에 따라 건폐율을 완화하여 적용할 수 있다.

46. 국토의 계획 및 이용에 관한 법령상 용도지역·용도지구 및 용도구역에 관한 설명으로 <u>틀린</u> 것은?

① 녹지지역과 관리지역은 중복하여 지정될 수 없다.
② 용도지역과 용도지구는 중첩하여 지정될 수 있다.
③ 시·도지사 또는 대도시 시장은 동일한 재해가 최근 10년 이내 2회 이상 발생하여 인명 피해를 입은 지역에 대해서는 방재지구의 지정을 도시·군관리계획으로 결정할 수 있다.
④ 국토교통부장관은 국방부장관의 요청이 있어 보안상 도시의 개발을 제한할 필요가 있다고 인정되면 개발제한구역의 지정을 도시·군관리계획으로 결정할 수 있다.
⑤ 해양수산부장관은 수산자원보호구역의 지정을 도시·군관리계획으로 결정할 수 있다.

47. 국토의 계획 및 이용에 관한 법령상 비용부담 등에 관한 설명으로 <u>틀린</u> 것은?

① 행정청이 아닌 자가 도시·군계획시설사업을 시행하는 경우 그에 관한 비용은 원칙적으로 그 자가 부담한다.
② 행정청이 아닌 도시·군계획시설사업의 시행자는 해당 사업으로 인하여 현저히 이익을 받는 다른 지방자치단체에게 그 사업비용의 전부 또는 일부를 부담시킬 수 있다.
③ 행정청이 아닌 자가 도시·군계획시설사업을 시행하는 경우 해당 사업비용의 일부를 국가 또는 지방자치단체가 보조하거나 융자할 수 있다.
④ 기반시설부담구역에서 200m^2(기존 건축물의 연면적을 포함)를 초과하는 단독주택을 증축하는 행위는 기반시설설치비용의 부과대상이다.
⑤ 타인소유의 토지를 임차하여 기반시설설치비용이 부과되는 건축행위를 하는 경우에는 그 건축행위자가 설치비용을 납부해야 한다.

48. 국토의 계획 및 이용에 관한 법령상 용적률의 최대한도가 옳은 것을 모두 고른 것은? (단, 조례 및 기타 강화·완화조건은 고려하지 않음)

> ㄱ. 도시지역 외의 지역에 지정된 개발진흥지구: 150% 이하
> ㄴ. 수산자원보호구역: 100% 이하
> ㄷ. 「자연공원법」에 따른 자연공원: 100% 이하
> ㄹ. 도시지역 외의 지역에 지정된 「산업입지 및 개발에 관한 법률」에 따른 농공단지: 200% 이하

① ㄱ   ② ㄷ   ③ ㄱ, ㄴ
④ ㄴ, ㄹ   ⑤ ㄴ, ㄷ, ㄹ

49. 국토의 계획 및 이용에 관한 법령상 용도지역 지정특례에 관한 설명으로 틀린 것은?

① 관리지역의 산림 중 「산지관리법」에 따라 보전산지로 지정·고시된 지역은 자연환경보전지역으로 결정·고시된 것으로 본다.

② 「산업입지 및 개발에 관한 법률」에 따른 국가산업단지로 지정·고시된 지역은 도시지역으로 결정·고시된 것으로 본다.

③ 「항만법」에 따른 항만구역으로서 도시지역에 연접한 공유수면은 도시지역으로 결정·고시된 것으로 본다.

④ 「택지개발촉진법」에 따른 택지개발지구는 도시지역으로 결정·고시된 것으로 본다.

⑤ 바다인 공유수면의 매립목적이 이웃하고 있는 용도지역의 내용과 같으면 그 매립준공구역은 매립준공인가일부터 이와 이웃하고 있는 용도지역으로 지정된 것으로 본다.

50. 국토의 계획 및 이용에 관한 법령상 도시·군계획시설사업의 시행에 관한 설명으로 틀린 것은?

① 이 법 또는 다른 법률에 특별한 규정이 있는 경우 외에는 특별시장·광역시장·특별자치시장·특별자치도지사·시장 또는 군수가 관할 구역의 도시·군계획시설사업을 시행한다.

② 시행자는 사업시행을 위하여 특히 필요하다고 인정되면 도시·군계획시설에 인접한 물건을 일시사용할 수 있다.

③ 국토교통부장관이 지정한 시행자는 실시계획을 작성하여 국토교통부장관의 인가를 받아야 한다.

④ 사업의 착수예정일 및 준공예정일을 변경하는 실시계획의 변경인가를 하는 경우에는 공고 및 열람을 하지 않을 수 있다.

⑤ 사업구역경계의 변경이 있더라도 건축물의 연면적 10% 미만을 변경하는 경우에는 실시계획의 변경인가를 받을 필요가 없다.

51. 국토의 계획 및 이용에 관한 법령에 의할 때 도시·군관리계획상 특히 필요한 경우 최장 5년간 개발행위허가를 제한할 수 있는 지역을 모두 고른 것은?

ㄱ. 지구단위계획구역으로 지정된 지역

ㄴ. 기반시설부담구역으로 지정된 지역

ㄷ. 도시·군기본계획이나 도시·군관리계획을 수립하고 있는 지역으로서 그 도시·군기본계획이나 도시·군관리계획이 결정될 경우 용도지역·용도지구 또는 용도구역의 변경이 예상되고 그에 따라 개발행위허가의 기준이 크게 달라질 것으로 예상되는 지역

ㄹ. 녹지지역이나 계획관리지역으로서 수목이 집단적으로 자라고 있거나 조수류 등이 집단적으로 서식하고 있는 지역 또는 우량농지 등으로 보전할 필요가 있는 지역

ㅁ. 개발행위로 인하여 주변의 환경·경관·미관·국가유산 등이 크게 오염되거나 손상될 우려가 있는 지역

① ㄱ, ㄴ, ㄷ   ② ㄱ, ㄴ, ㅁ
③ ㄴ, ㄷ, ㄹ   ④ ㄴ, ㄷ, ㅁ
⑤ ㄷ, ㄹ, ㅁ

52. 국토의 계획 및 이용에 관한 법령상 중앙도시계획위원회에 관한 설명으로 옳은 것은?

① 중앙도시계획위원회는 위원장 및 부위원장 각 1명을 포함한 15명 이상 20명 이하의 위원으로 구성한다.

② 중앙도시계획위원회의 회의는 재적위원 과반수의 출석으로 개의(開議)하고, 출석위원 과반수의 찬성으로 의결한다.

③ 중앙도시계획위원회의 위원장은 위원 중에서 해당 시·도지사가 임명 또는 위촉하며, 부위원장은 위원 중에서 호선한다.

④ 중앙도시계획위원회에는 분과위원회를 둘 수 없다.

⑤ 중앙도시계획위원회 회의록은 심의 종결 후 3개월 이내에 공개요청이 있는 경우 원본을 제공해야 한다.

53. 도시개발법령상 도시개발구역을 지정한 후에 개발계획에 포함시킬 수 있는 사항은?

① 환경보전계획

② 교통처리계획

③ 도시개발구역 밖의 지역에 기반시설을 설치해야 하는 경우에는 그 시설의 설치에 필요한 비용의 부담계획

④ 존치하는 기존 건축물 및 공작물 등에 관한 계획

⑤ 보건의료시설 및 복지시설의 설치계획

54. 도시개발법령상 토지부담률(환지계획구역 안의 토지소유자가 도시개발사업을 위하여 부담하는 토지의 비율)에 관한 설명으로 옳은 것을 모두 고른 것은?

> ㄱ. 시행자는 면적식으로 환지계획을 수립하는 경우에는 토지부담률을 산정해야 한다.
> ㄴ. 환지계획구역의 외부와 연결되는 환지계획구역 안의 도로로서 너비 25m 이상의 간선도로는 관할 지방자치단체가 도로의 부지를 부담한다.
> ㄷ. 환지계획구역의 평균 토지부담률은 60%를 초과할 수 없다.
> ㄹ. 토지소유자 3분의 2 이상이 동의하는 경우에는 평균 토지부담률을 70%로 할 수 있다.

① ㄱ, ㄴ
② ㄱ, ㄷ
③ ㄱ, ㄹ
④ ㄴ, ㄷ
⑤ ㄷ, ㄹ

55. 도시개발구역으로 지정할 수 있는 규모로 옳은 것은? (단, 적용제외 및 예외는 고려하지 않음)
① 도시지역 안의 상업지역 - 1만m² 이상
② 도시지역 안의 주거지역 - 5천m² 이상
③ 도시지역 안의 공업지역 - 2만m² 이상
④ 도시지역 안의 자연녹지지역 - 3만m² 이상
⑤ 도시지역 외의 지역 - 20만m² 이상

56. 도시개발법령상 도시개발조합에 관한 설명으로 틀린 것은?
① 조합설립인가를 받은 후 정관 기재사항인 주된 사무소의 소재지를 변경하려는 경우에는 지정권자에게 변경신고를 해야 한다.
② 도시개발구역의 토지소유자가 미성년자인 경우에는 조합의 조합원이 될 수 없다.
③ 조합의 임원은 그 조합의 다른 임원을 겸할 수 없다.
④ 조합에 관하여 이 법으로 규정한 것 외에는 「민법」 중 사단법인에 관한 규정을 준용한다.
⑤ 조합인 시행자가 행한 처분에 불복하는 자는 「행정심판법」에 따라 행정심판을 제기할 수 있다.

57. 도시개발법령상 환지방식에 의한 사업시행에 관한 설명으로 옳은 것은?
① 입체환지로 주택을 공급하는 경우 「수도권정비계획법」에 따른 과밀억제권역에 위치하지 않는 도시개발구역의 토지소유자에 대하여는 1주택만 공급한다.
② 시행자는 토지소유자가 신청하거나 동의하면 해당 토지에 관한 임차권자의 동의가 없어도 그 토지의 전부 또는 일부에 대하여 환지를 정하지 않을 수 있다.
③ 시행자는 환지방식이 적용되는 도시개발구역에 있는 조성토지 등의 가격을 평가할 때에는 토지평가협의회의 심의를 거쳐 결정하되, 그에 앞서 감정평가법인 등이 평가하게 해야 한다.
④ 환지계획에서 정해진 환지는 그 환지처분이 공고된 날부터 종전의 토지로 본다.
⑤ 환지대상에서 제외한 토지 등에 대하여는 청산금을 교부하는 때에 청산금을 결정할 수 없다.

58. 도시개발법령상 도시개발채권에 관한 설명으로 옳은 것은?
① 도시개발채권의 이율은 국채·공채 등의 금리와 특별회계의 상황 등을 고려하여 기획재정부장관이 정한다.
② 「국토의 계획 및 이용에 관한 법률」에 따른 토석채취의 허가를 받은 자는 도시개발채권을 매입해야 한다.
③ 시·도지사는 도시개발채권을 발행하려는 경우에는 채권의 발행총액 등에 대하여 기획재정부장관의 승인을 받아야 한다.
④ 매입의무자가 매입해야 할 금액을 초과하여 도시개발채권을 매입한 경우라도 중도에 상환할 수 없다.
⑤ 도시개발채권의 상환은 5년부터 10년까지의 범위에서 지방자치단체의 조례로 정한다.

59. 도시 및 주거환경정비법령상 재건축조합의 설립에 관한 규정이다. (   )에 들어갈 내용으로 틀린 것은?

> 재건축사업의 추진위원회(추진위원회를 구성하지 않는 경우에는 토지등소유자를 말한다)가 조합을 설립하려는 때에는 주택단지의 공동주택의 각 동(복리시설의 경우에는 주택단지의 복리시설 전체를 하나의 동으로 본다)별 구분소유자의 (①) 동의[공동주택의 각 동별 구분소유자가 (②) 이하인 경우는 제외한다]와 주택단지의 전체 구분소유자의 (③) 이상 및 토지면적의 (④) 이상의 토지소유자의 동의를 받아 (⑤)의 인가를 받아야 한다.

① 과반수
② 5
③ 4분의 3
④ 2분의 1
⑤ 시장·군수 등

60. 도시 및 주거환경정비법령상 정비사업조합에 관한 설명으로 틀린 것은?

① 조합임원은 조합원 10분의 1 이상의 요구로 소집된 총회에서 조합원 과반수의 출석과 출석 조합원 과반수의 동의를 받아 해임할 수 있다.

② 조합임원이 결격사유에 해당하게 되어 당연퇴임한 경우 그가 퇴임 전에 관여한 행위는 그 효력을 잃는다.

③ 조합임원의 임기만료 후 6개월 이상 조합임원이 선임되지 않는 경우에는 시장·군수 등이 조합임원 선출을 위한 총회를 소집할 수 있다.

④ 정비사업의 조합원은 토지등소유자(재건축사업의 경우에는 재건축사업에 동의한 자만 해당한다)로 한다.

⑤ 「주택법」에 따른 투기과열지구에서 재건축사업을 시행하는 경우에는 조합설립인가 후 해당 정비사업의 건축물 또는 토지를 양수(상속·이혼은 제외한다)한 자는 조합원이 될 수 없다.

61. 도시 및 주거환경정비법령상 도시·주거환경정비기본계획 (이하 '기본계획'이라 함)에 관한 설명으로 틀린 것은?

① 특별시장·광역시장·특별자치시장·특별자치도지사 또는 시장은 관할 구역에 대하여 기본계획을 10년 단위로 수립해야 하고, 5년마다 타당성을 검토해야 한다.

② 기본계획의 수립권자는 기본계획을 수립하는 경우에 14일 이상 주민에게 공람하여 의견을 들어야 한다.

③ 기본계획의 수립권자는 정비사업의 계획기간을 단축하는 경우 주민공람과 지방의회의 의견청취절차를 거쳐야 한다.

④ 대도시의 시장이 아닌 시장은 기본계획을 수립하려면 도지사의 승인을 받아야 한다.

⑤ 기본계획에는 세입자에 대한 주거안정대책이 포함되어야 한다.

62. 도시 및 주거환경정비법령상 분양공고 및 분양신청에 관한 설명으로 옳은 것을 모두 고른 것은?

ㄱ. 사업시행자는 사업시행계획인가의 고시가 있은 날부터 90일 이내에 분양의 대상이 되는 대지 또는 건축물의 내역 등을 일간신문에 공고하고, 토지등소유자에게 통지해야 한다.

ㄴ. 분양신청기간은 통지한 날부터 30일 이상 60일 이내로 해야 한다. 다만, 20일의 범위에서 한 차례만 연장할 수 있다.

ㄷ. 사업시행자는 관리처분계획이 인가·고시된 다음 날부터 120일 이내에 분양신청을 하지 않은 자와 토지, 건축물 또는 그 밖의 권리의 손실보상에 관한 협의를 해야 한다.

ㄹ. 사업시행자는 손실보상의 협의가 성립되지 않으면 그 기간의 만료일 다음 날부터 60일 이내에 수용 재결을 신청하거나 매도청구소송을 제기해야 한다.

① ㄱ, ㄴ ② ㄱ, ㄷ
③ ㄴ, ㄷ ④ ㄴ, ㄹ
⑤ ㄷ, ㄹ

63. 도시 및 주거환경정비법령상 공사완료에 따른 조치 등에 관한 설명으로 옳은 것은?

① 정비사업에 관하여 이전고시가 있은 날부터 등기가 있을 때까지는 저당권 등의 다른 등기를 하지 못한다.

② 시장·군수 등은 준공인가를 하기 전에는 입주예정자가 완공된 건축물을 사용할 수 있도록 사업시행자에게 허가할 수 없다.

③ 건축물을 분양받을 자는 사업시행자가 소유권 이전에 관한 내용을 공보에 고시한 날에 그 건축물의 소유권을 취득한다.

④ 시장·군수 등인 시행자가 정비사업 공사를 완료한 때에 준공인가를 받아야 한다.

⑤ 정비구역의 지정은 준공인가의 고시가 있은 날(관리처분계획을 수립하는 경우에는 이전고시가 있은 때를 말한다)에 해제된 것으로 본다.

64. 도시 및 주거환경정비법령상 시장·군수 등이 아닌 사업시행자가 시행하는 정비사업의 정비계획에 따라 설치되는 주요 정비기반시설 중 그 건설에 드는 비용을 시장·군수 등이 부담할 수 있는 시설이 아닌 것은?

① 상·하수도 ② 공용주차장
③ 공동구 ④ 구거(도랑)
⑤ 공공공지

65. 주택법령상 준주택에 해당하는 것은?

① 「공중위생관리법」에 따른 생활숙박시설
② 오피스텔
③ 「아이돌봄 지원법」에 따른 공동육아나눔터
④ 지역아동센터
⑤ 「청소년활동진흥법」에 따른 유스호스텔

66. 주택건설사업이 완료되어 사용검사가 있은 후에 甲이 주택단지 일부의 토지에 대해 소유권이전등기 말소소송에 따라 해당 토지의 소유권을 회복하게 되었다. 주택법령상 이에 관한 설명으로 옳은 것은?
① 주택의 소유자들은 甲에게 해당 토지를 공시지가로 매도할 것을 청구할 수 있다.
② 대표자를 선정하여 매도청구에 관한 소송을 하는 경우 대표자는 복리시설을 포함하여 주택의 소유자 전체의 80% 이상의 동의를 받아 선정한다.
③ 대표자를 선정하여 매도청구에 관한 소송을 하는 경우 그 판결은 대표자 선정에 동의하지 않은 주택의 소유자에게는 효력이 미치지 않는다.
④ 甲이 소유권을 회복한 토지의 면적이 주택단지 전체 대지면적의 5% 미만이어야 매도청구를 할 수 있다.
⑤ 甲이 해당 토지의 소유권을 회복한 날부터 1년이 지난 후에는 매도청구를 할 수 없다.

67. 주택법령상 주택의 분양가격 제한과 관련된 설명으로 옳은 것을 모두 고른 것은?

> ㄱ. 토지임대부 분양주택의 분양가격은 택지비와 건축비로 구성된다.
> ㄴ. 「도시 및 주거환경정비법」에 따른 주거환경개선사업 및 공공재개발사업에서 건설·공급하는 주택은 분양가상한제를 적용한다.
> ㄷ. 분양가격 구성항목 중 건축비는 국토교통부장관이 정하여 고시하는 건축비(기본형건축비)에 국토교통부령으로 정하는 금액을 더한 금액으로 한다.
> ㄹ. 사업주체는 공공택지에서 공급하는 분양가상한제 적용주택의 입주자 모집승인을 받았을 때에는 입주자 모집공고에 분양가격을 공시해야 한다.

① ㄱ, ㄴ
② ㄴ, ㄷ
③ ㄷ, ㄹ
④ ㄱ, ㄴ, ㄹ
⑤ ㄴ, ㄷ, ㄹ

68. 주택법령상 투기과열지구에 관한 설명으로 옳은 것은?
① 국토교통부장관이 투기과열지구를 지정하거나 해제할 경우에는 미리 시·도지사와 협의해야 한다.
② 투기과열지구로 지정된 지역의 주택 소유자는 주택가격이 안정되어 지정사유가 없어진 경우에는 시·도지사에게 투기과열지구 지정의 해제를 요청할 수 있다.
③ 시장·군수·구청장은 사업주체로 하여금 입주자 모집공고시 해당 주택건설 지역이 투기과열지구에 포함된 사실을 공고하게 해야 한다.
④ 국토교통부장관은 1년마다 주거정책심의위원회의 회의를 소집하여 투기과열지구 지정의 유지 여부를 재검토해야 한다.
⑤ 투기과열지구에서 건설·공급되는 주택을 이혼으로 인하여 그 배우자에게 이전하는 경우에는 한국토지주택공사의 동의 없이도 전매를 할 수 있다.

69. 주택법령상 하나의 주택단지로 보아야 하는 것은?
① 폭 15m의 일반도로로 분리된 주택단지
② 철도로 분리된 주택단지
③ 폭 10m의 도시계획예정도로로 분리된 주택단지
④ 자동차전용도로로 분리된 주택단지
⑤ 보행자 및 자동차의 통행이 가능한 도로로서 「도로법」에 의한 지방도로 분리된 주택단지

70. 주택법령상 간선시설의 설치에 관한 규정이다. (　　)에 공통으로 들어갈 숫자로 옳은 것은?

> 사업주체가 단독주택의 경우에는 (　　)호, 공동주택의 경우에는 (　　)세대(리모델링의 경우에는 늘어나는 세대수를 기준으로 한다) 이상의 주택건설사업을 시행하는 경우 또는 16,500㎡ 이상의 대지조성사업을 시행하는 경우 다음에 해당하는 자는 각각 해당 간선시설을 설치해야 한다. … (이하 생략)

① 100
② 200
③ 300
④ 500
⑤ 600

71. 주택법령상 국민주택에 해당하는 것을 모두 고른 것은? (단, 국민주택규모 이하인 주택임)

> ㄱ. 국가·지방자치단체, 한국토지주택공사 또는 지방공사가 건설하는 주택
> ㄴ. 국가·지방자치단체의 재정으로부터 자금을 지원받아 건설되는 주택
> ㄷ. 「주택도시기금법」에 따른 주택도시기금으로부터 자금을 지원받아 개량되는 주택

① ㄱ
② ㄴ
③ ㄱ, ㄷ
④ ㄴ, ㄷ
⑤ ㄱ, ㄴ, ㄷ

72. 건축법령상 특별건축구역에 관한 설명으로 옳은 것은?

① 「도시 및 주거환경정비법」에 따른 정비구역에는 특별건축구역을 지정할 수 없다.

② 「개발제한구역의 지정 및 관리에 관한 특별조치법」에 따른 개발제한구역에 특별건축구역을 지정할 수 있다.

③ 특별건축구역에서의 건축기준의 특례사항은 지방자치단체가 건축하는 건축물에는 적용되지 않는다.

④ 특별건축구역을 지정하는 경우 「국토의 계획 및 이용에 관한 법률」에 따른 용도지역의 지정이 있는 것으로 본다.

⑤ 특별건축구역에서는 「문화예술진흥법」에 따른 건축물에 대한 미술작품의 설치 규정에 대하여는 개별 건축물마다 적용하지 않고, 특별건축구역 전부 또는 일부를 대상으로 통합하여 적용할 수 있다.

73. 건축법령상 피난층 또는 지상으로 통하는 직통계단을 2개소 이상 설치해야 하는 건축물은? (다만, 각 시설이 위치한 층은 피난층이 아님)

① 거실의 바닥면적의 합계가 300m²인 층당 4세대인 공동주택

② 거실의 바닥면적의 합계가 200m²인 노인복지시설이 2층에 있는 건축물

③ 거실의 바닥면적의 합계가 200m²인 입원실이 없는 치과병원이 3층에 있는 건축물

④ 거실의 바닥면적의 합계가 200m²인 종교시설이 지하층에 있는 건축물

⑤ 거실의 바닥면적의 합계가 150m²인 학원이 3층에 있는 건축물

74. 건축법령상 도시·군계획시설예정지에 건축하는 가설건축물의 허가기준에 관한 설명으로 틀린 것은? (단, 조례는 고려하지 않음)

① 철근콘크리트조 또는 철골철근콘크리트조가 아닐 것

② 공동주택·판매시설·운수시설 등으로서 분양을 목적으로 건축하는 건축물이 아닐 것

③ 전기·수도·가스 등 새로운 간선 공급설비의 설치를 필요로 하지 않을 것

④ 존치기간은 2년 이내일 것

⑤ 4층 이상이 아닐 것

75. 건축법령상 건축허가의 제한에 관한 설명으로 옳은 것은?

① 국토교통부장관은 국방부장관이 국가방위를 위하여 특히 필요하다고 인정하여 요청하면 건축허가를 받은 건축물의 착공을 제한할 수 있다.

② 특별시장·광역시장·도지사는 국토관리를 위하여 특히 필요하다고 인정하면 허가권자의 건축허가를 제한할 수 있다.

③ 건축허가를 제한하는 경우 제한기간은 2년 이내로 하고, 연장할 수 없다.

④ 특별시장·광역시장·도지사가 시장·군수·구청장의 건축허가를 제한한 경우 즉시 국토교통부장관에게 보고해야 하며, 보고를 받은 국토교통부장관은 그 내용을 공고해야 한다.

⑤ 특별시장·광역시장·도지사는 시장·군수·구청장의 건축허가 제한이 지나치다고 인정하면 해제를 명할 수 있다.

76. 건축법령상 시장·군수가 건축허가를 하려면 미리 도지사의 승인을 받아야 하는 건축물은?

① 연면적의 10분의 2를 증축하여 층수가 21층이 되는 공장

② 연면적의 합계가 10만m²인 창고

③ 자연환경을 보호하기 위하여 도지사가 지정·공고한 구역에 건축하는 연면적의 합계가 900m²인 2층의 숙박시설

④ 주거환경이나 교육환경 등 주변환경을 보호하기 위하여 도지사가 지정·공고한 구역에 건축하는 위락시설

⑤ 수질을 보호하기 위하여 도지사가 지정·공고한 구역에 건축하는 연면적의 합계가 900m²인 2층의 일반음식점

77. 건축법령상 건축물이 있는 대지는 일정한 기준에 못 미치게 분할할 수 없다. 이에 해당하는 기준이 아닌 것은?

① 대지와 도로의 관계

② 건축물의 건폐율

③ 건축선의 지정

④ 일조 등의 확보를 위한 건축물의 높이제한

⑤ 건축물의 용적률

78. 건축법령상 면적·높이 및 층수의 산정에 관한 설명으로 <u>틀린</u> 것은?

① 건축물의 1층 전체에 필로티가 설치되어 있는 경우에는 건축물의 높이제한을 적용할 때 필로티의 층고를 제외한 높이로 한다.

② 층고가 2m인 다락은 바닥면적에 산입한다.

③ 용적률을 산정할 때에는 초고층건축물의 피난안전구역의 면적은 연면적에서 제외한다.

④ 층의 구분이 명확하지 않은 건축물은 건축물의 높이 4m마다 하나의 층으로 보고 층수를 산정한다.

⑤ 건축물의 노대 등의 바닥은 난간 등의 설치 여부에 관계없이 노대 등의 면적 전부를 바닥면적에 산입한다.

79. 농지법령상 자기의 농업경영에 이용하지 않아도 농지를 소유할 수 있는 예외로 <u>틀린</u> 것은?

① 국가나 지방자치단체가 농지를 소유하는 경우

② 주말·체험영농을 하려고 농업진흥지역 외의 농지를 소유하는 경우

③ 5년 이상 농업경영을 하던 사람이 이농한 후에도 이농 당시 소유농지 중 1만m²를 계속 소유하면서 농업경영에 이용되도록 하는 경우

④ 「공유수면 관리 및 매립에 관한 법률」에 따라 매립농지를 취득하여 소유하는 경우

⑤ 농림축산식품부장관과 협의를 마치고 「공익사업을 위한 토지 등의 취득 및 보상에 관한 법률」에 따라 농지를 취득하여 소유하면서 농업경영에 이용되도록 하는 경우

80. 농지법령상 농지를 임대하거나 무상사용하게 할 수 있는 요건 중 일부이다. (　　)에 들어갈 숫자로 옳은 것은?

○ 60세 이상인 농업인이나 농업경영에 더 이상 종사하지 않게 된 사람이 소유하고 있는 농지 중에서 자기의 농업경영에 이용한 기간이 (ㄱ)년이 넘은 농지를 임대하거나 무상사용하게 하는 경우

○ 개인이 소유하고 있는 농지 중 (ㄴ)년 이상 소유한 농지를 주말·체험영농을 하려는 자에게 임대하거나 사용대하는 경우, 또는 주말·체험영농을 하려는 자에게 임대하는 것을 업(業)으로 하는 자에게 임대하거나 무상사용하게 하는 경우

○ 자경농지를 농림축산식품부장관이 정하는 이모작을 위하여 (ㄷ)개월 이내로 임대하거나 무상사용하게 하는 경우

① ㄱ: 2, ㄴ: 1, ㄷ: 6
② ㄱ: 3, ㄴ: 2, ㄷ: 8
③ ㄱ: 3, ㄴ: 5, ㄷ: 6
④ ㄱ: 5, ㄴ: 2, ㄷ: 6
⑤ ㄱ: 5, ㄴ: 3, ㄷ: 8

학습일자: _____ / _____

2024년도 제35회 공인중개사 2차 국가자격시험

실전모의고사 제7회

교 시	문제형별	시 간	시 험 과 목
2교시	**A**	**50분**	① 부동산 공시에 관한 법령 및 부동산 관련 세법

수험번호		성 명	

【 수험자 유의사항 】

1. **시험문제지는 단일 형별(A형)이며, 답안카드 형별 기재란에 표시된 형별(A형)을 확인하시기 바랍니다.** 시험문제지의 **총면수, 문제번호 일련순서, 인쇄상태** 등을 확인하시고, 문제지 표지에 수험번호와 성명을 기재하시기 바랍니다.

2. 답은 각 문제마다 요구하는 **가장 적합하거나 가까운 답 1개**만 선택하고, 답안카드 작성 시 시험문제지 **형별누락, 마킹착오**로 인한 불이익은 전적으로 **수험자에게 책임**이 있음을 알려드립니다.

3. 답안카드는 국가전문자격 공통 표준형으로 문제번호가 1번부터 125번까지 인쇄되어 있습니다. 답안 마킹 시에는 반드시 **시험문제지의 문제번호와 동일한 번호에 마킹**하여야 합니다. (2차 2교시: 1번~40번)

4. **감독위원의 지시에 불응하거나 시험시간 종료 후 답안카드를 제출하지 않을 경우** 불이익이 발생할 수 있음을 알려 드립니다.

5. 시험문제지는 시험 종료 후 가져가시기 바랍니다.

6. 답안작성은 **시험 시행일(2024.10.26.) 현재 시행되는 법령 등**을 적용하시기 바랍니다.

7. 가답안 의견제시에 대한 개별회신 및 공고는 하지 않으며, **최종 정답 발표로 갈음**합니다.

8. 시험 중 **중간 퇴실은 불가**합니다. 단, 부득이하게 퇴실할 경우 **시험포기각서 제출 후 퇴실은 가능**하나 **재입실이 불가**하며, **해당시험은 무효처리됩니다.**

⊞ 해커스 공인중개사

제1과목: 부동산 공시에 관한 법령 및 부동산 관련 세법

1. 「공간정보의 구축 및 관리 등에 관한 법률」이 규정하고 있는 토지의 조사등록에 관한 설명으로 틀린 것을 모두 고른 것은?

> ㄱ. 국토교통부장관은 모든 토지에 대하여 필지별로 소재·지번·지목·면적·경계 또는 좌표 등을 조사·측량하여 지적공부에 등록하여야 한다.
>
> ㄴ. 지적공부에 등록하는 지번·지목·면적·경계 또는 좌표는 토지의 이동이 있을 때 소유자의 신청에 관계없이 지적소관청이 직권으로 조사·측량하여 결정한다.
>
> ㄷ. 지적소관청은 토지의 이동현황을 직권으로 조사·측량하여 토지의 지번·지목·면적·경계 또는 좌표를 결정하려는 때에는 토지이동현황 조사계획을 수립하여야 한다. 이 경우 토지이동현황 조사계획은 지번부여지역별로 수립한다.

① ㄱ   ② ㄴ   ③ ㄷ   ④ ㄱ, ㄴ ⑤ ㄴ, ㄷ

2. 「공간정보의 구축 및 관리 등에 관한 법률」상 지번부여방법으로 틀린 것은?

① 신규등록의 대상토지가 그 지번부여지역의 최종 지번의 토지에 인접한 경우에는 그 지번부여지역의 최종 본번의 다음 순번부터 본번으로 하여 순차적으로 지번을 부여할 수 있다.

② 합병의 경우에 합병대상 지번 중 본번으로 된 지번이 있을 때에는 본번 중 선순위의 지번을 합병 후의 지번으로 부여한다.

③ 지번부여지역의 일부가 행정구역의 개편으로 다른 지번부여지역에 속하게 되었으면 지적소관청은 새로 속하게 된 지번부여지역의 지번을 부여하여야 한다.

④ 축척변경 시행지역의 필지에 지번을 부여할 때에는 신규등록을 준용하여 지번을 부여한다.

⑤ 지적소관청은 도시개발사업 등이 준공되기 전에 지번을 부여하는 때에는 사업계획도에 따르되, 지적확정측량방식에 따라 부여하여야 한다.

3. 다음 지목에 관련한 설명 중 틀린 것을 모두 고른 것은?

> ㄱ. 자동차·선박·기차 등의 제작 또는 정비공장 안에 설치된 급유·송유시설 등의 부지는 '주유소용지'로 한다.

> ㄴ. 아파트·공장 등 단일 용도의 일정한 단지 안에 설치된 통로 등은 '도로'에서 제외한다.
>
> ㄷ. 학교용지·공원·종교용지 등 다른 지목으로 된 토지에 있는 유적·고적·기념물 등을 보호하기 위하여 구획된 토지는 '사적지'로 한다.
>
> ㄹ. 원상회복을 조건으로 돌을 캐내는 곳 또는 흙을 파내는 곳으로 허가된 토지는 '잡종지'에서 제외한다.

① ㄱ, ㄴ   ② ㄱ, ㄷ
③ ㄴ, ㄷ   ④ ㄴ, ㄹ
⑤ ㄷ, ㄹ

4. 공간정보의 구축 및 관리 등에 관한 법령상 대지권등록부의 등록사항에 해당하지 않는 것은?

① 토지의 고유번호, 토지의 소재와 지번
② 전유부분 건물의 표시, 소유권 지분
③ 대지권 비율, 집합건물별 대지권등록부의 장번호
④ 건물의 경계, 소유자의 성명, 주소 및 주민등록번호
⑤ 건물의 명칭, 토지소유자가 변경된 날과 그 원인

5. 지적도면에 관한 다음 설명 중 옳은 것은?

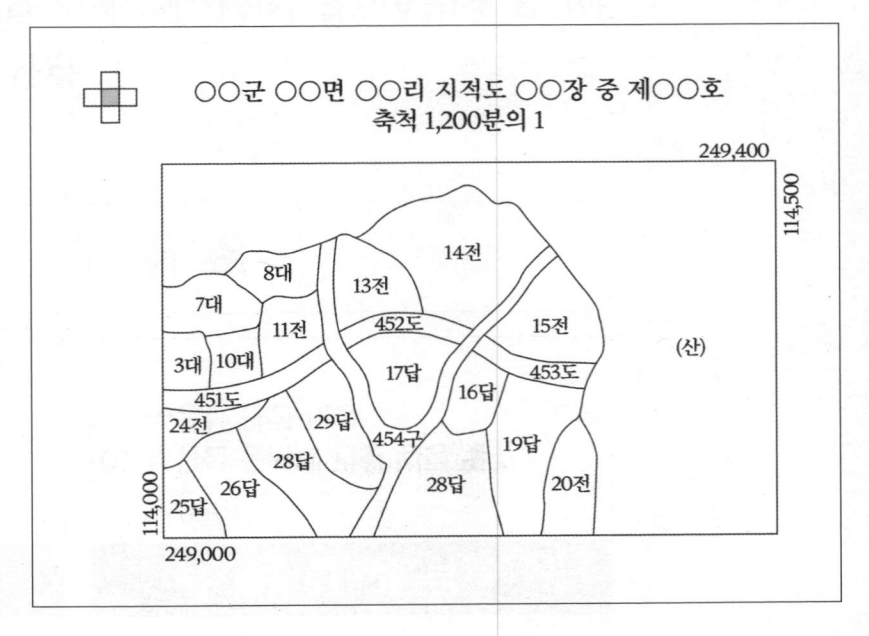

① 지적도면에 등록하는 토지의 표시는 소재, 지번, 지목, 경계, 면적이다.
② 위 도면이 포용하는 면적은 200,000m²이다.
③ 좌측 상단의 일람도는 도면의 연결관계를 나타낸다.
④ '14전'과 '15전'은 지목이 같은 토지이고 연접하므로 1필지로 합병할 수 있다.
⑤ (산)으로 표시된 부분은 임야도에 등록된 토지이므로 지목은 '임야'이다.

6. 지적공부의 공개 등에 관한 설명으로 **틀린** 것은?

① 정보처리시스템을 통하여 기록·저장된 지적공부(지적도 및 임야도는 제외한다)를 열람하려는 경우에는 특별자치시장, 시장·군수 또는 구청장이나 읍·면·동의 장에게 신청할 수 있다.

② 지적전산자료를 신청하려는 자는 지적전산자료의 이용 또는 활용 목적 등에 관하여 미리 관계 중앙행정기관의 심사를 받아야 한다.

③ 지적소관청은 부동산종합공부의 멸실 또는 훼손에 대비하여 이를 별도로 복제하여 관리하는 정보관리체계를 구축하여야 한다.

④ 지적소관청은 지적공부를 복구하려는 경우에는 복구하려는 토지의 표시 등을 시·군·구 게시판 및 인터넷 홈페이지에 7일 이상 게시하여야 한다.

⑤ 정보처리시스템을 통하여 기록·저장한 지적공부가 멸실되거나 훼손된 경우에는 시·도지사, 시장·군수 또는 구청장은 지체 없이 이를 복구하여야 한다.

7. 공간정보의 구축 및 관리 등에 관한 법령상 토지이동의 대위신청이 허용되지 않는 것은?

① 공공사업 등에 따라 학교용지·도로·철도용지·하천·구거·유지·유원지 등의 지목으로 되는 토지인 경우에 해당 사업의 시행자

② 지방자치단체가 취득하는 토지인 경우에 해당 토지를 관리하는 지방자치단체의 장

③ 공동주택의 부지인 경우에 「집합건물의 소유 및 관리에 관한 법률」에 따른 관리인 또는 해당 사업의 시행자

④ 국가가 취득하는 토지인 경우에 해당 토지를 관리하는 행정기관의 장

⑤ 「민법」 제404조에 따른 채권자

8. 공간정보의 구축 및 관리 등에 관한 법령상 축척변경절차에 관한 내용이다. 아래의 서류에 해당하지 **않는** 것은?

> 지적소관청은 축척변경을 할 때에는 축척변경 사유를 적은 승인신청서에 다음 각 호의 서류를 첨부하여 시·도지사 또는 대도시 시장에게 제출하여야 한다. 이 경우 시·도지사 또는 대도시 시장은 행정정보의 공동이용을 통하여 축척변경 대상지역의 지적도를 확인하여야 한다.

① 축척변경의 사유
② 지번 등 명세
③ 지번별조서
④ 축척변경위원회의 의결서 사본
⑤ 토지소유자의 동의서

9. 바다로 된 토지의 등록말소 신청에 관한 설명 중 **틀린** 것은?

> ㄱ. 토지소유자가 바다로 된 날로부터 90일 이내에 등록말소 신청을 하지 아니하면 지적소관청이 직권으로 지적공부의 등록사항을 말소하여야 한다.
> ㄴ. 지적소관청이 지적공부의 등록사항을 말소하였을 때에는 그 정리 결과를 토지소유자 및 해당 공유수면의 관리청에 통지하여야 한다.
> ㄷ. 지적소관청은 말소한 토지가 지형의 변화 등으로 다시 토지가 된 경우에는 90일 이내에 토지로 회복등록을 신청할 수 있다.

① ㄱ   ② ㄴ   ③ ㄷ
④ ㄱ, ㄷ   ⑤ ㄴ, ㄷ

10. 다음 중 「공간정보의 구축 및 관리 등에 관한 법률」상 지적정리의 통지의 대상으로 **틀린** 것은?

① 지적소관청이 등록사항의 오류를 직권으로 정정한 때

② 지적소관청이 토지소유자의 신청으로 신규등록하여 지번을 새로 정한 때

③ 도시개발사업으로 토지이동이 있어 사업시행자의 신청으로 지적정리를 한 때

④ 대위신청권자의 신청에 의하여 지적소관청이 지적정리를 한 때

⑤ 지적소관청이 토지표시의 변경에 관하여 관할 등기소에 등기를 촉탁한 때

11. 지적측량에 관한 다음 설명 중 **틀린** 것은?

① 토지소유자 등 이해관계인은 지적측량을 하여야 할 필요가 있는 때에는 지적측량수행자에게 지적측량을 의뢰하여야 한다.

② 토지소유자 등 이해관계인은 검사측량과 지적재조사측량은 지적측량수행자에게 지적측량을 의뢰할 수 없다.

③ 경계복원측량은 등록 당시의 측량방법이나 기술이 발전하지 못하여 정확성이 없는 경우에는 등록 당시의 측량방법보다 정밀한 측량방법에 의하여야 한다.

④ 지적기준점을 설치하여 측량 또는 측량검사를 하는 경우 지적기준점이 15점 이하인 경우에는 4일을, 15점을 초과하는 경우에는 4일에 15점을 초과하는 4점마다 1일을 가산한다.

⑤ 지적소관청은 관계 법령에 따른 측량성과가 정확하다고 인정하면 지적측량성과도를 지적측량수행자에게 발급하여야 한다.

12. 「공간정보의 구축 및 관리 등에 관한 법률」상 지적측량수행자의 의무에 관한 설명 중 옳은 것을 모두 고른 것은?

> ㄱ. 지적측량수행자는 신의와 성실로써 공정하게 지적측량을 하여야 하며, 정당한 사유 없이 지적측량 신청을 거부하여서는 아니 된다.
> ㄴ. 지적측량수행자는 본인, 배우자 또는 직계 존속·비속이 소유한 토지에 대한 지적측량을 하여서는 아니 된다.
> ㄷ. 지적측량수행자가 타인의 의뢰에 의하여 지적측량을 하는 경우 고의 또는 과실로 지적측량을 부실하게 함으로써 지적측량의뢰인이나 제3자에게 재산상 또는 정신상의 손해를 발생하게 한 때에는 지적측량수행자는 그 손해를 배상할 책임이 있다.
> ㄹ. 지적측량업자는 손해배상책임을 보장하기 위하여 보증금액 2억원 이상 보증보험에 가입하거나 보증설정을 하여야 한다.

① ㄱ, ㄴ
② ㄱ, ㄷ
③ ㄴ, ㄹ
④ ㄱ, ㄴ, ㄹ
⑤ ㄴ, ㄷ, ㄹ

13. 「부동산등기규칙」에 의한 중복등기 정리에 관한 설명으로 틀린 것은?

① 동일명의인인 경우에 후등기기록에는 소유권 이외의 권리 등에 관한 등기가 있고, 선등기기록에는 그와 같은 등기가 없는 경우에는 선등기기록을 폐쇄한다.
② 동일명의인이 아닌 경우 원시취득을 등기원인으로 한 소유권이전등기가 있는 때에는 그 등기기록을 제외한 나머지 등기기록을 폐쇄한다.
③ 중복등기기록 중 1등기기록의 최종 소유권의 등기명의인은 자기 명의의 등기기록을 폐쇄하여 중복등기를 정리하도록 신청할 수 있다.
④ 등기관이 동일명의인이 아닌 경우에 중복등기를 정리하는 경우에는 지방법원장의 허가를 요하지 아니한다.
⑤ 중복등기된 토지에 등기사항증명서의 발급신청이 있는 경우에는 등기사항증명서에는 중복등기라는 취지를 부기하고 그 전부를 복사하여 교부한다.

14. 법인 아닌 사단의 등기신청에 관한 다음 설명 중 틀린 것은? (다툼이 있는 경우 판례·등기예규에 따름)

① 종중, 문중, 그 밖에 대표자나 관리인이 있는 법인 아닌 사단에 속하는 부동산의 등기는 법인 아닌 사단을 등기권리자 또는 등기의무자로 한다.
② 동민이 법인 아닌 사단을 구성하고 그 명칭을 행정구역인 동 명의와 동일하게 한 경우에는 그 동민의 대표자가 동 명의로 등기신청을 할 수 있다.
③ 법인 아닌 사단이 등기권리자로서 소유권이전등기를 신청할 때에는 사원총회결의가 있음을 증명하는 정보를 등기소에 제공하여야 한다.
④ 법인 아닌 사단명의로 등기를 신청하는 경우에 대표자 또는 관리인임을 증명하는 서면과 대표자 또는 관리인의 주민등록등본을 첨부하여야 한다.
⑤ 법인 아닌 사단명의로 등기하는 경우에 대표자의 성명과 주소 및 주민등록번호를 기록하여야 한다.

15. 다음 등기 중 등기권리자와 등기의무자가 공동으로 신청할 등기는?

① 수용재결이 실효된 경우 수용을 원인으로 하여 경료된 소유권이전등기의 말소등기
② 상속으로 인한 소유권이전등기를 신청하는 경우
③ 환매권행사로 인한 소유권이전등기를 하는 경우 환매특약등기의 말소등기
④ 가처분권리자가 가처분에 기한 소유권이전등기를 신청하는 경우 가처분등기 후에 경료된 제3자 명의의 소유권이전등기의 말소등기
⑤ 가등기의 이해관계인이 가등기명의인의 승낙서를 첨부하여 가등기말소등기를 신청하는 경우

16. 다음 중 등기신청시에 첨부하는 첨부정보에 관한 설명으로 옳은 것은?

① 甲과 乙의 공유를 甲과 乙의 합유로 변경하는 등기를 한 경우에 등기필정보를 작성·교부한다.
② 서면에 적은 문자의 정정 또는 삭제를 한 경우에는 그 글자 수를 난외에 적으며 문자의 앞뒤에 괄호를 붙이고 이에 날인 및 서명하여야 한다.
③ 계약을 원인으로 소유권이전등기를 신청하는 경우 원인정보가 집행력이 있는 판결서인 경우에도 그 판결서에 검인을 받아야 한다.
④ 신고필증에 기재된 부동산이 1개라면 수인과 수인 사이의 매매인 경우에는 매매목록을 첨부하지 아니한다.
⑤ 소유권 이외의 권리의 등기명의인이 등기의무자로서 등기필정보를 멸실하여 등기소에 출석하여 등기관으로부터 등기의무자임을 확인받고 등기를 신청하는 경우에는 인감증명을 첨부하지 아니한다.

17. 부동산등기신청의 의무에 대한 설명 중 **틀린** 것은?

① 토지등기기록 표제부의 등기사항에 변경이 있는 경우에는 그 토지 소유권의 등기명의인은 그 사실이 있는 때부터 1개월 이내에 그 등기를 신청하여야 한다.

② 건물이 멸실된 경우에는 그 건물 소유권의 등기명의인은 그 사실이 있는 때부터 1개월 이내에 그 등기를 신청하여야 한다.

③ 소유권이전등기를 신청하는 경우에 쌍무계약의 경우에는 계약의 효력이 발생한 날로부터 60일 이내에 신청하여야 한다.

④ 미등기부동산에 소유권을 이전하는 계약을 체결한 경우 계약체결 당시에 보존등기가 가능한 때에는 계약을 체결한 날로부터 60일 이내에 소유권보존등기를 하여야 한다.

⑤ 존재하지 아니하는 건물에 대한 등기가 있을 때에는 그 소유권의 등기명의인은 지체 없이 그 건물의 멸실등기를 신청하여야 한다.

18. 다음 중 「부동산등기법」 제29조 제2호의 '사건이 등기할 것이 아닌 경우'에 해당하는 각하사유가 <u>아닌</u> 것은?

① 매매로 인한 소유권이전등기 이후에 환매특약등기를 신청한 경우

② 소유권이전등기의무자의 등기기록상 주소가 신청정보의 주소로 변경된 사실이 명백한 때

③ 구분건물의 전유부분과 대지사용권의 분리처분 금지에 위반한 등기를 신청한 경우

④ 관공서의 공매처분으로 인한 권리이전의 등기를 매수인이 신청한 경우

⑤ 농지를 목적으로 하는 전세권설정등기를 신청한 경우

19. 소유권이전등기에 관한 설명으로 **틀린** 것을 모두 고른 것은?

┌─────────────────────────────────────┐
ㄱ. 수증자가 여럿인 포괄유증의 경우에 수증자 중 1인이 자기 지분만에 대하여 소유권이전등기를 신청할 수 없다.

ㄴ. 토지수용으로 인한 소유권이전등기를 하는 경우에 수용의 개시일 이후에 경료된 소유권이전등기는 등기관이 이를 직권으로 말소하여야 한다.

ㄷ. 환매권 설정등기는 소유권이전등기와 동일한 신청정보에 의하여 동시에 신청하여야 한다.

ㄹ. 신탁등기는 신탁으로 인한 소유권이전등기와 동일한 신청정보로 동시신청하여야 한다.
└─────────────────────────────────────┘

① ㄱ, ㄴ   ② ㄱ, ㄷ
③ ㄴ, ㄷ   ④ ㄴ, ㄹ
⑤ ㄷ, ㄹ

20. 경정등기에 관한 다음 설명 중 **틀린** 것은?

① 甲과 乙의 공동소유에서 丙과 丁의 공동소유로 경정하는 소유권경정등기신청은 수리할 수 없다.

② 법인 아닌 사단을 법인으로 경정하는 등기명의인표시경정등기신청은 인격의 동일성을 해하는 경우이므로 이를 수리할 수 없다.

③ 임차권설정등기를 전세권설정등기로 경정하는 경우와 같이 권리 자체를 경정하는 등기신청은 수리할 수 없다.

④ 등기관이 등기의 착오나 빠진 부분이 등기관의 잘못으로 인한 것임을 발견한 경우에는 지체 없이 그 등기를 직권으로 경정하여야 한다.

⑤ 등기관이 직권으로 경정등기를 하여야 할 경우에 지방법원장에게 허가를 받아야 한다.

21. 토지 또는 건물의 보존등기시 소유권을 증명하는 판결과 관련된 다음 내용 중 옳은 것은?

① 소유권을 증명하는 판결은 보존등기신청인의 소유임을 확정하는 내용의 것이어야 하므로, 소유권확인판결에 한한다.

② 해당 부동산이 보존등기 신청인의 소유임을 이유로 소유권보존등기의 말소를 명한 판결은 소유권을 증명하는 판결에 해당하지 아니한다.

③ 토지대장상 공유인 미등기토지에 대한 공유물분할의 판결은 소유권을 증명하는 판결에 해당한다.

④ 건물에 대하여 건축주를 상대로 한 소유권확인판결은 소유권을 증명하는 판결에 해당한다.

⑤ 건물에 대하여 국가를 상대로 한 소유권확인판결은 소유권을 증명하는 판결에 해당한다.

22. 근저당권의 등기에 관한 다음 설명 중 옳게 연결한 것은?

> ○ 피담보채권액이 확정되기 전에 그 피담보채권이 양도 또는 대위변제된 경우에는 이를 원인으로 하여 근저당권이전등기를 신청할 수 (ㄱ).
>
> ○ 피담보채권액이 확정되기 전에 그 피담보채권이 양도된 경우에는 근저당권자 및 그 채권양수인은 (ㄴ)를 등기원인으로 하여 근저당권이전등기를 신청한다.
>
> ○ 피담보채권액이 확정된 후에 제3자가 기본계약 전부를 인수하는 경우에는 등기원인을 (ㄷ)로 기재한다.

① ㄱ: 없다, ㄴ: 계약양도, ㄷ: 확정채무인수
② ㄱ: 없다, ㄴ: 채권양도, ㄷ: 확정채무인수
③ ㄱ: 있다, ㄴ: 계약양도, ㄷ: 계약인수
④ ㄱ: 있다, ㄴ: 채권양도, ㄷ: 계약인수
⑤ ㄱ: 있다, ㄴ: 계약양도, ㄷ: 확정채무인수

23. 대지권의 등기에 관련된 다음 설명 중 틀린 것은?

① 대지권이 등기된 구분건물의 등기기록에는 건물만에 관한 소유권이전등기는 할 수 없다.
② 대지권을 등기한 건물의 등기기록에는 그 건물만에 관한 전세권설정등기를 할 수 있다.
③ 대지권에 대한 전세권설정등기는 하지 못한다.
④ 토지의 전세권이 대지권인 경우에 토지의 등기기록에 전세권이전등기를 할 수 있다.
⑤ 토지에 지상권이 대지권인 경우에 토지소유자의 토지를 목적으로 하는 소유권이전등기는 할 수 있다.

24. 가처분에 관한 등기에 대한 설명 중 옳은 것을 모두 고른 것은?

> ㄱ. 합유지분에 대한 가압류의 촉탁은 「부동산등기법」 제29조 제2호에 해당하지 않는다.
>
> ㄴ. 등기관이 가처분등기를 할 때에는 가처분의 피보전권리와 금지사항을 기록하여야 한다.
>
> ㄷ. 가처분채권자가 가처분채무자를 등기의무자로 하여 권리의 이전등기를 신청하는 경우에, 그 가처분등기 이후에 된 등기로서 가처분채권자의 권리를 침해하는 등기는 등기관이 직권으로 말소한다.
>
> ㄹ. 등기관이 가처분에 저촉되는 가처분등기 이후의 등기를 말소할 때에는 직권으로 해당 가처분등기를 말소하여야 한다.

① ㄱ, ㄴ
② ㄱ, ㄹ
③ ㄴ, ㄷ
④ ㄴ, ㄹ
⑤ ㄷ, ㄹ

25. 다음 조세 중에서 납세의무자가 과세관청에 과세표준과 세액을 신고함으로써 납세의무가 확정되는 지방세는 모두 몇 개인가?

> ㄱ. 취득세
> ㄴ. 양도소득세
> ㄷ. 재산세
> ㄹ. 지역자원시설세(소방분)
> ㅁ. 지방교육세(재산세의 부가세)

① 1개
② 2개
③ 3개
④ 4개
⑤ 5개

26. 「지방세법」 및 「소득세법」상의 고급주택과 고가주택에 대한 설명으로 틀린 것은?

① 고급주택의 가액요건은 취득 당시의 실지취득가격이 12억원을 초과하는 주택이다.
② 재산세에서 고급주택은 초과누진세율을 적용한다.
③ ②의 고급주택은 종합부동산세 과세대상이 된다.
④ 부동산임대사업소득에 대한 종합소득세 비과세가 배제되는 고가주택이란 과세기간 종료일 현재 기준시가 12억원을 초과하는 주택이다.
⑤ 양도소득세 1세대 1주택 비과세가 배제되는 고가주택이란 양도 당시의 실지거래가액이 12억원을 초과하는 주택이다.

27. 「지방세법」상 취득세의 과세표준과 세율에 관한 설명으로 옳은 것은? (단, 2024년 중 취득한 과세대상 재산에 한함)

① 건축물 개수(면적 증가 제외)로 인한 취득의 경우에 과세표준은 「지방세법」 제10조의6 제3항에 따라 사실상 취득가격으로 하여 1,000분의 28의 세율을 적용한다.

② 같은 취득물건에 대하여 둘 이상의 세율이 해당되는 경우에는 그중 낮은 세율을 적용한다.

③ 취득세의 과세표준은 취득 당시의 가액으로 한다. 다만, 연부로 취득하는 경우 취득세의 과세표준은 연부금액(매회 사실상 지급되는 금액을 말하며, 취득금액에 포함되는 계약보증금을 포함)으로 한다.

④ 대도시에서 법인이 「의료법」 제3조에 따른 의료업을 영위하기 위하여 부동산을 취득하는 경우에는 중과세율을 적용한다. 단, 취득일부터 2년 내에 업종변경이나 업종추가는 없다.

⑤ 법인이 합병 또는 분할에 따라 부동산을 취득하는 경우에는 2.3%의 세율을 적용한다.

28. 다음 자료에 따라 제조업을 영위하는 A비상장법인의 주주인 甲이 과점주주가 됨으로써 과세되는 「지방세법」상 취득세(비과세 또는 감면은 고려하지 않음)의 과세표준은 얼마인가?

```
<A법인의 증자 전 자산가액 및 주식발행 현황>
○ 해당 법인의 결산서와 그 밖의 장부 등에 따른 그
  부동산 등의 총가액(「지방세법」상 취득세 과세표준임)
  - 건물: 4억원
  - 차량: 1억원
  - 토지: 5억원
○ 주식발행 현황
  - 2020년 3월 10일 설립시 발행주식총수: 50,000주
  - 2024년 10월 5일 증자 후 발행주식총수: 100,000주
<甲의 A법인 주식 취득 현황>
○ 2020년 3월 10일 A법인설립시 30,000주 취득
○ 2024년 10월 5일 증자로 40,000주 추가 취득
```

① 1억원   ② 4억원
③ 5억 1,000만원   ④ 6억원
⑤ 10억원

29. 「지방세법」상 등록면허세가 과세되는 등록 또는 등기가 아닌 것은? (단, 2024년 1월 1일 이후 등록 또는 등기한 것으로 가정함)

① 양식업권의 취득에 따른 등록

② 외국인 소유의 선박을 직접 사용하기 위하여 연부취득 조건으로 수입하는 선박의 등록

③ 취득세 부과제척기간이 경과한 주택의 등기

④ 취득가액이 50만원 이하인 차량의 등록

⑤ 「채무자 회생 및 파산에 관한 법률」상 법원사무관 등의 촉탁이나 등기소의 직권에 의해 이루어지는 등기·등록

30. 「지방세법」상 등록에 대한 등록면허세의 납세절차에 관한 설명 중 틀린 것은?

① 등록면허세는 원칙적으로 등기·등록하기 전까지 납세지를 관할하는 지방자치단체의 장에게 신고하고 납부하여야 한다.

② 등록면허세 과세물건을 등기 또는 등록한 후에 해당 과세물건이 중과세대상이 되는 경우에는 그 규정된 날로부터 60일 이내에 해당 세율을 적용하여 산출한 세액에서 이미 납부한 세액(가산세는 제외)을 공제한 금액을 세액으로 하여 신고납부방법에 의하여 징수한다.

③ 부동산등기 산출세액이 그 밖의 등기세율보다 적을 때에는 그 밖의 등기세율을 적용한다.

④ 같은 등록에 관계되는 재산이 둘 이상의 지방자치단체에 걸쳐 있어 등록면허세를 지방자치단체별로 부과할 수 없을 때에는 소재지별로 안분계산하여 각각의 재산 소재지를 납세지로 한다.

⑤ 등록면허세 납세의무자는 납부하여야 할 등록면허세액의 20%를 지방교육세로 하여 등록면허세와 함께 신고하고 납부하여야 한다.

31. 다음 중 「지방세법」상 재산세의 납세의무자, 과세표준과 세율에 대한 내용으로 틀린 것은?

① 토지·건축물·주택에 대한 재산세 과세표준은 과세기준일 현재의 시가표준액에 공정시장가액비율을 곱하여 산정한 가액으로 한다.

② 법인이 소유하는 재산의 과세표준은 개인소유와 구별 없이 시가표준액을 기준으로 한다.

③ 분리과세대상 토지는 비례세율이 적용된다.

④ 일반 건축물의 경우에 비례세율이 적용된다.

⑤ 주택의 건축물과 그 부속토지의 소유자가 다를 경우에 그 주택에 대한 산출세액을 건축물과 그 부속토지의 면적 비율로 나누어 그 소유자를 납세의무자로 본다.

32. 「지방세법」상 재산세의 비과세대상이 <u>아닌</u> 것은? (단, 아래의 답항별로 주어진 자료 외의 비과세 요건은 충족된 것으로 가정함)

① 임시로 사용하기 위하여 건축된 건축물로서 재산세 과세기준일 현재 1년 미만의 것

② 「군사기지 및 군사시설 보호법」에 따른 군사기지 및 군사시설 보호구역 중 통제보호구역에 있는 전·답·과수원 및 대지

③ 「백두대간 보호에 관한 법률」 제6조에 따라 지정된 백두대간보호지역의 임야

④ 재산세를 부과하는 해당 연도에 철거하기로 계획이 확정되어 재산세 과세기준일 현재 행정관청으로부터 철거명령을 받은 주택(그 부속토지인 대지는 제외)

⑤ 「도로법」에 따른 도로(도로관리시설, 휴게시설, 주차장, 주유소, 충전소, 교통·관광안내소, 연구시설은 제외)와 그 밖에 일반인의 자유로운 통행을 위하여 제공할 목적으로 개설한 사설도로(「건축법 시행령」 제80조의2에 따른 대지 안의 공지는 제외)

33. 2024년 귀속 종합부동산세에 관한 설명으로 <u>틀린</u> 것은?

① 과세대상 토지가 매매로 유상이전되는 경우로서 매매계약서 작성일이 2024년 6월 1일이고 잔금지급 및 소유권이전등기일이 2024년 6월 29일인 경우, 종합부동산세의 납세의무자는 매도인이다.

② 종합부동산세의 납세의무자가 비거주자인 개인으로서 국내사업장이 없고 국내원천소득이 발생하지 아니하는 1주택을 소유한 경우 그 주택 소재지를 납세지로 정한다.

③ 종합부동산세를 납부기한 내에 납부하지 않은 경우에 납부하지 아니한 세액의 100분의 3과 1일 100,000분의 22의 납부지연가산세가 적용될 수 있다.

④ 납세의무자는 선택에 따라 신고납부할 수 있으나, 신고를 함에 있어 납부세액을 과소하게 신고한 경우라도 과소신고가산세가 적용되지 않는다.

⑤ 법령에 정하는 요건을 갖춘 소형신축주택과 준공 후 미분양주택은 세율 적용시 주택 수에서 제외된다.

34. 다음 종합부동산세에 대한 설명 중 <u>틀린</u> 것을 모두 고른 것은?

ㄱ. 관할 세무서장은 납부하여야 할 세액이 1,000만원을 초과하면 물납을 허가할 수 있다.

ㄴ. 별도합산과세대상 토지의 재산세로 부과된 세액이 세 부담 상한을 적용받는 경우 그 상한을 적용받기 전의 세액을 별도합산과세대상 토지분 종합부동산세액에서 공제한다.

ㄷ. 납세의무자가 신고납부를 선택하는 경우 정부의 결정은 없는 것으로 본다.

ㄹ. 관할 세무서장이 종합부동산세를 부과·징수하는 경우 납부고지서에 주택 및 토지로 구분한 과세표준과 세액을 기재하여 납부기간 개시 5일 전까지 발부하여야 한다.

① ㄱ   ② ㄷ

③ ㄱ, ㄴ   ④ ㄴ, ㄹ

⑤ ㄱ, ㄷ, ㄹ

35. 다음 중 「소득세법」상 거주자가 국내소재 부동산 등을 임대하여 발생하는 소득에 대한 설명으로 <u>틀린</u> 것은?

① 공익사업과 관련된 지역권을 대여함으로 발생하는 소득은 사업소득이다.

② 다가구주택은 1개의 주택으로 보되, 구분등기된 경우에는 각각을 1개의 주택으로 계산한다.

③ 과세기간 종료일 또는 주택 양도일 현재의 기준시가가 12억원을 초과하는 고가주택의 임대소득은 주택 수에 관계없이 과세한다.

④ 주거용 건물임대업에서 발생한 결손금은 종합소득 과세표준을 계산할 때 공제한다.

⑤ 국내에 소재하는 논·밭을 작물 생산에 이용하게 함으로써 발생하는 사업소득은 소득세를 과세하지 아니한다.

36. 「소득세법」상 거주자의 양도소득세 과세대상에 대한 설명으로 <u>틀린</u> 것은? (단, 국내자산으로 가정함)

① 본인소유 자산을 경매·공매로 인하여 자기가 재취득하는 경우는 양도로 보지 아니한다.

② 위탁자와 수탁자간 신임관계에 기하여 위탁자의 자산에 신탁이 설정되고 그 신탁재산의 소유권이 수탁자에게 이전된 경우로서 위탁자가 신탁 설정을 해지하거나 신탁의 수익자를 변경할 수 있는 등 신탁재산을 실질적으로 지배하고 소유하는 것으로 볼 수 있는 경우 양도로 보지 아니한다.

③ 토지의 이용상 불합리한 지상경계를 합리적으로 바꾸기 위하여 법률에 따라 토지를 분할하여 교환하는 경우로서 분할된 토지의 전체 면적이 분할 전 토지의 전체 면적의 100분의 20을 초과하는 경우 양도로 보지 아니한다.

④ 「도시개발법」이나 그 밖의 법률에 따른 환지처분으로 지목 또는 지번이 변경되는 경우로써 환지처분시 교부받은 토지의 면적이 감소되어 관련 법령에 따른 청산금을 수령하는 경우에는 양도로 본다.

⑤ 신탁수익권의 양도를 통하여 신탁재산에 대한 지배·통제권이 사실상 이전되는 경우는 신탁재산 자체의 양도로 본다.

37. 다음 중 「소득세법」상 양도소득세 비과세대상이 <u>아닌</u> 것은?

① 파산선고에 의한 처분으로 발생하는 소득

② 농지의 교환 또는 분합으로 인하여 발생하는 소득

③ 「지적재조사에 관한 특별법」 제18조에 따른 경계의 확정으로 지적공부상의 면적이 감소되어 지급받은 조정금

④ 법령에 정하는 농지의 대토로 인한 소득

⑤ 1세대 1주택(고가주택 제외)과 그에 딸린 토지로서 건물이 정착된 면적에 지역별로 배율을 곱하여 산정한 면적 이내의 토지 양도로 발생하는 소득

38. 「소득세법」상 사업소득이 있는 거주자가 실지거래가액에 의하여 부동산의 양도차익을 계산하는 경우 양도가액에서 공제할 자본적 지출액 또는 양도비용에 포함되지 <u>않는</u> 것은? (단, 자본적 지출액에 대해서는 법령에 따른 증명서류가 수취 · 보관되어 있음)

① 매매계약상의 인도의무를 이행하기 위해 양도자가 지출한 명도소송비 등의 명도비용

② 납부의무자와 양도자가 동일한 경우 「재건축초과이익 환수에 관한 법률」에 따른 재건축부담금

③ 양도자산의 이용편의를 위하여 지출한 비용

④ 양도자산의 취득 후 쟁송이 있는 경우 그 소유권을 확보하기 위하여 직접 소요된 소송비용으로서 그 지출한 연도의 각 사업소득금액 계산시 필요경비에 산입된 금액

⑤ 자산을 양도하기 위하여 직접 지출한 공증비용

39. 다음 중 국외자산의 양도소득에 대한 설명으로 옳은 것은?

① 외국에서 납부한 국외자산 양도소득세액은 국내에서 세액공제방법으로만 공제가 가능하다.

② 국외자산의 양도소득금액을 계산함에 있어서 3년 이상 보유한 부동산에 대하여는 장기보유특별공제를 적용한다.

③ 물납과 분할납부는 모두 허용되지 아니한다.

④ 양도 당시의 실지거래가액이 확인되더라도 외국정부의 평가가액을 양도가액으로 먼저 적용한다.

⑤ 1년 미만 보유하고 양도하는 부동산의 경우에 100분의 6에서 100분의 45의 초과누진세율을 적용한다.

40. 「소득세법」상 거주자의 양도소득세 신고 및 납부에 관한 설명으로 옳은 것은?

① 토지 또는 건물을 양도한 경우에는 그 양도일이 속하는 분기의 말일부터 2개월 이내에 양도소득과세표준을 신고하여야 한다.

② 양도차익이 없거나 양도차손이 발생한 경우에는 양도소득과세표준 예정신고의무가 없다.

③ 건물을 신축하고 그 신축한 건물의 취득일부터 5년 이내에 해당 건물을 양도하는 경우로서 취득 당시의 실지거래가액을 확인할 수 없어 환산취득가액을 그 취득가액으로 하는 경우에는 양도소득세 산출세액의 100분의 3에 해당하는 금액을 양도소득 결정세액에 더한다.

④ 양도소득과세표준 예정신고시 납부할 세액이 1,000만원을 초과하더라도 그 납부할 세액의 일부를 분할납부할 수 없다.

⑤ 확정신고납부를 하는 경우 「소득세법」 제107조에 따른 예정신고 산출세액, 동법 제114조에 따라 결정 · 경정한 세액 또는 동법 제82조, 제118조에 따른 수시부과세액이 있을 때에는 이를 공제하여 납부한다.

2024년도 제35회 공인중개사 2차 국가자격시험

실전모의고사 제8회

교 시	문제형별	시 간	시 험 과 목
1교시	A	100분	① 공인중개사의 업무 및 부동산 거래신고에 관한 법령 및 중개실무 ② 부동산공법 중 부동산 중개에 관련되는 규정
수험번호			성 명

【 수험자 유의사항 】

1. **시험문제지는 단일 형별(A형)이며, 답안카드 형별 기재란에 표시된 형별(A형)을 확인하시기 바랍니다.** 시험문제지의 **총면수, 문제번호 일련순서, 인쇄상태** 등을 확인하시고, 문제지 표지에 수험번호와 성명을 기재하시기 바랍니다.

2. 답은 각 문제마다 요구하는 **가장 적합하거나 가까운 답 1개만** 선택하고, 답안카드 작성 시 시험문제지 **형별누락, 마킹착오**로 인한 불이익은 전적으로 **수험자에게 책임**이 있음을 알려드립니다.

3. 답안카드는 국가전문자격 공통 표준형으로 문제번호가 1번부터 125번까지 인쇄되어 있습니다. 답안 마킹 시에는 반드시 **시험문제지의 문제번호와 동일한 번호에 마킹**하여야 합니다. (2차 1교시: 1번~80번)

4. **감독위원의 지시에 불응하거나 시험시간 종료 후 답안카드를 제출하지 않을 경우** 불이익이 발생할 수 있음을 알려 드립니다.

5. 시험문제지는 시험 종료 후 가져가시기 바랍니다.

6. 답안작성은 **시험 시행일(2024.10.26.) 현재 시행되는 법령 등**을 적용하시기 바랍니다.

7. 가답안 의견제시에 대한 개별회신 및 공고는 하지 않으며, **최종 정답 발표로 갈음**합니다.

8. 시험 중 **중간 퇴실은 불가**합니다. 단, 부득이하게 퇴실할 경우 **시험포기각서 제출 후 퇴실은 가능**하나 **재입실이 불가**하며, **해당시험은 무효처리됩니다.**

해커스 공인중개사

1. 공인중개사법령상 중개대상물에 관한 설명으로 **틀린** 것은? (다툼이 있으면 판례에 따름)
   ① 콘크리트 지반 위에 쉽게 분리·철거가 가능한 볼트조립방식으로 철제 파이프 기둥을 세우고 지붕을 덮은 다음 3면에 천막을 설치한 세차장구조물은 중개대상물이 아니다.
   ② 유치권이 행사되고 있는 건물도 중개대상물이 될 수 있다.
   ③ 금전채권은 중개대상물에 해당하지 아니한다.
   ④ 입목을 목적으로 하는 저당권의 효력은 입목을 베어낸 경우 그 토지로부터 분리된 수목에는 미치지 아니한다.
   ⑤ 중개대상물인 건축물은 토지의 정착물로서, 「민법」상의 부동산에 해당하는 건축물에 한정된다.

2. 공인중개사법령상 "공인중개사 정책심의위원회"(이하 '심의위원회'라 함)에 관한 설명으로 옳은 것을 모두 고른 것은?

   > ㄱ. 변호사는 심의위원회의 위원이 될 수 없다.
   > ㄴ. 위원이 해당 안건에 대하여 감정을 한 경우 심의위원회의 심의·의결에서 제척된다.
   > ㄷ. 제척사유에 해당된 심의위원회 위원이 해당 안건의 심의에 회피하지 아니한 경우 위원장은 해당 위원을 해촉할 수 있다.
   > ㄹ. 심의위원회의 위원장이 부득이한 사유로 직무를 수행할 수 없을 때에는 부위원장이 그 직무를 대행한다.
   > ㅁ. 심의위원회에서 중개보수의 변경에 관한 사항을 정한 경우에는 시·도지사는 이에 따라야 한다.

   ① ㄴ
   ② ㄱ, ㄴ
   ③ ㄴ, ㅁ
   ④ ㄱ, ㄷ, ㄹ
   ⑤ ㄷ, ㄹ, ㅁ

3. 공인중개사법령상 용어와 관련된 설명으로 옳은 것은? (다툼이 있으면 판례에 따름)
   ① 외국법에 따라 공인중개사 자격을 취득한 자도 공인중개사이다.
   ② 개업공인중개사인 법인의 공인중개사인 사원 또는 임원은 소속공인중개사로 볼 수 없다.
   ③ 중개의 정의상 '그 밖의 권리'에는 저당권이 포함된다.
   ④ 부동산중개행위를 부동산 컨설팅행위에 부수하여 업으로 하는 경우 중개업에 해당하지 않는다.
   ⑤ 공인중개사 자격증·등록증을 대여받아 중개사무소를 운영하는 자가 의뢰인과 직접 오피스텔 임대차계약을 체결한 행위는 중개행위에 해당한다.

4. 공인중개사법령상 중개사무소의 개설등록과 관련한 설명으로 **틀린** 것은? (다툼이 있으면 판례에 따름)
   ① 변호사도 중개사무소의 개설등록기준을 적용받는다.
   ② 공인중개사가 아닌 자가 주도적으로 운영하는 형식으로 동업하여 중개사무소를 운영한 경우, 공인중개사가 아닌 자의 중개업은 형사처벌의 대상이 된다.
   ③ 중개사무소 개설등록을 하지 아니하고 부동산거래를 중개하면서 그에 대한 보수를 약속·요구하는 행위는 「공인중개사법」 위반죄로 처벌할 수 없다.
   ④ 거래당사자가 개설등록을 하지 아니하고 중개업을 하는 자에게 중개를 의뢰한 행위 자체는 「공인중개사법」상 처벌대상이 될 수 없다.
   ⑤ 개업공인중개사가 중개사무소등록증을 다른 사람에게 대여한 경우 공인중개사 자격의 취소사유가 된다.

5. 공인중개사법령상 중개사무소 개설등록의 결격사유에 해당하지 **않는** 자는?
   ① 공인중개사 자격취소처분을 받고 3년이 지나지 아니한 자
   ② 미성년자이나 혼인하여 성년이 의제된 자
   ③ 「변호사법」을 위반하여 징역 3년을 선고받았으나 그 집행이 면제되고 3년이 지나지 아니한 자
   ④ 「공인중개사법」상 양벌규정에 의하여 벌금 300만원을 선고받고 1년이 지난 자
   ⑤ 업무정지처분을 받고 폐업한 자로서 업무정지기간 중에 있는 자

6. 공인중개사법령상 중개사무소의 설치에 관한 설명으로 옳은 것은 몇 개인가?

> ㄱ. 중개사무소는 그 전용면적이 30m² 이상이어야 한다.
> ㄴ. 중개사무소를 공동으로 사용하려는 개업공인중개사는 건물주의 승낙서를 제출해야 한다.
> ㄷ. 「건축법」상 가설건축물에는 중개사무소를 설치할 수 없다.
> ㄹ. 법인이 아닌 개업공인중개사가 둘 이상의 중개사무소를 둔 경우에는 중개사무소의 개설등록이 취소된다.
> ㅁ. 개업공인중개사는 중개사무소를 반드시 소유권에 의하여 그 사용권을 확보해야 한다.

① 1개   ② 2개
③ 3개   ④ 4개
⑤ 5개

7. 공인중개사법령상 중개사무소 개설등록신청 관련 서류에 대한 설명으로 틀린 것은?

① 등록신청인의 공인중개사 자격증 사본과 법인의 경우 법인 등기사항증명서는 제출서류가 아니다.

② 신규등록방식에 의한 종별 변경시 종전에 제출한 서류 중 변동사항이 없는 서류는 제출하지 아니할 수 있으며, 종전의 등록증은 반납할 필요가 없다.

③ 중개사무소 개설등록을 신청하는 자는 해당 중개사무소의 소재지를 관할하는 지방자치단체의 조례가 정하는 바에 따라 수수료를 납부하여야 한다.

④ 등록신청하는 외국인이 「외국 공문서에 대한 인증의 요구를 폐지하는 협약」을 체결한 국가의 국민인 경우에는 해당 국가의 아포스티유(Apostille) 확인서 발급 기관이 발급한 결격 미해당 서류를 제출할 수 있다.

⑤ 실무교육을 위탁받은 기관이 실무교육 수료 여부를 등록관청이 전자적으로 확인할 수 있도록 조치한 경우는 실무교육수료증 사본을 제출하지 아니한다.

8. 공인중개사법령상 게시, 명칭 등과 관련한 설명으로 옳은 것은?

① 사업자등록증은 중개사무소 안의 보기 쉬운 곳에 게시할 사항이 아니다.

② 중개사무소 옥외광고물에는 중개사무소 연락처를 명시하여야 한다.

③ 등록관청은 철거명령을 위반한 사무소의 간판 등에 대하여 「행정대집행법」에 의하여 대집행을 할 수 있다.

④ 중개사무소를 이전한 때에는 10일 내에 그 사무소의 간판을 철거하여야 한다.

⑤ 개업공인중개사는 옥외광고물을 설치할 의무가 있다.

9. 공인중개사법령상 개업공인중개사의 겸업과 관련한 설명으로 틀린 것은? (다른 법률에 따라 중개업을 할 수 있는 경우를 제외함)

① 모든 개업공인중개사는 부동산 상담업을 할 수 있다.

② 법인이 아닌 모든 개업공인중개사는 법인인 개업공인중개사에게 허용된 겸업업무를 모두 영위할 수 있다.

③ 법인인 개업공인중개사는 농업용 창고시설의 관리대행업을 할 수 없다.

④ 공인중개사인 개업공인중개사는 도배업체를 겸업할 수 있다.

⑤ 법인인 개업공인중개사가 겸업 제한을 위반한 경우에는 중개사무소의 개설등록이 취소될 수 있다.

10. 개업공인중개사 甲은 소속공인중개사 乙을 고용하였다. 공인중개사법령상 이와 관련한 설명으로 옳은 것을 모두 고른 것은?

> ㄱ. 甲은 乙에 대한 고용신고를 전자문서로 할 수 있다.
> ㄴ. 乙이 외국인인 경우 乙에 대한 고용신고시 甲은 乙의 공인중개사 자격증 사본을 제출해야 한다.
> ㄷ. 乙에 대한 고용신고를 받은 등록관청은 乙의 교육 수료 여부와 결격사유 해당 여부를 확인하여야 한다.
> ㄹ. 乙과의 고용관계가 종료된 때에 甲은 7일 내에 그 사실을 등록관청에 신고해야 한다.

① ㄴ   ② ㄱ, ㄴ
③ ㄱ, ㄷ   ④ ㄴ, ㄹ
⑤ ㄱ, ㄷ, ㄹ

11. 공인중개사법령상 중개대상물에 대한 인터넷 표시·광고 모니터링에 관한 설명으로 **틀린** 것은?

① 국토교통부장관은 인터넷을 이용한 중개대상물에 대한 표시·광고가 규정을 준수하는지 여부를 모니터링 할 수 있다.

② 국토교통부장관은 모니터링을 위하여 필요한 때에는 정보통신서비스 제공자에게 관련 자료의 제출을 요구할 수 있다.

③ 기본 모니터링은 모니터링 기본계획서에 따라 분기별로 실시하는 모니터링을 말한다.

④ 모니터링 업무를 위탁받은 기관은 기본 모니터링 업무를 수행한 경우 결과보고서를 매 분기의 마지막 날부터 10일 이내에 국토교통부장관에게 제출해야 한다.

⑤ 국토교통부장관은 모니터링 업무수탁기관에 예산의 범위에서 위탁업무 수행에 필요한 예산을 지원할 수 있다.

12. 공인중개법령상 전속중개계약에 관한 설명으로 옳은 것(○)과 틀린 것(×)을 바르게 표시한 것은? (중개대상물에 관한 비공개요청이 없었음을 전제함)

ㄱ. 임대차를 전속중개계약으로 의뢰받은 경우에는 공시지가를 공개해야 한다.

ㄴ. 매도에 관한 전속중개계약의 경우 중개보수와 취득 관련 조세의 종류 및 세율을 공개해야 한다.

ㄷ. 중개의뢰인은 전속중개계약의 유효기간 내에 스스로 발견한 상대방과 거래한 경우에는 중개보수의 50%를 개업공인중개사에게 지급해야 한다.

---

① ㄱ(○), ㄴ(○), ㄷ(○)
② ㄱ(○), ㄴ(×), ㄷ(○)
③ ㄱ(×), ㄴ(○), ㄷ(×)
④ ㄱ(×), ㄴ(×), ㄷ(○)
⑤ ㄱ(×), ㄴ(×), ㄷ(×)

13. 공인중개사법령상 휴업 및 폐업에 관한 설명으로 **틀린** 것은?

① 임신 또는 출산의 경우 10개월의 휴업을 할 수 있다.

② 중개업무의 재개신고를 받은 등록관청은 반납받은 등록증을 즉시 반환하여야 한다.

③ 분사무소의 폐업신고서에는 주된 사무소 개설등록증 사본을 첨부하여야 한다.

④ 개업공인중개사가 폐업신고 후 재등록을 한 때에는 폐업신고 전의 개업공인중개사의 지위를 승계한다.

⑤ 등록관청은 중개업의 폐업신고시 제출받은 사업자등록 폐업신고서를 지체 없이 관할 세무서장에게 송부(정보통신망을 이용한 송부 포함)해야 한다.

14. 공인중개사법령상 거래정보사업자에 대한 설명으로 **틀린** 것은?

① 거래정보사업자로 지정을 받고자 하는 자는 국토교통부장관이 정하는 용량과 성능을 갖춘 컴퓨터설비를 갖추어야 한다.

② 거래정보사업자로 지정을 신청하는 자는 가입·이용신청을 한 개업공인중개사의 중개사무소 개설등록증 사본을 제출하여야 한다.

③ 거래정보사업자 지정신청시에는 공인중개사 자격증 사본을 제출하여야 한다.

④ 개업공인중개사가 부동산거래정보망에 공개한 중개대상물의 거래사실을 지체 없이 거래정보사업자에게 통보하지 아니한 경우에는 업무정지처분을 받을 수 있다.

⑤ 거래정보사업자가 의뢰받은 내용과 다르게 중개대상물정보를 공개한 때에는 지정이 취소된다.

15. 공인중개사법령상 거래계약서와 관련한 설명으로 **틀린** 것은 모두 몇 개인가?

○ 개업공인중개사는 중개가 완성되면 국토교통부령으로 정하는 서식으로 거래계약서를 작성하여 거래당사자에게 교부하여야 한다.

○ 공법상 이용제한 및 거래규제에 관한 사항은 거래계약서의 필수 기재사항이다.

○ 거래계약서는 공인전자문서센터에 보관된 경우를 제외하고 그 원본을 5년간 보관해야 한다.

○ 소속공인중개사가 거래계약서를 거짓으로 작성하면 그 공인중개사 자격이 취소된다.

---

① 1개　　　　　　② 2개
③ 3개　　　　　　④ 4개
⑤ 없음

16. 공인중개사법령상 손해배상책임과 업무의 보증에 관한 설명으로 **틀린** 것은? (다툼이 있으면 판례에 따름)

① 보증으로 공탁한 공탁금은 개업공인중개사가 폐업 또는 사망을 하더라도 3년간은 회수할 수 없다.

② 개업공인중개사는 보증보험금·공제금 또는 공탁금으로 손해배상을 한때에는 30일 이내에 보증보험 또는 공제에 다시 가입하거나 공탁금 중 부족하게 된 금액을 보전해야 한다.

③ 공제계약이 유효하게 성립하기 위해서는 공제계약 당시에 공제사고의 발생 여부가 확정되어 있지 않아야 한다.

④ 보증을 다른 보증으로 변경하고자 하는 경우에는 이미 설정한 보증의 효력이 있는 기간 중에 다른 보증을 설정하고 그 증명서류를 갖추어 등록관청에 신고하여야 한다.

⑤ 개업공인중개사의 확인·설명의무와 이에 위반한 경우의 손해배상의무는 중개의뢰인이 개업공인중개사에게 소정의 보수를 지급하지 아니하였다고 해서 당연히 소멸되는 것이 아니다

17. 공인중개사법령상 확인·설명의무와 관련한 내용으로 옳은 것은? (다툼이 있는 경우 판례에 따름)

① 개업공인중개사는 중개업무의 수행을 위하여 필요한 경우에는 중개의뢰인에게 주민등록증 등 신분을 확인할 수 있는 증표를 제시할 것을 요구할 수 있다.

② 개업공인중개사는 중개대상물 확인·설명시에는 그 근거자료를 권리를 취득하고자 하는 중개의뢰인에게 교부하여야 한다.

③ 중개대상물에 근저당권이 설정된 경우에는 실제의 피담보채무액까지 조사·확인하여 설명하여야 한다.

④ 개업공인중개사는 주택의 임대차계약을 중개하는 경우에는 「국세징수법」에 따라 임대인이 납부하지 아니한 국세의 열람을 직접 신청할 수 있다.

⑤ 개업공인중개사가 성실·정확하게 중개대상물의 확인·설명을 하지 아니하면 업무정지사유에 해당한다.

18. 공인중개사법령상 계약금 등의 반환채무이행의 보장에 관한 설명으로 **틀린** 것은?

① 개업공인중개사는 거래안전을 보장하기 위하여 필요하다고 인정하는 경우에는 거래당사자에게 계약금 등을 예치하도록 권고하여야 한다.

② 계약금 등을 예치하는 경우 체신관서 명의로 금융기관에 예치할 수 있다.

③ 예치기관은 금융기관, 공제사업자, 신탁업자 등이다.

④ 계약금 등의 예치는 거래계약의 이행이 완료될 때까지 할 수 있다.

⑤ 개업공인중개사는 계약금 등을 자기의 명의로 예치하는 경우 예치금액에 해당하는 금액의 보증을 설정하고 그 증서 사본(전자문서 포함)을 거래당사자에게 교부하여야 한다.

19. 공인중개사법령상 중개보수에 관한 설명으로 **틀린** 것은? (다툼이 있으면 판례에 따름)

① 분양권은 이미 납입한 금액에 프리미엄을 합한 금액으로 중개보수를 계산한다.

② 공매대상 부동산에 대한 취득의 알선은 중개보수 규정을 적용한다.

③ 동일한 중개대상물에 대하여 동일 당사자간에 매매를 포함한 둘 이상의 거래가 동일 기회에 이루어지는 경우에는 매매계약에 관한 거래금액만을 적용하여 중개보수를 계산한다.

④ 공인중개사 자격이 없는 자가 중개사무소 개설등록을 하지 아니한 채 중개업을 하면서 거래당사자와 체결한 중개보수 지급약정은 무효이다.

⑤ 권리관계 확인에 소요된 실비는 영수증 등을 첨부하여 권리취득 중개의뢰인에게 청구할 수 있다.

20. 공인중개사법령상 개업공인중개사 등의 교육에 관한 설명으로 옳은 것은?

① 국토교통부장관은 교육의 전국적인 균형유지를 위하여 수강료 등이 포함된 교육지침을 마련하여 시행하여야 한다.

② 폐업신고를 한 후 1년 이내에 소속공인중개사로 고용신고를 하려는 자는 실무교육을 받지 않아도 된다.

③ 연수교육의 교육시간은 28시간 이상 32시간 이하이다.

④ 직무교육은 법·제도의 변경사항을 내용으로 한다.

⑤ 국토교통부장관, 시·도지사 및 등록관청은 개업공인중개사 등이 연수교육을 받는 경우에는 대통령령으로 정하는 바에 따라 필요한 비용을 지원할 수 있다.

21. 공인중개사법령상 甲과 乙이 받을 수 있는 포상금의 최대 금액은?

> ○ 甲은 공인중개사 자격증을 대여한 A를 고발하였으나, A는 무죄판결을 받았다.
> ○ 乙은 등록취소 후 계속하여 중개업을 하는 B와 C를 고발하였으나, 검사는 B를 기소유예하였고, C를 무혐의처분하였다.
> ○ 甲과 乙은 포상금배분에 관한 합의 없이 부정한 방법으로 개설등록한 D를 신고하였고, D는 형사재판에서 벌금 300만원을 선고받았다.
> ○ A, B, C, D는 甲 또는 乙의 위 신고·고발 전에 행정기관에 의해 발각되지 않았다.

① 甲: 50만원, 乙: 50만원
② 甲: 75만원, 乙: 75만원
③ 甲: 75만원, 乙: 100만원
④ 甲: 100만원, 乙: 75만원
⑤ 甲: 75만원, 乙: 125만원

22. 공인중개사법령상 공인중개사협회의 공제사업에 관한 설명으로 옳은 것은?
① 시·도지사는 공제사업 운영이 적정하지 아니한 경우 업무집행방법의 변경을 명할 수 있다.
② 책임준비금의 적립비율은 협회 총 수입액의 100분의 10 이상으로 한다.
③ 공제규정의 제정 및 변경은 등록관청의 승인을 얻어야 한다.
④ 운영위원회의 위원은 성별을 고려하여 19명 이내로 구성한다.
⑤ 운영위원회의 회의는 재적위원 과반수의 찬성으로 의결한다.

23. 부동산 거래신고 등에 관한 법령상 주택임대차계약의 신고와 관련한 설명으로 <u>틀린</u> 것은?
① 신고하려는 자는 신분증명서를 신고관청에 보여줘야 한다.
② 임대차 계약당사자는 신고사항이 잘못 기재된 경우에는 임대차계약서를 첨부하여 신고관청에 신고사항의 정정을 신청할 수 있다.
③ 임대차 계약당사자의 위임을 받은 사람은 임대차 신고서 등의 작성·제출 및 정정신청을 대행할 수 있다.

④ 부동산거래계약시스템을 통해 주택임대차계약을 체결한 경우에는 임대차계약당사자가 공동으로 주택임대차계약신고서를 제출한 것으로 본다.
⑤ 신고를 받은 신고관청은 그 내용 등을 확인한 후 7일 내에 신고필증을 발급한다.

24. 공인중개사법령상 다음 개업공인중개사의 행위 중 중개사무소의 개설등록을 취소해야 하는 경우를 모두 고른 것은?

> ㄱ. 최근 1년 이내에 이 법에 의하여 2회의 업무정지처분을 받고 다시 업무정지처분에 해당하는 행위를 한 경우
> ㄴ. 최근 1년 이내에 이 법에 의하여 1회의 업무정지, 2회의 과태료처분을 받고 다시 업무정지처분에 해당하는 행위를 한 경우
> ㄷ. 최근 1년 이내에 이 법에 의하여 2회의 업무정지, 1회의 과태료처분을 받고 다시 업무정지처분에 해당하는 행위를 한 경우
> ㄹ. 최근 1년 이내에 이 법에 의하여 2회의 과태료처분을 받고 다시 과태료처분에 해당하는 행위를 한 경우

① ㄱ, ㄴ
② ㄱ, ㄷ
③ ㄴ, ㄹ
④ ㄷ, ㄹ
⑤ ㄱ, ㄴ, ㄷ

25. 공인중개사법령상 개업공인중개사 등의 금지행위와 관련한 설명으로 <u>틀린</u> 것은? (다툼이 있으면 판례에 따름)
① 중개의뢰인과 직접거래를 금지하는 규정은 효력규정이다.
② 토지의 소유자로부터 거래에 관한 대리권을 수여받은 대리인과 그 토지를 직접거래한 행위는 금지행위이다.
③ 다른 개업공인중개사의 중개로 오피스텔을 매도하고, 또 다른 개업공인중개사의 중개로 오피스텔을 매수한 행위는 금지행위가 아니다.
④ 단체를 구성하여 단체 구성원 이외의 자와 공동중개를 제한하는 행위는 금지행위이다.
⑤ 중개보수로 한도를 초과하는 액면금액의 당좌수표를 교부받았으나 후일 그 당좌수표가 부도 처리된 경우라도 그 행위는 금지행위이다.

26. 공인중개사법령상 행정처분 등과 관련한 설명으로 옳은 것은?

① 자격정지처분사유에는 행정형벌이 병과되는 경우도 있다.

② 폐업신고 전에 받은 과태료처분의 효과는 폐업일로부터 1년간 재등록 개업공인중개사에게 승계된다.

③ 개업공인중개사가 2021.7.20. 등록취소처분사유에 해당하는 위반행위를 하고, 2021.9.15. 폐업신고를 한 후 2024. 8.27. 다시 중개사무소의 개설등록을 한 경우 폐업신고 전 위반행위를 사유로 하는 등록취소처분을 할 수 없다.

④ 중개사무소 소재지 시·도지사가 자격정지처분사유에 해당하는 사실을 발견한 때에는 즉시 자격정지처분을 한 후 자격증을 교부한 시·도지사에게 통보하여야 한다.

⑤ 자격정지처분은 그 사유가 발생한 날로부터 3년이 경과한 때에는 이를 할 수 없다.

27. 공인중개사법령상 위반행위에 따른 벌칙의 연결이 옳은 것을 모두 고른 것은?

ㄱ. 공인중개사가 아닌 자로서 공인중개사 또는 이와 유사한 명칭을 사용한 자 - 100만원 이하의 과태료

ㄴ. 거짓 그 밖의 부정한 방법으로 중개사무소의 개설등록을 한 자 - 3년 이하의 징역 또는 3천만원 이하의 벌금

ㄷ. 개업공인중개사로서 중개대상물에 대한 부당한 표시·광고를 한 자 - 100만원 이하의 과태료

ㄹ. 중개보조원으로서 업무상 알게 된 비밀을 누설한 자 - 1년 이하의 징역 또는 1천만원 이하의 벌금

① ㄱ, ㄷ
② ㄱ, ㄹ
③ ㄴ, ㄹ
④ ㄷ, ㄹ
⑤ ㄴ, ㄷ, ㄹ

28. 부동산 거래신고 등에 관한 법령상 부동산거래계약신고서 작성요령으로 틀린 것은?

① 분양권 매매의 경우 '추가 지급액'란에는 프리미엄 등 분양가격을 초과 또는 미달하는 금액을 적는다.

② 종전 부동산란은 입주권 매매의 경우에만 적는다.

③ 외국인이 부동산 등을 매수하는 경우에는 국적과 매수 용도를 적는다.

④ 건축물 면적은 집합건축물의 경우 전용면적과 공용면적을 각각 적는다.

⑤ 최초 공급계약(분양)의 경우 각각의 비용에 부가가치세가 있는 경우 부가가치세를 포함한 금액을 적는다.

29. 공인중개사법령상 소속공인중개사의 자격취소사유에 해당하지 <u>않는</u> 것은?

① 자격정지처분을 받고 그 자격정지기간 중에 법인인 개업공인중개사의 임원이 된 경우

② 「공인중개사법」을 위반하여 징역형의 선고를 받은 경우

③ 부정한 방법으로 공인중개사의 자격을 취득한 경우

④ 공인중개사 직무와 관련하여 「형법」상 사기죄로 징역형의 집행유예를 선고받은 경우

⑤ 공인중개사 직무와 관련하여 「형법」상 횡령죄로 700만원의 벌금형을 선고받은 경우

30. 부동산 거래신고 등에 관한 법령상 토지거래허가제에 관한 내용으로 (   ) 안에 들어갈 내용이 순서대로 바르게 나열된 것은?

○ 허가구역의 지정은 지정을 공고한 날부터 (ㄱ) 후에 그 효력이 발생한다.

○ 따로 정함이 없는 한 도시지역 외의 지역에 소재하는 토지 중 지목이 농지인 경우 그 면적이 (ㄴ) 이하인 경우 허가를 요하지 아니한다.

○ 토지를 허가받은 목적대로 이용하지 아니한 경우 허가관청은 (ㄷ) 이내의 기간을 정하여 이용의무를 이행하도록 명할 수 있다.

① ㄱ(5일), ㄴ(500m²), ㄷ(3개월)
② ㄱ(5일), ㄴ(500m²), ㄷ(6개월)
③ ㄱ(5일), ㄴ(800m²), ㄷ(3개월)
④ ㄱ(7일), ㄴ(300m²), ㄷ(3개월)
⑤ ㄱ(7일), ㄴ(500m²), ㄷ(6개월)

31. 부동산 거래신고 등에 관한 법령상 포상금이 지급되는 신고·고발대상이 <u>아닌</u> 자는?

① 부정한 방법으로 토지거래계약허가를 받은 자

② 신고대상 계약을 체결하였음에도 불구하고 부동산거래신고를 하지 아니한 자

③ 주택임대차계약의 보증금·차임 등 계약금액을 거짓으로 신고한 자

④ 신고한 계약이 해제 등이 되지 아니하였음에도 불구하고 부동산거래 해제 등의 신고를 한 자

⑤ 토지거래계약허가를 받아 취득한 토지에 대하여 허가받은 목적대로 이용하지 아니한 자

32. 부동산 거래신고 등에 관한 법령상 전자문서를 접수하는 방법으로 제출할 수 <u>없는</u> 것은?

① 중개거래인 경우 부동산거래계약신고서
② 면적의 변경이 없는 실제 거래가격의 부동산거래계약 변경신고서
③ 토지거래계약(변경) 허가신청서
④ 토지거래 불허가처분에 따른 매수청구서
⑤ 외국인 토지취득허가신청서

33. 부동산 거래신고 등에 관한 법령상 토지거래허가와 관련한 설명으로 <u>틀린</u> 것은?

① 시·도지사가 토지거래허가구역을 다시 지정할 경우에는 해당 토지 소재지 시장·군수·구청장의 의견을 청취하여야 한다.
② 토지거래허가구역 지정통지를 받은 시장·군수·구청장은 지체 없이 그 사실을 7일 이상 공고하고, 그 공고내용을 15일간 일반인이 열람할 수 있도록 하여야 한다.
③ 토지거래허가 또는 불허가처분에 이의가 있는 자는 그 처분을 받은 날부터 1개월 이내에 시장·군수 또는 구청장에게 이의를 신청할 수 있다.
④ 당사자의 한쪽 또는 양쪽이 국가 등인 경우에는 국가 등이 토지거래허가를 신청하여야 한다.
⑤ 시장·군수·구청장은 토지거래허가신청이 있는 경우 공익사업용 토지에 대하여 국가 등이 매수를 원하는 경우에는 선매자를 지정하여 그 토지를 협의 매수하게 할 수 있다.

34. 개업공인중개사가 「장사 등에 관한 법률」에 대하여 중개의뢰인에게 설명한 것으로 옳은 것은?

① 개인 자연장지는 그 면적이 10m² 미만이어야 한다.
② 가족 자연장지 또는 종중·문중 자연장지를 조성하려는 자는 관할 시장 등에게 허가를 받아야 한다.
③ 개인묘지는 1기의 분묘 또는 해당 분묘에 매장된 자와 배우자 관계였던 자의 분묘를 같은 구역 안에 설치하는 묘지를 말한다.
④ 가족묘지는 1,000m² 이하로 설치해야 한다.
⑤ 설치기간이 끝난 분묘의 연고자는 설치기간이 끝난 날부터 6개월 이내에 해당 분묘에 설치된 시설물을 철거하고 매장된 유골을 화장하거나 봉안하여야 한다.

35. 공인중개사법령상 비주거용 건축물의 확인·설명서 작성방법에 대한 설명으로 <u>틀린</u> 것을 모두 고른 것은?

> ㄱ. 상업용, 업무용, 공업용으로 구분하여 표시한다.
> ㄴ. 민간임대 등록 여부는 임대주택정보체계에 접속 또는 임대인에게 확인하여 기재한다.
> ㄷ. 일조, 소음, 진동 등 환경조건은 상태에 관한 자료를 요구하여 기재한다.
> ㄹ. '그 밖의 시설물'란에는 상업용의 경우 오수정화시설용량을 기재한다.
> ㅁ. '소방'에는 단독경보형감지기의 설치유무를 현장 확인 후 기재한다.

① ㄴ, ㅁ
② ㄷ, ㅁ
③ ㄱ, ㄴ, ㄹ
④ ㄱ, ㄷ, ㄹ
⑤ ㄱ, ㄴ, ㄷ, ㅁ

36. 甲은 2024.10.6. 자기 소유의 인천광역시 소재 X주택을 전세 보증금 3억원에 2년간 「중소기업기본법」에 따른 중소기업인 乙에게 임대하는 계약을 체결하였다. 개업공인중개사가 이 계약을 중개하면서 「주택임대차보호법」과 관련하여 설명한 내용으로 옳은 것은?

① 乙이 선정한 직원이 해당 주택을 인도받고 주민등록을 마쳤을 때에는 乙은 그 다음 날부터 대항력을 취득한다.
② 乙이 대항력을 취득하고 계약서에 확정일자를 받았더라도 X주택의 경매시 乙은 우선변제권을 행사할 수 없다.
③ 乙이 X주택에 대하여 집행권원에 따라 경매를 신청하는 경우에는 반대의무의 이행 또는 이행의 제공을 하여야 집행이 개시된다.
④ 乙은 X주택의 경매시 전세 보증금 3억원 중 4,800만원은 다른 담보권자에 우선하여 변제받을 수 있다.
⑤ 乙은 임대차가 끝난 후 보증금이 반환되지 아니한 경우 법원에 임차권등기명령을 신청할 수 없다.

37. 공인중개사법령상 주택임대차중개의 경우 개업공인중개사가 확인·설명해야 하는 사항을 모두 고른 것은?

> ㄱ.「민간임대주택에 관한 특별법」에 따른 민간임대주택인 경우 임대보증금에 대한 보증에 관한 사항
>
> ㄴ.「주민등록법」에 따른 전입세대확인서의 열람 또는 교부에 관한 사항
>
> ㄷ. 관리비 금액과 그 산출내역
>
> ㄹ. 권리를 이전함에 따라 부담할 조세의 종류 및 세율

① ㄱ, ㄴ   ② ㄷ, ㄹ

③ ㄱ, ㄴ, ㄷ   ④ ㄴ, ㄷ, ㄹ

⑤ ㄱ, ㄴ, ㄷ, ㄹ

38. 개업공인중개사가 중개의뢰인에게 「상가건물 임대차보호법」을 설명한 내용으로 틀린 것은?

① 이 법은 일시사용을 위한 임대차임이 명백한 경우에는 적용하지 아니한다.

② 상가건물을 1년 6개월 이상 영리목적으로 사용하지 아니한 경우 임대인은 임차인이 주선한 신규임차인이 되려는 자와 임대차계약의 체결을 거절할 수 있다.

③ 국토교통부장관은 법무부장관과 협의를 거쳐 표준권리금계약서를 정하여 그 사용을 권장할 수 있다.

④ 임대인의 동의를 받고 전대차계약을 체결한 전차인은 임차인의 계약갱신요구권 행사기간 이내에 임차인을 대위하여 임대인에게 계약갱신요구권을 행사할 수 있다.

⑤ 서울특별시 소재 상가건물의 임대차로서 보증금이 1,500만원이고, 월 차임이 50만원인 경우, 이 상가건물의 경매시 임차인은 2,200만원까지 최우선변제를 받을 수 있다.

39. 「공인중개사의 매수신청대리인 등록 등에 관한 규칙」의 내용으로 틀린 것은?

① 개업공인중개사는 법원행정처장이 인정하는 경우가 아니면 그 사무소의 명칭이나 간판에 법원의 명칭이나 휘장을 표시할 수 없다.

② 소속공인중개사는 매수신청대리인 등록을 할 수 있다.

③ 매수신청대리인 등록신청을 받은 관할 법원은 14일 내에 등록 여부를 결정하여야 한다.

④ 매수신청대리인 등록을 위한 실무교육시간은 32시간 이상 44시간 이하로 한다.

⑤ 매수신청대리업무의 휴업은 6개월을 초과할 수 없다.

40. 개업공인중개사가 「민사집행법」에 따른 부동산 경매에 대하여 의뢰인에게 설명한 내용으로 옳은 것은?

① 차순위매수신고는 그 신고액이 최고가매수신고액에서 그 보증금액을 뺀 금액을 넘지 않는 때에만 할 수 있다.

② 매각허가결정에 대하여 항고를 하는 자는 보증금으로 최저매각가격의 10분의 1을 공탁하여야 한다.

③ 매수인은 법원이 정한 대금지급기일에 매각대금을 지급해야 한다.

④ 경매개시결정을 한 부동산에 대하여 다른 강제경매의 신청이 있는 때에는 법원은 다시 경매개시결정을 하고, 먼저 경매개시결정을 한 집행절차에 따라 경매를 진행한다.

⑤ 배당요구의 종기는 첫 매각결정기일 전으로 법원이 정하는 날로 한다.

41. 국토의 계획 및 이용에 관한 법령상 기반시설과 그 종류의 연결이 옳은 것은?

① 교통시설 - 도로, 폐차장, 차량 검사 및 면허시설

② 공간시설 – 광장, 공원, 유수지(遊水池)

③ 유통 · 공급시설 - 수도, 방송 · 통신시설, 하수도

④ 보건위생시설 - 장사시설, 도축장, 종합의료시설

⑤ 방재시설 - 하천, 폐기물처리 및 재활용시설, 사방설비

42. 국토의 계획 및 이용에 관한 법령상 도시 · 군기본계획에 관한 설명으로 옳은 것은?

① 도시 · 군기본계획의 수립시 주민의 의견은 들어야 되나, 관계 전문가로부터 의견을 들을 필요는 없다.

② 생활권계획이 수립 또는 승인된 때에는 해당 계획이 수립된 생활권에 대해서는 도시·군기본계획이 수립 또는 변경된 것으로 본다.

③ 「수도권정비계획법」에 따른 수도권의 시로서 인구 10만명 이하인 시는 도시 · 군기본계획을 수립하지 않을 수 있다.

④ 특별시장 · 광역시장은 인접한 시 · 군의 시장 · 군수와 협의를 거친 경우라도 그 인접한 시 · 군의 관할 구역 전부를 포함하는 도시 · 군기본계획을 수립할 수 없다.

⑤ 도시 · 군기본계획의 내용과 국가계획의 내용이 다를 때에는 도시 · 군기본계획의 내용이 우선한다.

43. 국토의 계획 및 이용에 관한 법령상 중앙도시계획위원회와 지방도시계획위원회의 심의를 거치지 않고 개발행위의 허가를 할 수 있는 경우를 모두 고른 것은?

> ㄱ. 지구단위계획 또는 성장관리계획을 수립한 지역에서 하는 개발행위
>
> ㄴ. 「산림자원의 조성 및 관리에 관한 법률」에 따른 산림사업을 위한 개발행위
>
> ㄷ. 「사방사업법」에 따른 사방사업을 위한 개발행위

① ㄱ

② ㄴ

③ ㄱ, ㄷ

④ ㄴ, ㄷ

⑤ ㄱ, ㄴ, ㄷ

44. 국토의 계획 및 이용에 관한 법령상 지구단위계획에 관한 설명으로 옳은 것은?

① 시 · 도지사는 용도지구의 전부 또는 일부에 대하여 지구단위계획구역을 지정할 수 없다.

② 시장 또는 군수는 택지개발지구에서 시행되는 사업이 끝난 후 5년이 지난 지역은 지구단위계획구역으로 지정해야 한다.

③ 지구단위계획으로 제2종 일반주거지역을 준주거지역으로 변경할 수 있다.

④ 지구단위계획이 수립되어 있는 지구단위계획구역에서 존치기간이 3년 이내인 가설건축물을 건축하려면 그 지구단위계획에 맞게 해야 한다.

⑤ 개발진흥지구에서는 지구단위계획에 위반하여 건축물을 건축할 수 있다.

45. 국토의 계획 및 이용에 관한 법령상 시가화조정구역에 관한 설명으로 틀린 것은?

① 시 · 도지사는 도시지역과 그 주변지역의 무질서한 시가화를 방지하고 계획적 · 단계적인 개발을 도모하기 위하여 시가화조정구역의 지정 또는 변경을 도시 · 군관리계획으로 결정할 수 있다.

② 시가화 유보기간은 5년 이상 20년 이내에서 도시 · 군관리계획으로 정한다.

③ 시가화조정구역에서 공익상 사업시행이 불가피한 것으로서 관계 중앙행정기관의 장의 요청에 의하여 국토교통부장관이 그 지정목적 달성에 지장이 없다고 인정하는 도시 · 군계획사업은 시행할 수 있다.

④ 시가화조정구역에서 입목의 벌채, 조림, 육림행위는 특별시장 · 광역시장 · 특별자치시장 · 특별자치도지사 · 시장 또는 군수의 허가를 받아 그 행위를 할 수 있다.

⑤ 시가화조정구역의 지정에 관한 도시 · 군관리계획의 결정은 시가화 유보기간이 끝난 날부터 그 효력을 잃는다. 이 경우 국토교통부장관, 시 · 도지사는 그 사실을 고시해야 한다.

46. 국토의 계획 및 이용에 관한 법령상 처분에 앞서 청문을 해야 하는 경우만을 모두 고른 것은?

> ㄱ. 개발행위허가의 취소
> ㄴ. 도시·군기본계획승인의 취소
> ㄷ. 행정청이 아닌 도시·군계획시설사업의 시행자 지정의 취소
> ㄹ. 시범도시 지정의 취소
> ㅁ. 도시·군계획시설사업 실시계획인가의 취소

① ㄱ, ㄴ, ㄷ   ② ㄱ, ㄷ, ㅁ
③ ㄱ, ㄹ, ㅁ   ④ ㄴ, ㄷ, ㄹ
⑤ ㄴ, ㄹ, ㅁ

47. 국토의 계획 및 이용에 관한 법령상 허가 또는 승인에 관한 설명으로 틀린 것은?

① 시·도지사가 공동으로 수립한 광역도시계획을 변경하려는 경우 국토교통부장관의 승인을 받아야 한다.
② 대도시 시장이 지형도면을 작성한 때에는 도지사의 승인을 받지 않아도 된다.
③ 시장 또는 군수는 성장관리계획구역을 지정하거나 이를 변경하려면 도지사의 승인을 받아야 한다.
④ 개발행위허가를 받아도 「건축법」에 따른 건축허가를 받은 것으로 보지 않는다.
⑤ 행정청인 도시·군계획시설사업의 시행자는 도시·군계획에 관한 기초조사를 위하여 필요한 경우 허가 없이 타인의 토지에 출입할 수 있다.

48. 국토의 계획 및 이용에 관한 법령상 도시·군계획시설사업의 단계별 집행계획에 관한 설명으로 옳은 것은?

① 국토교통부장관은 단계별 집행계획을 수립할 수 없다.
② 「도시 및 주거환경정비법」에 따라 도시·군관리계획의 결정이 의제되는 경우에는 해당 도시·군계획시설결정의 고시일부터 3년 이내에 단계별 집행계획을 수립할 수 있다.
③ 단계별 집행계획을 수립하고자 하는 때에는 미리 지방도시계획위원회의 심의를 거쳐야 한다.
④ 3년 이내에 시행하는 도시·군계획시설사업은 제2단계 집행계획에 포함되도록 해야 한다.
⑤ 시장 또는 군수는 단계별 집행계획을 수립 또는 변경하거나 받은 때에는 지체 없이 그 사실을 공고해야 한다.

49. 국토의 계획 및 이용에 관한 법령상 국토교통부장관, 시·도지사, 시장 또는 군수나 도시·군계획시설사업의 시행자가 타인의 토지에 출입할 수 있는 경우를 모두 고른 것은?

> ㄱ. 지가의 동향 및 토지거래의 상황에 관한 조사
> ㄴ. 개발밀도관리구역 및 기반시설부담구역에 관한 기초조사
> ㄷ. 도시·군계획시설사업에 관한 조사·측량 또는 시행
> ㄹ. 광역도시계획 및 도시·군계획에 관한 기초조사

① ㄱ, ㄹ   ② ㄴ, ㄷ
③ ㄱ, ㄴ, ㄷ   ④ ㄴ, ㄷ, ㄹ
⑤ ㄱ, ㄴ, ㄷ, ㄹ

50. 국토의 계획 및 이용에 관한 법령상 용도지구에 관한 설명으로 틀린 것은?

① 시·도지사 또는 대도시 시장은 지역여건상 필요하면 그 시·도 또는 대도시의 조례로 정하여 법령에서 정한 용도지구 외의 용도지구의 지정 또는 변경을 도시·군관리계획으로 결정할 수 있다.
② ①의 경우 용도지역 또는 용도구역의 행위제한을 강화하는 용도지구는 신설할 수 없다.
③ 용도지구에서의 건축물이나 그 밖의 시설의 용도·종류 및 규모 등의 제한에 관한 사항은 특별시·광역시·특별자치시·특별자치도·시 또는 군의 조례로 정할 수 있다.
④ 용도지구란 용도지역의 제한을 강화하거나 완화하여 적용함으로써 용도지역의 기능을 증진시키고 경관·안전 등을 도모하기 위하여 도시·군관리계획으로 결정하는 지역을 말한다.
⑤ 지구단위계획 또는 관계 법률에 따른 개발계획을 수립하지 않는 개발진흥지구에서는 해당 용도지역에서 허용되는 건축물을 건축할 수 있다.

51. 국토의 계획 및 이용에 관한 법령상 도시혁신구역에 관한 설명으로 **틀린** 것은?

① 도시·군기본계획에 따른 도심·부도심 또는 생활권의 중심지역을 도시혁신구역으로 지정할 수 있다.

② 도시혁신구역의 지정 및 변경과 도시혁신계획은 공간재구조화계획으로 결정한다.

③ 시·도지사가 결정하는 공간재구조화계획 중 도시혁신구역 지정 및 입지 타당성 등에 관한 사항은 지방도시계획위원회의 심의를 거쳐야 한다.

④ 다른 법률에서 공간재구조화계획의 결정을 의제하고 있는 경우에도 이 법에 따르지 않고 도시혁신구역의 지정과 도시혁신계획을 결정할 수 없다.

⑤ 도시혁신구역의 지정·변경 및 도시혁신계획 결정의 고시는 「도시개발법」에 따른 개발계획의 내용에 부합하는 경우 도시개발구역의 지정 및 개발계획 수립의 고시로 본다.

52. 국토의 계획 및 이용에 관한 법령상 행위제한의 적용기준 등에 관한 설명이다. ( )에 들어갈 용어로 옳은 것은?

○ 건축물이 (ㄱ)에 걸쳐 있는 경우에는 그 건축물 및 대지의 전부에 대하여 (ㄱ)의 건축물 및 대지에 관한 규정을 적용한다.

○ 하나의 건축물이 (ㄴ)와 그 밖의 용도지역 등에 걸쳐 있는 경우에는 그 전부에 대하여 (ㄴ)의 건축물에 관한 규정을 적용한다. 다만, 그 건축물이 있는 (ㄴ)와 그 밖의 용도지역 등의 경계가 「건축법」에 따른 방화벽으로 구획되는 경우 그 밖의 용도지역 등에 있는 부분에 대하여는 그러하지 않다.

① ㄱ: 경관지구, ㄴ: 방재지구

② ㄱ: 방재지구, ㄴ: 보호지구

③ ㄱ: 보호지구, ㄴ: 취락지구

④ ㄱ: 취락지구, ㄴ: 고도지구

⑤ ㄱ: 고도지구, ㄴ: 방화지구

53. 도시개발법령상 환지예정지의 지정에 관한 설명으로 **틀린** 것은?

① 시행자가 환지예정지를 지정하려면 관계 토지소유자와 임차권자 등에게 환지예정지의 위치·면적과 환지예정지 지정의 효력발생시기를 알려야 한다.

② 종전의 토지에 대한 임차권자 등이 있으면 해당 환지예정지에 대하여 해당 권리의 목적인 토지 또는 그 부분을 아울러 지정해야 한다.

③ 시행자는 체비지의 용도로 환지예정지가 지정된 경우에는 도시개발사업에 드는 비용을 충당하기 위하여 이를 사용 또는 수익하게 하거나 처분할 수 있다.

④ 종전 토지의 임차권자는 환지예정지 지정의 효력발생일부터 환지처분이 공고되는 날까지 종전의 토지를 사용하거나 수익할 수 있다.

⑤ 환지예정지를 지정한 경우에 해당 토지의 사용에 장애가 될 물건이 그 토지에 있으면 그 토지의 사용을 시작할 날을 따로 정할 수 있다.

54. 도시개발법령상 국토교통부장관이 도시개발구역을 지정할 수 있는 경우로 **틀린** 것은?

① 국가가 도시개발사업을 실시할 필요가 있는 경우

② 시장(대도시 시장은 제외한다) 또는 군수가 요청하는 경우

③ 정부출연기관의 장이 30만m² 이상으로 도시개발구역의 지정을 제안하는 경우

④ 천재지변으로 인해 도시개발사업을 긴급하게 할 필요가 있는 경우

⑤ 도시개발사업이 필요하다고 인정되는 지역이 둘 이상의 광역시와 대도시의 행정구역에 걸치는 경우로서 해당 시장의 협의가 성립되지 않는 경우

55. 도시개발법령상 환지방식에 의한 사업시행에 관한 설명으로 옳은 것을 모두 고른 것은?

ㄱ. 지정권자가 따로 정한 기준일의 다음 날부터 1필지의 토지가 여러 개의 필지로 분할되는 경우 시행자는 해당 토지에 대하여 금전으로 청산할 수 없다.

ㄴ. 시행자는 환지를 정하지 않기로 결정된 토지소유자나 임차권자 등에게 날짜를 정하여 그날부터 해당 토지 또는 해당 부분의 사용 또는 수익을 정지시킬 수 있다.

ㄷ. 시행자는 지정권자에 의한 준공검사를 받은 경우(지정권자가 시행자인 경우에는 공사완료 공고가 있는 때)에는 30일 이내에 환지처분을 해야 한다.

ㄹ. 환지계획에서 정해진 환지는 그 환지처분이 공고된 날의 다음 날부터 종전의 토지로 본다.

① ㄱ, ㄷ   ② ㄴ, ㄷ

③ ㄴ, ㄹ   ④ ㄱ, ㄷ, ㄹ

⑤ ㄴ, ㄷ, ㄹ

56. 도시개발법령상 토지상환채권에 관한 설명으로 옳은 것은?

① 토지상환채권을 이전하는 경우 취득자는 그 성명과 주소를 토지상환채권에 기재해야 한다.

② 토지상환채권은 기명식 또는 무기명식 증권으로 한다.

③ 토지상환채권의 이율은 발행 당시의 은행의 예금금리 및 부동산 수급상황을 고려하여 지정권자가 정한다.

④ 도시개발구역의 토지소유자인 시행자는 「은행법」에 따른 은행 등으로부터 지급보증을 받은 경우에만 토지상환채권을 발행할 수 있다.

⑤ 토지상환채권의 발행규모는 그 토지상환채권으로 상환할 토지·건축물이 해당 도시개발사업으로 조성되는 분양토지 또는 분양건축물 면적의 3분의 2를 초과하지 않도록 해야 한다.

57. 도시개발법령상 도시개발사업의 시행방식에 관한 설명으로 옳은 것을 모두 고른 것은?

ㄱ. 계획적이고 체계적인 도시개발 등 집단적인 조성과 공급이 필요한 경우에는 환지방식으로 정해야 하며, 다른 방식으로 할 수 없다.

ㄴ. 공공시행자가 전부 환지방식에서 수용 또는 사용방식으로 변경하는 경우 도시개발사업의 시행방식을 변경할 수 있다.

ㄷ. 분할 혼용방식은 수용 또는 사용방식이 적용되는 지역과 환지방식이 적용되는 지역을 사업시행지구별로 분할하여 시행하는 방식이다.

ㄹ. 시행자는 도시개발사업의 시행방식을 정하여 국토교통부장관의 승인을 받아야 한다.

① ㄱ   ② ㄷ
③ ㄱ, ㄹ   ④ ㄴ, ㄷ
⑤ ㄱ, ㄷ, ㄹ

58. 도시개발법령상 도시개발구역을 지정한 후 개발계획을 수립하는 경우에는 아래에 규정된 날의 다음 날에 도시개발구역의 지정이 해제된 것으로 본다. (   )에 들어갈 숫자로 옳은 것은?

○ 도시개발구역이 지정·고시된 날부터 (ㄱ)년이 되는 날까지 개발계획을 수립·고시하지 않는 경우에는 그 (ㄱ)년이 되는 날. 다만, 도시개발구역의 면적이 330만m² 이상인 경우에는 (ㄴ)년으로 한다.

○ 개발계획을 수립·고시한 날부터 (ㄷ)년이 되는 날까지 실시계획인가를 신청하지 않는 경우에는 그 (ㄷ)년이 되는 날. 다만, 도시개발구역의 면적이 330만m² 이상인 경우에는 (ㄴ)년으로 한다.

① ㄱ: 2, ㄴ: 3, ㄷ: 2
② ㄱ: 2, ㄴ: 3, ㄷ: 3
③ ㄱ: 2, ㄴ: 3, ㄷ: 5
④ ㄱ: 2, ㄴ: 5, ㄷ: 3
⑤ ㄱ: 3, ㄴ: 5, ㄷ: 3

59. 도시 및 주거환경정비법령상 조합총회의 의결사항 중 대의원회가 대행할 수 없는 사항이 아닌 것은?

① 관리처분계획의 수립 및 변경(경미한 변경은 제외한다)

② 조합임원의 선임 및 해임

③ 조합의 합병 또는 해산(사업완료로 인한 해산의 경우를 포함한다)

④ 정비사업비의 변경

⑤ 정비사업전문관리업자의 선정 및 변경

60. 도시 및 주거환경정비법령상 정비사업의 시행방식에 관한 설명으로 옳은 것은?

① 주거환경개선사업은 사업시행자가 정비구역에서 인가받은 관리처분계획에 따라 건축물을 건설하여 공급하는 방법으로 할 수 있다.

② 재개발사업은 사업시행자가 정비구역의 전부 또는 일부를 수용하여 주택을 건설한 후 토지등소유자에게 우선 공급하는 방법으로 한다.

③ 재건축사업은 환지로 공급하는 방법으로 할 수 있다.

④ 주거환경개선사업은 사업시행자가 정비구역에서 정비기반시설 및 공동이용시설을 새로 설치하거나 확대하고 토지등소유자가 스스로 주택을 보전·정비하거나 개량하는 방법으로 할 수 없다.

⑤ 재건축사업에서 오피스텔을 건설하여 공급하는 경우에는 준주거지역 및 상업지역에서 전체 건축물 연면적의 100분의 30 이하이어야 한다.

61. 도시 및 주거환경정비법령상 도시·주거환경정비기본계획 및 정비구역 등에 관한 설명으로 틀린 것은?

① 기본계획의 수립권자는 기본계획을 고시한 때에는 국토교통부장관에게 보고해야 한다.

② 자치구의 구청장 또는 광역시의 군수는 정비계획을 입안하여 특별시장·광역시장에게 정비구역 지정을 신청해야 한다.

③ 시장 또는 군수(광역시의 군수는 제외한다)는 정비계획을 결정하여 정비구역을 지정할 수 없다.

④ 정비구역의 지정권자는 정비구역의 진입로 설치를 위하여 필요한 경우에는 진입로 지역과 그 인접 지역을 포함하여 정비구역을 지정할 수 있다.

⑤ 정비구역에서는 「주택법」에 따른 지역주택조합의 조합원을 모집해서는 안 된다.

62. 도시 및 주거환경정비법령상 조합설립추진위원회 및 조합에 관한 설명으로 옳은 것은?

① 추진위원회는 추진위원회를 대표하는 추진위원장 1명과 이사를 두어야 한다.

② 조합이 정관을 변경하려는 경우에는 총회를 개최하여 조합원 과반수의 찬성으로 시장·군수 등의 인가를 받아야 한다.

③ 조합장이 자기를 위하여 조합과 소송을 할 때에는 대의원회가 조합을 대표한다.

④ 정관의 기재사항 중 조합임원의 권리·의무·보수·선임방법·변경 및 해임에 관한 사항을 변경하기 위한 총회의 경우는 조합원 5분의 1 이상의 요구로 조합장이 소집한다.

⑤ 조합원의 수가 50명 이상인 조합은 대의원회를 두어야 하며, 대의원회는 조합원의 10분의 1 이상으로 구성한다.

63. 도시 및 주거환경정비법령상 용적률 완화 및 국민주택규모 주택의 건설에 관한 설명으로 옳은 것을 모두 고른 것은? (다만, 「도시재정비 촉진을 위한 특별법」에 따른 재정비촉진지구에서 시행되는 사업은 제외함)

> ㄱ. 「수도권정비계획법」에 따른 과밀억제권역에서 시행하는 재개발사업 및 재건축사업의 시행자는 정비계획으로 정해진 용적률에도 불구하고 지방도시계획위원회의 심의를 거쳐 법적상한용적률까지 건축할 수 있다.
>
> ㄴ. ㄱ의 경우 「국토의 계획 및 이용에 관한 법률」에 따른 주거지역 및 준공업지역으로 한정한다.

> ㄷ. 사업시행자가 국민주택규모 주택을 공급하는 경우에는 토지주택공사 등이 우선하여 인수할 수 있다.
>
> ㄹ. 사업시행자는 인수자에게 공급해야 하는 국민주택규모 주택을 수의계약의 방법으로 선정해야 한다.

① ㄱ
② ㄱ, ㄴ
③ ㄷ, ㄹ
④ ㄴ, ㄷ, ㄹ
⑤ ㄱ, ㄴ, ㄷ, ㄹ

64. 도시 및 주거환경정비법령상 관리처분계획 등에 관한 설명으로 옳은 것은?

① 조합은 관리처분계획을 의결하기 위한 총회의 개최일부터 1개월 전에 분양대상자별 분양예정인 대지 또는 건축물의 추산액 등을 각 조합원에게 문서로 통지해야 한다.

② 사업시행자는 관리처분계획을 수립하여 시장·군수 등의 인가를 받아야 하며, 관리처분계획을 중지하려는 경우에는 시장·군수 등에게 신고해야 한다.

③ 시장·군수 등은 관리처분계획인가의 신청이 있은 날부터 90일 이내에 인가 여부를 결정하여 사업시행자에게 통보해야 한다.

④ 주택분양에 관한 권리를 포기하는 토지등소유자에 대한 임대주택의 공급에 따라 관리처분계획을 변경하는 경우에는 시장·군수 등에게 변경인가를 받아야 한다.

⑤ 사업시행자는 기존의 건축물을 철거한 후에 관리처분계획을 수립해야 한다.

65. 주택법령상 공동주택의 리모델링에 관한 설명으로 틀린 것은?

① 시장·군수·구청장이 50세대 이상인 세대수 증가형 리모델링을 허가하려는 경우에는 기반시설에의 영향 등에 대하여 시·군·구도시계획위원회의 심의를 거쳐야 한다.

② 리모델링은 주택단지별 또는 동별로 한다.

③ 리모델링주택조합이 주택단지 전체를 리모델링하기 위해 허가를 신청하려면 주택단지 전체 구분소유자 및 의결권의 각 75% 이상의 동의와 각 동별 구분소유자 및 의결권의 각 50% 이상의 동의를 받아야 한다.

④ 시장·군수·구청장은 관할 구역에 대하여 리모델링 기본계획을 10년 단위로 수립해야 한다.

⑤ 증축형 리모델링을 하려는 자는 시장·군수·구청장에게 안전진단을 요청해야 한다.

66. 주택법령상 용어에 관한 설명으로 옳은 것은?

① 「공공주택 특별법」에 따른 공공주택지구조성사업에 의하여 개발·조성되는 공동주택이 건설되는 용지는 공공택지에 해당한다.

② 주택이란 세대의 구성원이 장기간 독립된 주거생활을 할 수 있는 구조로 된 건축물의 전부 또는 일부를 말하며, 그 부속토지는 제외한다.

③ 단독주택에는 단독주택, 다가구주택, 공관이 포함된다.

④ 공동주택에는 아파트, 연립주택, 기숙사가 포함된다.

⑤ 간선시설이란 도로·상하수도·전기시설·가스시설·통신시설·지역난방시설 등을 말한다.

67. 주택법령상 주택조합에 관한 규정이다. (   )에 들어갈 숫자로 옳은 것은? (단, 리모델링주택조합이 아님)

주택조합은 주택조합설립인가를 받는 날부터 사용검사를 받는 날까지 계속하여 다음의 요건을 모두 충족해야 한다.

○ 주택건설 예정 세대수(설립인가 당시의 사업계획서상 주택건설 예정 세대수를 말하되, 임대주택으로 건설·공급하는 세대수는 제외한다)의 (ㄱ)% 이상의 조합원으로 구성할 것. 다만, 사업계획승인 등의 과정에서 세대수가 변경된 경우에는 변경된 세대수를 기준으로 한다.

○ 조합원은 (ㄴ)명 이상일 것

① ㄱ: 50, ㄴ: 20
② ㄱ: 50, ㄴ: 30
③ ㄱ: 80, ㄴ: 15
④ ㄱ: 80, ㄴ: 20
⑤ ㄱ: 95, ㄴ: 30

68. 주택법령상 주택건설사업계획승인에 관한 설명으로 틀린 것은?

① 주택건설사업을 시행하려는 자는 전체 세대수가 600세대 이상인 주택단지를 공구별로 분할하여 주택을 건설·공급할 수 있다.

② 사업계획에는 부대시설 및 복리시설의 설치에 관한 계획 등이 포함되어야 한다.

③ 사업계획승인권자는 해당 사업시행지에 대한 소유권 분쟁(소송절차가 진행 중인 경우만 해당한다)으로 인하여 공사착수가 지연되는 경우에는 사업주체의 신청을 받아 그 사유가 없어진 날부터 1년의 범위에서 공사의 착수기간을 연장할 수 있다.

④ 사업계획승인권자는 착공신고를 받은 날부터 20일 이내에 신고수리 여부를 신고인에게 통지해야 한다.

⑤ 사업계획승인권자는 사업주체가 사업계획승인을 받은 날부터 5년 이내에 공사를 시작하지 않는 경우에는 그 사업계획의 승인을 취소해야 한다.

69. 주택법령상 주택에 딸린 부대시설에 해당하는 것을 모두 고른 것은?

ㄱ. 방범설비
ㄴ. 주민공동시설
ㄷ. 자전거보관소
ㄹ. 주택단지 안의 도로
ㅁ. 「건축법」에 따른 건축설비

① ㄱ, ㄴ
② ㄱ, ㄹ
③ ㄴ, ㄷ, ㅁ
④ ㄱ, ㄷ, ㄹ, ㅁ
⑤ ㄴ, ㄷ, ㄹ, ㅁ

70. 주택법령상 주택상환사채에 관한 설명으로 틀린 것은?

① 한국토지주택공사는 주택상환사채를 발행할 수 있다.

② 발행 조건 및 상환 시기는 주택상환사채권에 적어야 하는 사항에 포함된다.

③ 주택상환사채는 액면 또는 할인의 방법으로 발행한다.

④ 주택상환사채의 상환기간은 3년을 초과할 수 없다. 이 경우 상환기간은 주택상환사채발행일부터 주택의 공급계약체결일까지의 기간으로 한다.

⑤ 주택상환사채의 납입금은 주택조합 운영비에 충당할 수 있다.

71. 주택법령상 주택건설대지의 소유권을 확보하지 않아도 주택건설사업계획의 승인을 받을 수 있는 경우를 모두 고른 것은?

> ㄱ. 「국토의 계획 및 이용에 관한 법률」에 따른 지구단위계획의 결정이 필요한 주택건설사업의 해당 대지면적의 80% 이상을 사용할 수 있는 권원을 확보하고, 확보하지 못한 대지가 매도청구 대상이 되는 대지에 해당하는 경우(단, 사업주체는 주택조합이 아님)
> ㄴ. 사업주체가 주택건설대지의 소유권을 확보하지 못했으나 그 대지를 사용할 수 있는 권원을 확보한 경우
> ㄷ. 국가·지방자치단체·한국토지주택공사 또는 지방공사가 주택건설사업을 하는 경우
> ㄹ. 리모델링 결의를 한 리모델링주택조합이 매도청구를 하는 경우

① ㄱ, ㄷ
② ㄴ, ㄹ
③ ㄱ, ㄷ, ㄹ
④ ㄴ, ㄷ, ㄹ
⑤ ㄱ, ㄴ, ㄷ, ㄹ

72. 건축법령상 제1종 근린생활시설에 해당하지 않는 것은?
① 일용품을 판매하는 소매점으로 쓰는 바닥면적의 합계가 1천m² 미만인 것
② 동물병원, 동물미용실로 쓰는 바닥면적의 합계가 500m² 미만인 것
③ 지역자치센터, 파출소 등으로 쓰는 바닥면적의 합계가 1천m² 미만인 것
④ 부동산중개사무소로 쓰는 바닥면적의 합계가 30m² 미만인 것
⑤ 휴게음식점, 제과점 등으로 쓰는 바닥면적의 합계가 300m² 미만인 것

73. 건축법령상 용어에 관한 설명으로 옳은 것은?
① 기둥 4개를 해체하고 다시 축조하여 건축물의 높이를 늘리는 것은 개축이다.
② 지붕틀 3개를 증설하여 건축물의 건축면적을 늘리는 것은 대수선이다.
③ 건축물의 내력벽을 해체하여 같은 대지의 다른 위치로 옮기는 것은 이전이다.
④ 건축물이 재해로 멸실된 경우 그 대지에 종전 규모보다 연면적의 합계를 늘려 건축물을 다시 축조하는 것은 재축이다.
⑤ 건축물의 특별피난계단을 수선하는 것은 대수선이다.

74. 건축주 甲은 서울특별시 ○○구에서 연면적이 140m²이고 2층인 건축물을 대수선하려고 한다. 건축법령상 이에 관한 설명으로 옳은 것은? (단, 건축법령상 특례 및 조례는 고려하지 않음)
① 甲이 대수선을 하기 전에 ○○구청장에게 건축신고를 하면 건축허가를 받은 것으로 본다.
② 건축신고를 한 甲이 공사시공자를 변경하려면 ○○구청장에게 허가를 받아야 한다.
③ ○○구청장은 건축신고의 수리 전에 건축물 안전영향평가를 실시해야 한다.
④ 건축신고를 한 甲이 건축물의 공사에 착수하려는 경우 ○○구청장에게 공사계획을 신고할 필요는 없다.
⑤ 건축신고를 한 甲은 건축물의 공사가 끝난 후 사용승인신청 없이 건축물을 사용할 수 있다.

75. 건축법령상 건축허가의 사전결정에 관한 설명으로 옳은 것은?
① A도 B시에서 30층의 건축물을 건축하려는 자는 건축허가신청 전에 A도지사에게 그 건축물의 건축이 법령에서 허용되는지 여부에 대한 사전결정을 신청해야 한다.
② 사전결정신청자는 건축위원회 심의와 「도시교통정비 촉진법」에 따른 교통영향평가서의 검토를 동시에 신청할 수 없다.
③ 허가권자는 사전결정을 한 후 사전결정서를 사전결정일부터 7일 이내에 사전결정을 신청한 자에게 송부해야 한다.
④ 사전결정통지를 받은 경우에도 「산지관리법」에 따른 산지전용허가는 따로 받아야 한다.
⑤ 사전결정신청자가 사전결정을 통지받은 날부터 2년 이내에 착공신고를 하지 않으면 사전결정의 효력이 상실된다.

76. 면적이 1천m²인 대지에 지하 1층·지상 2층의 건축물이 있다. 용적률의 최대한도가 140%라 할 때 건축법령상 지상으로 증축가능한 최대 면적은 얼마인가? (단, 제시된 조건 이외는 고려하지 않음)

2층	사무실(600m²)	
1층	소매점 (400m²)	주차장 (200m²)
지하층	음식점(600m²)	

① 100m²
② 200m²
③ 300m²
④ 400m²
⑤ 500m²

77. 건축법령상 건축물의 사용승인에 관한 설명으로 옳은 것은?

① 건축주가 공사감리자를 지정한 경우에는 공사감리자가 사용승인을 신청해야 한다.

② 사용승인을 신청하는 경우에는 공사시공자가 작성한 감리중간보고서와 공사예정도서를 첨부해야 한다.

③ 임시사용승인의 기간은 1년 이내로 하되, 1회에 한하여 연장할 수 있다.

④ 건축물의 사용승인을 받은 경우에는 「전기안전관리법」에 따른 전기설비의 사용 전 검사를 받은 것으로 본다.

⑤ 허가권자인 구청장이 건축물의 사용승인을 하려면 미리 특별시장이나 광역시장의 승인을 받아야 한다.

78. 건축법령상 건축협정의 인가를 받은 건축협정구역에서 연접한 대지에 대하여는 관계 법령의 규정을 개별 건축물마다 적용하지 않고 건축협정구역의 전부 또는 일부를 대상으로 통합하여 적용할 수 있다. 이에 해당하는 규정이 <u>아닌</u> 것은?

① 건축물의 용적률

② 대지와 도로와의 관계

③ 지하층의 설치

④ 대지의 조경

⑤ 「주차장법」 제19조에 따른 부설주차장의 설치

79. 농지법령상 농업에 종사하는 개인으로서 농업인에 해당하지 <u>않는</u> 자는?

① 1천m²인 농지에서 다년생식물을 재배하면서 1년 중 90일을 농업에 종사하는 자

② 1년 중 120일을 축산업에 종사하는 자

③ 농지에 330m²인 비닐하우스를 설치하여 다년생식물을 재배하는 자

④ 가금 1천수를 사육하는 자

⑤ 농업경영을 통한 농산물의 연간 판매액이 100만원인 자

80. 농지법령상 농업진흥지역 밖에서 시장·군수 또는 자치구구청장에게 농지전용신고를 하고 설치할 수 있는 시설로 옳은 것은?

① 세대당 1천m² 이하의 농업인 주택

② 세대당 3천m² 이하의 축산업용 시설

③ 단체당 1만m² 이하의 농수산물 유통·가공시설

④ 어린이놀이터, 마을회관 등 농업인의 공동생활 편의시설

⑤ 1천m² 이하의 근린생활시설

2024년도 제35회 공인중개사 2차 국가자격시험

실전모의고사 제8회

교 시	문제형별	시 간	시 험 과 목
2교시	**A**	**50분**	① 부동산 공시에 관한 법령 및 부동산 관련 세법

수험번호		성 명	

【 수험자 유의사항 】

1. **시험문제지는 단일 형별(A형)이며, 답안카드 형별 기재란에 표시된 형별(A형)을 확인하시기 바랍니다.** 시험문제지의 **총면수, 문제번호 일련순서, 인쇄상태** 등을 확인하시고, 문제지 표지에 수험번호와 성명을 기재하시기 바랍니다.

2. 답은 각 문제마다 요구하는 **가장 적합하거나 가까운 답 1개**만 선택하고, 답안카드 작성시 시험문제지 **형별누락, 마킹착오**로 인한 불이익은 전적으로 **수험자에게 책임**이 있음을 알려드립니다.

3. 답안카드는 국가전문자격 공통 표준형으로 문제번호가 1번부터 125번까지 인쇄되어 있습니다. 답안 마킹 시에는 반드시 **시험문제지의 문제번호와 동일한 번호에 마킹**하여야 합니다. (2차 2교시: 1번~40번)

4. **감독위원의 지시에 불응하거나 시험시간 종료 후 답안카드를 제출하지 않을 경우** 불이익이 발생할 수 있음을 알려 드립니다.

5. 시험문제지는 시험 종료 후 가져가시기 바랍니다.

6. 답안작성은 **시험 시행일(2024.10.26.) 현재 시행되는 법령** 등을 적용하시기 바랍니다.

7. 가답안 의견제시에 대한 개별회신 및 공고는 하지 않으며, **최종 정답 발표로 갈음**합니다.

8. 시험 중 **중간 퇴실은 불가**합니다. 단, 부득이하게 퇴실할 경우 **시험포기각서 제출 후 퇴실은 가능**하나 **재입실이 불가**하며, **해당시험은 무효처리됩니다.**

해커스 공인중개사

1. 「공간정보의 구축 및 관리 등에 관한 법률」상 옳은 지문을 모두 고른 것은?

> ㄱ. 국토교통부장관은 정보처리시스템에 따라 보존하여야 하는 지적공부가 멸실되거나 훼손될 경우를 대비하여 지적공부를 복제하여 관리하는 정보관리체계를 구축하여야 한다.
>
> ㄴ. 국토교통부장관은 지적공부의 효율적인 관리 및 활용을 위하여 지적정보 전담 관리기구를 설치·운영한다.
>
> ㄷ. 지적전산자료를 이용하려는 자는 국토교통부장관, 시·도지사 또는 지적소관청에 신청하여야 한다.
>
> ㄹ. 국토교통부장관은 정보처리시스템을 통하여 기록·저장한 지적공부의 전부 또는 일부가 멸실되거나 훼손된 경우에는 지체 없이 이를 복구하여야 한다.

① ㄱ, ㄴ, ㄷ   ② ㄱ, ㄴ, ㄹ   ③ ㄱ, ㄷ, ㄹ
④ ㄴ, ㄷ, ㄹ   ⑤ ㄱ, ㄴ, ㄷ, ㄹ

2. 토지의 표시를 결정하는 것에 대한 설명으로 틀린 것은?

① 지번은 본번(本番)과 부번(副番)으로 구성하되, 본번과 부번 사이에 '‐' 표시로 연결한다. 이 경우 '‐' 표시는 '의'라고 읽는다.

② 물을 상시적으로 이용하지 않고 곡물·원예작물(과수류는 제외한다)·약초·뽕나무 등의 식물을 주로 재배하는 토지와 죽림지는 '전'으로 한다.

③ 지목을 지적도면에 등록하는 때에는 주차장은 '차', 유원지는 '원', 공장용지는 '장', 하천은 '천'으로 표기한다.

④ 지적확정측량의 경계는 공사가 완료된 현황대로 결정하되, 공사가 완료된 현황이 사업계획도와 다를 때에는 미리 사업시행자에게 그 사실을 통지하여야 한다.

⑤ 지적도의 축척이 600분의 1인 지역에서 1필지의 면적이 $0.1m^2$ 미만일 때에는 $0.1m^2$로 한다.

3. 공간정보의 구축 및 관리 등에 관한 법령에 따른 면적의 결정방법으로 옳은 것을 모두 고른 것은?

> ㄱ. 합병에 따른 경계·좌표 또는 면적은 따로 지적측량을 하지 아니하고 합병 후 필지의 면적은 합병 전 각 필지의 면적을 합산하여 결정한다.
>
> ㄴ. 임야대장의 면적과 등록전환될 면적의 차이가 허

> 용범위 이내인 경우에는 등록전환될 면적을 등록전환 면적으로 결정하고, 허용범위를 초과하는 경우에는 임야대장의 면적 또는 임야도의 경계를 지적소관청이 직권으로 정정하여야 한다.
>
> ㄷ. 분할 전후 면적의 차이가 허용범위 이내인 경우에는 그 오차를 분할 후의 각 필지의 면적에 따라 나누고, 허용범위를 초과하는 경우에는 지적공부상의 면적 또는 경계를 정정하여야 한다.

① ㄱ   ② ㄴ
③ ㄱ, ㄴ   ④ ㄱ, ㄷ
⑤ ㄱ, ㄴ, ㄷ

4. 지적도면에 관한 다음 설명 중 틀린 것은?

① 도면의 색인도란 인접도면의 연결순서를 표시하기 위하여 기재한 도표와 번호를 말한다.

② 도곽선은 도면의 기준선으로의 역할을 하며, 도곽선의 수치는 해당 지적도에 등록된 토지가 위치하는 좌표, 즉 원점으로부터 도곽선까지의 거리를 말한다.

③ 건축물 및 구조물의 위치, 삼각점 및 지적기준점의 위치를 지적도면에 등록한다.

④ 경계점좌표등록부를 갖춰 두는 지역의 임야도에는 해당 도면의 제명 끝에 '(좌표)'라고 표시하고, 도곽선의 오른쪽 아래 끝에 "이 도면에 의하여 측량을 할 수 없음"이라고 적어야 한다.

⑤ 지적도의 축척은 1/500, 1/600, 1/1,000, 1/1,200, 1/2,400, 1/3,000, 1/6,000이 있고, 임야도의 축척은 1/3,000, 1/6,000이 있다.

5. 지적공부에 관한 다음 설명 중 틀린 것은?

① 토지대장에 지적도의 번호와 필지별 토지대장의 장번호 및 축척, 토지등급 또는 기준수확량등급과 그 설정·수정 연월일을 기록한다.

② 공유지연명부에 토지의 고유번호, 필지별 공유지연명부의 장번호, 토지소유자가 변경된 날과 그 원인을 기록한다.

③ 대지권등록부에 1동 건물표시, 건물의 명칭, 집합건물별 대지권등록부의 장번호를 기록한다.

④ 경계점좌표등록부에 지번, 좌표, 토지의 고유번호, 부호 및 부호도, 지적도면의 번호를 등록한다.

⑤ 도시개발사업 등의 시행지역(농지의 구획정리지역은 제외)과 축척변경시행지역의 측량결과도의 축척은 500분의 1로 한다.

6. 지적공부의 보관 및 공개에 관한 설명 중에서 옳은 것을 모두 고른 것은?

> ㄱ. 지적공부를 정보처리시스템을 통하여 기록·저장한 경우 관할 시·도지사, 시장·군수 또는 구청장은 그 지적공부를 지적정보관리체계에 영구히 보존하여야 한다.
>
> ㄴ. 지적소관청은 천재지변이나 그 밖에 이에 준하는 재난을 피하기 위하여 필요한 경우 또는 관할 국토교통부장관의 승인을 받은 경우에는 해당 청사 밖으로 지적공부를 반출할 수 있다.
>
> ㄷ. 정보처리시스템을 통하여 기록·저장된 지적공부(지적도 및 임야도를 제외한다)를 열람하고자 하는 자는 시장·군수 또는 구청장이나 읍·면·동의 장에게 신청할 수 있다.

① ㄱ, ㄴ ② ㄱ, ㄷ
③ ㄱ, ㄹ ④ ㄴ, ㄷ
⑤ ㄴ, ㄹ

7. 토지이동 사유에 관련된 서류에 관한 설명 중에서 틀린 것은?

① 신규등록을 신청할 때에는 신규등록 신청서에 준공검사확인증 사본, 기획재정부장관과 협의한 문서의 사본 등을 첨부하여 지적소관청에 제출하여야 한다.

② 등록전환을 신청할 때에는 등록전환 신청서에 관계 법령에 따른 개발행위 허가 등을 증명하는 서류의 사본을 첨부하여 지적소관청에 제출하여야 한다.

③ 토지의 분할을 신청할 때에는 분할 신청서에 분할 허가 대상인 토지의 경우 그 허가서 사본을 첨부하여 지적소관청에 제출하여야 한다.

④ 1필지의 일부가 형질변경 등으로 용도가 변경되어 분할을 신청할 때에는 지목변경 신청서를 함께 제출하여야 한다.

⑤ 지목변경 신청시 첨부하여야 하는 서류를 해당 지적소관청이 관리하는 경우에 시·도지사의 확인으로 그 서류의 제출을 갈음할 수 있다.

8. 「공간정보의 구축 및 관리 등에 관한 법률」상 토지이동의 신청권자에 관한 설명 중 틀린 것은?

① 공공사업 등에 따라 학교용지·도로·철도용지·제방·하천·구거·유지 등의 지목으로 되는 토지인 경우에는 해당 사업의 시행자가 신청을 대신할 수 있다.

② 토지개발사업과 관련하여 토지의 이동이 필요한 경우에는 해당 사업의 시행자가 시·도지사 또는 대도시 시장에게 토지의 이동을 신청하여야 한다.

③ 지번부여지역의 일부가 행정구역의 개편으로 다른 지번부여지역에 속하게 되었으면 지적소관청은 새로 속하게 된 지번부여지역의 지번을 부여하여야 한다.

④ 토지개발사업에 따른 토지의 이동은 토지의 형질변경 등의 공사가 준공된 때에 이루어진 것으로 본다.

⑤ 토지이동의 대위신청권자에 해당하는 자는 토지소유자가 하여야 하는 신청을 대신할 수 있다. 다만, 등록사항 정정 대상토지는 제외한다.

9. 축척변경에 관한 절차 중 빈칸에 들어갈 내용으로 옳은 것은?

> ○ 지적소관청은 시·도지사 또는 대도시 시장으로부터 축척변경 승인을 받았을 때에는 지체 없이 (ㄱ) 이상 공고하여야 한다.
>
> ○ 지적소관청은 청산금을 산정하였을 때에는 청산금 조서를 작성하고, 청산금이 결정되었다는 뜻을 (ㄴ) 이상 공고하여 일반인이 열람할 수 있게 하여야 한다.

	ㄱ	ㄴ
①	30일	20일
②	20일	20일
③	20일	15일
④	15일	20일
⑤	15일	15일

10. 지적공부의 등록사항 정정에 관한 설명 중 틀린 것은?

① 토지이용계획확인서에 의하여 지적소관청이 직권으로 정정할 수 없다.

② 지적측량적부심사에 따라 지적공부의 등록사항을 정정하여야 하는 경우 지적소관청이 직권으로 조사·측량하여 정정할 수 있다.

③ 등록사항 정정 대상토지에 대한 대장을 열람하게 하거나 등본을 발급하는 때에는 '등록사항 정정 대상토지'라고 적은 부분을 흑백의 반전(反轉)으로 표시하거나 붉은색으로 적어야 한다.

④ 토지소유자가 경계 또는 면적의 변경을 가져오는 등록사항 정정신청을 하는 때에는 신청서에 등록사항 정정 측량성과도를 첨부하여 지적소관청에 제출하여야 한다.

⑤ 등록사항 정정이 미등기토지의 소유자의 성명에 관한 사항으로서 명백히 잘못 기재된 경우에는 지적소관청은 직권으로 가족관계 기록사항에 관한 증명서에 의하여 정정할 수 있다.

11. 지적기준점 21점을 설치하고 경계복원측량을 하고자 하는 경우에 측량기간은? (단, 검사기간은 제외함)
    ① 7일　　　　② 8일　　　　③ 9일
    ④ 10일　　　　⑤ 11일

12. 지적측량에 관한 설명 중 틀린 것은?
    ① 기초측량은 계획의 수립, 준비 및 현지답사, 선점 및 조표, 관측 및 계산과 성과표의 작성 순서에 따른다.
    ② 토지소유자의 신청이 없어 지적소관청이 직권으로 조사·측량하여 지적공부를 정리한 때에는 이에 소요되는 지적측량수수료를 소유자에게 징수한다.
    ③ 지적측량은 평판측량, 전자평판측량, 경위의측량, 전파기 또는 광파기측량, 사진측량 및 위성측량 등의 방법에 따른다.
    ④ 시·도지사 또는 대도시 시장은 검사측량를 하였을 때에는 그 결과를 지적소관청에 통지하여야 한다.
    ⑤ 경계복원측량을 하려는 경우 경계를 지적공부에 등록할 당시 측량성과의 착오 또는 경계 오인 등의 사유로 경계가 잘못 등록되었다고 판단될 때에도 기존의 경계에 따라 측량하여야 한다.

13. 부기등기에 관한 설명 중 옳은 것은?
    ① 등기명의인 표시변경등기는 이해관계인의 승낙이 있으면 부기등기로 실행한다.
    ② 소유권의 이전등기 또는 소유권 이외의 권리의 이전 등기는 부기등기에 의한다.
    ③ 말소회복등기, 권리변경등기, 가등기는 주등기에 의하는 경우도 있고 부기등기에 의하는 경우도 있다.
    ④ 현행법상 부기등기의 부기등기는 허용되지 아니한다.
    ⑤ 권리소멸약정등기, 공유물불분할약정등기는 주등기로 실행한다.

14. 등기신청적격에 관한 설명으로 옳은 것을 모두 고른 것은?

    ㄱ. 읍·면은 법인으로 등기할 수 없으나 동·리는 비법인 사단을 구성하면 동·리 명의로는 등기할 수 있다.
    ㄴ. 특별법상의 조합(농업협동조합, 축산업협동조합)은 자체명의로 등기할 수 있다.
    ㄷ. 종중, 문중, 그 밖에 대표자나 관리인이 있는 법인 아닌 사단에 속하는 부동산의 등기에 관하여는 그 사단의 대표자나 관리인을 등기권리자 또는 등기의무자로 한다.

    ㄹ. 「민법」상 조합은 등기신청적격이 없다. 다만, 조합원 전원의 명의로 합유등기는 가능하다.

    ① ㄱ, ㄴ　　　　　　② ㄴ, ㄷ
    ③ ㄷ, ㄹ　　　　　　④ ㄱ, ㄴ, ㄹ
    ⑤ ㄱ, ㄷ, ㄹ

15. 등기신청형태에 관한 설명으로 틀린 것은?
    ① 지방자치단체가 등기권리자인 경우에는 지방자치단체는 등기의무자의 승낙이 없는 경우에도 해당 등기를 지체 없이 등기소에 촉탁하여야 한다.
    ② 상속, 법인의 합병, 그 밖에 대법원규칙으로 정하는 포괄승계에 따른 등기는 등기권리자가 단독으로 신청한다.
    ③ 등기절차의 이행 또는 인수를 명하는 판결에 의한 등기 또는 공유물을 분할하는 판결에 의한 등기는 등기권리자 또는 등기의무자가 단독으로 신청한다.
    ④ 신탁재산에 속하는 부동산의 신탁등기는 수탁자(受託者)가 단독으로 신청한다.
    ⑤ 등기명의인인 사람의 사망으로 권리가 소멸한다는 약정이 등기되어 있는 경우에 사람의 사망으로 그 권리가 소멸하였을 때에는, 등기권리자는 그 사실을 증명하여 단독으로 말소등기를 신청할 수 있다.

16. 등기신청시의 첨부정보에 관한 다음 설명 중 틀린 것은?
    ① 상속 및 포괄유증, 취득시효 완성 등을 원인으로 소유권이전등기를 신청하는 경우에는 농지취득자격증명을 첨부하지 아니한다.
    ② 부동산거래신고의 관할관청이 같은 거래부동산이 2개 이상인 경우, 신청인은 매매목록을 첨부정보로서 등기소에 제공하여야 한다.
    ③ 매매를 원인으로 소유권이전등기를 신청하는 경우, 등기의무자의 주소를 증명하는 정보도 제공하여야 한다.
    ④ 매매계약 체결당시에는 토지거래허가구역이었으나 그 후 허가구역 지정이 해제되었다가 등기신청 당시 다시 허가구역으로 지정되면 소유권이전등기 신청서에 토지거래허가증을 첨부하여야 한다.
    ⑤ 외국인의 부동산등기용등록번호는 체류지를 관할하는 지방출입국·외국인관서의 장이 부여한다.

17. 전자신청에 관한 다음 설명 중 **틀린** 것은?

① 사용자등록을 신청하는 당사자 또는 자격자대리인은 등기소에 출석하여 사용자등록신청서를 제출하여야 한다.

② 사용자등록의 유효기간 만료일 3개월 전부터 만료일까지는 그 유효기간의 연장을 신청할 수 있으며, 그 연장기간은 3년으로 한다.

③ 사용자등록을 한 자연인(외국인 포함)과 전자증명서를 발급받은 법인은 전자신청을 할 수 있다.

④ 보정사항이 있는 경우 등기관은 사유를 등록한 후 전자우편, 구두, 전화 기타 모사전송의 방법에 의해 사유를 신청인에게 통지하여야 한다.

⑤ 전자신청에 대한 각하결정의 방식 및 고지방법은 전산정보처리조직을 이용해서 하여야 한다.

18. 등기관의 처분에 대한 이의에 관한 다음 설명 중 **틀린** 것은?

① 채권자가 채무자를 대위하여 경료한 등기가 채무자의 신청에 의하여 말소된 경우에는 그 말소처분에 대하여 채권자는 등기상 이해관계인으로서 이의신청을 할 수 있다.

② 등기신청의 각하결정에 대하여는 등기신청인과 각하되지 않았다면 실행될 등기에 대한 이해관계 있는 제3자가 이의신청할 수 있다.

③ 등기를 마친 후에 이의신청이 있는 경우에는 3일 이내에 의견을 붙여 이의신청서를 관할 지방법원에 보내고 등기상 이해관계 있는 자에게 이의신청 사실을 알려야 한다.

④ 저당권설정자는 저당권의 양수인과 양도인 사이의 저당권 이전의 부기등기에 대하여 이의신청을 할 수 없다.

⑤ 관할법원에서 권리이전등기의 기록명령이 있었으나 그 기록명령에 따른 등기 전에 제3자 명의로 권리이전등기가 되어 있는 경우에는 등기할 수 없다.

19. 甲토지를 乙토지에 합병하여 합필등기를 하려고 한다. 다음 중 합필등기를 신청할 수 **없는** 경우는? (단, 이해관계인의 승낙이 있는 것으로 봄)

① 甲토지 전부에 대하여는 지상권설정등기가, 乙토지 전부에 대하여는 전세권설정등기가 각 경료된 경우

② 甲토지와 乙토지에 소유권, 지상권, 전세권, 임차권, 승역지에 하는 지역권의 등기가 경료된 경우

③ 甲토지와 乙토지에 관하여 모두 등기원인 및 그 연월일과 접수번호가 동일한 체납처분에 의한 압류등기가 경료된 경우

④ 甲토지와 乙토지에 관하여 신탁원부의 등기사항이 동일한 신탁등기가 경료된 경우

⑤ 「공간정보의 구축 및 관리 등에 관한 법률」에 따른 토지합병절차를 마친 후 합필등기를 하기 전에 甲토지 또는 乙토지의 소유권이 제3자에게 이전된 경우

20. 소유권등기에 관한 설명 중에서 **틀린** 것은?

① 등기관이 미등기부동산에 대하여 법원의 촉탁에 따라 소유권의 처분제한의 등기를 할 때에는 직권으로 소유권보존등기를 하여야 한다.

② 법정상속분에 따른 상속등기를 경료한 후에 협의분할에 의한 상속등기를 신청하는 경우에 등기목적은 소유권경정등기로, 등기원인일자는 협의분할일로 기록한다.

③ 등기관이 수용으로 인한 소유권이전등기를 하는 경우 그 부동산을 위하여 존재하는 지역권의 등기는 직권으로 말소할 수 없다.

④ 진정명의회복을 원인으로 한 소유권이전등기를 신청하는 경우에 등기원인일자를 기록하지 아니한다.

⑤ 법원이 수탁자 해임의 재판을 한 경우에 신탁원부 기록의 변경등기는 수탁자가 등기소에 단독으로 신청하여야 한다.

21. 각종 권리에 관한 다음 설명 중 **옳은** 것을 모두 고른 것은?

ㄱ. 계층적 구분건물을 특정계층만이 구분소유하기 위한 구분지상권설정은 허용한다.

ㄴ. 전세금반환채권 일부양도에 따른 전세권 일부이전등기의 신청은 전세권의 존속기간의 만료 전에 할 수 있다.

ㄷ. 채무자가 수인인 경우 그 수인의 채무자가 연대채무자라 하더라도 등기기록에는 단순히 채무자로 기재하여야 한다.

ㄹ. 피담보채권이 확정되기 전에 채무자변경으로 인한 저당권변경등기는 계약인수 또는 계약의 일부인수를 등기원인으로 하여 신청할 수 있다.

① ㄱ, ㄴ   ② ㄱ, ㄷ
③ ㄱ, ㄹ   ④ ㄴ, ㄷ
⑤ ㄷ, ㄹ

22. 대지권등기와 관련된 다음 설명 중 옳은 것을 모두 고른 것은?

ㄱ. 소유권이 대지권인 경우에 대지권 뜻의 등기가 된 토지의 등기기록에는 소유권을 목적으로 하는 저당권설정등기는 할 수 없다.

ㄴ. 지상권이 대지권인 경우에 대지권 뜻의 등기가 된 토지의 등기기록에는 소유권이전등기를 할 수 없다.

ㄷ. 대지권등기 전의 토지에 설정된 저당권의 실행에 의한 경매신청등기 및 매각으로 인한 소유권이전등기를 할 수 있다.

ㄹ. 토지에 별도등기 있다는 뜻의 등기는 1동 건물 등기기록의 표제부에 하여야 한다.

① ㄱ, ㄴ
② ㄱ, ㄷ
③ ㄴ, ㄷ
④ ㄴ, ㄹ
⑤ ㄷ, ㄹ

23. 가등기에 관한 다음 설명 중 틀린 것은?

① 가등기는 권리의 설정이나 이전 등을 위한 청구권 보전을 위해서 하기 때문에 부동산표시 또는 등기명의인 표시의 변경등기를 위해서는 할 수 없다.

② 소유권이전등기청구권보전가등기에 의하여 본등기를 한 경우 가등기 후 본등기 전에 마쳐진 등기 중 가등기 전에 마쳐진 가압류에 의한 강제경매개시결정등기는 직권말소 대상이 아니다.

③ 甲 명의 부동산에 乙 명의의 소유권이전청구권보전가등기와 丙 명의의 가압류등기가 순차 경료된 후, 乙이 위 가등기에 기한 본등기절차에 의하지 아니하고 甲으로부터 별도의 소유권이전등기를 경료받은 경우에도 乙은 가등기에 기한 본등기를 신청할 수 있다.

④ 소유권이전가등기에 기한 본등기시에 가등기 후 본등기 전에 경료된 가등기의무자의 사망으로 인한 상속등기는 직권말소하지 아니한다.

⑤ 지상권설정등기청구권보전 가등기에 의하여 본등기를 한 경우 가등기 후 본등기 전에 마쳐진 저당권 설정등기는 직권말소의 대상이 되지 아니한다.

24. 다음 가압류·가처분에 관한 등기에 대한 설명 중 틀린 것은?

① 합유지분에 대한 가압류의 촉탁은 「부동산등기법」 제29조 제2호에 해당한다.

② 가압류등기가 경료되면 해당 부동산에 대하여 채무자의 일체의 처분이 금지되므로 가압류등기 후에 처분행위를 하였다면 절대적 무효이다.

③ 등기관에 대하여 등기를 금지하는 가처분결정 또는 그에 따른 가처분등기는 할 수 없다.

④ 가처분채무자가 법원으로부터 가처분취소결정을 받은 경우에 가처분등기는 법원의 촉탁으로 말소한다.

⑤ 대지권을 등기한 구분건물의 경우에 그 건물 또는 토지만에 대한 가압류등기는 허용되지 아니한다.

25. 「지방세기본법」 및 「국세기본법」상 납세의무의 성립시기가 동일한 세목으로만 옳게 묶인 것은?

ㄱ. 소득세
ㄴ. 사업소분 주민세
ㄷ. 재산세
ㄹ. 지역자원시설세(소방분)
ㅁ. 종합부동산세

① ㄱ, ㄴ
② ㄴ, ㄹ
③ ㄷ, ㅁ
④ ㄴ, ㄹ, ㅁ
⑤ ㄷ, ㄹ, ㅁ

26. 甲이 乙 소유의 토지를 다음과 같이 취득하였을 때, 甲의 「지방세법」상 취득세 취득시기로 옳은 것은?

○ 계약서 내용
- 계약일: 2024년 3월 15일
- 중도금지급일: 명시되지 않음
- 잔금지급일: 명시되지 않음

○ 사실 내용
- 잔금지급일: 불분명
- 등기·등록일: 2024년 4월 20일

① 2024년 3월 15일
② 2024년 4월 3일
③ 2024년 4월 20일
④ 2024년 4월 30일
⑤ 2024년 5월 15일

27. 다음 중 「지방세법」상 취득세가 과세될 수 있는 경우로 **틀린** 것은?

① 교환으로 지상권을 취득하는 경우

② 증여로 체육시설의 설치이용에 관한 법률에 의하여 골프연습장업으로 신고된 20타석 이상의 골프연습장을 취득하는 경우

③ 「건축법」상 허가받지 않은 무허가 건축물을 매매로 취득하는 경우

④ 토지의 지목변경 및 건축물의 개수로 가액이 증가한 경우

⑤ 법인의 현물출자로 토지를 취득하는 경우

28. 「지방세법」상 취득세에 관한 설명으로 옳은 것은?

① 건축물 중 부대설비에 속하는 부분으로서 그 주체구조부와 하나가 되어 건축물로서의 효용가치를 이루고 있는 것에 대하여는 주체구조부 취득자 외의 자가 가설한 경우에도 주체구조부의 취득자가 함께 취득한 것으로 본다.

② 세대별 소유주택 수에 따른 중과세율을 적용함에 있어 주택으로 재산세를 과세하는 오피스텔(2024년 취득)은 해당 오피스텔을 소유한 자의 주택 수에 가산하지 아니한다.

③ 세대별 소유주택 수에 따른 중과세율을 적용함에 있어 「신탁법」에 따라 신탁된 주택은 수탁자의 주택 수에 가산한다.

④ 공사현장사무소 등 임시건축물의 취득에 대하여는 그 존속기간에 관계없이 취득세를 부과하지 아니한다.

⑤ 토지를 취득한 자가 취득한 날부터 1년 이내에 그에 인접한 토지를 취득한 경우 그 취득가액이 100만원일 때에는 취득세를 부과하지 아니한다.

29. 다음 중 부동산 등기에 대한 등록면허세의 과세표준과 세율에 대한 설명으로 **틀린** 것은?

① 감가상각의 사유로 변경된 가액을 과세표준으로 할 경우에는 등기 · 등록일 현재 법인장부 또는 결산서에 의하여 증명되는 가액을 과세표준으로 한다.

② 가등기의 경우 등록면허세는 채권금액 또는 부동산가액의 1,000분의 2이다.

③ 상속으로 인한 소유권이전등기의 경우 등록면허세는 부동산가액의 1,000분의 8이다.

④ 임차권설정등기의 경우 등록면허세는 월 임대차금액의 1,000분의 2이다.

⑤ 지상권 등기의 경우에는 특별징수의무자가 징수할 세액을 납부기한까지 부족하게 납부하면 특별징수의무자에게 과소납부분 세액의 100분의 1을 가산세로 부과한다.

30. 다음 중 재산세의 세율에 대한 설명으로 **틀린** 것은?

① 종합합산과세대상 토지와 별도합산과세대상 토지에 적용되는 세율은 3단계 초과누진세율구조이다.

② 골프장 · 고급오락장용 토지에 대한 재산세의 세율은 1,000분의 40이다.

③ 서울특별시의 주거지역에 있는 「지방세법 시행령」으로 정하는 공장용 건축물에 대하여는 1,000분의 40의 세율을 적용한다.

④ 1세대 2주택(별장 포함)에 대한 재산세의 세율구조는 최저 1,000분의 1과 최고 1,000분의 4의 4단계 초과누진세율구조이다.

⑤ 재산세 도시지역분 적용대상 지역 안에 있는 토지 중 「국토의 계획 및 이용에 관한 법률」에 따라 지형도면이 고시된 공공시설용지 또는 개발제한구역으로 지정된 토지 중 지상건축물, 골프장, 유원지, 그 밖의 이용시설이 없는 토지는 도시지역분을 적용하지 아니한다.

31. 다음 중 「지방세법」상 재산세에 관한 설명으로 옳은 것을 모두 고른 것은?

ㄱ. 국가가 선수금을 받아 조성하는 매매용 토지로서 사실상 조성이 완료된 토지의 사용권을 무상으로 받은 자는 재산세를 납부할 의무가 없다.

ㄴ. 「지방세법」 또는 관계 법령에 따라 재산세를 경감할 때에는 과세표준에서 경감대상 토지의 과세표준액에 경감비율(비과세 또는 면제의 경우에는 이를 100분의 100으로 봄)을 곱한 금액을 공제하여 세율을 적용한다.

ㄷ. 「백두대간 보호에 관한 법률」 제6조에 따라 지정된 백두대간보호지역의 임야는 분리과세한다.

① ㄱ

② ㄴ

③ ㄱ, ㄷ

④ ㄴ, ㄷ

⑤ ㄱ, ㄴ, ㄷ

32. 다음 중 2024년 귀속 「지방세법」상 재산세에 관한 설명으로 틀린 것은?

① 법인이 소유하고 있는 재산으로서 법인장부에 의해 재산가액이 입증된 경우에도 재산세 과세표준은 시가표준액에 의한다.

② 과세표준 계산시 시가표준액에 100분의 70을 곱하는 경우는 토지와 건축물에 한한다.

③ 재산세를 부과하는 해당 연도에 철거하기로 계획이 확정되어 재산세 과세기준일 현재 행정관청으로부터 철거명령을 받은 주택은 재산세를 비과세하지만, 그 부속토지인 대지는 재산세를 과세한다.

④ 과세기준일 현재 개별공시지가가 1억원인 토지의 경우 재산세 과세표준은 7,000만원이다.

⑤ 개인소유의 토지로서 지방자치단체와 소유권의 유상이전을 약정한 경우로서 지방자치단체가 그 재산을 취득하기 전에 미리 사용하는 경우에 재산세를 부과하지 아니한다.

33. 2024년 귀속 재산세와 종합부동산세의 세 부담 상한에 관한 설명으로 틀린 것은?

① 토지에 대한 재산세의 산출세액이 대통령령으로 정하는 방법에 따라 계산한 직전 연도의 해당 재산에 대한 재산세액 상당액의 100분의 150을 초과하는 경우에는 100분의 150에 해당하는 금액을 해당 연도에 징수할 세액으로 한다.

② 주택(주택의 세 부담 상한 개정규정 시행 전에 재산세가 부과된 주택은 아님)의 경우에도 세 부담 상한 규정을 적용한다.

③ 공시가격 6억원을 초과하는 개인소유 주택(「지방세법」 제122조 세 부담의 상한 개정 규정 시행 전에 주택분 재산세가 부과된 주택임)에 대한 재산세 세 부담 상한은 전년도 세액의 130%를 초과할 수 없다.

④ 법인소유 주택에 대한 종합부동산세를 부과하는 경우에는 세 부담 상한에 관한 규정은 적용되지 않는다.

⑤ 토지분 종합부동산세를 부과하는 경우에는 개인소유와 법인소유의 구별 없이 전년도 총세액 상당액의 150%를 초과하는 세액은 없는 것으로 본다.

34. 다음 중에서 「지방세법」상 등록면허세의 표준세율이 가장 높은 것은? (단, 표준세율을 적용하여 산출한 세액이 부동산등기에 대한 그 밖의 등기 또는 등록세율보다 크다고 가정하며 농지와 주택의 등기는 아님)

① 소유권보존등기

② 유상으로 인한 소유권이전등기

③ 무상으로 인한 소유권이전등기

④ 지역권설정 및 이전등기

⑤ 저당권설정등기

35. 다음과 같은 조건으로 상속받은 주택을 양도(매매)한 경우 이에 대한 양도소득세의 설명으로 옳은 것은? (단, 조정대상지역은 아님)

○ 피상속인의 보유기간: 2년 10개월

○ 상속인의 보유기간: 5개월

○ 상속에 대한 등기를 이행하였다.

○ 양도 당시 국내 소재 1세대 1주택에 해당하며, 피상속인과 상속인은 다른 세대이다.

① 양도 당시 1세대 1주택인 경우 비과세를 적용받을 수 있다.

② 실지거래가액으로 양도차익을 계산하는 경우 양도일 현재의 「상속세 및 증여세법」의 규정에 의하여 평가한 가액을 취득 당시 실지거래가액으로 본다.

③ 장기보유특별공제를 적용받을 수 있다.

④ 양도소득기본공제는 적용받을 수 없다.

⑤ 6~45%의 초과누진세율을 적용하여 산출세액을 계산한다.

36. 「소득세법」상 국내 자산을 양도하는 경우 양도소득세 세율에 대한 설명으로 틀린 것은? (단, 2024년 6월 1일에 양도하는 경우이며, 비례세율은 초과누진세율을 적용하여 산출한 세액보다는 큰 것으로 가정함)

① 1년 미만 보유한 기타 자산은 초과누진세율을 적용한다.

② 주택분양권은 1년 미만 보유하고 양도하는 경우에도 6~45%의 초과누진세율을 적용한다.

③ 2년 이상 보유한 등기된 주택(조정대상지역 내에 소재)은 초과누진세율을 적용한다.

④ 해당 토지가 법령이 정하는 비사업용 토지에 해당하는 경우 기본세율은 16~55% 8단계 초과누진세율이다.

⑤ 상속의 경우 세율 적용시 보유기간은 피상속인이 취득한 날로부터 양도일까지로 한다.

37. 「소득세법」제101조 양도소득의 부당행위계산 규정 중 증여 후 우회양도에 관한 설명으로 <u>틀린</u> 것은? (다만, 양도소득이 해당 수증자에게 실질적으로 귀속된 경우는 아님)

① 거주자가 특수관계인(이월과세 규정을 적용받는 배우자 및 직계존비속의 경우는 포함)에게 자산을 증여한 후 그 자산을 증여받은 자가 그 증여일부터 11년이 되는 때 다시 타인에게 양도한 경우에도 적용된다.

② 증여받은 자의 증여세와 양도소득세를 합한 세액이 증여자가 직접 양도하는 경우로 보아 계산한 양도소득세 세액보다 적은 경우에는 증여자가 그 자산을 직접 양도한 것으로 본다.

③ 위 ②의 경우에 양도소득세 납세의무자는 당초 증여자이다.

④ 증여자에게 양도소득세가 과세되는 경우에는 기납부한 증여세는 필요경비로 공제받을 수 없다.

⑤ 증여자와 수증자는 해당 조세에 대해 연대납세의무가 있다.

38. 「소득세법」상 양도소득세의 과세대상이 되는 것으로만 묶인 것은? (단, 거주자가 국내에 소재하는 자산을 양도하는 경우임)

> ㄱ. 건설업자가 신축한 주택을 양도하는 경우
> ㄴ. 지방자치단체가 발행하는 토지상환채권을 양도하는 경우
> ㄷ. 공동소유토지를 공유자지분 변경 없이 소유지분별로 단순히 재분할하는 경우
> ㄹ. 지역권을 양도하는 경우

① ㄴ
② ㄱ, ㄷ
③ ㄴ, ㄹ
④ ㄱ, ㄴ, ㄷ
⑤ ㄱ, ㄴ, ㄷ, ㄹ

39. 2024년 과세기준일 현재 1세대가 국내에 단독소유 1주택(주택공시가액 15억원)만을 소유하고 있는 경우 2024년 귀속 종합부동산세 과세표준으로 옳은 것은? (단, 공정시장가액비율은 60%임)

① 6,000만원
② 1억원
③ 1억 8,000만원
④ 3억 6,000만원
⑤ 9억원

40. 국내에 주택 1채와 토지를, 국외에 1채의 주택을 소유하고 있는 거주자 甲이 2024년 중 해당 소유 부동산을 모두 양도하는 경우 이에 관한 설명으로 <u>틀린</u> 것은? (단, 국내 소재 부동산은 모두 등기되었으며, 주택은 고가주택이 아님)

① 甲이 국내주택을 먼저 양도한 경우에는 1세대 1주택으로 보아 비과세를 받을 수 있다.

② 甲이 국외주택의 양도일까지 계속 5년 이상 국내에 주소를 둔 거주자인 경우 국외주택의 양도에 대하여 양도소득세 납세의무가 있다.

③ 甲의 국외주택 양도소득이 국외에서 외화를 차입하여 취득한 자산을 양도하여 발생하는 소득으로서 환율변동으로 인하여 외화차입금으로부터 발생하는 환차익을 포함하고 있는 경우에는 해당 환차익을 양도소득의 범위에서 제외한다.

④ 甲의 국외주택에 대한 양도차익은 양도가액에서 취득가액과 필요경비개산공제를 차감하여 계산한다.

⑤ 국외주택의 양도에 대하여는 연 250만원의 양도소득 기본공제를 적용받을 수 있다.

2024년도 제35회 공인중개사 2차 국가자격시험

실전모의고사 제9회

교 시	문제형별	시 간	시 험 과 목
1교시	**A**	**100분**	① 공인중개사의 업무 및 부동산 거래신고에 관한 법령 및 중개실무 ② 부동산공법 중 부동산 중개에 관련되는 규정
수험번호			**성 명**

【 수험자 유의사항 】

1. **시험문제지는 단일 형별(A형)이며, 답안카드 형별 기재란에 표시된 형별(A형)을 확인하시기 바랍니다.** 시험문제지의 **총면수, 문제번호 일련순서, 인쇄상태** 등을 확인하시고, 문제지 표지에 수험번호와 성명을 기재하시기 바랍니다.

2. 답은 각 문제마다 요구하는 **가장 적합하거나 가까운 답 1개**만 선택하고, 답안카드 작성 시 시험문제지 **형별누락, 마킹착오**로 인한 불이익은 전적으로 **수험자에게 책임**이 있음을 알려드립니다.

3. 답안카드는 국가전문자격 공통 표준형으로 문제번호가 1번부터 125번까지 인쇄되어 있습니다. 답안 마킹 시에는 반드시 **시험문제지의 문제번호와 동일한 번호에 마킹**하여야 합니다. (2차 1교시: 1번~80번)

4. **감독위원의 지시에 불응하거나 시험시간 종료 후 답안카드를 제출하지 않을 경우** 불이익이 발생할 수 있음을 알려 드립니다.

5. 시험문제지는 시험 종료 후 가져가시기 바랍니다.

6. 답안작성은 **시험 시행일(2024.10.26.) 현재 시행되는 법령** 등을 적용하시기 바랍니다.

7. 가답안 의견제시에 대한 개별회신 및 공고는 하지 않으며, **최종 정답 발표로 갈음**합니다.

8. 시험 중 **중간 퇴실은 불가**합니다. 단, 부득이하게 퇴실할 경우 **시험포기각서 제출 후 퇴실은 가능**하나 **재입실이 불가**하며, **해당시험은 무효처리됩니다.**

해커스 공인중개사

제1과목: 공인중개사의 업무 및 부동산 거래신고
에 관한 법령 및 중개실무

1. 공인중개사법령상 용어의 정의로 옳은 것은?
   ① "중개"란 중개사무소의 개설등록을 하고 법정 중개대상물에 대하여 거래당사자간의 매매·교환·임대차 그 밖의 권리의 득실변경에 관한 행위를 알선하는 것을 말한다.
   ② "중개업"이란 다른 사람의 의뢰에 의하여 일정한 보수를 받고 중개를 업으로 행하는 것을 말한다.
   ③ "개업공인중개사"라 함은 「공인중개사법」에 의하여 중개사무소의 개설등록을 한 공인중개사를 말한다.
   ④ "공인중개사"라 함은 「공인중개사법」에 의하여 공인중개사 자격을 취득한 자로서 중개업을 영위하고 있는 자를 말한다.
   ⑤ "중개보조원"이라 함은 공인중개사가 아닌 자로서 개업공인중개사에 소속되어 중개업무를 수행하거나 개업공인중개사의 중개업무를 보조하는 자를 말한다.

2. 공인중개사법령상 중개대상물, 중개대상행위 또는 중개대상권리에 해당하는 것은 모두 몇 개인가?

   > ㄱ. 가식(假植)의 수목
   > ㄴ. 분묘기지권
   > ㄷ. 점유
   > ㄹ. 온천수
   > ㅁ. 법정지상권
   > ㅂ. 도로예정지인 사유지

   ① 1개   ② 2개
   ③ 3개   ④ 4개
   ⑤ 5개

3. 공인중개사법령상 공인중개사와 관련한 설명으로 틀린 것은?
   ① 공인중개사는 중개사무소의 개설등록을 하지 않더라도 중개업을 영위할 수 있다.
   ② 중개사무소의 개설등록이 취소된 후 3년이 경과되지 아니한 법 제7638호 부칙 제6조 제2항의 개업공인중개사이었던 자도 공인중개사 자격시험에 응시할 수 있다.
   ③ 공인중개사 자격시험을 시행하는 시·도지사 또는 국토교통부장관은 시험에서 부정한 행위를 한 응시자에 대하여는 그 시험을 무효로 하고, 그 처분이 있은 날부터 5년간 시험응시자격을 정지한다.
   ④ 공인중개사 자격시험의 원칙적인 시행기관장은 시·도지사이다.
   ⑤ 외국에서 공인중개사의 자격을 취득한 자는 「공인중개사법」상 공인중개사로 볼 수 없다.

4. 공인중개사법령상 법인의 등록기준으로 옳은 것은? (다른 법률에 따라 중개업을 할 수 있는 경우는 제외함)
   ① 중개업만을 영위할 목적으로 설립되어야 한다.
   ② 「상법」상 회사인 경우 주식회사이어야 한다.
   ③ 보증을 4억원 이상 설정하여야 한다.
   ④ 대표자는 공인중개사이어야 한다.
   ⑤ 대표자를 제외한 임원이 3명인 경우 최소한 2명은 공인중개사이어야 한다.

5. 공인중개사법령상 소속공인중개사나 중개보조원이 될 수 있는 자는?
   ① 甲은 피성년후견인이나 꾸준히 치료하여 정신능력을 회복한 자이다.
   ② 乙은 후견인의 동의를 얻은 피한정후견인이다.
   ③ 丙은 파산선고를 받고 복권을 신청한 공인중개사이다.
   ④ 丁은 「형법」상 사기죄로 징역 1년에 집행유예 2년을 선고받고 3년이 지난 자이다.
   ⑤ 戊는 「변호사법」 위반으로 징역 10개월의 선고유예를 받고 선고유예기간 중에 있는 자이다.

6. 공인중개사법령상 중개사무소 등과 관련하여 위법하다고 볼 수 없는 경우를 모두 고른 것은?

   > ㄱ. 개업공인중개사 甲은 업무정지기간 중인 개업공인중개사의 중개사무소로 사무소를 이전하였다.
   > ㄴ. 법인인 개업공인중개사 丙의 공인중개사인 임원 A는 해당 법인의 분사무소 책임자를 겸직하고 있다.
   > ㄷ. 개업공인중개사 乙은 분양사무소 앞에 일시적으로 파라솔을 설치하여 그곳에서 분양권 전매중개를 하였다.
   > ㄹ. 개업공인중개사 丁은 사용승인은 받았으나 건축물대장에 기재되지 아니한 건물로 중개사무소를 이전하고 7일 내에 신고하였다.

   ① ㄱ, ㄴ   ② ㄴ, ㄹ
   ③ ㄷ, ㄹ   ④ ㄱ, ㄴ, ㄷ
   ⑤ ㄴ, ㄷ, ㄹ

7. 공인중개사법령상 분사무소의 설치에 관한 설명으로 옳은 것은?

① 법인인 개업공인중개사는 등록관청의 승인을 얻어 1개의 분사무소를 둘 수 있다.

② 주된 사무소의 소재지가 속한 시·군·구에도 등록관청에 신고하고 분사무소를 둘 수 있다.

③ 다른 법률에 따라 중개업을 할 수 있는 법인의 분사무소 책임자는 공인중개사이어야 한다.

④ 분사무소설치신고확인서를 교부한 등록관청은 지체 없이 그 분사무소 소재지를 관할하는 시장·군수·구청장에게 이를 통보하여야 한다.

⑤ 분사무소 설치신고를 받은 등록관청은 10일 이내에 수리 여부를 결정하고 이를 신청인에게 서면으로 통지하여야 한다.

8. 공인중개사법령상 법인인 개업공인중개사의 겸업에 해당하지 않는 것을 모두 고르면 몇 개인가? (다른 법률에 따라 중개업을 할 수 있는 경우를 제외함)

ㄱ. 상업용 건축물에 대한 임대관리
ㄴ. 미분양 빌라에 대한 분양대행
ㄷ. 공매대상 부동산에 대한 입찰신청의 대리
ㄹ. 공인중개사를 대상으로 한 창업컨설팅
ㅁ. 도배업체의 운영

① 1개 ② 2개
③ 3개 ④ 4개
⑤ 모두

9. 공인중개사법령상 소속공인중개사에 대한 설명으로 틀린 것을 모두 고른 것은?

ㄱ. 중개행위를 한 소속공인중개사는 거래계약서에 서명 또는 날인하여야 한다.
ㄴ. 개업공인중개사는 소속공인중개사를 고용한 경우 업무개시 전까지 고용신고를 하여야 한다.
ㄷ. 법인의 사원 또는 임원으로서 공인중개사인 자는 소속공인중개사에 해당한다.
ㄹ. 소속공인중개사의 인장을 등록하지 아니한 개업공인중개사에 대하여는 업무정지처분을 할 수 있다.

① ㄱ, ㄴ ② ㄱ, ㄹ
③ ㄴ, ㄷ ④ ㄴ, ㄹ
⑤ ㄷ, ㄹ

10. 공인중개사법령상 인장등록과 관련한 설명으로 옳은 것은?

① 개업공인중개사는 업무를 개시하기 전까지 중개행위에 사용할 인장을 등록하여야 한다.

② 모든 개업공인중개사가 등록할 인장은 성명이 나타나고 그 크기가 가로·세로 각각 7mm 이상 30mm 이내의 인장이어야 한다.

③ 인장등록은 전자문서에 의하여 할 수 없다.

④ 등록한 인장의 변경신고는 변경하기 7일 전까지 하여야 한다.

⑤ 소속공인중개사의 인장등록은 「인감증명법」에 의한 인감증명서의 제출로 갈음한다.

11. 공인중개사법령상 휴업 또는 폐업과 관련한 설명으로 틀린 것은?

① 휴업은 6개월을 초과할 수 없으나 질병, 취학 등 부득이한 사유가 있는 때에는 예외로 한다.

② 폐업신고를 하는 경우에는 중개사무소등록증을 첨부하여야 한다.

③ 휴업기간의 변경신고 및 업무재개신고는 전자문서로 할 수 있다.

④ 폐업신고를 한 자는 중개사무소의 간판을 지체 없이 철거하여야 한다.

⑤ 개업공인중개사가 신고하지 아니하고 폐업을 한 경우 등록관청은 6개월 이하의 업무정지처분을 할 수 있다.

12. 공인중개사법령상 전속중개계약과 관련한 설명으로 틀린 것은?

① 중개의뢰인이 전속중개계약을 요청한 경우라 하더라도 개업공인중개사에게 전속중개계약체결의 의무가 있는 것은 아니다.

② 개업공인중개사는 중개의뢰인의 비공개 요청이 없는 한 전속중개계약 후 지체 없이 중개대상물에 관한 정보를 공개하여야 한다.

③ 개업공인중개사는 국토교통부령이 정하는 전속중개계약서를 사용하고 이를 3년간 보존하여야 한다.

④ 전속중개계약의 유효기간은 별도의 특약이 없으면 3개월로 한다.

⑤ 중개의뢰인은 전속중개계약의 유효기간 내에 스스로 발견한 상대방과 거래한 경우에는 중개보수의 50% 범위 내에서 개업공인중개사가 지출한 소요비용을 지급하여야 한다.

13. 공인중개사법령상 중개업무 등과 관련한 설명으로 옳은 것을 모두 고른 것은?

> ㄱ. 개업공인중개사는 중개사무소의 옥외광고물을 설치할 의무가 있다.
> ㄴ. 분사무소의 간판에는 그 분사무소 책임자의 성명이 명시되어야 한다.
> ㄷ. 중개보조원에 대한 고용관계 종료신고는 10일 내에 하여야 한다.
> ㄹ. 중개보조원은 현장안내 등 보조업무 수행시 중개의뢰인에게 중개보조원이라는 사실을 미리 고지해야 한다.

① ㄱ, ㄴ   ② ㄱ, ㄷ
③ ㄱ, ㄴ, ㄷ   ④ ㄴ, ㄷ, ㄹ
⑤ ㄱ, ㄴ, ㄷ, ㄹ

14. 소속공인중개사 甲은 업무상 알게 된 중개의뢰인 乙의 비밀을 누설하였다. 공인중개사법령상 이와 관련한 설명으로 틀린 것은?

① 甲은 1년 이하의 징역 또는 1천만원 이하의 벌금에 처해진다.
② 甲은 비밀누설을 이유로 6개월 이하의 자격정지에 처해질 수 있다.
③ 甲이 징역형을 선고받게 되면, 甲의 공인중개사 자격은 취소된다.
④ 乙이 甲의 처벌을 명시적으로 희망하지 않으면 甲을 비밀누설죄로 처벌할 수 없다.
⑤ 甲은 그 직을 떠난 후에도 乙의 비밀을 지켜야 할 의무가 있다.

15. 공인중개사법령상 중개대상물에 대한 확인·설명의무에 관한 설명으로 틀린 것은?

① 중개대상물에 대한 확인·설명을 소속공인중개사나 중개보조원은 할 수 없다.
② 확인·설명의무는 해당 중개대상물에 관한 권리를 취득하고자 하는 중개의뢰인에 대해서만 부담한다.
③ 확인·설명을 함에 있어서는 토지대장 등 설명의 근거자료를 중개의뢰인에게 제시하여야 한다.
④ 개업공인중개사는 중개완성시에는 중개대상물 확인·설명서를 작성하여 거래당사자 쌍방에게 교부하여야 한다.
⑤ 개업공인중개사는 확인·설명을 위하여 중개의뢰인에게 신분증 등 증표를 제시할 것을 요구할 수 있다.

16. 공인중개사법령상 개업공인중개사의 거래계약서 작성 등과 관련한 설명으로 옳은 것을 모두 고른 것은?

> ㄱ. 개업공인중개사는 공인전자문서센터에 보관된 경우를 제외하고 거래계약서 원본, 사본 또는 전자문서를 5년간 보관하여야 한다.
> ㄴ. 소속공인중개사가 중개행위를 한 경우에는 해당 소속공인중개사가 거래계약서를 작성하여 교부하여야 한다.
> ㄷ. 개업공인중개사가 거래계약서에 거래금액 등을 거짓으로 기재한 때에는 중개사무소의 개설등록이 취소된다.
> ㄹ. 거래계약서에는 중개보수에 관한 사항이 반드시 포함되어야 한다.

① ㄱ   ② ㄴ, ㄷ
③ ㄷ, ㄹ   ④ ㄱ, ㄴ, ㄷ
⑤ ㄴ, ㄷ, ㄹ

17. 공인중개사법령상 개업공인중개사의 손해배상책임과 관련한 설명으로 틀린 것은? (다툼이 있으면 판례에 따름)

① 다른 법률에 따라 부동산중개업을 할 수 있는 자가 부동산중개업을 하려는 경우에는 중개업무를 개시하기 전에 보장금액 2천만원 이상의 보증을 보증기관에 설정하고 그 증명서류를 갖추어 등록관청에 신고해야 한다.
② 분사무소의 설치신고를 한 경우 업무를 개시하기 전까지 1억원 이상의 보증을 추가로 설정하여 신고하여야 한다.
③ 중개보조원의 고의로 인한 불법행위에 개업공인중개사가 가담하지 아니한 경우에는 개업공인중개사의 책임을 정함에 있어서 과실상계를 인정한다.
④ 개업공인중개사가 보증보험금·공제금 또는 공탁금으로 손해배상을 한 때에는 15일 이내에 보증보험 또는 공제에 다시 가입하거나 공탁금 중 부족하게 된 금액을 보전하여야 한다.
⑤ 손해배상책임의 보장을 위한 보증보험은 타인을 위한 손해보험의 성격이 있다.

18. 공인중개사법령상 계약금 등의 반환채무이행의 보장과 관련한 설명으로 옳은 것은?

① 계약금 등의 반환채무이행보장 제도는 매도인, 임대인 등 권리이전의뢰인에게 유리한 제도이다.

② 개업공인중개사가 계약금 등의 예치를 권고하기 위해서는 계약금 등의 반환을 보장하는 내용의 담보책임에 관한 약정을 거래당사자와 하여야 한다.

③ 계약금 등은 「은행법」에 의한 은행의 명의로 금융기관에 예치할 수 있다.

④ 한국은행은 예치기관이 될 수 있다.

⑤ 개업공인중개사는 계약금만을 예치하도록 권고할 수는 없다.

19. 공인중개사법령상 개업공인중개사 등의 금지행위에 해당하는 것을 모두 고른 것은? (다툼이 있으면 판례에 따름)

> ㄱ. 분양권의 매매를 업으로 하는 행위
> ㄴ. 전매차익이 없는 탈세 목적 미등기 부동산의 전매를 중개한 행위
> ㄷ. 제3자에게 부당한 이익을 얻게 할 목적으로 거래가 완료된 것처럼 꾸미는 행위
> ㄹ. 무허가건물의 매매를 중개하는 행위
> ㅁ. 배우자 소유의 토지를 다른 개업공인중개사의 중개를 통하여 매각한 행위

① ㄱ, ㄷ   ② ㄴ, ㄹ
③ ㄱ, ㄴ, ㄷ   ④ ㄴ, ㄷ, ㅁ
⑤ ㄴ, ㄷ, ㄹ, ㅁ

20. 공인중개사법령상 중개보수에 대한 설명으로 옳은 것은?

① 주택 외의 중개대상물에 대한 중개보수의 한도는 국토교통부령이 정하는 범위 안에서 시·도의 조례로 정한다.

② 분사무소에서 주택에 대한 거래를 알선한 경우에는 주된 사무소 소재지를 관할하는 시·도 조례로 정한 기준에 따라 중개보수를 받아야 한다.

③ 중개대상물인 건축물 중 주택과 상가의 면적이 각각 2분의 1인 경우에는 주택과 상가의 면적으로 거래금액을 안분하여 중개보수를 계산한다.

④ 전용면적 85m² 이하이고, 전용 입식 부엌과 수세식 화장실 등을 갖춘 오피스텔의 임대차를 중개한 경우의 일방 한도는 거래금액의 0.8%로 한다.

⑤ 토지, 상가건물, 입목, 광업재단, 공장재단에 대한 중개보수의 한도는 거래유형의 구분 없이 모두 동일하다.

21. 개업공인중개사 甲은 매도인 A와 매수인 B간의 아파트의 매매(거래금액 3억원)를 중개하고, 보증금 1억원, 월 차임 50만원으로 B와 C간의 임대차계약도 동시에 중개하였다. 공인중개사법령상 개업공인중개사 甲이 B로부터 받을 수 있는 중개보수의 최대 금액은? (중개보수 요율은 매매는 0.4%, 임대차는 0.3%임)

① 45만원   ② 90만원
③ 120만원   ④ 165만원
⑤ 240만원

22. 공인중개사법령상 교육과 관련한 설명으로 옳은 것은?

① 연수교육을 실시하고자 하는 때에는 교육일 10일 전까지 교육일시 등을 교육대상자에게 통지하여야 한다.

② 광역시장은 소속공인중개사만을 대상으로 하는 부동산거래사고 예방을 위한 교육을 실시할 수 있다.

③ 중개보조원은 고용신고일 전 1년 이내에 시·도지사가 실시하는 직무교육을 받아야 한다.

④ 직무교육시간은 12시간 이상 16시간 이하로 한다.

⑤ 등록관청은 필요하다고 인정하면 교육의 지침을 마련하여 시행할 수 있다.

23. 공인중개사법령상 포상금과 관련한 설명으로 옳은 것을 모두 고른 것은?

> ㄱ. 포상금은 국고에서 전액 보조한다.
> ㄴ. 포상금은 검사가 불기소처분을 한 경우에도 지급한다.
> ㄷ. 포상금은 건당 30만원으로 한다.
> ㄹ. 하나의 사건에 대하여 2인 이상이 공동으로 신고·고발한 경우 약정이 없으면 포상금을 균분하여 지급한다.

① ㄹ   ② ㄱ, ㄹ
③ ㄴ, ㄷ   ④ ㄴ, ㄹ
⑤ ㄱ, ㄴ, ㄹ

217

24. 공인중개사법령상 공인중개사협회에 관한 설명으로 옳은 것은?
① 중개사무소의 개설등록을 한 자는 10일 내에 공인중개사협회에 가입하여야 한다.
② 협회가 지부를 설치하고자 할 때는 시·도지사에게 미리 신고하여야 한다.
③ 협회는 총회의 의결사항을 지체 없이 국토교통부장관에게 보고하여야 한다.
④ 협회는 회원간의 상호부조를 목적으로 한 공제사업을 하여야 한다.
⑤ 금융감독원장은 협회가 「공인중개사법」 및 공제규정을 준수하지 아니하여 공제사업의 건전성을 해칠 우려가 있는 경우에는 이에 대한 시정을 명할 수 있다.

25. 공인중개사법령상 개업공인중개사의 행위 중 등록관청에 적발된 경우 중개사무소의 개설등록을 반드시 취소하여야 하는 경우는?
① 둘 이상의 중개사무소를 둔 경우
② 「도로교통법」 위반으로 징역 1년을 선고받은 경우
③ 전속중개계약을 체결한 후 중개대상물에 관한 정보공개의무를 위반한 경우
④ 서로 다른 둘 이상의 거래계약서를 작성한 경우
⑤ 등록기준에 미달하게 된 경우

26. 공인중개사법령상 지도·감독 등과 관련한 설명으로 옳은 것(○)과 틀린 것(×)을 바르게 표시한 것은?

> ㄱ. 「공인중개사법」상 1건의 위반행위로 행정처분과 행정형벌이 병과되는 경우는 없다.
> ㄴ. 자격정지처분을 한 시·도지사는 그 사실을 5일 내에 국토교통부장관에게 통보해야 한다.
> ㄷ. 업무정지처분은 그 사유가 발생한 날로부터 1년이 경과한 때에는 할 수 없다.
> ㄹ. 양벌규정은 행정형벌 위반행위에만 적용된다.

① ㄱ(○), ㄴ(○), ㄷ(○), ㄹ(○)
② ㄱ(○), ㄴ(×), ㄷ(×), ㄹ(○)
③ ㄱ(×), ㄴ(○), ㄷ(○), ㄹ(×)
④ ㄱ(×), ㄴ(×), ㄷ(×), ㄹ(○)
⑤ ㄱ(×), ㄴ(×), ㄷ(○), ㄹ(×)

27. 공인중개사법령상 행정형벌의 기준이 가장 무거운 것은?
① 공인중개사가 아닌 자로서 공인중개사 또는 이와 유사한 명칭을 사용한 자
② 중개보조원 수 제한을 초과하여 중개보조원을 고용한 개업공인중개사
③ 의뢰받은 내용과 다르게 중개대상물에 관한 정보를 공개한 거래정보사업자
④ 개업공인중개사가 아닌 자로서 중개업을 하기 위하여 중개대상물에 관한 표시·광고를 한 자
⑤ 시세에 부당한 영향을 줄 목적으로 안내문 등을 통하여 특정 개업공인중개사에 대한 중개의뢰를 제한한 자

28. 부동산 거래신고 등에 관한 법령상 부동산거래신고와 관련한 설명으로 틀린 것은?
① 국토교통부장관은 부동산거래신고 가격의 검증체계를 구축·운영하여야 한다.
② 계약대상 면적의 변경 없이 물건 거래금액만의 변경신고를 하는 경우에는 이를 증명할 수 있는 거래계약서 사본 등을 첨부하여야 한다.
③ 공동매수인이 추가되거나 교체된 경우에도 부동산거래계약의 변경신고를 할 수 있다.
④ 거래당사자가 개업공인중개사로 하여금 거짓된 내용을 신고하도록 요구한 경우에는 500만원 이하의 과태료가 부과된다.
⑤ 신고관청의 거래대금지급 증명자료 제출요구에 불응한 경우에는 3천만원 이하의 과태료가 부과된다.

29. 부동산 거래신고 등에 관한 법령상 부동산거래계약신고서의 작성요령을 설명한 것으로 틀린 것은?
① 거래당사자가 다수인 경우 매수인 또는 매도인의 주소란에 각자의 거래지분비율을 표시한다.
② 물건별 거래가격란에는 각 물건별 거래가격을 기재하되, 공급계약 및 전매계약의 경우 부가가치세는 제외한 금액을 적는다.
③ 건축물 매매의 경우에는 「건축법 시행령」에 따른 용도별 건축물의 종류를 적는다.
④ 매수인이 외국인으로서 국내에 주소 또는 거소를 두지 않을 경우에는 위탁관리인의 성명, 주민등록번호, 주소, 전화번호를 적는다.
⑤ 공급계약은 시행사 또는 건축주 등이 최초로 부동산을 공급(분양)하는 계약을 말한다.

30. 부동산 거래신고 등에 관한 법령상 외국인의 부동산취득에 관한 특례의 내용으로 옳은 것은?

① 외국의 영주권을 취득한 자는 이 법상 외국인에 해당한다.

② 외국인이 국내 부동산 등을 증여에 의하여 취득한 때에는 6개월 내에 신고하여야 한다.

③ 국토교통부장관이 고시한 국방목적상 필요한 섬 지역, 군부대주둔지·국가중요시설과 그 인근지역을 취득하고자 하는 외국인은 계약 체결 전에 국토교통부장관에게 신고해야 한다.

④ 외국인이 「문화유산의 보존 및 활용에 관한 법률」에 의한 지정문화유산보호구역 내의 토지를 취득하고자 하는 경우에는 시·도지사의 허가를 받아야 한다.

⑤ 「군사기지 및 군사시설보호법」에 따른 군사기지 및 군사시설보호구역 내의 토지취득의 허가신청에 대한 처리기한은 30일(30일 내에서 연장 가능)이다.

31. 부동산 거래신고 등에 관한 법령상 토지거래허가구역의 지정과 관련한 설명으로 (   ) 안에 들어갈 내용이 바르게 나열된 것은?

> ○ 국토교통부장관 또는 시·도지사는 토지의 투기적인 거래가 성행하는 지역에 대해서 (ㄱ) 이내의 기간을 정하여 토지거래허가구역으로 지정할 수 있다.
>
> ○ 토지거래허가구역 지정통지를 받은 시장·군수·구청장은 지체 없이 그 공고내용을 그 허가구역을 관할하는 등기소의 장에게 통지하여야 하며, 지체 없이 그 사실을 (ㄴ) 이상 공고하고, 그 공고내용을 (ㄷ)간 일반이 열람할 수 있도록 하여야 한다.

	ㄱ	ㄴ	ㄷ
①	5년	7일	15일
②	5년	10일	15일
③	5년	15일	7일
④	7년	7일	15일
⑤	7년	15일	7일

32. A는 X도 Y군에 있는 녹지지역 내의 토지 300m²를 소유한 자로서, X도 관할 도지사는 A의 토지 전부가 포함된 지역을 토지거래허가구역으로 지정하였다. 부동산 거래신고 등에 관한 법령상 이에 관한 설명으로 틀린 것은? (X도 도지사는 허가를 요하지 아니하는 토지의 면적을 따로 정하지 않았음)

① 甲이 A의 토지를 경매에 의하여 취득하는 경우에는 토지거래허가를 받을 필요가 없다.

② A의 토지가 농지라면 토지거래허가를 받은 경우에는 「농지법」에 따른 농지취득자격증명을 받은 것으로 본다.

③ Y군 군수는 A의 토지에 대한 토지거래허가신청이 있는 경우 15일 내에 허가 또는 불허가의 처분(선매가 진행 중인 경우에는 그 사실을 통지)을 하여야 한다.

④ 허가구역에 거주하는 농업인 乙이 그 허가구역에서 농업을 경영하기 위해 A의 토지 전부를 임의 매수하는 경우에는 토지거래허가가 필요하지 않다.

⑤ 토지거래허가신청에 대해 불허가처분을 받은 경우 A는 그 통지를 받은 날부터 1개월 이내에 Y군 군수에게 해당 토지에 관한 권리의 매수를 청구할 수 있다.

33. 분묘기지권과 「장사 등에 관한 법률」에 관한 설명으로 틀린 것은?

① 분묘기지권의 존속기간에 관하여는 당사자 사이에 약정이 있는 등 특별한 사정이 있으면 그에 따른다.

② 외부에서 분묘의 존재를 인식할 수 없는 경우에는 분묘기지권이 인정되지 않는다.

③ 분묘기지권은 등기 없이도 취득하나 분묘기지권을 양도할 경우에는 등기를 하여야 한다.

④ 화장한 유골을 매장하는 경우 매장 깊이는 지면으로부터 30cm 이상이어야 한다.

⑤ 「장사 등에 관한 법률」상 분묘 1기당 면적은 상석 등 시설물의 설치구역 면적을 포함하여 10m²(합장은 15m²)를 초과할 수 없다.

34. 개업공인중개사가 농지를 거래하고자 하는 의뢰인에게 설명한 내용으로 틀린 것은?

① 농업경영이란 농업인이나 농업법인이 자기의 계산과 책임으로 농업을 영위하는 것을 말한다.

② 농지소유자와 농업경영을 하려는 자 사이의 농지에 관한 임대차계약은 서면계약을 원칙으로 한다.

③ 농업인이 분만 후 6개월 미만인 경우 그 소유 농지를 임대할 수 있다.

④ 농업진흥지역 내의 농지도 주말·체험영농 목적으로 취득할 수 있다.

⑤ 주말·체험영농을 하려는 자는 총 1천m² 미만의 농지를 소유할 수 있되, 이 경우 면적 계산은 그 세대원 전부가 소유하는 총 면적으로 한다.

35. 공인중개사법령상 중개대상물 확인·설명서[I](주거용 건축물)의 'I. 개업공인중개사 기본 확인사항'란에 기재되는 사항을 모두 고르면 몇 개인가?

> ㄱ. 실제 권리관계 또는 공시되지 않은 물건의 권리사항
> ㄴ. 비선호시설(1km 이내)
> ㄷ. 경비실 유무, 관리주체 등 관리에 관한 사항
> ㄹ. 내·외부 시설물의 상태(건축물)
> ㅁ. 취득시 부담할 조세의 종류 및 세율

① 1개 ② 2개 ③ 3개
④ 4개 ⑤ 5개

36. 甲은 乙과 乙 소유의 X부동산의 매매계약을 체결하고, 친구 丙과의 명의신탁약정에 따라 乙로부터 바로 丙 명의로 소유권이전등기를 하였다. 이와 관련하여 개업공인중개사가 甲과 丙에게 설명한 내용으로 옳은 것을 모두 고른 것은? (다툼이 있으면 판례에 따름)

> ㄱ. 甲과 丙간의 약정이 조세포탈 등을 목적으로 하지 않은 경우 명의신탁약정 및 그 등기는 유효하다.
> ㄴ. 甲과 乙 사이의 매매계약은 유효하다.
> ㄷ. 甲은 乙을 상대로 소유권이전등기를 청구할 수 있다.
> ㄹ. 甲은 丙에게 대금 상당의 부당이득반환청구권을 행사할 수 있다.

① ㄱ, ㄴ ② ㄴ, ㄷ ③ ㄷ, ㄹ
④ ㄱ, ㄴ, ㄷ ⑤ ㄴ, ㄷ, ㄹ

37. 乙은 甲 소유의 서울특별시 소재 X주택에 대하여 보증금 1억 6,500만원, 월 차임 100만원, 계약기간 2년으로 하는 임대차계약을 체결하고, 2024.5.23. 주택의 인도를 받고 확정일자를 받으면서 주민등록을 마쳤다. 그런데 甲의 채권자 丙이 같은 날에, 다른 채권자 丁은 다음 날에 X주택에 대해 근저당권설정등기를 마쳤다. 乙에게 개업공인중개사가 설명한 내용으로 옳은 것은? (다툼이 있으면 판례에 따름)

① X주택에 대한 경매시 乙은 보증금 중 5,500만원까지는 丙 또는 丁보다 우선하여 변제받을 수 있다.
② 丙이 근저당권을 실행하여 X주택이 매각된 경우, 乙은 매수인에게 대항할 수 있다.
③ 丁이 근저당권을 실행하여 X주택이 매각된 경우라도 丙의 근저당권은 소멸하지 않는다.
④ 우선변제권에 있어서 乙은 丙 또는 丁보다 선순위이다.
⑤ X주택이 경매로 매각된 후 乙이 우선변제권 행사로 보증금을 수령하기 위해서는 X주택을 먼저 법원에 인도하여야 한다.

38. 「상가건물 임대차보호법」이 적용되는 상가건물의 임대차에 관한 설명으로 틀린 것은?

① 존속기간을 1년 미만으로 정한 상가 임대차계약이 성립할 수는 있으나 1년 미만으로 정한 기간의 유효함을 임차인만 주장할 수 있다.
② 상가건물에 입주와 사업자등록을 신청한 임차인은 그 다음 날부터 제3자에 대한 대항력을 취득한다.
③ 우선변제권을 취득하기 위한 확정일자는 반드시 관할 세무서장으로부터 받은 것이어야 한다.
④ 경제사정의 변동으로 인한 증액청구는 기존 보증금과 월 차임의 100분의 9를 초과할 수 없다.
⑤ 임차인의 계약갱신요구에 의하여 임대차계약이 갱신되는 경우 임대인은 보증금 또는 월 차임을 일정범위에서 증액할 수 있다.

39. 「민사집행법」에 의한 부동산경매에 관한 설명으로 틀린 것은?

① 배당요구의 종기는 첫 매각기일 이전으로 정하여 진다.
② 재매각절차에서 전(前)의 매수인은 매수신청을 할 수 없다.
③ 매각기일에 매수신청인이 없이 매각기일이 최종적으로 마감된 때에는 법원은 상당히 금액을 저감하여 새 매각을 실시한다.
④ 최우선변제권이 있는 임차인은 배당요구를 하지 않아도 임차주택의 경매시에 최우선변제를 받을 수 있다.
⑤ 매수인이 재매각기일의 3일 이전까지 대금, 지연이자와 절차비용을 모두 지급한 때에는 재매각절차를 취소하여야 한다.

40. 개업공인중개사 甲은 「공인중개사의 매수신청대리인 등록 등에 관한 규칙」에 따라 매수신청대리인으로 등록하였다. 이에 관한 설명으로 옳은 것을 모두 고른 것은?

> ㄱ. 甲은 미등기건물에 대한 매수신청대리를 할 수 있다.
> ㄴ. 만일 甲이 「형법」상 경매·입찰방해죄로 유죄의 판결을 받고 2년이 지나지 아니하였다면 甲은 매수신청대리인 등록을 할 수 없다.
> ㄷ. 매수신청대리 보수의 지급시기는 甲과 매수신청인의 약정이 없을 때에는 매각허가결정일로 한다.

① ㄱ ② ㄴ ③ ㄷ
④ ㄱ, ㄴ ⑤ ㄴ, ㄷ

41. 국토의 계획 및 이용에 관한 법령상 기반시설 중 유통·공급시설에 해당하지 <u>않는</u> 것은?

① 방송·통신시설
② 빗물저장 및 이용시설
③ 시장
④ 유류저장 및 송유설비
⑤ 공동구

42. 국토의 계획 및 이용에 관한 법령상 도시·군관리계획에 관한 설명으로 틀린 것은?

① 주민은 도시·군관리계획도서와 계획설명서를 첨부해서 도시·군계획시설입체복합구역의 지정에 관한 도시·군관리계획의 입안을 제안할 수 있다.
② 인접한 특별시·광역시·시 또는 군의 관할 구역에 대한 도시·군관리계획은 관계 특별시장·광역시장·시장 또는 군수가 협의하여 공동으로 입안하거나 입안할 자를 정한다.
③ 도시·군관리계획의 입안을 위한 절차로서 주민의 의견청취에 필요한 사항은 대통령령으로 정하는 기준에 따라 해당 지방자치단체의 조례로 정한다.
④ 도시·군관리계획을 입안할 때에는 공청회를 열어 주민과 관계 전문가의 의견을 들어야 한다.
⑤ 도시·군관리계획은 광역도시계획과 도시·군기본계획(생활권계획을 포함한다)에 부합되어야 한다.

43. 국토의 계획 및 이용에 관한 법령상 용도지역별 용적률의 범위로 옳은 것을 모두 고른 것은?

```
ㄱ. 근린상업지역: 200% 이상 900% 이하
ㄴ. 준주거지역: 200% 이상 500% 이하
ㄷ. 준공업지역: 150% 이상 400% 이하
ㄹ. 보전녹지지역: 50% 이상 100% 이하
```

① ㄱ, ㄴ
② ㄴ, ㄷ
③ ㄷ, ㄹ
④ ㄱ, ㄴ, ㄷ
⑤ ㄴ, ㄷ, ㄹ

44. 국토의 계획 및 이용에 관한 법령상 계획관리지역에 관한 설명으로 틀린 것은?

① 계획관리지역에서는 원칙적으로 4층을 초과하는 모든 건축물을 건축할 수 없다.
② 지정하려는 구역면적의 100분의 50 이상이 계획관리지역으로서 대통령령으로 정하는 요건에 해당하는 지역은 도시지역 외의 지역에 지구단위계획구역으로 지정할 수 있다.
③ 성장관리계획구역 내 계획관리지역에서는 60% 이하의 범위에서 성장관리계획으로 정하는 바에 따라 건폐율을 완화하여 적용할 수 있다.
④ 계획관리지역은 도시계획위원회의 심의를 통하여 개발행위허가의 기준을 강화 또는 완화하여 적용할 수 있다.
⑤ 계획관리지역에서 우량농지 등으로 보전할 필요가 있는 지역에 대해서는 최장 3년 이내의 기간 동안 개발행위허가를 제한할 수 있다.

45. 국토의 계획 및 이용에 관한 법령상 개발행위허가시 개발행위 규모의 제한을 받지 않는 경우로 틀린 것은?

① 해당 개발행위가 「농어촌정비법」에 따른 농어촌정비사업으로 이루어지는 경우
② 건축물의 건축, 공작물의 설치 또는 지목의 변경을 수반하는 토지복원사업
③ 폐염전을 「양식산업발전법 시행규칙」에 따른 육상수조식해수양식업을 위한 양식시설로 변경하는 경우
④ 해당 개발행위가 「국방·군사시설 사업에 관한 법률」에 따른 국방·군사시설사업으로 이루어지는 경우
⑤ 초지 조성, 농지 조성, 영림 또는 토석채취를 위한 경우

46. 국토의 계획 및 이용에 관한 법령상 광역도시계획에 관한 설명으로 틀린 것은?

① 중앙행정기관의 장, 시·도지사, 시장 또는 군수는 국토교통부장관이나 도지사에게 광역계획권의 지정 또는 변경을 요청할 수 있다.
② 광역계획권을 지정한 날부터 3년이 지날 때까지 관할 시·도지사로부터 광역도시계획의 승인신청이 없는 경우 국토교통부장관이 광역도시계획을 수립해야 한다.
③ 광역계획권이 같은 도의 관할 구역에 속해 있는 경우 관할 도지사가 광역도시계획을 수립해야 한다.
④ 국토교통부장관이 기초조사정보체계를 구축한 경우에는 등록된 정보의 현황을 5년마다 확인하고 변동사항을 반영해야 한다.
⑤ 국토교통부장관은 직접 광역도시계획을 수립 또는 변경하거나 승인했을 때에는 관계 중앙행정기관의 장과 시·도지사에게 관계 서류를 송부해야 한다.

47. 국토의 계획 및 이용에 관한 법령상 도시·군계획시설사업에 관한 설명으로 옳은 것은?

① 시·도지사 또는 대도시 시장은 이 법 또는 다른 법률에 특별한 규정이 있는 경우 외에는 관할 구역의 도시·군계획시설사업을 시행한다.

② 도시·군계획시설사업을 분할시행하는 경우라도 분할된 지역별로 실시계획을 작성할 수 없다.

③ 도시·군계획시설결정을 고시한 경우에는 「공익사업을 위한 토지 등의 취득 및 보상에 관한 법률」에 따른 사업인정 및 그 고시가 있었던 것으로 본다.

④ 행정청이 아닌 시행자가 공시송달을 하려는 경우에는 국토교통부장관, 관할 시·도지사 또는 대도시 시장의 승인을 받아야 한다.

⑤ 행정청이 아닌 시행자의 처분에 대하여는 행정심판을 제기할 수 없다.

48. 국토의 계획 및 이용에 관한 법령상 용도지구에 관한 설명으로 옳은 것은?

① 용도지구란 용도구역의 제한을 강화하거나 완화하여 적용함으로써 용도구역의 기능을 증진시키기 위하여 도시·군관리계획으로 결정하는 지역을 말한다.

② 복합개발진흥지구는 주거기능, 공업기능, 유통·물류기능 및 관광·휴양기능 중 둘 이상의 기능을 중심으로 개발·정비할 필요가 있는 지구이다.

③ 풍수해, 산사태 등의 동일한 재해가 최근 10년 이내 2회 이상 발생하여 인명 피해를 입은 지역은 방재지구의 지정 또는 변경을 도시·군관리계획으로 결정할 수 있다.

④ 시·도지사 또는 대도시 시장은 시·도 또는 대도시의 조례가 정하는 바에 따라 특정개발진흥지구를 세분하여 지정할 수 있다.

⑤ 일반상업지역에서 복합적인 토지이용을 도모하기 위하여 복합용도지구를 지정할 수 있다.

49. 국토의 계획 및 이용에 관한 법령상 도시·군계획시설입체복합구역(이하 '입체복합구역'이라 함)에 관한 규정이다. ( )에 들어갈 숫자로 옳은 것은?

> ○ 도시·군관리계획의 결정권자는 도시·군계획시설 준공 후 (ㄱ)년이 경과한 경우로서 해당 시설의 개량 또는 정비가 필요한 경우에 도시·군계획시설이 결정된 토지의 전부 또는 일부를 입체복합구역으로 지정할 수 있다.

> ○ 입체복합구역에서의 도시·군계획시설과 도시·군계획시설이 아닌 시설에 대한 건폐율과 용적률을 대통령령으로 정하는 범위에서 따로 정하는 경우 건폐율과 용적률은 해당 용도지역별 최대한도의 (ㄴ)% 이하로 한다.

① ㄱ: 5, ㄴ: 140 ② ㄱ: 5, ㄴ: 150
③ ㄱ: 10, ㄴ: 200 ④ ㄱ: 10, ㄴ: 250
⑤ ㄱ: 20, ㄴ: 300

50. 국토의 계획 및 이용에 관한 법령상 광역시설에 관한 설명으로 틀린 것은?

① 장사시설, 도축장은 광역시설이 될 수 없다.

② 광역시설의 배치·규모·설치에 관한 사항에 대한 정책방향은 광역도시계획에 포함되어야 한다.

③ 광역시설의 설치 및 관리는 도시·군계획시설의 설치·관리에 관한 규정에 따른다.

④ 관계 특별시장·광역시장·특별자치시장·특별자치도지사는 협약을 체결하거나 협의회 등을 구성하여 광역시설을 설치·관리할 수 있다.

⑤ 국가계획으로 설치하는 광역시설은 그 광역시설의 설치·관리를 사업목적 또는 사업종목으로 하여 다른 법률에 따라 설립된 법인이 설치·관리할 수 있다.

51. 국토의 계획 및 이용에 관한 법령에 따라 개발행위허가에 관한 설명으로 옳은 것은?

① 기반시설부담구역 안에서는 기반시설의 설치나 그에 필요한 용지의 확보에 관한 계획서를 제출하지 않는다.

② 개발행위허가의 대상인 토지가 둘 이상의 용도지역에 걸치는 경우, 개발행위허가의 규모를 적용할 때는 가장 큰 규모의 용도지역에 대한 규정을 적용한다.

③ 특별시장·광역시장·특별자치시장·특별자치도지사·시장 또는 군수는 개발행위허가의 신청에 대하여 특별한 사유가 없으면 15일 이내에 허가 또는 불허가의 처분을 해야 한다.

④ 지구단위계획구역에 대해 개발행위허가를 제한했다가 이를 연장하기 위해서는 도시계획위원회의 심의를 거쳐야 한다.

⑤ 개발행위허가를 제한하려는 자가 국토교통부장관인 경우에는 중앙도시계획위원회의 심의를 거친 후에 관할 시장 또는 군수의 의견을 들어야 한다.

52. 국토의 계획 및 이용에 관한 법령상 기반시설부담구역에 관한 설명으로 틀린 것은?

① 시장 또는 군수는 다른 법령의 제정·개정으로 인하여 행위제한이 강화되는 지역에 대하여 기반시설부담구역으로 지정할 수 있다.

② 기반시설부담구역은 최소 10만m² 이상의 규모가 되도록 지정한다.

③ 지구단위계획을 수립한 경우에는 기반시설설치계획을 수립한 것으로 본다.

④ 기반시설부담구역의 지정·고시일부터 1년이 되는 날까지 기반시설설치계획을 수립하지 않으면 그 1년이 되는 날의 다음 날에 해제된 것으로 본다.

⑤ 납부의무자가 기반시설을 설치하거나 그에 필요한 용지를 확보한 경우에는 기반시설설치비용에서 감면한다.

53. 도시개발법령상 토지소유자 2인 이상이 정하는 규약에 포함되어야 할 사항 중 환지방식으로 시행하는 경우만 해당하는 사항이 아닌 것은?

① 토지평가협의회의 구성 및 운영

② 도시개발구역의 위치 및 면적

③ 환지계획 및 환지예정지의 지정

④ 보류지 및 체비지의 관리·처분

⑤ 청산

54. 도시개발법령상 도시개발구역의 지정 해제에 관한 설명으로 옳은 것은?

① 도시개발구역이 지정·고시된 날부터 3년이 되는 날까지 실시계획의 인가를 신청하지 않는 경우에는 그 3년이 되는 날에 도시개발구역의 지정은 해제된 것으로 본다.

② 환지방식에 따른 사업인 경우에는 환지처분이 공고된 날이 끝나는 때에 도시개발구역의 지정은 해제된 것으로 본다.

③ 면적 330만m² 미만의 도시개발구역이 지정·고시된 날부터 1년이 되는 날까지 개발계획을 수립·고시하지 않는 경우에는 그 1년이 되는 날의 다음 날에 도시개발구역의 지정은 해제된 것으로 본다.

④ 도시개발사업의 공사완료로 도시개발구역의 지정이 해제된 경우에는 도시개발구역 지정 전의 용도지역 및 지구단위계획구역으로 각각 환원되거나 폐지된 것으로 본다.

⑤ 면적 330만m² 이상의 도시개발구역에서 개발계획을 수립·고시한 날부터 5년이 되는 날까지 실시계획의 인가를 신청하지 않는 경우에는 그 5년이 되는 날의 다음 날에 도시개발구역의 지정은 해제된 것으로 본다.

55. 도시개발법령상 원형지에 관한 설명으로 틀린 것은?

① 공공기관인 시행자가 복합개발 등을 위하여 실시한 공모에서 선정된 자는 원형지를 공급받아 개발할 수 있다.

② 원형지개발자인 국가는 원형지 공급계약일부터 10년이 지나기 전에도 원형지를 매각할 수 있다.

③ 원형지개발자가 공급받은 토지의 전부나 일부를 시행자의 동의 없이 제3자에게 매각하는 경우에는 원형지 공급계약을 해제할 수 있다.

④ 원형지 공급가격은 원형지의 감정가격에 시행자가 원형지에 설치한 기반시설 등의 공사비를 더한 금액으로 한다.

⑤ 원형지를 학교나 공장 등의 부지로 직접 사용하는 자의 선정은 경쟁입찰의 방식으로 하며, 경쟁입찰이 2회 이상 유찰된 경우에는 수의계약의 방법으로 할 수 있다.

56. 도시개발법령상 조합에 관한 설명으로 옳은 것은?

① 조합을 설립하려면 도시개발구역의 토지소유자 7명 이상이 정관을 작성하여 특별자치도지사, 시장·군수·구청장에게 조합설립의 인가를 받아야 한다.

② 조합설립의 인가 후 공고방법을 변경하려는 경우에는 인가를 받아야 한다.

③ 조합설립의 인가를 신청하려면 해당 도시개발구역의 토지면적의 4분의 3 이상에 해당하는 토지소유자와 그 구역의 토지소유자 총수의 3분의 2 이상의 동의를 받아야 한다.

④ 조합설립인가에 동의한 자로부터 토지를 취득한 자는 조합의 설립에 동의한 것으로 본다. 다만, 조합설립인가 신청 전에 동의를 철회한 경우에는 그러하지 않는다.

⑤ 공유토지는 공유자의 동의를 받은 대표공유자 1명만 의결권이 있으며, 「집합건물의 소유 및 관리에 관한 법률」에 따른 구분소유자는 대표소유자 1명만 의결권이 있다.

57. 도시개발법령상 수용 또는 사용방식에 의한 도시개발사업에 관한 설명으로 옳은 것을 모두 고른 것은?

> ㄱ. 도시개발구역의 토지소유자는 수용 또는 사용방식에 의한 도시개발사업의 시행자가 될 수 없다.
> ㄴ. 수용 또는 사용의 대상이 되는 토지의 세부목록을 고시한 경우에는 「공익사업을 위한 토지 등의 취득 및 보상에 관한 법률」에 따른 사업인정 및 그 고시가 있었던 것으로 본다.
> ㄷ. 토지소유자의 동의요건 산정기준일은 실시계획인가 고시일을 기준으로 하며, 그 기준일 이후 시행자가 취득한 토지에 대하여는 동의요건에 필요한 토지소유자의 총수에서 제외한다.
> ㄹ. 지방자치단체인 시행자의 경우 선수금을 받기 위한 공사 진척률은 100분의 10 이상이다.

① ㄱ
② ㄴ
③ ㄱ, ㄷ
④ ㄴ, ㄹ
⑤ ㄱ, ㄴ, ㄷ

58. 도시개발법령상 입체환지에 관한 설명으로 틀린 것은?

① 입체환지를 시행하는 경우 환지설계는 반드시 평가식을 적용해야 한다.
② 입체환지의 신청기간은 통지한 날부터 30일 이상 60일 이하로 해야 한다. 다만, 20일의 범위에서 그 신청기간을 연장할 수 있다.
③ 종전의 토지 및 건축물의 권리가액이 도시개발사업으로 조성되는 토지에 건축되는 구분건축물의 최소 공급가격의 100분의 70 이하인 경우에는 신청대상에서 제외할 수 있다.
④ 시행자는 입체환지로 건설된 주택 등 건축물을 환지계획에 따라 환지신청자에게 공급해야 한다.
⑤ 입체환지로 주택을 공급하는 경우 과밀억제권역에 위치하지 않는 도시개발구역의 토지소유자에게는 1주택만 공급한다.

59. 도시 및 주거환경정비법령상 재개발사업 및 재건축사업에서 지정개발자의 요건에 관한 설명으로 옳은 것을 모두 고른 것은?

> ㄱ. 정비구역의 토지 중 정비구역 전체 면적 대비 50% 이상의 토지를 소유한 자로서 토지등소유자의 2분의 1 이상의 추천을 받은 자
> ㄴ. 「사회기반시설에 대한 민간투자법」에 따른 민관합동법인(민간투자사업의 부대사업으로 시행하는 경우에 한한다)으로서 토지등소유자의 2분의 1 이상의 추천을 받은 자
> ㄷ. 신탁업자로서 토지등소유자의 2분의 1 이상의 추천을 받은 자

① ㄱ
② ㄱ, ㄴ
③ ㄱ, ㄷ
④ ㄴ, ㄷ
⑤ ㄱ, ㄴ, ㄷ

60. 도시 및 주거환경정비법령상 재건축사업의 안전진단에 관한 설명으로 틀린 것은?

① 정비계획의 입안권자는 재건축사업의 정비예정구역별 정비계획의 수립시기가 도래한 때에는 안전진단을 실시해야 한다.
② 「시설물의 안전 및 유지관리에 관한 특별법」에 따라 지정받은 안전등급이 D(미흡) 또는 E(불량)인 주택단지의 건축물은 안전진단을 실시해야 한다.
③ 정비계획의 입안권자는 안전진단의 요청이 있는 때에는 요청일부터 30일 이내에 안전진단의 실시 여부를 결정하여 요청인에게 통보해야 한다.
④ 정비계획의 입안권자는 안전진단의 결과와 도시계획 및 지역여건 등을 종합적으로 검토하여 정비계획의 입안 여부를 결정해야 한다.
⑤ 정비계획의 입안권자는 정비계획의 입안 여부를 결정한 경우에는 지체 없이 특별시장·광역시장·도지사에게 결정내용과 해당 안전진단 결과보고서를 제출해야 한다.

61. 도시 및 주거환경정비법령상 대의원회가 총회의 권한을 대행할 수 있는 것은? (단, 경미한 변경은 제외함)

① 청산금의 징수·지급(분할징수·분할지급을 포함한다)
② 시공자·설계자 또는 감정평가법인 등의 선정 및 변경
③ 조합임원과 대의원의 선임 및 해임
④ 자금의 차입과 그 방법·이자율 및 상환방법
⑤ 조합의 합병 또는 해산(사업완료로 인한 해산의 경우는 제외한다)

62. 도시 및 주거환경정비법령상 정비구역의 지정권자가 지방도시계획위원회의 심의를 거쳐 정비구역 등을 해제할 수 있는 경우로 틀린 것은?

① 정비구역 등의 추진상황으로 보아 지정목적을 달성할 수 없다고 인정되는 경우

② 정비사업의 시행에 따른 토지등소유자의 과도한 부담이 예상되는 경우

③ 추진위원회가 구성된 정비구역에서 토지등소유자의 100분의 30 이상이 정비구역 등의 해제를 요청하는 경우

④ 추진위원회 구성에 동의한 토지등소유자의 2분의 1 이상 3분의 2 이하의 범위에서 시·도조례로 정하는 비율 이상의 동의로 정비구역의 해제를 요청하는 경우(사업시행계획인가를 신청하지 않은 경우로 한정한다)

⑤ 조합이 설립된 정비구역에서 토지등소유자 과반수의 동의로 정비구역의 해제를 요청하는 경우(사업시행계획인가를 신청하지 않은 경우로 한정한다)

63. 도시 및 주거환경정비법령상 조합설립추진위원회(이하 '추진위원회'라 함)와 주민대표회의에 관한 설명으로 틀린 것은?

① 추진위원회는 위원장을 포함하여 5명 이상 25명 이하로 구성한다.

② 추진위원회는 추진위원회를 대표하는 추진위원장 1명과 감사를 두어야 한다.

③ 추진위원회는 정비사업전문관리업자를 선정할 수 있다.

④ 주민대표회의는 토지등소유자의 과반수의 동의를 받아 구성하며, 시장·군수 등의 승인을 받아야 한다.

⑤ 주민대표회의에는 위원장과 부위원장 각 1명과 1명 이상 3명 이하의 감사를 둔다.

64. 도시 및 주거환경정비법령상 공사완료에 따른 조치 등에 관한 설명으로 옳은 것은?

① 시장·군수 등은 직접 시행하는 정비사업에 관한 공사가 완료된 때에는 그 완료를 해당 지방자치단체의 공보에 고시해야 한다.

② 정비구역의 지정은 준공인가의 고시가 있은 날에 해제된 것으로 본다.

③ 정비구역의 지정이 해제되면 조합도 해산된 것으로 본다.

④ 정비사업에 관한 공사가 전부 완료되기 전에는 준공인가를 받아 대지 또는 건축물별로 분양받을 자에게 소유권을 이전할 수 없다.

⑤ 소유권의 이전고시가 있은 날부터는 대지 및 건축물에 관한 등기가 없더라도 저당권 등의 다른 등기를 할 수 있다.

65. 주택법령상 토지임대부 분양주택에 관한 설명으로 틀린 것은?

① 토지임대부 분양주택의 토지에 대한 임대차기간은 40년 이내로 한다.

② 토지임대부 분양주택 소유자의 75% 이상이 계약갱신을 청구하는 경우 40년의 범위에서 임대차기간을 갱신할 수 있다.

③ 토지임대료는 월별 임대료를 원칙으로 하고, 임대료를 선납할 수 없다.

④ 토지임대료를 보증금으로 전환하려는 경우 그 보증금을 산정할 때 적용되는 이자율은 은행의 3년 만기 정기예금 평균이자율 이상이어야 한다.

⑤ 토지임대부 분양주택을 양수한 자 또는 상속받은 자는 임대차계약을 승계한다.

66. 주택법령상 등록사업자에 관한 설명으로 옳은 것은?

① 연간 1만m² 이상의 대지조성사업을 시행하려는 한국토지주택공사는 국토교통부장관에게 등록해야 한다.

② 국토교통부장관은 등록사업자가 이 법을 위반하여 등록증의 대여 등을 한 경우 그 등록을 말소하거나 1년 이내의 기간을 정하여 영업의 정지를 명할 수 있다.

③ 등록이 말소된 후 2년이 지나지 않은 자는 주택건설사업 등의 등록을 할 수 없다.

④ 주택건설사업 또는 대지조성사업의 등록을 하려는 자가 법인인 경우 자본금이 5억원 이상이 되어야 한다.

⑤ 주택건설공사를 시공할 수 있는 등록사업자가 건설할 수 있는 주택은 주택으로 쓰는 층수가 6개 층 이하인 주택으로 한다.

67. 주택법령상 투기과열지구에 관한 설명으로 옳은 것을 모두 고른 것은?

> ㄱ. 시·도지사가 투기과열지구를 지정하거나 해제할 경우에는 시장·군수·구청장의 의견을 듣고 그 의견에 대한 검토의견을 회신해야 한다.
>
> ㄴ. 투기과열지구는 그 지정목적을 달성할 수 있는 최소한의 범위에서 시·군·구 또는 읍·면·동의 지역 단위로 지정한다.
>
> ㄷ. 국토교통부장관은 1년마다 주거정책심의위원회의 회의를 소집하여 투기과열지구 지정의 유지 여부를 재검토해야 한다.
>
> ㄹ. 국토교통부장관 또는 시·도지사는 지정사유가 없어졌다고 인정하는 경우에는 지체 없이 투기과열지구 지정을 해제해야 한다.

① ㄱ, ㄴ   ② ㄱ, ㄷ   ③ ㄴ, ㄷ

④ ㄴ, ㄹ   ⑤ ㄷ, ㄹ

68. 주택법령상 사업계획승인에 관한 설명으로 **틀린** 것은?

① 사업계획승인권자는 착공신고를 받은 날부터 20일 이내에 신고수리 여부를 신고인에게 통지해야 한다.

② 등록사업자는 동일한 규모의 주택을 대량으로 건설하려는 경우에는 국토교통부장관에게 주택의 형별(型別)로 표본설계도서를 작성·제출하여 승인을 받을 수 있다.

③ 사업계획승인권자는 사업주체가 경매로 인하여 대지소유권을 상실한 경우에는 그 사업계획의 승인을 취소할 수 있다.

④ 사업주체는 공사의 착수기간이 연장되지 않는 한 사업계획승인을 받은 날부터 5년 이내에 공사를 시작해야 한다.

⑤ 한국토지주택공사가 주택건설사업계획의 승인을 받으려면 해당 주택건설대지의 소유권을 확보해야 한다.

69. 주택법령상 주택조합에 관한 설명으로 옳은 것을 모두 고른 것은?

> ㄱ. 지역주택조합의 조합원을 모집하려는 자는 해당 주택건설대지의 80% 이상에 해당하는 토지의 사용권원을 확보하여 관할 시장·군수·구청장에게 신고해야 한다.
>
> ㄴ. 공개모집 이후 결원을 충원하거나 미달된 조합원을 재모집하는 경우 선착순의 방법으로 조합원을 모집할 수 없다.
>
> ㄷ. 주택조합의 임원이 조합원 자격을 갖추지 않은 경우라도 당연퇴직하는 것은 아니다.
>
> ㄹ. 조합임원의 선임 및 해임을 의결하는 총회는 조합원의 100분의 20 이상이 직접 출석해야 한다.

① ㄹ   ② ㄱ, ㄹ   ③ ㄴ, ㄷ
④ ㄱ, ㄷ, ㄹ   ⑤ ㄴ, ㄷ, ㄹ

70. 주택법령상 주택상환사채에 관한 설명으로 옳은 것은?

① 주택상환사채를 발행하려는 자는 사채발행계획을 수립하여 국토교통부장관의 승인을 받아야 한다.

② 주택상환사채의 납입금은 국토교통부장관이 정하는 금융기관에서 관리한다.

③ 주택조합은 금융기관 또는 주택도시보증공사의 보증을 받아 주택상환사채를 발행할 수 있다.

④ 주택상환사채의 상환기간은 3년을 초과할 수 없다. 이 경우 상환기간은 주택상환사채발행일부터 주택의 입주가능일까지의 기간으로 한다.

⑤ 주택상환사채의 납입금은 택지의 구입 및 조성용도로 사용할 수 없다.

71. 주택법령상 주택건설절차 등에 관한 설명으로 **틀린** 것은?

① 지방공사가 사업계획의 수립을 위한 조사 또는 측량을 하려는 경우 타인의 토지에 출입할 수 있다.

② 지방자치단체인 사업주체가 국민주택을 건설하기 위한 대지를 조성하는 경우에는 토지 등을 수용하거나 사용할 수 있다.

③ 국가 또는 지방자치단체는 국민주택규모의 주택을 50% 이상으로 건설하는 사업주체에게 우선적으로 국공유지를 매각하거나 임대할 수 있다.

④ 사업주체가 100세대 이상의 공동주택건설사업을 시행하는 경우 해당 지역에 전기를 공급하는 자는 간선시설인 전기시설을 설치해야 한다.

⑤ 사업계획승인권자는 감리자가 감리업무 수행 중 발견한 위반사항을 묵인한 경우에는 감리자를 교체하고, 2년의 범위에서 감리업무의 지정을 제한할 수 있다.

72. 건축법령상 제2종 근린생활시설에 해당하는 건축물로 **틀린** 것을 모두 고른 것은? (단, 같은 건축물에 해당 용도로 쓰는 바닥면적의 합계를 말함)

> ㄱ. 동물병원, 동물미용실로서 300m² 이상인 것
>
> ㄴ. 다중생활시설로서 500m² 미만인 것
>
> ㄷ. 서점으로서 1천m² 미만인 것
>
> ㄹ. 자동차영업소로서 500m² 미만인 것
>
> ㅁ. 단란주점으로서 150m² 미만인 것

① ㄱ, ㄴ   ② ㄱ, ㅁ
③ ㄴ, ㄷ   ④ ㄷ, ㄹ
⑤ ㄹ, ㅁ

73. 건축법령상 사전결정의 통지를 받은 경우에는 다음의 허가를 받은 것으로 본다. 이에 해당하지 **않는** 것은?

① 「산지관리법」에 따른 도시지역 안의 보전산지에 대한 산지전용허가

② 「건축법」에 따른 건축허가

③ 「하천법」에 따른 하천점용허가

④ 「국토의 계획 및 이용에 관한 법률」에 따른 개발행위허가

⑤ 「농지법」에 따른 농지전용허가

74. 건축법령상 건축허가의 제한에 관한 설명으로 옳은 것은?

① 교육부장관은 교육환경 등 주변환경을 보호하기 위하여 특히 필요하다고 인정하면 허가를 받은 건축물의 착공을 제한할 수 있다.

② 특별시장·광역시장·도지사는 시장·군수·구청장의 허가를 제한하려는 경우 미리 국토교통부장관의 승인을 받아야 한다.

③ 건축허가나 착공을 제한하려는 경우 주민의견을 청취한 후 건축위원회의 심의를 거쳐야 한다.

④ 건축허가를 제한하는 경우 제한기간은 1년 이내로 하고, 연장할 수 없다.

⑤ 국토교통부장관이나 특별시장·광역시장·도지사는 건축허가를 제한하는 경우 직접 제한목적·기간, 대상 건축물 등을 공고해야 한다.

75. 건축법령상 대지에 조경 등의 조치를 해야 하는 건축물은? (단, 지구단위계획구역이 아니며, 특례 및 조례는 고려하지 않음)

① 도시·군계획시설에서 건축하는 가설건축물

② 공업지역에서 건축하는 연면적의 합계가 1천m²인 물류시설

③ 면적 1만m²인 대지에 건축하는 공장

④ 연면적의 합계가 2천m²인 축사

⑤ 자연환경보전지역에서 건축하는 수련시설

76. 건축법령상 특별건축구역에 관한 설명으로 틀린 것은?

① 국토교통부장관은 특별건축구역으로 지정하려는 지역이 군사기지 및 군사시설 보호구역에 해당하는 경우에는 국방부장관과 사전에 협의해야 한다.

② 「자연공원법」에 따른 자연공원에 대하여는 특별건축구역으로 지정할 수 없다.

③ 특별건축구역에서 국가 또는 지방자치단체가 건축하는 건축물은 건축기준 등의 특례사항을 적용하여 건축할 수 있다.

④ 특별건축구역 지정일부터 5년 이내에 그 지정목적에 부합하는 건축물의 착공이 이루어지지 않는 경우 지정을 해제할 수 있다.

⑤ 특별건축구역을 지정하거나 변경한 경우에는 용도지역·지구·구역의 지정 및 변경이 있는 것으로 본다.

77. 건축법령상 일조(日照) 등의 확보를 위한 건축물의 높이제한에 관한 규정이다. ( )에 들어갈 숫자로 옳은 것은? (단, 특례 및 조례는 고려하지 않음)

> 전용주거지역이나 일반주거지역에서 건축물을 건축하는 경우에는 건축물의 각 부분을 정북방향으로의 인접 대지경계선으로부터 다음의 범위에서 건축조례로 정하는 거리 이상을 띄어 건축해야 한다.
>
> 1. 높이 (ㄱ)m 이하인 부분: 인접 대지경계선으로부터 (ㄴ)m 이상
>
> 2. 높이 (ㄱ)m를 초과하는 부분: 인접 대지경계선으로부터 해당 건축물 각 부분 높이의 (ㄷ) 이상

① ㄱ: 9, ㄴ: 1.5, ㄷ: 2분의 1

② ㄱ: 9, ㄴ: 2, ㄷ: 3분의 1

③ ㄱ: 10, ㄴ: 1.5, ㄷ: 2분의 1

④ ㄱ: 10, ㄴ: 2, ㄷ: 3분의 1

⑤ ㄱ: 15, ㄴ: 1, ㄷ: 5분의 1

78. 건축법령상 이행강제금에 관한 설명으로 틀린 것은?

① 이행강제금의 부과 및 징수절차는 「국고금관리법 시행규칙」을 준용한다.

② 용적률을 초과하여 건축한 경우 이행강제금은 1m²당 시가표준액의 100분의 90에 해당하는 금액에 위반면적을 곱한 금액 이하로 부과한다.

③ 허가권자는 최초의 시정명령이 있은 날을 기준으로 1년에 2회 이내의 범위에서 조례로 정하는 횟수만큼 반복하여 이행강제금을 부과·징수할 수 있다.

④ 허가권자는 시정명령을 받은 자가 이를 이행한 경우라도 이미 부과된 이행강제금은 징수해야 한다.

⑤ 허가권자는 이행강제금 부과처분을 받은 자가 이행강제금을 납부기한까지 내지 않으면 「지방행정제재·부과금의 징수 등에 관한 법률」에 따라 징수한다.

79. 농지법령상 농지취득자격증명 등에 관한 설명으로 틀린 것은?

① 주말·체험영농을 하려고 농업진흥지역 외의 농지를 소유하는 경우에는 농지취득자격증명을 발급받아야 한다.

② 농림축산식품부장관과 협의를 마치고 「공익사업을 위한 토지 등의 취득 및 보상에 관한 법률」에 따라 농지를 취득하여 소유하는 경우 농지취득자격증명을 발급받지 않고 농지를 취득할 수 있다.

③ 시·구·읍·면의 장은 농업경영계획서를 10년간 보존해야 한다.

④ 시·구·읍·면의 장은 발급신청을 받은 날부터 10일 이내에 적합 여부를 확인하여 신청인에게 농지취득자격증명을 발급해야 한다.

⑤ 시장·군수 또는 구청장은 농지 1필지를 공유로 소유(상속의 경우는 제외한다)하려는 자의 최대인원수를 7인 이하의 범위에서 시·군·구의 조례로 정하는 바에 따라 제한할 수 있다.

80. 농지법령상 농업진흥지역에 관한 설명으로 옳은 것은?

① 농림축산식품부장관은 농지를 효율적으로 이용하고 보전하기 위하여 농업진흥지역을 지정한다.

② 특별시의 녹지지역에 농업진흥지역을 지정할 수 있다.

③ 농림축산식품부장관은 효율적인 농지관리를 위하여 매년 농업진흥지역의 실태조사를 해야 한다.

④ 한 필지의 토지 일부가 농업진흥지역에 걸쳐 있는 경우에는 면적에 관계없이 그 토지 전부에 대하여 농업진흥지역의 행위제한을 적용한다.

⑤ 농업진흥지역의 농지를 소유하고 있는 농업인은 한국토지주택공사에 그 농지의 매수를 청구할 수 있다.

2024년도 제35회 공인중개사 2차 국가자격시험

실전모의고사 제9회

교 시	문제형별	시 간	시 험 과 목
2교시	**A**	50분	① 부동산 공시에 관한 법령 및 부동산 관련 세법
수험번호			**성 명**

【 수험자 유의사항 】

1. **시험문제지는 단일 형별(A형)이며,** 답안카드 형별 기재란에 표시된 형별(A형)을 확인하시기 바랍니다. 시험문제지의 **총면수, 문제번호 일련순서, 인쇄상태** 등을 확인하시고, 문제지 표지에 수험번호와 성명을 기재하시기 바랍니다.

2. 답은 각 문제마다 요구하는 **가장 적합하거나 가까운 답 1개만** 선택하고, 답안카드 작성 시 시험문제지 **형별누락, 마킹착오**로 인한 불이익은 전적으로 **수험자에게 책임**이 있음을 알려드립니다.

3. 답안카드는 국가전문자격 공통 표준형으로 문제번호가 1번부터 125번까지 인쇄되어 있습니다. 답안 마킹 시에는 반드시 **시험문제지의 문제번호와 동일한 번호에 마킹**하여야 합니다. (2차 2교시: 1번~40번)

4. **감독위원의 지시에 불응하거나 시험시간 종료 후 답안카드를 제출하지 않을 경우** 불이익이 발생할 수 있음을 알려 드립니다.

5. 시험문제지는 시험 종료 후 가져가시기 바랍니다.

6. 답안작성은 **시험 시행일(2024.10.26.) 현재 시행되는 법령 등**을 적용하시기 바랍니다.

7. 가답안 의견제시에 대한 개별회신 및 공고는 하지 않으며, **최종 정답 발표로 갈음합니다.**

8. 시험 중 **중간 퇴실은 불가**합니다. 단, 부득이하게 퇴실할 경우 **시험포기각서 제출 후 퇴실은 가능**하나 **재입실이 불가**하며, **해당시험은 무효처리됩니다.**

해커스 공인중개사

1. 지적확정측량을 실시한 지역의 지번부여방법에 관한 설명으로 틀린 것은?

   ① 지적확정측량을 실시한 지역의 각 필지에 지번을 새로 부여하는 경우에는 원칙적으로 본번으로 부여한다.

   ② 지적확정측량을 실시한 지역의 종전의 지번과 지적확정측량을 실시한 지역 밖에 있는 본번이 같은 지번이 있을 때에는 그 지번은 부여할 수 있다.

   ③ 부여할 수 있는 종전 지번의 수가 새로 부여할 지번의 수보다 적을 때에는 블록 단위로 하나의 본번을 부여한 후 필지별로 부번을 부여할 수 있다.

   ④ 부여할 수 있는 종전 지번의 수가 새로 부여할 지번의 수보다 적을 때에는 그 지번부여지역의 최종 본번 다음 순번부터 본번으로 차례로 지번을 부여할 수 있다.

   ⑤ 행정구역 개편에 따라 새로 지번을 부여할 때, 축척변경 시행지역의 필지에 지번을 부여할 때에는 지적확정측량의 방법을 준용한다.

2. 다음 중 지목의 정식명칭이 틀린 것은?

   ① 공원용지
   ② 주유소용지
   ③ 체육용지
   ④ 공장용지
   ⑤ 목장용지

3. 면적측정의 대상에 해당하는 것을 모두 고른 것은?

   > ㄱ. 지적공부의 복구·신규등록·등록전환·위치정정 및 축척변경을 하는 경우
   > ㄴ. 등록사항의 정정에 따라 면적 또는 경계를 정정하는 경우
   > ㄷ. 도시개발사업 등으로 인한 토지의 이동에 따라 토지의 표시를 새로 결정하는 경우
   > ㄹ. 경계복원측량 및 지적현황측량에 면적측정이 수반되는 경우

   ① ㄱ, ㄴ
   ② ㄴ, ㄷ
   ③ ㄷ, ㄹ
   ④ ㄱ, ㄴ, ㄷ
   ⑤ ㄴ, ㄷ, ㄹ

4. 각종 지적공부의 등록사항을 연결한 것으로 틀린 것은?

   ① 토지대장 - 토지의 소재, 지번, 지목, 토지이동의 사유, 개별공시지가와 기준일

   ② 공유지연명부 - 토지의 소재와 지번, 토지의 고유번호, 소유권 지분

   ③ 대지권등록부 - 소유권 지분, 대지권 비율, 소유자에 관한 사항

   ④ 지적도 - 지적기준점의 위치, 건축물의 위치, 도면의 색인도, 도곽선과 그 수치

   ⑤ 경계점좌표등록부 - 부호 및 부호도, 면적, 좌표, 토지의 고유번호

5. 지적공부의 보존 등에 관한 설명으로 옳은 것은?

   ① 시·도지사, 시장·군수 또는 구청장은 지적공부의 전부 또는 일부가 멸실되거나 훼손된 경우에는 지체 없이 이를 복구하여야 한다.

   ② 지적공부를 복구하는 경우에 지적공부의 등본, 측량 결과도, 토지이동정리 결의서, 토지(건물)등기사항증명서 등은 지적공부의 복구자료에 해당한다.

   ③ 지적전산자료를 신청하려는 자는 지적전산자료의 이용 또는 활용 목적 등에 관하여 미리 국토교통부장관의 심사를 받아야 한다.

   ④ 지적소관청은 부동산종합공부의 불일치 등록사항에 대해서는 등록사항을 정정하고 등록사항을 관리하는 기관의 장에게 그 내용을 통지한다.

   ⑤ 부동산종합공부를 열람하거나 부동산종합증명서를 발급받으려는 자는 지적소관청에 신청할 수 없고 읍·면·동의 장에게 신청하여야 한다.

6. 다음 지적예규와 관련된 설명 중 틀린 것을 모두 고른 것은?

   > ㄱ. 공장부지 조성을 목적으로 농지전용허가를 받아 토지의 형질변경 공사가 완료된 경우에는 공장용지로 지목변경을 할 수 있다.
   > ㄴ. 구 「지적법」상 분필절차를 거치지 아니한 분필등기도 1부동산 1등기기록 원칙상 유효이다.
   > ㄷ. 주거지역 내에 무허가 주택이 있는 지목이 '전'인 토지는 형질변경 절차 없이 지목을 '대'로 변경할 수 없다.
   > ㄹ. 지적소관청의 토지지목변경 거부처분은 행정소송의 대상이 되는 행정처분이다.

   ① ㄱ, ㄴ   ② ㄱ, ㄷ
   ③ ㄴ, ㄷ   ④ ㄴ, ㄹ
   ⑤ ㄷ, ㄹ

7. 공간정보의 구축 및 관리 등에 관한 법령상 토지의 이동 신청 및 지적정리 등에 관한 설명으로 틀린 것은?

① 임야대장의 면적과 등록전환될 면적의 차이가 오차허용범위를 초과하는 경우에는 임야대장의 면적을 지적소관청이 직권정정한 후 등록전환을 하여야 한다.

② 해당 토지에 대한 분할이 개발행위 허가 등의 대상인 경우에는 개발행위 허가 등을 받은 이후에 분할을 신청할 수 있다.

③ 지적소관청은 바다로 된 토지의 등록말소 신청을 하도록 통지받은 토지소유자가 그 통지를 받은 날로부터 90일 이내에 등록말소 신청을 하지 아니하면 등록을 말소한다.

④ 토지이동 신청의 경우에 지적측량성과를 지적소관청에 제출하여야 한다.

⑤ 지적소관청이 지적정리의 통지를 받을 자의 주소나 거소를 알 수 없는 경우에는 일간신문, 해당 시·군·구의 공보 또는 인터넷 홈페이지에 공고하여야 한다.

8. 축척변경에 관한 설명 중 틀린 것은?

① 합병하려는 토지가 축척이 다른 지적도에 각각 등록되어 있어 축척변경을 하는 경우에도 축척변경위원회의 의결과 시·도지사 또는 대도시 시장의 승인을 받아야 한다.

② 지적소관청은 축척변경측량을 한 결과 측량 전에 비하여 면적의 증감이 있는 경우에 토지소유자 전원이 청산하지 아니하기로 합의하여 서면으로 제출한 때에는 청산을 하지 아니한다.

③ 지적소관청이 청산을 할 때에는 축척변경위원회의 의결을 거쳐 지번별로 제곱미터당 금액을 정하여야 한다.

④ 지적소관청은 축척변경시행기간 중에는 축척변경시행지역 안의 지적공부정리와 경계복원측량(경계점표지의 설치를 위한 경계복원측량을 제외)을 축척변경 확정공고일까지 정지하여야 한다.

⑤ 축척변경위원회의 의결 및 시·도지사 등의 승인 절차를 거치지 아니하고 축척을 변경하는 경우에는 각 필지별 지번·지목 및 경계는 종전의 지적공부에 따르고, 면적만 새로 정하여야 한다.

9. 「공간정보의 구축 및 관리 등에 관한 법률」상 연속지적도에 관한 설명으로 틀린 것은?

① '연속지적도'란 지적측량을 하지 아니하고 전산화된 지적도 및 임야도 파일을 이용하여, 도면상 경계점들을 연결하여 작성한 도면으로서 측량에 활용할 수 없는 도면을 말한다.

② 국토교통부장관은 연속지적도의 관리 및 정비에 관한 정책을 수립·시행하여야 한다.

③ 국토교통부장관은 지적도·임야도에 등록된 사항에 대하여 토지의 이동 또는 오류사항을 정비한 때에는 이를 연속지적도에 반영하여야 한다.

④ 국토교통부장관은 연속지적도를 체계적으로 관리하기 위하여 연속지적도 정보관리체계를 구축·운영할 수 있다.

⑤ 국토교통부장관 또는 지적소관청은 연속지적도의 관리·정비 및 연속지적도 정보관리체계의 구축·운영에 관한 업무를 법인, 단체 또는 기관에 위탁할 수 있다.

10. 지적소관청이 지적공부의 등록사항에 잘못이 있는지를 직권으로 조사·측량하여 정정할 수 있는 경우에 해당하는 것을 모두 고른 것은?

ㄱ. 토지이동정리 결의서의 내용과 다르게 정리된 경우

ㄴ. 지적도 및 임야도에 등록된 필지가 면적의 증감 없이 경계의 위치만 잘못된 경우

ㄷ. 지적측량성과와 다르게 정리된 경우

ㄹ. 지적측량 적부심사의결서에 따라 지적공부의 등록사항을 정정하여야 하는 경우

① ㄱ, ㄴ, ㄷ   ② ㄱ, ㄴ, ㄹ
③ ㄱ, ㄷ, ㄹ   ④ ㄴ, ㄷ, ㄹ
⑤ ㄱ, ㄴ, ㄷ, ㄹ

11. 지적기준점의 표지 및 성과에 관한 설명으로 틀린 것은?

① 지적소관청이 관리하는 지적기준점표지가 멸실되거나 훼손되었을 때에는 지적소관청은 다시 설치하거나 보수하여야 한다.

② 지적소관청이 지적삼각점을 설치하거나 변경하였을 때에는 그 측량성과를 시·도지사에게 통보하여야 한다.

③ 지적삼각점성과는 시·도지사 또는 지적소관청이 관리하고, 지적삼각보조점성과 및 지적도근점성과는 지적소관청이 관리한다.

④ 지적삼각점성과의 열람신청은 시·도지사 또는 지적소관청에 신청하여야 한다.

⑤ 지적도근점성과의 열람신청은 지적소관청에 신청하여야 한다.

12. 중앙지적위원회의 회의 등에 관한 설명으로 **틀린** 것은?
    ① 중앙지적위원회 위원장은 회의를 소집하고 그 의장이 된다.
    ② 위원장이 부득이한 사유로 직무를 수행할 수 없을 때에는 부위원장이 그 직무를 대행하고, 위원장 및 부위원장이 모두 부득이한 사유로 직무를 수행할 수 없을 때에는 위원장이 미리 지명한 위원이 그 직무를 대행한다.
    ③ 중앙지적위원회의 회의는 재적위원 과반수의 출석으로 개의(開議)하고, 출석위원 과반수의 찬성으로 의결한다.
    ④ 중앙지적위원회는 관계인을 출석하게 하여 의견을 들을 수 있으며, 필요하면 현지조사를 할 수 있다.
    ⑤ 위원장이 중앙지적위원회의 회의를 소집할 때에는 회의 일시·장소 및 심의 안건을 회의 7일 전까지 각 위원에게 서면으로 통지하여야 한다.

13. 등기의 대상에 관한 설명으로 옳은 것을 모두 고른 것은?

    > ㄱ. 1필의 토지의 일부를 목적으로 하는 저당권이나 지상권은 등기할 수 있다.
    > ㄴ. 「하천법」상의 하천으로 편입된 토지에 대해서는 소유권이전등기나 저당권설정등기를 할 수 있다.
    > ㄷ. 공작물대장에 등재된 해상관광용 호텔선박은 건물등기부에 등기할 수 있다.
    > ㄹ. 주위토지통행권의 확인판결을 받았더라도, 이 통행권은 등기할 수 없다.
    > ㅁ. 아파트 분양약관상의 일정기간 전매금지특약은 등기할 수 없다.

    ① ㄱ, ㄷ　　　　　　　② ㄱ, ㄹ
    ③ ㄴ, ㄹ　　　　　　　④ ㄴ, ㄷ, ㅁ
    ⑤ ㄴ, ㄹ, ㅁ

14. 등기기록의 구성 및 기록사항에 관한 설명 중에서 옳은 것을 모두 고른 것은?

    > ㄱ. 토지등기기록의 표제부에는 표시번호란, 접수란, 소재지번란, 지목란, 면적란, 등기원인 및 기타사항란을 둔다.
    > ㄴ. 갑구에는 표시번호란, 등기목적란, 접수란, 등기원인란, 권리자 및 기타사항란을 둔다.
    > ㄷ. 대지권이 있는 경우에 구분건물의 표제부에는 표시번호란, 대지권종류란, 대지권비율란 등을 둔다.

    ㄹ. 저당권에 기한 임의경매개시결정등기는 을구에 기록한다.
    ㅁ. 피보전권리가 지상권설정청구권인 처분제한등기는 을구에 기록한다.

    ① ㄱ, ㄷ
    ② ㄱ, ㅁ
    ③ ㄴ, ㄷ
    ④ ㄴ, ㄹ
    ⑤ ㄷ, ㅁ

15. 판결에 의한 등기신청에 관한 다음 설명 중 **틀린** 것은?
    ① 승소한 등기의무자가 판결에 의하여 단독으로 등기를 신청할 때에는 그의 권리에 관한 등기필정보를 제공하여야 한다.
    ② 근저당권설정등기를 명하는 판결주문에 채권최고액이 명시되지 않은 경우에는 이 판결에 의하여 등기권리자는 단독으로 근저당권설정등기를 신청할 수 없다.
    ③ 판결문상에 기재된 피고의 주민등록번호와 등기부상 기재된 등기의무자의 주민등록번호는 동일하나 주소가 서로 다른 경우에는 피고의 주소에 관한 서면을 제출하여야 한다.
    ④ 패소한 등기의무자는 승소한 등기권리자를 대위하여 등기신청을 할 수 없다.
    ⑤ 甲이 승소판결을 받아 확정된 후 10년이 지났고, 그 판결에 의해 등기를 신청하여도 등기관은 이를 수리하여야 한다.

16. 등기신청정보에 관한 설명으로 **틀린** 것은?
    ① 동일한 관할 등기소에 있는 여러 개의 부동산에 관한 등기를 신청하는 경우에 등기목적과 등기원인이 동일한 경우에 동일한 신청정보로 등기를 신청할 수 있다.
    ② 임의적 기록사항은 등기원인정보에 기록한 경우에는 신청정보에도 이를 기록할 수 있다.
    ③ 같은 채권의 담보를 위하여 소유자가 다른 여러 개의 부동산에 대한 저당권설정등기를 신청하는 경우, 1건의 신청정보로 일괄하여 신청할 수 있다.
    ④ 등기신청정보에 법인인 때에는 그 명칭과 사무소 소재지, 부동산등기용 등록번호와 그 대표자의 성명과 주소를 함께 기록하여야 한다.
    ⑤ 서면에 적은 문자의 정정, 삽입 또는 삭제를 한 경우에는 그 글자 수를 난외에 적으며 문자의 앞뒤에 괄호를 붙이고 이에 날인 또는 서명하여야 한다.

17. 법인 아닌 사단이나 재단의 등기신청에 관한 다음 설명 중 **틀린** 것은?

① 대표자를 증명하는 정보는 정관 기타의 규약에서 정한 방법에 의하여 대표자로 선임되었음을 증명하는 서면을 부동산등기용 등록번호 대장으로 갈음할 수 있다.

② 대표자로 등기되어 있는 자가 등기신청을 할 때에는 대표자임을 증명하는 정보를 등기소에 제공할 필요가 없다.

③ 법인 아닌 사단이나 재단은 전자신청을 할 수 없다.

④ 법인 아닌 사단이 등기의무자로서 등기신청을 할 경우에는 사원총회결의서를 첨부정보로 제공하여야 한다.

⑤ 법인 아닌 사단 명의등기에 그 대표자 또는 관리인이 등기기록에 기록되어 있지 않은 경우, 대표자 또는 관리인의 성명, 주소 및 주민등록번호를 추가로 기록하는 내용의 등기명의인 표시변경등기를 신청할 수 있다.

18. 다음 중 부동산등기신청의 각하사유에 해당하는 것을 모두 고른 것은?

> ㄱ. 공동상속인 중 1인이 신청한 자기지분만의 상속등기
> ㄴ. 미등기부동산의 공유자 중 1인이 자기지분만에 대한 소유권보존등기 신청
> ㄷ. 공동가등기권리자 중 1인이 신청한 자기지분만의 본등기
> ㄹ. 여러 명의 포괄적 수증자 중 1인이 신청한 자기지분만의 소유권이전등기

① ㄱ, ㄴ   ② ㄱ, ㄷ
③ ㄴ, ㄷ   ④ ㄴ, ㄹ
⑤ ㄷ, ㄹ

19. 등기관의 처분에 대한 이의신청에 관한 설명 중 **틀린** 것은?

① 등기관은 이의가 이유 없다고 인정하면 이의신청일부터 3일 이내에 의견을 붙여 이의신청서를 관할 지방법원에 보내야 한다.

② 저당권설정자는 저당권의 양수인과 양도인 사이의 저당권이전의 부기등기에 대하여 이의신청을 할 수 있다.

③ 상속인이 아닌 자는 상속등기가 위법하다 하여 이의신청을 할 수는 없다.

④ 관할 지방법원은 이의신청에 대하여 결정하기 전에 등기관에게 가등기 또는 이의가 있다는 뜻의 부기등기를 명령할 수 있다.

⑤ 법원에서 말소등기의 기록명령이 있었으나 그 기록명령에 따른 등기 전에 등기상 이해관계인이 발생한 경우에는 등기할 수 없다.

20. 소유권이전에 관한 등기와 관련한 다음 설명 중 **틀린** 것은?

> ㄱ. "○년 ○월 ○일 취득시효 완성을 원인으로 한 소유권이전등기절차를 이행하라."는 주문이 기재된 판결 정본을 등기원인정보로 제공하여 소유권이전 등기를 신청하는 경우에 그 연월일은 주문에 기재된 '취득시효완성일'로 하여 제공하면 된다.
> ㄴ. 거래부동산이 1개라면 여러 명의 매도인과 여러 명의 매수인 사이의 매매계약인 경우에는 매매목록을 첨부정보로서 등기소에 제공하지 아니한다.
> ㄷ. 수인의 공유자가 수인에게 지분의 전부 또는 일부를 이전하려고 하는 경우의 등기신청은 등기권리자별로 하거나 등기의무자별로 하여야 한다.
> ㄹ. 등기원인이 '매매'인 경우에는 등기원인증서가 판결, 조정조서 등 매매계약서가 아닌 경우에도 거래가액을 등기하여야 한다.

① ㄱ, ㄴ
② ㄱ, ㄹ
③ ㄴ, ㄷ
④ ㄴ, ㄹ
⑤ ㄷ, ㄹ

21. 용익권등기에 관한 다음 설명 중 **틀린** 것은?

① 임차권등기명령에 의한 주택임차권등기가 경료된 경우에는 그 등기에 기초한 임차권이전등기나 임차물전대등기를 할 수 없다.

② 이미 전세권설정등기가 마쳐진 주택에 대하여 동일인을 권리자로 하는 법원의 주택임차권등기명령에 따른 촉탁등기는 이를 수리할 수 있다.

③ 전세권의 존속기간을 단축하는 전세권변경등기를 신청하는 경우 전세권자가 등기의무자자가 되고 전세권설정자가 등기권리자가 된다.

④ 등기기록상 존속기간이 만료된 전세권에 대하여 전세금을 변경하는 등기를 하기 위해서는 먼저 존속기간 변경등기를 하여야 한다.

⑤ 대지권등기가 된 구분건물에 대하여 대지권까지 포함한 전세권설정등기의 신청이 있는 경우 등기관은 그 신청을 수리하여야 한다.

22. (근)저당권등기에 관한 다음 설명 중 틀린 것은?

① 저당권설정의 등기를 할 때에는 채권액과 채무자의 성명과 주소는 필요적 기록사항이지만, 변제기는 임의적 기록사항이다.

② 근저당권설정등기를 할 때에는 채권의 최고액과 채무자의 성명과 주소는 필요적 기록사항이지만, 변제기는 임의적 기록사항이다.

③ 등기관이 일정한 금액을 목적으로 하지 아니하는 채권을 담보하기 위한 저당권설정의 등기를 할 때에는 그 채권의 평가액을 기록하여야 한다.

④ 등기관이 채권의 일부에 대한 양도 또는 대위변제로 인한 저당권 일부이전등기를 할 때에는 양도액 또는 변제액을 기록하여야 한다.

⑤ 등기관은 동일한 채권에 관하여 여러 개의 부동산에 관한 권리를 목적으로 저당권설정등기를 하는 경우에 부동산이 5개 이상일 때에는 공동담보목록을 작성하여야 한다.

23. 말소등기에 관한 설명으로 옳은 것을 모두 고른 것은?

ㄱ. 저당권이 이전된 후에 저당권말소등기를 신청하는 경우에는 원래의 저당권등기필증 및 저당권이전등기의 등기필정보를 첨부하여야 한다.

ㄴ. 저당권이 이전된 후에 말소등기를 신청하는 경우에는 말소할 등기의 표시로는 주등기인 저당권설정등기를 기재하여야 한다.

ㄷ. 소유권이 甲에서 乙로 이전되고 乙이 丙에게 저당권을 설정한 경우 乙의 소유권이전등기의 말소신청시 저당권자인 丙은 말소등기의 이해관계인에 해당한다.

ㄹ. 지상권의 말소등기시에 그 지상권을 목적으로 하는 저당권자는 말소등기의 이해관계인이 아니다.

① ㄱ, ㄴ
② ㄱ, ㄹ
③ ㄴ, ㄷ
④ ㄴ, ㄹ
⑤ ㄷ, ㄹ

24. 가등기에 기한 본등기에 대한 설명으로 틀린 것은?

① 소유권이전청구권가등기권자가 가등기에 의한 본등기를 하지 않고 다른 원인에 의한 소유권이전등기를 한 후에는 그 가등기에 의한 본등기는 허용되지 아니한다.

② 가등기는 권리의 설정·이전·변경·소멸의 청구권을 보전하기 위하여 한다.

③ 소유권이전의 가등기에 기한 본등기 신청의 등기의무자는 가등기를 할 때의 소유자이며, 가등기 후에 소유권이 제3자에게 이전된 경우에도 본등기의무자는 변동되지 않는다.

④ 소유권보존 또는 처분제한등기에 관하여는 가등기를 할 수 없다.

⑤ 수인의 가등기권리자 중 1인은 자기 지분만에 관하여 본등기를 신청할 수 있다.

25. 다음 조세 중에서 세 부담의 상한이 적용되는 조세를 모두 고른 것은?

ㄱ. 취득세
ㄴ. 등록면허세
ㄷ. 재산세
ㄹ. 소방분에 대한 지역자원시설세
ㅁ. 지방교육세(취득세의 부가세)
ㅂ. 종합부동산세
ㅅ. 양도소득세

① ㄱ, ㄴ, ㄷ
② ㄴ, ㄷ, ㄹ
③ ㄷ, ㄹ, ㅂ
④ ㄷ, ㅁ, ㅅ
⑤ ㄹ, ㅂ, ㅅ

26. 다음 중 상가건물의 소유권이전등기를 하지 아니하고 양도한 경우의 양도소득금액 산식으로 옳은 것은?

① 과세표준 = 양도가액

② 과세표준 = 양도가액 - 필요경비

③ 과세표준 = 양도가액 - 필요경비 - 장기보유특별공제

④ 과세표준 = 양도가액 - 필요경비 - 양도소득기본공제

⑤ 과세표준 = 양도가액 - 필요경비 - 장기보유특별공제 - 양도소득기본공제

27. 다음 중 「소득세법」상 양도소득세 계산을 위한 장기보유특별공제에 대한 설명으로 옳은 것은? (단, 거주자가 양도하는 경우임)

① 장기보유특별공제는 국내 소재 자산뿐만 아니라 국외 소재 자산의 양도시에도 해당 요건이 충족되면 공제가능 하다.

② 동일 연도에 장기보유특별공제의 대상이 되는 자산을 수회 양도한 경우에도 공제요건에 해당하는 경우에는 소득별로 각각 공제한다.

③ 양도소득세가 과세되는 1세대 1주택의 장기보유특별공제금액은 보유기간별 공제율과 거주기간별 공제율을 합한 공제율을 양도차익에 곱한 금액이다.

④ 위 ③의 보유기간별 공제는 10년 이상을 보유한 경우에 최대 80%를 공제받을 수 있다.

⑤ 위 ③의 거주기간별 공제는 2년을 거주한 경우에는 공제받을 수 없다.

28. 다음은 거주자 甲의 2024년도 국내자산의 양도 현황이다. 거주자 甲의 해당 연도에 최대한 공제할 수 있는 양도소득기본공제액은? (단, 양도하는 자산 중에서 미등기 양도자산은 없는 것으로 함)

양도 월일	양도자산	양도소득금액
5월 31일	토지	200만원
7월 5일	비상장주식	200만원
9월 30일	주택분양권	300만원

① 200만원 ② 250만원
③ 300만원 ④ 450만원
⑤ 600만원

29. 「소득세법」상 양도차익 및 양도소득금액 계산에 관한 설명으로 틀린 것은? (단, 2024년 7월 1일에 양도하는 경우임)

① 20~80%의 장기보유특별공제율을 적용받는 1세대 1주택이란 1세대가 양도일 현재 국내에 1주택(「소득세법」 제155조, 제155조의2, 제156조의2 및 그 밖의 규정에 따라 1세대 1주택으로 보는 주택을 포함)을 보유하고 보유기간 중 거주기간이 1년 이상인 것을 말한다.

② 토지의 양도소득금액과 신탁수익권의 양도소득금액은 구분하여 계산하고 결손금을 통산하지 않는다. 결손금은 다음 연도에 이월하여 공제할 수 없다.

③ 법령에 정하는 비사업용 토지(등기되고 3년 이상 보유)를 양도하는 경우에는 장기보유특별공제와 양도소득기본공제 적용을 모두 적용받을 수 있다.

④ 조합원으로부터 취득한 조합원입주권은 장기보유특별공제 대상이 아니다.

⑤ 양도소득세 양도차익을 최소화하여 계산하는 경우 취득가액을 추계가액 중 환산취득가액으로 계산하는 경우에는 [환산취득가액 + 필요경비개산공제액]과 [자본적 지출액 + 양도직접비용] 중 큰 금액을 납세자가 선택할 수 있다.

30. 다음 「소득세법」상 양도소득세에 대한 설명 중 틀린 것은?

① 2024년 7월 16일에 상업용 건물을 양도하는 경우 2024년 9월 30일까지 양도소득세를 신고하고 납부하여야 한다.

② 납부할 세액이 1,400만원인 경우 납부기한이 지난 날로부터 2개월 이내에 400만원을 분할납부할 수 있다.

③ 토지거래계약허가구역 내의 토지매매에 있어서 2024년 4월 20일에 대금을 청산하고, 2024년 5월 4일에 허가를 받은 경우에 2024년 7월 31일까지 예정신고납부하여야 한다.

④ 예정신고납부의 경우에도 확정신고와 마찬가지로 요건을 갖춘 경우에 분할납부할 수 있다.

⑤ 예정신고납부를 하는 경우 예정신고 산출세액에서 감면세액을 빼고 수시부과세액이 있을 때에는 이를 공제하지 아니한 세액을 납부한다.

31. 「소득세법」상 거주자가 양도가액과 취득가액을 실지 거래된 금액을 기준으로 양도차익을 산정하는 경우, 양도소득의 필요경비에 해당하는 것을 고르면 모두 몇 개인가?

ㄱ. 「지적재조사에 관한 법률」 제18조에 따른 경계의 확정으로 지적공부상의 면적이 증가되어 징수한 조정금

ㄴ. 당사자 약정에 의한 대금지급방법에 따라 취득원가에 이자 상당액을 가산하여 거래가액을 확정하는 경우 당해 이자 상당액

ㄷ. 양도자산을 취득한 후 쟁송이 있는 경우 그 소유권을 확보하기 위하여 직접 소요된 소송비용·화해비용 등으로서 그 지출한 연도의 각 소득금액계산에 있어서 필요경비에 산입된 금액

ㄹ. 상속받은 부동산을 양도하는 경우 기납부한 상속세

ㅁ. 현재가치할인차금을 취득원가에 포함하는 경우에 있어서 양도자산의 보유기간 중에 그 현재가치할인차금의 상각액을 각 연도의 사업소득금액의 계산시 필요경비로 산입한 금액

① 0개 ② 1개
③ 2개 ④ 3개
⑤ 4개

32. 「지방세법」상 부동산등기 관련 등록면허세의 과세표준과 표준 세율을 나열한 것으로 옳은 것은?

① 지역권설정등기: 승역지가액 × 1,000분의 2
② 가등기설정등기: 부동산가액 또는 채권금액 × 1,000분 의 2
③ 상속을 원인으로 하는 소유권등기: 부동산가액 × 1,000분 의 15
④ 가압류등기: 부동산가액 × 1,000분의 2
⑤ 전세권말소등기: 전세금액 × 1,000분의 2

33. 「지방세법」상 등록면허세 과세표준에 대한 설명으로 틀린 것은?

① 부동산의 등록에 대한 등록면허세의 과세표준은 등록 당시의 가액으로 한다.
② ①에 따른 과세표준은 조례로 정하는 바에 따라 등록 자의 신고에 따른다. 다만, 신고가 없거나 신고가액이 시가표준액보다 적은 경우에는 시가표준액을 과세표준 으로 한다.
③ ②에도 불구하고 「지방세법」 제23조 제1호 각 목에 따 른 취득을 원인으로 하는 등록의 경우 동법 제10조의 2부터 제10조의6까지의 규정에서 정하는 취득당시가 액을 과세표준으로 한다.
④ ③의 경우에 취득세 부과제척기간이 경과한 물건의 등 기 또는 등록의 경우에도 취득 당시의 가액을 과세표 준으로 한다.
⑤ 등록 당시에 자산재평가 또는 감가상각 등의 사유로 그 가액이 달라진 경우에는 변경된 가액을 과세표준으 로 한다.

34. 「지방세법」상 취득세의 부과·징수에 관한 설명으로 옳은 것은?

① 취득세의 징수는 보통징수의 방법으로 한다.
② 상속으로 취득세 과세물건을 취득한 자는 상속개시일 부터 60일 이내에 산출한 세액을 신고하고 납부하여 야 한다.
③ 부담부증여로 부동산을 취득한 경우에는 취득일이 속 하는 달의 말일부터 3개월 이내에 산출한 세액을 신고 하고 납부하여야 한다.
④ 취득세 과세물건을 취득한 후에 그 과세물건이 중과세 율의 적용대상이 되었을 때에는 중과세율을 적용하여 산출한 세액에서 이미 납부한 세액(가산세 포함)을 공 제한 금액을 세액으로 하여 신고·납부하여야 한다.
⑤ 법인의 취득당시가액을 증명할 수 있는 장부가 없는 경우 지방자치단체의 장은 그 산출된 세액의 100분의 20을 징수하여야 할 세액에 가산한다.

35. 다음의 「지방세법」상 취득세 표준세율 중 공유농지를 분할하 여 취득하는 경우의 취득세 표준세율과 동일한 표준세율이 적용되는 것은? (단, 「지방세특례제한법」은 고려하지 않음)

① 상속으로 농지를 취득하는 경우
② 사회복지사업자가 농지를 기부받아 취득하는 경우
③ 상가건물을 매매로 취득하는 경우
④ 주택을 신축 또는 증축한 이후 해당 주거용 건축물의 소유자가 해당 주택의 부속토지를 유상으로 취득하는 경우
⑤ 공유수면 매립·간척으로 토지를 취득하는 경우

36. 다음의 자료에 의하는 경우 취득세와 등록에 대한 등록면허 세의 산출세액으로 옳게 연결된 것은?

○ 토지의 지목을 밭에서 대지로 변경하는 경우이다.
○ 지목변경 전(지목변경공사 착공일 현재 결정·고시 되어 있는 개별공시지가)의 토지의 시가표준액: 1억원
○ 지목변경 후의 토지의 시가표준액: 5억원
○ 개인이 지목변경 하는 경우로서 사실상 취득가격을 확인할 수 없는 경우이다.

	취득세 산출세액	등록면허세 산출세액
①	400만원	12,000원
②	800만원	0원
③	800만원	6,000원
④	1,000만원	800만원
⑤	1,200만원	6,000원

37. 「지방세법」상 재산세에 대한 설명으로 옳은 것은?

① 법인이 소유하는 재산의 재산세 과세표준은 법인장부 로 입증되는 가액을 기준으로 한다.
② 취득세가 중과세되는 고급주택은 1,000분의 40의 세율 을 적용한다.
③ 재산의 소유권 변동사유가 발생하였으나 과세기준일까 지 그 등기가 되지 아니한 재산의 공부상 소유자는 그 사유발생일로부터 5일 이내에 그 소재지를 관할하는 지방자치단체의 장에게 그 사실을 알 수 있는 증거자 료를 갖추어 신고하여야 한다.
④ 납부할 세액이 1,000만원을 초과하는 경우 관할 구역 내에 소재하는 부동산으로만 물납할 수 있다.
⑤ 재산세의 분할납부는 납부기한이 지난 날부터 2개월 이내에만 하여야 한다.

38. 다음 중 「지방세법」상 재산세 과세대상에 관한 설명으로 옳은 것은?

① 재산세 과세대상인 건축물의 범위에는 주택을 포함한다.

② 주택의 부속토지의 경계가 명백하지 아니한 경우에는 그 주택의 바닥면적의 20배에 해당하는 토지를 주택의 부속토지로 한다.

③ 토지대장의 지목 등이 등재되어 있지 않은 미등록 토지는 토지분 재산세 과세대상이 아니다.

④ 1동의 건물(허가 받음)이 주거와 주거 외의 용도로 사용되고 있는 경우에는 주거용으로 사용되는 부분이 주거 외의 면적보다 큰 경우에는 전부를 주택으로 본다.

⑤ 다가구주택은 1가구가 독립하여 구분사용할 수 있도록 분리된 부분을 1구의 주택으로 본다. 이 경우 그 부속토지는 건물면적의 비율에 따라 각각 나눈 면적을 1구의 부속토지로 본다.

39. 「지방세기본법」상 이의신청과 심판청구에 관한 설명으로 옳은 것을 모두 고른 것은?

> ㄱ. 이의신청을 거치지 아니하고 바로 심판청구를 할 수는 없다.
>
> ㄴ. 이의신청인은 신청 또는 청구 금액이 800만원인 경우에는 그의 배우자를 대리인으로 선임할 수 있다.
>
> ㄷ. 지방세에 관한 불복시 불복청구인은 불복청구절차 또는 감사원의 심사청구를 거치지 아니하고도 행정소송을 제기할 수 있다.
>
> ㄹ. 「감사원법」에 따른 심사청구를 거친 경우에는 「지방세기본법」에 따른 심판청구를 거친 것으로 보고 행정소송을 제기할 수 있다.

① ㄱ

② ㄱ, ㄴ

③ ㄴ, ㄷ

④ ㄴ, ㄹ

⑤ ㄱ, ㄴ, ㄷ, ㄹ

40. 다음 중 2024년 귀속 종합부동산세에 관한 내용으로 옳은 것은?

① 부부 공동명의 1세대 1주택의 경우에도 1주택자로 신고가 허용되어 종합부동산세 과세표준 계산시 12억원을 공제하며, 연령별 및 보유기간별 세액공제를 적용받을 수 있다.

② 상업용 건축물과 그 부속토지(법정 기준면적이며 공시가격 80억원 초과)는 모두 종합부동산세 과세대상이 아니다.

③ 법인소유 주택에 대해 종합부동산세를 부과하는 경우에 납세의무자별로 공시가격 합계액이 9억원을 초과하는 경우에만 납세의무자가 된다.

④ 종합부동산세는 토지분과 주택분의 구별없이 관할 세무서장이 납부하여야 할 종합부동산세의 세액을 결정하여 당해 연도 12월 16일부터 12월 31일까지 부과·징수한다.

⑤ 1세대 1주택자에 대해 연령별 및 보유기간별 세액공제는 100분의 90의 범위에서 중복하여 적용할 수 있다.

2024년도 제35회 공인중개사 2차 국가자격시험

실전모의고사 제10회

교 시	문제형별	시 간	시 험 과 목
1교시	A	100분	① 공인중개사의 업무 및 부동산 거래신고에 관한 법령 및 중개실무 ② 부동산공법 중 부동산 중개에 관련되는 규정

수험번호		성 명	

【 수험자 유의사항 】

1. **시험문제지는 단일 형별(A형)이며, 답안카드 형별 기재란에 표시된 형별(A형)을 확인하시기 바랍니다.** 시험문제지의 **총면수, 문제번호 일련순서, 인쇄상태** 등을 확인하시고, 문제지 표지에 수험번호와 성명을 기재하시기 바랍니다.

2. 답은 각 문제마다 요구하는 **가장 적합하거나 가까운 답 1개**만 선택하고, 답안카드 작성 시 시험문제지 **형별누락, 마킹착오**로 인한 불이익은 전적으로 **수험자에게 책임**이 있음을 알려드립니다.

3. 답안카드는 국가전문자격 공통 표준형으로 문제번호가 1번부터 125번까지 인쇄되어 있습니다. 답안 마킹 시에는 반드시 **시험문제지의 문제번호와 동일한 번호에 마킹**하여야 합니다. (2차 1교시: 1번~80번)

4. **감독위원의 지시에 불응하거나 시험시간 종료 후 답안카드를 제출하지 않을 경우** 불이익이 발생할 수 있음을 알려 드립니다.

5. 시험문제지는 시험 종료 후 가져가시기 바랍니다.

6. 답안작성은 **시험 시행일(2024.10.26.) 현재 시행되는 법령** 등을 적용하시기 바랍니다.

7. 가답안 의견제시에 대한 개별회신 및 공고는 하지 않으며, **최종 정답 발표로 갈음**합니다.

8. 시험 중 **중간 퇴실은 불가**합니다. 단, 부득이하게 퇴실할 경우 **시험포기각서 제출 후 퇴실은 가능**하나 **재입실이 불가**하며, **해당시험은 무효처리됩니다.**

해커스 공인중개사

제1과목: 공인중개사의 업무 및 부동산 거래신고에 관한 법령 및 중개실무

1. 공인중개사법령상 중개대상물에 관한 설명으로 <u>틀린</u> 것은? (다툼이 있으면 판례에 따름)
   ① 암석 또는 담장은 독립한 중개대상물이 되지 아니한다.
   ② 기둥과 지붕 그리고 주벽이 있으나 미등기상태의 건물은 중개대상물이 되지 못한다.
   ③ 중개대상물인 토지 및 건축물은 「민법」상의 부동산과 일치한다.
   ④ 금전채권은 중개대상물에 해당하지 아니한다.
   ⑤ 거래처, 신용, 영업상의 노하우 또는 점포위치에 따른 영업상의 이점 등 무형의 재산적 가치는 중개대상물이라고 할 수 없다.

2. 공인중개사법령상 등록의 결격사유에 해당하는 자를 모두 고른 것은?

   > ㄱ. 「건축법」을 위반하여 징역 6개월의 선고유예를 받고 선고유예기간 중에 있는 자
   > ㄴ. 폐업신고 후 2년만에 재등록한 개업공인중개사로서 폐업신고 전의 등록증 대여행위로 등록을 취소당한 후 1년이 지난 자
   > ㄷ. 「도로교통법」을 위반하여 징역 2년을 선고받아 1년 복역 후 가석방되어 3년이 지난 자
   > ㄹ. 「채무자 회생 및 파산에 관한 법률」에 따라 개인회생절차 중에 있는 자

   ① ㄷ
   ② ㄱ, ㄷ
   ③ ㄱ, ㄴ, ㄹ
   ④ ㄴ, ㄷ, ㄹ
   ⑤ ㄱ, ㄴ, ㄷ, ㄹ

3. 공인중개사법령상 중개사무소의 명칭 등과 관련한 설명으로 <u>틀린</u> 것은?
   ① 개업공인중개사에게 중개사무소의 옥외광고물을 설치할 의무는 없다.
   ② 분사무소의 옥외광고물을 설치하는 경우에는 분사무소 설치신고확인서에 기재된 책임자의 성명을 인식할 수 있는 크기로 표기하여야 한다.
   ③ 등록관청은 규정을 위반한 사무소의 간판 등에 대하여 철거를 명할 수 있다.

   ④ 개업공인중개사가 옥외광고물에 연락처를 표기하지 않으면 100만원 이하의 과태료를 부과받는다.
   ⑤ 중개보조원은 중개업을 하기 위하여 중개대상물에 대한 표시·광고를 할 수 없다.

4. 공인중개사법령상 겸업에 대한 설명으로 <u>틀린</u> 것은? (다른 법률에 따라 중개업을 할 수 있는 경우를 제외하고, 다툼이 있으면 판례에 따름)
   ① 소속공인중개사가 별도로 상가에 대한 분양대행업을 영위한 경우라도 「공인중개사법」 위반이 되는 것은 아니다.
   ② 모든 개업공인중개사는 부동산개발에 관한 상담업을 영위할 수 있다.
   ③ 법인인 개업공인중개사는 오피스텔의 임대차 관리대행을 할 수 없다.
   ④ 공매대상 부동산에 관한 취득의 알선에 대한 보수는 중개보수 규정을 적용한다.
   ⑤ 법인인 개업공인중개사가 겸업 제한을 위반한 경우 등록취소처분을 받을 수 있다.

5. 공인중개사법령상 중개사무소의 개설등록과 관련한 설명으로 <u>틀린</u> 것을 모두 고른 것은?

   > ㄱ. 미성년자라 하더라도 공인중개사인 자는 중개사무소의 개설등록을 신청할 수 있다.
   > ㄴ. 「협동조합 기본법」에 따른 사회적 협동조합인 경우 자본금이 5천만원 이상이라면 중개사무소의 개설등록을 할 수 있다.
   > ㄷ. 중개사무소의 개설등록을 신청하는 공인중개사는 그의 공인중개사 자격증 사본을 개설등록신청서에 첨부해야 한다.
   > ㄹ. 대표자가 공인중개사인 법인 아닌 사단은 중개사무소의 개설등록을 신청할 수 있다.

   ① ㄱ, ㄴ
   ② ㄷ, ㄹ
   ③ ㄱ, ㄴ, ㄷ
   ④ ㄴ, ㄷ, ㄹ
   ⑤ ㄱ, ㄴ, ㄷ, ㄹ

240

6. 공인중개사법령상 공인중개사 자격시험 등에 관한 설명으로 옳은 것은?

① 국토교통부장관은 시험 합격자 결정 공고일로부터 2개월 이내에 시험합격자에게 공인중개사자격증을 교부하여야 한다.

② 공인중개사 정책심의위원회의 위원의 임기는 2년으로 하되, 위원의 사임 등으로 새로 위촉된 위원의 임기는 전임위원 임기의 남은 기간으로 한다.

③ 「소비자기본법」에 따른 소비자단체의 직원으로 재직하고 있는 사람은 공인중개사정책 심의위원회의 위원이 될 수 없다.

④ 공인중개사 정책심의위원회의 위원이 해당 안건 당사자의 대리인이었던 경우 심의위원회 심의ㆍ의결의 제척사유가 되는 것은 아니다.

⑤ 합격자 결정방법 및 응시 수수료의 반환에 관한 사항 등 시험시행에 관한 세부적인 사항은 시험시행일 60일 전까지 일간신문에 공고하여야 한다.

7. 공인중개사법령상 중개업의 휴업 및 폐업에 관한 설명으로 옳은 것을 모두 고른 것은?

> ㄱ. 개업공인중개사가 폐업신고를 하지 않고 폐업하여 100만원의 벌금이 선고되었다.
> ㄴ. 중개업의 폐업신고서에는 폐업사유 및 폐업기간을 기재하여야 한다.
> ㄷ. 중개업의 재개신고나 휴업기간의 변경신고는 전자문서에 의한 방법으로 할 수 있다.
> ㄹ. 중개업의 폐업신고를 한 때에는 7일 내에 그 사무소의 간판을 철거해야 한다.

① ㄷ
② ㄴ, ㄷ
③ ㄱ, ㄴ, ㄷ
④ ㄱ, ㄷ, ㄹ
⑤ ㄱ, ㄴ, ㄷ, ㄹ

8. 공인중개사법령상 중개사무소 또는 분사무소의 이전에 관한 설명으로 틀린 것은?

① 분사무소를 이전한 때에는 10일 내에 주된 사무소 소재지 관할 시장ㆍ군수ㆍ구청장에게 이전신고를 하여야 한다.

② 업무정지기간 중인 개업공인중개사는 중개사무소의 공동사용을 위하여 다른 개업공인중개사의 중개사무소로 이전신고를 할 수 없다.

③ 분사무소의 이전신고시에는 주된 중개사무소의 중개사무소등록증 사본을 첨부하여야 한다.

④ 등록관청은 분사무소의 이전신고를 받은 때에는 지체 없이 그 분사무소의 이전 전 및 이전 후의 소재지를 관할하는 시장ㆍ군수 또는 구청장에게 이를 통보하여야 한다.

⑤ 중개사무소를 등록관청의 관할지역 외의 지역으로 이전한 경우 종전의 등록관청이 이전 후의 등록관청에 송부하여야 하는 서류에는 최근 1년간의 행정처분 및 행정처분절차가 진행 중인 경우 그 관련 서류도 포함되어 있다.

9. 중개의뢰인 甲과 개업공인중개사 乙은 X토지의 매도에 관하여 전속중개계약을 체결하였다. 이에 관한 설명으로 공인중개사법령상 옳은 것은?

① 乙은 법정서식의 전속중개계약서를 사용하여 계약을 체결하여야 한다.

② 전속중개계약의 유효기간은 甲과 乙의 약정이 없는 한 1개월을 원칙으로 한다.

③ 중개보수 및 실비의 금액과 산출내역은 乙이 공개할 정보에 해당한다.

④ 乙은 甲의 비공개 요청이 없는 한 지체 없이 X토지의 정보를 부동산거래정보망 또는 일간신문에 공개하여야 한다.

⑤ 甲이 전속중개계약의 유효기간 내에 스스로 발견한 상대방과 거래한 경우에는 甲은 중개보수의 50%를 乙에게 지급해야 한다.

10. 부동산 거래신고 등에 관한 법령상 토지거래허가구역의 지정에 관한 설명으로 옳은 것은?

① 허가구역은 토지의 투기적인 거래가 성행하거나 지가가 급격히 상승하는 지역에 대하여 지정하므로, 그러한 우려가 있는 지역에 대하여는 지정할 수 없다.

② 허가구역을 최초로 지정하고자 할 때에는 미리 시ㆍ도지사 및 시장ㆍ군수ㆍ구청장의 의견을 들어야 한다.

③ 허가구역의 지정은 시장ㆍ군수ㆍ구청장에게 허가구역지정통지를 한 날로부터 7일 후에 그 효력이 발생한다.

④ 동일 시ㆍ군ㆍ구 안의 일부 지역에 대한 허가구역의 지정은 시장ㆍ군수ㆍ구청장이 한다.

⑤ 허가구역 내의 농지는 토지거래허가를 받으면 용도지역에 관계없이 농지취득자격증명을 발급받지 않아도 된다.

11. 공인중개사법령상 거래정보사업자에 관한 설명으로 <u>틀린</u> 것을 모두 고른 것은?

> ㄱ. 거래정보사업자는 개업공인중개사가 아니더라도 공인중개사인자로부터는 중개대상물의 정보공개를 의뢰받아 이를 공개할 수 있다.
> ㄴ. 거래정보사업자로 지정받기 위하여 신청서를 제출하는 경우 운영규정서를 첨부해야 한다.
> ㄷ. 거래정보사업자로 지정을 받지 아니한 자가 부동산거래정보망을 설치·운영한 경우 500만원 이하의 과태료를 부과받을 수 있다.

① ㄴ 　　　　② ㄱ, ㄴ
③ ㄱ, ㄷ 　　　④ ㄴ, ㄷ
⑤ ㄱ, ㄴ, ㄷ

12. 개업공인중개사 甲은 중개보조원 乙을 고용하였다. 이에 관한 설명으로 공인중개사법령상 옳은 것은?

① 甲은 乙에 대하여 직무교육을 받도록 한 후 직무교육 수료증 사본을 첨부하여 10일 내에 등록관청에 신고하여야 한다.
② 甲은 중개보조원을 3명을 초과하여 고용할 수 없다.
③ 乙의 업무상 행위는 甲의 행위로 추정된다.
④ 乙이 외국인인 경우 甲은 고용신고시 결격사유에 해당하지 아니함을 증명하는 서류를 첨부하여야 한다.
⑤ 甲이 고용신고 또는 고용관계 종료신고를 위반한 경우에는 100만원 이하의 과태료가 부과된다.

13. 공인중개사법령상 인터넷을 이용한 건축물에 대한 표시·광고시 명시할 사항은 모두 몇 개인가?

> ㄱ. 중개사무소 개설등록번호
> ㄴ. 개업공인중개사(법인은 대표자)의 성명
> ㄷ. 건축물의 바닥면, 수도·전기의 상태
> ㄹ. 욕실의 개수
> ㅁ. 주차대수 및 관리비

① 1개 　　　　② 2개
③ 3개 　　　　④ 4개
⑤ 5개

14. 공인중개사법령상 개업공인중개사 甲의 중개대상물에 대한 확인·설명의무와 관련된 설명으로 옳은 것은? (다툼이 있으면 판례에 따름)

① 甲은 중개가 완성된 때에는 해당 중개대상물의 권리관계 등을 중개의뢰인 쌍방에게 성실·정확하게 설명하여야 한다.
② 甲이 확인·설명을 성실·정확하게 하지 아니한 경우 甲은 업무정지처분을 받을 수 있다.
③ 甲은 주택의 임대차를 중개하는 경우에는 「지방세징수법」에 따라 납부하지 아니한 지방세의 열람을 신청할 수 있다는 사항을 설명해야 한다.
④ 무료 중개행위를 하는 경우 甲은 중개대상물에 대한 확인·설명을 생략할 수 있다.
⑤ 甲의 중개대상물의 상태에 관한 자료요구에 대하여 권리이전의뢰인이 불응한 경우 甲은 이를 권리취득의뢰인에게 설명하거나 확인·설명서에 기재해야 한다.

15. 공인중개사법령상 개업공인중개사 등의 금지행위에 해당하는 것을 모두 고른 것은? (다툼이 있으면 판례에 따름)

> ㄱ. 개업공인중개사 甲은 자신이 거주할 목적으로 중개의뢰인 소유의 주택을 매수하였다.
> ㄴ. 소속공인중개사 乙은 아파트의 매도의뢰인 A로부터 매도에 관한 대리권을 수여받고 매수의뢰인 B와 아파트에 대한 매매계약을 체결하였다.
> ㄷ. 개업공인중개사 丙은 다른 개업공인중개사 C의 중개로 D 소유의 토지를 매수하였다.
> ㄹ. 개업공인중개사 丁은 분양권 매매의 알선을 업으로 하였다.

① ㄱ 　　　　② ㄴ, ㄹ
③ ㄱ, ㄴ, ㄹ 　④ ㄴ, ㄷ, ㄹ
⑤ ㄱ, ㄴ, ㄷ, ㄹ

16. 부동산 거래신고 등에 관한 법령상 부동산거래신고와 관련한 설명으로 틀린 것은?
① 투기과열지구 내의 주택을 매수한 개인은 자금조달의 증명서류를 제출해야 한다.
② 매수인 외의 자가 토지취득자금조달 및 이용계획서를 제출하는 경우 매수인은 부동산거래계약을 신고하려는 자에게 거래계약의 체결일부터 25일 이내에 이 서류를 제공해야 한다.
③ 매수인이 「출입국관리법」에 따른 외국인등록을 한 경우에는 부동산거래계약신고서를 제출할 때 외국인등록사실증명을 함께 제출해야 한다.
④ 신고의무자가 아닌 자로서 거짓으로 부동산거래신고를 한 자에 대하여는 해당 부동산 취득가액의 10% 이하에 상당하는 금액의 과태료를 부과한다.
⑤ 부당하게 재산상 이득을 취득할 목적으로 실제 신고대상 계약이 체결되지 아니하였음에도 불구하고 거짓으로 부동산거래신고를 한 경우에는 500만원 이하의 과태료를 부과한다.

17. A군(郡)에 중개사무소를 둔 개업공인중개사 甲은 B군(郡)에 소재하는 乙 소유의 건축물(그중 주택의 면적은 3분의 1임)에 대하여 乙과 丙 사이의 매매계약과 동시에 乙을 임차인으로 하는 임대차계약을 중개하였다. 이 경우 甲이 받을 수 있는 중개보수에 관한 설명으로 옳은 것을 모두 고른 것은?

ㄱ. 중개보수로 甲은 乙과 丙으로부터 매매계약에 대한 보수만을 각각 받을 수 있다.
ㄴ. 주택의 중개에 대한 보수 규정을 적용한다.
ㄷ. 甲은 A군이 속한 시ㆍ도의 조례에서 정한 기준에 따라 실비를 받아야 한다.

① ㄱ
② ㄱ, ㄴ
③ ㄱ, ㄷ
④ ㄴ, ㄷ
⑤ ㄱ, ㄴ, ㄷ

18. 부동산 거래신고 등에 관한 법령상 포상금 지급에 관한 설명으로 옳은 것을 모두 고른 것은?

ㄱ. 부동산거래신고 후 해당 계약이 해제 등이 되지 아니하였음에도 불구하고 거짓으로 해제 등의 신고를 한 자를 신고ㆍ고발한 자에게 포상금을 지급할 수 있다.

ㄴ. 익명 또는 가명으로 신고ㆍ고발한 경우에는 포상금을 지급하지 아니할 수 있다.
ㄷ. 실제 거래금액을 거짓으로 부동산거래신고한 자를 신고ㆍ고발한 경우 과태료부과금액의 10%를 포상금으로 지급하되, 한도액은 1천만원으로 한다.

① ㄱ
② ㄴ
③ ㄱ, ㄴ
④ ㄴ, ㄷ
⑤ ㄱ, ㄴ, ㄷ

19. 공인중개사법령상 행정처분과 관련한 설명으로 틀린 것은?
① 중개법인의 대표자이었던 자가 재등록을 한 경우에는 폐업신고 전 해당 법인의 위법행위를 승계한다.
② 폐업신고 전에 받은 과태료처분의 효과는 폐업일로부터 1년간 재등록 개업공인중개사가 승계한다.
③ 재등록 개업공인중개사가 폐업신고 전의 위반행위를 사유로 등록을 취소당한 경우 3년에서 폐업기간을 공제한 기간 동안 결격사유에 해당하게 된다.
④ 자격정지사유에는 행정형벌이 병과되는 경우가 있다.
⑤ 자격정지사유를 발견한 등록관청은 지체 없이 그 사실을 시ㆍ도지사에게 통보하여야 한다.

20. 공인중개사법령상 포상금 지급과 관련한 설명으로 옳은 것은?
① 포상금이 지급되는 신고ㆍ고발대상자를 수사기관에 신고한 경우에는 포상금지급신청서 제출시 수사기관의 고발확인서를 첨부해야 한다.
② 포상금은 등록관청 또는 수사기관이 지급한다.
③ 둘 이상의 중개사무소에 소속한 소속공인중개사를 신고 또는 고발한 자에 대하여는 포상금이 지급될 수 있다.
④ 포상금은 국고에서 2분의 1을 보조한다.
⑤ 하나의 사건에 대하여 2인 이상이 각각 신고 또는 고발한 경우, 포상금은 그들 모두에게 균분하여 지급한다.

21. 공인중개사법령상 중개업무를 수행한 소속공인중개사의 자격정지사유 중 그 기준기간이 연결이 틀린 것은?
① 다른 개업공인중개사의 소속공인중개사가 된 경우 - 6개월
② 중개대상물에 대한 확인ㆍ설명을 하면서 그 근거자료를 제시하지 아니한 경우 - 3개월
③ 등록하지 아니한 인장을 중개행위에 사용한 경우 - 3개월
④ 거래계약서에 서명 및 날인하지 아니한 경우 - 6개월
⑤ 중개대상물에 대하여 매매업을 영위한 경우 - 6개월

22. 부동산 거래신고 등에 관한 법령상 부동산거래계약신고서를 작성하는 방법으로 틀린 것은?

① 외국인이 토지를 매수하는 경우에는 국적 및 토지 매수용도를 기재하여야 한다.

② 개업공인중개사가 부동산거래계약신고서를 작성한 경우 개업공인중개사와 거래당사자는 모두 해당 신고서에 서명 및 날인하여야 한다.

③ 분양권 전매의 경우 물건별 거래가격란에 분양가격과 발코니확장 등 선택비용, 추가 지급액 등(프리미엄 등 분양가격을 초과 또는 미달하는 금액) 등을 적는다.

④ 건축물 면적은 집합건축물의 경우 전용면적을 기재하고, 그 밖의 건축물의 경우 연면적을 적는다.

⑤ 종전 부동산란은 입주권 매매의 경우에만 작성한다.

23. 공인중개사법령상 교육과 관련한 설명으로 옳은 것은?

① 연수교육시간은 28시간 이상 32시간 이하로 한다.

② 중개보조원이 되려는 자는 공인중개사협회가 실시하는 3시간 이상 4시간 이하의 직무교육을 받아야 한다.

③ 실무교육을 위탁받고자 하는 기관은 강의실을 100m² 이상으로 1개소 이상 확보하고, 일정 자격요건을 갖춘 전문강사를 과목별로 확보하여야 한다.

④ 국토교통부장관이 정하는 교육지침에는 강사의 자격, 수강료 등이 포함되어야 한다.

⑤ 부동산거래사고 예방을 위한 교육을 실시하고자 하는 자는 교육일 2개월 전까지 대상자에게 통지 또는 공고하여야 한다.

24. 공인중개사법령상 개업공인중개사의 거래계약서 작성 등에 관한 설명으로 옳은 것을 모두 고른 것은?

> ㄱ. 거래계약서는 국토교통부장관이 정한 표준서식을 사용해야 한다.
> ㄴ. 권리이전의 내용은 거래계약서의 필수 기재사항이다.
> ㄷ. 소속공인중개사가 거래계약서에 거래금액을 거짓으로 기재한 경우 자격취소사유가 된다.

① ㄴ   ② ㄷ   ③ ㄱ, ㄴ
④ ㄴ, ㄷ   ⑤ ㄱ, ㄴ, ㄷ

25. 공인중개사법령상 공인중개사협회(이하 '협회'라 함)와 관련한 설명으로 옳은 것은?

① 협회 창립총회에 서울특별시에서는 300명 이상의 회원이 참여하여야 한다.

② 협회가 지회를 설치한 때에는 10일 내에 등록관청에 신고하여야 한다.

③ 협회에 관하여 공인중개사법령상 규정이 없는 것은 「민법」 중 조합에 관한 규정을 준용한다.

④ 공제사업의 지급여력비율은 공제료 수입액의 100분의 10 이상을 유지해야 한다.

⑤ 국토교통부장관은 협회의 임원이 재무건전성 기준을 지키지 아니하여 공제사업을 건전하게 운영하지 못할 우려가 있는 경우 그 임원에 대한 징계·해임을 요구하거나 해당 위반행위를 시정하도록 명할 수 있다.

26. 공인중개사법령상 그 사유가 발생한 날로부터 3년이 경과한 경우에는 해당 행정처분을 할 수 없는 경우를 모두 고르면 몇 개인가?

> ㄱ. 중개사무소의 이전신고를 기한 내에 하지 않은 경우
> ㄴ. 공인중개사인 개업공인중개사의 공인중개사 자격이 취소된 경우
> ㄷ. 개업공인중개사가 전속중개계약서를 보존기간 동안 보존하지 않은 경우
> ㄹ. 개업공인중개사가 등록하지 아니한 인장을 거래계약서에 날인한 경우
> ㅁ. 거짓 그 밖의 부정한 방법으로 중개사무소의 개설등록을 한 경우

① 1개   ② 2개
③ 3개   ④ 4개
⑤ 5개

27. 「공인중개사법」상 과태료 부과 기준금액이 가장 적은 것은?

① 운영규정의 내용을 위반하여 부동산거래정보망을 운영한 자

② 연수교육을 정당한 사유 없이 6개월 이상 받지 아니한 자

③ 보조업무 수행시 중개보조원이라는 사실을 중개의뢰인에게 고지하지 않은 중개보조원

④ 자격취소처분을 받고 거짓으로 공인중개사 자격증을 반납할 수 없는 사유서를 제출한 자

⑤ 중개대상물의 가격 등 내용을 사실과 다르게 거짓으로 표시·광고한 개업공인중개사

28. 부동산 거래신고 등에 관한 법령상 국내 부동산 등을 취득하려는 외국인 등에게 개업공인중개사가 설명한 내용으로 <u>틀린</u> 것은? (토지거래허가구역이 아님을 전제함)

① 「통합방위법」에 따른 국가중요시설 인근지역으로서 국방목적상 필요하여 고시한 지역은 허가대상 토지에 해당한다.

② 「야생생물 보호 및 관리에 관한 법률」에 따른 야생생물 특별보호구역 내 토지취득의 허가신청을 받은 신고관청은 허가신청을 받은 날부터 15일 이내에 허가 또는 불허가의 처분을 하여야 한다.

③ 「자연환경보전법」에 따른 생태·경관보전지역 내의 토지에 대한 지상권을 취득하는 경우 허가를 받아야 한다.

④ 신고 및 허가신청은 전자문서로도 할 수 있고, 이 경우 첨부서면을 전자문서로 첨부하는 것이 곤란한 경우에는 14일 내에 우편 또는 팩스로 송부하면 된다.

⑤ 외국인이 부동산거래신고를 한 경우에는 별도의 외국인 취득신고를 하지 않는다.

29. 공인중개사법령상 3년 이하의 징역 또는 3천만원 이하의 벌금에 처하는 사유가 <u>아닌</u> 것은?

① 시세에 부당한 영향을 줄 목적으로 안내문 등을 이용하여 특정 개업공인중개사 등에 대한 중개의뢰를 제한하는 행위를 한 자

② 부당한 이익을 얻을 목적으로 거짓으로 거래가 완료된 것처럼 꾸미는 등 중개대상물의 시세에 부당한 영향을 줄 우려가 있는 행위를 한 자

③ 단체를 구성하여 단체 구성원 이외의 자와 공동중개를 제한하는 행위를 한 자

④ 시세에 부당한 영향을 줄 목적으로 정당한 사유 없이 개업공인중개사의 중개대상물에 대한 정당한 표시·광고 행위를 방해하는 행위를 하여 개업공인중개사의 업무를 방해한 자

⑤ 중개보조원 수 제한을 초과하여 중개보조원을 고용한 자

30. 부동산 거래신고 등에 관한 법령상 토지거래허가와 관련한 설명으로 옳은 것은?

① 토지거래허가구역의 지정공고에는 축척 5만분의 1 또는 2만 5천분의 1의 지형도가 포함되어야 한다.

② 처리기간 내에 허가증의 발급 또는 불허가 처분사유의 통지가 없거나 선매협의 사실의 통지가 없는 경우에는 그 기간이 끝난 날에 허가가 있는 것으로 본다.

③ 국토교통부장관이 토지거래허가구역을 해제할 경우에는 중앙도시계획위원회의 심의를 거치지 않아도 된다.

④ 토지거래계약허가를 받아 토지를 취득한 자가 당초의 목적대로 이용하지 아니하고 방치하여 이행명령을 받고도 정하여진 기간에 이를 이행하지 아니한 경우, 국토교통부장관은 토지취득가액의 100분의 7에 상당하는 금액의 이행강제금을 부과한다.

⑤ 토지거래허가를 받지 아니하고 토지거래계약을 체결한 자는 1년 이하의 징역 또는 1천만원 이하의 벌금에 처한다.

31. 부동산 거래신고 등에 관한 법령상 주택임대차계약의 신고와 관련한 설명으로 옳은 것을 모두 고른 것은?

> ㄱ. 임대차계약 당사자 중 일방이 국가 등인 경우에는 국가 등이 신고하여야 한다.
> ㄴ. 개업공인중개사가 주택임대차계약을 중개한 경우라 하더라도 개업공인중개사의 성명은 신고사항이 아니다.
> ㄷ. 주택임대사업자는 관련 법령에 따른 주택임대차계약의 신고를 한 경우 이 법령에 따른 주택임대차계약의 신고를 한 것으로 본다.
> ㄹ. 임대차계약의 신고 후 해당 주택 임대차계약의 보증금, 차임 등 임대차 가격이 변경된 경우에는 변경이 확정된 날부터 15일 이내에 신고하여야 한다.

① ㄱ, ㄷ
② ㄴ, ㄹ
③ ㄱ, ㄴ, ㄹ
④ ㄴ, ㄷ, ㄹ
⑤ ㄱ, ㄴ, ㄷ, ㄹ

32. 부동산 거래신고 등에 관한 법령상 토지거래계약에 관한 허가구역에서 허가를 요하지 아니하는 토지거래계약의 토지면적 기준으로 옳은 것은? (지정권자가 따로 정하는 기준면적은 고려하지 않음)

① 주거지역: 90m² 이하
② 상업지역: 200m² 이하
③ 녹지지역: 150m² 이하
④ 도시지역 외의 지역에 위치한 농지: 600m² 이하
⑤ 도시지역 외의 지역에 위치한 임야: 1,000m² 이하

33. 분묘기지권 및 「장사 등에 관한 법률」에 관한 설명으로 옳은 것을 모두 고른 것은?

> ㄱ. 자기 소유 토지에 분묘를 설치한 사람이 분묘 이장의 특약 없이 토지를 양도함으로써 분묘기지권을 취득한 경우, 특별한 사정이 없는 한 분묘기지권이 성립한 때부터 지료지급의무가 있다.
>
> ㄴ. 가족 자연장지는 「민법」에 따라 친족관계였던 자의 유골을 같은 구역 안에 자연장할 수 있는 구역으로서 면적은 1,000m² 미만으로 설치할 수 있다.
>
> ㄷ. 「장사 등에 관한 법률」이 시행된 후에 타인의 토지 등에 그의 승낙 없이 자연장을 한 자는 분묘기지권을 시효취득할 수 없다.

① ㄱ
② ㄴ
③ ㄱ, ㄴ
④ ㄱ, ㄷ
⑤ ㄴ, ㄷ

34. 개업공인중개사가 甲 소유의 X주택을 乙에게 임대하는 임대차계약을 중개하면서 설명한 내용으로 「주택임대차보호법」상 틀린 것은? (다툼이 있으면 판례에 따름)

① 乙이 X주택에 대하여 보증금반환청구소송의 확정판결에 따라 경매를 신청하는 경우 반대의무의 이행이나 이행의 제공을 집행개시의 요건으로 하지 아니한다.

② 주택임대차계약을 서면으로 체결할 때에는 甲과 乙이 다른 서식을 사용하기로 합의한 경우를 제외하고 국토교통부장관이 법무부장관과 협의하여 정하는 주택임대차표준계약서를 우선적으로 사용한다.

③ X주택이 다가구 주택인 경우 미리 열람에 동의한 경우를 제외하고 甲은 임대차계약을 체결할 때 해당 주택의 확정일자 부여일, 차임 및 보증금 등 정보를 乙에게 제시하여야 한다.

④ 乙이 소액임차인인 경우 선순위 담보권자와의 관계에서 소액임차인으로서 보호를 받지 못하는 경우가 있을 수 있다.

⑤ 경제사정의 변동으로 약정한 차임이 과도하게 되어 적절하지 않은 경우, 임대차 기간 중 乙은 그 차임의 20분의 1의 금액을 초과하여 감액을 청구할 수 있다.

35. 공인중개사법령상 주거용 건축물 확인·설명서의 작성요령과 관련된 설명으로 틀린 것은?

① 건폐율 상한 및 용적률 상한은 시·군 조례를 확인하여 기재한다.

② 건축물의 방향은 주택의 경우 거실이나 안방 등 주실(主室)의 방향을, 그 밖의 건축물은 주된 출입구의 방향을 기준으로 적는다.

③ '중개보수'는 거래금액을 기준으로 계산하여 그 금액 및 산출내역, 지급시기를 기재한다.

④ 내진설계 적용 여부 및 내진능력은 건축물대장을 확인하여 기재한다.

⑤ '입지조건'란은 도로, 대중교통수단, 주차장, 교육시설, 판매 및 의료시설을 현장답사하여 기재한다.

36. 甲은 그 소유의 X토지에 대하여 법령상의 제한을 회피하기 위해 乙과 명의신탁약정을 하고, 乙 명의로 소유권이전등기를 하였다. 그 후 乙은 X토지를 丙에게 매각하였다. 이와 관련한 설명으로 「부동산 실권리자명의 등기에 관한 법률」상 옳은 것은? (다툼이 있으면 판례에 따름)

① 甲과 乙간의 명의신탁약정에 따른 소유권이전등기는 불법원인급여이므로, 그 등기는 무효이다.

② 乙은 甲에 대하여 소유권침해로 인한 민사상 불법행위책임을 부담한다.

③ 丙은 X토지의 소유권을 취득할 수 없다.

④ 乙은 「형법」상 횡령죄로 처벌된다.

⑤ 甲은 3년 이하의 징역 또는 1억원 이하의 벌금에 처해진다.

37. 「상가건물 임대차보호법」의 내용으로 옳은 것을 모두 고른 것은? (다툼이 있으면 판례에 따름)

> ㄱ. 보증금 제한을 초과하는 상가건물의 임대차에서 계약기간을 정하지 않은 경우, 임차인의 계약갱신요구권은 발생하지 않는다.
>
> ㄴ. 임대차 목적물인 상가건물이 「유통산업발전법」에 따른 대규모점포 또는 준대규모점포(전통시장 제외)의 일부인 경우 권리금 보호규정을 적용하지 아니한다.
>
> ㄷ. 임차인의 우선변제권을 승계한 금융기관 등은 임차인을 대위하여 임차권등기명령을 신청할 수 있다.
>
> ㄹ. 임대차계약을 체결하려는 자는 임대인의 동의를 받아 관할 세무서장에게 임대차 정보제공을 요청할 수 있다.

① ㄱ, ㄴ, ㄷ
② ㄱ, ㄴ, ㄹ
③ ㄱ, ㄷ, ㄹ
④ ㄴ, ㄷ, ㄹ
⑤ ㄱ, ㄴ, ㄷ, ㄹ

38. 「민사집행법」에 의한 부동산 강제매각절차에 관한 설명으로 옳은 것은?

① 기일입찰에서 매수신청의 보증금액은 매수신청금액의 10분의 1로 한다.

② 최고가매수신고를 한 사람이 2명인 때에는 법원은 그 2명뿐만 아니라 모든 사람에게 다시 입찰하게 하여야 한다.

③ 건축허가를 받고 채무자의 소유임이 입증되더라도 미등기 건물에 대하여는 강제경매를 신청할 수 없다.

④ 최저매각가격이 2억원이고(보증금액은 달리 정한 바가 없음), 최고가매수신고인의 신고액이 2억 5천만원인 경우, 그 신고액이 2억 3천만원을 초과하는 자는 차순위매수신고를 할 수 있다.

⑤ 채권자의 배당요구는 배당요구의 종기가 지난 뒤라도 언제든지 철회할 수 있다.

39. 개업공인중개사 A가 X토지에 대한 매도인 甲과 매수인 乙간의 매매를 중개하면서 설명한 내용으로 옳은 것을 모두 고른 것은? (다툼이 있으면 판례에 따름)

┌───┐
│ ㄱ. 甲과 乙은 공동으로 계약 체결일로부터 30일 내에 │
│   부동산거래신고를 하여야 한다.   │
│   │
│ ㄴ. 잔금을 지급한 경우 乙은 6개월 내에 소유권이전   │
│   등기를 신청하여야 한다.   │
│   │
│ ㄷ. X토지에 대한 매매는 특별한 사정이 없는 한 지적 │
│   공부상의 경계와 지적에 의하여 소유권의 범위가   │
│   확정된 토지를 매매대상으로 하는 것이다.   │
│   │
│ ㄹ. X토지의 면적에 관하여 토지대장과 토지 등기사   │
│   항증명서가 일치하지 아니하는 경우에는 토지대장   │
│   을 기준으로 판단한다.   │
└───┘

① ㄱ, ㄴ　　　　　　　② ㄴ, ㄹ
③ ㄷ, ㄹ　　　　　　　④ ㄱ, ㄴ, ㄹ
⑤ ㄴ, ㄷ, ㄹ

40. 「공인중개사의 매수신청대리인 등록 등에 관한 규칙」에 따라 매수신청대리인으로 등록한 개업공인중개사 甲에 대한 설명으로 틀린 것은?

① 甲이 중개업을 위한 실무교육을 이수하고 1년이 경과되지 않은 경우 별도의 매수신청대리에 대한 실무교육은 면제된다.

② 甲은 차순위매수신고를 대리할 수 있다.

③ 甲이 매수신청대리를 위임받은 경우 해당 매수신청대리 대상물에 관한 소유권을 취득함에 따라 인수·부담할 권리 등을 위임인에게 성실·정확하게 설명해야 한다.

④ 甲이 매수신청대리업무의 정지처분을 받은 때에는 업무정지사실을 해당 중개사무소의 출입문에 표시해야 한다.

⑤ 甲이 중개업을 폐업한 경우 관할 지방법원장은 매수신청대리인 등록을 취소해야 한다.

41. 국토의 계획 및 이용에 관한 법령상 국토교통부장관의 권한
에 해당하지 않는 것은?

① 도시의 지속가능성 및 생활인프라 수준 평가

② 공간재구조화계획의 입안 또는 결정

③ 생활권계획의 수립 또는 승인

④ 광역계획권의 지정 및 변경

⑤ 시범도시(시범지구나 시범단지를 포함한다)의 지정

42. 국토의 계획 및 이용에 관한 법령상 자연취락지구에서 건축
할 수 있는 건축물이 아닌 것은? (단, 4층 이하의 건축물에
한하며, 도시·군계획조례는 고려하지 않음)

① 단독주택

② 제1종 근린생활시설

③ 운동시설

④ 방송통신시설

⑤ 장례시설

43. 국토의 계획 및 이용에 관한 법령상 도시·군계획조례로 정
할 수 있는 건폐율의 최대한도가 옳은 것은?

① 「자연공원법」에 따른 자연공원: 50% 이하

② 집단취락지구: 60% 이하

③ 수산자원보호구역: 30% 이하

④ 자연녹지지역에 지정된 개발진흥지구: 40% 이하

⑤ 「산업입지 및 개발에 관한 법률」에 따른 농공단지:
70% 이하

44. 국토의 계획 및 이용에 관한 법령상 주민이 도시·군관리계
획의 입안을 제안하려는 경우 토지소유자의 동의요건으로
옳은 것은? (단, 토지면적에서 국·공유지는 제외함)

① 지구단위계획구역의 지정과 지구단위계획의 수립에 관
한 사항: 대상 토지면적의 5분의 4 이상

② 기반시설의 설치에 관한 사항: 대상 토지면적의 4분의 3
이상

③ 용도지구 중 해당 용도지구에 따른 건축물이나 그 밖
의 시설의 용도·종류 및 규모 등의 제한을 지구단위
계획으로 대체하기 위한 용도지구의 지정에 관한 사
항: 대상 토지면적의 4분의 3 이상

④ 산업·유통개발진흥지구의 지정에 관한 사항: 대상 토
지면적의 3분의 2 이상

⑤ 도시·군계획시설입체복합구역의 지정 및 변경과 도시·
군계획시설입체복합구역의 건축제한·건폐율·용적률·
높이 등에 관한 사항: 대상 토지면적의 5분의 4 이상

45. 국토의 계획 및 이용에 관한 법령상 공동구에 대한 설명으로
틀린 것은?

① 200만m²를 초과하는 「공공주택 특별법」에 따른 공공
주택지구에서 개발사업을 시행하는 자는 공동구를 설
치해야 한다.

② 공동구 점용예정자와 사업시행자가 공동구 설치비용을
부담하는 경우 국가는 그 비용의 일부를 보조 또는 융
자할 수 있다.

③ 공동구 점용예정자는 점용공사기간 내에 공동구에 수
용될 시설을 공동구에 수용해야 한다.

④ 공동구의 관리에 소요되는 비용은 그 공동구를 점용하
는 자와 공동구관리자가 함께 부담한다.

⑤ 공동구관리자는 공동구의 관리에 드는 비용을 연 2회
로 분할하여 납부하게 해야 한다.

46. 국토의 계획 및 이용에 관한 법령상 일정한 법률에 따라 도
시·군관리계획의 결정이 의제되는 경우에는 해당 도시·군
계획시설결정의 고시일부터 2년 이내에 단계별 집행계획을
수립할 수 있다. 이에 해당하는 법률을 모두 고른 것은?

ㄱ. 「도시 및 주거환경정비법」

ㄴ. 「도시재정비 촉진을 위한 특별법」

ㄷ. 「도시재생 활성화 및 지원에 관한 특별법」

① ㄱ

② ㄴ

③ ㄷ

④ ㄱ, ㄴ

⑤ ㄱ, ㄴ, ㄷ

47. 국토의 계획 및 이용에 관한 법령상 공간재구조화계획에 관한 설명으로 <u>틀린</u> 것은?

① 주민(이해관계자를 포함한다)은 도시혁신구역 지정을 위하여 공간재구조화계획 입안권자에게 공간재구조화계획의 입안을 제안할 수 있다.

② 국토교통부장관은 관할 특별시장·광역시장·특별자치시장·특별자치도지사·시장 또는 군수의 요청에 따라 공간재구조화계획을 입안할 수 있다.

③ 공간재구조화계획은 시·도지사가 직접 또는 시장·군수의 신청에 따라 결정한다.

④ 시·도지사가 결정하는 공간재구조화계획 중 복합용도구역 지정 및 입지 타당성 등에 관한 사항은 지방도시계획위원회의 심의를 거쳐야 한다.

⑤ 공간재구조화계획 결정의 효력은 지형도면을 고시한 날부터 발생한다.

48. 국토의 계획 및 이용에 관한 법령상 지구단위계획구역에서 지구단위계획으로 완화적용할 수 있는 법률의 규정이 <u>아닌</u> 것은?

① 용도지역 및 용도지구에서의 건축물의 건축제한 등

② 용도지역의 건폐율 및 용적률

③ 「건축법」에 따른 건축선의 지정

④ 「건축법」에 따른 건축물의 높이제한

⑤ 「주차장법」에 따른 부설주차장의 설치·지정

49. 국토의 계획 및 이용에 관한 법령상 토지분할을 개발행위허가를 받지 않고 할 수 있는 경우를 모두 고른 것은?

> ㄱ. 「사도법」에 의한 사도개설허가를 받은 토지의 분할
>
> ㄴ. 토지의 일부가 도시·군계획시설로 지형도면 고시가 된 해당 토지의 분할
>
> ㄷ. 행정재산 중 용도폐지되는 부분의 분할 또는 일반재산을 매각·교환 또는 양여하기 위한 분할
>
> ㄹ. 너비 5m 이하로 이미 분할된 토지의 「건축법」에 따른 분할제한면적 이상으로의 분할

① ㄱ, ㄷ   ② ㄴ, ㄹ

③ ㄱ, ㄴ, ㄷ   ④ ㄴ, ㄷ, ㄹ

⑤ ㄱ, ㄴ, ㄷ, ㄹ

50. 국토의 계획 및 이용에 관한 법령상 기반시설부담구역에 관한 설명으로 <u>틀린</u> 것은?

① 기반시설부담구역이 지정되면 기반시설설치계획을 수립해야 하며, 이를 도시·군관리계획에 반영해야 한다.

② 기반시설을 설치하거나 그에 필요한 용지를 확보하게 하기 위하여 개발밀도관리구역에 기반시설부담구역을 지정할 수 있다.

③ 기반시설부담구역을 지정하려면 주민의 의견을 들어야 하며, 지방도시계획위원회의 심의를 거쳐야 한다.

④ 의료시설과 방송통신시설의 기반시설유발계수는 다르다.

⑤ 기반시설설치비용은 해당 기반시설부담구역에서 기반시설의 설치 또는 그에 필요한 용지의 확보 등을 위하여 사용해야 한다.

51. 국토의 계획 및 이용에 관한 법령상 실시계획의 실효에 관한 조문이다. (   )에 들어갈 숫자로 옳은 것은?

> 도시·군계획시설결정의 고시일부터 10년 이후에 실시계획을 작성하거나 인가받은 도시·군계획시설사업의 시행자(이하 '장기미집행 도시·군계획시설사업의 시행자'라 한다)가 실시계획 고시일부터 (ㄱ)년 이내에 「공익사업을 위한 토지 등의 취득 및 보상에 관한 법률」에 따른 재결신청을 하지 않는 경우에는 실시계획 고시일부터 (ㄱ)년이 지난 다음 날에 그 실시계획은 효력을 잃는다. 다만, 장기미집행 도시·군계획시설사업의 시행자가 재결신청을 하지 않고 실시계획 고시일부터 (ㄱ)년이 지나기 전에 해당 도시·군계획시설사업에 필요한 토지면적의 3분의 2 이상을 소유하거나 사용할 수 있는 권원을 확보하고 실시계획 고시일부터 (ㄴ)년 이내에 재결신청을 하지 않는 경우 실시계획 고시일부터 (ㄴ)년이 지난 다음 날에 그 실시계획은 효력을 잃는다.

① ㄱ: 2, ㄴ: 3

② ㄱ: 3, ㄴ: 5

③ ㄱ: 5, ㄴ: 7

④ ㄱ: 7, ㄴ: 10

⑤ ㄱ: 10, ㄴ: 15

52. 국토의 계획 및 이용에 관한 법령상 성장관리계획에 관한 설명으로 틀린 것은?

① 특별시장 · 광역시장 · 특별자치시장 · 특별자치도지사 · 시장 또는 군수는 녹지지역, 관리지역, 농림지역 및 자연환경보전지역에서 성장관리계획구역을 지정할 수 있다.

② 성장관리계획구역을 지정하려면 성장관리계획구역안을 14일 이상 일반이 열람할 수 있도록 해야 한다.

③ 성장관리계획구역 내 자연녹지지역에서는 40% 이하의 범위에서 성장관리계획으로 정하는 바에 따라 건폐율을 완화하여 적용할 수 있다.

④ 성장관리계획구역 내 계획관리지역에서는 125% 이하의 범위에서 성장관리계획으로 정하는 바에 따라 용적률을 완화하여 적용할 수 있다.

⑤ 성장관리계획구역에서 개발행위 또는 건축물의 용도변경을 하려면 그 성장관리계획에 맞게 해야 한다.

53. 도시개발법령상 자연녹지지역 내 취락지구 2만m²에 대하여 토지소유자가 조합을 설립하여 환지방식으로 도시개발사업을 시행하고자 할 때, 이와 관련한 설명으로 틀린 것은?

① 토지소유자는 대상 구역 토지면적의 3분의 2 이상에 해당하는 토지소유자(지상권자를 포함한다)의 동의를 받아 도시개발구역의 지정을 제안할 수 있다.

② 도시개발구역을 지정한 후에 개발계획을 수립할 수 있다.

③ 개발계획을 수립하는 때에는 사업대상 토지면적의 3분의 2 이상에 해당하는 토지소유자와 토지소유자 총수의 2분의 1 이상의 동의를 받아야 한다.

④ 도시개발구역 지정절차로서 주민 등의 의견을 청취하기 위하여 공람을 실시해야 하고, 필요시 공청회를 개최할 수 있다.

⑤ 도시개발구역이 지정 · 고시된 경우 해당 도시개발구역은 지구단위계획구역으로 결정 · 고시된 것으로 본다.

54. 도시개발법령상 도시개발구역의 전부를 환지방식으로 시행하는 경우라도 지방자치단체 등을 시행자로 지정할 수 있는 경우를 모두 고른 것은?

ㄱ. 토지소유자나 조합이 개발계획의 수립 · 고시일부터 1년 이내에 시행자 지정을 신청하지 않는 경우 (단, 연장은 고려하지 않음)

ㄴ. 지방자치단체의 장이 집행하는 공공시설에 관한 사업과 병행하여 시행할 필요가 있다고 인정한 경우

ㄷ. 도시개발구역의 국 · 공유지를 제외한 토지면적의 3분의 2 이상에 해당하는 토지소유자 및 토지소유자 총수의 2분의 1 이상이 지방자치단체 등의 시행에 동의한 경우

① ㄷ   ② ㄱ, ㄴ   ③ ㄱ, ㄷ
④ ㄴ, ㄷ   ⑤ ㄱ, ㄴ, ㄷ

55. 도시개발법령상 조합 정관에 포함될 사항이 아닌 것은?

① 원형지로 공급될 대상 토지 및 개발방향
② 도시개발구역의 면적
③ 조합의 명칭, 주된 사무소의 소재지
④ 임원의 자격 · 수 · 임기 · 직무 및 선임방법
⑤ 환지계획 및 환지예정지의 지정에 관한 사항

56. 도시개발법령상 도시개발사업의 시행방식에 관한 설명으로 옳은 것은?

① 계획적이고 체계적인 도시개발 등 집단적인 조성과 공급이 필요한 경우 환지방식으로 정한다.

② 미분할 혼용방식은 인정되지 않는다.

③ 지정권자는 도시개발구역 지정 이후 지가상승 등 지역개발여건의 변화로 지정 당시의 요건을 충족하지 못하는 경우에는 도시개발사업의 시행방식을 변경할 수 있다.

④ 공공시행자가 전부 환지방식에서 수용 또는 사용방식으로 변경하는 것은 허용된다.

⑤ 도시개발조합인 시행자가 수용 또는 사용방식에서 혼용방식으로 변경하는 것은 허용된다.

57. 도시개발법령상 실시계획에 관한 설명으로 틀린 것은?

① 실시계획에는 지구단위계획이 포함되어야 한다.

② 국토교통부장관인 지정권자가 실시계획을 작성하거나 인가하는 경우 시 · 도지사 또는 대도시 시장의 의견을 미리 들어야 한다.

③ 지정권자는 도시개발사업을 환지방식으로 시행하는 구역에 대하여는 도시 · 군관리계획(지구단위계획을 포함한다)의 결정내용과 토지조서를 관할 등기소에 통보 · 제출해야 한다.

④ 실시계획인가가 있으면 「주택법」에 따른 사업계획의 승인을 받은 것으로 본다.

⑤ 지정권자는 실시계획의 인가를 받은 후 2년 이내에 사업을 착수하지 않는 경우 시행자를 변경할 수 있다.

58. 도시개발법령상 환지처분에 관한 설명으로 옳은 것을 모두 고른 것은?

> ㄱ. 지정권자가 시행자인 경우 공사완료 공고가 있는 때에는 60일 이내에 환지처분을 해야 한다.
> ㄴ. 도시개발사업의 시행으로 행사할 이익이 없어진 지역권은 환지처분이 공고된 날이 끝나는 때에 소멸한다.
> ㄷ. 환지계획에서 정해진 환지는 그 환지처분이 공고된 날부터 종전의 토지로 본다.
> ㄹ. 시행자는 환지처분의 공고 후 14일 이내에 관할 등기소에 토지와 건축물에 관한 등기를 촉탁하거나 신청해야 한다.

① ㄱ, ㄴ
② ㄱ, ㄷ
③ ㄷ, ㄹ
④ ㄱ, ㄴ, ㄹ
⑤ ㄴ, ㄷ, ㄹ

59. 도시 및 주거환경정비법령상 정비계획의 입안권자가 정비계획을 변경하려는 경우 주민공람 및 지방의회의 의견청취를 생략할 수 있는 경미한 사항으로 틀린 것은?

① 정비구역의 면적을 5% 미만의 범위에서 변경하는 경우(정비구역을 분할, 통합 또는 결합하는 경우를 제외한다)
② 토지등소유자별 분담금 추산액 및 산출근거를 변경하는 경우
③ 정비기반시설 규모를 10% 미만의 범위에서 변경하는 경우
④ 정비사업시행 예정시기를 3년의 범위에서 조정하는 경우
⑤ 건축물의 최고높이를 변경하는 경우

60. 도시 및 주거환경정비법령상 총회 소집에 관한 규정이다. ( )에 들어갈 내용으로 옳은 것은?

> 총회는 조합장이 직권으로 소집하거나 조합원 (ㄱ) 이상[정관의 기재사항 중 조합임원의 권리·의무·보수·선임방법·변경 및 해임에 관한 사항을 변경하기 위한 총회의 경우는 (ㄴ) 이상으로 한다] 또는 대의원 (ㄷ) 이상의 요구로 조합장이 소집한다.

① ㄱ: 3분의 1, ㄴ: 3분의 1, ㄷ: 2분의 1
② ㄱ: 3분의 1, ㄴ: 5분의 1, ㄷ: 과반수
③ ㄱ: 5분의 1, ㄴ: 5분의 1, ㄷ: 과반수
④ ㄱ: 5분의 1, ㄴ: 10분의 1, ㄷ: 3분의 2
⑤ ㄱ: 10분의 1, ㄴ: 10분의 1, ㄷ: 3분의 2

61. 도시 및 주거환경정비법령상 국토교통부장관, 시·도지사, 시장, 군수 또는 구청장이 비경제적인 건축행위 및 투기수요의 유입을 막기 위하여 기본계획을 공람 중인 정비예정구역에 대하여 3년 이내의 기간(1년의 범위에서 한 차례만 연장할 수 있음)을 정하여 제한할 수 있는 행위에 해당하지 않는 것은?

① 건축물의 건축
② 토지의 형질변경
③ 토지의 분할
④ 「건축법」에 따른 건축물대장 중 일반건축물대장을 집합건축물대장으로 전환
⑤ 「건축법」에 따른 건축물대장 중 집합건축물대장의 전유부분 분할

62. 도시 및 주거환경정비법령상 토지임대부 분양주택의 공급에 관한 설명이다. ( )에 들어갈 숫자로 옳은 것은?

> 국토교통부장관, 시·도지사, 시장, 군수, 구청장 또는 토지주택공사 등은 정비구역의 세입자와 다음에 정하는 면적 이하의 토지 또는 주택을 소유한 자의 요청이 있는 경우에는 인수한 재개발임대주택의 일부를 「주택법」에 따른 토지임대부 분양주택으로 전환하여 공급해야 한다.
> 1. 면적이 (ㄱ)m² 미만의 토지를 소유한 자로서 건축물을 소유하지 않은 자
> 2. 바닥면적이 (ㄴ)m² 미만의 사실상 주거를 위하여 사용하는 건축물을 소유한 자로서 토지를 소유하지 않은 자

① ㄱ: 60, ㄴ: 40
② ㄱ: 60, ㄴ: 60
③ ㄱ: 90, ㄴ: 40
④ ㄱ: 90, ㄴ: 60
⑤ ㄱ: 100, ㄴ: 85

63. 도시 및 주거환경정비법령상 조합의 임원에 관한 설명으로 틀린 것은?

① 총회에서 조합원 과반수의 출석과 출석 조합원 과반수의 동의로 요청하는 경우 시장·군수 등은 전문조합관리인을 선정할 수 있다.

② 조합임원이 자격요건을 갖추지 못해 당연퇴임한 경우 그가 퇴임 전에 관여한 행위는 그 효력을 잃는다.

③ 조합설립 인가권자에 해당하는 지방자치단체의 장, 지방의회의원 또는 그 배우자·직계존속·직계비속에 해당하는 자는 조합임원이 될 수 없다.

④ 시장·군수 등이 전문조합관리인을 선정한 경우 전문조합관리인이 업무를 대행할 임원은 당연퇴임한다.

⑤ 조합임원의 임기만료 후 6개월 이상 조합임원이 선임되지 않는 경우에는 시장·군수 등이 조합임원 선출을 위한 총회를 소집할 수 있다.

64. 도시 및 주거환경정비법령상 관리처분계획에 포함될 사항으로 틀린 것은?

① 분양설계

② 분양대상자별 분양예정인 대지 또는 건축물의 추산액

③ 분양대상자별 종전의 토지 또는 건축물 명세 및 정비구역지정 고시가 있은 날을 기준으로 한 가격

④ 정비사업비의 추산액(「재건축초과이익 환수에 관한 법률」에 따른 재건축부담금에 관한 사항을 포함한다)

⑤ 기존 건축물의 철거 예정시기

65. 주택법령상 주택조합에 관한 규정이다. (   )에 공통으로 들어갈 내용으로 옳은 것은? (단, 리모델링주택조합이 아님)

○ 주택조합은 설립인가를 받은 날부터 (   ) 이내에 사업계획승인을 신청해야 한다.

○ 주택조합의 발기인은 조합원 모집신고가 수리된 날부터 (   )이 되는 날까지 주택조합설립인가를 받지 못하는 경우 대통령령으로 정하는 바에 따라 주택조합 가입 신청자 전원으로 구성되는 총회의결을 거쳐 주택조합사업의 종결 여부를 결정하도록 해야 한다.

① 6개월　　　　　② 1년
③ 2년　　　　　　④ 3년
⑤ 5년

66. 주택법령상 주택에 관한 설명으로 옳은 것은?

① 세대구분형 공동주택은 공동주택의 주택 내부공간의 일부를 세대별로 구분하여 그 구분된 공간의 일부를 구분소유할 수 있는 주택이다.

② 국가의 재정으로부터 자금을 지원받아 건설되는 1세대당 주거전용면적 80m²인 주택은 국민주택에 해당하지 않는다.

③ 공동주택의 경우 주거전용면적은 외벽의 중심선을 기준으로 산정한 면적으로 한다.

④ 민영주택은 국민주택을 제외한 주택을 말한다.

⑤ 300세대인 국민주택규모의 단지형 다세대주택은 도시형 생활주택에 해당한다.

67. 주택법령상 환지방식에 의한 도시개발사업으로 조성된 대지의 활용에 관한 설명으로 옳은 것을 모두 고른 것은?

ㄱ. 사업주체가 국민주택용지로 사용하기 위하여 체비지의 매각을 요구한 경우 도시개발사업 시행자는 체비지의 총면적의 50%의 범위에서 이를 우선적으로 사업주체에게 매각할 수 있다.

ㄴ. 사업주체가 환지계획의 수립 전에 체비지의 매각을 요구하면 도시개발사업 시행자는 사업주체에게 매각할 체비지를 하나의 단지로 정해야 한다.

ㄷ. 체비지의 양도가격은 조성원가를 기준으로 한다.

ㄹ. 도시개발사업 시행자는 체비지를 사업주체에게 국민주택용지로 매각하는 경우에는 수의계약으로 해야 한다.

① ㄱ, ㄴ　　　　　② ㄱ, ㄹ
③ ㄴ, ㄷ　　　　　④ ㄴ, ㄹ
⑤ ㄷ, ㄹ

68. 주택법령상 공동주택 리모델링의 허가기준으로 틀린 것은?

① 리모델링은 주택단지별 또는 동별로 한다.

② 복리시설을 분양하기 위한 것이 아니어야 한다. 다만, 1층을 필로티 구조로 전용하여 세대의 일부 또는 전부를 부대시설 및 복리시설 등으로 이용하는 경우에는 그러하지 않다.

③ 1층을 필로티 구조로 전용하는 경우 수직증축 허용범위를 초과하여 증축할 수 있다.

④ 내력벽의 철거에 의하여 세대를 합치는 행위가 아니어야 한다.

⑤ 입주자·사용자 또는 관리주체의 경우 공사기간, 공사방법 등이 적혀 있는 동의서에 입주자 전체의 동의를 받아야 한다.

69. 주택법령상 사업주체가 500세대 이상의 공동주택을 공급할 때 주택의 성능 및 품질을 입주자가 알 수 있도록 「녹색건축물 조성 지원법」에 따라 공동주택성능에 대한 등급을 발급받아 입주자 모집공고에 표시해야 하는 사항을 모두 고른 것은?

> ㄱ. 경량충격음 · 중량충격음 · 화장실소음 · 경계소음 등 소음 관련 등급
> ㄴ. 리모델링 등에 대비한 가변성 및 수리 용이성 등 구조 관련 등급
> ㄷ. 조경 · 일조확보율 · 실내공기질 · 에너지절약 등 환경 관련 등급
> ㄹ. 커뮤니티시설, 사회적 약자 배려, 홈네트워크, 방범안전 등 생활환경 관련 등급
> ㅁ. 화재 · 소방 · 피난안전 등 화재 · 소방 관련 등급

① ㄱ, ㄴ, ㄹ
② ㄱ, ㄷ, ㅁ
③ ㄷ, ㄹ, ㅁ
④ ㄴ, ㄷ, ㄹ, ㅁ
⑤ ㄱ, ㄴ, ㄷ, ㄹ, ㅁ

70. 주택법령상 주택의 전매행위제한 등에 관한 설명으로 틀린 것은?

① 주택에 대한 전매행위 제한기간이 둘 이상에 해당하는 경우에는 그중 가장 짧은 전매행위 제한기간을 적용한다.
② 전매란 매매 · 증여나 그 밖에 권리의 변동을 수반하는 모든 행위를 포함하되, 상속은 제외한다.
③ 전매행위 제한기간은 해당 주택의 입주자로 선정된 날부터 기산한다.
④ 주택에 대한 전매행위 제한기간 이내에 해당 주택에 대한 소유권이전등기를 완료한 경우 소유권이전등기를 완료한 때에 전매행위 제한기간이 지난 것으로 본다.
⑤ 공공택지에서 건설 · 공급되는 분양가상한제 적용주택의 전매행위 제한기간은 수도권 3년, 수도권 외의 지역 1년이다.

71. 주택법령상 사업계획승인권자가 감리자를 교체하고 1년의 범위에서 감리업무의 지정을 제한할 수 있는 사유로 틀린 것은?

① 감리업무 수행 중 발견한 위반사항을 묵인한 경우
② 이의신청 결과 시정통지가 2회 이상 잘못된 것으로 판정된 경우
③ 공사기간 중 공사현장에 1개월 이상 감리원을 상주시키지 않은 경우
④ 감리자 지정에 관한 서류를 거짓이나 그 밖의 부정한 방법으로 작성 · 제출한 경우
⑤ 감리자 스스로 감리업무 수행의 포기의사를 밝힌 경우

72. 건축법령상 공동주택에 관한 규정의 일부이다. ( )에 들어갈 내용으로 틀린 것은?

> ○ 아파트: 주택으로 쓰는 층수가 (①)개 층 이상인 주택
> ○ 연립주택: 주택으로 쓰는 1개 동의 바닥면적(2개 이상의 동을 지하주차장으로 연결하는 경우에는 각각의 동으로 본다) 합계가 (②)m²를 초과하고, 층수가 (③)개 층 이하인 주택
> ○ 임대형기숙사: 「공공주택 특별법」에 따른 공공주택사업자 또는 「민간임대주택에 관한 특별법」에 따른 임대사업자가 임대사업에 사용하는 것으로서 임대목적으로 제공하는 실이 (④)실 이상이고 해당 기숙사의 공동취사시설 이용 세대수가 전체 세대수의 (⑤)% 이상인 것

① 5
② 660
③ 4
④ 10
⑤ 50

73. 甲은 A광역시 B구에서 연면적 합계가 5천m²인 주상복합 건축물을 신축하려고 한다. 건축법령상 이에 관한 설명으로 틀린 것은? (단, 甲은 한국토지주택공사나 지방공사가 아니고, 분양보증이나 신탁계약을 체결한 건축물이 아님)

① 甲은 B구청장에게 건축허가를 받아야 한다.
② B구청장은 甲에게 안전관리예치금을 예치하게 할 수 없다.
③ 甲이 건축허가를 받은 경우에는 해당 대지조성과 관련하여 높이 3m의 옹벽을 축조하기 위해 따로 공작물 축조신고를 할 필요가 없다.
④ 甲이 건축허가를 받은 이후에 공사시공자를 변경하는 경우에는 B구청장에게 신고해야 한다.
⑤ 공사감리자는 필요하다고 인정하면 공사시공자에게 상세시공도면을 작성하도록 요청할 수 있다.

74. 건축법령상 건축신고를 하면 건축허가를 받은 것으로 볼 수 있는 경우로 틀린 것은?

① 연면적의 합계가 100m² 이하인 건축물의 신축
② 건축물의 높이를 3m 이하의 범위에서 증축
③ 주요구조부의 해체 없이 기둥을 세 개 이상 수선하는 대수선
④ 바닥면적의 합계가 85m² 이내인 단층 건축물의 개축
⑤ 연면적이 300m² 미만이고 2층 미만인 건축물의 대수선

75. 건축법령상 건축물의 대지가 2m 이상이 도로(자동차만의 통행에 사용되는 도로는 제외함)에 접하지 않아도 되는 경우를 모두 고른 것은? (단, 적용제외, 특례 및 조례는 고려하지 않음)

> ㄱ. 해당 건축물의 출입에 지장이 없다고 인정되는 경우
> ㄴ. 건축물의 주변에 광장, 공원, 유원지, 그 밖에 관계 법령에 따라 건축이 가능하고 공중의 통행에 지장이 없는 공지로서 허가권자가 인정한 공지가 있는 경우
> ㄷ. 「농지법」에 따른 농막을 건축하는 경우

① ㄱ
② ㄱ, ㄴ
③ ㄱ, ㄷ
④ ㄴ, ㄷ
⑤ ㄱ, ㄴ, ㄷ

76. 건축법령상 건축면적에 산입하지 않는 것으로 틀린 것은?
① 지하주차장의 경사로
② 건축물 지상층에 일반인이나 차량이 통행할 수 있도록 설치한 보행통로나 차량통로
③ 생활폐기물 보관시설
④ 지표면으로부터 2m 이하에 있는 부분(창고 중 물품을 입출고하기 위하여 차량을 접안시키는 부분은 제외한다)
⑤ 건축물 지하층의 출입구 상부

77. 건축법령상 가구·세대 등간 소음방지를 위해 국토교통부령으로 정하는 기준에 따라 층간바닥(화장실의 바닥은 제외함)을 설치해야 하는 건축물이 아닌 것은?
① 단독주택 중 다가구주택
② 공동주택(「주택법」에 따른 주택건설사업계획승인대상은 제외한다)
③ 업무시설 중 오피스텔
④ 제2종 근린생활시설 중 다중생활시설
⑤ 숙박시설 중 생활숙박시설

78. 건축법령상 건축협정에 관한 설명으로 틀린 것은?
① 「도시 및 주거환경정비법」에 따른 주거환경개선사업을 시행하기 위하여 지정·고시된 정비구역에서 건축협정을 체결할 수 있다.
② 둘 이상의 토지를 소유한 자가 1인인 경우에도 그 토지소유자는 해당 토지의 구역을 건축협정 대상 지역으로 하는 건축협정을 정할 수 있다.
③ 건축협정을 폐지하려는 경우에는 협정체결자 전원의 동의를 받아 건축협정인가권자의 인가를 받아야 한다.
④ 건축협정구역에 건축하는 건축물의 용적률을 완화하여 적용하는 경우에는 건축위원회와 지방도시계획위원회의 통합심의를 거쳐야 한다.
⑤ 건축협정에 따른 특례를 적용하여 착공신고를 한 경우에는 착공신고를 한 날부터 20년이 지난 후에 건축협정의 폐지인가를 신청할 수 있다.

79. 농지법령상 농지의 임대차에 관한 설명으로 옳은 것은?
① 개인이 소유하고 있는 농지 중 2년 이상 소유한 농지는 주말·체험영농을 하려는 자에게 임대할 수 있다.
② 농지를 임차한 임차인이 그 농지를 정당한 사유 없이 농업경영에 사용하지 않을 때에는 시·구·읍·면의 장이 임대차의 종료를 명할 수 있다.
③ 임대차계약은 그 등기가 없어도 임차인이 농지소재지를 관할하는 시·구·읍·면의 장의 확인을 받고, 해당 농지를 인도받은 경우에는 그 다음 날부터 제3자에 대하여 효력이 생긴다.
④ 임차인이 다년생식물의 재배지로 이용하는 농지의 임대차기간은 3년 이상으로 해야 한다.
⑤ 국유재산과 공유재산인 농지에 대하여는 임대차기간에 관한 규정을 적용한다.

80. 농지법령상 농지소유자가 소유농지를 위탁경영할 수 있는 경우가 아닌 것은?
① 담보농지를 취득하여 소유하는 경우
② 임신 중이거나 분만 후 6개월 미만인 경우
③ 농업법인이 청산 중인 경우
④ 3개월 이상 국외여행 중인 경우
⑤ 선거에 따른 공직취임으로 자경할 수 없는 경우

2024년도 제35회 공인중개사 2차 국가자격시험

실전모의고사 제10회

교 시	문제형별	시 간	시 험 과 목
2교시	A	50분	① 부동산 공시에 관한 법령 및 부동산 관련 세법

수험번호		성 명	

【 수험자 유의사항 】

1. **시험문제지는 단일 형별(A형)이며, 답안카드 형별 기재란에 표시된 형별(A형)을 확인하시기 바랍니다.** 시험문제지의 **총면수, 문제번호 일련순서, 인쇄상태** 등을 확인하시고, 문제지 표지에 수험번호와 성명을 기재하시기 바랍니다.

2. 답은 각 문제마다 요구하는 **가장 적합하거나 가까운 답 1개**만 선택하고, 답안카드 작성 시 시험문제지 **형별누락, 마킹착오**로 인한 불이익은 전적으로 **수험자에게 책임**이 있음을 알려드립니다.

3. 답안카드는 국가전문자격 공통 표준형으로 문제번호가 1번부터 125번까지 인쇄되어 있습니다. 답안 마킹 시에는 반드시 **시험문제지의 문제번호와 동일한 번호에 마킹**하여야 합니다. (2차 2교시: 1번~40번)

4. **감독위원의 지시에 불응하거나 시험시간 종료 후 답안카드를 제출하지 않을 경우** 불이익이 발생할 수 있음을 알려 드립니다.

5. 시험문제지는 시험 종료 후 가져가시기 바랍니다.

6. 답안작성은 **시험 시행일(2024.10.26.) 현재 시행되는 법령 등**을 적용하시기 바랍니다.

7. 가답안 의견제시에 대한 개별회신 및 공고는 하지 않으며, **최종 정답 발표로 갈음**합니다.

8. 시험 중 **중간 퇴실은 불가**합니다. 단, 부득이하게 퇴실할 경우 **시험포기각서 제출 후 퇴실은 가능**하나 **재입실이 불가**하며, **해당시험은 무효처리됩니다.**

해커스 공인중개사

1. 「공간정보의 구축 및 관리 등에 관한 법률」상 지번의 부여에 관한 설명 중 틀린 것은?

① 등록전환의 대상토지가 그 지번부여지역의 최종 지번의 토지에 인접한 경우에는 최종 본번의 다음 순번부터 본번으로 지번을 부여할 수 있다.

② 지적소관청은 지번을 변경하려면 지번변경 사유를 적은 승인신청서에 지번변경 대상지역의 지번·지목·면적·소유자에 대한 상세한 내용을 기재하여 시·도지사 또는 대도시 시장에게 제출하여야 한다.

③ 지적확정측량 지역에 부여할 수 있는 종전 지번의 수가 새로 부여할 지번의 수보다 적을 때에는 블록 단위로 하나의 본번을 부여한 후 필지별로 본번을 부여할 수 있다.

④ 지적소관청은 도시개발사업 등이 준공되기 전에 지번을 부여하는 때에는 사업계획도에 따르되, 지적확정측량의 방법에 따라 부여하여야 한다.

⑤ 지적소관청이 지번부여지역의 지번을 변경할 때에는 지적확정측량의 방법을 준용한다.

2. 지목을 결정하는 경우로 옳은 것을 모두 고른 것은?

ㄱ. 자동차·선박·기차 등의 제작 또는 정비공장 안에 설치된 급유·송유시설 등의 부지는 '공장용지'로 한다.

ㄴ. 영구적 건축물 중 박물관·극장·미술관 등 문화시설과 「국토의 계획 및 이용에 관한 법률」 등 관계 법령에 따른 택지조성공사가 준공된 토지는 '대'로 한다.

ㄷ. 용수 또는 배수를 위하여 일정한 형태를 갖춘 인공적인 수로·둑 및 그 부속시설물의 부지와 자연의 유수가 있거나 있을 것으로 예상되는 토지는 '구거'로 한다.

ㄹ. 「주차장법」에 따른 노상주차장 및 부설주차장, 자동차 등의 판매 목적으로 설치된 물류장 및 야외전시장은 '잡종지'로 한다.

ㅁ. 일반 공중의 보건·휴양 및 정서생활에 이용하기 위한 시설을 갖춘 토지로서 「국토의 계획 및 이용에 관한 법률」에 따라 녹지로 결정·고시된 토지는 '유원지'로 한다.

① ㄱ, ㄴ
② ㄱ, ㄴ, ㄷ
③ ㄱ, ㄷ, ㄹ
④ ㄴ, ㄹ, ㅁ
⑤ ㄱ, ㄷ, ㄹ, ㅁ

3. 토지의 고유번호 11번째가 2인 지역에서 1필지의 면적이 $234.5454m^2$로 측정되었다면 토지대장 또는 임야대장에 등록할 면적은 얼마인가?

① $234m^2$
② $234.5m^2$
③ $234.54m^2$
④ $234.6m^2$
⑤ $235m^2$

4. 대장 및 경계점좌표등록부에 관한 설명으로 틀린 것은?

① 토지대장에 소유자의 성명과 주소 및 주민등록번호, 소유권 지분, 지적도의 번호와 필지별 토지대장의 장번호 및 축척을 등록한다.

② 임야대장에 토지의 이동사유, 개별공시지가와 그 기준일, 토지등급 또는 기준수확량등급을 등록한다.

③ 경계점좌표등록부에는 토지의 고유번호, 지적도면의 번호, 필지별 경계점좌표등록부의 장번호를 등록한다.

④ 공유지연명부에 토지의 고유번호, 필지별 공유지연명부의 장번호, 토지소유자가 변경된 날과 그 원인을 등록한다.

⑤ 대지권등록부에 전유부분의 건물표시, 건물의 명칭, 집합건물별 대지권등록부의 장번호, 소유권 지분을 등록한다.

5. 다음 지적도면에 관한 설명으로 옳은 것은?

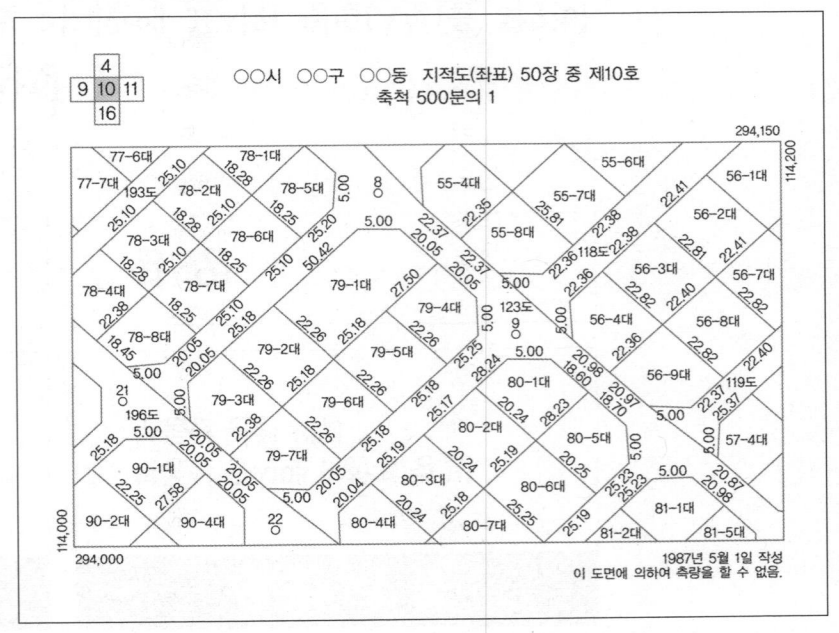

① 위 지역은 경계점좌표등록부를 비치한 지역이며, 위의 도면은 50장 중에 10번 도면이다.

② 토지의 소재, 지번, 경계, 좌표, 건축물의 위치, 도곽선과 그 수치는 도면의 등록사항이다.

③ 79-1의 좌측에 등록된 50.42는 도면에 의하여 계산한 경계점간의 거리를 나타낸다.

④ 도곽선 수치를 계산하면 위 도면의 포용면적은 $50,000m^2$이다.

⑤ 위 도면의 도로 중간에 표시된 ○는 지적삼각점을 나타낸다.

6. 다음 중 괄호에 들어갈 단어를 올바르게 순서대로 연결한 것은?

> ○ (ㄱ)은(는) 정보처리시스템에 따라 보존하여야 하는 지적공부가 멸실되거나 훼손될 경우를 대비하여 지적공부를 복제하여 관리하는 정보관리체계를 구축하여야 한다.
> ○ (ㄴ)은(는) 부동산종합공부의 멸실 또는 훼손에 대비하여 별도로 복제하여 관리하는 정보관리체계를 구축하여야 한다.

	ㄱ	ㄴ
①	시 · 도지사	지적소관청
②	지적소관청	국토교통부장관
③	국토교통부장관	지적소관청
④	국토교통부장관	시 · 도지사
⑤	국토교통부장관	국토교통부장관

7. 「공간정보의 구축 및 관리 등에 관한 법률」상 토지이동에 관한 설명으로 틀린 것은?

① 「건축법」에 따른 건축허가 · 신고 또는 그 밖의 관계 법령에 따른 개발행위 허가 등을 받은 경우에 등록전환을 신청할 수 있다.

② 분할 전후 면적의 차이가 허용범위 이내인 경우에는 그 오차를 분할 후의 각 필지의 면적에 따라 나눈다.

③ 합병하려는 토지에 소유권 · 지상권 · 전세권 또는 임차권의 등기, 승역지에 대한 지역권의 등기 외의 등기가 있는 경우에 합병할 수 있다.

④ 도시개발사업 등의 원활한 추진을 위하여 사업시행자가 공사 준공 전에 토지의 합병을 신청하는 경우에 지목변경을 신청할 수 있다.

⑤ 지적소관청은 토지소유자가 통지를 받은 날부터 90일 이내에 등록말소 신청을 하지 아니하면 직권으로 등록을 말소한다.

8. 축척변경의 절차와 청산방법에 관한 설명 중 옳은 것은?

① 지적소관청은 확정공고일 현재를 기준으로 그 축척변경 시행지역 안의 토지에 대하여 지번별 m²당 금액을 미리 조사하여 축척변경위원회에 제출하여야 한다.

② 필지별 증감면적이 허용범위 이내인 경우 또는 소유자 전원이 청산하지 아니하기로 구두로 합의한 경우에는 청산금을 산출하지 않을 수 있다.

③ 지적소관청은 이의신청이 있는 때에는 6개월 이내에 축척변경위원회의 심의 · 의결을 거쳐 그 내용을 이의신청인에게 알려야 한다.

④ 지적소관청은 축척변경시행기간 중에는 지적공부정리 등을 정지하지만 경계점표지의 설치를 위한 경계복원측량은 그러하지 아니하다.

⑤ 합병하려는 토지가 축척이 다른 지적도에 등록되어 있어 축척변경을 하는 경우에도 축척변경위원회의 의결과 시 · 도지사 등의 승인을 받아야 한다.

9. 「공간정보의 구축 및 관리 등에 관한 법률」에 의한 등록사항의 정정에 관한 설명으로 틀린 것은?

> ㄱ. 지적소관청은 도면에 등록된 필지가 면적의 증감 없이 경계의 위치만 잘못된 경우에 직권으로 등록사항을 정정할 수 있다.
> ㄴ. 지적소관청은 지적위원회의 의결에 따라 지적공부의 등록사항을 정정해야 하는 경우에는 직권으로 등록사항을 정정할 수 없다.
> ㄷ. 토지소유자의 신청에 의한 등록사항을 정정하는 경우에 경계 또는 면적의 변경을 가져오는 경우에는 인접지 소유자의 승낙서 또는 판결서를 지적소관청에 제출하여야 한다.
> ㄹ. 지적소관청이 직권으로 미등기토지의 소유자에 관한 사항을 정정하는 경우에는 가족관계 기록사항에 관한 증명서에 따라 정정하여야 한다.

① ㄱ, ㄷ
② ㄱ, ㄹ
③ ㄴ, ㄷ
④ ㄱ, ㄴ, ㄹ
⑤ ㄴ, ㄷ, ㄹ

10. 지적측량절차에 관한 설명으로 틀린 것은?

① 토지소유자 등은 검사측량과 지적재조사측량은 지적측량수행자에게 지적측량을 의뢰할 수 없다.

② 지적소관청은 지적측량을 하려는 지역의 지적공부와 부동산종합공부에 관한 전산자료를 지적측량수행자에게 제공하여야 한다.

③ 지적공부를 정리하지 아니하는 측량으로서 경계복원측량과 지적현황측량은 검사측량을 요하지 아니한다.

④ 지적소관청은 측량성과가 정확하다고 인정하면 지적측량성과도를 지적측량의뢰인에게 발급하여야 한다.

⑤ 지적삼각점성과 또는 그 측량부를 열람하거나 등본을 발급받으려는 자는 시 · 도지사 또는 지적소관청에 신청하여야 한다.

11. 지적측량업자의 업무 범위에 해당하지 <u>않는</u> 것은?

① 경계점좌표등록부가 있는 지역의 지적측량

② 「지적재조사에 관한 특별법」에 따른 지적재조사지구에서 실시하는 지적재조사측량

③ 도시개발사업 등이 끝남에 따라 하는 지적현황측량

④ 지적도·임야도, 연속지적도, 도시개발사업 등의 계획을 위한 지적도 등의 정보처리시스템을 통한 기록·저장 업무

⑤ 토지대장, 임야대장의 전산화 업무

12. 「공간정보의 구축 및 관리 등에 관한 법률」상 시·도지사 또는 대도시 시장의 승인사항인 것을 모두 고른 것은?

> ㄱ. 지적공부의 반출
>
> ㄴ. 지적공부의 복구
>
> ㄷ. 지번변경
>
> ㄹ. 축척변경
>
> ㅁ. 측량결과도를 도시개발사업 등 시행지역과 축척변경 시행지역에서는 1/500로 작성하지만, 농지구획정리 시행지역에서 1/6,000로 작성하는 경우

① ㄱ, ㄴ, ㄷ, ㄹ   ② ㄱ, ㄴ, ㄷ, ㅁ
③ ㄱ, ㄴ, ㄹ, ㅁ   ④ ㄱ, ㄷ, ㄹ, ㅁ
⑤ ㄴ, ㄷ, ㄹ, ㅁ

13. 등기에 관한 다음 설명 중 <u>틀린</u> 것은?

① 등기기록에 기록이 있으면 유·무효를 막론하고 기존의 등기를 말소하지 않고는 그것과 양립할 수 없는 등기는 할 수 없다.

② 유류저장탱크가 지붕과 벽면을 갖추고 토지에 견고하게 부착되어 있다면 그 건물에 대한 소유권보존등기를 신청할 수 있다.

③ 「하천법」상 하천에 대하여는 소유권, 저당권, 권리질권에 대한 권리의 설정, 보존, 이전, 변경, 처분의 제한 또는 소멸에 대하여 등기할 수 있다.

④ 권리소멸약정등기, 공유물불분할약정등기는 부기등기와 주등기가 모두 가능하다.

⑤ 소유권이전등기가 경료되어 있는 경우에는 그 등기명의자는 제3자에 대하여서 뿐만 아니라 그 전 소유자에 대하여도 적법한 등기원인에 의하여 소유권을 취득한 것으로 추정된다.

14. 등기기록의 보관 및 열람·발급 등에 관한 다음 설명 중 <u>틀린</u> 것은?

① 등기관이 법원으로부터 신청서나 그 밖의 부속서류의 송부명령을 받았을 때에는 그 명령과 관계가 있는 부분만 법원에 송부하여야 한다.

② 대리인이 신청서나 그 밖의 부속서류의 열람을 신청할 때에는 신청서에 그 권한을 증명하는 서면을 첨부하지 아니한다.

③ 신탁원부, 공동담보목록, 도면 또는 매매목록은 그 사항의 증명도 함께 신청하는 뜻의 표시가 있는 경우에만 등기사항증명서에 이를 포함하여 발급한다.

④ 등기신청이 접수된 부동산에 관하여는 등기관이 그 등기를 마칠 때까지 등기사항증명서를 발급하지 못한다.

⑤ 인터넷에 의한 열람의 경우에 신용카드로 수수료의 결제가 끝난 경우에는 등기사항증명서 발급 신청은 수수료를 결제한 당일에 한하여 철회할 수 있다.

15. 전자신청을 하고자 하는 당사자 또는 자격자대리인의 사용자등록과 전자신청의 절차에 관한 다음 설명 중 <u>틀린</u> 것은?

① 사용자등록을 신청하는 당사자 또는 자격자대리인은 등기소에 출석하여 신청서를 제출하여야 한다.

② 사용자등록의 유효기간 연장은 전자문서로 신청할 수 있다.

③ 변호사나 법무사[법무법인·법무법인(유한)·법무사법인·법무사법인(유한)을 포함한다. 이하 '자격자대리인'이라 한다]는 다른 사람을 대리하여 전자신청을 할 수 있다.

④ 전자신청의 경우에 보정사항이 있는 경우 등기관은 사유를 등록한 후 전자우편 방법에 의해 사유를 신청인에게 통지하여야 한다.

⑤ 전자신청에 대한 각하 결정의 방식 및 고지방법은 서면신청과 동일한 방법으로 처리한다.

16. 다음 중 등기필정보를 작성하여 등기권리자에게 통지하여야 하는 등기신청에 해당하는 것은?

① 말소된 전세권설정등기에 대한 회복등기를 등기권리자가 판결을 받아 단독으로 신청한 경우

② 甲, 乙 공유를 甲, 乙 합유로 변경하는 등기를 甲과 乙 공동으로 신청한 경우

③ 합유자 甲, 乙, 丙 중 丙의 사망을 원인으로 잔존 합유자 甲, 乙이 합유명의인 변경등기신청을 한 경우

④ 소유권이전등기절차의 인수를 명하는 판결에 의하여 승소한 등기의무자가 단독으로 소유권이전등기를 신청한 경우

⑤ 소유권이전청구권 가등기를 등기권리자가 법원의 가등기 가처분명령을 받아 단독으로 신청한 경우

17. 등기에 관한 설명으로 옳은 것은?
   ① 단독소유의 소유권보존등기를 공동소유로 경정하는 소유권경정등기는 허용된다.
   ② 단독소유를 공유로, 공유를 단독소유로 하는 등기명의인 표시경정등기는 허용된다.
   ③ 등기관이 등기의 착오나 빠진 부분이 등기관의 잘못으로 인한 것임을 발견한 경우에는 지체 없이 직권으로 경정하여야 한다. 다만, 등기상 이해관계인이 있는 경우에는 허용되지 아니한다.
   ④ 존재하지 아니하는 건물에 대한 등기가 있을 때에는 그 소유권의 등기명의인은 1개월 이내에 그 건물의 멸실등기를 신청하여야 한다.
   ⑤ 법정상속분대로 상속등기된 후 협의분할에 의한 소유권이전등기는 허용된다.

18. 다음 소유권보존등기와 관련한 소유권을 증명하는 판결에 관한 설명 중 틀린 것은?
   ① 소유권을 증명하는 판결은 보존등기 신청인 소유임을 확정하는 것이어야 한다.
   ② 건축물대장에 최초의 소유자로부터 양수인 명의로 소유권이 이전되어 있는 경우 최초의 소유자를 상대방으로 하여 판결을 받아야 한다.
   ③ 토지대장상 공유인 미등기토지에 대한 공유물분할판결은 이에 해당하지 아니한다.
   ④ 토지대장에 소유자표시란이 공란으로 되어있는 경우에 국가를 상대로 판결을 받아야 한다.
   ⑤ 건물에 대하여 국가 또는 건축허가명의인을 상대로 한 소유권확인판결은 이에 해당하지 아니한다.

19. 토지수용으로 인한 소유권이전등기를 하는 경우에 등기관이 직권으로 말소할 수 없는 등기에 해당하는 것을 모두 고른 것은?

   ┌───┐
   │ ㄱ. 수용의 개시일 이후에 경료된 소유권이전등기 │
   │ ㄴ. 수용의 개시일 이전의 상속을 원인으로 한 소유권 │
   │   이전등기 │
   │ ㄷ. 소유권 이외의 권리, 즉 지상권, 지역권, 전세권, │
   │   저당권, 권리질권 및 임차권에 관한 등기 │
   │ ㄹ. 그 부동산을 위하여 존재하는 지역권의 등기 │
   │ ㅁ. 가등기, 가압류, 가처분, 압류등기 │
   └───┘

   ① ㄱ, ㄷ   ② ㄴ, ㄹ
   ③ ㄷ, ㅁ   ④ ㄱ, ㄹ, ㅁ
   ⑤ ㄴ, ㄷ, ㅁ

20. 신탁등기에 관한 설명으로 틀린 것은?
   ① 수익자나 위탁자가 수탁자를 대위하여 신탁등기를 신청하는 경우에는 동시신청은 준용하지 아니한다.
   ② 신탁행위에 의하여 소유권을 이전하는 경우에는 신탁등기의 신청은 신탁을 원인으로 하는 소유권이전등기의 신청과 함께 1건의 신청정보로 일괄하여 하여야 한다.
   ③ 신탁이 종료되어 신탁재산이 위탁자 또는 수익자에게 귀속되는 경우에는 그에 따른 권리이전등기와 신탁등기의 말소등기는 하나의 신청정보로 일괄하여 하여야 한다.
   ④ 법원이 수탁자 해임의 재판을 한 경우 지체 없이 신탁원부 기록의 변경등기를 수탁자가 등기소에 신청하여야 한다.
   ⑤ 등기관이 신탁재산에 속하는 부동산에 관한 권리에 대하여 수탁자의 변경으로 인한 이전등기를 할 경우 직권으로 그 부동산에 관한 신탁원부 기록의 변경등기를 하여야 한다.

21. 용익권등기에 관한 설명으로 틀린 것은?
   ① 구분지상권설정등기를 신청하는 경우에 도면은 첨부하지 아니한다.
   ② 등기관이 승역지에 지역권설정등기를 하였을 때에 승역지와 요역지의 관할이 동일하면 직권으로 요역지 등기기록에 요역지지역권을 기록하여야 한다.
   ③ 전세권의 존속기간 만료 전에 전세금반환채권의 일부 양도를 원인으로 한 전세권의 일부이전등기를 신청하는 경우에는 전세권의 소멸을 증명하는 정보를 첨부하여야 한다.
   ④ 전세권설정의 범위가 부동산의 일부인 경우에는 그 부분을 표시한 지적도나 건물도면을 첨부하여야 한다.
   ⑤ 등기관이 임차권설정등기를 할 때에 등기원인에 임차보증금에 관한 사항이 있는 경우에 등기기록에 기록할 수 있다.

22. (근)저당권등기에 관한 다음 설명 중 **틀린** 것은?

① 저당권이 이전된 후 저당권설정등기의 말소등기를 신청하는 경우에 저당권의 양수인이 저당권설정자와 공동으로 신청한다.

② 저당권설정등기 후 소유권이 제3자에게 이전된 경우에 저당권말소등기는 저당권설정자 또는 제3취득자가 저당권자와 공동으로 신청한다.

③ 근저당권의 피담보채권이 확정된 후에 근저당권의 기초가 되는 기본계약상의 채권자 지위가 제3자에게 전부 양도된 경우에 계약 양도를 원인으로 근저당권이전등기를 신청할 수 있다.

④ 근저당권의 피담보채권이 확정되기 전에 그 피담보채권이 양도된 경우에는 이를 원인으로 근저당권이전등기를 신청할 수는 없다.

⑤ 채권최고액을 감액하는 근저당권변경등기를 신청하는 경우에 근저당권설정자가 등기권리자, 근저당권자가 등기의무자가 되어 공동으로 신청한다.

23. 가등기에 관한 설명으로 옳은 것은?

① 가등기를 명하는 법원의 가처분명령이 있는 경우에는 법원의 촉탁에 따라 가등기를 실행한다.

② 가등기의 본등기금지가처분등기는 허용되지 않지만, 가등기된 권리의 이전금지가처분등기는 허용된다.

③ 하나의 가등기에 관하여 여러 사람의 가등기권자가 있는 경우에 그중 일부의 가등기권자가 자기의 가등기지분에 관하여 본등기를 신청할 수 없다.

④ 소유권이전청구권가등기권자가 가등기에 의한 본등기를 하지 않고 다른 원인에 의한 소유권이전등기를 한 후에도 그 가등기에 의한 본등기를 할 수 있다.

⑤ 가등기에 관하여 등기상 이해관계 있는 자는 가등기명의인의 승낙을 받아 가등기의 말소를 대위신청할 수 있다.

24. 처분금지가처분채권자가 본안사건에서 승소하여 그 승소판결에 의한 소유권이전등기를 신청하는 경우에 관한 설명으로 옳은 것을 모두 고른 것은?

ㄱ. 그 가처분등기 이후에 제3자 명의의 소유권이전등기가 경료되어 있을 때에는 반드시 위 소유권이전등기신청과 함께 단독으로 그 가처분등기 이후에 경료된 제3자 명의의 소유권이전등기의 말소신청도 동시에 신청하여야 한다.

ㄴ. 그 가처분등기 이후에 제3자 명의의 소유권 이외의 권리에 관한 등기가 경료되어 있을 때에는 위 소유권이전등기신청과 함께 단독으로 그 가처분등기 이후에 경료된 제3자 명의의 등기말소신청도 동시에 신청하여야 한다.

ㄷ. 등기관이 가처분채권자의 신청에 의하여 가처분등기 이후의 등기를 말소하였을 때에는 직권으로 그 가처분등기도 말소하여야 한다.

① ㄱ
② ㄷ
③ ㄱ, ㄴ
④ ㄴ, ㄷ
⑤ ㄱ, ㄴ, ㄷ

25. 부동산등기를 하는 경우 등록에 대한 등록면허세에 관한 내용 중 **틀린** 것은?

① 행정구역의 변경, 주민등록번호의 변경, 지적(地籍)소관청의 지번 변경, 등기 또는 등록 담당 공무원의 착오 및 이와 유사한 사유로 인한 등기 또는 등록으로서 단순한 표시변경·회복 또는 경정등기 또는 등록은 비과세한다.

② 무덤과 이에 접속된 부속시설물의 부지로 사용되는 토지로서 지적공부상 지목이 묘지인 토지에 관한 등기는 비과세한다.

③ 채권자대위자는 납세의무자를 대위하여 부동산의 등기에 대한 등록면허세를 신고납부할 수 있다. 이 경우 채권자대위자는 행정안전부령으로 정하는 바에 따라 납부확인서를 발급받을 수 있다.

④ 지방자치단체의 장은 위 ③에 따른 채권자대위자의 신고납부가 있는 경우 납세의무자에게 그 사실을 즉시 통보하여야 한다.

⑤ 「의료법」 제3조에 따른 의료업을 영위하기 위하여 대도시에서 법인을 설립함에 따른 등기를 할 때에는 그 세율을 해당 표준세율의 100분의 300으로 한다. 단, 그 등기일부터 2년 이내에 업종변경이나 업종추가는 없다.

26. 「국세기본법」 및 「지방세기본법」, 「지방세징수법」상 조세채권과 일반채권의 관계에 관한 설명으로 틀린 것은?

① 지방자치단체의 징수금의 징수 순위는 체납처분비, 가산세, 지방세(가산세 제외)의 순서로 한다.

② 재산의 매각대금 배분시 당해 재산에 부과된 종합부동산세는 당해 재산에 설정된 전세권에 따라 담보된 채권보다 우선한다.

③ 취득세 신고서를 납세지 관할 지방자치단체장에게 제출한 날 전에 저당권설정등기 사실이 증명되는 재산을 매각하여 그 매각금액에서 취득세를 징수하는 경우, 저당권에 따라 담보된 채권은 취득세에 우선한다.

④ 강제집행으로 부동산을 매각할 때 그 매각금액 중에 국세를 징수하는 경우, 강제집행 비용은 국세에 우선한다.

⑤ 재산의 매각대금 배분시 당해 재산에 부과된 재산세는 당해 재산에 설정된 저당권에 따라 담보된 채권보다 우선한다.

27. 「소득세법」상 거주자가 국내소재 상가 건축물을 2024년 6월 1일에 양도하는 경우이다. 양도소득세 계산과정에서 양도소득금액을 구할 때 맨 마지막으로 공제되는 것은? (단, 3년 이상 보유한 경우임)

① 매입가액, 취득세

② 방 및 거실 확장비용(자산의 가치가 증가한 경우) 등 자본적 지출액(증빙서류를 수취·보관한 경우)

③ 장기보유특별공제액

④ 양도소득기본공제액

⑤ 세액공제액

28. 「소득세법」상 거주자의 양도소득세 과세대상이 아닌 것은? (단, 예외는 고려하지 않음)

① 지역권을 양도하는 경우

② 부동산과 함께 이축권을 양도하는 경우

③ 신탁수익권을 양도하는 경우

④ 사업에 사용하는 건물과 함께 영업권을 양도하는 경우

⑤ 미등기 전세권을 양도하는 경우

29. 다음 중 2024년도에 시행되는 양도소득세에 관한 설명으로 옳은 것은?

① 실지거래가액이 12억원을 초과하는 고가주택이 겸용주택인 경우에 주택면적이 주택 이외 면적보다 크더라도 주거부분과 주거 이외 부분을 분리하여 과세한다.

② 매매로 매도하는 경우 양도시기는 소유권이전등기접수일과 관계없이 계약상 잔금지급일이다.

③ 미등기 양도하는 자산의 경우에 적용되는 세율은 100분의 60이다.

④ 국외에 소재하는 자산의 경우 3년 이상 보유한 경우에 한하여 장기보유특별공제액을 적용받을 수 있다.

⑤ 양도소득기본공제는 등기여부나 보유기간에 관계없이 공제를 받을 수 있다.

30. 「소득세법」상 국내소재 건물을 양도하는 경우 양도소득세의 양도차익계산에 관한 설명으로 틀린 것은? (단, 특수관계자와의 거래가 아님)

① A법인과 특수관계에 있는 주주가 시가 3억원(「법인세법」 제52조에 따른 시가임)의 토지를 A법인에게 5억원에 양도한 경우 양도가액은 3억원으로 본다. 단, A법인은 이 거래에 대하여 세법에 따른 처리를 적절하게 하였다.

② 양도가액을 기준시가에 따를 때에는 취득가액도 기준시가에 따른다.

③ 실지거래가액을 적용하여 양도차익을 계산하는 경우에 상속받은 자산의 취득가액은 상속개시일 현재 「상속세 및 증여세법」 규정에 따라 평가한 가액을 취득 당시의 실지거래가액으로 본다.

④ 납부영수증이 없는 취득세, 재산세, 종합부동산세는 필요경비에 포함한다.

⑤ 취득가액을 계산할 때 감가상각비를 공제하는 것은 취득가액을 실지거래가액으로 하는 경우뿐만 아니라 취득가액을 환산취득가액으로 하는 때에도 적용한다.

31. 다음 중 양도소득금액 계산시 양도차익에서 차감하는 장기보유특별공제 대상 자산은?

① 5년 보유한 국외소재 토지

② 3년 보유한 국내소재 비사업용 토지(등기된 경우)

③ 조합원으로부터 취득한 조합원입주권

④ 실지거래가액이 13억원인 국내소재 고가주택(1세대 1주택이며 2년 6개월 보유)

⑤ 7년 보유한 미등기 건물

32. 다음 자료에 의하는 경우에 부동산취득에 따른 취득세 법정신고기한은 언제인가?

○ 대금완납일: 2024.3.10.
○ 관련 법률에 따른 토지거래계약 허가일: 2024.4.13.
○ 소유권이전등기일: 2024.10.28.

① 2024.4.13.　② 2024.5.31.　③ 2024.6.12.

④ 2024.6.30.　⑤ 2024.10.27.

33. 주택을 신축(건축비 6억원)하는 경우 「지방세법」상 취득세 표준세율로 옳은 것은?

① 1,000분의 8   ② 1,000분의 23

③ 1,000분의 28   ④ 1,000분의 30

⑤ 1,000분의 40

34. 다음 중 「지방세법」상 취득세에 관한 설명으로 옳은 것은 모두 몇 개인가?

> ㄱ. 법인의 주택 취득 등 중과세를 적용할 때 「신탁법」에 따라 신탁된 주택은 위탁자의 주택 수에 가산한다.
> ㄴ. 납세지가 분명하지 아니한 경우에는 해당 취득물건의 소재지를 그 납세지로 한다.
> ㄷ. 부동산 등을 원시취득하는 경우 취득당시가액은 사실상 취득가격으로 한다.
> ㄹ. 재산권을 공부에 등기하려는 경우에는 등기관서에 접수하는 날까지 취득세를 신고납부하여야 한다.

① 0개   ② 1개

③ 2개   ④ 3개

⑤ 4개

35. 「종합부동산세법」상 토지 및 주택에 대한 과세와 부과·징수에 관한 설명으로 옳은 것은? (단, 감면 및 비과세와 「지방세특례제한법」 또는 「조세특례제한법」은 고려하지 않음)

① 납세자에게 부정행위가 없으며 특례제척기간에 해당하지 않는 경우 원칙적으로 납세의무 성립일부터 3년이 지나면 종합부동산세를 부과할 수 없다.

② 종합부동산세로 납부하여야 할 세액이 200만원인 경우 관할 세무서장은 그 세액의 일부를 납부기한이 지난 날부터 6개월 이내에 분납하게 할 수 있다.

③ 관할 세무서장이 종합부동산세를 징수하려면 납부기간 개시 5일 전까지 주택분과 토지분을 합산한 과세표준과 세액을 납부고지서에 기재하여 발급하여야 한다.

④ 종합부동산세를 신고납부방식으로 납부하고자 하는 납세의무자는 종합부동산세의 과세표준과 세액을 해당 연도 12월 1일부터 12월 15일까지 관할 세무서장에게 신고하여야 한다.

⑤ 별도합산과세대상인 토지에 대한 종합부동산세의 세액은 과세표준에 0.5~0.8%의 세율을 적용하여 계산한 금액으로 한다.

36. 다음 중 법인소유의 재산에 대해 2024년 귀속 종합부동산세를 부과하는 경우에 관한 설명으로 틀린 것은?

① 납부기간은 12월 1일부터 12월 15일까지이다.

② 주택분 과세표준 결정시에 공시가격 합계액에서 공제되는 금액은 9억원이다.

③ 주택분의 경우 세 부담 상한에 관한 규정을 적용하지 아니한다.

④ 2주택 이하의 세율은 2.7%이며, 3주택 이상을 소유하는 경우에는 5%의 비례세율을 적용한다.

⑤ 종합합산과세대상 토지에 대한 종합부동산세를 부과하는 경우에는 공시가격 합계액이 5억원을 초과하는 경우 납세의무가 있다.

37. 「지방세법」상 재산세 과세대상이 아닌 것은?

① 관련 법령에 정하는 요건을 갖춘 골프연습장

② 관련 법령에 정하는 별장

③ 토지대장의 지목 등이 등재되어 있지 않은 미등록 토지

④ 「자동차관리법」에 등록된 차량

⑤ 무허가 건축물

38. 다음 중 「지방세법」상 재산세 과세표준과 세율에 대한 설명으로 틀린 것은?

① 주택의 과세표준이 법령에 정한 계산식에 따른 과세표준상한액보다 큰 경우에는 해당 주택의 과세표준은 과세표준상한액으로 한다.

② 주택의 과세표준은 직전 연도 과세표준에서 소비자물가지수 등을 고려한 과세표준상한율(0~5%)을 넘지 못하도록 한다.

③ 1세대 1주택(시가표준액 6억원 초과)의 과세표준은 과세기준일 현재 시가표준액에 공정시장가액비율(100분의 45)을 곱하여 산정한 가액으로 한다.

④ 법령에서 정하는 고급선박 및 고급오락장용 건축물의 경우 고급선박의 표준세율이 고급오락장용 건축물의 표준세율보다 높다.

⑤ 지방세법령에 정하는 고급주택은 1,000분의 40의 세율을 적용한다.

39. 다음 중 「지방세법」상 재산세에 대한 설명으로 옳은 것은?

① 재산세는 원칙적으로 보통징수의 방법으로 부과·징수하지만, 예외적으로 신고납부를 선택할 수 있다.

② 여러 곳에 토지를 보유하는 경우에 납세지는 토지소유자의 주소지이다.

③ 소유권의 귀속이 분명하지 아니하여 사실상의 소유자를 확인할 수 없는 경우에는 그 공부상 소유자가 재산세를 납부할 의무가 있다.

④ 납부할 세액이 250만원을 초과하는 경우 관할 구역에 관계없이 부동산으로 물납할 수 있다.

⑤ 재산세의 과세대상 물건을 공부상 등재 현황과 달리 이용함으로써 재산세 부담이 낮아지는 경우 등 대통령령으로 정하는 경우에는 공부상 등재 현황에 따라 재산세를 부과한다.

40. 「지방세법」상 거주자의 국내자산 양도소득 및 종합소득에 대한 지방소득세에 관한 설명으로 틀린 것은?

① 종합소득에 대한 지방소득세의 경우에 납부할 세액이 100만원을 초과하는 거주자는 대통령령으로 정하는 바에 따라 그 납부할 세액의 일부를 납부기한이 지난 후 2개월 이내에 분할납부할 수 있다.

② 양도소득에 대한 개인지방소득세의 세액이 2,000원인 경우에는 이를 징수하지 아니한다.

③ 거주자가 「소득세법」 제105조 및 제110조에 따라 양도소득과세표준 예정신고 및 확정신고를 하는 경우에는 해당 신고기한에 2개월을 더한 날까지 신고한다.

④ 위 ③의 경우 거주자가 양도소득에 대한 개인지방소득세 과세표준과 세액을 납세지 관할 지방자치단체의 장 이외의 지방자치단체의 장에게 신고한 경우에도 그 신고의 효력에는 영향이 없다.

⑤ 「소득세법」상 보유기간이 1년 6개월인 상가건물의 세율은 양도소득에 대한 개인지방소득세 과세표준의 1,000분의 40을 적용한다.

MEMO

( )년도 ( ) 제( )차 국가전문자격시험 답안지

1	①②③④⑤	21	①②③④⑤	41	①②③④⑤	61	①②③④⑤	81	①②③④⑤	101	①②③④⑤	121	①②③④⑤
2	①②③④⑤	22	①②③④⑤	42	①②③④⑤	62	①②③④⑤	82	①②③④⑤	102	①②③④⑤	122	①②③④⑤
3	①②③④⑤	23	①②③④⑤	43	①②③④⑤	63	①②③④⑤	83	①②③④⑤	103	①②③④⑤	123	①②③④⑤
4	①②③④⑤	24	①②③④⑤	44	①②③④⑤	64	①②③④⑤	84	①②③④⑤	104	①②③④⑤	124	①②③④⑤
5	①②③④⑤	25	①②③④⑤	45	①②③④⑤	65	①②③④⑤	85	①②③④⑤	105	①②③④⑤	125	①②③④⑤
6	①②③④⑤	26	①②③④⑤	46	①②③④⑤	66	①②③④⑤	86	①②③④⑤	106	①②③④⑤		
7	①②③④⑤	27	①②③④⑤	47	①②③④⑤	67	①②③④⑤	87	①②③④⑤	107	①②③④⑤		
8	①②③④⑤	28	①②③④⑤	48	①②③④⑤	68	①②③④⑤	88	①②③④⑤	108	①②③④⑤		
9	①②③④⑤	29	①②③④⑤	49	①②③④⑤	69	①②③④⑤	89	①②③④⑤	109	①②③④⑤		
10	①②③④⑤	30	①②③④⑤	50	①②③④⑤	70	①②③④⑤	90	①②③④⑤	110	①②③④⑤		
11	①②③④⑤	31	①②③④⑤	51	①②③④⑤	71	①②③④⑤	91	①②③④⑤	111	①②③④⑤		
12	①②③④⑤	32	①②③④⑤	52	①②③④⑤	72	①②③④⑤	92	①②③④⑤	112	①②③④⑤		
13	①②③④⑤	33	①②③④⑤	53	①②③④⑤	73	①②③④⑤	93	①②③④⑤	113	①②③④⑤		
14	①②③④⑤	34	①②③④⑤	54	①②③④⑤	74	①②③④⑤	94	①②③④⑤	114	①②③④⑤		
15	①②③④⑤	35	①②③④⑤	55	①②③④⑤	75	①②③④⑤	95	①②③④⑤	115	①②③④⑤		
16	①②③④⑤	36	①②③④⑤	56	①②③④⑤	76	①②③④⑤	96	①②③④⑤	116	①②③④⑤		
17	①②③④⑤	37	①②③④⑤	57	①②③④⑤	77	①②③④⑤	97	①②③④⑤	117	①②③④⑤		
18	①②③④⑤	38	①②③④⑤	58	①②③④⑤	78	①②③④⑤	98	①②③④⑤	118	①②③④⑤		
19	①②③④⑤	39	①②③④⑤	59	①②③④⑤	79	①②③④⑤	99	①②③④⑤	119	①②③④⑤		
20	①②③④⑤	40	①②③④⑤	60	①②③④⑤	80	①②③④⑤	100	①②③④⑤	120	①②③④⑤		

수험자 여러분의 합격을 기원합니다.

해커스 공인중개사

성 명

교시 기재란

( )교시 ① ② ③

문제지 형별 기재란

( )형 Ⓐ Ⓑ

선 택 과 목 1

선 택 과 목 2

수 험 번 호

감독위원 확인

인

( )년도 ( ) 제( )차 국가전문자격시험 답안지

1	①②③④⑤	21	①②③④⑤	41	①②③④⑤	61	①②③④⑤	81	①②③④⑤	101	①②③④⑤	121	①②③④⑤
2	①②③④⑤	22	①②③④⑤	42	①②③④⑤	62	①②③④⑤	82	①②③④⑤	102	①②③④⑤	122	①②③④⑤
3	①②③④⑤	23	①②③④⑤	43	①②③④⑤	63	①②③④⑤	83	①②③④⑤	103	①②③④⑤	123	①②③④⑤
4	①②③④⑤	24	①②③④⑤	44	①②③④⑤	64	①②③④⑤	84	①②③④⑤	104	①②③④⑤	124	①②③④⑤
5	①②③④⑤	25	①②③④⑤	45	①②③④⑤	65	①②③④⑤	85	①②③④⑤	105	①②③④⑤	125	①②③④⑤
6	①②③④⑤	26	①②③④⑤	46	①②③④⑤	66	①②③④⑤	86	①②③④⑤	106	①②③④⑤		
7	①②③④⑤	27	①②③④⑤	47	①②③④⑤	67	①②③④⑤	87	①②③④⑤	107	①②③④⑤		
8	①②③④⑤	28	①②③④⑤	48	①②③④⑤	68	①②③④⑤	88	①②③④⑤	108	①②③④⑤		
9	①②③④⑤	29	①②③④⑤	49	①②③④⑤	69	①②③④⑤	89	①②③④⑤	109	①②③④⑤		
10	①②③④⑤	30	①②③④⑤	50	①②③④⑤	70	①②③④⑤	90	①②③④⑤	110	①②③④⑤		
11	①②③④⑤	31	①②③④⑤	51	①②③④⑤	71	①②③④⑤	91	①②③④⑤	111	①②③④⑤		
12	①②③④⑤	32	①②③④⑤	52	①②③④⑤	72	①②③④⑤	92	①②③④⑤	112	①②③④⑤		
13	①②③④⑤	33	①②③④⑤	53	①②③④⑤	73	①②③④⑤	93	①②③④⑤	113	①②③④⑤		
14	①②③④⑤	34	①②③④⑤	54	①②③④⑤	74	①②③④⑤	94	①②③④⑤	114	①②③④⑤		
15	①②③④⑤	35	①②③④⑤	55	①②③④⑤	75	①②③④⑤	95	①②③④⑤	115	①②③④⑤		
16	①②③④⑤	36	①②③④⑤	56	①②③④⑤	76	①②③④⑤	96	①②③④⑤	116	①②③④⑤		
17	①②③④⑤	37	①②③④⑤	57	①②③④⑤	77	①②③④⑤	97	①②③④⑤	117	①②③④⑤		
18	①②③④⑤	38	①②③④⑤	58	①②③④⑤	78	①②③④⑤	98	①②③④⑤	118	①②③④⑤		
19	①②③④⑤	39	①②③④⑤	59	①②③④⑤	79	①②③④⑤	99	①②③④⑤	119	①②③④⑤		
20	①②③④⑤	40	①②③④⑤	60	①②③④⑤	80	①②③④⑤	100	①②③④⑤	120	①②③④⑤		

수험자 여러분의 합격을 기원합니다.

해커스 공인중개사

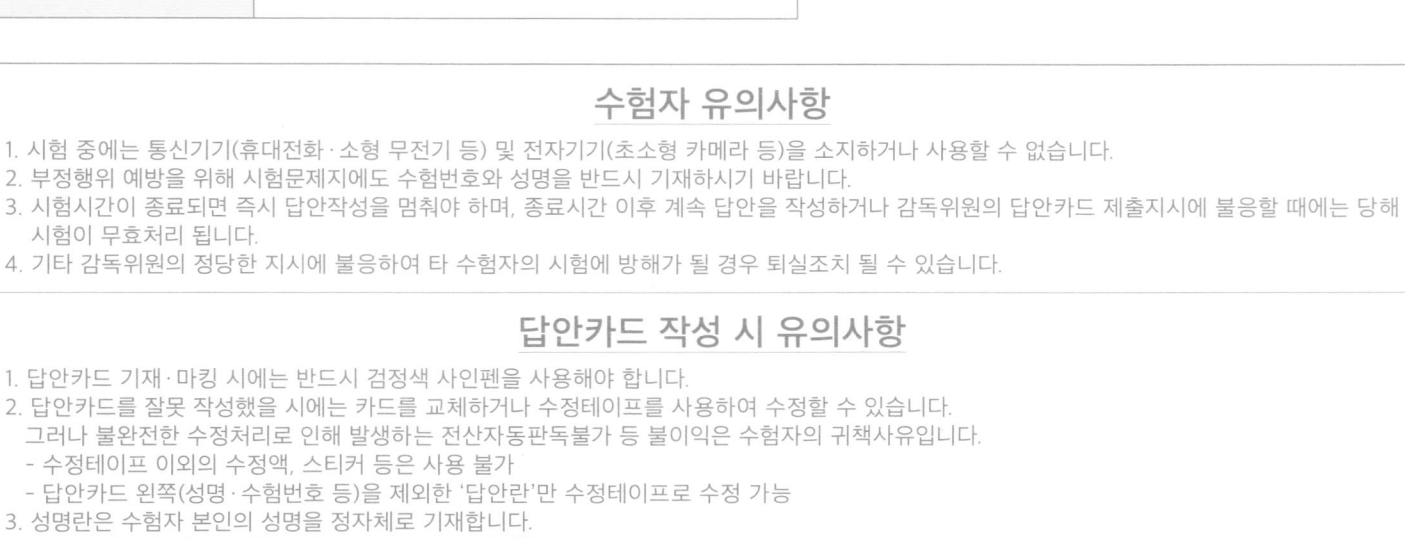

마 킹 주 의	바르게 마킹 : ●
	잘못 마킹 : ⊗ ⊙ Ⓥ ○ ① ⊖ ⊙ ●

(예 시) ⟶

수험자 유의사항

1. 시험 중에는 통신기기(휴대전화·소형 무전기 등) 및 전자기기(초소형 카메라 등)을 소지하거나 사용할 수 없습니다.
2. 부정행위 예방을 위해 시험문제지에도 수험번호와 성명을 반드시 기재하시기 바랍니다.
3. 시험시간이 종료되면 즉시 답안작성을 멈춰야 하며, 종료시간 이후 계속 답안을 작성하거나 감독위원의 답안카드 제출지시에 불응할 때에는 당해 시험이 무효처리 됩니다.
4. 기타 감독위원의 정당한 지시에 불응하여 타 수험자의 시험에 방해가 될 경우 퇴실조치 될 수 있습니다.

답안카드 작성 시 유의사항

1. 답안카드 기재·마킹 시에는 반드시 검정색 사인펜을 사용해야 합니다.
2. 답안카드를 잘못 작성했을 시에는 카드를 교체하거나 수정테이프를 사용하여 수정할 수 있습니다.
   그러나 불완전한 수정처리로 인해 발생하는 전산자동판독불가 등 불이익은 수험자의 귀책사유입니다.
   - 수정테이프 이외의 수정액, 스티커 등은 사용 불가
   - 답안카드 왼쪽(성명·수험번호 등)을 제외한 '답안란'만 수정테이프로 수정 가능
3. 성명란은 수험자 본인의 성명을 정자체로 기재합니다.
4. 교시 기재란은 해당교시를 기재하고 해당 란에 마킹합니다.
5. 시험문제지 형별기재란에 해당 형별을 마킹합니다.
6. 수험번호란은 숫자로 기재하고 아래 해당번호에 마킹합니다.
7. 시험문제지 형별 및 수험번호 등 마킹착오로 인한 불이익은 전적으로 수험자의 귀책사유입니다.
8. 감독위원의 날인이 없는 답안카드는 무효처리 됩니다.
9. 상단과 우측의 검은색 띠(▮▮▮) 부분은 낙서를 금지합니다.
10. 답안카드의 채점은 전산판독결과에 따르며, 문제지 형별 및 답안 란의 마킹누락, 마킹착오, 불완전한 마킹 등은 수험자의 귀책사유에 해당하므로 이의제기를 하더라도 받아들여지지 않습니다.

부정행위 처리규정

시험 중 다음과 같은 행위를 하는 자는 당해 시험을 무효처리하고 자격별 관련 규정에 따라 일정기간 동안 시험에 응시할 수 있는 자격을 정지합니다.
1. 시험과 관련된 대화, 답안카드 교환, 다른 수험자의 답안·문제지를 보고 답안 작성, 대리시험을 치르거나 치르게 하는 행위, 시험문제 내용과 관련된 물건을 휴대하거나 이를 주고받는 행위
2. 시험장 내외로부터 도움을 받아 답안을 작성하는 행위, 공인어학성적 및 응시자격서류를 허위기재하여 제출하는 행위
3. 통신기기(휴대전화·소형 무전기 등) 및 전자기기(초소형 카메라 등)를 휴대하거나 사용하는 행위
4. 다른 수험자와 성명 및 수험번호를 바꾸어 작성·제출하는 행위
5. 기타 부정 또는 불공정한 방법으로 시험을 치르는 행위

성 명
해 커 스

교시 기재란
(1)교시　●①　②　③

문제지 형별 기재란
(A)형　●Ⓑ

선 택 과 목 1

선 택 과 목 2

수험번호

1	5	8	8	2	3	3	2
⓪	⓪	⓪	⓪	⓪	⓪	⓪	⓪
●	①	①	①	①	①	①	①
②	②	②	②	●	②	②	●
③	③	③	③	③	●	●	③
④	④	④	④	④	④	④	④
⑤	●	⑤	⑤	⑤	⑤	⑤	⑤
⑥	⑥	⑥	⑥	⑥	⑥	⑥	⑥
⑦	⑦	⑦	⑦	⑦	⑦	⑦	⑦
⑧	⑧	●	●	⑧	⑧	⑧	⑧
⑨	⑨	⑨	⑨	⑨	⑨	⑨	⑨

감독위원 확인
김 합 독

마 킹 주 의	바르게 마킹 : ●
	잘못 마킹 : ⊗ ⊙ Ⓥ ○ ① ⊖ ⊙ ●

(예 시) ⟶

수험자 유의사항

1. 시험 중에는 통신기기(휴대전화·소형 무전기 등) 및 전자기기(초소형 카메라 등)을 소지하거나 사용할 수 없습니다.
2. 부정행위 예방을 위해 시험문제지에도 수험번호와 성명을 반드시 기재하시기 바랍니다.
3. 시험시간이 종료되면 즉시 답안작성을 멈춰야 하며, 종료시간 이후 계속 답안을 작성하거나 감독위원의 답안카드 제출지시에 불응할 때에는 당해 시험이 무효처리 됩니다.
4. 기타 감독위원의 정당한 지시에 불응하여 타 수험자의 시험에 방해가 될 경우 퇴실조치 될 수 있습니다.

답안카드 작성 시 유의사항

1. 답안카드 기재·마킹 시에는 반드시 검정색 사인펜을 사용해야 합니다.
2. 답안카드를 잘못 작성했을 시에는 카드를 교체하거나 수정테이프를 사용하여 수정할 수 있습니다.
   그러나 불완전한 수정처리로 인해 발생하는 전산자동판독불가 등 불이익은 수험자의 귀책사유입니다.
   - 수정테이프 이외의 수정액, 스티커 등은 사용 불가
   - 답안카드 왼쪽(성명·수험번호 등)을 제외한 '답안란'만 수정테이프로 수정 가능
3. 성명란은 수험자 본인의 성명을 정자체로 기재합니다.
4. 교시 기재란은 해당교시를 기재하고 해당 란에 마킹합니다.
5. 시험문제지 형별기재란에 해당 형별을 마킹합니다.
6. 수험번호란은 숫자로 기재하고 아래 해당번호에 마킹합니다.
7. 시험문제지 형별 및 수험번호 등 마킹착오로 인한 불이익은 전적으로 수험자의 귀책사유입니다.
8. 감독위원의 날인이 없는 답안카드는 무효처리 됩니다.
9. 상단과 우측의 검은색 띠(▮▮▮) 부분은 낙서를 금지합니다.
10. 답안카드의 채점은 전산판독결과에 따르며, 문제지 형별 및 답안 란의 마킹누락, 마킹착오, 불완전한 마킹 등은 수험자의 귀책사유에 해당하므로 이의제기를 하더라도 받아들여지지 않습니다.

부정행위 처리규정

시험 중 다음과 같은 행위를 하는 자는 당해 시험을 무효처리하고 자격별 관련 규정에 따라 일정기간 동안 시험에 응시할 수 있는 자격을 정지합니다.
1. 시험과 관련된 대화, 답안카드 교환, 다른 수험자의 답안·문제지를 보고 답안 작성, 대리시험을 치르거나 치르게 하는 행위, 시험문제 내용과 관련된 물건을 휴대하거나 이를 주고받는 행위
2. 시험장 내외로부터 도움을 받아 답안을 작성하는 행위, 공인어학성적 및 응시자격서류를 허위기재하여 제출하는 행위
3. 통신기기(휴대전화·소형 무전기 등) 및 전자기기(초소형 카메라 등)를 휴대하거나 사용하는 행위
4. 다른 수험자와 성명 및 수험번호를 바꾸어 작성·제출하는 행위
5. 기타 부정 또는 불공정한 방법으로 시험을 치르는 행위

성 명
해 커 스

교시 기재란
(1)교시　●①　②　③

문제지 형별 기재란
(A)형　●Ⓑ

선 택 과 목 1

선 택 과 목 2

수험번호

1	5	8	8	2	3	3	2
⓪	⓪	⓪	⓪	⓪	⓪	⓪	⓪
●	①	①	①	①	①	①	①
②	②	②	②	●	②	②	●
③	③	③	③	③	●	●	③
④	④	④	④	④	④	④	④
⑤	●	⑤	⑤	⑤	⑤	⑤	⑤
⑥	⑥	⑥	⑥	⑥	⑥	⑥	⑥
⑦	⑦	⑦	⑦	⑦	⑦	⑦	⑦
⑧	⑧	●	●	⑧	⑧	⑧	⑧
⑨	⑨	⑨	⑨	⑨	⑨	⑨	⑨

감독위원 확인
김 합 독

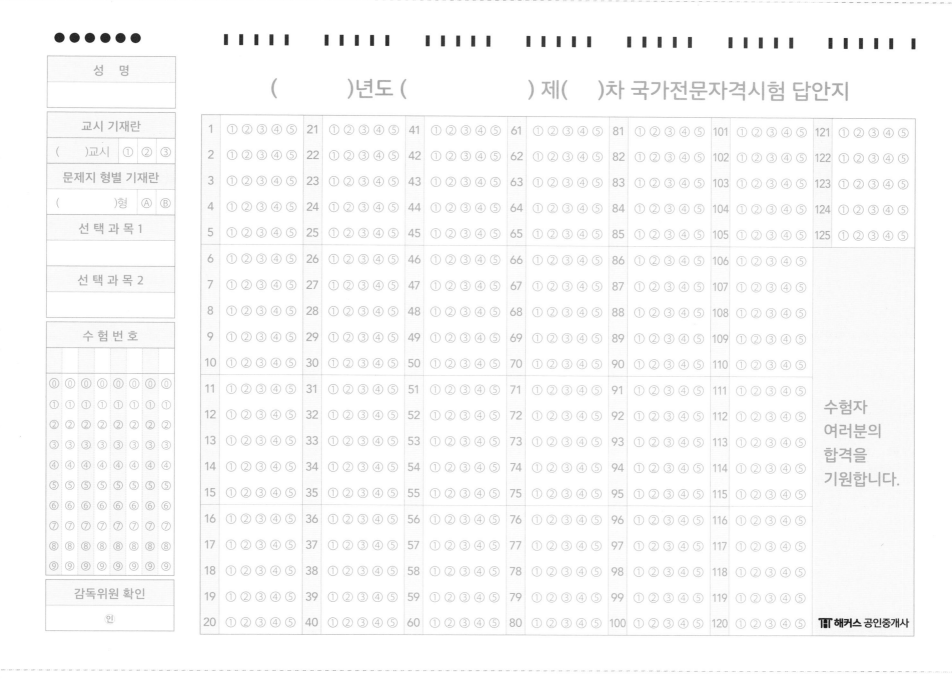

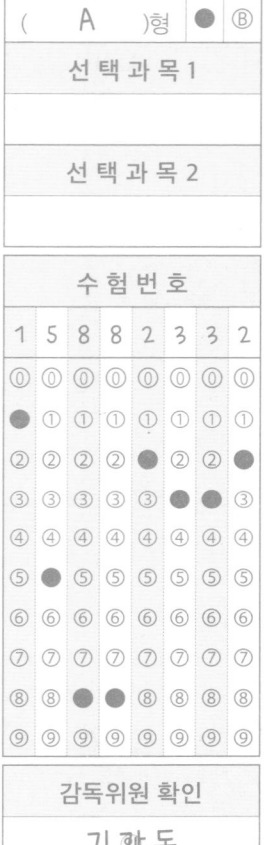
마 킹 주 의	바르게 마킹 : ● 잘 못 마킹 : ⊗ ⊙ Ⓥ ◯ ① ⊖ ◐ ●	(예 시)

성 명
해 커 스

교시 기재란
(1)교시 ● ② ③

문제지 형별 기재란
(A)형 ● Ⓑ

선 택 과 목 1

선 택 과 목 2

수 험 번 호
1 5 8 8 2 3 3 2

감독위원 확인
김 감 독

수험자 유의사항

1. 시험 중에는 통신기기(휴대전화·소형 무전기 등) 및 전자기기(초소형 카메라 등)을 소지하거나 사용할 수 없습니다.
2. 부정행위 예방을 위해 시험문제지에도 수험번호와 성명을 반드시 기재하시기 바랍니다.
3. 시험시간이 종료되면 즉시 답안작성을 멈춰야 하며, 종료시간 이후 계속 답안을 작성하거나 감독위원의 답안카드 제출지시에 불응할 때에는 당해 시험이 무효처리 됩니다.
4. 기타 감독위원의 정당한 지시에 불응하여 타 수험자의 시험에 방해가 될 경우 퇴실조치 될 수 있습니다.

답안카드 작성 시 유의사항

1. 답안카드 기재·마킹 시에는 반드시 검정색 사인펜을 사용해야 합니다.
2. 답안카드를 잘못 작성했을 시에는 카드를 교체하거나 수정테이프를 사용하여 수정할 수 있습니다.
   그러나 불완전한 수정처리로 인해 발생하는 전산자동판독불가 등 불이익은 수험자의 귀책사유입니다.
   - 수정테이프 이외의 수정액, 스티커 등은 사용 불가
   - 답안카드 왼쪽(성명·수험번호 등)을 제외한 '답안란'만 수정테이프로 수정 가능
3. 성명란은 수험자 본인의 성명을 정자체로 기재합니다.
4. 교시 기재란은 해당교시를 기재하고 해당 란에 마킹합니다.
5. 시험문제지 형별기재란에 해당 형별을 마킹합니다.
6. 수험번호란은 숫자로 기재하고 아래 해당번호에 마킹합니다.
7. 시험문제지 형별 및 수험번호 등 마킹착오로 인한 불이익은 전적으로 수험자의 귀책사유입니다.
8. 감독위원의 날인이 없는 답안카드는 무효처리 됩니다.
9. 상단과 우측의 검은색 띠(▐▐▐) 부분은 낙서를 금지합니다.
10. 답안카드의 채점은 전산판독결과에 따르며, 문제지 형별 및 답안 란의 마킹누락, 마킹착오, 불완전한 마킹 등은 수험자의 귀책사유에 해당하므로 이의제기를 하더라도 받아들여지지 않습니다.

부정행위 처리규정

시험 중 다음과 같은 행위를 하는 자는 당해 시험을 무효처리하고 자격별 관련 규정에 따라 일정기간 동안 시험에 응시할 수 있는 자격을 정지합니다.
1. 시험과 관련된 대화, 답안카드 교환, 다른 수험자의 답안·문제지를 보고 답안 작성, 대리시험을 치르거나 치르게 하는 행위, 시험문제 내용과 관련된 물건을 휴대하거나 이를 주고받는 행위
2. 시험장 내외로부터 도움을 받아 답안을 작성하는 행위, 공인어학성적 및 응시자격서류를 허위기재하여 제출하는 행위
3. 통신기기(휴대전화·소형 무전기 등) 및 전자기기(초소형 카메라 등)를 휴대하거나 사용하는 행위
4. 다른 수험자와 성명 및 수험번호를 바꾸어 작성·제출하는 행위
5. 기타 부정 또는 불공정한 방법으로 시험을 치르는 행위

성 명

교시 기재란
( )교시 ① ② ③

문제지 형별 기재란
( )형 Ⓐ Ⓑ

선 택 과 목 1

선 택 과 목 2

수 험 번 호

⓪	⓪	⓪	⓪	⓪	⓪	⓪	⓪
①	①	①	①	①	①	①	①
②	②	②	②	②	②	②	②
③	③	③	③	③	③	③	③
④	④	④	④	④	④	④	④
⑤	⑤	⑤	⑤	⑤	⑤	⑤	⑤
⑥	⑥	⑥	⑥	⑥	⑥	⑥	⑥
⑦	⑦	⑦	⑦	⑦	⑦	⑦	⑦
⑧	⑧	⑧	⑧	⑧	⑧	⑧	⑧
⑨	⑨	⑨	⑨	⑨	⑨	⑨	⑨

감독위원 확인
인

( )년도 ( ) 제( )차 국가전문자격시험 답안지

수험자
여러분의
합격을
기원합니다.

🎓 해커스 공인중개사

마 킹 주 의	바르게 마킹 : ●
	잘 못 마킹 : ⊗ ◉ � ○ ○ ⊖ ◓ ●

(예   시)

성 명
해 커 스

교시 기재란
(1)교시 ● ② ③

문제지 형별 기재란
(A)형 ● Ⓑ

선 택 과 목 1

선 택 과 목 2

수험자 유의사항

1. 시험 중에는 통신기기(휴대전화·소형 무전기 등) 및 전자기기(초소형 카메라 등)을 소지하거나 사용할 수 없습니다.
2. 부정행위 예방을 위해 시험문제지에도 수험번호와 성명을 반드시 기재하시기 바랍니다.
3. 시험시간이 종료되면 즉시 답안작성을 멈춰야 하며, 종료시간 이후 계속 답안을 작성하거나 감독위원의 답안카드 제출지시에 불응할 때에는 당해 시험이 무효처리 됩니다.
4. 기타 감독위원의 정당한 지시에 불응하여 타 수험자의 시험에 방해가 될 경우 퇴실조치 될 수 있습니다.

답안카드 작성 시 유의사항

1. 답안카드 기재·마킹 시에는 반드시 검정색 사인펜을 사용해야 합니다.
2. 답안카드를 잘못 작성했을 시에는 카드를 교체하거나 수정테이프를 사용하여 수정할 수 있습니다.
   그러나 불완전한 수정처리로 인해 발생하는 전산자동판독불가 등 불이익은 수험자의 귀책사유입니다.
   - 수정테이프 이외의 수정액, 스티커 등은 사용 불가
   - 답안카드 왼쪽(성명·수험번호 등)을 제외한 '답안란'만 수정테이프로 수정 가능
3. 성명란은 수험자 본인의 성명을 정자체로 기재합니다.
4. 교시 기재란은 해당교시를 기재하고 해당 란에 마킹합니다.
5. 시험문제지 형별기재란에 해당 형별을 마킹합니다.
6. 수험번호란은 숫자로 기재하고 아래 해당번호에 마킹합니다.
7. 시험문제지 형별 및 수험번호 등 마킹착오로 인한 불이익은 전적으로 수험자의 귀책사유입니다.
8. 감독위원의 날인이 없는 답안카드는 무효처리 됩니다.
9. 상단과 우측의 검은색 띠(▮▮▮) 부분은 낙서를 금지합니다.
10. 답안카드의 채점은 전산판독결과에 따르며, 문제지 형별 및 답안 란의 마킹누락, 마킹착오, 불완전한 마킹 등은 수험자의 귀책사유에 해당하므로 이의제기를 하더라도 받아들여지지 않습니다.

수 험 번 호
1 5 8 8 2 3 3 2

부정행위 처리규정

시험 중 다음과 같은 행위를 하는 자는 당해 시험을 무효처리하고 자격별 관련 규정에 따라 일정기간 동안 시험에 응시할 수 있는 자격을 정지합니다.
1. 시험과 관련된 대화, 답안카드 교환, 다른 수험자의 답안·문제지를 보고 답안 작성, 대리시험을 치르거나 치르게 하는 행위, 시험문제 내용과 관련된 물건을 휴대하거나 이를 주고받는 행위
2. 시험장 내외로부터 도움을 받아 답안을 작성하는 행위, 공인어학성적 및 응시자격서류를 허위기재하여 제출하는 행위
3. 통신기기(휴대전화·소형 무전기 등) 및 전자기기(초소형 카메라 등)를 휴대하거나 사용하는 행위
4. 다른 수험자와 성명 및 수험번호를 바꾸어 작성·제출하는 행위
5. 기타 부정 또는 불공정한 방법으로 시험을 치르는 행위

감독위원 확인
김 캅 독

마 킹 주 의	바르게 마킹 : ●
	잘 못 마킹 : ⊗ ◉ � ○ ○ ⊖ ◓ ●

(예   시)

성 명
해 커 스

교시 기재란
(1)교시 ● ② ③

문제지 형별 기재란
(A)형 ● Ⓑ

선 택 과 목 1

선 택 과 목 2

수험자 유의사항

1. 시험 중에는 통신기기(휴대전화·소형 무전기 등) 및 전자기기(초소형 카메라 등)을 소지하거나 사용할 수 없습니다.
2. 부정행위 예방을 위해 시험문제지에도 수험번호와 성명을 반드시 기재하시기 바랍니다.
3. 시험시간이 종료되면 즉시 답안작성을 멈춰야 하며, 종료시간 이후 계속 답안을 작성하거나 감독위원의 답안카드 제출지시에 불응할 때에는 당해 시험이 무효처리 됩니다.
4. 기타 감독위원의 정당한 지시에 불응하여 타 수험자의 시험에 방해가 될 경우 퇴실조치 될 수 있습니다.

답안카드 작성 시 유의사항

1. 답안카드 기재·마킹 시에는 반드시 검정색 사인펜을 사용해야 합니다.
2. 답안카드를 잘못 작성했을 시에는 카드를 교체하거나 수정테이프를 사용하여 수정할 수 있습니다.
   그러나 불완전한 수정처리로 인해 발생하는 전산자동판독불가 등 불이익은 수험자의 귀책사유입니다.
   - 수정테이프 이외의 수정액, 스티커 등은 사용 불가
   - 답안카드 왼쪽(성명·수험번호 등)을 제외한 '답안란'만 수정테이프로 수정 가능
3. 성명란은 수험자 본인의 성명을 정자체로 기재합니다.
4. 교시 기재란은 해당교시를 기재하고 해당 란에 마킹합니다.
5. 시험문제지 형별기재란에 해당 형별을 마킹합니다.
6. 수험번호란은 숫자로 기재하고 아래 해당번호에 마킹합니다.
7. 시험문제지 형별 및 수험번호 등 마킹착오로 인한 불이익은 전적으로 수험자의 귀책사유입니다.
8. 감독위원의 날인이 없는 답안카드는 무효처리 됩니다.
9. 상단과 우측의 검은색 띠(▮▮▮) 부분은 낙서를 금지합니다.
10. 답안카드의 채점은 전산판독결과에 따르며, 문제지 형별 및 답안 란의 마킹누락, 마킹착오, 불완전한 마킹 등은 수험자의 귀책사유에 해당하므로 이의제기를 하더라도 받아들여지지 않습니다.

수 험 번 호
1 5 8 8 2 3 3 2

부정행위 처리규정

시험 중 다음과 같은 행위를 하는 자는 당해 시험을 무효처리하고 자격별 관련 규정에 따라 일정기간 동안 시험에 응시할 수 있는 자격을 정지합니다.
1. 시험과 관련된 대화, 답안카드 교환, 다른 수험자의 답안·문제지를 보고 답안 작성, 대리시험을 치르거나 치르게 하는 행위, 시험문제 내용과 관련된 물건을 휴대하거나 이를 주고받는 행위
2. 시험장 내외로부터 도움을 받아 답안을 작성하는 행위, 공인어학성적 및 응시자격서류를 허위기재하여 제출하는 행위
3. 통신기기(휴대전화·소형 무전기 등) 및 전자기기(초소형 카메라 등)를 휴대하거나 사용하는 행위
4. 다른 수험자와 성명 및 수험번호를 바꾸어 작성·제출하는 행위
5. 기타 부정 또는 불공정한 방법으로 시험을 치르는 행위

감독위원 확인
김 캅 독

성 명

교시 기재란
( )교시 ① ② ③

문제지 형별 기재란
( )형 Ⓐ Ⓑ

선 택 과 목 1

선 택 과 목 2

수 험 번 호

감독위원 확인
인

( )년도 ( ) 제( )차 국가전문자격시험 답안지

수험자
여러분의
합격을
기원합니다.

🎓 해커스 공인중개사

성 명

교시 기재란
( )교시 ① ② ③

문제지 형별 기재란
( )형 Ⓐ Ⓑ

선 택 과 목 1

선 택 과 목 2

수 험 번 호

감독위원 확인
인

( )년도 ( ) 제( )차 국가전문자격시험 답안지

수험자
여러분의
합격을
기원합니다.

🎓 해커스 공인중개사

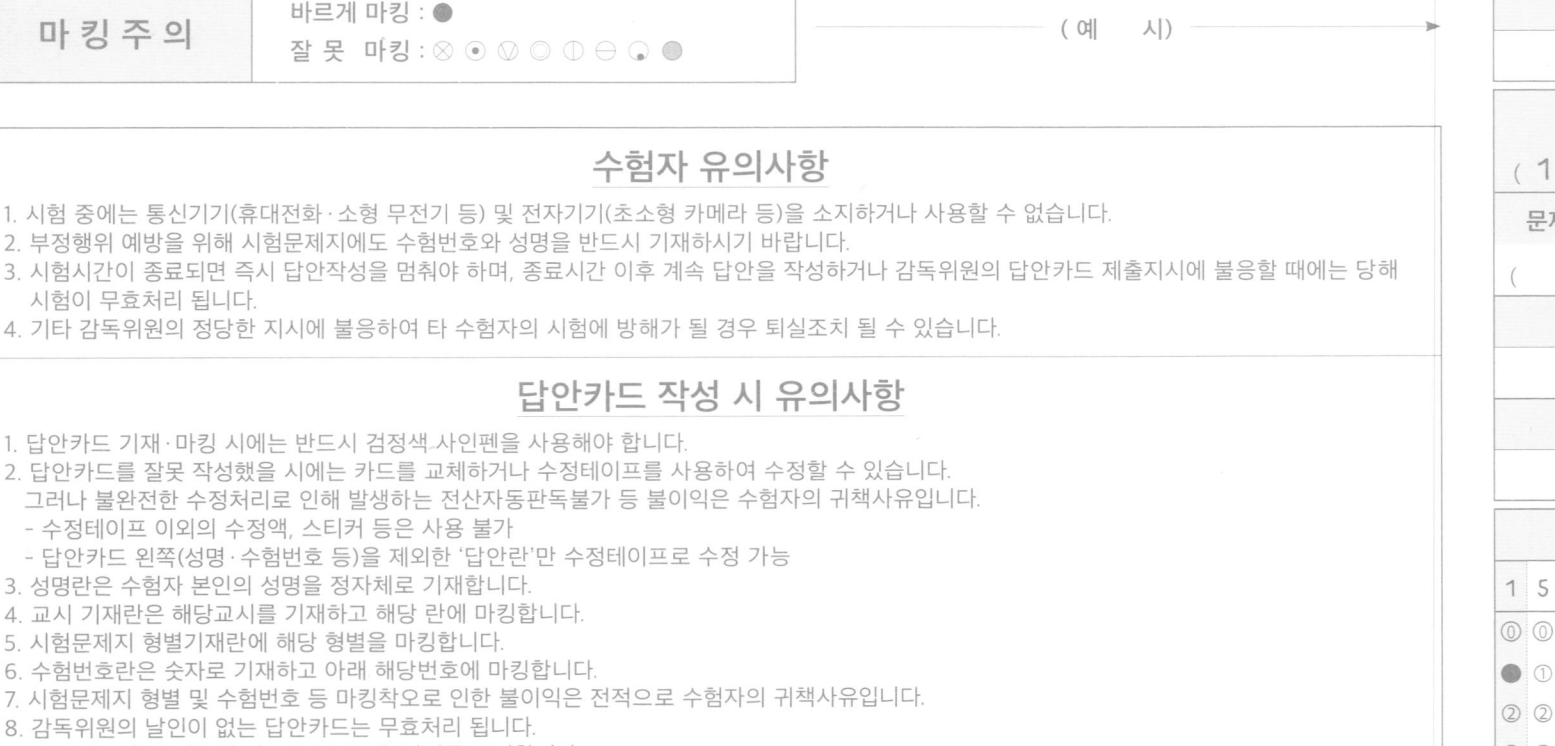

마 킹 주 의	바르게 마킹 : ●
	잘못 마킹 : ⊗ ⊙ ⓥ ◯ ⊖ ⊖ ◌ ●

(예 시)

수험자 유의사항

1. 시험 중에는 통신기기(휴대전화·소형 무전기 등) 및 전자기기(초소형 카메라 등)을 소지하거나 사용할 수 없습니다.
2. 부정행위 예방을 위해 시험문제지에도 수험번호와 성명을 반드시 기재하시기 바랍니다.
3. 시험시간이 종료되면 즉시 답안작성을 멈춰야 하며, 종료시간 이후 계속 답안을 작성하거나 감독위원의 답안카드 제출지시에 불응할 때에는 당해 시험이 무효처리 됩니다.
4. 기타 감독위원의 정당한 지시에 불응하여 타 수험자의 시험에 방해가 될 경우 퇴실조치 될 수 있습니다.

답안카드 작성 시 유의사항

1. 답안카드 기재·마킹 시에는 반드시 검정색 사인펜을 사용해야 합니다.
2. 답안카드를 잘못 작성했을 시에는 카드를 교체하거나 수정테이프를 사용하여 수정할 수 있습니다.
   그러나 불완전한 수정처리로 인해 발생하는 전산자동판독불가 등 불이익은 수험자의 귀책사유입니다.
   - 수정테이프 이외의 수정액, 스티커 등은 사용 불가
   - 답안카드 왼쪽(성명·수험번호 등)을 제외한 '답안란'만 수정테이프로 수정 가능
3. 성명란은 수험자 본인의 성명을 정자체로 기재합니다.
4. 교시 기재란은 해당교시를 기재하고 해당 란에 마킹합니다.
5. 시험문제지 형별기재란에 해당 형별을 마킹합니다.
6. 수험번호란은 숫자로 기재하고 아래 해당번호에 마킹합니다.
7. 시험문제지 형별 및 수험번호 등 마킹착오로 인한 불이익은 전적으로 수험자의 귀책사유입니다.
8. 감독위원의 날인이 없는 답안카드는 무효처리 됩니다.
9. 상단과 우측의 검은색 띠(▌▌▌) 부분은 낙서를 금지합니다.
10. 답안카드의 채점은 전산판독결과에 따르며, 문제지 형별 및 답안 란의 마킹누락, 마킹착오, 불완전한 마킹 등은 수험자의 귀책사유에 해당하므로 이의제기를 하더라도 받아들여지지 않습니다.

부정행위 처리규정

시험 중 다음과 같은 행위를 하는 자는 당해 시험을 무효처리하고 자격별 관련 규정에 따라 일정기간 동안 시험에 응시할 수 있는 자격을 정지합니다.
1. 시험과 관련된 대화, 답안카드 교환, 다른 수험자의 답안·문제지를 보고 답안 작성, 대리시험을 치르거나 치르게 하는 행위, 시험문제 내용과 관련된 물건을 휴대하거나 이를 주고받는 행위
2. 시험장 내외로부터 도움을 받아 답안을 작성하는 행위, 공인어학성적 및 응시자격서류를 허위기재하여 제출하는 행위
3. 통신기기(휴대전화·소형 무전기 등) 및 전자기기(초소형 카메라 등)를 휴대하거나 사용하는 행위
4. 다른 수험자와 성명 및 수험번호를 바꾸어 작성·제출하는 행위
5. 기타 부정 또는 불공정한 방법으로 시험을 치르는 행위

성 명
해 커 스

교시 기재란
(1)교시 ● ② ③

문제지 형별 기재란
(A)형 ● ⑧

선 택 과 목 1

선 택 과 목 2

수 험 번 호
1 5 8 8 2 3 3 2

감독위원 확인
김 감 독

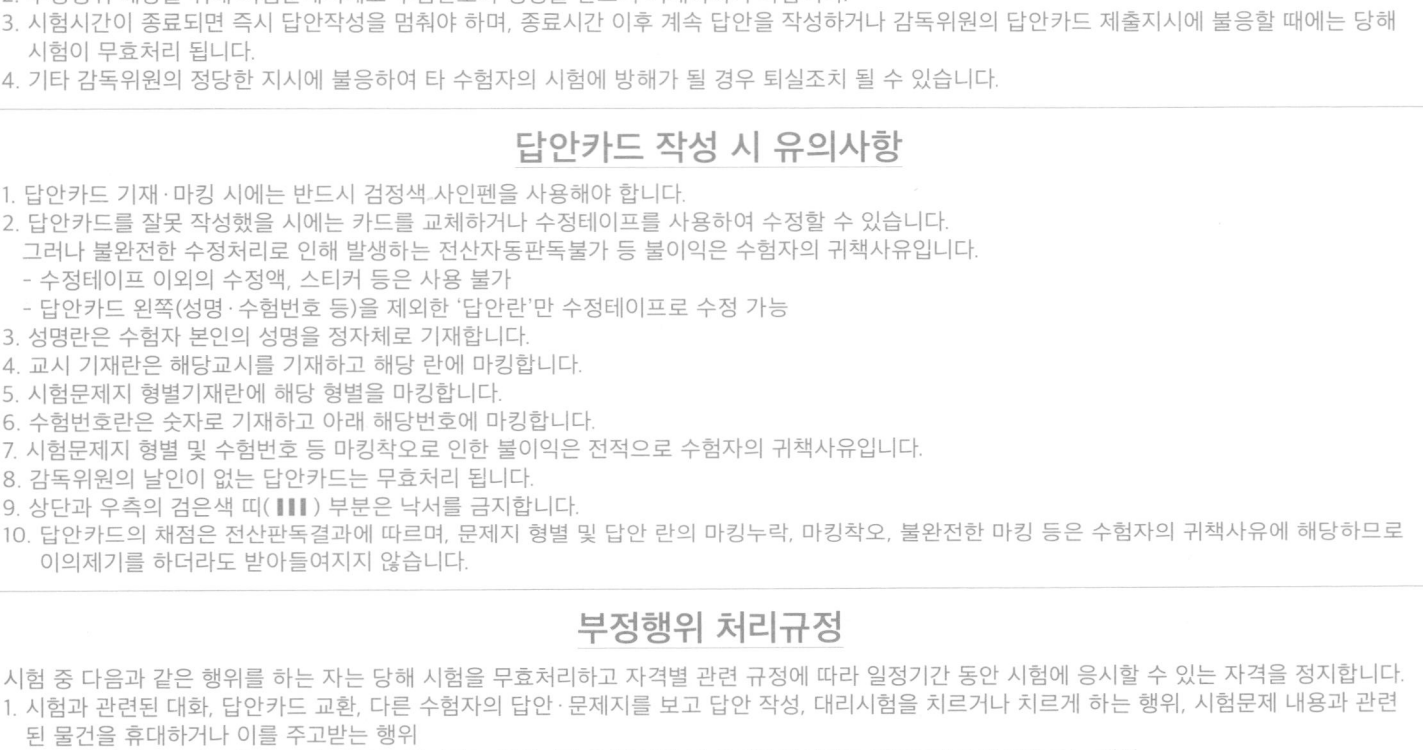

마 킹 주 의	바르게 마킹 : ●
	잘못 마킹 : ⊗ ⊙ ⓥ ◯ ⊖ ⊖ ◌ ●

(예 시)

수험자 유의사항

1. 시험 중에는 통신기기(휴대전화·소형 무전기 등) 및 전자기기(초소형 카메라 등)을 소지하거나 사용할 수 없습니다.
2. 부정행위 예방을 위해 시험문제지에도 수험번호와 성명을 반드시 기재하시기 바랍니다.
3. 시험시간이 종료되면 즉시 답안작성을 멈춰야 하며, 종료시간 이후 계속 답안을 작성하거나 감독위원의 답안카드 제출지시에 불응할 때에는 당해 시험이 무효처리 됩니다.
4. 기타 감독위원의 정당한 지시에 불응하여 타 수험자의 시험에 방해가 될 경우 퇴실조치 될 수 있습니다.

답안카드 작성 시 유의사항

1. 답안카드 기재·마킹 시에는 반드시 검정색 사인펜을 사용해야 합니다.
2. 답안카드를 잘못 작성했을 시에는 카드를 교체하거나 수정테이프를 사용하여 수정할 수 있습니다.
   그러나 불완전한 수정처리로 인해 발생하는 전산자동판독불가 등 불이익은 수험자의 귀책사유입니다.
   - 수정테이프 이외의 수정액, 스티커 등은 사용 불가
   - 답안카드 왼쪽(성명·수험번호 등)을 제외한 '답안란'만 수정테이프로 수정 가능
3. 성명란은 수험자 본인의 성명을 정자체로 기재합니다.
4. 교시 기재란은 해당교시를 기재하고 해당 란에 마킹합니다.
5. 시험문제지 형별기재란에 해당 형별을 마킹합니다.
6. 수험번호란은 숫자로 기재하고 아래 해당번호에 마킹합니다.
7. 시험문제지 형별 및 수험번호 등 마킹착오로 인한 불이익은 전적으로 수험자의 귀책사유입니다.
8. 감독위원의 날인이 없는 답안카드는 무효처리 됩니다.
9. 상단과 우측의 검은색 띠(▌▌▌) 부분은 낙서를 금지합니다.
10. 답안카드의 채점은 전산판독결과에 따르며, 문제지 형별 및 답안 란의 마킹누락, 마킹착오, 불완전한 마킹 등은 수험자의 귀책사유에 해당하므로 이의제기를 하더라도 받아들여지지 않습니다.

부정행위 처리규정

시험 중 다음과 같은 행위를 하는 자는 당해 시험을 무효처리하고 자격별 관련 규정에 따라 일정기간 동안 시험에 응시할 수 있는 자격을 정지합니다.
1. 시험과 관련된 대화, 답안카드 교환, 다른 수험자의 답안·문제지를 보고 답안 작성, 대리시험을 치르거나 치르게 하는 행위, 시험문제 내용과 관련된 물건을 휴대하거나 이를 주고받는 행위
2. 시험장 내외로부터 도움을 받아 답안을 작성하는 행위, 공인어학성적 및 응시자격서류를 허위기재하여 제출하는 행위
3. 통신기기(휴대전화·소형 무전기 등) 및 전자기기(초소형 카메라 등)를 휴대하거나 사용하는 행위
4. 다른 수험자와 성명 및 수험번호를 바꾸어 작성·제출하는 행위
5. 기타 부정 또는 불공정한 방법으로 시험을 치르는 행위

성 명
해 커 스

교시 기재란
(1)교시 ● ② ③

문제지 형별 기재란
(A)형 ● ⑧

선 택 과 목 1

선 택 과 목 2

수 험 번 호
1 5 8 8 2 3 3 2

감독위원 확인
김 감 독

마 킹 주 의

바르게 마킹 : ●
잘못 마킹 : ⊗ ⊙ Ⓥ ◯ Ⓘ ⊖ ◒ ◯

(예　시)

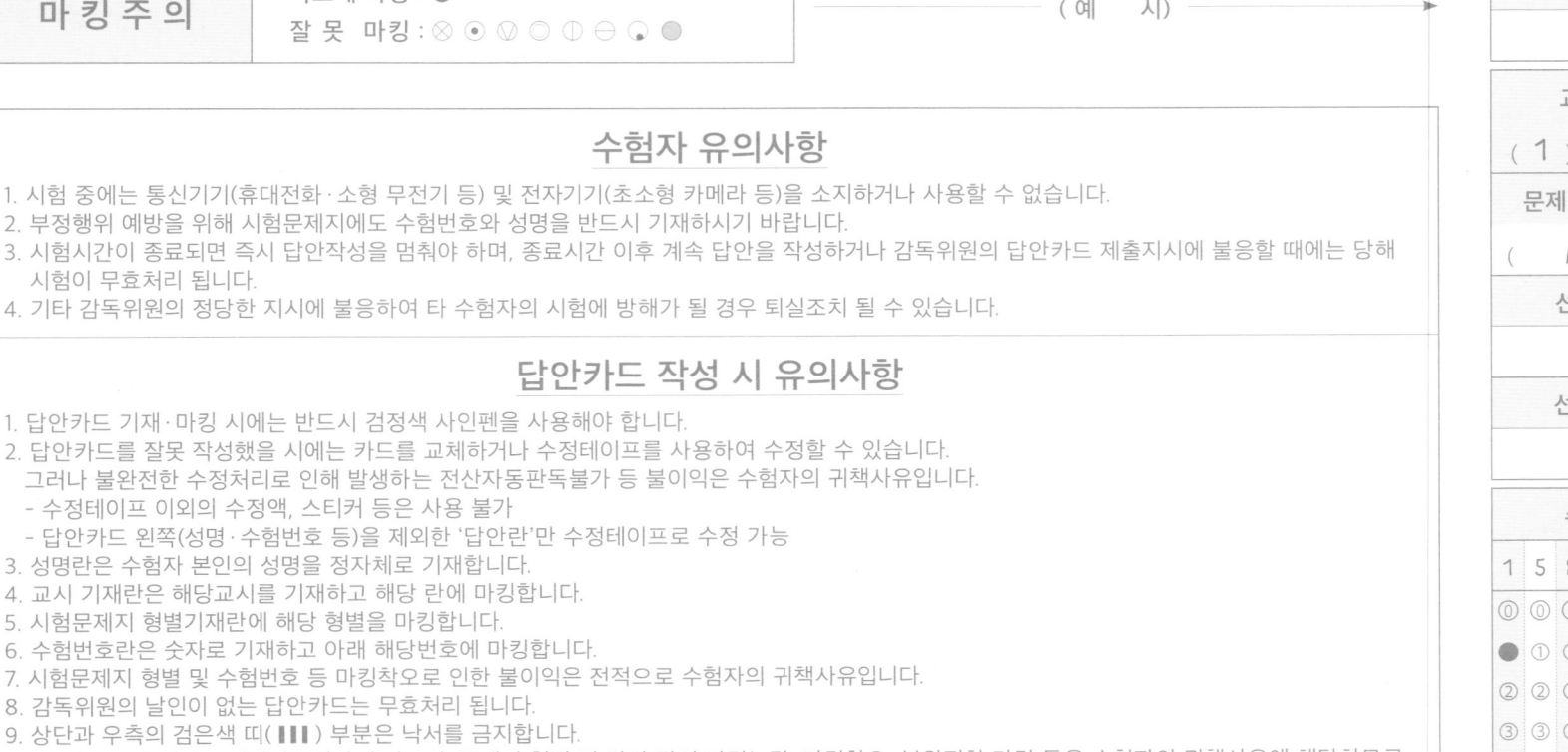

성 명

해 커 스

교시 기재란

(1)교시　● ② ③

문제지 형별 기재란

(　A 　)형　● ⑧

선 택 과 목 1

선 택 과 목 2

수 험 번 호

1	5	8	8	2	3	3	2
⓪	⓪	⓪	⓪	⓪	⓪	⓪	⓪
●	①	①	①	①	①	①	①
②	②	②	②	●	②	②	●
③	③	③	③	③	●	●	③
④	④	④	④	④	④	④	④
⑤	●	⑤	⑤	⑤	⑤	⑤	⑤
⑥	⑥	⑥	⑥	⑥	⑥	⑥	⑥
⑦	⑦	⑦	⑦	⑦	⑦	⑦	⑦
⑧	⑧	●	●	⑧	⑧	⑧	⑧
⑨	⑨	⑨	⑨	⑨	⑨	⑨	⑨

감독위원 확인

김 감 독

수험자 유의사항

1. 시험 중에는 통신기기(휴대전화·소형 무전기 등) 및 전자기기(초소형 카메라 등)을 소지하거나 사용할 수 없습니다.
2. 부정행위 예방을 위해 시험문제지에도 수험번호와 성명을 반드시 기재하시기 바랍니다.
3. 시험시간이 종료되면 즉시 답안작성을 멈춰야 하며, 종료시간 이후 계속 답안을 작성하거나 감독위원의 답안카드 제출지시에 불응할 때에는 당해 시험이 무효처리 됩니다.
4. 기타 감독위원의 정당한 지시에 불응하여 타 수험자의 시험에 방해가 될 경우 퇴실조치 될 수 있습니다.

답안카드 작성 시 유의사항

1. 답안카드 기재·마킹 시에는 반드시 검정색 사인펜을 사용해야 합니다.
2. 답안카드를 잘못 작성했을 시에는 카드를 교체하거나 수정테이프를 사용하여 수정할 수 있습니다.
   그러나 불완전한 수정처리로 인해 발생하는 전산자동판독불가 등 불이익은 수험자의 귀책사유입니다.
   - 수정테이프 이외의 수정액, 스티커 등은 사용 불가
   - 답안카드 왼쪽(성명·수험번호 등)을 제외한 '답안란'만 수정테이프로 수정 가능
3. 성명란은 수험자 본인의 성명을 정자체로 기재합니다.
4. 교시 기재란은 해당교시를 기재하고 해당 란에 마킹합니다.
5. 시험문제지 형별기재란에 해당 형별을 마킹합니다.
6. 수험번호란은 숫자로 기재하고 아래 해당번호에 마킹합니다.
7. 시험문제지 형별 및 수험번호 등 마킹착오로 인한 불이익은 전적으로 수험자의 귀책사유입니다.
8. 감독위원의 날인이 없는 답안카드는 무효처리 됩니다.
9. 상단과 우측의 검은색 띠(▮▮▮) 부분은 낙서를 금지합니다.
10. 답안카드의 채점은 전산판독결과에 따르며, 문제지 형별 및 답안 란의 마킹누락, 마킹착오, 불완전한 마킹 등은 수험자의 귀책사유에 해당하므로 이의제기를 하더라도 받아들여지지 않습니다.

부정행위 처리규정

시험 중 다음과 같은 행위를 하는 자는 당해 시험을 무효처리하고 자격별 관련 규정에 따라 일정기간 동안 시험에 응시할 수 있는 자격을 정지합니다.
1. 시험과 관련된 대화, 답안카드 교환, 다른 수험자의 답안·문제지를 보고 답안 작성, 대리시험을 치르거나 치르게 하는 행위, 시험문제 내용과 관련된 물건을 휴대하거나 이를 주고받는 행위
2. 시험장 내외로부터 도움을 받아 답안을 작성하는 행위, 공인어학성적 및 응시자격서류를 허위기재하여 제출하는 행위
3. 통신기기(휴대전화·소형 무전기 등) 및 전자기기(초소형 카메라 등)를 휴대하거나 사용하는 행위
4. 다른 수험자와 성명 및 수험번호를 바꾸어 작성·제출하는 행위
5. 기타 부정 또는 불공정한 방법으로 시험을 치르는 행위

마 킹 주 의

바르게 마킹 : ●
잘못 마킹 : ⊗ ⊙ Ⓥ ◯ Ⓘ ⊖ ◒ ◯

(예　시)

성 명

해 커 스

교시 기재란

(1)교시　● ② ③

문제지 형별 기재란

(　A 　)형　● ⑧

선 택 과 목 1

선 택 과 목 2

수 험 번 호

1	5	8	8	2	3	3	2
⓪	⓪	⓪	⓪	⓪	⓪	⓪	⓪
●	①	①	①	①	①	①	①
②	②	②	②	●	②	②	●
③	③	③	③	③	●	●	③
④	④	④	④	④	④	④	④
⑤	●	⑤	⑤	⑤	⑤	⑤	⑤
⑥	⑥	⑥	⑥	⑥	⑥	⑥	⑥
⑦	⑦	⑦	⑦	⑦	⑦	⑦	⑦
⑧	⑧	●	●	⑧	⑧	⑧	⑧
⑨	⑨	⑨	⑨	⑨	⑨	⑨	⑨

감독위원 확인

김 감 독

수험자 유의사항

1. 시험 중에는 통신기기(휴대전화·소형 무전기 등) 및 전자기기(초소형 카메라 등)을 소지하거나 사용할 수 없습니다.
2. 부정행위 예방을 위해 시험문제지에도 수험번호와 성명을 반드시 기재하시기 바랍니다.
3. 시험시간이 종료되면 즉시 답안작성을 멈춰야 하며, 종료시간 이후 계속 답안을 작성하거나 감독위원의 답안카드 제출지시에 불응할 때에는 당해 시험이 무효처리 됩니다.
4. 기타 감독위원의 정당한 지시에 불응하여 타 수험자의 시험에 방해가 될 경우 퇴실조치 될 수 있습니다.

답안카드 작성 시 유의사항

1. 답안카드 기재·마킹 시에는 반드시 검정색 사인펜을 사용해야 합니다.
2. 답안카드를 잘못 작성했을 시에는 카드를 교체하거나 수정테이프를 사용하여 수정할 수 있습니다.
   그러나 불완전한 수정처리로 인해 발생하는 전산자동판독불가 등 불이익은 수험자의 귀책사유입니다.
   - 수정테이프 이외의 수정액, 스티커 등은 사용 불가
   - 답안카드 왼쪽(성명·수험번호 등)을 제외한 '답안란'만 수정테이프로 수정 가능
3. 성명란은 수험자 본인의 성명을 정자체로 기재합니다.
4. 교시 기재란은 해당교시를 기재하고 해당 란에 마킹합니다.
5. 시험문제지 형별기재란에 해당 형별을 마킹합니다.
6. 수험번호란은 숫자로 기재하고 아래 해당번호에 마킹합니다.
7. 시험문제지 형별 및 수험번호 등 마킹착오로 인한 불이익은 전적으로 수험자의 귀책사유입니다.
8. 감독위원의 날인이 없는 답안카드는 무효처리 됩니다.
9. 상단과 우측의 검은색 띠(▮▮▮) 부분은 낙서를 금지합니다.
10. 답안카드의 채점은 전산판독결과에 따르며, 문제지 형별 및 답안 란의 마킹누락, 마킹착오, 불완전한 마킹 등은 수험자의 귀책사유에 해당하므로 이의제기를 하더라도 받아들여지지 않습니다.

부정행위 처리규정

시험 중 다음과 같은 행위를 하는 자는 당해 시험을 무효처리하고 자격별 관련 규정에 따라 일정기간 동안 시험에 응시할 수 있는 자격을 정지합니다.
1. 시험과 관련된 대화, 답안카드 교환, 다른 수험자의 답안·문제지를 보고 답안 작성, 대리시험을 치르거나 치르게 하는 행위, 시험문제 내용과 관련된 물건을 휴대하거나 이를 주고받는 행위
2. 시험장 내외로부터 도움을 받아 답안을 작성하는 행위, 공인어학성적 및 응시자격서류를 허위기재하여 제출하는 행위
3. 통신기기(휴대전화·소형 무전기 등) 및 전자기기(초소형 카메라 등)를 휴대하거나 사용하는 행위
4. 다른 수험자와 성명 및 수험번호를 바꾸어 작성·제출하는 행위
5. 기타 부정 또는 불공정한 방법으로 시험을 치르는 행위

마 킹 주 의

바르게 마킹 : ●
잘못 마킹 : ⊗ ⊙ ⓥ ○ ① ⊖ ◒ ◉

(예 시)

성 명
해 커 스

교시 기재란
(1)교시 ● ② ③

문제지 형별 기재란
(A)형 ● Ⓑ

선 택 과 목 1

선 택 과 목 2

수험자 유의사항

1. 시험 중에는 통신기기(휴대전화·소형 무전기 등) 및 전자기기(초소형 카메라 등)을 소지하거나 사용할 수 없습니다.
2. 부정행위 예방을 위해 시험문제지에도 수험번호와 성명을 반드시 기재하시기 바랍니다.
3. 시험시간이 종료되면 즉시 답안작성을 멈춰야 하며, 종료시간 이후 계속 답안을 작성하거나 감독위원의 답안카드 제출지시에 불응할 때에는 당해 시험이 무효처리 됩니다.
4. 기타 감독위원의 정당한 지시에 불응하여 타 수험자의 시험에 방해가 될 경우 퇴실조치 될 수 있습니다.

답안카드 작성 시 유의사항

1. 답안카드 기재·마킹 시에는 반드시 검정색 사인펜을 사용해야 합니다.
2. 답안카드를 잘못 작성했을 시에는 카드를 교체하거나 수정테이프를 사용하여 수정할 수 있습니다.
   그러나 불완전한 수정처리로 인해 발생하는 전산자동판독불가 등 불이익은 수험자의 귀책사유입니다.
   - 수정테이프 이외의 수정액, 스티커 등은 사용 불가
   - 답안카드 왼쪽(성명·수험번호 등)을 제외한 '답안란'만 수정테이프로 수정 가능
3. 성명란은 수험자 본인의 성명을 정자체로 기재합니다.
4. 교시 기재란은 해당교시를 기재하고 해당 란에 마킹합니다.
5. 시험문제지 형별기재란에 해당 형별을 마킹합니다.
6. 수험번호란은 숫자로 기재하고 아래 해당번호에 마킹합니다.
7. 시험문제지 형별 및 수험번호 등 마킹착오로 인한 불이익은 전적으로 수험자의 귀책사유입니다.
8. 감독위원의 날인이 없는 답안카드는 무효처리 됩니다.
9. 상단과 우측의 검은색 띠(▌▌▌) 부분은 낙서를 금지합니다.
10. 답안카드의 채점은 전산판독결과에 따르며, 문제지 형별 및 답안 란의 마킹누락, 마킹착오, 불완전한 마킹 등은 수험자의 귀책사유에 해당하므로 이의제기를 하더라도 받아들여지지 않습니다.

수 험 번 호

1	5	8	8	2	3	3	2
⓪	⓪	⓪	⓪	⓪	⓪	⓪	⓪
●	①	①	①	①	①	①	①
②	②	②	②	●	②	②	●
③	③	③	③	③	●	●	③
④	④	④	④	④	④	④	④
⑤	●	⑤	⑤	⑤	⑤	⑤	⑤
⑥	⑥	⑥	⑥	⑥	⑥	⑥	⑥
⑦	⑦	⑦	⑦	⑦	⑦	⑦	⑦
⑧	⑧	●	●	⑧	⑧	⑧	⑧
⑨	⑨	⑨	⑨	⑨	⑨	⑨	⑨

부정행위 처리규정

시험 중 다음과 같은 행위를 하는 자는 당해 시험을 무효처리하고 자격별 관련 규정에 따라 일정기간 동안 시험에 응시할 수 있는 자격을 정지합니다.
1. 시험과 관련된 대화, 답안카드 교환, 다른 수험자의 답안·문제지를 보고 답안 작성, 대리시험을 치르거나 치르게 하는 행위, 시험문제 내용과 관련된 물건을 휴대하거나 이를 주고받는 행위
2. 시험장 내외로부터 도움을 받아 답안을 작성하는 행위, 공인어학성적 및 응시자격서류를 허위기재하여 제출하는 행위
3. 통신기기(휴대전화·소형 무전기 등) 및 전자기기(초소형 카메라 등)를 휴대하거나 사용하는 행위
4. 다른 수험자와 성명 및 수험번호를 바꾸어 작성·제출하는 행위
5. 기타 부정 또는 불공정한 방법으로 시험을 치르는 행위

감독위원 확인
김캅독

마 킹 주 의

바르게 마킹 : ●
잘못 마킹 : ⊗ ⊙ ⓥ ○ ① ⊖ ◒ ◉

(예 시)

성 명
해 커 스

교시 기재란
(1)교시 ● ② ③

문제지 형별 기재란
(A)형 ● Ⓑ

선 택 과 목 1

선 택 과 목 2

수험자 유의사항

1. 시험 중에는 통신기기(휴대전화·소형 무전기 등) 및 전자기기(초소형 카메라 등)을 소지하거나 사용할 수 없습니다.
2. 부정행위 예방을 위해 시험문제지에도 수험번호와 성명을 반드시 기재하시기 바랍니다.
3. 시험시간이 종료되면 즉시 답안작성을 멈춰야 하며, 종료시간 이후 계속 답안을 작성하거나 감독위원의 답안카드 제출지시에 불응할 때에는 당해 시험이 무효처리 됩니다.
4. 기타 감독위원의 정당한 지시에 불응하여 타 수험자의 시험에 방해가 될 경우 퇴실조치 될 수 있습니다.

답안카드 작성 시 유의사항

1. 답안카드 기재·마킹 시에는 반드시 검정색 사인펜을 사용해야 합니다.
2. 답안카드를 잘못 작성했을 시에는 카드를 교체하거나 수정테이프를 사용하여 수정할 수 있습니다.
   그러나 불완전한 수정처리로 인해 발생하는 전산자동판독불가 등 불이익은 수험자의 귀책사유입니다.
   - 수정테이프 이외의 수정액, 스티커 등은 사용 불가
   - 답안카드 왼쪽(성명·수험번호 등)을 제외한 '답안란'만 수정테이프로 수정 가능
3. 성명란은 수험자 본인의 성명을 정자체로 기재합니다.
4. 교시 기재란은 해당교시를 기재하고 해당 란에 마킹합니다.
5. 시험문제지 형별기재란에 해당 형별을 마킹합니다.
6. 수험번호란은 숫자로 기재하고 아래 해당번호에 마킹합니다.
7. 시험문제지 형별 및 수험번호 등 마킹착오로 인한 불이익은 전적으로 수험자의 귀책사유입니다.
8. 감독위원의 날인이 없는 답안카드는 무효처리 됩니다.
9. 상단과 우측의 검은색 띠(▌▌▌) 부분은 낙서를 금지합니다.
10. 답안카드의 채점은 전산판독결과에 따르며, 문제지 형별 및 답안 란의 마킹누락, 마킹착오, 불완전한 마킹 등은 수험자의 귀책사유에 해당하므로 이의제기를 하더라도 받아들여지지 않습니다.

수 험 번 호

1	5	8	8	2	3	3	2
⓪	⓪	⓪	⓪	⓪	⓪	⓪	⓪
●	①	①	①	①	①	①	①
②	②	②	②	●	②	②	●
③	③	③	③	③	●	●	③
④	④	④	④	④	④	④	④
⑤	●	⑤	⑤	⑤	⑤	⑤	⑤
⑥	⑥	⑥	⑥	⑥	⑥	⑥	⑥
⑦	⑦	⑦	⑦	⑦	⑦	⑦	⑦
⑧	⑧	●	●	⑧	⑧	⑧	⑧
⑨	⑨	⑨	⑨	⑨	⑨	⑨	⑨

부정행위 처리규정

시험 중 다음과 같은 행위를 하는 자는 당해 시험을 무효처리하고 자격별 관련 규정에 따라 일정기간 동안 시험에 응시할 수 있는 자격을 정지합니다.
1. 시험과 관련된 대화, 답안카드 교환, 다른 수험자의 답안·문제지를 보고 답안 작성, 대리시험을 치르거나 치르게 하는 행위, 시험문제 내용과 관련된 물건을 휴대하거나 이를 주고받는 행위
2. 시험장 내외로부터 도움을 받아 답안을 작성하는 행위, 공인어학성적 및 응시자격서류를 허위기재하여 제출하는 행위
3. 통신기기(휴대전화·소형 무전기 등) 및 전자기기(초소형 카메라 등)를 휴대하거나 사용하는 행위
4. 다른 수험자와 성명 및 수험번호를 바꾸어 작성·제출하는 행위
5. 기타 부정 또는 불공정한 방법으로 시험을 치르는 행위

감독위원 확인
김캅독

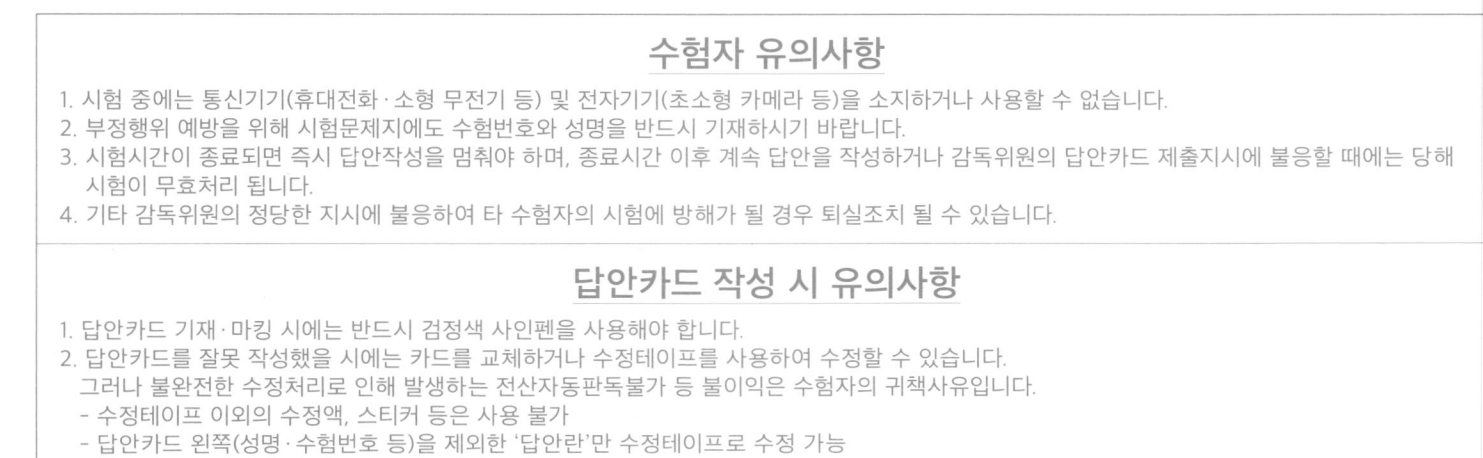
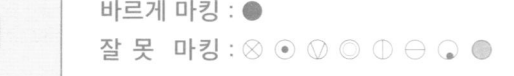

성 명

교시 기재란

( )교시 ① ② ③

문제지 형별 기재란

( )형 Ⓐ Ⓑ

선 택 과 목 1

선 택 과 목 2

수 험 번 호

감독위원 확인

인

( )년도 ( ) 제( )차 국가전문자격시험 답안지

수험자
여러분의
합격을
기원합니다.

해커스 공인중개사

성 명

교시 기재란

( )교시 ① ② ③

문제지 형별 기재란

( )형 Ⓐ Ⓑ

선 택 과 목 1

선 택 과 목 2

수 험 번 호

감독위원 확인

인

( )년도 ( ) 제( )차 국가전문자격시험 답안지

수험자
여러분의
합격을
기원합니다.

해커스 공인중개사

마 킹 주 의

바르게 마킹 : ●
잘 못 마킹 : ⊗ ⊙ Ⓥ ○ ① ⊖ ⊙ ●

(예　시)

수험자 유의사항

1. 시험 중에는 통신기기(휴대전화·소형 무전기 등) 및 전자기기(초소형 카메라 등)을 소지하거나 사용할 수 없습니다.
2. 부정행위 예방을 위해 시험문제지에도 수험번호와 성명을 반드시 기재하시기 바랍니다.
3. 시험시간이 종료되면 즉시 답안작성을 멈춰야 하며, 종료시간 이후 계속 답안을 작성하거나 감독위원의 답안카드 제출지시에 불응할 때에는 당해 시험이 무효처리 됩니다.
4. 기타 감독위원의 정당한 지시에 불응하여 타 수험자의 시험에 방해가 될 경우 퇴실조치 될 수 있습니다.

답안카드 작성 시 유의사항

1. 답안카드 기재·마킹 시에는 반드시 검정색 사인펜을 사용해야 합니다.
2. 답안카드를 잘못 작성했을 시에는 카드를 교체하거나 수정테이프를 사용하여 수정할 수 있습니다.
   그러나 불완전한 수정처리로 인해 발생하는 전산자동판독불가 등 불이익은 수험자의 귀책사유입니다.
   - 수정테이프 이외의 수정액, 스티커 등은 사용 불가
   - 답안카드 왼쪽(성명·수험번호 등)을 제외한 '답안란'만 수정테이프로 수정 가능
3. 성명란은 수험자 본인의 성명을 정자체로 기재합니다.
4. 교시 기재란은 해당교시를 기재하고 해당 란에 마킹합니다.
5. 시험문제지 형별기재란에 해당 형별을 마킹합니다.
6. 수험번호란은 숫자로 기재하고 아래 해당번호에 마킹합니다.
7. 시험문제지 형별 및 수험번호 등 마킹착오로 인한 불이익은 전적으로 수험자의 귀책사유입니다.
8. 감독위원의 날인이 없는 답안카드는 무효처리 됩니다.
9. 상단과 우측의 검은색 띠(▐▐▐) 부분은 낙서를 금지합니다.
10. 답안카드의 채점은 전산판독결과에 따르며, 문제지 형별 및 답안 란의 마킹누락, 마킹착오, 불완전한 마킹 등은 수험자의 귀책사유에 해당하므로 이의제기를 하더라도 받아들여지지 않습니다.

부정행위 처리규정

시험 중 다음과 같은 행위를 하는 자는 당해 시험을 무효처리하고 자격별 관련 규정에 따라 일정기간 동안 시험에 응시할 수 있는 자격을 정지합니다.
1. 시험과 관련된 대화, 답안카드 교환, 다른 수험자의 답안·문제지를 보고 답안 작성, 대리시험을 치르거나 치르게 하는 행위, 시험문제 내용과 관련된 물건을 휴대하거나 이를 주고받는 행위
2. 시험장 내외로부터 도움을 받아 답안을 작성하는 행위, 공인어학성적 및 응시자격서류를 허위기재하여 제출하는 행위
3. 통신기기(휴대전화·소형 무전기 등) 및 전자기기(초소형 카메라 등)를 휴대하거나 사용하는 행위
4. 다른 수험자와 성명 및 수험번호를 바꾸어 작성·제출하는 행위
5. 기타 부정 또는 불공정한 방법으로 시험을 치르는 행위

마 킹 주 의

바르게 마킹 : ●
잘 못 마킹 : ⊗ ⊙ Ⓥ ○ ① ⊖ ⊙ ●

(예　시)

성　명

해 커 스

교시 기재란

(1)교시　● ② ③

문제지 형별 기재란

(A)형　● Ⓑ

선 택 과 목 1

선 택 과 목 2

수 험 번 호

1	5	8	8	2	3	3	2
⓪	⓪	⓪	⓪	⓪	⓪	⓪	⓪
●	①	①	①	①	①	①	①
②	②	②	②	●	②	②	●
③	③	③	③	③	●	●	③
④	④	④	④	④	④	④	④
⑤	●	⑤	⑤	⑤	⑤	⑤	⑤
⑥	⑥	⑥	⑥	⑥	⑥	⑥	⑥
⑦	⑦	⑦	⑦	⑦	⑦	⑦	⑦
⑧	⑧	●	●	⑧	⑧	⑧	⑧
⑨	⑨	⑨	⑨	⑨	⑨	⑨	⑨

감독위원 확인

김 합 독

수험자 유의사항

1. 시험 중에는 통신기기(휴대전화·소형 무전기 등) 및 전자기기(초소형 카메라 등)을 소지하거나 사용할 수 없습니다.
2. 부정행위 예방을 위해 시험문제지에도 수험번호와 성명을 반드시 기재하시기 바랍니다.
3. 시험시간이 종료되면 즉시 답안작성을 멈춰야 하며, 종료시간 이후 계속 답안을 작성하거나 감독위원의 답안카드 제출지시에 불응할 때에는 당해 시험이 무효처리 됩니다.
4. 기타 감독위원의 정당한 지시에 불응하여 타 수험자의 시험에 방해가 될 경우 퇴실조치 될 수 있습니다.

답안카드 작성 시 유의사항

1. 답안카드 기재·마킹 시에는 반드시 검정색 사인펜을 사용해야 합니다.
2. 답안카드를 잘못 작성했을 시에는 카드를 교체하거나 수정테이프를 사용하여 수정할 수 있습니다.
   그러나 불완전한 수정처리로 인해 발생하는 전산자동판독불가 등 불이익은 수험자의 귀책사유입니다.
   - 수정테이프 이외의 수정액, 스티커 등은 사용 불가
   - 답안카드 왼쪽(성명·수험번호 등)을 제외한 '답안란'만 수정테이프로 수정 가능
3. 성명란은 수험자 본인의 성명을 정자체로 기재합니다.
4. 교시 기재란은 해당교시를 기재하고 해당 란에 마킹합니다.
5. 시험문제지 형별기재란에 해당 형별을 마킹합니다.
6. 수험번호란은 숫자로 기재하고 아래 해당번호에 마킹합니다.
7. 시험문제지 형별 및 수험번호 등 마킹착오로 인한 불이익은 전적으로 수험자의 귀책사유입니다.
8. 감독위원의 날인이 없는 답안카드는 무효처리 됩니다.
9. 상단과 우측의 검은색 띠(▐▐▐) 부분은 낙서를 금지합니다.
10. 답안카드의 채점은 전산판독결과에 따르며, 문제지 형별 및 답안 란의 마킹누락, 마킹착오, 불완전한 마킹 등은 수험자의 귀책사유에 해당하므로 이의제기를 하더라도 받아들여지지 않습니다.

부정행위 처리규정

시험 중 다음과 같은 행위를 하는 자는 당해 시험을 무효처리하고 자격별 관련 규정에 따라 일정기간 동안 시험에 응시할 수 있는 자격을 정지합니다.
1. 시험과 관련된 대화, 답안카드 교환, 다른 수험자의 답안·문제지를 보고 답안 작성, 대리시험을 치르거나 치르게 하는 행위, 시험문제 내용과 관련된 물건을 휴대하거나 이를 주고받는 행위
2. 시험장 내외로부터 도움을 받아 답안을 작성하는 행위, 공인어학성적 및 응시자격서류를 허위기재하여 제출하는 행위
3. 통신기기(휴대전화·소형 무전기 등) 및 전자기기(초소형 카메라 등)를 휴대하거나 사용하는 행위
4. 다른 수험자와 성명 및 수험번호를 바꾸어 작성·제출하는 행위
5. 기타 부정 또는 불공정한 방법으로 시험을 치르는 행위

성　명

해 커 스

교시 기재란

(1)교시　● ② ③

문제지 형별 기재란

(A)형　● Ⓑ

선 택 과 목 1

선 택 과 목 2

수 험 번 호

1	5	8	8	2	3	3	2
⓪	⓪	⓪	⓪	⓪	⓪	⓪	⓪
●	①	①	①	①	①	①	①
②	②	②	②	●	②	②	●
③	③	③	③	③	●	●	③
④	④	④	④	④	④	④	④
⑤	●	⑤	⑤	⑤	⑤	⑤	⑤
⑥	⑥	⑥	⑥	⑥	⑥	⑥	⑥
⑦	⑦	⑦	⑦	⑦	⑦	⑦	⑦
⑧	⑧	●	●	⑧	⑧	⑧	⑧
⑨	⑨	⑨	⑨	⑨	⑨	⑨	⑨

감독위원 확인

김 합 독

마 킹 주 의	바르게 마킹 : ●
	잘 못 마킹 : ⊗ ⊙ ⓥ ⊖ ⊝ ⊙ ◑

(예 시)

수험자 유의사항

1. 시험 중에는 통신기기(휴대전화·소형 무전기 등) 및 전자기기(초소형 카메라 등)을 소지하거나 사용할 수 없습니다.
2. 부정행위 예방을 위해 시험문제지에도 수험번호와 성명을 반드시 기재하시기 바랍니다.
3. 시험시간이 종료되면 즉시 답안작성을 멈춰야 하며, 종료시간 이후 계속 답안을 작성하거나 감독위원의 답안카드 제출지시에 불응할 때에는 당해 시험이 무효처리 됩니다.
4. 기타 감독위원의 정당한 지시에 불응하여 타 수험자의 시험에 방해가 될 경우 퇴실조치 될 수 있습니다.

답안카드 작성 시 유의사항

1. 답안카드 기재·마킹 시에는 반드시 검정색 사인펜을 사용해야 합니다.
2. 답안카드를 잘못 작성했을 시에는 카드를 교체하거나 수정테이프를 사용하여 수정할 수 있습니다.
   그러나 불완전한 수정처리로 인해 발생하는 전산자동판독불가 등 불이익은 수험자의 귀책사유입니다.
   - 수정테이프 이외의 수정액, 스티커 등은 사용 불가
   - 답안카드 왼쪽(성명·수험번호 등)을 제외한 '답안란'만 수정테이프로 수정 가능
3. 성명란은 수험자 본인의 성명을 정자체로 기재합니다.
4. 교시 기재란은 해당교시를 기재하고 해당 란에 마킹합니다.
5. 시험문제지 형별기재란에 해당 형별을 마킹합니다.
6. 수험번호란은 숫자로 기재하고 아래 해당번호에 마킹합니다.
7. 시험문제지 형별 및 수험번호 등 마킹착오로 인한 불이익은 전적으로 수험자의 귀책사유입니다.
8. 감독위원의 날인이 없는 답안카드는 무효처리 됩니다.
9. 상단과 우측의 검은색 띠(▮▮▮) 부분은 낙서를 금지합니다.
10. 답안카드의 채점은 전산판독결과에 따르며, 문제지 형별 및 답안 란의 마킹누락, 마킹착오, 불완전한 마킹 등은 수험자의 귀책사유에 해당하므로 이의제기를 하더라도 받아들여지지 않습니다.

부정행위 처리규정

시험 중 다음과 같은 행위를 하는 자는 당해 시험을 무효처리하고 자격별 관련 규정에 따라 일정기간 동안 시험에 응시할 수 있는 자격을 정지합니다.
1. 시험과 관련된 대화, 답안카드 교환, 다른 수험자의 답안·문제지를 보고 답안 작성, 대리시험을 치르거나 치르게 하는 행위, 시험문제 내용과 관련된 물건을 휴대하거나 이를 주고받는 행위
2. 시험장 내외로부터 도움을 받아 답안을 작성하는 행위, 공인어학성적 및 응시자격서류를 허위기재하여 제출하는 행위
3. 통신기기(휴대전화·소형 무전기 등) 및 전자기기(초소형 카메라 등)를 휴대하거나 사용하는 행위
4. 다른 수험자와 성명 및 수험번호를 바꾸어 작성·제출하는 행위
5. 기타 부정 또는 불공정한 방법으로 시험을 치르는 행위

성 명
해 커 스

교시 기재란
(1)교시 ● ② ③

문제지 형별 기재란
(A)형 ● ⑧

선 택 과 목 1

선 택 과 목 2

수 험 번 호

1	5	8	8	2	3	3	2

감독위원 확인
김합독

마 킹 주 의	바르게 마킹 : ●
	잘 못 마킹 : ⊗ ⊙ ⓥ ⊖ ⊝ ⊙ ◑

(예 시)

수험자 유의사항

1. 시험 중에는 통신기기(휴대전화·소형 무전기 등) 및 전자기기(초소형 카메라 등)을 소지하거나 사용할 수 없습니다.
2. 부정행위 예방을 위해 시험문제지에도 수험번호와 성명을 반드시 기재하시기 바랍니다.
3. 시험시간이 종료되면 즉시 답안작성을 멈춰야 하며, 종료시간 이후 계속 답안을 작성하거나 감독위원의 답안카드 제출지시에 불응할 때에는 당해 시험이 무효처리 됩니다.
4. 기타 감독위원의 정당한 지시에 불응하여 타 수험자의 시험에 방해가 될 경우 퇴실조치 될 수 있습니다.

답안카드 작성 시 유의사항

1. 답안카드 기재·마킹 시에는 반드시 검정색 사인펜을 사용해야 합니다.
2. 답안카드를 잘못 작성했을 시에는 카드를 교체하거나 수정테이프를 사용하여 수정할 수 있습니다.
   그러나 불완전한 수정처리로 인해 발생하는 전산자동판독불가 등 불이익은 수험자의 귀책사유입니다.
   - 수정테이프 이외의 수정액, 스티커 등은 사용 불가
   - 답안카드 왼쪽(성명·수험번호 등)을 제외한 '답안란'만 수정테이프로 수정 가능
3. 성명란은 수험자 본인의 성명을 정자체로 기재합니다.
4. 교시 기재란은 해당교시를 기재하고 해당 란에 마킹합니다.
5. 시험문제지 형별기재란에 해당 형별을 마킹합니다.
6. 수험번호란은 숫자로 기재하고 아래 해당번호에 마킹합니다.
7. 시험문제지 형별 및 수험번호 등 마킹착오로 인한 불이익은 전적으로 수험자의 귀책사유입니다.
8. 감독위원의 날인이 없는 답안카드는 무효처리 됩니다.
9. 상단과 우측의 검은색 띠(▮▮▮) 부분은 낙서를 금지합니다.
10. 답안카드의 채점은 전산판독결과에 따르며, 문제지 형별 및 답안 란의 마킹누락, 마킹착오, 불완전한 마킹 등은 수험자의 귀책사유에 해당하므로 이의제기를 하더라도 받아들여지지 않습니다.

부정행위 처리규정

시험 중 다음과 같은 행위를 하는 자는 당해 시험을 무효처리하고 자격별 관련 규정에 따라 일정기간 동안 시험에 응시할 수 있는 자격을 정지합니다.
1. 시험과 관련된 대화, 답안카드 교환, 다른 수험자의 답안·문제지를 보고 답안 작성, 대리시험을 치르거나 치르게 하는 행위, 시험문제 내용과 관련된 물건을 휴대하거나 이를 주고받는 행위
2. 시험장 내외로부터 도움을 받아 답안을 작성하는 행위, 공인어학성적 및 응시자격서류를 허위기재하여 제출하는 행위
3. 통신기기(휴대전화·소형 무전기 등) 및 전자기기(초소형 카메라 등)를 휴대하거나 사용하는 행위
4. 다른 수험자와 성명 및 수험번호를 바꾸어 작성·제출하는 행위
5. 기타 부정 또는 불공정한 방법으로 시험을 치르는 행위

성 명
해 커 스

교시 기재란
(1)교시 ● ② ③

문제지 형별 기재란
(A)형 ● ⑧

선 택 과 목 1

선 택 과 목 2

수 험 번 호

1	5	8	8	2	3	3	2

감독위원 확인
김합독

저자 약력

한민우 교수

현│해커스 공인중개사학원 공인중개사법령 및 실무 대표강사
　해커스 공인중개사 공인중개사법령 및 실무 동영상강의 대표강사

전│EBS 공인중개사법령 및 실무 전임강사
　금융연수원, 한국경제TV 공인중개사법령 및 실무 강사
　새롬행정고시학원, 웅진패스원, 안산법학원 공인중개사법령 및 실무 전임강사
　새대한공인중개사협회 실무교육 강사

홍승한 교수

서울시립대학교 법학과 졸업
서울시립대학교 대학원 부동산학과 졸업(부동산학 석사)
상명대학교 일반대학원 부동산학과 박사과정 수료

현│해커스 공인중개사학원 부동산공시법령 대표강사
　해커스 공인중개사 부동산공시법령 동영상강의 대표강사

전│금융연수원 부동산공시법령 강의
　EBS 부동산공시법령 강의
　웅진랜드캠프 부동산공시법령 강의
　한국법학원 부동산공시법령 강의
　새롬행정고시학원 부동산공시법령 강의

한종민 교수

서울시립대학교 법학과 졸업 및 동대학원 수료

현│해커스 공인중개사학원 부동산공법 대표강사
　해커스 공인중개사 부동산공법 동영상강의 대표강사

전│EBS 명품직업 공인중개사 부동산공법 전임강사

강성규 교수

현│해커스 공인중개사학원 부동산세법 대표강사
　해커스 공인중개사 부동산세법 동영상강의 대표강사
　세종사이버대학교 겸임교수

전│랜드프로 부동산세법 강사 역임
　공인단기 부동산세법 강사 역임
　새롬에듀 부동산세법 강사 역임
　서울시 공무원교육원 강사 역임
　EBS 전국모의고사 출제위원 역임
　EBS PLUS2 방송 강의

해커스 공인중개사

실전모의고사 10회분

2차 공인중개사법령 및 실무 · 부동산공법
부동산공시법령 · 부동산세법

초판 1쇄 발행	2024년 5월 30일
지은이	한민우, 한종민, 홍승한, 강성규, 해커스 공인중개사시험 연구소 공편저
펴낸곳	해커스패스
펴낸이	해커스 공인중개사 출판팀
주소	서울시 강남구 강남대로 428 해커스 공인중개사
고객센터	1588-2332
교재 관련 문의	land@pass.com
	해커스 공인중개사 사이트(land.Hackers.com) 1:1 무료상담
	카카오톡 플러스 친구 [해커스 공인중개사]
학원 강의 및 동영상강의	land.Hackers.com
ISBN	979-11-7244-096-1 (13360)
Serial Number	01-01-01

공인중개사 시험 전문,
해커스 공인중개사 land.Hackers.com

ⅲ️ 해커스 공인중개사

- 해커스 공인중개사학원 및 동영상강의
- 해커스 공인중개사 온라인 전국 실전모의고사
- 해커스 공인중개사 무료 학습자료 및 필수 합격정보 제공

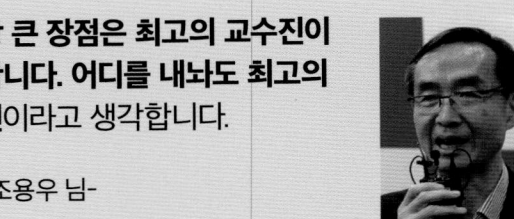
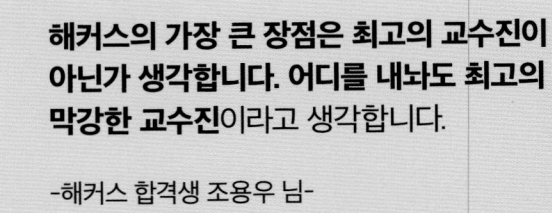

해커스 공인중개사
실전모의고사

 2차 공인중개사법령 및 실무 · 부동산공법
부동산공시법령 · 부동산세법

해설집

빠른 정답확인 + 정답 및 해설

해커스 공인중개사

실전모의고사

2차 공인중개사법령 및 실무·부동산공법
부동산공시법령·부동산세법

10회분

해커스 공인중개사 실전모의고사

합격점검 성적표 2차

자신의 점수와 실제 풀이시간을 적어보면서 실력을 점검해 보세요.

합격점검 체크 활용 방법 ✓

☺ **양호**: 제한 시간 내 문제 풀이를 완료하고, 평균 60점 이상 달성

😐 **부족**: 제한 시간을 넘기거나, 평균 60점 미만

☹ **위험**: 제한 시간을 초과하고, 평균 60점 미만
　　　또는 한 과목이라도 40점 미만인 경우

"부족"이나 "위험"이 나온 경우 틀린 출제포인트를 중점적으로
다시 학습하여 약점을 보완하세요.

일자	회차	점수				풀이시간		합격점검		
		1교시		2교시	평균	1교시	2교시	☺ 양호	😐 부족	☹ 위험
		공인중개사 법령 및 실무	부동산공법	부동산 공시·세법						
/	제1회	/100점	/100점	/100점	/100점	/100분	/50분	☐	☐	☐
/	제2회	/100점	/100점	/100점	/100점	/100분	/50분	☐	☐	☐
/	제3회	/100점	/100점	/100점	/100점	/100분	/50분	☐	☐	☐
/	제4회	/100점	/100점	/100점	/100점	/100분	/50분	☐	☐	☐
/	제5회	/100점	/100점	/100점	/100점	/100분	/50분	☐	☐	☐
/	제6회	/100점	/100점	/100점	/100점	/100분	/50분	☐	☐	☐
/	제7회	/100점	/100점	/100점	/100점	/100분	/50분	☐	☐	☐
/	제8회	/100점	/100점	/100점	/100점	/100분	/50분	☐	☐	☐
/	제9회	/100점	/100점	/100점	/100점	/100분	/50분	☐	☐	☐
/	제10회	/100점	/100점	/100점	/100점	/100분	/50분	☐	☐	☐

빠른 정답확인

제 1 회

1교시

제1과목 공인중개사법령 및 실무

1	2	3	4	5	6	7	8	9	10
①	④	⑤	③	②	④	③	①	⑤	②
11	12	13	14	15	16	17	18	19	20
④	③	③	①	②	⑤	④	③	①	②
21	22	23	24	25	26	27	28	29	30
④	⑤	⑤	④	⑤	②	③	②	④	①
31	32	33	34	35	36	37	38	39	40
⑤	①	②	④	③	④	③	①	②	⑤

제2과목 부동산공법

41	42	43	44	45	46	47	48	49	50
②	⑤	②	③	⑤	②	④	②	④	③
51	52	53	54	55	56	57	58	59	60
⑤	②	⑤	③	④	①	⑤	③	②	③
61	62	63	64	65	66	67	68	69	70
⑤	③	⑤	②	⑤	②	⑤	④	③	⑤
71	72	73	74	75	76	77	78	79	80
④	②	①	④	①	①	⑤	④	①	⑤

2교시

제1과목 부동산 공시에 관한 법령 및 부동산 관련 세법

1	2	3	4	5	6	7	8	9	10
③	⑤	⑤	④	②	③	①	③	③	②
11	12	13	14	15	16	17	18	19	20
②	④	③	⑤	②	③	①	②	⑤	②

21	22	23	24	25	26	27	28	29	30
②	①	⑤	③	⑤	④	⑤	①	⑤	④
31	32	33	34	35	36	37	38	39	40
③	②	⑤	①	②	②	④	③	④	①

제 2 회

1교시

제1과목 공인중개사법령 및 실무

1	2	3	4	5	6	7	8	9	10
②	③	④	①	⑤	②	④	⑤	②	③
11	12	13	14	15	16	17	18	19	20
①	②	⑤	①	④	③	②	③	①	④
21	22	23	24	25	26	27	28	29	30
③	⑤	⑤	④	②	④	④	⑤	③	①
31	32	33	34	35	36	37	38	39	40
②	⑤	③	②	④	④	⑤	②	③	①

제2과목 부동산공법

41	42	43	44	45	46	47	48	49	50
②	④	①	④	⑤	①	⑤	①	②	①
51	52	53	54	55	56	57	58	59	60
④	③	④	⑤	③	④	①	①	①	②
61	62	63	64	65	66	67	68	69	70
①	②	①	②	④	③	③	⑤	⑤	④
71	72	73	74	75	76	77	78	79	80
②	②	③	⑤	④	②	②	⑤	②	⑤

2교시

제1과목 부동산 공시에 관한 법령 및 부동산 관련 세법

1	2	3	4	5	6	7	8	9	10
③	②	⑤	④	③	③	②	④	①	⑤
11	12	13	14	15	16	17	18	19	20
③	④	⑤	①	②	②	③	①	⑤	④

21	22	23	24	25	26	27	28	29	30
④	②	⑤	⑤	③	④	⑤	⑤	④	③
31	32	33	34	35	36	37	38	39	40
⑤	③	⑤	④	④	①	②	②	③	⑤

빠른 정답확인

제 3 회

1교시

제1과목 공인중개사법령 및 실무

1	2	3	4	5	6	7	8	9	10
⑤	⑤	②	①	③	①	⑤	③	②	④
11	12	13	14	15	16	17	18	19	20
④	②	⑤	①	③	④	②	⑤	①	③
21	22	23	24	25	26	27	28	29	30
⑤	④	②	③	④	①	⑤	③	④	①
31	32	33	34	35	36	37	38	39	40
①	②	③	⑤	④	②	①	⑤	④	②

제2과목 부동산공법

41	42	43	44	45	46	47	48	49	50
③	⑤	③	①	④	③	③	⑤	③	①
51	52	53	54	55	56	57	58	59	60
①	④	②	④	②	②	③	⑤	③	①
61	62	63	64	65	66	67	68	69	70
⑤	③	④	③	②	⑤	①	④	②	③
71	72	73	74	75	76	77	78	79	80
⑤	③	③	②	④	②	⑤	①	④	①

2교시

제1과목 부동산 공시에 관한 법령 및 부동산 관련 세법

1	2	3	4	5	6	7	8	9	10
⑤	③	⑤	④	⑤	④	②	④	④	②
11	12	13	14	15	16	17	18	19	20
④	④	④	⑤	②	④	④	④	④	⑤

21	22	23	24	25	26	27	28	29	30
③	②	⑤	④	①	③	⑤	③	④	④
31	32	33	34	35	36	37	38	39	40
⑤	①	①	④	②	②	③	⑤	④

제 4 회

1교시

제1과목 공인중개사법령 및 실무

1	2	3	4	5	6	7	8	9	10
④	⑤	①	②	③	②	①	⑤	③	①
11	12	13	14	15	16	17	18	19	20
④	⑤	③	⑤	④	③	②	④	②	⑤
21	22	23	24	25	26	27	28	29	30
③	①	③	⑤	③	③	④	②	④	②
31	32	33	34	35	36	37	38	39	40
⑤	②	④	③	①	⑤	①	④	②	③

제2과목 부동산공법

41	42	43	44	45	46	47	48	49	50
③	①	②	⑤	①	⑤	④	④	④	②
51	52	53	54	55	56	57	58	59	60
④	④	⑤	③	⑤	⑤	④	⑤	⑤	③
61	62	63	64	65	66	67	68	69	70
⑤	④	④	①	⑤	③	③	⑤	①	④
71	72	73	74	75	76	77	78	79	80
②	①	④	③	②	⑤	⑤	③	①	②

2교시

제1과목 부동산 공시에 관한 법령 및 부동산 관련 세법

1	2	3	4	5	6	7	8	9	10
④	⑤	④	①	②	④	④	①	⑤	⑤
11	12	13	14	15	16	17	18	19	20
①	①	④	③	③	⑤	②	③	③	④

21	22	23	24	25	26	27	28	29	30
③	⑤	①	③	⑤	④	②	⑤	②	④
31	32	33	34	35	36	37	38	39	40
①	②	④	③	④	②	③	④	①	⑤

빠른 정답확인

제 5 회

1교시

제1과목 공인중개사법령 및 실무

1	2	3	4	5	6	7	8	9	10
③	①	⑤	④	②	③	②	③	④	⑤
11	12	13	14	15	16	17	18	19	20
②	⑤	①	④	③	①	⑤	③	④	④
21	22	23	24	25	26	27	28	29	30
②	⑤	①	④	②	④	②	①	③	⑤
31	32	33	34	35	36	37	38	39	40
④	①	⑤	②	③	④	⑤	③	③	②

제2과목 부동산공법

41	42	43	44	45	46	47	48	49	50
⑤	①	②	④	④	①	③	④	②	①
51	52	53	54	55	56	57	58	59	60
①	④	⑤	③	④	①	④	⑤	②	④
61	62	63	64	65	66	67	68	69	70
③	①	⑤	⑤	①	③	⑤	②	②	③
71	72	73	74	75	76	77	78	79	80
④	①	⑤	①	②	②	④	⑤	⑤	①

2교시

제1과목 부동산 공시에 관한 법령 및 부동산 관련 세법

1	2	3	4	5	6	7	8	9	10
③	⑤	②	②	④	③	③	④	①	⑤
11	12	13	14	15	16	17	18	19	20
①	①	⑤	④	③	⑤	④	④	⑤	④

21	22	23	24	25	26	27	28	29	30
③	③	④	③	⑤	③	③	⑤	③	①
31	32	33	34	35	36	37	38	39	40
⑤	②	①	②	⑤	③	②	②	④	⑤

제 6 회

1교시

제1과목 공인중개사법령 및 실무

1	2	3	4	5	6	7	8	9	10
④	③	⑤	②	④	①	③	⑤	①	②
11	12	13	14	15	16	17	18	19	20
④	②	⑤	①	③	④	③	⑤	①	②
21	22	23	24	25	26	27	28	29	30
⑤	②	①	③	④	⑤	①	⑤	②	④
31	32	33	34	35	36	37	38	39	40
③	⑤	②	①	④	②	③	⑤	④	①

제2과목 부동산공법

41	42	43	44	45	46	47	48	49	50
③	②	①	④	②	③	⑤	⑤	④	①
51	52	53	54	55	56	57	58	59	60
⑤	①	②	⑤	③	②	④	③	④	⑤
61	62	63	64	65	66	67	68	69	70
②	③	②	③	⑤	①	④	⑤	⑤	③
71	72	73	74	75	76	77	78	79	80
⑤	④	①	②	②	⑤	⑤	①	④	①

2교시

제1과목 부동산 공시에 관한 법령 및 부동산 관련 세법

1	2	3	4	5	6	7	8	9	10
③	②	③	④	⑤	④	④	⑤	④	①
11	12	13	14	15	16	17	18	19	20
⑤	④	④	②	③	④	③	⑤	④	③

21	22	23	24	25	26	27	28	29	30
④	②	②	⑤	②	③	②	⑤	②	①
31	32	33	34	35	36	37	38	39	40
④	④	②	④	③	②	⑤	②	⑤	②

빠른 정답확인

제 7 회

1교시

제1과목 공인중개사법령 및 실무

1	2	3	4	5	6	7	8	9	10
②	④	③	⑤	③	④	①	④	③	②
11	12	13	14	15	16	17	18	19	20
①	⑤	②	③	④	④	⑤	①	②	①
21	22	23	24	25	26	27	28	29	30
①	③	②	④	②	⑤	⑤	②	③	④
31	32	33	34	35	36	37	38	39	40
④	③	②	①	⑤	⑤	③	①	②	④

제2과목 부동산공법

41	42	43	44	45	46	47	48	49	50
⑤	①	①	②	③	③	②	②	①	⑤
51	52	53	54	55	56	57	58	59	60
①	②	③	③	①	②	③	⑤	④	②
61	62	63	64	65	66	67	68	69	70
③	④	①	④	②	④	③	③	①	①
71	72	73	74	75	76	77	78	79	80
⑤	⑤	④	④	①	④	③	⑤	③	⑤

2교시

제1과목 부동산 공시에 관한 법령 및 부동산 관련 세법

1	2	3	4	5	6	7	8	9	10
⑤	④	②	④	②	④	①	③	④	②
11	12	13	14	15	16	17	18	19	20
③	①	④	③	①	③	③	②	②	⑤

21	22	23	24	25	26	27	28	29	30
③	①	④	④	①	①	③	①	⑤	④
31	32	33	34	35	36	37	38	39	40
③	②	④	③	①	③	④	④	⑤	⑤

제 8 회

1교시

제1과목 공인중개사법령 및 실무

1	2	3	4	5	6	7	8	9	10
④	①	③	⑤	④	①	②	③	②	③
11	12	13	14	15	16	17	18	19	20
④	⑤	③	⑤	④	②	①	⑤	⑤	②
21	22	23	24	25	26	27	28	29	30
②	④	⑤	②	⑤	③	③	⑤	②	①
31	32	33	34	35	36	37	38	39	40
②	②	④	③	②	③	⑤	②	④	

제2과목 부동산공법

41	42	43	44	45	46	47	48	49	50
④	②	⑤	③	⑤	②	③	⑤	⑤	②
51	52	53	54	55	56	57	58	59	60
⑤	④	②	④	③	④	②	④	③	⑤
61	62	63	64	65	66	67	68	69	70
②	②	②	④	①	①	⑤	②	⑤	⑤
71	72	73	74	75	76	77	78	79	80
⑤	②	⑤	①	③	④	④	①	⑤	④

2교시

제1과목 부동산 공시에 관한 법령 및 부동산 관련 세법

1	2	3	4	5	6	7	8	9	10
①	②	⑤	④	③	⑤	④	①	②	③
11	12	13	14	15	16	17	18	19	20
⑤	⑤	③	④	①	⑤	②	③	②	⑤

21	22	23	24	25	26	27	28	29	30
⑤	④	②	⑤	③	①	①	⑤	⑤	③
31	32	33	34	35	36	37	38	39	40
⑤	⑤	②	⑤	②	①	①	③	④	

6

빠른 정답확인

제 9 회

1교시

제1과목 공인중개사법령 및 실무

1	2	3	4	5	6	7	8	9	10
②	②	①	④	⑤	②	④	②	②	①
11	12	13	14	15	16	17	18	19	20
⑤	②	④	②	①	①	②	③	③	⑤
21	22	23	24	25	26	27	28	29	30
④	②	④	③	②	④	⑤	④	②	③
31	32	33	34	35	36	37	38	39	40
①	④	③	④	⑤	②	④	④	④	④

제2과목 부동산공법

41	42	43	44	45	46	47	48	49	50
②	④	④	③	②	③	④	②	③	①
51	52	53	54	55	56	57	58	59	60
③	①	②	⑤	④	④	②	⑤	⑤	②
61	62	63	64	65	66	67	68	69	70
①	③	①	①	③	③	④	⑤	①	①
71	72	73	74	75	76	77	78	79	80
⑤	④	②	③	③	⑤	③	②	④	③

2교시

제1과목 부동산 공시에 관한 법령 및 부동산 관련 세법

1	2	3	4	5	6	7	8	9	10
②	①	⑤	⑤	②	④	④	①	③	⑤
11	12	13	14	15	16	17	18	19	20
③	⑤	⑤	①	③	②	①	①	②	④

21	22	23	24	25	26	27	28	29	30
⑤	②	③	①	③	②	③	④	①	⑤
31	32	33	34	35	36	37	38	39	40
②	②	④	③	①	③	④	⑤	④	①

제 10 회

1교시

제1과목 공인중개사법령 및 실무

1	2	3	4	5	6	7	8	9	10
②	①	④	③	⑤	②	①	③	①	⑤
11	12	13	14	15	16	17	18	19	20
⑤	④	④	③	①	⑤	③	④	②	①
21	22	23	24	25	26	27	28	29	30
④	②	④	①	②	④	③	④	③	②
31	32	33	34	35	36	37	38	39	40
①	⑤	④	②	③	②	⑤	④	③	①

제2과목 부동산공법

41	42	43	44	45	46	47	48	49	50
③	⑤	⑤	④	④	⑤	④	③	⑤	②
51	52	53	54	55	56	57	58	59	60
③	⑤	③	①	⑤	③	④	④	①	④
61	62	63	64	65	66	67	68	69	70
④	⑤	③	④	①	③	②	④	⑤	①
71	72	73	74	75	76	77	78	79	80
②	④	②	⑤	③	④	⑤	③	③	①

2교시

제1과목 부동산 공시에 관한 법령 및 부동산 관련 세법

1	2	3	4	5	6	7	8	9	10
③	①	⑤	①	①	③	③	④	⑤	④
11	12	13	14	15	16	17	18	19	20
③	④	④	②	④	⑤	①	③	②	④

21	22	23	24	25	26	27	28	29	30
⑤	③	②	⑤	⑤	①	③	①	①	④
31	32	33	34	35	36	37	38	39	40
②	③	③	⑤	④	②	④	⑤	⑤	②

난이도 및 출제포인트 분석

★ 난이도가 낮은 문제는 해설 페이지를 찾아가 꼭 익혀두세요.

1교시 제1과목 공인중개사법령 및 실무

문제번호	난이도 및 출제포인트 분석		문제번호	난이도 및 출제포인트 분석	
1	하 공인중개사법령 총칙	p.9	21	하 교육 및 업무위탁, 포상금 제도	p.11
2	하 공인중개사법령 총칙	p.9	22	중 교육 및 업무위탁, 포상금 제도	p.11
3	중 공인중개사 제도	p.9	23	하 공인중개사협회	p.11
4	하 중개사무소의 개설등록	p.9	24	하 지도 · 감독 및 벌칙	p.11
5	중 중개사무소의 개설등록	p.9	25	중 지도 · 감독 및 벌칙	p.11
6	하 중개업무	p.9	26	하 지도 · 감독 및 벌칙	p.11
7	중 중개업무	p.9	27	하 지도 · 감독 및 벌칙	p.11
8	하 중개업무	p.9	28	하 부동산거래신고제도	p.11
9	하 중개업무	p.10	29	하 부동산거래신고제도	p.11
10	중 중개업무	p.10	30	상 주택임대차계약의 신고	p.12
11	하 중개업무	p.10	31	하 외국인 등의 부동산취득 등에 관한 특례	p.12
12	중 중개업무	p.10	32	상 토지거래허가제도	p.12
13	하 중개계약 및 부동산거래정보망	p.10	33	하 토지거래허가제도	p.12
14	중 중개계약 및 부동산거래정보망	p.10	34	하 중개대상물의 조사 · 확인	p.12
15	하 개업공인중개사 등의 의무	p.10	35	하 중개대상물의 조사 · 확인	p.12
16	중 개업공인중개사 등의 의무	p.10	36	상 개별적 중개실무	p.12
17	중 개업공인중개사 등의 의무	p.10	37	중 개별적 중개실무	p.12
18	하 개업공인중개사 등의 의무	p.10	38	하 개별적 중개실무	p.13
19	중 개업공인중개사 등의 의무	p.11	39	하 개별적 중개실무	p.13
20	하 중개보수 및 실비	p.11	40	중 개별적 중개실무	p.13

1교시 제2과목 부동산공법

문제번호	난이도 및 출제포인트 분석		문제번호	난이도 및 출제포인트 분석	
41	상 도시 · 군관리계획	p.13	61	상 정비사업의 시행	p.15
42	하 도시 · 군계획시설	p.14	62	중 정비사업의 시행	p.16
43	중 지구단위계획	p.14	63	중 정비사업의 시행	p.16
44	상 지구단위계획	p.14	64	상 정비사업의 시행	p.16
45	중 개발행위의 허가 등	p.14	65	상 주택법 총칙	p.16
46	하 용도지역 · 용도지구 · 용도구역	p.14	66	중 주택의 건설 등	p.16
47	중 도시 · 군계획시설	p.14	67	하 주택법 총칙	p.16
48	중 광역도시계획	p.14	68	상 리모델링	p.16
49	하 도시 · 군기본계획	p.14	69	중 주택법 보칙 및 벌칙	p.16
50	하 개발행위의 허가 등	p.14	70	하 주택의 공급	p.16
51	상 용도지역 · 용도지구 · 용도구역	p.15	71	중 주택의 건설 등	p.17
52	하 도시 · 군계획시설	p.15	72	중 건축물의 대지와 도로	p.17
53	중 도시개발사업의 시행	p.15	73	하 건축물의 건축	p.17
54	중 도시개발사업의 시행	p.15	74	중 건축물의 구조 · 재료 및 건축설비	p.17
55	하 도시개발사업의 시행	p.15	75	하 건축법 총칙	p.17
56	상 도시개발사업의 시행	p.15	76	하 건축협정 및 결합건축	p.17
57	중 도시개발법 비용부담 등	p.15	77	중 지역 및 지구의 건축물	p.17
58	상 도시개발사업의 시행	p.15	78	중 건축법 총칙	p.17
59	상 기본계획의 수립 및 정비구역의 지정	p.15	79	하 농지법 총칙	p.17
60	상 도시정비법 종합	p.15	80	중 농지의 보전 등	p.17

2교시 제1과목 부동산 공시에 관한 법령 및 부동산 관련 세법

문제번호	난이도 및 출제포인트 분석		문제번호	난이도 및 출제포인트 분석	
1	하 공간정보관리법 총칙	p.18	21	상 권리에 관한 등기	p.19
2	하 토지의 등록	p.18	22	중 권리에 관한 등기	p.19
3	하 토지의 등록	p.18	23	중 권리에 관한 등기	p.19
4	하 토지의 등록	p.18	24	중 권리에 관한 등기	p.20
5	중 지적공부	p.18	25	중 재산세	p.20
6	하 지적공부	p.18	26	중 재산세	p.20
7	상 토지의 이동 및 지적정리	p.18	27	중 재산세	p.20
8	하 토지의 이동 및 지적정리	p.18	28	하 조세의 기초 이론	p.20
9	상 토지의 이동 및 지적정리	p.18	29	하 납세의무의 성립 · 확정 · 소멸	p.20
10	하 토지의 이동 및 지적정리	p.18	30	중 취득세	p.20
11	중 지적측량	p.19	31	하 취득세	p.20
12	중 지적측량	p.19	32	중 취득세	p.20
13	중 부동산등기법 총칙	p.19	33	하 등록면허세	p.20
14	하 부동산등기법 총칙	p.19	34	하 양도소득세	p.21
15	상 등기기관과 설비	p.19	35	중 양도소득세	p.21
16	중 등기절차 총론	p.19	36	상 양도소득세	p.21
17	중 등기절차 총론	p.19	37	상 양도소득세	p.21
18	상 등기절차 총론	p.19	38	중 양도소득세	p.21
19	하 등기절차 총론	p.19	39	중 양도소득세	p.21
20	중 권리에 관한 등기	p.19	40	하 종합부동산세	p.21

1교시

제1과목 공인중개사법령 및 실무

1	2	3	4	5	6	7	8	9	10
①	④	⑤	③	②	④	③	①	⑤	②
11	12	13	14	15	16	17	18	19	20
④	③	③	①	②	⑤	④	③	①	②
21	22	23	24	25	26	27	28	29	30
④	⑤	⑤	③	④	③	②	④	⑤	①
31	32	33	34	35	36	37	38	39	40
⑤	①	②	④	③	④	③	①	①	⑤

선생님의 한마디 ❞

첫 모의고사이므로 대다수 중 · 하급 수준의 기본적인 내용을 확인하는 선에서 출제하였습니다. 간혹 난이도 상급의 문제, 암기를 요하는 문제들이 있어서 처음 공부를 시작하는 수험생에게는 다소 어려운 문제들도 있습니다. 공인중개사법령에서 27문제, 부동산 거래신고 등에 관한 법령에서 6문제, 중개실무에서 7문제를 출제하였고, 박스형의

 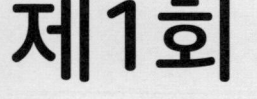

문제는 12개를 출제하였습니다. 할 수 있다는 자신감으로, 쉬운 문제라도 소홀히 하지 마시고 틀린 부분을 다시 한 번 정리해 주시기를 바랍니다.

1.
정답 ①

하 공인중개사법령 총칙

① 개업공인중개사라 함은 「공인중개사법」에 의하여 중개사무소의 개설 등록을 한 자를 말한다.

2.
정답 ④

하 공인중개사법령 총칙

중개대상물은 ㄷ, ㄹ이다.
ㄱ, ㄴ, ㅁ은 중개대상물이 아니다.
ㄷ. 가압류라는 사적 제한이 있다하더라도 사적 거래가 가능하므로 중개 대상물이 된다.
ㄹ. 소유권보존등기를 한 수목의 집단은 입목을 말한다.

☑ 중개대상물 여부		
요건	법정 중개대상물이어야 하고, 사적 거래가 가능할 것	
해당하는 것		**해당하지 않는 것**
• 토지, 건축물 그 밖의 토지의 정착물 • 입목, 공장재단, 광업재단		동산, 금전, 기계장비, 자동차, 선박, 항공기 등
분양권, 특정된 입주권, 명인방법을 갖춘 수목의 집단		입주권, 권리금, 가식의 수목, 세차장 구조물, 대토권, 금전채권

• 공법상 제한이 있는 중개대상물: 토지거래허가구역 내 토지, 도로예정 지인 사유지 등
• 사법상 제한이 있는 중개대상물: 가등기, 가압류된 토지·건물, 경매개시결정등기된 아파트, 법정지상권의 부담이 있는 토지 등
		• 미채굴의 광물, 온천수
		• 국·공유재산
		  - 청사, 관사, 국·공유하천
		  - 공원, 공도(公道),
		  - 중요문화재
		• 포락지, 무주 부동산, 바닷가
		• 국가·지방자치단체 매립 공유수면 매립지

3.
정답 ⑤

중 공인중개사 제도

⑤ 공인중개사 자격시험은 시·도지사가 시행하는 것이 원칙이나 예외적으로 국토교통부장관이 시행할 수 있다.

4.
정답 ③

하 중개사무소의 개설등록

③ 법인은 중개업 외에 「공인중개사법」 제14조가 정한 업무를 영위할 수도 있다.

☑ 법인의 등록기준
1. 법정업무만 영위할 목적으로 설립된, 자본금 5천만원 이상의 「상법」상 회사 또는 「협동조합 기본법」상 협동조합(사회적 협동조합 제외)일 것 2. 대표자는 공인중개사이고, 대표자를 제외한 임원 또는 사원의 3분의 1 이상이 공인중개사일 것 3. 중개사무소 확보 4. 대표자, 사원·임원 전체가 등록신청 전 1년 내에 실무교육을 받았을 것 5. 법인, 사원 또는 임원 전체 결격사유에 해당하지 않을 것

5.
정답 ②

중 중개사무소의 개설등록

결격사유에 해당하지 않는 자는 ㄱ, ㄷ, ㅁ이다
ㄱ. 금고 이상의 실형의 선고를 받고 그 집행이 종료되거나 면제된 자는 3년이 결격이므로 결격사유에서 벗어났다.
ㄴ. 만 19세가 되지 아니한 자는 미성년자로서, 결격이다.
ㄷ. 집행유예를 받은 자는 유예기간 + 2년이 지나면 결격사유에서 벗어난다.
ㄹ. 공인중개사 자격정지기간 중에 있는 자는 결격이다.
ㅁ. 「공인중개사법」이 아닌 다른 법을 위반하여 벌금형을 선고받은 경우에는 결격이 아니다.

6.
정답 ④

하 중개업무

① 임시 중개시설물은 일시적으로도 설치할 수 없다.
② 개업공인중개사는 다른 개업공인중개사와 중개사무소를 공동으로 사용할 수 있다. 다만, 업무정지기간 중인 개업공인중개사와는 공동으로 사용할 수 없다.
③ 법인인 개업공인중개사만이 분사무소를 설치할 수 있다.
⑤ 분사무소는 시·군·구별로 1개소를 초과할 수 없다.

7.
정답 ③

중 중개업무

③ 분사무소의 이전신고는 이전한 날로부터 10일 내에 주된 사무소 소재지 관할 등록관청(강남구청장)에 하여야 한다.

8.
정답 ①

하 중개업무

① 실무교육수료증 원본은 게시사항이 아니다.

9.

정답 ⑤

중개업무

ㄱ, ㄴ, ㄷ, ㄹ 모두 중개법인이 겸업할 수 있는 업무에 해당한다.

Ⓥ 중개법인의 겸업

1. 주택 및 상가의 임대관리 등 관리대행업
2. 부동산의 이용, 개발, 거래에 관한 상담업
3. 개업공인중개사를 대상으로 한 중개업의 경영기법 및 경영정보의 제공업
4. 주택 및 상가의 분양대행업
5. 경·공매부동산 권리분석 및 취득 알선, 매수신청대리업(경매부동산 대리 업할 경우에는 법원에 등록)
6. 주거이전에 부수되는 용역의 알선업

10.

정답 ②

중개업무

① 고용신고는 업무개시 전까지, 고용관계종료신고는 10일 이내에 해야 한다.
③ 등록관청이 자격확인 요청을 하므로 소속공인중개사에 대한 고용신 고시에 자격증 사본을 첨부하지 않는다.
④ 소속공인중개사의 업무상 행위만 그를 고용한 개업공인중개사의 행 위로 본다.
⑤ 소속공인중개사는 중개대상물에 대한 확인·설명을 할 수 있다.

11.

정답 ④

중개업무

④ 등록인장의 변경신고는 변경한 날로부터 7일 이내에 하여야 한다.

12.

정답 ③

중개업무

ㄱ은 옳은 지문이고, ㄴ과 ㄷ은 틀린 지문이다.
ㄱ. 3개월을 초과하는 휴업을 할 경우 신고의무가 있으므로, 3개월 이하 휴업할 경우에는 신고의무가 없다.
ㄴ. 폐업신고를 한 자는 지체 없이 사무소의 간판을 철거해야 하나, 휴업 신고시에는 간판 철거의무가 없다.
ㄷ. 휴업 및 폐업신고는 전자문서로 할 수 없고, 휴업기간 변경신고와 업 무재개신고는 전자문서로 할 수 있다.

13.

정답 ③

중개계약 및 부동산거래정보망

③ 전속중개계약을 체결한 개업공인중개사는 각 권리자의 주소·성명 등을 공개하여서는 아니 된다.

14.

정답 ①

중개계약 및 부동산거래정보망

① 부동산거래정보망은 개업공인중개사 상호간에 중개대상물의 중개에 관한 정보를 교환하는 체계이다.

Ⓥ 거래정보사업자 지정요건

1. 「전기통신사업법」에 따른 부가통신사업자일 것
2. 해당 부동산거래정보망에 가입·이용신청을 한 개업공인중개사의 수가 500명 이상이고 2개 이상의 시·도에서 각각 30명 이상의 개업공인중개 사가 가입·이용신청을 하였을 것
3. 정보처리기사 1명 이상을 확보할 것
4. 공인중개사 1명 이상을 확보할 것
5. 부동산거래정보망의 가입자가 이용하는데 지장이 없는 정도로서 국토교통 부장관이 정하는 용량 및 성능을 갖춘 컴퓨터설비를 확보할 것

15.

정답 ②

개업공인중개사 등의 의무

② 비밀준수의무는 업무를 떠난 후에도 지켜야 할 의무이다.

16.

정답 ⑤

개업공인중개사 등의 의무

① 권리를 취득함에 따라 부담해야 할 조세의 종류 및 세율이 확인·설 명사항이다.
② 확인·설명서는 원본, 사본 또는 전자문서를 3년간 보존하여야 한다. 다만, 공인전자문서센터에 보관된 경우에는 그러하지 아니하다.
③ 개업공인중개사와 중개행위를 한 소속공인중개사는 거래계약서에 서 명 및 날인하여야 한다.
④ 거래계약서는 법정서식이 없다.

17.

정답 ④

개업공인중개사 등의 의무

④ 법인인 개업공인중개사가 4개의 분사무소를 두는 경우에는, 주된 사 무소 4억원, 분사무소마다 2억원 이상을 설정해야 하므로 분사무소 8억원, 합하여 최소한 12억원이 설정되어야 한다.
③ 공인중개사법령상 손해배상책임보장 규정은 재산상 손해에 한하여 적용된다.

18.

정답 ③

개업공인중개사 등의 의무

③ 거래당사자(매도인, 매수인 등)는 예치명의자가 될 수 없다.

Ⓥ 계약금 등의 예치명의자

1. 개업공인중개사
2. 「은행법」에 따른 은행
3. 「보험업법」에 따른 보험회사
4. 「자본시장과 금융투자업에 관한 법률」에 따른 신탁업자
5. 「우체국예금·보험에 관한 법률」에 따른 체신관서
6. 공인중개사법령에 따라 공제사업을 하는 자
7. 부동산거래계약의 이행을 보장하기 위하여 계약금 등 및 계약 관련 서류를 관리하는 업무를 수행하는 전문회사

19.

> 중 개업공인중개사 등의 의무

금지행위가 아닌 것은 ㄹ과 ㅁ이다.
ㄹ은 일방대리로서 금지행위가 아니고, ㅁ은 분양대행에 대한 보수이므로 초과수수가 아니다.
ㄱ은 시세교란행위, ㄴ은 무등록중개업자와 거래, ㄷ은 투기조장행위이다.

20.

> 하 중개보수 및 실비

② 전용면적이 85m² 이하이고, 전용 입식 부엌 및 수세식 화장실 등을 갖춘 오피스텔은 일방으로부터 매매·교환의 경우에는 거래금액의 0.5% 이내로 하고, 임대차 등의 경우에는 거래금액의 0.4% 이내로 한다.

21.

> 하 교육 및 업무위탁, 포상금 제도

④ 연수교육은 매 2년마다 받아야 한다.

22.

> 중 교육 및 업무위탁, 포상금 제도

⑤ 하나의 사건에 대하여 2건 이상의 신고가 접수된 경우에는 최초로 신고한 자에게 포상금을 지급한다.

> Ⓥ 포상금 지급 신고·고발대상자
>
> 1. 중개사무소등록증 또는 공인중개사 자격증을 다른 사람에게 양도·대여하거나 다른 사람으로부터 양수·대여받은 자
> 2. 거짓 그 밖의 부정한 방법으로 중개사무소의 개설등록을 한 자
> 3. 중개사무소의 개설등록을 하지 아니하고 중개업을 한 자(무등록중개업자)
> 4. 개업공인중개사가 아닌 자로서 중개대상물의 표시·광고를 한 자
> 5. 금지행위 중 시세교란행위, 단체구성 중개제한, 유도·가격제한·강요·제한·방해한 자

23.

> 중 공인중개사협회

옳은 것은 ㄷ, ㄹ이다.
ㄱ. 협회는 비영리 사단법인의 성격이 있다.
ㄴ. 개업공인중개사가 협회에 반드시 가입해야하는 것은 아니다.

24.

> 하 지도·감독 및 벌칙

③ 업무정지처분시에는 사전에 의견제출을 받으면 족하다. 취소처분시에는 청문을 실시하여야 한다.

25.

> 중 지도·감독 및 벌칙

④ 둘 이상의 중개사무소를 둔 경우는 등록을 취소할 수 있는 사유(임의적 등록취소사유)이다.

> Ⓥ 필요적 등록취소사유
>
> 1. 개인인 개업공인중개사가 사망하거나 개업공인중개사인 법인이 해산한 경우
> 2. 거짓이나 그 밖의 부정한 방법으로 중개사무소의 개설등록을 한 경우
> 3. 결격사유에 해당하게 된 경우(임원 또는 사원의 결격을 그 사유가 발생한 날부터 2개월 이내에 해소하지 아니한 경우 포함)
> 4. 이중으로 중개사무소의 개설등록을 한 경우
> 5. 다른 개업공인중개사의 소속공인중개사·중개보조원 또는 개업공인중개사인 법인의 사원·임원이 된 경우(이중소속)
> 6. 중개보조원 수 제한을 초과하여 중개보조원을 고용한 경우
> 7. 다른 사람에게 자기의 성명 또는 상호를 사용하여 중개업무를 하게 하거나 중개사무소등록증을 양도 또는 대여한 경우
> 8. 업무정지기간 중에 중개업무를 하거나 자격정지처분을 받은 소속공인중개사로 하여금 자격정지기간 중에 중개업무를 하게 한 경우
> 9. 최근 1년 이내에 이 법에 의하여 2회 이상 업무정지처분을 받고 다시 업무정지처분에 해당하는 행위를 한 경우

26.

> 중 지도·감독 및 벌칙

③ 1년 이하의 징역 또는 1천만원 이하의 벌금사유는 3개이다.
중개사무소의 개설등록을 하지 아니하고 중개업을 한 경우나 개업공인중개사가 중개의뢰인과 직접거래를 한 경우는 3년 이하의 징역 또는 3천만원 이하의 벌금사유에 해당한다.

27.

> 중 지도·감독 및 벌칙

② 연수교육 실시권자는 시·도지사이므로, 연수교육을 받지 아니한 개업공인중개사에 대한 500만원 이하의 과태료는 시·도지사가 부과·징수한다.

> Ⓥ 과태료 부과대상자와 부과권자
>
> 1. 거래정보사업자, 공인중개사협회, 정보통신서비스 제공자: 국토교통부장관
> 2. 연수교육 미이수자, 자격증 미반납자: 시·도지사
> 3. 중개업무 관련 개업공인중개사, 중개보조원: 등록관청

28.

> 하 부동산거래신고제도

① 부동산거래신고대상은 토지, 건물, 분양권, 입주권의 매매계약이다.
② 부동산거래신고는 부동산 소재지 관할 시장·군수·구청장에게 하여야 한다.
③ 부동산거래신고는 거래계약 체결일로부터 30일 이내에 하여야 한다.
⑤ 전자문서에 의한 신고는 신고서 제출대행이 인정되지 않는다.

29.

> 중 부동산거래신고제도

ㄱ, ㄴ, ㄷ, ㄹ 모두 옳은 내용이다.

30.

상 **주택임대차계약의 신고**

① 주택임대차계약 신고대상은 시 또는 군(광역시와 경기도 내 군에 한함), 특별자치도 소재 주택의 임대차계약으로서, 보증금이 6천만원을 초과하거나 월 차임이 30만원을 초과하는 경우이므로, 충청남도 예산군 소재 주택의 임대차계약은 신고대상이 아니다.

31.

하 **외국인 등의 부동산취득 등에 관한 특례**

⑤ 신고 또는 허가의 관할은 부동산 소재지 관할 시장 · 군수 · 구청장(신고관청)이다.

☑ 외국인 등의 부동산 등의 취득신고		
➕ 신고관할: 부동산 등의 소재지 시장 · 군수 또는 구청장(신고관청)		
계약 취득 (교환, 증여 등)	계약 체결일부터 60일 이내 ※ 부동산거래신고대상계약은 제외	300만원 이하 과태료
계약 외 취득 (상속 · 판결 · 경매 등)	취득한 날부터 6개월 이내 ※ 환매권의 행사, 법인의 합병, 건축물의 신축 · 증축 · 개축 · 재축 포함	100만원 이하 과태료
계속보유	외국인으로 변경된 날부터 6개월 이내	100만원 이하 과태료

32.

상 **토지거래허가제도**

① 허가구역을 포함한 지역의 주민을 위한 복지시설로 이용하기 위하여 토지를 매수하는 경우는 토지거래계약 허가대상이다.

②③④⑤ 토지거래허가는 대가를 수반하는 소유권, 지상권의 설정 및 이전계약에 한하므로 경매, 증여, 저당권설정계약 또는 수용은 대상이 아니다.

☑ 토지거래허가대상 여부	
토지거래허가대상인 경우	토지거래허가대상이 아닌 경우
허가구역에 있는 일정면적을 초과하는 토지에 관한 소유권 · 지상권(권리 포함)을 이전하거나 설정(대가가 있는 경우만 해당)하는 계약(예약 포함): 매매, 교환, 대물변제 예약, 판결(화해, 조정 등 포함), 지상권 계약	• 건물, 전세권, 임차권 • 무상계약(증여, 상속, 유증, 사용대차 등) • 경매, 수탁재산공매(3회 이상 유찰시), 수용 • 국 · 공유재산의 입찰처분 • 법률에 따른 토지 공급, 조세 물납 • 조세 체납처분 또는 강제집행의 경우 • 외국인 등이 토지취득의 허가를 받은 경우 • 허가대상자, 용도, 지목으로 공고되지 않은 경우

33.

중 **토지거래허가제도**

옳은 것은 ㄱ과 ㄷ이다.

ㄴ. 토지거래허가구역의 지정은 허가구역의 지정을 공고한 날부터 5일 후에 그 효력이 발생한다.

ㄹ. 시장 · 군수 또는 구청장은 허가신청서를 받으면 15일 내에 허가 또는 불허가의 처분, 선매협의 절차가 진행 중인 경우 그 사실을 신청인에게 알려야 한다.

34.

하 **중개대상물의 조사 · 확인**

④ 분묘기지권이 미치는 범위 내일지라도 합장을 위한 단분 · 쌍분형태의 분묘를 다시 설치하는 것은 허용되지 아니한다.

35.

상 **중개대상물의 조사 · 확인**

③ 비선호시설(1km 이내)은 개업공인중개사의 기본 확인사항에 기재하는 사항이다.

①②④⑤ 개업공인중개사의 세부 확인사항에 기재하는 사항이다.

☑ 주거용 건축물 확인 · 설명서상 개업공인중개사의 세부 확인사항
1. 실제 권리관계 또는 공시되지 아니한 물건의 권리사항 2. 내 · 외부 시설물의 상태 3. 벽면 · 바닥면 및 도배상태 4. 환경조건

36.

상 **개별적 중개실무**

④ 제시된 사례는 중간생략형 명의신탁으로서, 매도인 丙과 신탁자 甲 간의 매매계약은 유효하므로, 매매계약에 기하여 甲은 丙에게 소유권이전등기를 청구할 수 있다. 옳은 지문이다.

① 수탁자 乙 명의의 등기는 무효이다.

② 甲과 丙간의 매매계약은 유효이다.

③ 제3자 丁은 선의 · 악의를 불문하고 이 부동산의 소유권을 취득한다. 다만, 乙의 배신행위에 제3자가 적극 가담한 경우 제3자는 이 부동산의 소유권을 취득하지 못한다.

⑤ 제3자에게 매각하지 않은 이상, 甲과 乙간의 부당이득반환의 문제는 발생하지 아니한다.

37.

중 **개별적 중개실무**

옳은 것은 ㄴ과 ㄷ이다.

ㄱ. 임대차계약기간을 1년으로 정한 경우 그 기간의 유효함은 임차인만 주장할 수 있다.

ㄹ. 다세대주택은 공동주택이므로 정확한 동 · 호수까지 기재하여야 이 법상의 보호를 받을 수 있다.

38.

정답 ①

중 개별적 중개실무

① 서울특별시 소재 상가건물 임대차는 보증금액이 9억원(월 차임 환산금액 포함)을 초과하는 경우 「상가건물 임대차보호법」의 규정 중 일부 규정만 적용된다.
③ 대판 2007.6.28, 2007다25599

> Ⓥ 「상가건물 임대차보호법」상 보증금 제한
>
> 1. 서울특별시: 9억원 이하
> 2. 과밀억제권역·부산광역시: 6억 9천만원 이하
> 3. 광역시(과밀억제권역과 군지역 제외)·세종, 파주, 화성, 안산, 용인, 김포, 광주: 5억 4천만원 이하
> 4. 기타 지역: 3억 7천만원 이하
> ✛ 차임이 있으면 월 차임×100을 하여 보증금에 합산

39.

정답 ②

중 개별적 중개실무

② 매수신청의 보증금액은 최저매각가격의 10분의 1로 한다.

40.

정답 ⑤

중 개별적 중개실무

⑤ 인도명령신청은 매수신청대리권의 범위에 속하지 않는다.

> Ⓥ 매수신청대리권의 범위
>
> 1. 매수신청 보증의 제공
> 2. 입찰표의 작성 및 제출
> 3. 차순위매수신고
> 4. 매수신청의 보증을 돌려줄 것을 신청하는 행위
> 5. 공유자의 우선매수신고
> 6. 구 「임대주택법」상 임차인의 우선매수신고
> 7. 우선매수신고에 따라 최고가매수신고인을 차순위매수신고인으로 보는 경우 그 차순위매수신고인의 지위를 포기하는 행위

제2과목 부동산공법

41	42	43	44	45	46	47	48	49	50
②	⑤	②	③	⑤	②	④	②	④	③

51	52	53	54	55	56	57	58	59	60
⑤	②	⑤	③	④	①	⑤	③	②	③

61	62	63	64	65	66	67	68	69	70
⑤	③	③	⑤	②	⑤	③	④	③	⑤

71	72	73	74	75	76	77	78	79	80
④	⑤	①	③	①	①	⑤	④	①	⑤

> 📢 선생님의 한마디
>
> 실전모의고사는 기출지문을 60% 내외로 출제했습니다. 기출지문은 본 시험에 다시 출제될 가능성이 높으므로 틀린 지문을 확실하게 복습하는 것이 모의고사를 보는 주된 목적입니다. 부동산공법은 분량이 방대하므로 모든 내용을 정리하는 것이 불가능합니다. 따라서 난이도 상인 문제가 아니라 난이도 중, 하인 문제를 정확하게 맞히는 것이 가장 중요합니다. 제1회는 난이도 상이 11문제, 중이 17문제, 하가 12문제입니다. 난이도 중, 하가 29문제이므로 60점 이상을 기대합니다. 난이도 중, 하인 문제를 틀렸다면 확실하게 정리해서 다음에는 반드시 맞힐 수 있도록 해야 합니다.

41.

정답 ②

상 도시·군관리계획

옳은 것은 ㄷ이다.
ㄱ. 해당 지구단위계획구역을 관리하고자 하는 경우로서 지구단위계획의 내용에 너비 12m 이상 도로의 설치계획이 없는 경우
ㄴ. 해당 지구단위계획구역 안의 나대지 면적이 구역면적의 2%에 미달하는 경우

> Ⓥ 기초조사를 실시하지 않을 수 있는 경우
>
> 1. 해당 지구단위계획구역이 도심지(상업지역과 상업지역에 연접한 지역을 말한다)에 위치하는 경우
> 2. 해당 지구단위계획구역 안의 나대지 면적이 구역면적의 2%에 미달하는 경우
> 3. 해당 지구단위계획구역 또는 도시·군계획시설부지가 다른 법률에 따라 지역·지구 등으로 지정되거나 개발계획이 수립된 경우
> 4. 해당 지구단위계획구역의 지정목적이 해당 구역을 정비 또는 관리하고자 하는 경우로서 지구단위계획의 내용에 너비 12m 이상 도로의 설치계획이 없는 경우
> 5. 기존의 용도지구를 폐지하고 지구단위계획을 수립 또는 변경하여 그 용도지구에 따른 건축물이나 그 밖의 시설의 용도·종류 및 규모 등의 제한을 그대로 대체하려는 경우
> 6. 해당 도시·군계획시설의 결정을 해제하려는 경우

42.

정답 ⑤

도시 · 군계획시설

⑤ 지하주차장은 자동차정류장의 세분에 해당하지 않는다.

☑ 기반시설의 세분

기반시설 중 도로 · 자동차정류장 및 광장은 다음과 같이 세분할 수 있다.

1. 도로	일반도로, 자동차전용도로, 보행자전용도로, 보행자우선도로, 자전거전용도로, 고가도로, 지하도로
2. 자동차정류장	여객자동차터미널, 물류터미널, 공영차고지, 공동차고지, 화물자동차 휴게소, 복합환승센터, 환승센터
3. 광장	교통광장, 일반광장, 경관광장, 지하광장, 건축물부설광장

43.

정답 ②

중 지구단위계획

② 도시지역 내 주거 · 상업 · 업무 등의 기능을 결합하는 등 복합적인 토지이용을 증진시킬 필요가 있는 지역(역세권 복합용도개발형 지구단위계획구역)으로서 일반주거지역, 준주거지역, 상업지역 및 준공업지역에 지구단위계획구역을 지정할 수 있다.

44.

정답 ③

상 지구단위계획

③ 완화할 수 있는 건폐율 = 해당 용도지역에 적용되는 건폐율 × [1 + (공공시설 등의 부지로 제공하는 면적 ÷ 원래의 대지면적)] 이내이다. 공식에 대입하여 계산하면 완화할 수 있는 건폐율의 최대한도는 50% × [1 + (100m² ÷ 500m²)] = 60%가 된다.

45.

정답 ⑤

중 개발행위의 허가 등

① 새로 설치된 공공시설은 그 시설을 관리할 관리청에 무상으로 귀속된다.
② 개발밀도관리구역 안에서는 기반시설의 설치나 그에 필요한 용지의 확보에 관한 계획서를 제출하지 않는다.
③ 허가권자는 허가 또는 불허가의 처분을 할 때에는 지체 없이 그 신청인에게 허가내용이나 불허가처분의 사유를 서면 또는 국토이용정보체계를 통하여 알려야 한다.
④ 성장관리계획을 수립한 지역에서 하는 개발행위는 도시계획위원회의 심의를 거치지 않는다.

46.

정답 ②

하 용도지역 · 용도지구 · 용도구역

② 상업지역: 90% 이하 - 1,500% 이하

☑ 용도지역별 건폐율 및 용적률의 최대한도(법률)

용도지역		건폐율	용적률
도시지역	주거지역	70% 이하	500% 이하
	상업지역	90% 이하	1,500% 이하
	공업지역	70% 이하	400% 이하
	녹지지역	20% 이하	100% 이하
관리지역	보전관리지역	20% 이하	80% 이하
	생산관리지역	20% 이하	80% 이하
	계획관리지역	40% 이하	100% 이하
농림지역	-	20% 이하	80% 이하
자연환경보전지역	-	20% 이하	80% 이하

47.

정답 ④

중 도시 · 군계획시설

① 사업시행자인 한국토지주택공사가 매수의무자이다.
② 토지에 있는 건축물 및 정착물을 포함하여 매수청구할 수 있다.
③ 매수의무자가 지방자치단체인 경우에만 도시 · 군계획시설채권을 발행하여 지급할 수 있다.
⑤ 다세대주택은 건축할 수 없다. 매수청구를 한 토지의 소유자는 매수의무자가 매수하지 않기로 결정한 경우 개발행위허가를 받아 다음의 건축물 또는 공작물을 설치할 수 있다.
• 단독주택으로서 3층 이하인 것
• 제1종 근린생활시설로서 3층 이하인 것
• 제2종 근린생활시설(다중생활시설, 단란주점, 안마시술소 및 노래연습장은 제외한다)로서 3층 이하인 것
• 공작물

48.

정답 ②

중 광역도시계획

① 국토교통부장관은 광역계획권을 지정하거나 변경하려면 관계 시 · 도지사, 시장 또는 군수의 의견을 들은 후 중앙도시계획위원회의 심의를 거쳐야 한다.
③ 중앙행정기관의 장, 시 · 도지사, 시장 또는 군수는 국토교통부장관이나 도지사에게 광역계획권의 지정 또는 변경을 요청할 수 있다.
④ 시장 또는 군수는 광역도시계획을 수립하거나 변경하려면 도지사의 승인을 받아야 한다.
⑤ 인접한 둘 이상의 특별시 · 광역시 · 특별자치시 · 특별자치도 · 시 또는 군의 관할 구역 전부 또는 일부를 대통령령으로 정하는 바에 따라 광역계획권으로 지정할 수 있다.

49.

정답 ④

하 도시 · 군기본계획

ㄱ: 5, ㄴ: 5
• 도시 · 군기본계획 입안일부터 '5'년 이내에 재해취약성분석을 실시한 경우에는 재해취약성분석을 하지 않을 수 있다.
• 특별시장 · 광역시장 · 특별자치시장 · 특별자치도지사 · 시장 또는 군수는 '5'년마다 관할 구역의 도시 · 군기본계획에 대하여 타당성을 전반적으로 재검토하여 정비해야 한다.

50.

정답 ③

하 개발행위의 허가 등

③ 기반시설부담구역이란 개발밀도관리구역 외의 지역으로서 개발로 인하여 도로, 공원, 녹지 등 대통령령으로 정하는 기반시설의 설치가 필요한 지역을 대상으로 기반시설을 설치하거나 그에 필요한 용지를 확보하게 하기 위하여 지정 · 고시하는 구역을 말한다.

51.
정답 ⑤

| 상 | 용도지역 · 용도지구 · 용도구역 |

⑤ 종교시설은 제1종 일반주거지역에 건축할 수 있는 건축물이 아니다.

> ✔ 제1종 일반주거지역에서 건축할 수 있는 건축물(4층 이하의 건축물만 해당)
>
> 1. 단독주택
> 2. 공동주택(아파트를 제외한다)
> 3. 제1종 근린생활시설
> 4. 교육연구시설 중 유치원 · 초등학교 · 중학교 및 고등학교
> 5. 노유자시설

52.
정답 ②

| 하 | 도시 · 군계획시설 |

② 한국토지주택공사가 도시 · 군계획시설사업의 시행자로 지정받으려는 경우에는 토지소유자의 동의가 필요 없다.

> ✔ 민간시행자의 지정요건
>
> 다음에 해당하지 않는 자가 도시 · 군계획시설사업의 시행자로 지정을 받으려면 도시 · 군계획시설사업의 대상인 토지(국공유지는 제외한다)면적의 3분의 2 이상에 해당하는 토지를 소유하고, 토지소유자 총수의 2분의 1 이상에 해당하는 자의 동의를 받아야 한다.
> 1. 국가 또는 지방자치단체
> 2. 대통령령으로 정하는 공공기관: 한국토지주택공사 등
> 3. 그 밖에 대통령령으로 정하는 자: 지방공사 등

53.
정답 ⑤

| 중 | 도시개발사업의 시행 |

⑤ 준공검사 전 또는 공사완료 공고 전에는 조성토지 등(체비지는 제외한다)을 사용할 수 없다.

54.
정답 ③

| 중 | 도시개발사업의 시행 |

① 시행자는 도시개발사업에 필요한 토지 등을 수용하거나 사용할 수 있다.
② 토지 등의 수용 또는 사용에 관하여는 「공익사업을 위한 토지 등의 취득 및 보상에 관한 법률」을 준용한다.
④ 공급될 수 있는 원형지의 면적은 도시개발구역 전체 토지면적의 3분의 1 이내로 한정한다.
⑤ 토지상환채권의 발행규모는 그 토지상환채권으로 상환할 토지 · 건축물이 해당 도시개발사업으로 조성되는 분양토지 또는 분양건축물 면적의 2분의 1을 초과하지 않도록 해야 한다.

55.
정답 ④

| 하 | 도시개발사업의 시행 |

④ 조합설립의 인가를 신청하려면 해당 도시개발구역의 토지면적의 3분의 2 이상에 해당하는 토지소유자와 그 구역의 토지소유자 총수의 2분의 1 이상의 동의를 받아야 한다. 이 경우 도시개발구역의 토지면적을 산정하는 경우 국 · 공유지를 포함하여 산정한다.

56.
정답 ①

| 상 | 도시개발사업의 시행 |

ㄱ: 환지계획, ㄴ: 실시계획
• 환지설계시 적용되는 토지 · 건축물의 평가액은 최초 '환지계획'인가시를 기준으로 하여 정하고 변경할 수 없으며, 환지 후 토지 · 건축물의 평가액은 실시계획의 변경으로 평가요인이 변경된 경우에만 환지계획의 변경인가를 받아 변경할 수 있다.
• 보류지는 '실시계획'인가에 따라 정하되, 도시개발구역이 둘 이상의 환지계획구역으로 구분되는 경우에는 환지계획구역별로 사업비 및 보류지를 책정해야 한다.

57.
정답 ⑤

| 중 | 도시개발법 비용부담 등 |

⑤ 시 · 도지사와 대도시 시장간의 비용부담에 관한 협의가 성립되지 않는 경우에는 행정안전부장관의 결정에 따른다.

58.
정답 ③

| 상 | 도시개발사업의 시행 |

③ [(60만m² - 20만m²) / (100만m² - 20만m²)] × 100 = 50%

> ✔ 평균 토지부담률 계산식
>
> 평균 토지부담률 = [(보류지 면적 - 시행자에게 무상귀속되는 토지와 시행자가 소유하는 토지의 면적) ÷ (환지계획구역 면적 - 시행자에게 무상귀속되는 토지와 시행자가 소유하는 토지의 면적)] × 100

59.
정답 ②

| 상 | 기본계획의 수립 및 정비구역의 지정 |

② 주거지 관리계획은 생략할 수 있는 사항이 아니다. 특별시장 · 광역시장 · 특별자치시장 · 특별자치도지사 또는 시장은 기본계획에 다음의 사항을 포함하는 경우에는 정비예정구역의 개략적 범위와 단계별 정비사업추진계획을 생략할 수 있다.
• 생활권의 설정, 생활권별 기반시설설치계획 및 주택수급계획
• 생활권별 주거지의 정비 · 보전 · 관리의 방향

60.
정답 ③

| 상 | 도시정비법 종합 |

옳은 것은 ㄱ, ㄴ, ㄷ이다.
ㄹ. 정비구역의 지정권자는 정비구역을 지정 · 고시한 날부터 1년이 되는 날까지 공공재개발사업 시행자가 지정되지 않으면 그 1년이 되는 날의 다음 날에 정비구역의 지정을 해제해야 한다.

61.
정답 ⑤

| 상 | 정비사업의 시행 |

① 시장 · 군수 등, 토지주택공사 등 또는 지정개발자가 아닌 자가 정비사업을 시행하려는 경우에는 토지등소유자로 구성된 조합을 설립해야 한다. 다만, 토지등소유자가 재개발사업을 시행하려는 경우에는 그러하지 않다.

② 조합에 두는 이사의 수는 3명 이상으로 한다. 다만, 토지등소유자의 수가 100명을 초과하는 경우에는 이사의 수를 5명 이상으로 한다.
③ 주택단지가 아닌 지역이 정비구역에 포함된 때에는 주택단지가 아닌 지역 안의 토지 또는 건축물 소유자의 4분의 3 이상 및 토지면적의 3분의 2 이상의 토지소유자의 동의를 받아야 한다.
④ 시공자의 선정을 의결하는 경우에는 조합원의 과반수가 직접 출석해야 한다.

62.
정답 ③

중 정비사업의 시행

ㄱ: 60, ㄴ: 10
사업시행자가 토지주택공사 등인 경우에는 분양대상자와 사업시행자가 공동소유하는 방식으로 주택(이하 '지분형주택'이라 한다)을 공급할 수 있다.
1. 지분형주택의 규모는 주거전용면적 '60'm² 이하인 주택으로 한정한다.
2. 지분형주택의 공동소유기간은 소유권을 취득한 날부터 '10'년의 범위에서 사업시행자가 정하는 기간으로 한다.

63.
정답 ③

중 정비사업의 시행

① 재개발사업은 정비구역의 토지등소유자(지상권자를 제외한다)에게 분양해야 한다.
② 재건축사업의 경우 관리처분은 조합이 조합원 전원의 동의를 받아 그 기준을 따로 정하는 경우에는 그에 따른다.
④ 종전의 토지 또는 건축물의 소유자·지상권자·전세권자·임차권자 등 권리자는 관리처분계획인가의 고시가 있은 때에는 이전고시가 있는 날까지 종전의 토지 또는 건축물을 사용하거나 수익할 수 없다. 다만, 다음의 어느 하나에 해당하는 경우에는 그러하지 않다.
 • 사업시행자의 동의를 받은 경우
 • 「공익사업을 위한 토지 등의 취득 및 보상에 관한 법률」에 따른 손실보상이 완료되지 않은 경우
⑤ 정비사업의 시행으로 조성된 대지 및 건축물은 관리처분계획에 따라 처분 또는 관리해야 한다.

64.
정답 ⑤

상 정비사업의 시행

옳은 것은 ㄱ, ㄴ, ㄷ 모두이다.

65.
정답 ②

상 주택법 총칙

② 하나의 세대가 통합하여 사용할 수 있도록 세대간에 연결문 또는 경량구조의 경계벽 등을 설치할 것은 사업계획의 승인을 받아 건설하는 세대구분형 공동주택의 기준이다.

66.
정답 ⑤

중 주택의 건설 등

① 국민주택을 공급받기 위하여 직장주택조합을 설립하려는 자는 관할 시장·군수·구청장에게 신고해야 한다. 신고한 내용을 변경하거나 해산하려는 경우에도 또한 같다.

② 지역주택조합은 주택건설 예정 세대수(임대주택으로 건설·공급하는 세대수는 제외한다)의 50% 이상의 조합원으로 구성해야 한다.
③ 공동주택의 소유권이 여러 명의 공유(共有)에 속할 때에는 그 여러 명을 대표하는 1명을 조합원으로 본다.
④ 조합원의 사망으로 결원이 발생한 범위에서 조합원을 충원할 수 있다.

67.
정답 ③

하 주택법 총칙

③ 폭 20m 이상인 일반도로이다.

⊻ 주택단지

다음의 시설로 분리된 토지는 각각 별개의 주택단지로 본다.
1. 철도·고속도로·자동차전용도로
2. 폭 20m 이상인 일반도로
3. 폭 8m 이상인 도시계획예정도로
4. 이에 준하는 것으로서 대통령령으로 정하는 시설

68.
정답 ④

상 리모델링

④ 세대수 증가에 따른 기반시설의 영향검토는 권리변동계획의 내용이 아니고, 리모델링 기본계획에 포함되는 사항이다.

⊻ 권리변동계획

세대수가 증가되는 리모델링을 하는 경우에는 권리변동계획을 수립하여 사업계획승인 또는 행위허가를 받아야 한다.
1. 리모델링 전후의 대지 및 건축물의 권리변동 명세
2. 조합원의 비용분담
3. 사업비
4. 조합원 외의 자에 대한 분양계획
5. 그 밖에 리모델링과 관련된 권리 등에 대하여 해당 시·도 또는 시·군의 조례로 정하는 사항

69.
정답 ③

중 주택법 보칙 및 벌칙

③ 주택상환사채는 기명증권(記名證券)으로 하고, 사채권자의 명의변경은 취득자의 성명과 주소를 사채원부에 기록하는 방법으로 하며, 취득자의 성명을 채권에 기록하지 않으면 사채발행자 및 제3자에게 대항할 수 없다.

70.
정답 ⑤

하 주택의 공급

⑤ 공공재건축사업이 아니라 공공재개발사업(공공택지 외의 택지에서 국토교통부장관이 지정하는 분양가상한제 적용지역에 한정한다)에서 건설·공급하는 주택이다.

⊻ 전매행위제한

사업주체가 건설·공급하는 주택[해당 주택의 입주자로 선정된 지위(입주자로 선정되어 그 주택에 입주할 수 있는 권리·자격·지위 등을 말한다)를 포함한다]으로서 다음의 어느 하나에 해당하는 경우에는 10년 이내의 범위에서 대통령령으로 정하는 기간(전매제한기간)이 지나기 전에는 그 주택을 전매(매매·증여나 그 밖에 권리의 변동을 수반하는 모든 행위를 포함하되, 상속의 경우는 제외한다)하거나 이의 전매를 알선할 수 없다.

71.
정답 ④

중 주택의 건설 등

① 공공주택사업자가 입주자를 모집하려는 경우에는 시장·군수·구청장의 승인(복리시설의 경우에는 신고를 말한다)을 받지 않는다.
② 관광특구에서 건설·공급하는 공동주택으로서 해당 건축물의 층수가 50층 이상이거나 높이가 150m 이상인 경우 분양가상한제를 적용하지 않는다.
③ 국토교통부장관이 분양가상한제 적용지역을 지정할 수 있다.
⑤ 상속은 제외한다.

72.
정답 ⑤

중 건축물의 대지와 도로

대지에 조경을 하지 않아도 되는 경우는 ㄱ, ㄴ, ㄷ 모두이다.

73.
정답 ①

하 건축물의 건축

① 건축물의 높이를 3m 이하의 범위에서 증축하는 경우이다.

74.
정답 ④

중 건축물의 구조·재료 및 건축설비

ㄱ: 6, ㄴ: 2천, ㄷ: 300
건축주는 '6'층 이상으로서 연면적이 '2천'm² 이상인 건축물을 건축하려면 승강기를 설치해야 한다. 다만, 층수가 '6'층인 건축물로서 각 층 거실의 바닥면적 '300'm² 이내마다 1개소 이상의 직통계단을 설치한 건축물은 제외한다.

75.
정답 ①

하 건축법 총칙

① 지하층이란 건축물의 바닥이 지표면 아래에 있는 층으로서 바닥에서 지표면까지 평균높이가 해당 층 높이의 2분의 1 이상인 것을 말한다.

76.
정답 ①

하 건축협정 및 결합건축

① 「도시 및 주거환경정비법」에 따른 주거환경개선사업을 시행하기 위하여 지정·고시된 정비구역에서 건축협정을 체결할 수 있다.

77.
정답 ⑤

중 지역 및 지구의 건축물

① 지하층은 건축물의 층수에 산입하지 않는다.
② 건축물 지상층에 일반인이나 차량이 통행할 수 있도록 설치한 보행통로나 차량통로는 건축면적에 산입하지 않는다.
③ 공동주택으로서 지상층에 설치한 기계실, 전기실, 어린이놀이터, 조경시설 및 생활폐기물 보관시설의 면적은 바닥면적에 산입하지 않는다.
④ 지하층의 면적은 용적률을 산정할 때에는 연면적에서 제외한다.

78.
정답 ④

중 건축법 총칙

①③ 높이 4m를 넘는 광고탑, 장식탑
② 높이 8m를 넘는 고가수조
⑤ 바닥면적 30m²를 넘는 지하대피호

79.
정답 ①

하 농지법 총칙

① 위탁경영이란 농지소유자가 타인에게 일정한 보수를 지급하기로 약정하고 농작업의 전부 또는 일부를 위탁하여 행하는 농업경영을 말한다.

80.
정답 ⑤

중 농지의 보전 등

⑤ 체납된 농지보전부담금의 100분의 3에 상당하는 금액을 가산금으로 부과한다.

제1과목 부동산 공시에 관한 법령 및 부동산 관련 세법

1	2	3	4	5	6	7	8	9	10
③	⑤	⑤	④	②	③	①	③	③	②
11	**12**	**13**	**14**	**15**	**16**	**17**	**18**	**19**	**20**
②	④	③	⑤	②	③	①	②	⑤	②
21	**22**	**23**	**24**	**25**	**26**	**27**	**28**	**29**	**30**
②	②	⑤	③	⑤	④	⑤	①	⑤	④
31	**32**	**33**	**34**	**35**	**36**	**37**	**38**	**39**	**40**
③	②	③	①	②	②	④	③	④	①

💬 선생님의 한마디

문제를 풀어본 후에 복습이 중요합니다. 문제에서 정답을 확인하고 출제된 지문도 정확하게 이해하시기 바랍니다.

1.
정답 ③

하 **공간정보관리법 총칙**

ㄱ은 지적소관청, ㄴ은 토지이동현황조사계획, ㄷ은 토지이동 조사부이다.
- 지적소관청은 토지의 이동현황을 직권으로 조사·측량하여 토지의 지번·지목·면적·경계 또는 좌표를 결정하려는 때에는 토지이동현황 조사계획을 수립하여야 한다.
- 지적소관청은 토지이동현황 조사계획에 따라 토지의 이동현황을 조사한 때에는 토지이동 조사부에 토지의 이동현황을 적어야 한다.

2.
정답 ⑤

하 **토지의 등록**

⑤ 분할의 경우에는 1필지의 지번은 분할 전의 지번으로 하고, 나머지 필지의 지번은 본번의 최종 부번의 다음 순번으로 부번을 부여한다.

3.
정답 ⑤

하 **토지의 등록**

ㄱ, ㄴ, ㄷ 모두 옳은 지문이다.
ㄱ. 주지목추종의 원칙
ㄴ. 영속성의 원칙
ㄷ. 사용목적 추종의 원칙

4.
정답 ④

하 **토지의 등록**

④ 토지가 해면 또는 수면에 접하는 경우에는 최대만조위 또는 최대만수위가 되는 선을 경계결정기준으로 한다.

5.
정답 ②

중 **지적공부**

① 축척이 1/1,200인 지역이므로 경계점좌표등록부 시행지역이 아니다.
③ 13번지의 지목은 '공원'이다.
④ 18번지의 지목은 '유지'이다.
⑤ 색인도에 의하여 도면의 연결관계를 알 수 있다.

6.
정답 ③

하 **지적공부**

③ 지적공부를 정보처리시스템을 통하여 기록·저장한 경우 관할 시·도지사, 시장·군수 또는 구청장은 그 지적공부를 지적정보관리체계에 영구히 보존하여야 한다.

7.
정답 ①

상 **토지의 이동 및 지적정리**

옳은 것은 ㄱ이다.
ㄴ. 합병하려는 토지에 소유권·지상권·전세권 또는 임차권의 등기, 승역지에 대한 지역권의 등기 외의 등기가 있는 경우에는 합병할 수 없다.
ㄷ. 합병하려는 각 필지의 지목은 같으나 일부 토지의 용도가 다르게 되어 분할대상인 경우에는 합병할 수 없다.

8.
정답 ③

하 **토지의 이동 및 지적정리**

- 지적소관청은 시·도지사 또는 대도시 시장으로부터 축척변경승인을 받은 때에는 지체 없이 '20일' 이상 공고하여야 한다.
- 지적소관청은 청산금의 결정을 공고한 날부터 '20일' 이내에 토지소유자에게 청산금의 납부고지 또는 수령통지를 하여야 한다.

9.
정답 ③

상 **토지의 이동 및 지적정리**

③ 토지이동정리 결의서에는 토지이동신청서 또는 도시개발사업 등의 완료신고서 등을 첨부하여야 한다. 소유자정리 결의서에 등기필증, 등기부 등본 또는 그 밖에 토지소유자가 변경되었음을 증명하는 서류를 첨부하여야 한다.

10.
정답 ②

하 **토지의 이동 및 지적정리**

② 지적도면에 등록된 필지가 면적의 증감 없이 경계의 위치만 잘못된 경우에 지적소관청의 직권정정사유에 해당한다.

11.
정답 ②

중 지적측량

옳은 것은 ㄱ, ㄷ이다.
ㄴ. 토지소유자 등 이해관계인은 검사측량과 지적재조사측량은 지적측량 수행자에게 지적측량을 의뢰할 수 없다.
ㄹ. 지적삼각점측량성과 및 경위의측량방법으로 실시한 지적확정측량성과(일정면적 이상인 경우)의 경우에는 시 · 도지사 또는 대도시 시장의 검사를 받아야 한다.

12.
정답 ④

중 지적측량

④ 지방지적위원회는 지적측량 적부심사를 의결하였으면 위원장과 참석위원 전원이 서명 및 날인한 지적측량 적부심사 의결서를 지체 없이 시 · 도지사에게 송부하여야 한다.

13.
정답 ③

중 부동산등기법 총칙

부기등기로 실행하는 등기는 ㄱ, ㄴ, ㄷ, ㄹ이다.
ㅁ. 소유권에 대한 가처분등기는 주등기로 실행한다.

14.
정답 ⑤

하 부동산등기법 총칙

⑤ 「하천법」상의 하천에 대하여 소유권등기와 저당권설정등기는 실행할 수 있으며, 용익권등기가 허용되지 아니한다.

15.
정답 ②

상 등기기관과 설비

② 토지등기기록의 표제부에는 표시번호란, 접수란, 소재지번란, 지목란, 면적란, 등기원인 및 기타사항란을 둔다. 따라서 토지등기기록의 표제부에는 순위번호란이 아니라 표시번호란을 둔다.

16.
정답 ③

중 등기절차 총론

③ 전세권설정등기를 제3자에게 이전하는 경우에 등기권리자는 전세권양수인, 등기의무자는 전세권자 또는 전세권양도인이다.

17.
정답 ①

중 등기절차 총론

① 상속, 법인의 합병, 그 밖에 대법원규칙으로 정하는 포괄승계에 따른 등기는 등기권리자가 단독으로 신청하지만, 포괄승계인에 의한 등기는 공동으로 신청한다.

18.
정답 ②

상 등기절차 총론

틀린 것은 ㄱ, ㄹ이다.
ㄱ. 말소등기는 등기필정보를 작성하지 아니한다.
ㄹ. 채권자대위등기의 경우에는 등기관은 등기필정보를 채권자에게 작성 · 교부하지 아니한다.

19.
정답 ⑤

하 등기절차 총론

ㄱ, ㄴ, ㄷ, ㄹ 모두 각하사유에 해당한다.
ㄱ. 법령에 근거가 없는 특약사항의 등기를 신청한 경우는 각하사유에 해당한다.
ㄴ. 관공서 또는 법원의 촉탁으로 실행되어야 할 등기를 신청한 경우는 각하사유에 해당한다.
ㄷ. 저당권과 피담보채권을 분리하여 처분할 수 없다.
ㄹ. 일부 지분에 대한 소유권보존등기는 1물 1권주의 위반으로 등기할 수 없다.

20.
정답 ②

중 권리에 관한 등기

② 토지대장에 최초의 소유자로 등록되어 있는 자 또는 그 상속인, 그 밖의 포괄승계인은 자기 명의로 직접 소유권보존등기를 신청할 수 있다.

21.
정답 ②

상 권리에 관한 등기

② 등기원인에 공유물불분할 약정이 있을 때에는 그 약정에 관한 사항도 신청정보에 기록하여야 한다.

22.
정답 ①

중 권리에 관한 등기

② 전세권설정등기는 부동산의 일부에 대하여 할 수 있으나, 부동산의 공유지분에 대하여는 할 수 없다.
③ 1개의 토지를 요역지로 하고 소유자가 다른 여러 개의 토지를 승역지로 하는 지역권설정등기는 각 소유자별로 신청하여야 한다.
④ 지상권의 존속기간을 '철탑의 존속기간'과 같이 불확정기간으로 정한 지상권설정등기를 신청할 수 있다.
⑤ 동일 토지에 관하여 지상권이 미치는 범위가 다른 2개 이상의 구분지상권을 각기 따로 등기할 수 있다.

23.
정답 ⑤

중 권리에 관한 등기

⑤ 저당권이 이전된 후에 말소등기를 신청하는 경우 '말소할 등기'의 표시로는 주등기인 저당권설정등기를 기록한다.

24.
정답 ③

③ 가등기에 의한 본등기를 경료하면 본등기의 순위는 가등기의 순위번호에 의한다. 그러나 물권변동의 효력은 본등기시에 발생한다.

선생님의 한마디

득점에 실망하기보다는 문제의 지문 내용들의 핵심 포인트를 익히는 것이 중요합니다. 실망하지 않고 끝까지 풀고 익히시면, 실전에서는 아름다운 결실이 있으실 거예요.

25.
정답 ⑤

중 재산세

⑤ 토지분 재산세는 해당 연도에 부과할 세액이 20만원 이하인 경우에도 납기를 9월 16일부터 9월 30일까지로 한다. 다만, 주택분 재산세액이 20만원 이하인 경우에는 납기를 7월 16일부터 7월 31일까지로 하여 한꺼번에 부과 · 징수할 수 있다.

26.
정답 ④

중 재산세

④ 주택을 2인 이상이 공동으로 소유하거나, 토지와 건물의 소유자가 다를 경우 해당 주택에 대한 세율을 적용할 때 해당 주택의 토지와 건물의 가액을 합산한 과세표준액에 주택의 세율을 적용한다.

27.
정답 ⑤

중 재산세

① 과세기준일 현재 재산세 과세대상 물건의 소유권이 양도 · 양수된 때에는 양수인을 해당 연도의 납세의무자로 본다.
② 공유재산의 경우에는 지분권자(지분의 표시가 없는 경우에는 지분이 균등한 것으로 본다)를 납세의무자로 본다.
③ 상속이 개시된 재산으로서 상속등기가 이행되지 아니하고 사실상의 소유자를 신고하지 아니한 때는 주된 상속자를 납세의무자로 본다.
④ 국가 · 지방자치단체 및 지방자치단체조합과 재산세 과세대상 재산을 연부로 매매계약을 체결하고 그 재산의 사용권을 무상으로 부여받은 경우에는 권리변동이 이루어진 것으로 보아 그 매수계약자를 납세의무자로 본다.

28.
정답 ①

하 조세의 기초 이론

① 농어촌특별세는 부동산의 취득 · 보유 · 양도 모든 과정에서 부과될 수 있는 조세이지만, 지방교육세는 부동산의 취득 · 보유시에만 부과될 수 있는 조세이다.

29.
정답 ⑤

하 납세의무의 성립 · 확정 · 소멸

⑤ 종합부동산세는 원칙적으로 과세표준과 세액을 정부가 결정할 때에 납세의무가 확정되나, 예외적으로 납세의무자가 신고납부를 선택하는 경우에는 정부의 결정은 없었던 것으로 보아 납세의무자가 신고하는 때 세액이 확정된다.

30.
정답 ④

중 취득세

① 전세권은 취득세 과세대상이 아니므로 전세권을 취득하는 경우에 취득세 납세의무가 없다.
② 상속으로 인하여 취득하는 경우에는 상속인 각자가 상속받는 취득물건(지분을 취득하는 경우에는 그 지분에 해당하는 취득물건을 의미)을 취득한 것으로 본다.
③ 직계비속이 직계존속의 부동산을 공매를 통하여 취득한 경우에는 유상취득한 것으로 본다.
⑤ 「건축법」상 허가받지 아니한 건축물을 취득하는 경우에도 납세의무가 있다.

31.
정답 ③

하 취득세

③ 건축(신축 · 재축 제외) 또는 개수로 인하여 건축물 면적이 증가할 때에는 그 증가된 부분에 대하여 원시취득으로 보아 세율을 적용한다. 즉, 1,000분의 28의 세율이 적용된다.

32.
정답 ②

중 취득세

② 취득세 과세표준에 포함되는 것은 1개이다. 유상취득하는 경우에 취득대금 외에 당사자의 약정에 따른 취득자 조건부담액과 채무인수액은 개인 · 법인 구별 없이 취득세 과세표준(사실상 취득가격)에 포함한다. 이외 나머지는 법인이 취득하는 경우 과세표준(사실상 취득가격)에 포함하나, 개인이 취득하는 경우에는 과세표준(사실상 취득가격)에서 제외한다.

33.
정답 ③

하 등록면허세

① 부동산의 등록에 대한 등록면허세의 과세표준은 등록자가 등록당시의 신고한 가액으로 하고, 신고가 없거나 신고가액이 시가표준액보다 적은 경우에는 시가표준액으로 한다.
② 저당권에 대한 가등기, 가압류, 가처분의 경우 과세표준은 채권금액이다.
④ 취득세 부과제척기간이 경과한 물건의 등기 · 등록에 대한 등록면허세 과세표준은 등록당시가액과 취득당시가액 중 높은 가액으로 한다.
⑤ 임차권 말소등기의 등록면허세는 건당으로 부과한다.

34.
정답 ①

양도소득세

① 이축권이란 부동산과 함께 양도하는 「개발제한구역의 지정 및 관리에 관한 특별조치법」 제12조 제1항 제2호 및 제3호의2에 따른 이축을 할 수 있는 권리(이축권)이다. 다만, 해당 이축권가액을 별도로 평가하여 구분신고하는 경우에는 기타소득으로 과세하므로 양도소득세 과세대상이 아니다.

35.
정답 ②

중 양도소득세

② 실지거래가액이 12억원을 초과하는 고가주택이 겸용주택인 경우에는 주거부분과 주거 이외의 부분을 분리하여 과세한다. 즉, 1세대 1주택 비과세 요건을 충족한 고가주택이 겸용주택인 경우에 주거면적이 큰 경우에도 주거부분은 비과세하고, 주거 이외 부분은 과세한다.

▽ 고가주택의 겸용주택(1세대 1주택 비과세에 해당하는 주택)

1. 고가주택의 겸용주택은 주택과 주택 외 부분을 분리하여 과세한다.
2. 주택면적이 크더라도 주거부분은 안분계산하여 비과세하고 상가부분은 과세한다.

36.
정답 ②

상 양도소득세

② 1세대 1주택 비과세 요건을 갖춘 고가주택의 양도차익(1억원) = 전체 양도차익(5억원) × (15억원 - 12억원)/15억원

▽ 고가주택의 양도차익

$$\text{고가주택의 양도차익} = \text{전체 양도차익} \times \frac{\text{양도가액} - 12\text{억원}}{\text{양도가액}}$$

37.
정답 ④

상 양도소득세

④ 증여자와 수증자가 연대납세의무를 부담하지는 않는다.

38.
정답 ③

중 양도소득세

① 장기보유특별공제는 양도소득세 과세대상 자산 중 토지·건물 및 조합원입주권(조합원으로부터 취득한 것은 제외)에 한하여 적용한다.
② 부동산을 취득할 수 있는 권리 중 조합원입주권은 조합원으로부터 취득한 것을 제외한다.
④ 일반 상가건물로서 등기되고 3년 4개월 보유한 경우 장기보유특별공제는 양도차익에 100분의 6을 곱한 금액으로 한다.
⑤ 양도소득세가 과세되는 고가주택인 1세대 1주택(이에 딸린 토지를 포함)에 해당하는 자산의 경우 장기보유특별공제액은 그 자산의 양도차익에 보유기간별 공제율과 거주기간별 공제율을 합한 공제율을 곱하여 계산한 금액을 말한다.

39.
정답 ④

중 양도소득세

④ 양도자산의 취득 후 쟁송이 있는 경우 그 소유권을 확보하기 위하여 직접 소요된 소송비용으로서 그 지출한 연도의 각 사업소득금액 계산시 필요경비에 산입된 금액은 포함하지 않는다.

40.
정답 ①

하 종합부동산세

① 관할 세무서장은 납부하여야 할 종합부동산세의 세액을 결정하여 해당 연도 12월 1일부터 12월 15일까지 부과·징수한다. 종합부동산세는 재산세와 달리 과세대상에 따라 납기가 달라지지 않는다.

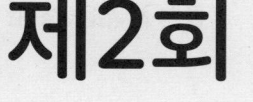

정답 및 해설

▶ 무료 해설강의　▶ 실시간 합격예측 서비스
* 제35회 공인중개사 시험일까지 제공

난이도 및 출제포인트 분석

★ 난이도가 낮은 문제는 해설 페이지를 찾아가 꼭 익혀두세요.

1교시 제1과목　공인중개사법령 및 실무

문제번호	난이도 및 출제포인트 분석		문제번호	난이도 및 출제포인트 분석	
1	하 공인중개사법령 총칙	p.23	21	중 개업공인중개사 등의 의무	p.25
2	중 공인중개사 제도	p.23	22	중 교육 및 업무위탁, 포상금 제도	p.25
3	하 공인중개사법령 총칙	p.23	23	하 공인중개사협회	p.25
4	중 중개사무소의 개설등록	p.23	24	중 지도·감독 및 벌칙	p.25
5	중 중개업무	p.23	25	중 부동산거래신고제도	p.25
6	중 중개업무	p.23	26	중 부동산거래신고제도	p.25
7	중 중개업무	p.23	27	중 지도·감독 및 벌칙	p.25
8	중 중개업무	p.23	28	중 주택임대차계약의 신고	p.26
9	중 중개사무소의 개설등록	p.24	29	하 외국인 등의 부동산취득 등에 관한 특례	p.26
10	중 중개업무	p.24	30	중 토지거래허가제도	p.26
11	중 중개계약 및 부동산거래정보망	p.24	31	상 지도·감독 및 벌칙	p.26
12	하 중개계약 및 부동산거래정보망	p.24	32	하 중개대상물의 조사·확인	p.26
13	중 개업공인중개사 등의 의무	p.24	33	중 중개대상물의 조사·확인	p.26
14	하 중개업무	p.24	34	중 중개대상물의 조사·확인	p.26
15	중 개업공인중개사 등의 의무	p.24	35	하 계약의 체결	p.26
16	하 개업공인중개사 등의 의무	p.24	36	상 개별적 중개실무	p.26
17	중 중개보수 및 실비	p.25	37	상 개별적 중개실무	p.26
18	중 교육 및 업무위탁, 포상금 제도	p.25	38	하 토지거래허가제도	p.27
19	중 교육 및 업무위탁, 포상금 제도	p.25	39	중 개별적 중개실무	p.27
20	하 교육 및 업무위탁, 포상금 제도	p.25	40	하 개별적 중개실무	p.27

1교시 제2과목　부동산공법

문제번호	난이도 및 출제포인트 분석		문제번호	난이도 및 출제포인트 분석	
41	하 광역도시계획	p.27	61	상 정비사업의 시행	p.30
42	하 도시·군관리계획	p.27	62	중 정비사업의 시행	p.30
43	상 개발행위의 허가 등	p.27	63	중 정비사업의 시행	p.30
44	중 도시·군계획시설	p.28	64	상 정비사업의 시행	p.30
45	상 지구단위계획	p.28	65	상 주택의 공급	p.31
46	하 도시·군계획시설	p.28	66	하 리모델링	p.31
47	상 용도지역·용도지구·용도구역	p.28	67	중 주택의 건설 등	p.31
48	하 도시·군계획시설	p.28	68	중 주택의 건설 등	p.31
49	중 용도지역·용도지구·용도구역	p.28	69	중 주택의 건설 등	p.31
50	하 개발행위의 허가 등	p.28	70	중 주택의 건설 등	p.31
51	중 도시·군관리계획	p.29	71	하 주택의 건설 등	p.31
52	상 용도지역·용도지구·용도구역	p.29	72	하 건축법 총칙	p.31
53	하 도시개발사업의 시행	p.29	73	중 건축법 총칙	p.31
54	중 도시개발사업의 시행	p.29	74	중 건축물의 건축	p.32
55	하 도시개발구역의 지정 등	p.29	75	상 건축물의 구조·재료 및 건축설비	p.32
56	중 도시개발구역의 지정 등	p.29	76	중 지역 및 지구의 건축물	p.32
57	하 도시개발구역의 지정 등	p.29	77	중 건축물의 건축	p.32
58	중 도시개발사업의 시행	p.29	78	중 건축물의 대지와 도로	p.32
59	상 기본계획의 수립 및 정비구역의 지정	p.30	79	중 농지의 소유	p.32
60	중 정비사업의 시행	p.30	80	중 농지의 이용	p.32

2교시 제1과목　부동산 공시에 관한 법령 및 부동산 관련 세법

문제번호	난이도 및 출제포인트 분석		문제번호	난이도 및 출제포인트 분석	
1	하 공간정보관리법 총칙	p.33	21	중 권리에 관한 등기	p.34
2	하 토지의 등록	p.33	22	하 권리에 관한 등기	p.34
3	하 토지의 등록	p.33	23	중 권리에 관한 등기	p.34
4	중 지적공부	p.33	24	중 권리에 관한 등기	p.34
5	상 지적공부	p.33	25	중 양도소득세	p.35
6	하 지적공부	p.33	26	중 양도소득세	p.35
7	중 토지의 이동 및 지적정리	p.33	27	하 양도소득세	p.35
8	상 토지의 이동 및 지적정리	p.33	28	상 양도소득세	p.35
9	하 토지의 이동 및 지적정리	p.33	29	중 양도소득세	p.35
10	중 토지의 이동 및 지적정리	p.33	30	하 조세의 기초 이론	p.35
11	하 지적측량	p.33	31	중 조세의 기초 이론	p.35
12	중 지적측량	p.34	32	중 취득세	p.35
13	상 부동산등기법 총칙	p.34	33	상 취득세	p.35
14	하 부동산등기법 총칙	p.34	34	중 종합부동산세	p.35
15	중 등기절차 총론	p.34	35	상 지방세 종합	p.35
16	중 등기절차 총론	p.34	36	중 등록면허세	p.36
17	하 등기절차 총론	p.34	37	상 재산세	p.36
18	상 등기절차 총론	p.34	38	하 재산세	p.36
19	하 표시에 관한 등기	p.34	39	하 종합부동산세	p.36
20	중 권리에 관한 등기	p.34	40	중 종합부동산세	p.36

1교시

제1과목　공인중개사법령 및 실무

1	2	3	4	5	6	7	8	9	10
②	③	④	①	⑤	②	④	⑤	②	③
11	12	13	14	15	16	17	18	19	20
①	②	⑤	①	④	③	②	③	①	④
21	22	23	24	25	26	27	28	29	30
③	⑤	⑤	④	②	④	③	⑤	③	①
31	32	33	34	35	36	37	38	39	40
②	⑤	③	②	④	④	⑤	②	③	①

선생님의 한마디

이번 회차는 기본 문제에서부터 응용된 문제를 통해 기본을 확인하는 데 주안점을 두었습니다. 대다수의 문제는 중하급의 문제로 구성하였지만, 간혹 난이도 최상급의 문제가 포함되어 있기도 합니다. 생각을 요하는 문제에 고민하기 보다는, 쉽게 답이 보이는 문제를 먼저 푸시고, 그 다음으로 어려운 문제를 해결하는 시간 안배도 연습해 주시기를 바랍니다. 공인중개사법령에서 26문제, 부동산 거래신고 등에 관한 법령에서 6문제, 중개실무에서 8문제를 출제하였고, 박스형의 문제는 10개를 출제하였습니다. 틀린 부분을 확인하여 어느 부분을 잘못 생각했는지를 체크하고, 다시 한 번 정리해 주시기를 바랍니다.

1.

정답 ②

하 공인중개사법령 총칙

② 영업용 건물의 영업시설·비품 등 유형물이나 거래처, 신용, 영업상의 노하우 또는 점포위치에 따른 영업상의 이점 등 무형의 재산적 가치는 중개대상물이라고 할 수 없으므로, 그러한 유·무형의 재산적 가치의 양도에 대하여 이른바 "권리금" 등을 수수하도록 중개한 것은 중개행위에 해당하지 아니하고, 따라서 중개보수의 한도액 역시 이러한 거래대상의 중개행위에는 적용되지 아니한다(대판 2006.9.22, 2005도6054).

2.

정답 ③

중 공인중개사 제도

① 공인중개사의 업무 등에 관한 사항을 심의하기 위하여 국토교통부에 심의위원회를 둘 수 있다.
② 위원장은 국토교통부 제1차관으로 한다.
④ 위원의 임기는 2년으로 하고, 연임에 대한 규정은 둔 바가 없다.
⑤ 심의위원회의 소집통지는 회의 개최 7일 전까지 해야 하고, 긴급사유가 있는 때에는 전날까지 하면 된다.

✔ 공인중개사 정책심의위원회	
성격	국토교통부 설치, 심의·의결기관, 임의기관('둘 수 있다')
구성	위원장(국토교통부 제1차관), 위원(국토교통부장관 임명·위촉, 위원장 1명 포함 7~11명 이내, 임기 2년, 제척 - 회피하지 아니한 경우 국토교통부장관 해촉 가능)
심의사항	자격취득, 중개업 육성, 중개보수 변경, 손해배상책임의 보장 등 ➔ 자격취득에 관한 사항을 정한 경우 시·도지사는 이에 따라야 함
운영	• 재적 과반수 출석으로 개의, 출석위원 과반수 찬성으로 의결 • 위원장이 7일 전까지 소집통보(긴급시는 전날까지 통보) • 운영에 관한 필요한 사항은 심의위원회의 의결을 거쳐 위원장이 정함. • 출석 위원에게 수당 및 여비 지급 가능(공무원인 위원 예외)

3.

정답 ④

하 공인중개사법령 총칙

④ 중개행위에 해당하는지 여부는 개업공인중개사가 진정으로 거래당사자를 위하여 거래를 알선, 중개하려는 의사를 갖고 있었느냐고 하는 개업공인중개사의 주관적 의사에 의하여 결정할 것이 아니라 개업공인중개사의 행위를 객관적으로 보아 사회통념상 거래의 알선, 중개를 위한 행위라고 인정되는지 여부에 의하여 결정하여야 할 것이다(대판 1995.9.29, 94다47261).

4.

정답 ①

중 중개사무소의 개설등록

중개사무소 개설등록과 관련한 설명으로 옳은 것은 ㄴ이다.
ㄱ. 분사무소 확보는 등록기준이 아니다.
ㄷ. 등록통지는 7일 내에 하여야 한다.
ㄹ. 등록신청은 중개사무소 소재지를 관할하는 시장(구가 설치되지 아니한 시의 시장을 말함)·군수·구청장에게 하여야 한다.

5.

정답 ⑤

중 중개업무

⑤ 분사무소 설치신고를 하는 자는 지방자치단체조례(주된 사무소 시·군·구 조례)에 따른 수수료를 납부해야 한다.

6.

정답 ②

중 중개업무

옳은 것은 1개이다.
• 이전신고는 등록증 원본을 첨부하여 이전한 날부터 10일 이내에 하여야 한다.
• 등록관청의 관할구역 외로 이전한 경우에는 등록증에 변경사항을 기재하여 이를 교부할 수 없고, 재교부하여야 한다.
• 행정처분은 이전 후 등록관청이 행한다.

✔ 등록관청 관할구역 외로의 중개사무소 이전	
신고	이전한 날로부터 10일 내 이전 후 등록관청에 신고
서류	• 이전신고: 신고서, 등록증, 사무소 확보 증명서류 • 송부서류: 중개사무소등록대장, 등록신청서류, 1년간 행정처분서류 등
절차	• 종전 등록관청은 지체 없이 관련 서류를 이전 후 등록관청에 송부 • 등록증 재교부(변경기재 교부할 수 없음) • 행정처분은 이전 후 등록관청이 행함

7.

정답 ④

중 중개업무

④ 옥외광고물에 성명을 거짓으로 표기한 경우에는 100만원 이하의 과태료가 부과되므로 옳은 지문이다.
① '발품부동산' 및 '부동산 Cafe'라고 표시된 옥외광고물을 설치하고, '발품부동산 대표'라는 명칭이 기재된 명함을 사용한 것은 공인중개사 또는 개업공인중개사와 유사한 명칭을 사용한 경우에 해당한다(대판 2015.7.23, 2014도12437).
② 공인중개사가 아닌 개인인 개업공인중개사(중개인)는 '공인중개사사무소'라는 명칭을 사용할 수 없다.
③ 분사무소의 옥외광고물에는 책임자의 성명을 표기하여야 한다.
⑤ 중개보조원은 중개대상물에 대한 광고를 할 수 없다.

8.

정답 ⑤

중 중개업무

ㄱ, ㄴ, ㄷ 모두 틀린 지문이다.
ㄱ. 중개법인은 공장용지(토지)의 분양대행업을 할 수 없다.

ㄴ. 관할법원에 등록을 하여야 경매대상 부동산의 매수신청대리를 할 수 있다.
ㄷ. 법 제7638호 부칙 제6조 제2항의 개업공인중개사(중개인)는 원칙적으로 겸업을 할 수 있다.

9.
정답 ②

中 중개사무소의 개설등록

② 「형법」 위반으로 인하여 징역형의 집행유예기간 중인 자가 임원으로 있는 법인은 결격사유자에 해당한다.
① 질병 등 정신적 제약으로 인하여 사무처리능력이 부족한 자로서 한정후견개시의 심판을 받아야 피한정후견인이 되어 결격사유에 해당하게 된다.
③④ 선고유예를 받은 자와 피특정후견인은 결격사유자가 아니다.
⑤ 파산선고를 받고 복권된 자는 복권 즉시 결격사유자가 아니다.

10.
정답 ③

中 중개업무

① 중개사무소의 개설등록 후 3개월 내에 업무를 개시하지 아니할 경우에는 휴업신고를 하여야 한다.
② 질병, 입영, 취학 등 부득이한 사유가 없는 경우에도 휴업기간의 변경신고를 할 수 있으나, 그 기간은 6개월을 초과할 수 없다.
④ 분사무소별로 휴업, 폐업, 기간 변경, 재개신고를 할 수 있다.
⑤ 정당한 사유 없이 6개월을 초과하여 무단 휴업한 경우에는 임의적 등록취소 또는 업무정지처분사유이다.

11.
정답 ①

中 중개계약 및 부동산거래정보망

옳은 것은 ㄷ이다
ㄱ. 전속중개계약의 유효기간은 당사자간에 다른 약정이 없으면 3개월로 한다.
ㄴ. 공개한 내용의 통지는 지체 없이 문서로 하여야 한다.
ㄹ. 중개의뢰인은 스스로 발견한 상대방과 거래한 경우에는 중개보수의 50% 범위 내에서 개업공인중개사의 소요비용을 지급하여야 한다.

> ♡ 전속중개계약시 개업공인중개사와 중개의뢰인의 의무

개업공인중개사의 의무사항	중개의뢰인의 의무
1. 전속중개계약서 사용 2. 전속중개계약서 보존: 3년 3. 정보공개(비공개 요청시 공개 금지) • 7일 내 정보망 또는 일간신문에 공개 • 공개내용을 문서로 지체 없이 통보 4. 2주에 1회 이상 업무처리상황 문서통지 5. 확인·설명 성실이행	1. 위약금(중개보수 전액) • 유효기간 내 다른 개업공인중개사에게 의뢰하여 거래 • 유효기간 내 개업공인중개사 배제 후 거래 2. 소요비용(중개보수의 50% 내): 유효기간 내 스스로 발견한 상대방과 거래한 경우 3. 확인·설명의무를 이행하는 데 협조

12.
정답 ②

下 중개계약 및 부동산거래정보망

② 거래정보사업자로 지정을 받으려는 자는 500명 이상의 회원을 확보하되, 2개 이상의 시·도에서 각 30명 이상이어야 한다.

13.
정답 ⑤

中 개업공인중개사 등의 의무

① 확인·설명은 중개를 의뢰받은 경우 중개완성 전까지 하여야 한다.
② 중개의뢰인이 중개대상물의 상태에 관한 자료요구에 불응한 경우에는 이를 확인·설명서에 기재하여야 한다.
③ 확인·설명서는 공인전자문서센터에 보관된 경우를 제외하고는 사본, 원본 또는 전자문서를 3년간 보관하되, 이를 위반한 경우에는 업무정지처분을 받을 수 있다.
④ 관리비 금액 뿐만 아니라 그 산출내역까지 확인·설명해야 한다.

14.
정답 ①

下 중개업무

① 개업공인중개사는 중개보조원을 자신과 소속공인중개사를 합한 수의 5배를 초과하여 고용할 수 없다.

15.
정답 ④

中 개업공인중개사 등의 의무

거래계약서에 필수 기재사항은 ㄴ, ㄷ, ㄹ이다.
ㄱ. 거래예정금액이 아니라 거래금액을 기재하여야 한다.

16.
정답 ③

下 개업공인중개사 등의 의무

금지행위에 해당하는 것은 3개(ㄱ, ㄴ, ㄹ)이다.
ㄱ은 단체구성 중개제한 행위, ㄴ은 시세교란 목적 업무방해행위, ㄹ은 직접거래이다.
ㄷ. 아파트 분양권 매매의 알선을 업으로 한 행위는 중개업을 한 것이다.

> ♡ 금지행위
>
> 1. 개업공인중개사 등의 금지행위
>   ⓐ 적용대상: 개업공인중개사 등 - 임의적 등록취소 / 자격정지
>   ⓑ 종류
>   • 매매업
>   • 무등록업자와 거래
>   • 보수 초과
>   • 거짓된 언행(이상 1년/1천)
>   • 증서 등 중개, 매매업
>   • 직접거래, 쌍방대리
>   • 투기조장행위
>   • 시세교란행위
>   • 단체구성 중개제한 행위(이상 3년/3천)
> 2. 개업공인중개사 등에 대한 금지행위(시세교란 목적 업무방해)
>   ⓐ 적용대상: 일반인 포함
>   ⓑ 종류
>   • 특정 개업공인중개사에게 중개의뢰 유도
>   • 특정 가격 이하 중개의뢰 제한
>   • 높게 표시·광고 강요·유도
>   • 특정개업공인중개사 중개의뢰 제한
>   • 정당한 표시·광고 방해(이상 3년/3천)

17.　　　　　　　　　　　　　　　　　　　　정답 ②

중 중개보수 및 실비

② 주택에 대한 중개보수는 사무소 기준 시·도 조례가 적용되므로, 경기도 고양시 일산동구에 중개사무소를 둔 경우에는 '경기도' 조례가 정하는 바에 따라 받아야 한다.

18.　　　　　　　　　　　　　　　　　　　　정답 ③

중 교육 및 업무위탁, 포상금 제도

ㄱ은 10일, ㄴ은 3, ㄷ은 4, ㄹ은 2개월이다.
ㄱ. 부동산거래사고 예방교육은 '10일' 전까지 공고 또는 통지하여야 한다.
ㄴ, ㄷ. 직무교육시간은 '3'시간 이상 '4'시간 이하로 한다.
ㄹ. 연수교육을 실시하려는 경우에는 2년이 되기 '2개월' 전까지 통지하여야 한다.

19.　　　　　　　　　　　　　　　　　　　　정답 ①

중 교육 및 업무위탁, 포상금 제도

① 폐업신고 후 계속하여 중개업을 한 자는 무등록중개업자이다.
② 포상금은 검사가 공소제기, 기소유예처분을 한 경우에만 지급한다.
③ 하나의 사건에 대하여 2인 이상이 공동으로 신고한 경우 약정이 없으면 균분 지급하므로, 1인당 50만원이 될 수 없다.
④ 포상금의 지급권자는 등록관청이다.
⑤ 포상금은 지급결정일부터 1개월 이내에 지급해야 한다.

20.　　　　　　　　　　　　　　　　　　　　정답 ④

하 교육 및 업무위탁, 포상금 제도

④ 중개업의 휴업을 신고하는 자는 수수료를 납부하지 않는다.

⑰ 수수료 납부사유

수수료 납부사유	지방자치단체 조례
• 자격시험 응시 • 자격증 재교부신청시	시·도 조례
• 중개사무소 개설등록신청시 • 등록증 재교부신청시 • 분사무소 설치신고시 • 신고확인서 재교부신청시	시·군·자치구 조례

21.　　　　　　　　　　　　　　　　　　　　정답 ③

중 개업공인중개사 등의 의무

③ 보증보험에 가입한 개업공인중개사는 보증기간이 만료되어 다시 보증을 설정하고자 하는 경우 그 보증기간 만료일까지 다시 보증을 설정해야 한다.

22.　　　　　　　　　　　　　　　　　　　　정답 ⑤

중 교육 및 업무위탁, 포상금 제도

⑤ 조사 및 조치결과는 10일 내에 통보하여야 한다.

23.　　　　　　　　　　　　　　　　　　　　정답 ⑤

하 공인중개사협회

⑤ 공제사업 운영실적은 매 회계연도 종료 후 3개월 이내에 일간신문 또는 협회보에 공시하고, 협회 홈페이지에 게시해야 한다.

24.　　　　　　　　　　　　　　　　　　　　정답 ④

중 지도·감독 및 벌칙

④ 공인중개사 직무와 관련하여 「형법」상 사문서위조죄로 징역형의 집행유예를 선고받은 경우는 자격취소사유이다.

⑰ 자격정지사유

1. 둘 이상의 중개사무소에 소속된 경우
2. 인장등록을 하지 아니하거나 등록하지 아니한 인장을 사용한 경우
3. 성실·정확하게 중개대상물의 확인·설명을 하지 아니하거나 설명의 근거자료를 제시하지 아니한 경우
4. 중개대상물 확인·설명서에 서명 및 날인을 하지 아니한 경우
5. 거래계약서에 서명 및 날인을 하지 아니한 경우
6. 거래계약서에 거래금액 등 거래내용을 거짓으로 기재하거나 서로 다른 둘 이상의 거래계약서를 작성한 경우
7. 개업공인중개사 등의 금지행위를 한 경우

25.　　　　　　　　　　　　　　　　　　　　정답 ②

중 부동산거래신고제도

부동산거래신고에 관한 설명으로 옳은 것은 ㄱ, ㄹ이다.
ㄴ. 토지거래허가구역 내 토지의 매매계약을 하면서 토지거래허가를 받은 경우라도 부동산거래신고를 하여야 한다.
ㄷ. 투기과열지구·조정대상지역 내의 주택은 실제 거래금액에 관계없이 자금조달, 지급방식 및 입주계획을 신고해야 한다.

⑰ 자금조달 및 입주(이용)계획을 신고하는 경우

1. '주택'의 '매수자'가 법인인 경우 지역·거래금액에 관계없이 신고
2. '투기과열지구 또는 조정대상지역'에 소재하는 '주택'의 매수(금액 무관)
3. 법인과 규제지역 외는 실제 거래가격이 '6억원 이상'인 '주택'의 매수
4. '토지'는 수도권 등은 1억원 이상(지분거래는 금액 무관), 그 외 지역은 6억원 이상 매수(토지거래허가구역과 건축물이 있는 토지는 제외)
5. 매수자가 국가 등인 경우는 제외

26.　　　　　　　　　　　　　　　　　　　　정답 ④

중 부동산거래신고제도

④ 부당하게 재산상 이득을 취득할 목적으로 신고대상 계약을 체결하지 않았음에도 불구하고 부동산거래신고를 한 자에 대하여는 3년 이하의 징역 또는 3천만원 이하의 벌금에 처한다.

27.　　　　　　　　　　　　　　　　　　　　정답 ②

중 지도·감독 및 벌칙

② 정당한 사유 없이 연수교육을 받지 아니한 자에 대하여는 500만원 이하의 과태료가 부과된다.

28.
정답 ⑤

중 주택임대차계약의 신고

⑤ 주택임대차계약신고 · 변경신고 · 해제신고를 하지 아니하거나(공동신고 거부자 포함) 신고를 거짓으로 한 자에 대하여는 100만원 이하의 과태료를 부과한다.

29.
정답 ③

하 외국인 등의 부동산취득 등에 관한 특례

③ 외국인의 상가임대차계약은 신고대상이 아니고, 소유권취득시 신고대상이다.
① 외국인이 국내 토지를 매수한 때에는 계약 체결일로부터 30일 내에 부동산거래신고를 해야 하므로, 옳은 지문이다.

30.
정답 ①

중 토지거래허가제도

옳은 것은 1개(ㄴ)이다.
ㄱ은 4년, ㄷ과 ㄹ은 2년, ㅁ은 5년이다.

31.
정답 ②

상 지도 · 감독 및 벌칙

② 폐업신고 전에 받은 업무정지처분 또는 과태료처분의 효과는 그 처분일로부터 1년간 승계되므로, 甲은 업무정지처분 또는 과태료처분의 효과를 승계받지 않는다.

④ 폐업신고 전의 위반행위를 사유로 등록취소 되었으므로 3년에서 폐업기간을 공제한 기간만 결격이므로, 옳은 지문이다.

32.
정답 ⑤

하 중개대상물의 조사 · 확인

⑤ 다른 사람의 토지 또는 묘지에 그의 승낙 없이 분묘를 설치한 자는 토지사용권이나 그 밖에 분묘의 보존을 위한 권리를 주장할 수 없다.

33.
정답 ③

중 중개대상물의 조사 · 확인

③ 농지소유자는 3개월 이상 국외여행 중인 경우, 선거에 따른 공직취임의 경우, 질병, 취학, 입영의 경우 등은 소유농지를 위탁경영할 수 있다.

34.
정답 ②

중 중개대상물의 조사 · 확인

② 민간임대 등록 여부는 임대차 중개시에도 기재하여야 한다.

35.
정답 ④

하 계약의 체결

④ 임대차의 경우에도 전자계약을 이용할 수 있다.

36.
정답 ④

상 개별적 중개실무

틀린 것은 ㄱ, ㄴ, ㄷ이다.
ㄱ. 乙이 X주택의 일부를 주거 외의 목적으로 사용하더라도 「주택임대차보호법」의 적용을 받는다.
ㄴ. 증액제한은 기존 보증금과 월 차임의 20분의 1을 초과하지 못하므로, 10만원 증액은 불가하다.
ㄷ. 임차권등기가 되었으므로 점유를 상실하더라도 대항력을 잃지 않는다.
ㄹ. 현재 서울특별시 소재 주택의 임대차는 보증금이 1억 6,500만원 이하(월 차임은 고려하지 않음)인 경우 최우선변제를 받을 수 있으므로, 옳은 지문이다.

37.
정답 ⑤

상 개별적 중개실무

⑤ 서울특별시 소재 상가 임대차의 경우 임차인의 환산보증금이 9억원 이하이어야 「상가건물 임대차보호법」이 전면 적용되고, 乙은 환산보증금이 10억원이므로, 확정일자에 의한 우선변제권을 취득하지 못한다.
①은 대항력, ②는 계약갱신요구권, ③은 권리금, ④는 해지에 관한 규정이므로, 乙에게 적용된다.

적용되는 규정	적용되지 않는 규정
1. 대항력 규정 2. 권리금 보호규정 3. 3기 차임 연체시 해지규정 4. 갱신요구권 규정 5. 표준계약서 규정 등	1. 우선변제권 규정 2. 존속기간 보호규정 3. 증액제한, 월 차임 전환규정 4. 임차권등기명령 규정 등

38.
정답 ②

ⓗ **토지거래허가제도**

② 이미 부과된 이행강제금은 징수하여야 한다.

ⓥ 이행강제금 부과기준
- 방치: 토지취득가액의 100분의 10
- 임대: 토지취득가액의 100분의 7
- 무단 변경이용: 토지취득가액의 100분의 5
- 이외의 경우: 토지취득가액의 100분의 7

39.
정답 ③

ⓒ **개별적 중개실무**

③ 재매각절차에서 전(前)의 매수인(대금미납 매수인)은 매수신청을 할 수 없다.

40.
정답 ①

ⓗ **개별적 중개실무**

① 매수신청대리업무의 정지기간은 1월 이상 2년 이하로 한다.

41	42	43	44	45	46	47	48	49	50
②	④	①	④	⑤	①	⑤	①	②	①
51	**52**	**53**	**54**	**55**	**56**	**57**	**58**	**59**	**60**
④	③	②	④	③	⑤	④	①	①	②
61	**62**	**63**	**64**	**65**	**66**	**67**	**68**	**69**	**70**
①	②	①	②	②	④	③	③	⑤	④
71	**72**	**73**	**74**	**75**	**76**	**77**	**78**	**79**	**80**
②	④	③	⑤	④	②	②	⑤	②	⑤

선생님의 한마디

제2회는 난이도 상이 9문제, 중이 19문제, 하가 12문제입니다. 난이도 중, 하가 31문제이므로 쉽게 출제했습니다. 60점 이상의 고득점을 기대합니다. 난이도 중, 하인 문제를 틀렸다면 확실하게 정리해서 다음에는 반드시 맞힐 수 있도록 해야 합니다. 시험은 모든 문제를 다 맞혀야 합격하는 것이 아닙니다. 틀리지 말아야 할 문제를 틀리지 않는 것이 중요합니다. 다음 회차도 잘 풀어보시기 바랍니다. ^^

41.
정답 ②

ⓗ **광역도시계획**

② 광역시장은 광역계획권을 지정할 수 없다. 국토교통부장관 또는 도지사가 광역계획권을 지정할 수 있다.

ⓥ 광역계획권의 지정권자
국토교통부장관 또는 도지사는 다음의 구분에 따라 인접한 둘 이상의 특별시·광역시·특별자치시·특별자치도·시 또는 군의 관할 구역 전부 또는 일부를 대통령령으로 정하는 바에 따라 광역계획권으로 지정할 수 있다.
1. 광역계획권이 둘 이상의 시·도의 관할 구역에 걸쳐 있는 경우: 국토교통부장관이 지정
2. 광역계획권이 도의 관할 구역에 속하여 있는 경우: 도지사가 지정

42.
정답 ④

ⓗ **도시·군관리계획**

④ 도시·군관리계획결정의 효력은 지형도면을 고시한 날부터 발생한다.

43.
정답 ①

ⓢ **개발행위의 허가 등**

ㄱ: 20, ㄴ: 25
민간 개발사업자가 부담하는 부담률은 100분의 '20'으로 하며, 특별시장·광역시장·특별자치시장·특별자치도지사·시장 또는 군수가 건물의 규모, 지역 특성 등을 고려하여 100분의 '25'의 범위에서 부담률을 가감할 수 있다.

정답 ④

중 도시 · 군계획시설

④ 「기업도시개발 특별법」에 따른 기업도시개발구역은 해당하지 않는다.

> **V 공동구의 설치의무**
>
> 다음에 해당하는 지역 · 지구 · 구역 등이 200만m²를 초과하는 경우에는 해당 지역 등에서 개발사업을 시행하는 자는 공동구를 설치해야 한다.
> 1. 「도시개발법」에 따른 도시개발구역
> 2. 「택지개발촉진법」에 따른 택지개발지구
> 3. 「경제자유구역의 지정 및 운영에 관한 특별법」에 따른 경제자유구역
> 4. 「도시 및 주거환경정비법」에 따른 정비구역
> 5. 그 밖에 대통령령으로 정하는 지역
>   - 「공공주택 특별법」에 따른 공공주택지구
>   - 「도청이전을 위한 도시건설 및 지원에 관한 특별법」에 따른 도청이전신도시

45.

정답 ⑤

상 지구단위계획

ㄱ: 140, ㄴ: 200
- 역세권 복합용도개발형 지구단위계획구역 내 준주거지역에서 건축물을 건축하려는 자가 그 대지의 일부를 공공시설 등의 부지로 제공하거나 공공시설 등을 설치하여 제공하는 경우에는 지구단위계획으로 용적률의 '140'% 이내의 범위에서 용적률을 완화하여 적용할 수 있다.
- 역세권 복합용도개발형 지구단위계획구역 내 준주거지역에서는 지구단위계획으로 「건축법」에 따른 채광(採光) 등의 확보를 위한 건축물의 높이제한을 '200'% 이내의 범위에서 완화하여 적용할 수 있다.

46.

정답 ①

하 도시 · 군계획시설

① 도시 · 군계획시설채권의 상환기간은 10년 이내로 하며, 그 이율은 채권발행 당시 「은행법」에 따른 인가를 받은 은행 중 전국을 영업으로 하는 은행이 적용하는 1년 만기 정기예금금리의 평균 이상이어야 하며, 구체적인 상환기간과 이율은 특별시 · 광역시 · 특별자치시 · 특별자치도 · 시 또는 군의 조례로 정한다.

47.

정답 ⑤

상 용도지역 · 용도지구 · 용도구역

해당하는 것은 ㄱ, ㄷ, ㄹ이다.
ㄴ. 관리용건축물로서 기존 관리용건축물의 면적을 포함하여 33m² 이하인 것이다.

> **V 시가화조정구역에서의 허가대상**
>
> 시가화조정구역에서는 도시 · 군계획사업의 경우 외에는 다음의 어느 하나에 해당하는 행위에 한정하여 특별시장 · 광역시장 · 특별자치시장 · 특별자치도지사 · 시장 또는 군수의 허가를 받아 그 행위를 할 수 있다.
> 1. 농업 · 임업 또는 어업을 영위하는 자가 대통령령으로 정하는 다음에 해당하는 농업 · 임업 또는 어업용의 건축물이나 그 밖의 시설을 건축하는 행위
>   (1) 축사, 퇴비사, 잠실
>   (2) 창고(저장 및 보관시설을 포함한다)
>   (3) 생산시설(단순가공시설을 포함한다)
>   (4) 관리용건축물로서 기존 관리용건축물의 면적을 포함하여 33m² 이하인 것
>   (5) 양어장

> 2. 마을공동시설, 공익시설 · 공공시설, 광공업 등 주민의 생활을 영위하는 데에 필요한 행위로서 대통령령으로 정하는 행위
>   (1) 주택 및 그 부속건축물의 건축으로서 다음에 해당하는 행위
>   - 주택의 증축(기존 주택의 면적을 포함하여 100m² 이하에 해당하는 면적의 증축을 말한다)
>   - 부속건축물의 건축(주택 또는 이에 준하는 건축물에 부속되는 것에 한하되, 기존 건축물의 면적을 포함하여 33m² 이하에 해당하는 면적의 신축 · 증축 · 재축 또는 대수선을 말한다)
>   (2) 기존 건축물의 동일한 용도 및 규모 안에서의 개축 · 재축 및 대수선
>   (3) 종교시설의 증축(새로운 대지조성은 허용되지 않으며, 증축면적은 시가화조정구역 지정 당시의 종교시설 연면적의 200%를 초과할 수 없다)
>   (4) 마을공동시설의 설치로서 다음에 해당하는 행위
>   - 농로 · 제방 및 사방시설의 설치
>   - 새 마을회관의 설치
>   - 정자 등 간이휴게소의 설치
>   - 농기계수리소 및 농기계용 유류판매소(개인소유의 것을 포함한다)의 설치
>   … [이하 (8)까지 생략]
> 3. 입목의 벌채, 조림, 육림, 토석의 채취, 그 밖에 대통령령으로 정하는 경미한 행위

48.

정답 ①

하 도시 · 군계획시설

① 공공공지는 공간시설에 해당한다. 공공 · 문화체육시설에는 학교, 공공청사 · 문화시설 · 공공필요성이 인정되는 체육시설 · 연구시설 · 사회복지시설 · 공공직업훈련시설 · 청소년수련시설이 있다.

> **V 기반시설의 종류**
>
> 다음의 시설로서 대통령령으로 정하는 시설(해당 시설 그 자체의 기능 발휘와 이용을 위해 필요한 부대시설 및 편익시설을 포함한다)을 말한다.
>
> | | |
> |---|---|
> | 1. 교통시설 | 도로 · 철도 · 항만 · 공항 · 주차장 · 자동차정류장 · 궤도, 차량 검사 및 면허시설 |
> | 2. 공간시설 | 광장 · 공원 · 녹지 · 유원지 · 공공공지 |
> | 3. 유통 · 공급시설 | 유통업무설비, 수도 · 전기 · 가스 · 열공급설비, 방송 · 통신시설, 공동구 · 시장, 유류저장 및 송유설비 |
> | 4. 공공 · 문화체육시설 | 학교, 공공청사 · 문화시설 · 공공필요성이 인정되는 체육시설 · 연구시설 · 사회복지시설 · 공공직업훈련시설 · 청소년수련시설 |
> | 5. 방재시설 | 하천 · 유수지(遊水池) · 저수지, 방화설비 · 방풍설비 · 방수설비 · 사방설비 · 방조설비 |
> | 6. 보건위생시설 | 장사시설, 도축장, 종합의료시설 |
> | 7. 환경기초시설 | 하수도, 폐기물처리 및 재활용시설, 빗물저장 및 이용시설, 수질오염방지시설, 폐차장 |

49.

정답 ②

중 용도지역 · 용도지구 · 용도구역

② 개발사업의 완료로 해제되는 경우는 지정 이전의 용도지역으로 환원되지 않는다.

50.

정답 ①

하 개발행위의 허가 등

① 토지분할은 준공검사의 대상이 아니다.

51.
정답 ④

중 도시·군관리계획

① 둘 이상의 도시·군계획시설을 같은 토지에 함께 결정하거나 도시·군계획시설이 위치하는 공간의 일부를 구획하여 도시·군계획시설을 결정할 수 있다.
② 도시·군계획시설의 결정·구조 및 설치의 기준 등에 필요한 사항은 국토교통부령으로 정하고, 그 세부사항은 국토교통부령으로 정하는 범위에서 시·도의 조례로 정할 수 있다. 다만, 이 법 또는 다른 법률에 특별한 규정이 있는 경우에는 그에 따른다.
③ 도시·군계획시설에 대하여는 용도지역·용도지구 안에서의 건축제한의 규정을 적용하지 않는다.
⑤ 도시·군계획시설사업 시행자의 처분에 대하여는 「행정심판법」에 따라 행정심판을 제기할 수 있다. 이 경우 행정청이 아닌 시행자의 처분에 대하여는 그 시행자를 지정한 자에게 행정심판을 제기해야 한다.

52.
정답 ③

상 용도지역·용도지구·용도구역

틀린 것은 ㄴ, ㄹ이다.
ㄴ. 시·도지사 또는 대도시 시장은 일반주거지역·일반공업지역 및 계획관리지역에 복합용도지구를 지정할 수 있다.
ㄹ. 일반주거지역에 지정된 복합용도지구 안에서는 제2종 근린생활시설 중 안마시술소를 건축할 수 없다.

53.
정답 ②

하 도시개발사업의 시행

② 환지처분은 행정상 처분이나 재판상의 처분으로서 종전의 토지에 전속(專屬)하는 것에 관하여는 영향을 미치지 않는다.

54.
정답 ④

중 도시개발사업의 시행

① 시행자는 토지소유자가 원하면 토지 등의 매수대금의 일부를 지급하기 위하여 토지상환채권을 발행할 수 있다.
② 지방자치단체인 시행자는 수용하기 위한 요건이 필요 없다. 민간시행자는 사업대상 토지면적의 3분의 2 이상에 해당하는 토지를 소유하고 토지소유자 총수의 2분의 1 이상에 해당하는 자의 동의를 받아야 한다.
③ 시행자는 조성토지 등과 원형지를 공급받거나 이용하려는 자로부터 해당 대금의 전부 또는 일부를 미리 받을 수 있다.
⑤ 공급될 수 있는 원형지의 면적은 도시개발구역 전체 토지면적의 3분의 1 이내로 한정한다.

55.
정답 ③

하 도시개발구역의 지정 등

③ 지방공사의 장은 국토교통부장관에게 도시개발구역의 지정을 제안할 수 없다.

56.
정답 ⑤

하 도시개발구역의 지정 등

⑤ 해당 도시개발구역에 포함되는 주거지역·상업지역·공업지역의 면적의 합계가 전체 도시개발구역 지정면적의 100분의 30 이하인 지역이다.

57.
정답 ④

하 도시개발구역의 지정 등

④ 시·도지사는 면적이 50만m² 이상인 도시개발구역을 지정하려는 경우에는 국토교통부장관과 협의해야 한다.

58.
정답 ①

중 도시개발사업의 시행

② 「주택법」에 따른 공공택지는 추첨의 방법으로 분양할 수 있다.
③ 조성토지 등의 가격평가는 「감정평가 및 감정평가사에 관한 법률」에 따른 감정가격으로 한다.
④ 학교용지, 공공청사용지 등 일반에게 분양할 수 없는 공공용지를 국가, 지방자치단체, 그 밖의 법령에 따라 해당 시설을 설치할 수 있는 자에게 공급하는 경우 수의계약의 방법으로 조성토지 등을 공급할 수 있다.
⑤ 조성토지 등의 공급계획은 고시된 실시계획(지구단위계획을 포함한다)에 맞게 작성되어야 한다.

59.

> 상 기본계획의 수립 및 정비구역의 지정

ㄱ: 2분의 1, ㄴ: 2분의 1

Ⓥ 재개발사업의 정비계획입안대상

재개발사업을 위한 정비계획은 노후·불량건축물의 수가 전체 건축물의 수의 60%(「도시재정비 촉진을 위한 특별법」에 따른 재정비촉진지구에서 재개발사업을 위한 정비계획을 입안하는 경우에는 50%로 하며, 재정비촉진지구 외의 지역의 경우에는 50% 이상 70% 이하의 범위에서 시·도조례로 증감할 수 있다) 이상인 지역으로서 다음의 어느 하나에 해당하는 지역에 대하여 입안한다. 이 경우 순환용주택을 건설하기 위하여 필요한 지역을 포함할 수 있다.
1. 정비기반시설의 정비에 따라 토지가 대지로서의 효용을 다할 수 없게 되거나 과소토지로 되어 도시의 환경이 현저히 불량하게 될 우려가 있는 지역
2. 노후·불량건축물의 연면적의 합계가 전체 건축물의 연면적의 합계의 60%(「도시재정비 촉진을 위한 특별법」에 따른 재정비촉진지구에서 재개발사업을 위한 정비계획을 입안하는 경우에는 50%로 하며, 재정비촉진지구 외의 지역의 경우에는 50% 이상 70% 이하의 범위에서 시·도조례로 증감할 수 있다) 이상이거나 건축물이 과도하게 밀집되어 있어 그 구역 안의 토지의 합리적인 이용과 가치의 증진을 도모하기 곤란한 지역
3. 인구·산업 등이 과도하게 집중되어 있어 도시기능의 회복을 위하여 토지의 합리적인 이용이 요청되는 지역
4. 해당 지역의 최저고도지구의 토지(정비기반시설용지를 제외한다)면적이 전체 토지면적의 50%를 초과하고, 그 최저고도에 미달하는 건축물이 해당 지역 건축물의 바닥면적 합계의 3분의 2 이상인 지역
5. 공장의 매연·소음 등으로 인접 지역에 보건위생상 위해를 초래할 우려가 있는 공업지역 또는 「산업집적활성화 및 공장설립에 관한 법률」에 따른 도시형 공장이나 공해발생정도가 낮은 업종으로 전환하려는 공업지역
6. 역세권 등 양호한 기반시설을 갖추고 있어 대중교통 이용이 용이한 지역으로서 「주택법」에 따라 토지의 고도이용과 건축물의 복합개발을 통한 주택건설·공급이 필요한 지역
7. 「국토의 계획 및 이용에 관한 법률」에 따른 방재지구가 해당 지역 전체 토지면적의 2분의 1 이상인 지역
8. 「건축법」에 따른 지하층의 전부 또는 일부를 주거용도로 사용하는 건축물의 수가 해당 지역 전체 건축물의 수의 2분의 1 이상인 지역 … (이하 생략)

60.

> 중 정비사업의 시행

② 토지등소유자가 재개발사업을 시행하는 경우에는 사업시행계획인가를 받은 후 규약에 따라 건설업자 또는 등록사업자를 시공자로 선정해야 한다.

61.

> 상 정비사업의 시행

① 조합임원의 권리·의무·보수·선임방법·변경 및 해임은 해당하지 않는다.

Ⓥ 정관변경

조합이 정관을 변경하려는 경우에는 총회를 개최하여 조합원 과반수의 찬성으로 시장·군수 등의 인가를 받아야 한다. 다만, 다음의 경우에는 조합원 3분의 2 이상의 찬성으로 한다.
1. 조합원의 자격
2. 조합원의 제명·탈퇴 및 교체
3. 정비구역의 위치 및 면적
4. 조합의 비용부담 및 조합의 회계
5. 정비사업비의 부담시기 및 절차
6. 시공자·설계자의 선정 및 계약서에 포함될 내용

62.

> 중 정비사업의 시행

④ 청산금을 지급(분할지급을 포함한다)받을 권리 또는 이를 징수할 권리는 이전고시일의 다음 날부터 5년간 행사하지 않으면 소멸한다.

63.

> 중 정비사업의 시행

② 토지 또는 건축물의 매매 등으로 조합원의 권리가 이전된 경우의 조합원의 교체는 총회의 의결 없이 시장·군수 등에게 신고하고 변경할 수 있다.
③ 조합은 조합설립인가를 받은 날부터 30일 이내에 주된 사무소의 소재지에서 등기하는 때에 성립한다.
④ 조합임원은 같은 목적의 정비사업을 하는 다른 조합의 임원 또는 직원을 겸할 수 없다.
⑤ 퇴임된 임원이 퇴임 전에 관여한 행위는 그 효력을 잃지 않는다.

64.

> 상 정비사업의 시행

② 해당 정비구역 안의 국·공유지 면적 또는 국·공유지와 토지주택공사 등이 소유한 토지를 합한 면적이 전체 토지면적의 2분의 1 이상으로서 토지등소유자의 과반수가 시장·군수 등 또는 토지주택공사 등을 사업시행자로 지정하는 것에 동의하는 때이다.

Ⓥ 공공시행사유

시장·군수 등은 재개발사업 및 재건축사업이 다음의 어느 하나에 해당하는 때에는 직접 정비사업을 시행하거나 토지주택공사 등(토지주택공사 등이 건설사업자 또는 등록사업자와 공동으로 시행하는 경우를 포함한다)을 사업시행자로 지정하여 정비사업을 시행하게 할 수 있다.
1. 천재지변, 「재난 및 안전관리 기본법」 또는 「시설물의 안전 및 유지관리에 관한 특별법」에 따른 사용제한·사용금지, 그 밖의 불가피한 사유로 긴급하게 정비사업을 시행할 필요가 있다고 인정하는 때
2. 정비계획에서 정한 정비사업시행 예정일부터 2년 이내에 사업시행계획인가를 신청하지 않거나 사업시행계획인가를 신청한 내용이 위법 또는 부당하다고 인정하는 때(재건축사업의 경우는 제외한다)
3. 추진위원회가 시장·군수 등의 구성승인을 받은 날부터 3년 이내에 조합설립인가를 신청하지 않거나 조합이 조합설립인가를 받은 날부터 3년 이내에 사업시행계획인가를 신청하지 않은 때
4. 지방자치단체의 장이 시행하는 「국토의 계획 및 이용에 관한 법률」에 따른 도시·군계획사업과 병행하여 정비사업을 시행할 필요가 있다고 인정하는 때
5. 순환정비방식으로 정비사업을 시행할 필요가 있다고 인정하는 때
6. 사업시행계획인가가 취소된 때
7. 해당 정비구역의 국·공유지 면적 또는 국·공유지와 토지주택공사 등이 소유한 토지를 합한 면적이 전체 토지면적의 2분의 1 이상으로서 토지등소유자의 과반수가 시장·군수 등 또는 토지주택공사 등을 사업시행자로 지정하는 것에 동의하는 때
8. 해당 정비구역의 토지면적 2분의 1 이상의 토지소유자와 토지등소유자의 3분의 2 이상에 해당하는 자가 시장·군수 등 또는 토지주택공사 등을 사업시행자로 지정할 것을 요청하는 때

65.

상 주택의 공급

① 공공주택사업자는 시장·군수·구청장의 승인(복리시설의 경우에는 신고를 말한다)을 받지 않는다.
③ 시장·군수·구청장은 마감자재 목록표와 영상물 등을 사용검사가 있은 날부터 2년 이상 보관해야 한다.
④ 도시형 생활주택은 분양가상한제를 적용하지 않는다.
⑤ 시장·군수·구청장은 사업계획승인 신청(「도시 및 주거환경정비법」에 따른 사업시행계획인가, 「건축법」에 따른 건축허가를 포함한다)이 있는 날부터 20일 이내에 분양가심사위원회를 설치·운영해야 한다.

66.
정답 ④

하 리모델링

주택단지 전체를 리모델링하는 경우에는 주택단지 전체 구분소유자 및 의결권의 각 '75'% 이상의 동의와 각 동별 구분소유자 및 의결권의 각 50% 이상의 동의를 받아야 하며, 동을 리모델링하는 경우에는 그 동의 구분소유자 및 의결권의 각 '75'% 이상의 동의를 받아야 한다.

67.
정답 ③

중 주택의 건설 등

③ 사업계획승인권자는 해당 사업시행지에 대한 소유권 분쟁(소송절차가 진행 중인 경우만 해당한다)으로 인하여 공사착수가 지연되는 경우에는 사업주체의 신청을 받아 그 사유가 없어진 날부터 1년의 범위에서 공사의 착수기간을 연장할 수 있다.

68.
정답 ③

중 주택의 건설 등

국토교통부장관에게 사업계획승인을 받아야 하는 경우는 ㄱ, ㄷ, ㄹ이다.
ㄴ. 국가 및 한국토지주택공사가 시행하는 경우이다.

> Ⅴ 사업계획승인권자
>
> 다음의 경우에는 국토교통부장관에게 사업계획승인을 받아야 한다.
> 1. 국가 및 한국토지주택공사가 시행하는 경우
> 2. 330만m² 이상의 규모로 「택지개발촉진법」에 의한 택지개발사업 또는 「도시개발법」에 의한 도시개발사업을 추진하는 지역 중 국토교통부장관이 지정·고시하는 지역에서 주택건설사업을 시행하는 경우
> 3. 수도권·광역시 지역의 긴급한 주택난 해소가 필요하거나 지역균형개발 또는 광역적 차원의 조정이 필요하여 국토교통부장관이 지정·고시하는 지역에서 주택건설사업을 시행하는 경우
> 4. 국가·지방자치단체·한국토지주택공사 및 지방공사가 단독 또는 공동으로 총지분의 50%를 초과하여 출자한 부동산투자회사(해당 부동산투자회사의 자산관리회사가 한국토지주택공사인 경우만 해당한다)가 「공공주택특별법」에 따른 공공주택건설사업을 시행하는 경우

69.
정답 ⑤

중 주택의 건설 등

⑤ 사업계획승인 등의 과정에서 주택건설 예정 세대수가 변경되어 조합원 수가 변경된 세대수의 50% 미만이 되는 경우이다.

70.
정답 ④

중 주택의 건설 등

①② 사업계획승인을 받은 사업주체는 해당 주택건설대지 중 사용할 수 있는 권원을 확보하지 못한 대지(건축물을 포함한다)의 소유자에게 그 대지를 시가(市價)로 매도할 것을 청구할 수 있다. 이 경우 매도청구 대상이 되는 대지의 소유자와 매도청구를 하기 전에 3개월 이상 협의를 해야 한다.
③ 주택건설대지면적의 95% 이상의 사용권원을 확보한 경우 사용권원을 확보하지 못한 대지의 모든 소유자에게 매도청구를 할 수 있다.
⑤ 사업주체는 사용권원을 확보하지 못한 대지의 소유자가 있는 곳을 확인하기가 현저히 곤란한 경우에는 둘 이상의 일간신문에 두 차례 이상 공고하고, 공고한 날부터 30일 이상이 지났을 때에는 매도청구 대상의 대지로 본다.

71.
정답 ②

하 주택의 건설 등

ㄱ: 20. ㄴ: 1만
연간 단독주택의 경우에는 '20'호, 공동주택의 경우에는 20세대(도시형 생활주택의 경우에는 30세대) 이상의 주택건설사업을 시행하려는 자 또는 연간 '1만'm² 이상의 대지조성사업을 시행하려는 자는 국토교통부장관에게 등록해야 한다.

72.
정답 ④

하 건축법 총칙

④ 「국방·군사시설 사업에 관한 법률」에 따른 국방·군사시설은 「건축법」이 적용된다.

> Ⅴ 적용배제
>
> 다음의 어느 하나에 해당하는 건축물에는 「건축법」을 적용하지 않는다.
> 1. 「문화유산의 보존 및 활용에 관한 법률」에 따른 지정문화유산이나 임시지정문화유산 또는 「자연유산의 보존 및 활용에 관한 법률」에 따라 지정된 천연기념물 등이나 임시지정천연기념물, 임시지정명승, 임시지정시·도자연유산, 임시자연유산자료
> 2. 철도나 궤도의 선로부지(敷地)에 있는 다음의 시설
>   • 운전보안시설
>   • 철도선로의 위나 아래를 가로지르는 보행시설
>   • 플랫폼
>   • 해당 철도 또는 궤도사업용 급수(給水)·급탄(給炭) 및 급유(給油)시설
> 3. 고속도로 통행료 징수시설
> 4. 컨테이너를 이용한 간이창고(「산업집적활성화 및 공장설립에 관한 법률」에 따른 공장의 용도로만 사용되는 건축물의 대지에 설치하는 것으로서 이동이 쉬운 것만 해당된다)
> 5. 「하천법」에 따른 하천구역 내의 수문조작실

73.
정답 ③

중 건축법 총칙

①② 종교시설, 여객용 시설은 바닥면적의 합계가 5천m² 이상이어야 한다.
④ 16층 이상인 건축물이어야 한다.
⑤ 문화 및 집회시설 중 동물원은 제외한다.

74.　　　　　　　　　　　　　　　　　정답 ⑤

중 건축물의 건축

⑤ 「도로법」에 따른 도로점용허가는 의제되지 않는다.

75.　　　　　　　　　　　　　　　　　정답 ④

상 건축물의 구조 · 재료 및 건축설비

해당하는 것은 ㄱ, ㄷ, ㄹ이다.
ㄴ. 높이가 13m 이상인 건축물
ㅁ. 기둥과 기둥 사이의 거리가 10m 이상인 건축물

76.　　　　　　　　　　　　　　　　　정답 ②

중 지역 및 지구의 건축물

① 하나의 건축물이 방화지구와 그 밖의 구역에 걸치는 경우에는 그 전부에 대하여 방화지구 안의 건축물에 관한 「건축법」의 규정을 적용한다. 다만, 건축물의 방화지구에 속한 부분과 그 밖의 구역에 속한 부분의 경계가 방화벽으로 구획되는 경우 그 밖의 구역에 있는 부분에 대하여는 그러하지 않다.
③ 「건축법」에는 고도지구의 특례에 관한 규정은 없다.
④ 특별시장이나 광역시장은 도시의 관리를 위하여 필요하면 가로구역별 건축물의 높이를 특별시나 광역시의 조례로 정할 수 있다.
⑤ 전용주거지역과 일반주거지역 안에서 건축하는 건축물의 높이는 일조 등의 확보를 위하여 정북방향(正北方向)의 인접 대지경계선으로부터의 거리에 따라 대통령령으로 정하는 높이 이하로 해야 한다.

77.　　　　　　　　　　　　　　　　　정답 ②

중 건축물의 건축

② 교육감은 국토교통부장관에게 착공제한을 요청할 수 없다. 국토교통부장관은 국토관리를 위하여 특히 필요하다고 인정하거나 주무부장관이 국방, 「국가유산기본법」에 따른 국가유산의 보존, 환경보전 또는 국민경제를 위하여 특히 필요하다고 인정하여 요청하면 허가권자의 건축허가나 허가를 받은 건축물의 착공을 제한할 수 있다.

78.　　　　　　　　　　　　　　　　　정답 ⑤

중 건축물의 대지와 도로

⑤ 일반공업지역에 있는 농수산물유통시설은 공개공지 등을 설치해야 하는 건축물에 해당하지 않는다.

79.　　　　　　　　　　　　　　　　　정답 ②

중 농지의 소유

② 농지전용허가를 받거나 농지전용신고를 한 자가 그 농지를 취득하는 경우에는 농지취득자격증명을 발급받아야 한다.

80.　　　　　　　　　　　　　　　　　정답 ⑤

중 농지의 이용

⑤ 개인이 소유하고 있는 농지 중 3년 이상 소유한 농지는 주말 · 체험영농을 하려는 자에게 임대할 수 있다.

제1과목 부동산 공시에 관한 법령 및 부동산 관련 세법

1	2	3	4	5	6	7	8	9	10
③	②	⑤	④	③	③	②	④	①	⑤
11	12	13	14	15	16	17	18	19	20
③	④	⑤	①	②	②	③	①	⑤	④
21	22	23	24	25	26	27	28	29	30
④	④	③	⑤	③	④	⑤	⑤	④	③
31	32	33	34	35	36	37	38	39	40
⑤	③	⑤	④	④	①	②	②	③	⑤

선생님의 한마디 💬

틀린 문제의 경우, 문제가 출제된 부분의 이론을 기본서 또는 7일 완성 핵심요약집으로 꼭 확인하시기 바랍니다. 문제를 풀고난 뒤 반드시 복습을 하시기 바랍니다.

1.
정답 ③

[하] **공간정보관리법 총칙**

ㄱ은 연속지적도, ㄴ은 토지이동, ㄷ은 축척변경이다.

2.
정답 ②

[하] **토지의 등록**

② 신규등록의 대상토지가 그 지번부여지역의 최종 지번의 토지에 인접하여 있는 경우에는 그 지번부여지역의 최종 본번의 다음 순번부터 본번으로 하여 순차적으로 지번을 부여할 수 있다.

3.
정답 ⑤

[하] **토지의 등록**

⑤ 관계 법령에 따라 인가·허가 등을 받아 토지를 분할하려는 경우에는 지상 경계점에 경계점표지를 설치하여 측량할 수 있다.

4.
정답 ④

[중] **지적공부**

틀린 것은 ㄱ, ㄴ, ㄹ이다.
ㄱ. 토지대장에 소유권에 관한 사항은 기록하지만, 그 외의 권리에 관하여는 기록하지 아니한다.
ㄴ. 공유지연명부에 전유부분의 건물표시는 기록하지 아니한다.
ㄹ. 지적도에 토지의 고유번호는 기재하지 아니한다.

5.
정답 ③

[상] **지적공부**

③ 경계점좌표등록부에는 토지의 소재, 지번, 토지의 고유번호, 부호도 및 부호, 좌표는 등록하지만, 경계는 등록하지 아니한다.

6.
정답 ③

[하] **지적공부**

ㄱ은 국토교통부장관, ㄴ은 국토교통부장관, ㄷ은 지적소관청이다.

7.
정답 ②

[중] **토지의 이동 및 지적정리**

② 「국토의 계획 및 이용에 관한 법률」 등 관계 법령에 따른 토지의 형질변경 등의 공사가 준공된 경우는 지목변경의 대상이다.

8.
정답 ④

[상] **토지의 이동 및 지적정리**

④ 합병하려는 토지가 축척이 다른 지적도에 각각 등록되어 있어 축척변경을 하는 경우에는 축척변경위원회의 의결과 시·도지사 또는 대도시 시장의 승인을 요하지 아니한다.

9.
정답 ①

[하] **토지의 이동 및 지적정리**

옳은 것은 ㄱ, ㄴ이다.
ㄷ. 도시개발사업과 관련하여 토지의 이동이 필요한 경우에는 해당 사업의 시행자가 지적소관청에 토지의 이동을 신청하여야 한다.
ㄹ. 지번부여지역의 일부가 행정구역의 개편으로 다른 지번부여지역에 속하게 되었으면 지적소관청은 새로 속하게 된 지번부여지역의 지번을 부여하여야 한다.

10.
정답 ⑤

[중] **토지의 이동 및 지적정리**

⑤ 지적소관청이 토지소유자의 신청 또는 지적소관청의 직권에 따라 등록사항을 정정할 때 그 정정사항이 토지소유자에 관한 사항인 경우에는 등기필증, 등기완료통지서, 등기사항증명서 또는 등기관서에서 제공한 등기전산정보자료에 따라 정정하여야 한다. 가족관계 기록사항에 관한 증명서는 미등기토지의 경우에 해당하는 서류이다.

11.
정답 ③

[하] **지적측량**

지적측량의 대상은 ㄱ, ㄴ, ㄹ, ㅁ이다.
ㄷ. 면적의 증감이 없이 경계위치가 잘못된 경우는 지적측량의 대상이 아니다.

12. 정답 ④

중 지적측량

④ 시 · 도지사는 의결서를 받은 날부터 7일 이내에 지적측량 적부심사 청구인 및 이해관계인에게 그 의결서를 통지하여야 한다.

13. 정답 ⑤

상 부동산등기법 총칙

⑤ 가등기상의 권리의 이전등기는 부기등기에 의한다. 소유권이전등기는 주등기이고 소유권 이외의 권리의 이전등기는 부기등기이므로 가등기의 이전등기도 부기등기에 의한다.
① 전부말소회복등기는 주등기, 일부말소회복등기는 부기등기로 실행한다.

14. 정답 ①

하 부동산등기법 총칙

① 채권담보권, 권리질권은 등기할 권리에 해당한다.
②③④⑤ 동산질권, 분묘기지권, 부동산유치권 등은 등기할 권리에 해당하지 아니한다.

15. 정답 ②

중 등기절차 총론

틀린 것은 ㄱ, ㄹ이다.
ㄱ. 「민법」상 조합은 계약에 불과하므로 등기신청적격이 없다.
ㄹ. 학교는 시설물에 불과하므로 등기신청적격이 없다.

16. 정답 ②

중 등기절차 총론

② 같은 채권의 담보를 위하여 소유자가 다른 여러 개의 부동산(같은 등기소의 관할 내)에 대한 저당권설정등기를 신청하는 경우 1건의 신청정보로 일괄하여 신청할 수 있다.

17. 정답 ③

하 등기절차 총론

③ 등기신청이 취하된 경우 등기관은 신청서와 그 첨부서류를 신청인에게 반환하여야 하며, 취하서는 신청서 기타 부속서류 편철장에 편철한다.

18. 정답 ①

상 등기절차 총론

② 적극적 부당에 대해서는 관할 위반의 등기(「부동산등기법」 제29조 제1호), 사건이 등기할 것이 아닌 때(동법 제29조 제2호)에 해당되는 경우에만 이의신청을 할 수 있다.
③ 등기관의 처분이 부당한지 여부는 그 처분을 한 시점으로 판단한다.
④ 등기관의 처분에 이의가 있는 자는 관할 지방법원에 이의신청을 할 수 있다. 그러나 이의신청서는 처분을 한 등기소에 제출하여야 한다.
⑤ 이의신청은 집행정지의 효력이 없다.

19. 정답 ⑤

하 표시에 관한 등기

틀린 것은 ㄷ, ㄹ이다.
ㄷ. 합필하려는 모든 토지에 등기원인 및 그 연월일과 접수번호가 동일한 저당권에 관한 등기가 있는 경우에는 합필등기를 할 수 있다.
ㄹ. 토지표시에 관한 사항을 변경하는 등기를 할 때에는 종전의 표시에 관한 등기를 말소하는 표시를 하여야 한다.

20. 정답 ④

중 권리에 관한 등기

④ 전세권의 말소등기시에 그 전세권을 목적으로 하는 저당권자는 말소등기의 이해관계인에 해당한다.

21. 정답 ④

중 권리에 관한 등기

옳은 것은 ㄱ, ㄴ, ㄹ이다.
ㄷ. 공유물불분할 약정의 변경등기는 공유자 전원이 공동으로 신청하여야 한다.

22. 정답 ④

하 권리에 관한 등기

④ 전세권 일부이전등기의 신청은 전세권의 존속기간의 만료 전에는 할 수 없다. 다만, 존속기간 만료 전이라도 해당 전세권이 소멸하였음을 증명하여 신청하는 경우에는 그러하지 아니하다.

23. 정답 ③

중 권리에 관한 등기

옳은 것은 ㄴ, ㄷ이다.
ㄱ. 1동의 구분건물 중 일부만에 관하여 소유권보존등기를 신청하는 경우에 구분건물의 소유자는 다른 구분건물의 소유자를 대위하여 그 건물의 표시에 관한 등기를 신청할 수 있다.
ㄹ. 대지권등기를 한 때에는 그 토지의 등기기록에는 소유권이전등기는 분리처분금지에 해당하므로 허용되지 아니한다.

24. 정답 ⑤

중 권리에 관한 등기

⑤ 소유권이전등기청구권보전 가등기에 의하여 본등기를 한 경우 가등기 후 본등기 전에 마쳐진 해당 가등기상 권리를 목적으로 하는 가압류등기는 등기관이 직권으로 말소할 수 없다.

2024년 개정세법 내용도 잘 숙지하여야 합니다. 정답 지문만 공부하지 마시고, 출제된 5개의 지문들 중에서 틀리거나 잘 몰랐던 지문들도 체크해 두었다가 다시 보아야 합니다.

25.
정답 ③

중 양도소득세

③ 환지처분에 의해 취득한 토지로서 증가 또는 감소된 토지의 경우에는 환지처분공고가 있은 날의 다음 날이 취득 및 양도시기가 된다.

26.
정답 ④

중 양도소득세

④ 국가가 소유하는 토지와 분합하는 농지로서 분합하는 쌍방 토지가액의 차액이 가액이 큰 편의 4분의 1 이하인 경우 분합으로 발생하는 소득은 비과세된다.

27.
정답 ⑤

하 양도소득세

① 양도소득세가 과세되는 양도란 매도·교환·법인에 대한 현물출자 등으로 인하여 유상으로 자산이 사실상 이전되는 것을 말한다.
② 조정대상지역 내 1세대 2주택을 2025년 5월 9일까지 양도하는 경우에는 장기보유특별공제 대상이 될 수 있다.
③ 양도자산은 일정한 요건을 갖춘 경우에는 등기를 이행한 때에 한하여 양도소득에 대한 소득세의 비과세에 관한 규정이 적용된다.
④ 거주자의 양도소득에 대한 과세표준은 종합소득 및 퇴직소득에 대한 과세표준과 구분하여 계산한다.

28.
정답 ⑤

상 양도소득세

⑤ 20~80%의 장기보유특별공제율을 적용받는 1세대 1주택이란 1세대가 양도일 현재 국내에 1주택(「소득세법」 제155조, 제155조의2, 제156조의2 및 그 밖의 규정에 따라 1세대 1주택으로 보는 주택을 포함)을 보유하고 보유기간 중 거주기간이 2년 이상인 것을 말한다.
① 특수관계자로부터 시가보다 높게, 고가로 취득한 경우로서 시가와 거래가액의 차액이 시가의 5% 이상이므로 부당행위계산 부인 특례에 해당하여 시가를 취득가액으로 한다.

29.
정답 ④

하 양도소득세

④ 예정신고를 이행한 경우에는 확정신고를 하지 아니할 수 있다. 단, 해당 과세기간에 누진세율 적용대상 자산에 대한 예정신고를 2회 이상한 자가 이미 신고한 양도소득금액과 합산하여 예정신고를 하지 않는 경우 등의 경우에는 예정신고를 이행한 경우라도 확정신고를 이행하여야 한다.

30.
정답 ③

하 조세의 기초 이론

③ 지방교육세는 목적세이며 부가세인 지방세이다.

31.
정답 ⑤

중 조세의 기초 이론

⑤ 납세고지서별·세목별 세액이 45만원 미만인 경우에는 매 1개월 경과시마다 0.66%(0.022% × 30일)의 가산세는 적용하지 아니한다.

32.
정답 ③

하 취득세

③ 「민법」 제245조 및 제247조에 따른 점유로 인한 취득의 경우에는 취득물건의 등기일 또는 등록일을 취득일로 본다.

33.
정답 ⑤

상 취득세

표준세율에서 중과기준세율을 뺀 세율을 적용하는 것은 ㄱ, ㄷ, ㄹ이다.
ㄴ. 택지공사가 준공된 토지에 정원 또는 부속시설물 등을 조성·설치하는 경우에 따른 토지의 소유자의 취득의 경우에는 중과기준세율을 적용한다.

34.
정답 ④

중 종합부동산세

④ 순서대로 12억원, 0원, 9억원이다.
주택에 대한 종합부동산세의 과세표준은 납세의무자별로 주택의 공시가격을 합산한 금액에서 다음의 금액을 공제한 금액에 부동산 시장의 동향과 재정 여건 등을 고려하여 100분의 60부터 100분의 100까지의 범위에서 대통령령으로 정하는 공정시장가액비율을 곱한 금액으로 한다. 다만, 그 금액이 영보다 작은 경우에는 영으로 본다.
• 대통령령으로 정하는 1세대 1주택자: 12억원
• 제9조 제2항 제3호 각 목의 세율이 적용되는 법인 또는 법인으로 보는 단체: 0원
• 위에 해당하지 아니하는 자: 9억원

35.
정답 ④

상 지방세 종합

④ 토지지목변경의 경우에 취득세 과세표준은 증가한 가액에 해당하는 사실상 취득가격(단, 법인이 아닌 자가 취득하는 경우로서 사실상 취득가격을 확인할 수 없는 경우에는 지목변경 이후의 시가표준액에서 지목변경 전의 시가표준액을 뺀 가액)에 중과기준세율(2%)을 적용한다. 등록면허세 과세표준은 변경등기를 하는 경우에는 '증가한 가액'이 아닌 '건당' 6,000원이 적용된다.
③ 토지지목변경 등 간주취득의 경우에는 취득세 중가산세 규정이 적용되지 않으며, 등록면허세도 중가산세 규정이 적용되지 않는다.

36.
정답 ①

중 등록면허세

② 부동산등기의 등록면허세 납세지는 부동산 소재지이다.
③ 부동산등기를 하는 경우 등록면허세는 등록을 하기 전까지 납세지를 관할하는 지방자치단체의 장에게 신고납부하여야 한다.
④ 등록면허세를 신고하여야 할 자가 법정신고기한 내에 신고를 하지 아니한 경우에도 등록면허세 산출세액을 등록하기 전까지 납부하였을 때에는 신고를 하고 납부한 것으로 본다. 이 경우 무신고가산세 및 과소신고가산세는 적용하지 아니한다.
⑤ 등록면허세를 비과세받은 후에 해당 과세물건이 등록면허세 부과대상이 된 경우에는 그 사유발생일로부터 60일 이내에 납세지를 관할하는 지방자치단체의 장에게 신고납부하여야 한다.

37.
정답 ②

상 재산세

- 지방자치단체의 장은 재산세의 납부세액이 250만원을 초과하는 경우에는 대통령령으로 정하는 바에 따라 납부할 세액의 일부를 납부기한이 지난 날부터 3개월 이내에 분할납부하게 할 수 있다.
- 납부할 재산세액이 500만원 이하인 경우에는 250만원을 초과하는 금액을 분할납부할 수 있으므로 납부할 세액이 400만원인 경우 최대 분할납부 금액은 150만원이다.

38.
정답 ②

하 재산세

② 「신탁법」 제2조에 따른 수탁자의 명의로 등기 또는 등록된 신탁재산의 경우에는 위탁자(「주택법」 제2조 제11호 가목에 따른 지역주택조합 및 같은 호 나목에 따른 직장주택조합이 조합원이 납부한 금전으로 매수하여 소유하고 있는 신탁재산의 경우에는 해당 지역주택조합 및 직장주택조합을 말함)가 재산세 납세의무자가 된다. 이 경우 위탁자가 신탁재산을 소유한 것으로 본다.

39.
정답 ③

하 종합부동산세

종합부동산세 과세대상이 아닌 것은 모두 2개이다.
- 「지방세법」상 재산세 분리과세대상 토지와 건축물(공장용, 상가용, 고급오락장용)은 종합부동산세 과세대상이 아니다.

40.
정답 ⑤

중 종합부동산세

① 법인이 주택을 보유하는 경우에 세 부담 상한에 관한 규정을 적용하지 아니한다.
② 과세기준일 현재 세대원 중 1인과 그 배우자만이 공동으로 1주택을 소유하고 해당 세대원 및 다른 세대원이 다른 주택을 소유하지 아니한 경우 9월 16일부터 9월 30일까지 관할 세무서에 신청하는 경우에 공동명의 1주택자를 해당 1주택에 대한 납세의무자로 한다.
③ 「신탁법」 제2조에 따른 수탁자의 명의로 등기 또는 등록된 신탁재산으로서 신탁주택의 경우에는 위탁자가 종합부동산세를 납부할 의무가 있다. 이 경우 위탁자가 신탁주택을 소유한 것으로 본다.
④ 개인의 경우 납세의무자별로 공시가격 합계액이 9억원을 초과하는 자가 납세의무가 있으며, 법인의 경우에는 공시가격에 관계없이 납세의무자가 된다.

난이도 및 출제포인트 분석

★ 난이도가 낮은 문제는 해설 페이지를 찾아가 꼭 익혀두세요.

1교시 제1과목 공인중개사법령 및 실무

문제번호	난이도 및 출제포인트 분석		문제번호	난이도 및 출제포인트 분석	
1	중 공인중개사법령 총칙	p.38	21	중 교육 및 업무위탁, 포상금 제도	p.40
2	중 공인중개사법령 총칙	p.38	22	하 공인중개사협회	p.40
3	하 공인중개사 제도	p.38	23	중 지도 · 감독 및 벌칙	p.40
4	중 중개사무소의 개설등록	p.38	24	중 지도 · 감독 및 벌칙	p.40
5	하 중개사무소의 개설등록	p.38	25	상 지도 · 감독 및 벌칙	p.40
6	상 중개사무소의 개설등록	p.38	26	중 지도 · 감독 및 벌칙	p.40
7	중 공인중개사법령 총칙	p.40	27	중 부동산거래신고제도	p.40
8	중 중개업무	p.38	28	중 부동산거래신고제도	p.40
9	하 중개업무	p.38	29	상 주택임대차계약의 신고	p.41
10	상 중개업무	p.39	30	상 외국인 등의 부동산취득 등에 관한 특례	p.41
11	중 중개업무	p.39	31	중 토지거래허가제도	p.41
12	중 중개업무	p.39	32	중 토지거래허가제도	p.41
13	중 중개업무	p.39	33	하 중개대상물의 조사 · 확인	p.41
14	중 중개계약 및 부동산거래정보망	p.39	34	중 중개대상물의 조사 · 확인	p.41
15	상 중개계약 및 부동산거래정보망	p.39	35	중 중개대상물의 조사 · 확인	p.41
16	상 개업공인중개사 등의 의무	p.39	36	상 개별적 중개실무	p.41
17	중 개업공인중개사 등의 의무	p.39	37	하 개별적 중개실무	p.41
18	중 개업공인중개사 등의 의무	p.40	38	상 개별적 중개실무	p.41
19	중 중개보수 및 실비	p.40	39	중 개별적 중개실무	p.41
20	중 중개보수 및 실비	p.40	40	중 개별적 중개실무	p.42

1교시 제2과목 부동산공법

문제번호	난이도 및 출제포인트 분석		문제번호	난이도 및 출제포인트 분석	
41	하 광역도시계획	p.42	61	중 기본계획의 수립 및 정비구역의 지정	p.45
42	하 용도지역 · 용도지구 · 용도구역	p.43	62	중 정비사업의 시행	p.45
43	하 용도지역 · 용도지구 · 용도구역	p.43	63	상 도시정비법 비용의 부담 등	p.45
44	상 도시 · 군계획시설	p.43	64	상 정비사업의 시행	p.45
45	상 도시 · 군계획시설	p.43	65	하 주택의 건설 등	p.45
46	상 도시 · 군계획시설	p.43	66	중 주택의 건설 등	p.45
47	중 개발행위의 허가 등	p.43	67	중 주택법 총칙	p.45
48	상 용도지역 · 용도지구 · 용도구역	p.43	68	중 주택의 공급	p.46
49	하 도시 · 군계획시설	p.44	69	하 주택의 공급	p.46
50	하 개발행위의 허가 등	p.44	70	중 주택의 건설 등	p.46
51	상 개발행위의 허가 등	p.44	71	중 주택의 공급	p.46
52	하 지구단위계획	p.44	72	하 건축물의 대지와 도로	p.46
53	하 도시개발사업의 시행	p.44	73	하 지역 및 지구의 건축물	p.46
54	하 도시개발사업의 시행	p.44	74	중 건축물의 대지와 도로	p.46
55	중 도시개발사업의 시행	p.44	75	하 건축물의 건축	p.46
56	하 도시개발구역의 지정 등	p.44	76	하 건축물의 건축	p.46
57	중 도시개발사업의 시행	p.44	77	중 특별건축구역 등	p.47
58	중 도시개발사업의 시행	p.44	78	중 지역 및 지구의 건축물	p.47
59	중 정비사업의 시행	p.44	79	하 농지의 소유	p.47
60	중 정비사업의 시행	p.45	80	중 농지의 소유	p.47

2교시 제1과목 부동산 공시에 관한 법령 및 부동산 관련 세법

문제번호	난이도 및 출제포인트 분석		문제번호	난이도 및 출제포인트 분석	
1	하 토지의 등록	p.47	21	중 권리에 관한 등기	p.49
2	중 토지의 등록	p.47	22	상 권리에 관한 등기	p.49
3	중 토지의 등록	p.47	23	중 권리에 관한 등기	p.49
4	하 토지의 등록	p.48	24	상 권리에 관한 등기	p.49
5	하 지적공부	p.48	25	중 재산세	p.49
6	하 지적공부	p.48	26	상 재산세	p.49
7	중 토지의 이동 및 지적정리	p.48	27	하 재산세	p.50
8	하 토지의 이동 및 지적정리	p.48	28	중 조세의 기초 이론	p.50
9	상 토지의 이동 및 지적정리	p.48	29	하 조세의 기초 이론	p.50
10	중 토지의 이동 및 지적정리	p.48	30	상 소득세 총설	p.50
11	중 지적측량	p.48	31	중 양도소득세	p.50
12	하 지적측량	p.48	32	상 양도소득세	p.50
13	하 부동산등기법 총칙	p.48	33	중 양도소득세	p.50
14	중 등기기관과 설비	p.48	34	중 양도소득세	p.50
15	하 등기절차 총론	p.48	35	하 양도소득세	p.50
16	중 등기절차 총론	p.48	36	하 종합부동산세	p.50
17	하 등기절차 총론	p.48	37	하 취득세	p.50
18	중 등기절차 총론	p.49	38	상 취득세	p.51
19	상 권리에 관한 등기	p.49	39	중 등록면허세	p.51
20	하 권리에 관한 등기	p.49	40	중 종합부동산세	p.51

1교시

제1과목 공인중개사법령 및 실무

1	2	3	4	5	6	7	8	9	10
⑤	⑤	②	①	③	①	⑤	③	②	④
11	12	13	14	15	16	17	18	19	20
④	②	⑤	①	③	④	②	⑤	①	③
21	22	23	24	25	26	27	28	29	30
⑤	④	③	②	④	①	⑤	③	④	①
31	32	33	34	35	36	37	38	39	40
①	②	③	⑤	④	②	①	⑤	④	②

선생님의 한마디 💬

이번 회차는 현재는 출제하고 있지 않은 부분을 포함하여 전반적인 연습을 기본으로, 약간은 까다롭지만 꼭 이해하고 있어야 할 내용을 중심으로 출제하였습니다. 문제 배분에 있어서는 공인중개사법령에서 26문제를 출제하고, 상대적으로 어려움을 느끼는 부동산 거래신고 등에 관한 법령에서 6문제, 중개실무에서 8문제를 출제하여, 최근 시험의 경향을 대비하고, 연습할 수 있도록 했습니다. 틀린 부분을 반드시 다시 한 번 정리해 주시기를 바랍니다.

1.
정답 ⑤

공인중개사법령 총칙

법의 제정목적에 해당하는 것은 ㄹ, ㅁ, ㅂ이다.
이 법은 공인중개사의 업무 등에 관한 사항을 정하여 그 전문성을 제고하고, 부동산중개업을 건전하게 육성하여 국민경제에 이바지함을 목적으로 한다(법 제1조).

2.
정답 ⑤

공인중개사법령 총칙

⑤ '소속공인중개사'라 함은 개업공인중개사에 소속된 공인중개사(법인의 사원·임원인 자로서 공인중개사를 포함)로서 중개업무를 수행하거나 개업공인중개사의 중개업무를 보조하는 자를 의미하므로, 법인의 임원·사원으로서 단순업무를 보조하는 자도 소속공인중개사이다.
④ 부동산중개업무는 「상법」 제46조 제11호에서 정하고 있는 '중개에 관한 행위'로서 기본적 상행위에 해당한다(대판 2008.12.11, 2007다66590).

3.
정답 ②

공인중개사 제도

② 시험시행기관장은 시험에서 부정한 행위를 한 응시자에 대하여는 그 시험을 무효로 하고, 그 처분이 있은 날부터 5년간 시험응시자격을 정지한다.

공인중개사 자격시험 제도	
시험시행기관	• 원칙: 시·도지사 • 예외: 국토교통부장관(심의위원회 사전 의결)
응시결격자	• 공인중개사 자격이 취소된 후 3년이 경과되지 아니한 자 • 공인중개사 자격시험 부정행위자로서 처분일로부터 5년이 경과되지 아니한 자
신뢰도 저하 출제위원	5년간 출제위원 위촉 금지
시험 세부사항 공고	시험시행일 90일 전까지, 관보·일간신문·방송 중 1개 이상 공고하고, 홈페이지에 게재
자격증 교부	시·도지사가 합격자 공고일로부터 1개월 내 교부
응시수수료 반환	시험시행일 10일 전까지 접수취소시 50% 반환

4.
정답 ①

중개사무소의 개설등록

중개사무소의 개설등록이 가능한 자는 ㄹ이다.
ㄱ. 「협동조합 기본법」상 사회적 협동조합은 등록을 할 수 없다.
ㄴ. 소속공인중개사인 자는 등록을 신청할 수 없다.
ㄷ. 이사는 임원으로서 가석방기간 중인 자는 결격사유에 해당하므로, 등록을 할 수 없다.

5.
정답 ③

중개사무소의 개설등록

③ 다른 법률에 의하여 중개업을 영위할 수 있는 법인(특수법인)은 분사무소를 설치할 경우 그 책임자는 공인중개사가 아니어도 된다.

다른 법률에 따라 중개업을 할 수 있는 법인의 특례
1. 법인의 등록기준 적용하지 않음
2. 분사무소의 책임자는 공인중개사이어야 한다는 요건 적용하지 않음
3. 보증은 2천만원 이상만 설정하면 됨

6.
정답 ①

중개사무소의 개설등록

② 고용인의 결격을 2개월 내에 해소하지 아니한 경우에는 업무정지처분사유에 해당하나, 임원·사원의 결격을 2개월 내에 해소하지 아니한 경우에는 등록이 취소된다.
③ 등록기준 미달로 인하여 등록이 취소된 경우에는 3년의 결격기간이 적용되지 않는다.
④ 개업공인중개사가 「공인중개사법」을 위반하여 벌금형을 선고받아 등록이 취소된 경우에는 벌금형 선고로부터 3년 동안 결격사유에 해당한다.
⑤ 「공인중개사법」 위반죄와 「형법」 위반죄의 경합범에 대하여 벌금형 선고시에는 이를 분리선고하여야 하는 바, 「공인중개사법」 위반으로는 300만원 미만을 받았으므로 결격이 아니다.

등록취소 후 3년의 결격기간이 적용되지 않는 경우
1. 개인인 개업공인중개사의 사망, 중개법인의 해산으로 등록취소처분을 받은 경우
2. 등록기준 미달로 인하여 등록취소처분을 받은 경우
3. 결격사유로 인하여 등록취소처분을 받은 경우

7.
정답 ⑤

공인중개사법령 총칙

⑤ 분사무소의 이전신고를 하는 자는 주된 사무소 등록증이 아니라 그 분사무소설치신고확인서를 신고서에 첨부해야 한다.
② 무자격자가 거래를 성사시켜 작성한 계약서에 자신의 인감을 날인하는 방법으로 자신이 직접 공인중개사 업무를 수행하는 형식만 갖춘 경우 공인중개사 자격증의 대여행위에 해당한다(대판 2007.3.29, 2006도9334).

8.
정답 ③

중개업무

③ 등록관청이 실무교육 수료 여부를 확인하므로 첨부하지 않는다.

9.
정답 ②

중개업무

② 개업공인중개사는 중개대상물에 대한 표시·광고시 중개보조원에 관한 사항은 명시해서는 아니 된다.

10.

정답 ④

상 중개업무

중개법인이 할 수 없는 업무는 ㄴ, ㄹ, ㅁ이다.
ㄴ. 상가 · 토지의 개발 공급에 관한 상담이 가능하다.
ㄹ. 상업용지(토지)의 분양대행은 영위할 수 없다.
ㅁ. 이사업체를 운영할 수는 없고, 알선이 가능하다.

11.

정답 ④

중 중개업무

① 고용인을 고용한 경우에는 교육을 받도록 한 후 업무개시 전까지 등록관청에 신고하여야 한다.
② 소속공인중개사에 대한 고용신고서에 해당 소속공인중개사의 자격발급 시 · 도와 자격증번호를 기재해야 한다.
③ 개업공인중개사는 고용인의 업무상 행위로 업무정지처분 또는 등록취소처분을 받을 수도 있다.
⑤ 소속공인중개사는 품위유지가 있지만, 중개보조원에게는 그러한 의무가 없다. 비밀준수의무는 소속공인중개사와 중개보조원 모두에게 인정되는 의무이다.

12.

정답 ②

중 중개업무

① 소속공인중개사의 인장등록의무는 소속공인중개사 본인이 부담하는 의무이다. 그러나 소속공인중개사의 자격증 게시의무는 개업공인중개사에게 있다.
③ 법인인 개업공인중개사의 주된 사무소에서 사용할 인장은 「상업등기규칙」에 의하여 신고한 법인의 인장을 등록해야 한다. 분사무소에서 사용할 인장은 「상업등기규칙」에 의하여 그 법인의 대표자가 보증하는 인장으로 등록할 수 있다.
④ 인장의 등록 또는 변경등록을 전자문서로 할 수도 있다.
⑤ 분사무소에서 사용할 인장은 주된 사무소 등록관청에 등록해야 한다.

13.

정답 ⑤

중 중개업무

틀린 것은 ㄴ, ㄷ, ㄹ이다
ㄴ. 휴업은 6개월을 초과할 수 없고, 질병 등의 경우에는 6개월을 초과하여 휴업할 수 있으나, 반드시 폐업신고를 하여야 하는 것은 아니다.
ㄷ. 휴업기간의 변경신고는 전자문서로 할 수 있다.
ㄹ. 휴업신고한 중개업의 재개신고는 사전신고사항이다.

14.

정답 ①

중 중개계약 및 부동산거래정보망

② 개업공인중개사에게 일반중개계약서의 작성의무는 없다.
③ 국토교통부장관은 일반중개계약서의 표준이 되는 서식을 정하여 이의 사용을 권장할 수 있다.
④ 공인중개사법령상 일반중개계약서의 서식도 정해져 있다.
⑤ 권리자의 성명 · 주소 등 인적사항에 대한 정보는 공개하여서는 아니 된다.

15.

정답 ③

상 중개계약 및 부동산거래정보망

옳은 것은 ㄷ과 ㄹ이다.
ㄱ. 거래정보사업자의 지정권은 국토교통부장관에게 있다.
ㄴ. 거래정보사업자는 지정을 받은 날로부터 3개월 내에 부동산거래정보망 운영규정을 정하여 지정권자의 승인을 받아야 한다.

16.

정답 ④

상 개업공인중개사 등의 의무

① 전속중개계약서에 개업공인중개사는 서명 또는 날인하면 족하다.
② 소속공인중개사는 전속중개계약서에는 서명 · 날인할 의무가 없다.
③ 공동중개의 경우에는 관여 개업공인중개사가 공동으로 거래계약서를 작성하고, 관여 개업공인중개사 모두가 서명 및 날인하여야 한다.
⑤ 분사무소에서 거래계약서가 작성된 경우 해당 법인의 대표자는 서명 및 날인할 의무가 없고, 분사무소의 책임자가 서명 및 날인하면 된다.

17.

정답 ②

중 개업공인중개사 등의 의무

② 중개사무소의 개설등록을 한 자는 업무시작 전에 보증을 설정하여 등록관청에 신고하여야 한다.
③ 공인중개사법령에 따라 손해배상책임을 부담하는 자는 '개업공인중개사'에 한정되므로, 개업공인중개사나 그 보조원이 아닌 자에게 「공인중개사법」에 의한 손해배상책임을 물을 수는 없다(대판 2007.11.15, 2007다44156).
⑤ 임대차계약 체결 이후 과정에서 의뢰인에게 손해를 입힌 경우 개업공인중개사가 '중개행위를 함에 있어서 고의 또는 과실로 인하여 거래당사자에게 재산상의 손해를 발생하게 한 때에 해당한다'고 봄이 상당하다(대판 2007.2.8, 2005다55008).

18.

정답 ⑤

중 개업공인중개사 등의 의무

금지행위는 ㄱ, ㄴ, ㄷ, ㄹ이다.
ㄱ. 투기조장행위, ㄴ. 증서 중개, ㄷ. 거짓된 언행, ㄹ. 직접거래행위이다.
ㅁ. 계약의 이행에 대한 쌍방대리는 금지행위가 아니다.

19.

정답 ①

중 중개보수 및 실비

① 거래당사자의 고의 또는 과실로 인하여 거래계약이 해제된 경우에는
중개보수를 받을 수 있다.

20.

정답 ③

중 중개보수 및 실비

③ 환산금액 5천만원 미만인 임대차이므로, 거래금액은 [2천만원 + (20
만원 × 70)] = 3,400만원이다. 일방 중개보수는 3,400만원 × 0.4% =
136,000원이다. 쌍방으로부터 중개보수를 받을 수 있으므로 중개보
수의 최대액은 136,000원 × 2 = 272,000원이다.

21.

정답 ⑤

중 교육 및 업무위탁, 포상금 제도

⑤ 둘 이상의 중개사무소를 두고 중개업을 한 자는 포상금이 지급되는
신고 · 고발대상이 아니다.

22.

정답 ④

하 공인중개사협회

④ 협회에 대한 감독은 지부, 지회를 포함하여 국토교통부장관이 한다.

> **▽ 협회 설립절차**
>
> 1. 정관작성: 300인 이상 발기인이 작성
> 2. 창립총회: 회원 600인 이상, 서울 100인 이상, 광역시 · 도 각 20인 이상
>   출석
> 3. 설립인가: 국토교통부장관
> 4. 설립등기: 성립

23.

정답 ③

중 지도 · 감독 및 벌칙

① 중개사무소등록증의 반납은 7일 이내에 하여야 한다.
② 지정취소시는 거래정보사업자 지정서 반납규정이 없다.
④ 자격정지시에는 자격증 반납규정이 없다. 자격취소시의 자격증의 반
납은 7일 내에 자격증을 교부한 시 · 도지사에게 하여야 한다.
⑤ 행정처분 중 등록취소나 업무정지처분사항만 공인중개사협회에 통보
한다.

> **▽ 행정처분의 사전절차 및 사후절차**
>
> | 사전절차 | 취소시에는 청문, 정지처분시에는 의견 제출 |
> |---|---|
> | 사후절차 | • 등록취소 또는 업무정지처분시에는 다음 달 10일까지 협회 통보
• 등록취소시에는 등록증을 7일 내에 등록관청에 반납
• 자격취소시에는 5일 내 국토교통부장관, 다른 시 · 도지사에 통보
• 자격취소시에는 7일 내에 자격증 교부 시 · 도지사에게 자격증 반납 |

24.

정답 ②

중 지도 · 감독 및 벌칙

등록을 반드시 취소하여야 하는 사유(필요적 등록취소사유)는 ㄱ, ㄴ, ㄹ
이다.
ㄷ, ㅁ. 임의적 등록취소사유이다.

25.

정답 ④

상 지도 · 감독 및 벌칙

자격정지 기준기간의 연결이 옳은 것은 3개(ㄴ, ㄷ, ㄹ)이다.
ㄱ. 둘 이상의 중개사무소에 소속된 경우는 자격정지 기준기간이 6개월
이다.

26.

정답 ①

중 지도 · 감독 및 벌칙

1년 이하의 징역 또는 1천만원 이하의 벌금사유는 ㄱ, ㄴ, ㄷ이다.
ㄹ, ㅁ. 3년 이하의 징역 또는 3천만원 이하의 벌금사유이다.

27.

정답 ⑤

중 부동산거래신고제도

ㄱ, ㄴ, ㄷ, ㄹ 모두 부동산거래신고대상이다.

> **▽ 부동산거래신고대상**
>
> 1. 토지 또는 건축물의 매매계약
> 2. 「택지개발촉진법」, 「주택법」, 「건축물의 분양에 관한 법률」, 「공공주택 특별
>   법」, 「도시개발법」, 「도시 및 주거환경정비법」, 「산업입지 및 개발에 관한
>   법률」, 「빈집 및 소규모주택정비에 관한 특례법」에 따른 토지 또는 건축물
>   에 대한 공급계약
> 3. 위 2.의 토지 또는 건축물에 대한 공급계약을 통하여 부동산을 공급받는
>   자로 선정된 지위(= 분양권)의 매매계약
> 4. 「도시 및 주거환경 정비법」에 따른 관리처분계획의 인가, 「빈집 및 소규모
>   주택정비에 관한 특례법」에 따른 사업시행계획인가로 취득한 입주자로 선
>   정된 지위(= 입주권)의 매매계약

28.

정답 ③

중 부동산거래신고제도

③ 토지거래허가구역이 아닌 수도권 등에 소재하는 나대지의 경우 실제
거래금액 1억원 이상(지분거래는 금액 무관)으로 개인이 매수하는 경
우에만 취득자금조달 및 이용계획을 신고한다.

29.
정답 ④

상 **주택임대차계약의 신고**

주택임대차계약신고서에 기재할 사항은 ㄱ, ㄴ, ㄷ이다.
ㄹ, ㅁ은 기재사항이 아니다.

30.
정답 ①

상 **외국인 등의 부동산취득 등에 관한 특례**

② 자본금의 2분의 1을 외국인 보유한 법인이 국내 부동산을 건물을 신축에 의하여 취득하는 때에는 취득일로부터 6개월 내에 취득신고를 해야 한다.

③ 외국정부가 증여에 의하여 국내 부동산을 취득하는 경우에는 계약 체결일로부터 60일 내에 신고해야 한다.

④ 외국인 등이 상속, 경매, 환매, 판결, 합병, 신축·증축·개축·재축 등 계약 외의 원인으로 국내 부동산을 취득하는 경우에는 취득한 날로부터 6개월 내에 신고하여야 한다.

⑤ 토지취득허가신청서를 받은 신고관청은 신청서를 받은 날부터 15일(군사시설보호구역 등은 30일) 이내에 허가 또는 불허가처분을 하여야 한다.

31.
정답 ①

중 **토지거래허가제도**

기준면적으로 옳은 것은 1개(ㄱ)이다.

ㄴ. 상업지역은 150m² 이하, ㄷ. 공업지역은 150m² 이하, ㄹ. 녹지지역은 200m² 이하, ㅁ. 미지정구역은 60m² 이하이다.

토지거래허가를 요하지 않는 기준면적	
도시지역	도시지역 외
• 주거지역: 60m² 이하 • 상업지역: 150m² 이하 • 공업지역: 150m² 이하 • 녹지지역: 200m² 이하 • 미지정 구역: 60m² 이하	• 250m² 이하 • 농지: 500m² 이하 • 임야: 1,000m² 이하

32.
정답 ②

중 **토지거래허가제도**

② 포상금의 지급에 드는 비용은 시·군·구의 재원으로 충당한다.

부동산 거래신고 등에 관한 법령상 포상금 지급 신고·고발대상

• 실제 거래가격 거짓신고자, 가장 계약신고자, 가장 해제신고자, 주택임대차금액 거짓신고자
• 무(변경)허가 계약, 부정한 방법으로 토지거래허가를 받은 자(허가 위반자)
• 토지거래허가를 받은 목적대로 이용하지 아니한 자(이용의무 위반자)

33.
정답 ③

하 **중개대상물의 조사·확인**

③ 건폐율 상한 및 용적률 상한은 시·군 조례를 통하여 확인한다.

34.
정답 ⑤

중 **중개대상물의 조사·확인**

① 사용대차에 따른 차주의 권리가 아니라 지상권 유사의 물권을 취득한다.

② 분묘기지권은 권리자가 의무자에 대하여 그 권리를 포기하는 의사표시를 하는 외에 점유까지도 포기하여야만 그 권리가 소멸하는 것은 아니다(대판 1992.6.23, 92다14762).

③ 분묘기지권의 존속기간에 관하여는 「민법」의 지상권에 관한 규정에 따를 것이 아니라 당사자 사이에 약정이 있는 등 특별한 사정이 있으면 그에 따를 것이며, 그러한 사정이 없는 경우에는 권리자가 분묘의 수호와 봉사를 계속하며 그 분묘가 존속하고 있는 동안은 분묘기지권은 존속한다고 해석함이 타당하므로 「민법」 제281조에 따라 5년간이라고 보아야 할 것은 아니다(대판 1994.8.26, 94다28970).

④ 자기 소유 토지에 분묘를 설치한 사람이 분묘이장의 특약 없이 토지를 양도함으로써 분묘기지권을 취득한 경우, 특별한 사정이 없는 한 분묘기지권이 성립한 때부터 지료지급의무가 있다(대판 2021.5.27, 2020다295892).

35.
정답 ④

중 **중개대상물의 조사·확인**

④ 비주거용 건축물 확인·설명서에는 '비선호시설(1km 이내)' 기재란이 없다.

36.
정답 ②

상 **개별적 중개실무**

① 계약명의신탁(위임형)에 해당한다.
③ 乙과 매도인 丙간의 매매계약은 유효하다.
④ 丁이 명의신탁약정 사실을 알았더라도 丁은 소유권을 취득한다.
⑤ 수탁자 乙의 처분행위는 횡령죄에 해당하지 않는다.

37.
정답 ①

하 **개별적 중개실무**

① 乙의 계약갱신요구권은 임대차기간이 끝나기 6개월 전부터 2개월 전까지의 기간에 행사해야 하고, 乙의 계약갱신요구권은 1회에 한하여 허용된다.

38.
정답 ⑤

상 **개별적 중개실무**

⑤ 임차인이 3기의 차임액에 해당하는 금액에 이르도록 차임을 연체한 사실이 있는 경우라 하더라도 임대인에 대하여 계약갱신요구를 할 수 있다. 3기의 차임 연체는 임대인의 거절사유이자 해지사유이다.
① 대판 2011.7.28, 2009다40967

39.
정답 ④

중 **개별적 중개실무**

④ 가압류등기보다 후순위이므로 소유권이전등기청구권보전을 위한 가등기는 말소된다. 그러므로 매수인이 인수하지 않는다.

40.

중 개별적 중개실무

② 보증은 매수신청대리인 등록신청 전에 설정하여 그 증명서류를 등록 신청과 함께 제출하여야 한다.

제2과목 부동산공법

41	42	43	44	45	46	47	48	49	50
③	⑤	③	①	④	③	③	⑤	③	①
51	52	53	54	55	56	57	58	59	60
①	④	②	④	④	②	③	⑤	③	①
61	62	63	64	65	66	67	68	69	70
⑤	③	①	③	②	④	②	①	②	③
71	72	73	74	75	76	77	78	79	80
⑤	①	③	②	④	②	⑤	①	④	①

선생님의 한마디

제3회는 난이도 상이 7문제, 중이 17문제, 하가 16문제입니다. 난이도 중, 하가 33문제이므로 매우 쉽게 출제했습니다. 70점 이상의 고득점을 기대합니다. 난이도 중, 하인 문제를 틀렸다면 확실하게 정리해서 다음에는 반드시 맞힐 수 있도록 해야 합니다. 벌써 3회차입니다. 지문을 하나하나 풀다보면 어느새 고수가 되어 가는 여러분을 볼 수 있을 것입니다. 해설강의를 통해서 모르는 부분을 확인하시는 것도 좋습니다. ^^

41.

하 광역도시계획

③ 국가계획과 관련된 광역도시계획의 수립이 필요한 경우나 광역계획권을 지정한 날부터 3년이 지날 때까지 관할 시·도지사로부터 광역도시계획의 승인신청이 없는 경우 국토교통부장관이 수립한다.

> **광역도시계획의 수립권자**
>
> 국토교통부장관, 시·도지사, 시장 또는 군수는 다음의 구분에 따라 광역도시계획을 수립해야 한다.
> 1. 광역계획권이 같은 도의 관할 구역에 속하여 있는 경우: 관할 시장 또는 군수가 공동으로 수립
> 2. 광역계획권이 둘 이상의 시·도의 관할 구역에 걸쳐 있는 경우: 관할 시·도지사가 공동으로 수립
> 3. 시장 또는 군수가 협의를 거쳐 요청하는 경우나 광역계획권을 지정한 날부터 3년이 지날 때까지 관할 시장 또는 군수로부터 광역도시계획의 승인신청이 없는 경우: 관할 도지사가 수립
> 4. 국가계획과 관련된 광역도시계획의 수립이 필요한 경우나 광역계획권을 지정한 날부터 3년이 지날 때까지 관할 시·도지사로부터 광역도시계획의 승인신청이 없는 경우: 국토교통부장관이 수립

42.

하 용도지역 · 용도지구 · 용도구역

⑤ ㄷ. 70% - ㄴ. 60% - ㄱ. 50% - ㄹ. 40%

✓ 용도지역의 건폐율의 최대한도(대통령령)

용도지역		세분	건폐율
도시지역	주거지역	전용 제1종	50% 이하
		전용 제2종	50% 이하
		일반 제1종	60% 이하
		일반 제2종	60% 이하
		일반 제3종	50% 이하
		준	70% 이하
	상업지역	근린	70% 이하
		유통	80% 이하
		일반	80% 이하
		중심	90% 이하
	공업지역	전용	70% 이하
		일반	70% 이하
		준	70% 이하
	녹지지역	보전	20% 이하
		생산	20% 이하
		자연	20% 이하
관리지역		보전 -	20% 이하
		생산 -	20% 이하
		계획 -	40% 이하
농림지역			20% 이하
자연환경보전지역		-	20% 이하

43.

하 용도지역 · 용도지구 · 용도구역

③ 특화경관지구: 지역 내 주요수계의 수변(水邊) 또는 문화적 보존가치가 큰 건축물 주변의 경관 등 특별한 경관을 보호 또는 유지하거나 형성하기 위하여 필요한 지구

44.

상 도시 · 군계획시설

① 사업시행자는 공동구의 설치공사를 완료한 때에는 지체 없이 다음의 사항을 공동구 점용예정자에게 개별적으로 통지해야 한다.
- 공동구에 수용될 시설의 점용공사 기간
- 공동구 설치위치 및 설계도면
- 공동구에 수용할 수 있는 시설의 종류
- 공동구 점용공사시 고려할 사항

45.

상 도시 · 군계획시설

④ 기존 시설의 일부 또는 전부에 대한 용도변경을 수반하지 않는 대수선 · 재축 및 개축인 경우이다.

46.

상 도시 · 군계획시설

③ 옥외에 설치하는 변전시설은 도시 · 군관리계획으로 결정해야 한다.

✓ 도시지역 또는 지구단위계획구역에서 도시 · 군관리계획으로 결정하지 않고 설치할 수 있는 기반시설

1. 주차장, 차량 검사 및 면허시설, 공공공지, 열공급설비, 방송 · 통신시설, 시장 · 공공청사 · 문화시설 · 공공필요성이 인정되는 체육시설 · 연구시설 · 사회복지시설 · 공공직업훈련시설 · 청소년수련시설 · 저수지 · 방화설비 · 방풍설비 · 방수설비 · 사방설비 · 방조설비 · 장사시설 · 종합의료시설 · 빗물저장 및 이용시설 · 폐차장
2. 「도시공원 및 녹지 등에 관한 법률」의 규정에 의하여 점용허가대상이 되는 공원 안의 기반시설
3. 그 밖에 국토교통부령으로 정하는 시설
   (1) 도심공항터미널, 전세버스운송사업용 여객자동차터미널
   (2) 건축물부설광장
   (3) 전기공급설비(발전시설, 옥외에 설치하는 변전시설 및 지상에 설치하는 전압 15만4천볼트 이상의 송전선로는 제외한다)
   (4) 액화석유가스 충전시설, 수소연료공급시설
   (5) 유치원, 특수학교, 대안학교, 방송대학 · 통신대학 및 방송통신대학
   (6) 대지면적이 500m² 미만이거나 산업단지 내에 설치하는 도축장
   (7) 마을상수도, 재활용시설 … [이하 (12)까지 생략]

47.

중 개발행위의 허가 등

① 학교는 기반시설부담구역에 설치가 필요한 기반시설이다. 다만, 「고등교육법」에 따른 대학은 제외한다.
② 기반시설부담구역에서 기반시설설치비용의 부과대상인 건축행위는 200m²(기존 건축물의 연면적을 포함한다)를 초과하는 건축물의 신축 · 증축행위로 한다.
④ 기반시설부담구역으로 지정된 지역에 대해서는 도시계획위원회의 심의를 거치지 않고 한 차례만 2년 이내의 기간 동안 개발행위허가의 제한을 연장할 수 있다.
⑤ 2년이 아니라 1년이다.

48.

상 용도지역 · 용도지구 · 용도구역

⑤ 「관광진흥법」에 따라 지정된 관광지 및 관광단지에 건축하는 숙박시설은 해당하지 않는다.

✓ 자연취락지구 안에서 건축할 수 있는 건축물(4층 이하의 건축물에 한함)

자연취락지구 안에서 건축할 수 있는 건축물(4층 이하의 건축물에 한한다)은 다음과 같다.
1. 단독주택
2. 제1종 근린생활시설
3. 제2종 근린생활시설(휴게음식점, 일반음식점, 제조업소 · 수리점, 단란주점 및 안마시술소는 제외한다)
4. 운동시설
5. 창고(농업 · 임업 · 축산업 · 수산업용만 해당한다)
6. 동물 및 식물 관련 시설
7. 교정시설
8. 국방 · 군사시설
9. 방송통신시설
10. 발전시설

49.
정답 ③

하 도시 · 군계획시설

ㄱ: 7, ㄴ: 3

• 타인의 토지에 출입하려는 자는 출입하려는 날의 '7'일 전까지 그 토지의 소유자 · 점유자 또는 관리인에게 그 일시와 장소를 알려야 한다.
• 토지를 일시사용하거나 장애물을 변경 또는 제거하려는 자는 토지를 사용하려는 날이나 장애물을 변경 또는 제거하려는 날의 '3'일 전까지 그 토지나 장애물의 소유자 · 점유자 또는 관리인에게 알려야 한다.

50.
정답 ①

하 개발행위의 허가 등

① 부지면적을 5% 범위에서 축소하는 경우이다.

51.
정답 ①

상 개발행위의 허가 등

① 제1종 근린생활시설: 1.3
② 공동주택: 0.7
③ 의료시설: 0.9
④ 업무시설: 0.7
⑤ 숙박시설: 1.0

> ✓ 건축물별 기반시설유발계수
>
> | | |
> |---|---|
> | 1. 단독주택: 0.7 | 2. 공동주택: 0.7 |
> | 3. 제1종 근린생활시설: 1.3 | 4. 제2종 근린생활시설: 1.6 |
> | 5. 문화 및 집회시설: 1.4 | 6. 종교시설: 1.4 |
> | 7. 판매시설: 1.3 | 8. 운수시설: 1.4 |
> | 9. 의료시설: 0.9 | 10. 교육연구시설: 0.7 |
> | 11. 노유자시설: 0.7 | 12. 수련시설: 0.7 |
> | 13. 운동시설: 0.7 | 14. 업무시설: 0.7 |
> | 15. 숙박시설: 1.0 | 16. 위락시설: 2.1 |
> | 17. 공장(생략) | 18. 창고시설: 0.5 |
> | 19. 위험물저장 및 처리시설: 0.7 | 20. 자동차 관련 시설: 0.7 |
> | 21. 동물 및 식물 관련 시설: 0.7 | 22. 자원순환 관련 시설: 1.4 |
> | 23. 교정시설: 0.7 | 24. 국방 · 군사시설: 0.7 |
> | 25. 방송통신시설: 0.8 | 26. 발전시설: 0.7 |
> | 27. 묘지 관련 시설: 0.7 | 28. 관광휴게시설: 1.9 |
> | 29. 장례시설: 0.7 | 30. 야영장시설: 0.7 |

52.
정답 ④

하 지구단위계획

④ 지구단위계획의 수립기준 등은 대통령령으로 정하는 바에 따라 국토교통부장관이 정한다.

53.
정답 ②

하 도시개발사업의 시행

② 지정권자가 실시계획을 작성하거나 인가하는 경우 국토교통부장관이 지정권자이면 시 · 도지사 또는 대도시 시장의 의견을, 시 · 도지사가 지정권자이면 시장(대도시 시장은 제외한다) · 군수 또는 구청장의 의견을 미리 들어야 한다.

54.
정답 ④

하 도시개발사업의 시행

ㄱ: 5, ㄴ: 10

원형지개발자(국가 및 지방자치단체는 제외한다)는 10년의 범위에서 대통령령으로 정하는 기간(다음의 기간 중 먼저 끝나는 기간을 말한다) 안에는 원형지를 매각할 수 없다.
1. 원형지에 대한 공사완료 공고일부터 '5'년
2. 원형지 공급계약일부터 '10'년

55.
정답 ④

중 도시개발사업의 시행

④ 지방자치단체 등이 도시개발사업의 전부를 환지방식으로 시행하려고 할 때에는 대통령령으로 정하는 바에 따라 시행규정을 작성해야 한다.

56.
정답 ②

하 도시개발구역의 지정 등

② 3만m² 이상이어야 한다.

57.
정답 ③

중 도시개발사업의 시행

① 행정청이 아닌 시행자가 환지계획을 작성한 경우에는 특별자치도지사 · 시장 · 군수 또는 구청장의 인가를 받아야 한다.
② 환지로 지정된 토지나 건축물을 금전으로 청산하는 경우 등 경미한 사항을 변경하는 경우에는 변경인가를 받지 않는다.
④ 환지예정지가 지정되면 종전의 토지의 소유자와 임차권자 등은 환지예정지 지정의 효력발생일부터 환지처분이 공고되는 날까지 환지예정지나 해당 부분에 대하여 종전과 같은 내용의 권리를 행사할 수 있으며, 종전의 토지는 사용하거나 수익할 수 없다.
⑤ 환지계획에서 환지를 정하지 않은 종전의 토지에 있던 권리는 그 환지처분이 공고된 날이 끝나는 때에 소멸한다.

58.
정답 ⑤

중 도시개발사업의 시행

① 조합원은 도시개발구역의 토지소유자로 한다. 임차권자는 해당하지 않는다.
② 조합의 임원으로 선임된 자가 결격사유에 해당하게 된 경우에는 그 다음 날부터 임원의 자격을 상실한다.
③ 조합원은 보유토지의 면적과 관계없이 평등한 의결권을 가진다.
④ 공유토지는 공유자의 동의를 받은 대표공유자 1명만 의결권이 있으며, 「집합건물의 소유 및 관리에 관한 법률」에 따른 구분소유자는 구분소유자별로 의결권이 있다.

59.
정답 ③

중 정비사업의 시행

③ 토지공유자 A, B 2인 중 대표 1인, 건축물 소유자 C 1인, 토지소유자 D와 지상권자 E 중 대표 1인, 3필지를 소유한 F는 필지 수에 관계없이 1인, 건축물 공유자 G, H 2인 중 대표 1인, 총 5인의 토지등소유자로 산정된다.

60.
정답 ①

중 **정비사업의 시행**

① 시장·군수 등은 재개발사업의 사업시행계획인가를 하는 경우 해당 정비사업의 사업시행자가 지정개발자(지정개발자가 토지등소유자인 경우로 한정한다)인 때에는 정비사업비의 100분의 20의 범위에서 시·도조례로 정하는 금액을 예치하게 할 수 있다.

61.
정답 ⑤

중 **기본계획의 수립 및 정비구역의 지정**

해당하는 것은 ㄱ, ㄴ, ㄷ, ㄹ 모두이다.

62.
정답 ③

중 **정비사업의 시행**

③ 시공자 선정 취소를 위한 총회이다. 시공자의 선정을 의결하는 총회의 경우에는 조합원의 과반수가 직접 출석해야 한다.

63.
정답 ④

상 **도시정비법 비용의 부담 등**

④ 국가 또는 지방자치단체는 시장·군수 등이 아닌 사업시행자가 시행하는 정비사업에 드는 비용의 일부를 보조 또는 융자하거나 융자를 알선할 수 있다.

64.
정답 ③

상 **정비사업의 시행**

옳은 것은 ㄱ, ㄷ이다.
ㄴ. 조합이 재개발임대주택의 인수를 요청하는 경우 시·도지사 또는 시장, 군수, 구청장이 우선하여 인수해야 한다.

65.
정답 ②

하 **주택의 건설 등**

ㄱ: 80, ㄴ: 15
주택을 마련하기 위하여 주택조합설립인가를 받으려는 자는 다음의 요건을 모두 갖추어야 한다.
1. 해당 주택건설대지의 '80'% 이상에 해당하는 토지의 사용권원을 확보할 것
2. 해당 주택건설대지의 '15'% 이상에 해당하는 토지의 소유권을 확보할 것

66.
정답 ⑤

중 **주택의 건설 등**

① 토지소유자는 한국토지주택공사와 공동으로 사업을 시행할 수 없다.
② 주택조합(세대수를 증가하지 않는 리모델링주택조합은 제외한다)이 그 구성원의 주택을 건설하는 경우에는 등록사업자(지방자치단체·한국토지주택공사 및 지방공사를 포함한다)와 공동으로 사업을 시행할 수 있다.
③ 고용자가 그 근로자의 주택을 건설하는 경우에는 등록사업자와 공동으로 사업을 시행해야 한다.
④ 공동사업주체간의 구체적인 업무·비용 및 책임의 분담 등에 관하여는 대통령령이 정하는 범위에서 당사자간의 협약에 따른다.

67.
정답 ①

중 **주택법 총칙**

② 리모델링주택조합의 설립인가를 받으려는 자는 인가신청서에 주택단지 전체의 구분소유자와 의결권의 각 3분의 2 이상의 결의 및 각 동의 구분소유자와 의결권의 각 과반수의 결의서를 첨부해야 한다.
③ 소유자 전원의 동의를 받은 입주자대표회의는 시장·군수·구청장의 허가를 받아 리모델링을 할 수 있다.
④ 증축에 해당하는 경우에는 15년(15년 이상 20년 미만의 연수 중 시·도조례가 정하는 경우 그 연수) 이상의 기간이 지났음을 증명하는 서류를 첨부해야 한다.
⑤ 시공자를 선정하는 경우에는 국토교통부장관이 정하는 경쟁입찰의 방법으로 해야 한다.

68.

> 중 주택의 공급

① 전매란 매매·증여나 그 밖에 권리의 변동을 수반하는 모든 행위를 포함하되, 상속의 경우는 제외한다.
② 3년이 아니라 1년이다.
③ 상속에 따라 취득한 주택으로 세대원 전원이 이전하는 경우이다.
⑤ 5년이 아니라 10년이다.

69.
정답 ②

> 하 주택의 공급

② 주택상환사채의 저당은 해당하지 않는다.

> ☑ 공급질서 교란금지
>
> 누구든지 이 법에 따라 건설·공급되는 주택을 공급받거나 공급받게 하기 위하여 다음의 어느 하나에 해당하는 증서 또는 지위를 양도·양수(매매·증여나 그 밖에 권리변동을 수반하는 모든 행위를 포함하되, 상속·저당의 경우는 제외한다. 이하 같다) 또는 이를 알선하거나 양도·양수 또는 이를 알선할 목적으로 하는 광고(각종 간행물·인쇄물·전화·인터넷, 그 밖의 매체를 통한 행위를 포함한다)를 해서는 안 된다.
> 1. 주택을 공급받을 수 있는 주택조합원 지위
> 2. 입주자저축 증서
> 3. 주택상환사채
> 4. 그 밖에 주택을 공급받을 수 있는 증서 또는 지위로서 대통령령으로 정하는 것
>   • 시장·군수·구청장이 발행한 무허가건물 확인서, 건물철거예정 증명서 또는 건물철거 확인서
>   • 공공사업의 시행으로 인한 이주대책에 따라 주택을 공급받을 수 있는 지위 또는 이주대책대상자 확인서

70.
정답 ③

> 중 주택의 건설 등

옳은 것은 ㄱ, ㄷ이다.
ㄴ. 한국토지주택공사, 지방공사 또는 등록사업자는 동일한 규모의 주택을 대량으로 건설하려는 경우에는 국토교통부장관에게 주택의 형별로 표본설계도서를 작성·제출하여 승인을 받을 수 있다.

71.
정답 ⑤

> 중 주택의 공급

① 국토교통부장관 또는 시·도지사는 주택가격의 안정을 위하여 필요한 경우에는 주거정책심의위원회(시·도지사의 경우에는 「주거기본법」에 따른 시·도 주거정책심의위원회를 말한다)의 심의를 거쳐 일정한 지역을 투기과열지구로 지정하거나 이를 해제할 수 있다.
② 시·도지사가 투기과열지구를 지정하거나 해제할 경우에는 국토교통부장관과 협의해야 한다.
③ 기존 주택에 대해서는 전매제한이 적용되지 않는다.
④ 투기과열지구지정직전월의 주택분양실적이 전달보다 30% 이상 감소한 곳이다.

72.
정답 ①

> 하 건축물의 대지와 도로

① 연면적의 합계가 2천m²(공장인 경우에는 3천m²) 이상인 건축물(축사, 작물 재배사, 그 밖에 이와 비슷한 건축물로서 건축조례로 정하는 규모의 건축물은 제외한다)의 대지는 너비 6m 이상의 도로에 4m 이상 접해야 한다.

73.
정답 ③

> 하 지역 및 지구의 건축물

③ 일반상업지역과 중심상업지역에 건축하는 공동주택은 채광(採光) 등의 확보를 위한 높이제한을 적용하지 않는다.

74.
정답 ②

> 중 건축물의 대지와 도로

① 도시·군계획시설에서 건축하는 가설건축물에 대하여는 조경 등의 조치를 하지 않을 수 있다.
③ 녹지지역에 건축하는 건축물에 대하여는 조경 등의 조치를 하지 않을 수 있다.
④ 공개공지 등의 면적은 대지면적의 100분의 10 이하의 범위에서 건축조례로 정한다.
⑤ 건축물에 공개공지 등을 설치하는 경우에는 다음의 범위에서 대지면적에 대한 공개공지 등 면적비율에 따라 용적률 및 건축물의 높이제한을 완화하여 적용한다.
  • 용적률은 해당 지역에 적용하는 용적률의 1.2배 이하
  • 건축물의 높이제한은 해당 건축물에 적용하는 높이기준의 1.2배 이하

75.
정답 ④

> 하 건축물의 건축

④ 주계단을 수선하는 것은 신고하면 되는 대수선이다.
① 내력벽의 면적을 30m² 이상 수선하는 것이다.
② 기둥을 세 개 이상 수선하는 것이다.
③ 보를 세 개 이상 수선하는 것이다.
⑤ 지붕틀을 세 개 이상 수선하는 것이다.

> ☑ 건축신고대상 대수선
>
> 1. 연면적이 200m² 미만이고 3층 미만인 건축물의 대수선
> 2. 주요구조부의 해체가 없는 등 대통령령으로 정하는 대수선
>   • 내력벽의 면적을 30m² 이상 수선하는 것
>   • 기둥을 세 개 이상 수선하는 것
>   • 보를 세 개 이상 수선하는 것
>   • 지붕틀을 세 개 이상 수선하는 것
>   • 방화벽 또는 방화구획을 위한 바닥 또는 벽을 수선하는 것
>   • 주계단·피난계단 또는 특별피난계단을 수선하는 것

76.
정답 ②

> 하 건축물의 건축

② 층수가 21층 이상이거나 연면적의 합계가 10만m² 이상인 건축물(연면적의 10분의 3 이상을 증축하여 층수가 21층 이상으로 되거나 연면적의 합계가 10만m² 이상으로 되는 경우를 포함한다)을 특별시나 광역시에 건축하려면 특별시장이나 광역시장의 허가를 받아야 한다. 다만, 공장, 창고 등은 제외한다.

77.
정답 ⑤

①②③ 다음의 어느 하나에 해당하는 지역·구역 등에 대하여는 특별건축구역으로 지정할 수 없다.
- 「개발제한구역의 지정 및 관리에 관한 특별조치법」에 따른 개발제한구역
- 「자연공원법」에 따른 자연공원
- 「도로법」에 따른 접도구역
- 「산지관리법」에 따른 보전산지

④ 국가가 국제행사 등을 개최하는 도시 또는 지역의 사업구역이다.

78.
정답 ①

중 지역 및 지구의 건축물

① 연면적은 하나의 건축물 각 층의 바닥면적의 합계로 하되, 용적률을 산정할 때에는 지하층과 지상층의 주차장으로 사용하는 면적은 연면적에서 제외한다. 용적률 = (연면적 / 대지면적) × 100이므로 [(800m² × 6개 층) / 2,000m²] × 100 = 240%가 된다.

79.
정답 ④

하 농지의 소유

① 3개월 이상 국외여행 중인 경우이다.
② 농업법인이 청산 중인 경우이다.
③ 부상으로 3개월 이상의 치료가 필요한 경우이다.
⑤ 농업인이 자기 노동력이 부족하여 농작업의 일부를 위탁하는 경우이다.

> **Ⅴ 위탁경영의 허용사유**
>
> 농지소유자는 다음에 해당하는 경우 외에는 소유농지를 위탁경영할 수 없다.
> 1. 「병역법」에 따라 징집 또는 소집된 경우
> 2. 3개월 이상 국외여행 중인 경우
> 3. 농업법인이 청산 중인 경우
> 4. 질병, 취학, 선거에 따른 공직취임, 그 밖에 대통령령으로 정하는 다음의 사유로 자경할 수 없는 경우
>   - 부상으로 3개월 이상의 치료가 필요한 경우
>   - 교도소·구치소 또는 보호감호시설에 수용 중인 경우
>   - 임신 중이거나 분만 후 6개월 미만인 경우
> 5. 농지이용증진사업 시행계획에 따라 위탁경영하는 경우
> 6. 농업인이 자기 노동력이 부족하여 농작업의 일부를 위탁하는 경우

80.
정답 ①

중 농지의 소유

② 농지소유상한을 초과하는 면적에 해당하는 농지를 처분해야 한다.
③ 농지전용허가를 받거나 농지전용신고를 하고 농지를 취득한 자가 취득한 날부터 2년 이내에 그 목적사업에 착수하지 않은 경우에는 해당 농지를 처분해야 한다.
④ 처분사유가 발생한 날부터 1년 이내에 해당 농지를 처분해야 한다.
⑤ 시장·군수 또는 구청장은 농지소유자가 해당 농지를 자기의 농업경영에 이용하는 경우 3년간 처분명령을 직권으로 유예할 수 있다.

2교시

| 제1과목 | 부동산 공시에 관한 법령 및 부동산 관련 세법 |

1	2	3	4	5	6	7	8	9	10
⑤	③	⑤	④	⑤	④	④	④	④	②
11	**12**	**13**	**14**	**15**	**16**	**17**	**18**	**19**	**20**
④	④	④	⑤	②	④	④	④	⑤	⑤
21	**22**	**23**	**24**	**25**	**26**	**27**	**28**	**29**	**30**
③	②	⑤	④	①	③	⑤	③	④	④
31	**32**	**33**	**34**	**35**	**36**	**37**	**38**	**39**	**40**
⑤	①	①	④	⑤	④	②	③	⑤	④

> **선생님의 한마디**
>
> 처음에는 문제를 푸는 것이 어려운 과정입니다. 그러나 하나씩 풀다 보면 정답이 바로 보일 것입니다. 인내심을 가지고 풀어보세요!

1.
정답 ⑤

하 토지의 등록

지적소관청은 토지의 이동현황을 직권으로 조사·측량하여 토지의 지번·지목·면적·경계 또는 좌표를 결정하려는 때에는 토지이동현황 조사계획을 수립하여야 한다. 이 계획은 시·군·구별로 수립하되, 부득이한 사유가 있는 때에 읍·면·동별로 수립할 수 있다.

2.
정답 ③

중 토지의 등록

틀린 것은 ㄴ, ㄷ이다.
ㄴ. 종전 지번의 수가 새로이 부여할 지번의 수보다 적은 때에는 블록 단위로 하나의 본번을 부여한 후 필지별로 부번을 부여할 수 있다.
ㄷ. 종전 지번의 수가 새로이 부여할 지번의 수보다 적은 때에는 그 지번부여지역의 최종 본번의 다음 순번부터 본번으로 하여 지번을 부여할 수 있다.

3.
정답 ⑤

중 토지의 등록

⑤ 유원지는 '원'으로 표기한다. 지적도면에 지목을 표기하는 경우에 원칙은 첫 번째 글자를 사용하지만, 예외적으로 두 번째 글자를 사용한다. 주차장은 '차', 유원지는 '원', 공장용지는 '장', 하천은 '천'으로 표기한다.

4.

하 토지의 등록

④ 임야도 지역은 축척이 천단위이므로 354m²는 우선적으로 등록이 된다. 0.55는 0.5를 초과하므로 반올림하여 355m²로 등록한다.

5.

정답 ⑤

하 지적공부

⑤ 도면 중간에 (산)으로 표시된 토지는 임야도에 등록된 토지이며 지목은 알 수 없다.

6.

정답 ④

하 지적공부

④ 지적소관청은 불일치 등록사항에 대해서는 부동산종합공부의 등록사항을 관리하는 기관의 장에게 그 내용을 통지하여 등록사항 정정을 요청할 수 있다.

7.

정답 ②

중 토지의 이동 및 지적정리

옳은 것은 ㄱ, ㄴ이다.
ㄷ. 「국토의 계획 및 이용에 관한 법률」 등 관계 법령에 따른 토지의 형질변경 등의 공사가 준공된 경우에 지목변경을 신청할 수 있다.

8.

정답 ④

하 토지의 이동 및 지적정리

④ 토지개발사업 등으로 토지이동이 있을 때에는 사업시행자가 신청한다. 대위신청이 아니다.

9.

정답 ④

상 토지의 이동 및 지적정리

④ 축척변경위원회의 의결서 사본을 첨부하여야 한다.

> ☑ 축척변경 사유를 적은 승인신청서에 첨부하여야 하는 서류
>
> • 축척변경의 사유
> • 지번 등 명세
> • 토지소유자의 동의서
> • 축척변경위원회의 의결서 사본
> • 그 밖에 축척변경 승인을 위하여 시·도지사 또는 대도시 시장이 필요하다고 인정하는 서류

10.

정답 ②

중 토지의 이동 및 지적정리

② 지적공부에 등록된 토지소유자의 변경사항은 등기관서에서 등기한 것을 증명하는 등기필증, 등기완료통지서, 등기사항증명서 또는 등기관서에서 제공한 등기전산정보자료에 따라 정리한다. 다만, 신규등록하는 토지의 소유자는 지적소관청이 직접 조사하여 등록한다.

11.

정답 ④

중 지적측량

④ 지적삼각점성과를 열람하거나 등본을 발급받으려는 자는 시·도지사 또는 지적소관청에 신청하여야 하며, 지적삼각보조점성과를 열람하거나 등본을 발급받으려는 자는 지적소관청에 신청하여야 한다.

12.

정답 ④

하 지적측량

중앙지적위원회의 업무는 ㄱ, ㄷ, ㄹ이다.
ㄴ. 지번별 제곱미터당 금액의 결정과 청산금의 산정에 관한 사항은 축척변경위원회의 업무사항이다.

13.

정답 ④

하 부동산등기법 총칙

옳은 것은 ㄱ, ㄷ이다.
ㄴ. 등기관이 등기를 마친 경우 그 등기는 접수(저장)한 때부터 효력이 발생한다.

14.

정답 ⑤

중 등기기관과 설비

⑤ 등기관의 업무처리제한 사유는 배우자 등의 관계가 끝난 후에도 적용한다.

15.

정답 ②

하 등기절차 총론

② 특별법상의 조합(농업협동조합, 축산업협동조합)은 명칭은 조합이지만 특별법에서 법인으로 규정하고 있으므로 그 자체명의로 등기할 수 있다.

16.

정답 ④

중 등기절차 총론

④ 패소한 등기의무자는 그 판결에 기하여 직접 등기권리자 명의의 등기신청을 하거나 승소한 등기권리자를 대위하여 등기신청을 할 수 없다.

17.

정답 ④

중 등기절차 총론

ㄴ, ㄷ, ㄹ는 각하사유에 해당한다.
ㄱ. 수인의 가등기권자 중 일부가 자기의 지분에 대하여 본등기를 신청하는 경우는 적법한 신청이므로 각하사유에 해당하지 아니한다.

18.
정답 ④

④ 「부동산등기법」에 따른 사용자등록을 한 자연인(외국인 포함)과 「상업등기법」에 따른 전자증명서를 발급받은 법인은 전자신청을 할 수 있다. 그러나 법인 아닌 사단이나 재단은 전자신청을 할 수 없다.

19.
정답 ⑤

상 권리에 관한 등기

틀린 것은 ㄴ, ㄷ, ㄹ이다.
ㄴ. 토지(임야)대장상의 소유자 표시란이 공란으로 되어 있거나 소유자 표시에 일부 누락이 있어 대장상의 소유자를 특정할 수 없는 경우에는 토지는 국가이나, 건물은 시장, 군수 또는 구청장을 상대로 판결을 받아야 한다.
ㄷ. 구청장의 확인에 의하여 자기의 소유권을 증명하는 자는 건물에 대하여는 보존등기를 신청할 수 있으나, 토지에 대하여는 신청할 수 없다.
ㄹ. 미등기부동산에 과세관청의 촉탁에 따라 체납처분에 의한 압류를 하는 경우에 직권보존등기의 대상이 아니다.

20.
정답 ⑤

하 권리에 관한 등기

⑤ 법정상속분에 따라 여러 명의 공동상속인들을 등기명의인으로 하고 상속을 원인으로 한 소유권이전등기를 마친 후에 그 공동상속인들 중 일부에게 해당 부동산을 상속하게 하는 상속재산 협의분할이 있어 소유권경정등기를 신청하며 등기연월일은 협의분할일로 한다.

21.
정답 ③

중 권리에 관한 등기

③ 토지수용으로 인한 소유권이전등기를 하는 경우에는 소유권 이외의 권리등기는 등기관이 이를 직권으로 말소하여야 한다. 다만 그 부동산을 위하여 존재하는 지역권의 등기와 토지수용위원회의 재결에 의하여 인정된 권리는 그러하지 아니하다.

22.
정답 ②

상 권리에 관한 등기

옳은 것은 ㄱ, ㄷ이다.
ㄴ. 저당권이 이전된 후에 말소등기를 신청하는 경우에는 말소할 등기의 표시로는 주등기인 저당권설정등기를 기재하여야 한다.
ㄹ. ㄷ의 경우에 저당권의 원인무효를 이유로 저당권말소등기를 신청하는 경우 제3취득자(현재의 소유자)가 저당권자와 공동으로 저당권말소등기를 신청할 수 있다.

23.
정답 ⑤

중 권리에 관한 등기

⑤ 구분건물로서 그 대지권의 변경이 있는 경우에는 구분건물의 소유권의 등기명의인은 1동의 건물에 속하는 다른 구분건물의 소유권의 등기명의인을 대위하여 그 변경등기를 신청할 수 있다.

24.
정답 ④

상 권리에 관한 등기

④ 소유권이전등기청구권가등기에 의한 본등기를 하는 경우 전세권설정등기는 양립할 수 없으므로 등기관이 직권으로 말소한다.
① 물권적 청구권을 보전하기 위한 가등기나 소유권보존등기의 가등기는 허용되지 아니한다.
② 가등기가처분명령은 가등기에 관한 판결에 해당하므로 가등기권리자가 단독으로 신청한다.
③ 소유권이전청구권가등기 후 제3자에게 소유권이 이전되었다면 가등기 당시 소유자를 등기의무자로 하여 본등기를 신청하여야 한다.
⑤ 등기상 이해관계인은 가등기명의인의 승낙을 받아 가등기말소를 단독으로 신청할 수 있다. 대위신청이 아니다.

25.
정답 ①

중 재산세

② 재산세는 관할 지방자치단체의 장이 세액을 산정하여 보통징수의 방법으로 부과·징수한다.
③ 주택에 대한 재산세의 경우 해당 연도에 부과·징수할 세액의 2분의 1은 매년 7월 16일부터 7월 31일까지, 나머지 2분의 1은 9월 16일부터 9월 30일까지를 납기로 한다. 다만, 해당 연도에 부과할 세액이 20만원 이하인 경우에는 조례로 정하는 바에 따라 납기를 7월 16일부터 7월 31일까지로 하여 한꺼번에 부과·징수할 수 있다.
④ 재산세의 과세기준일은 매년 6월 1일로 한다.
⑤ 고지서 1장당 재산세로 징수할 세액이 2,000원 미만인 경우에는 해당 재산세를 징수하지 아니하므로 2,000원인 경우에는 징수한다.

26.
정답 ③

상 재산세

옳은 것은 ㄷ, ㄹ이다.
ㄱ. 매매 등의 사유로 소유권에 변동이 있었음에도 공부상의 소유자가 이를 신고하지 아니하여 사실상의 소유자를 알 수 없는 때에는 공부상의 소유자를 납세의무자로 본다. 한편, 소유권의 귀속이 불분명하여 사실상 소유자를 알 수 없을 때에는 그 사용자가 재산세 납세의무자이다.
ㄴ. 주택의 건물과 부속토지의 소유자가 다를 경우에는 그 주택에 대한 산출세액을 건축물과 그 부속토지의 시가표준액 비율로 안분계산한 부분에 대하여 그 소유자가 재산세 납세의무자이다.
ㄷ. 국가가 선수금을 받아 조성하는 매매용 토지로서 사실상 조성이 완료된 토지의 사용권을 무상으로 받은 경우 그 매수계약자를 납세의무자로 본다.
ㄹ. 「신탁법」에 따라 수탁자의 명의로 등기 또는 등록된 신탁재산의 경우 위탁자를 납세의무자로 본다. 다만, 「주택법」 제2조 제11호 가목에 따른 지역주택조합 및 같은 호 나목에 따른 직장주택조합이 조합원이 납부한 금전으로 매수하여 소유하고 있는 신탁재산의 경우에는 해당 지역주택조합 및 직장주택조합을 납세의무자로 한다.

27.
정답 ⑤

재산세

⑤ 「지방세법」 제110조 제1항에 따라 산정한 주택의 과세표준이 법령에 따른 과세표준상한액보다 큰 경우에는 해당 주택의 과세표준은 과세표준상한액으로 한다(2024.1.1. 시행).

28.
정답 ③

중 조세의 기초 이론

③ 재산세의 납세고지서에 병기고지되는 소방분 지역자원시설세와 종합소득에 대한 지방소득세는 법령에 정하는 요건을 갖춘 경우에 분할납부가 허용된다.

29.
정답 ④

하 조세의 기초 이론

④ 취득세는 면세점이 적용되지만 소액징수면제는 적용되지 않으며, 등록면허세는 면세점과 소액징수면제 규정이 모두 적용되지 않는다.
① 등록에 대한 등록면허세는 그 세액이 6,000원 미만인 경우에도 수수료적 성격의 조세이므로 최소 6,000원을 징수한다.
② 사업소분 주민세는 사업소 연면적이 330m² 이하인 때에 사업소분 주민세를 부과하지 않는다.
③ 취득세의 과세대상 물건의 취득가액이 50만원 이하인 때에 취득세를 부과하지 아니한다.
⑤ 고지서 1장당 지방소득세액(가산세 포함)이 2,000원인 경우에는 그 지방소득세를 징수한다.

30.
정답 ④

상 소득세 총설

④ 주택을 대여하고 보증금 등을 받은 경우에는 3주택 이상을 소유하고 보증금 등의 합계액이 3억원을 초과하는 경우에는 간주임대료를 계산한다. 이 경우 1호 또는 1세대당 전용면적 40m² 이하로서 기준시가 2억원 이하인 주택은 주택수 산정시 2024년 12월 31일까지 제외한다.
① 과세기간 종료일 또는 해당 주택의 양도일을 기준으로 기준시가가 12억원을 초과하는 고가주택은 비과세대상에서 제외한다.
② 국외에 소재하는 주택의 임대소득은 비과세대상에서 제외한다.
③ 공익사업과 무관한 지역권·지상권의 설정·대여소득은 사업소득이다.
⑤ 부부 합산하여 2주택이므로, 1주택을 임대하고 받은 임대료에 대하여는 과세하여야 한다. 다만 주택임대소득이 2천만원 이하인 경우에는 14%의 세율을 적용하는 분리과세와 종합소득에 합산하는 종합과세 중 선택할 수 있다.

31.
정답 ⑤

중 양도소득세

양도소득 과세대상은 ㄱ, ㄴ, ㄷ, ㅁ이다.
ㄹ. 사업에 사용하는 자산과 분리되어 양도되는 영업권은 양도소득세 과세대상이 아니다.

32.
정답 ①

상 양도소득세

• 양도 당시 실거래가액인 12억원을 초과하였으므로 고가주택에 해당한다.
• 고가주택의 양도차익 = (양도가액 − 필요경비) × $\dfrac{양도가액 − 12억원}{양도가액}$

$$= (1,500,000,000원 − 1,000,000,000원) ×$$

$$\dfrac{1,500,000,000원 − 1,200,000,000원}{1,500,000,000원}$$

$$= 100,000,000원$$

• 장기보유특별공제액 = 양도차익 × (보유기간별 공제율 40% + 거주기간별 공제율 40%)
$$= 100,000,000원 × 80% = 80,000,000원$$

33.
정답 ①

하 양도소득세

② 증여에 의하여 취득한 자산: 증여받은 날
③ 「공익사업을 위한 토지 등의 취득 및 보상에 관한 법률」에 따라 공익사업을 위하여 수용되는 경우로서 소유권에 관한 소송으로 보상금이 공탁된 경우: 소유권 관련 소송판결확정일
④ 장기할부조건의 경우: 소유권이전등기(등록 및 명의개서를 포함)접수일·인도일 또는 사용수익일 중 빠른 날
⑤ 부동산의 소유권이 타인에게 이전되었다가 법원의 무효판결에 의하여 해당 자산의 소유권이 환원되는 경우: 그 자산의 당초 취득일

34.
정답 ⑤

중 양도소득세

⑤ 부담부증여의 채무액에 해당하는 부분으로서 양도로 보는 경우 그 양도일이 속하는 달의 말일부터 3개월 이내에 예정신고하여야 한다.

35.
정답 ④

하 양도소득세

④ 환산취득가액은 취득가액을 추계하는 경우에 적용하며, 양도가액을 추계하는 경우에는 적용하지 아니한다.

36.
정답 ②

하 종합부동산세

② 개인소유 주택분 종합부동산세의 세 부담 상한액 비율은 주택 수 및 조정대상지역 여부와 관계없이 100분의 150이다.

37.
정답 ②

하 취득세

② 등기된 부동산임차권 등 부동산에 관한 권리는 취득세 과세대상이 아니다.

38.

⬆ 취득세

① 취득세가 경감된 과세물건이 추징대상이 된 때에는 그 사유발생일부터 60일 이내에 그 산출세액에서 이미 납부한 세액(가산세 제외)을 공제한 세액을 신고·납부하여야 한다.

② 취득세 납세의무자가 부동산을 취득한 후 신고를 하고 매각하는 경우에는 중가산세 규정을 적용하지 아니한다.

④ 지방자치단체의 장은 취득세 납세의무가 있는 법인이 장부 등의 작성과 보존의무를 이행하지 아니한 경우 산출된 세액 또는 부족세액의 100분의 10에 상당하는 금액을 징수하여야 할 세액에 가산한다.

⑤ 「부동산 거래신고 등에 관한 법률」에 따른 토지거래계약에 관한 허가구역에 있는 토지를 취득하는 경우로서 토지거래계약에 관한 허가를 받기 전에 거래대금을 완납한 경우에는 그 허가일로부터 60일 이내에 신고납부하여야 한다.

39.

정답 ⑤

중 등록면허세

⑤ 지방자치단체의 장은 조례로 정하는 바에 따라 등록면허세의 세율을 표준세율의 100분의 50의 범위에서 가감할 수 있다.

40.

정답 ④

중 종합부동산세

④ ①~③ 규정에 따른 주택을 보유한 납세의무자는 해당 연도 9월 16일부터 9월 30일까지 대통령령으로 정하는 바에 따라 납세지 관할 세무서장에게 해당 주택의 보유현황을 신고하여야 한다.

난이도 및 출제포인트 분석

★ 난이도가 낮은 문제는 해설 페이지를 찾아가 꼭 익혀두세요.

1교시 제1과목   공인중개사법령 및 실무

문제번호	난이도 및 출제포인트 분석		문제번호	난이도 및 출제포인트 분석	
1	중 중개사무소의 개설등록	p.53	21	상 교육 및 업무위탁, 포상금 제도	p.55
2	중 중개업무	p.53	22	중 중개보수 및 실비	p.55
3	중 중개사무소의 개설등록	p.53	23	상 지도 · 감독 및 벌칙	p.55
4	중 공인중개사법령 총칙	p.53	24	하 공인중개사협회	p.55
5	중 공인중개사 제도	p.53	25	상 지도 · 감독 및 벌칙	p.55
6	중 공인중개사법령 총칙	p.53	26	상 토지거래허가제도	p.55
7	중 중개업무	p.53	27	중 지도 · 감독 및 벌칙	p.55
8	중 공인중개사법령 총칙	p.53	28	상 외국인 등의 부동산취득 등에 관한 특례	p.55
9	중 중개업무	p.53	29	상 지도 · 감독 및 벌칙	p.55
10	상 중개계약 및 부동산거래정보망	p.53	30	중 주택임대차계약의 신고	p.56
11	중 중개사무소의 개설등록	p.53	31	하 계약의 체결	p.56
12	상 개업공인중개사 등의 의무	p.54	32	중 중개대상물의 조사 · 확인	p.56
13	상 개업공인중개사 등의 의무	p.54	33	상 부동산거래신고제도	p.56
14	중 중개계약 및 부동산거래정보망	p.54	34	중 개별적 중개실무	p.56
15	중 중개업무	p.54	35	상 개별적 중개실무	p.56
16	상 지도 · 감독 및 벌칙	p.54	36	상 중개대상물의 조사 · 확인	p.56
17	상 지도 · 감독 및 벌칙	p.54	37	중 개별적 중개실무	p.56
18	중 개업공인중개사 등의 의무	p.54	38	중 개별적 중개실무	p.56
19	중 개업공인중개사 등의 의무	p.54	39	중 개별적 중개실무	p.56
20	중 부동산거래신고제도	p.54	40	상 개별적 중개실무	p.56

2교시 제1과목   부동산 공시에 관한 법령 및 부동산 관련 세법

문제번호	난이도 및 출제포인트 분석		문제번호	난이도 및 출제포인트 분석	
1	하 공간정보관리법 총칙	p.62	21	상 권리에 관한 등기	p.63
2	하 토지의 등록	p.62	22	상 권리에 관한 등기	p.63
3	하 토지의 등록	p.62	23	중 권리에 관한 등기	p.63
4	하 토지의 등록	p.62	24	중 권리에 관한 등기	p.63
5	하 지적공부	p.62	25	하 조세의 기초 이론	p.64
6	상 지적공부	p.62	26	하 납세의무의 성립 · 확정 · 소멸	p.64
7	중 토지의 이동 및 지적정리	p.62	27	중 취득세	p.64
8	하 토지의 이동 및 지적정리	p.62	28	중 취득세	p.64
9	하 토지의 이동 및 지적정리	p.62	29	하 취득세	p.64
10	하 지적측량	p.62	30	하 등록면허세	p.64
11	중 지적측량	p.62	31	하 등록면허세	p.64
12	하 지적측량	p.63	32	상 종합부동산세	p.64
13	하 부동산등기법 총칙	p.63	33	하 재산세	p.64
14	중 등기기관과 설비	p.63	34	중 재산세	p.64
15	중 등기절차 총론	p.63	35	중 종합부동산세	p.65
16	하 등기절차 총론	p.63	36	하 양도소득세	p.65
17	중 등기절차 총론	p.63	37	상 양도소득세	p.65
18	중 등기절차 총론	p.63	38	하 양도소득세	p.65
19	중 표시에 관한 등기	p.63	39	중 양도소득세	p.65
20	상 권리에 관한 등기	p.63	40	상 양도소득세	p.65

1교시 제2과목   부동산공법

문제번호	난이도 및 출제포인트 분석		문제번호	난이도 및 출제포인트 분석	
41	중 도시 · 군기본계획	p.57	61	상 정비사업의 시행	p.59
42	중 지구단위계획	p.57	62	중 기본계획의 수립 및 정비구역의 지정	p.59
43	중 용도지역 · 용도지구 · 용도구역	p.57	63	하 정비사업의 시행	p.60
44	하 도시 · 군관리계획	p.57	64	하 도시정비법 총칙	p.60
45	하 용도지역 · 용도지구 · 용도구역	p.57	65	중 주택의 건설 등	p.60
46	상 개발행위의 허가 등	p.58	66	하 주택의 건설 등	p.60
47	중 용도지역 · 용도지구 · 용도구역	p.58	67	상 주택의 건설 등	p.60
48	중 개발행위의 허가 등	p.58	68	중 주택의 공급	p.60
49	중 개발행위의 허가 등	p.58	69	중 주택의 건설 등	p.60
50	상 용도지역 · 용도지구 · 용도구역	p.58	70	하 주택법 총칙	p.60
51	상 용도지역 · 용도지구 · 용도구역	p.58	71	하 주택의 공급	p.60
52	상 도시 · 군계획시설	p.58	72	하 지역 및 지구의 건축물	p.60
53	중 도시개발구역의 지정 등	p.58	73	중 건축법 보칙 및 벌칙	p.61
54	상 도시개발사업의 시행	p.58	74	상 건축물의 대지와 도로	p.61
55	상 도시개발사업의 시행	p.58	75	중 지역 및 지구의 건축물	p.61
56	하 도시개발사업의 시행	p.59	76	중 건축물의 건축	p.61
57	중 도시개발법 비용부담 등	p.59	77	중 건축법 총칙	p.61
58	하 도시개발사업의 시행	p.59	78	상 지역 및 지구의 건축물	p.61
59	중 정비사업의 시행	p.59	79	하 농지의 이용	p.61
60	상 정비사업의 시행	p.59	80	중 농지의 보전 등	p.61

1교시

제1과목   공인중개사법령 및 실무

1	2	3	4	5	6	7	8	9	10
④	⑤	①	②	③	②	①	⑤	③	①
11	12	13	14	15	16	17	18	19	20
④	⑤	③	⑤	④	③	②	④	②	⑤
21	22	23	24	25	26	27	28	29	30
③	①	②	③	④	③	④	②	④	②
31	32	33	34	35	36	37	38	39	40
⑤	②	④	③	①	⑤	①	④	②	③

선생님의 한마디

이번 회차는 문제를 대단히 어렵게 출제하였습니다. 답이 쉽게 보이는 하급의 문제가 2문제에 불과하고, 난이도 중급의 문제가 24개, 상급의 문제가 14개나 있습니다. 포상금 계산문제를 비롯하여 출제빈도가 잦지 않은 입목, 법정지상권, 전자계약, 계약서의 검인제도의 문제도 있었습니다. 그러나 고득점을 대비하는 연습이라는 점을 염두에 두고, 한 번쯤은 정리할 필요가 있는 문제였습니다. 공인중개사법령에서는 26문제, 부동산 거래신고 등에 관한 법령에서는 5문제, 중개실무에서 9문제가 출제되었습니다. 틀린 부분은 다시 한 번 정리해 주시기 바랍니다.

1.
정답 ④

중 중개사무소의 개설등록

④ 등록증을 교부하는 때에는 보증설정 여부를 확인하고, 인장등록 여부는 확인하지 않는다.

2.
정답 ⑤

중 중개업무

중개법인의 업무범위에 해당하지 않는 것은 ㄷ, ㄹ이다.
ㄷ. 임야의 개발 상담까지만 가능하다.
ㄹ. 토지(상업용지)의 분양대행은 영위할 수 없다.

3.
정답 ①

중 중개사무소의 개설등록

① 공인중개사 자격이 없는 자가 우연한 기회에 단 1회 타인간의 거래행위를 중개한 경우 등과 같이 '중개를 업으로 한' 것이 아니라면 그에 따른 중개보수 지급약정이 강행법규에 위배되어 무효라고 할 것은 아니다(대판 2012.6.14, 2010다86525).

4.
정답 ②

중 공인중개사법령 총칙

중개 및 중개업에 관한 설명으로 옳은 것은 ㄴ, ㄷ이다.
ㄱ. 중개의 정의에서 말하는 '그 밖의 권리'에는 저당권 등 담보물권도 포함되고, 따라서 부동산에 대한 저당권의 설정을 알선함을 업으로 하는 것은 그것이 설령 금전소비대차계약에 부수하여 이루어졌다 하더라도 중개업에 해당한다(대판 1996.9.24, 96도1641).
ㄹ. 일방으로부터 의뢰받은 경우도 '중개업'에 해당한다.

5.
정답 ③

중 공인중개사 제도

③ 대판 2007.3.29, 2006도9334
① 등록의 결격사유에 해당하는 자라도 원칙적으로 시험에 응시할 수 있다.
② 자격시험 부정행위자는 결격사유자가 아니므로 중개보조원으로 근무하는 것은 가능하다.
④ 시험시행기관장은 시험의 신뢰도를 크게 떨어뜨리는 행위를 한 출제위원이 있는 때에는 그 명단을 다른 시험시행기관장 및 그 출제위원이 소속하고 있는 기관의 장에게 통보하여야 하고, 국토교통부장관 또는 시·도지사는 시험시행기관장이 명단을 통보한 출제위원에 대하여는 그 명단을 통보한 날부터 5년간 시험의 출제위원으로 위촉하여서는 아니 된다.
⑤ 공인중개사 자격증의 대여를 알선한 자는 1년 이하의 징역 또는 1천만원 이하의 벌금에 처한다.

6.
정답 ②

중 공인중개사법령 총칙

중개행위의 대상행위로 볼 수 없는 것은 2개(ㄱ, ㄴ)이다.
ㄱ. 법정지상권의 성립은 중개행위의 개입여지가 없어 중개대상행위가 되지 못한다.
ㄴ. 광업권은 중개대상권리가 아니므로, 광업권의 양도행위는 중개대상행위가 되지 아니한다.

7.
정답 ①

중 중개업무

② 휴업기간 변경신고서에는 분사무소설치신고확인서나 중개사무소등록증을 첨부하지 않는다. 휴업신고시 이를 반납했기 때문이다.
③ 대표자의 사망은 등록증 재교부 신청사유이다.
④ 개업공인중개사 등은 이중소속을 할 수 없다.
⑤ 업무를 재개하고자 하는 경우 신고한 휴업의 업무재개신고는 언제나 하여야 한다.

8.
정답 ⑤

중 공인중개사법령 총칙

⑤ 입목을 목적으로 하는 저당권의 효력은 입목을 베어낸 경우에 그 토지로부터 분리된 수목에도 미친다.

9.
정답 ③

중 중개업무

분사무소에서 사용할 인장으로 ㄴ, ㄷ을 등록할 수 있다.

10.
정답 ①

상 중개계약 및 부동산거래정보망

② 전속중개계약의 유효기간은 약정이 없다면 3개월이지만 당사자의 약정이 있으므로 약정이 우선한다.
③ 정보의 공개는 7일 내에 하여야 하므로, 5월 18일까지는 공개하여야 한다.
④ 업무처리상황의 통지는 문서로 하여야 한다.
⑤ 유효기간 내에 다른 개업공인중개사에게 의뢰하여 거래한 경우 중개보수 전액에 해당하는 위약금을 지급하여야 한다.

11.
정답 ④

중 중개사무소의 개설등록

결격사유에 해당하는 자는 ㄱ, ㄷ, ㅁ이다.
ㄱ. 「공인중개사법」위반 벌금 300만원이므로, 3년이 지나야 결격사유에서 벗어난다.
ㄴ. 업무정지사유 발생 당시의 임원이었던 자가 결격이므로, 업무정지사유 발생 후 취임한 임원이었던 자는 결격이 아니다.
ㄷ. 징역 또는 금고형의 집행이 종료된 자는 3년이 지나야 결격사유에서 벗어난다.
ㄹ. 자격정지처분은 최고 6개월이므로, 결격사유자가 아니다.
ㅁ. 등록취소처분을 받은 자는 3년이 지나야 결격사유에서 벗어난다.

12.

상 개업공인중개사 등의 의무

⑤ 3개의 분사무소를 두는 경우 최소한 6억원의 보증을 추가로 설정해야 하므로, 옳은 지문이다. 이 법인의 총 보증금액은 최소한 10억원이 되어야 한다.
① 보증은 업무를 개시하기 전까지 설정하여 등록관청에 신고하여야 한다.
② 개업공인중개사의 손해배상책임의 한도는 보증설정금액을 한도로 하는 것이 아니며, 거래당사자가 입은 전 손해를 배상하여야 한다.
③ 보증으로 손해배상을 한 경우에는 15일 이내에 보증보험, 공제에 다시 가입하거나 공탁금 중 부족한 금액을 보전하여야 한다.
④ 보증관계사항을 거래당사자에게 설명하고 그 사본을 교부하여야 한다.

13.

상 개업공인중개사 등의 의무

전속중개계약시 공개할 정보와 확인·설명사항에 차이가 있는 것은 ㄱ, ㄷ, ㄹ이다.
ㄴ. 거래예정금액은 확인·설명사항이자 공개할 정보에 해당한다.
ㄱ, ㄷ은 확인·설명사항이나, 공개할 정보에 해당하지 아니하고, ㄹ은 확인·설명사항이나, 공개금지정보에 해당한다.

14.

중 중개계약 및 부동산거래정보망

① 부동산거래정보망은 개업공인중개사 상호간 중개대상물에 관한 정보를 교환하는 체계이다.
② 사업자등록증 사본이 아니라 중개사무소등록증 사본을 제출하여야 한다.
③ 외국인도 거래정보사업자로 지정을 받을 수 있다.
④ 개업공인중개사의 컴퓨터설비 확보 증명서류가 아니라 거래정보사업자로 지정을 신청하는 자의 컴퓨터설비 확보 증명서류를 제출하여야 한다.

15.

중 중개업무

옳은 것은 ㄱ, ㄷ, ㄹ이다.
ㄴ. 법 제7638호 부칙 제6조 제2항의 개업공인중개사(중개인)가 부동산거래정보망에 가입했다하여 업무지역이 전국으로 확대되는 것은 아니고, 부동산거래정보망에 가입 후 이를 이용하여 중개한다면 그 정보망에 공개된 관할구역 외의 중개대상물을 중개할 수 있을 뿐이다.

16.

상 지도·감독 및 벌칙

③ 폐업기간이 3년을 초과하지 않았으므로, 乙의 등록을 취소해야 한다. 옳은 지문이다.
① 개업공인중개사 甲이 폐업신고한 중개사무소에 다른 개업공인중개사 乙이 중개사무소의 개설등록을 하였으므로, 乙은 甲의 지위를 승계하지 않는다.
② 폐업신고 전에 받은 업무정지처분의 효과는 처분일로부터 1년간 승계하므로, 甲은 업무정지처분의 효과를 승계하지 않는다.

④ 폐업기간이 1년을 초과하지 않았으므로, 폐업신고 전 업무정지처분 사유에 해당하는 위반행위에 대하여 업무정지처분을 할 수 있다.
⑤ 개업공인중개사인 법인의 대표자에 관하여는 재등록 개업공인중개사에 대한 행정제재처분효과의 승계 등의 규정을 준용한다.

17.

상 지도·감독 및 벌칙

업무정지의 기준기간이 틀린 것은 ㄴ, ㄷ이다.
ㄴ. 부동산거래정보망에 중개대상물에 관한 정보를 거짓으로 공개한 경우는 기준기간이 6개월이다.
ㄷ. 거래계약서를 5년 동안 보존하지 아니한 경우 기준기간은 3개월이다.

18.

중 개업공인중개사 등의 의무

④ 개업공인중개사 등이 중개의뢰인과 직접거래를 하는 행위를 금지하는 규정은 강행규정이 아니라 단속규정이라고 보아야 한다(대판 2017.2.3, 2016다259677).
② 개업공인중개사가 중개의뢰인의 아파트에 대하여 남편 명의로 전세계약 하는 것을 중개한 경우, 부부는 경제적 공동체이고, 해당 아파트에 개업공인중개사가 실제로 거주했으며, 중개의뢰인에게 자신이 중개하는 임차인이 남편이라는 사실을 알리지 않았을 뿐만 아니라, 중개의뢰인의 희망금액보다 적은 금액으로 임차하여 자신이 직접 시세보다 저렴한 금액으로 임차하는 이익을 얻었기에 이는 직접거래 금지규정의 취지상 직접거래에 해당한다(대판 2021.8.12, 2021도6910).

19.

중 개업공인중개사 등의 의무

옳은 것은 1개(ㄴ)이다.
ㄱ. 국토교통부장관이 거래계약서의 표준서식을 정하여 그 사용을 권장할 수 있다.
ㄷ. 개업공인중개사는 거래계약서의 원본, 사본 또는 전자문서를 5년 동안 보존해야 한다. 단, 공인전자문서센터에 보관된 경우에는 그러하지 아니하다.
ㄹ. 개업공인중개사가 거래계약서에 거래금액을 거짓으로 기재하면 중개사무소 개설등록이 취소될 수 있다.

20.

중 부동산거래신고제도

① 개업공인중개사가 거래계약서를 작성·교부한 경우 거래당사자는 부동산거래신고의무가 없고, 개업공인중개사에게만 있다.
② 취득자금조달 및 입주(이용)계획은 토지인 경우 수도권 등은 1억원(지분거래는 금액 관계 없음), 수도권 등 외의 지역은 6억원 이상인 경우에 신고한다. 주택은 실제 거래가격이 6억원 이상(투기과열지구 및 조정대상지역 내의 주택과 법인이 주택을 매수하는 경우는 금액 관계없음)인 경우에 취득자금조달계획을 신고한다.
③ 잔금지급일이나 거래가격은 정정신청을 할 수 없고, 변경된 경우에는 변경신고를 할 수 있다.
④ 부동산거래계약 해제 등의 신고는 해제 등이 확정된 날로부터 30일 내에 하여야 한다.

21.

정답 ③

상 **교육 및 업무위탁, 포상금 제도**

③ 甲은 A에 대하여 50만원, 乙은 B에 대하여 50만원을 받는다. C에 대하여는 무혐의처분되었으므로 포상금이 지급되지 않는다.

22.

정답 ①

중 **중개보수 및 실비**

① 분양권은 기납입금과 프리미엄을 합산한 금액을 기준으로 중개보수를 받아야 한다.
③ 개업공인중개사가 중개대상물에 대한 계약이 완료되지 않을 경우에도 중개행위에 상응하는 보수를 지급하기로 약정할 수 있다. 이 경우 보수액 산정기준을 정하지 않았다면 여러 사정을 고려하여 보수를 정해야 하고, 보수액을 정한 경우라도 신의성실의 원칙, 형평의 원칙 등을 고려하여 합리적이라고 인정되는 범위 내의 보수만을 청구할 수 있다. 이러한 보수는 계약이 완료되었을 경우에 적용되었을 중개보수 한도를 초과할 수는 없다(대판 2021.7.29, 2017다243723).
④ 상가는 일방 최고 거래금액의 0.9%까지 받을 수 있으므로, 매수인으로부터 90만원까지 받을 수 있다.

23.

정답 ②

상 **지도 · 감독 및 벌칙**

옳은 것과 틀린 것의 표시가 바르게 된 것은 ㄱ(O), ㄴ(×), ㄷ(O)이다.
ㄴ. 공인중개사 자격의 부정취득에 대하여는 자격취소만 규정되어 있고, 형벌은 규정된 바가 없다.

24.

정답 ③

하 **공인중개사협회**

③ 책임준비금의 적립비율은 '공제료 수입액'의 '100분의 10' 이상으로 정한다.

25.

정답 ⑤

상 **지도 · 감독 및 벌칙**

ㄱ, ㄴ, ㄷ, ㄹ 모두가 틀린 내용이다.
ㄱ. 업무정지처분은 그 사유가 발생한 날로부터 3년이 경과한 때에는 이를 할 수 없다.
ㄴ. 자격증 대여시에는 시 · 도지사가 자격을 취소하여야 한다.
ㄷ. 자격정지처분사항은 국토교통부장관, 다른 시 · 도지사에게 통보사항이 아니다. 자격취소가 통보사항이다.
ㄹ. 업무정지처분시에는 등록증 반납규정이 없다. 등록취소시 7일 내에 등록증을 등록관청에 반납해야 한다.

26.

정답 ③

상 **토지거래허가제도**

③ 토지거래허가대상은 허가구역에 있는 토지에 관한 소유권 · 지상권(소유권 · 지상권의 취득을 목적으로 하는 권리 포함)을 이전하거나 설정(대가를 받고 이전하거나 설정하는 경우만 해당)하는 계약(예약 포함)이므로, 토지에 관한 소유권의 취득을 목적으로 하는 권리에 관한 매매계약은 허가를 받아야 한다.

✅ **토지거래허가대상 여부**

토지거래허가대상인 경우	토지거래허가대상이 아닌 경우
• 매매 • 교환 • 지상권계약 • 판결(화해, 조정 등 포함) • 대물변제의 예약	• 건물, 전세권 · 임대차계약 • 무상계약(증여, 상속, 유증, 사용대차 등) • 수용, 경매, 비업무용 공매(3회 이상 유찰시) • 조세체납처분 또는 강제집행의 경우 • 외국인이 토지취득의 허가를 받은 경우

27.

정답 ④

중 **지도 · 감독 및 벌칙**

④ 「형법」상의 배임죄로 700만원의 벌금형을 선고받은 경우는 자격취소 사유가 아니다.

✅ **자격취소사유**

1. 부정한 방법으로 공인중개사의 자격을 취득한 경우
2. 다른 사람에게 자기의 성명을 사용하여 중개업무를 하게 하거나 공인중개사 자격증을 양도 또는 대여한 경우
3. 자격정지처분을 받고 그 자격정지기간 중에 중개업무를 행한 경우나 자격정지기간 중에 다른 개업공인중개사의 소속공인중개사 · 중개보조원 또는 법인인 개업공인중개사의 사원 · 임원이 된 경우
4. 이 법 또는 공인중개사의 직무와 관련하여 「형법」상의 범죄단체 등의 조직죄, 사문서 등의 위조 · 변조죄, 위조 사문서 등의 행사죄, 사기죄, 횡령 · 배임죄 또는 업무상의 횡령 · 배임죄로 금고 이상의 형(집행유예를 포함)을 선고받은 경우

28.

정답 ②

상 **외국인 등의 부동산취득 등에 관한 특례**

① 외국인이 국내 건물을 증여에 의하여 취득하면서 이를 신고하지 아니한 경우에는 300만원 이하의 과태료가 부과된다.
③ 계속보유신고는 6개월 내에 하여야 한다.
④ 허가를 받고 취득할 수 있다.
⑤ 법인의 합병으로 국내 토지의 소유권을 취득한 경우에도 취득일로부터 6개월 내에 신고를 하여야 한다.

✅ **외국인 등의 허가대상 토지**

1. 「군사기지 및 군사시설보호법」상 군사시설보호구역 등
2. 「문화유산의 보존 및 활용에 관한 법률」상 문화유산보호구역 등
3. 「자연유산의 보존 및 활용에 관한 법률」상 자연유산보호구역
4. 「자연환경보전법」상 생태 · 경관보전지역
5. 「야생생물보호 및 관리에 관한 법률」상 야생생물특별보호구역

29.

정답 ④

중 **지도 · 감독 및 벌칙**

① 과태료는 행정질서벌로서 하나의 위반행위에 대하여 행정형벌과 병과할 수 없다.
② 과태료는 양벌규정이 적용되지 않는다.
③ 자격증 미반납자에 대하여는 100만원 이하의 과태료를 부과한다.
⑤ 최근 1년 내에 3회 이상의 업무정지 또는 과태료처분을 받고 다시 업무정지 또는 과태료처분에 해당하는 행위를 한 경우에 중개사무소의 개설등록이 취소될 수 있다.

30.
정답 ②

② 임대차계약당사자는 신고 후 해당 주택임대차계약의 보증금, 차임 등 임대차 가격이 변경된 경우에는 변경이 확정된 날부터 30일 이내에 해당 신고관청에 공동으로 신고하여야 한다.

31.
정답 ⑤

하 계약의 체결

⑤ 전자계약을 한 경우에도 해제사유가 있는 경우 해당 계약을 해제할 수 있다.

32.
정답 ②

중 중개대상물의 조사 · 확인

② 관습상의 법정지상권을 취득한 후 건물소유자가 토지소유자와 건물의 소유를 목적으로 하는 토지 임대차계약을 체결한 경우에는 관습상의 법정지상권을 포기한 것이다(대판 1992.10.27, 92다3984).

33.
정답 ④

상 부동산거래신고제도

④ 임대주택 분양전환은 임대주택사업자(법인으로 한정)가 임대기한이 완료되어 분양전환하는 주택인 경우에 ✔ 표시한다.

34.
정답 ③

중 개별적 중개실무

옳은 것은 3개(ㄱ, ㄴ, ㅁ)이다.
ㄷ. 명의신탁자에 대하여는 부동산가액의 30% 범위 내에서 대통령령으로 정하는 과징금을 부과한다.
ㄹ. 과징금을 부과받은 자가 과징금부과일로부터 1년 내에 실명등기를 하지 않은 경우에는 부동산가액의 10%를, 다시 1년 내에 실명등기를 하지 않은 경우에는 부동산가액의 20%를 이행강제금으로 부과한다.

✅ 「부동산 실권리자명의 등기에 관한 법률」상 제재	
과징금	• 부동산가액의 100분의 30 이하에 해당하는 금액 ➔ 대통령령으로 정함 • 대상: 명의신탁자
이행강제금	• 1차 이행강제금: 과징금 부과일부터 1년이 경과한 때. 부동산평가액의 10% • 2차 이행강제금: 1차 이행강제금 부과일부터 다시 1년이 경과한 때, 부동산평가액의 20%
행정형벌	5년 이하의 징역 또는 2억원 이하의 벌금 ➔ 명의신탁자
	3년 이하의 징역 또는 1억원 이하의 벌금 ➔ 명의수탁자

35.
정답 ①

상 개별적 중개실무

① 증여에 의하여 토지나 건축물을 취득하는 경우에도 계약서에 검인을 받아 제출하여야 한다.

36.
정답 ⑤

상 중개대상물의 조사 · 확인

⑤ '그 밖의 시설물'란에 전기용량, 오수정화시설용량, 용수시설을 기재하는 것은 '비주거용 건축물'의 공업용인 경우이고, '주거용 건축물' 서식에는 가정자동화 시설(Home Automation 등 IT 관련 시설)의 설치 여부를 적는다.

37.
정답 ①

중 개별적 중개실무

② 보증금을 월 단위의 차임으로 전환하는 경우 그 전환되는 금액에 연 12% 또는 한국은행 공시 기준금리에 4.5를 곱한 비율 중 낮은 비율을 곱한 월 차임의 범위를 초과할 수 없다. 지문의 내용은 「주택임대차보호법」상 월 차임 전환시 이율제한 규정이다.
③ 임차인은 건물의 인도와 사업자등록신청을 한 다음 날로부터 대항력을 취득한다.
④ 임대인은 임차인이 3기의 차임을 연체한 경우 임대차계약을 해지할 수 있다.
⑤ 임차인이 임차상가에 대하여 집행권원에 의한 경매를 신청하는 경우 반대의무의 이행 또는 이행의 제공을 집행개시의 요건으로 하지 아니한다.

38.
정답 ④

중 개별적 중개실무

④ 개업공인중개사가 매수신청대리의 위임을 받은 경우에도 매각불허가 결정에 대한 즉시항고를 당연히 대리할 수 있는 것은 아니다.

39.
정답 ②

중 개별적 중개실무

② 임차권등기가 경매신청권까지 인정되는 것은 아니다.

40.
정답 ③

상 개별적 중개실무

③ 경매는 인도명령제가 인정되나, 공매는 인도명령제가 없다.

41	42	43	44	45	46	47	48	49	50
③	①	③	②	⑤	①	⑤	④	④	②
51	52	53	54	55	56	57	58	59	60
④	④	⑤	③	⑤	⑤	⑤	⑤	⑤	③
61	62	63	64	65	66	67	68	69	70
⑤	④	④	①	⑤	⑤	③	⑤	①	④
71	72	73	74	75	76	77	78	79	80
②	①	④	③	②	⑤	⑤	③	①	②

선생님의 한마디

제4회는 난이도 상이 11문제, 중이 18문제, 하가 11문제입니다. 난이도 중, 하가 29문제이므로 조금 쉽게 출제했습니다. 60점 이상의 점수를 기대합니다. 난이도 상인 문제가 중요한 것이 아니고, 난이도 중, 하인 문제를 정확하게 정리하시기 바랍니다. 4회차는 조금 어렵게 느낄 수도 있습니다. 「국토의 계획 및 이용에 관한 법률」, 「건축법」, 「주택법」은 반드시 우리가 정복해야 하는 법률입니다. 그래야 합격도 한 발짝 더 다가옵니다. 다음 회차도 힘내십시오. ^^

41.
정답 ③

중 도시 · 군기본계획

① 특별시장 · 광역시장 · 특별자치시장 · 특별자치도지사 · 시장 또는 군수는 지역여건상 필요하다고 인정되면 인접한 특별시 · 광역시 · 특별자치시 · 특별자치도 · 시 또는 군의 관할 구역 전부 또는 일부를 포함하여 도시 · 군기본계획을 수립할 수 있다.
② 도시 · 군기본계획의 내용이 광역도시계획의 내용과 다를 때에는 광역도시계획의 내용이 우선한다.
④ 특별시장 · 광역시장 · 특별자치시장 · 특별자치도지사 · 시장 또는 군수는 도시 · 군기본계획을 수립하거나 변경하려면 미리 공청회를 열어 주민과 관계 전문가 등으로부터 의견을 들어야 하며, 공청회에서 제시된 의견이 타당하다고 인정하면 도시 · 군기본계획에 반영해야 한다.
⑤ 특별시장 · 광역시장 · 특별자치시장 또는 특별자치도지사는 도시 · 군기본계획을 수립하거나 변경하려는 경우 국토교통부장관의 승인을 받지 않는다.

42.
정답 ①

중 지구단위계획

② 지구단위계획구역 및 지구단위계획은 도시 · 군관리계획으로 결정한다.
③ 「관광진흥법」에 따라 지정된 관광특구로 지정된 지역의 전부 또는 일부에 대하여 지구단위계획구역을 지정할 수 있다.
④ 도시지역 외의 지역에서 지구단위계획구역을 지정할 수 있다.
⑤ 도시지역 내 지구단위계획구역에서 완화하여 적용되는 건폐율 및 용적률은 해당 용도지역 또는 용도지구에 적용되는 건폐율의 150% 및 용적률의 200%를 각각 초과할 수 없다.

43.
정답 ③

중 용도지역 · 용도지구 · 용도구역

ㄱ: 100, ㄴ: 200, ㄷ: 250, ㄹ: 300
• 제1종 일반주거지역: '100'% 이상 '200'% 이하
• 제2종 일반주거지역: '100'% 이상 '250'% 이하
• 제3종 일반주거지역: '100'% 이상 '300'% 이하

Ⅴ 용도지역의 용적률의 최대한도(대통령령)

용도지역			세분	용적률
도시지역	주거지역	전용	제1종	50% 이상 100% 이하
			제2종	50% 이상 150% 이하
		일반	제1종	100% 이상 200% 이하
			제2종	100% 이상 250% 이하
			제3종	100% 이상 300% 이하
		준		200% 이상 500% 이하
	상업지역	근린		200% 이상 900% 이하
		유통		200% 이상 1,100% 이하
		일반		200% 이상 1,300% 이하
		중심		200% 이상 1,500% 이하
	공업지역	전용		150% 이상 300% 이하
		일반		150% 이상 350% 이하
		준		150% 이상 400% 이하
	녹지지역	보전		50% 이상 80% 이하
		생산		50% 이상 100% 이하
		자연		50% 이상 100% 이하
관리지역	보전	-		50% 이상 80% 이하
	생산	-		50% 이상 80% 이하
	계획	-		50% 이상 100% 이하
농림지역		-		50% 이상 80% 이하
자연환경보전지역		-		50% 이상 80% 이하

44.
정답 ②

하 도시 · 군관리계획

② 시가화조정구역이나 수산자원보호구역의 지정에 관한 도시 · 군관리계획 결정 당시 이미 사업 또는 공사에 착수한 자는 도시 · 군관리계획결정의 고시일부터 3개월 이내에 그 사업 또는 공사의 내용을 관할 특별시장 · 광역시장 · 특별자치시장 · 특별자치도지사 · 시장 또는 군수에게 신고하고 그 사업이나 공사를 계속할 수 있다.

45.
정답 ⑤

하 용도지역 · 용도지구 · 용도구역

⑤ 도시자연공원구역에 관한 설명이다.

46.
정답 ①

상 개발행위의 허가 등

② 전 · 답 사이의 지목변경을 수반하는 경작을 위한 토지의 형질변경은 개발행위허가의 대상이 아니다.
③ 특별시장 · 광역시장 · 특별자치시장 · 특별자치도지사 · 시장 또는 군수는 개발행위허가를 하는 경우에는 그 개발행위에 따른 기반시설의 설치 또는 그에 필요한 용지의 확보, 위해방지, 환경오염방지, 경관, 조경 등에 관한 조치를 할 것을 조건으로 개발행위허가를 할 수 있다.
④ 개발행위로 인하여 주변의 환경 · 경관 · 미관 · 국가유산 등이 크게 오염되거나 손상될 우려가 있는 지역에 대하여는 한 차례만 3년 이내의 기간 동안 개발행위허가를 제한할 수 있다.
⑤ 개발행위허가를 받은 자가 행정청이 아닌 경우 개발행위로 용도가 폐지되는 공공시설은 새로 설치한 공공시설의 설치비용에 상당하는 범위에서 개발행위허가를 받은 자에게 무상으로 양도할 수 있다.

47.
정답 ⑤

중 용도지역 · 용도지구 · 용도구역

① 제1종 일반주거지역이다.
② 일반공업지역이다.
③ 공유수면의 매립목적이 그 매립구역과 이웃하고 있는 용도지역의 내용과 다른 경우 및 그 매립구역이 둘 이상의 용도지역에 걸쳐 있거나 이웃하고 있는 경우 그 매립구역이 속할 용도지역은 도시 · 군관리계획결정으로 지정해야 한다.
④ 도시지역이 세부용도지역으로 지정되지 않은 경우에는 건폐율의 최대한도를 적용할 때에 보전녹지지역에 관한 규정을 적용한다.

48.
정답 ④

중 개발행위의 허가 등

옳은 것은 ㄴ, ㄷ이다.
ㄱ. 특별시장 · 광역시장 · 특별자치시장 · 특별자치도지사 · 시장 또는 군수는 녹지지역, 관리지역, 농림지역 및 자연환경보전지역에서 성장관리계획구역을 지정할 수 있다.

49.
정답 ④

중 개발행위의 허가 등

④ 개발밀도관리구역을 지정하거나 변경하려면 지방도시계획위원회의 심의를 거쳐야 한다. 주민의견청취는 없다.

50.
정답 ②

상 용도지역 · 용도지구 · 용도구역

방재지구의 재해저감대책에 부합하게 재해예방시설을 설치하는 건축물의 경우: 주거지역 · 상업지역 또는 공업지역에서는 해당 용적률의 '140'% 이하의 범위에서 도시 · 군계획조례로 정하는 비율

51.
정답 ④

상 용도지역 · 용도지구 · 용도구역

④ 공장(제2종 근린생활시설 중 제조업소를 포함한다)은 농림지역에서 건축할 수 없다.

✔ 농림지역에서 건축할 수 있는 건축물

1. 단독주택으로서 현저한 자연훼손을 가져오지 않는 범위 안에서 건축하는 농어가주택(「농지법」에 따른 농업인 주택 및 어업인 주택을 말한다)
2. 제1종 근린생활시설 중 공중화장실, 대피소 및 변전소, 도시가스배관시설, 통신용 시설, 정수장, 양수장
3. 교육연구시설 중 초등학교
4. 창고(농업 · 임업 · 축산업 · 수산업용만 해당한다)
5. 동물 및 식물 관련 시설 중 작물 재배사, 종묘배양시설, 화초 · 분재 등의 온실 및 식물과 관련된 이와 비슷한 것
6. 발전시설

52.
정답 ④

상 도시 · 군계획시설

틀린 것은 ㄱ, ㄴ, ㄷ이다.
ㄱ. 협의가 성립되지 않는 경우 도시 · 군계획시설사업을 시행하려는 구역이 같은 도의 관할 구역에 속하는 경우에는 관할 도지사가 시행자를 지정하고, 둘 이상의 시 · 도의 관할 구역에 걸치는 경우에는 국토교통부장관이 시행자를 지정한다.
ㄴ. 도시 · 군계획시설결정의 고시일부터 10년 이내에 그 도시 · 군계획시설의 설치에 관한 도시 · 군계획시설사업이 시행되지 않는 경우(실시계획의 인가나 그에 상당하는 절차가 진행된 경우는 제외한다) 토지의 매수를 청구할 수 있다.
ㄷ. 시장 또는 군수는 도지사가 결정한 도시 · 군관리계획의 해제가 필요한 경우에는 도지사에게 그 결정을 신청해야 한다.

53.
정답 ⑤

중 도시개발구역의 지정 등

① 서로 떨어진 둘 이상의 지역을 결합하여 하나의 도시개발구역으로 지정할 수 있다.
② 지정권자는 도시개발사업을 환지방식으로 시행하려고 개발계획을 수립하거나 변경할 때에 도시개발사업의 시행자가 국가나 지방자치단체이면 토지소유자의 동의를 받을 필요가 없다.
③ 지정권자는 직접 또는 관계 중앙행정기관의 장 또는 시장(대도시 시장은 제외한다) · 군수 · 구청장 또는 도시개발사업의 시행자의 요청을 받아 개발계획을 변경할 수 있다.
④ 도시개발사업의 공사완료(환지방식에 따른 사업인 경우에는 그 환지처분)의 공고일의 다음 날에 해제된 것으로 본다.

54.
정답 ③

상 도시개발사업의 시행

③ [(120억원 - 30억원) / 60억원] × 100 = 150%

✔ 비례율의 계산식

비례율 = [(도시개발사업으로 조성되는 토지 · 건축물의 평가액 합계 - 총사업비) / 환지 전 토지 · 건축물의 평가액 합계] × 100

55.
정답 ⑤

상 도시개발사업의 시행

⑤ 「사회복지사업법」에 따른 사회복지시설의 경우에는 유료시설을 제외한 시설로서 관할 지방자치단체의 장의 추천을 받은 경우로 한정한다.

시행자는 학교, 폐기물처리시설, 임대주택, 그 밖에 다음의 시설을 설치하기 위한 조성토지 등과 이주단지의 조성을 위한 토지를 공급하는 경우에는 해당 토지의 가격을 「감정평가 및 감정평가사에 관한 법률」에 따른 감정평가법인 등이 감정평가한 가격 이하로 정할 수 있다. 다만, 공공시행자에게 임대주택 건설용지를 공급하는 경우에는 해당 토지의 가격을 감정평가한 가격 이하로 정해야 한다.
1. 공공청사
2. 사회복지시설(행정기관 및 「사회복지사업법」에 따른 사회복지법인이 설치하는 사회복지시설을 말한다). 다만, 「사회복지사업법」에 따른 사회복지시설의 경우에는 유료시설을 제외한 시설로서 관할 지방자치단체의 장의 추천을 받은 경우로 한정한다.
3. 「국토의 계획 및 이용에 관한 법률 시행령」 별표 17 제2호 차목에 해당하는 공장. 다만, 해당 도시개발사업으로 이전되는 공장의 소유자가 설치하는 경우로 한정한다.
4. 임대주택
5. 「주택법」에 따른 국민주택규모 이하의 공동주택. 다만, 공공시행자가 국민주택규모 이하의 공동주택을 건설하려는 자에게 공급하는 경우로 한정한다.
6. 「관광진흥법」에 따른 호텔업 시설. 다만, 공공시행자가 200실 이상의 객실을 갖춘 호텔의 부지로 토지를 공급하는 경우로 한정한다.
7. 그 밖에 「국토의 계획 및 이용에 관한 법률」에 따른 기반시설로서 국토교통부령으로 정하는 시설

56.
정답 ⑤

하 도시개발사업의 시행

⑤ 보류지는 환지계획에서 정한 자가 환지처분이 공고된 날의 다음 날에 해당 소유권을 취득한다.

57.
정답 ④

중 도시개발법 비용부담 등

① 조합은 토지상환채권을 발행할 수 없다. 시행자는 토지소유자가 원하면 토지 등의 매수대금의 일부를 지급하기 위하여 사업시행으로 조성된 토지·건축물로 상환하는 채권(토지상환채권)을 발행할 수 있다.
② 토지상환채권은 질권의 목적으로 할 수 있다. 이 경우 질권자의 성명과 주소가 토지상환채권원부에 기재되지 않으면 질권자는 발행자 및 그 밖의 제3자에게 대항하지 못한다.
③ 도시개발채권은 「주식·사채 등의 전자등록에 관한 법률」에 따라 전자등록하여 발행하거나 무기명으로 발행할 수 있다.
⑤ 도시개발채권의 소멸시효는 상환일부터 기산(起算)하여 원금은 5년, 이자는 2년으로 한다.

58.
정답 ⑤

하 도시개발사업의 시행

⑤ 실시계획의 수립·변경은 대의원회가 대행할 수 있다.

Ⓥ 대의원회가 총회의 권한을 대행할 수 없는 사항

대의원회는 다음의 사항을 제외한 총회의 권한을 대행할 수 있다.
1. 정관의 변경
2. 개발계획의 수립 및 변경(경미한 변경 및 실시계획의 수립·변경은 제외한다)
3. 환지계획의 작성
4. 조합임원의 선임
5. 조합의 합병 또는 해산에 관한 사항(청산금의 징수·교부를 완료한 후에 조합을 해산하는 경우는 제외한다)

59.
정답 ⑤

중 정비사업의 시행

⑤ 2년이 아니라 1년이다.

60.
정답 ③

상 정비사업의 시행

③ 「문화유산의 보존 및 활용에 관한 법률」에 따른 문화유산의 보존·관리에 관한 사항은 해당하지 않는다.

Ⓥ 사업시행계획의 통합심의

정비구역의 지정권자는 사업시행계획인가와 관련된 다음 중 둘 이상의 심의가 필요한 경우에는 이를 통합하여 검토 및 심의(이하 '통합심의'라 한다)해야 한다.
1. 「건축법」에 따른 건축물의 건축 및 특별건축구역의 지정 등에 관한 사항
2. 「경관법」에 따른 경관 심의에 관한 사항
3. 「교육환경 보호에 관한 법률」에 따른 교육환경평가
4. 「국토의 계획 및 이용에 관한 법률」에 따른 도시·군관리계획에 관한 사항
5. 「도시교통정비 촉진법」에 따른 교통영향평가에 관한 사항
6. 「환경영향평가법」에 따른 환경영향평가 등에 관한 사항
7. 그 밖에 국토교통부장관, 시·도지사 또는 시장·군수 등이 필요하다고 인정하여 통합심의에 부치는 사항

61.
정답 ⑤

상 정비사업의 시행

옳은 것은 ㄱ, ㄴ, ㄷ, ㄹ 모두이다.

Ⓥ 관리처분계획의 고시사항

시장·군수 등이 관리처분계획을 인가하는 때에는 그 내용을 해당 지방자치단체의 공보에 고시해야 한다.
1. 정비사업의 종류 및 명칭
2. 정비구역의 위치 및 면적
3. 사업시행자의 성명 및 주소
4. 관리처분계획인가일
5. 다음의 사항을 포함한 관리처분계획인가의 요지
   • 대지 및 건축물의 규모 등 건축계획
   • 분양 또는 보류지의 규모 등 분양계획
   • 신설 또는 폐지하는 정비기반시설의 명세
   • 기존 건축물의 철거 예정시기 등

62.
정답 ④

중 기본계획의 수립 및 정비구역의 지정

①②③ 정비구역의 지정권자는 재개발사업·재건축사업(조합이 시행하는 경우로 한정한다)이 다음의 어느 하나에 해당하는 경우에는 정비구역 등을 해제해야 한다.
• 토지등소유자가 정비구역으로 지정·고시된 날부터 2년이 되는 날까지 조합설립추진위원회(이하 '추진위원회'라 한다)의 승인을 신청하지 않는 경우
• 토지등소유자가 정비구역으로 지정·고시된 날부터 3년이 되는 날까지 조합설립인가를 신청하지 않는 경우(추진위원회를 구성하지 않는 경우로 한정한다)
• 추진위원회가 추진위원회 승인일부터 2년이 되는 날까지 조합설립인가를 신청하지 않는 경우
• 조합이 조합설립인가를 받은 날부터 3년이 되는 날까지 사업시행계획인가를 신청하지 않는 경우

⑤ 정비구역의 지정권자는 추진위원회가 구성되거나 조합이 설립된 정비구역에서 토지등소유자 과반수의 동의로 정비구역의 해제를 요청하는 경우(사업시행계획인가를 신청하지 않는 경우로 한정한다) 지방도시계획위원회의 심의를 거쳐 정비구역 등을 해제할 수 있다.

63.
정답 ④

> 하 정비사업의 시행

ㄱ: 4분의 3, ㄴ: 3분의 2, ㄷ: 4분의 3, ㄹ: 2분의 1
• 재건축사업에서 주택단지가 아닌 지역이 정비구역에 포함된 때에는 주택단지가 아닌 지역의 토지 또는 건축물 소유자의 '4분의 3' 이상 및 토지면적의 '3분의 2' 이상의 토지소유자의 동의를 받아야 한다.
• 재개발사업의 추진위원회가 조합을 설립하려면 토지등소유자의 '4분의 3' 이상 및 토지면적의 '2분의 1' 이상의 토지소유자의 동의를 받아 시장·군수 등의 조합설립인가를 받아야 한다.

64.
정답 ①

> 하 도시정비법 총칙

① 탁아소·어린이집·경로당 등 노유자시설은 정비기반시설에 해당하지 않고, 공동이용시설에 해당한다.

> Ⅴ 정비기반시설
>
> 정비기반시설이란 도로·상하수도·구거(溝渠: 도랑)·공원·공용주차장·공동구, 그 밖에 주민의 생활에 필요한 열·가스 등의 공급시설로서 대통령령으로 정하는 다음의 시설을 말한다.
> 1. 녹지, 하천, 공공공지, 광장
> 2. 소방용수시설, 비상대피시설, 가스공급시설, 지역난방시설
> 3. 주거환경개선사업을 위하여 지정·고시된 정비구역에 설치하는 공동이용시설로서 사업시행계획서에 해당 시장·군수 등이 관리하는 것으로 포함된 시설

65.
정답 ⑤

> 중 주택의 건설 등

① 지역주택조합을 설립하려는 경우 관할 시장·군수·구청장의 인가를 받아야 한다. 인가받은 내용을 변경하거나 해산하려는 경우에도 또한 같다.
② 주택조합과 등록사업자가 공동으로 사업을 시행하면서 시공할 경우 등록사업자는 시공자로서의 책임뿐만 아니라 자신의 귀책사유로 사업 추진이 불가능하게 되거나 지연됨으로 인하여 조합원에게 입힌 손해를 배상할 책임이 있다.
③ 주택조합설립인가 신청일부터 해당 조합주택의 입주가능일까지 주택을 소유하지 않거나 주거전용면적 85m^2 이하의 주택 1채를 소유한 세대주인 사람이다.
④ 조합원으로 추가모집되거나 충원되는 자가 조합원 자격요건을 갖추었는지를 판단할 때에는 해당 조합설립인가 신청일을 기준으로 한다.

66.
정답 ⑤

> 하 주택의 건설 등

⑤ 3년이 아니라 5년이다.

67.
정답 ③

> 상 주택의 건설 등

③ 주택상환사채의 발행방법의 변경은 총회의결사항에 해당하지 않는다.

> Ⅴ 필수적 의결사항
>
> 다음의 사항은 반드시 총회의 의결을 거쳐야 한다.
> 1. 조합규약의 변경
> 2. 자금의 차입과 그 방법·이자율 및 상환방법
> 3. 예산으로 정한 사항 외에 조합원에게 부담이 될 계약의 체결
> 4. 업무대행자의 선정·변경 및 업무대행계약의 체결
> 5. 시공자의 선정·변경 및 공사계약의 체결
> 6. 조합임원의 선임 및 해임
> 7. 사업비의 조합원별 분담 명세
> 8. 조합해산의 결의 및 해산시의 회계 보고

68.
정답 ⑤

> 중 주택의 공급

옳은 것은 ㄱ, ㄴ, ㄷ 모두이다.

69.
정답 ①

> 중 주택의 건설 등

① 하나의 주택단지의 입주자를 분할모집하여 전체 단지의 사용검사를 마치기 전에 입주가 필요한 경우에는 공사가 완료된 주택에 대하여 동별로 사용검사를 받을 수 있다.

70.
정답 ④

> 하 주택법 총칙

④ 「건축법」에 따른 건축설비는 부대시설에 해당한다.

71.
정답 ②

> 하 주택의 공급

② 「관광진흥법」에 따라 지정된 관광특구에서 건설·공급하는 공동주택으로서 해당 건축물의 층수가 50층 이상이거나 높이가 150m 이상인 경우이다.

72.
정답 ①

> 하 지역 및 지구의 건축물

① 제3종 일반주거지역이 60m^2로 가장 작다.
②③④ 중심상업지역, 근린상업지역, 준공업지역은 150m^2이다.
⑤ 자연녹지지역은 200m^2이다.

> Ⅴ 대지분할제한 면적
>
> 건축물이 있는 대지는 다음에 해당하는 규모 이상의 범위에서 해당 지방자치단체의 조례로 정하는 면적에 못 미치게 분할할 수 없다.
> 1. 주거지역: 60m^2 2. 상업지역: 150m^2
> 3. 공업지역: 150m^2 4. 녹지지역: 200m^2
> 5. 이외의 지역: 60m^2

73.
정답 ④

중 건축법 보칙 및 벌칙

④ 120일이 아니라 60일이다.

74.
정답 ③

상 건축물의 대지와 도로

옳은 것은 ㄱ, ㄴ이다.
ㄷ. 옹벽의 높이가 2m 이상인 경우에는 이를 콘크리트구조로 할 것

75.
정답 ②

중 지역 및 지구의 건축물

② 건축물을 리모델링하는 경우로서 미관향상, 열의 손실방지 등을 위하여 외벽에 부가하여 마감재 등을 설치하는 부분은 바닥면적에 산입하지 않는다.

76.
정답 ⑤

중 건축물의 건축

⑤ 건축신고를 한 자가 신고일부터 1년 이내에 공사에 착수하지 않으면 그 신고의 효력은 없어진다.

77.
정답 ⑤

중 건축법 총칙

⑤ 공장(산업 등 시설군)을 자동차 관련 시설(자동차 관련 시설군)로 변경하는 것은 상위군에 해당하는 용도로 변경하는 경우로서 특별자치시장·특별자치도지사 또는 시장·군수·구청장의 허가를 받아야 한다.

⑨ 용도변경 시설군	
1. 자동차 관련 시설군	자동차 관련 시설
2. 산업 등 시설군	• 운수시설 • 공장 • 창고시설 • 위험물저장 및 처리시설 • 자원순환 관련 시설 • 묘지 관련 시설 • 장례시설
3. 전기통신시설군	• 방송통신시설 • 발전시설
4. 문화 및 집회시설군	• 문화 및 집회시설 • 종교시설 • 위락시설 • 관광휴게시설
5. 영업시설군	• 판매시설 • 운동시설 • 숙박시설 • 다중생활시설(제2종 근린생활시설)
6. 교육 및 복지시설군	• 의료시설 • 교육연구시설 • 노유자시설 • 수련시설 • 야영장시설
7. 근린생활시설군	• 제1종 근린생활시설 • 제2종 근린생활시설(다중생활시설은 제외)
8. 주거업무시설군	• 단독주택 • 공동주택 • 업무시설 • 교정시설 • 국방·군사시설
9. 그 밖의 시설군	동물 및 식물 관련 시설

78.
정답 ③

상 지역 및 지구의 건축물

③ 용적률(150%) = [연면적(X) / 대지면적(160m²)] × 100이다. 따라서 연면적(X) = 240m²가 된다. 연면적은 각 층의 바닥면적의 합계를 말하고, 용적률을 계산할 때에는 연면적에 지하층의 면적은 포함하지 않으므로 연면적(240m²) / 지상 3층 = 80m², 즉 각 층의 바닥면적은 80m²가 된다.

79.
정답 ①

하 농지의 이용

① 농지의 임차인이 다년생식물의 재배지로 이용하는 농지의 임대차기간은 5년 이상으로 해야 한다. 임대차기간을 정하지 않거나 5년 미만으로 정한 경우에는 5년으로 약정된 것으로 본다.

80.
정답 ②

중 농지의 보전 등

① 농지를 어린이놀이터·마을회관 등 농업인의 공동생활 편의시설의 부지로 전용하려는 자는 시장·군수 또는 자치구구청장에게 농지전용신고를 해야 한다.
③ 농지의 타용도 일시사용허가를 받는 자는 농지보전부담금의 납부대상이 아니다.
④ 「산지관리법」에 따른 산지전용허가를 받지 않거나 산지전용신고를 하지 않고 불법으로 개간한 농지를 산림으로 복구하는 경우에는 농지전용허가대상이 아니다.
⑤ 농지전용허가, 농지전용협의 또는 농지전용신고를 하고 농지전용목적사업에 사용되고 있거나 사용된 토지를 5년 이내에 다른 목적으로 사용하려는 경우에는 시장·군수 또는 자치구구청장의 승인을 받아야 한다.

2교시

제1과목 부동산 공시에 관한 법령 및 부동산 관련 세법

1	2	3	4	5	6	7	8	9	10
④	⑤	④	①	②	④	④	①	⑤	⑤
11	12	13	14	15	16	17	18	19	20
①	①	④	③	③	①	⑤	③	③	④
21	22	23	24	25	26	27	28	29	30
③	⑤	①	③	⑤	④	②	⑤	②	④
31	32	33	34	35	36	37	38	39	40
①	②	②	③	④	②	③	④	①	⑤

선생님의 한마디

문제를 풀어보면 앞에서 풀었던 문제가 조금씩 기억이 나시죠? 부동산공시법령 문제는 다른 과목과 비교했을 때 출제되는 범위가 제한되어 있습니다. 각 문제의 출제범위를 확인하면서 공부하시기 바랍니다.

1.
정답 ④

[하] 공간정보관리법 총칙

ㄱ은 소유권변경사실의 통지, ㄴ은 등기촉탁이다.

2.
정답 ⑤

[하] 토지의 등록

⑤ 임야도에 등록된 토지를 지적도로 옮겨 등록한 경우는 등록전환의 경우에 해당하지만, 나머지는 지적확정측량을 준용하는 경우에 해당한다.

3.
정답 ④

[하] 토지의 등록

ㄱ은 구거, ㄴ은 유원지, ㄷ은 잡종지이다.

4.
정답 ①

[하] 토지의 등록

면적측정을 요하는 것은 ㄱ, ㄴ이다.
ㄷ. 지번변경, ㄹ. 경계복원측량, ㅁ. 위치정정의 경우 면적측정을 요하지 아니한다.

5.
정답 ②

[하] 지적공부

② 공유지연명부에는 토지의 소재와 지번, 소유자에 관한 사항은 등록하지만, 대지권 비율은 등록하지 아니한다.

6.
정답 ④

[상] 지적공부

④ 축척이 1/500인 지적도의 도곽의 크기는 가로 40cm, 세로 30cm이므로 실제거리는 가로 200m, 세로 150m가 되고 실제면적은 $30,000m^2$이다.

7.
정답 ④

[중] 토지의 이동 및 지적정리

틀린 것은 ㄱ, ㄴ, ㄹ이다.
ㄱ. 등록전환은 지목변경을 요건으로 하지 아니한다.
ㄴ. 임야대장의 면적과 등록전환될 면적의 차이가 허용범위를 초과하는 경우에는 임야대장의 면적 또는 임야도의 경계를 지적소관청이 직권으로 정정하여야 한다.
ㄹ. 주택건설사업승인 이후 원활한 사업추진을 위하여 사업시행자 또는 소유자가 공사준공 전에 토지합병을 신청하는 경우에 지목변경을 할 수 있다.

8.
정답 ①

[하] 토지의 이동 및 지적정리

① 지적측량적부심사에 관한 사항은 지방지적위원회의 권한이다.

9.
정답 ⑤

[하] 토지의 이동 및 지적정리

통지하는 경우를 모두 고른 것은 ㄱ, ㄷ, ㄹ이다.
ㄴ. 토지소유자의 신청으로 지적소관청이 지적공부에 등록하는 토지표시를 변경하여 등록한 경우는 토지소유자가 정리내용을 알고 있으므로 통지를 요하지 아니한다.

10.
정답 ⑤

[하] 지적측량

⑤ 지상건축물 등의 현황을 지적도 및 임야도에 등록된 경계와 대비하여 표시하는 데에 필요한 경우에는 지적현황측량을 실시한다.

11.
정답 ①

[중] 지적측량

① 토지소유자 등은 검사측량과 지적재조사측량을 지적측량수행자에게 지적측량의뢰할 수 없다.

12.

정답 ①

하 지적측량

- 시·도지사는 지적측량 적부심사의결서를 송부받은 날부터 '7일' 이내에 적부심사청구인 및 이해관계인에게 통지하여야 한다.
- 지적측량 적부심사의결서를 통지받은 자가 지방지적위원회의 의결에 불복하는 때에는 의결서를 통지받은 날부터 '90일' 이내에 국토교통부장관을 거쳐 중앙지적위원회에 재심사를 청구할 수 있다.

13.

정답 ④

하 부동산등기법 총칙

④ 소유권이전등기가 경료된 경우에 그 등기명의자는 제3자뿐만 아니라 전 소유자에 대해서도 추정력을 주장할 수 있다.

14.

정답 ③

중 등기기관과 설비

- 1동의 건물의 표제부에는 표시번호란, 접수란, 소재지번·건물명칭 및 번호란, 건물내역란, 등기원인 및 기타사항란을 두고, '대지권의 목적인 토지의 표시'를 위한 표시번호란, 소재지번란, 지목란, 면적란, 등기원인 및 기타사항란을 둔다.
- 전유부분의 표제부에는 표시번호란, 접수란, 건물번호란, 건물내역란, 등기원인 및 기타사항란을 두고, '대지권의 표시'를 위한 표시번호란, 대지권종류란, 대지권비율란, 등기원인 및 기타사항란을 둔다.

15.

정답 ③

중 등기절차 총론

① 甲, 乙간의 매매 후 등기 전에 매도인 甲이 사망한 경우 甲의 상속인 丙은 乙과 공동으로 乙명의의 소유권이전등기를 신청할 수 있다.
② 수익자나 위탁자는 수탁자를 대위하여 신탁등기를 신청할 수 있다. 이 경우 동시신청에 관한 규정은 적용하지 아니한다.
④ 「민법」상 조합을 등기의무자로 한 근저당권설정등기는 물론, 「민법」상 조합을 채무자로 표시한 근저당권설정등기도 신청할 수 없다.
⑤ 건물이 멸실한 경우에 그 소유권의 등기명의인이 1개월 이내에 그 등기를 신청하지 아니하면 그 건물대지의 소유자가 대위하여 그 등기를 신청할 수 있다.

16.

정답 ①

하 등기절차 총론

① 甲 단독소유를 甲·乙 공유로 경정하는 경우 등기필정보를 작성한다.
②③④ 등기필정보는 등기신청인과 등기명의인이 일치하는 경우에 작성한다.
⑤ 등기명의인 표시변경등기의 경우에 등기필정보는 작성하지 않는다.

17.

정답 ⑤

중 등기절차 총론

⑤ 전자신청에 대한 각하 결정의 고지는 서면신청과 동일한 방법으로 처리한다.

18.

정답 ③

중 등기절차 총론

③ 등기관은 이의가 이유 없다고 인정하면 이의신청일부터 3일 이내에 의견을 붙여 이의신청서를 관할 지방법원에 보내야 한다.

19.

정답 ③

중 표시에 관한 등기

③ 말소등기에 등기상 이해관계 있는 제3자가 있을 때에는 신청서에 그 승낙서 또는 이에 대항할 수 있는 재판의 등본을 첨부하지 않으면 각하사유에 해당한다. 말소등기는 주등기로 실행한다.

20.

정답 ④

상 권리에 관한 등기

해당하는 것은 ㄱ, ㄴ, ㄷ이다.
ㄹ. 건물에 대하여 건축허가명의인(또는 건축주)을 상대로 한 소유권확인판결은 상대방을 잘못 지정하였으므로 이에 해당하지 아니한다.

21.

정답 ③

상 권리에 관한 등기

틀린 것은 ㄴ, ㄷ이다.
ㄴ. 수익자나 위탁자는 수탁자를 대위하여 신탁등기를 신청할 수 있다. 이 경우 동시신청은 적용하지 아니한다.
ㄷ. 법원은 수탁자 해임의 재판을 한 경우 지체 없이 신탁원부 기록의 변경등기를 등기소에 촉탁하여야 한다.

22.

정답 ⑤

상 권리에 관한 등기

⑤ 근저당권의 피담보채권이 확정되기 전에 피담보채권이 양도된 경우에 이를 원인으로 이전등기를 신청할 수 없다.

23.

정답 ①

중 권리에 관한 등기

가등기의 대상이 될 수 있는 것은 ㄱ. 채권적청구권보전의 가등기, ㄴ. 권리의 설정·이전·변경·소멸의 청구권, ㄷ. 가등기의 처분제한등기이다.

24.

정답 ③

중 권리에 관한 등기

③ 1필지의 일부에 대한 가처분등기는 허용되지 아니하므로, 1필지 전부에 대한 처분금지가처분등기를 하여야 한다.

25.
정답 ⑤

하 조세의 기초 이론

⑤ 농어촌특별세는 목적세이며, 부동산취득·보유·양도 모든 단계에서 부과될 수 있는 국세이다.

26.
정답 ④

하 납세의무의 성립·확정·소멸

④ 취득세 - 과세물건을 취득하는 때

27.
정답 ②

중 취득세

② 「도시개발법」에 따른 환지방식에 의한 도시개발사업의 시행으로 토지의 지목이 사실상 변경됨으로써 그 가액이 증가한 경우에는 그 환지계획에 따라 공급되는 환지는 조합원이, 체비지 또는 보류지는 사업시행자가 각각 취득한 것으로 본다.

28.
정답 ⑤

중 취득세

⑤ 지방자치단체의 장은 「지방세기본법」 제2조 제1항 제34호에 따른 특수관계인간의 거래로 그 취득에 대한 조세부담을 부당하게 감소시키는 행위 또는 계산을 한 것으로 인정되는 경우('부당행위계산'이라 함)에는 시가인정액을 취득당시가액으로 결정할 수 있다.

29.
정답 ②

중 취득세

② 조정대상지역 내 1세대 1주택 및 조정대상지역 외 1세대 2주택을 취득하는 경우 취득세 세율은 6억원 초과 9억원 이하인 경우에는

(취득당시가액 $\times \dfrac{2}{3억원} - 3) \times \dfrac{1}{100}$ 의 세율을 적용한다.

∴ (7억 5,000만원 $\times \dfrac{2}{3억원} - 3) \times \dfrac{1}{100} = \dfrac{20}{1000}$

30.
정답 ④

하 등록면허세

④ 대한민국 정부기관의 등록에 대하여 과세하는 외국정부의 등록은 등록면허세를 과세한다.

31.
정답 ①

하 등록면허세

① 같은 채권의 담보를 위하여 설정하는 둘 이상의 저당권을 등록하는 경우에는 이를 하나의 등록으로 보아 그 등록에 관계되는 재산을 처음 등록하는 등록관청의 소재지를 납세지로 한다.

32.
정답 ②

상 종합부동산세

ㄱ은 80%, ㄴ은 7단계, ㄷ은 15년, ㄹ은 6개월, ㅁ은 5년이다.

- 1세대 1주택자에 대한 연령별 공제와 보유기간별 공제는 80% 범위 내에서 중복공제가 허용된다.
- 개인이 조정대상지역 내 2주택을 소유하는 경우에 종합부동산세 세율은 0.5~2.7% 7단계 초과누진세율을 적용한다.
- 1세대 1주택자가 15년 이상 장기보유하는 경우는 산출된 주택분 종합부동산세의 세액에서 100분의 50을 곱한 금액을 공제한다.
- 관할 세무서장은 종합부동산세로 납부하여야 할 세액이 250만원을 초과하는 경우에는 그 세액의 일부를 납부기한이 경과한 날부터 6개월 이내에 분할납부하게 할 수 있다.
- 혼인함으로써 1세대를 구성하는 경우에는 혼인한 날부터 5년 동안은 주택 또는 토지를 소유하는 자와 그 혼인한 자별로 각각 1세대로 본다.

33.
정답 ②

하 재산세

ㄱ은 100분의 2, ㄴ은 20만, ㄷ은 10이다.

- 건축물(공장용 및 주거용 건축물 제외)의 시가표준액이 해당 부속토지의 시가표준액의 2%에 미달하는 건축물의 부속토지 중 그 건축물의 바닥면적을 제외한 부속토지는 종합합산대상이다.
- 해당 연도에 부과할 주택분 재산세액이 20만원 이하인 경우, 조례로 정하는 바에 따라 납기를 7월 16일부터 7월 31일까지로 하여 한꺼번에 부과·징수할 수 있다.
- 과세대상 주택의 부속토지의 경계가 명백하지 아니할 때에는 그 주택의 바닥면적의 10배에 해당하는 토지를 주택의 부속토지로 한다.

34.
정답 ③

중 재산세

③ 2023년 3월 14일 개정으로 별장은 사치성 재산에서 제외되어 1,000분의 1에서 1,000분의 4의 4단계 초과누진세율을 적용한다.
① 고급주택에 대한 세율은 1,000분의 1에서 1,000분의 4의 4단계 초과누진세율을 적용한다.
② 소방분에 대한 지역자원시설세의 납기와 재산세의 납기가 같을 때에는 재산세의 납세고지서에 나란히 적어 고지할 수 있다.
④ 토지에 대한 산출세액이 20만원 이하인 경우에도 정기분에 대한 납기는 매년 9월 16일부터 9월 30일까지이다.
⑤ 공시가격이 3억원인 상가 건축물의 재산세 세 부담 상한은 전년도 세액의 100분의 150이다.

35.

정답 ④

> 중 **종합부동산세**

옳은 것은 ㄱ, ㄴ, ㄷ, ㄹ 4개이다.
ㅁ. 종합부동산세 납기는 과세대상 종류에 관계없이 토지분과 주택분 모두 매년 12월 1일부터 12월 15일까지이다.

36.

정답 ②

> 하 **양도소득세**

② 「개발제한구역의 지정 및 관리에 관한 특별조치법」 제12조 제1항 제2호 및 제3호의2에 따른 이축을 할 수 있는 권리(이축권)는 과세대상이지만, 이축권 가액을 별도로 평가하여 구분신고하는 경우는 기타소득으로 양도소득세 과세대상이 아니다.

37.

정답 ③

> 상 **양도소득세**

- 양도가액 10억원
- 필요경비(취득가액 5억원에서 양도자산 보유기간에 그 자산에 대한 감가상각비로서 각 과세기간의 사업소득금액을 계산하는 경우 필요경비에 산입한 금액인 1,000만원은 이를 취득가액에서 공제한 금액을 그 취득가액으로 하므로 4억 9,000만원이 취득가액이다)
- 취득세(납부영수증은 없다) 및 중개수수료 등 합계액: 5,000만원은 필요경비로 공제한다.
- 재산세 및 종합부동산세: 1,000만원은 필요경비로 공제하지 않는다.
- 도장비용 등 수익적 지출액: 4,000만원은 필요경비로 공제하지 않는다.
- 양도시 양도소득세 신고서 작성비용, 공증비용, 인지대 등: 1,000만원은 필요경비로 공제한다.

∴ 10억원 − (4억 9,000만원 + 5,000만원 + 1,000만원) = 4억 5,000만원

38.

정답 ④

> 하 **양도소득세**

④ 예정신고를 이행한 경우에는 확정신고를 하지 아니할 수 있다. 다만, 해당 과세기간에 누진세율 적용대상 자산에 대한 예정신고를 2회 이상 한 자가 이미 신고한 양도소득금액과 합산하여 예정신고를 하지 않는 경우 등의 경우에는 예정신고를 이행한 경우라도 확정신고를 이행하여야 한다.

① 거주자가 건물을 증축(증축의 경우 바닥면적 합계가 $85m^2$ 초과하는 경우에 한정)하고 그 건물의 증축일부터 5년 이내에 해당 건물을 양도하는 경우로서 감정가액을 그 취득가액으로 하는 경우에는 해당 건물 감정가액(증축의 경우 증축한 부분에 한정)의 100분의 5에 해당하는 금액을 양도소득 결정세액에 더한다.

② 주식 또는 출자지분을 양도한 경우 양도소득 예정신고기한은 양도일이 속하는 반기의 말일부터 2개월 이내이다.

③ 양도를 하였는데 양도차익이 없는 경우에도 양도소득세 예정신고는 하여야 한다.

⑤ 예정신고기한 내 무신고·과소신고 후 확정신고기한까지 신고·수정신고한 경우에는 해당 무신고·과소신고가산세 100분의 50을 감면한다.

39.

정답 ①

> 중 **양도소득세**

① 고가주택의 경우에도 양도소득기본공제와 세율은 일반주택과 동일하게 계산한다.

40.

정답 ⑤

> 상 **양도소득세**

⑤ 양도 당시 甲과 乙이 혼인관계가 소멸된 경우에도 이월과세 특례를 적용하므로 양도차익 계산시 양도가액에서 공제할 취득가액은 증여자가 취득한 3억원이다.

① 양도소득세 납세의무자는 乙이다.

② 1세대 1주택인 고가주택을 양도하는 경우에 이월과세 특례를 적용하지 않으므로 장기보유특별공제 적용시 보유기간은 증여받은 날부터 양도일까지인데, 해당 주택은 증여받은 날부터 양도일까지의 기간이 3년 미만 보유이므로 양도소득금액 계산시 장기보유특별공제를 적용받을 수 없다.

③ 양도소득세에 대하여 甲과 乙이 연대하여 납부할 의무는 없다.

④ 乙이 납부한 증여세는 양도소득세 납부세액 계산시 세액공제하지 아니하고, 필요경비로 공제한다.

난이도 및 출제포인트 분석

★ 난이도가 낮은 문제는 해설 페이지를 찾아가 꼭 익혀두세요.

1교시 제1과목   공인중개사법령 및 실무

문제번호	난이도 및 출제포인트 분석	문제번호	난이도 및 출제포인트 분석
1	중 공인중개사법령 총칙 p.67	21	상 교육 및 업무위탁, 포상금 제도 p.68
2	중 공인중개사법령 총칙 p.67	22	중 공인중개사협회 p.68
3	중 공인중개사법령 총칙 p.67	23	상 지도·감독 및 벌칙 p.69
4	중 공인중개사 제도 p.67	24	중 지도·감독 및 벌칙 p.69
5	하 중개사무소의 개설등록 p.67	25	상 지도·감독 및 벌칙 p.69
6	중 중개사무소의 개설등록 p.67	26	중 부동산거래신고제도 p.69
7	상 중개사무소의 개설등록 p.67	27	상 부동산거래신고제도 p.69
8	하 중개업무 p.67	28	상 주택임대차계약의 신고 p.69
9	중 중개업무 p.67	29	상 외국인 등의 부동산취득 등에 관한 특례 p.69
10	중 중개업무 p.67	30	중 토지거래허가제도 p.69
11	하 중개업무 p.68	31	상 토지거래허가제도 p.69
12	중 중개계약 및 부동산거래정보망 p.68	32	상 부동산 정보관리 p.69
13	하 중개계약 및 부동산거래정보망 p.68	33	중 중개의뢰접수 및 중개계약 p.69
14	중 개업공인중개사 등의 의무 p.68	34	중 중개대상물의 조사·확인 p.70
15	중 개업공인중개사 등의 의무 p.68	35	상 중개대상물의 조사·확인 p.70
16	중 개업공인중개사 등의 의무 p.68	36	상 개별적 중개실무 p.70
17	하 개업공인중개사 등의 의무 p.68	37	하 개별적 중개실무 p.70
18	중 중개보수 및 실비 p.68	38	상 개별적 중개실무 p.70
19	상 중개보수 및 실비 p.68	39	상 개별적 중개실무 p.70
20	하 교육 및 업무위탁, 포상금 제도 p.68	40	중 개별적 중개실무 p.70

1교시 제2과목   부동산공법

문제번호	난이도 및 출제포인트 분석	문제번호	난이도 및 출제포인트 분석
41	하 도시·군계획시설 p.71	61	상 정비사업의 시행 p.73
42	하 도시·군관리계획 p.71	62	하 정비사업의 시행 p.73
43	하 개발행위의 허가 등 p.71	63	하 정비사업의 시행 p.73
44	상 개발행위의 허가 등 p.71	64	상 정비사업의 시행 p.73
45	중 용도지역·용도지구·용도구역 p.71	65	중 주택의 공급 p.73
46	중 도시·군관리계획 p.71	66	하 주택의 공급 p.73
47	중 개발행위의 허가 등 p.71	67	중 주택법 총칙 p.74
48	상 도시·군계획시설 p.71	68	중 주택의 건설 등 p.74
49	중 지구단위계획 p.72	69	상 주택의 공급 p.74
50	상 도시·군기본계획 p.72	70	중 주택법 보칙 및 벌칙 p.74
51	상 개발행위의 허가 등 p.72	71	중 주택법 보칙 및 벌칙 p.74
52	중 용도지역·용도지구·용도구역 p.72	72	상 건축법 보칙 및 벌칙 p.74
53	하 도시개발사업의 시행 p.72	73	하 건축물의 대지와 도로 p.74
54	중 도시개발사업의 시행 p.72	74	상 지역 및 지구의 건축물 p.74
55	중 도시개발사업의 시행 p.72	75	중 지역 및 지구의 건축물 p.74
56	하 도시개발사업의 시행 p.72	76	중 건축법 총칙 p.75
57	중 도시개발사업의 시행 p.72	77	중 건축물의 건축 p.75
58	상 도시개발사업의 시행 p.72	78	중 건축법 총칙 p.75
59	하 도시정비법 총칙 p.73	79	중 농지의 소유 p.75
60	하 정비사업의 시행 p.73	80	하 농지의 이용 p.75

2교시 제1과목   부동산 공시에 관한 법령 및 부동산 관련 세법

문제번호	난이도 및 출제포인트 분석	문제번호	난이도 및 출제포인트 분석
1	하 공간정보관리법 총칙 p.75	21	상 권리에 관한 등기 p.77
2	하 토지의 등록 p.75	22	상 권리에 관한 등기 p.77
3	하 토지의 등록 p.75	23	중 권리에 관한 등기 p.77
4	중 토지의 등록 p.75	24	상 권리에 관한 등기 p.77
5	상 지적공부 p.76	25	중 조세의 기초 이론 p.77
6	중 지적공부 p.76	26	중 취득세 p.77
7	하 토지의 이동 및 지적정리 p.76	27	상 취득세 p.78
8	상 토지의 이동 및 지적정리 p.76	28	하 취득세 p.78
9	중 토지의 이동 및 지적정리 p.76	29	중 등록면허세 p.78
10	하 지적측량 p.76	30	중 조세와 다른 채권과의 관계 p.78
11	하 지적측량 p.76	31	상 재산세 p.78
12	하 지적측량 p.76	32	상 재산세 p.78
13	하 부동산등기법 총칙 p.76	33	중 종합부동산세 p.78
14	하 부동산등기법 총칙 p.76	34	하 종합부동산세 p.78
15	중 등기기관과 설비 p.76	35	중 소득세 총설 p.78
16	중 등기절차 총론 p.76	36	하 양도소득세 p.78
17	중 등기절차 총론 p.77	37	상 양도소득세 p.79
18	중 등기절차 총론 p.77	38	중 양도소득세 p.79
19	상 등기절차 총론 p.77	39	중 양도소득세 p.79
20	중 권리에 관한 등기 p.77	40	하 양도소득세 p.79

1교시

제1과목   공인중개사법령 및 실무

1	2	3	4	5	6	7	8	9	10
③	①	⑤	④	②	③	②	③	④	⑤
11	12	13	14	15	16	17	18	19	20
②	⑤	①	④	③	①	⑤	③	④	④
21	22	23	24	25	26	27	28	29	30
②	⑤	①	④	②	④	②	①	③	⑤
31	32	33	34	35	36	37	38	39	40
④	①	⑤	②	③	④	⑤	③	③	②

💬 선생님의 한마디

이번 회는 공인중개사법령에서는 쉽게 풀 수 있는 문제가 다수 있었지만, 자주 출제하지 않는 곳의 문제가 일부 있었고, 특히 부동산 거래신고 등에 관한 법령 및 중개실무의 문제에서 종합적인 이해를 요하는 문제 등 난이도 상인 문제가 다수 포진되어 있어 어려움을 느

 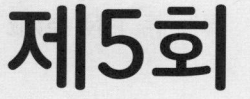

겠을 것으로 추측됩니다. 그러나 다시 한 번 기억을 상기하고자 출제하였으니 틀린 부분을 확인해 주시기 바랍니다. 공인중개사법령에서는 25문제, 부동산 거래신고 등에 관한 법령에서는 7문제, 중개실무에서 8문제가 출제되었습니다.

1.
정답 ③

중 공인중개사법령 총칙

옳은 것은 ㄱ, ㄴ, ㄷ이다.
ㄹ. 부동산중개는 민사중개에 해당한다.

2.
정답 ①

중 공인중개사법령 총칙

① 중개대상물에 관한 거래를 알선했다하더라도 보수를 받지 아니하였다면 중개업으로 볼 수 없다.
③ 부동산중개업무는 「상법」에서 정하고 있는 '중개에 관한 행위'로서 기본적 상행위에 해당하고, 부동산중개업무를 실제로 영위하여 상인인 자가 그 중개를 성사시키기 위하여 또는 그 중개에 대한 책임으로 보증각서를 작성하여 매수인의 잔금채무를 보증한 경우, 이는 상행위로 간주된다(대판 2008.12.11, 2007다66590).

3.
정답 ⑤

중 공인중개사법령 총칙

중개대상물이 아닌 것은 ㄷ, ㄹ, ㅁ이다.
ㄱ. 소유권이전등기청구권보전의 가등기가 된 건물도 거래를 할 수 있으므로, 중개대상물이 된다.

4.
정답 ④

중 공인중개사 제도

① 심의위원회는 재적위원 과반수의 출석으로 개의하고, 출석위원의 과반수의 찬성으로 의결한다.
② 심의위원회는 위원장 1명을 포함하여 7명 이상 11명 이내로 구성한다.
③ 운영에 필요한 사항은 심의위원회의 의결을 거쳐 위원장이 정한다.
⑤ 위원장이 직무를 수행할 수 없는 때에는 위원장이 지명한 위원이 위원장의 직무를 대행한다.

Ⅴ 공인중개사 정책심의위원회

설치	국토교통부에 설치, 임의기관
심의·의결사항	시험, 중개업 육성, 손해배상책임의 보장, 중개보수 등
위원장	국토교통부 제1차관
위원	국토교통부장관이 임명·위촉, 위원장 1인 포함 7명 이상 11명 이내, 임기 2년

5.
정답 ②

하 중개사무소의 개설등록

② 임원·사원이라면 공인중개사 자격의 유무에 불문하고 등록신청일 전 1년 내에 실시하는 실무교육을 수료하여야 한다.

6.
정답 ③

중 중개사무소의 개설등록

공인중개사협회에 통보할 사항은 3개(ㄴ, ㄷ, ㅁ)이다.
ㄱ. 중개사무소 등록증을 교부한 때는 통보사항이나, 재교부한 때는 통보사항이 아니다.
ㄹ. 자격취소나 자격정지처분은 시·도지사의 권한으로서 협회 통보사항에 해당하지 아니한다.

Ⅴ 공인중개사협회에 통보할 사항

1. 중개사무소등록증을 교부한 때
2. 분사무소 설치신고를 받은 때
3. 중개사무소 이전신고를 받은 때
4. 휴업·폐업신고·기간 변경·재개신고를 받은 때
5. 소속공인중개사 또는 중개보조원의 고용신고, 고용관계 종료신고를 받은 때
6. 등록취소 또는 업무정지처분을 한 때

7.
정답 ②

상 중개사무소의 개설등록

옳은 것은 ㄱ, ㄷ이다.
ㄱ, ㄷ. 연령과 형기의 계산은 초일을 산입하므로, 옳은 지문이다.
ㄴ. 양벌규정에 의하여 벌금형을 선고받은 자는 결격사유에 해당하지 아니한다(대판 2008.5.29, 2007두26568).
ㄹ. 다른 법률을 위반하여 벌금형을 선고받은 경우에는 결격사유에 해당하지 않는다.

8.
정답 ③

하 중개업무

③ 개업공인중개사는 업무정지기간 중인 개업공인중개사를 제외하고 다른 개업공인중개사와 중개사무소를 공동으로 사용할 수 있다.
④⑤ 개업공인중개사가 중개사무소 외의 장소에 중개업을 영위할 수 있는 독립된 공간을 갖추어 중개업을 영위한 경우 이는 이중사무소로서 임의적 등록취소, 1년 이하의 징역 또는 1천만원 이하의 벌금에 처한다.

9.
정답 ④

중 중개업무

틀린 것은 ㄷ, ㄹ이다.
ㄷ. 위법 중개사무소의 간판에 대한 철거명령은 등록관청이 할 수 있다.
ㄹ. 국토교통부장관이 중개대상물에 대한 표시·광고를 모니터링 할 수 있다.

10.
정답 ⑤

중 중개업무

① 주거이전에 부수되는 용역(이사업체, 도배업체 등)의 알선업을 할 수 있고, 직접 운영할 수는 없다.
② 주택 및 상가의 분양대행업이 가능하고, 토지의 분양대행업은 할 수 없다.
③ 법원에서 경매의 대상이 된 아파트를 낙찰받아 의뢰인에게 매각하는 행위는 중개의뢰인과의 직접거래이므로 할 수 없다.
④ 다세대주택을 원룸으로 개조해 주는 사업은 부동산개발업이므로 할 수 없다. 이에 대한 상담이 가능하다.

11.

정답 ②

하 중개업무

② 기간 변경·재개신고는 전자문서로 할 수 있지만, 휴업·폐업신고는 등록증(원본)을 첨부하므로 전자문서신고가 인정되지 아니한다.

12.

정답 ⑤

중 중개계약 및 부동산거래정보망

⑤ 전속중개계약의 유효기간 내에 개업공인중개사가 소개한 상대방과 개업공인중개사를 배제하고 당사자간 직접거래를 한 경우에는 중개 의뢰인은 중개보수 전액에 해당하는 위약금을 지급하여야 한다.

13.

정답 ①

하 중개계약 및 부동산거래정보망

② 부가통신사업자이면 족하고 법인, 개인은 불문한다. 단, 중개법인은 지정받을 수 없다.

③④ 거래정보사업자로 지정을 받고자 하는 자는 정보처리기사 1명과 공인중개사 1명 이상을 확보하여야 한다.

⑤ 가입·이용신청을 한 개업공인중개사의 수가 500명 이상이고, 2개 이상의 시·도에서 각 30명 이상이어야 한다.

14.

정답 ④

중 개업공인중개사 등의 의무

옳은 것과 틀린 것이 바르게 나열된 것은 ㄱ(X), ㄴ(O), ㄷ(O)이다.

ㄱ. 양도 관련 조세의 종류 및 세율은 확인·설명사항이 아니다.

ㄷ. 대판 2008.9.25, 2008다42836

15.

정답 ③

중 개업공인중개사 등의 의무

거래계약서의 필수 기재사항은 3개(ㄱ, ㄷ, ㄹ)이다.

ㄴ, ㅁ. 거래예정금액, 토지이용계획의 내용은 거래계약서의 필수 기재사항에 해당하지 아니한다.

16.

정답 ①

중 개업공인중개사 등의 의무

① 개업공인중개사의 과실뿐만 아니라 고의에 의하여 거래당사자에게 손해가 발생한 경우에도 보증금 지급사유가 된다.

② 대판 2012.2.23, 2011다77870

③ 대판 2012.8.17, 2010다93035

④ 대판 1995.9.29, 94다47261

⑤ 대판 2015.1.29, 2012다74342

17.

정답 ⑤

하 개업공인중개사 등의 의무

ㄱ, ㄴ, ㄷ, ㄹ 모두가 금지행위에 해당한다.

ㄱ. 단체구성 중개제한, ㄴ. 거짓된 언행, ㄷ. 증서 등의 중개, ㄹ. 무등록 중개업자와 거래이다.

18.

정답 ③

중 중개보수 및 실비

① 중개보수는 상인의 자격으로 당연히 존재하는 상인의 보수로 인정되므로, 중개계약에서 유상임을 명시하지 않더라도 중개보수 청구권은 인정된다(대판 1995.4.21, 94다36643).

② 중개보수 청구권은 중개계약시에 발생한다는 것이 일반적인 견해이다.

④ 중개보수의 지급시기는 당사자간 약정이 없는 경우에는 거래대금의 지급이 완료된 날로 한다.

⑤ 중개보수의 한도에 부가가치세가 포함되어 있지 않고, 별도로 한다.

19.

정답 ④

상 중개보수 및 실비

④ 주택의 면적이 3분의 1이므로, 상가에 대한 중개보수를 적용(제시된 중개보수 요율은 주택이므로 본 설문과는 관계가 없음)하고, 점유개정의 경우로서 매매만 받을 수 있다. 따라서 중개보수는 매매가 5억원 × 0.9% = 450만원이 일방 최고 한도액이 된다. 당사자의 합의된 중개보수는 500만원이지만, 한도를 초과한 중개보수를 받을 수 없으므로, 개업공인중개사는 乙로부터 450만원까지 받을 수 있다.

20.

정답 ④

하 교육 및 업무위탁, 포상금 제도

④ 연수교육은 매 2년마다 받아야 한다.

21.

정답 ②

상 교육 및 업무위탁, 포상금 제도

옳은 것은 ㄷ이다.

ㄱ. 포상금은 지급결정을 한 날로부터 1개월 내에 지급하여야 한다.

ㄴ. 공인중개사 자격의 부정취득자를 신고한 경우에는 포상금이 지급되지 않고, 부정한 방법으로 등록한 자를 신고·고발한 경우 포상금을 지급받을 수 있다.

ㄹ. 중개사무소의 개설등록을 신청하는 자는 지방자치단체(시·군·자치구) 조례가 정하는 수수료를 납부하여야 한다.

Ⓥ 수수료 납부사유

1. 공인중개사 자격시험에 응시하는 자
2. 공인중개사 자격증의 재교부를 신청하는 자
3. 중개사무소의 개설등록을 신청하는 자
4. 중개사무소등록증의 재교부를 신청하는 자
5. 분사무소 설치의 신고를 하는 자
6. 분사무소설치신고확인서의 재교부를 신청하는 자

22.

정답 ⑤

중 공인중개사협회

① 협회의 회장은 당연직으로 운영위원회의 위원이 된다.

② 협회는 국토교통부장관의 인가를 받아 설립등기를 함으로써 성립한다.

③ 협회 설립을 위한 창립총회에는 회원인 개업공인중개사 600명 이상이 출석하되, 서울특별시에서는 100명 이상, 광역시·도 및 특별자치도에서는 각 20명 이상이어야 한다.

④ 협회는 정관이 정하는 바에 따라 시·도에 지부를, 시·군·구에 지회를 둘 수 있다.

23.
정답 ①

상 지도 · 감독 및 벌칙

자격정지의 기준기간이 3개월인 경우는 ㄱ이다.
ㄴ, ㄷ, ㄹ의 자격정지 기준기간은 6개월이다.

24.
정답 ④

중 지도 · 감독 및 벌칙

옳은 것은 ㄴ, ㄷ, ㄹ이다
ㄱ. 부정등록은 3년 이하의 징역 또는 3천만원 이하의 벌금사유이다.
ㅁ. 개업공인중개사가 아닌 자로서 중개업을 하기 위하여 표시 · 광고를 한 자는 1년 이하의 징역 또는 1천만원 이하의 벌금에 처한다.

25.
정답 ②

상 지도 · 감독 및 벌칙

② 휴업신고를 하지 않고 3개월을 초과하여 휴업한 경우의 과태료 부과기준은 20만원이다.
①③④ 과태료 부과기준은 30만원이다.
⑤ 과태료 부과기준은 50만원이다.

26.
정답 ④

중 부동산거래신고제도

④ 권리이전의 내용은 거래계약서의 필수 기재사항이나, 신고사항은 아니다.

27.
정답 ②

상 부동산거래신고제도

② 투기과열지구 또는 조정대상지역에 소재하는 주택을 매수하는 경우에는 거래금액에 관계없이 자금조달계획을 신고해야 한다.

> Ⓥ 취득자금조달계획, 지급방식 및 입주(이용)계획을 신고하는 경우
>
> 1. 법인이 주택을 매수하는 경우
> 2. 투기과열지구, 조정대상지역 내 주택을 매수하는 경우(투기과열지구 내 주택 매수시는 자금조달의 증명서류도 첨부)
> 3. 실제 거래가격 6억원 이상의 주택을 매수하는 경우
> 4. 수도권 등 토지 1억원(지분거래는 금액 무관), 그 외 지역 6억원 이상 토지 매수(토지거래허가구역, 건물이 있는 토지는 제외)
> 5. 국가 등이 매수자인 경우, 건축물이 있는 토지, 토지거래허가구역 내 토지 제외

28.
정답 ①

상 주택임대차계약의 신고

ㄱ, ㄴ이 옳은 내용이다.
ㄷ. 보증금이 6천만원을 초과하거나 월 차임이 30만원을 초과하는 임대차계약이 대상이다.
ㄹ. 계약을 갱신하는 경우로서 보증금 및 차임의 증감 없이 임대차기간만 연장하는 계약은 제외한다.

> Ⓥ 주택임대차계약 신고대상
>
> 1. 시 · 군(광역시, 경기도에 한함) 소재 주택으로서
> 2. 보증금 6천만원 초과 또는 월 차임 30만원 초과 임대차계약

29.
정답 ③

상 외국인 등의 부동산취득 등에 관한 특례

① 토지 또는 건물에 대한 일정한 분양권을 취득하는 경우에도 신고할 의무가 발생된다.
② 과태료는 시장 · 군수 · 구청장이 부과한다.
④ 전통사찰의 대지는 이 법상 허가대상 토지가 아니며, 전통사찰의 대지를 취득하고자 하는 경우에는 문화체육관광부장관의 허가를 받아야 한다.
⑤ 신고위반은 100만원 또는 300만원 이하의 과태료 부과사유이다.

30.
정답 ⑤

중 토지거래허가제도

① 토지거래허가 위반자에 대한 신고 포상금은 50만원을 포상금지급신청서가 접수된 날로부터 2개월 내에 지급한다.
② 이의신청은 1개월 이내에 하여야 한다.
③ 주민을 위한 편익시설의 설치에 이용하려는 목적인 경우 2년을 이용하여야 한다.
④ 사업을 영위하기 위한 목적으로 허가를 받은 경우에는 4년이 이용의무기간이다.

31.
정답 ④

상 토지거래허가제도

④ 토지거래허가받은 목적대로 토지를 이용하지 않은 경우 과태료 부과규정은 없다.

32.
정답 ①

상 부동산 정보관리

옳은 것은 ㄱ, ㄷ이다.
ㄴ. 국토교통부장관은 연 1회 이상 전국의 지가변동률을 조사하여야 한다.
ㄹ. 국토교통부장관은 효율적인 정보의 관리 및 국민편의 증진을 위하여 부동산거래 및 주택임대차의 계약 · 신고 · 허가 · 관리 등의 업무와 관련된 정보체계를 구축 · 운영할 수 있다.

33.
정답 ⑤

중 중개의뢰접수 및 중개계약

⑤ 일반중개계약서 서식과 전속중개계약서 서식 중 차이가 있는 부분은 개업공인중개사와 의뢰인의 권리 · 의무에 관한 사항란 뿐이다.

34.
정답 ②

중 중개대상물의 조사·확인

① 토지의 경계 확인은 지적도·임야도로 한다.
③ 소재·지번·지목 등의 물적 사항은 토지대장·임야대장으로 확인하는 것이 가장 정확하고, 면적은 지적도를 통하여 확인할 수 없다.
④ 지형은 지적도나 임야도로 확인하여야 한다.
⑤ 무허가건축물의 존부나 농작물의 경작 여부는 현장답사를 통하여 확인하여야 한다.

35.
정답 ③

상 중개대상물의 조사·확인

③ 토지소유자 등이 승낙을 받지 아니하고 그 소유 토지에 설치한 분묘에 대하여 개장하고자 하는 경우에는 미리 3개월 이상의 기간을 정하여 연고자에게 그 뜻을 통지하여야 한다.

36.
정답 ④

상 개별적 중개실무

④ 수탁자 乙과 제3자 丁간의 매매계약 및 등기는 매도인 丙과 제3자 丁의 선의·악의를 불문하고 유효이다.
① 매도인 丙이 악의인 경우에는 매매계약은 무효이다.
② 명의신탁자와 명의수탁자 사이의 명의신탁약정은 매도인 丙의 선의·악의를 묻지 아니하고 무효이다.
③ 친구간 명의신탁약정을 한 경우는 특례가 적용되지 않으므로, 그 약정이 조세포탈, 강제집행의 면탈 또는 법령상 제한의 회피를 목적으로 하지 않더라도 명의신탁약정은 무효이다.
⑤ 계약명의신탁에 있어서 매도인의 선의는 매매계약을 체결할 당시를 기준으로 하므로, 매도인이 계약 체결 이후에 명의신탁약정사실을 알게 되었다고 하더라도 매매계약과 등기의 효력에는 영향이 없다(대판 2018.4.10, 2017다257715). 따라서 丙의 명의신탁약정사실에 대한 선의·악의는 丙과 乙간의 매매계약 체결 당시를 기준으로 한다.

37.
정답 ⑤

하 개별적 중개실무

⑤ 乙은 계약기간 만료 전 6개월에서 2개월까지의 사이에 1회에 한하여 계약갱신요구를 할 수 있다.

38.
정답 ③

상 개별적 중개실무

틀린 것은 ㄴ, ㄷ이다.
제시된 사례는 환산 보증금이 10억원[3억원 + (700만원 × 100)]으로 보증금 제한을 초과하여 「상가건물 임대차보호법」의 일부 규정만 적용된다. 따라서 ㄱ은 대항력 규정, ㄹ은 권리금 보호규정으로서 적용되나, ㄴ은 묵시적 갱신규정, ㄹ은 우선변제권 규정으로서 적용되지 아니한다.

Ⓥ 「상가건물 임대차보호법」상 보증금 제한을 초과한 경우 적용되는 규정

1. 대항력 규정
2. 계약갱신요구권 규정
3. 권리금 보호규정
4. 3기 차임 연체시 해지규정
5. 표준계약서 규정

39.
정답 ③

중 개별적 중개실무

③ 매수인은 유치권으로 담보되는 채권을 변제할 책임이 있으나, 유치권자는 매수인에게 그 피담보채권의 변제를 청구할 수는 없다(대판 1996. 8.23, 95다8713).

40.
정답 ②

중 개별적 중개실무

② 법인의 경우 대표자만 실무교육을 이수할 의무가 있고, 경매 실무교육을 실시할 권한은 법원행정처장에게 있다.

Ⓥ 매수신청대리인 등록요건

1. 개업공인중개사이거나 법인인 개업공인중개사일 것
2. 부동산경매에 관한 실무교육을 이수하였을 것
3. 보증보험 또는 공제에 가입하였거나 공탁을 하였을 것
4. 결격사유의 어느 하나에 해당하지 아니할 것

41	42	43	44	45	46	47	48	49	50
⑤	①	②	④	④	①	③	④	②	①
51	52	53	54	55	56	57	58	59	60
①	④	⑤	③	④	①	④	⑤	②	④
61	62	63	64	65	66	67	68	69	70
③	①	⑤	⑤	①	⑤	⑤	②	②	③
71	72	73	74	75	76	77	78	79	80
④	①	⑤	①	②	②	④	⑤	⑤	①

선생님의 한마디

제5회는 난이도 상이 10문제, 중이 18문제, 하가 12문제입니다. 난이도 중, 하가 30문제이므로 조금 쉽게 출제했습니다. 60점 이상의 점수를 기대합니다. 난이도 중, 하인 문제를 틀렸다면 확실하게 정리해서 다음에는 반드시 맞힐 수 있도록 해야 합니다. 최근 출제경향을 살펴보면 단편적인 암기가 아닌 전체적인 내용을 물어보는 문제가 다수입니다. 따라서 전체적인 체계, 이 문제가 어디서 나오는 내용인지를 염두에 두고 공부하시기 바랍니다. ^^

41.
정답 ⑤

하 도시 · 군계획시설

⑤ 한국토지주택공사는 토지소유자의 동의가 필요 없다. 다음에 해당하지 않는 자가 도시 · 군계획시설사업의 시행자로 지정을 받으려면 도시 · 군계획시설사업의 대상인 토지(국공유지는 제외한다)면적의 3분의 2 이상에 해당하는 토지를 소유하고 토지소유자 총수의 2분의 1 이상에 해당하는 자의 동의를 받아야 한다.
- 국가 또는 지방자치단체
- 대통령령으로 정하는 공공기관: 한국토지주택공사 등
- 그 밖에 대통령령으로 정하는 자: 지방공사 등

42.
정답 ①

하 도시 · 군관리계획

① 성장관리계획구역의 지정은 도시 · 군관리계획이 아니다.

> ⓥ 도시 · 군관리계획
>
> 특별시 · 광역시 · 특별자치시 · 특별자치도 · 시 또는 군의 개발 · 정비 및 보전을 위하여 수립하는 토지이용, 교통, 환경, 경관, 안전, 산업, 정보통신, 보건, 복지, 안보, 문화 등에 관한 다음의 계획을 말한다.
> 1. 용도지역 · 용도지구의 지정 또는 변경에 관한 계획
> 2. 개발제한구역, 도시자연공원구역, 시가화조정구역(市街化調整區域), 수산자원보호구역의 지정 또는 변경에 관한 계획
> 3. 기반시설의 설치 · 정비 또는 개량에 관한 계획
> 4. 도시개발사업이나 정비사업에 관한 계획
> 5. 지구단위계획구역의 지정 또는 변경에 관한 계획과 지구단위계획
> 6. 도시 · 군계획시설입체복합구역의 지정 또는 변경에 관한 계획
> 7. 도시혁신구역의 지정 또는 변경에 관한 계획과 도시혁신계획
> 8. 복합용도구역의 지정 또는 변경에 관한 계획과 복합용도계획

43.
정답 ②

하 개발행위의 허가 등

② 개발밀도관리구역의 지정은 주민의견청취가 명시되어 있지 않다.

44.
정답 ④

상 개발행위의 허가 등

해당하는 것은 ㄱ, ㄷ, ㄹ이다.
ㄴ. 자금조달계획은 개발행위허가의 기준에 해당하지 않는다.

45.
정답 ④

중 용도지역 · 용도지구 · 용도구역

④ 제3종 일반주거지역(300%) – 전용공업지역(300%)
① 준주거지역(500%) – 준공업지역(400%)
② 제2종 전용주거지역(150%) – 생산녹지지역(100%)
③ 제1종 전용주거지역(100%) – 보전녹지지역(80%)
⑤ 근린상업지역(900%) – 일반공업지역(350%)

46.
정답 ①

중 도시 · 군관리계획

① 시 · 도지사는 국토교통부장관이 입안하여 결정한 도시 · 군관리계획을 변경결정하려면 미리 국토교통부장관과 협의해야 한다.

47.
정답 ③

중 개발행위의 허가 등

기반시설유발계수가 높은 것부터 나열하면 ㄹ – ㄱ – ㄴ – ㄷ이다.
ㄱ. 제2종 근린생활시설: 1.6
ㄴ. 문화 및 집회시설: 1.4
ㄷ. 판매시설: 1.3
ㄹ. 관광휴게시설: 1.9

48.
정답 ④

상 도시 · 군계획시설

① 도시 · 군계획시설결정이 고시된 도시 · 군계획시설에 대하여 그 고시일부터 20년이 지날 때까지 그 시설의 설치에 관한 도시 · 군계획시설사업이 시행되지 않는 경우 그 도시 · 군계획시설결정은 그 고시일부터 20년이 되는 날의 다음 날에 그 효력을 잃는다.
② 도시 · 군계획시설결정의 고시일부터 10년 이내에 그 도시 · 군계획시설의 설치에 관한 도시 · 군계획시설사업이 시행되지 않은 경우로서 단계별 집행계획상 해당 도시 · 군계획시설의 실효시까지 집행계획이 없는 경우에는 그 도시 · 군계획시설부지로 되어 있는 토지의 소유자는 도시 · 군관리계획 입안권자에게 그 토지의 도시 · 군계획시설결정 해제를 위한 도시 · 군관리계획입안을 신청할 수 있다.
③ 특별시장 · 광역시장 · 특별자치시장 · 특별자치도지사 · 시장 또는 군수는 도시 · 군계획시설결정의 고시일부터 10년이 지날 때까지 해당 시설의 설치에 관한 도시 · 군계획시설사업이 시행되지 않는 경우에는 그 현황과 단계별 집행계획을 해당 지방의회에 보고해야 한다.
⑤ 2년이 아니라 1년이다.

49. 　　　　　　　　　　　　　　정답 ②

옳은 것은 ㄱ, ㄹ이다.
ㄴ. 계획관리지역 외에 지구단위계획구역에 포함하는 지역은 생산관리지역 또는 보전관리지역이어야 한다.
ㄷ. 공동주택 중 아파트 또는 연립주택의 건설계획이 포함되는 경우에는 그 면적이 30만m² 이상이어야 한다.

50. 　　　　　　　　　　　　　　정답 ①

① 해당 시·군에 설치된 지방도시계획위원회의 자문을 거친 경우에는 그 결과

51. 　　　　　　　　　　　　　　정답 ①

②③ 개발행위허가를 받은 자가 새로 설치한 공공시설은 그 시설을 관리할 관리청에 무상으로 귀속된다.
④ 특별시장·광역시장·특별자치시장·특별자치도지사·시장 또는 군수는 공공시설의 귀속에 관한 사항이 포함된 개발행위허가를 하려면 미리 해당 공공시설이 속한 관리청의 의견을 들어야 한다. 다만, 관리청이 지정되지 않은 경우에는 관리청이 지정된 후 준공되기 전에 관리청의 의견을 들어야 하며, 관리청이 불분명한 경우에는 도로 등에 대하여는 국토교통부장관을, 하천에 대하여는 환경부장관을 관리청으로 보고, 그 외의 재산에 대하여는 기획재정부장관을 관리청으로 본다.
⑤ 개발행위허가를 받은 자가 행정청인 경우 개발행위허가를 받은 자는 개발행위가 끝나 준공검사를 마친 때에는 해당 시설의 관리청에 공공시설의 종류와 토지의 세목(細目)을 통지해야 한다.

52. 　　　　　　　　　　　　　　정답 ④

옳은 것은 ㄴ, ㄷ이다.
ㄱ. 경관지구 안에서의 건축물의 건폐율·용적률·높이·최대너비·색채 및 대지 안의 조경 등에 관하여는 그 지구의 경관의 보전·관리·형성에 필요한 범위 안에서 도시·군계획조례로 정한다.

53. 　　　　　　　　　　　　　　정답 ⑤

⑤ 청산금의 결정은 환지계획에 포함되어야 할 사항이 아니다.

> ⓥ 환지계획
>
> 시행자는 도시개발사업의 전부 또는 일부를 환지방식으로 시행하려면 다음의 사항이 포함된 환지계획을 작성해야 한다.
> 1. 환지설계
> 2. 필지별로 된 환지명세
> 3. 필지별과 권리별로 된 청산대상 토지명세
> 4. 체비지(替費地) 또는 보류지(保留地)의 명세
> 5. 입체환지를 계획하는 경우에는 입체환지용 건축물의 명세와 공급방법·규모에 관한 사항

> 6. 그 밖에 국토교통부령으로 정하는 사항
> • 수입·지출 계획서
> • 평균부담률 및 비례율과 그 계산서(평가식으로 환지설계를 하는 경우로 한정한다)
> • 건축계획(입체환지를 시행하는 경우로 한정한다)
> • 토지평가협의회 심의결과

54. 　　　　　　　　　　　　　　정답 ③

③ 국가나 지방자치단체 또는 공공기관인 시행자가 복합개발 등을 위하여 실시한 공모에서 선정된 자에게 원형지를 공급하여 개발하게 할 수 있다.

55. 　　　　　　　　　　　　　　정답 ④

④ 환지를 정하지 않는 토지에 대하여는 환지처분 전이라도 청산금을 교부할 수 있다.

56. 　　　　　　　　　　　　　　정답 ①

① 도시개발조합은 특별자치도지사, 시장·군수 또는 구청장에게 도시개발구역의 지정을 제안할 수 없다.

57. 　　　　　　　　　　　　　　정답 ④

① 지정권자에게 조합설립의 인가를 받아야 한다.
② 공고방법을 변경하려는 경우 신고해야 한다.
③ 토지면적의 3분의 2 이상에 해당하는 토지소유자와 그 구역의 토지소유자 총수의 2분의 1 이상의 동의를 받아야 한다.
⑤ 의결권을 가진 조합원의 수가 50인 이상인 조합은 총회의 권한을 대행하게 하기 위하여 대의원회를 둘 수 있다.

58. 　　　　　　　　　　　　　　정답 ⑤

해당하는 것은 ㄱ, ㄴ, ㄷ, ㄹ 모두이다.

> ⓥ 도시개발사업의 대행의 범위
>
> 주택건설사업자 등에게 대행하게 할 수 있는 도시개발사업의 범위는 다음과 같다.
> 1. 실시설계
> 2. 부지조성공사
> 3. 기반시설공사
> 4. 조성된 토지의 분양

59.
정답 ②

하 도시정비법 총칙

② 「건축법」에 따라 건축허가를 받아 아파트 또는 연립주택을 건설한 일 단의 토지는 주택단지에 해당한다.

> ⓥ 주택단지
>
> 주택단지란 주택 및 부대시설·복리시설을 건설하거나 대지로 조성되는 일단 의 토지로서 다음의 어느 하나에 해당하는 일단의 토지를 말한다.
> 1. 「주택법」에 따른 사업계획승인을 받아 주택 및 부대시설·복리시설을 건설 한 일단의 토지
> 2. 1.에 따른 일단의 토지 중 「국토의 계획 및 이용에 관한 법률」에 따른 도 시·군계획시설인 도로나 그 밖에 이와 유사한 시설로 분리되어 따로 관리 되고 있는 각각의 토지
> 3. 1.에 따른 일단의 토지 둘 이상이 공동으로 관리되고 있는 경우 그 전체 토지
> 4. 「도시 및 주거환경정비법」 제67조(재건축사업의 범위에 관한 특례)에 따라 분할된 토지 또는 분할되어 나가는 토지
> 5. 「건축법」에 따라 건축허가를 받아 아파트 또는 연립주택을 건설한 일단의 토지

60.
정답 ④

하 정비사업의 시행

④ 여러 개의 필지의 토지가 1필지의 토지로 합병되어 토지등소유자가 감소하는 경우는 해당하지 않는다.

> ⓥ 분양권 산정기준일
>
> 정비사업을 통하여 분양받을 건축물이 다음의 어느 하나에 해당하는 경우에 는 정비구역의 지정·고시가 있는 날 또는 시·도지사가 투기를 억제하기 위 하여 기본계획 수립을 위한 주민공람의 공고일 후 정비구역 지정·고시 전에 따로 정하는 날(기준일)의 다음 날을 기준으로 건축물을 분양받을 권리를 산 정한다.
> 1. 1필지의 토지가 여러 개의 필지로 분할되는 경우
> 2. 「집합건물의 소유 및 관리에 관한 법률」에 따른 집합건물이 아닌 건축물이 같은 법에 따른 집합건물로 전환되는 경우
> 3. 하나의 대지 범위에 속하는 동일인 소유의 토지와 주택 등 건축물을 토지 와 주택 등 건축물로 각각 분리하여 소유하는 경우
> 4. 나대지에 건축물을 새로 건축하거나 기존 건축물을 철거하고 다세대주택, 그 밖의 공동주택을 건축하여 토지등소유자의 수가 증가하는 경우
> 5. 「집합건물의 소유 및 관리에 관한 법률」에 따른 전유부분의 분할로 토지등 소유자의 수가 증가하는 경우

61.
정답 ③

상 정비사업의 시행

옳은 것은 ㄱ, ㄴ이다.
ㄷ. 조합원 5분의 1 이상이 관리처분계획인가 신청이 있은 날부터 15일 이내에 시장·군수 등에게 타당성 검증을 요청한 경우이다.

62.
정답 ①

하 정비사업의 시행

① 같은 세대에 속하지 않는 2명 이상이 1주택 또는 1토지를 공유한 경 우에는 1주택만 공급한다.

63.
정답 ⑤

하 정비사업의 시행

⑤ 조합장이 아닌 조합임원은 대의원이 될 수 없다. 조합장이 대의원회 의 의장이 되는 경우에는 대의원으로 본다.

64.
정답 ⑤

상 정비사업의 시행

⑤ 주민대표회의 또는 세입자(상가세입자를 포함한다)는 사업시행자가 다음의 사항에 관하여 시행규정을 정하는 때에 의견을 제시할 수 있 다. 이 경우 사업시행자는 주민대표회의 또는 세입자의 의견을 반영 하기 위하여 노력해야 한다.
- 건축물의 철거
- 주민의 이주(세입자의 퇴거에 관한 사항을 포함한다)
- 토지 및 건축물의 보상(세입자에 대한 주거이전비 등 보상에 관한 사항을 포함한다)
- 정비사업비의 부담
- 세입자에 대한 임대주택의 공급 및 입주자격
- 그 밖에 정비사업의 시행을 위하여 필요한 사항으로서 대통령령으 로 정하는 사항

65.
정답 ①

중 주택의 공급

② 분양가격은 택지비와 건축비로 구성(토지임대부 분양주택의 경우에 는 건축비만 해당한다)된다.
③ 사업주체(공공주택사업자는 제외한다)가 입주자를 모집하려는 경우 에는 국토교통부령으로 정하는 바에 따라 시장·군수·구청장의 승 인(복리시설의 경우에는 신고를 말한다)을 받아야 한다.
④ 사업주체는 분양가상한제 적용주택으로서 공공택지에서 공급하는 주 택에 대하여 입주자 모집승인을 받았을 때에는 입주자 모집공고에 분양가격을 공시해야 한다.
⑤ 국토교통부장관은 공공택지 외의 택지에서 주택가격이 급등하거나 급등할 우려가 있는 지역은 주거정책심의위원회 심의를 거쳐 분양가 상한제 적용지역으로 지정할 수 있다.

66.
정답 ③

하 주택의 공급

③ 국민주택채권의 양도는 해당하지 않는다.

> ⓥ 공급질서 교란금지
>
> 누구든지 이 법에 따라 건설·공급되는 주택을 공급받거나 공급받게 하기 위 하여 다음의 어느 하나에 해당하는 증서 또는 지위를 양도·양수(매매·증여 나 그 밖에 권리 변동을 수반하는 모든 행위를 포함하되, 상속·저당의 경우 는 제외한다) 또는 이를 알선하거나 양도·양수 또는 이를 알선할 목적으로 하는 광고(각종 간행물·인쇄물·전화·인터넷, 그 밖의 매체를 통한 행위를 포함한다)를 해서는 안 된다.
> 1. 주택을 공급받을 수 있는 주택조합원 지위
> 2. 입주자저축 증서
> 3. 주택상환사채
> 4. 그 밖에 주택을 공급받을 수 있는 증서 또는 지위로서 대통령령으로 정하 는 것
> - 시장·군수·구청장이 발행한 무허가건물 확인서, 건물철거예정 증명서 또는 건물철거 확인서
> - 공공사업의 시행으로 인한 이주대책에 따라 주택을 공급받을 수 있는 지 위 또는 이주대책대상자 확인서

67.
정답 ⑤

중 주택법 총칙

⑤ 아파트는 소형 주택인 경우에만 도시형 생활주택이 될 수 있다. 소형 주택은 세대별 주거전용면적이 60m² 이하이므로 60m²를 초과하는 아파트는 도시형 생활주택이 될 수 없다.

68.
정답 ②

중 주택의 건설 등

ㄱ: 2, ㄴ: 3

1. 주택조합의 발기인은 조합원 모집신고가 수리된 날부터 '2'년이 되는 날까지 주택조합설립인가를 받지 못하는 경우 주택조합 가입 신청자 전원으로 구성되는 총회의결을 거쳐 주택조합 사업의 종결 여부를 결정하도록 해야 한다.
2. 주택조합은 주택조합의 설립인가를 받은 날부터 '3'년이 되는 날까지 사업계획승인을 받지 못하는 경우 총회의 의결을 거쳐 해산 여부를 결정해야 한다.

69.
정답 ②

상 주택의 공급

② 「건축법」에 따른 건축허가 건수(투기과열지구지정직전월부터 소급하여 6개월간의 건수를 말한다)가 직전 연도보다 급격하게 감소한 곳이다.

> **Ⓥ 투기과열지구의 지정대상**
>
> 투기과열지구는 해당 지역의 주택가격상승률이 물가상승률보다 현저히 높은 지역으로서 그 지역의 청약경쟁률·주택가격·주택보급률 및 주택공급계획 등과 지역 주택시장여건 등을 고려했을 때 주택에 대한 투기가 성행하고 있거나 성행할 우려가 있는 지역 중 대통령령으로 정하는 다음의 기준을 충족하는 곳이어야 한다.
> 1. 투기과열지구로 지정하는 날이 속하는 달의 바로 전달(이하 '투기과열지구지정직전월'이라 한다)부터 소급하여 주택공급이 있었던 2개월 동안 해당 지역에서 공급되는 주택의 월별 평균 청약경쟁률이 모두 5대 1을 초과했거나 국민주택규모 주택의 월별 평균 청약경쟁률이 모두 10대 1을 초과한 곳
> 2. 다음에 해당하는 곳으로서 주택공급이 위축될 우려가 있는 곳
>   • 투기과열지구지정직전월의 주택분양실적이 전달보다 30% 이상 감소한 곳
>   • 사업계획승인 건수나 「건축법」에 따른 건축허가 건수(투기과열지구지정 직전월부터 소급하여 6개월간의 건수를 말한다)가 직전 연도보다 급격하게 감소한 곳
> 3. 신도시 개발이나 주택 전매행위의 성행 등으로 투기 및 주거불안의 우려가 있는 곳으로서 다음에 해당하는 곳
>   • 해당 지역이 속하는 시·도의 주택보급률이 전국 평균 이하인 곳
>   • 해당 지역이 속하는 시·도의 자가주택비율이 전국 평균 이하인 곳
>   • 해당 지역의 분양주택(투기과열지구로 지정하는 날이 속하는 연도의 직전 연도에 분양된 주택을 말한다)의 수가 입주자저축에 가입한 사람으로서 주택청약 제1순위자의 수보다 현저히 적은 곳

70.
정답 ③

중 주택법 보칙 및 벌칙

③ 최근 3년간 연평균 주택건설 실적이 300호 이상일 것

71.
정답 ④

중 주택법 보칙 및 벌칙

①② 토지임대부 분양주택의 토지에 대한 임대차기간은 40년 이내로 한다. 이 경우 토지임대부 분양주택 소유자의 75% 이상이 계약갱신을 청구하는 경우 40년의 범위에서 이를 갱신할 수 있다.
③ 토지임대료는 월별 임대료를 원칙으로 하되, 토지소유자와 주택을 공급받은 자가 합의한 경우 임대료를 선납하거나 보증금으로 전환하여 납부할 수 있다.
⑤ 3년이 아니라 2년이다.

72.
정답 ①

상 건축법 보칙 및 벌칙

옳은 것은 ㄱ, ㄹ이다.
ㄴ. 허가권자는 동일인이 최근 3년 내에 2회 이상 「건축법」 또는 「건축법」에 따른 명령이나 처분을 위반한 경우에 부과금액을 100분의 100의 범위에서 해당 지방자치단체의 조례로 정하는 바에 따라 가중해야 한다.
ㄷ. 허가권자는 최초의 시정명령이 있었던 날을 기준으로 하여 1년에 2회 이내의 범위에서 해당 지방자치단체의 조례로 정하는 횟수만큼 그 시정명령이 이행될 때까지 반복하여 이행강제금을 부과·징수할 수 있다.

73.
정답 ⑤

하 건축물의 대지와 도로

⑤ 건축선과 도로 사이의 면적은 건축물의 대지면적 산정시 제외한다.

74.
정답 ①

상 지역 및 지구의 건축물

① 건축물의 옥상에 설치되는 승강기탑·계단탑·망루·장식탑·옥탑 등으로서 그 수평투영면적의 합계가 해당 건축물 건축면적의 8분의 1(「주택법」에 따른 사업계획승인대상인 공동주택 중 세대별 전용면적이 85m² 이하인 경우에는 6분의 1) 이하인 경우로서 그 부분의 높이가 12m를 넘는 경우에는 그 넘는 부분만 해당 건축물의 높이에 산입한다. 문제의 건축물의 건축면적은 560m²이고 장식탑의 수평투영면적은 50m²로 건축면적의 8분의 1(560m² × 1/8 = 70m²) 이하이다. 따라서 장식탑의 높이는 건축물의 높이에 산입하지 않으므로 건축물의 높이는 20m(4m × 5층)가 된다.

75.
정답 ②

중 지역 및 지구의 건축물

① 건폐율은 대지면적에 대한 건축면적(대지에 건축물이 둘 이상 있는 경우에는 이들 건축면적의 합계로 한다)의 비율이다.
③ 건폐율의 최대한도는 「국토의 계획 및 이용에 관한 법률」에 따른다. 다만, 「건축법」에서 기준을 완화하거나 강화하여 적용하도록 규정한 경우에는 그에 따른다.
④ 대지에 건축물이 둘 이상 있는 경우에는 이들 연면적의 합계로 한다.
⑤ 건축물이 있는 대지는 건폐율, 용적률 기준에 못 미치게 분할할 수 없다.

76.

정답 ②

중 건축법 총칙

① 사용승인을 받은 건축물의 용도를 변경하려는 자는 특별자치시장·특별자치도지사 또는 시장·군수·구청장의 허가를 받거나 신고를 해야 한다.
③ 건축물의 용도를 상위군에 해당하는 용도로 변경하는 경우에는 허가를 받아야 한다.
④ 같은 시설군 안에서 용도를 변경하려는 자는 특별자치시장·특별자치도지사 또는 시장·군수·구청장에게 건축물대장 기재내용의 변경을 신청해야 한다.
⑤ 허가나 신고대상인 경우로서 용도변경하려는 부분의 바닥면적의 합계가 100m² 이상인 경우에는 사용승인을 받아야 한다.

77.

정답 ④

중 건축물의 건축

④ 건축허가를 받거나 건축신고를 하면 공사용 가설건축물의 축조신고를 한 것으로 본다.

78.

정답 ⑤

중 건축법 총칙

옳은 것은 ㄷ, ㄹ이다.
ㄱ. 지하층이란 건축물의 바닥이 지표면 아래에 있는 층으로서 바닥에서 지표면까지 평균높이가 해당 층 높이의 2분의 1 이상인 것을 말한다.
ㄴ. 개축이란 기존 건축물의 전부 또는 일부[내력벽·기둥·보·지붕틀(한옥의 경우에는 지붕틀의 범위에서 서까래는 제외한다) 중 셋 이상이 포함되는 경우를 말한다]를 해체하고 그 대지에 종전과 같은 규모의 범위에서 건축물을 다시 축조하는 것을 말한다.

79.

정답 ⑤

중 농지의 소유

⑤ 7년이 아니라 10년이다.

80.

정답 ①

하 농지의 이용

ㄱ: 100분의 10, ㄴ: 3
• 유휴농지의 대리경작자는 수확량의 '100분의 10'을 그 농지의 소유권자나 임차권자에게 토지사용료로 지급해야 한다.
• 대리경작기간은 따로 정하지 않으면 '3'년으로 한다.

2교시

제1과목 부동산 공시에 관한 법령 및 부동산 관련 세법

1	2	3	4	5	6	7	8	9	10
③	⑤	②	②	④	③	③	④	①	⑤
11	12	13	14	15	16	17	18	19	20
①	①	⑤	④	③	⑤	④	④	⑤	④
21	22	23	24	25	26	27	28	29	30
③	③	④	③	⑤	③	③	⑤	③	①
31	32	33	34	35	36	37	38	39	40
⑤	②	①	②	⑤	②	②	②	④	⑤

선생님의 한마디

문제가 출제되는 포인트를 정확하게 파악하여야 합니다. 예를 들어 지번인지 지목인지를 확인하고 문제를 풀어야 정확하게 문제를 이해할 수 있습니다.

1.

정답 ③

하 공간정보관리법 총칙

③ '경계'란 필지별로 경계점들을 직선으로 연결하여 지적공부에 등록한 선을 말한다.

2.

정답 ⑤

하 토지의 등록

⑤ 종된 토지의 지목이 '대'인 경우, 면적불문하고 양입지가 될 수 없다.

3.

정답 ②

하 토지의 등록

ㄱ은 시·도지사나 대도시 시장, ㄴ은 사업계획도, ㄷ은 결번대장이다.
• 지적소관청은 지적공부에 등록된 지번을 변경할 필요가 있다고 인정하면 '시·도지사나 대도시 시장'의 승인을 받아 지번부여지역의 전부 또는 일부에 대하여 지번을 새로 부여할 수 있다.
• 지적소관청은 도시개발사업 등이 준공되기 전에 지번을 부여하는 때에는 '사업계획도'에 따라 부여하여야 한다.
• 지적소관청은 지번변경, 축척변경 등의 사유로 지번에 결번이 생긴 때에는 지체 없이 그 사유를 '결번대장'에 적어 영구히 보존하여야 한다.

4.

정답 ②

중 토지의 등록

② 자동차 등의 주차에 필요한 독립적인 시설을 갖춘 부지와 주차전용건축물은 '주차장'으로 한다. 반면 「주차장법」에 따른 노상주차장은 '도로'로 하고, 부설주차장은 일반적으로 '대'로 한다.

5.
정답 ④

상 지적공부

④ 지적도의 도곽선의 가로의 길이는 40cm이고, 세로의 길이는 30cm이다. 따라서 가로의 실제길이는 0.4m × 1,000(400m)이고 세로의 실제길이는 0.3m × 1,000(300m)이므로 지적도가 포용하는 실제면적은 120,000m²이다.

6.
정답 ③

중 지적공부

③ 경계점좌표등록부는 좌표를 등록하는 지적공부이며, 좌표에 의해 계산된 경계점간의 거리는 경계점좌표등록부 시행지역의 지적도에서 등록한다.

7.
정답 ③

하 토지의 이동 및 지적정리

③ 토지 또는 건축물의 용도변경은 지목변경의 대상이다.

8.
정답 ④

상 토지의 이동 및 지적정리

틀린 것은 ㄴ, ㄷ이다.
ㄴ. 도시개발사업 등의 착수 · 변경 또는 완료 사실의 신고는 그 사유가 발생한 날부터 15일 이내에 하여야 한다.
ㄷ. 도시개발사업에 따른 토지의 이동은 토지의 형질변경 등의 공사가 준공된 때에 이루어진 것으로 본다.

9.
정답 ①

중 토지의 이동 및 지적정리

틀린 것은 ㄱ, ㄴ이다.
ㄱ. 지적소관청은 토지소유자의 변동 등에 따라 지적공부를 정리하려는 경우에는 소유자정리 결의서를 작성하여야 한다.
ㄴ. 소유권변경사실통지에 따라 등기부에 적혀 있는 토지의 표시가 지적공부와 일치하지 아니하면 토지소유자를 정리할 수 없다. 이 경우 토지의 표시와 지적공부가 일치하지 아니하다는 사실을 관할 등기관서에 통지하여야 한다.

10.
정답 ⑤

하 지적측량

⑤ 지적도 및 임야도에 등록된 필지가 면적의 증감 없이 경계의 위치만 잘못된 경우(위치정정)는 지적측량의 대상이 아니다.

11.
정답 ①

하 지적측량

② 지적측량기준점을 설치하여 측량 또는 측량검사를 하는 경우 지적측량기준점이 15점 이하인 때에는 4일을, 15점을 초과하는 때에는 4일에 15점을 초과하는 4점마다 1일을 가산한 기간으로 한다.

③ 지적소관청은 측량성과가 정확하다고 인정하는 때에는 지적측량성과도를 지적측량수행자에게 교부하여야 하며, 지적측량수행자는 측량의뢰인에게 그 지적측량성과도를 지체 없이 교부하여야 한다.
④ 경계복원측량, 지적현황측량은 검사를 요하지 않는다.
⑤ 지적측량을 의뢰하려는 자는 지적측량 의뢰서에 의뢰 사유를 증명하는 서류를 첨부하여 지적측량수행자에게 제출하여야 한다.

12.
정답 ①

하 지적측량

옳은 것은 ㄱ, ㄴ이다.
ㄷ. 위원장 및 부위원장을 제외한 위원의 임기는 2년으로 한다.
ㄹ. 위원장이 중앙지적위원회의 회의를 소집할 때에는 회의 일시 · 장소 및 심의 안건을 회의 5일 전까지 각 위원에게 서면으로 통지하여야 한다.

13.
정답 ⑤

하 부동산등기법 총칙

⑤ 현행 「부동산등기법」은 표시의 등기를 독립적으로 등기할 수 있다 (1동 건물의 표제부, 규약상 공용부분).

14.
정답 ④

하 부동산등기법 총칙

④ 수인의 합유자 명의인 부동산에 관하여 합유자 중 1인의 지분에 대하여 가압류기입등기촉탁이 있는 경우에는 「부동산등기법」 제55조 제2호에 의하여 각하하여야 할 것인바, 위 합유지분에 대하여 가압류등기가 이미 경료되어 있다면 그 등기는 등기관이 직권으로 말소하여야 한다(등기선례 제7-314호).

15.
정답 ③

중 등기기관과 설비

옳은 것은 ㄷ, ㄹ이다.
ㄱ. 저당권의 실행에 의한 경매등기는 소유권을 경매하므로 갑구에 기록한다.
ㄴ. 대지권이 지상권인 경우, 대지권 뜻의 등기는 을구에 기록한다.
ㄷ. 피보전권리가 지상권설정청구권인 처분제한의 등기는 소유권처분제한등기이므로 갑구에 기록한다.
ㄹ. 대지권의 표시는 건물등기기록의 표제부에 기록한다.

16.
정답 ⑤

중 등기절차 총론

틀린 것은 ㄷ, ㄹ이다.
ㄷ. 채무자가 변경되어 저당권등기의 변경등기를 신청하는 경우에는 저당권설정자가 등기의무자이다.
ㄹ. 전세권설정등기 후에 전세금을 증액하는 전세권변경등기의 경우에 전세권설정자가 등기의무자이다.

17. 정답 ④

중 등기절차 총론

④ 승소한 등기의무자가 등기신청을 하는 경우에 등기필정보를 첨부하여야 한다.

18. 정답 ④

중 등기절차 총론

④ 등기신청을 각하한 경우 등기관은 등기신청정보를 신청서 기타 부속서류 편철장에 편철하고, 각하결정 등본을 작성하여 신청인에게 교부한다.

19. 정답 ⑤

상 등기절차 총론

⑤ 저당권설정자는 저당권의 양수인과 양도인 사이의 저당권이전등기에 대하여 직접적 이해관계인이 아니므로 이의신청을 할 수 없다.
① 등기신청의 각하결정에 대하여는 등기신청인인 등기권리자 및 등기의무자에 한하여 이의신청을 할 수 있다.
② 등기관이 각하사유에 해당하는 등기를 실행한 경우 「부동산등기법」 제29조 제1호·제2호에 해당하면 이의신청을 할 수 있다.
③ 상속인이 아닌 자는 상속등기가 위법하다 하여 이의신청을 할 수는 없다.
④ 채권자대위등기가 채무자의 신청에 의하여 말소된 경우에 그 말소처분에 대하여 채권자는 등기상 이해관계인으로서 이의신청을 할 수 있다.

20. 정답 ④

중 권리에 관한 등기

④ 원인무효의 소유권이전등기가 甲으로부터 乙 명의로 경료된 경우, 甲은 乙에 대하여 진정명의회복을 등기원인으로 소유권이전등기를 청구할 수 있다.

21. 정답 ③

상 권리에 관한 등기

틀린 것은 ㄱ, ㄷ, ㄹ이다.
ㄱ. 공유자 중 1인의 지분포기로 인한 소유권이전등기는 지분을 포기하는 공유자와 잔존공유자가 공동으로 신청하여야 한다.
ㄷ. 등기권리자의 단독신청에 따라 수용으로 인한 소유권이전등기를 하는 경우, 등기관은 그 부동산을 위해 존재하는 지역권의 등기를 직권으로 말소할 수 없다.
ㄹ. 합유자 중 1인이 다른 합유자 전원 동의를 얻어 합유지분을 처분하는 경우, 합유명의인변경등기를 신청하여야 한다.

22. 정답 ③

상 권리에 관한 등기

③ 존속기간이 만료된 건물전세권에 존속기간 연장을 위한 변경등기를 경료한 후에 건물전세권을 목적으로 한 저당권설정등기를 신청할 수 있다.

23. 정답 ④

중 권리에 관한 등기

직권으로 말소할 수 없는 것은 ㄴ, ㄹ, ㅁ이다.
ㄱ. 소유권이전청구권가등기에 기하여 본등기를 하는 경우, 가등기 후 경료된 전세권설정등기는 직권으로 말소한다.
ㄷ. 중간의 지상권설정등기는 지상권설정의 본등기와 양립할 수 없으므로 직권으로 말소한다.

24. 정답 ③

상 권리에 관한 등기

③ 가처분권자가 본안사건에서 승소하여 그 승소판결에 따른 소유권이전등기를 하는 경우에 해당 가처분등기 이후에 경료된 제3자 명의의 소유권이전등기의 말소는 동시에 단독으로 신청한다(2024.1.7. 체결된 매매계약에 의하여 2024.5.1.에 한 소유권이전등기).

선생님의 한마디

때로는 스스로에게 격려와 위로를 해주세요. 본인 이름을 부르면서 "○○야! 오늘도 수고 많았어. 조금만 더 힘내자. 잘 할 수 있을 거야" 라고요.

25. 정답 ⑤

중 조세의 기초 이론

① 압류는 소멸시효가 중단하는 사유이며, 제척기간에는 중단이나 정지가 없다.
② 5천만원(가산세를 제외한 금액) 이상의 지방세 소멸시효는 10년이다.
③ 국세징수금의 징수순위는 '강제징수비, 국세(가산세 제외), 가산세'의 순서로 한다.
④ 「지방세기본법」상 법정신고기한이 지난 후 1개월 초과 3개월 이내에 기한 후 신고를 한 경우에는 무신고가산세의 100분의 30에 상당하는 금액을 감면하며, 납부지연가산세는 감면하지 아니한다.

26. 정답 ③

중 취득세

옳은 것은 ㄷ, ㄹ, ㅁ으로 3개이다.
ㄱ. 매매 등 유상취득의 경우에는 원칙적으로 사실상 잔금지급일을 취득일로 한다.
ㄴ. 「민법」 제245조 및 제247조에 따른 점유로 인한 취득의 경우에는 취득물건의 등기일 또는 등록일을 취득일로 본다.

27.
정답 ③

취득세

① 토지의 지목을 변경하는 경우 그로 인하여 가액의 증가가 있는 경우에 취득세가 부과된다.
② 과세표준은 그 변경으로 증가한 가액에 해당하는 사실상 취득가격으로 하되, 법인이 아닌 자가 취득하는 경우로서 사실상 취득가격을 확인할 수 없는 경우에 토지의 지목이 사실상 변경된 때를 기준으로 지목변경 이후의 토지에 대한 시가표준액에서 지목변경 전의 토지에 대한 시가표준액을 뺀 가액으로 한다.
④ 토지의 지목변경에 따른 취득은 사실상 변경된 날과 공부상 변경된 날 중 빠른 날을 취득일로 본다. 다만, 지목변경일 이전에 사용한 경우에는 그 사용일이다.
⑤ 토지의 지목변경에 따라 사실상 그 가액이 증가된 경우, 취득세의 신고를 하지 않고 매각하는 경우 취득세 중가산세 규정을 적용하지 아니한다.

28.
정답 ⑤

취득세

⑤ 증여로 인한 무상취득의 경우에는 취득일이 속하는 달의 말일부터 3개월 이내에 신고하고 납부하여야 한다.

29.
정답 ③

등록면허세

① 금융기관이 甲소유의 부동산에 저당권을 설정하는 경우 납세의무자는 저당권자인 금융기관이다.
② 증여를 원인으로 하는 부동산등기의 경우 등록하기 전까지 신고하고 납부하여야 한다.
④ 저당권말소등기를 하는 경우 과세표준은 건당이다.
⑤ 부동산등기를 하는 경우에 등록하기 전까지 신고납부하여야 한다.

30.
정답 ①

조세와 다른 채권과의 관계

① 조세의 법정기일 전에 설정된 담보채권은 국세 및 지방세보다 우선한다. 다만, 그 재산에 부과된 국세와 지방세보다는 우선하지 못한다. 그 재산세에 부과된 조세로는 국세 중 종합부동산세(종합부동산세에 부가되는 농어촌특별세 포함) · 상속세 · 증여세이며, 지방세 중 재산세 · 지역자원시설세(소방분) · 자동차세 · 지방교육세(재산세와 자동차세에 부가되는 지방교육세만 해당) 등이 이에 해당한다. 즉, 양도소득세는 그 재산에 부과된 조세가 아니므로 법정기일 전에 설정된 담보채권에 우선하지 못한다.

31.
정답 ⑤

재산세

⑤ 0.2%의 비례세율이 적용된다.
①②③④ 별도합산과세하므로 초과누진세율이 적용된다.

32.
정답 ②

재산세

② 일반건축물의 부속토지는 기준면적 이내는 별도합산과세하고, 기준면적을 초과한 토지는 종합합산과세한다. 이 경우 기준면적은 건축물 바닥면적에 용도지역에 따른 적용배율을 곱한 면적이다. 따라서 종합합산과세대상토지에 해당하는 면적은 $700m^2 (= 1,500m^2 - 800m^2)$이다.

33.
정답 ①

종합부동산세

② 과세기준일 현재 세대원 중 1인과 그 배우자만이 공동으로 1주택을 소유하고 해당 세대원 및 다른 세대원이 다른 주택을 소유하지 아니한 경우 신청하는 경우에만 공동명의 1주택자를 해당 1주택에 대한 납세의무자로 한다.
③ 1세대가 일반 주택과 합산배제 신고한 임대주택을 각각 1채씩 소유한 경우 해당 일반 주택에 그 주택소유자가 과세기준일 현재 주민등록이 되어 있고 실제로 거주하고 있는 경우에 한정하여 1세대 1주택자에 해당한다.
④ 1세대 1주택자는 주택의 공시가격을 합산한 금액에서 12억원을 공제한 금액에 공정시장가액비율을 곱한 금액을 과세표준으로 한다.
⑤ 60세 이상의 직계존속(직계존속 중 어느 한 사람이 60세 미만인 경우 포함)을 동거봉양하기 위하여 합가함으로써 1세대를 구성하는 경우에는 최초로 합가한 날부터 10년 동안(합가한 당시에는 60세 미만이었으나 합가한 후 과세기준일 현재 60세에 도달한 경우에는 10년의 기간 중에서 60세 이상인 기간 동안)은 주택 또는 토지를 소유하는 자와 그 합가한 자별로 각각 1세대로 본다.

34.
정답 ②

종합부동산세

② 개인소유 주택은 주택 수에 따라 2주택 이하는 0.5~2.7% 초과누진세율, 3주택 이상은 0.5~5% 초과누진세율이 적용되며, 법인소유 주택은 주택 수에 따라 2주택 이하는 2.7%, 3주택 이상은 5% 비례세율이 적용된다.

35.
정답 ⑤

소득세 총설

⑤ 임차 또는 전세받은 주택을 전대하거나 전전세하는 경우에는 해당 임차 또는 전세받은 주택은 임차인 또는 전세받은 자의 주택으로 계산한다.

36.
정답 ③

양도소득세

③ 지상경계를 합리적으로 바꾸기 위하여 법률에 따라 토지를 분할하여 교환하는 경우로서 분할된 토지의 전체 면적이 분할 전 토지의 전체 면적의 100분의 20을 초과하지 않는 경우는 양도소득세상 양도에 해당하지 않는다.

37.

정답 ②

상 양도소득세

② 등기되고 2년 이상 보유한 건물의 양도소득세 세율은 과세표준금액의 크기에 따라 6~45%의 8단계 초과누진세율이 적용되며, 과세표준금액이 1,400만원 이하인 경우 6%의 세율이 적용된다. 따라서 양도소득세 산출세액은 84만원(= 1,400만원 × 6%)이다.

38.

정답 ②

중 양도소득세

① 사실상 대금청산일이 분명하지 않은 경우에는 등기부 · 등록부 또는 명부 등에 기재된 등기 · 등록접수일 또는 명의개서일로 한다.
③ 1984년 12월 31일 이전에 취득한 토지는 1985년 1월 1일에 취득한 것으로 본다.
④ 「민법」 제245조 제1항의 규정(부동산소유권의 취득시효)에 의하여 부동산의 소유권을 취득하는 경우에는 해당 부동산의 점유를 개시한 날을 취득시기로 한다.
⑤ 동일 필지를 2회 이상에 걸쳐 지분으로 각각 취득한 부동산 중에 일부를 양도한 경우로서 취득시기가 분명하지 아니한 경우에는 먼저 취득한 부동산을 먼저 양도한 것으로 본다.

39.

정답 ④

중 양도소득세

① 예정신고는 6월 30일까지 거주자의 주소지 관할 세무서에 하여야 한다.
② 양도소득과세표준 예정신고기한 내에 무신고한 후 확정신고기한까지 신고한 경우에는 예정신고 무신고에 대한 가산세 50%를 감면한다.
③ 예정신고를 한 자는 해당 소득에 대한 확정신고를 생략할 수 있다.
⑤ 토지거래허가구역 내의 토지를 양도하는 경우로서 허가일 전에 대금이 청산된 경우라면 허가일이 속하는 달의 말일로부터 2개월 이내에 신고하여야 한다.

40.

정답 ⑤

하 양도소득세

⑤ 감면세액은 산출세액을 감소시키는 항목이다.

제6회 정답 및 해설

난이도 및 출제포인트 분석

★ 난이도가 낮은 문제는 해설 페이지를 찾아가 꼭 익혀두세요.

1교시 제1과목 공인중개사법령 및 실무

문제번호	난이도 및 출제포인트 분석	문제번호	난이도 및 출제포인트 분석
1	하 중개업무	21	하 개업공인중개사 등의 의무 p.83
2	중 중개계약 및 부동산거래정보망 p.81	22	상 지도·감독 및 벌칙 p.83
3	하 공인중개사 제도 p.81	23	하 중개보수 및 실비 p.83
4	중 중개사무소의 개설등록 p.81	24	중 지도·감독 및 벌칙 p.83
5	중 중개업무 p.81	25	중 주택임대차계약의 신고 p.83
6	상 공인중개사법령 총칙 p.81	26	중 외국인 등의 부동산취득 등에 관한 특례 p.83
7	중 개업공인중개사 등의 의무 p.81	27	중 중개대상물의 조사·확인 p.83
8	상 중개업무 p.81	28	중 교육 및 업무위탁, 포상금 제도 p.83
9	중 부동산 거래신고 등에 관한 법령 종합 p.81	29	중 개별적 중개실무 p.84
10	중 공인중개사법령 총칙 p.82	30	중 개별적 중개실무 p.84
11	상 교육 및 업무위탁, 포상금 제도 p.82	31	중 중개대상물의 조사·확인 p.84
12	상 공인중개사법령 종합 p.82	32	중 중개활동 p.84
13	상 중개사무소의 개설등록 p.82	33	상 부동산거래신고제도 p.84
14	상 중개업무 p.82	34	중 토지거래허가제도 p.84
15	중 중개업무 p.82	35	상 중개의뢰접수 및 중개계약 p.84
16	상 부동산거래신고제도 p.82	36	하 계약의 체결 p.84
17	중 토지거래허가제도 p.82	37	중 개별적 중개실무 p.85
18	중 공인중개사협회 p.82	38	중 개별적 중개실무 p.85
19	상 공인중개사법령 종합 p.83	39	중 개별적 중개실무 p.85
20	중 지도·감독 및 벌칙 p.83	40	중 중개대상물의 조사·확인 p.85

1교시 제2과목 부동산공법

문제번호	난이도 및 출제포인트 분석	문제번호	난이도 및 출제포인트 분석
41	하 개발행위의 허가 등 p.85	61	상 정비사업의 시행 p.88
42	하 국토계획법 총칙 p.85	62	상 공공시행자 및 지정개발자 사업시행의 특례 p.88
43	중 도시·군계획시설 p.85	63	상 정비사업의 시행 p.88
44	하 용도지역·용도지구·용도구역 p.86	64	하 정비사업의 시행 p.88
45	중 도시·군기본계획 p.86	65	하 주택법 총칙 p.88
46	중 용도지역·용도지구·용도구역 p.86	66	하 주택의 건설 등 p.88
47	상 도시·군관리계획 p.86	67	중 주택의 공급 p.88
48	중 광역도시계획 p.86	68	하 주택의 건설 등 p.89
49	중 도시·군계획시설 p.86	69	상 주택의 공급 p.89
50	중 지구단위계획 p.86	70	중 주택의 건설 등 p.89
51	하 개발행위의 허가 등 p.86	71	하 주택법 총칙 p.89
52	상 도시·군계획시설 p.87	72	중 건축법 총칙 p.89
53	중 도시개발사업의 시행 p.87	73	중 건축법 총칙 p.89
54	중 도시개발사업의 시행 p.87	74	상 건축협정 및 결합건축 p.89
55	하 도시개발사업의 시행 p.87	75	하 건축물의 건축 p.89
56	상 도시개발구역의 지정 등 p.87	76	상 건축법 총칙 p.90
57	중 도시개발사업의 시행 p.87	77	하 건축법 총칙 p.90
58	상 도시개발사업의 시행 p.87	78	하 건축물의 대지와 도로 p.90
59	중 기본계획의 수립 및 정비구역의 지정 p.87	79	하 농지의 소유 p.90
60	중 기본계획의 수립 및 정비구역의 지정 p.88	80	상 농지의 보전 등 p.90

2교시 제1과목 부동산 공시에 관한 법령 및 부동산 관련 세법

문제번호	난이도 및 출제포인트 분석	문제번호	난이도 및 출제포인트 분석
1	하 공간정보관리법 총칙 p.91	21	중 권리에 관한 등기 p.92
2	하 토지의 등록 p.91	22	중 권리에 관한 등기 p.92
3	하 토지의 등록 p.91	23	중 권리에 관한 등기 p.93
4	하 토지의 등록 p.91	24	중 권리에 관한 등기 p.93
5	하 지적공부 p.91	25	하 납세의무의 성립·확정·소멸 p.93
6	중 토지의 등록 p.91	26	상 취득세 p.93
7	중 지적공부 p.91	27	중 취득세 p.93
8	중 토지의 이동 및 지적정리 p.91	28	상 취득세 p.93
9	하 토지의 이동 및 지적정리 p.91	29	중 등록면허세 p.93
10	하 토지의 이동 및 지적정리 p.91	30	하 등록면허세 p.93
11	중 지적측량 p.91	31	하 재산세 p.93
12	중 지적측량 p.92	32	하 재산세 p.93
13	중 부동산등기법 총칙 p.92	33	상 종합부동산세 p.93
14	상 등기기관과 설비 p.92	34	상 종합부동산세 p.93
15	상 등기절차 총론 p.92	35	중 양도소득세 p.93
16	상 등기절차 총론 p.92	36	상 양도소득세 p.94
17	상 등기절차 총론 p.92	37	중 양도소득세 p.94
18	상 등기절차 총론 p.92	38	하 양도소득세 p.94
19	상 권리에 관한 등기 p.92	39	중 양도소득세 p.94
20	중 권리에 관한 등기 p.92	40	중 양도소득세 p.94

1교시

제1과목 공인중개사법령 및 실무

1	2	3	4	5	6	7	8	9	10
④	③	⑤	②	④	①	③	⑤	①	②
11	12	13	14	15	16	17	18	19	20
④	②	⑤	①	③	④	③	⑤	①	②
21	22	23	24	25	26	27	28	29	30
⑤	③	③	④	⑤	①	⑤	②	②	④
31	32	33	34	35	36	37	38	39	40
③	⑤	②	①	④	②	③	⑤	④	①

선생님의 한마디

이번 회 모의고사는 공인중개사법령의 문제에서도 종합적인 지식을 묻는 문제를 출제하였고, 상대적으로 어려운 부동산 거래신고 등에 관한 법령과 중개실무의 문제를 많이 출제하면서 매우 어려운 회였습니다. 최근 가장 어려웠던 제34회 시험문제 수준이라 생각하시면 되겠습니다. 그러나 항상 여러분이 아는 것에 정답이 있다는 믿음을 가

지고 문제를 접하면 의외로 답이 쉽게 해결될 것입니다. 이점은 시험에서도 대단히 중요합니다. 함정을 파놓은 지문에 너무 연연하시면 안 됩니다. 공인중개사법령에서 22문제, 부동산 거래신고 등에 관한 법령에서 8문제, 중개실무에서 10문제를 출제하였습니다. 틀린 부분은 출제의 핵심을 보시면서 다시 한 번 정리해 주시기를 바랍니다.

1.
정답 ④

| 하 | 중개업무 |

④ 국토교통부장관이 표시·광고 규정의 준수 여부를 모니터링 할 수 있다.

2.
정답 ③

| 중 | 중개계약 및 부동산거래정보망 |

임대차 전속중개계약의 경우 반드시 공개할 정보는 3개(ㄱ, ㄷ, ㄹ)이다.
ㄴ. 공시지가는 임대차 의뢰시에는 공개하지 아니할 수 있다.
ㅁ. 취득 관련 조세의 종류 및 세율은 공개할 정보에 해당하지 아니한다.

> ✓ 전속중개계약시 공개할 정보
>
> 1. 중개대상물의 종류, 소재지, 지목 및 면적, 건축물의 용도·구조 및 건축연도 등 중개대상물을 특정하기 위하여 필요한 사항
> 2. 벽면 및 도배의 상태
> 3. 수도·전기·가스·소방·열공급·승강기 설비, 오수·폐수·쓰레기 처리시설 등의 상태
> 4. 도로 및 대중교통수단과의 연계성, 시장·학교 등과의 근접성, 지형 등 입지조건, 일조·소음·진동 등 환경조건
> 5. 소유권·전세권·저당권·지상권 및 임차권 등 중개대상물의 권리관계에 관한 사항(각 권리자의 주소·성명 등 인적 사항에 관한 정보는 공개 금지)
> 6. 공법상의 이용제한 및 거래규제에 관한 사항
> 7. 중개대상물의 거래예정금액 및 공시지가(임대차의 경우 공시지가를 공개하지 아니할 수 있음)

3.
정답 ⑤

| 하 | 공인중개사 제도 |

⑤ 공인중개사가 무자격자로 하여금 중개사무소의 경영에 관여하거나 자금을 투자하고 그로 인한 이익을 분배받도록 하는 경우라도 공인중개사 자신이 그 중개사무소에서 공인중개사의 업무인 부동산거래 중개행위를 수행하고 무자격자로 하여금 공인중개사의 업무를 수행하도록 하지 않는다면, 이를 가리켜 등록증·자격증의 대여를 한 것이라고 말할 수는 없다(대판 2007.3.29, 2006도9334).

4.
정답 ②

| 중 | 중개사무소의 개설등록 |

② 자격이 취소된 자는 3년 결격이므로, 2024년 10월 26일 현재 결격사유에 해당한다.
① 피특정후견인은 결격사유자가 아니다.
③ 다른 법 위반 벌금형은 결격이 아니다.
④ 일반사면을 받은 자는 즉시 결격사유에서 벗어난다.
⑤ 폐업에 불구하고 업무정지기간은 진행되므로, 10월 26일 현재 결격이 아니다.

5.
정답 ④

| 중 | 중개업무 |

① 중개사무소 이전신고는 10일 내에 하여야 한다.
② 가설건축물에는 중개사무소를 설치할 수 없다.
③ 서류송부 요청기한은 정해진 바가 없다.
⑤ 건물주의 사용승낙서가 아니라 다른 개업공인중개사의 승낙서이고, 별도의 중개사무소 공동사용신고라는 제도는 없으므로 '중개사무소 공동사용신고서' 서식도 없다.

6.
정답 ①

| 상 | 공인중개사법령 총칙 |

중개대상이 되지 아니하는 항목은 ㄱ, ㄴ, ㄷ이다.
ㄱ. 사권(私權)이 소멸된 포락지, 지방자치단체가 매립한 공유수면매립지, 증여는 중개대상이 되지 아니한다.
ㄴ. 상표권은 중개대상물에 성립하는 권리가 아니므로 중개대상이 되지 아니한다.
ㄷ. 무형의 재산적 가치, 경매, 광업권은 중개대상이 되지 아니한다.
ㄴ의 법정저당권, ㄹ의 환매권, 유치권은 중개대상권리가 되나, 다만 그 성립이나 환매권의 행사는 중개대상이 되지 아니할 뿐이다.

7.
정답 ③

| 중 | 개업공인중개사 등의 의무 |

③ 토지를 택지로 조성하여 분할한 다음 그 중 일부를 타에 매도하고 토지의 소유자에게는 확정금을 지급 후 그로 인한 손익은 개업공인중개사에게 귀속시키기로 하는 약정(위임 및 도급의 복합적 성격을 가지는 약정)은 중개행위에 해당하지 않는다 할 것이고, 따라서 위 각 행위와 관련하여 취득한 금원은 초과수수가 금지되는 개업공인중개사의 중개보수 등 금품에는 해당하지 않는다고 봄이 상당하다(대판 2004.11.12, 2004도5271).
①은 표시·광고 방해행위, ②는 중개보수 초과, ④는 중개의뢰 제한 행위, ⑤는 자기계약으로 직접거래에 해당한다.

8.
정답 ⑤

| 상 | 중개업무 |

⑤ 개업공인중개사가 아닌 자가 명칭을 사칭한 경우에는 1년 이하의 징역 또는 1천만원 이하의 벌금에 처하므로, 옳은 내용이다.
① "부동산중개"라는 문자를 사용할 수도 있다.
② 옥외광고물에 등록증에 표기된 개업공인중개사의 성명을 표기하여야 한다.
③ 대집행은 「행정대집행법」에 따른다.
④ 중개인이 그 사무소 명칭에 "공인중개사사무소"라는 문자를 사용한 경우는 100만원 이하의 과태료가 부과된다.

9.
정답 ①

| 중 | 부동산 거래신고 등에 관한 법령 종합 |

옳은 것은 ㄱ, ㄴ이다.
ㄷ. 신고관청은 10일 이내에 해당 등록관청에 과태료 부과사실을 통보하여야 한다.
ㄹ. 자료제출 요구에 불응한 자는 자진신고하였더라도 과태료가 감경·면제되지 않는다.

10. 정답 ②

중 공인중개사법령 총칙

② 지상권자 또는 토지의 임차인에게 속하는 입목이 저당권의 목적이 되어 있는 경우에는 지상권자 또는 임차인은 저당권자의 승낙 없이 그 권리를 포기하거나 계약을 해지할 수 없다(「입목에 관한 법률」 제7조).

11. 정답 ④

상 교육 및 업무위탁, 포상금 제도

① 부당한 표시·광고를 한 행위, 표시·광고시 명시할 사항을 명시하지 아니한 행위는 부동산거래질서교란행위 유형으로 명문의 규정이 없다.
② 조사결과 통보는 10일 내에 하여야 한다.
③ 신고센터는 매월 10일까지 직전 달의 신고사항 접수 및 처리결과 등을 국토교통부장관에게 제출해야 한다.
⑤ 신고인에게 신고사항 처리결과를 통보하는 것은 기한이 정해져 있지 않다.

12. 정답 ②

상 공인중개사법령 종합

원본을 첨부해야 하는 경우는 2개(ㄴ, ㅁ)개이다.
ㄱ. 거래정보사업자 지정신청시에는 중개사무소등록증 사본을 첨부한다.
ㄷ. 보증설정신고시에는 공제증서 사본을 첨부한다.
ㄹ. 소속공인중개사의 고용신고시 자격증을 첨부하지 아니한다.

13. 정답 ⑤

상 중개사무소의 개설등록

⑤ 중개사무소등록증의 대여로 인하여 등록취소된 자는 등록취소 후 3년 동안 결격사유에 해당한다.
①③ 결격사유로 인한 등록취소는 '등록취소 후 3년'의 결격기간이 적용되지 않고, 등록취소의 원인이 된 결격기간을 해소하여야 한다. 따라서 ①은 징역 1년을 선고받아 등록취소되었으나, 징역 1년을 선고받은 날로부터 4년(복역기간 1년 + 3년)이 결격이고, ③은 복권이 되

어야 결격사유에서 벗어난다.
②④ 등록기준 미달, 해산으로 인한 등록취소는 결격이 아니다.

14. 정답 ①

상 중개업무

① 甲은 乙이 직무교육을 받도록 한 후 업무를 개시하기 전까지 등록관청에 신고해야 한다.
③ 중개보조원이 업무상 행위로 거래당사자인 피해자에게 고의로 불법행위를 저지른 경우라 하더라도, 그 중개보조원을 고용하였을 뿐 이러한 불법행위에 가담하지 아니한 개업공인중개사에게 책임을 묻고 있는 피해자에게 과실이 있다면, 과실상계의 법리에 좇아 손해배상의 책임 및 그 금액을 정함에 있어 이를 참작하여야 한다(대판 2011.7.14, 2011다21143).
⑤ 양벌규정에 따라 개업공인중개사인 甲에게 부과된 벌금은 감독상의 과실책임이므로, 벌금은 구상할 수 없다. 옳은 지문이다.

15. 정답 ③

중 중개업무

① 중개사무소의 개설등록신청시 인장을 등록할 수 있고, 반드시 등록신청과 함께 등록해야 하는 것은 아니다.
② 법인인 개업공인중개사의 주된 사무소에서 사용할 인장은 「상업등기규칙」에 따라 신고한 법인의 인장으로 등록해야 한다. 분사무소가 대표자가 보증하는 인장으로 등록할 수 있다.
④ 개업공인중개사 및 소속공인중개사가 아닌 자는 인장등록의무가 없다.
⑤ 소속공인중개사가 인장등록의무를 위반한 경우 해당 소속공인중개사가 자격정지처분을 받을 수 있다.

16. 정답 ④

상 부동산거래신고제도

옳은 것과 틀린 것을 바르게 나열하면 ㄱ(×), ㄴ(○), ㄷ(×), ㄹ(○)이다.
ㄱ, ㄷ. 토지거래허가증을 받았거나 농지취득자격증명을 받았더라도 매매라면 부동산거래신고를 하여야 한다.

17. 정답 ③

중 토지거래허가제도

① 선매협의 완료기한은 1개월이다.
② 시장·군수 또는 구청장은 선매협의가 이루어지지 아니한 경우에는 지체 없이 허가 또는 불허가의 여부를 결정하여 통보하여야 한다.
④ 토지거래허가신청시에는 자금조달계획서를 첨부하여야 한다.
⑤ 이행강제금은 취득가액의 10% 내로 하고, 취득가액은 실거래가로 하되, 실거래가가 명확하지 아니한 경우에는 공시지가로 한다.

18. 정답 ⑤

중 공인중개사협회

① 협회의 회장 및 협회 이사회가 협회의 임원 중에서 선임하는 사람은 전체 위원 수의 3분의 1 미만으로 한다.
② 협회의 설립은 임의사항이다.
③ 정관에는 300인 이상이 서명·날인하여야 한다.
④ 협회는 총회의 의결사항을 지체 없이 국토교통부장관에게 보고하여야 한다.

19.
정답 ①

공인중개사법령 종합

옳은 것은 ㄴ이다.
ㄱ. 중개사무소 개설등록번호는 중개사무소의 간판에 명시할 사항이 아니다. 중개사무소의 간판에는 개업공인중개사(법인은 대표자, 분사무소는 책임자)의 성명을 명시해야 한다.
ㄷ. 이중사무소를 두고 중개업을 하는 개업공인중개사는 포상금이 지급되는 신고·고발대상이 아니다.
ㄹ. 등록인장의 변경신고는 전자문서로 할 수 있다.

✓ 공인중개사법령상 전자문서 가능 여부	
전자문서로 할 수 있는 것	전자문서로 할 수 없는 것
1. 고용신고 2. 인장(변경)등록 3. 휴업기간 변경신고, 중개업무 재개신고	휴업 및 폐업신고

20.
정답 ②

지도·감독 및 벌칙

① 업무정지처분은 가중을 하더라도 6개월을 초과할 수 없다.
③ 사무소의 소재지를 관할하는 시·도지사는 자격취소처분 또는 자격정지처분에 필요한 절차를 이행한 후 자격증을 교부한 시·도지사에게 통보하여야 한다.
④ 등록관청은 소속공인중개사의 자격정지처분사유에 해당하는 사실을 알게 된 때에는 지체 없이 그 사실을 시·도지사에게 통보하여야 한다.
⑤ 폐업신고 전에 받은 업무정지처분의 효과는 그 처분일부터 1년간 재등록 개업공인중개사에게 승계된다.

21.
정답 ⑤

개업공인중개사 등의 의무

⑤ 예치명의자가 개업공인중개사인 경우에만 보증설정의무가 있다.

22.
정답 ②

지도·감독 및 벌칙

② 甲의 행위는 임시 중개시설물을 설치한 행위로서, 임의적 등록취소 또는 업무정지처분사유이므로, 옳은 내용이다.
① 벌금형 선고는 자격정지사유가 아니고, 甲은 개업공인중개사로서 자격정지처분대상이 되지 아니한다. 자격정지처분을 하더라도 권한은 부산광역시장에게 있다.
③ 甲의 행위는 1년 이하의 징역 또는 1천만원 이하의 벌금에 처하는 행위이다.
④ 등록증의 반납은 성산구청장에게 하여야 한다.
⑤ 자격증의 반납은 자격증을 교부한 시·도지사인 부산광역시장에게 반납하여야 한다.

23.
정답 ①

중개보수 및 실비

① 산출금액이 5천만원 미만인 경우에는 월 단위의 차임액에 70을 곱한 금액과 보증금을 합산한 금액을 거래금액으로 한다.

24.
정답 ③

지도·감독 및 벌칙

필요적 등록취소사유는 ㄴ, ㄷ, ㅁ이다.
ㄱ. 개업공인중개사인 법인의 대표자가 사망한 경우는 등록증 재교부사유이다.
ㄹ. 최근 1년 이내에 업무정지처분 2회를 받고 다시 과태료처분에 해당하는 행위를 한 경우는 업무정지사유이다.

25.
정답 ④

주택임대차계약의 신고

① 건축물대장상 용도와 관계없이 사실상 주된 부분을 주거용으로 사용하는 경우라면 신고대상이 된다.
② 주택임대차계약을 중개한 개업공인중개사의 인적사항 및 소속공인중개사의 성명은 신고사항이다.
③ 광역시 또는 경기도에 있는 군지역의 주택은 신고대상이다.
⑤ 면적은 불문하고 신고대상이 된다.

✓ 주택임대차계약 신고대상
특별자치시·특별자치도·시·군(광역시 및 경기도 내 군에 한정)·구(자치구) 내에 소재하는 사실상 주거용으로 사용하는 주택으로서, 보증금 6천만원 또는 차임 30만원을 초과하는 임대차계약(갱신되는 임대차계약을 포함하되, 보증금 및 월 차임의 증감 없이 임대차기간만 연장되는 계약은 제외)이다.

26.
정답 ⑤

외국인 등의 부동산취득 등에 관한 특례

① 임원의 2분의 1 이상이 대한민국 국적을 보유하고 있지 아니한 법인 또는 단체는 '외국인 등'에 포함되므로, 2분의 1이라면 '외국인 등'에 포함된다.
② 과태료만 부과받을 뿐 부동산 등은 취득한다.
③ 국토교통부장관이 상호주의를 적용할 수 있다.
④ 원칙적으로 전자문서에 의하여 할 수 있다.

27.
정답 ①

중개대상물의 조사·확인

① 분묘기지권자의 점유는 소유의 의사는 추정되지 않지만, 착오로 인접 토지의 일부를 그가 매수·취득한 토지에 속하는 것으로 믿고 분묘를 설치·관리하고 있다면 이는 자주점유에 해당한다(대판 2007.6. 14, 2006다84423).

28.
정답 ⑤

교육 및 업무위탁, 포상금 제도

ㄱ, ㄴ, ㄷ, ㄹ 모두 실무교육대상자이다.
ㄱ, ㄹ. 폐업신고 후 1년이 지났거나, 직무교육을 받았더라도 등록을 신청하려는 자는 실무교육을 받아야 한다.
ㄴ, ㄷ. 실무교육의 대상자는 등록신청인(법인은 임원·사원), 분사무소의 책임자, 소속공인중개사이므로, 실무교육을 받아야 한다.

구분	실무교육	직무교육	연수교육
실시자	시·도지사	시·도지사 또는 등록관청	시·도지사
대상자	• 등록신청인(임원·사원) • 분사무소 책임자 • 소속공인중개사	중개보조원	개업공인중개사, 소속공인중개사
시기	등록신청(설치신고, 고용신고)일 전 1년 이내	고용신고일 전 1년 이내	실무교육을 받은 후 매 2년마다
면제통지	폐업신고·고용종료신고 후 1년 내 면제	고용종료신고 후 1년 내 면제	2년이 되기 2개월 전까지 통지
교육내용	법률지식과 부동산중개 및 경영실무, 직업윤리 등	직업윤리 등	법·제도의 변경사항, 부동산중개 및 경영실무, 직업윤리 등
시간	28~32시간	3~4시간	12~16시간
제재	–	–	500만원 이하의 과태료

29.
정답 ②

중 개별적 중개실무

주민등록은 행정청이 수리한 경우에 비로소 그 효력이 발생한다고 보아야 하므로 정확한 지번과 동, 호수로 주민등록 전입신고서를 작성하여 제출하였는데 담당공무원이 착오로 수정을 요구하여 잘못된 지번으로 주민등록이 된 경우, 그 주민등록은 임대차의 공시방법으로서 유효하지 않고 이것이 담당 공무원의 요구에 기인한 것이라 하더라도 마찬가지이다(대판 2009.1.30, 2006다17850).

30.
정답 ④

중 개별적 중개실무

④ 개업공인중개사가 중개업의 업무정지처분을 받은 경우는 대리업무의 필요적 업무정지처분사유이다.

31.
정답 ③

중 중개대상물의 조사·확인

③ 건폐율 상한·용적률 상한은 시·군 조례를 확인하여 기재한다.

32.
정답 ⑤

중 중개활동

⑤ 욕망단계(Desire)는 고객이 거래의사를 잠정적으로 결정하는 단계로서 클로징(Closing)을 시도하는 단계이다. 행동단계(Action)가 고객이 거래의사를 확정적으로 결정하는 단계이다.

33.
정답 ②

상 부동산거래신고제도

정정신청이 가능한 사항은 ㄷ, ㄹ이다.
ㄱ, ㄴ. 변경된 경우이므로 변경신고사항이다.
ㅁ. 거래당사자의 성명이 잘못된 경우는 재신고를 해야 하고, 정정신청을 할 수 없다.

정정신청사항	변경신고사항
• 거래당사자의 주소·전화번호 또는 휴대전화번호 • 거래지분비율 • 개업공인중개사의 전화번호·상호 또는 사무소 소재지 • 거래대상 건축물의 종류 • 거래대상 부동산 등의 지목, 면적, 거래지분 및 대지권비율	• 거래지분비율, 거래지분 • 거래대상 부동산 등의 면적 • 계약의 조건 또는 기한 • 거래가격, 중도금·잔금 및 지급일 • 공동매수의 경우 일부 매수인의 변경(일부 제외만 해당) • 다수 부동산 등인 경우 일부 부동산 등의 변경(일부 제외만 해당) • 위탁관리인의 인적사항

34.
정답 ①

중 토지거래허가제도

① 거래계약은 관할관청의 허가를 받아야만 그 효력이 발생하고, 허가를 받기 전에는 물권적 효력은 물론 채권적 효력도 발생하지 아니하여 무효이므로 어떠한 내용의 이행청구도 할 수 없고, 채무불이행을 이유로 거래계약을 해제하거나 그로 인한 손해배상을 청구할 수 없다(대판 1991.12.24, 90다12243 전원합의체).

35.
정답 ④

상 중개의뢰접수 및 중개계약

매수의뢰를 받은 경우 일반중개계약서에 기재하는 사항은 ㄱ, ㄴ, ㄷ이다.
ㄱ, ㄴ. 일반중개계약서 앞면에 기재하는 사항으로, 매도를 의뢰받았든 매수를 의뢰받았든 언제나 기재하는 사항이다.
ㄷ. 매수 또는 임차를 의뢰받은 경우 기재하는 사항이다.
ㄹ. 토지의 지역·지구 등은 매도 또는 임대를 의뢰받은 경우 기재하는 사항이다.

36. 정답 ②

하 **계약의 체결**

② 전자계약을 한 경우에도 등기는 별도로 하여야 한다.

37. 정답 ③

중 **개별적 중개실무**

③ 부동산의 위치와 면적을 특정하여 2인 이상이 구분소유하기로 약정을 하고 그 공유로 등기한 경우는 상호명의신탁으로서 그 등기는 유효이다.

38. 정답 ⑤

중 **개별적 중개실무**

⑤ 농지취득자격증명은 매각결정기일까지 제출하면 된다.

39. 정답 ④

중 **개별적 중개실무**

① 계약갱신요구권은 임차인만이 행사할 수 있다.
② 계약갱신요구권은 계약기간 만료 전 6개월부터 1개월까지의 사이에 행사하여야 한다.
③ 적법 전차인은 임차인의 계약갱신요구권을 대위 행사할 수 있다.
⑤ 계약갱신요구에 따라 임대차계약이 갱신된 경우 계약의 해지통고를 할 수 없다.

40. 정답 ①

중 **중개대상물의 조사·확인**

② 농지취득자격증명의 발급권자는 시·구·읍·면장이다.
③ 농업경영을 하는 경우에는 소유상한이 없다.
④ 지목이 전, 답, 과수원이 아닌 경우라도 실제 농작물의 경작에 사용되는 토지나 다년생식물 재배지로 사용되는 토지로서 3년 이상 경작한 경우 「농지법」에 의한 농지로 인정된다. 단, 지목이 임야인 경우는 제외된다.
⑤ 농지를 취득하려는 자가 농지에 관하여 소유권이전등기를 마쳤다고 하더라도 농지취득자격증명을 발급받지 못하면 그 소유권을 취득하지 못한다(대판 2018.7.11., 2014두36518).

제2과목 부동산공법

41	42	43	44	45	46	47	48	49	50
③	②	①	④	②	③	⑤	⑤	④	①
51	52	53	54	55	56	57	58	59	60
⑤	①	②	⑤	③	②	④	③	④	⑤
61	62	63	64	65	66	67	68	69	70
②	③	②	③	⑤	①	④	⑤	⑤	③
71	72	73	74	75	76	77	78	79	80
⑤	②	①	②	③	⑤	⑤	①	④	①

선생님의 한마디

제6회는 난이도 상이 11문제, 중이 15문제, 하가 14문제입니다. 난이도 중, 하가 29문제이므로 조금 쉽게 출제했습니다. 60점 이상의 점수를 기대합니다. 난이도 중, 하인 문제를 틀렸다면 확실하게 정리해서 다음에는 반드시 맞힐 수 있도록 해야 합니다. 이제 고개의 반을 넘었습니다. 실전모의고사는 전체 범위에서 실제 시험과 비슷하게 연습하는 과정이므로 시간을 재서 실전과 같이 문제를 풀어보셔야 합니다.

41. 정답 ③

하 **개발행위의 허가 등**

③ 기반시설의 설치가 곤란한 지역은 개발밀도관리구역의 지정대상이다. 기반시설부담구역은 개발로 인하여 도로, 공원, 녹지 등 기반시설의 설치가 필요한 지역을 대상으로 지정한다.

42. 정답 ②

하 **국토계획법 총칙**

② 공간재구조화계획이란 토지의 이용 및 건축물이나 그 밖의 시설의 용도·건폐율·용적률·높이 등을 완화하는 용도구역의 효율적이고 계획적인 관리를 위하여 수립하는 계획을 말한다.

43. 정답 ①

중 **도시·군계획시설**

② 비업무용 토지로서 매수대금이 3천만원을 초과하는 경우 그 초과하는 금액에 대하여 도시·군계획시설채권을 발행하여 지급할 수 있다.
③ 6개월 이내에 매수 여부를 결정하여 토지소유자에게 알려야 한다.
④ 도시·군계획시설채권의 발행절차나 그 밖에 필요한 사항에 관하여 이 법에 특별한 규정이 있는 경우 외에는 「지방재정법」에서 정하는 바에 따른다.
⑤ 매수청구된 토지의 매수가격·매수절차 등에 관하여 이 법에 특별한 규정이 있는 경우 외에는 「공익사업을 위한 토지 등의 취득 및 보상에 관한 법률」을 준용한다.

44.

정답 ④

④ 아파트를 건축할 수 있는 지역은 제2종 전용주거지역, 제2종 일반주거지역, 제3종 일반주거지역, 준주거지역, 상업지역(유통상업지역은 제외) 및 준공업지역이다.

45.

정답 ②

중 도시 · 군기본계획

① 특별시장 · 광역시장은 국토교통부장관의 승인을 받지 않는다.
③ 주민은 지구단위계획구역의 지정 및 변경에 관한 사항에 대하여 도시 · 군관리계획의 입안을 제안할 수 있다.
④ 주민의견청취를 위한 공청회를 생략하는 경우는 없다.
⑤ 도시 · 군기본계획 입안일부터 5년 이내에 토지적성평가를 실시한 경우에는 토지적성평가를 하지 않을 수 있다.

46.

정답 ③

중 용도지역 · 용도지구 · 용도구역

① 용도가 지정되지 않은 지역에 대하여는 자연환경보전지역에 관한 규정을 적용한다.
② 도시지역에 대하여는 「농지법」에 따른 농지취득자격증명을 적용하지 않는다. 다만, 녹지지역의 농지로서 도시 · 군계획시설사업에 필요하지 않은 농지에 대하여는 그러하지 않다.
④ 시가화조정구역에서의 도시 · 군계획사업은 국방상 또는 공익상 시가화조정구역 안에서의 사업시행이 불가피한 것으로서 관계 중앙행정기관의 장의 요청에 의하여 국토교통부장관이 시가화조정구역의 지정목적 달성에 지장이 없다고 인정하는 도시 · 군계획사업에 한하여 이를 시행할 수 있다.
⑤ 시가화조정구역에서는 도시 · 군계획사업의 경우 외에는 다음의 어느 하나에 해당하는 행위에 한정하여 특별시장 · 광역시장 · 특별자치시장 · 특별자치도지사 · 시장 또는 군수의 허가를 받아 그 행위를 할 수 있다.
  • 농업 · 임업 또는 어업용의 건축물 중 대통령령으로 정하는 종류와 규모의 건축물이나 그 밖의 시설을 건축하는 행위
  • 마을공동시설, 공익시설 · 공공시설, 광공업 등 주민의 생활을 영위하는 데에 필요한 행위로서 대통령령으로 정하는 행위
  • 입목의 벌채, 조림, 육림, 토석의 채취, 그 밖에 대통령령으로 정하는 경미한 행위

47.

정답 ⑤

상 도시 · 군관리계획

해당하는 것은 ㄴ, ㄷ, ㄹ이다.
ㄱ. 「환경영향평가법」에 따른 전략환경영향평가대상인 도시 · 군관리계획을 입안하는 경우에는 환경성 검토를 실시하지 않을 수 있다. 토지적성평가가 면제되는 경우가 아니다.

✔ 토지적성평가를 실시하지 않을 수 있는 경우

1. 기초조사를 실시하지 않을 수 있는 요건
   (1) 해당 지구단위계획구역이 도심지(상업지역과 상업지역에 연접한 지역을 말한다)에 위치하는 경우
   (2) 해당 지구단위계획구역 안의 나대지 면적이 구역면적의 2%에 미달하는 경우
   (3) 해당 지구단위계획구역 또는 도시 · 군계획시설부지가 다른 법률에 따라 지역 · 지구 등으로 지정되거나 개발계획이 수립된 경우

   (4) 해당 지구단위계획구역의 지정목적이 해당 구역을 정비 또는 관리하고자 하는 경우로서 지구단위계획의 내용에 너비 12m 이상 도로의 설치계획이 없는 경우
   (5) 기존의 용도지구를 폐지하고 지구단위계획을 수립 또는 변경하여 그 용도지구에 따른 건축물이나 그 밖의 시설의 용도 · 종류 및 규모 등의 제한을 그대로 대체하려는 경우
   (6) 해당 도시 · 군계획시설의 결정을 해제하려는 경우
2. 토지적성평가를 실시하지 않을 수 있는 요건
   (1) 1.의 어느 하나에 해당하는 경우
   (2) 도시 · 군관리계획 입안일부터 5년 이내에 토지적성평가를 실시한 경우
   (3) 주거지역 · 상업지역 또는 공업지역에 도시 · 군관리계획을 입안하는 경우
   (4) 「개발제한구역의 지정 및 관리에 관한 특별조치법 시행령」에 따라 개발제한구역에서 조정 또는 해제된 지역에 대하여 도시 · 군관리계획을 입안하는 경우
   (5) 「도시개발법」에 따른 도시개발사업의 경우
   (6) 지구단위계획구역 또는 도시 · 군계획시설부지에서 도시 · 군관리계획을 입안하는 경우
   (7) 다음의 어느 하나에 해당하는 용도지역 · 용도지구 · 용도구역의 지정 또는 변경의 경우
     • 주거지역 · 상업지역 · 공업지역 또는 계획관리지역의 그 밖의 용도지역으로의 변경(계획관리지역을 자연녹지지역으로 변경하는 경우는 제외한다)
     • 주거지역 · 상업지역 · 공업지역 또는 계획관리지역 외의 용도지역 상호간의 변경(자연녹지지역으로 변경하는 경우는 제외한다)
… (이하 생략)

48.

정답 ⑤

중 광역도시계획

⑤ 시 · 도지사가 아니라 국토교통부장관이다. 국토교통부장관은 광역도시계획을 승인하거나 직접 광역도시계획을 수립 또는 변경하려면 관계 중앙행정기관과 협의한 후 중앙도시계획위원회의 심의를 거쳐야 한다.

49.

정답 ④

중 도시 · 군계획시설

④ 행정청이 아닌 시행자의 처분에 대하여는 그 시행자를 지정한 자에게 행정심판을 제기해야 한다.

50.

정답 ①

중 지구단위계획

① 지구단위계획(주민이 입안을 제안한 것에 한정한다)에 관한 도시 · 군관리계획결정의 고시일부터 5년 이내에 이 법 또는 다른 법률에 따라 허가 · 인가 · 승인 등을 받아 사업이나 공사에 착수하지 않으면 그 5년이 된 날의 다음 날에 그 지구단위계획에 관한 도시 · 군관리계획결정은 효력을 잃는다.

51.

정답 ⑤

하 개발행위의 허가 등

⑤ 국가 또는 지방자치단체가 시행하는 개발행위의 경우에는 이행보증금을 예치하지 않는다.

52.

상 **도시 · 군계획시설**

② 조사 · 측량비, 설계비 및 관리비를 제외한 공사비와 감정비를 포함한 보상비를 보조할 수 있다.
③④⑤ 甲은 행정청이 아닌 시행자이므로 도시 · 군계획시설사업에 드는 비용의 일부를 지방자치단체에게 부담시킬 수 없다. 이 경우 도시 · 군계획시설사업에 소요된 비용에는 해당 도시 · 군계획시설사업의 조사 · 측량비, 설계비 및 관리비를 포함하지 않는다.

53.
정답 ②

중 **도시개발사업의 시행**

① 「집합건물의 소유 및 관리에 관한 법률」에 따른 구분소유자는 각각을 토지소유자 1명으로 본다.
③ 개발계획 변경시 개발계획의 변경을 요청받기 전에 동의를 철회하는 사람이 있는 경우 그 사람은 동의자 수에서 제외한다.
④ 도시개발구역의 지정이 제안된 후부터 개발계획이 수립되기 전까지의 사이에 토지소유자가 변경된 경우 또는 개발계획의 변경을 요청받은 후부터 개발계획이 변경되기 전까지의 사이에 토지소유자가 변경된 경우에는 기존 토지소유자의 동의서를 기준으로 한다.
⑤ 국 · 공유지를 포함하여 산정한다.

54.
정답 ⑤

중 **도시개발사업의 시행**

① '또는'이 아니라 '와(및)'이다. 조합설립의 인가를 신청하려면 해당 도시개발구역의 토지면적의 3분의 2 이상에 해당하는 토지소유자와 그 구역의 토지소유자 총수의 2분의 1 이상의 동의를 받아야 한다.
② 조합설립인가에 동의한 자로부터 토지를 취득한 자는 조합의 설립에 동의한 것으로 본다. 다만, 토지를 취득한 자가 조합설립인가 신청 전에 동의를 철회한 경우에는 그러하지 않다.
③ 조합의 임원으로 선임된 자가 결격사유에 해당하게 된 경우에는 그 다음 날부터 임원의 자격을 상실한다.
④ 대의원회는 환지계획의 작성에 관한 총회의 권한을 대행할 수 없다.

55.
정답 ③

하 **도시개발사업의 시행**

③ 전부를 환지방식으로 사업을 시행하는 경우 시행자로 지정된 자(토지소유자 또는 조합)가 도시개발구역 지정 · 고시일부터 1년 이내에 도시개발사업에 관한 실시계획의 인가를 신청하지 않는 경우이다.

56.
정답 ②

상 **도시개발구역의 지정 등**

② 기반시설을 제외한 도시개발구역의 용적률이 종전보다 100분의 5 이상 증가하는 경우이다.

▽ 개발계획의 경미한 변경에서 제외되는 경우

1. 환지방식을 적용하는 지역의 면적변경이 다음의 어느 하나에 해당하는 경우
   • 편입되는 토지의 면적이 종전 환지방식이 적용되는 면적의 100분의 5 이상인 경우(경미한 사항이 여러 차례 변경된 경우에는 누적하여 산정한다. 이하 같다)
   • 제외되는 토지의 면적이 종전 환지방식이 적용되는 면적의 100분의 10 이상인 경우
   • 편입 또는 제외되는 면적이 각각 3만m² 이상인 경우
   • 토지의 편입이나 제외로 인하여 환지방식이 적용되는 면적이 종전보다 100분의 10 이상 증감하는 경우
2. 너비가 12m 이상인 도로를 신설 또는 폐지하는 경우
3. 사업시행지구를 분할하거나 분할된 사업시행지구를 통합하는 경우
4. 도로를 제외한 기반시설의 면적이 종전보다 100분의 10(공원 또는 녹지의 경우에는 100분의 5) 이상으로 증감하거나 신설되는 기반시설의 총면적이 종전 기반시설 면적의 100분의 5 이상인 경우
5. 수용예정인구가 종전보다 100분의 10 이상 증감하는 경우(변경 이후 수용예정인구가 3천명 미만인 경우는 제외한다)
6. 임대주택건설용지의 면적 또는 임대주택 호수가 종전보다 100분의 10 이상 감소하는 경우
6. 기반시설을 제외한 도시개발구역의 용적률이 종전보다 100분의 5 이상 증가하는 경우
7. 사업시행방식을 변경하는 경우 … (이하 생략)

57.
정답 ④

중 **도시개발사업의 시행**

④ 지정권자가 조성토지 등의 공급계획을 작성하거나 승인하는 경우 국토교통부장관이 지정권자이면 시 · 도지사 또는 대도시 시장의 의견을, 시 · 도지사가 지정권자이면 시장(대도시 시장은 제외한다) · 군수 또는 구청장의 의견을 미리 들어야 한다.

58.
정답 ③

상 **도시개발사업의 시행**

③ 대상 지역의 면적이 10만m² 미만일 것

59.
정답 ④

중 **기본계획의 수립 및 정비구역의 지정**

④ 경작지에서의 관상용 죽목의 임시식재는 허가를 받아야 한다.

▽ 정비구역에서의 행위허가 예외

정비구역에서 다음의 어느 하나에 해당하는 행위는 시장 · 군수 등의 허가를 받지 않고 할 수 있다.
1. 재해복구 또는 재난수습에 필요한 응급조치를 위한 행위
2. 기존 건축물의 붕괴 등 안전사고의 우려가 있는 경우 해당 건축물에 대한 안전조치를 위한 행위
3. 그 밖에 대통령령으로 정하는 행위: 다음의 어느 하나에 해당하는 행위로서 「국토의 계획 및 이용에 관한 법률」에 따른 개발행위허가의 대상이 아닌 것
   • 농림수산물의 생산에 직접 이용되는 것으로서 국토교통부령으로 정하는 간이공작물의 설치
   • 경작을 위한 토지의 형질변경
   • 정비구역의 개발에 지장을 주지 않고 자연경관을 손상하지 않는 범위에서의 토석의 채취
   • 정비구역에 존치하기로 결정된 대지에 물건을 쌓아놓는 행위
   • 관상용 죽목의 임시식재(경작지에서의 임시식재는 제외한다)

60.
정답 ⑤

중 기본계획의 수립 및 정비구역의 지정

① 건축물 및 그 부속토지의 소유자 10분의 1 이상의 동의를 받아야 한다.
② 주택의 구조안전상 사용금지가 필요하다고 정비계획의 입안권자가 인정하는 것은 안전진단대상에서 제외할 수 있다.
③ 「국토안전관리원법」에 따른 국토안전관리원은 안전진단을 할 수 있다.
④ 요청일부터 30일 이내에 안전진단의 실시 여부를 결정하여 요청인에게 통보해야 한다.

61.
정답 ②

상 정비사업의 시행

② 분양대상자별 분담금의 추산액은 분양공고하는 사항이 아니고, 토지 등소유자에게 개별적으로 통지하는 사항이다.

> **Ⓥ 분양신청의 공고 및 통지사항**
>
> | 분양공고사항 | 분양통지사항 |
> |---|---|
> | 1. 사업시행계획인가의 내용
2. 정비사업의 종류·명칭 및 정비구역의 위치·면적
3. 분양신청기간 및 장소
4. 분양대상 대지 또는 건축물의 내역
5. 분양신청자격
6. 분양신청방법
7. 토지등소유자 외의 권리자의 권리 신고방법
8. 분양을 신청하지 않은 자에 대한 조치 등 | 1. 분양대상자별 종전의 토지 또는 건축물의 명세 및 사업시행계획 인가의 고시가 있은 날을 기준으로 한 가격(사업시행계획인가 전에 철거된 건축물은 시장·군수 등에게 허가를 받은 날을 기준으로 한 가격)
2. 분양대상자별 분담금의 추산액
3. 분양신청기간
4. 그 밖에 대통령령으로 정하는 사항
• 분양공고사항 1.부터 6.까지 및 8.의 사항
• 분양신청서 등 |

62.
정답 ③

상 공공시행자 및 지정개발자 사업시행의 특례

옳은 것은 ㄴ, ㄷ이다.
ㄱ. 재개발사업·재건축사업의 공공시행자로 지정되려는 토지주택공사 등은 3분의 2 이상의 토지등소유자의 동의를 받아 정비구역의 지정권자에게 정비구역의 지정을 제안할 수 있다.
ㄹ. 사업시행자는 정비사업계획에 정관 등과 그 밖에 국토교통부령으로 정하는 서류를 첨부하여 정비구역의 지정권자에게 제출하고 정비사업계획인가를 받아야 한다.

63.
정답 ②

상 정비사업의 시행

① 조합임원의 수를 변경하는 등 경미한 사항을 변경하려는 때에는 시장·군수 등에게 신고해야 한다.
③ 조합장이 아닌 조합임원은 대의원이 될 수 없다.
④ 조합에 두는 이사의 수는 3명 이상으로 한다. 다만, 토지등소유자의 수가 100인을 초과하는 경우에는 이사의 수를 5명 이상으로 한다.
⑤ 조합임원의 임기는 3년 이하의 범위에서 정관으로 정하되, 연임할 수 있다.

64.
정답 ③

하 정비사업의 시행

③ 정비사업비의 추산액(재건축사업의 경우에는 「재건축초과이익 환수에 관한 법률」에 따른 재건축부담금에 관한 사항을 포함한다) 및 그에 따른 조합원 분담규모 및 분담시기는 관리처분계획에 포함되는 사항이다.

> **Ⓥ 사업시행계획서의 작성**
>
> 사업시행자는 정비계획에 따라 다음의 사항을 포함하는 사업시행계획서를 작성해야 한다.
> 1. 토지이용계획(건축물배치계획을 포함한다)
> 2. 정비기반시설 및 공동이용시설의 설치계획
> 3. 임시거주시설을 포함한 주민이주대책
> 4. 세입자의 주거 및 이주대책
> 5. 사업시행기간 동안 정비구역 내 가로등 설치, 폐쇄회로 텔레비전 설치 등 범죄예방대책
> 6. 임대주택의 건설계획(재건축사업의 경우는 제외한다)
> 7. 국민주택규모 주택의 건설계획(주거환경개선사업의 경우는 제외한다)
> 8. 공공지원민간임대주택 또는 임대관리 위탁주택의 건설계획(필요한 경우로 한정한다)
> 9. 건축물의 높이 및 용적률 등에 관한 건축계획
> 10. 정비사업의 시행과정에서 발생하는 폐기물의 처리계획
> 11. 교육시설의 교육환경보호에 관한 계획(정비구역부터 200m 이내에 교육시설이 설치되어 있는 경우로 한정한다)
> 12. 정비사업비
> 13. 그 밖에 사업시행을 위한 사항으로서 대통령령으로 정하는 바에 따라 시·도조례로 정하는 사항

65.
정답 ⑤

하 주택법 총칙

⑤ 국민주택규모란 주거의 용도로만 쓰이는 면적(주거전용면적)이 1호(戶) 또는 1세대당 85m² 이하인 주택(「수도권정비계획법」에 따른 수도권을 제외한 도시지역이 아닌 읍 또는 면 지역은 1호 또는 1세대당 주거전용면적이 100m² 이하인 주택을 말한다)을 말한다.

66.
정답 ①

하 주택의 건설 등

① 준주거지역 또는 상업지역(유통상업지역은 제외한다)에서 300세대 미만의 주택과 주택 외의 시설을 동일 건축물로 건축하는 경우로서 해당 건축물의 연면적에서 주택의 연면적이 차지하는 비율이 90% 미만인 경우에는 이를 사업계획승인대상에서 제외한다.

67.
정답 ④

중 주택의 공급

④ 분양가상한제 적용지역으로 지정된 지역의 시·도지사, 시장, 군수 또는 구청장은 분양가상한제 적용지역의 지정 후 해당 지역의 주택가격이 안정되는 등 분양가상한제 적용지역으로 계속 지정할 필요가 없다고 인정하는 경우에는 국토교통부장관에게 그 지정의 해제를 요청할 수 있다.

68.

> 하 **주택의 건설 등**

ㄱ: 5, ㄴ: 2

- 주택(복리시설을 포함한다)의 소유자들은 주택단지 전체 대지에 속하는 일부의 토지에 대한 소유권이전등기 말소소송 등에 따라 사용검사(동별 사용검사를 포함한다)를 받은 이후에 해당 토지의 소유권을 회복한 자(이하 '실소유자'라 한다)에게 해당 토지를 시가(市價)로 매도할 것을 청구할 수 있다. 이 경우 해당 토지의 면적이 주택단지 전체 대지 면적의 '5'% 미만이어야 한다.
- 매도청구의 의사표시는 실소유자가 해당 토지소유권을 회복한 날부터 '2'년 이내에 해당 실소유자에게 송달되어야 한다.

69.

> 상 **주택의 공급**

⑤ '소유권이전등기를 신청할 수 있는 날'이란 사업주체가 입주예정자에게 통보한 입주가능일을 말한다.

70.

> 중 **주택의 건설 등**

① 결원을 충원하거나 미달된 조합원을 재모집하는 경우 선착순의 방법으로 조합원을 모집할 수 있다.
② 해산하려는 경우에도 인가를 받아야 한다.
④ 탈퇴한 조합원(제명된 조합원을 포함한다)은 조합규약으로 정하는 바에 따라 부담한 비용의 환급을 청구할 수 있다.
⑤ 퇴직된 임원이 퇴직 전에 관여한 행위는 그 효력을 상실하지 않는다.

71.

> 하 **주택법 총칙**

⑤ 준주거지역 또는 상업지역에서 소형 주택과 도시형 생활주택 외의 주택을 함께 건축할 수 있다.

72.

> 중 **건축법 총칙**

해당하는 것은 ㄴ, ㄷ, ㄹ이다.

> ✓ 「건축법」의 제한적 적용대상 지역
>
> 「국토의 계획 및 이용에 관한 법률」에 따른 도시지역 및 도시지역 외의 지역에 지정된 지구단위계획구역 외의 지역으로서 동이나 읍(동이나 읍에 속하는 섬의 경우에는 인구가 500명 이상인 경우만 해당된다)이 아닌 지역은 다음의 규정을 적용하지 않는다.
> 1. 대지와 도로의 관계(「건축법」 제44조)
> 2. 도로의 지정·폐지 또는 변경(「건축법」 제45조)
> 3. 건축선의 지정(「건축법」 제46조)
> 4. 건축선에 따른 건축제한(「건축법」 제47조)
> 5. 방화지구 안의 건축물(「건축법」 제51조)
> 6. 대지의 분할제한(「건축법」 제57조)

73.

> 중 **건축법 총칙**

②③④⑤는 하위시설군에 해당하는 용도로 변경하는 경우로서 신고대상이다.

> ✓ 용도변경 시설군
>
> | | |
> |---|---|
> | 1. 자동차 관련 시설군 | 자동차 관련 시설 |
> | 2. 산업 등 시설군 | • 운수시설 • 공장
• 창고시설 • 위험물저장 및 처리시설
• 자원순환 관련 시설 • 묘지 관련 시설
• 장례시설 |
> | 3. 전기통신시설군 | • 방송통신시설 • 발전시설 |
> | 4. 문화 및 집회시설군 | • 문화 및 집회시설 • 종교시설
• 위락시설 • 관광휴게시설 |
> | 5. 영업시설군 | • 판매시설 • 운동시설
• 숙박시설
• 다중생활시설(제2종 근린생활시설) |
> | 6. 교육 및 복지시설군 | • 의료시설 • 교육연구시설
• 노유자시설 • 수련시설
• 야영장 시설 |
> | 7. 근린생활시설군 | • 제1종 근린생활시설
• 제2종 근린생활시설(다중생활시설은 제외) |
> | 8. 주거업무시설군 | • 단독주택 • 공동주택
• 업무시설 • 교정시설
• 국방·군사시설 |
> | 9. 그 밖의 시설군 | 동물 및 식물 관련 시설 |

74.

> 상 **건축협정 및 결합건축**

② 「도시재정비 촉진을 위한 특별법」에 따라 지정된 재정비촉진지구는 결합건축 대상 지역에 해당하지 않는다.

> ✓ 결합건축 대상 지역
>
> 다음의 어느 하나에 해당하는 지역에서 대지간의 최단거리가 100m 이내의 범위에서 대통령령으로 정하는 범위에 있는 2개의 대지의 건축주가 서로 합의한 경우 2개의 대지를 대상으로 결합건축을 할 수 있다.
> 1. 「국토의 계획 및 이용에 관한 법률」에 따라 지정된 상업지역
> 2. 「역세권의 개발 및 이용에 관한 법률」에 따라 지정된 역세권개발구역
> 3. 「도시 및 주거환경정비법」에 따른 정비구역 중 주거환경개선사업의 시행을 위한 구역
> 4. 그 밖에 도시 및 주거환경 개선과 효율적인 토지이용이 필요하다고 대통령령으로 정하는 다음의 지역
>   • 건축협정구역, 특별건축구역, 리모델링 활성화 구역
>   • 「도시재생 활성화 및 지원에 관한 특별법」에 따른 도시재생활성화지역
>   • 「한옥 등 건축자산의 진흥에 관한 법률」에 따른 건축자산 진흥구역

75.

> 하 **건축물의 건축**

② 시장·군수는 층수가 21층 이상이거나 연면적의 합계가 10만m² 이상인 건축물의 건축을 허가하려면 미리 도지사의 승인을 받아야 한다. 다만, 공장·창고 등은 제외한다.

76.

정답 ⑤

건축법 총칙

해당하는 것은 ㄱ, ㄴ, ㄷ, ㄹ, ㅁ 모두이다.

> Ⓥ 실내건축
>
> 실내건축이란 건축물의 실내를 안전하고 쾌적하며 효율적으로 사용하기 위하여 내부공간을 칸막이로 구획하거나 벽지, 천장재, 바닥재, 유리 등 다음의 재료를 설치하는 것을 말한다.
> 1. 벽, 천장, 바닥 및 반자틀의 재료
> 2. 실내에 설치하는 난간, 창호 및 출입문의 재료
> 3. 실내에 설치하는 전기 · 가스 · 급수(給水), 배수(排水) · 환기시설의 재료
> 4. 실내에 설치하는 충돌 · 끼임 등 사용자의 안전사고방지를 위한 시설의 재료

77.

정답 ⑤

하 건축법 총칙

⑤ 건축물이란 토지에 정착(定着)하는 공작물 중 지붕과 기둥 또는 벽이 있는 것과 이에 딸린 시설물, 지하나 고가(高架)의 공작물에 설치하는 사무소 · 공연장 · 점포 · 차고 · 창고, 그 밖에 대통령령으로 정하는 것을 말한다.

78.

정답 ①

하 건축물의 대지와 도로

① 연면적의 합계가 1,500m² 미만인 물류시설(주거지역 또는 상업지역에 건축하는 것은 제외한다)로서 국토교통부령으로 정하는 것은 조경 등의 조치를 하지 않을 수 있다.

79.

정답 ④

하 농지의 소유

ㄱ: 25, ㄴ: 1
• 시장 · 군수 또는 구청장은 처분명령을 받은 후 정당한 사유 없이 지정기간까지 그 처분명령을 이행하지 않은 자에게 해당 농지의 감정가격 또는 개별공시지가 중 더 높은 가액의 100분의 '25'에 해당하는 이행강제금을 부과한다.
• 시장 · 군수 또는 구청장은 처분명령 · 원상회복명령 또는 시정명령 이행기간이 만료한 다음 날을 기준으로 하여 그 처분명령 · 원상회복명령 또는 시정명령이 이행될 때까지 이행강제금을 매년 '1'회 부과 · 징수할 수 있다.

80.

정답 ①

농지의 보전 등

② 농업진흥구역은 농업의 진흥을 도모해야 하는 다음의 어느 하나에 해당하는 지역으로서 농림축산식품부장관이 정하는 규모로 농지가 집단화되어 농업목적으로 이용할 필요가 있는 지역이다.
   • 농지조성사업 또는 농업기반정비사업이 시행되었거나 시행 중인 지역으로서 농업용으로 이용하고 있거나 이용할 토지가 집단화되어 있는 지역
   • 이외의 지역으로서 농업용으로 이용하고 있는 토지가 집단화되어 있는 지역
③ 농업진흥구역에서 국가유산의 보수 · 복원 · 이전, 매장유산의 발굴행위는 할 수 있다.
④ 농업진흥지역의 지정은 「국토의 계획 및 이용에 관한 법률」에 따른 녹지지역 · 관리지역 · 농림지역 및 자연환경보전지역을 대상으로 한다. 다만, 특별시의 녹지지역은 제외한다.
⑤ 농림축산식품부장관은 「국토의 계획 및 이용에 관한 법률」에 따른 녹지지역이나 계획관리지역이 농업진흥지역에 포함되면 농업진흥지역 지정을 승인하기 전에 국토교통부장관과 협의해야 한다.

2교시

제1과목 부동산 공시에 관한 법령 및 부동산 관련 세법

1	2	3	4	5	6	7	8	9	10
③	②	③	④	⑤	④	④	⑤	④	①
11	12	13	14	15	16	17	18	19	20
⑤	④	④	②	③	④	③	⑤	④	③
21	22	23	24	25	26	27	28	29	30
④	②	②	⑤	②	③	②	⑤	②	①
31	32	33	34	35	36	37	38	39	40
④	④	②	④	③	②	⑤	②	⑤	②

선생님의 한마디

이 회차에서는 문제를 풀어보면 「공간정보의 구축 및 관리 등에 관한 법률」은 비교적 잘 풀릴 것으로 예상이 됩니다. 「부동산등기법」을 조금 더 열심히 풀어보시기 바랍니다. ^^

1.
정답 ③

하 공간정보관리법 총칙

옳은 것은 ㄷ이다.
ㄱ. '공공복리증진'이 아니라 '국민의 소유권 보호'가 옳다.
ㄴ. '토지이용현황 조사계획'이 아니라 '토지이동현황 조사계획'이 옳다.

2.
정답 ②

하 토지의 등록

② 지적확정측량을 실시한 지역에서 부여할 수 있는 종전 지번의 수가 새로 부여할 지번의 수보다 적을 때에는 블록 단위로 하나의 본번을 부여한 후 필지별로 부번을 부여할 수 있다.

3.
정답 ③

하 토지의 등록

해당하는 것은 ㄱ, ㄷ, ㄹ이다.
ㄴ. 「주차장법」에 따른 노상주차장은 '도로', 부설주차장은 일반적으로 '대'에 해당한다.
ㅁ. 여객자동차터미널과 자동차운전학원은 '잡종지'에 해당한다.

4.
정답 ④

하 토지의 등록

④ 대지권등록부에 지목과 면적은 등록하지 아니한다.

5.
정답 ⑤

하 지적공부

⑤ 지적소관청은 관할 시·도지사 또는 대도시 시장의 승인을 받은 경우 해당 청사 밖으로 지적공부를 반출할 수 있다.

6.
정답 ④

중 토지의 등록

④ 158번지와 159번지가 합병되어 면적이 80m²로 증가하였으므로 159번지가 20m²임을 알 수 있다. 따라서 2004년 1월 3일 합병되어 말소된 159번지 토지의 면적은 20m²이다.

7.
정답 ④

중 지적공부

옳은 것은 ㄴ, ㄹ이다.
ㄱ. 지적소관청이 지적공부를 복구하는 경우에 관할 시·도지사나 대도시 시장의 승인을 요하지 아니한다.
ㄷ. 지적소관청이 지적공부를 복구하려는 경우에는 복구하려는 토지의 표시 등을 시·군·구 게시판 및 인터넷 홈페이지에 15일 이상 게시하여야 한다.

8.
정답 ⑤

중 토지의 이동 및 지적정리

합병할 수 있는 경우는 ㄷ, ㄹ이다.
ㄱ. 합병하고자 하는 각 토지에 소유권, 지상권, 전세권, 임차권 및 승역지의 지역권등기 이외의 권리에 관한 등기가 있는 경우에는 합병할 수 없다.
ㄴ. 합병하고자 하는 각 필지의 지목은 같으나 일부 토지의 용도가 다르게 되어 분할대상 토지인 경우에는 합병할 수 없다.

9.
정답 ④

하 토지의 이동 및 지적정리

④ 도시개발사업 등의 착수·변경 또는 완료 사실의 신고는 그 사유가 발생한 날부터 15일 이내에 하여야 한다.

10.
정답 ①

하 토지의 이동 및 지적정리

① 지적공부에 등록하는 지번·지목·면적·경계 또는 좌표는 토지의 이동이 있을 때 토지소유자의 신청을 받아 지적소관청이 결정한다. 다만, 신청이 없으면 지적소관청이 직권으로 조사·측량하여 결정할 수 있다. 단, 신규등록은 제외한다.

11.
정답 ⑤

중 지적측량

지적측량의 대상은 ㄱ, ㄴ, ㄹ, ㅁ이다.
ㄷ. 위치를 정정하는 경우는 지적측량의 대상이 아니다.

12.
정답 ④

중 지적측량

④ 지적측량기준점성과 또는 그 측량부를 열람하거나 등본을 발급받으려는 자는 지적삼각점성과에 대해서는 특별시장·광역시장·특별자치시장·도지사·특별자치도지사 또는 지적소관청에 신청하고, 지적삼각보조점성과 및 지적도근점성과에 대해서는 지적소관청에 신청하여야 한다.

13.
정답 ④

중 부동산등기법 총칙

① 건물의 공유지분에 대하여는 전세권등기를 할 수 없다.
② 주위토지통행권은 확인판결을 받은 경우에도 등기할 수 없다.
③ 부동산의 일부에 대한 저당권설정등기는 할 수 없다.
⑤ 지상권·지역권·전세권 또는 임차권에 대한 권리의 설정, 이전 또는 변경의 등기는 「하천법」상의 하천에 대하여는 신청할 수 없다.

14.
정답 ②

상 등기기관과 설비

틀린 것은 ㄱ, ㄹ이다.
ㄱ. 등기사항증명서는 누구든지 열람할 수 있다. 대리인이 신청서나 그 밖의 부속서류의 열람을 신청할 때에는 신청서에 그 권한을 증명하는 서면을 첨부하여야 한다.
ㄹ. 등기기록의 열람은 등기기록에 기록된 등기사항을 전자적 방법으로 그 내용을 보게 하거나 그 내용을 기록한 서면을 교부하는 방법으로 한다.

15.
정답 ③

상 등기절차 총론

③ 소유권이전등기가 甲 ➡ 乙 ➡ 丙으로 이루어졌으나 乙 명의의 등기가 원인무효임을 이유로 甲이 丙을 상대로 丙 명의의 등기의 말소를 명하는 판결을 얻은 경우, 그 판결에 따른 등기에서 등기권리자는 乙이다.

16.
정답 ④

상 등기절차 총론

옳은 것은 ㄱ, ㄴ이다.
ㄷ. 구분건물에서 대지권의 변경이 있는 경우에는 구분건물의 소유권의 등기명의인은 1동의 건물에 속하는 다른 구분건물의 소유권의 등기명의인을 대위하여 그 변경등기를 신청할 수 있다.

17.
정답 ③

상 등기절차 총론

③ 유증을 원인으로 하는 소유권이전등기를 신청할 경우, 등기필정보를 첨부하여야 한다.

18.
정답 ⑤

중 등기절차 총론

틀린 것은 ㄱ, ㄴ, ㄹ이다.
ㄱ. 사용자등록의 유효기간 만료일 3개월 전부터 만료일까지는 그 유효기간의 연장을 신청할 수 있다. 그 유효기간 연장은 전자문서로 신청할 수 있다.
ㄴ. 비법인 사단은 전자신청을 할 수 없다.
ㄹ. 전자신청에 대한 각하결정의 방식 및 고지방법은 서면신청과 동일한 방법으로 처리한다.

19.
정답 ④

상 권리에 관한 등기

① 권리변경등기의 경우에 등기상 이해관계 있는 제3자가 있는 경우 그의 승낙서나 재판의 등본을 첨부하면 부기등기로 실행할 수 있다.
② 직권에 의한 등기명의인 표시변경등기에 소유권이전가등기는 해당하지 아니한다.
③ 말소등기신청의 경우에 '등기상 이해관계 있는 제3자'란 등기의 말소로 인하여 손해를 입을 우려가 있다는 것이 등기기록에 의하여 형식적으로 인정되는 자를 말한다.
⑤ 등기의무자의 소재불명으로 공동신청할 수 없을 때 등기권리자는 「민사소송법」에 따라 공시최고를 신청할 수 있고, 이에 따라 제권판결이 있으면 등기권리자는 그 사실을 증명하여 단독으로 등기말소를 신청할 수 있다.

20.
정답 ③

중 권리에 관한 등기

③ 판결의 상대방은 대장상 소유자로 등록되어 있는 자이나, 대장상의 소유자란이 공란으로 비어 있거나 소유자를 특정할 수 없는 경우에는 토지는 '국가'를, 건물은 건축물대장의 작성권자인 '시장, 군수, 구청장'을 상대방으로 하여야 한다.

21.
정답 ④

중 권리에 관한 등기

④ 토지수용으로 인한 소유권이전등기를 하는 경우에 그 부동산을 위하여 존재하는 지역권의 등기 또는 토지수용위원회의 재결로써 존속이 인정된 권리의 등기는 직권말소의 대상이 아니다.

22.
정답 ②

중 권리에 관한 등기

옳은 것은 ㄱ, ㄷ이다.
ㄴ. 동일 토지에 관하여 지상권이 미치는 범위가 각각 다른 2개 이상의 구분지상권도 그 토지의 등기기록에 각기 따로 등기할 수 있다.
ㄹ. 「상가건물 임대차보호법」상 등기명령에 의한 임차권등기에 기초하여 임차권이전등기를 할 수 없다.

23.

정답 ②

중 **권리에 관한 등기**

② 저당권설정등기를 할 때에는 변제기, 근저당권설정등기를 할 때에는 존속기간이 임의적 기록사항이다.

24.

정답 ⑤

중 **권리에 관한 등기**

⑤ 소유권이전등기청구권보전 가등기에 의하여 소유권이전의 본등기를 한 경우 가등기 후 본등기 전에 마쳐진 해당 가등기상 권리를 목적으로 하는 가압류등기는 등기관이 직권으로 말소할 수 없다.

선생님의 한마디

포기는 배추 포기 셀 때나 쓰는 말이죠. 억센 햇볕을 받아야만 곡식이 익어가듯이 오늘의 시련은 가을의 합격의 결실이 될 거라 믿습니다.

25.

정답 ②

하 **납세의무의 성립 · 확정 · 소멸**

② 법정신고기한 후 1개월 초과 3개월 이내에 기한 후 신고를 한 경우 무신고가산세의 100분의 30을 감면받을 수 있으며, 납부지연가산세는 감면받을 수 없다.

26.

정답 ③

상 **취득세**

③ 부당행위계산은 특수관계인으로부터 시가인정액보다 낮은 가격으로 부동산을 취득한 경우로서 시가인정액과 사실상 취득가격의 차액이 3억원 이상이거나 시가인정액의 100분의 5에 상당하는 금액 이상인 경우로 한다.

27.

정답 ②

중 **취득세**

ㄱ은 30일, ㄴ은 60일, ㄷ은 60일이다.
• 국가가 취득세 과세물건을 매각하면 매각일로부터 30일 이내에 지방자치단체의 장에게 신고하여야 한다.
• 취득 후 중과세대상이 된 경우에는 법령에 정하는 날로부터 60일 이내에 신고납부하여야 한다.
• 고급주택을 취득하여 60일 이내에 용도변경공사에 착공한 경우에는 이를 중과하지 아니한다.

28.

정답 ⑤

상 **취득세**

중과기준세율이 적용되는 경우는 ㄴ, ㄷ, ㄹ이다.
ㄱ. 합유물 · 공유물의 분할(단, 본인 지분을 초과하는 경우에는 제외)시 적용되는 세율: 표준세율 - 중과기준세율

29.

정답 ②

중 **등록면허세**

① 등록을 하려는 자가 신고의무를 다하지 않은 경우 등록면허세 산출세액을 등록하기 전까지 납부하였을 때에는 신고 · 납부한 것으로 보지만 무신고가산세는 부과되지 아니한다.
③ 부동산등기에 대한 등록면허세 납세지는 원칙적으로 부동산 소재지이다.
④ 부동산, 선박, 항공기, 자동차 및 건설기계의 등록에 대한 등록면허세의 과세표준은 등록 당시의 가액으로 한다.
⑤ 대도시(단, 대도시 중과세 제외 업종은 중과세하지 않음)에서 법인 설립 등기에 대해서는 표준세율의 100분의 300의 세율을 적용한다.

30.

정답 ①

하 **등록면허세**

① 가등기는 부동산가액 또는 채권금액을 과세표준으로 한다.

31.

정답 ④

하 **재산세**

옳은 것은 ㄴ, ㄷ이다.
ㄱ. 지방자치단체의 장은 조례로 정하는 바에 따라 표준세율의 100분의 50의 범위에서 가감할 수 있으며, 가감한 세율은 해당 연도에만 적용한다.

32.

정답 ④

중 **재산세**

④ 최초의 과세기준일부터 5년간 일반 건축물의 표준세율(0.25%)의 100분의 500에 해당하는 세율(1.25%)을 적용한다.

33.

정답 ②

상 **종합부동산세**

② 혼인으로 인한 1세대 2주택의 경우 납세의무자의 신청여부와 관계없이 혼인한 날부터 5년 동안은 주택을 소유하는 자와 그 혼인한 자별로 각각 1세대로 본다.

34.

정답 ④

상 **종합부동산세**

④ 공동명의 1주택자에 대한 납세의무 등의 특례규정에 따라 1주택자로 신고한 경우 연령별 세액공제와 보유기간별 공제를 받을 수 있다.

35.

정답 ③

중 **양도소득세**

③ 양도소득세 중과세율이 적용되지 않는 조정대상지역 내 다주택(3년 이상 보유)의 경우 2025년 5월 9일까지는 장기보유특별공제를 적용받을 수 있다.

36.

상 양도소득세

- 양도차익(1억 250만원) = 양도가액(2억 2,500만원) - 필요경비(1억 2,000만원 + 250만원)
- 양도소득금액(1억 250만원) = 양도차익(1억 250만원) - 장기보유특별 공제(0원)
- 양도소득과세표준(1억원) = 양도소득금액(1억 250만원) - 양도소득기본 공제(250만원)

37.

중 양도소득세

⑤ 각 양도자산에서 발생한 양도차손과 양도소득금액을 통산한 후 남은 결손금이 발생한 경우에는 이월하지 않고 소멸된다.

38.

하 양도소득세

② 이혼으로 인하여 혼인 중에 형성된 부부공동재산을 「민법」 제839조 의2에 따라 재산 분할하는 경우는 양도에 해당하지 않는다.

39.

중 양도소득세

ㄱ, ㄴ, ㄷ 모두 옳은 지문이다.

40.

중 양도소득세

② 취득가액을 환산취득가액으로 하는 경우로서 아래의 ㄱ의 금액이 ㄴ의 금액보다 적은 경우에는 ㄴ의 금액을 필요경비로 할 수 있다.
    ㄱ. 환산취득가액과 필요경비개산공제액의 합계액
    ㄴ. 자본적 지출액 및 양도직접비용의 합계액

난이도 및 출제포인트 분석

★ 난이도가 낮은 문제는 해설 페이지를 찾아가 꼭 익혀두세요.

1교시 제1과목　공인중개사법령 및 실무

문제번호	난이도 및 출제포인트 분석	문제번호	난이도 및 출제포인트 분석
1	중 공인중개사법령 총칙　p.96	21	상 교육 및 업무위탁, 포상금 제도　p.98
2	중 중개사무소의 개설등록　p.96	22	중 공인중개사협회　p.98
3	상 중개사무소의 개설등록　p.96	23	중 공인중개사법령 종합　p.98
4	중 중개업무　p.96	24	상 지도 · 감독 및 벌칙　p.98
5	중 중개업무　p.96	25	상 지도 · 감독 및 벌칙　p.98
6	상 중개업무　p.96	26	중 지도 · 감독 및 벌칙　p.98
7	중 중개업무　p.96	27	하 지도 · 감독 및 벌칙　p.98
8	중 중개업무　p.96	28	중 부동산거래신고제도　p.98
9	상 중개업무　p.96	29	중 부동산거래신고제도　p.98
10	중 중개업무　p.97	30	중 외국인 등의 부동산취득 등에 관한 특례　p.99
11	중 중개업무　p.97	31	상 토지거래허가제도　p.99
12	중 중개업무　p.97	32	중 토지거래허가제도　p.99
13	상 중개계약 및 부동산거래정보망　p.97	33	상 부동산 정보관리　p.99
14	중 중개계약 및 부동산거래정보망　p.97	34	하 중개대상물의 조사 · 확인　p.99
15	중 개업공인중개사 등의 의무　p.97	35	상 중개대상물의 조사 · 확인　p.99
16	중 공인중개사법령 종합　p.97	36	상 중개활동　p.99
17	하 개업공인중개사 등의 의무　p.97	37	중 개별적 중개실무　p.99
18	중 개업공인중개사 등의 의무　p.97	38	하 개별적 중개실무　p.99
19	중 중개보수 및 실비　p.97	39	중 개별적 중개실무　p.99
20	중 교육 및 업무위탁, 포상금 제도　p.97	40	중 개별적 중개실무　p.100

1교시 제2과목　부동산공법

문제번호	난이도 및 출제포인트 분석	문제번호	난이도 및 출제포인트 분석
41	중 국토계획법 총칙　p.100	61	중 기본계획의 수립 및 정비구역의 지정　p.102
42	중 도시 · 군관리계획　p.100	62	상 정비사업의 시행　p.102
43	하 지구단위계획　p.100	63	상 정비사업의 시행　p.102
44	상 용도지역 · 용도지구 · 용도구역　p.101	64	중 도시정비법 비용의 부담 등　p.102
45	중 개발행위의 허가 등　p.101	65	하 주택법 총칙　p.103
46	하 용도지역 · 용도지구 · 용도구역　p.101	66	중 주택의 건설 등　p.103
47	중 도시 · 군계획시설　p.101	67	상 주택의 공급　p.103
48	상 용도지역 · 용도지구 · 용도구역　p.101	68	중 주택의 공급　p.103
49	하 용도지역 · 용도지구 · 용도구역　p.101	69	하 주택법 총칙　p.103
50	상 도시 · 군계획시설　p.101	70	하 주택의 건설 등　p.103
51	하 개발행위의 허가 등　p.101	71	하 주택법 총칙　p.103
52	상 도시계획위원회　p.101	72	중 특별건축구역 등　p.103
53	하 도시개발구역의 지정 등　p.101	73	상 건축물의 구조 · 재료 및 건축설비　p.103
54	상 도시개발사업의 시행　p.102	74	하 건축물의 건축　p.104
55	하 도시개발구역의 지정 등　p.102	75	중 건축물의 건축　p.104
56	하 도시개발사업의 시행　p.102	76	중 건축물의 건축　p.104
57	중 도시개발사업의 시행　p.102	77	상 지역 및 지구의 건축물　p.104
58	중 도시개발법 비용부담 등　p.102	78	하 지역 및 지구의 건축물　p.104
59	하 정비사업의 시행　p.102	79	하 농지의 소유　p.104
60	하 정비사업의 시행　p.102	80	중 농지의 이용　p.105

2교시 제1과목　부동산 공시에 관한 법령 및 부동산 관련 세법

문제번호	난이도 및 출제포인트 분석	문제번호	난이도 및 출제포인트 분석
1	하 토지의 등록　p.105	21	상 권리에 관한 등기　p.107
2	하 토지의 등록　p.105	22	중 권리에 관한 등기　p.107
3	하 토지의 등록　p.105	23	중 권리에 관한 등기　p.107
4	하 지적공부　p.106	24	상 권리에 관한 등기　p.107
5	하 지적공부　p.106	25	중 납세의무의 성립 · 확정 · 소멸　p.107
6	중 지적공부　p.106	26	중 재산세, 양도소득세　p.107
7	중 토지의 이동 및 지적정리　p.106	27	중 취득세　p.107
8	중 토지의 이동 및 지적정리　p.106	28	상 취득세　p.108
9	중 토지의 이동 및 지적정리　p.106	29	중 등록면허세　p.108
10	하 토지의 이동 및 지적정리　p.106	30	중 등록면허세　p.108
11	중 지적측량　p.106	31	중 재산세　p.108
12	상 지적측량　p.106	32	중 재산세　p.108
13	상 부동산등기법 총칙　p.106	33	중 종합부동산세　p.108
14	중 등기절차 총론　p.106	34	중 종합부동산세　p.108
15	중 등기절차 총론　p.106	35	하 소득세 총설　p.108
16	중 등기절차 총론　p.107	36	상 양도소득세　p.108
17	중 등기절차 총론　p.107	37	하 양도소득세　p.108
18	중 등기절차 총론　p.107	38	중 양도소득세　p.108
19	상 권리에 관한 등기　p.107	39	중 양도소득세　p.108
20	중 표시에 관한 등기　p.107	40	중 양도소득세　p.109

1교시

제1과목　공인중개사법령 및 실무

1	2	3	4	5	6	7	8	9	10
②	④	③	⑤	③	④	①	④	③	②
11	12	13	14	15	16	17	18	19	20
①	⑤	②	③	④	④	①	②	②	①
21	22	23	24	25	26	27	28	29	30
①	③	②	④	②	①	⑤	②	③	④
31	32	33	34	35	36	37	38	39	40
④	③	②	①	⑤	⑤	③	①	②	④

선생님의 한마디

이번 회 모의고사 역시 어려웠습니다. 그동안 기출문제에서 자주 다루지 않았던 난이도 최상급의 문제가 다수 출제되고, 지문 또한 길어서 시험시간도 많이 소요되었습니다. 너무 실망하지 마시고, 할 수 있다는 자신감을 가지고 다시 한 번 틀린 부분을 정리해 주시기 바랍니다. 공인중개사법령에서 27문제, 부동산 거래신고 등에 관한 법령에서 6문제, 중개실무에서 7문제를 출제하였습니다.

1. 정답 ②

[중] 공인중개사법령 총칙

② 대판 2008.12.11, 2007다66590
① 중개는 타인간의 법률행위 성립을 보조하는 사실행위이다.
③ 중개행위에 해당하는지 여부는 개업공인중개사가 진정으로 거래당사자를 위하여 거래를 알선, 중개하려는 의사를 갖고 있었느냐고 하는 개업공인중개사의 주관적 의사에 의하여 결정할 것이 아니라 개업공인중개사의 행위를 객관적으로 보아 사회통념상 거래의 알선, 중개를 위한 행위라고 인정되는지 여부에 의하여 결정하여야 할 것이다(대판 1995.9.29, 94다47261).
④ 위임은 신임관계를 기초로 하고 무상이 원칙이나 중개행위는 반드시 신임관계를 기초로 하지 않으며 유상으로 행해진다.
⑤ 중개대상물의 거래당사자들로부터 보수를 현실적으로 받지 아니하고 단지 보수를 받을 것을 약속하거나 거래당사자들에게 보수를 요구하는 데 그친 경우에는 '중개업'에 해당한다고 할 수 없다(대판 2006.9.22, 2006도4842).

2. 정답 ④

[중] 중개사무소의 개설등록

① 등록관청은 사무소를 두고자 하는 지역을 관할하는 시장·군수·구청장이다.
② 등록통지는 7일 내에 하여야 한다.
③ 공인중개사인 개업공인중개사가 법인인 개업공인중개사로 종별 변경하는 경우에는 등록관청 내·외를 불문하고 등록신청서를 다시 제출하여야 한다.
⑤ 등록사항의 통보는 다음 달 10일까지 하여야 한다.

3. 정답 ③

[상] 중개사무소의 개설등록

개설등록을 할 수 없는 자는 ㄱ, ㄴ, ㄹ이다.
ㄱ. 2년 전에 집행유예 2년을 선고받았으므로, 2년이 더 지나야 결격사유에서 벗어난다. 따라서 현재 개설등록을 할 수 없다.
ㄴ. 특별사면을 받은 자는 3년이 결격이고, 임원 중에 결격사유자가 있는 법인은 결격이므로, 개설등록을 할 수 없다.
ㄷ. 법률의 변경이나 형 시효에 의하여 집행이 면제된 자는 3년이 지나면 결격사유에서 벗어나므로, 개설등록을 할 수 있다.
ㄹ. 등록취소처분을 받은 자는 3년이 결격이고, 1년 전에 등록취소된 자는 아직 결격이므로 개설등록을 할 수 없다.
ㅁ. 선고유예를 받은 자는 결격사유에 해당하지 않으므로, 개설등록을 할 수 있다.

4. 정답 ⑤

[중] 중개업무

① 분사무소는 주된 사무소의 소재지를 제외한 시·군·구별로 설치하되, 시·군·구별로 1개소를 초과할 수 없다.
② 분사무소의 책임자는 실무교육을 수료하여야 한다.
③ 분사무소 설치신고는 주된 사무소의 소재지를 관할하는 시장·군수·구청장에게 하여야 한다.

④ 분사무소 설치를 신고하는 자는 주된 사무소 시·군·구의 조례가 정하는 수수료를 납부하여야 한다.

> **Ⅴ 분사무소 설치요건**
> 1. 주된 사무소의 소재지가 속한 시·군·구를 제외한 시·군·구별로 설치하되, 시·군·구별로 1개소를 초과하지 아니할 것
> 2. 공인중개사를 분사무소 책임자로 둘 것(특수법인 제외)
> 3. 분사무소의 책임자는 설치신고일 전 1년 내에 시·도지사가 실시하는 실무교육을 수료할 것
> 4. 분사무소마다 손해배상책임을 보장하기 위한 보증을 2억원 이상을 추가로 설정할 것
> 5. 분사무소를 확보할 것

5. 정답 ③

[중] 중개업무

③ 등록관청의 관할지역 외의 지역으로 이전한 경우이므로 등록증을 재교부하여야 한다.

6. 정답 ④

[상] 중개업무

중개사무소 이전신고서에 기재할 사항은 ㄱ, ㄴ, ㄷ, ㄹ이다.
ㅁ. 중개사무소 이전사유는 중개사무소 이전신고서에 기재할 사항이 아니다.

7. 정답 ①

[중] 중개업무

① 개업공인중개사가 광고시 명시할 사항을 위반한 경우는 100만원 이하의 과태료 부과사유이므로, 벌금을 부과받을 수 없다.
② '발품부동산' 및 '부동산 Cafe'라고 표시된 옥외광고물을 설치하고, '발품부동산 대표'라는 명칭이 기재된 명함을 사용한 것은 공인중개사 또는 개업공인중개사와 유사한 명칭을 사용한 경우에 해당한다(대판 2015.7.23, 2014도12437).
④ 공인중개사 자격이 없는 개인인 개업공인중개사는 중개인을 의미하므로 옳은 표현이다.

8. 정답 ④

[중] 중개업무

④ 조사 및 조치결과에 대한 통보는 조사 및 조치를 완료한 날부터 10일 이내에 해야 한다.

9. 정답 ③

[상] 중개업무

① 공인중개사를 대상으로는 할 수 없고, 개업공인중개사를 대상으로 할 수 있다.
② 등록관청이 아니고 법원에 매수신청대리인 등록을 하고 그 감독을 받아야 한다.
④ 공인중개사인 개업공인중개사도 상가나 주택에 대한 분양대행업을 영위할 수 있다.

⑤ 법 제7638호 부칙 제6조 제2항의 개업공인중개사(중개인)은 공인중개사인 개업공인중개사와 공동으로 중개하는 경우에도 업무지역 외의 중개대상물을 중개할 수 없다. 단, 부동산거래정보망에 가입하고 부동산거래정보망에 공개된 중개대상물을 이를 이용하여 중개는 경우에는 예외로 한다.

10.
정답 ②

중 중개업무

옳은 것은 ㄴ, ㄷ이다.
ㄱ. 등록관청이 실무교육, 결격(외국인인 고용인 제외), 자격 발급 여부를 직접 확인하므로, 실무교육수료증 사본, 공인중개사 자격증 사본을 첨부하지 않는다.
ㄹ. 공인중개사인 자는 단순 업무만 보조해도 소속공인중개사이다.

11.
정답 ①

중 중개업무

① 6개월 초과 무단 휴업은 임의적 등록취소 또는 업무정지처분사유이다.

12.
정답 ⑤

중 중개업무

옳은 것과 틀린 것이 바르게 표시된 것은 ㄱ(X), ㄴ(X), ㄷ(X)이다.
ㄱ. 중개사무소의 옥외광고물에는 개업공인중개사의 성명을 인식할 수 있는 크기로 명시하여야 한다.
ㄴ. 휴업신고시에는 간판 철거의무가 없다.
ㄷ. 폐업신고는 사전신고로서, 폐업신고시 등록증을 첨부하여야 한다.

13.
정답 ②

상 중개계약 및 부동산거래정보망

② 공개한 내용은 지체 없이 의뢰인에게 문서로 통지해야 한다.
① 중개대상물에 대한 정보의 공개는 전속중개계약 체결 후 7일 내에 부동산거래정보망 또는 일간신문에 하면 되므로, 지체 없이 부동산거래정보망에 공개하는 것이 가능하다.
③ 업무처리상황에 대한 통지는 2주일에 1회 이상하면 되므로, 1주일에 1회씩 중개의뢰인에게 문서로 통지하는 것은 가능하다.

14.
정답 ③

중 중개계약 및 부동산거래정보망

① 거래정보사업자 지정신청시에 운영규정은 첨부할 서류가 아니다. 지정을 받은 자가 3개월 내에 제정하여 승인을 받는다.
② 국토교통부장관은 30일 내에 이를 검토하여 지정기준에 적합할 경우에는 거래정보사업자 지정서를 교부하여야 한다.
④ 공인중개사 1인 이상을 확보하면 족하다.
⑤ 지정취소는 재량행위로서, 지정이 취소될 수 있다.

15.
정답 ④

중 개업공인중개사 등의 의무

틀린 것은 3개(ㄱ, ㄴ, ㄷ)이다.
ㄱ. 소속공인중개사가 확인·설명을 한 경우라도 확인·설명서 작성의무는 개업공인중개사의 의무이다.
ㄴ. 근저당권이 설정된 경우 채권최고액은 설명의무가 있지만, 실제의 피담보채무액은 확인·설명의무가 없다(대판 1999.5.14, 98다30667).
ㄷ. 주택임대차중개의 경우 관리비 금액과 그 산출내역은 확인·설명사항이다.

16.
정답 ④

중 공인중개사법령 종합

④ 서류보관의무를 위반한 경우는 모두 업무정지처분사유에 해당한다.

17.
정답 ⑤

하 개업공인중개사 등의 의무

⑤ 개업공인중개사는 보증보험금·공제금 또는 공탁금으로 손해배상을 한 때에는 15일 이내에 보증보험 또는 공제에 다시 가입하거나 공탁금 중 부족하게 된 금액을 보전하여야 한다.

18.
정답 ①

중 개업공인중개사 등의 의무

금지행위에 해당하는 것은 ㄱ, ㄹ이다. ㄱ은 거짓된 언행, ㄹ은 보수초과에 해당한다.
ㄴ. 다른 개업공인중개사의 중개를 통하여 거래하였으므로 직접거래가 아니다.
ㄷ. 개업공인중개사가 아닌 자를 대상으로 한 임대사업은 가능하다.
ㅁ. 분양대행에 대한 보수는 중개보수 초과수수에 해당될 여지가 없다.

19.
정답 ②

중 중개보수 및 실비

② 분양권은 기납입금에 프리미엄을 포함한 금액으로 중개보수를 계산하고, 전용면적 85m² 이하의 오피스텔의 매매는 일방 0.5%이므로, 8천만원 × 0.5% = 40만원이나, 쌍방에게 받을 수 있으므로, 40만원 × 2 = 80만원이다.

20.
정답 ①

중 교육 및 업무위탁, 포상금 제도

지방자치단체의 조례가 정하는 수수료를 납부해야 하는 경우는 ㄱ이다.
ㄴ, ㄷ, ㅁ. 중개보조원에 대한 고용신고를 하는 자, 공인중개사 자격증을 교부받는 자, 중개업의 휴업을 신고하는 자는 수수료 납부사유에 해당하지 아니한다.
ㄹ. 국토교통부장관이 시행하는 자격시험에 응시하는 자는 국토교통부장관이 정하는 응시수수료를 납부한다.

21.
정답 ①

> 상 교육 및 업무위탁, 포상금 제도

① 甲의 포상금은 A에 대한 신고 포상금 50만원이고, 乙은 C에 대한 신고 포상금 50만원이다. B는 무혐의처분되었으므로 포상금을 지급받을 수 없고, 다른 사람이 신고한 후 또는 행정기관에 의하여 발각된 후에 신고한 경우는 포상금이 지급되지 않는다.

22.
정답 ③

> 중 공인중개사협회

③ 공제사업의 폐지는 개선명령을 할 수 있는 사유에 해당하지 않는다.

23.
정답 ②

> 중 공인중개사법령 종합

숫자가 큰 것부터 작은 것 순으로 나열하면 ㄱ - ㄹ - ㄴ - ㄷ이다.
ㄱ. 자격취소 통보기한은 5일, ㄴ. 연수교육 통지기한은 2개월 전, ㄷ. 포상금 지급기한은 1개월 내, ㄹ. 공제사업운영실적 공시는 3개월 내이다.

24.
정답 ④

> 상 지도·감독 및 벌칙

④ 최근 1년 이내에 「공인중개사법」에 의하여 2회의 업무정지처분, 1회의 과태료처분을 받고 다시 업무정지처분에 해당하는 행위를 한 경우는 필요적 등록취소사유이다.

25.
정답 ②

> 상 지도·감독 및 벌칙

개업공인중개사의 업무정지 사유이면서 중개행위를 한 소속공인중개사의 자격정지사유에 해당하는 것은 ㄱ, ㄷ이다.
ㄱ. 거래계약서에 서명 및 날인하지 아니한 자가 개업공인중개사라면 업무정지사유, 소속공인중개사라면 자격정지사유이다.
ㄴ. 다른 개업공인중개사의 소속공인중개사가 된 경우, 그 행위자가 개업공인중개사라면 필요적 등록취소사유, 소속공인중개사라면 자격정지사유이다.
ㄷ. 서로 다른 둘 이상의 거래계약서를 작성한 자가 개업공인중개사라면 임의적 등록취소 또는 업무정지사유, 소속공인중개사라면 자격정지사유이다.
ㄹ. 중개대상물에 대한 확인·설명을 성실·정확하게 하지 않은 경우, 개업공인중개사라면 500만원 이하의 과태료부과사유, 소속공인중개사라면 자격정지사유이다.

26.
정답 ①

> 중 지도·감독 및 벌칙

위반행위에 따른 벌칙의 연결이 옳은 것은 ㄴ이다.
ㄱ. 중개보조원이 보조업무 수행시 중개보조원이라는 사실을 고지하지 않은 경우는 500만원 이하의 과태료 부과사유이다.
ㄷ. 거래정보사업자가 개업공인중개사로부터 의뢰받지 아니한 중개대상물에 관한 정보를 공개한 경우는 1년 이하의 징역 또는 1천만원 이하의 벌금사유이다.
ㄹ. 존재하지 않는 중개대상물을 존재하는 것처럼 광고한 경우는 500만원 이하의 과태료 부과사유이다.

27.
정답 ⑤

> 하 지도·감독 및 벌칙

⑤ 등록관청은 과태료를 부과함에 있어서 위반행위의 동기·결과·횟수를 참작하여 과태료 부과기준금액의 2분의 1의 범위에서 가중 또는 감경할 수 있다.

28.
정답 ②

> 중 부동산거래신고제도

부동산거래계약신고사항은 ㄷ, ㄹ이다.
ㄱ. 공법상 이용제한 및 거래규제사항은 부동산거래계약신고사항이 아니다.
ㄴ. 중개사무소 상호·소재지는 중개거래의 경우에만 신고사항이다.
ㅁ. 투기과열지구나 조정대상지역이 아니므로, 실제 거래가격이 5억원인 주택인 경우 취득자금조달계획은 신고사항이 아니다.

29.
정답 ③

> 중 부동산거래신고제도

① 부동산거래신고는 계약 체결일로부터 30일 내에 하여야 한다.
② 부동산거래계약신고서의 제출을 대행하는 소속공인중개사는 개업공인중개사의 위임장과 신분증명서 사본을 제출하지 않고, 본인의 신분증명서만 제시하면 된다.
④ 검증결과의 세무관서장에 대한 통보기한은 정해진 바가 없다. 검증결과를 통보받은 세무관서의 장은 해당 신고 내용을 국세 또는 지방세 부과를 위한 과세자료로 활용할 수 있다.
⑤ 해제신고의무는 거래당사자에게 있고, 개업공인중개사에게는 해제신고의무가 없다. 다만, 개업공인중개사는 해제신고를 할 수 있을 뿐이다.

30.

중 외국인 등의 부동산취득 등에 관한 특례

④ 신고관청은 즉시 외국인 등 취득·계속보유신고확인증을 신고인에게 발급하여야 한다.

31.

정답 ④

상 토지거래허가제도

① 토지거래허가신청은 중개거래라도 당사자가 공동으로 하여야 한다.
② 지목이 농지라 하더라도 도시지역 내 녹지지역(기준면적 200m²)이므로 토지거래허가를 받아야 한다.
③ 허가구역 지정 후 해당 토지가 공유지분으로 거래되는 경우에도 최초의 토지거래계약은 기준면적을 초과하는 토지거래계약으로 보므로, 토지거래허가를 받아야 한다.
⑤ 불허가처분에 대한 매수청구는 1개월 내에 할 수 있다.

32.

정답 ③

중 토지거래허가제도

③ 토지거래계약허가를 받아 토지를 취득한 자가 직접 이용하지 아니하고 임대한 경우에는 토지취득가액의 '100분의 7'에 상당하는 금액의 이행강제금을 부과한다.

> Ⓥ 이행강제금 부과기준
>
> 1. 방치: 토지취득가액의 100분의 10
> 2. 임대: 토지취득가액의 100분의 7
> 3. 무단 변경이용: 토지취득가액의 100분의 5
> 4. 이외의 경우: 토지취득가액의 100분의 7

33.

정답 ②

상 부동산 정보관리

전자문서로 제출할 수 있는 것은 ㄱ, ㄹ이다.
ㄴ, ㄷ, ㅁ. 이는 전자문서로 제출할 수 없다.

34.

정답 ①

하 중개대상물의 조사·확인

① 농지에 대한 이전등기를 할 수 없을 뿐 매매계약이 무효가 되는 것은 아니다(대판 1998.2.27, 97다49251).

> Ⓥ 농지취득자격증명 발급대상 여부

발급대상 ○	발급대상 ×
• 증여, 매매, 교환	• 상속, 수용, 도시지역 내 도시계획
• 판결, 공매, 경매	시설사업에 쓸 농지
• 국가나 지방자치단체로부터 취득	• 국가, 지방자치단체가 취득
• 주말체험영농 농지 취득	• 환매취득, 담보취득, 공유분할, 시
• 전용허가, 신고 농지 취득	효완성 취득
• 상속인 이외의 자에 대한 유증	• 농업법인 합병
• 도시지역 내 녹지지역 중 도시계	• 농지전용협의 취득
획시설사업에 불필요한 농지	• 토지거래허가구역 내 농지

35.

정답 ⑤

상 중개대상물의 조사·확인

중개대상물 확인·설명서 4종류 서식의 공통 기재사항은 ㄷ, ㄹ, ㅁ이다.
ㄱ. 비선호시설은 비주거용 건축물 서식과 입목·광업재단·공장재단 서식에는 기재란이 없다.
ㄴ. 환경조건(일조량·소음·진동)은 주거용 건축물 확인·설명서 서식에만 기재란이 있다.

> Ⓥ 중개대상물 확인·설명서 공통 기재사항
>
> 1. 중개대상물의 표시
> 2. 권리관계(등기부 기재사항)
> 3. 거래예정금액
> 4. 취득시 부담할 조세의 종류 및 세율
> 5. 실제 권리관계 또는 공시되지 않은 물건의 권리사항
> 6. 중개보수 및 실비의 금액과 산출내역

36.

정답 ⑤

상 중개활동

⑤ "잔금은 언제 치르실 수 있나요?" 등의 질문을 하는 방법은 계약전제법이다. 부분선결법은 작은 결단인 총 대금, 입주일 등의 사항에 관하여 부분적으로 결정을 유도하여 구입이라는 큰 결단을 내릴 수 있도록 하는 클로징 방법이다.

37.

정답 ③

중 개별적 중개실무

③ 2024년 10월 23일에 주택에 입주와 주민등록 및 계약서에 확정일자를 갖춘 경우 우선변제권은 동년 10월 24일에 발생된다.

38.

정답 ①

하 개별적 중개실무

① 상가건물임대차표준계약서는 법무부장관(국토교통부장관과 협의를 거침)이 정하여 그 사용을 권장할 수 있다.

39.

정답 ②

중 개별적 중개실무

② 경매개시결정을 한 부동산에 대하여 다른 강제경매의 신청이 있는 때에는 법원은 다시 경매개시결정을 하고, 먼저 경매개시결정을 한 집행절차에 따라 경매한다(이중경매).

40.

정답 ④

중 개별적 중개실무

④ 보증설정기한은 매수신청대리인 등록은 등록신청 전이나, 중개사무소의 개설등록은 등록 후 업무개시 전까지이다.

Ⓥ 「공인중개사법」과 매수신청대리인등록규칙 비교

구분	「공인중개사법」	매수신청대리인 등록규칙
등록관할	등록관청	지방법원장
보증설정기한	등록 후 업무개시 전	등록신청 전
등록처리기한	7일	14일
실무교육권한	시 · 도지사	법원행정처장
실무교육대상	등록신청인, 임원 · 사원, 책임자, 소속공인중개사	등록신청인, 법인대표자
실무교육시간	28시간 이상 32시간 이하	32시간 이상 44시간 이하
업무수행	소속공인중개사 대행 가능	개업공인중개사 직접 출석 수행
인장등록	있음	없음
확인 · 설명서 보존	3년	5년
실비	등기부열람비 등 가능	등기부열람비 등 통상실비 제외
영수증 교부	의무 없음(서식X)	의무 있음(서식O)
업무정지	재량행위	재량행위와 기속행위로 구분
업무정지기간	6개월 이하	1월 이상 2년 이하

41	42	43	44	45	46	47	48	49	50
⑤	①	①	②	③	③	②	②	①	⑤

51	52	53	54	55	56	57	58	59	60
①	②	③	③	①	②	③	⑤	④	②

61	62	63	64	65	66	67	68	69	70
③	④	①	④	②	④	③	③	①	①

71	72	73	74	75	76	77	78	79	80
⑤	⑤	④	④	①	④	③	⑤	③	⑤

선생님의 한마디

제7회는 난이도 상이 9문제, 중이 15문제, 하가 16문제입니다. 난이도 중, 하가 31문제이므로 매우 쉽게 출제했습니다. 70점 이상의 고득점을 기대합니다. 난이도 상인 문제가 중요한 것이 아니고, 난이도 중, 하인 문제를 정확하게 정리하시기 바랍니다. 7회차 시험까지 보셨다면 이제 문제를 푸는 연습과 스킬이 많이 향상되었을 것입니다. 버릴 것은 버리고, 맞힐 수 있는 것은 확실하게 맞히는 것이 부동산공법의 공부방법입니다. 다음 회차도 파이팅입니다. ^^

41.

정답 ⑤

중 국토계획법 총칙

⑤ 도시 · 군계획시설이란 기반시설 중 도시 · 군관리계획으로 결정된 시설을 말한다.

42.

정답 ①

중 도시 · 군관리계획

① 주민(이해관계자를 포함한다)은 도시 · 군계획시설입체복합구역의 지정 및 변경과 도시 · 군계획시설입체복합구역의 건축제한 · 건폐율 · 용적률 · 높이 등에 관한 사항에 대하여 도시 · 군관리계획을 입안할 수 있는 자에게 도시 · 군관리계획의 입안을 제안할 수 있다.

43.

정답 ①

하 지구단위계획

① 지구단위계획구역의 지정목적을 이루기 위하여 지구단위계획에는 다음의 사항을 포함한 둘 이상의 사항이 포함되어야 한다.
   • 대통령령으로 정하는 기반시설의 배치와 규모
   • 건축물의 용도제한, 건축물의 건폐율 또는 용적률, 건축물 높이의 최고한도 또는 최저한도

44.
정답 ②

[상] 용도지역 · 용도지구 · 용도구역

옳은 것은 ㄱ, ㄴ, ㄹ이다.
ㄷ. 협의요청을 받은 기관의 장은 특별한 사유가 없으면 그 요청을 받은 날부터 30일(도시혁신구역 지정을 위한 공간재구조화계획 결정의 경우에는 근무일 기준으로 10일) 이내에 의견을 제시해야 한다.

45.
정답 ③

[중] 개발행위의 허가 등

③ 주거지역에는 성장관리계획구역을 지정할 수 없다. 특별시장 · 광역시장 · 특별자치시장 · 특별자치도지사 · 시장 또는 군수는 녹지지역, 관리지역, 농림지역 및 자연환경보전지역에서 성장관리계획구역을 지정할 수 있다.

46.
정답 ③

[하] 용도지역 · 용도지구 · 용도구역

③ 시 · 도지사 또는 대도시 시장은 동일한 재해가 최근 10년 이내 2회 이상 발생하여 인명 피해를 입은 지역으로서 향후 동일한 재해 발생 시 상당한 피해가 우려되는 지역에 대해서는 방재지구의 지정 또는 변경을 도시 · 군관리계획으로 결정해야 한다.

47.
정답 ②

[중] 도시 · 군계획시설

② 행정청이 아닌 시행자는 다른 지방자치단체에게 사업비용을 부담시킬 수 없다.

48.
정답 ②

[상] 용도지역 · 용도지구 · 용도구역

옳은 것은 ㄷ이다.
ㄱ. 도시지역 외의 지역에 지정된 개발진흥지구: 100% 이하
ㄴ. 수산자원보호구역: 80% 이하
ㄹ. 도시지역 외의 지역에 지정된 「산업입지 및 개발에 관한 법률」에 따른 농공단지: 150% 이하

49.
정답 ①

[하] 용도지역 · 용도지구 · 용도구역

① 관리지역의 산림 중 「산지관리법」에 따라 보전산지로 지정 · 고시된 지역은 해당 고시에서 구분하는 바에 따라 농림지역 또는 자연환경보전지역으로 결정 · 고시된 것으로 본다.

50.
정답 ⑤

[상] 도시 · 군계획시설

⑤ 구역경계의 변경이 없는 범위에서 행하는 건축물 또는 공작물의 연면적 10% 미만의 변경인 경우이다.

51.
정답 ①

[하] 개발행위의 허가 등

해당하는 것은 ㄱ, ㄴ, ㄷ이다.

> **Ⅴ 개발행위허가의 제한**
>
> 국토교통부장관, 시 · 도지사, 시장 또는 군수는 다음의 어느 하나에 해당되는 지역으로서 도시 · 군관리계획상 특히 필요하다고 인정되는 지역에 대해서는 중앙도시계획위원회나 지방도시계획위원회의 심의를 거쳐 한 차례만 3년 이내의 기간 동안 개발행위허가를 제한할 수 있다. 다만, 3.부터 5.까지에 해당하는 지역에 대해서는 중앙도시계획위원회나 지방도시계획위원회의 심의를 거치지 않고 한 차례만 2년 이내의 기간 동안 개발행위허가의 제한을 연장할 수 있다.
> 1. 녹지지역이나 계획관리지역으로서 수목이 집단적으로 자라고 있거나 조수류 등이 집단적으로 서식하고 있는 지역 또는 우량농지 등으로 보전할 필요가 있는 지역
> 2. 개발행위로 인하여 주변의 환경 · 경관 · 미관 「국가유산기본법」에 따른 국가유산 등이 크게 오염되거나 손상될 우려가 있는 지역
> 3. 도시 · 군기본계획이나 도시 · 군관리계획을 수립하고 있는 지역으로서 그 도시 · 군기본계획이나 도시 · 군관리계획이 결정될 경우 용도지역 · 용도지구 또는 용도구역의 변경이 예상되고 그에 따라 개발행위허가의 기준이 크게 달라질 것으로 예상되는 지역
> 4. 지구단위계획구역으로 지정된 지역
> 5. 기반시설부담구역으로 지정된 지역

52.
정답 ②

[상] 도시계획위원회

① 중앙도시계획위원회는 위원장 · 부위원장 각 1명을 포함한 25명 이상 30명 이하의 위원으로 구성한다.
③ 중앙도시계획위원회의 위원장과 부위원장은 위원 중에서 국토교통부장관이 임명하거나 위촉한다.
④ 중앙도시계획위원회에 분과위원회를 둘 수 있다.
⑤ 중앙도시계획위원회의 회의록은 심의 종결 후 6개월이 지난 후에는 공개요청이 있는 경우 열람 또는 사본을 제공하는 방법으로 공개해야 한다.

53.
정답 ③

[하] 도시개발구역의 지정 등

③ 다음에 해당하는 사항은 도시개발구역을 지정한 후에 개발계획에 포함시킬 수 있다.
- 도시개발구역 밖의 지역에 기반시설을 설치해야 하는 경우에는 그 시설의 설치에 필요한 비용의 부담계획
- 수용(收用) 또는 사용의 대상이 되는 토지 · 건축물 또는 토지에 정착한 물건과 이에 관한 소유권 외의 권리, 광업권, 어업권, 양식업권, 물의 사용에 관한 권리(이하 '토지 등'이라 한다)가 있는 경우에는 그 세부목록
- 임대주택건설계획 등 세입자 등의 주거 및 생활안정대책
- 순환개발 등 단계적 사업추진이 필요한 경우 사업추진계획 등에 관한 사항

54. 정답 ③

옳은 것은 ㄱ, ㄹ이다.
ㄴ. 환지계획구역의 외부와 연결되는 환지계획구역 안의 도로로서 너비 25m 이상의 간선도로는 토지소유자가 도로의 부지를 부담하고, 관할 지방자치단체가 공사비를 보조하여 건설할 수 있다.
ㄷ. 환지계획구역의 평균 토지부담률은 50%를 초과할 수 없다. 다만, 해당 환지계획구역의 특성을 고려하여 지정권자가 인정하는 경우에는 60%까지로 할 수 있으며, 환지계획구역의 토지소유자 총수의 3분의 2 이상이 동의하는 경우에는 60%를 초과하여 정할 수 있다.

55. 정답 ①

도시개발구역의 지정 등

② 1만m² 이상, ③ 3만m² 이상, ④ 1만m² 이상, ⑤ 30만m² 이상이어야 한다.

56. 정답 ②

도시개발사업의 시행

② 미성년자는 조합의 임원이 될 수 없다.

57. 정답 ③

중 도시개발사업의 시행

① 입체환지로 주택을 공급하는 경우 「수도권정비계획법」에 따른 과밀억제권역에 위치하지 않는 도시개발구역의 토지소유자에 대하여는 소유한 주택의 수만큼 공급할 수 있다.
② 토지소유자의 신청 또는 동의에 의하여 환지부지정하는 경우 해당 토지의 임차권자 등의 동의를 받아야 한다.
④ 환지는 환지처분 공고일의 다음 날부터 종전 토지로 본다.
⑤ 환지대상에서 제외한 토지 등에 대하여는 청산금을 교부하는 때에 청산금을 결정할 수 있다.

58. 정답 ⑤

중 도시개발법 비용부담 등

① 도시개발채권의 이율은 채권의 발행 당시의 국채·공채 등의 금리와 특별회계의 상황 등을 고려하여 해당 시·도의 조례로 정한다.
② 토지의 형질변경허가를 받은 자는 도시개발채권을 매입해야 한다.
③ 시·도지사는 도시개발채권을 발행하려는 경우에는 채권의 발행총액 등에 대하여 행정안전부장관의 승인을 받아야 한다.
④ 매입의무자가 매입해야 할 금액을 초과하여 도시개발채권을 매입한 경우 중도에 상환할 수 있다.

59. 정답 ④

하 정비사업의 시행

재건축사업의 추진위원회(추진위원회를 구성하지 않는 경우에는 토지등소유자를 말한다)가 조합을 설립하려는 때에는 주택단지의 공동주택의 각 동(복리시설의 경우에는 주택단지의 복리시설 전체를 하나의 동으로 본다)별 구분소유자의 과반수 동의(공동주택의 각 동별 구분소유자가 5 이하인 경우는 제외한다)와 주택단지의 전체 구분소유자의 4분의 3 이

상 및 토지면적의 '4분의 3' 이상의 토지소유자의 동의를 받아 시장·군수 등의 인가를 받아야 한다.

60. 정답 ②

하 정비사업의 시행

② 퇴임된 임원이 퇴임 전에 관여한 행위는 그 효력을 잃지 않는다.

61. 정답 ③

중 기본계획의 수립 및 정비구역의 지정

③ 정비사업의 계획기간을 단축하는 등 경미한 사항을 변경하는 경우에는 주민공람과 지방의회의 의견청취절차를 거치지 않을 수 있다.

62. 정답 ④

상 정비사업의 시행

옳은 것은 ㄴ, ㄹ이다.
ㄱ. 사업시행자는 사업시행계획인가의 고시가 있는 날부터 120일 이내에 분양의 대상이 되는 대지 또는 건축물의 내역 등을 일간신문에 공고하고, 토지등소유자에게 통지해야 한다.
ㄷ. 사업시행자는 관리처분계획이 인가·고시된 다음 날부터 90일 이내에 분양신청을 하지 않은 자와 토지, 건축물 또는 그 밖의 권리의 손실보상에 관한 협의를 해야 한다.

63. 정답 ①

중 정비사업의 시행

② 시장·군수 등은 준공인가를 하기 전이라도 완공된 건축물이 사용에 지장이 없는 등 대통령령으로 정하는 기준에 적합한 경우에는 입주예정자가 완공된 건축물을 사용할 수 있도록 사업시행자에게 허가할 수 있다.
③ 대지 또는 건축물을 분양받을 자는 이전고시가 있는 날의 다음 날에 그 대지 또는 건축물의 소유권을 취득한다.
④ 시장·군수 등이 아닌 사업시행자가 정비사업 공사를 완료한 때에는 대통령령으로 정하는 방법 및 절차에 따라 시장·군수 등의 준공인가를 받아야 한다.
⑤ 정비구역의 지정은 준공인가의 고시가 있는 날(관리처분계획을 수립하는 경우에는 이전고시가 있는 때를 말한다)의 다음 날에 해제된 것으로 본다.

64. 정답 ④

중 도시정비법 비용의 부담 등

④ 구거(도랑)은 주요 정비기반시설이 아니다.

> Ⅴ 시장·군수 등의 비용부담
> 시장·군수 등은 시장·군수 등이 아닌 사업시행자가 시행하는 정비사업의 정비계획에 따라 설치되는 다음의 시설에 대하여는 그 건설에 드는 비용의 전부 또는 일부를 부담할 수 있다.
> 1. 도시·군계획시설 중 대통령령으로 정하는 다음의 주요 정비기반시설 및 공동이용시설: 도로, 상·하수도, 공원, 공용주차장, 공동구, 녹지, 하천, 공공공지 및 광장
> 2. 임시거주시설

65.
정답 ②

주택법 총칙

② 준주택이란 주택 외의 건축물과 그 부속토지로서 주거시설로 이용가능한 시설 등을 말하며, 그 범위와 종류는 다음과 같다.
- 기숙사
- 다중생활시설
- 노인복지시설 중 「노인복지법」의 노인복지주택
- 오피스텔

66.
정답 ④

중 **주택의 건설 등**

① 시가로 매도할 것을 청구할 수 있다.
② 주택의 소유자 전체의 4분의 3 이상의 동의를 받아 선정한다.
③ 매도청구에 관한 소송에 대한 판결은 주택의 소유자 전체에 대하여 효력이 있다.
⑤ 매도청구의 의사표시는 실소유자가 해당 토지소유권을 회복한 날부터 2년 이내에 해당 실소유자에게 송달되어야 한다.

67.
정답 ③

상 **주택의 공급**

옳은 것은 ㄷ, ㄹ이다.
ㄱ. 분양가상한제 적용주택의 분양가격은 택지비와 건축비로 구성(토지임대부 분양주택의 경우에는 건축비만 해당한다)된다.
ㄴ. 「도시 및 주거환경정비법」에 따른 주거환경개선사업 및 공공재개발사업에서 건설·공급하는 주택은 분양가상한제를 적용하지 않는다.

68.
정답 ③

중 **주택의 공급**

① 국토교통부장관이 투기과열지구를 지정하거나 해제할 경우에는 미리 시·도지사의 의견을 듣고 그 의견에 대한 검토의견을 회신해야 하며, 시·도지사가 투기과열지구를 지정하거나 해제할 경우에는 국토교통부장관과 협의해야 한다.
② 주택 소유자는 해제를 요청할 수 없다. 투기과열지구로 지정된 지역의 시·도지사, 시장, 군수 또는 구청장은 투기과열지구 지정 후 해당 지역의 주택가격이 안정되는 등 지정사유가 없어졌다고 인정되는 경우에는 국토교통부장관 또는 시·도지사에게 투기과열지구 지정의 해제를 요청할 수 있다.
④ 국토교통부장관은 반기마다 주거정책심의위원회의 회의를 소집하여 투기과열지구로 지정된 지역별로 투기과열지구 지정의 유지 여부를 재검토해야 한다.
⑤ 한국토지주택공사의 동의를 받아야 한다.

69.
정답 ①

주택법 총칙

① 폭 20m 이상인 일반도로로 분리된 주택단지이다.

별개의 주택단지로 보는 시설

다음의 시설로 분리된 토지는 각각 별개의 주택단지로 본다.
1. 철도·고속도로·자동차전용도로
2. 폭 20m 이상인 일반도로
3. 폭 8m 이상인 도시계획예정도로
4. 이에 준하는 것으로서 대통령령으로 정하는 시설: 보행자 및 자동차의 통행이 가능한 도로로서 다음의 어느 하나에 해당하는 도로를 말한다.
   - 「국토의 계획 및 이용에 관한 법률」에 따른 도시·군계획시설인 도로로서 국토교통부령으로 정하는 도로
   - 「도로법」에 따른 일반국도·특별시도·광역시도 또는 지방도

70.
정답 ①

주택의 건설 등

사업주체가 단독주택의 경우에는 '100'호, 공동주택의 경우에는 '100'세대(리모델링의 경우에는 늘어나는 세대수를 기준으로 한다) 이상의 주택건설사업을 시행하는 경우 또는 16,500m² 이상의 대지조성사업을 시행하는 경우 다음에 해당하는 자는 각각 해당 간선시설을 설치해야 한다. … (이하 생략)

71.
정답 ⑤

주택법 총칙

해당하는 것은 ㄱ, ㄴ, ㄷ 모두이다.

국민주택

국민주택이란 다음의 어느 하나에 해당하는 주택으로서 국민주택규모 이하인 주택을 말한다.
1. 국가·지방자치단체, 「한국토지주택공사법」에 따른 한국토지주택공사 또는 「지방공기업법」에 따라 주택사업을 목적으로 설립된 지방공사가 건설하는 주택
2. 국가·지방자치단체의 재정 또는 「주택도시기금법」에 따른 주택도시기금으로부터 자금을 지원받아 건설되거나 개량되는 주택

72.
정답 ⑤

중 **특별건축구역 등**

① 「도시 및 주거환경정비법」에 따른 정비구역에 특별건축구역을 지정할 수 있다.
② 「개발제한구역의 지정 및 관리에 관한 특별조치법」에 따른 개발제한구역에는 특별건축구역을 지정할 수 없다.
③ 국가 또는 지방자치단체가 건축하는 건축물은 특별건축구역에서 건축기준 등의 특례사항을 적용하여 건축할 수 있다.
④ 특별건축구역을 지정하거나 변경한 경우에는 「국토의 계획 및 이용에 관한 법률」에 따른 도시·군관리계획의 결정이 있는 것으로 본다. 다만, 용도지역·지구·구역의 지정 및 변경은 제외한다.

73.
정답 ④

상 **건축물의 구조·재료 및 건축설비**

① 공동주택 중 층당 4세대 이하인 것은 제외한다.
②⑤ 노인복지시설 및 학원은 3층 이상으로서 그 층의 해당 용도로 쓰는 거실의 바닥면적의 합계가 200m² 이상인 것이다.
③ 의료시설 중 입원실이 없는 치과병원은 제외한다.

74.
정답 ④

하 건축물의 건축

④ 존치기간은 3년 이내일 것. 다만, 도시·군계획사업이 시행될 때까지 그 기간을 연장할 수 있다.

75.
정답 ①

중 건축물의 건축

② 특별시장·광역시장·도지사는 지역계획이나 도시·군계획에 특히 필요하다고 인정하면 시장·군수·구청장의 건축허가나 허가를 받은 건축물의 착공을 제한할 수 있다.
③ 건축허가나 건축물의 착공을 제한하는 경우 제한기간은 2년 이내로 한다. 다만, 1회에 한하여 1년 이내의 범위에서 제한기간을 연장할 수 있다.
④ 국토교통부장관이나 특별시장·광역시장·도지사는 건축허가나 건축물의 착공을 제한하는 경우 제한목적·기간, 대상 건축물의 용도와 대상 구역의 위치·면적·경계 등을 상세하게 정하여 허가권자에게 통보해야 하며, 통보를 받은 허가권자는 지체 없이 이를 공고해야 한다.
⑤ 특별시장·광역시장·도지사는 시장·군수·구청장의 건축허가나 건축물의 착공을 제한한 경우 즉시 국토교통부장관에게 보고해야 하며, 보고를 받은 국토교통부장관은 제한내용이 지나치다고 인정하면 해제를 명할 수 있다.

76.
정답 ④

중 건축물의 건축

①② 공장 및 창고는 제외한다.
③⑤ 3층 이상 또는 연면적의 합계가 1천m² 이상인 숙박시설 및 일반음식점은 도지사의 승인을 받아야 한다.

77.
정답 ③

상 지역 및 지구의 건축물

③ 건축선의 지정은 해당하지 않는다.

78.
정답 ⑤

하 지역 및 지구의 건축물

⑤ 건축물의 노대 등의 바닥은 난간 등의 설치 여부에 관계없이 노대 등의 면적(외벽의 중심선으로부터 노대 등의 끝부분까지의 면적을 말한다)에서 노대 등이 접한 가장 긴 외벽에 접한 길이에 1.5m를 곱한 값을 뺀 면적을 바닥면적에 산입한다.

79.
정답 ③

하 농지의 소유

③ 8년 이상 농업경영을 하던 사람이 이농한 후에도 이농 당시 소유농지 중 1만m²를 계속 소유하면서 농업경영에 이용되도록 하는 경우이다.

다음의 어느 하나에 해당하는 경우에는 농지를 소유할 수 있다. 다만, 소유농지는 농업경영에 이용되도록 해야 한다(2. 및 3.은 제외한다).
1. 국가나 지방자치단체가 농지를 소유하는 경우
2. 「초·중등교육법」 및 「고등교육법」에 따른 학교, 농림축산식품부령으로 정하는 공공단체·농업연구기관·농업생산자단체 또는 종묘나 그 밖의 농업기자재 생산자가 그 목적사업을 수행하기 위하여 필요한 시험지·연구지·실습지·종묘생산지 또는 과수 인공수분용 꽃가루 생산지로 쓰기 위하여 농림축산식품부령으로 정하는 바에 따라 농지를 취득하여 소유하는 경우
3. 주말·체험영농을 하려고 농업진흥지역 외의 농지를 소유하는 경우
4. 상속[상속인에게 한 유증(遺贈)을 포함한다]으로 농지를 취득하여 소유하는 경우
5. 8년 이상 농업경영을 하던 사람이 이농(離農)한 후에도 이농 당시 소유하고 있던 농지를 계속 소유하는 경우
6. 담보농지를 취득하여 소유하는 경우(「자산유동화에 관한 법률」에 따른 유동화전문회사 등이 저당권자로부터 농지를 취득하는 경우를 포함한다)
7. 농지전용허가[다른 법률에 따라 농지전용허가가 의제(擬制)되는 인가·허가·승인 등을 포함한다]를 받거나 농지전용신고를 한 자가 그 농지를 소유하는 경우
8. 농지전용협의를 마친 농지를 소유하는 경우
9. 「한국농어촌공사 및 농지관리기금법」에 따른 농지의 개발사업지구에 있는 농지로서 대통령령으로 정하는 1,500m² 미만의 농지나 「농어촌정비법」에 따른 농지를 취득하여 소유하는 경우
10. 농업진흥지역 밖의 농지 중 최상단부부터 최하단부까지의 평균경사율이 15% 이상인 농지로서 대통령령으로 정하는 농지를 소유하는 경우
11. 다음의 어느 하나에 해당하는 경우
   • 「한국농어촌공사 및 농지관리기금법」에 따라 한국농어촌공사가 농지를 취득하여 소유하는 경우
   • 「농어촌정비법」에 따라 농지를 취득하여 소유하는 경우
   • 「공유수면 관리 및 매립에 관한 법률」에 따라 매립농지를 취득하여 소유하는 경우
   • 토지수용으로 농지를 취득하여 소유하는 경우
   • 농림축산식품부장관과 협의를 마치고 「공익사업을 위한 토지 등의 취득 및 보상에 관한 법률」에 따라 농지를 취득하여 소유하는 경우
   • 「공공토지의 비축에 관한 법률」에 해당하는 토지 중 공공토지비축심의 위원회가 비축이 필요하다고 인정하는 토지로서 「국토의 계획 및 이용에 관한 법률」에 따른 계획관리지역과 자연녹지지역 안의 농지를 한국토지주택공사가 취득하여 소유하는 경우

80.
정답 ⑤

중 농지의 이용

ㄱ: 5, ㄴ: 3, ㄷ: 8
• 60세 이상인 농업인이나 농업경영에 더 이상 종사하지 않게 된 사람이 소유하고 있는 농지 중에서 자기의 농업경영에 이용한 기간이 '5'년이 넘은 농지를 임대하거나 무상사용하게 하는 경우
• 개인이 소유하고 있는 농지 중 '3'년 이상 소유한 농지를 주말·체험영농을 하려는 자에게 임대하거나 사용대하는 경우, 또는 주말·체험영농을 하려는 자에게 임대하는 것을 업(業)으로 하는 자에게 임대하거나 무상사용하게 하는 경우
• 자경농지를 농림축산식품부장관이 정하는 이모작을 위하여 '8'개월 이내로 임대하거나 무상사용하게 하는 경우

2교시

1	2	3	4	5	6	7	8	9	10
⑤	④	②	④	②	④	①	③	④	②
11	12	13	14	15	16	17	18	19	20
③	①	④	③	①	③	②	②	②	⑤
21	22	23	24	25	26	27	28	29	30
③	①	④	④	①	①	③	①	⑤	④
31	32	33	34	35	36	37	38	39	40
⑤	②	④	③	①	③	④	④	⑤	⑤

선생님의 한마디

「부동산등기법」은 출제범위가 넓게 형성되어 있습니다. 제7회 문제는 기존에 시험에 출제되다가 최근에는 출제되지 않는 부분의 문제(12, 13, 17, 24번)를 출제하였습니다. 어떤 문제가 출제되는지 확인할 필요가 있습니다.

1.
정답 ⑤

하 토지의 등록

틀린 것은 ㄴ, ㄷ이다.
ㄴ. 지적공부에 등록하는 지번·지목·면적·경계 또는 좌표는 토지의 이동이 있을 때 토지소유자의 신청을 받아 지적소관청이 결정한다. 다만, 신청이 없으면 지적소관청이 직권으로 조사·측량하여 결정할 수 있다.
ㄷ. 지적소관청은 토지이동현황 조사계획을 수립하여야 한다. 이 경우 토지이동현황 조사계획은 시·군·구별로 수립하되, 부득이한 사유가 있는 때에는 읍·면·동별로 수립할 수 있다.

2.
정답 ④

하 토지의 등록

④ 축척변경 시행지역의 필지에 지번을 부여할 때에는 지적확정측량을 준용하여 지번을 부여한다.

3.
정답 ②

하 토지의 등록

틀린 것은 ㄱ, ㄷ이다.
ㄱ. '주유소용지'에서 제외한다.
ㄷ. '사적지'에서 제외한다.

4.
지적공부 　　　　　　　　　　　　정답 ④

④ 건물의 경계는 대지권등록부의 등록사항이 아니다.

5.
지적공부 　　　　　　　　　　　　정답 ②

② 위 도면에서 좌우의 도곽선 수치를 계산하면 가로의 거리가 500m, 상하의 도곽선 수치를 계산하면 세로의 거리가 400m임을 알 수 있다. 도곽선 수치를 계산하면 위 도면이 포용하는 면적은 500m × 400m = 200,000m²임을 알 수 있다.
① 지적도면에 등록하는 토지의 표시는 소재, 지번, 지목, 경계이다. 면적은 등록사항이 아니다.
③ 좌측 상단의 색인도는 도면의 연결관계를 나타낸다.
④ '14전'과 '15전'은 지목이 같은 토지이지만 연접하지 않으므로 1필지로 합병할 수 없다.
⑤ (산)으로 표시된 부분은 임야도에 등록된 토지이지만 지목은 알 수 없다.

6.
지적공부 　　　　　　　　　　　　정답 ④

④ 지적소관청은 복구자료의 조사 또는 복구측량 등이 완료되어 지적공부를 복구하려는 경우에는 복구하려는 토지의 표시 등을 시·군·구 게시판 및 인터넷 홈페이지에 15일 이상 게시하여야 한다.

7.
토지의 이동 및 지적정리 　　　　　　정답 ①

① 공공사업 등에 따라 학교용지·도로·철도용지·하천·제방·구거·유지·수도용지 등의 지목으로 되는 토지인 경우에 해당 사업의 시행자의 대위신청이 허용되지만, 유원지는 해당하지 아니한다.

8.
토지의 이동 및 지적정리 　　　　　　정답 ③

③ 축척변경의 절차에서 시·도지사 또는 대도시 시장의 승인을 받는 경우이므로 축척변경의 사유, 지번 등 명세, 토지소유자의 동의서, 축척변경위원회의 의결서 사본 등을 첨부한다. 지번별 조서는 축척변경측량을 실시한 후에 각 필지의 증감면적을 적은 조서이므로 첨부할 서류가 아니다.

9.
토지의 이동 및 지적정리 　　　　　　정답 ④

틀린 것은 ㄱ, ㄷ이다.
ㄱ. 토지소유자가 통지를 받은 날부터 90일 이내에 등록말소 신청을 하지 아니하면 지적소관청이 직권으로 지적공부의 등록사항을 말소하여야 한다.
ㄷ. 지적소관청은 말소한 토지가 지형의 변화 등으로 다시 토지가 된 경우에는 토지로 회복등록을 할 수 있다.

10.
토지의 이동 및 지적정리 　　　　　　정답 ②

② 지적소관청이 토지소유자의 신청으로 토지를 신규등록하였으므로 지적정리의 통지대상에 해당하지 아니한다. 지적정리의 통지는 지적소관청이 직권으로 정리한 경우에 한다.

11.
지적측량 　　　　　　　　　　　　정답 ③

③ 경계복원측량은 등록할 당시의 측량방법과 동일하여야 하므로, 첫째, 등록 당시의 측량방법에 따르고, 둘째, 측량 당시의 기준점을 기준으로 하여야 한다. 비록 등록 당시의 측량방법이나 기술이 발전하지 못하여 정확성이 없다 하더라도 경계복원측량을 함에 있어서는 등록 당시의 측량방법에 의하여야 하는 것이지 보다 정밀한 측량방법이 있다고 곧바로 그 방법에 의하여 측량할 수 없다.

12.
지적측량 　　　　　　　　　　　　정답 ①

옳은 것은 ㄱ, ㄴ이다.
ㄷ. 지적측량수행자가 타인의 의뢰에 의하여 지적측량을 하는 경우 고의 또는 과실로 지적측량을 부실하게 함으로써 지적측량의뢰인이나 제3자에게 재산상의 손해를 발생하게 한 때에는 지적측량수행자는 그 손해를 배상할 책임이 있다. 정신상의 손해는 아니다.
ㄹ. 손해배상책임을 보장하기 위하여 지적측량업자는 보장기간 10년 이상 및 보증금액 1억원 이상, 한국국토정보공사는 보증금액 20억원 이상 보증보험에 가입하거나 보증설정을 하여야 한다.

13.
부동산등기법 총칙 　　　　　　　　정답 ④

④ 등기관이 동일명의인이 아닌 경우에 중복등기를 정리하고자 하는 경우에는 지방법원장의 허가를 얻어야 한다.

14.
등기절차 총론 　　　　　　　　　　정답 ③

③ 법인 아닌 사단이 등기의무자로서 등기신청을 할 경우에는 사원총회 결의서를 등기신청서에 첨부하여야 한다.

15.
등기절차 총론 　　　　　　　　　　정답 ①

② 단독으로 신청한다.
③ 등기관이 직권으로 말소한다.
④ 단독신청으로 말소한다.
⑤ 단독으로 신청한다.

16.
정답 ③

중 등기절차 총론

① 甲과 乙의 공유를 甲과 乙의 합유로 변경하는 등기를 한 경우에 등기명의인이 추가되는 경우가 아니므로 등기필정보를 작성·교부하지 아니한다.
② 서면에 적은 문자의 정정 또는 삭제를 한 경우에는 그 글자 수를 난외에 적으며 문자의 앞뒤에 괄호를 붙이고 이에 날인 또는 서명하여야 한다.
④ 신고필증에 기재된 부동산이 1개라 하더라도 수인과 수인 사이의 매매인 경우에는 매매목록을 첨부하여야 한다.
⑤ 소유권 이외의 권리의 등기명의인이 등기의무자로서 등기필정보를 멸실하여 등기소에 출석하여 등기관으로부터 등기의무자임을 확인받고 등기를 신청하는 경우에는 인감증명을 첨부하여야 한다.

17.
정답 ③

중 등기절차 총론

③ 소유권이전등기를 신청하는 경우에 쌍무계약의 경우에는 반대급부의 이행이 완료된 날로부터 60일 이내에 신청하여야 한다.

18.
정답 ②

중 등기절차 총론

② 소유권이전등기의무자의 등기기록상 주소가 신청정보의 주소로 변경된 사실이 명백한 때에는 등기명의인표시변경등기는 직권으로 한다.

19.
정답 ②

상 권리에 관한 등기

틀린 것은 ㄱ, ㄷ이다.
ㄱ. 수증자가 여럿인 포괄유증의 경우에 수증자 중 1인이 자기 지분만에 대하여 소유권이전등기를 신청할 수 있다.
ㄷ. 환매권 설정등기는 소유권이전등기와는 별개의 신청정보에 의하여 동시에 신청하여야 한다.

20.
정답 ⑤

중 표시에 관한 등기

⑤ 직권에 의한 경정등기를 마친 등기관은 경정등기한 취지를 지방법원장에게 보고하여야 한다.

21.
정답 ③

상 권리에 관한 등기

① 소유권을 증명하는 판결은 보존등기신청인의 소유임을 확정하는 내용의 것이어야 하므로, 소유권확인판결에 한하지 아니한다.
② 해당 부동산이 보존등기 신청인의 소유임을 이유로 소유권보존등기의 말소를 명한 판결은 소유권을 증명하는 판결에 해당한다.
④ 건물에 대하여 건축주(또는 건축허가명의인)를 상대로 한 소유권확인판결은 소유권을 증명하는 판결에 해당하지 아니한다.
⑤ 건물에 대하여 소유자가 불분명하면 시장·군수·구청장을 상대로 판결을 받아야 한다.

22.
정답 ①

중 권리에 관한 등기

ㄱ은 없다, ㄴ은 계약양도, ㄷ은 확정채무인수이다.

23.
정답 ④

중 권리에 관한 등기

④ 토지의 전세권이 대지권인 경우에 토지의 등기기록에 전세권이전등기는 하지 못한다.

24.
정답 ④

상 권리에 관한 등기

옳은 것은 ㄴ, ㄹ이다.
ㄱ. 합유지분에 대한 가압류의 촉탁은 「부동산등기법」 제29조 제2호에 해당한다.
ㄷ. 가처분채권자가 가처분채무자를 등기의무자로 하여 권리의 이전등기를 신청하는 경우에, 그 가처분등기 이후에 된 등기로서 가처분채권자의 권리를 침해하는 등기의 말소를 단독으로 신청할 수 있다.

선생님의 한마디 💬

세법 전반의 흐름을 이해하면서 각 세목들의 주요 내용들을 숙지해야 합니다. 오늘 공부한 각 문제의 5개 지문들은 실전에서도 모습을 드러내게 될 거예요. 힘내세요. 파이팅~!!

25.
정답 ①

중 납세의무의 성립·확정·소멸

옳은 것은 ㄱ 1개이다.
ㄱ. 취득세: 신고하는 때 확정되는 지방세
ㄴ. 양도소득세: 신고하는 때 확정되는 국세
ㄷ. 재산세: 과세권자가 결정하는 때 확정되는 지방세
ㄹ. 지역자원시설세(소방분): 과세권자가 결정하는 때 확정되는 지방세
ㅁ. 지방교육세(재산세의 부가세): 과세권자가 결정하는 때 확정되는 지방세

26.
정답 ①

중 재산세, 양도소득세

① 고급주택의 가액요건은 취득 당시의 시가표준액이 9억원을 초과하는 주택이다.

27.
정답 ③

중 취득세

① 건축물 개수(면적 증가 제외)로 인한 취득의 경우에 과세표준은 「지방세법」 제10조의6 제3항에 따라 사실상 취득가격으로 하여 중과기준세율을 적용한다.
② 같은 취득물건에 대하여 둘 이상의 세율이 해당되는 경우에는 그 중 높은 세율을 적용한다.

④ 대도시에서 법인이 「의료법」 제3조에 따른 의료업을 영위하기 위하여 부동산을 취득하는 경우에는 중과세율을 적용하지 아니한다. 단, 취득일부터 2년 내에 업종변경이나 업종추가는 없다.

⑤ 법인이 합병 또는 분할에 따라 부동산을 취득하는 경우에는 「지방세법」 제11조 제1항 제7호의 그 밖의 원인으로 인한 취득세율(농지는 3%, 농지 외의 것은 4%)을 적용한다.

28.
정답 ①

[상] **취득세**

과점주주가 취득한 것으로 보는 해당 법인의 부동산 등의 취득당시가액은 해당 법인의 결산서와 그 밖의 장부 등에 따른 그 부동산 등의 총가액을 그 법인의 주식 또는 출자의 총수로 나눈 가액에 과점주주가 취득한 주식 또는 출자의 수를 곱한 금액으로 한다.

- 2020년 3월 10일 설립시 ➡ 60%($\frac{30,000주}{50,000주}$)의 지분으로 과점주주에 해당한다. 하지만 설립시점에서는 과점주주에 대한 납세의무가 없다.

- 2024년 10월 5일 증자 ➡ 70%($\frac{70,000주}{100,000주}$)의 지분이 된 경우, 과점주주가 된 이후에는 증가분(10%)만 과세하므로 과점주주가 된 날 현재 그 회사의 자산을 10%만큼 취득한 것으로 보아 취득세 납세의무를 부담한다.

- 10억 × 10% = 1억원

29.
정답 ⑤

[중] **등록면허세**

⑤ 「채무자 회생 및 파산에 관한 법률」상 법원사무관 등의 촉탁이나 등기소의 직권에 의해 이루어지는 등기·등록은 등록면허세를 비과세한다.

30.
정답 ④

[중] **등록면허세**

④ 같은 등록에 관계되는 재산이 둘 이상의 지방자치단체에 걸쳐 있어 등록면허세를 지방자치단체별로 부과할 수 없을 때에는 등록관청 소재지를 납세지로 한다.

31.
정답 ⑤

[중] **재산세**

⑤ 주택의 건축물과 그 부속토지의 소유자가 다를 경우에 그 주택에 대한 산출세액을 건축물과 그 부속토지의 시가표준액 비율로 나누어 그 소유자를 납세의무자로 본다.

32.
정답 ②

[중] **재산세**

② 「군사기지 및 군사시설 보호법」에 따른 군사기지 및 군사시설 보호구역 중 통제보호구역에 있는 토지는 비과세하지만, 전·답·과수원 및 대지는 과세한다.

33.
정답 ④

[중] **종합부동산세**

④ 종합부동산세는 신고납부를 선택하는 경우에 무신고가산세는 적용될 수 없으나, 과소신고가산세는 적용될 수가 있다.

34.
정답 ③

[중] **종합부동산세**

틀린 것은 ㄱ, ㄴ이다.
ㄱ. 종합부동산세는 물납이 허용되지 아니한다.
ㄴ. 별도합산과세대상 토지의 재산세로 부과된 세액이 세 부담 상한을 적용받는 경우 그 상한을 적용받은 후의 세액을 별도합산과세대상 토지분 종합부동산세액에서 공제한다.

35.
정답 ①

[하] **소득세 총설**

① 공익사업과 관련된 지역권을 대여함으로 발생하는 소득은 기타소득이다.

36.
정답 ③

[상] **양도소득세**

③ 토지의 이용상 불합리한 지상경계를 합리적으로 바꾸기 위하여 법률에 따라 토지를 분할하여 교환하는 경우로서 분할된 토지의 전체 면적이 분할 전 토지의 전체 면적의 100분의 20을 초과하는 경우 양도로 본다.

37.
정답 ④

[하] **양도소득세**

④ 법령에서 정하는 농지의 대토로 인한 소득은 「조세특례제한법」상 감면대상이다.

38.
정답 ④

[중] **양도소득세**

④ 양도자산의 취득 후 쟁송이 있는 경우 그 소유권을 확보하기 위하여 직접 소요된 소송비용으로서 그 지출한 연도의 각 사업소득금액 계산시 필요경비에 산입된 금액은 포함하지 않는다.

39.
정답 ⑤

[중] **양도소득세**

① 외국에서 납부한 국외자산 양도소득세액은 국내에서 세액공제방법과 필요경비 산입방법 중에서 선택하여 공제받을 수 있다.
② 국외자산의 양도소득금액을 계산함에 있어서는 장기보유특별공제를 적용받을 수 없다.
③ 분할납부는 허용된다.

④ 국외자산의 양도가액은 그 자산의 양도 당시의 실지거래가액으로 한다. 다만, 양도 당시의 실지거래가액을 확인할 수 없는 경우에는 양도자산이 소재하는 국가의 양도 당시 현황을 반영한 시가에 따르되, 시가를 산정하기 어려울 때에는 그 자산의 종류·규모·거래상황 등을 고려하여 법령에 정하는 보충적 평가방법에 따른다.

40.

정답 ⑤

중 양도소득세

① 토지 또는 건물을 양도한 경우에는 그 양도일이 속하는 달의 말일부터 2개월 이내에 양도소득과세표준을 신고하여야 한다.
② 양도차익이 없거나 양도차손이 발생한 경우에도 양도소득과세표준 예정신고의무가 있다.
③ 건물을 신축하고 그 신축한 건물의 취득일부터 5년 이내에 해당 건물을 양도하는 경우로서 취득 당시의 실지거래가액을 확인할 수 없어 환산취득가액을 그 취득가액으로 하는 경우에는 해당 건물 환산취득가액의 100분의 5에 해당하는 금액을 양도소득 결정세액에 더한다.
④ 양도소득과세표준 예정신고 또는 확정신고시 납부할 세액이 1,000만원을 초과하는 경우 그 납부할 세액의 일부를 분할납부할 수 있다.

정답 및 해설

▶ 무료 해설강의   ▶ 실시간 합격예측 서비스
* 제35회 공인중개사 시험일까지 제공

난이도 및 출제포인트 분석

★ 난이도가 낮은 문제는 해설 페이지를 찾아가 꼭 익혀두세요.

1교시 제1과목 공인중개사법령 및 실무

문제번호	난이도 및 출제포인트 분석	문제번호	난이도 및 출제포인트 분석
1	중 공인중개사법령 총칙	21	중 교육 및 업무위탁, 포상금 제도 p.113
2	중 공인중개사 제도 p.111	22	상 공인중개사협회 p.113
3	중 공인중개사법령 총칙 p.111	23	중 주택임대차계약의 신고 p.113
4	중 중개사무소의 개설등록 p.111	24	상 지도·감독 및 벌칙 p.113
5	중 중개사무소의 개설등록 p.111	25	중 개업공인중개사 등의 의무 p.113
6	중 중개업무 p.111	26	상 지도·감독 및 벌칙 p.113
7	중 중개사무소의 개설등록 p.111	27	중 지도·감독 및 벌칙 p.113
8	중 중개업무 p.111	28	하 부동산거래신고제도 p.113
9	상 중개업무 p.112	29	중 지도·감독 및 벌칙 p.114
10	중 중개업무 p.112	30	중 토지거래허가제도 p.114
11	중 중개업무 p.112	31	중 토지거래허가제도 p.114
12	중 중개계약 및 부동산거래정보망 p.112	32	상 부동산 정보관리 p.114
13	중 중개업무 p.112	33	중 토지거래허가제도 p.114
14	중 중개계약 및 부동산거래정보망 p.112	34	중 중개대상물의 조사·확인 p.114
15	중 개업공인중개사 등의 의무 p.112	35	중 중개대상물의 조사·확인 p.114
16	중 개업공인중개사 등의 의무 p.112	36	중 개별적 중개실무 p.114
17	중 개업공인중개사 등의 의무 p.112	37	중 개업공인중개사 등의 의무 p.114
18	하 개업공인중개사 등의 의무 p.112	38	중 개별적 중개실무 p.115
19	중 중개보수 및 실비 p.113	39	하 개별적 중개실무 p.115
20	중 교육 및 업무위탁, 포상금 제도 p.113	40	상 개별적 중개실무 p.115

1교시 제2과목 부동산공법

문제번호	난이도 및 출제포인트 분석	문제번호	난이도 및 출제포인트 분석
41	중 도시·군계획시설 p.115	61	중 기본계획의 수립 및 정비구역의 지정 p.117
42	중 도시·군기본계획 p.115	62	중 정비사업의 시행 p.117
43	상 개발행위의 허가 등 p.116	63	상 정비사업의 시행 p.118
44	중 지구단위계획 p.116	64	상 정비사업의 시행 p.118
45	하 용도지역·용도지구·용도구역 p.116	65	중 리모델링 p.118
46	중 국토계획법 보칙 및 벌칙 p.116	66	중 주택법 총칙 p.118
47	중 개발행위의 허가 등 p.116	67	하 주택의 건설 등 p.118
48	중 도시·군계획시설 p.116	68	중 주택의 건설 등 p.118
49	중 도시·군계획시설 p.116	69	하 주택법 총칙 p.118
50	하 용도지역·용도지구·용도구역 p.116	70	중 주택법 보칙 및 벌칙 p.118
51	상 용도지역·용도지구·용도구역 p.116	71	상 주택의 건설 등 p.118
52	하 용도지역·용도지구·용도구역 p.116	72	하 건축법 총칙 p.119
53	하 도시개발사업의 시행 p.117	73	하 건축법 총칙 p.119
54	하 도시개발구역의 지정 등 p.117	74	상 건축물의 건축 p.119
55	중 도시개발사업의 시행 p.117	75	상 건축물의 건축 p.119
56	중 도시개발사업의 시행 p.117	76	상 지역 및 지구의 건축물 p.119
57	중 도시개발사업의 시행 p.117	77	상 건축물의 건축 p.119
58	중 도시개발구역의 지정 등 p.117	78	상 건축협정 및 결합건축 p.119
59	중 정비사업의 시행 p.117	79	하 농지법 총칙 p.119
60	하 정비사업의 시행 p.117	80	상 농지의 보전 등 p.119

2교시 제1과목 부동산 공시에 관한 법령 및 부동산 관련 세법

문제번호	난이도 및 출제포인트 분석	문제번호	난이도 및 출제포인트 분석
1	중 지적공부 p.120	21	하 권리에 관한 등기 p.121
2	중 토지의 등록 p.120	22	상 권리에 관한 등기 p.121
3	상 토지의 등록 p.120	23	중 권리에 관한 등기 p.121
4	하 지적공부 p.120	24	중 권리에 관한 등기 p.121
5	중 지적공부 p.120	25	하 납세의무의 성립·확정·소멸 p.122
6	중 지적공부 p.120	26	상 취득세 p.122
7	중 토지의 이동 및 지적정리 p.120	27	하 취득세 p.122
8	하 토지의 이동 및 지적정리 p.120	28	중 취득세 p.122
9	하 토지의 이동 및 지적정리 p.120	29	중 등록면허세 p.122
10	중 토지의 이동 및 지적정리 p.120	30	중 재산세 p.122
11	상 지적측량 p.120	31	중 재산세 p.122
12	중 지적측량 p.121	32	중 재산세 p.122
13	상 부동산등기법 총칙 p.121	33	중 재산세, 종합부동산세 p.122
14	하 등기절차 총론 p.121	34	중 등록면허세 p.122
15	중 등기절차 총론 p.121	35	상 양도소득세 p.122
16	중 등기절차 총론 p.121	36	중 양도소득세 p.123
17	중 등기절차 총론 p.121	37	상 양도소득세 p.123
18	상 등기절차 총론 p.121	38	중 양도소득세 p.123
19	상 표시에 관한 등기 p.121	39	상 종합부동산세 p.123
20	중 권리에 관한 등기 p.121	40	중 양도소득세 p.123

1교시

제1과목 공인중개사법령 및 실무

1	2	3	4	5	6	7	8	9	10
④	①	③	⑤	④	①	②	③	②	③
11	12	13	14	15	16	17	18	19	20
④	⑤	③	⑤	④	②	①	①	⑤	②
21	22	23	24	25	26	27	28	29	30
②	④	⑤	②	①	①	③	④	⑤	①
31	32	33	34	35	36	37	38	39	40
②	②	④	③	②	①	③	⑤	②	④

💬 선생님의 한마디

이번 회는 자주 출제하지 않는 부분도 포함되어 있고, 다소 어려운 문제가 다수 있었습니다. 그러나 공인중개사법령 및 실무 과목이 고득점을 해야 하는 과목이므로, 자주 출제하지 않는 부분도 연습할 필요는 있다고 봅니다. 공인중개사법령에서 28문제, 부동산 거래신고

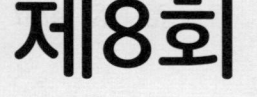

등에 관한 법령에서 6문제, 중개실무에서 6문제를 출제하였습니다. 득점에 너무 민감하지 않기를 바라며, 틀린 부분은 다시 한 번 정리해 주시기 바랍니다.

1.
정답 ④

중 공인중개사법령 총칙

④ 입목을 목적으로 하는 저당권의 효력은 입목을 베어낸 경우 그 토지로부터 분리된 수목에도 미친다.

2.
정답 ①

중 공인중개사 제도

ㄴ이 옳은 지문이다.
ㄱ. 변호사는 심의위원회의 위원이 될 수 있다. 이외에 부교수 이상, 공인회계사, 공인중개사협회 추천자, 시험 수탁기관장 추천자, 비영리민간단체 추천자, 소비자단체 또는 한국소비자원의 임직원 등이 위원이 될 수 있다.
ㄷ. 심의위원회의 위원의 임명·위촉은 국토교통부장관이 하므로, 회피하지 아니한 위원에 대한 해촉도 국토교통부장관이 할 수 있다.
ㄹ. 심의위원회 위원장이 직무를 수행할 수 없을 경우 위원장이 지명한 자가 그 직무를 대행한다.
ㅁ. 자격취득에 관한 사항을 심의한 경우 시·도지사는 이에 따라야 한다.

Ⓥ 공인중개사 정책심의위원회 심의·의결사항

심의사항	의결사항
1. 공인중개사의 시험 등 공인중개사의 자격취득에 관한 사항 2. 부동산중개업의 육성에 관한 사항 3. 중개보수 변경에 관한 사항 4. 손해배상책임의 보장 등에 관한 사항	1. 국토교통부장관이 직접 시험 시행 2. 당해연도 시험의 부시행 3. 선발예정인원 등 4. 위원의 기피신청 수용 여부 5. 운영에 필요한 사항

3.
정답 ③

중 공인중개사법령 총칙

① 외국법에 따라 공인중개사 자격을 취득한 자는 공인중개사가 아니다.
② 소속공인중개사에는 개업공인중개사인 법인의 사원 또는 임원으로서 중개업무를 수행하는 공인중개사인 자도 포함된다.
④ 부수적으로 중개업을 한 경우도 중개업이다(대판 2007.1.11, 2006도7594).
⑤ 공인중개사 자격증·등록증을 대여받아 중개사무소를 운영하는 자가 의뢰인과 직접 오피스텔 임대차계약을 체결한 경우는 중개행위에 해당한다고 볼 수 없다(대판 2011.4.14, 2010다101486).

4.
정답 ⑤

중 중개사무소의 개설등록

⑤ 개업공인중개사가 등록증을 타인에게 대여한 경우에는 등록취소사유가 된다.

5.
정답 ④

중 중개사무소의 개설등록

④ 양벌규정에 의한 벌금은 결격이 아니다(대판 2008.5.29, 2007두26568).

Ⓥ 결격사유자

제한능력자	1. 미성년자 2. 피한정후견인 3. 피성년후견인(피특정후견인 ×)
파산자	파산선고를 받고 복권되지 아니한 자(개인회생 ×)

수형자	1. 금고 이상의 실형 선고받고 집행종료 + 3년, 집행면제 + 3년
	  ⓐ 만기석방: 3년
	  ⓑ 가석방: 가석방기간 + 3년
	  ⓒ 특별사면: 3년
	2. 금고 이상의 형의 집행유예: 집행유예기간 + 2년(선고유예 ×)
	3. 이 법 위반 300만원 이상 벌금형 선고: 3년(양벌규정 벌금 제외)

행정처분 받은 자	1. 자격취소: 3년 2. 자격정지: 자격정지기간 중 3. 등록취소: 3년 4. 업무정지처분 받고 폐업: 업무정지기간 중 5. 업무정지 받은 법인의 그 사유 발생 당시 사원·임원: 업무정지기간 중
법인	결격사유에 해당하는 사원·임원이 있는 법인

6.
정답 ①

중 중개업무

중개사무소의 설치에 관한 설명으로 옳은 것은 1개(ㄷ)이다.
ㄱ. 중개사무소의 면적 제한규정은 없다.
ㄴ. 중개사무소를 공동으로 사용하려는 개업공인중개사는 공동사용하는 다른 개업공인중개사의 승낙서를 제출해야 한다.
ㄹ. 둘 이상의 중개사무소를 둔 경우에는 중개사무소의 개설등록이 취소될 수 있다.
ㅁ. 소유, 전세, 임대차 또는 사용대차의 방법으로 중개사무소를 확보해도 된다.

7.
정답 ②

중 중개사무소의 개설등록

② 종별 변경시 종전의 등록증은 반납하여야 한다.

8.
정답 ③

중 중개업무

① 사업자등록증은 중개사무소 안의 보기 쉬운 곳에 게시할 사항이다.
② 옥외광고물에는 개업공인중개사의 성명을 명시하여야 한다.
④ 간판철거는 지체 없이 하여야 한다.
⑤ 개업공인중개사에게 옥외광고물을 설치할 의무는 없다.

9.

정답 ②

> 상 중개업무

② 법 제7638호 부칙 제6조 제2항의 개업공인중개사(중개인)은 법인의 겸업 중 경·공매대상 부동산에 대한 권리분석 및 취득의 알선과 매수신청대리업을 영위할 수 없다.

10.

정답 ③

> 중 중개업무

옳은 것은 ㄱ, ㄷ이다.
ㄴ. 乙이 외국인이라 하더라도 등록관청이 직접 자격 발급 시·도지사에게 확인 요청하므로, 자격증 사본은 제출하지 않는다. 그러나 결격사유에 해당하지 않음을 증명하는 서류는 제출해야 한다.
ㄹ. 고용관계 종료신고는 고용관계가 종료된 날로부터 10일 내에 해야 한다.

11.

정답 ④

> 중 중개업무

④ 기본 모니터링 결과보고서는 매 분기의 마지막 날부터 30일 이내에 국토교통부장관에게 제출해야 한다.

> Ⓥ 중개대상물 표시·광고 모니터링
>
> 1. 국토교통부장관이 실시 가능, 위탁시행 가능
> 2. 종류: 기본 모니터링(분기별), 수시 모니터링
> 3. 결과보고서 제출(모니터링 기관이 국토교통부장관에게 제출)
>   • 기본 모니터링: 분기 종료 후 30일 내(계획서는 매년 12.31.까지 제출)
>   • 수시 모니터링: 완료한 날로부터 15일 내(계획서는 미리 제출)
> 4. 국토교통부장관은 모니터링 결과를 시·도지사 및 등록관청 등에 통보, 조사 및 조치요구 가능
> 5. 시·도지사 및 등록관청 등은 조사 및 조치 완료한 날부터 10일 이내에 그 결과를 국토교통부장관에게 통보

12.

정답 ⑤

> 중 중개계약 및 부동산거래정보망

ㄱ, ㄴ, ㄷ 모두 틀린 내용이다.
ㄱ. 임대차 전속중개계약의 경우 공시지가를 공개하지 아니할 수 있다.
ㄴ. 중개보수와 취득 관련 조세의 종류 및 세율은 공개할 정보에 해당하지 않는다.
ㄷ. 중개의뢰인은 전속중개계약의 유효기간 내에 스스로 발견한 상대방과 거래한 경우에는 중개보수의 50% 내에서 개업공인중개사의 소요비용을 지급해야 한다.

> Ⓥ 전속중개계약시 공개할 정보가 아닌 것
>
> 1. 권리자의 주소·성명 등 인적사항 정보
> 2. 중개보수 및 실비의 금액과 산출내역
> 3. 취득 관련 조세의 종류 및 세율

13.

정답 ③

> 중 중개업무

③ 분사무소의 폐업신고서에는 분사무소설치신고확인서를 첨부한다.

14.

정답 ⑤

> 중 중개계약 및 부동산거래정보망

⑤ 거래정보사업자가 의뢰받은 내용과 다르게 중개대상물 정보를 공개한 때에는 지정이 취소될 수 있다.

> Ⓥ 거래정보사업자 지정요건
>
> 1. 부가통신사업자일 것
> 2. 가입한 개업공인중개사가 500명 이상이고, 2개 이상의 시·도에서 각 30명 이상일 것
> 3. 정보처리기사 1명 이상 확보
> 4. 공인중개사 1명 이상 확보
> 5. 국토교통부장관이 정하는 컴퓨터설비 갖출 것

15.

정답 ④

> 중 개업공인중개사 등의 의무

제시된 지문 4개 모두 틀린 내용이다.
• 거래계약서는 법정서식이 없다.
• 공법상 이용제한 및 거래규제에 관한 사항은 거래계약서의 필수 기재사항이 아니다.
• 거래계약서는 공인전자문서센터에 보관된 경우를 제외하고 그 원본, 사본 또는 전자문서를 5년간 보관해야 한다.
• 소속공인중개사가 거래계약서를 거짓으로 작성하면 자격정지처분을 받을 수 있다.

16.

정답 ②

> 중 개업공인중개사 등의 의무

② 보증기관을 통하여 손해배상을 한 경우 재가입·보전은 15일 이내에 하여야 한다.

17.

정답 ①

> 중 개업공인중개사 등의 의무

② 확인·설명의 근거자료를 제시까지만 하면 된다.
③ 개업공인중개사는 중개대상물에 근저당이 설정된 경우에는 그 채권최고액을 조사·확인하여 의뢰인에게 설명하면 족하고, 실제의 피담보채무액까지 조사·확인하여 설명할 의무까지 있다고 할 수는 없다(대판 1999.5.14, 98다30667).
④ 개업공인중개사가 미납 국세 또는 지방세의 열람을 직접 신청할 수 있는 것은 아니고, 주택의 임대차계약을 체결하려는 중개의뢰인에게 「국세징수법」에 따라 임대인이 납부하지 아니한 국세의 열람을 신청할 수 있다는 사항을 설명하여야 한다.
⑤ 개업공인중개사의 확인·설명의무 위반은 500만원 이하의 과태료사유이다.

18.

정답 ①

> 하 개업공인중개사 등의 의무

① 개업공인중개사에게 계약금 등을 예치하도록 권고할 법률상 의무는 없다.

19.
정답 ⑤

중 중개보수 및 실비

⑤ 권리관계 확인에 소요된 실비는 영수증 등을 첨부하여 권리이전 중개의뢰인에게 청구할 수 있다. 계약금 등의 반환채무이행 보장에 소요된 실비를 권리취득 중개의뢰인에게 청구할 수 있다.

20.
정답 ②

중 교육 및 업무위탁, 포상금 제도

① 국토교통부장관은 교육의 전국적인 균형유지를 위하여 교육지침을 마련하여 시행할 수 있다.
③ 연수교육의 교육시간은 12시간 이상 16시간 이하이다. 실무교육시간이 28시간 이상 32시간 이하이다.
④ 법·제도의 변경사항을 내용으로 하는 것은 연수교육이다.
⑤ 부동산거래사고 예방교육시 교육비를 지원할 수 있다.

21.
정답 ②

중 교육 및 업무위탁, 포상금 제도

② 甲은 A에 대한 포상금 50만원, D에 대한 포상금 25만원을 받으므로 75만원, 乙은 B에 대한 포상금 50만원, D에 대한 포상금 25만원을 받으므로 75만원이다. C에 대하여는 무혐의처분되었으므로 포상금을 받을 수 없다.

22.
정답 ④

상 공인중개사협회

① 국토교통부장관이 업무집행방법의 변경을 명할 수 있다.
② 책임준비금의 적립비율은 공제료 수입액의 100분의 10 이상으로 정한다.
③ 공제규정은 국토교통부장관의 승인을 얻어야 한다.
⑤ 운영위원회의 회의는 재적위원 과반수의 출석으로 개의하고, 출석위원 과반수의 찬성으로 의결한다.

23.
정답 ⑤

중 주택임대차계약의 신고

⑤ 신고관청은 그 내용 등을 확인한 후 지체 없이 신고필증을 발급한다.

24.
정답 ②

상 지도·감독 및 벌칙

등록을 취소해야 하는 경우(필요적 등록취소사유)는 ㄱ, ㄷ이다.
ㄴ. 임의적(상대적) 등록취소사유이다.
ㄹ. 업무정지처분사유이다.

Ⓥ 상습위반에 따른 가중처벌

1. 최근 1년 이내에 이 법에 의하여 2회 이상의 업무정지처분을 받고 다시 업무정지처분에 해당하는 행위를 한 경우: 필요적(절대적) 등록취소
2. 최근 1년 이내에 이 법에 의하여 3회 이상의 업무정지 또는 과태료의 처분을 받고 다시 업무정지 또는 과태료처분에 해당하는 행위를 한 경우(단, 필요적 등록취소사유에 해당된 경우는 제외): 임의적(상대적) 등록취소
3. 최근 1년 이내에 이 법에 의하여 2회 이상의 업무정지 또는 과태료의 처분을 받고 다시 과태료처분에 해당하는 행위를 한 경우: 업무정지

25.
정답 ①

중 개업공인중개사 등의 의무

① 중개의뢰인과 직접거래를 하는 행위를 금지하는 규정은 강행규정(효력규정)이 아니라 단속규정이다(대판 2017.2.3, 2016다259677).

26.
정답 ①

상 지도·감독 및 벌칙

② 폐업신고 전에 받은 과태료처분의 효과는 처분일로부터 1년간 재등록 개업공인중개사에게 승계된다.
③ 폐업기간(폐업신고 후 재등록하기까지의 기간)이 3년을 초과하지 않았으므로, 폐업신고 전 위반행위를 사유로 하는 등록취소처분을 할 수 있다.
④ 중개사무소 소재지 시·도지사가 자격정지처분사유에 해당하는 사실을 발견한 때에는 처분에 필요한 절차를 이행하고 자격증을 교부한 시·도지사에게 통보하여야 한다.
⑤ 업무정지처분은 그 사유가 발생한 날로부터 3년이 경과한 때에는 이를 할 수 없다.

27.
정답 ③

중 지도·감독 및 벌칙

위반행위에 따른 벌칙의 연결이 옳은 것은 ㄴ, ㄹ이다.
ㄱ. 공인중개사가 아닌 자로서 공인중개사 또는 이와 유사한 명칭을 사용한 자는 1년 이하의 징역 또는 1천만원 이하의 벌금에 처한다.
ㄷ. 중개대상물에 대한 부당한 표시·광고를 한 자에 대하여는 500만원 이하의 과태료를 부과한다.

28.
정답 ④

하 부동산거래신고제도

④ 건축물 면적은 집합건축물의 경우 전용면적만을 적는다.

29.
정답 ⑤

> **중** 지도 · 감독 및 벌칙

⑤ 공인중개사 직무와 관련하여 「형법」상 횡령죄로 700만원의 벌금형을 선고받은 경우는 자격취소사유가 아니다.

> **✓ 공인중개사 자격취소사유**
>
> 1. 부정한 방법으로 공인중개사 자격을 취득한 경우
> 2. 자격증 양도 · 대여, 다른 사람에게 성명을 사용하여 중개업무하게 한 경우
> 3. 자격정지 중 중개업무 또는 이중소속한 경우
> 4. 이 법 또는 공인중개사 직무와 관련하여 형법상의 사기, 사문서 위조 · 변조 · 행사, 범죄단체 등 조직, (업무상) 횡령 · 배임의 죄로 금고(집행유예 포함) 이상의 형을 선고받은 경우

30.
정답 ①

> **중** 토지거래허가제도

① ㄱ은 5일, ㄴ은 500m², ㄷ은 3개월이다.
- 허가구역의 지정은 지정을 공고한 날부터 '5일' 후에 그 효력이 발생한다.
- 따로 정함이 없는 한 도시지역 외의 지역에 소재하는 토지 중 지목이 농지인 경우 그 면적이 '500m²' 이하인 경우 허가를 요하지 아니한다.
- 토지를 허가받은 목적대로 이용하지 아니한 경우 허가관청은 '3개월' 이내의 기간을 정하여 이용의무를 이행하도록 명할 수 있다.

31.
정답 ②

> **중** 토지거래허가제도

② 부동산거래신고를 하지 아니한 자는 포상금이 지급되는 신고 · 고발 대상이 아니다.

> **✓ 부동산 거래신고 등에 관한 법령상 포상금 지급 신고 · 고발대상**
>
> 1. 부동산 등의 실제 거래가격을 거짓으로 신고한 자(가격 거짓신고자)
> 2. 신고대상 계약을 체결하지 아니하였음에도 불구하고 거짓으로 부동산거래신고를 한 자(가장 계약신고자)
> 3. 부동산거래신고 후 해당 계약이 해제 등이 되지 아니하였음에도 불구하고 거짓으로 해제 등의 신고를 한 자(가장 해제신고자)
> 4. 주택임대차계약의 보증금 · 차임 등 계약금액을 거짓으로 신고한 자
> 5. 허가 또는 변경허가를 받지 아니하고 토지거래계약을 체결한 자 또는 거짓이나 그 밖의 부정한 방법으로 토지거래계약허가를 받은 자(허가 위반자)
> 6. 토지거래계약허가를 받아 취득한 토지에 대하여 허가받은 목적대로 이용하지 아니한 자(이용의무 위반자)

32.
정답 ②

> **상** 부동산 정보관리

② 면적의 변경이 없는 실제 거래가격의 부동산거래계약 변경신고서는 전자문서로 할 수 없다. 이외에 단독 정정신청, 일방의 신고거부로 인한 다른 일방의 단독 부동산거래신고는 전자문서로 할 수 없다.

33.
정답 ④

> **중** 토지거래허가제도

④ 당사자의 한쪽 또는 양쪽이 국가 등인 경우에는 그 기관의 장이 시장 · 군수 또는 구청장과 협의할 수 있고, 그 협의가 성립된 때에는 그 토지거래계약에 관한 허가를 받은 것으로 본다.

34.
정답 ③

> **중** 중개대상물의 조사 · 확인

① 개인 자연장지는 그 면적이 30m² 미만이어야 한다.
② 가족 자연장지 또는 종중 · 문중 자연장지를 조성하려는 자는 관할 시장 등에게 신고하여야 한다.
④ 가족묘지는 100m² 이하로 설치해야 한다.
⑤ 설치기간이 끝난 분묘의 연고자는 설치기간이 끝난 날부터 1년 이내에 분묘에 설치된 시설물을 철거하고 매장된 유골을 화장하거나 봉안하여야 한다.

> **✓ 사설묘지 및 자연장지**
>
> | 개인묘지 | 30m² ↓ | 30일 내 신고 | 개인 자연장지 | 30m² ↓ | 30일 내 신고 |
> |---|---|---|---|---|---|
> | 가족묘지 | 100m² ↓ | | 가족 자연장지 | 100m² ↓ | 사전신고 |
> | 문중묘지 | 1,000m² ↓ | 허가 | 문중 자연장지 | 2천m² ↓ | |
> | 법인묘지 | 10만m² ↑ | | 종교단체 자연장지 | 4만m² ↓ | 허가 |
> | 분묘 1기: 10m² ↓(합장 15m² ↓) | | | 법인 자연장지 | 5만m² ↑ | |

35.
정답 ②

> **중** 중개대상물의 조사 · 확인

틀린 것은 ㄷ, ㅁ이다.
ㄷ. 비주거용 건축물 확인 · 설명서 서식에는 '환경조건' 기재란이 없다.
ㅁ. '소방'에는 소화전, 비상벨을 상태에 관한 자료를 요구하여 기재한다.

36.
정답 ①

> **중** 개별적 중개실무

② 乙이 계약서에 확정일자를 받았다면 경매시 우선변제권을 행사할 수 있다.
③ 乙이 X주택에 대하여 집행권원에 따라 경매를 신청하는 경우 반대의무의 이행이나 이행의 제공을 집행개시의 요건으로 하지 아니한다.
④ 전세 보증금이 3억원이므로, 乙은 최우선변제를 받을 수 있는 소액임차인에 해당하지 아니한다.
⑤ 乙도 임차권등기명령을 신청할 수 있다.

37.
정답 ③

> **중** 개업공인중개사 등의 의무

주택임대차중개의 경우 개업공인중개사가 확인 · 설명해야 하는 사항은 ㄱ, ㄴ, ㄷ이다.
ㄹ. 권리를 이전함에 따라 부담할 조세의 종류 및 세율은 확인 · 설명사항이 아니다.

38.

중 개별적 중개실무

⑤ 서울특별시 소재 상가건물의 임대차로서 보증금이 1,500만원이고, 월 차임이 50만원인 경우, 최우선변제 임차인에 해당하나, 보증금이 1,500만원이므로, 이 상가건물의 경매시 임차인은 1,500만원까지 최우선변제를 받을 수 있다.

39.

정답 ②

하 개별적 중개실무

② 소속공인중개사는 매수신청대리인 등록을 할 수 없다.

40.

정답 ④

상 개별적 중개실무

① 차순위매수신고는 그 신고액이 최고가매수신고액에서 그 보증금액을 뺀 금액을 넘는 때에만 할 수 있다.
② 항고보증금은 매각대금의 10분의 1로 한다.
③ 매수인은 대금지급기한까지 매각대금을 지급하면 된다.
⑤ 배당요구의 종기는 첫 매각기일 전으로 법원이 정하는 날로 한다.

제2과목 부동산공법

41	42	43	44	45	46	47	48	49	50
④	②	⑤	③	⑤	②	③	⑤	⑤	②
51	52	53	54	55	56	57	58	59	60
③	⑤	④	②	③	④	②	①	③	②
61	62	63	64	65	66	67	68	69	70
③	②	②	①	④	①	①	⑤	④	⑤
71	72	73	74	75	76	77	78	79	80
⑤	②	⑤	①	③	④	④	①	⑤	④

선생님의 한마디

제8회는 난이도 상이 11문제, 중이 18문제, 하가 11문제입니다. 난이도 중, 하가 29문제이므로 조금 쉽게 출제했습니다. 다만, 난이도 중인 문제도 쉽지는 않습니다. 60점 이상의 점수를 기대하며, 난이도 중, 하인 문제를 틀렸다면 확실하게 정리해서 다음에는 반드시 맞힐 수 있도록 해야 합니다. 아무래도 시험이고 검증이다 보니 자주 출제되는 건폐율·용적률이나 동의요건과 같은 중요한 숫자는 암기가 필요합니다. 그래야 어느 정도 고득점도 노려볼 수 있습니다. 지금까지 성실하게 풀어오신 여러분에게 축복이 있기를 기원합니다. ^^

41.

정답 ④

중 도시·군계획시설

①③⑤ 폐차장, 하수도, 폐기물처리 및 재활용시설은 환경기초시설이다.
② 유수지는 방재시설이다.

42.

정답 ②

중 도시·군기본계획

① 도시·군기본계획을 수립 또는 변경하는 경우에는 공청회를 통해서 주민 또는 관계 전문가의 의견을 들어야 한다.
③ 「수도권정비계획법」에 따른 수도권에 속하지 않고 광역시와 경계를 같이하지 않은 시 또는 군으로서 인구 10만명 이하인 시 또는 군의 경우 도시·군기본계획을 수립하지 않을 수 있다.
④ 특별시장·광역시장·특별자치시장·특별자치도지사·시장 또는 군수는 지역여건상 필요하다고 인정되면 인접한 특별시·광역시·특별자치시·특별자치도·시 또는 군의 관할 구역 전부 또는 일부를 포함하여 도시·군기본계획을 수립할 수 있다.
⑤ 국가계획의 내용이 우선한다.

43.
정답 ⑤

상 개발행위의 허가 등

해당하는 것은 ㄱ, ㄴ, ㄷ 모두이다.

> ✔ 개발행위에 대한 도시계획위원회의 심의 예외사항
>
> 다음의 어느 하나에 해당하는 개발행위는 중앙도시계획위원회와 지방도시계획위원회의 심의를 거치지 않는다.
> 1. 이 법 또는 다른 법률에 따라 도시계획위원회의 심의를 받는 구역에서 하는 개발행위
> 2. 지구단위계획 또는 성장관리계획을 수립한 지역에서 하는 개발행위
> 3. 주거지역·상업지역·공업지역에서 시행하는 개발행위 중 특별시·광역시·특별자치시·특별자치도·시 또는 군의 조례로 정하는 규모·위치 등에 해당하지 않는 개발행위
> 4. 「환경영향평가법」에 따라 환경영향평가를 받은 개발행위
> 5. 「도시교통정비 촉진법」에 따라 교통영향평가에 대한 검토를 받은 개발행위
> 6. 「농어촌정비법」에 따른 농어촌정비사업 중 대통령령으로 정하는 사업을 위한 개발행위
> 7. 「산림자원의 조성 및 관리에 관한 법률」에 따른 산림사업 및 「사방사업법」에 따른 사방사업을 위한 개발행위

44.
정답 ③

중 지구단위계획

① 용도지구의 전부 또는 일부에 대하여 지구단위계획구역을 지정할 수 있다.
② 5년이 아니라 10년이다.
④ 지구단위계획구역에서 건축물을 건축 또는 용도변경하거나 공작물을 설치하려면 그 지구단위계획에 맞게 해야 한다. 다만, 일정 기간 내 철거가 예상되는 다음의 어느 하나에 해당하는 건축물은 제외한다.
- 존치기간(연장된 존치기간을 포함한 총존치기간을 말한다)이 3년의 범위에서 해당 특별시·광역시·특별자치시·특별자치도·시 또는 군의 도시·군계획조례로 정한 존치기간 이내인 가설건축물
- 재해복구기간 중 이용하는 재해복구용 가설건축물
- 공사기간 중 이용하는 공사용 가설건축물
⑤ 개발진흥지구에서는 지구단위계획 또는 관계 법률에 따른 개발계획에 위반하여 건축물을 건축할 수 없다.

45.
정답 ⑤

하 용도지역·용도지구·용도구역

⑤ 시가화조정구역의 지정에 관한 도시·군관리계획의 결정은 시가화 유보기간이 끝난 날의 다음 날부터 그 효력을 잃는다.

46.
정답 ②

중 국토계획법 보칙 및 벌칙

해당하는 경우는 ㄱ, ㄷ, ㅁ이다.

> ✔ 청문
>
> 국토교통부장관, 시·도지사, 시장·군수 또는 구청장은 다음의 어느 하나에 해당하는 처분을 하려면 청문을 해야 한다.
> 1. 개발행위허가의 취소
> 2. 도시·군계획시설사업의 시행자 지정의 취소
> 3. 실시계획인가의 취소

47.
정답 ③

중 개발행위의 허가 등

③ 시장 또는 군수가 성장관리계획구역을 지정하거나 변경하는 경우에는 도지사의 승인을 받지 않는다.

48.
정답 ⑤

중 도시·군계획시설

① 국토교통부장관이나 도지사가 직접 입안한 도시·군관리계획인 경우 국토교통부장관이나 도지사는 단계별 집행계획을 수립할 수 있다.
② 3년이 아니라 2년이다.
③ 특별시장·광역시장·특별자치시장·특별자치도지사·시장 또는 군수는 단계별 집행계획을 수립하고자 하는 때에는 미리 관계 행정기관의 장과 협의해야 하며, 해당 지방의회의 의견을 들어야 한다.
④ 3년 이내에 시행하는 도시·군계획시설사업은 제1단계 집행계획에, 3년 후에 시행하는 도시·군계획시설사업은 제2단계 집행계획에 포함되도록 해야 한다.

49.
정답 ⑤

중 도시·군계획시설

해당하는 경우는 ㄱ, ㄴ, ㄷ, ㄹ 모두이다.

> ✔ 타인토지에의 출입 등
>
> 국토교통부장관, 시·도지사, 시장 또는 군수나 도시·군계획시설사업의 시행자는 다음의 행위를 하기 위하여 필요하면 타인의 토지에 출입하거나 타인의 토지를 재료적치장 또는 임시통로로 일시사용할 수 있으며, 특히 필요한 경우에는 나무, 흙, 돌, 그 밖의 장애물을 변경하거나 제거할 수 있다.
> 1. 도시·군계획 및 광역도시계획에 관한 기초조사
> 2. 개발밀도관리구역, 기반시설부담구역 및 기반시설설치계획에 관한 기초조사
> 3. 도시·군계획시설사업에 관한 조사·측량 또는 시행
> 4. 지가의 동향 및 토지거래의 상황에 관한 조사

50.
정답 ②

하 용도지역·용도지구·용도구역

② 용도지역 또는 용도구역의 행위제한을 완화하는 용도지구를 신설할 수 없다.

51.
정답 ③

상 용도지역·용도지구·용도구역

③ 시·도지사가 결정하는 공간재구조화계획 중 도시혁신구역 지정 및 입지 타당성 등에 관한 사항은 중앙도시계획위원회의 심의를 거쳐야 한다.

52.
정답 ⑤

하 용도지역·용도지구·용도구역

ㄱ: 고도지구, ㄴ: 방화지구
- 건축물이 '고도지구'에 걸쳐 있는 경우에는 그 건축물 및 대지의 전부에 대하여 '고도지구'의 건축물 및 대지에 관한 규정을 적용한다.

- 하나의 건축물이 '방화지구'와 그 밖의 용도지역 등에 걸쳐 있는 경우에는 그 전부에 대하여 '방화지구'의 건축물에 관한 규정을 적용한다. 다만, 그 건축물이 있는 '방화지구'와 그 밖의 용도지역 등의 경계가 「건축법」에 따른 방화벽으로 구획되는 경우 그 밖의 용도지역 등에 있는 부분에 대하여는 그러하지 않다.

53.
정답 ④

[하] 도시개발사업의 시행

④ 환지예정지가 지정되면 종전의 토지의 소유자와 임차권자 등은 환지예정지 지정의 효력발생일부터 환지처분이 공고되는 날까지 환지예정지나 해당 부분에 대하여 종전과 같은 내용의 권리를 행사할 수 있으며 종전의 토지는 사용하거나 수익할 수 없다.

54.
정답 ②

[하] 도시개발구역의 지정 등

② 시장(대도시 시장은 제외한다) 또는 군수가 요청하는 경우가 아니라, 관계 중앙행정기관의 장이 요청하는 경우이다.

55.
정답 ③

[중] 도시개발사업의 시행

옳은 것은 ㄴ, ㄹ이다.
ㄱ. 지정권자가 따로 정한 기준일의 다음 날부터 1필지의 토지가 여러 개의 필지로 분할되는 경우 시행자는 해당 토지에 대하여 금전으로 청산하거나 환지 지정을 제한할 수 있다.
ㄷ. 시행자는 지정권자에 의한 준공검사를 받은 경우(지정권자가 시행자인 경우에는 공사완료 공고가 있는 때)에는 60일 이내에 환지처분을 해야 한다.

56.
정답 ④

[중] 도시개발사업의 시행

① 토지상환채권을 이전하는 경우 취득자는 그 성명과 주소를 토지상환채권원부에 기재하여 줄 것을 요청해야 하며, 취득자의 성명과 주소가 토지상환채권에 기재되지 않으면 취득자는 발행자 및 그 밖의 제3자에게 대항하지 못한다.
② 기명식 증권으로 발행한다.
③ 토지상환채권의 이율은 발행 당시의 은행의 예금금리 및 부동산 수급상황을 고려하여 발행자가 정한다.
⑤ 2분의 1을 초과하지 않아야 한다.

57.
정답 ②

[중] 도시개발사업의 시행

옳은 것은 ㄷ이다.
ㄱ. 계획적이고 체계적인 도시개발 등 집단적인 조성과 공급이 필요한 경우에는 수용 또는 사용방식으로 정한다.
ㄴ. 공공시행자가 수용 또는 사용방식에서 전부 환지방식으로 변경하는 경우 도시개발사업의 시행방식을 변경할 수 있다.
ㄹ. 국토교통부장관의 승인을 받지 않는다.

58.
정답 ④

[중] 도시개발구역의 지정 등

ㄱ: 2, ㄴ: 5, ㄷ: 3
- 도시개발구역이 지정·고시된 날부터 '2'년이 되는 날까지 개발계획을 수립·고시하지 않는 경우에는 그 '2'년이 되는 날. 다만, 도시개발구역의 면적이 330만m² 이상인 경우에는 '5'년으로 한다.
- 개발계획을 수립·고시한 날부터 '3'년이 되는 날까지 실시계획인가를 신청하지 않는 경우에는 그 '3'년이 되는 날. 다만, 도시개발구역의 면적이 330만m² 이상인 경우에는 '5'년으로 한다.

59.
정답 ③

[중] 정비사업의 시행

③ 조합의 합병 또는 해산. 다만, 사업완료로 인한 해산의 경우는 제외한다.

60.
정답 ⑤

[하] 정비사업의 시행

① 주거환경개선사업은 사업시행자가 정비구역에서 인가받은 관리처분계획에 따라 주택 및 부대시설·복리시설을 건설하여 공급하는 방법으로 할 수 있다.
② 재개발사업은 수용방법으로 할 수 없다. 재개발사업은 정비구역에서 인가받은 관리처분계획에 따라 건축물을 건설하여 공급하거나 환지로 공급하는 방법으로 한다.
③ 재건축사업은 환지방법으로 할 수 없다. 재건축사업은 정비구역에서 인가받은 관리처분계획에 따라 주택, 부대시설·복리시설 및 오피스텔을 건설하여 공급하는 방법으로 한다.
④ 주거환경개선사업은 사업시행자가 정비구역에서 정비기반시설 및 공동이용시설을 새로 설치하거나 확대하고 토지등소유자가 스스로 주택을 보전·정비하거나 개량하는 방법으로 할 수 있다.

61.
정답 ③

[중] 기본계획의 수립 및 정비구역의 지정

③ 시장 또는 군수(광역시의 군수는 제외한다)는 정비계획을 결정하여 정비구역을 지정할 수 있다.

62.
정답 ②

[중] 정비사업의 시행

① 추진위원회는 추진위원회를 대표하는 추진위원장 1명과 감사를 두어야 한다.
③ 조합장 또는 이사가 자기를 위하여 조합과 계약이나 소송을 할 때에는 감사가 조합을 대표한다.
④ 10분의 1 이상의 요구로 조합장이 소집한다.
⑤ 조합원의 수가 100명 이상인 조합은 대의원회를 두어야 한다.

63.

정비사업의 시행 (상)

옳은 것은 ㄱ, ㄴ이다.
ㄷ. 사업시행자가 국민주택규모 주택을 공급하는 경우에는 시·도지사, 시장·군수·구청장 순으로 우선하여 인수할 수 있다.
ㄹ. 사업시행자는 인수자에게 공급해야 하는 국민주택규모 주택을 공개 추첨의 방법으로 선정해야 한다.

64.

정비사업의 시행 (상)

② 사업시행자는 관리처분계획을 수립하여 시장·군수 등의 인가를 받아야 하며, 관리처분계획을 변경·중지 또는 폐지하려는 경우에도 또한 같다.
③ 시장·군수 등은 사업시행자의 관리처분계획인가의 신청이 있는 날부터 30일 이내에 인가 여부를 결정하여 사업시행자에게 통보해야 한다.
④ 주택분양에 관한 권리를 포기하는 토지등소유자에 대한 임대주택의 공급에 따라 관리처분계획을 변경하는 경우에는 시장·군수 등에게 신고해야 한다.
⑤ 사업시행자는 관리처분계획인가를 받은 후 기존의 건축물을 철거해야 한다.

65.

리모델링 (중)

④ 특별시장·광역시장 및 대도시의 시장은 관할 구역에 대하여 리모델링 기본계획을 10년 단위로 수립해야 한다.

66.

주택법 총칙 (중)

② 주택이란 세대의 구성원이 장기간 독립된 주거생활을 할 수 있는 구조로 된 건축물의 전부 또는 일부 및 그 부속토지를 말한다.
③ 주택법령상 단독주택이란 단독주택, 다중주택 및 다가구주택을 말한다.
④ 주택법령상 공동주택이란 아파트, 연립주택 및 다세대주택을 말한다.
⑤ 간선시설이란 도로·상하수도·전기시설·가스시설·통신시설 및 지역난방시설 등 주택단지 안의 기간시설을 그 주택단지 밖에 있는 같은 종류의 기간시설에 연결시키는 시설을 말한다. 다만, 가스시설·통신시설 및 지역난방시설의 경우에는 주택단지 안의 기간시설을 포함한다.

67.

주택의 건설 등 (하)

ㄱ: 50, ㄴ: 20
주택조합은 주택조합설립인가를 받는 날부터 사용검사를 받는 날까지 계속하여 다음의 요건을 모두 충족해야 한다.
• 주택건설 예정 세대수(설립인가 당시의 사업계획서상 주택건설 예정 세대수를 말하되, 임대주택으로 건설·공급하는 세대수는 제외한다)의 '50'% 이상의 조합원으로 구성할 것. 다만, 사업계획승인 등의 과정에서 세대수가 변경된 경우에는 변경된 세대수를 기준으로 한다.
• 조합원은 '20'명 이상일 것

68.

주택의 건설 등 (중)

⑤ 사업계획의 승인을 취소할 수 있다. 즉, 임의적 취소사유에 해당한다.

> ▼ 사업계획승인의 취소(임의적)
>
> 사업계획승인권자는 다음의 어느 하나에 해당하는 경우 그 사업계획의 승인을 취소(2. 또는 3에 해당하는 경우 「주택도시기금법」에 따라 주택분양보증이 된 사업은 제외한다)할 수 있다.
> 1. 사업주체가 사업계획승인을 받은 날부터 5년 이내에 공사를 시작하지 않는 경우
> 2. 사업주체가 경매·공매 등으로 인하여 대지소유권을 상실한 경우
> 3. 사업주체의 부도·파산 등으로 공사의 완료가 불가능한 경우

69.

주택법 총칙 (하)

해당하는 것은 ㄱ, ㄷ, ㄹ, ㅁ이다.
ㄴ. 주민공동시설은 복리시설이다.

> ▼ 부대시설과 복리시설
>
> | 부대시설 | 복리시설 |
> |---|---|
> | 1. 주차장, 관리사무소, 담장 및 주택단지 안의 도로
2. 「건축법」에 따른 건축설비
3. 이에 준하는 것으로서 대통령령으로 정하는 다음의 시설 또는 설비
• 보안등, 대문, 경비실 및 자전거 보관소
• 조경시설, 옹벽 및 축대
• 안내표지판 및 공중화장실
• 저수시설, 지하양수시설 및 대피시설
• 쓰레기 수거 및 처리시설, 오수처리시설, 정화조
• 소방시설, 냉난방공급시설(지역난방공급시설은 제외) 및 방범설비
• 전기자동차에 전기를 충전하여 공급하는 시설 | 1. 어린이놀이터, 근린생활시설, 유치원, 주민운동시설 및 경로당
2. 그 밖에 입주자 등의 생활복리를 위해 대통령령으로 정하는 다음의 공동시설
• 제1종 근린생활시설
• 제2종 근린생활시설(총포판매소, 장의사, 다중생활시설, 단란주점 및 안마시술소는 제외)
• 종교시설, 교육연구시설, 노유자시설, 수련시설
• 판매시설 중 소매시장 및 상점
• 업무시설 중 금융업소
• 지식산업센터
• 사회복지관
• 공동작업장, 주민공동시설
• 도시·군계획시설인 시장 |

70.

주택법 보칙 및 벌칙 (중)

⑤ 주택상환사채의 납입금은 주택조합 운영비에 충당할 수 없다.

> ▼ 납입금의 사용
>
> 주택상환사채의 납입금은 다음의 용도로만 사용할 수 있다.
> 1. 택지의 구입 및 조성
> 2. 주택건설자재의 구입
> 3. 건설공사비에의 충당
> 4. 그 밖에 주택상환을 위하여 필요한 비용으로서 국토교통부장관의 승인을 받은 비용에의 충당

71.
정답 ⑤

상 주택의 건설 등

해당하는 것은 ㄱ, ㄴ, ㄷ, ㄹ 모두이다.

72.
정답 ②

하 건축법 총칙

② 동물병원, 동물미용실로 쓰는 바닥면적의 합계가 300m² 미만인 것이다.

73.
정답 ⑤

하 건축법 총칙

① 건축물의 높이를 늘리는 것은 증축이다.
② 건축물의 건축면적을 늘리는 것은 증축이다.
③ 이전이란 건축물의 주요구조부를 해체하지 않고 같은 대지의 다른 위치로 옮기는 것을 말한다.
④ 연면적 합계는 종전 규모 이하이어야 한다.

74.
정답 ①

상 건축물의 건축

① 연면적이 200m² 미만이고 3층 미만인 건축물을 대수선하려는 경우에는 미리 특별자치시장·특별자치도지사 또는 시장·군수·구청장에게 신고를 하면 건축허가를 받은 것으로 본다.
② 건축주·설계자·공사시공자 또는 공사감리자를 변경하는 경우에는 신고해야 한다.
③ 허가권자는 다음의 어느 하나에 해당하는 주요 건축물에 대하여 건축허가를 하기 전에 안전영향평가를 실시해야 한다.
  • 초고층건축물
  • 16층 이상이고 연면적이 10만m² 이상인 건축물
④ 「건축법」 제11조(건축허가)·제14조(건축신고) 또는 제20조 제1항(가설건축물의 건축허가)에 따라 허가를 받거나 신고를 한 건축물의 공사를 착수하려는 건축주는 허가권자에게 공사계획을 신고해야 한다.
⑤ 건축주가 「건축법」 제11조(건축허가)·제14조(건축신고) 또는 제20조 제1항(가설건축물의 건축허가)에 따라 허가를 받았거나 신고를 한 건축물의 건축공사를 완료한 후 그 건축물을 사용하려면 공사감리자가 작성한 감리완료보고서(공사감리자를 지정한 경우만 해당된다)와 국토교통부령으로 정하는 공사완료도서를 첨부하여 허가권자에게 사용승인을 신청해야 한다.

75.
정답 ③

상 건축물의 건축

① 허가권자인 B시장에게 사전결정을 신청할 수 있다.
② 사전결정신청자는 건축위원회 심의와 「도시교통정비 촉진법」에 따른 교통영향평가서의 검토를 동시에 신청할 수 있다.
④ 사전결정통지를 받은 경우에는 「산지관리법」에 따른 산지전용허가를 받은 것으로 본다. 다만, 보전산지인 경우에는 도시지역만 해당된다.
⑤ 사전결정신청자는 사전결정을 통지받은 날부터 2년 이내에 건축허가를 신청해야 하며, 이 기간에 건축허가를 신청하지 않으면 사전결정의 효력이 상실된다.

76.
정답 ④

상 지역 및 지구의 건축물

④ 용적률을 산정할 때에는 지상층의 주차장 면적(200m²)과 지하층(음식점)의 면적(600m²)은 연면적에서 제외한다. 따라서 문제의 건축물의 연면적은 사무실 면적(600m²)과 소매점 면적(400m²)을 합한 1,000m²이다. 이 대지에 건축할 수 있는 건축물의 최대 연면적은 대지면적(1천m²)에 용적률의 최대한도(140%)를 곱한 값인 1,400m²이므로 증축가능한 최대 면적은 1,400m² - 1,000m² = 400m²가 된다.

77.
정답 ④

상 건축물의 건축

①② 건축주는 건축허가를 받았거나 건축신고를 한 건축물의 건축공사를 완료[하나의 대지에 둘 이상의 건축물을 건축하는 경우 동(棟)별 공사를 완료한 경우를 포함한다]한 후 그 건축물을 사용하려면 공사감리자가 작성한 감리완료보고서(공사감리자를 지정한 경우만 해당된다)와 국토교통부령으로 정하는 공사완료도서를 첨부하여 허가권자에게 사용승인을 신청해야 한다.
③ 임시사용승인의 기간은 2년 이내로 한다. 다만, 허가권자는 대형 건축물 또는 암반공사 등으로 인하여 공사기간이 긴 건축물에 대하여는 그 기간을 연장할 수 있다.
⑤ 특별시장이나 광역시장의 승인은 필요 없다.

78.
정답 ①

상 건축협정 및 결합건축

① 건축물의 용적률은 통합적용할 수 있는 규정이 아니라 완화적용할 수 있는 규정이다.

79.
정답 ⑤

하 농지법 총칙

⑤ 농업경영을 통한 농산물의 연간 판매액이 120만원 이상인 자이다.

80.
정답 ④

상 농지의 보전 등

① 세대당 660m² 이하의 농업인 주택이다.
② 세대당 1,500m² 이하의 축산업용 시설이다.
③ 단체당 7천m² 이하의 농수산물 유통·가공시설이다.
⑤ 근린생활시설은 신고대상이 아니다.

제1과목 부동산 공시에 관한 법령 및 부동산 관련 세법

1	2	3	4	5	6	7	8	9	10
①	②	⑤	④	③	②	⑤	②	③	⑤
11	12	13	14	15	16	17	18	19	20
⑤	⑤	③	④	①	④	⑤	②	③	⑤
21	22	23	24	25	26	27	28	29	30
⑤	②	④	②	⑤	③	①	①	⑤	③
31	32	33	34	35	36	37	38	39	40
②	⑤	②	②	⑤	②	①	①	③	④

선생님의 한마디

문제가 앞부분에 비하여 많이 어려워졌습니다. 다양한 문제를 접해보기 위하여 새로운 유형의 문제들을 추가하였습니다. 참고 풀다보면 정답이 보이니 걱정하지 마세요!

1.
정답 ①

중 **지적공부**

옳은 지문은 ㄱ, ㄴ, ㄷ이다.
ㄹ. 시·도지사, 시장·군수 또는 구청장은 정보처리시스템을 통하여 기록·저장한 지적공부의 전부 또는 일부가 멸실되거나 훼손된 경우에는 지체 없이 이를 복구하여야 한다.

2.
정답 ②

중 **토지의 등록**

② 물을 상시적으로 이용하지 않고 곡물·원예작물(과수류는 제외한다)·약초·뽕나무 등의 식물을 주로 재배하는 토지와 식용으로 죽순을 재배하는 토지는 '전'으로, 죽림지는 '임야'로 한다.

3.
정답 ⑤

상 **토지의 등록**

ㄱ, ㄴ, ㄷ 모두 면적의 결정방법으로 옳은 지문이다.

4.
정답 ④

하 **지적공부**

④ 경계점좌표등록부를 갖춰 두는 지역의 지적도에는 해당 도면의 제명 끝에 '(좌표)'라고 표시하고, 도곽선의 오른쪽 아래 끝에 "이 도면에 의하여 측량을 할 수 없음"이라고 적어야 한다. 임야도는 해당하지 아니한다.

5.
정답 ③

중 **지적공부**

③ 대지권등록부에 전유부분의 건물표시, 건물의 명칭, 집합건물별 대지권등록부의 장번호를 기록한다. 1동 건물의 표시는 기록하지 아니한다.

6.
정답 ②

중 **지적공부**

옳은 것은 ㄱ, ㄷ이다.
ㄴ. 지적소관청은 천재지변이나 그 밖에 이에 준하는 재난을 피하기 위하여 필요한 경우와 관할 시·도지사 또는 대도시 시장의 승인을 받은 경우에는 해당 청사 밖으로 지적공부를 반출할 수 있다.

7.
정답 ⑤

중 **토지의 이동 및 지적정리**

⑤ 지목변경 신청시 첨부하여야 하는 서류를 해당 지적소관청이 관리하는 경우에 지적소관청의 확인으로 그 서류의 제출을 갈음할 수 있다.

8.
정답 ②

하 **토지의 이동 및 지적정리**

② 토지개발사업과 관련하여 토지의 이동이 필요한 경우에는 해당 사업의 시행자가 지적소관청에게 토지의 이동을 신청하여야 한다.

9.
정답 ③

하 **토지의 이동 및 지적정리**

• 지적소관청은 시·도지사 또는 대도시 시장으로부터 축척변경 승인을 받았을 때에는 지체 없이 '20일' 이상 공고하여야 한다.
• 지적소관청은 청산금을 산정하였을 때에는 청산금 조서를 작성하고, 청산금이 결정되었다는 뜻을 '15일' 이상 공고하여 일반인이 열람할 수 있게 하여야 한다.

10.
정답 ⑤

중 **토지의 이동 및 지적정리**

⑤ 등록사항 정정이 미등기토지의 소유자의 성명에 관한 사항으로서 명백히 잘못 기재된 경우에는 토지소유자의 신청에 따라 가족관계 기록사항에 관한 증명서에 의하여 정정할 수 있다.

11.
정답 ⑤

상 **지적측량**

⑤ 경계복원측량기간은 5일이고 지적기준점을 설치하여 측량을 하는 경우 지적기준점이 15점 이하인 때에는 4일을, 15점을 초과하는 때에는 4일에 15점을 초과하는 4점마다 1일을 가산한다. 그러므로 지적기준점 설치에 필요한 기간은 6일이며 측량에 필요한 기간은 5일과 6일을 합하여 11일로 한다.

12.

정답 ⑤

중 지적측량

⑤ 경계점을 지표상에 복원하기 위한 경계복원측량을 하려는 경우 경계를 지적공부에 등록할 당시 측량성과의 착오 또는 경계 오인 등의 사유로 경계가 잘못 등록되었다고 판단될 때에는 등록사항을 정정한 후 측량하여야 한다.

13.

정답 ③

상 부동산등기법 총칙

① 등기명의인 표시변경등기는 항상 부기등기에 의한다.
② 소유권의 이전등기는 주등기, 소유권 이외의 권리의 이전등기는 부기등기에 의한다.
④ 현행법상 부기등기의 부기등기는 허용된다.
⑤ 권리소멸약정등기, 공유물불분할약정등기는 부기등기로 실행한다.

14.

정답 ④

하 등기절차 총론

옳은 것은 ㄱ, ㄴ, ㄹ이다.
ㄷ. 종중, 문중, 그 밖에 대표자나 관리인이 있는 법인 아닌 사단이나 재단에 속하는 부동산의 등기에 관하여는 그 사단이나 재단을 등기권리자 또는 등기의무자로 한다. 등기신청은 대표자나 관리인이 한다.

15.

정답 ①

중 등기절차 총론

① 지방자치단체가 등기권리자인 경우에는 지방자치단체는 등기의무자의 승낙을 받아 해당 등기를 지체 없이 등기소에 촉탁하여야 한다.

16.

정답 ④

중 등기절차 총론

④ 매매계약 체결당시에는 토지거래허가구역이었으나 그 후 허가구역 지정이 해제되었으면 등기신청 당시 다시 허가구역으로 지정되었다 하더라도 소유권이전등기 신청서에 토지거래허가증을 첨부할 필요가 없다.

17.

정답 ⑤

중 등기절차 총론

⑤ 전자신청에 대한 각하결정의 방식 및 고지방법은 서면신청과 동일한 방법으로 처리한다.

18.

정답 ②

상 등기절차 총론

② 등기신청의 각하결정에 대하여는 등기신청인은 이의신청할 수 있지만, 각하되지 않았다면 실행될 등기에 대한 이해관계 있는 제3자는 이의신청할 수 없다.

19.

정답 ③

상 표시에 관한 등기

③ 모든 토지에 대하여 등기원인 및 그 연월일과 접수번호가 동일한 저당권에 관한 등기가 있는 경우에는 합필등기를 할 수 있다. 그러나 수필의 토지에 대하여 등기원인 및 그 연월일과 접수번호가 동일한 가등기, 가압류등기 등의 등기가 있는 경우 명문의 근거규정이 없으므로 합필할 수 없다(등기선례 제5-518호).

20.

정답 ⑤

중 권리에 관한 등기

⑤ 법원은 수탁자 해임의 재판을 한 경우 지체 없이 신탁원부 기록의 변경등기를 등기소에 촉탁하여야 한다.

21.

정답 ⑤

하 권리에 관한 등기

옳은 것은 ㄷ, ㄹ이다.
ㄱ. 계층적 구분건물을 특정계층만이 구분소유하기 위한 구분지상권설정은 허용되지 아니한다.
ㄴ. 전세금반환채권 일부양도에 따른 전세권 일부이전등기의 신청은 전세권의 존속기간의 만료 전에는 할 수 없다. 다만, 존속기간 만료 전이라도 해당 전세권이 소멸하였음을 증명하여 신청하는 경우에는 그러하지 아니하다.

22.

정답 ②

상 권리에 관한 등기

옳은 것은 ㄱ, ㄷ이다.
ㄴ. 지상권이 대지권인 경우에 대지권 뜻의 등기가 된 토지의 등기기록에는 소유권이전등기를 할 수 있다.
ㄹ. 토지에 별도등기 있다는 뜻의 등기는 전유부분의 표제부에 하여야 한다.

23.

정답 ④

중 권리에 관한 등기

④ 소유권이전가등기에 기한 본등기시에 가등기 후 본등기 전에 경료된 가등기의무자의 사망으로 인한 상속등기도 중간처분등기에 해당하므로 직권말소의 대상이다.

24.

정답 ②

중 권리에 관한 등기

② 처분금지 가처분등기의 효력에 관하여 처분금지가처분에 위반한 양도 기타의 처분행위는 당연무효로 되는 것은 아니고 단지 가처분권자에게 대항할 수 없을 뿐이라는 상대적 무효설이 현재의 통설·판례이다.

25.
정답 ⑤

ⓗ 납세의무의 성립 · 확정 · 소멸

납세의무 성립시기가 동일한 것은 ㄷ, ㄹ, ㅁ이다.
ㄱ. 소득세: 과세기간이 끝나는 때
ㄴ. 사업소분 주민세: 과세기준일(7월 1일)
ㄷ. 재산세: 과세기준일(6월 1일)
ㄹ. 지역자원시설세(소방분): 과세기준일(6월 1일)
ㅁ. 종합부동산세: 과세기준일(6월 1일)

26.
정답 ③

ⓢ 취득세

③ 신고인이 제출한 서류로 사실상의 잔금지급일을 확인할 수 없는 경우에는 그 계약상의 잔금지급일을 취득시기로 하지만, 계약상 잔금지급일이 명시되지 않은 경우에는 계약일부터 60일이 경과한 날을 취득시기로 한다. 따라서 문제에서는 2024년 5월 15일이 잔금지급일로 보는 날이다. 그러나 잔금지급일 전에 등기 · 등록한 경우에는 그 등기일 또는 등록일을 취득일로 하기 때문에 2024년 4월 20일이 취득일이 되는 것이다.

27.
정답 ①

ⓗ 취득세

① 지상권 등 부동산에 관한 권리는 취득세 과세대상이 아니다.

28.
정답 ①

ⓜ 취득세

② 세대별 소유주택 수에 따른 중과세율을 적용함에 있어 주택으로 재산세를 과세하는 오피스텔(2024년 취득)은 해당 오피스텔을 소유한 자의 주택 수에 가산한다.
③ 세대별 소유주택 수에 따른 중과세율을 적용함에 있어 「신탁법」에 따라 신탁된 주택은 위탁자의 주택 수에 가산한다.
④ 공사현장사무소 등 임시건축물의 취득에 대하여는 그 존속기간이 1년 이내인 경우에는 취득세를 비과세하며, 존속기간이 1년을 초과하는 경우에는 중과기준세율을 적용하여 과세한다.
⑤ 토지를 취득한 자가 취득한 날부터 1년 이내에 그에 인접한 토지를 취득한 경우 그 취득가액이 50만원 이하인 경우에 취득세를 부과하지 아니하므로, 취득가액이 100만원인 경우에는 취득세를 부과한다.

29.
정답 ⑤

ⓜ 등록면허세

⑤ 특허권 등의 등록면허세 특별징수의무자가 징수하였거나 징수할 세액을 기한까지 납부하지 아니하거나 부족하게 납부하더라도 특별징수의무자에게 「지방세기본법」 제56조에 따른 가산세는 부과하지 아니한다.

30.
정답 ③

ⓜ 재산세

③ 서울특별시의 주거지역에 있는 「지방세법 시행령」으로 정하는 공장용 건축물에 대하여는 1,000분의 5의 세율을 적용한다.

31.
정답 ②

ⓜ 재산세

옳은 것은 ㄴ이다.
ㄱ. 국가가 선수금을 받아 조성하는 매매용 토지로서 사실상 조성이 완료된 토지의 사용권을 무상으로 받은 자는 재산세를 납부할 의무가 있다.
ㄷ. 「백두대간 보호에 관한 법률」 제6조에 따라 지정된 백두대간보호지역의 임야는 비과세한다.

32.
정답 ⑤

ⓜ 재산세

⑤ 국가 또는 지방자치단체가 1년 이상 공용 또는 공공용에 유료로 사용하는 재산과 소유권의 유상이전을 약정한 경우로서 그 재산을 취득하기 전에 미리 사용하는 경우에 대하여는 재산세를 부과한다.

33.
정답 ②

ⓜ 재산세, 종합부동산세

② 주택(주택의 세 부담 상한 규정 시행 전에 재산세가 부과된 주택은 아님)의 경우에는 과세표준상한액 규정이 적용되므로 세 부담 상한 규정을 적용하지 아니한다.

34.
정답 ②

ⓜ 등록면허세

② 유상으로 인한 소유권이전등기: 2%
① 소유권보존등기: 0.8%
③ 무상으로 인한 소유권이전등기: 1.5%
④ 지역권설정 및 이전등기: 0.2%
⑤ 저당권설정등기: 0.2%

35.
정답 ⑤

ⓢ 양도소득세

⑤ 세율 적용시 보유기간은 피상속인의 취득일로부터 기산하므로 2년 이상 보유로서 초과누진세율이 적용된다.
① 양도 당시 1세대 1주택인 경우 보유기간이 5개월이기 때문에 비과세를 적용받을 수 없다.
② 실지거래가액으로 양도차익을 계산하는 경우 상속개시일 현재의 「상속세 및 증여세법」의 규정에 의하여 평가한 가액을 취득 당시 실지거래가액으로 본다.
③ 장기보유특별공제를 적용받기 위해서는 보유기간이 3년 이상이어야 하는데 5개월 보유하였기 때문에 공제받을 수 없다.
④ 양도소득기본공제는 보유기간과 관계없이 적용받을 수 있다.

36.

> 중 **양도소득세**

② 주택분양권을 1년 미만 보유한 후 양도하는 경우에는 70%의 세율이 적용되며, 1년 이상 보유한 후 양도하는 경우에는 60%의 세율이 적용된다.

37.

> 상 **양도소득세**

① 거주자가 특수관계인(이월과세 규정을 적용받는 배우자 및 직계존비속의 경우는 제외)에게 자산을 증여한 후 그 자산을 증여받은 자가 그 증여일부터 10년 이내에 다시 타인에게 양도한 경우이어야 한다.

38.

> 중 **양도소득세**

양도소득세의 과세대상은 ㄴ이다.
ㄱ. 건설업자가 신축한 주택을 양도하는 경우는 종합소득세(건설업) 대상이다.
ㄴ. 지방자치단체가 발행하는 토지상환채권을 양도하는 경우는 양도소득 과세대상에 해당한다.
ㄷ. 공동소유토지를 공유자지분 변경 없이 소유지분별로 단순히 재분할하는 경우는 양도가 아니다.
ㄹ. 지역권을 양도하는 경우는 과세대상이 아니다.

39.

> 상 **종합부동산세**

③ 주택에 대한 종합부동산세의 과세표준은 납세의무자별로 주택의 공시가격을 합산한 금액에서 다음의 금액을 공제한 금액에 부동산 시장의 동향과 재정 여건 등을 고려하여 100분의 60부터 100분의 100까지의 범위에서 대통령령으로 정하는 공정시장가액비율(60%)을 곱한 금액으로 한다. 다만, 그 금액이 영보다 작은 경우에는 영으로 본다.
  • 대통령령으로 정하는 1세대 1주택자: 12억원
  • 법인 또는 법인으로 보는 단체: 0원
  • 위의 사항에 해당하지 아니하는 자: 9억원
  ∴ (15억원 − 12억원) × 60% = 1억 8,000만원

40.

> 중 **양도소득세**

④ 국외주택에 대한 양도차익은 양도가액에서 취득가액과 자본적 지출액 및 양도비용을 차감하여 계산한다. 즉, 필요경비개산공제는 적용하지 아니한다.

난이도 및 출제포인트 분석

★ 난이도가 낮은 문제는 해설 페이지를 찾아가 꼭 익혀두세요.

1교시 제1과목 공인중개사법령 및 실무

문제번호	난이도 및 출제포인트 분석		문제번호	난이도 및 출제포인트 분석	
1	중 공인중개사법령 총칙	p.125	21	중 중개보수 및 실비	p.127
2	중 공인중개사법령 총칙	p.125	22	상 교육 및 업무위탁, 포상금 제도	p.127
3	중 공인중개사 제도	p.125	23	중 교육 및 업무위탁, 포상금 제도	p.127
4	중 중개사무소의 개설등록	p.125	24	중 공인중개사협회	p.127
5	중 중개사무소의 개설등록	p.125	25	중 지도 · 감독 및 벌칙	p.127
6	상 중개업무	p.125	26	상 지도 · 감독 및 벌칙	p.127
7	상 중개업무	p.125	27	중 지도 · 감독 및 벌칙	p.127
8	중 중개업무	p.125	28	하 부동산거래신고제도	p.127
9	중 중개업무	p.125	29	하 부동산거래신고제도	p.127
10	하 중개업무	p.126	30	상 외국인 등의 부동산취득 등에 관한 특례	p.127
11	하 중개업무	p.126	31	중 토지거래허가제도	p.127
12	중 중개계약 및 부동산거래정보망	p.126	32	상 토지거래허가제도	p.128
13	하 중개업무	p.126	33	중 중개대상물의 조사 · 확인	p.128
14	중 개업공인중개사 등의 의무	p.126	34	하 중개대상물의 조사 · 확인	p.128
15	하 개업공인중개사 등의 의무	p.126	35	상 중개대상물의 조사 · 확인	p.128
16	중 개업공인중개사 등의 의무	p.126	36	중 개별적 중개실무	p.128
17	중 개업공인중개사 등의 의무	p.126	37	상 개별적 중개실무	p.128
18	중 개업공인중개사 등의 의무	p.126	38	하 개별적 중개실무	p.128
19	하 개업공인중개사 등의 의무	p.126	39	중 개별적 중개실무	p.128
20	중 중개보수 및 실비	p.126	40	상 개별적 중개실무	p.128

1교시 제2과목 부동산공법

문제번호	난이도 및 출제포인트 분석		문제번호	난이도 및 출제포인트 분석	
41	하 도시 · 군계획시설	p.129	61	상 정비사업의 시행	p.131
42	하 도시 · 군관리계획	p.129	62	중 기본계획의 수립 및 정비구역의 지정	p.131
43	중 용도지역 · 용도지구 · 용도구역	p.129	63	하 정비사업의 시행	p.131
44	중 개발행위의 허가 등	p.129	64	중 정비사업의 시행	p.131
45	상 개발행위의 허가 등	p.129	65	중 주택법 보칙 및 벌칙	p.131
46	하 광역도시계획	p.129	66	중 주택의 건설 등	p.131
47	중 도시 · 군계획시설	p.129	67	중 주택의 공급	p.132
48	중 용도지역 · 용도지구 · 용도구역	p.129	68	하 주택의 건설 등	p.132
49	상 용도지역 · 용도지구 · 용도구역	p.130	69	상 주택의 건설 등	p.132
50	하 도시 · 군계획시설	p.130	70	중 주택법 보칙 및 벌칙	p.132
51	중 개발행위의 허가 등	p.130	71	중 주택의 건설 등	p.132
52	하 개발행위의 허가 등	p.130	72	중 건축법 총칙	p.132
53	상 도시개발사업의 시행	p.130	73	하 건축물의 건축	p.132
54	중 도시개발구역의 지정 등	p.130	74	중 건축물의 건축	p.132
55	하 도시개발사업의 시행	p.130	75	하 건축물의 대지와 도로	p.132
56	중 도시개발사업의 시행	p.130	76	중 특별건축구역 등	p.133
57	상 도시개발사업의 시행	p.131	77	하 지역 및 지구의 건축물	p.133
58	중 도시개발사업의 시행	p.131	78	하 건축법 보칙 및 벌칙	p.133
59	상 정비사업의 시행	p.131	79	하 농지의 소유	p.133
60	중 기본계획의 수립 및 정비구역의 지정	p.131	80	중 농지의 보전 등	p.133

2교시 제1과목 부동산 공시에 관한 법령 및 부동산 관련 세법

문제번호	난이도 및 출제포인트 분석		문제번호	난이도 및 출제포인트 분석	
1	중 토지의 등록	p.134	21	중 권리에 관한 등기	p.135
2	하 토지의 등록	p.134	22	중 권리에 관한 등기	p.135
3	하 토지의 등록	p.134	23	중 권리에 관한 등기	p.135
4	하 지적공부	p.134	24	중 권리에 관한 등기	p.135
5	하 지적공부	p.134	25	하 조세의 기초 이론	p.136
6	상 토지의 이동 및 지적정리	p.134	26	중 양도소득세	p.136
7	중 토지의 이동 및 지적정리	p.134	27	중 양도소득세	p.136
8	상 토지의 이동 및 지적정리	p.134	28	상 양도소득세	p.136
9	중 토지의 이동 및 지적정리	p.134	29	중 양도소득세	p.136
10	하 토지의 이동 및 지적정리	p.134	30	중 양도소득세	p.136
11	중 지적측량	p.134	31	상 양도소득세	p.136
12	하 지적측량	p.135	32	하 등록면허세	p.136
13	하 부동산등기법 총칙	p.135	33	중 등록면허세	p.136
14	중 등기기관과 설비	p.135	34	중 취득세	p.136
15	상 부동산등기법 총칙	p.135	35	중 취득세	p.137
16	중 등기절차 총론	p.135	36	상 지방세 종합	p.137
17	상 등기절차 총론	p.135	37	하 재산세	p.137
18	하 등기절차 총론	p.135	38	중 재산세	p.137
19	중 등기절차 총론	p.135	39	중 조세의 불복제도 및 서류의 송달	p.137
20	상 권리에 관한 등기	p.135	40	중 종합부동산세	p.137

1교시

제1과목 공인중개사법령 및 실무

1	2	3	4	5	6	7	8	9	10
②	②	①	④	⑤	②	④	②	②	①
11	12	13	14	15	16	17	18	19	20
⑤	②	④	②	①	①	②	③	③	⑤
21	22	23	24	25	26	27	28	29	30
④	②	①	③	②	④	⑤	③	②	⑤
31	32	33	34	35	36	37	38	39	40
①	④	④	④	③	②	①	④	④	④

💬 선생님의 한마디

이 회차는 간혹 난이도 최상급의 문제, 자주 출제하지 않는 곳에서 출제된 문제가 있기는 하였으나, 상급 난이도의 문제를 8개로 하여 평균적인 시험 난이도 수준의 문제로 출제하였습니다. 공인중개사법령 에서는 27문제, 부동산 거래신고 등에 관한 법령에서는 5문제, 중개실무에서 8문제가 출제되었습니다. 틀린 부분은 다시 한 번 정리해 주시기 바랍니다.

1. 정답 ②

중 공인중개사법령 총칙

① "중개"란 법정 중개대상물에 대하여 거래당사자간의 매매·교환·임대차 그 밖의 권리의 득실변경에 관한 행위를 알선하는 것을 말한다.
③ "개업공인중개사"라 함은 「공인중개사법」에 의하여 중개사무소의 개설등록을 한 자를 말한다.
④ "공인중개사"라 함은 「공인중개사법」에 의하여 공인중개사 자격을 취득한 자를 말한다.
⑤ "중개보조원"이라 함은 공인중개사가 아닌 자로서 개업공인중개사에 소속되어 중개대상물에 대한 현장안내 및 일반서무 등 개업공인중개사의 중개업무와 관련된 단순한 업무를 보조하는 자를 말한다.

2. 정답 ②

중 공인중개사법령 총칙

중개대상이 되는 것은 2개(ㅁ, ㅂ)이다.
ㄱ, ㄹ. 부동산이 아니므로, 중개대상물이 되지 못한다.
ㄴ. 분묘기지권은 이전성이 없어서 중개대상권리가 되지 않는다.
ㄷ. 점유는 사실상의 지배이므로, 중개행위의 개입 여지가 없어 중개대상이 되지 못한다.
ㅁ. 법정지상권은 중개대상물에 성립 가능한 권리로서, 이전성이 인정되므로 중개대상권리가 된다.
ㅂ. 도로예정지인 사유지는 공법상 제한이 있지만 사유지이므로, 중개대상물이 된다.

구분	요건
중개대상물	법정 중개대상물에 해당하고 사적인 거래가 가능할 것
중개대상행위	법정 중개대상물에 대한 행위로서 중개행위의 개입이 가능할 것
중개대상권리	법정 중개대상물에 성립 가능하고 이전성이 있을 것

Ⓥ 중개대상이 되기 위한 요건

3. 정답 ①

중 공인중개사 제도

① 공인중개사의 자격을 취득한 자라도 중개업을 영위하기 위해서는 중개사무소의 개설등록을 하여야 한다.

4. 정답 ④

중 중개사무소의 개설등록

① 중개업 외에 6가지 겸업을 더 할 수 있으므로 반드시 중개업만을 영위할 목적으로 설립될 필요는 없다.
② 「상법」상 회사인 경우 주식회사 외에 유한회사, 유한책임회사, 합자회사나 합명회사도 가능하다.
③ 보증설정은 법인의 등록기준이 아니다.
⑤ 대표자를 제외한 임원이 3명인 경우 1명이 공인중개사이면 된다.

5. 정답 ⑤

중 중개사무소의 개설등록

⑤ 선고유예를 받은 자는 결격사유에 해당하지 않으므로, 소속공인중개사나 중개보조원이 될 수 있다.
③ 복권 신청자는 여전히 파산자이므로 결격이고, 복권(결정)을 받아야 결격사유자가 아니다.
④ 집행유예를 받은 자는 유예기간 + 2년이 결격이므로, 집행유예 2년을 선고받은 자는 4년이 지나야 고용인이 될 수 있다.

6. 정답 ②

상 중개업무

위법하지 않은 것은 ㄴ, ㄹ이다.
ㄱ. 업무정지기간 중인 개업공인중개사와는 중개사무소를 공동으로 사용할 수 없다.
ㄴ. 임원이 해당 법인의 분사무소 책임자를 겸직하는 것은 같은 법인이므로 이중소속이 아니다.
ㄷ. 일시적으로도 임시 중개시설물을 설치할 수 없다.
ㄹ. 건축물대장에 기재되지 아니한 건물로 중개사무소를 이전한 경우 그 건축물대장 기재가 지연되는 사유서를 첨부하여 10일 내에 신고하면 되므로, 옳은 내용이다.

7. 정답 ④

상 중개업무

① 분사무소 설치는 신고사항이고, 설치 개수에 대한 제한은 없다.
② 주된 사무소 소재지 시·군·구에는 분사무소를 둘 수 없다.
③ 다른 법률에 따라 중개업을 할 수 있는 법인(특수법인)의 분사무소 책임자는 공인중개사가 아니어도 된다.
⑤ 분사무소설치신고서 서식상 분사무소 설치신고의 처리기한은 7일이고, 서면 통지제도는 규정된 바가 없다.

8. 정답 ②

중 중개업무

법인인 개업공인중개사의 겸업에 해당하지 않는 것은 2개(ㄹ, ㅁ)이다.
ㄹ. 개업공인중개사를 대상으로 한 중개업의 경영기법 및 경영정보의 제공업을 할 수 있다.
ㅁ. 이사업체, 도배업체의 운영은 할 수 없고, 이에 대한 소개까지만 가능하다.

Ⓥ 중개법인의 겸업

1. 주택 및 상가의 임대관리 등 관리대행업
2. 부동산의 이용·개발·거래에 관한 상담업
3. 개업공인중개사를 대상으로 한 중개업의 경영기법 및 경영정보의 제공업
4. 주택 및 상가의 분양대행업
5. 경매·공매대상 부동산 권리분석 및 취득 알선, 매수신청대리업
6. 주거이전에 부수되는 용역의 알선업

9. 정답 ②

[중] 중개업무

소속공인중개사에 대한 설명으로 틀린 것은 ㄱ, ㄹ이다.
ㄱ. 중개행위를 한 소속공인중개사는 확인·설명서 및 거래계약서에 서명 및 날인하여야 한다.
ㄹ. 소속공인중개사가 인장등록의무를 부담하므로, 소속공인중개사가 6개월 이하의 자격정지에 처해질 수 있다.

10. 정답 ①

[하] 중개업무

② 법인은 「상업등기규칙」에 따른 신고한 법인의 인장을 등록하여야 한다.
③ 전자문서에 의하여 인장등록을 할 수 있다.
④ 등록한 인장의 변경신고는 변경한 날로부터 7일 내에 하여야 한다.
⑤ 소속공인중개사의 인장등록은 인장등록신고서에 의함을 원칙으로 한다.

11. 정답 ⑤

[하] 중개업무

⑤ 휴업 또는 폐업신고의무 위반은 100만원 이하의 과태료 부과사유이다.

12. 정답 ②

[중] 중개계약 및 부동산거래정보망

② 중개의뢰인이 정보를 공개하지 아니할 것을 요청한 경우에는 이를 공개하여서는 아니 되고, 비공개요청이 없으면 7일 내에 공개하여야 한다.

13. 정답 ④

[하] 중개업무

옳은 것은 ㄴ, ㄷ, ㄹ이다.
ㄱ. 개업공인중개사는 중개사무소의 옥외광고물을 설치할 의무가 없다.

14. 정답 ②

[중] 개업공인중개사 등의 의무

② 소속공인중개사의 비밀누설은 자격정지사유가 아니다.

15. 정답 ①

[하] 개업공인중개사 등의 의무

① 중개보조원은 중개대상물에 대한 확인·설명을 할 수 없지만, 소속공인중개사는 확인·설명을 할 수 있다.

16. 정답 ①

[중] 개업공인중개사 등의 의무

옳은 것은 ㄱ이다.

ㄴ. 소속공인중개사는 거래계약서를 작성할 수 있으나 그 의무가 있는 것은 아니다.
ㄷ. 거래계약서에 거래금액 등을 거짓으로 기재한 때에는 등록이 취소될 수 있다.
ㄹ. 중개보수에 관한 사항은 거래계약서의 필수적 기재사항이 아니다.

> **Ⅴ 거래계약서 필수 기재사항**
>
> 1. 거래당사자의 인적사항
> 2. 물건의 표시
> 3. 계약일
> 4. 거래금액·계약금액 및 그 지급일자 등 지급에 관한 사항
> 5. 물건의 인도일시
> 6. 권리이전의 내용
> 7. 계약의 조건이나 기한이 있는 경우에는 그 조건 또는 기한
> 8. 중개대상물 확인·설명서 교부일자
> 9. 그 밖의 약정내용

17. 정답 ②

[중] 개업공인중개사 등의 의무

② 분사무소는 설치신고 전에 미리 2억원 이상의 보증을 추가로 설정하여 분사무소 설치신고시에 그 증명서류를 제출하여야 한다.
③ 대판 2011.7.14, 2011다21143
⑤ 대판 1999.3.9, 98다61913

18. 정답 ③

[중] 개업공인중개사 등의 의무

① 계약금 등의 반환채무이행보장 제도는 매수인, 임차인 등 권리취득의 뢰인에게 유리한 제도이다.
② 개업공인중개사가 계약금 등의 예치를 권고하기 위해서는 담보책임을 진다는 약정까지 해야 하는 것은 아니다.
④ 한국은행은 예치기관이 될 수 없다.
⑤ 개업공인중개사는 계약금만을 예치하도록 권고할 수도 있다.

19. 정답 ③

[하] 개업공인중개사 등의 의무

금지행위에 해당하는 것은 ㄱ, ㄴ, ㄷ이다.
ㄱ은 매매업, ㄴ은 투기조장행위, ㄷ은 시세교란행위이다.
ㄹ, ㅁ은 정당한 중개활동에 속한다.

20. 정답 ⑤

[중] 중개보수 및 실비

① 주택에 대한 중개보수의 한도를 국토교통부령이 정하는 범위 안에서 시·도의 조례로 정한다.
② 분사무소는 그 분사무소 소재지를 관할하는 시·도 조례로 정한 기준에 따라 주택의 중개보수를 받는다.
③ 주택의 면적이 2분의 1인 경우이므로, 전체에 대하여 주택에 대한 중개보수의 한도를 적용한다.
④ 전용면적 85m² 이하이고, 전용 입식 부엌과 수세식 화장실 등을 갖춘 오피스텔의 임대차를 중개한 경우의 일방한도는 거래금액의 0.4%로 한다.

21.

정답 ④

중 중개보수 및 실비

④ 임대차계약은 C와 하였으므로, B로부터 매매와 임대차에 관한 중개보수를 모두 받을 수 있다. 매매에 대한 중개보수는 3억원 × 0.4% = 120만원, 임대차에 대한 중개보수는 [1억원 + (50만원 × 100)] × 0.3% = 45만원이므로, B로부터 165만원까지 받을 수 있다.

22.

정답 ②

상 교육 및 업무위탁, 포상금 제도

① 연수교육 통지는 2년이 되기 2개월 전까지 하여야 한다.
③ 직무교육은 시·도지사뿐만 아니라 등록관청도 할 수 있다.
④ 직무교육시간은 3시간 이상 4시간 이하로 하고, 연수교육시간은 12시간 이상 16시간 이하로 한다.
⑤ 교육지침은 국토교통부장관이 마련하여 시행할 수 있다.

23.

정답 ①

중 교육 및 업무위탁, 포상금 제도

옳은 것은 ㄹ이다.
ㄱ. 포상금은 국고에서 100분의 50까지 보조할 수 있다.
ㄴ. 포상금은 검사가 공소제기 또는 기소유예처분을 한 경우에 한하여 지급한다.
ㄷ. 포상금은 건당 50만원으로 한다.

24.

정답 ③

중 공인중개사협회

① 공인중개사협회에의 가입은 임의사항이다.
② 지부설치신고는 사후신고에 해당한다.
④ 협회는 공제사업을 할 수 있다.
⑤ 시정명령권은 국토교통부장관에게 있다.

25.

정답 ②

중 지도·감독 및 벌칙

② 「도로교통법」 위반으로 징역 1년을 선고받은 경우는 결격사유에 해당하였으므로, 등록을 취소하여야 한다.
①③④⑤ 임의적 등록취소사유이다.

> ⟨✓⟩ 임의적(상대적) 등록취소사유
>
> 1. 등록기준에 미달하게 된 경우
> 2. 둘 이상의 중개사무소를 둔 경우
> 3. 임시 중개시설물을 설치한 경우
> 4. 중개법인이 겸업을 위반한 경우
> 5. 정당한 사유 없이 신고하지 않고 계속하여 6개월을 초과하여 휴업한 경우
> 6. 전속중개계약을 체결하고 중개대상물에 관한 정보를 공개하지 아니하거나 중개의뢰인의 비공개요청에도 불구하고 정보를 공개한 경우
> 7. 거래계약서에 거래금액 등 거래내용을 거짓으로 기재하거나 서로 다른 둘 이상의 거래계약서를 작성한 경우
> 8. 손해배상책임을 보장하기 위한 조치를 이행하지 아니하고 업무를 개시한 경우
> 9. 개업공인중개사 등의 금지행위를 한 경우
> 10. 최근 1년 이내에 이 법에 의하여 3회 이상 업무정지 또는 과태료의 처분을 받고 다시 업무정지 또는 과태료의 처분에 해당하는 행위를 한 경우 (필요적 등록취소사유에 해당하는 경우는 제외)

11.

11. 개업공인중개사가 조직한 사업자단체 또는 그 구성원인 개업공인중개사가 「독점규제 및 공정거래에 관한 법률」상의 사업자단체의 금지행위를 위반하여 시정조치 또는 과징금을 최근 2년 이내에 2회 이상 받은 경우

26.

정답 ④

상 지도·감독 및 벌칙

옳은 것과 틀린 것을 바르게 표시한 것은 ㄱ(×), ㄴ(×), ㄷ(×), ㄹ(○)이다.
ㄱ. 「공인중개사법」상 1건의 위반행위로 행정처분과 행정형벌이 병과되는 경우가 있다. 예를 들면, 이중등록을 한 경우에는 필요적 등록취소사유이자 1년 이하의 징역 또는 1천만원 이하의 벌금사유이다.
ㄴ. 자격취소시에 5일 내에 국토교통부장관, 다른 시·도지사에게 통보한다.
ㄷ. 업무정지처분은 그 사유가 발생한 날로부터 3년이 경과한 때에는 할 수 없다.

27.

정답 ⑤

중 지도·감독 및 벌칙

⑤는 3년 이하의 징역 또는 3천만원 이하의 벌금사유이다.
①②③④는 1년 이하의 징역 또는 1천만원 이하의 벌금사유이다.

28.

정답 ③

하 부동산거래신고제도

③ 공동매수인을 추가하거나 교체하는 변경신고는 인정되지 아니한다.

29.

정답 ②

하 부동산거래신고제도

② 물건별 거래가격란에는 각 물건별 거래가격(공급계약 및 전매계약에 따라 부가가치세가 있는 경우 부가가치세를 포함)을 기재한다.

30.

정답 ⑤

상 외국인 등의 부동산취득 등에 관한 특례

① 외국의 영주권취득자는 재외국민이고, 시민권자가 외국인에 해당한다.
② 증여에 의하여 취득한 때에는 60일 내에 신고하여야 한다.
③ 국방목적상 필요한 섬 지역, 군부대주둔지·국가중요시설과 그 인근 지역으로서 국방부장관 또는 국가정보원장의 요청이 있는 경우에 국토교통부장관이 관계 중앙행정기관의 장과 협의한 후 중앙도시계획위원회의 심의를 거쳐 고시하는 지역은 사전에 신고관청의 허가를 받아야 한다.
④ 허가대상 토지취득시 허가권자는 토지 소재지 관할 시장·군수·구청장이다.

31.

정답 ①

중 토지거래허가제도

ㄱ은 5년, ㄴ은 7일, ㄷ은 15일이다.
• 국토교통부장관 또는 시·도지사는 토지의 투기적인 거래가 성행하는 지역에 대해서 '5년' 이내의 기간을 정하여 토지거래허가구역으로 지정할 수 있다.

- 토지거래허가구역 지정통지를 받은 시장·군수·구청장은 지체 없이 그 공고내용을 그 허가구역을 관할하는 등기소의 장에게 통지하여야 하며, 지체 없이 그 사실을 '7일' 이상 공고하고, 그 공고내용을 '15일'간 일반이 열람할 수 있도록 하여야 한다.

32.
정답 ④

[상] **토지거래허가제도**

④ 녹지지역은 기준면적이 200m²이므로, 허가구역에 거주하는 농업인이 그 허가구역에서 농업을 경영하기 위해 이 토지를 매수하는 경우 토지거래허가를 받아야 한다.

Ⓥ 토지거래허가가 필요 없는 기준면적

도시지역	도시지역 외
• 주거지역: 60m² 이하	
• 상업지역: 150m² 이하	• 250m² 이하
• 공업지역: 150m² 이하	• 농지: 500m² 이하
• 녹지지역: 200m² 이하	• 임야: 1,000m² 이하
• 미지정 구역: 60m² 이하	

➕ 기준면적의 10%~300% 내에서 조정하여 지정 가능

33.
정답 ③

[중] **중개대상물의 조사·확인**

③ 분묘기지권의 양도성은 인정되지 않는다.

34.
정답 ④

[하] **중개대상물의 조사·확인**

④ 농업진흥지역 내의 농지는 주말·체험영농 목적으로 취득할 수 없다.

35.
정답 ③

[상] **중개대상물의 조사·확인**

'Ⅰ. 개업공인중개사 기본 확인사항'란에 기재되는 사항은 3개(ㄴ, ㄷ, ㅁ)이다.
ㄱ, ㄹ은 Ⅱ. 개업공인중개사 세부 확인사항란에 기재하는 사항이다.

Ⓥ 주거용 건축물 확인·설명서상 개업공인중개사 세부 확인사항

1. 실제 권리관계 또는 공시되지 않은 물건의 권리사항
2. 내·외부 시설물의 상태(건축물)
3. 벽면·바닥면 및 도배상태
4. 환경조건

36.
정답 ②

[중] **개별적 중개실무**

옳은 것은 ㄴ, ㄷ이다.
ㄱ. 甲과 丙간은 친구이므로 특례가 적용되지 않아 명의신탁약정 및 그 등기는 무효이다.
ㄹ. 丙이 제3자에게 매각하지 않은 이상 부당이득의 문제가 발생하지 않는다.

Ⓥ 명의신탁약정 제외 및 특례

1. 명의신탁약정에서 제외되는 경우
   • 채무의 변제를 담보하기 위하여 채권자가 부동산에 관한 물권을 이전받거나 가등기하는 경우(양도담보의 경우 담보취지의 서면 제출 요함)
   • 부동산의 위치와 면적을 특정하여 2인 이상이 구분소유하기로 하는 약정을 하고 그 구분소유자의 공유로 등기하는 경우(구분소유자의 공유등기)
   • 「자본시장과 금융투자업에 관한 법률」에 의한 신탁재산인 사실을 등기한 경우
2. 특례: 종중이 종중 외의 자의 명의로 등기한 경우, 배우자 명의로 부동산을 등기한 경우 및 종교단체의 명의로 그 산하 조직이 보유한 부동산에 관한 물권을 등기한 경우 조세포탈, 강제집행의 면탈 또는 법령상 제한의 회피를 목적으로 하지 않는 한 명의신탁약정의 효력·과징금·이행강제금·벌칙 등의 규정을 적용하지 않는다.

37.
정답 ①

[상] **개별적 중개실무**

① 乙은 최우선변제를 받을 수 있는 소액임차인(월 차임은 고려하지 않음)이므로, 경매시 丙 또는 丁보다 5,500만원까지는 최우선변제를 받을 수 있다. 옳은 지문이다.
② 丙이 乙보다 선순위이므로, 乙은 매수인에게 대항할 수 없다.
③ 丁이 근저당권을 실행했다 하더라도 매각부동산 위의 모든 근저당권은 매각으로 소멸하므로, 丙의 근저당권은 소멸한다.
④ 우선변제권에 있어서 乙은 丙보다 후순위이지만, 丁보다는 선순위이다.
⑤ 배당금을 수령하기 위해서는 법원이 아니라 매수인에게 X주택을 인도하여야 한다.

38.
정답 ④

[하] **개별적 중개실무**

④ 증액청구는 기존 보증금과 월 차임의 100분의 5를 초과할 수 없다.

39.
정답 ④

[중] **개별적 중개실무**

④ 최우선변제권이 있는 임차인이라 하더라도 배당요구를 하여야 최우선변제를 받을 수 있다.

40.
정답 ④

[상] **개별적 중개실무**

ㄱ, ㄴ이 옳은 지문이다.
ㄷ. 매수신청대리 보수의 지급시기는 甲과 매수신청인의 약정이 없을 때에는 매각대금의 지급기한일로 한다.

41	42	43	44	45	46	47	48	49	50
②	④	④	③	②	③	④	②	③	①
51	52	53	54	55	56	57	58	59	60
③	①	②	⑤	④	④	②	⑤	⑤	②
61	62	63	64	65	66	67	68	69	70
①	③	①	①	③	③	④	⑤	①	①
71	72	73	74	75	76	77	78	79	80
⑤	④	②	③	④	③	⑤	②	④	③

선생님의 한마디

제9회는 난이도 상이 7문제, 중이 20문제, 하가 13문제입니다. 난이도 중, 하가 33문제이므로 쉽게 출제했습니다. 다만, 난이도 중인 문제도 쉽지는 않습니다. 60점 이상의 점수를 기대하며, 난이도 중, 하인 문제를 정확하게 정리하시기 바랍니다. 이제 9부능선을 넘었습니다. 이번 회차는 확실하게 점수가 나와야 합니다. 아직 어렵다고 느껴지는 내용은 해설강의를 듣고 기본서·요약집을 찾아 그 부분을 정독해서 확실하게 마무리하셔야 합니다. 마지막까지 최선을 다해서 함께 갑시다~!!!

41.
정답 ②

하 도시·군계획시설

② 빗물저장 및 이용시설은 환경기초시설에 해당한다. 유통·공급시설에는 유통업무설비, 수도·전기·가스·열공급설비, 방송·통신시설, 공동구·시장, 유류저장 및 송유설비가 있다.

42.
정답 ④

하 도시·군관리계획

④ 도시·군관리계획을 입안할 때에는 공청회가 아니라 공고·열람의 방법으로 주민의 의견을 들어야 한다.

✔ 주민의 의견청취

주민의 의견청취에 필요한 사항은 대통령령으로 정하는 다음의 기준에 따라 해당 지방자치단체의 조례로 정한다.
1. 도시·군관리계획안의 주요내용을 다음의 매체에 각각 공고할 것
   • 해당 지방자치단체의 공보나 둘 이상의 일반일간신문
   • 해당 지방자치단체의 인터넷 홈페이지 등의 매체
   • 국토교통부장관이 구축·운영하는 국토이용정보체계
2. 도시·군관리계획안을 14일 이상의 기간 동안 일반인이 열람할 수 있도록 할 것

43.
정답 ④

중 용도지역·용도지구·용도구역

옳은 것은 ㄱ, ㄴ, ㄷ이다.
ㄹ. 보전녹지지역: 50% 이상 80% 이하

44.
정답 ③

중 개발행위의 허가 등

③ 성장관리계획구역 내 계획관리지역에서는 50% 이하의 범위에서 성장관리계획으로 정하는 바에 따라 건폐율을 완화하여 적용할 수 있다.

45.
정답 ②

상 개발행위의 허가 등

② 건축물의 건축, 공작물의 설치 또는 지목의 변경을 수반하지 않고 시행하는 토지복원사업

✔ 개발행위 규모의 제한을 받지 않는 경우

1. 지구단위계획으로 정한 가구 및 획지의 범위 안에서 이루어지는 토지의 형질변경으로서 해당 형질변경과 관련된 기반시설이 이미 설치되었거나 형질변경과 기반시설의 설치가 동시에 이루어지는 경우
2. 해당 개발행위가 「농어촌정비법」에 따른 농어촌정비사업으로 이루어지는 경우
3. 해당 개발행위가 「국방·군사시설 사업에 관한 법률」에 따른 국방·군사시설사업으로 이루어지는 경우
4. 초지 조성, 농지 조성, 영림 또는 토석채취를 위한 경우
5. 건축물의 건축, 공작물의 설치 또는 지목의 변경을 수반하지 않고 시행하는 토지복원사업 … (이하 생략)

46.
정답 ③

하 광역도시계획

③ 광역계획권이 같은 도의 관할 구역에 속해 있는 경우 관할 시장 또는 군수가 광역도시계획을 공동으로 수립해야 한다.

47.
정답 ④

중 도시·군계획시설

① 특별시장·광역시장·특별자치시장·특별자치도지사·시장 또는 군수는 이 법 또는 다른 법률에 특별한 규정이 있는 경우 외에는 관할 구역의 도시·군계획시설사업을 시행한다.
② 도시·군계획시설사업을 분할시행하는 때에는 분할된 지역별로 실시계획을 작성할 수 있다.
③ 실시계획의 고시가 있은 때에는 「공익사업을 위한 토지 등의 취득 및 보상에 관한 법률」의 규정에 의한 사업인정 및 고시가 있었던 것으로 본다.
⑤ 도시·군계획시설사업 시행자의 처분에 대하여는 「행정심판법」에 따라 행정심판을 제기할 수 있다. 이 경우 행정청이 아닌 시행자의 처분에 대하여는 그 시행자를 지정한 자에게 행정심판을 제기해야 한다.

48.
정답 ②

중 용도지역·용도지구·용도구역

① 용도지구란 용도지역의 제한을 강화하거나 완화하여 적용함으로써 용도지역의 기능을 증진시키고 경관·안전 등을 도모하기 위하여 도시·군관리계획으로 결정하는 지역을 말한다.
③ 풍수해, 산사태 등의 동일한 재해가 최근 10년 이내 2회 이상 발생하여 인명 피해를 입은 지역으로서 향후 동일한 재해 발생시 상당한 피해가 우려되는 지역은 방재지구의 지정 또는 변경을 도시·군관리계획으로 결정해야 한다.

④ 시·도지사 또는 대도시 시장은 지역여건상 필요한 때에는 해당 시·도 또는 대도시의 도시·군계획조례로 정하는 바에 따라 경관지구를 추가적으로 세분(특화경관지구의 세분을 포함한다)하거나 중요시설물보호지구 및 특정용도제한지구를 세분하여 지정할 수 있다.
⑤ 복합용도지구는 일반주거지역, 일반공업지역, 계획관리지역에서 지정할 수 있다.

49.

정답 ③

상 용도지역 · 용도지구 · 용도구역

ㄱ: 10, ㄴ: 200
- 도시·군관리계획의 결정권자는 도시·군계획시설 준공 후 '10'년이 경과한 경우로서 해당 시설의 개량 또는 정비가 필요한 경우에 도시·군계획시설이 결정된 토지의 전부 또는 일부를 입체복합구역으로 지정할 수 있다.
- 입체복합구역에서의 도시·군계획시설과 도시·군계획시설이 아닌 시설에 대한 건폐율과 용적률을 대통령령으로 정하는 범위에서 따로 정하는 경우 건폐율과 용적률은 해당 용도지역별 최대한도의 '200'% 이하로 한다.

50.

정답 ①

하 도시 · 군계획시설

① 장사시설, 도축장은 둘 이상의 특별시·광역시·특별자치시·특별자치도·시 또는 군이 공동으로 이용하는 시설로서 광역시설이 될 수 있다.

51.

정답 ③

중 개발행위의 허가 등

① 개발밀도관리구역 안에서는 기반시설의 설치나 그에 필요한 용지의 확보에 관한 계획서를 제출하지 않는다.
② 개발행위허가의 대상인 토지가 둘 이상의 용도지역에 걸치는 경우에는 각각의 용도지역에 위치하는 토지 부분에 대하여 각각의 용도지역의 개발행위의 규모에 관한 규정을 적용한다. 다만, 개발행위허가의 대상인 토지의 총면적이 해당 토지가 걸쳐 있는 용도지역 중 개발행위의 규모가 가장 큰 용도지역의 개발행위의 규모를 초과해서는 안 된다.
④ 지구단위계획구역에 대해 개발행위허가의 제한을 연장하는 경우 도시계획위원회의 심의를 거치지 않는다.
⑤ 개발행위허가를 제한하고자 하는 자가 국토교통부장관인 경우에는 중앙도시계획위원회의 심의 전에 미리 제한하고자 하는 지역을 관할하는 시장 또는 군수의 의견을 들어야 한다.

52.

정답 ①

하 개발행위의 허가 등

① 행위제한이 완화되는 지역에 대하여 기반시설부담구역으로 지정해야 한다.

53.

정답 ②

상 도시개발사업의 시행

② 도시개발구역의 위치 및 면적은 해당하지 않는다.

> ✓ 규약
> 지정권자는 토지소유자 2인 이상이 도시개발사업을 시행하려고 할 때 또는 토지소유자가 민간시행자(조합은 제외한다)와 공동으로 도시개발사업을 시행하려고 할 때에는 도시개발사업에 관한 규약을 정하게 할 수 있다. 다만, 13.부터 16.은 환지방식만 해당한다.
> 1. 사업의 명칭·목적
> 2. 도시개발구역의 위치 및 면적
> 3. 사업의 시행기간
> 4. 사업의 범위
> 5. 주된 사무소의 소재지
> 6. 임원의 자격·수·임기·직무 및 선임방법
> 7. 회의에 관한 사항
> 8. 비용부담
> 9. 회계 및 계약
> 10. 공고의 방법
> 11. 토지 등의 가액의 평가방법
> 12. 토지 등의 관리 및 처분
> 13. 토지평가협의회의 구성 및 운영
> 14. 환지계획 및 환지예정지의 지정
> 15. 보류지 및 체비지의 관리·처분
> 16. 청산(淸算)
> 17. 공공시설용지의 부담 등

54.

정답 ⑤

중 도시개발구역의 지정 등

① 도시개발구역이 지정·고시된 날부터 3년이 되는 날까지 실시계획의 인가를 신청하지 않는 경우에는 그 3년이 되는 날의 다음 날에 도시개발구역의 지정은 해제된 것으로 본다.
② 환지방식에 따른 사업인 경우에는 환지처분의 공고일의 다음 날에 도시개발구역의 지정은 해제된 것으로 본다.
③ 1년이 아니라 2년이다.
④ 도시개발사업의 공사완료(환지방식에 따른 사업인 경우에는 그 환지처분)의 공고에 따라 도시개발구역의 지정이 해제 의제된 경우에는 환원되거나 폐지된 것으로 보지 않는다.

55.

정답 ④

하 도시개발사업의 시행

④ 원형지 공급가격은 개발계획이 반영된 원형지의 감정가격에 시행자가 원형지에 설치한 기반시설 등의 공사비를 더한 금액을 기준으로 시행자와 원형지개발자가 협의하여 결정한다.

56.

정답 ④

중 도시개발사업의 시행

① 지정권자에게 조합설립인가를 받아야 한다.
② 변경신고를 해야 한다.
③ 조합설립의 인가를 신청하려면 해당 도시개발구역의 토지면적의 3분의 2 이상에 해당하는 토지소유자와 그 구역의 토지소유자 총수의 2분의 1 이상의 동의를 받아야 한다.
⑤ 「집합건물의 소유 및 관리에 관한 법률」에 따른 구분소유자는 구분소유자별로 의결권이 있다.

57.
정답 ②

상 도시개발사업의 시행

옳은 것은 ㄴ이다.
ㄱ. 도시개발구역의 토지소유자는 도시개발구역의 국공유지를 제외한 토지면적의 3분의 2 이상을 소유한 경우 시행자가 될 수 있다.
ㄷ. 토지소유자의 동의요건 산정기준일은 도시개발구역 지정고시일을 기준으로 하며, 그 기준일 이후 시행자가 취득한 토지에 대하여는 동의요건에 필요한 토지소유자의 총수에 포함하고 이를 동의한 자의 수로 산정한다.
ㄹ. 공공시행자는 개발계획을 수립 · 고시한 후에 사업시행 토지면적의 100분의 10 이상의 토지에 대한 소유권을 확보(사용동의를 포함한다)하여 선수금을 받을 수 있다.

58.
정답 ⑤

중 도시개발사업의 시행

⑤ 과밀억제권역에 위치하지 않는 도시개발구역의 토지소유자에게는 소유한 주택 수만큼 공급할 수 있다.

59.
정답 ⑤

상 정비사업의 시행

옳은 것은 ㄱ, ㄴ, ㄷ 모두이다.

60.
정답 ②

중 기본계획의 수립 및 정비구역의 지정

② 「시설물의 안전 및 유지관리에 관한 특별법」에 따라 지정받은 안전등급이 D(미흡) 또는 E(불량)인 주택단지의 건축물은 안전진단대상에서 제외할 수 있다.

61.
정답 ①

상 정비사업의 시행

① 청산금의 징수 · 지급(분할징수 · 분할지급을 포함한다)은 대의원회가 총회권한을 대행할 수 있다.

> **Ⓥ 총회권한 대행**
>
> 대의원회는 총회의 의결사항 중 다음의 사항 외에는 총회의 권한을 대행할 수 있다.
> 1. 정관의 변경에 관한 사항(경미한 사항의 변경은 법 또는 정관에서 총회의 결사항으로 정한 경우로 한정한다)
> 2. 자금의 차입과 그 방법 · 이자율 및 상환방법에 관한 사항
> 3. 예산으로 정한 사항 외에 조합원에게 부담이 되는 계약에 관한 사항
> 4. 시공자 · 설계자 또는 감정평가법인 등(시장 · 군수 등이 선정 · 계약하는 감정평가법인 등은 제외한다)의 선정 및 변경에 관한 사항
> 5. 정비사업전문관리업자의 선정 및 변경에 관한 사항
> 6. 조합임원의 선임 및 해임과 대의원의 선임 및 해임에 관한 사항. 다만, 정관으로 정하는 바에 따라 임기 중 궐위된 자(조합장은 제외한다)를 보궐 선임하는 경우를 제외한다.
> 7. 사업시행계획서의 작성 및 변경에 관한 사항(정비사업의 중지 또는 폐지에 관한 사항을 포함하며, 경미한 변경은 제외한다)
> 8. 관리처분계획의 수립 및 변경에 관한 사항(경미한 변경은 제외한다)
> 9. 총회에 상정해야 하는 사항

> 10. 조합의 합병 또는 해산에 관한 사항. 다만, 사업완료로 인한 해산의 경우는 제외한다.
> 11. 건축물의 설계개요의 변경에 관한 사항
> 12. 정비사업비의 변경에 관한 사항

62.
정답 ③

중 기본계획의 수립 및 정비구역의 지정

③ 추진위원회가 구성되거나 조합이 설립된 정비구역에서 토지등소유자 과반수의 동의로 정비구역의 해제를 요청하는 경우(사업시행계획인가를 신청하지 않은 경우로 한정한다)이다.

63.
정답 ①

하 정비사업의 시행

① 주민대표회의는 위원장을 포함하여 5명 이상 25명 이하로 구성한다. 추진위원회는 추진위원장을 포함한 5명 이상의 추진위원과 운영규정에 대하여 토지등소유자 과반수의 동의를 받아 조합설립을 위한 추진위원회를 구성하여 시장 · 군수 등의 승인을 받아야 한다.

64.
정답 ①

중 정비사업의 시행

② 정비구역의 지정은 준공인가의 고시가 있는 날(관리처분계획을 수립하는 경우에는 이전고시가 있는 때를 말한다)의 다음 날에 해제된 것으로 본다.
③ 정비구역의 해제는 조합의 존속에 영향을 주지 않는다.
④ 정비사업의 효율적인 추진을 위하여 필요한 경우에는 해당 정비사업에 관한 공사가 전부 완료되기 전이라도 완공된 부분은 준공인가를 받아 대지 또는 건축물별로 분양받을 자에게 소유권을 이전할 수 있다.
⑤ 정비사업에 관하여 이전고시가 있은 날부터 등기가 있을 때까지는 저당권 등의 다른 등기를 하지 못한다.

65.
정답 ③

중 주택법 보칙 및 벌칙

③ 토지임대료는 월별 임대료를 원칙으로 하되, 토지소유자와 주택을 공급받은 자가 합의한 경우 대통령령으로 정하는 바에 따라 임대료를 선납하거나 보증금으로 전환하여 납부할 수 있다.

66.
정답 ③

중 주택의 건설 등

① 공공사업주체는 국토교통부장관에게 등록하지 않는다.
② 국토교통부장관은 등록사업자가 이 법을 위반하여 등록증의 대여 등을 한 경우 그 등록을 말소해야 한다.
④ 자본금이 3억원 이상이어야 한다.
⑤ 등록사업자가 건설할 수 있는 주택은 주택으로 쓰는 층수가 5개 층 이하인 주택으로 한다.

67.

중 주택의 공급

옳은 것은 ㄴ, ㄹ이다.
ㄱ. 국토교통부장관이 투기과열지구를 지정하거나 해제할 경우에는 미리 시·도지사의 의견을 듣고 그 의견에 대한 검토의견을 회신해야 하며, 시·도지사가 투기과열지구를 지정하거나 해제할 경우에는 국토교통부장관과 협의해야 한다.
ㄷ. 국토교통부장관은 반기마다 주거정책심의위원회의 회의를 소집하여 투기과열지구로 지정된 지역별로 해당 지역의 주택가격안정여건의 변화 등을 고려하여 투기과열지구 지정의 유지 여부를 재검토해야 한다.

68.

정답 ⑤

하 주택의 건설 등

⑤ 국가·지방자치단체·한국토지주택공사 또는 지방공사가 주택건설사업을 하는 경우에는 해당 주택건설대지의 소유권을 확보하지 않아도 사업계획승인을 받을 수 있다.

69.

정답 ①

상 주택의 건설 등

옳은 것은 ㄹ이다.
ㄱ. 지역주택조합 또는 직장주택조합의 설립인가를 받기 위하여 조합원을 모집하려는 자는 해당 주택건설대지의 50% 이상에 해당하는 토지의 사용권원을 확보하여 관할 시장·군수·구청장에게 신고하고, 공개모집의 방법으로 조합원을 모집해야 한다.
ㄴ. 공개모집 이후 조합원의 사망·자격상실·탈퇴 등으로 인한 결원을 충원하거나 미달된 조합원을 재모집하는 경우에는 신고하지 않고 선착순의 방법으로 조합원을 모집할 수 있다.
ㄷ. 주택조합의 임원이 조합원 자격을 갖추지 않게 되는 경우 당연히 퇴직한다.

70.

정답 ①

중 주택법 보칙 및 벌칙

② 주택상환사채의 납입금은 해당 보증기관과 주택상환사채발행자가 협의하여 정하는 금융기관에서 관리한다.
③ 주택조합은 주택상환사채를 발행할 수 없다. 등록사업자는 자본금·자산평가액 및 기술인력 등이 대통령령으로 정하는 기준에 맞고 금융기관 또는 주택도시보증공사의 보증을 받은 경우에만 주택상환사채를 발행할 수 있다.
④ 주택상환사채의 상환기간은 3년을 초과할 수 없다. 이 경우 상환기간은 주택상환사채발행일부터 주택의 공급계약체결일까지의 기간으로 한다.
⑤ 주택상환사채의 납입금은 다음의 용도로만 사용할 수 있다.
• 택지의 구입 및 조성
• 주택건설자재의 구입
• 건설공사비에의 충당
• 그 밖에 주택상환을 위하여 필요한 비용으로서 국토교통부장관의 승인을 받은 비용에의 충당

71.

정답 ⑤

중 주택의 건설 등

⑤ 사업계획승인권자는 감리자가 감리업무 수행 중 발견한 위반사항을 묵인한 경우에는 감리자를 교체하고, 1년의 범위에서 감리업무의 지정을 제한할 수 있다.

72.

정답 ④

중 건축법 총칙

틀린 것은 ㄷ, ㄹ이다.
ㄷ. 서점으로서 1천m² 이상인 것
ㄹ. 자동차영업소로서 1천m² 미만인 것

73.

정답 ②

하 건축물의 건축

② 「건축법」에 따른 건축허가는 의제되지 않는다. 사전결정신청자는 사전결정을 통지받은 날부터 2년 이내에 건축허가를 신청해야 하며, 이 기간에 건축허가를 신청하지 않으면 사전결정의 효력이 상실된다.

74.

정답 ③

중 건축물의 건축

① 국토교통부장관은 국토관리를 위하여 특히 필요하다고 인정하거나 주무부장관이 국방, 「국가유산기본법」에 따른 국가유산의 보존, 환경보전 또는 국민경제를 위하여 특히 필요하다고 인정하여 요청하면 허가권자의 건축허가나 허가를 받은 건축물의 착공을 제한할 수 있다.
② 특별시장·광역시장·도지사는 시장·군수·구청장의 건축허가나 건축물의 착공을 제한한 경우 즉시 국토교통부장관에게 보고해야 하며, 승인을 받는 것은 아니다.
④ 건축허가나 건축물의 착공을 제한하는 경우 제한기간은 2년 이내로 한다. 다만, 1회에 한하여 1년 이내의 범위에서 제한기간을 연장할 수 있다.
⑤ 국토교통부장관이나 특별시장·광역시장·도지사는 건축허가나 건축물의 착공을 제한하는 경우 제한목적·기간, 대상 건축물의 용도와 대상 구역의 위치·면적·경계 등을 상세하게 정하여 허가권자에게 통보해야 하며, 통보를 받은 허가권자는 지체 없이 이를 공고해야 한다.

75.

정답 ③

하 건축물의 대지와 도로

③ 면적 5천m² 미만인 대지에 건축하는 공장은 조경 등의 조치를 하지 않을 수 있다.

> ⓥ 대지의 조경
>
> 면적이 200m² 이상인 대지에 건축을 하는 건축주는 해당 지방자치단체의 조례로 정하는 기준에 따라 대지에 조경이나 그 밖에 필요한 조치를 해야 한다. 다만, 다음의 어느 하나에 해당하는 건축물에 대하여는 조경 등의 조치를 하지 않을 수 있다.
> 1. 녹지지역에 건축하는 건축물
> 2. 면적 5천m² 미만인 대지에 건축하는 공장
> 3. 연면적의 합계가 1,500m² 미만인 공장
> 4. 「산업집적활성화 및 공장설립에 관한 법률」에 따른 산업단지의 공장

5. 대지에 염분이 함유되어 있는 경우 또는 건축물 용도의 특성상 조경 등의 조치를 하기가 곤란하거나 불합리한 경우로서 건축조례로 정하는 건축물
6. 축사
7. 허가대상 가설건축물
8. 연면적의 합계가 1,500m² 미만인 물류시설(주거지역 또는 상업지역에 건축하는 것은 제외한다)로서 국토교통부령으로 정하는 것
9. 「국토의 계획 및 이용에 관한 법률」에 따라 지정된 자연환경보전지역 · 농림지역 또는 관리지역(지구단위계획구역으로 지정된 지역은 제외한다)의 건축물 … (이하 생략)

76.
정답 ⑤

중 특별건축구역 등

⑤ 특별건축구역을 지정하거나 변경한 경우에는 「국토의 계획 및 이용에 관한 법률」에 따른 도시 · 군관리계획의 결정(용도지역 · 지구 · 구역의 지정 및 변경은 제외한다)이 있는 것으로 본다.

77.
정답 ③

하 지역 및 지구의 건축물

ㄱ: 10, ㄴ: 1.5, ㄷ: 2분의 1
전용주거지역이나 일반주거지역에서 건축물을 건축하는 경우에는 건축물의 각 부분을 정북방향으로의 인접 대지경계선으로부터 다음의 범위에서 건축조례로 정하는 거리 이상을 띄어 건축해야 한다.
1. 높이 '10'm 이하인 부분: 인접 대지경계선으로부터 '1.5'm 이상
2. 높이 '10'm를 초과하는 부분: 인접 대지경계선으로부터 해당 건축물 각 부분 높이의 '2분의 1' 이상

78.
정답 ②

하 건축법 보칙 및 벌칙

② 용적률을 초과하여 건축한 경우 이행강제금은 1m²당 시가표준액의 100분의 50에 해당하는 금액에 위반면적을 곱한 금액 이하의 범위에서 100분의 90을 곱한 금액으로 부과한다.

79.
정답 ④

하 농지의 소유

④ 시 · 구 · 읍 · 면의 장은 농지취득자격증명의 발급신청을 받은 때에는 그 신청을 받은 날부터 7일(농업경영계획서를 작성하지 않고 농지취득자격증명의 발급신청을 할 수 있는 경우에는 4일, 농지위원회의 심의대상의 경우에는 14일) 이내에 신청인에게 농지취득자격증명을 발급해야 한다.

80.
정답 ③

중 농지의 보전 등

① 시 · 도지사가 농업진흥지역을 지정한다.
② 농업진흥지역의 지정은 녹지지역 · 관리지역 · 농림지역 및 자연환경보전지역을 대상으로 한다. 다만, 특별시의 녹지지역은 제외한다.
④ 한 필지의 토지 일부가 농업진흥지역에 걸쳐 있으면서 농업진흥지역에 속하는 토지 부분의 면적이 330m² 이하이면 그 토지 부분에 대하여는 농업진흥지역의 행위제한을 적용하지 않는다.
⑤ 농업진흥지역의 농지를 소유하고 있는 농업인 또는 농업법인은 한국농어촌공사에 그 농지의 매수를 청구할 수 있다.

2교시

1	2	3	4	5	6	7	8	9	10
②	①	⑤	⑤	②	④	④	①	③	⑤
11	12	13	14	15	16	17	18	19	20
③	⑤	⑤	①	③	②	①	①	②	④
21	22	23	24	25	26	27	28	29	30
⑤	②	⑤	③	④	②	③	④	①	⑤
31	32	33	34	35	36	37	38	39	40
②	②	④	③	①	③	④	⑤	④	①

선생님의 한마디

「공간정보의 구축 및 관리 등에 관한 법률」에서는 언제나 유사한 문제가 반복됩니다. 관련 판례가 없기 때문에 법률 조문을 위주로 한 문제가 출제되기 때문입니다. 「부동산등기법」에서는 출제범위가 넓은 편이지만 출제되는 지문의 유형은 다양하지 않습니다. 그러므로 출제가 된 부분을 자주 보는 것이 중요합니다.

1.　　　정답 ②

중 토지의 등록

② 지적확정측량을 실시한 지역의 종전의 지번과 지적확정측량을 실시한 지역 밖에 있는 본번이 같은 지번이 있을 때에는 그 지번은 부여할 수 없다.

2.　　　정답 ①

하 토지의 등록

① '공원'이 정식명칭이다. 용지가 붙는 것은 체육용지, 수도용지, 종교용지, 공장용지, 학교용지, 철도용지, 주유소용지, 창고용지, 목장용지이다.

3.　　　정답 ⑤

하 토지의 등록

면적측정의 대상에 해당하는 것은 ㄴ, ㄷ, ㄹ이다.
ㄱ. 위치정정은 면적측정을 요하지 아니한다.
ㄹ. 경계복원측량과 지적현황측량을 하는 경우에는 필지마다 면적을 측정하지 아니한다. 다만, 경계복원측량 및 지적현황측량에 면적측정이 수반되는 경우에는 필지마다 면적을 측정하여야 한다.

4.　　　정답 ⑤

하 지적공부

⑤ 면적은 경계점좌표등록부의 등록사항이 아니다.

5.　　　정답 ②

하 지적공부

① 지적소관청(정보처리시스템에 따른 지적공부의 경우에는 시·도지사, 시장·군수 또는 구청장)은 지적공부의 전부 또는 일부가 멸실되거나 훼손된 경우에는 지체 없이 이를 복구하여야 한다.
③ 지적전산자료를 신청하려는 자는 지적전산자료의 이용 또는 활용 목적 등에 관하여 미리 관계 중앙행정기관의 심사를 받아야 한다.
④ 지적소관청은 부동산종합공부의 불일치 등록사항에 대해서는 등록사항을 관리하는 기관의 장에게 그 내용을 통지하여 등록사항 정정을 요청할 수 있다.
⑤ 부동산종합공부를 열람하거나 부동산종합증명서를 발급받으려는 자는 지적소관청이나 읍·면·동의 장에게 신청할 수 있다.

6.　　　정답 ④

상 토지의 이동 및 지적정리

틀린 것은 ㄴ, ㄹ이다.
ㄴ. 구 「지적법」상 분필절차를 거치지 아니한 분필등기는 1부동산 1등기기록 원칙에 반하여 무효이다.
ㄹ. 지목변경에 대한 지적소관청의 거부처분은 행정소송의 대상이 되는 행정처분이 아니라는 것이 판례의 입장이다.

7.　　　정답 ④

중 토지의 이동 및 지적정리

④ 토지이동 신청의 경우에 지적측량성과를 지적소관청에 제출하지 아니한다.

8.　　　정답 ①

상 토지의 이동 및 지적정리

① 합병하려는 토지가 축척이 다른 지적도에 각각 등록되어 있어 축척변경을 하는 경우, 도시개발사업 등의 시행지역 안에 있는 토지로서 당해 사업 시행에서 제외된 토지의 축척변경을 하는 경우에는 축척변경위원회의 의결 및 시·도지사의 승인을 요하지 않는다.

9.　　　정답 ③

중 토지의 이동 및 지적정리

③ 지적소관청은 지적도·임야도에 등록된 사항에 대하여 토지의 이동 또는 오류사항을 정비한 때에는 이를 연속지적도에 반영하여야 한다.

10.　　　정답 ⑤

하 토지의 이동 및 지적정리

ㄱ, ㄴ, ㄷ, ㄹ 모두 지적소관청의 직권정정사유에 해당한다.

11.　　　정답 ③

중 지적측량

③ 지적삼각점성과는 시·도지사가 관리하고, 지적삼각보조점성과 및 지적도근점성과는 지적소관청이 관리한다.

12.
정답 ⑤

⑤ 위원장이 중앙지적위원회의 회의를 소집할 때에는 회의 일시·장소 및 심의 안건을 회의 5일 전까지 각 위원에게 서면으로 통지하여야 한다.

13.
정답 ⑤

하 부동산등기법 총칙

옳은 것은 ㄴ, ㄹ, ㅁ이다.
ㄱ. 1필의 토지의 일부를 목적으로 하는 지상권은 등기할 수 있지만, 저당권은 등기할 수 없다.
ㄷ. 공작물대장에 등재된 해상관광용 호텔선박은 등기할 수 없다.

14.
정답 ①

중 등기기관과 설비

옳은 것은 ㄱ, ㄷ이다.
ㄴ. 갑구와 을구에는 표시번호란이 아니라 순위번호란을 둔다.
ㄹ. 저당권에 기한 임의경매개시결정등기는 갑구에 기록한다.
ㅁ. 피보전권리가 지상권설정청구권인 처분제한등기는 갑구에 기록한다.

15.
정답 ③

상 부동산등기법 총칙

③ 판결문상에 기재된 피고의 주민등록번호와 등기부상 기재된 등기의무자의 주민등록번호는 동일하나 주소가 서로 다른 경우에는 피고의 주소에 관한 서면을 제출하지 아니한다.

16.
정답 ②

중 등기절차 총론

② 임의적 기록사항은 등기원인정보에 기록한 경우에는 신청정보에도 이를 기록하여야 한다.

17.
정답 ①

상 등기절차 총론

① 대표자 또는 관리인을 증명하는 서면은 정관 기타의 규약에서 정한 방법에 의하여 대표자 또는 관리인으로 선임되었음을 증명하는 서면을 제출하며, 부동산등기용 등록번호 대장이나 기타단체등록증명서는 대표자 또는 관리인을 증명하는 서면으로 대신할 수 없다.

18.
정답 ①

하 등기절차 총론

각하사유에 해당하는 것은 ㄱ, ㄴ이다.
ㄱ. 공동상속인 중 1인이 신청한 자기지분만의 상속등기
ㄴ. 미등기부동산의 공유자 중 1인이 자기지분만에 대한 소유권보존등기 신청

19.
정답 ②

중 등기절차 총론

② 저당권이전등기의 당사자는 저당권의 양수인과 양도인이므로 저당권설정자는 이의신청을 할 수 없다.

20.
정답 ④

상 권리에 관한 등기

틀린 것은 ㄴ, ㄹ이다.
ㄴ. 거래부동산이 1개라 하더라도 여러 명의 매도인과 여러 명의 매수인 사이의 매매계약인 경우에는 매매목록을 첨부정보로서 등기소에 제공하여야 한다.
ㄹ. 등기원인이 '매매'인 경우에는 등기원인증서가 판결, 조정조서 등 매매계약서가 아닌 경우 거래가액을 등기하지 아니한다.

21.
정답 ⑤

중 권리에 관한 등기

⑤ 대지권등기가 된 구분건물에 대하여 대지권까지 포함한 전세권설정등기의 신청이 있는 경우 등기관은 그 신청을 수리할 수 없다. 대지권은 토지의 지분에 해당하므로 전세권등기가 허용되지 아니한다.

22.
정답 ②

중 권리에 관한 등기

② 근저당권설정등기를 할 때에는 채권의 최고액과 채무자의 성명과 주소는 필요적 기록사항이지만, 존속기간은 임의적 기록사항이다. 변제기는 저당권등기의 임의적 기록사항이다.

23.
정답 ③

중 권리에 관한 등기

옳은 것은 ㄴ, ㄷ이다.
ㄱ. 저당권이 이전된 후에 저당권말소등기를 신청하는 경우에는 저당권이전등기의 등기필정보를 첨부하여야 한다.
ㄹ. 지상권의 말소등기시에 그 지상권을 목적으로 하는 저당권자는 말소등기의 이해관계인이다.

24.
정답 ①

중 권리에 관한 등기

① 소유권이전청구권가등기권자가 가등기에 의한 본등기를 하지 않고 다른 원인에 의한 소유권이전등기를 한 후에는 원칙은 그 가등기에 의한 본등기를 할 수 없다. 다만, 가등기 후 위 소유권이전등기 전에 제3자 앞으로 처분제한의 등기가 되어 있거나 중간처분의 등기가 된 경우에는 그러하지 아니하다.

25.

정답 ③

하 **조세의 기초 이론**

세 부담의 상한이 적용되는 세목은 ㄷ. 재산세, ㄹ. 소방분에 대한 지역자원시설세, ㅂ. 종합부동산세이다.
ㄷ. 재산세 중 주택의 경우에는 과세표준상한액 개정규정이 적용되는 경우에는 세 부담 상한은 적용되지 아니한다.

26.

정답 ②

중 **양도소득세**

② 미등기 부동산을 양도하는 경우에는 장기보유특별공제와 양도소득 기본공제가 적용되지 아니하므로, 양도차익(양도가액 - 필요경비)이 과세표준이 된다.

27.

정답 ③

중 **양도소득세**

① 장기보유특별공제는 국내 소재 자산의 양도에 한하여 적용한다.
② 동일 연도에 장기보유특별공제의 대상이 되는 자산을 수회 양도한 경우에도 공제요건에 해당하는 경우에는 양도자산별로 각각 공제한다.
④ 양도소득세가 과세되는 1세대 1주택에 대한 보유기간별 공제는 10년 이상 보유한 경우에 보유연수에 4%씩 최대 40%를 공제받을 수 있다.
⑤ 양도소득세가 과세되는 1세대 1주택에 대한 거주기간별 공제는 2년을 거주한 경우에 거주연수에 4%를 적용하여 양도차익에 8%를 공제받을 수 있다.

28.

정답 ④

상 **양도소득세**

- 토지와 주택분양권의 양도소득금액에서 공제가능한 양도소득기본공제액: 250만원
- 비상장주식 양도소득금액에서 공제가능한 양도소득기본공제: 200만원(양도소득금액의 범위 내에서만 공제)
- 총 합계: 450만원

양도자산	양도소득기본공제액
토지와 주택분양권의 양도	250만원
비상장주식 양도	200만원(양도소득금액의 범위 내에서만 공제)
총 합계	450만원

29.

정답 ①

상 **양도소득세**

① 20~80%의 장기보유특별공제율을 적용받는 1세대 1주택이란 1세대가 양도일 현재 국내에 1주택(「소득세법」 제155조, 제155조의2, 제156조의2 및 그 밖의 규정에 따라 1세대 1주택으로 보는 주택을 포함)을 보유하고 보유기간 중 거주기간이 2년 이상인 것을 말한다.

30.

정답 ⑤

중 **양도소득세**

⑤ 예정신고납부를 하는 경우 예정신고 산출세액에서 감면세액을 빼고 수시부과세액이 있을 때에는 이를 공제한 세액을 납부한다.

31.

정답 ②

상 **양도소득세**

옳은 것은 ㄴ 1개이다.
ㄱ. 「지적재조사에 관한 법률」 제18조에 따른 경계의 확정으로 지적공부상의 면적이 증가되어 징수한 조정금은 필요경비에 포함하지 않는다.
ㄷ. 양도자산을 취득한 후 쟁송이 있는 경우 그 소유권을 확보하기 위하여 직접 소요된 소송비용·화해비용 등으로서 그 지출한 연도의 각 소득금액계산에 있어서 필요경비에 산입된 금액은 필요경비에 포함하지 않는다.
ㄹ. 상속받은 부동산을 양도하는 경우 기납부한 상속세는 필요경비에 포함하지 않는다.
ㅁ. 현재가치할인차금을 취득원가에 포함하는 경우에 있어서 양도자산의 보유기간 중에 그 현재가치할인차금의 상각액을 각 연도의 사업소득금액의 계산시 필요경비로 산입한 금액은 필요경비에 포함하지 않는다.

32.

정답 ②

하 **등록면허세**

① 지역권설정등기: 요역지가액 × 1,000분의 2
③ 상속을 원인으로 하는 소유권등기: 부동산가액 × 1,000분의 8
④ 가압류등기: 채권금액 × 1,000분의 2
⑤ 전세권말소등기: 건당 × 6,000원

33.

정답 ④

중 **등록면허세**

④ 취득원인에 따른 취득세 과세표준 규정에서 정하는 취득당시가액을 과세표준으로 하지만, 취득세 부과제척기간이 경과한 물건의 등기 또는 등록의 경우는 등록 당시의 가액과 「지방세법」 제10조의2부터 제10조의6까지에서 정하는 취득당시가액 중 높은 가액을 과세표준으로 한다.

34.

정답 ③

중 **취득세**

① 취득세의 징수는 원칙적으로 신고납부 방법으로 한다.
② 상속으로 취득세 과세물건을 취득한 자는 상속개시일이 속하는 달의 말일로부터 6개월(상속인 가운데 외국에 주소를 둔 자가 있는 경우에는 9개월) 이내에 산출한 세액을 신고하고 납부하여야 한다.
④ 취득세 과세물건을 취득한 후에 그 과세물건이 중과세율의 적용대상이 되었을 때에는 중과세율을 적용하여 산출한 세액에서 이미 납부한 세액(가산세 제외)을 공제한 금액을 세액으로 하여 신고·납부하여야 한다.
⑤ 법인의 취득당시가액을 증명할 수 있는 장부가 없는 경우 지방자치단체의 장은 그 산출된 세액의 100분의 10을 징수하여야 할 세액에 가산한다.

35. 정답 ①

① 공유농지를 분할하여 취득하는 경우는 2.3%이므로, 상속으로 농지를 취득하는 경우(2.3%)와 동일하다.
② 사회복지사업자가 농지를 기부받아 취득하는 경우: 2.8%
③ 상가건물을 매매로 취득하는 경우: 4%
④ 주택을 신축 또는 증축한 이후 해당 주거용 건축물의 소유자가 해당 주택의 부속토지를 유상으로 취득하는 경우: 일반토지 취득세율 4%
⑤ 공유수면 매립·간척으로 토지를 취득하는 경우: 2.8%

36. 정답 ③

• 법인이 아닌 자가 지목변경하는 경우로서 사실상 취득가격을 확인할 수 없는 경우 토지의 지목변경으로 가액의 증가가 있는 경우에 취득세는 증가한 가액(4억원)에 중과기준세율(2%)을 적용하여 산출세액(800만원)을 구한다.
• 토지의 지목변경 등기의 경우 등록면허세는 건당 6,000원의 세율을 적용한다.

37. 정답 ④

① 법인이 소유하는 재산의 재산세 과세표준은 과세기준일 현재 시가표준액을 기준으로 한다.
② 취득세가 중과세되는 고급주택은 4단계 초과누진세율을 적용한다.
③ 재산의 소유권 변동 사유가 발생하였으나 과세기준일까지 그 등기가 되지 아니한 재산의 공부상 소유자는 과세기준일부터 15일 이내에 그 소재지를 관할하는 지방자치단체의 장에게 그 사실을 알 수 있는 증거자료를 갖추어 신고하여야 한다.
⑤ 재산세의 분할납부는 납부기한이 지난 날부터 3개월 이내에 하여야 한다.

38. 정답 ⑤

① 재산세 과세대상인 건축물의 범위에는 주택을 제외한다.
② 주택의 부속토지의 경계가 명백하지 아니한 경우에는 그 주택의 바닥면적의 10배에 해당하는 토지를 주택의 부속토지로 한다.
③ 토지대장의 지목 등이 등재되어 있지 않는 미등록 토지도 토지분 재산세 과세대상이다.
④ 1동의 건물이 주거와 주거 외의 용도로 사용되고 있는 경우에는 주거용으로 사용되는 부분만을 주택으로 본다. 이 경우 건물의 부속토지는 주거와 주거 외의 용도로 사용되는 건물의 면적비율에 따라 각각 안분하여 주택의 부속토지와 건축물의 부속토지로 구분한다.

39. 정답 ④

옳은 것은 ㄴ, ㄹ이다.
ㄱ. 이의신청을 거치지 아니하고 바로 심판청구를 할 수 있다.
ㄷ. 지방세에 관한 불복시 불복청구인은 불복청구절차 또는 감사원의 심사청구를 거치지 아니하고는 행정소송을 제기할 수 없다.

40. 정답 ①

① 부부 공동명의 1세대 1주택의 경우에도 1주택자로 신고가 허용되어 종합부동산세 계산시에 단독소유 1세대 1주택과 동일하게 계산한다.
② 상업용 건축물은 종합부동산세 과세대상이 아니지만, 기준면적 이내의 상업용 건축물의 부속토지는 별도합산대상 토지로서 종합부동산세 과세대상이 된다.
③ 주택에 대해 종합부동산세를 부과하는 경우에 개인은 납세의무자별로 공시가격 합계액이 9억원을 초과하는 자가 납세의무자가 되며, 법인은 공시가격에 관계없이 납세의무자가 된다.
④ 종합부동산세는 토지분과 주택분의 구별없이 관할 세무서장은 납부하여야 할 종합부동산세의 세액을 결정하여 당해 연도 12월 1일부터 12월 15일까지 부과·징수한다.
⑤ 1세대 1주택자에 대해 연령별 및 보유기간별 세액공제는 100분의 80의 범위에서 중복하여 적용할 수 있다.

제10회 정답 및 해설

▶ 무료 해설강의　▶ 실시간 합격예측 서비스
* 제35회 공인중개사 시험일까지 제공

난이도 및 출제포인트 분석

★ 난이도가 낮은 문제는 해설 페이지를 찾아가 꼭 익혀두세요.

1교시 제1과목　공인중개사법령 및 실무

문제번호	난이도 및 출제포인트 분석	문제번호	난이도 및 출제포인트 분석
1	하 공인중개사법령 총칙　p.139	21	상 지도·감독 및 벌칙　p.141
2	상 중개사무소의 개설등록　p.139	22	하 부동산거래신고제도　p.141
3	하 중개업무　p.139	23	중 교육, 업무위탁 및 포상금 제도　p.141
4	중 중개업무　p.139	24	중 개업공인중개사 등의 의무　p.141
5	중 중개사무소의 개설등록　p.139	25	중 공인중개사협회　p.141
6	중 공인중개사 제도　p.139	26	상 지도·감독 및 벌칙　p.141
7	상 중개업무　p.139	27	상 지도·감독 및 벌칙　p.141
8	하 중개업무　p.139	28	중 외국인 등의 부동산취득 등에 관한 특례　p.141
9	중 중개계약 및 부동산거래정보망　p.139	29	하 지도·감독 및 벌칙　p.142
10	중 토지거래허가제도　p.140	30	중 토지거래허가제도　p.142
11	중 중개계약 및 부동산거래정보망　p.140	31	중 주택임대차계약의 신고　p.142
12	중 중개업무　p.140	32	중 토지거래허가제도　p.142
13	중 중개업무　p.140	33	중 중개대상물의 조사·확인　p.142
14	중 개업공인중개사 등의 의무　p.140	34	중 개별적 중개실무　p.142
15	중 개업공인중개사 등의 의무　p.140	35	상 중개대상물의 조사·확인　p.142
16	중 부동산거래신고제도　p.140	36	상 개별적 중개실무　p.142
17	상 중개보수 및 실비　p.140	37	중 개별적 중개실무　p.143
18	중 토지거래허가제도　p.140	38	중 개별적 중개실무　p.143
19	중 지도·감독 및 벌칙　p.140	39	중 중개실무　p.143
20	중 교육 및 업무위탁, 포상금 제도　p.141	40	중 개별적 중개실무　p.143

1교시 제2과목　부동산공법

문제번호	난이도 및 출제포인트 분석	문제번호	난이도 및 출제포인트 분석
41	하 도시·군기본계획　p.143	61	중 기본계획의 수립 및 정비구역의 지정　p.146
42	상 용도지역·용도지구·용도구역　p.143	62	중 정비사업의 시행　p.146
43	상 용도지역·용도지구·용도구역　p.144	63	하 정비사업의 시행　p.146
44	하 도시·군관리계획　p.144	64	하 정비사업의 시행　p.146
45	중 도시·군계획시설　p.144	65	하 주택의 건설 등　p.146
46	상 도시·군계획시설　p.144	66	중 주택법 총칙　p.146
47	상 용도지역·용도지구·용도구역　p.144	67	중 주택의 건설 등　p.146
48	중 지구단위계획　p.144	68	상 리모델링　p.147
49	상 개발행위의 허가 등　p.144	69	상 주택의 건설 등　p.147
50	중 개발행위의 허가 등　p.145	70	중 주택의 공급　p.147
51	상 도시·군계획시설　p.145	71	상 주택의 건설 등　p.147
52	중 개발행위의 허가 등　p.145	72	하 건축법 총칙　p.147
53	중 도시개발구역의 지정 등　p.145	73	중 건축물의 건축　p.147
54	상 도시개발사업의 시행　p.145	74	중 건축물의 건축　p.147
55	상 도시개발사업의 시행　p.145	75	상 건축물의 대지와 도로　p.147
56	상 도시개발사업의 시행　p.145	76	하 지역 및 지구의 건축물　p.147
57	중 도시개발사업의 시행　p.145	77	상 건축물의 구조·재료 및 건축설비　p.147
58	중 도시개발사업의 시행　p.145	78	하 건축협정 및 결합건축　p.147
59	상 기본계획의 수립 및 정비구역의 지정　p.145	79	중 농지의 이용　p.147
60	중 정비사업의 시행　p.146	80	하 농지의 소유　p.147

2교시 제1과목　부동산 공시에 관한 법령 및 부동산 관련 세법

문제번호	난이도 및 출제포인트 분석	문제번호	난이도 및 출제포인트 분석
1	중 토지의 등록　p.148	21	중 권리에 관한 등기　p.149
2	하 토지의 등록　p.148	22	중 권리에 관한 등기　p.149
3	하 토지의 등록　p.148	23	중 권리에 관한 등기　p.149
4	하 지적공부　p.148	24	상 권리에 관한 등기　p.150
5	중 지적공부　p.148	25	중 등록면허세　p.150
6	하 지적공부　p.148	26	중 조세와 다른 채권의 관계　p.150
7	중 토지의 이동 및 지적정리　p.148	27	하 양도소득세　p.150
8	상 토지의 이동 및 지적정리　p.148	28	하 양도소득세　p.150
9	중 토지의 이동 및 지적정리　p.148	29	중 양도소득세　p.150
10	하 지적측량　p.149	30	중 양도소득세　p.150
11	상 지적측량　p.149	31	중 양도소득세　p.150
12	중 지적공부　p.149	32	중 취득세　p.150
13	중 부동산등기법 총칙　p.149	33	하 취득세　p.150
14	하 등기기관과 설비　p.149	34	상 취득세　p.151
15	중 등기절차 총론　p.149	35	중 종합부동산세　p.151
16	중 등기절차 총론　p.149	36	중 종합부동산세　p.151
17	상 표시에 관한 등기　p.149	37	하 재산세　p.151
18	중 권리에 관한 등기　p.149	38	중 재산세　p.151
19	중 권리에 관한 등기　p.149	39	상 재산세　p.151
20	상 권리에 관한 등기　p.149	40	상 기타 지방세　p.151

1교시

제1과목　공인중개사법령 및 실무

1	2	3	4	5	6	7	8	9	10
②	①	④	③	⑤	②	①	①	①	⑤

11	12	13	14	15	16	17	18	19	20
⑤	④	④	③	①	⑤	③	③	②	①

21	22	23	24	25	26	27	28	29	30
④	②	④	①	①	②	④	③	⑤	①

31	32	33	34	35	36	37	38	39	40
①	⑤	④	②	③	②	⑤	④	③	①

💬 선생님의 한마디

이번 회는 난이도에 있어서 그동안의 시험보다는 약간 어렵게 출제되었습니다. 이번 회를 75점 이상으로 득점했다면 이변이 없는 한 시험에서 충분히 80점 이상을 득점할 수 있을 것으로 예상됩니다. 고득점이 안 된 수험생이라도 낙담하지 말고, 차분히 틀린 부분을 다시

한 번 정리하여 마무리를 잘해 주시길 당부 드립니다. 공인중개사법령에서는 24문제, 부동산 거래신고에 관한 법령에서는 8문제, 중개실무에서 8문제가 출제되었습니다. 할 수 있다는 자신감을 가지고 여러분들의 합격을 진심으로 기원하며, 그동안 수고 많으셨습니다. 파이팅입니다.

1.

정답 ②

[하] 공인중개사법령 총칙

② 무허가건물이나 미등기건물도 중개대상물이 된다.

2.

정답 ①

[상] 중개사무소의 개설등록

결격사유에 해당하는 자는 ㄷ이다.
ㄷ. 가석방기간이 1년이므로, 가석방되어 4년이 지나야 결격사유에서 벗어난다.
ㄱ. 선고유예를 받은 자는 결격사유에 해당하지 아니한다.
ㄴ. 재등록 개업공인중개사가 폐업신고 전 위반을 사유로 등록취소를 당하면 3년에서 폐업기간을 공제한 기간이 결격이므로, 폐업기간이 2년이고, 등록취소되어 1년이 지났다면 결격사유에서 벗어났다.
ㄹ. 개인회생절차 중에 있는 자는 결격이 아니다.

3.

정답 ④

[하] 중개업무

④ 옥외광고물에는 인식할 수 있는 크기로 개업공인중개사의 성명을 표기하여야 하나, 연락처는 표기할 의무가 없다.

4.

정답 ③

[중] 중개업무

③ 법인인 개업공인중개사는 주택 및 상업용 건축물에 대한 관리대행을 할 수 있으므로 오피스텔의 임대차 관리대행을 할 수 있다.
④ 중개보수 제한에 관한 「공인중개사법」 규정들은 공매대상 부동산의 취득의 알선에 대해서도 적용된다(대판 2021.7.29, 2017다243723).

5.

정답 ⑤

[중] 중개사무소의 개설등록

ㄱ, ㄴ, ㄷ, ㄹ 모두 틀린 내용이다.
ㄱ. 미성년자는 중개사무소의 개설등록을 신청할 수 없다.
ㄴ. 사회적 협동조합은 중개사무소의 개설등록을 신청할 수 없다.
ㄷ. 등록관청이 자격 발급 시·도지사에게 확인 요청하므로, 공인중개사 자격증 사본은 제출하지 않는다.
ㄹ. 공인중개사(소속공인중개사 제외) 또는 법인이 아닌 자는 중개사무소의 개설등록을 신청할 수 없으므로, 법인 아닌 사단은 중개사무소의 개설등록을 신청할 수 없다.

6.

정답 ②

[중] 공인중개사 제도

① 자격증 교부는 시·도지사가 합격자 공고일로부터 1개월 이내에 한다.
③ 소비자단체 직원으로 재직하고 있는 사람도 공인중개사 정책심의위원회의 위원이 될 수 있다.
④ 공인중개사 정책심의위원회의 위원이 해당 안건의 대리인이었던 경우 심의위원회의 심의·의결의 제척(除斥)사유에 해당한다.
⑤ 시험 세부공고는 시험시행일 90일 전까지 관보, 일간신문, 방송 중 하나 이상에 공고하고, 인터넷 홈페이지에 게시하여야 한다.

> ✓ 위원의 제척·기피·회피사유
>
> 1. 위원 또는 그 배우자나 배우자이었던 사람이 해당 안건의 당사자(당사자가 법인·단체 등인 경우에는 그 임원 포함)가 되거나 그 안건의 당사자와 공동권리자 또는 공동의무자인 경우
> 2. 위원이 해당 안건의 당사자와 친족이거나 친족이었던 경우
> 3. 위원이 해당 안건에 대하여 증언, 진술, 자문, 조사, 연구, 용역 또는 감정을 한 경우
> 4. 위원이나 위원이 속한 법인·단체 등이 해당 안건의 당사자의 대리인이거나 대리인이었던 경우

7.

정답 ①

[상] 중개업무

옳은 것은 ㄷ이다.
ㄱ. 폐업신고 위반은 100만원 이하의 과태료 부과사유이다.
ㄴ. 중개업의 폐업신고서에 폐업사유 및 폐업기간은 기재하지 않는다. 폐업일을 기재한다.
ㄹ. 중개업의 폐업신고를 한 때에는 지체 없이 그 사무소의 간판을 철거해야 한다.

8.

정답 ③

[하] 중개업무

③ 분사무소 이전신고시에는 분사무소설치신고확인서 원본과 분사무소 확보 증명서류를 첨부하여야 한다.

9.

정답 ①

[중] 중개계약 및 부동산거래정보망

② 전속중개계약의 유효기간은 당사자의 약정이 없는 한 3개월을 원칙으로 한다.
③ 중개보수 및 실비의 금액과 산출내역은 공개할 정보에 해당하지 않는다.
④ 개업공인중개사는 중개대상물에 관한 정보를 7일 내에 공개하여야 한다.
⑤ 의뢰인이 스스로 발견한 상대방과 거래한 경우에는 중개보수의 50% 범위 내에서 개업공인중개사가 지출한 소요비용을 지급해야 한다.

10. 정답 ⑤

중 토지거래허가제도

① 투기적인 거래가 성행하거나 지가가 급격히 상승할 우려가 있는 지역에 대하여도 토지거래허가구역으로 지정할 수 있다.
② 허가구역을 최초로 지정할 때에는 도시계획위원회의 심의만 거치고, 재지정시 도시계획위원회의 심의 전에 미리 시·도지사 및 시장·군수·구청장의 의견을 들어야 한다.
③ 허가구역의 지정은 허가구역 지정공고를 한 날로부터 5일 후에 효력이 발생한다.
④ 동일 시·군·구 안의 일부 지역에 대한 허가구역의 지정은 원칙적으로 시·도지사가 한다.

11. 정답 ⑤

중 중개계약 및 부동산거래정보망

ㄱ, ㄴ, ㄷ 모두 틀린 내용이다.
ㄱ. 개업공인중개사가 아닌 자로부터 중개대상물의 정보공개를 의뢰받아 이를 공개할 수 없다.
ㄴ. 운영규정은 지정을 받은 자가 3개월 내에 제정·승인을 받는 것이므로, 거래정보사업자 지정신청시 운영규정은 첨부하지 않는다.
ㄷ. 「공인중개사법」상 거래정보사업자로 지정을 받지 아니한 자가 부동산거래정보망을 설치·운영한 경우 처벌할 수 있는 규정은 없다.

12. 정답 ④

중 중개업무

① 고용신고는 업무개시 전까지 해야 하고, 고용신고시 등록관청은 교육수료 및 결격사유 해당 여부를 확인하여야 하므로 교육수료증 사본을 첨부하지 않는다.
② 중개보조원은 개업공인중개사와 소속공인중개사를 합한 수의 5배를 초과하여 고용할 수 없다.
③ 중개보조원의 업무상 행위는 개업공인중개사의 행위로 간주된다.
⑤ 고용신고 또는 고용관계 종료신고를 위반한 경우에는 '그 밖의 이 법 위반'으로 업무정지처분을 받을 수 있다.

13. 정답 ④

중 중개업무

인터넷을 이용한 건축물에 대한 표시·광고시 명시할 사항은 4개(ㄱ, ㄴ, ㄹ, ㅁ)이다.

공통 명시사항	인터넷 광고시 추가 명시사항
1. 중개사무소의 명칭, 소재지, 연락처 및 등록번호 2. 개업공인중개사의 성명(법인의 경우 대표자의 성명)	1. 중개대상물의 소재지, 면적, 가격, 종류, 거래 형태 2. 건축물 및 그 밖의 토지의 정착물인 경우: 총 층수, 사용승인일, 방향, 방의 개수, 욕실의 개수, 입주 가능일, 주차대수 및 관리비

⑰ 중개대상물 표시·광고시 명시할 사항

14. 정답 ③

중 개업공인중개사 등의 의무

① 확인·설명은 중개의뢰를 받은 때에 하는 것이며, 그 상대방은 권리취득의뢰인에게 하여야 한다.
② 확인·설명의무 위반은 500만원 이하의 과태료 부과사유이다.
④ 중개계약에 따른 개업공인중개사의 확인·설명의무와 이에 위반한 경우의 손해배상의무는 중개의뢰인이 개업공인중개사에게 소정의 중개보수를 지급하지 아니하였다고 해서 당연히 소멸되는 것이 아니다(대판 2002.2.5, 2001다71484).
⑤ 중개대상물의 상태에 관한 자료요구에 대하여 불응한 경우 개업공인중개사는 이를 권리취득의뢰인에게 설명하고 확인·설명서에 기재해야 한다.

15. 정답 ①

중 개업공인중개사 등의 의무

개업공인중개사 등의 금지행위에 해당하는 것은 ㄱ이다.
ㄱ. 직접거래에 해당한다.
ㄴ. 일방대리행위로서 금지행위가 아니다.
ㄷ. 다른 개업공인중개사의 중개로 거래한 경우는 직접거래가 아니다(대판 1991.3.27, 90도2858).
ㄹ. 중개업을 영위한 것이다.

16. 정답 ⑤

중 부동산거래신고제도

⑤ 부당하게 재산상 이득을 취득할 목적으로 실제 신고대상 계약이 체결되지 아니하였음에도 불구하고 거짓으로 부동산거래신고를 한 경우에는 3년 이하의 징역 또는 3천만원 이하의 벌금에 처한다.

17. 정답 ③

상 중개보수 및 실비

옳은 것은 ㄱ, ㄷ이다.
ㄴ. 주어진 사례는 점유개정으로 주택의 면적이 3분의 1 이므로, 전체에 대하여 주택 외의 중개보수를 적용한다.
ㄷ. 실비이므로, A군이 속한 시·도의 조례에 따른다. 옳은 지문이다.

18. 정답 ③

중 토지거래허가제도

포상금에 관하여 옳은 것은 ㄱ, ㄴ이다.
ㄷ. 실제 거래금액을 거짓으로 부동산거래신고한 자를 신고·고발한 경우 포상금은 과태료 부과금액의 20%를 지급하되, 한도액은 1천만원으로 한다.

19. 정답 ②

중 지도·감독 및 벌칙

② 폐업신고 전에 받은 과태료처분의 효과는 처분일로부터 1년간 재등록 개업공인중개사가 승계한다.

20.
정답 ①

중 교육 및 업무위탁, 포상금 제도

② 포상금은 등록관청이 지급한다.
③ 이중소속한 소속공인중개사는 포상금이 지급되는 신고 · 고발대상이 아니다.
④ 포상금은 국고에서 2분의 1까지 보조할 수 있다.
⑤ 하나의 사건에 대하여 2인 이상이 각각 신고 또는 고발한 경우, 최초로 신고 · 고발한 자에게 포상금을 지급한다.

21.
정답 ④

상 지도 · 감독 및 벌칙

④ 거래계약서에 서명 및 날인하지 아니한 경우는 기준기간이 3개월이다.

22.
정답 ②

하 부동산거래신고제도

② 개업공인중개사가 부동산거래계약신고서를 작성한 경우 개업공인중개사만이 서명 또는 날인하면 족하다.

23.
정답 ④

중 교육, 업무위탁 및 포상금 제도

① 연수교육시간은 12시간 이상 16시간 이하로 한다.
② 직무교육은 시 · 도지사 또는 등록관청이 실시권자이다.
③ 실무교육을 위탁받고자 하는 기관은 강의실을 50m² 이상으로 1개소 이상 확보하여야 한다.
⑤ 부동산거래사고 예방교육 통지 · 공고는 10일 전까지 하면 된다.

24.
정답 ①

중 개업공인중개사 등의 의무

옳은 것은 ㄴ이다.
ㄱ. 거래계약서는 표준서식이 정해진 바가 없다.
ㄷ. 소속공인중개사가 거래계약서에 거래금액을 거짓으로 기재하거나 서로 다른 둘 이상의 거래계약서를 작성한 경우는 자격정지처분사유이다.

25.
정답 ⑤

중 공인중개사협회

① 협회 창립총회에는 회원인 개업공인중개사가 600인 이상, 서울특별시에서는 100인 이상, 광역시 · 도 및 특별자치도에서는 각각 20인 이상의 회원이 참여하여야 한다.
② 지부 · 지회의 설치신고기한은 정해진 바가 없다.
③ 협회에 관하여 공인중개사법령상 규정이 없는 것은 「민법」 중 재단법인에 관한 규정을 적용한다.
④ 공제사업의 지급여력비율은 100분의 100 이상을 유지해야 한다.

26.
정답 ②

상 지도 · 감독 및 벌칙

해당 사유가 발생한 날로부터 3년이 경과한 경우 할 수 없는 행정처분은 업무정지처분을 말하므로, 업무정지처분사유에 해당하는 것은 2개(ㄷ, ㄹ)이다.
ㄱ. 중개사무소의 이전신고를 기한 내에 하지 않은 경우는 100만원 이하의 과태료 부과사유이다.
ㄴ, ㅁ. 필요적 등록취소사유이다.

Ⓥ 업무정지처분사유

1. 결격사유자를 소속공인중개사 또는 중개보조원으로 둔 경우(사유가 발생한 날부터 2개월 이내에 그 사유를 해소한 경우는 제외)
2. 인장등록을 하지 아니하거나 등록하지 아니한 인장을 사용한 경우
3. 국토교통부령으로 정하는 전속중개계약서에 의하지 아니하고 전속중개계약을 체결하거나 계약서를 보존하지 아니한 경우
4. 중개대상물에 관한 정보를 거짓으로 공개하거나 거래정보사업자에게 공개를 의뢰한 중개대상물의 거래가 완성된 사실을 해당 거래정보사업자에게 통보하지 아니한 경우
5. 중개대상물 확인 · 설명서를 교부하지 아니하거나 보존하지 아니한 경우
6. 중개대상물 확인 · 설명서에 서명 및 날인을 하지 아니한 경우
7. 거래계약서를 작성 · 교부하지 아니하거나 보존하지 아니한 경우
8. 거래계약서에 서명 및 날인을 하지 아니한 경우
9. 감독상의 명령을 위반한 경우
10. 임의적(상대적) 등록취소사유의 어느 하나에 해당하는 경우
11. 최근 1년 이내에 이 법에 의하여 2회 이상 업무정지 또는 과태료의 처분을 받고 다시 과태료의 처분에 해당하는 행위를 한 경우
12. 개업공인중개사가 조직한 사업자단체 또는 그 구성원인 개업공인중개사가 「독점규제 및 공정거래에 관한 법률」상의 사업자단체의 금지행위를 위반하여 시정조치 또는 과징금처분을 받은 경우
13. 그 밖에 이 법 또는 이 법에 의한 명령이나 처분을 위반한 경우

27.
정답 ④

상 지도 · 감독 및 벌칙

④ 자격취소처분을 받고 거짓으로 공인중개사 자격증을 반납할 수 없는 사유서를 제출한 자는 100만원 이하의 과태료 부과사유이고, 기준금액은 30만원이다.
① 500만원 이하의 과태료 부과사유로서, 기준금액은 400만원이다.
② 500만원 이하의 과태료 부과사유로서, 기준금액은 100만원이다.
③ 500만원 이하의 과태료 부과사유로서, 기준금액은 500만원이다.
⑤ 500만원 이하의 과태료 부과사유로서, 기준금액은 300만원이다.

28.
정답 ③

중 외국인 등의 부동산취득 등에 관한 특례

③ 생태 · 경관보전지역 내의 토지에 대한 소유권을 취득할 경우 허가를 받아야 하고, 지상권을 취득하는 경우에는 허가를 받을 필요가 없다.

29.
정답 ⑤

하 지도 · 감독 및 벌칙

⑤ 중개보조원 수 제한을 초과하여 중개보조원을 고용한 자는 1년 이하의 징역 또는 1천만원 이하의 벌금에 처한다.

> **Ⅴ 1년 이하의 징역 또는 1천만원 이하의 벌금사유**
>
> 1. 이중등록, 이중소속, 이중사무소
> 2. 중개보조원 수 제한을 초과하여 중개보조원을 고용한 자
> 3. 자격증 · 등록증 양도 · 대여한 자 또는 양수 · 대여 받은 자, 다른 사람에게 자기의 성명 또는 상호를 사용하여 중개업무를 하게 한 자 또는 성명 · 상호를 사용하여 중개업무를 한 자, 이를 알선한 자
> 4. 공인중개사가 아닌 자로서 공인중개사 또는 이와 유사한 명칭을 사용한 자
> 5. 개업공인중개사가 아닌 자로서 공인중개사사무소, 부동산중개 또는 이와 유사한 명칭을 사용한 자
> 6. 개업공인중개사가 아닌 자로서 중개업을 하기 위하여 중개대상물에 대한 표시 · 광고를 한 자
> 7. 개업공인중개사로부터 의뢰받지 아니한 정보를 공개한 경우나 의뢰받은 내용과 다르게 정보를 공개하거나 차별적으로 정보를 공개한 거래정보사업자
> 8. 임시 중개시설물을 설치한 자
> 9. 업무상 비밀을 누설한 개업공인중개사 등(반의사불벌죄)
> 10. 중개대상물의 매매를 업으로 하는 행위를 한 개업공인중개사 등
> 11. 무등록중개업자와 거래한 개업공인중개사 등
> 12. 법정 중개보수 또는 실비를 초과하여 금품을 받은 개업공인중개사 등
> 13. 거짓된 언행 등으로 중개의뢰인의 판단을 그르치게 한 개업공인중개사 등

30.
정답 ①

중 토지거래허가제도

② 처리기간 내에 허가증의 발급 또는 불허가처분 사유의 통지가 없거나 선매협의 사실의 통지가 없는 경우에는 그 기간이 끝난 날의 다음 날에 허가가 있는 것으로 본다.
③ 토지거래허가구역을 축소 · 해제할 경우에도 도시계획위원회의 심의를 거쳐야 한다.
④ 당초의 목적대로 이용하지 아니하고 방치한 경우, 시장 · 군수 · 구청장이 토지취득가액의 100분의 10에 상당하는 금액의 이행강제금을 부과한다.
⑤ 토지거래허가 또는 변경허가를 받지 아니하고 토지거래계약을 체결하거나, 속임수나 그 밖의 부정한 방법으로 토지거래계약허가를 받은 자는 2년 이하의 징역 또는 계약 체결 당시의 개별공시지가에 따른 해당 토지가격의 100분의 30에 해당하는 금액 이하의 벌금에 처한다.

31.
정답 ①

중 주택임대차계약의 신고

옳은 것은 ㄱ, ㄷ이다.
ㄴ. 해당 주택임대차계약을 중개한 개업공인중개사의 성명 및 소속공인중개사 성명은 신고사항이다.
ㄹ. 임대차계약 당사자는 신고 후 해당 주택임대차계약의 보증금, 차임 등 임대차 가격이 변경된 경우에는 변경이 확정된 날부터 30일 이내에 신고하여야 한다.

32.
정답 ⑤

중 토지거래허가제도

① 주거지역: 60m² 이하
② 상업지역: 150m² 이하
③ 녹지지역: 200m² 이하
④ 도시지역 외의 지역에 위치한 농지: 500m² 이하

> **Ⅴ 허가가 필요 없는 기준면적**
>
> | 도시지역 | 도시지역 외 |
> |---|---|
> | • 주거지역: 60m² 이하
• 상업지역: 150m² 이하
• 공업지역: 150m² 이하
• 녹지지역: 200m² 이하
• 미지정 지역: 60m² 이하 | • 250m² 이하
• 농지: 500m² 이하
• 임야: 1,000m² 이하 |

33.
정답 ④

중 중개대상물의 조사 · 확인

옳은 것은 ㄱ, ㄷ이다.
ㄱ. 대판 2021.5.27, 2020다295892
ㄴ. 가족 자연장지의 면적은 100m² 미만으로 설치할 수 있다.

34.
정답 ②

중 개별적 중개실무

② 주택임대차계약을 서면으로 체결할 때에는 당사자가 다른 서식을 사용하기로 합의한 경우를 제외하고 법무부장관이 국토교통부장관과 협의하여 정하는 주택임대차표준계약서를 우선적으로 사용한다.

35.
정답 ③

상 중개대상물의 조사 · 확인

③ 중개보수는 거래예정금액을 기준으로 계산하여 적는다.

36.
정답 ②

상 개별적 중개실무

② 판례(대판 2021.6.3, 2016다34007)로서 옳은 지문이다.
① 甲과 乙간의 명의신탁은 불법원인급여가 아니나(대판 2019.6.20, 2013다218156 전원합의체), 명의신탁약정과 등기는 무효이다.
③ 丙 명의의 등기는 유효하고, 丙은 선악 불문 X토지의 소유권을 취득한다. 다만, 丙이 乙의 배신행위에 적극 가담한 경우에는 취득하지 못한다(대판 1992.6.9, 91다29842).
④ 乙은 물건 보관자의 지위에 있다고 볼 수 없어 횡령죄가 아니다(대판 2021.2.18, 2016도18761 전원합의체).
⑤ 신탁자인 甲은 5년 이하의 징역 또는 2억원 이하의 벌금에 처한다.

37.

정답 ⑤

개별적 중개실무

ㄱ, ㄴ, ㄷ, ㄹ 모두 옳은 내용이다.
ㄱ.「상가건물 임대차보호법」에서 기간을 정하지 않은 임대차는 그 기간을 1년으로 간주하지만, 대통령령으로 정한 보증금액을 초과하는 임대차는 위 규정이 적용되지 않으므로, 임대차기간이 정해져 있음을 전제로 기간 만료 6개월 전부터 1개월 전까지 사이에 행사하도록 규정된 임차인의 계약갱신요구권은 발생할 여지가 없다(대판 2021. 12.30, 2021다233730).

38.

정답 ④

개별적 중개실무

① 기일입찰에서 매수신청의 보증금액은 최저매각가격의 10분의 1로 한다.
② 최고가매수신고를 한 사람이 둘 이상인 때에는 그들에게만 다시 입찰하게 하여 최고가매수신고인을 정한다(추가입찰).
③ 미등기의 건물이라도 채무자의 소유로써 건축허가나 건축신고가 된 건물이라면 강제경매를 신청할 수 있다.
⑤ 배당요구에 따라 매수인이 인수하여야 할 부담이 바뀌는 경우 배당요구를 한 채권자는 배당요구의 종기가 지난 뒤에는 이를 철회할 수 없다.

39.

정답 ③

중개실무

옳은 것은 ㄷ, ㄹ이다
ㄱ. 중개거래이므로 부동산거래신고는 개업공인중개사 A가 하여야 한다.
ㄴ. 소유권이전등기는 60일 내에 신청하여야 한다.

ⓥ 공부상 불일치(대장 ≠ 등기사항증명서)의 해결

1. 물적 사항(소재지, 면적 등)의 불일치: 토지대장·건축물대장 우선
2. 권리자의 인적사항 및 소유지분의 불일치: 등기사항증명서 우선
3. 현실의 경계와 공부상의 경계 불일치: 공부상의 경계 우선

40.

정답 ①

개별적 중개실무

① 중개 실무교육을 이수하고 1년이 경과되지 않은 경우라도 경매 실무교육은 별도로 받아야 한다.

41	42	43	44	45	46	47	48	49	50
③	⑤	⑤	④	④	⑤	④	③	⑤	②
51	52	53	54	55	56	57	58	59	60
③	③	⑤	②	①	③	③	④	①	④
61	62	63	64	65	66	67	68	69	70
②	③	②	③	③	④	①	③	⑤	①
71	72	73	74	75	76	77	78	79	80
②	④	②	⑤	③	④	⑤	③	③	①

선생님의 한마디

제10회는 난이도 상이 13문제, 중이 18문제, 하가 9문제입니다. 난이도 중, 하가 27문제이므로 조금 어렵게 출제했습니다. 60점 이상의 점수를 기대하며, 난이도 중, 하인 문제를 틀렸다면 확실하게 정리해서 다음에는 반드시 맞힐 수 있도록 해야 합니다. 마지막 10회차까지 마치신 여러분은 이미 합격자입니다. ^^ 시험은 어느 정도 운도 따라야 합니다. 그러나 그 운이라는 것도 열심히 하는 사람에게 오는 것입니다. 끝까지 방심하지 말고, 컨디션 조절 잘하길 바라며, 최선을 다하신 여러분의 합격을 기원하고, 응원합니다. 아자아자 파이팅~!!!

41.

정답 ③

도시·군기본계획

③ 생활권계획은 관할 특별시장·광역시장·특별자치시장·특별자치도지사·시장 또는 군수가 수립한다. 국토교통부장관은 수립권자 및 승인권자가 되지 않는다.

42.

정답 ⑤

용도지역·용도지구·용도구역

⑤ 장례시설은 건축할 수 없다.

ⓥ 자연취락지구에서 건축할 수 있는 건축물(4층 이하의 건축물에 한함)

1. 단독주택
2. 제1종 근린생활시설
3. 제2종 근린생활시설(휴게음식점, 일반음식점, 제조업소·수리점, 단란주점 및 안마시술소는 제외한다)
4. 운동시설
5. 창고(농업·임업·축산업·수산업용만 해당한다)
6. 동물 및 식물 관련 시설
7. 교정시설
8. 국방·군사시설
9. 방송통신시설
10. 발전시설

43.
정답 ⑤

① 「자연공원법」에 따른 자연공원: 60% 이하
② 집단취락지구에 대하여는 개발제한구역의 지정 및 관리에 관한 특별 조치법령이 정하는 바에 따른다.
③ 수산자원보호구역: 40% 이하
④ 자연녹지지역에 지정된 개발진흥지구: 30% 이하

Ⓥ 건폐율의 조정

다음의 어느 하나에 해당하는 지역에서의 건폐율에 관한 기준은 80% 이하의 범위에서 대통령령으로 정하는 기준에 따라 특별시 · 광역시 · 특별자치시 · 특별자치도 · 시 또는 군의 조례로 정하는 비율 이하로 한다.
1. 취락지구: 60% 이하(집단취락지구에 대하여는 개발제한구역의 지정 및 관리에 관한 특별조치법령이 정하는 바에 따른다)
2. 개발진흥지구(도시지역 외의 지역 또는 자연녹지지역만 해당한다)
   • 도시지역 외의 지역에 지정된 경우: 40% 이하
   • 자연녹지지역에 지정된 경우: 30% 이하
3. 수산자원보호구역: 40% 이하
4. 「자연공원법」에 따른 자연공원: 60% 이하
5. 「산업입지 및 개발에 관한 법률」에 따른 농공단지: 70% 이하
6. 공업지역에 있는 「산업입지 및 개발에 관한 법률」에 따른 국가산업단지 · 일반산업단지 · 도시첨단산업단지 및 준산업단지: 80% 이하

44.
정답 ④

① 지구단위계획구역의 지정과 지구단위계획의 수립에 관한 사항: 대상 토지면적의 3분의 2 이상
② 기반시설의 설치에 관한 사항: 대상 토지면적의 5분의 4 이상
③ 용도지구 중 해당 용도지구에 따른 건축물이나 그 밖의 시설의 용도 · 종류 및 규모 등의 제한을 지구단위계획으로 대체하기 위한 용도지구의 지정에 관한 사항: 대상 토지면적의 3분의 2 이상
⑤ 도시 · 군계획시설입체복합구역의 지정 및 변경과 도시 · 군계획시설입체복합구역의 건축제한 · 건폐율 · 용적률 · 높이 등에 관한 사항: 대상 토지면적의 3분의 2 이상

Ⓥ 제안 전 동의

도시 · 군관리계획의 입안을 제안하려는 자는 다음의 구분에 따라 토지소유자의 동의를 받아야 한다. 이 경우 동의 대상 토지면적에서 국 · 공유지는 제외한다.
1. 기반시설의 설치 · 정비 또는 개량에 관한 사항에 대한 제안의 경우: 대상 토지면적의 5분의 4 이상
2. 지구단위계획구역의 지정 및 변경과 지구단위계획의 수립 및 변경에 관한 사항, 용도지구의 지정 및 변경에 관한 사항 또는 도시 · 군계획시설입체복합구역의 지정 및 변경과 도시 · 군계획시설입체복합구역의 건축제한 · 건폐율 · 용적률 · 높이 등에 관한 사항에 대한 제안의 경우: 대상 토지면적의 3분의 2 이상

45.
정답 ④

④ 공동구의 관리에 소요되는 비용은 그 공동구를 점용하는 자가 함께 부담하되, 부담비율은 점용면적을 고려하여 공동구관리자가 정한다.

46.
정답 ⑤

해당하는 법률은 ㄱ, ㄴ, ㄷ 모두이다.

47.
정답 ④

④ 시 · 도지사가 결정하는 공간재구조화계획 중 복합용도구역 지정 및 입지 타당성 등에 관한 사항은 중앙도시계획위원회의 심의를 거쳐야 한다.

Ⓥ 협의 · 심의

국토교통부장관 또는 시 · 도지사가 공간재구조화계획을 결정하려면 미리 관계 행정기관의 장(국토교통부장관을 포함한다)과 협의하고 다음에 따라 중앙도시계획위원회 또는 지방도시계획위원회의 심의를 거쳐야 한다.
1. 다음의 어느 하나에 해당하는 사항은 중앙도시계획위원회의 심의를 거친다.
   • 국토교통부장관이 결정하는 공간재구조화계획
   • 시 · 도지사가 결정하는 공간재구조화계획 중 도시혁신구역과 복합용도구역의 지정 및 입지 타당성 등에 관한 사항
2. 1.을 제외한 공간재구조화계획에 대하여는 지방도시계획위원회의 심의를 거친다.

48.
정답 ③

③ 「건축법」에 따른 건축선의 지정은 완화적용할 수 있는 규정이 아니다.

Ⓥ 지구단위계획구역의 행위제한 등의 완화적용

지구단위계획구역에서는 다음의 각 법률의 규정을 대통령령으로 정하는 범위에서 지구단위계획으로 정하는 바에 따라 완화하여 적용할 수 있다.

「국토의 계획 및 이용에 관한 법률」	용도지역 및 용도지구에서의 건축물의 건축제한 등(제76조), 용도지역의 건폐율(제77조), 용도지역에서의 용적률(제78조)
「건축법」	대지의 조경(제42조), 공개공지 등의 확보(제43조), 대지와 도로의 관계(제44조), 건축물의 높이제한(제60조), 일조 등의 확보를 위한 높이제한(제61조)
「주차장법」	부설주차장의 설치 · 지정(제19조), 부설주차장 설치계획서(제19조의2)

49.
정답 ⑤

해당하는 경우는 ㄱ, ㄴ, ㄷ, ㄹ 모두이다.

Ⓥ 경미한 행위 - 토지분할

1. 「사도법」에 의한 사도개설허가를 받은 토지의 분할
2. 토지의 일부를 국유지 또는 공유지로 하거나 공공시설로 사용하기 위한 토지의 분할
3. 행정재산 중 용도폐지되는 부분의 분할 또는 일반재산을 매각 · 교환 또는 양여하기 위한 분할
4. 토지의 일부가 도시 · 군계획시설로 지형도면 고시가 된 해당 토지의 분할
5. 너비 5m 이하로 이미 분할된 토지의 「건축법」에 따른 분할제한면적 이상으로의 분할

50.

중 개발행위의 허가 등

② 기반시설부담구역이란 개발밀도관리구역 외의 지역으로서 개발로 인하여 도로, 공원, 녹지 등 대통령령으로 정하는 기반시설의 설치가 필요한 지역을 대상으로 기반시설을 설치하거나 그에 필요한 용지를 확보하게 하기 위하여 지정·고시하는 구역을 말한다.

51.

상 도시·군계획시설

ㄱ: 5, ㄴ: 7
도시·군계획시설결정의 고시일부터 10년 이후에 실시계획을 작성하거나 인가받은 도시·군계획시설사업의 시행자(이하 '장기미집행 도시·군계획시설사업의 시행자'라 한다)가 실시계획 고시일부터 '5'년 이내에 「공익사업을 위한 토지 등의 취득 및 보상에 관한 법률」에 따른 재결신청을 하지 않는 경우에는 실시계획 고시일부터 '5'년이 지난 다음 날에 그 실시계획은 효력을 잃는다. 다만, 장기미집행 도시·군계획시설사업의 시행자가 재결신청을 하지 않고 실시계획 고시일부터 '5'년이 지나기 전에 해당 도시·군계획시설사업에 필요한 토지면적의 3분의 2 이상을 소유하거나 사용할 수 있는 권원을 확보하고 실시계획 고시일부터 '7'년 이내에 재결신청을 하지 않는 경우 실시계획 고시일부터 '7'년이 지난 다음 날에 그 실시계획은 효력을 잃는다.

52.

중 개발행위의 허가 등

③ 성장관리계획구역 내 자연녹지지역에서는 30% 이하의 범위에서 성장관리계획으로 정하는 바에 따라 건폐율을 완화하여 적용할 수 있다.

53.

중 도시개발구역의 지정 등

⑤ 취락지구에 대하여 도시개발구역이 지정·고시된 경우에는 도시지역과 지구단위계획구역으로 결정·고시된 것으로 보지 않는다.

54.

상 도시개발사업의 시행

해당하는 경우는 ㄱ, ㄴ이다.
ㄷ. 도시개발구역의 국·공유지를 제외한 토지면적의 2분의 1 이상에 해당하는 토지소유자 및 토지소유자 총수의 2분의 1 이상이 지방자치단체 등의 시행에 동의한 경우이다.

55.

상 도시개발사업의 시행

① 원형지로 공급될 대상 토지 및 개발방향은 개발계획의 내용이고, 정관에 포함될 사항이 아니다.

Ⅴ 설립인가

조합을 설립하려면 도시개발구역의 토지소유자 7명 이상이 다음의 사항을 포함한 정관을 작성하여 지정권자에게 조합설립의 인가를 받아야 한다.
1. 도시개발사업의 명칭, 도시개발구역의 면적
2. 조합의 명칭, 주된 사무소의 소재지
3. 사업목적, 사업의 범위 및 사업기간
4. 임원의 자격·수·임기·직무 및 선임방법
5. 총회의 구성, 기능, 의결권의 행사방법, 그 밖에 회의운영에 관한 사항
6. 대의원회 또는 이사회를 두는 경우에는 그 구성, 기능, 의결권의 행사방법, 그 밖에 회의운영에 관한 사항
7. 비용부담에 관한 사항
8. 토지평가협의회의 구성 및 운영에 관한 사항
9. 토지 등 가액 평가방법에 관한 사항
10. 환지계획 및 환지예정지의 지정에 관한 사항
11. 보류지 및 체비지의 관리·처분에 관한 사항
12. 청산에 관한 사항 … (이하 22.까지 생략)

56.

중 도시개발사업의 시행

① 계획적이고 체계적인 도시개발 등 집단적인 조성과 공급이 필요한 경우 수용 또는 사용방식으로 정한다.
② 분할 혼용방식, 미분할 혼용방식 모두 인정된다.
④ 공공시행자가 도시개발사업의 시행방식을 수용 또는 사용방식에서 전부 환지방식으로 변경하는 경우이다.
⑤ 도시개발조합을 제외한 시행자가 도시개발사업의 시행방식을 수용 또는 사용방식에서 혼용방식으로 변경하는 경우이다.

57.

중 도시개발사업의 시행

③ 도시·군관리계획(지구단위계획을 포함한다)의 결정내용은 관할 등기소에 통보·제출하는 사항이 아니다.

Ⅴ 실시계획 고시사항의 통보·제출

지정권자는 도시개발사업을 환지방식으로 시행하는 구역에 대하여는 실시계획의 고시사항 중 1.부터 3.까지의 사항과 토지조서를 관할 등기소에 통보·제출해야 한다.
1. 사업의 명칭과 목적
2. 도시개발구역의 위치 및 면적
3. 시행자, 시행기간 및 시행방식
4. 도시·군관리계획(지구단위계획을 포함한다)의 결정내용
5. 인가된 실시계획에 관한 도서의 열람기간 및 열람장소

58.

중 도시개발사업의 시행

옳은 것은 ㄱ, ㄴ, ㄹ이다.
ㄷ. 환지계획에서 정해진 환지는 그 환지처분이 공고된 날의 다음 날부터 종전의 토지로 본다.

59.

상 기본계획의 수립 및 정비구역의 지정

① 정비구역의 면적을 10% 미만의 범위에서 변경하는 경우(정비구역을 분할, 통합 또는 결합하는 경우를 제외한다)이다.

60.
정답 ④

중 정비사업의 시행

ㄱ: 5분의 1, ㄴ: 10분의 1, ㄷ: 3분의 2
총회는 조합장이 직권으로 소집하거나 조합원 '5분의 1' 이상(정관의 기재사항 중 조합임원의 권리·의무·보수·선임방법·변경 및 해임에 관한 사항을 변경하기 위한 총회의 경우는 '10분의 1' 이상으로 한다) 또는 대의원 '3분의 2' 이상의 요구로 조합장이 소집한다.

61.
정답 ②

중 기본계획의 수립 및 정비구역의 지정

② 토지의 형질변경은 해당하지 않는다.

> **Ⓥ 정비구역에서의 행위의 소급제한**
>
> 국토교통부장관, 시·도지사, 시장, 군수 또는 구청장은 비경제적인 건축행위 및 투기수요의 유입을 막기 위하여 기본계획을 공람 중인 정비예정구역 또는 정비계획을 수립 중인 지역에 대하여 3년 이내의 기간(1년의 범위에서 한 차례만 연장할 수 있다)을 정하여 다음의 행위를 제한할 수 있다.
> 1. 건축물의 건축
> 2. 토지의 분할
> 3. 「건축법」에 따른 건축물대장 중 일반건축물대장을 집합건축물대장으로 전환
> 4. 「건축법」에 따른 건축물대장 중 집합건축물대장의 전유부분 분할

62.
정답 ③

중 정비사업의 시행

ㄱ: 90, ㄴ: 40
국토교통부장관, 시·도지사, 시장, 군수, 구청장 또는 토지주택공사 등은 정비구역의 세입자와 다음에 정하는 면적 이하의 토지 또는 주택을 소유한 자의 요청이 있는 경우에는 인수한 재개발임대주택의 일부를 「주택법」에 따른 토지임대부 분양주택으로 전환하여 공급해야 한다.
1. 면적이 '90㎡ 미만의 토지를 소유한 자로서 건축물을 소유하지 않은 자
2. 바닥면적이 '40㎡ 미만의 사실상 주거를 위하여 사용하는 건축물을 소유한 자로서 토지를 소유하지 않은 자

63.
정답 ②

하 정비사업의 시행

② 퇴임된 임원이 퇴임 전에 관여한 행위는 그 효력을 잃지 않는다.

64.
정답 ③

하 정비사업의 시행

③ 분양대상자별 종전의 토지 또는 건축물 명세 및 사업시행계획인가 고시가 있은 날을 기준으로 한 가격이다.

> **Ⓥ 관리처분계획의 내용**
>
> 1. 분양설계
> 2. 분양대상자의 주소 및 성명
> 3. 분양대상자별 분양예정인 대지 또는 건축물의 추산액(임대관리 위탁주택에 관한 내용을 포함한다)

> 4. 다음에 해당하는 보류지 등의 명세와 추산액 및 처분방법
>   • 일반 분양분
>   • 공공지원민간임대주택
>   • 임대주택
>   • 그 밖에 부대시설·복리시설 등
> 5. 분양대상자별 종전의 토지 또는 건축물 명세 및 사업시행계획인가 고시가 있은 날을 기준으로 한 가격
> 6. 정비사업비의 추산액(재건축사업의 경우에는 「재건축초과이익 환수에 관한 법률」에 따른 재건축부담금에 관한 사항을 포함한다) 및 그에 따른 조합원 분담규모 및 분담시기
> 7. 분양대상자의 종전 토지 또는 건축물에 관한 소유권 외의 권리명세
> 8. 세입자별 손실보상을 위한 권리명세 및 그 평가액
> 9. 그 밖에 대통령령으로 정하는 사항: 기존 건축물의 철거 예정시기 등

65.
정답 ③

하 주택의 건설 등

• 주택조합은 설립인가를 받은 날부터 '2년' 이내에 사업계획승인을 신청해야 한다.
• 주택조합의 발기인은 조합원 모집신고가 수리된 날부터 '2년'이 되는 날까지 주택조합설립인가를 받지 못하는 경우 대통령령으로 정하는 바에 따라 주택조합 가입 신청자 전원으로 구성되는 총회의결을 거쳐 주택조합사업의 종결 여부를 결정하도록 해야 한다.

66.
정답 ④

중 주택법 총칙

① 세대구분형 공동주택은 공동주택의 주택 내부공간의 일부를 세대별로 구분하여 생활이 가능한 구조로 하되, 그 구분된 공간의 일부를 구분소유할 수 없는 주택이다.
② 국가·지방자치단체의 재정으로부터 자금을 지원받아 건설되거나 개량되는 주택으로서 국민주택규모 이하인 주택은 국민주택에 해당한다.
③ 공동주택의 경우 주거전용면적은 외벽의 내부선을 기준으로 산정한 면적으로 한다.
⑤ 도시형 생활주택이란 300세대 미만의 국민주택규모에 해당하는 주택으로서 「국토의 계획 및 이용에 관한 법률」에 따른 도시지역에 건설하는 소형 주택, 단지형 연립주택 및 단지형 다세대주택을 말한다.

67.
정답 ①

중 주택의 건설 등

옳은 것은 ㄱ, ㄴ이다.
ㄷ. 체비지의 양도가격은 국토교통부령으로 정하는 바에 따라 「감정평가 및 감정평가사에 관한 법률」에 따른 감정평가법인 등이 감정평가한 감정가격을 기준으로 한다. 다만, 임대주택을 건설하는 경우 등 국토교통부령으로 정하는 경우에는 국토교통부령으로 정하는 조성원가를 기준으로 할 수 있다.
ㄹ. 도시개발사업 시행자는 체비지를 사업주체에게 국민주택용지로 매각하는 경우에는 경쟁입찰로 해야 한다. 다만, 매각을 요구하는 사업주체가 하나일 때에는 수의계약으로 매각할 수 있다.

68.
정답 ③

상 리모델링

③ 1층을 필로티 구조로 전용하는 경우 수직증축 허용범위를 초과하여 증축하는 것이 아니어야 한다.

69.
정답 ⑤

상 주택의 건설 등

해당하는 사항은 ㄱ, ㄴ, ㄷ, ㄹ, ㅁ 모두이다.

70.
정답 ①

중 주택의 공급

① 주택에 대한 전매행위 제한기간이 둘 이상에 해당하는 경우에는 그 중 가장 긴 전매행위 제한기간을 적용한다. 다만, 조정대상지역 중 위축지역에서 건설·공급되는 주택의 경우에는 가장 짧은 전매행위 제한기간을 적용한다.

71.
정답 ②

상 주택의 건설 등

② 이의신청 결과 시정통지가 3회 이상 잘못된 것으로 판정된 경우이다.

72.
정답 ④

하 건축법 총칙

- 아파트: 주택으로 쓰는 층수가 5개 층 이상인 주택
- 연립주택: 주택으로 쓰는 1개 동의 바닥면적(2개 이상의 동을 지하주차장으로 연결하는 경우에는 각각의 동으로 본다) 합계가 660m²를 초과하고, 층수가 4개 층 이하인 주택
- 임대형기숙사: 「공공주택 특별법」에 따른 공공주택사업자 또는 「민간임대주택에 관한 특별법」에 따른 임대사업자가 임대사업에 사용하는 것으로서 임대목적으로 제공하는 실이 '20'실 이상이고 해당 기숙사의 공동취사시설 이용 세대수가 전체 세대수의 50% 이상인 것

73.
정답 ②

중 건축물의 건축

② 허가권자는 연면적이 1천m² 이상인 건축물(「주택도시기금법」에 따른 주택도시보증공사가 분양보증을 한 건축물, 「건축물의 분양에 관한 법률」에 따른 분양보증이나 신탁계약을 체결한 건축물은 제외한다)로서 해당 지방자치단체의 조례로 정하는 건축물에 대하여는 착공신고를 하는 건축주(「한국토지주택공사법」에 따른 한국토지주택공사 또는 「지방공기업법」에 따라 건축사업을 수행하기 위하여 설립된 지방공사는 제외한다)에게 장기간 건축물의 공사현장이 방치되는 것에 대비하여 안전관리예치금을 건축공사비의 1%의 범위에서 예치하게 할 수 있다.

74.
정답 ⑤

중 건축물의 건축

⑤ 연면적이 200m² 미만이고 3층 미만인 건축물의 대수선이다.

75.
정답 ③

상 건축물의 대지와 도로

해당하는 것은 ㄱ, ㄷ이다.
ㄴ. 건축물의 주변에 광장, 공원, 유원지, 그 밖에 관계 법령에 따라 건축이 금지되고 공중의 통행에 지장이 없는 공지로서 허가권자가 인정한 공지가 있는 경우이다.

76.
정답 ④

하 지역 및 지구의 건축물

④ 지표면으로부터 1m 이하에 있는 부분(창고 중 물품을 입출고하기 위하여 차량을 접안시키는 부분의 경우에는 지표면으로부터 1.5m 이하에 있는 부분)이다.

77.
정답 ⑤

상 건축물의 구조·재료 및 건축설비

⑤ 숙박시설 중 다중생활시설이다.

78.
정답 ③

하 건축협정 및 결합건축

③ 건축협정을 폐지하려는 경우에는 협정체결자 과반수의 동의를 받아 건축협정인가권자의 인가를 받아야 한다.

79.
정답 ③

중 농지의 이용

① 개인이 소유하고 있는 농지 중 3년 이상 소유한 농지는 주말·체험영농을 하려는 자에게 임대할 수 있다.
② 시장·군수·구청장이 임대차의 종료를 명할 수 있다.
④ 농지의 임대차기간은 3년 이상으로 해야 한다. 다만, 다음의 어느 하나에 해당하는 농지의 경우에는 5년 이상으로 해야 한다.
- 농지의 임차인이 다년생식물의 재배지로 이용하는 농지
- 농지의 임차인이 농작물의 재배시설로서 고정식온실 또는 비닐하우스를 설치한 농지
⑤ 국유재산과 공유재산인 농지에 대하여는 「농지법」 제24조(임대차·사용대차 계약방법과 확인), 제24조의2(임대차기간), 제24조의3(임대차계약에 관한 조정 등), 제25조(묵시의 갱신), 제26조(임대인의 지위승계) 및 제26조의2(강행규정)를 적용하지 않는다.

80.
정답 ①

하 농지의 소유

① 담보농지를 취득하여 소유하는 경우는 위탁경영할 수 있는 경우가 아니다.

2교시

제1과목 부동산 공시에 관한 법령 및 부동산 관련 세법

1	2	3	4	5	6	7	8	9	10
③	①	⑤	①	①	③	③	④	⑤	④
11	12	13	14	15	16	17	18	19	20
③	④	④	②	④	⑤	①	③	②	④
21	22	23	24	25	26	27	28	29	30
⑤	③	②	⑤	⑤	①	③	①	①	④
31	32	33	34	35	36	37	38	39	40
②	③	③	⑤	④	②	④	⑤	⑤	②

선생님의 한마디 💬

10회분 문제풀이가 끝났습니다. 지금까지 풀어본 문제 중에서 틀린 문제를 다시 확인하는 과정이 필요합니다. 자주 틀리는 부분을 다시 한 번 풀어보시기 바랍니다. 수고하셨습니다. 충분히 합격할 수 있습니다!!!

1.   정답 ③

중 토지의 등록

③ 지적확정측량 지역에 부여할 수 있는 종전 지번의 수가 새로 부여할 지번의 수보다 적을 때에는 블록 단위로 하나의 본번을 부여한 후 필지별로 부번을 부여할 수 있다.

2.   정답 ①

하 토지의 등록

옳은 것은 ㄱ, ㄴ이다.
ㄷ. 용수 또는 배수를 위하여 일정한 형태를 갖춘 인공적인 수로·둑 및 그 부속시설물의 부지와 자연의 유수가 있거나 있을 것으로 예상되는 소규모 수로부지는 '구거'로 한다.
ㄹ. 「주차장법」에 따른 노상주차장은 '도로'로 하고, 부설주차장은 일반적으로 '대'로 한다.
ㅁ. 일반 공중의 보건·휴양 및 정서생활에 이용하기 위한 시설을 갖춘 토지로서 「국토의 계획 및 이용에 관한 법률」에 따라 녹지로 결정·고시된 토지는 '공원'으로 한다.

3.   정답 ⑤

하 토지의 등록

⑤ 토지의 고유번호 11번째가 2이므로 임야도에 등록된 토지이며 축척이 천 단위인 지역(1/3,000, 1/6,000)에 해당한다. 면적에 234는 등록이 되고 단수처리는 0.5454이므로 0.5를 초과하여 올림하여야 한다. 따라서 면적은 235m²로 등록한다.

4.   정답 ①

하 지적공부

① 토지대장에 소유자의 성명과 주소 및 주민등록번호, 지적도의 번호와 필지별 토지대장의 장번호 및 축척을 등록지만, 소유권 지분은 등록하지 아니한다.

5.   정답 ①

중 지적공부

② 좌표는 지적도면의 등록사항이 아니다.
③ 79-1의 좌측에 등록된 50.42는 좌표에 의하여 계산한 경계점간의 거리를 나타낸다.
④ 도곽선 수치를 계산하면 위 도면의 포용면적은 30,000m²이다.
⑤ 위 도면의 도로 중간에 표시된 ○는 지적도근점을 나타낸다.

6.   정답 ③

하 지적공부

• '국토교통부장관'은 정보처리시스템에 따라 보존하여야 하는 지적공부가 멸실되거나 훼손될 경우를 대비하여 지적공부를 복제하여 관리하는 정보관리체계를 구축하여야 한다.
• '지적소관청'은 부동산종합공부의 멸실 또는 훼손에 대비하여 별도로 복제하여 관리하는 정보관리체계를 구축하여야 한다.

7.   정답 ③

중 토지의 이동 및 지적정리

③ 합병하려는 토지에 소유권·지상권·전세권 또는 임차권의 등기, 승역지에 대한 지역권의 등기 외의 등기가 있는 경우에 합병할 수 없다.

8.   정답 ④

상 토지의 이동 및 지적정리

① '확정공고일 현재를 기준'이 아니라 '시행공고일 현재를 기준'이다.
② '구두로 합의'가 아니라 '서면으로 합의'이다.
③ '6개월 이내'가 아니라 '1개월 이내'이다.
⑤ 합병하려는 토지가 축척이 다른 지적도에 등록되어 있어 축척변경을 하는 경우에 축척변경위원회의 의결과 시·도지사 등의 승인을 요하지 아니한다.

9.   정답 ⑤

중 토지의 이동 및 지적정리

틀린 것은 ㄴ, ㄷ, ㄹ이다.
ㄴ. 지적소관청은 지적위원회의 의결에 따라 지적공부의 등록사항을 정정해야 하는 경우에는 직권으로 등록사항을 정정할 수 있다.
ㄷ. 토지소유자의 신청에 의한 등록사항을 정정하는 경우에 경계 또는 면적의 변경을 가져오는 경우에는 등록사항 정정 측량성과도를 지적소관청에 제출하여야 한다.
ㄹ. 지적소관청이 토지소유자의 신청에 따라 미등기토지의 소유자에 관한 사항을 정정하는 경우에 그 등록사항이 명백히 잘못된 경우에는 가족관계 기록사항에 관한 증명서에 따라 정정하여야 한다(미등기토지이므로 지적소관청의 직권정정은 없다).

10.

하 지적측량

④ 지적소관청은 측량성과가 정확하다고 인정하면 지적측량성과도를 지적측량수행자에게 발급하여야 한다.

11.

정답 ③

상 지적측량

③ 도시개발사업 등이 끝남에 따라 하는 '지적확정측량'이 옳은 표현이다.

12.

정답 ④

중 지적공부

시·도지사 또는 대도시 시장의 승인사항인 것은 ㄱ, ㄷ, ㄹ, ㅁ이다.
ㄴ. 지적공부의 복구의 경우 시·도지사의 승인을 요하지 아니한다.

13.

정답 ④

중 부동산등기법 총칙

④ 권리소멸약정등기, 공유물불분할약정등기는 부기등기에 의한다.

14.

정답 ②

하 등기기관과 설비

② 대리인이 신청서나 그 밖의 부속서류의 열람을 신청할 때에는 신청서에 그 권한을 증명하는 서면을 첨부하여야 한다.

15.

정답 ④

중 등기절차 총론

④ 전자신청의 경우에 보정사항이 있는 경우 등기관은 사유를 등록한후 전자우편, 구두, 전화, 기타 모사전송의 방법에 의해 사유를 신청인에게 통지하여야 한다. 전자우편 방법만 가능한 것이 아니다.

16.

정답 ⑤

중 등기절차 총론

⑤ 소유권이전청구권 가등기를 등기권리자가 법원의 가등기 가처분명령을 받아 단독으로 신청한 경우에는 등기신청인과 등기명의인이 일치하는 경우이므로 등기필정보를 작성하여 교부한다.

17.

정답 ①

상 표시에 관한 등기

② 등기명의인 표시경정등기는 등기명의인의 표시를 경정하는 등기이므로 단독소유를 공유로, 공유를 단독소유로 하는 경정등기는 허용되지 아니한다.

③ 직권경정등기는 등기상 이해관계 있는 제3자가 있는 경우에 제3자의 승낙이 있으면 허용된다.

④ 존재하지 아니하는 건물에 대한 등기가 있을 때에는 그 소유권의 등기명의인은 지체 없이 그 건물의 멸실등기를 신청하여야 한다.

⑤ 법정상속분대로 상속등기된 후 협의분할에 의한 소유권경정등기는 허용된다.

18.

정답 ③

중 권리에 관한 등기

③ 미등기토지에 대한 공유물분할판결은 형성판결이지만 판결이유에 소유자임이 나타나므로 이에 해당하는 판결이다.

19.

정답 ②

중 권리에 관한 등기

직권으로 말소할 수 없는 등기에 해당하는 것은 ㄴ, ㄹ이다.
토지수용으로 인한 소유권이전등기를 하는 경우에는 ㄴ. 수용의 개시일 이전의 상속을 원인으로 한 소유권이전등기와 ㄹ. 그 부동산을 위하여 존재하는 지역권의 등기와 토지수용위원회의 재결에 의하여 인정된 권리는 등기관이 이를 직권으로 말소할 수 없다.

20.

정답 ④

상 권리에 관한 등기

④ 법원은 수탁자 해임의 재판을 한 경우 지체 없이 신탁원부 기록의 변경등기를 등기소에 촉탁하여야 한다.

21.

정답 ⑤

중 권리에 관한 등기

⑤ 등기관이 임차권설정등기를 할 때에 임차보증금에 대하여 등기원인에 그 사항이 있는 경우에만 등기기록에 기록한다. 임의적 기록사항이 등기원인정보에 있으면 등기신청정보에 기록하여야 한다.

22.

정답 ③

중 권리에 관한 등기

③ 근저당권의 피담보채권이 확정된 후에 근저당권의 기초가 되는 기본계약상의 채권자 지위가 제3자에게 전부 양도된 경우, 그 근저당권자 및 채권양수인은 확정채권 양도를 원인으로 하여 근저당권이전등기를 신청할 수 있다.

23.

정답 ②

중 권리에 관한 등기

① 가등기를 명하는 법원의 가처분명령이 있는 경우에는 단독으로 가등기를 신청할 수 있다.

③ 하나의 가등기에 관하여 여러 사람의 가등기권자가 있는 경우에 그 중 일부의 가등기권자가 자기의 가등기지분에 관하여 본등기를 신청할 수 있다.

④ 소유권이전청구권가등기권자가 가등기에 의한 본등기를 하지 않고 다른 원인에 의한 소유권이전등기를 한 후에는 다시 그 가등기에 의한 본등기를 할 수 없다. 다만, 가등기 후 위 소유권이전등기 전에 제3자 앞으로 처분제한의 등기가 되어 있거나 중간처분의 등기가 된 경우에는 그러하지 아니하다.

⑤ 가등기에 관하여 등기상 이해관계 있는 자는 가등기명의인의 승낙을 받아 가등기의 말소를 단독으로 신청할 수 있다.

24.
정답 ⑤

> **상** 권리에 관한 등기

ㄱ, ㄴ, ㄷ 모두 옳다.

ㄱ, ㄴ. 그 가처분등기 이후에 제3자 명의의 소유권이전등기, 소유권 이외의 권리에 관한 등기가 경료되어 있을 때에는 반드시 위 소유권이전등기신청과 함께 단독으로 그 가처분등기 이후에 경료된 제3자 명의의 소유권이전등기와 소유권 이외의 권리에 관한 등기의 말소신청도 동시에 신청하여야 한다.

ㄷ. 등기관이 가처분채권자의 신청에 의하여 가처분등기 이후의 등기를 말소하였을 때에는 직권으로 그 가처분등기도 말소하여야 한다.

> **선생님의 한마디** 💬
>
> 여러분 수고 많으셨습니다. 여러분은 저의 자랑과 보람입니다. 합격의 아름다운 결실이 여러분께 있으리라 믿고요. 합격의 기쁜 소식 전해주길 기다리고 있을게요. 합격을 소원합니다.

25.
정답 ⑤

> **중** 등록면허세

⑤ 대도시에서 법인을 설립함에 따른 등기는 그 세율을 해당 표준세율의 100분의 300으로 중과세한다. 다만, 「의료법」 제3조에 따른 의료업을 영위하기 위한 경우에는 중과세 제외업종에 해당하므로 중과세하지 않는다.

26.
정답 ①

> **중** 조세와 다른 채권의 관계

① 지방자치단체의 징수금의 징수 순위는 체납처분비, 지방세(가산세 제외), 가산세의 순서로 한다.

27.
정답 ③

> **하** 양도소득세

맨 마지막으로 공제되는 것은 장기보유특별공제액이다.
• 양도가액 − 필요경비 = 양도차익
• 양도차익 − 장기보유특별공제액 = 양도소득금액
• 양도소득금액 − 양도소득기본공제액 = 양도소득과세표준
• 양도소득과세표준 × 세율 = 산출세액

28.
정답 ①

> **하** 양도소득세

① 지역권은 양도소득세 과세대상이 아니다.

29.
정답 ①

> **중** 양도소득세

② 매매로 매도하는 경우에 양도시기는 대금청산일이며, 등기접수일이 빠른 경우에는 등기접수일이다.

③ 미등기 양도하는 자산의 경우에 적용되는 세율은 100분의 70이다.

④ 국외에 소재하는 자산의 경우 장기보유특별공제액을 적용받을 수 없다.

⑤ 양도소득기본공제는 미등기 자산의 경우 공제 적용을 받을 수 없다.

30.
정답 ④

> **중** 양도소득세

④ 취득세와 등록면허세는 납부영수증이 없는 경우에도 필요경비에 포함한다. 다만, 재산세와 종합부동산세는 납부영수증 여부와 관계없이 필요경비에 포함되지 않는다.

31.
정답 ②

> **중** 양도소득세

② 3년 보유한 국내소재 비사업용 토지(등기된 경우): 공제대상이다.
① 5년 보유한 국외소재 토지: 공제대상이 아니다.
③ 조합원으로부터 취득한 조합원입주권: 공제대상이 아니다.
④ 실지거래가액이 13억원인 국내소재 고가주택(1세대 1주택이며 2년 6개월 보유): 3년 미만 보유이므로 공제대상이 아니다.
⑤ 7년 보유한 미등기 건물: 공제대상이 아니다.

🄥 장기보유특별공제 적용대상과 적용 배제대상

장기보유특별공제 적용대상	장기보유특별공제 적용 배제대상
국내 소재 자산	국외 소재 자산
등기된 양도자산	미등기 양도자산
3년 이상 보유	3년 미만 보유
토지(비사업용 토지 포함), 건물, 조합원입주권(조합원으로부터 취득한 조합원입주권 제외)	토지, 건물, 조합원입주권 이외 양도자산

➕ 2025.5.9.까지 양도하는 조정대상지역 내 1세대 2주택 이상 다주택의 경우에는 장기보유특별공제를 적용받을 수 있다.

32.
정답 ③

> **중** 취득세

③ 「부동산 거래신고 등에 관한 법률」 규정에 따른 토지거래계약에 관한 허가구역에 있는 토지를 취득하는 경우로서 토지거래계약에 관한 허가를 받기 전에 거래대금을 완납한 경우에는 그 허가일이나 허가구역의 지정 해제일 또는 축소일로부터 60일 이내 신고납부하여야 한다. 따라서 허가일인 2024년 4월 13일로부터 60일 이내인 2024년 6월 12일까지가 취득세 법정신고기한이다.

33.
정답 ③

> **하** 취득세

③ 주택을 신축(원시취득)하는 경우 취득세 표준세율은 1,000분의 28이다.

34.
정답 ⑤

상 취득세

ㄱ, ㄴ, ㄷ, ㄹ 4개 모두 옳은 지문이다.

35.
정답 ④

중 종합부동산세

① 납세자에게 부정행위가 없으며 특례제척기간에 해당하지 않는 경우 원칙적으로 납세의무 성립일부터 5년이 지나면 종합부동산세를 부과할 수 없다.
② 종합부동산세로 납부할 세액이 250만원을 초과하는 경우에 관할 세무서장은 그 세액의 일부를 납부기한이 지난 날부터 6개월 이내에 분납하게 할 수 있다. 즉, 납부할 세액이 200만원인 경우에는 분납할 수 없다.
③ 관할 세무서장이 종합부동산세를 징수하려면 납부기간 개시 5일 전까지 주택 및 토지로 구분한 과세표준과 세액을 납부고지서에 기재하여 발급하여야 한다.
⑤ 별도합산과세대상인 토지에 대한 종합부동산세의 세액은 과세표준에 0.5~0.7%의 세율을 적용하여 계산한 금액으로 한다.

36.
정답 ②

중 종합부동산세

② 법인소유 주택의 종합부동산세 과세표준 결정시에 공시가격 합계액에서 공제되는 금액은 0원이다.

37.
정답 ④

하 재산세

④ 「자동차관리법」에 등록된 차량은 취득세 과세대상은 되지만, 재산세 과세대상은 아니다.

38.
정답 ⑤

중 재산세

⑤ 취득세가 중과세되는 고급주택은 일반주택과 마찬가지로 과세표준에 따라 초과누진세율을 적용한다.

Ⓥ 재산세 과세표준상한액

주택의 과세표준이 다음 계산식에 따른 과세표준상한액보다 큰 경우에는 해당 주택의 과세표준은 과세표준상한액으로 한다.
• 과세표준상한액 = 직전 연도 해당 주택의 과세표준 상당액 + (과세기준일 당시 시가표준액으로 산정한 과세표준 × 과세표준상한율)
• 과세표준상한율 = 소비자물가지수, 주택가격변동율, 지방재정여건 등을 고려하여 0에서 100분의 5 범위 이내로 대통령령이 정하는 비율
✚ 주택의 과세표준은 직전 연도 과세표준에서 소비자물가지수 등을 고려한 과세표준상한율(0~5%)을 넘지 못하도록 한다.

Ⓥ 1세대 1주택(시가표준액 9억원 초과주택 포함)의 공정시장가액비율

• 시가표준액 3억원 이하: 43%
• 시가표준액 3억원 초과 6억원 이하: 44%
• 시가표준액 6억원 초과: 45%

39.
정답 ⑤

상 재산세

① 재산세는 보통징수의 방법으로 부과·징수하며, 신고납부를 선택할 수 없다.
② 여러 곳에 토지를 보유하는 경우에 납세지는 각각의 토지 소재지이다.
③ 소유권의 귀속이 분명하지 아니하여 사실상의 소유자를 확인할 수 없는 경우에는 그 사용자가 재산세를 납부할 의무가 있다.
④ 납부할 세액이 1,000만원을 초과하는 경우 관할 구역 내에 소재하는 부동산으로 물납할 수 있다.

40.
정답 ②

상 기타 지방세

② 양도소득에 대한 개인지방소득세의 세액이 2,000원 미만인 경우에는 이를 징수하지 아니한다. 그러므로 세액이 2,000원인 경우에는 징수한다.

land.Hackers.com
해커스 공인중개사

해커스 공인중개사

시간낭비하기 싫으면 해커스!
타사에선 흉내도 내기 힘든 해커스만의 합격기록

타사에서 불합격해도 해커스에서는 합격!

제 친구는 타사에서 공부를 했는데, 떨어졌어요. 친구가 '내 선택이 잘못됐었나?' 이런 얘기를 하더라고요. 그래서 제가 '그러게 내가 말했잖아, 해커스가 더 좋다고.'라고 얘기했죠. 해커스의 모든 과정을 거치고 합격을 해보니까 알겠어요. **어디 내놔도 손색없는 1등 해커스 스타교수님들과 해커스 커리큘럼으로 합격할 수 있었습니다.**
- 해커스 합격생 김*정 님 -

제 주변에 공인중개사 준비하는 분들이 되게 많았어요. **저는 해커스를 선택하고, 다른 사람들은 타사에서 준비했는데 다 떨어지고 저만 붙었어요.** 타사 교재는 제가 보기에도 너무 복잡하고 어렵게 생겼는데 해커스 교재는 확실히 보기가 편하고 내용이 너무 깔끔했어요.
- 해커스 합격생 최*수 님 -

15세 중학생부터 70대 어르신까지 해커스로 합격!

해커스가 강의와 교수진으로 유명하다보니 해커스를 믿고 선택했습니다.
교수님들과 해커스에 정말 감사하다는 말씀 드리고 싶습니다.
- 전국 역대 최연소 해커스 합격생 문*호 님 -

71세의 나이, 해커스와 함께 9개월만에 동차합격했습니다. 해커스만 따라가면 누구든지 합격할 수 있다고 생각합니다.
- 70대 퇴직자 합격생 김*호 님 -

온가족 5명 해커스로 줄줄이 합격!

동생   누나   형   남편   아들

저는 해커스인강으로 합격한 27회 합격자입니다. 제 추천으로 누님도 해커스에서 28회 동차합격하시고, 형님도 2차 평균 90점으로 합격하셨습니다. 심지어 매형도 해커스에서 합격했고, 조카도 32회차 합격, 동서도 동차합격했네요. 온가족 5명 그랜드슬램을 해커스에서 달성했습니다. 해커스 정말 비교불가 막강 학원이라고 자신합니다. 고민은 쓸데없는 시간이고 빠른 결정이 합격의 지름길입니다.

해커스 합격생 정*진 님 후기

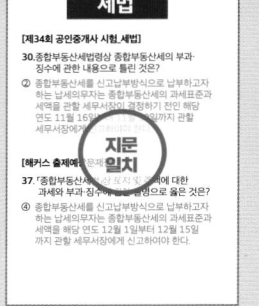
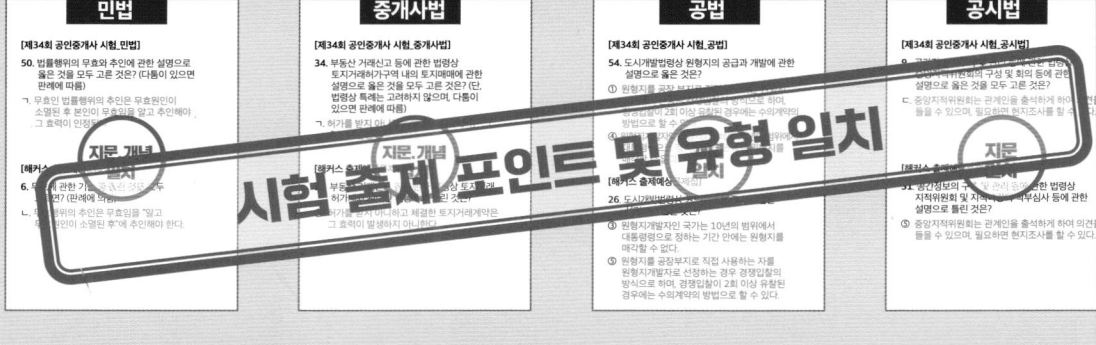

해커스
공인중개사

실전모의고사

2차 공인중개사법령 및 실무 · 부동산공법
부동산공시법령 · 부동산세법

해커스 1위 2024 해커스 공인중개사 2차 실전모의고사 종로서적

합격으로 가는 확실한 선택, 해커스 공인중개사 교재 시리즈

| 만화입문서 | 기초입문서 시리즈 | 기본서 시리즈 | 핵심요약집 시리즈 | 단원별 기출문제집 시리즈 | 회차별 기출문제집 시리즈 |

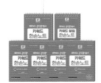

| 출제예상문제집 시리즈 | 실전모의고사 시리즈 | 한손노트 시리즈 | 공법체계도 | 계산문제집 |

정가 **34,000**원

13360

9 791172 440961
ISBN 979-11-7244-096-1

🏠 해커스 공인중개사